U0922406

2005
中国区域经济统计年鉴

国家统计局国民经济综合统计司 编

Compiled by
Department of Comprehensive Statistics of
National Bureau of Statistics

CHINA STATISTICAL YEARBOOK FOR REGIONAL ECONOMY 2005

（京）新登字041号

图书在版编目（CIP）数据

中国区域经济统计年鉴. 2005/国家统计局国民经济综合统计司编.
-北京：中国统计出版社，2006. 4
ISBN 7-5037-5003-0

Ⅰ. 中…
Ⅱ. 国…
Ⅲ. 地区经济-统计资料-中国-2005-年鉴
Ⅳ. F127.66

中国版本图书馆CIP数据核字（2006）第027878号

中国区域经济统计年鉴—2005

作　　者/国家统计局国民经济综合统计司
责任编辑/ 郭　栋
装帧设计/艺编广告
出版发行/中国统计出版社
通信地址/北京市西城区月坛南街75号
邮政编码/100826
办公地址/北京市丰台区西三环南路甲6号
电　　话/（010）63459084　63266600-22500（发行部）
印　　刷/ 三河市海波印务有限公司
经　　销/新华书店
开　　本/890×1240毫米　1/16
字　　数/1130千字
印　　张/36.5
印　　数/1—2000册
版　　别/2006年4月第1版
版　　次/2006年4月第1次印刷
书　　号/ISBN 7-5037-5003-0/F・2334
定　　价/298.00元

《中国区域经济统计年鉴—2005》

编辑委员会和编辑人员名单

编辑委员会

编 辑 人 员

China Statistical Yearbook for Regional Economy-2005

Editorial Board and Staff

编 者 说 明

一、《中国区域经济统计年鉴—2005》是一部全面、系统反映中国区域经济与社会发展状况的大型统计资料书。全书收集了 2004 年全国及其 7 个经济区域、31 个省级行政单位、330 多个地级行政单位和 2000 多个县级行政单位的主要社会经济统计指标。其中，全国和省级指标 1000 多个，经济区域指标约 60 个，地级指标 210 多个，县级指标 15 个。主要内容涵盖自然状况、人口与就业、国民核算、固定资产投资、财政、物价、人民生活、农业、工业、建筑业、运输邮电业、国内贸易、对外经济贸易、旅游、金融保险、教育、科技、文化、卫生、社会福利、环境保护和市政建设等社会经济发展的各个方面。本书未包括香港、澳门特别行政区和台湾地区资料。

二、书中部分指标因全国或全省数据有调整，故存在分地区数据相加不等于总计的情况。

三、本书资料表使用符号说明："#" 表示其中主要项；"空格" 表示数据不详、无数据或数据不足最小计量单位。

四、本书有关加工数据因小数取舍产生的误差均未做人为调整。

五、本书全部资料来源于各级政府统计年报或相关的抽样调查资料，并经科学加工、整理，数据翔实可靠，且具有广泛的可比性。

编者

2006 年 3 月

Preface

I. China Statistical Yearbook for Regional Economy-2005 is a massive statistical publication, which comprehensively describes China's regional economy and social development status. This yearbook has collected major social and economic indictors of China in 2004. There are about 1000 indicators at national and provincial level (including 31 provinces, autonomous regions and municipalities), about 60 indicators of 7 economic zones, about 210 indicators of prefecture (over 330 prefectures including city at prefecture level) and 15 indicators of county (over 2000 counties including city at county level). It contains the following aspects: national conditions, population and employment, national accounts, investment in fixed assets, government finance, price indices, people's livelihood, agriculture, industry, construction, transportation, postal and telecommunications, domestic trade, foreign trade, tourism, banking and insurance, education, science, culture, public health, social welfare, environment protection and city planning. Statistical data in this yearbook exclude those of Hong Kong SAR, Macao SAR and Taiwan Province.

II. For some indicators in this yearbook, the sum of each regional data is not equal to the total of the national one since some adjustments on national and provincial data have been made.

III. Notions used in this yearbook: "#" indicates the major items of the total; "(blank)" indicates that data are not available or the figure is not large enough to be measured with the smallest unit in the table.

IV. Data in this yearbook are not adjusted manually for the errors occurring from summing or rounding off.

V. All figures listed in this yearbook are from statistical yearly reports at all governmental levels or related sampling surveys. The figures are full, accurate and comparable since it has been processed and checked by the editors.

Editors

March 2006

目　录
Contents

第一章　经济区域统计资料
Chapter1. Statistics of Economic Zone

第二章　省、自治区、直辖市统计资料
Chapter2. Statistics of Province

第三章 地级统计资料
Chapter3. Statistics of Prefecture

第四章 县级统计资料
Chapter4. Statistics of County

Chapter 1

第一章

经济区域统计资料

Statistics of Economic Zone

1-1 东部11省(市)国民经济和社会发展主要指标（2004年）

Main Indicators of National Economic and Social Development of 11 Eastern Provinces (2004)

指　标	Item	东部11省(市)合　计 Total of 11 Eastern Provinces	东部11省(市)占全国比重 (%) Percentage of 11 Eastern Provinces to National Total (%)
自然资源	**Natural Resources**		
土地面积　(万平方公里)	Area of Land (10 000 sq.km)	106.2	11.1
人口	**Population**		
年底总人口　(万人)	Population at the Year-end (10 000 persons)	49251	38.1
劳动就业	**Employment**		
年底就业人员　(万人)	Employment At the Year-end (10 000 persons)	25750	38.8
#城镇	Urban Area	8120	48.9
年末城镇登记失业率 (%)	Registered Unemployment Rate in Urban Area (%)	3.9	
国民经济核算	**National Accounting**		
地区生产总值　(亿元)	Gross Domestic Product (100 million yuan)	99489.9	59.4
第一产业	Primary Industry	8549.7	41.3
第二产业	Secondary Industry	50260.2	62.9
#工业	Industry	44889.8	64.5
第三产业	Tertiary Industry	40680.0	60.7
人均地区生产总值　(元)	Per Capita Gross Domestic Product (yuan)	20331	
固定资产投资	**Investment in Fixed Assets**		
全社会固定资产投资总额 (亿元)	Total Investment in Fixed Assets (100 million yuan)	40411.5	58.3
#城镇	Urban Area	32687.4	56.5
#房地产开发	Real Estate Development	9149.1	69.5
农村	Rural Area	7724.1	67.5
财政	**Government Finance**		
地方财政收入　(亿元)	Local Government Revenue (100 million yuan)	7458.2	63.8
地方财政支出　(亿元)	Local Government Expenditure (100 million yuan)	10434.0	50.7
对外贸易	**Foreign Trade**		
进出口总额　(亿美元)	Imports and Exports (100 million USD)	10693.2	92.6
出口额	Exports	5467.1	92.1
进口额	Imports	5226.1	93.1
实际利用外商直接投资 (亿美元)	Actually Used Amount of Foreign Direct Investment (100 million USD)	521.0	86.1
物价	**Price Indices**		
居民消费价格总指数 (上年=100)	Consumer Price Index (last year=100)	103.3	
农业	**Agriculture**		
主要农产品产量　(万吨)	Output of Major Farm Products (10 000 tons)		
粮食	Grain	13996.5	29.8
棉花	Cotton	242.3	38.3
油料	Oil-bearing Corps	983.4	32.1

1-1 续表 Continued

指标	Item	东部11省(市)合计 Total of 11 Eastern Provinces	东部11省(市)占全国比重(%) Percentage of 11 Eastern Provinces to National Total (%)
工业	**Industry**		
主要工业产品产量	Output of Major Industrial Products		
纱 (万吨)	Yarn (10 000 tons)	888.6	68.8
原煤 (亿吨)	Coal (100 million tons)	3.6	18.1
原油 (万吨)	Crude Oil (10 000 tons)	7548.1	42.9
发电量 (亿千瓦小时)	Electricity (100 million kwh)	10735.6	48.7
粗钢 (万吨)	Crude Steel (10 000 tons)	17859.0	63.1
水泥 (万吨)	Cement (10 000 tons)	53734.6	55.6
交通运输业	**Transportation**		
铁路营业里程 (公里)	Length of Railways in Operation (km)	21035	28.3
公路里程 (公里)	Length of Highways (km)	547060	29.2
#高速公路	Expressway	15988	46.6
旅客周转量 (亿人公里)	Total Passenger-kilometer (100 million person-km)	6451.2	44.4
货物周转量 (亿吨公里)	Total Freight Ton-kilometer (10 million ton-km)	44035.0	70.6
邮电通信业	**Post and Telecommunication Services**		
邮电业务总量 (亿元)	Total Business Revenue (100 million yuan)	5684.7	58.7
国内商业	**Domestic Trade**		
社会消费品零售总额 (亿元)	Total Retail Sales of Consumer Goods (100 million yuan)	31739.8	58.3
教育	**Education**		
普通高等学校	Institutions of Higher Education		
学校数 (个)	Number of Institution (unit)	770	44.5
招生数 (万人)	New Student Enrollment (10 000 persons)	201.5	45.0
在校学生数 (万人)	Student Enrollment (10 000 persons)	610.6	45.8
毕业生数 (万人)	Number of Graduates (10 000 persons)	115.3	48.2
卫生	**Health Care**		
卫生机构数 (个)	Number of Hospital (unit)	110730	37.3
#医院、卫生院	Hospital and Health Center	18763	30.8
卫生技术人员 (万人)	Medical Technical Personnel (10 000 persons)	188.3	42.9
#医生	Doctor	80.6	42.3
卫生机构床位数 (万张)	Number of Hospital Beds (10 000 beds)	138.5	42.6
#医院、卫生院	Hospital and Health Center	128.8	42.3
人民生活	**People's Livelihood**		
城镇居民可支配收入 (元)	Per Capita Disposable Income of Urban Households (yuan)	11034	
农村居民人均纯收入 (元)	Per Capita Net Income of Rural Households (yuan)	4277	

注：本表中涉及分地区数据相加不等于全国总计的指标，在计算比重时，分母为31个省（区、市)相加的合计数。

a) As the sum of some indicators by region is different to the national total, while calculating the percentage, the denominator is the sum of 31 provinces.

1-2 中部8省国民经济和社会发展主要指标（2004年）

Main Indicators of National Economic and Social Development of 8 Middle Provinces(2004)

指　　标	Item	中部8省合　计 Total of 8 Middle Provinces	中部8省占全国比重（%） Percentage of 8 Middle Provinces to National Total (%)
自然资源	**Natural Resources**		
土地面积　（万平方公里）	Area of Land (10 000 sq.km)	167.0	17.4
人口	**Population**		
年底总人口　（万人）	Population at the Year-end (10 000 persons)	43037	33.3
劳动就业	**Employment**		
年底就业人员　（万人）	Employment At the Year-end (10 000 persons)	21483	32.4
#城镇	Urban Area	4784	28.8
年末城镇登记失业率（%）	Registered Unemployment Rate in Urban Area (%)	4.0	
国民经济核算	**National Accounting**		
地区生产总值　（亿元）	Gross Domestic Product (100 million yuan)	39488.9	23.6
第一产业	Primary Industry	6841.4	33.0
第二产业	Secondary Industry	17840.6	22.3
#工业	Industry	15182.5	21.8
第三产业	Tertiary Industry	14806.9	22.1
人均地区生产总值　（元）	Per Capita Gross Domestic Product (yuan)	9198	
固定资产投资	**Investment in Fixed Assets**		
全社会固定资产投资总额（亿元）	Total Investment in Fixed Assets (100 million yuan)	15129.0	21.8
#城镇	Urban Area	12901.9	22.3
#房地产开发	Real Estate Development	2023.9	15.4
农村	Rural Area	2227.1	19.5
财政	**Government Finance**		
地方财政收入　（亿元）	Local Government Revenue (100 million yuan)	2252.3	19.3
地方财政支出　（亿元）	Local Government Expenditure (100 million yuan)	5025.8	24.4
对外贸易	**Foreign Trade**		
进出口总额　（亿美元）	Imports and Exports (100 million USD)	485.3	4.2
出口额	Exports	260.2	4.4
进口额	Imports	225.1	4.0
实际利用外商直接投资（亿美元）	Actually Used Amount of Foreign Direct Investment (100 million USD)	66.8	11.0
物价	**Price Indices**		
居民消费价格总指数（上年=100）	Consumer Price Index (last year=100)	104.4	
农业	**Agriculture**		
主要农产品产量　（万吨）	Output of Major Farm Products (10 000 tons)		
粮食	Grain	19979.1	42.6
棉花	Cotton	188.2	29.8
油料	Oil-bearing Corps	1349.2	44.0

1-2 续表 Continued

指　标	Item	中部8省合　计 Total of 8 Middle Provinces	中部8省占全国比重（%） Percentage of 8 Middle Provinces to National Total (%)
工业	**Industry**		
主要工业产品产量	Output of Major Industrial Products		
纱（万吨）	Yarn (10 000 tons)	309.1	23.9
原煤（亿吨）	Coal (100 million tons)	9.4	47.4
原油（万吨）	Crude Oil (10 000 tons)	5836.0	33.2
发电量（亿千瓦小时）	Electricity (100 million kwh)	5981.7	27.1
粗钢（万吨）	Crude Steel (10 000 tons)	6819.6	24.1
水泥（万吨）	Cement (10 000 tons)	23740.2	24.6
交通运输业	**Transportation**		
铁路营业里程（公里）	Length of Railways in Operation (km)	26311	35.4
公路里程（公里）	Length of Highways (km)	566340	30.3
#高速公路	Expressway	9660	28.2
旅客周转量（亿人公里）	Total Passenger-kilometer (100 million person-km)	4694.4	32.3
货物周转量（亿吨公里）	Total Freight Ton-kilometer (10 million ton-km)	10479.0	16.8
邮电通信业	**Post and Telecommunication Services**		
邮电业务总量（亿元）	Total Business Revenue (100 million yuan)	2148.7	22.2
国内商业	**Domestic Trade**		
社会消费品零售总额（亿元）	Total Retail Sales of Consumer Goods (100 million yuan)	13801.3	25.3
教育	**Education**		
普通高等学校	Institutions of Higher Education		
学校数（个）	Number of Institution (unit)	552	31.9
招生数（万人）	New Student Enrollment (10 000 persons)	149.5	33.4
在校学生数（万人）	Student Enrollment (10 000 persons)	439.8	33.0
毕业生数（万人）	Number of Graduates (10 000 persons)	74.3	31.1
卫生	**Health Care**		
卫生机构数（个）	Number of Hospital (unit)	85627	28.9
#医院、卫生院	Hospital and Health Center	18796	30.9
卫生技术人员（万人）	Medical Technical Personnel (10 000 persons)	140.9	32.1
#医生	Doctor	59.4	31.2
卫生机构床位数（万张）	Number of Hospital Beds (10 000 beds)	101.1	31.1
#医院、卫生院	Hospital and Health Center	95.2	31.2
人民生活	**People's Livelihood**		
城镇居民可支配收入（元）	Per Capita Disposable Income of Urban Households (yuan)	7851	
农村居民人均纯收入（元）	Per Capita Net Income of Rural Households (yuan)	2731	

注：本表中涉及分地区数据相加不等于全国总计的指标，在计算比重时，分母为31个省（区、市)相加的合计数。

a) As the sum of some indicators by region is different to the national total, while calculating the percentage, the denominator is the sum of 31 provinces.

1-3　西部12省(区、市)国民经济和社会发展主要指标（2004年）

Main Indicators of National Economic and Social Development of 12 Western Provinces(2004)

指　　标	Item	西部12省(区、市)合　　计 Total of 11 Eastern Provinces	西部12省(区、市)占全国比重（%） Percentage of 11 Eastern Provinces to National Total (%)
自然资源	**Natural Resources**		
土地面积　(万平方公里)	Area of Land (10 000 sq.km)	686.7	71.5
人口	**Population**		
年底总人口　(万人)	Population at the Year-end (10 000 persons)	37127	28.7
劳动就业	**Employment**		
年底就业人员　(万人)	Employment At the Year-end (10 000 persons)	19077	28.8
#城镇	Urban Area	3710	22.3
年末城镇登记失业率 (%)	Registered Unemployment Rate in Urban Area (%)	4.1	
国民经济核算	**National Accounting**		
地区生产总值　(亿元)	Gross Domestic Product (100 million yuan)	28620.7	17.1
第一产业	Primary Industry	5322.4	25.7
第二产业	Secondary Industry	11775.3	14.7
#工业	Industry	9578.0	13.8
第三产业	Tertiary Industry	11523.0	17.2
人均地区生产总值　(元)	Per Capita Gross Domestic Product (yuan)	7730	
固定资产投资	**Investment in Fixed Assets**		
全社会固定资产投资总额 (亿元)	Total Investment in Fixed Assets (100 million yuan)	13754.4	19.8
#城镇	Urban Area	12256.4	21.2
#房地产开发	Real Estate Development	1985.3	15.1
农村	Rural Area	1498.0	13.1
财政	**Government Finance**		
地方财政收入　(亿元)	Local Government Revenue (100 million yuan)	1982.9	17.0
地方财政支出　(亿元)	Local Government Expenditure (100 million yuan)	5133.1	24.9
对外贸易	**Foreign Trade**		
进出口总额　(亿美元)	Imports and Exports (100 million USD)	367.0	3.2
出口额	Exports	205.9	3.5
进口额	Imports	161.2	2.9
实际利用外商直接投资 (亿美元)	Actually Used Amount of Foreign Direct Investment (100 million USD)	17.4	2.9
物价	**Price Indices**		
居民消费价格总指数 (上年=100)	Consumer Price Index (last year=100)	103.6	
农业	**Agriculture**		
主要农产品产量　(万吨)	Output of Major Farm Products (10 000 tons)		
粮食	Grain	12971.3	27.6
棉花	Cotton	201.7	31.9
油料	Oil-bearing Corps	733.3	23.9

1-3 续表 Continued

指 标	Item	西部12省(区、市)合 计 Total of 11 Eastern Provinces	西部12省(区、市)占全国比重 (%) Percentage of 11 Eastern Provinces to National Total (%)
工业	**Industry**		
主要工业产品产量	Output of Major Industrial Products		
纱 (万吨)	Yarn (10 000 tons)	93.6	7.2
原煤 (亿吨)	Coal (100 million tons)	6.9	34.6
原油 (万吨)	Crude Oil (10 000 tons)	4203.2	23.9
发电量 (亿千瓦小时)	Electricity (100 million kwh)	5315.7	24.1
粗钢 (万吨)	Crude Steel (10 000 tons)	3612.5	12.8
水泥 (万吨)	Cement (10 000 tons)	19207.3	19.9
交通运输业	**Transportation**		
铁路营业里程 (公里)	Length of Railways in Operation (km)	27062	36.4
公路里程 (公里)	Length of Highways (km)	757258	40.5
#高速公路	Expressway	8638	25.2
旅客周转量 (亿人公里)	Total Passenger-kilometer (100 million person-km)	3381.2	23.3
货物周转量 (亿吨公里)	Total Freight Ton-kilometer (10 million ton-km)	7899.3	12.7
邮电通信业	**Post and Telecommunication Services**		
邮电业务总量 (亿元)	Total Business Revenue (100 million yuan)	1843.4	19.0
国内商业	**Domestic Trade**		
社会消费品零售总额 (亿元)	Total Retail Sales of Consumer Goods (100 million yuan)	8908.2	16.4
教育	**Education**		
普通高等学校	Institutions of Higher Education		
学校数 (个)	Number of Institution (unit)	409	23.6
招生数 (万人)	New Student Enrollment (10 000 persons)	96.3	21.5
在校学生数 (万人)	Student Enrollment (10 000 persons)	283.1	21.2
毕业生数 (万人)	Number of Graduates (10 000 persons)	49.5	20.7
卫生	**Health Care**		
卫生机构数 (个)	Number of Hospital (unit)	100135	33.8
#医院、卫生院	Hospital and Health Center	23308	38.3
卫生技术人员 (万人)	Medical Technical Personnel (10 000 persons)	109.9	25.0
#医生	Doctor	50.4	26.5
卫生机构床位数 (万张)	Number of Hospital Beds (10 000 beds)	85.5	26.3
#医院、卫生院	Hospital and Health Center	80.7	26.5
人民生活	**People's Livelihood**		
城镇居民可支配收入 (元)	Per Capita Disposable Income of Urban Households (yuan)	8031	
农村居民人均纯收入 (元)	Per Capita Net Income of Rural Households (yuan)	2192	

注：本表中涉及分地区数据相加不等于全国总计的指标，在计算比重时，分母为31个省（区、市)相加的合计数。

a) As the sum of some indicators by region is different to the national total, while calculating the percentage, the denominator is the sum of 31 provinces.

1-4 东北3省国民经济和社会发展主要指标（2004年）

Main Indicators of National Economic and Social Development of 3 Northeastern Provinces(2004)

指 标	Item	东北3省 合 计 Total of 3 Northeastern Provinces	东北3省 占全国比重（%） Percentage of 3 Northeastern Provinces to National Total (%)
自然资源	**Natural Resources**		
土地面积 （万平方公里）	Area of Land (10 000 sq.km)	78.8	8.2
人口	**Population**		
年底总人口 （万人）	Population at the Year-end (10 000 persons)	10743	8.3
劳动就业	**Employment**		
年底就业人员 （万人）	Employment At the Year-end (10 000 persons)	4691	7.1
#城镇	Urban Area	1992	12.0
年末城镇登记失业率（%）	Registered Unemployment Rate in Urban Area (%)	5.3	
国民经济核算	**National Accounting**		
地区生产总值 （亿元）	Gross Domestic Product (100 million yuan)	14544.6	8.7
第一产业	Primary Industry	1931.8	9.3
第二产业	Secondary Industry	6878.3	8.6
#工业	Industry	6066.7	8.7
第三产业	Tertiary Industry	5734.5	8.6
人均地区生产总值 （元）	Per Capita Gross Domestic Product (yuan)	13548	
固定资产投资	**Investment in Fixed Assets**		
全社会固定资产投资总额 （亿元）	Total Investment in Fixed Assets (100 million yuan)	5579.5	8.1
#城镇	Urban Area	4956.6	8.6
#房地产开发	Real Estate Development	1075.1	8.2
农村	Rural Area	622.9	5.4
财政	**Government Finance**		
地方财政收入 （亿元）	Local Government Revenue (100 million yuan)	985.3	8.4
地方财政支出 （亿元）	Local Government Expenditure (100 million yuan)	2136.7	10.4
对外贸易	**Foreign Trade**		
进出口总额 （亿美元）	Imports and Exports (100 million USD)	479.9	4.2
出口额	Exports	243.1	4.1
进口额	Imports	236.8	4.2
实际利用外商直接投资 （亿美元）	Actually Used Amount of Foreign Direct Investment (100 million USD)	59.4	9.8
物价	**Price Indices**		
居民消费价格总指数 （上年=100）	Consumer Price Index (last year=100)	103.8	
农业	**Agriculture**		
主要农产品产量 （万吨）	Output of Major Farm Products (10 000 tons)		
粮食	Grain	7231.0	15.4
棉花	Cotton	0.5	0.1
油料	Oil-bearing Corps	130.0	4.2

1-4 续表 Continued

指　　标	Item	东北3省 合　计 Total of 3 Northeastern Provinces	东北3省 占全国比重（%） Percentage of 3 Northeastern Provinces to National Total (%)
工业	**Industry**		
主要工业产品产量	Output of Major Industrial Products		
纱（万吨）	Yarn (10 000 tons)	29.1	2.3
原煤（亿吨）	Coal (100 million tons)	1.8	8.9
原油（万吨）	Crude Oil (10 000 tons)	6430.8	36.6
发电量（亿千瓦小时）	Electricity (100 million kwh)	1762.9	8.0
粗钢（万吨）	Crude Steel (10 000 tons)	3254.4	11.5
水泥（万吨）	Cement (10 000 tons)	4978.4	5.1
交通运输业	**Transportation**		
铁路营业里程（公里）	Length of Railways in Operation (km)	13301	17.9
公路里程（公里）	Length of Highways (km)	166032	8.9
#高速公路	Expressway	2901	8.5
旅客周转量（亿人公里）	Total Passenger-kilometer (100 million person-km)	1211.1	8.3
货物周转量（亿吨公里）	Total Freight Ton-kilometer (10 million ton-km)	4641.0	7.4
邮电通信业	**Post and Telecommunication Services**		
邮电业务总量（亿元）	Total Business Revenue (100 million yuan)	867.3	9.0
国内商业	**Domestic Trade**		
社会消费品零售总额（亿元）	Total Retail Sales of Consumer Goods (100 million yuan)	5450.9	10.0
教育	**Education**		
普通高等学校	Institutions of Higher Education		
学校数（个）	Number of Institution (unit)	172	9.9
招生数（万人）	New Student Enrollment (10 000 persons)	44.5	10.0
在校学生数（万人）	Student Enrollment (10 000 persons)	141.1	10.6
毕业生数（万人）	Number of Graduates (10 000 persons)	26.6	11.1
卫生	**Health Care**		
卫生机构数（个）	Number of Hospital (unit)	30679	10.3
#医院、卫生院	Hospital and Health Center	5231	8.6
卫生技术人员（万人）	Medical Technical Personnel (10 000 persons)	49.1	11.2
#医生	Doctor	21.4	11.3
卫生机构床位数（万张）	Number of Hospital Beds (10 000 beds)	38.2	11.8
#医院、卫生院	Hospital and Health Center	35.4	11.6
人民生活	**People's Livelihood**		
城镇居民可支配收入（元）	Per Capita Disposable Income of Urban Households (yuan)	7775	
农村居民人均纯收入（元）	Per Capita Net Income of Rural Households (yuan)	3122	

注：本表中涉及分地区数据相加不等于全国总计的指标，在计算比重时，分母为31个省（区、市)相加的合计数。

a) As the sum of some indicators by region is different to the national total, while calculating the percentage, the denominator is the sum of 31 provinces.

1-5 民族自治地方国民经济和社会发展主要指标（2004年）

Principal Aggregate Indicators on National Economic and Social Development of Minority Nationality Autonomous Areas(2004)

指标		Item		合计 Total	比上年增长(%) Growth Rate as Last Year (%)
人口与就业		**Population and Employment**			
人口	**(万人)**	**Population**	**(10 000 persons)**		
年底总人口		Population at the Year-end		17311	0.6
#少数民族人口		Minority Population		8115	1.2
就业		**Employment**			
就业人员数	(万人)	Employment	(10 000 persons)	8808.09	2.0
宏观经济		**Macroeconomic Indicator**			
地区生产总值	**(亿元)**	**Gross Regional Product**	**(100 million yuan)**	**12139.46**	**13.4**
第一产业		Primary Industry		2804.85	6.8
第二产业		Secondary Industry		5206.50	18.9
第三产业		Tertiary Industry		4128.10	11.6
固定资产投资		**Investment in Fixed Assets**			
全社会固定资产投资总额	(亿元)	Total Investment in Fixed Assets	(100 million yuan)	6259.4	32.2
#国有单位		State-owned Units		2923.3	10.2
财政		**Government Finance**			
地方财政收入	(亿元)	Local Governments Revenue	(100 million yuan)	825.8	22.5
地方财政支出	(亿元)	Local Governments Expenditures	(100 million yuan)	2467.4	17.0
产业		**Industry**			
农业		**Agriculture**			
耕地面积	(万公顷)	Cultivated Areas	(10 000 hectares)	2048.2	4.1
灌溉面积	(万公顷)	Irrigated Areas	(10 000 hectares)	988.7	1.4
农林牧渔总产值	(亿元)	Gross Output Value of Farming Forestry, Animal Husbandry and Fishery	(100 million yuan)	4803.4	8.2
主要农产品产量		Output of Major Farm Products			
粮食产量	(万吨)	Grain Output	(10 000 tons)	6764.4	4.4
棉花产量	(万吨)	Cotton Output	(10 000 tons)	179.9	11.9
油料产量	(万吨)	Oil-bearing Crops Output	(10 000 tons)	397.4	10.6
大牲畜年底头数	(万头)	Large Domestic Animals	(10 000 heads)	5973.8	3.0
羊年底头数	(万只)	Goats and Sheep	(10 000 heads)	16225.8	9.6
猪年底头数	(万头)	Hogs	(10 000 heads)	7955.7	2.9
工业		**Industry**			
工业总产值	(亿元)	Gross Industrial Output Value	(100 million yuan)	7822.8	
主要工业产品产量		Output of Major Industrial Products			
布	(亿米)	Cloth	(100 million m)	2.3	-22.8
机制纸及纸板	(万吨)	Machine-Made Paper and Paperboards	(10 000 tons)	224.9	2.4
糖	(万吨)	Sugar	(10 000 tons)	1009.8	22.6
原煤	(亿吨)	Coal	(100 million tons)	2.7	31.6
原油	(万吨)	Crude Oil	(10 000 tons)	3031.8	16.8
发电量	(亿千瓦小时)	Electricity	(100 million kwh)	2363.2	5.3
钢	(万吨)	Steel	(10 000 tons)	1321.0	22.1
生铁	(万吨)	Pig Iron	(10 000 tons)	1409.7	21.8
水泥	(万吨)	Cement	(10 000 tons)	8394.5	25.3
木材	(万立方米)	Timber	(10 000 cu.m)	276.4	-74.8

1-5 续表 Continued

指 标		Item		合 计 Total	比上年增长(%) Growth Rate as Last Year (%)
建筑业		**Construction**			
建筑业企业人数	(万人)	Number of Employed Persons	(10 000 persons)	132.6	-4.0
建筑业总产值	(亿元)	Gross Output Value	(100 million yuan)	1358.4	10.7
施工房屋面积	(万平方米)	Floor Space of Buildings Under Construction	(10 000 sq.m)	14100.7	5.1
竣工房屋面积	(万平方米)	Floor Space of Buildings Completed	(10 000 sq.m)	6893.6	-4.6
邮电运输		**Transportation, Post and telecommunication**			
铁路营业里程	(万公里)	Railways in Operation	(10 000 km)	1.68	10.7
公路通车里程	(万公里)	Highways	(10 000 km)	55.67	1.6
邮电业务总量	(亿元)	Business Volume of Post and Telecommunications	(100 million yuan)	729.8	39.1
邮路及农村投递线路总长度	(万公里)	Postal Routes	(10 000 km)	108.1	-0.04
国内商业		**Domestic Trade**			
社会消费品零售总额	(亿元)	Total Value of Retail Sales	(100 million yuan)	3677.9	18.3
对外贸易		**Foreign Trade**			
进出口总额	(亿美元)	Total Exports and Imports	(USD 100 million)	173.3	27.6
出口额		Exports		92.4	17.8
进口额		Imports		81.0	41.2
国际旅游		**International Tourism**			
国际旅游人数	(万人次)	Number of Foreign Tourists	(10 000 persons-times)	517.7	140.7
旅游外汇收入	(亿美元)	Foreign Exchange Earning from Tourism	(USD 100 million)	10.1	69.2
金融		**Finance**			
金融机构各项存款	(亿元)	Deposits of National Banking System	(100 million yuan)	13546.0	15.3
金融机构各项贷款	(亿元)	Loans of National Banking System	(100 million yuan)	10613.6	13.6
教育、文化、卫生		**Education, Culture and Public Health**			
教育		**Education**			
在校学生数	(万人)	Students Enrollment	(10 000 persons)		
高等学校		Institutions of Higher Education		83.5	20.1
中等学校		Secondary Schools		1064.9	2.7
小学		Primary Schools		1692.9	-2.6
各类专任教师数	(万人)	Full-time Teachers	(10 000 persons)		
高等学校		Institutions of Higher Education		5.8	18.1
中等学校		Secondary Schools		57.5	3.5
小学		Primary Schools		86.8	-1.0
文化		**Culture**			
出版数量		Publications			
图书	(万册)	Number of Books Published	(10 000 copies)	66611.7	54.1
杂志	(万册)	Number of Magazines Issued	(10 000 copies)	8341.7	-16.4
报纸	(万份)	Number of Newspapers Issued	(10 000 copies)	256030.6	56.4
卫生		**Public Health**			
卫生机构	(万个)	Number of Health Institutions	(10 000 units)	3.0	99.6
卫生机构床位	(万张)	Number of Hospitals and Sanatorium Beds	(10 000 beds)	30.0	-21.5
卫生技术人员	(万人)	Medical Personnel	(10 000 persons)	12.2	-73.6

注：工业总产值统计范围为全部国有和年销售收入500万元以上的非国有工业企业。

a) The statistical coverage of gross industrial output value is all state-owned industrial owned industrial enterprises and the non-state-enterprises with an annual sales income of over 5 million yuan.

1-6 长江三角洲经济区主要经济指标（2004年）

Main Economic Indicators of Yangtze River Delta Economic Zone (2004)

指　　标	Item	合　计 Total	占全国比重 (%) Percentage to National Total (%)
土地面积（万平方公里）	Area of Land (10 000 sq.km)	10.96	1.1
年底总人口（万人）	Population at the Year-end (10 000 persons)	8212	6.3
年底就业人员（万人）	Employment At the Year-end (10 000 persons)	4954	6.6
年末城镇登记失业率（%）	Registered Unemployment Rate in Urban Area (%)	4.0	
地区生产总值（亿元）	Gross Domestic Product (100 million yuan)	28775.0	21.1
第一产业	Primary Industry	1324.7	6.4
第二产业	Secondary Industry	16073.4	22.2
#工业	Industry	14328.9	22.8
第三产业	Tertiary Industry	11377.4	30.0
人均地区生产总值（元）	Per Capita Gross Domestic Product (yuan)	35040	
城镇居民可支配收入（元）	Per Capita Disposable Income of Urban Households (yuan)	13431	
全社会固定资产投资总额（亿元）	Total Investment in Fixed Assets (100 million yuan)	13650.7	19.4
#房地产	Investment in Real Estate Development	2930.5	22.3
社会消费品零售总额（亿元）	Total Retail Sales of Consumer Goods (100 million yuan)	8258.9	15.2
进出口总额（亿美元）	Total Imports and Exports (100 million USD)	4013.9	34.8
出口额	Exports	2083.2	35.1
进口额	Imports	1930.8	34.4
实际外商直接投资（亿美元）	Actually Used Amount of Foreign Direct Investment	209.9	34.6
地方财政一般预算收入（亿元）	Local Government Budgetary Revenue (100 million yuan)	2489.4	21.3
地方财政一般预算支出（亿元）	Local Government Budgetary Expenditure (100 million yuan)	2930.0	14.2
居民储蓄存款（亿元）	Savings Deposits of Residents (100 million yuan)	18731.9	15.7

注：长江三角洲是指包括上海市、江苏省的南京、苏州、无锡、常州、镇江、南通、扬州和泰州，以及浙江省的杭州、宁波、嘉兴、湖州、绍兴、舟山和台州市16个地级以上城市。

a) The Yangtze River Delta Economic Zone covers the areas of 16 cities above prefecture level of Shanghai, Jiangsu and Zhejiang Provinces. The 16 cities include Shanghai, Nanjing, Suzhou, Wuxi, Changzhou, Zhenjiang, Nantong, Yangzhou, Taizhou, Hangzhou, Ningbo, Jiaxing, Huzhou, Shaoxing, Zhoushan and Taizhou.

1-7 珠江三角洲经济区主要经济指标（2004年）

Main Economic Indicators of The Pearl River Delta Economic Zone (2004)

指标	Item	合计 Total	占全国比重(%) Percentage to National Total (%)
土地面积 (平方公里)	Area of Land (sq.km)	41698	0.4
年底总人口 (万人)	Population at the Year-end (10 000 persons)	2451	1.9
年底就业人员 (万人)	Employment At the Year-end (10 000 persons)	2173	2.9
年末城镇登记失业率 (%)	Registered Unemployment Rate in Urban Area (%)	2.5	
地区生产总值 (亿元)	Gross Domestic Product (100 million yuan)	13394.0	8.4
第一产业	Primary Industry	506.3	2.4
第二产业	Secondary Industry	7206.4	9.8
#工业	Industry	6569.6	10.1
第三产业	Tertiary Industry	5681.3	8.7
人均地区生产总值 (元)	Per Capita Gross Domestic Product (yuan)	46304	
城镇居民可支配收入 (元)	Per Capita Disposable Income of Urban Households (yuan)	17290	
全社会固定资产投资总额(亿元)	Total Investment in Fixed Assets (100 million yuan)	4487.0	6.4
#房地产开发	Real Estate Development	1274.9	9.7
社会消费品零售总额 (亿元)	Total Amount of Rtail Sales of Consumer Goods	4498.5	8.3
外贸进出口总额 (亿美元)	Total Imports and Exports (100 million USD)	3417.8	29.6
出口额	Exports	1822.2	30.7
进口额	Imports	1595.6	28.4
实际外商直接投资 (亿美元)	Actually Used Amount of Foreign Direct Investment	100.1	16.5
地方财政一般预算收入 (亿元)	Local Government Budgetary Revenue (100 million yuan)	932.0	8.0
地方财政一般预算支出 (亿元)	Local Government Budgetary Expenditure(100 million yuan)	1210.0	5.9
居民储蓄存款 (亿元)	Savings Deposits of Residents (100 million yuan)	12680	10.6

注：珠江三角洲经济区包括13个市、县(区)：广州、深圳、珠海、佛山、江门、东莞、中山、惠州市区、惠东县、博罗县、肇庆市区、高要市、四会市。

a) The Pearl River Delta Economic Zone covers the areas of 13 cities and countries(districts),including Guangzhou, Shenzhen Zhuhai, Foshan, Jiangmen, Dongguan, Zhongshan, urban districts of Huizhou, HuidongCounty, Boluo County, urban districts of Zhaoqing, Gaoyao county-level city and Sihui county-level city.

1-8 百强县经济主要经济指标（2004年）

Main Economic Indicators of National Hundred Best County (2004)

指标	Item	合计 Total	占全国比重(%) Percentage to National Total (%)
土地面积 (万平方公里)	Area of Land (10 000 sq.km)	12.4	1.3
年底总人口 (万人)	Population at the Year-end (10 000 persons)	6700	7.0
年末城镇登记失业率 (%)	Registered Unemployment Rate in Urban Area (%)	2.5	
地区生产总值 (亿元)	Gross Domestic Product (100 million yuan)	约20000	24.1
人均地区生产总值 (元)	Per Capita Gross Domestic Product (yuan)	5966	
城镇居民可支配收入 (元)	Per Capita Disposable Income of Urban Households (yuan)	17988	
出口额 (亿美元)	Exports (USD 100 million)	950	69.4
地方财政收入 (亿元)	Local Government Budgetary Revenue (100 million yuan)	1960	31.3
居民储蓄存款 (亿元)	Savings Deposits of Residents (100 million yuan)	约11000	23

1-9　全国百强县各省分布情况(2004年)

Distribution of National Hundred Best County (2004)

单位：个　　　　(unit)

地　区	Region	综合发展百强县 General Development	粮食生产百强县 Output of Grain	棉花生产百强县 Output of Cotton	油料生产百强县 Output of Oil-bearing Crops	肉类生产百强县 Output of Meat
北　京	Beijing	1				1
天　津	Tianjin	2		1		2
河　北	Hebei	4		11	2	3
山　西	Shanxi	1		2		
内蒙古	Inner Mongolia	1	3		5	
辽　宁	Liaoning	1	6		1	12
吉　林	Jilin		11		1	11
黑龙江	Heilongjiang	1	11			4
上　海	Shanghai	1				
江　苏	Jiangsu	18	13	7	10	2
浙　江	Zhejiang	30				
安　徽	Anhui		19	6	15	6
福　建	Fujian	5				
江　西	Jiangxi		3	1		
山　东	Shandong	20	1	25	24	12
河　南	Henan	1	17	10	20	8
湖　北	Hubei		5	5	14	1
湖　南	Hunan		4	4	2	12
广　东	Guangdong	10				5
广　西	Guangxi					2
海　南	Hainan					
重　庆	Chongqing		2			
四　川	Sichuan	2	5		5	18
贵　州	Guizhou				1	
云　南	Yunnan					1
西　藏	Tibet					
陕　西	Shaanxi			1		
甘　肃	Gansu			3		
青　海	Qinghai					
宁　夏	Ningxia					
新　疆	Xinjiang	2		24		

Chapter 2

第二章

省、自治区、直辖市统计资料

Statistics of Province

2-1 行政区划(2004年底)

Divisions of Administrative Areas(End of 2004)

单位：个 (unit)

省级区划名称 Provinces, Autonomous Regions and Municipalities		地级区划数 Number of Regions at Prefecture Level	#地级市 Cities at Prefecture Level	县级区划数 Number of Regions at County Level	#县级市 Cities at County Level	#市辖区 Districts under the Jurisdiction of Cities	乡镇级区划数 Number of Regions at Townships Level	#街道办事处 Street Communities	#镇 Towns
全　国	**National Total**	**333**	**283**	**2862**	**374**	**852**	**43258**	**5904**	**19883**
北 京 市	Beijing			18		16	311	127	142
天 津 市	Tianjin			18		15	240	100	120
河 北 省	Hebei	11	11	172	22	36	2209	241	937
山 西 省	Shanxi	11	11	119	11	23	1388	193	561
内蒙古自治区	Inner Mongolia	12	9	101	11	21	1427	191	532
辽 宁 省	Liaoning	14	14	100	17	56	1530	539	613
吉 林 省	Jilin	9	8	60	20	19	1005	239	454
黑 龙 江 省	Heilongjiang	13	12	130	19	65	1297	366	473
上 海 市	Shanghai			19		18	220	103	114
江 苏 省	Jiangsu	13	13	106	27	54	1488	287	1078
浙 江 省	Zhejiang	11	11	90	22	32	1569	290	760
安 徽 省	Anhui	17	17	105	5	44	1776	234	968
福 建 省	Fujian	9	9	85	14	26	1104	153	605
江 西 省	Jiangxi	11	11	99	10	19	1549	120	771
山 东 省	Shandong	17	17	140	31	49	1941	423	1223
河 南 省	Henan	17	17	159	21	50	2451	342	865
湖 北 省	Hubei	13	12	102	24	38	1236	274	738
湖 南 省	Hunan	14	13	122	16	34	2576	226	1098
广 东 省	Guangdong	21	21	121	23	54	1612	412	1188
广西壮族自治区	Guangxi	14	14	109	7	34	1396	72	748
海 南 省	Hainan	2	2	20	6	4	218	17	181
重 庆 市	Chongqing			40	4	15	1150	106	626
四 川 省	Sichuan	21	18	181	14	43	5018	218	1882
贵 州 省	Guizhou	9	4	88	9	10	1540	88	692
云 南 省	Yunnan	16	8	129	9	12	1559	52	577
西藏自治区	Tibet	7	1	73	1	1	692	9	140
陕 西 省	Shaanxi	10	10	107	3	24	1747	167	903
甘 肃 省	Gansu	14	12	86	4	17	1350	109	456
青 海 省	Qinghai	8	1	43	2	4	429	31	116
宁夏回族自治区	Ningxia	5	5	21	2	8	226	39	93
新疆维吾尔自治区	Xinjiang	14	2	99	20	11	1004	136	229

2-2 主要能源、金属和非金属矿产基础储量（2004年）

Basic Reserves of Major Energy, Metals and Nonmetal Mineral(2004)

地 区	Region	石 油（万吨）Petroleum (10 000 tons)	天然气（亿立方米）Natural Gas (100 million cu.m)	煤 炭（亿吨）Coal (100 million tons)	铁 矿（矿石,亿吨）Iron (100 million tons)	铜 矿（万吨）Copper (10 000 tons)	铝土矿（矿石,万吨）Bauxite (10 000 tons)	磷 矿（矿石,万吨）Phosphorus Ore (10 000 tons)	高岭土（矿石,万吨）Kaolin Ore (10 000 tons)
全 国	**National Total**	**249097.9**	**25292.6**	**3373.4**	**217.6**	**2929.0**	**72069.0**	**389393.3**	**55272.0**
北 京	Beijing	9.0		5.7	3.3		2.3		
天 津	Tianjin	4110.1	349.2	3.0					
河 北	Hebei	12261.8	176.4	73.2	39.9	16.5	397.7	23186.8	58.3
山 西	Shanxi			1040.1	6.3	157.1	11352.9	9473.6	160.2
内蒙古	Inner Mongolia	4975.1	3969.4	740.2	13.6	98.7		672.6	456.8
辽 宁	Liaoning	17598.4	498.9	44.9	63.2	14.9		7793.7	618.3
吉 林	Jilin	15169.3	181.3	15.6	1.8	16.4			62.7
黑龙江	Heilongjiang	56531.4	450.0	90.2	0.5	120.7			
上 海	Shanghai								
江 苏	Jiangsu	2396.2	24.6	24.2	2.3	6.9		2829.9	1279.8
浙 江	Zhejiang			0.5	0.1	12.2			538.7
安 徽	Anhui	103.3		140.4	11.7	258.1		4357.3	361.3
福 建	Fujian			4.6	3.7	97.6	65.6	367.6	5897.3
江 西	Jiangxi			8.0	1.1	824.3		7559.8	4453.3
山 东	Shandong	31004.6	283.3	107.2	10.6	30.8	667.8	6671.0	
河 南	Henan	5986.2	172.0	132.6	2.0	10.5	19002.8	677.4	
湖 北	Hubei	1062.1	40.4	2.4	5.0	222.6	279.7	100781.0	136.6
湖 南	Hunan			20.3	1.3	39.5	176.6	27625.6	2714.6
广 东	Guangdong	9.0	0.3	1.9	2.1	67.2		13.3	29940.2
广 西	Guangxi	128.8	8.5	8.2	1.0	15.3	13508.5		6168.6
海 南	Hainan	55.0	12.6	0.9	0.4	1.8		361.2	1877.6
重 庆	Chongqing		1127.3	17.3			3639.1		
四 川	Sichuan	243.8	3147.8	46.1	31.1	87.1		28368.8	56.1
贵 州	Guizhou		10.4	149.1	0.5	0.4	21604.6	70648.4	10.4
云 南	Yunnan	10.5	14.7	157.2	4.6	262.3	649.6	89714.2	400.1
西 藏	Tibet			0.1	0.3	220.5		2053.1	
陕 西	Shaanxi	16245.1	4692.1	284.9	4.2	16.6	721.8		81.1
甘 肃	Gansu	8328.6	83.8	48.8	4.1	198.0			
青 海	Qinghai	3833.0	1544.4	17.5	0.1	50.4		6045.1	
宁 夏	Ningxia	103.6	0.8	68.1				148.3	
新 疆	Xinjiang	39782.7	5675.4	120.7	2.9	82.8		44.7	
海 域	Ocean	29150.3	2829.0						

2-3 水资源情况（2004年）

Water Resource (2004)

地 区	Region	水资源总量（亿立方米）Total Amount of Water Resource (100 million cu.m)	地表水资源量 Surface Water	地下水资源量 Ground Water	地下水与地下水资源重复量 Duplicated Measurement Between Surface Water and Groundwater	人均水资源量（立方米/人）Per Capita Water Resources (cu.m/person)
全 国	**National Total**	**24129.6**	**23126.4**	**7436.3**	**6433.1**	**1856.3**
北 京	Beijing	21.3	8.2	16.5	3.4	143.0
天 津	Tianjin	14.3	9.8	5.2	0.6	139.7
河 北	Hebei	154.2	61.3	131.1	38.1	226.5
山 西	Shanxi	92.5	58.1	75.1	40.7	277.4
内蒙古	Inner Mongolia	437.6	310.2	222.6	95.2	1835.6
辽 宁	Liaoning	285.7	248.7	109.6	72.6	677.4
吉 林	Jilin	323.7	278.4	94.4	49.1	1194.9
黑龙江	Heilongjiang	652.1	530.6	273.7	152.2	1708.5
上 海	Shanghai	25.0	25.0	9.3	9.3	143.4
江 苏	Jiangsu	204.0	132.4	91.0	19.4	274.5
浙 江	Zhejiang	675.7	662.2	183.0	169.5	1431.5
安 徽	Anhui	500.7	462.0	152.0	113.3	774.9
福 建	Fujian	712.2	711.0	235.0	233.7	2028.6
江 西	Jiangxi	1034.6	1016.5	279.5	261.3	2415.1
山 东	Shandong	349.5	234.5	193.1	78.2	380.7
河 南	Henan	406.6	289.7	200.7	83.7	418.4
湖 北	Hubei	926.4	894.6	276.7	244.9	1539.8
湖 南	Hunan	1641.3	1634.2	389.5	382.5	2450.4
广 东	Guangdong	1187.7	1177.8	331.4	321.5	1430.2
广 西	Guangxi	1604.5	1604.5	321.5	321.5	3281.9
海 南	Hainan	171.1	169.1	46.9	44.9	2092.2
重 庆	Chongqing	558.8	558.8	104.8	104.8	1789.8
四 川	Sichuan	2434.2	2432.6	582.9	581.3	2789.9
贵 州	Guizhou	991.0	991.0	254.7	254.7	2538.4
云 南	Yunnan	2106.3	2106.3	719.8	719.8	4770.8
西 藏	Tibet	4665.2	4665.2	1137.2	1137.2	170261.3
陕 西	Shaanxi	309.4	286.1	111.7	88.3	835.1
甘 肃	Gansu	171.9	162.3	106.0	96.3	656.5
青 海	Qinghai	606.8	588.8	262.0	243.9	11258.1
宁 夏	Ningxia	9.9	7.5	17.1	14.7	167.7
新 疆	Xinjiang	855.4	809.2	502.6	456.4	4357.6

2-4 森林资源情况

Forest Resources

地 区	Region	林业用地面积 (万公顷) Area of Afforested Land (10 000 hectares)	森林面积 (万公顷) Forest Area (10 000 hectares)	#人工林 Man-made Forest	森林覆盖率 (%) Forest Coverage Rate (%)	活立木总蓄积量 (万立方米) Total Standing Forest Stock (10 000 cu.m)	森林蓄积量 (万立方米) Stock Volume of Forest (10 000 cu.m)
全 国	**National Total**	**28492.56**	**17490.92**	**5364.99**	**18.21**	**1361810.00**	**1245584.58**
北 京	Beijing	97.29	37.88	27.08	21.26	1176.36	840.70
天 津	Tianjin	13.44	9.35	8.99	8.14	234.18	140.35
河 北	Hebei	624.55	328.83	179.48	17.69	8657.98	6509.92
山 西	Shanxi	690.94	208.19	99.19	13.29	7309.34	6199.93
内蒙古	Inner Mongolia	4403.61	2050.67	241.29	17.70	128806.70	110153.15
辽 宁	Liaoning	634.39	480.53	267.60	32.97	18546.33	17476.57
吉 林	Jilin	805.57	720.12	148.22	38.13	85359.17	81645.51
黑龙江	Heilongjiang	2026.50	1797.50	172.63	39.54	150153.09	137502.31
上 海	Shanghai	2.25	1.89	1.89	3.17	233.63	33.24
江 苏	Jiangsu	99.88	77.41	74.17	7.54	4073.18	2285.27
浙 江	Zhejiang	654.79	553.92	255.63	54.41	13846.75	11535.85
安 徽	Anhui	412.32	331.99	185.51	24.03	12667.41	10371.90
福 建	Fujian	908.07	764.94	356.98	62.96	49671.38	44357.36
江 西	Jiangxi	1044.69	931.39	275.25	55.86	37435.19	32505.20
山 东	Shandong	284.64	204.64	194.40	13.44	5819.42	3201.65
河 南	Henan	456.41	270.30	161.11	16.19	13370.51	8404.64
湖 北	Hubei	766.00	497.55	145.90	26.77	17518.13	15406.64
湖 南	Hunan	1171.42	860.79	390.39	40.63	30211.67	26534.46
广 东	Guangdong	1048.14	827.00	440.83	46.49	29703.35	28365.63
广 西	Guangxi	1366.22	983.83	449.62	41.41	40287.06	36477.26
海 南	Hainan	194.47	166.66	109.10	48.87	7863.61	7195.16
重 庆	Chongqing	366.84	183.18	62.87	22.25	10580.49	8441.08
四 川	Sichuan	2266.02	1464.34	343.29	30.27	158216.65	149543.36
贵 州	Guizhou	761.83	420.47	183.50	23.83	21022.16	17795.72
云 南	Yunnan	2424.76	1560.03	251.45	40.77	154759.40	139929.16
西 藏	Tibet	1657.89	1389.61	2.76	11.31	229448.04	226606.41
陕 西	Shaanxi	1071.78	670.39	169.21	32.55	33422.35	30775.77
甘 肃	Gansu	745.55	299.63	67.32	6.66	19542.61	17504.33
青 海	Qinghai	556.28	317.20	4.36	4.40	4101.39	3592.62
宁 夏	Ningxia	115.34	40.36	9.81	6.08	478.39	392.85
新 疆	Xinjiang	608.46	484.07	45.90	2.94	31419.68	28039.68

注：1.本表为第六次全国森林资源清查（1999-2003)资料。

2.全国总计数包括台湾省和香港、澳门特别行政区数据。

a) Data in the table are the figures of the Sixth National Forestry Survey (1999-2003).

b) Data of national total include forest resources in Taiwan province and Hong Kong SAR and Macao SAR.

2-5 湿地面积

Area of Wetlands

地　区	Region	湿地面积（千公顷）Area of Wetlands (1 000 hectares)	天然湿地 Natural Wetlands	近岸及海岸 Coasts and Seashores	河流 Rivers	湖泊 Lakes	沼泽 Marshland	人工湿地 Man-made Wetlands	湿地面积占国土面积比重（%）Proportion of Wetlands in Total Area of Territory (%)
全　国	**National Total**	**38485.5**	**36200.6**	**5941.7**	**8207.0**	**8351.6**	**13700.3**	**2285.0**	**4.01**
北　京	Beijing	34.4	5.0		5.0			29.4	1.93
天　津	Tianjin	171.8	133.7	58.1	55.1	12.3	8.2	38.1	14.95
河　北	Hebei	1081.9	1042.3	278.8	319.3	307.2	136.9	39.6	5.82
山　西	Shanxi	499.9	462.2		454.1	8.1		37.7	3.19
内蒙古	Inner Mongolia	4245.0	4200.8		607.5	495.2	3098.1	44.3	3.66
辽　宁	Liaoning	1219.6	1106.8	738.1	252.2	6.3	110.2	112.9	8.37
吉　林	Jilin	1203.4	1016.4	5.8	581.4	74.5	354.7	187.0	6.37
黑龙江	Heilongjiang	4314.8	4182.8		460.7	401.9	3320.3	132.0	9.49
上　海	Shanghai	319.7	319.4	305.4	7.2	6.8		0.3	53.68
江　苏	Jiangsu	1674.7	1651.1	843.5	203.3	604.2		23.6	16.32
浙　江	Zhejiang	802.2	695.9	574.3	118.5	3.0	0.1	106.3	7.88
安　徽	Anhui	653.9	590.0		239.5	350.5		63.9	4.73
福　建	Fujian	443.0	421.2	370.6	31.1	19.5		21.8	3.65
江　西	Jiangxi	998.8	872.9		314.9	443.2	114.8	125.9	5.99
山　东	Shandong	1784.1	1681.4	1210.9	301.1	165.5	3.9	102.7	11.72
河　南	Henan	624.1	482.2		472.7	2.6	6.9	141.9	3.74
湖　北	Hubei	927.3	730.5		377.4	294.7	58.4	196.9	4.99
湖　南	Hunan	1226.9	1047.5		683.1	359.3	5.1	179.5	5.79
广　东	Guangdong	1398.1	1252.0	1017.8	231.7	1.5	1.0	146.0	7.86
广　西	Guangxi	656.1	567.5	348.4	219.1			88.6	2.76
海　南	Hainan	311.5	256.6	190.0	38.3	17.3	11.0	54.9	9.13
重　庆	Chongqing	43.2	31.9		31.6	0.3		11.3	0.52
四　川	Sichuan	961.7	919.5		563.9	13.4	342.3	42.1	1.98
贵　州	Guizhou	79.4	65.9		58.0	2.3	5.7	13.5	0.45
云　南	Yunnan	235.3	220.3		119.8	96.5	4.0	15.0	0.61
西　藏	Tibet	5232.0	5231.5		231.1	2538.6	2461.7	0.5	4.26
陕　西	Shaanxi	292.9	277.2		252.1	7.3	17.8	15.7	1.42
甘　肃	Gansu	1258.1	1131.4		565.6	44.3	521.5	126.7	2.80
青　海	Qinghai	4126.0	4087.7		107.5	1232.0	2748.1	38.3	5.72
宁　夏	Ningxia	255.6	252.4		104.1	148.3		3.2	3.85
新　疆	Xinjiang	1410.2	1264.6		200.2	694.9	369.5	145.5	0.86

注：本表为中国首次湿地调查（1995-2003）资料，不包括台湾省、香港和澳门特别行政区；湿地面积不包括水稻田湿地。

a) Data in the table are the figures of China First Wetlands Survey (1995-2003), excluding the wetlands of Taiwan province, Hong Kong SAR and Macao SAR. Area of wetlands excludes the wetland of paddyfield.

2-6 国内生产总值和地区生产总值（2004年）

Gross Domestic Product and Gross Regional Product (2004)

本表绝对数按当年价格计算，指数按可比价格计算。

Level figures in this table are calculated at current prices while indices are calculated at comparable prices.

地 区	Region	国内和地区生产总值（亿元） Gross Domestic or Regional Product (100 million yuan)	第一产业 Primary Industry	第二产业 Secondary Industry	第三产业 Tertiary Industry	构成（%） Composition 第一产业 Primary Industry	第二产业 Secondary Industry	第三产业 Tertiary Industry	人均国内和地区生产总值（元/人） Per Capita Gross Domestic or Regional Product (yuan/person)
全 国	**National**	**159878.3**	**20955.8**	**73904.3**	**65018.2**	**13.1**	**46.2**	**40.7**	**12336**
北 京	Beijing	6060.3	93.1	1853.6	4113.6	1.5	30.6	67.9	41101
天 津	Tianjin	3111.0	102.6	1685.9	1322.5	3.3	54.2	42.5	30575
河 北	Hebei	8472.8	1332.8	4296.8	2843.2	15.7	50.7	33.6	12480
山 西	Shanxi	3571.4	261.8	1919.4	1390.2	7.3	53.7	38.9	10743
内蒙古	Inner Mongolia	3020.0	515.4	1227.2	1277.4	17.1	40.6	42.3	12678
辽 宁	Liaoning	6672.0	776.1	3061.6	2834.3	11.6	45.9	42.5	15835
吉 林	Jilin	3122.0	562.4	1329.7	1229.9	18.0	42.6	39.4	11535
黑龙江	Heilongjiang	4750.6	593.3	2487.0	1670.3	12.5	52.4	35.2	12449
上 海	Shanghai	8072.8	81.1	3892.1	4099.6	1.0	48.2	50.8	46758
江 苏	Jiangsu	15003.6	1300.4	8505.1	5198.1	8.7	56.7	34.6	20222
浙 江	Zhejiang	11648.7	803.6	6250.4	4594.7	6.9	53.7	39.4	24784
安 徽	Anhui	4759.3	933.2	1844.9	1981.2	19.6	38.8	41.6	7395
福 建	Fujian	5763.4	786.8	2770.5	2206.1	13.7	48.1	38.3	16469
江 西	Jiangxi	3456.7	664.5	1566.4	1225.8	19.2	45.3	35.5	8097
山 东	Shandong	15021.8	1778.4	8478.7	4764.7	11.8	56.4	31.7	16413
河 南	Henan	8553.8	1649.3	4182.1	2722.4	19.3	48.9	31.8	8826
湖 北	Hubei	5633.2	1020.1	2320.6	2292.5	18.1	41.2	40.7	9375
湖 南	Hunan	5641.9	1156.8	2190.5	2294.6	20.5	38.8	40.7	8445
广 东	Guangdong	18864.6	1219.8	9280.7	8364.1	6.5	49.2	44.3	23207
广 西	Guangxi	3433.5	810.2	1253.8	1369.5	23.6	36.5	39.9	7046
海 南	Hainan	798.9	275.0	184.8	339.1	34.4	23.1	42.4	9808
重 庆	Chongqing	2691.5	420.4	1112.8	1158.3	15.6	41.3	43.0	8610
四 川	Sichuan	6379.6	1379.9	2489.4	2510.3	21.6	39.0	39.3	7322
贵 州	Guizhou	1677.8	334.5	681.4	661.9	19.9	40.6	39.5	4316
云 南	Yunnan	3081.9	593.6	1281.6	1206.7	19.3	41.6	39.2	7011
西 藏	Tibet	220.3	43.4	52.8	124.1	19.7	24.0	56.3	8099
陕 西	Shaanxi	3175.6	372.3	1553.1	1250.2	11.7	48.9	39.4	8589
甘 肃	Gansu	1688.5	283.1	713.3	692.1	16.8	42.2	41.0	6467
青 海	Qinghai	466.1	58.1	211.7	196.3	12.5	45.4	42.1	8688
宁 夏	Ningxia	537.1	65.3	244.0	227.8	12.2	45.4	42.4	9197
新 疆	Xinjiang	2248.8	446.2	954.2	848.4	19.8	42.4	37.7	11541

注：人均地区生产总值，北京、天津和上海采用户籍人口计算，其他地区采用常住人口计算。

a) Per capita gross regional products of Beijing, Tianjin and Shanghai are calculated by the population of permanent registered residence, others by de facto population.

2-7 支出法地区生产总值（2004年）

Gross Regional Product by Expenditure Approach (2004)

本表按当年价格计算。

Data in value terms in this table are calculated at current prices.

地区	Region	支出法地区生产总值(亿元) Gross Regional Product by Expenditure Approach (100 million yuan)	最终消费 Final Consumption Expenditure	资本形成总额 Gross Capital Formation	货物和服务净流出 Net Outflow of Goods and Services	资本形成率(投资率)(%) Capital Formation Rate (%)	最终消费率(消费率)(%) Final Consumption Rate (%)
全国	**National**	**142394.20**	**75439.70**	**62875.30**	**4079.20**	**44.2**	**53.0**
北京	Beijing	4283.31	2264.55	2707.87	-689.11	63.2	52.9
天津	Tianjin	2931.88	1272.60	1673.73	-14.45	57.1	43.4
河北	Hebei	8836.92	3743.05	3997.15	1096.72	45.2	42.4
山西	Shanxi	3138.85	1581.58	1601.79	-44.52	51.0	50.4
内蒙古	Inner Mongolia	2712.08	1411.61	1918.06	-617.59	70.7	52.0
辽宁	Liaoning	6872.65	3287.27	3271.08	314.31	47.6	47.8
吉林	Jilin	3170.82	1868.58	1350.36	-48.12	42.6	58.9
黑龙江	Heilongjiang	4904.38	2793.53	1664.85	446.00	33.9	57.0
上海	Shanghai	7450.27	3261.42	3607.10	581.75	48.4	43.8
江苏	Jiangsu	15512.35	6667.64	8026.08	818.63	51.7	43.0
浙江	Zhejiang	11243.00	4723.33	5748.87	770.80	51.1	42.0
安徽	Anhui	4814.65	2835.44	1983.21	-4.00	41.2	58.9
福建	Fujian	5974.02	3019.07	2824.14	130.81	47.3	50.5
江西	Jiangxi	3504.37	1822.14	1736.79	-54.56	49.6	52.0
山东	Shandong	15490.73	6810.20	7625.31	1055.22	49.2	44.0
河南	Henan	8815.09	4673.62	3889.17	252.30	44.1	53.0
湖北	Hubei	6335.10	3564.14	2680.96	90.00	42.3	56.3
湖南	Hunan	5612.26	3315.51	2254.00	42.75	40.2	59.1
广东	Guangdong	16039.46	8774.75	6365.35	899.36	39.7	54.7
广西	Guangxi	3320.10	2079.28	1344.73	-103.91	40.5	62.6
海南	Hainan	769.36	401.85	366.16	1.35	47.6	52.2
重庆	Chongqing	2745.35	1579.20	1640.82	-474.67	59.8	57.5
四川	Sichuan	6556.01	3824.88	2728.10	3.03	41.6	58.3
贵州	Guizhou	1591.90	1086.53	870.73	-365.36	54.7	68.3
云南	Yunnan	2959.48	1889.20	1450.44	-380.16	49.0	63.8
西藏	Tibet	211.54	187.11	173.97	-149.54	82.2	88.5
陕西	Shaanxi	2883.51	1336.39	1844.24	-297.12	64.0	46.3
甘肃	Gansu	1558.93	901.11	731.77	-73.95	46.9	57.8
青海	Qinghai	465.73	301.72	322.67	-158.66	69.3	64.8
宁夏	Ningxia	460.35	318.75	391.04	-249.44	84.9	69.2
新疆	Xinjiang	2200.15	1150.81	1362.40	-313.06	61.9	52.3

2-8 资本形成总额及构成（2004年）

Gross Capital Formation and Its Composition (2004)

本表按当年价格计算。

Data in value terms in this table are calculated at current prices.

地 区	Region	资本形成总额（亿元） Gross Capital Formation (100 million yuan)	固定资本形成总额 Gross Fixed Capital Formation	存货增加 Changes in Inventories	构成（资本形成总额=100） Composition (Total=100) 固定资本形成总额 Gross Fixed Capital Formation	存货增加 Changes in Inventories
全 国	**National**	**62875.30**	**62351.40**	**523.90**	**99.2**	**0.8**
北 京	Beijing	2707.87	2600.80	107.07	96.0	4.0
天 津	Tianjin	1673.73	1446.49	227.24	86.4	13.6
河 北	Hebei	3997.15	3452.08	545.07	86.4	13.6
山 西	Shanxi	1601.79	1454.12	147.67	90.8	9.2
内蒙古	Inner Mongolia	1918.06	1809.26	108.80	94.3	5.7
辽 宁	Liaoning	3271.08	3025.13	245.94	92.5	7.5
吉 林	Jilin	1350.36	1182.15	168.21	87.5	12.5
黑龙江	Heilongjiang	1664.85	1516.85	148.00	91.1	8.9
上 海	Shanghai	3607.10	3246.16	360.94	90.0	10.0
江 苏	Jiangsu	8026.08	6972.68	1053.40	86.9	13.1
浙 江	Zhejiang	5748.87	5563.87	185.00	96.8	3.2
安 徽	Anhui	1983.21	1877.75	105.46	94.7	5.3
福 建	Fujian	2824.14	2210.11	614.03	78.3	21.7
江 西	Jiangxi	1736.79	1673.31	63.48	96.3	3.7
山 东	Shandong	7625.31	7033.20	592.11	92.2	7.8
河 南	Henan	3889.17	3273.99	615.18	84.2	15.8
湖 北	Hubei	2680.96	2316.48	364.48	86.4	13.6
湖 南	Hunan	2254.00	1959.75	294.25	86.9	13.1
广 东	Guangdong	6365.35	5939.32	426.03	93.3	6.7
广 西	Guangxi	1344.73	1296.55	48.18	96.4	3.6
海 南	Hainan	366.16	307.85	58.31	84.1	15.9
重 庆	Chongqing	1640.82	1552.99	87.83	94.6	5.4
四 川	Sichuan	2728.10	2587.14	140.96	94.8	5.2
贵 州	Guizhou	870.73	878.85	-8.12	100.9	-0.9
云 南	Yunnan	1450.44	1352.78	97.66	93.3	6.7
西 藏	Tibet	173.97	168.45	5.52	96.8	3.2
陕 西	Shaanxi	1844.24	1649.28	194.96	89.4	10.6
甘 肃	Gansu	731.77	639.82	91.95	87.4	12.6
青 海	Qinghai	322.67	319.02	3.65	98.9	1.1
宁 夏	Ningxia	391.04	379.72	11.32	97.1	2.9
新 疆	Xinjiang	1362.40	1239.50	122.90	91.0	9.0

2-9 最终消费及构成（2004年）

Final Consumption Expenditure and Its Composition (2004)

本表按当年价格计算。

Data in value terms in this table are calculated at current prices.

地区	Region	最终消费（亿元）Final Consumption Expenditure (100 million yuan)	居民消费 Household Consumption	农村居民 Rural Households	城镇居民 Urban Households	政府消费 Government Consumption	最终消费=100 Final Consumption Expenditure=100: 居民消费 Household Consumption	政府消费 Government Consumption	居民消费=100 Household Consumption Expenditure=100: 农村居民 Rural Households	城镇居民 Urban Households
全国	**National**	**75439.70**	**58994.50**	**23909.30**	**35085.20**	**16445.20**	**78.2**	**21.8**	**40.5**	**59.5**
北京	Beijing	2264.55	1354.23	172.15	1182.08	910.32	59.8	40.2	12.7	87.3
天津	Tianjin	1272.60	806.11	177.46	628.65	466.49	63.3	36.7	22.0	78.0
河北	Hebei	3743.05	2619.18	1368.78	1250.40	1123.87	70.0	30.0	52.3	47.7
山西	Shanxi	1581.58	1147.27	356.32	790.95	434.31	72.5	27.5	31.1	68.9
内蒙古	Inner Mongolia	1411.61	1019.05	310.39	708.66	392.56	72.2	27.8	30.5	69.5
辽宁	Liaoning	3287.27	2344.99	522.69	1822.30	942.27	71.3	28.7	22.3	77.7
吉林	Jilin	1868.58	1389.86	312.76	1077.10	478.72	74.4	25.6	22.5	77.5
黑龙江	Heilongjiang	2793.53	1958.36	401.74	1556.62	835.17	70.1	29.9	20.5	79.5
上海	Shanghai	3261.42	2476.19	252.18	2224.01	785.23	75.9	24.1	10.2	89.8
江苏	Jiangsu	6667.64	4581.50	1370.45	3211.05	2086.14	68.7	31.3	29.9	70.1
浙江	Zhejiang	4723.33	3216.42	1610.20	1606.22	1506.91	68.1	31.9	50.1	49.9
安徽	Anhui	2835.44	2296.38	1212.25	1084.12	539.06	81.0	19.0	52.8	47.2
福建	Fujian	3019.07	2078.72	1319.65	759.07	940.35	68.9	31.1	63.5	36.5
江西	Jiangxi	1822.14	1431.42	744.46	686.96	390.72	78.6	21.4	52.0	48.0
山东	Shandong	6810.20	4545.39	2075.17	2470.22	2264.81	66.7	33.3	45.7	54.3
河南	Henan	4673.62	3422.11	1501.56	1920.55	1251.51	73.2	26.8	43.9	56.1
湖北	Hubei	3564.14	2814.42	806.77	2007.65	749.72	79.0	21.0	28.7	71.3
湖南	Hunan	3315.51	2301.57	1235.12	1066.45	1013.94	69.4	30.6	53.7	46.3
广东	Guangdong	8774.75	5930.47	1415.60	4514.87	2844.28	67.6	32.4	23.9	76.1
广西	Guangxi	2079.28	1395.28	720.77	674.51	684.00	67.1	32.9	51.7	48.3
海南	Hainan	401.85	294.74	154.64	140.10	107.11	73.3	26.7	52.5	47.5
重庆	Chongqing	1579.20	1128.05	432.59	695.46	451.15	71.4	28.6	38.3	61.7
四川	Sichuan	3824.88	2943.58	1201.78	1741.80	881.30	77.0	23.0	40.8	59.2
贵州	Guizhou	1086.53	750.57	427.67	322.90	335.96	69.1	30.9	57.0	43.0
云南	Yunnan	1889.20	1303.68	739.33	564.35	585.52	69.0	31.0	56.7	43.3
西藏	Tibet	187.11	86.08	31.02	55.06	101.03	46.0	54.0	36.0	64.0
陕西	Shaanxi	1336.39	1075.63	451.23	624.40	260.76	80.5	19.5	42.0	58.0
甘肃	Gansu	901.11	642.29	277.10	365.19	258.82	71.3	28.7	43.1	56.9
青海	Qinghai	301.72	172.27	65.04	107.23	129.45	57.1	42.9	37.8	62.2
宁夏	Ningxia	318.75	198.83	76.59	122.24	119.92	62.4	37.6	38.5	61.5
新疆	Xinjiang	1150.81	663.52	222.49	441.03	487.29	57.7	42.3	33.5	66.5

2-10 居民消费水平(2004年)

Household Consumption Expenditure(2004)

本表绝对数按当年价格计算，指数按可比价格计算。

Absolute figures in this table are calculated at current prices, while indices are calculated at comparable prices.

地区	Region	绝对数(元) Value (yuan)			城乡消费水平对比(农村居民=1) Urban/Rural Consumption Ratio (Urban Households=1)	指数（上年=100） Index(Preceding year=100)		
		全国居民 All Households	农村居民 Rural Households	城镇居民 Urban Households		全国居民 All Households	农村居民 Rural Households	城镇居民 Urban Households
全国	**National**	**4552**	**2625**	**9105**	**3.5**	**107.2**	**104.7**	**105.0**
北京	Beijing	12405	5498	14971	2.7	110.4	105.6	110.6
天津	Tianjin	8765	4716	11369	2.4	112.1	107.8	112.9
河北	Hebei	3858	2644	7757	2.9	109.6	112.4	107.4
山西	Shanxi	3451	1763	6066	3.4	113.2	109.6	113.2
内蒙古	Inner Mongolia	4233	2083	7515	3.6	109.9	121.4	100.6
辽宁	Liaoning	5561	2817	7717	2.7	104.1	100.8	105.0
吉林	Jilin	5136	2410	7650	3.2	108.4	106.3	108.0
黑龙江	Heilongjiang	5132	2231	7726	3.5	107.8	107.7	107.5
上海	Shanghai	18382	9085	20795	2.3	114.0	109.3	112.6
江苏	Jiangsu	6159	3517	9065	2.6	113.5	105.7	108.0
浙江	Zhejiang	6844	4677	12782	2.7	109.0	105.9	108.7
安徽	Anhui	3707	2910	5343	1.8	106.8	106.4	104.9
福建	Fujian	5913	4831	9686	2.0	107.0	107.1	106.5
江西	Jiangxi	3353	2342	6300	2.7	111.6	109.8	110.8
山东	Shandong	4966	3318	8526	2.6	109.3	108.2	106.8
河南	Henan	3681	2245	7364	3.3	109.5	108.9	105.7
湖北	Hubei	4684	2368	7718	3.3	108.0	108.4	106.1
湖南	Hunan	3739	2599	7602	2.9	107.0	106.1	105.4
广东	Guangdong	7286	3374	11447	3.4	115.2	105.9	107.3
广西	Guangxi	2863	1816	7452	4.1	107.3	104.5	110.2
海南	Hainan	3620	2618	6267	2.4	107.5	107.2	106.9
重庆	Chongqing	3596	1827	9033	4.9	110.9	110.8	107.6
四川	Sichuan	3643	2171	6843	3.2	110.0	109.6	107.8
贵州	Guizhou	1946	1309	5477	4.2	104.2	100.8	106.7
云南	Yunnan	2966	2011	7853	3.9	106.8	101.2	113.7
西藏	Tibet	3166	1422	10227	7.2	112.2	112.3	112.2
陕西	Shaanxi	2893	1624	6643	4.1	109.6	110.5	106.7
甘肃	Gansu	2460	1371	6194	4.5	110.9	110.7	110.0
青海	Qinghai	3183	1719	6582	3.8	107.0	107.0	106.4
宁夏	Ningxia	3405	2011	6018	3.0	112.1	113.5	104.8
新疆	Xinjiang	3377	1751	6358	3.6	104.6	105.3	102.9

注：城乡消费水平对比，没有剔除城乡价格不可比的因素。

a) The effect of price differentials between urban and rural areas has not been removed in the calculation of the urban/rural consumption ratio.

2-11 总人口和出生率、死亡率、自然增长率（2004年）

Total Population and Birth Rate, Death Rate and Natural Growth Rate (2004)

地 区	Region	年底总人口 (万人) Total Population (year-end) (10 000 persons)	出生率 Birth Rate (‰)	死亡率 Death Rate (‰)	自然增长率 Natural Growth Rate (‰)
全 国	**National**	**129988**	**12.29**	**6.42**	**5.87**
北 京	Beijing	1493	6.10	5.40	0.70
天 津	Tianjin	1024	7.31	5.97	1.34
河 北	Hebei	6809	11.98	6.19	5.79
山 西	Shanxi	3335	12.36	6.11	6.25
内蒙古	Inner Mongolia	2384	9.53	5.98	3.55
辽 宁	Liaoning	4217	6.51	5.60	0.91
吉 林	Jilin	2709	7.39	5.63	1.76
黑龙江	Heilongjiang	3817	7.27	5.45	1.82
上 海	Shanghai	1742	6.00	6.00	0.00
江 苏	Jiangsu	7433	9.45	7.20	2.25
浙 江	Zhejiang	4720	10.71	5.76	4.95
安 徽	Anhui	6461	11.62	5.50	6.12
福 建	Fujian	3511	11.58	5.62	5.96
江 西	Jiangxi	4284	13.61	5.99	7.62
山 东	Shandong	9180	12.50	6.49	6.01
河 南	Henan	9717	11.67	6.47	5.20
湖 北	Hubei	6016	8.43	6.03	2.40
湖 南	Hunan	6698	11.89	6.80	5.09
广 东	Guangdong	8304	13.13	5.12	8.01
广 西	Guangxi	4889	13.32	6.12	7.20
海 南	Hainan	818	14.77	5.79	8.98
重 庆	Chongqing	3122	9.45	6.60	2.85
四 川	Sichuan	8725	9.05	6.27	2.78
贵 州	Guizhou	3904	15.08	6.35	8.73
云 南	Yunnan	4415	15.60	6.60	9.00
西 藏	Tibet	274	17.40	6.20	11.20
陕 西	Shaanxi	3705	10.59	6.33	4.26
甘 肃	Gansu	2619	12.43	6.52	5.91
青 海	Qinghai	539	16.32	6.45	9.87
宁 夏	Ningxia	588	15.97	4.79	11.18
新 疆	Xinjiang	1963	16.00	5.09	10.91

注：1.全国总人口包括现役军人数，分地区数字中未包括。
2.全国数据未包括香港、澳门特别行政区和台湾省的人口数据。
3.全国数据根据抽样误差和调查误差进行了修正。

a) The military personnel were included in the national total population, but excluded in the regional total population.
b) The national total population excluded the population of Hong Kong, Macao and Taiwan.
c) The national total population was adjusted according to the sampling error and investigation error.

2-12 按三次产业分就业人员数（2004年底）

Number of Employed Persons at the Year-end by Three Industries (2004)

地 区	Region	就业人员（万人） Total Employed Persons (10 000 persons)	第一产业 Primary Industry	第二产业 Secondary Industry	第三产业 Tertiary Industry	构成（合计=100） Composition in Percentage 第一产业 Primary Industry	第二产业 Secondary Industry	第三产业 Tertiary Industry
全 国	**National Total**	**75200.0**	**35269.0**	**16920.0**	**23011.0**	**46.9**	**22.5**	**30.6**
北 京	Beijing	895.0	61.6	236.4	597.0	6.9	26.4	66.7
天 津	Tianjin	422.0	81.6	169.3	171.1	19.3	40.1	40.6
河 北	Hebei	3416.4	1609.9	987.6	818.9	47.1	28.9	24.0
山 西	Shanxi	1474.6	645.1	375.0	454.5	43.8	25.4	30.8
内蒙古	Inner Mongolia	1019.1	555.5	151.9	311.7	54.5	14.9	30.6
辽 宁	Liaoning	1951.6	718.0	484.5	749.1	36.8	24.8	38.4
吉 林	Jilin	1115.6	518.9	207.1	389.6	46.5	18.6	34.9
黑龙江	Heilongjiang	1623.3	797.3	331.5	494.5	49.1	20.4	30.5
上 海	Shanghai	812.3	67.3	321.0	424.0	8.3	39.5	52.2
江 苏	Jiangsu	3719.7	1153.2	1348.4	1218.1	31.0	36.2	32.7
浙 江	Zhejiang	3092.0	831.5	1228.9	1031.6	26.9	39.7	33.4
安 徽	Anhui	3453.2	1806.7	698.0	948.5	52.3	20.2	27.5
福 建	Fujian	1817.5	732.4	533.6	551.5	40.3	29.4	30.3
江 西	Jiangxi	2039.8	978.3	413.6	647.9	48.0	20.3	31.8
山 东	Shandong	4939.7	2192.5	1362.4	1384.8	44.4	27.6	28.0
河 南	Henan	5587.4	3245.7	1142.1	1199.7	58.1	20.4	21.5
湖 北	Hubei	2588.6	1139.5	488.7	960.3	44.0	18.9	37.1
湖 南	Hunan	3599.6	1988.0	574.1	1037.5	55.2	15.9	28.8
广 东	Guangdong	4316.0	1541.2	1255.2	1519.6	35.7	29.1	35.2
广 西	Guangxi	2649.1	1531.8	287.1	830.2	57.8	10.8	31.3
海 南	Hainan	366.5	212.4	37.1	117.0	58.0	10.1	31.9
重 庆	Chongqing	1689.5	804.2	339.1	546.2	47.6	20.1	32.3
四 川	Sichuan	4503.4	2379.3	789.6	1334.6	52.8	17.5	29.6
贵 州	Guizhou	2168.8	1293.6	211.6	663.7	59.6	9.8	30.6
云 南	Yunnan	2401.4	1711.9	218.4	471.1	71.3	9.1	19.6
西 藏	Tibet	134.8	85.9	12.7	36.2	63.7	9.4	26.9
陕 西	Shaanxi	1884.7	964.3	326.1	594.3	51.2	17.3	31.5
甘 肃	Gansu	1321.7	772.7	182.8	366.2	58.5	13.8	27.7
青 海	Qinghai	263.1	134.7	43.4	85.0	51.2	16.5	32.3
宁 夏	Ningxia	298.1	148.7	63.9	85.5	49.9	21.4	28.7
新 疆	Xinjiang	744.5	403.3	98.5	242.7	54.2	13.2	32.6

2-13 按城乡分的就业人员数（2004年底）

Number of Employed Persons by Residence in Urban and Rural Areas (End of 2004)

单位：万人 (10 000 persons)

地区	Region	合计 Total	城镇						
			小计 Sub-total	#国有单位 State-owned Units	#集体单位 Collective-owned Units	#股份合作单位 Cooperative Units	#联营单位 Joint Ownership Units	#有限责任公司 Limited Liability Corporations	#股份有限公司 Share Holding Corporations Ltd.
全国	**National Total**	**75200**	**26476**	**6710**	**897**	**192**	**44**	**1436**	**625**
北京	Beijing	895.0	723.6	199.5	28.2	28.1	3.5	134.5	37.9
天津	Tianjin	422.0	246.2	92.1	12.5	1.2	1.6	24.3	9.6
河北	Hebei	3416.4	644.4	360.8	40.2	6.3	0.4	41.7	22.1
山西	Shanxi	1474.6	453.1	258.4	37.5	3.0	0.3	47.1	11.4
内蒙古	Inner Mongolia	1019.1	343.4	166.6	13.5	1.7	0.3	43.3	13.0
辽宁	Liaoning	1951.6	867.8	309.0	45.6	8.6	0.6	63.5	25.8
吉林	Jilin	1115.6	444.6	199.0	25.5	2.9	0.3	26.0	20.3
黑龙江	Heilongjiang	1623.3	680.0	328.5	47.1	20.3	1.2	46.7	38.6
上海	Shanghai	812.3	564.3	149.3	17.0	3.2	2.2	43.4	30.1
江苏	Jiangsu	3719.7	1054.9	293.0	43.8	10.5	1.9	82.0	51.3
浙江	Zhejiang	3092.0	839.7	179.1	35.9	24.3	1.8	113.6	36.6
安徽	Anhui	3453.2	542.4	215.6	35.3	4.0	0.8	49.7	22.0
福建	Fujian	1817.5	506.0	151.3	22.0	5.2	3.5	30.6	12.2
江西	Jiangxi	2039.8	434.4	202.2	18.7	2.9	0.2	22.8	12.2
山东	Shandong	4939.7	1185.5	492.5	68.8	11.5	1.4	89.8	41.5
河南	Henan	5587.4	869.5	408.8	96.1	7.9	1.3	120.9	39.2
湖北	Hubei	2588.6	711.5	320.9	38.2	4.5	1.9	47.8	28.9
湖南	Hunan	3599.6	648.1	298.6	32.7	4.7	0.6	28.8	19.5
广东	Guangdong	4316.0	1371.4	374.3	72.3	13.0	6.3	76.7	36.5
广西	Guangxi	2649.1	403.8	200.5	21.8	1.7	0.8	27.0	11.1
海南	Hainan	366.5	116.5	58.1	3.9	0.4	1.2	4.3	2.9
重庆	Chongqing	1689.5	327.9	123.6	17.2	4.1	6.8	41.4	12.6
四川	Sichuan	4503.4	729.5	317.1	45.6	6.9	1.1	80.1	35.7
贵州	Guizhou	2168.8	265.8	147.1	13.6	2.5	0.5	27.2	9.3
云南	Yunnan	2401.4	371.4	178.0	13.6	3.0	0.2	30.4	11.3
西藏	Tibet	134.8	29.1	16.3	0.5		0.2	0.3	0.2
陕西	Shaanxi	1884.7	459.2	251.3	23.9	3.7	0.7	32.6	14.1
甘肃	Gansu	1321.7	263.8	157.6	14.9	3.8	1.8	7.6	3.9
青海	Qinghai	263.1	78.5	34.1	2.3	1.0	0.1	3.3	1.6
宁夏	Ningxia	298.1	88.2	38.4	1.9	1.0	0.1	13.5	3.6
新疆	Xinjiang	744.5	349.4	188.2	6.9	0.8	0.3	35.0	9.7

2-13 续表 Continued

单位：万人 (10 000 persons)

地 区	Region	Urban Area				乡 村 Rural Area			
		#私营企业 Private Enterprises	#港澳台商投资单位 Units with Funds from Hong Kong, Macao and Taiwan	#外商投资单位 Foreign Funded Units	#个 体 Self-employed individuals	小 计 Sub-total	#乡镇企业 Township and Village Enterprises	#私营企业 Private Enterprises	#个 体 Self-employed Individuals
全 国	**National Total**	**2994**	**470**	**563**	**2521**	**48724**	**13866**	**2024**	**2066**
北 京	Beijing	175.2	18.3	45.0	45.6	171.4	135.6	97.6	23.7
天 津	Tianjin	42.0	11.5	36.8	10.3	175.7	151.1	34.7	14.9
河 北	Hebei	63.1	8.1	11.5	87.2	2772.0	914.5	160.9	168.2
山 西	Shanxi	52.7	2.0	1.9	38.5	1021.5	375.1	42.7	47.0
内蒙古	Inner Mongolia	44.2	1.1	2.7	56.1	675.8	224.4	17.0	21.8
辽 宁	Liaoning	177.0	9.5	36.0	188.1	1083.9	568.3	48.7	97.0
吉 林	Jilin	91.1	2.5	6.7	68.8	670.9	197.9	8.0	11.3
黑龙江	Heilongjiang	68.2	3.2	4.1	105.6	943.3	165.7	15.8	42.1
上 海	Shanghai	211.1	27.0	57.4	22.0	248.1	187.4	193.7	11.4
江 苏	Jiangsu	300.9	40.1	62.0	147.1	2664.8	1232.9	261.2	102.6
浙 江	Zhejiang	236.4	30.3	34.2	146.7	2252.3	1176.7	281.0	166.1
安 徽	Anhui	82.4	3.3	5.5	118.6	2910.8	522.7	58.9	137.7
福 建	Fujian	75.4	90.8	58.2	52.9	1311.5	638.1	35.9	32.9
江 西	Jiangxi	75.8	4.9	3.1	87.3	1605.4	359.2	38.3	62.3
山 东	Shandong	228.9	16.3	65.7	164.5	3754.2	1627.8	161.2	180.1
河 南	Henan	56.9	7.7	7.2	116.7	4718.0	993.9	62.6	141.3
湖 北	Hubei	72.9	8.1	10.6	128.7	1877.0	672.5	37.4	85.7
湖 南	Hunan	133.1	3.9	3.6	121.4	2951.6	823.4	40.9	75.0
广 东	Guangdong	311.2	163.1	86.6	229.4	2944.6	1268.4	123.3	194.2
广 西	Guangxi	49.3	4.8	5.0	78.2	2245.4	360.1	17.1	74.7
海 南	Hainan	25.4	1.8	1.9	16.5	250.1	31.2	3.6	8.3
重 庆	Chongqing	66.2	2.3	4.2	48.1	1361.5	191.6	33.2	43.4
四 川	Sichuan	108.3	3.2	6.1	121.0	3774.0	698.5	80.1	109.7
贵 州	Guizhou	25.3	0.9	1.3	38.0	1903.0	236.4	11.5	25.1
云 南	Yunnan	47.4	2.1	1.5	78.1	2030.0	331.9	29.4	47.8
西 藏	Tibet	3.8			7.8	105.7	2.6	0.5	2.0
陕 西	Shaanxi	53.8	1.5	1.7	73.8	1425.5	404.9	98.3	82.5
甘 肃	Gansu	31.5	0.6	1.3	38.7	1057.9	190.6	10.9	24.7
青 海	Qinghai	17.5	0.1		18.5	184.6	24.3	7.0	8.6
宁 夏	Ningxia	15.8		1.0	11.9	209.9	60.0	5.5	4.8
新 疆	Xinjiang	50.8	0.7	0.8	55.2	395.1	93.3	6.5	19.0

2-14 各地区按行业分城镇单位就业人员数（2004年底）

Number of Employed Persons By Residence in Urban and Rural Areas (End of 2004)

单位：万人 (10 000 persons)

地 区	Region	合 计 Total	农、林、牧、渔业 Agriculture, Forestry, Animal Husbandry and Fishing	采矿业 Mining	制造业 Manufacturing	电力、燃气及水的生产和供应业 Production and Distribution of Electricity, Gas and Water	建筑业 Construction	交通运输、仓储和邮政业 Transport, Storage and Post
全国总计	**National Total**	**11098.9**	**466.1**	**500.7**	**3050.8**	**300.6**	**841.0**	**631.8**
北 京	Beijing	502.8	3.0	2.2	105.1	6.3	41.3	36.1
天 津	Tianjin	193.9	0.9	7.7	76.8	3.1	9.3	13.3
河 北	Hebei	494.1	8.6	27.9	121.5	17.1	33.6	25.6
山 西	Shanxi	362.0	4.0	63.7	74.1	11.6	20.0	21.6
内蒙古	Inner Mongolia	243.1	30.6	17.0	43.7	9.1	12.5	16.6
辽 宁	Liaoning	502.6	28.9	31.1	150.5	17.1	30.9	33.2
吉 林	Jilin	284.8	21.0	14.9	66.4	8.0	15.5	24.5
黑龙江	Heilongjiang	506.2	89.4	42.8	108.7	15.5	38.0	31.2
上 海	Shanghai	331.1	1.7	0.1	120.2	5.6	13.0	34.3
江 苏	Jiangsu	606.8	16.5	15.0	231.5	13.8	24.3	33.3
浙 江	Zhejiang	456.6	2.4	1.7	154.2	9.5	69.6	19.4
安 徽	Anhui	341.4	10.6	30.4	70.9	9.1	26.9	17.1
福 建	Fujian	377.7	7.5	4.0	183.2	8.2	27.3	15.1
江 西	Jiangxi	271.4	16.1	8.8	62.7	9.3	20.5	16.6
山 东	Shandong	792.1	8.8	60.7	281.8	21.0	43.7	30.7
河 南	Henan	695.9	9.1	48.6	152.1	22.0	64.2	33.3
湖 北	Hubei	509.9	32.7	12.3	150.3	12.3	35.2	30.1
湖 南	Hunan	393.6	10.9	11.3	78.5	11.5	33.1	23.8
广 东	Guangdong	830.7	12.0	3.9	318.1	19.7	55.1	45.1
广 西	Guangxi	276.2	13.9	4.8	57.3	8.2	19.3	16.9
海 南	Hainan	74.6	19.0	1.1	7.3	2.0	5.2	4.2
重 庆	Chongqing	213.6	2.4	8.5	53.1	5.7	34.9	14.6
四 川	Sichuan	500.1	10.2	18.6	116.0	15.2	72.4	21.9
贵 州	Guizhou	202.5	4.4	9.2	42.6	6.1	19.5	8.8
云 南	Yunnan	245.9	16.6	5.5	45.4	6.7	16.0	13.1
西 藏	Tibet	17.5	0.5	0.2	0.9	0.7	0.7	0.7
陕 西	Shaanxi	331.6	6.6	17.7	85.9	8.8	21.5	20.2
甘 肃	Gansu	193.6	8.9	7.9	47.5	7.1	14.9	12.4
青 海	Qinghai	42.5	2.3	1.8	6.7	1.7	2.8	3.5
宁 夏	Ningxia	60.4	4.2	6.0	12.0	3.0	4.2	3.2
新 疆	Xinjiang	243.5	62.5	15.4	25.8	5.5	15.7	11.6

2-14 续表 1 continued

单位：万人 (10 000 persons)

地 区	Region	信息传输、计算机服务和软件业 Information Transmission, Computer Service and Software	批发和零售业 Wholesale and Retail Trade	住宿和餐饮业 Hotel and Restaurants	金融业 Financial Intermediation	房地产业 Real Estate	租赁和商务服务业 Leasing and Business Services
全国总计	**National Total**	**123.7**	**586.7**	**177.1**	**356.0**	**133.4**	**194.4**
北 京	Beijing	18.1	42.2	25.4	15.4	22.8	42.6
天 津	Tianjin	1.9	11.7	3.3	5.1	2.6	5.1
河 北	Hebei	4.7	28.6	5.0	17.7	2.9	4.0
山 西	Shanxi	3.5	23.6	3.6	11.5	1.4	4.0
内蒙古	Inner Mongolia	2.7	8.1	2.7	7.7	1.6	2.8
辽 宁	Liaoning	5.1	18.2	6.3	18.3	6.3	9.7
吉 林	Jilin	2.8	15.2	3.2	9.3	2.9	3.9
黑龙江	Heilongjiang	4.4	27.9	3.9	11.3	4.5	4.9
上 海	Shanghai	4.0	25.7	8.5	13.5	8.5	14.2
江 苏	Jiangsu	6.0	31.7	8.4	22.9	6.3	8.2
浙 江	Zhejiang	4.9	19.7	9.2	18.7	5.5	10.9
安 徽	Anhui	2.9	20.0	3.4	11.9	3.1	3.6
福 建	Fujian	3.6	11.4	4.7	9.6	4.4	4.2
江 西	Jiangxi	2.7	11.4	2.2	8.9	2.4	1.7
山 东	Shandong	5.6	39.0	8.8	25.1	5.3	8.2
河 南	Henan	5.1	53.2	9.5	21.2	4.6	9.3
湖 北	Hubei	3.8	27.5	9.5	12.9	5.0	7.4
湖 南	Hunan	4.3	18.6	6.0	14.6	3.9	6.1
广 东	Guangdong	12.6	39.5	21.0	29.1	17.5	16.8
广 西	Guangxi	3.4	14.4	4.6	7.8	2.4	5.5
海 南	Hainan	0.7	2.9	3.2	1.9	1.4	1.2
重 庆	Chongqing	2.3	9.5	2.6	7.0	2.9	1.5
四 川	Sichuan	5.1	19.7	4.7	16.2	4.2	3.4
贵 州	Guizhou	2.2	12.3	2.4	4.9	3.0	2.8
云 南	Yunnan	3.2	13.0	3.9	7.2	1.8	2.5
西 藏	Tibet	0.3	0.6	0.7	0.6		0.1
陕 西	Shaanxi	2.9	20.8	4.4	9.8	1.9	3.1
甘 肃	Gansu	2.1	8.6	2.4	5.6	1.0	1.9
青 海	Qinghai	0.7	1.7	0.4	1.4	0.1	0.5
宁 夏	Ningxia	0.6	2.2	0.7	2.3	0.6	0.7
新 疆	Xinjiang	1.7	7.9	2.8	6.7	2.3	3.6

2-14 续表 2 continued

单位：万人 (10 000 persons)

地 区	Region	科学研究、技术服务和地质勘查业 Scientific Research, Technical Services, and Geological Prospecting	水利、环境和公共设施管理业 Water Management of Conservancy, Environment and Public Facilities	居民服务和其他服务业 Services to Households and Other Services	教育 Education	卫生、社会保障和社会福利业 Health, Social Securities and Social Welfare	文化、体育和娱乐业 Culture, Sports and Entertainment	公共管理和社会组织 Public Management and Social Organization
全国总计	**National Total**	**222.1**	**176.1**	**54.2**	**1466.8**	**494.7**	**123.4**	**1199.0**
北 京	Beijing	29.6	6.8	10.9	37.1	15.5	13.5	29.0
天 津	Tianjin	5.2	4.0	4.8	16.5	7.6	2.0	13.3
河 北	Hebei	7.6	8.5	2.3	83.3	22.4	4.8	67.9
山 西	Shanxi	5.6	5.0	3.1	45.7	13.8	4.4	41.8
内蒙古	Inner Mongolia	4.1	5.8	0.9	32.7	10.4	3.1	30.9
辽 宁	Liaoning	9.4	10.7	2.1	51.8	21.2	5.2	46.5
吉 林	Jilin	6.3	6.4	1.0	36.7	14.0	4.2	28.6
黑龙江	Heilongjiang	9.0	7.5	5.0	42.9	16.5	3.8	39.1
上 海	Shanghai	11.3	5.0	3.8	25.3	14.9	4.6	17.1
江 苏	Jiangsu	8.8	9.8	1.5	80.5	29.3	5.1	53.7
浙 江	Zhejiang	6.9	5.5	0.9	50.4	23.0	4.7	39.2
安 徽	Anhui	5.1	5.9	1.2	56.4	17.3	3.5	42.1
福 建	Fujian	3.8	3.7	1.3	42.3	11.8	3.2	28.6
江 西	Jiangxi	5.2	4.6	0.7	44.7	13.5	3.2	36.2
山 东	Shandong	7.4	10.8	1.2	105.7	34.7	5.9	87.7
河 南	Henan	11.1	10.5	1.7	104.8	33.0	6.9	95.7
湖 北	Hubei	9.6	9.0	1.4	64.2	25.1	6.3	55.4
湖 南	Hunan	6.3	7.2	0.5	67.7	23.2	4.1	62.1
广 东	Guangdong	10.7	11.1	3.4	95.3	35.8	7.3	76.6
广 西	Guangxi	4.7	4.9	0.7	54.6	16.0	3.4	33.4
海 南	Hainan	1.5	2.0	0.1	8.7	2.9	1.2	8.3
重 庆	Chongqing	5.9	2.3	0.5	31.0	8.6	1.6	19.3
四 川	Sichuan	12.5	7.0	1.3	78.8	25.6	4.5	62.6
贵 州	Guizhou	3.2	2.5	0.5	36.8	8.7	2.0	30.6
云 南	Yunnan	6.2	3.8	0.6	46.3	12.4	3.7	38.0
西 藏	Tibet	0.5	0.1		3.0	1.2	0.6	6.2
陕 西	Shaanxi	12.0	5.3	1.6	49.7	13.7	4.0	41.7
甘 肃	Gansu	4.9	3.7	0.5	29.2	7.5	2.9	24.7
青 海	Qinghai	2.0	0.8	0.2	6.1	2.2	0.6	6.9
宁 夏	Ningxia	1.2	1.8	0.1	7.5	2.6	0.8	7.1
新 疆	Xinjiang	4.6	4.2	0.4	31.1	10.5	2.4	28.8

2-15 职工工资总额和指数（2004年）

Total Wages of Staff and Workers and Related Index (2004)

地区	Region	工资总额（亿元）Total Wages (100 million yuan)				指数（上年=100）Indices (preceding year=100)			
		合计 Total	国有单位 State-owned Units	城镇集体单位 Urban Collective-owned Units	其他单位 Units of Other Types of Ownership	合计 Total	国有单位 State-owned Units	城镇集体单位 Urban Collective-owned Units	其他单位 Units of Other Types of Ownership
全国	**National Total**	**16900.2**	**10777.2**	**838.4**	**5284.6**	**114.6**	**111.2**	**101.1**	**125.2**
北京	Beijing	1315.1	625.7	34.0	655.3	119.7	110.6	97.2	131.5
天津	Tianjin	377.7	192.0	14.4	171.4	116.1	114.0	104.5	119.6
河北	Hebei	625.5	484.3	31.2	110.1	114.1	111.5	106.6	130.2
山西	Shanxi	453.9	335.9	28.8	89.3	122.2	120.9	116.3	129.5
内蒙古	Inner Mongolia	323.1	234.0	12.2	76.9	118.6	117.7	105.6	124.1
辽宁	Liaoning	726.7	477.3	38.5	210.9	112.1	110.3	99.0	119.2
吉林	Jilin	350.1	246.0	19.2	84.8	108.9	107.0	85.6	122.5
黑龙江	Heilongjiang	592.3	385.0	30.2	177.1	110.6	109.1	100.5	116.1
上海	Shanghai	806.3	407.8	26.4	372.1	104.9	99.8	97.5	111.7
江苏	Jiangsu	1050.3	591.4	48.2	410.8	114.5	109.4	90.1	127.1
浙江	Zhejiang	1003.1	564.3	59.7	379.1	127.8	122.1	122.8	138.3
安徽	Anhui	421.5	280.4	25.9	115.1	116.7	116.3	97.6	123.3
福建	Fujian	559.8	269.7	25.4	264.7	119.4	111.2	98.2	132.1
江西	Jiangxi	305.5	236.7	13.7	55.1	112.7	109.5	99.2	133.8
山东	Shandong	1107.5	772.6	67.4	267.5	116.0	113.8	106.7	125.9
河南	Henan	802.0	497.5	79.6	224.9	111.3	114.0	90.0	114.9
湖北	Hubei	579.6	404.2	27.8	147.6	111.4	103.4	102.1	145.0
湖南	Hunan	513.2	408.6	29.0	75.6	110.4	108.4	108.6	123.2
广东	Guangdong	1771.1	942.4	84.7	743.9	116.9	112.1	101.5	125.9
广西	Guangxi	352.2	267.4	17.6	67.2	115.4	114.1	111.3	122.2
海南	Hainan	91.3	71.8	3.0	16.6	121.0	120.2	108.1	127.6
重庆	Chongqing	294.0	190.4	16.4	87.1	115.8	114.3	102.7	122.1
四川	Sichuan	673.9	484.0	42.0	147.9	111.5	109.7	99.3	122.4
贵州	Guizhou	236.6	177.6	10.8	48.2	113.0	109.0	104.6	133.8
云南	Yunnan	344.5	264.0	11.5	69.0	109.4	107.2	93.4	122.3
西藏	Tibet	44.5	41.0	0.3	3.2	114.7	109.2	82.7	353.0
陕西	Shaanxi	416.2	324.3	16.5	75.4	113.6	111.0	102.3	129.8
甘肃	Gansu	249.6	213.9	11.7	23.9	108.1	107.9	104.9	110.9
青海	Qinghai	69.7	61.3	2.2	6.2	109.8	109.8	110.1	110.0
宁夏	Ningxia	87.1	56.7	2.1	28.4	109.7	106.0	99.9	118.8
新疆	Xinjiang	356.3	269.1	7.8	79.4	107.5	107.8	101.0	107.2

2-16 职工平均工资及指数（2004年）

Indices of Average Wage of Staff and Workers and Related (2004)

地区	Region	平均货币工资（元） Average Money Wage(yuan)				实际工资指数（上年=100） Indices of Average Real Wage(preceding year=100)			
		合计 Total	国有单位 State-owned Units	城镇集体单位 Urban Collective -owned Units	其他单位 Units of Other Types of Ownership	合计 Total	国有单位 State-owned Units	城镇集体单位 Urban Collective -owned Units	其他单位 Units of Other Types of Ownership
全国	**National**	**16024**	**16729**	**9814**	**16259**	**110.5**	**111.1**	**109.5**	**108.0**
北京	Beijing	29674	34009	13422	28026	113.5	115.7	95.6	114.1
天津	Tianjin	21754	23086	13157	21541	113.0	115.5	112.9	109.6
河北	Hebei	12925	13576	7916	12527	111.8	111.5	110.7	113.4
山西	Shanxi	12943	13353	8094	14034	116.7	115.3	118.2	120.5
内蒙古	Inner Mongolia	13324	14209	9010	11965	114.3	115.3	114.4	111.4
辽宁	Liaoning	14921	15715	8464	15301	111.0	111.8	107.4	108.4
吉林	Jilin	12431	12540	7504	14188	108.6	109.1	90.6	110.2
黑龙江	Heilongjiang	12557	12675	6473	14598	110.2	111.2	115.5	101.8
上海	Shanghai	30085	31507	20127	29657	106.7	107.4	114.8	104.9
江苏	Jiangsu	18202	20876	11350	16346	112.1	115.5	111.7	107.9
浙江	Zhejiang	23506	33426	18013	16867	106.5	118.6	108.6	99.9
安徽	Anhui	12928	13522	7840	13453	118.3	116.7	118.5	118.4
福建	Fujian	15603	18529	12307	13745	105.5	109.0	104.6	104.6
江西	Jiangxi	11860	12291	7873	11569	109.1	109.0	110.4	108.1
山东	Shandong	14332	16031	9864	12026	110.4	111.0	113.1	109.0
河南	Henan	12114	12701	8686	12588	109.1	107.8	106.5	109.2
湖北	Hubei	11855	13096	7608	10270	107.4	107.4	103.2	114.3
湖南	Hunan	13928	14469	9908	13311	110.4	111.1	112.2	105.4
广东	Guangdong	22116	25979	11937	20267	107.2	109.6	106.7	104.5
广西	Guangxi	13579	14141	8920	13298	110.0	111.0	108.4	106.2
海南	Hainan	12652	12664	8121	14005	117.8	119.0	111.8	111.8
重庆	Chongqing	14357	15847	9839	12831	111.8	112.9	111.4	109.8
四川	Sichuan	14063	15818	9758	11362	109.4	110.0	108.3	109.6
贵州	Guizhou	12431	12870	8630	12103	109.0	109.4	111.3	106.8
云南	Yunnan	14581	15320	9519	13307	109.7	110.1	108.1	108.4
西藏	Tibet	30873	30165	9600	61138	110.9	105.8	99.4	289.1
陕西	Shaanxi	13024	13333	7373	13973	110.0	109.1	104.1	114.7
甘肃	Gansu	13623	14358	8459	11766	107.2	107.5	108.1	103.5
青海	Qinghai	17229	18686	10302	11291	108.6	108.3	120.0	105.7
宁夏	Ningxia	14620	15212	10613	13926	109.0	107.4	115.1	112.3
新疆	Xinjiang	14484	14477	11594	14870	105.8	106.2	112.6	103.3

2-17 职业介绍工作情况（2004年底）

Situations of Careers Service (End of 2004)

单位：万人 (10 000 persons)

地 区	Region	本年末职业介绍机构个数（个）Number of Careers Service	本年登记招聘人数 Total Registered Job Vacancies This Year	本年登记求职人数 Total Registered Job-seekers This Year	#下岗职工 Laid-off Workers	本年职业指导人数 Person-times of Vocational Guidance	本年介绍成功人数 Placed Job-seekers	#下岗职工 Laid-off Workers
全 国	**National Total**	**33890**	**3565.2**	**3582.8**	**434.6**	**1882.0**	**1837.7**	**219.9**
北 京	Beijing	413	58.2	87.8	2.4	35.1	32.2	1.2
天 津	Tianjin	158	43.1	125.4	46.2	41.8	64.9	12.1
河 北	Hebei	1953	154.5	160.4	9.9	107.2	92.5	5.7
山 西	Shanxi	941	21.0	29.4	5.6	13.7	17.9	3.6
内蒙古	Inner Mongolia	1451	52.5	58.8	12.2	22.6	29.7	5.5
辽 宁	Liaoning	1715	142.7	177.4	24.6	91.0	90.5	11.0
吉 林	Jilin	1204	56.0	65.3	14.5	49.2	42.0	9.2
黑龙江	Heilongjiang	1494	116.6	137.0	49.2	69.8	74.4	27.8
上 海	Shanghai	424	132.6	110.6	13.9	78.8	38.7	6.7
江 苏	Jiangsu	2665	260.0	255.4	3.9	121.6	148.8	1.6
浙 江	Zhejiang	2277	525.4	391.0	48.2	147.4	201.7	20.5
安 徽	Anhui	1894	115.7	127.0	12.5	55.0	64.8	6.7
福 建	Fujian	847	111.3	119.4	5.6	48.7	49.3	3.0
江 西	Jiangxi	1119	115.6	137.5	23.1	47.2	60.5	13.1
山 东	Shandong	2076	277.0	278.1	14.5	155.1	152.5	9.9
河 南	Henan	1199	113.3	136.8	37.3	68.5	78.8	22.4
湖 北	Hubei	1100	124.0	121.9	26.1	91.7	76.0	15.5
湖 南	Hunan	640	77.6	105.6	23.1	94.3	37.7	9.7
广 东	Guangdong	1631	604.7	464.8	14.2	177.1	213.8	6.8
广 西	Guangxi	386	82.2	80.2	3.7	33.9	39.1	2.4
海 南	Hainan	43	5.0	13.8	0.9	7.4	3.3	0.5
重 庆	Chongqing	281	30.4	32.4	3.6	21.3	16.1	2.3
四 川	Sichuan	1795	102.4	91.3	10.9	71.4	49.9	6.4
贵 州	Guizhou	353	24.4	21.3	4.4	12.9	11.0	2.8
云 南	Yunnan	1770	48.4	49.2	3.2	46.8	32.5	2.4
西 藏	Tibet	19	1.8	1.8		1.6	0.8	
陕 西	Shaanxi	2439	64.6	84.9	10.8	73.8	45.8	6.5
甘 肃	Gansu	567	19.9	19.0	3.4	13.1	9.3	1.5
青 海	Qinghai	307	37.8	39.4	1.8	38.6	34.9	0.5
宁 夏	Ningxia	177	19.0	21.2	1.4	18.9	10.4	0.8
新 疆	Xinjiang	552	27.5	38.7	3.5	26.5	18.0	1.9

2-18 城镇登记失业人员及失业率

Urban Registered Unemployment and Unemployment Rate

地 区	Region	失业人员（万人） Unemployment (10 000 persons)				失业率（%） Unemployment Rate (%)			
		1990	2002	2003	2004	1990	2002	2003	2004
全 国	**National Total**	**383**	**770**	**800**	**827**	**2.5**	**4.0**	**4.3**	**4.2**
北 京	Beijing	1.7	6.0	7.0	6.5	0.4	1.4	1.4	1.3
天 津	Tianjin	8.1	12.9	12.0	11.8	2.7	3.9	3.8	3.8
河 北	Hebei	7.7	22.2	25.7	28.0	1.1	3.6	3.9	4.0
山 西	Shanxi	5.5	14.5	13.1	13.7	1.2	3.4	3.0	3.1
内蒙古	Inner Mongolia	15.2	16.3	17.6	18.5	3.8	4.1	4.5	4.6
辽 宁	Liaoning	23.7	75.6	72.0	70.1	2.2	6.5	6.5	6.5
吉 林	Jilin	10.5	23.8	28.4	28.2	1.9	3.6	4.3	4.2
黑龙江	Heilongjiang	20.4	41.6	35.0	32.9	2.2	4.9	4.2	4.5
上 海	Shanghai	7.7	28.8	30.1	27.4	1.5	4.8	4.9	4.4
江 苏	Jiangsu	22.5	42.2	41.8	42.9	2.4	4.2	4.1	3.8
浙 江	Zhejiang	11.2	27.7	28.3	30.1	2.2	4.2	4.2	4.1
安 徽	Anhui	15.2	22.6	25.1	26.1	2.8	4.0	4.1	4.2
福 建	Fujian	9.0	15.0	14.6	14.5	2.6	4.2	4.1	4.0
江 西	Jiangxi	10.3	17.8	21.6	22.4	2.4	3.4	3.6	3.6
山 东	Shandong	26.2	39.7	41.3	42.3	3.2	3.6	3.6	3.4
河 南	Henan	25.1	25.4	26.3	31.2	3.3	2.9	3.1	3.4
湖 北	Hubei	12.7	44.7	49.3	49.4	1.7	4.3	4.3	4.2
湖 南	Hunan	15.9	30.4	37.1	43.0	2.7	4.0	4.5	4.4
广 东	Guangdong	19.2	36.5	35.5	35.9	2.2	3.1	2.9	2.7
广 西	Guangxi	13.9	14.7	14.9	17.8	3.9	3.7	3.6	4.1
海 南	Hainan	3.5	4.0	3.6	4.7	3.0	3.1	3.4	3.4
重 庆	Chongqing		16.2	16.2	16.8		4.1	4.1	4.1
四 川	Sichuan	38.0	33.8	33.1	33.3	3.7	4.5	4.4	4.4
贵 州	Guizhou	10.7	11.1	11.2	11.6	4.1	4.1	4.0	4.1
云 南	Yunnan	7.8	9.8	12.1	11.9	2.5	4.0	4.1	4.3
西 藏	Tibet		1.3		1.2		4.9		4.0
陕 西	Shaanxi	11.2	13.5	13.9	18.5	2.8	3.3	3.5	3.8
甘 肃	Gansu	12.5	8.7	9.3	9.5	4.9	3.2	3.4	3.4
青 海	Qinghai	4.2	2.9	3.1	3.5	5.6	3.6	3.8	3.9
宁 夏	Ningxia	4.0	3.5	3.8	4.1	5.4	4.4	4.4	4.5
新 疆	Xinjiang	9.6	9.9	9.9	13.3	3.0	3.7	3.5	3.8

2-19 按经济类型分全社会固定资产投资（2004年）

Total Investment in Fixed Assets by Ownership (2004)

单位：亿元 (100 million yuan)

地区	Region	总计 Total	国有经济 State-owned Units	集体经济 Collective-owned Units	#农村 Rural	个体经济 Individuals Economy	#农村 Rural
全国总计	**National Total**	**70477.4**	**25027.6**	**9965.7**	**8086.6**	**9880.6**	**3362.7**
北京	Beijing	2528.2	734.4	239.8	179.6	166.3	15.6
天津	Tianjin	1245.7	484.0	116.2	99.1	82.9	17.9
河北	Hebei	3218.8	1030.8	676.5	560.1	438.7	216.7
山西	Shanxi	1443.9	556.8	119.4	66.5	190.1	62.2
内蒙古	Inner Mongolia	1788.0	871.0	45.5	22.2	215.3	58.2
辽宁	Liaoning	2979.6	930.6	326.4	280.5	523.5	118.8
吉林	Jilin	1169.1	456.4	53.6	34.7	161.4	75.1
黑龙江	Heilongjiang	1430.8	641.8	47.7	20.5	219.1	93.4
上海	Shanghai	3050.3	909.3	308.8	180.8	253.3	6.5
江苏	Jiangsu	6557.1	2003.2	1557.9	1378.1	898.0	170.8
浙江	Zhejiang	5781.4	1515.3	1649.3	1571.2	622.6	211.4
安徽	Anhui	1935.3	716.5	182.7	130.4	402.4	191.8
福建	Fujian	1892.9	571.9	235.5	197.7	291.5	100.7
江西	Jiangxi	1713.2	724.0	160.7	125.7	322.6	109.6
山东	Shandong	6970.6	1750.2	1618.9	1235.1	962.9	317.0
河南	Henan	3099.4	1092.8	408.3	315.7	616.9	348.8
湖北	Hubei	2264.8	927.9	181.1	153.4	328.4	106.2
湖南	Hunan	2072.6	836.0	268.4	204.7	362.6	188.5
广东	Guangdong	5870.0	1719.3	897.9	646.6	846.1	194.0
广西	Guangxi	1236.5	535.8	45.8	27.6	277.9	114.3
海南	Hainan	317.1	100.4	13.9	10.9	27.7	15.1
重庆	Chongqing	1537.1	617.8	112.1	87.9	277.0	48.6
四川	Sichuan	2818.4	1002.6	374.0	336.3	445.6	159.3
贵州	Guizhou	865.2	504.2	38.4	28.4	134.1	56.6
云南	Yunnan	1291.5	606.9	63.0	47.1	249.8	131.5
西藏	Tibet	162.4	137.0	1.2		9.6	
陕西	Shaanxi	1508.9	810.6	71.2	28.5	214.8	101.9
甘肃	Gansu	733.9	446.7	48.2	29.6	92.8	43.5
青海	Qinghai	289.2	149.0	10.5	6.7	28.5	9.7
宁夏	Ningxia	376.2	137.9	38.4	34.8	77.7	24.6
新疆	Xinjiang	1147.2	519.2	54.5	46.3	140.6	54.4
不分地区	Not Classified by Region	1182.5	987.3				

2-19 续表 continued

单位：亿元 (100 million yuan)

地 区	Region	联营经济 Joint Ownership Economic Units	股份制经济 Share Holding Economic Units	外商投资经济 Foreign Funded Economic Units	港澳台商投资经济 Economic Units with Funds From Hong Kong, Macao and Taiwan	其他经济 Others Ownership
全国总计	**National Total**	**217.5**	**17697.9**	**3854.0**	**3113.5**	**720.6**
北 京	Beijing	2.5	980.7	190.5	200.1	13.8
天 津	Tianjin	1.5	326.3	130.0	50.0	54.9
河 北	Hebei	25.9	765.7	98.6	120.5	62.1
山 西	Shanxi	12.2	538.0	11.5	10.5	5.4
内蒙古	Inner Mongolia	0.2	611.6	10.0	26.9	7.5
辽 宁	Liaoning	6.0	890.5	189.2	87.2	26.1
吉 林	Jilin	1.0	376.3	85.5	24.0	11.0
黑龙江	Heilongjiang	0.3	441.9	24.2	10.9	45.0
上 海	Shanghai	26.5	642.7	625.7	192.9	91.0
江 苏	Jiangsu	5.6	1105.5	601.5	364.6	20.7
浙 江	Zhejiang	4.9	1522.6	271.6	159.8	35.3
安 徽	Anhui	1.1	516.1	48.5	44.3	23.8
福 建	Fujian	5.6	337.8	194.3	239.5	17.0
江 西	Jiangxi	3.6	378.3	51.5	65.2	7.3
山 东	Shandong	48.1	1933.5	395.7	194.6	66.7
河 南	Henan	5.7	774.7	90.4	78.9	31.8
湖 北	Hubei	15.1	598.9	77.0	79.9	56.5
湖 南	Hunan	7.6	491.7	40.8	46.5	19.0
广 东	Guangdong	24.5	996.9	467.4	888.7	29.3
广 西	Guangxi	2.2	280.8	43.6	42.0	8.5
海 南	Hainan	1.6	110.0	47.8	12.8	2.8
重 庆	Chongqing	3.1	410.4	63.3	41.7	11.7
四 川	Sichuan	2.7	880.9	40.4	52.1	20.2
贵 州	Guizhou	2.1	168.5	8.0	8.3	1.8
云 南	Yunnan	0.8	322.3	7.3	22.7	18.9
西 藏	Tibet	0.1	8.8	0.1		5.5
陕 西	Shaanxi	5.1	354.6	13.0	21.5	18.0
甘 肃	Gansu	0.8	122.3	7.4	10.6	5.2
青 海	Qinghai	0.2	90.8	5.8	3.2	1.3
宁 夏	Ningxia	1.0	112.4	7.7	1.2	
新 疆	Xinjiang	0.3	411.3	6.0	12.7	2.5
不分地区	Not Classified by Region		195.2			

2-20 按主要行业分的全社会固定资产投资（2004年）

Investment in Fixed Assets by Main Sector (2004)

单位：亿元 (100 million yuan)

地区	Region	合计 Total	农、林、牧、渔业 Agriculture, Forestry, Animal Husbandry and Fishing	采矿业 Mining	制造业 Manufacturing	电力、燃气及水的生产和供应业 Production and Distribution of Electricity, Gas and Water	建筑业 Construction	交通运输、仓储和邮政业 Transport, Storage and Post
全国总计	**National Total**	**70477.4**	**1890.7**	**2395.9**	**19585.5**	**5795.1**	**964.0**	**7646.2**
北京	Beijing	2528.2	9.0	5.5	245.5	75.2	15.1	159.4
天津	Tianjin	1245.7	11.2	118.5	305.1	47.1	26.4	92.9
河北	Hebei	3218.8	192.7	59.7	1102.4	202.3	69.2	270.1
山西	Shanxi	1443.9	25.9	173.0	466.8	226.0	3.7	182.3
内蒙古	Inner Mongolia	1788.0	96.0	110.0	394.1	400.9	14.6	264.2
辽宁	Liaoning	2979.6	94.5	147.4	940.5	112.3	63.7	237.7
吉林	Jilin	1169.1	77.6	63.1	389.8	58.5	10.8	129.2
黑龙江	Heilongjiang	1430.8	113.6	150.9	241.5	98.2	24.9	141.7
上海	Shanghai	3050.3	5.3	2.2	880.9	121.6	5.9	303.4
江苏	Jiangsu	6557.1	34.7	30.6	2499.9	654.2	61.9	540.9
浙江	Zhejiang	5781.4	68.1	18.4	1935.0	479.3	40.6	536.6
安徽	Anhui	1935.3	48.7	98.4	460.8	102.7	67.6	198.5
福建	Fujian	1892.9	44.4	12.7	492.2	184.4	31.7	217.6
江西	Jiangxi	1713.2	50.1	26.1	440.0	107.6	5.2	273.7
山东	Shandong	6970.6	192.5	307.2	3049.0	307.6	153.6	359.2
河南	Henan	3099.4	129.5	183.8	833.8	276.3	7.1	427.3
湖北	Hubei	2264.8	55.9	28.6	576.2	252.2	85.2	295.6
湖南	Hunan	2072.6	69.6	30.3	503.6	145.9	47.0	181.1
广东	Guangdong	5870.0	87.2	14.9	1645.1	491.2	81.1	581.8
广西	Guangxi	1236.5	35.6	9.2	225.3	164.4	6.8	162.9
海南	Hainan	317.1	21.5	2.3	80.1	17.4	5.8	35.5
重庆	Chongqing	1537.1	29.5	18.0	240.0	114.8	23.4	169.6
四川	Sichuan	2818.4	71.9	110.6	647.8	293.7	41.7	263.6
贵州	Guizhou	865.2	22.6	28.6	121.2	198.7	1.4	134.2
云南	Yunnan	1291.5	53.3	47.5	172.1	208.5	6.3	209.1
西藏	Tibet	162.4	4.6	0.9	7.0	15.9	3.4	58.2
陕西	Shaanxi	1508.9	48.9	114.0	231.2	117.7	24.4	198.8
甘肃	Gansu	733.9	37.2	25.9	163.3	85.2	19.5	116.7
青海	Qinghai	289.2	14.8	33.9	56.4	52.4	5.3	50.3
宁夏	Ningxia	376.2	21.9	12.3	88.3	47.9	2.1	39.9
新疆	Xinjiang	1147.2	122.6	238.1	150.8	52.8	8.8	153.5
不分地区	Not Classified by Region	1182.5		173.4		82.4		660.6

2-20 续表 1 continued

单位：亿元 (100 million yuan)

地区	Region	信息传输、计算机服务和软件业 Information Transmission, Computer Service and Software	批发和零售业 Wholesale and Retail Trade	住宿和餐饮业 Hotel and Restaurants	金融业 Financial Intermediation	房地产业 Real Estate	租赁和商务服务业 Leasing and Business Services	科学研究、技术服务和地质勘查业 Scientific Research, Technical Services, and Geological Prospecting
全国总计	**National Total**	**1657.7**	**1273.0**	**560.8**	**136.0**	**16678.9**	**420.8**	**333.1**
北　京	Beijing	73.4	28.0	19.7	3.6	1491.8	26.6	35.4
天　津	Tianjin	28.2	24.2	10.0	1.0	300.1	4.2	2.3
河　北	Hebei	66.1	98.5	21.2	3.2	555.1	37.1	34.4
山　西	Shanxi	31.7	36.2	6.4	0.7	175.4	0.4	1.1
内蒙古	Inner Mongolia	20.2	34.0	16.3	4.6	164.8	4.1	5.0
辽　宁	Liaoning	50.6	100.9	48.0	4.1	776.8	25.9	25.1
吉　林	Jilin	17.3	17.6	6.0	3.1	191.9	3.6	6.4
黑龙江	Heilongjiang	80.7	32.5	5.2	2.3	294.8	5.2	2.6
上　海	Shanghai	54.3	20.0	12.8	1.2	1258.1	6.1	9.9
江　苏	Jiangsu	65.5	90.1	34.0	36.0	1439.1	39.6	34.1
浙　江	Zhejiang	106.0	63.8	40.3	7.2	1554.0	36.9	7.0
安　徽	Anhui	28.4	29.1	40.0	2.7	476.0	27.3	6.4
福　建	Fujian	76.6	16.4	13.0	2.2	560.8	13.7	3.5
江　西	Jiangxi	64.9	25.7	14.8	3.5	339.5	6.8	2.4
山　东	Shandong	57.4	190.2	39.5	4.9	1198.0	34.9	38.4
河　南	Henan	61.1	68.4	22.5	2.1	623.9	12.9	8.3
湖　北	Hubei	72.0	66.3	16.3	4.7	473.5	9.2	6.8
湖　南	Hunan	44.6	56.6	21.4	6.0	537.6	16.5	17.5
广　东	Guangdong	277.3	53.6	37.7	13.6	1636.1	44.9	21.2
广　西	Guangxi	48.1	16.0	23.2	2.2	311.3	5.0	2.7
海　南	Hainan	12.2	2.1	18.8	0.9	66.7	1.0	0.9
重　庆	Chongqing	49.2	23.8	7.9	1.5	519.8	8.0	1.4
四　川	Sichuan	76.5	39.4	19.8	3.1	641.3	15.7	16.4
贵　州	Guizhou	25.1	12.5	10.4	3.1	171.5	3.4	3.7
云　南	Yunnan	46.5	16.8	13.5	5.2	281.4	5.2	2.8
西　藏	Tibet	7.0	2.5	1.9	0.8	9.1	0.5	0.5
陕　西	Shaanxi	45.0	41.1	20.4	3.4	296.8	11.0	22.6
甘　肃	Gansu	22.7	22.4	4.4	1.3	100.7	6.2	5.2
青　海	Qinghai	4.1	6.0	2.3	0.5	31.5	0.3	0.7
宁　夏	Ningxia	8.7	12.7	4.7	2.0	78.9	0.6	0.8
新　疆	Xinjiang	36.3	25.8	8.7	5.4	122.6	8.1	5.6
不分地区	Not Classified by Region							2.2

2-20 续表 2 continued

单位：亿元 (100 million yuan)

地区	Region	水利、环境和公共设施管理业 Management of Water Conservancy, Environment and Public Facilities	居民服务和其他服务业 Services to Households and Other Services	教育 Education	卫生、社会保障和社会福利业 Health, Social Securities and Social Welfare	文化、体育和娱乐业 Culture, Sports and Entertainment	公共管理和社会组织 Public Management and Social Organization	国际组织 International Organizations
全国总计	**National Total**	**5071.7**	**313.7**	**2024.8**	**516.7**	**773.4**	**2437.4**	**2.0**
北京	Beijing	130.6	3.2	64.2	11.7	34.7	95.6	
天津	Tianjin	185.3	5.4	38.2	10.7	18.9	16.2	
河北	Hebei	150.2	16.9	112.5	38.0	31.8	157.6	
山西	Shanxi	51.8	2.4	27.5	6.6	7.2	19.0	
内蒙古	Inner Mongolia	131.9	2.3	29.4	12.2	9.4	74.3	
辽宁	Liaoning	168.7	13.3	68.2	19.5	32.9	49.6	0.2
吉林	Jilin	65.8	1.8	45.1	7.0	12.5	61.8	
黑龙江	Heilongjiang	65.5	19.0	48.9	10.7	17.2	75.4	
上海	Shanghai	217.7	3.0	60.2	24.7	44.9	16.9	1.2
江苏	Jiangsu	524.9	26.4	152.9	21.2	201.5	69.4	
浙江	Zhejiang	517.2	33.4	149.0	53.8	42.7	92.1	
安徽	Anhui	132.2	7.0	65.9	11.7	13.5	118.5	
福建	Fujian	86.2	10.2	58.1	12.3	13.7	43.3	
江西	Jiangxi	152.6	2.3	70.6	23.7	18.1	85.6	
山东	Shandong	375.8	12.9	169.4	29.1	44.7	406.4	
河南	Henan	177.5	45.1	114.4	24.2	20.3	60.6	0.2
湖北	Hubei	141.9	4.4	86.4	17.2	23.9	48.7	
湖南	Hunan	150.6	5.5	62.5	28.2	18.1	130.0	0.1
广东	Guangdong	371.7	8.9	207.7	43.2	73.3	179.5	
广西	Guangxi	137.6	3.8	29.2	13.0	6.3	33.8	
海南	Hainan	23.8	0.6	7.5	3.6	7.8	8.6	
重庆	Chongqing	204.6	1.3	51.8	14.4	12.9	45.0	
四川	Sichuan	340.7	51.1	94.1	23.5	21.5	46.1	
贵州	Guizhou	69.1	0.8	25.2	8.0	4.7	21.1	
云南	Yunnan	107.9	3.8	34.5	10.7	10.8	55.4	
西藏	Tibet	13.9	0.3	10.2	1.6	1.4	22.8	
陕西	Shaanxi	142.3	19.3	71.6	12.7	15.3	72.7	
甘肃	Gansu	29.4	3.1	31.7	7.6	4.6	46.7	0.3
青海	Qinghai	11.7	0.4	4.4	1.5	1.0	11.9	
宁夏	Ningxia	30.1	0.6	9.1	2.8	1.6	11.2	
新疆	Xinjiang	115.2	5.3	24.5	11.8	6.3	45.1	
不分地区	Not Classified by Region	47.5					216.5	

2-21 全社会固定资产投资资金来源(2004年)

Total Investment in Fixed Assets by Source of Funds (2004)

单位：亿元 (100 million yuan)

地区	Region	本年资金来源小计 Subtotal of Source of Funds this Year	国家预算内资金 State Budgetary Appropriation	国内贷款 Domestic Loans	利用外资 Foreign Investment	自筹资金 Fundraising	其他资金 Others
全国总计	**National Total**	**75195.4**	**3255.1**	**13788.0**	**3285.7**	**41902.9**	**12963.7**
北京	Beijing	3548.8	117.7	787.8	118.6	1122.5	1402.2
天津	Tianjin	1391.5	18.8	375.8	102.3	686.7	207.9
河北	Hebei	3271.1	88.6	487.8	60.4	2316.7	317.7
山西	Shanxi	1450.8	45.8	314.9	35.0	867.1	188.0
内蒙古	Inner Mongolia	1726.9	114.0	295.1	13.3	1151.4	153.1
辽宁	Liaoning	3085.4	114.2	424.1	93.3	2061.0	392.8
吉林	Jilin	1159.7	51.1	134.4	20.5	769.4	184.2
黑龙江	Heilongjiang	1407.8	82.4	166.8	13.4	996.2	149.0
上海	Shanghai	3554.7	38.1	881.2	234.1	1476.0	925.5
江苏	Jiangsu	6748.9	103.3	1226.2	626.3	3920.2	873.0
浙江	Zhejiang	6279.0	109.8	1501.6	193.8	3234.1	1239.7
安徽	Anhui	1973.1	98.9	318.7	31.8	1237.2	286.4
福建	Fujian	2125.1	84.1	405.5	134.1	1071.2	430.2
江西	Jiangxi	1709.1	95.4	266.7	90.6	1025.9	230.5
山东	Shandong	6959.8	135.2	845.6	296.0	4953.2	729.8
河南	Henan	3180.0	125.4	617.7	54.6	2009.6	372.8
湖北	Hubei	2296.8	200.9	397.2	74.9	1334.2	289.8
湖南	Hunan	2100.3	85.7	293.0	59.8	1371.3	290.6
广东	Guangdong	6555.3	89.5	1068.3	809.5	3408.7	1179.3
广西	Guangxi	1310.2	75.4	293.4	36.0	689.4	216.0
海南	Hainan	356.4	18.8	88.2	21.0	178.1	50.3
重庆	Chongqing	1637.5	92.1	387.0	47.5	724.0	386.9
四川	Sichuan	2880.1	92.8	529.5	43.4	1741.9	472.5
贵州	Guizhou	864.8	39.9	243.0	9.1	441.1	131.7
云南	Yunnan	1336.1	102.7	323.8	10.5	655.3	243.9
西藏	Tibet	173.9	101.7	6.0		39.0	27.2
陕西	Shaanxi	1489.3	156.2	308.4	20.5	794.1	210.1
甘肃	Gansu	723.8	87.8	140.8	11.8	369.8	113.5
青海	Qinghai	283.7	28.5	32.3	3.0	163.7	56.2
宁夏	Ningxia	354.6	24.8	89.4	2.4	180.5	57.5
新疆	Xinjiang	1135.4	178.0	154.5	8.7	655.0	139.1
不分地区	Not Classified by Region	1179.3	457.4	383.7	9.6	258.5	70.1

2-22 全社会施工、竣工房屋面积(2004年)

Floor Space of Buildings under Construction and Completed (2004)

地区	Region	施工房屋面积(万平方米) Floor Space of Buildings Under Construction (10 000 sq.m)	#住宅 Residential Buildings	#商品住宅 Commercial Buildings	竣工房屋建筑面积(万平方米) Floor Space of Buildings Completed (10 000 sq.m)	#住宅 Residential Buildings	#商品住宅 Commercial Buildings	竣工房屋价值(亿元) Value of Buildings Completed (100 million yuan)	#住宅 Residential Buildings	#商品住宅 Commercial Buildings
全国总计	**National Total**	**376495.1**	**217580.5**	**108196.5**	**207019.1**	**124881.1**	**34677.2**	**15239.6**	**8320.3**	**4620.7**
北京	Beijing	13457.8	7762.0	6759.4	4489.7	2858.8	2344.0	769.8	461.3	401.8
天津	Tianjin	5213.7	2934.3	2353.0	2384.8	1452.6	1014.5	367.5	248.8	219.2
河北	Hebei	15977.1	8962.5	2759.8	10206.6	5652.9	710.1	603.9	327.1	82.6
山西	Shanxi	5354.2	3167.9	1168.7	2952.8	1922.2	394.8	220.3	116.3	46.2
内蒙古	Inner Mongolia	5681.4	2884.8	964.0	3464.7	1949.8	478.7	236.9	106.3	45.2
辽宁	Liaoning	13398.4	7659.4	4547.0	7535.6	4672.8	1741.0	576.5	297.9	194.8
吉林	Jilin	4011.4	1991.8	1157.9	2061.4	988.1	371.6	198.1	77.0	37.5
黑龙江	Heilongjiang	6350.7	3439.4	1599.8	3748.2	2260.9	699.3	312.4	162.7	69.9
上海	Shanghai	12744.4	7860.6	7631.3	4891.9	3257.9	3076.2	1238.5	929.7	909.9
江苏	Jiangsu	28597.2	14261.1	9945.5	15285.2	6558.8	3217.1	1389.4	585.7	384.7
浙江	Zhejiang	34287.6	16426.7	10712.8	16172.0	6357.6	2533.4	1267.0	568.7	368.2
安徽	Anhui	12740.2	8655.6	3427.6	8403.6	6007.1	1304.1	469.0	274.2	120.8
福建	Fujian	13247.8	8162.6	4566.9	6026.4	3919.2	1260.6	385.4	231.5	140.6
江西	Jiangxi	10701.1	6178.6	2493.0	6070.1	4100.5	908.1	271.6	154.4	65.0
山东	Shandong	33913.9	16494.1	6668.2	21330.2	10417.7	1944.8	1494.6	625.0	210.8
河南	Henan	23780.8	15732.2	3304.5	17294.4	12301.0	967.6	740.7	474.5	80.7
湖北	Hubei	11130.3	7447.4	3354.2	7250.1	5111.6	1329.8	467.6	286.4	136.3
湖南	Hunan	14490.1	9291.7	2999.5	8979.0	6596.3	1173.0	450.4	276.6	94.1
广东	Guangdong	33702.3	16890.2	10518.8	15130.9	7812.7	2776.3	1456.9	752.8	496.2
广西	Guangxi	9491.7	7118.1	2322.1	5862.4	5006.9	741.2	285.5	209.6	65.1
海南	Hainan	1708.9	1041.1	594.5	610.3	451.2	100.1	58.1	39.1	18.8
重庆	Chongqing	11403.7	7309.6	4485.8	4963.4	3348.0	1187.2	314.7	195.2	110.5
四川	Sichuan	18390.8	11757.4	5631.5	10299.7	6800.0	1911.6	531.8	297.4	143.5
贵州	Guizhou	5839.8	3970.5	1829.3	3172.2	2350.2	529.3	155.8	96.9	42.9
云南	Yunnan	9160.6	7138.1	1505.8	5976.5	4952.2	404.2	255.9	166.0	42.2
西藏	Tibet	443.9	206.0	37.4	306.4	139.9	8.2			1.2
陕西	Shaanxi	8020.9	5265.9	1892.8	4142.5	3042.6	431.3	272.3	164.0	50.9
甘肃	Gansu	4979.9	3045.8	1161.5	2246.9	1463.2	255.8	145.7	78.7	27.4
青海	Qinghai	1009.9	618.3	318.9	519.8	349.0	113.2	39.1	21.7	11.6
宁夏	Ningxia	1988.1	967.4	648.6	1162.0	606.2	325.1	84.8	41.7	28.5
新疆	Xinjiang	5187.3	2934.0	836.4	4073.5	2173.4	425.2	210.2	107.8	41.4
不分地区	Not Classified by Region	89.6	5.5		5.9			0.7		

2-23 房地产开发建设房屋建筑面积和造价(2004年)

Floor Space of Buildings and Their Cost in Real Estate Development (2004)

地区	Region	施工房屋面积(万平方米) Floor Space of Buildings under Construction (10 000 sq.m)	竣工房屋面积(万平方米) Floor Space of Buildings Completed (10 000 sq.m)	房屋建筑面积竣工率(%) Rate of Floor Space of Buildings Completed (%)	竣工房屋价值(万元) Value of Buildings Completed (10 000 yuan)	竣工房屋造价(元/平方米) Cost of Buildings Completed (yuan/sq.m)
全国	**National**	**140451.4**	**42464.9**	**30.2**	**59524820**	**1402**
北京	Beijing	9931.3	3067.0	30.9	5526218	1802
天津	Tianjin	2865.5	1108.1	38.7	2492781	2250
河北	Hebei	3268.7	820.7	25.1	992051	1209
山西	Shanxi	1603.7	477.1	29.8	580712	1217
内蒙古	Inner Mongolia	1429.2	614.4	43.0	627004	1021
辽宁	Liaoning	6123.2	2064.4	33.7	2417812	1171
吉林	Jilin	1545.2	484.6	31.4	534146	1102
黑龙江	Heilongjiang	2260.1	942.9	41.7	1028423	1091
上海	Shanghai	9481.6	3443.0	36.3	10349159	3006
江苏	Jiangsu	12316.2	3906.3	31.7	4893539	1253
浙江	Zhejiang	13858.9	3195.3	23.1	4849211	1518
安徽	Anhui	4362.3	1685.0	38.6	1649797	979
福建	Fujian	5795.7	1523.9	26.3	1778061	1167
江西	Jiangxi	3325.2	1155.7	34.8	885712	766
山东	Shandong	8283.9	2396.9	28.9	2797890	1167
河南	Henan	3940.6	1135.3	28.8	1009398	889
湖北	Hubei	4055.2	1532.4	37.8	1646044	1074
湖南	Hunan	4071.8	1459.1	35.8	1335734	915
广东	Guangdong	13911.6	3407.8	24.5	6167473	1810
广西	Guangxi	2998.9	884.5	29.5	835891	945
海南	Hainan	684.0	105.3	15.4	201173	1910
重庆	Chongqing	6160.0	1534.6	24.9	1547167	1008
四川	Sichuan	7278.5	2398.7	33.0	1979784	825
贵州	Guizhou	2443.3	644.5	26.4	599877	931
云南	Yunnan	1828.7	473.2	25.9	496494	1049
西藏	Tibet	38.4	9.2	23.9	13360	1453
陕西	Shaanxi	2490.5	538.4	21.6	708387	1316
甘肃	Gansu	1448.1	321.3	22.2	386734	1204
青海	Qinghai	426.7	149.9	35.1	173896	1160
宁夏	Ningxia	941.9	428.3	45.5	397845	929
新疆	Xinjiang	1282.3	557.0	43.4	623047	1119

2-24 按用途分的商品房屋实际销售面积(2004年)

Floor Space of Commercial Houses Actually Sold by Use (2004)

单位：万平方米　　　　(10 000 sq.m)

地区	Region	房屋销售面积 Floor Space Sold	住宅 Residential Buildings	#经济适用房屋 Economical Houses	办公楼 Office Buildings	商业营业用房 Houses for Business Use	其他 Other
全国总计	**National Total**	**38231.64**	**33819.89**	**3261.80**	**692.84**	**3100.29**	**618.62**
北京	Beijing	2472.03	2285.82	306.28	92.50	60.21	33.50
天津	Tianjin	847.03	796.09	144.24	16.88	32.71	1.35
河北	Hebei	864.85	787.88	134.65	6.59	55.24	15.14
山西	Shanxi	399.13	350.24	88.09	6.58	38.56	3.76
内蒙古	Inner Mongolia	653.96	530.91	88.29	9.35	108.90	4.80
辽宁	Liaoning	1748.78	1578.10	103.23	14.48	124.67	31.53
吉林	Jilin	401.88	346.59	79.47	9.35	39.90	6.04
黑龙江	Heilongjiang	857.15	693.78	167.86	15.54	123.99	23.84
上海	Shanghai	3300.82	3059.53		80.21	114.87	46.21
江苏	Jiangsu	3178.91	2759.41	256.42	52.51	311.95	55.04
浙江	Zhejiang	2794.25	2369.73	143.46	81.96	256.76	85.80
安徽	Anhui	1429.24	1179.66	92.04	36.10	202.82	10.66
福建	Fujian	1384.83	1224.61	74.34	21.88	100.39	37.95
江西	Jiangxi	1168.87	986.92	74.20	8.82	153.81	19.32
山东	Shandong	2525.17	2207.28	202.12	41.42	249.93	26.54
河南	Henan	1043.51	938.20	155.75	8.17	91.23	5.91
湖北	Hubei	1342.92	1245.38	73.47	19.94	58.89	18.70
湖南	Hunan	1188.79	1030.35	247.34	21.88	122.30	14.26
广东	Guangdong	3346.02	3008.59	75.18	42.35	206.41	88.69
广西	Guangxi	820.36	749.79	18.57	6.14	53.97	10.46
海南	Hainan	125.76	118.25	22.60	0.52	7.00	
重庆	Chongqing	1317.12	1138.26	94.20	29.14	121.43	28.30
四川	Sichuan	2101.98	1839.02	84.33	20.37	213.89	28.69
贵州	Guizhou	554.34	494.45	78.52	10.57	46.31	2.99
云南	Yunnan	538.11	479.53	105.59	3.12	47.58	7.89
西藏	Tibet	9.56	9.56	0.67			
陕西	Shaanxi	509.36	472.93	90.95	13.39	20.42	2.61
甘肃	Gansu	261.47	235.19	38.33	5.90	19.88	0.49
青海	Qinghai	93.85	83.65	25.09	4.95	5.06	0.19
宁夏	Ningxia	308.21	267.55	32.65	3.52	31.40	5.74
新疆	Xinjiang	643.37	552.63	163.87	8.70	79.82	2.22

2-25　按用途分的商品房屋实际销售额(2004年)

Total Sales of Commercial Houses (2004)

单位：万元　　　　　　　　　　　　　　　　　　　　　　(10 000 yuan)

地 区	Region	房屋销售额 Floor Space Sold	住 宅 Residential Buildings	#经济适用房屋 Economical Houses	办公楼 Office Buildings	商业营业用房 Houses for Business Use	其 他 Other
全国总计	**National Total**	**103757069**	**86193667**	**5028217**	**3833223**	**12295363**	**1434815**
北 京	Beijing	12491009	10851129	904416	992102	505937	141841
天 津	Tianjin	2638180	2348737	405069	93726	189548	6169
河 北	Hebei	1388455	1171163	169587	16747	182096	18449
山 西	Shanxi	719729	551246	92209	25796	139265	3422
内蒙古	Inner Mongolia	915948	650278	104752	14410	243806	7454
辽 宁	Liaoning	4218102	3654318	208307	47231	441851	74702
吉 林	Jilin	755534	609468	118915	20831	109741	15494
黑龙江	Heilongjiang	1662004	1174228	250361	52064	371398	64314
上 海	Shanghai	19326299	17626596		774407	724633	200662
江 苏	Jiangsu	8428602	6671818	385776	272780	1407596	76408
浙 江	Zhejiang	8685073	6601289	365459	444456	1439202	200126
安 徽	Anhui	2547107	1853336	124175	111809	568439	13523
福 建	Fujian	3544719	2812572	92605	67242	579936	84969
江 西	Jiangxi	1352025	998018	53809	6617	332375	15015
山 东	Shandong	5164698	4162655	242003	211235	751943	38865
河 南	Henan	1641333	1354109	161562	20118	260611	6495
湖 北	Hubei	2244914	1991522	84494	63261	158283	31848
湖 南	Hunan	1795722	1286178	266863	60874	428849	19821
广 东	Guangdong	11649177	9923214	95197	241932	1229167	254864
广 西	Guangxi	1708474	1414252	26668	19560	254899	19763
海 南	Hainan	302438	281444	25807	1558	19428	8
重 庆	Chongqing	2326352	1789982	129672	72439	406172	57759
四 川	Sichuan	3304781	2485324	70104	51954	726257	41246
贵 州	Guizhou	767763	584163	87364	20768	151674	11158
云 南	Yunnan	1064125	892088	117963	9634	146243	16160
西 藏	Tibet	26279	26279	1387			
陕 西	Shaanxi	881716	755576	98385	53056	68377	4707
甘 肃	Gansu	458543	376538	47777	14035	67488	482
青 海	Qinghai	148556	118396	28036	12304	17531	325
宁 夏	Ningxia	579551	445577	45910	12331	117514	4129
新 疆	Xinjiang	1019861	732174	223585	27946	255104	4637

2-26 地区财政收入（2004年）

Final Statement of Government Revenue (2004)

单位：万元 (10 000 yuan)

地　区	Region	收入合计 Total Revenue	增值税 Value-added Tax	营业税 Operation tax	企业所得税 Enterprises' Income Tax	企业所得税退税 Return for Enterprises' Income Tax	个人所得税 Individual Income Tax	资源税 Resources Tax
地方合计	**Region Total**	**116933709**	**22044306**	**34709830**	**13733391**	**-671**	**6948198**	**988015**
北　京	Beijing	7444874	831922	3331645	1216973		733357	2466
天　津	Tianjin	2461800	527313	783942	321246		159822	3540
河　北	Hebei	4078273	948119	855106	381060	-2	221514	81144
山　西	Shanxi	2563634	751383	483454	224324	-271	104033	87022
内蒙古	Inner Mongolia	1967589	328885	550223	86995	-40	73640	25921
辽　宁	Liaoning	5296405	963291	1416704	499919		281574	82991
吉　林	Jilin	1662807	343569	407799	123628		92653	14399
黑龙江	Heilongjiang	2894200	754995	522784	121106		132963	122310
上　海	Shanghai	11061932	1993832	4424582	2049897		886865	
江　苏	Jiangsu	9804939	2289088	2824927	1385871		528318	23504
浙　江	Zhejiang	8059479	1717155	2862683	1477859	-11	562055	14006
安　徽	Anhui	2746284	457877	602792	258301		102995	34280
福　建	Fujian	3335230	626652	1017528	479272		245318	17485
江　西	Jiangxi	2057667	282633	553126	135057	-12	92291	16468
山　东	Shandong	8283306	1548971	1764502	860624		319637	135148
河　南	Henan	4287799	716233	928070	384296	-12	193216	44902
湖　北	Hubei	3104464	543408	722562	282533	-1	137089	23839
湖　南	Hunan	3206279	485920	786115	176657	-16	142830	10566
广　东	Guangdong	14185056	2772410	4847764	1944269		1115740	19573
广　西	Guangxi	2377721	345222	613483	151845		122809	14054
海　南	Hainan	570358	81156	190337	33856		31467	6445
重　庆	Chongqing	2006241	293187	585417	111487		89359	24742
四　川	Sichuan	3857848	575859	1102487	310529		176902	31189
贵　州	Guizhou	1492855	246900	379489	121020	-71	70546	11999
云　南	Yunnan	2633618	483105	565676	277797	-6	100448	17920
西　藏	Tibet	100188	11125	43139	7514		3542	2297
陕　西	Shaanxi	2149586	431844	619259	144941		82201	43030
甘　肃	Gansu	1041600	229028	270531	63182	-142	43112	15912
青　海	Qinghai	269960	64392	85068	16940		8447	7448
宁　夏	Ningxia	374677	72155	134373	21364		18664	1490
新　疆	Xinjiang	1557040	326677	434263	63029	-87	74791	51925

注：根据《财政部关于下达出口退税免抵未调库影响地方财政收入资金的通知》，2004年中央本级出口退税增列200亿元，增加地方财政本级收入中增值税200亿元，这一增加额未在该表中反映。

a) According to "the Ministry of Finance about the inform of tax rebate for foreign trade company exempted arrives not moves the storehouse influence fiscal revenue of the local government", 20 billion yuan is added to tax rebate for foreign trade company of central level government in 2004, corresponding 20 billion yuan is added to value-added tax of local government, but the figure is excluded in the table.

2-26 续表 1 continued

单位：万元 (10 000 yuan)

地 区	Region	固定资产投资方向调节税 Tax on the Adjustment of the Investment in the Fixed Assets	城市维护建设税 Tax on City Maintenance and Construction	房产税 Tax on Real Estates	印花税 Stamp Tax	城镇土地使用税 Tax on the Use of Urban Land	土地增值税 Land Value Added Tax	车船使用和牌照税 Tax on the Use of Vehicles and Ships
地方合计	**Region Total**	**33950**	**6697446**	**3663167**	**1236184**	**1062260**	**750391**	**357578**
北 京	Beijing	312	347203	319733	89476	32732	18496	28544
天 津	Tianjin		130921	80947	30489	8711		7008
河 北	Hebei	368	229806	95302	32126	39373	2664	7461
山 西	Shanxi	32	168322	54051	22838	24781	214	3365
内蒙古	Inner Mongolia	1968	107499	69883	18570	52895	5941	7622
辽 宁	Liaoning	4742	317325	219674	60937	83446	48873	14369
吉 林	Jilin	69	115747	70680	14600	22149	5831	5200
黑龙江	Heilongjiang	335	278142	101061	16817	38798	2744	8717
上 海	Shanghai	1	434552	270791	169841	21284	96549	14093
江 苏	Jiangsu	408	586375	291913	130332	44365	124041	20893
浙 江	Zhejiang	2381	517544	219382	92948	23574	83269	21421
安 徽	Anhui		160472	61584	22469	33181	18293	9099
福 建	Fujian	52	159994	144535	43997	22900	16100	12105
江 西	Jiangxi	140	102861	39378	12241	19208	14245	5612
山 东	Shandong	14679	549266	267768	62914	211717	90831	49347
河 南	Henan	655	246031	102821	27188	51925	17033	7314
湖 北	Hubei		208537	88232	31639	45121	9264	11556
湖 南	Hunan		196356	75816	23632	25119	4791	7010
广 东	Guangdong	232	552389	547713	198600	70368	94499	71767
广 西	Guangxi	1793	113492	62593	10640	24919	27161	4693
海 南	Hainan		33901	28599	5174	5359	8870	2860
重 庆	Chongqing		111971	46536	17915	15877	15688	3551
四 川	Sichuan		235158	110173	32812	43568	32069	9799
贵 州	Guizhou	109	104899	38307	6800	15380	4529	2335
云 南	Yunnan	4391	283606	69715	19933	25917	3371	12132
西 藏	Tibet		3768		641		246	
陕 西	Shaanxi	594	155791	67895	16239	29278	513	5417
甘 肃	Gansu	3	83106	37841	8222	12857	103	2187
青 海	Qinghai	74	18052	9153	2288	904	36	476
宁 夏	Ningxia		24260	13189	3558	4145	1043	626
新 疆	Xinjiang	612	120100	57902	10308	12409	3084	999

2-26 续表 2 continued

单位：万元 (10 000 yuan)

地 区	Region	屠宰税 Slaughter Tax	筵席税 Banquet Tax	农业税 Agricultural Tax	农业特产税 Tax on Special Agricultural Products	牧业税 Tax on the Animal Husbandry	耕地占用税 Tax on The Occupancy of Cultivated Land	契税 Contract Tax	国有资产经营收益 State-owned Assets Profit
地方合计	**Region Total**	**262**	**21**	**1978986**	**432861**	**8102**	**1200850**	**5401041**	**2227250**
北 京	Beijing	1		40			18363	436836	9035
天 津	Tianjin			3585			10698	123768	
河 北	Hebei			135580	776		23155	104314	71622
山 西	Shanxi	87		26028	199		7930	25036	9287
内蒙古	Inner Mongolia	6	21	49968	5018	348	39170	37982	147494
辽 宁	Liaoning	2		51615	9279		21174	233455	129939
吉 林	Jilin	1		20091	5744		19614	64954	27024
黑龙江	Heilongjiang			9665	8221		15908	75013	198379
上 海	Shanghai						36646	870043	
江 苏	Jiangsu			151717			138728	604384	106001
浙 江	Zhejiang	3		9121	5		213678	587082	7476
安 徽	Anhui			188656			62454	103944	39153
福 建	Fujian			7835	39307		27668	168277	50214
江 西	Jiangxi			82209	3742		7313	112631	47203
山 东	Shandong			251102	12699		183219	340488	264645
河 南	Henan			240728	26990		28458	113783	199377
湖 北	Hubei			142595	16203		36310	139727	30002
湖 南	Hunan			105097	33824		64694	100445	78839
广 东	Guangdong	157		35150	4862		92377	631259	187595
广 西	Guangxi			56856	22719		33286	64203	167380
海 南	Hainan	1		4103	5624		2796	17482	21785
重 庆	Chongqing			49115	10852		24488	83035	48055
四 川	Sichuan			104290	16388	22	33210	181796	120976
贵 州	Guizhou	3		41071	51952		14687	24278	29492
云 南	Yunnan			43493	150975		18569	44081	31124
西 藏	Tibet						45		1169
陕 西	Shaanxi	1		63326	5828		19183	42023	140277
甘 肃	Gansu			43898	1636	739	3912	20131	17422
青 海	Qinghai			6032		2627	929	3815	3298
宁 夏	Ningxia			5440			559	12209	8343
新 疆	Xinjiang			50580	18	4366	1629	34567	34644

2-26 续表 3 continued

单位：万元 (10 000 yuan)

地区	Region	国有企业计划亏损补贴 Planning Subsidies to Loss-suffering Stated-owned Enterprises	行政性收费收入 Income from Administrative Fees	罚没收入 Penalty and Confiscatory Income	海域场地矿区使用费收入 Income from Use of Sea Area, Field and Diggings	专项收入 Expert Project Income	其他收入 Other Income	外贸企业出口退税 Tax Rebate to Foreign Trade Company
地方合计	**Region Total**	**-1819751**	**9046327**	**5226014**	**54108**	**4907372**	**1523813**	**-5477592**
北京	Beijing	-506057	216127	132182	10999	277055	40559	-143125
天津	Tianjin	-25000	294509	65998	1851	72140	35907	-175595
河北	Hebei	-12545	342481	322612	5696	226207	79394	-115060
山西	Shanxi	-18313	183247	157007	4	278083	23135	-51644
内蒙古	Inner Mongolia	-3990	170085	73347		112404	27859	-22125
辽宁	Liaoning	-28718	570059	242436	8012	224418	35853	-194964
吉林	Jilin	-53227	181615	107155	210	79446	15480	-21624
黑龙江	Heilongjiang	-20653	175977	107189		215993	27738	-20002
上海	Shanghai	-275106	294492	162529		258817	30544	-678320
江苏	Jiangsu	-132037	646970	418164	1784	381625	45317	-807749
浙江	Zhejiang	-462042	253018	428669	562	344491	34151	-951001
安徽	Anhui	-21107	390957	139479		117114	32392	-68101
福建	Fujian	-2472	253209	180686	2562	98182	47886	-324062
江西	Jiangxi	-2025	244351	166109		73792	77377	-28283
山东	Shandong	-43871	909921	437059	8371	353922	78928	-388581
河南	Henan	-13681	511317	233684	718	241639	43595	-58481
湖北	Hubei	-26059	354361	214353	291	83699	55968	-46765
湖南	Hunan	-35596	421000	243371	1217	151525	158916	-51849
广东	Guangdong	-22599	949476	497651	6898	440758	209761	-1083613
广西	Guangxi	-9772	250825	161469	3486	90047	78583	-34065
海南	Hainan		49111	25891	1100	18440	7284	-11283
重庆	Chongqing	-21114	333932	88337	31	84495	22991	-33706
四川	Sichuan	-25899	422434	190946	191	159445	45746	-52242
贵州	Guizhou	-3825	129896	80148		70729	60020	-7838
云南	Yunnan	-17891	136204	125373		135221	129951	-27487
西藏	Tibet	-9123	10505	7941		3106	14673	-400
陕西	Shaanxi	-14531	117248	94826	125	100424	21304	-37450
甘肃	Gansu	-12192	79494	39755		72133	21606	-12876
青海	Qinghai	-41	12752	6385		15108	10324	-4547
宁夏	Ningxia		24954	14589		19100	3989	-9373
新疆	Xinjiang	-265	115800	60674		107814	6582	-15381

2-27 地区财政支出（2004年）

Final Statement of Government Expenditure (2004)

单位：万元 (10 000 yuan)

地区	Region	支出合计 Total Expenditure	基本建设 Expenditure for Capital Construction	企业挖潜改造资金 Expenditure for Innovation Enterprises	地质勘探费 Expenditure for Geological Prospecting	科技三项费用 Expenditure for Science and Technology Promotion	流动资金 Expenditure for Circulating Funds	农业支出 Expenditure for Agriculture	林业支出 Expenditure for Forestry
地方合计	**Region Total**	**205928063**	**20937024**	**7415067**	**886958**	**2280527**	**12917**	**7103281**	**5939444**
北京	Beijing	8982756	739446	428314	11134	78547		217329	69279
天津	Tianjin	3750212	693881	271803	13341	91979		80147	13247
河北	Hebei	7855591	618577	149016	25474	68231		242201	266509
山西	Shanxi	5190569	430855	25936	19396	42492	770	189392	214225
内蒙古	Inner Mongolia	5641117	759463	202233	37145	33720		199691	494099
辽宁	Liaoning	9313979	865445	234889	44886	195315		342856	145269
吉林	Jilin	5077758	414223	102994	36444	36523	397	161463	168461
黑龙江	Heilongjiang	6975516	483451	319213	24047	85390		266089	271676
上海	Shanghai	13825254	3106700	1933129	1880	16331		163284	54616
江苏	Jiangsu	13120404	1012157	650180	27203	199149		505486	38101
浙江	Zhejiang	10629355	732868	537581	29632	252380		511209	58953
安徽	Anhui	6015280	508578	209463	37288	29904	40	253414	168256
福建	Fujian	5166787	410376	192017	12806	67384	398	184204	43736
江西	Jiangxi	4540598	342389	91890	60829	22635		215747	163363
山东	Shandong	11893716	600330	510142	27031	157800	2650	509248	77199
河南	Henan	8799580	672263	215560	25654	68235		266272	159966
湖北	Hubei	6462888	374575	113387	22207	59873	4804	245887	223308
湖南	Hunan	7195435	464763	146274	59132	64838		340831	326903
广东	Guangdong	18529500	2541273	226959	32865	406516	2715	416013	136780
广西	Guangxi	5074721	454371	125615	31095	29566	15	205701	183397
海南	Hainan	1272006	149311	3390	3474	5229		44060	35685
重庆	Chongqing	3957233	529594	76144	7379	39668		115066	186579
四川	Sichuan	8952534	848048	228409	44275	65548	1128	328016	649456
贵州	Guizhou	4184181	382750	43823	35361	25887		172806	295119
云南	Yunnan	6636354	648877	162489	28517	39883		291589	331975
西藏	Tibet	1338335	324028	4037	16022	4039		51159	23114
陕西	Shaanxi	5163052	463151	98463	50934	33044		187379	494857
甘肃	Gansu	3569366	328815	38649	45582	20109		112281	312117
青海	Qinghai	1373363	208426	14925	15711	5984		48029	96923
宁夏	Ningxia	1230177	205213	32627	12217	8147		61434	106492
新疆	Xinjiang	4210446	622827	25516	47997	26181		174998	129784

2-27 续表 1 continued

单位：万元 (10 000 yuan)

地区 Region		农林水利气象等部门事业费 Expenditure for Operating Expenses of Agriculture, Forestry, Water Conservancy and Meteorology	工业交通部门事业费 Expenditure for Operating Expenses of Departments of Industry & Transportation	流通部门事业费 Expenditure for Operating Expenses of Department of Commerce	文体广播事业费 Expenditure for Operating Expenses of Departments of Culture, Sport& Broadcasting	教育事业费 Expenditure for Operating Expenses of Education	科学事业费 Expenditure for Operating Expenses of Department of Science	卫生经费 Expenditure for Public Health	其他部门的事业费 Expenditure for Operating Expenses of Other Departments
地方合计	**Region Total**	**2477241**	**2447752**	**331239**	**5208493**	**31462978**	**1236936**	**8322510**	**10096612**
北京	Beijing	46727	61856	2363	202481	1213881	132556	540662	361204
天津	Tianjin	15923	18401	222	86942	553991	22915	183378	94539
河北	Hebei	77190	131799	11631	194480	1423523	29857	351422	553749
山西	Shanxi	56752	81496	8688	145092	802684	18856	223898	248063
内蒙古	Inner Mongolia	62584	52947	5271	127828	662206	17485	174747	303348
辽宁	Liaoning	109175	125262	16225	182466	1210028	39867	254934	480590
吉林	Jilin	40105	63982	11751	131813	607409	22908	170197	252269
黑龙江	Heilongjiang	56929	91040	33128	161333	918029	35636	235805	427570
上海	Shanghai	77460	62300	1633	199405	1553500	135111	450150	502067
江苏	Jiangsu	213166	171841	8296	321101	2143705	64573	623921	559907
浙江	Zhejiang	180844	223693	12229	321055	2000797	91501	527709	790477
安徽	Anhui	65258	47676	7778	145637	1055638	22153	221171	202833
福建	Fujian	72245	89636	13325	161246	1008963	43837	233252	283742
江西	Jiangxi	44328	74326	12918	111902	737127	19979	175879	286068
山东	Shandong	144626	124050	19770	366895	2048284	65970	452199	596766
河南	Henan	114381	118862	12584	303103	1532898	34715	337404	469196
湖北	Hubei	69462	72041	18404	155505	1045080	21229	263743	340577
湖南	Hunan	73556	111825	25326	178296	1043285	24080	197383	385264
广东	Guangdong	395912	195375	32632	442981	2879522	157747	729099	1016108
广西	Guangxi	75790	40452	5350	153117	905379	37322	220169	321839
海南	Hainan	23814	5699	1068	28904	179249	4907	54270	73589
重庆	Chongqing	28501	15887	3912	88630	497847	10172	120564	97779
四川	Sichuan	95262	87972	18837	224155	1225217	41010	342542	279603
贵州	Guizhou	55227	53042	9876	146772	737679	26408	195474	151199
云南	Yunnan	95412	81958	17660	182227	1118233	43602	361946	286207
西藏	Tibet	11671	39825	561	35485	151132	2898	63727	11928
陕西	Shaanxi	66103	101895	15313	137498	743497	19738	180908	293742
甘肃	Gansu	45598	33411	1899	106267	536579	18053	134101	138216
青海	Qinghai	14272	17576	305	30827	152629	4247	63398	45322
宁夏	Ningxia	15646	14827	1325	29998	161044	7163	43539	45902
新疆	Xinjiang	33322	36800	959	105052	613943	20441	194919	196949

2-27 续表 2 continued

单位：万元 (10 000 yuan)

地区	Region	抚恤和社会福利救济费 Expenditure for Pensions and Relief Funds for Social Welfare	行政事业单位离退休经费 Expenditure for Retired Persons in Administrative Department	社会保障补助支出 Expenditure on Subsidies to Social Security Programs	国防支出 Expenditure for National Defense	行政管理费 Expenditure for Government Administration	外交外事支出 Expenditure for Foreign Affairs	武装警察部队支出 Expenditure for Armed Police Troops	公检法司支出 Expenditure for Public Security Agency, Procuratorial Agency and Court of Justice
地方合计	**Region Total**	**5557421**	**9324555**	**13288419**	**279985**	**19952079**	**114814**	**309307**	**14661212**
北京	Beijing	266954	458358	226616	3024	533379	1859		677822
天津	Tianjin	72820	12167	325213	2565	219009	4669	2364	257858
河北	Hebei	214497	417532	485292	10892	802101	8360	4482	554549
山西	Shanxi	155621	306761	570427	7091	559127	1305	5688	326785
内蒙古	Inner Mongolia	116165	363521	418242	5024	569237	1345	14158	286448
辽宁	Liaoning	345097	414981	1308715	18571	756115	17847	10302	640022
吉林	Jilin	198584	303738	793450	5449	367524	4029	12240	297489
黑龙江	Heilongjiang	207361	194808	967071	10603	567527	2822	14629	412324
上海	Shanghai	190279	60722	502373	7199	562416	9289		773594
江苏	Jiangsu	300823	431069	453760	22029	1477943	5760	21509	1056325
浙江	Zhejiang	237238	80475	255527	12593	1176801	6781	22804	982693
安徽	Anhui	202407	369977	483863	7406	645081	4024	4127	376652
福建	Fujian	134465	321619	94099	15872	424795	2027	16580	390099
江西	Jiangxi	160805	165841	372631	2572	416770	1025	5535	322542
山东	Shandong	309460	519429	439691	11929	1312928	5573	10229	807554
河南	Henan	258495	583450	628849	7364	974344	791		566884
湖北	Hubei	271333	249806	599442	11282	699005	1001	8785	515226
湖南	Hunan	252096	372878	749416	11882	709298	2335	10169	483201
广东	Guangdong	336839	945966	435836	26423	1931009	5901	64588	1903531
广西	Guangxi	122776	223165	199286	10752	519762	8281	7587	402346
海南	Hainan	35194	56553	114568	2600	124176	1558	3848	83182
重庆	Chongqing	144578	288870	327589	5585	451604	671	10115	274003
四川	Sichuan	301892	543451	649986	17665	1139635	3689	15894	625369
贵州	Guizhou	107443	31872	229059	4734	511020	1851	2820	287496
云南	Yunnan	188120	582888	333081	15300	677565	4235	20287	438337
西藏	Tibet	22661	20140	38909	2528	241636	421	2235	72309
陕西	Shaanxi	146949	234424	502175	4180	523074	2059	4225	295266
甘肃	Gansu	93100	200887	396647	3839	349975	2585	2230	160554
青海	Qinghai	41265	146440	120968	1484	133747	750	2065	65004
宁夏	Ningxia	27844	61181	57117	1941	87671	1320	2526	65600
新疆	Xinjiang	94260	361586	208521	9607	487805	651	7286	260148

2-27 续表 3 continued

单位：万元 (10 000 yuan)

地 区	Region	城市维护费 Expenditure for City Maintenance	政策性补贴支出 Expenditure for Price Subsidies	支援不发达地区支出 Expenditure for Supporting Underdeveloped Areas	海域开发建设和场地使用费支出 Expenditure for Developing Land and Sea Area	车辆税费支出 Expenditure for Vehicle tax	债务利息支出 Expenditure for Interest of Debts	专项支出 Expenditure for Special Items	其他支出 Other Expenditure
地方合计	**Region Total**	**9682286**	**3784723**	**1725265**	**20829**	**14847**	**176611**	**4115672**	**16761059**
北 京	Beijing	404388	45178		273	1052		266870	1991204
天 津	Tianjin	408127	25190	39	2011	469		65402	211600
河 北	Hebei	315047	214981	55916	2787	1468	119	200899	423010
山 西	Shanxi	181838	89723	50567	205	99		147802	278935
内蒙古	Inner Mongolia	254763	163692	66767	63	1041	5297	87151	155436
辽 宁	Liaoning	588260	251748	38174	2563	527	502	196810	476538
吉 林	Jilin	123435	481022	32617	109		30082	65182	141869
黑龙江	Heilongjiang	275600	429360	42804	180			222590	218501
上 海	Shanghai	675417	10170			59		229155	2547015
江 苏	Jiangsu	1202411	141875	13733	382	370	43758	309376	1100495
浙 江	Zhejiang	621881	52944	34407	487	565		251479	621752
安 徽	Anhui	177737	164909	53782	124	492	3840	109329	436443
福 建	Fujian	142780	67797	38494	2576	217	27991	81087	589122
江 西	Jiangxi	207709	114370	57809	77	12		63116	290404
山 东	Shandong	885953	196740	14552	2183	3132	2316	328259	1340828
河 南	Henan	276353	287098	79380	671	814	13276	225246	565472
湖 北	Hubei	221544	154598	51452	273	1271	4263	74401	569124
湖 南	Hunan	286567	139254	67549	112	730	2716	134432	531044
广 东	Guangdong	861050	128274	121045	3675	334	890	362140	1789502
广 西	Guangxi	228064	54836	87854	853	147	4972	82106	332756
海 南	Hainan	44324	14373	25995	668	179	41	15480	136618
重 庆	Chongqing	274108	58897	43436		48	4261	75797	179949
四 川	Sichuan	254231	158220	114412	112	431	19995	135807	492267
贵 州	Guizhou	105264	33481	118329	54		7836	56117	355382
云 南	Yunnan	191362	47057	154096	48	47	420	80566	212370
西 藏	Tibet	4050	19624	31378		4		3302	139512
陕 西	Shaanxi	184078	73344	77264	56	2	354	59957	169123
甘 肃	Gansu	89606	50362	104923	157	626	750	64605	176843
青 海	Qinghai	12967	11214	45927	50	355	2932	18777	50844
宁 夏	Ningxia	43181	16438	35558	80			18607	65539
新 疆	Xinjiang	140191	87954	67006		356		83825	171562

2-28 居民消费价格指数和商品零售价格指数（2004年）

Consumer Price Indices and Retail Price Indices (2004)

(上年=100) (preceding year=100)

地 区	Region	居民消费价格指数 Consumer Price Index			商品零售价格指数 Retail Price Index		
		全省（区、市） Province	城市 Urban Areas	农村 Rural Areas	全省（区、市） Province	城市 Urban Areas	农村 Rural Areas
全 国	**National**	**103.9**	**103.3**	**104.8**	**102.8**	**102.1**	**104.2**
北 京	Beijing	101.0	101.0		99.2	99.2	
天 津	Tianjin	102.3	102.3		100.8	100.8	
河 北	Hebei	104.3	103.7	104.8	103.2	102.3	104.0
山 西	Shanxi	104.1	103.6	105.4	103.1	102.4	104.2
内蒙古	Inner Mongolia	102.9	102.5	103.9	102.7	102.4	103.1
辽 宁	Liaoning	103.5	102.8	106.3	101.9	101.5	103.9
吉 林	Jilin	104.1	103.6	105.1	103.5	103.1	104.9
黑龙江	Heilongjiang	103.8	103.5	105.2	102.8	102.1	105.0
上 海	Shanghai	102.2	102.2		100.9	100.9	
江 苏	Jiangsu	104.1	103.7	104.6	102.2	101.7	103.5
浙 江	Zhejiang	103.9	102.8	104.6	102.7	102.0	103.6
安 徽	Anhui	104.5	104.3	104.8	102.7	102.2	103.3
福 建	Fujian	104.0	103.8	104.3	102.7	102.4	103.2
江 西	Jiangxi	103.5	103.3	103.5	103.0	101.9	104.0
山 东	Shandong	103.6	102.8	104.6	102.8	102.3	103.7
河 南	Henan	105.4	105.4	105.4	105.7	105.3	106.0
湖 北	Hubei	104.9	104.5	105.8	104.1	103.1	105.4
湖 南	Hunan	105.1	104.1	105.7	103.9	103.0	105.0
广 东	Guangdong	103.0	102.6	103.7	102.9	102.5	103.7
广 西	Guangxi	104.4	104.1	104.9	103.9	103.4	104.4
海 南	Hainan	104.4	103.2	106.4	103.4	103.0	103.8
重 庆	Chongqing	103.7	103.7		101.4	101.4	
四 川	Sichuan	104.9	104.6	105.2	103.7	102.8	104.6
贵 州	Guizhou	104.0	103.5	105.3	103.2	102.4	104.4
云 南	Yunnan	106.0	106.1	105.9	104.7	104.5	105.0
西 藏	Tibet	102.7	102.0	103.4	100.7	100.5	101.2
陕 西	Shaanxi	103.1	103.0	103.2	102.5	101.9	103.7
甘 肃	Gansu	102.3	101.3	104.3	102.1	102.0	102.1
青 海	Qinghai	103.2	102.1	105.5	102.6	102.7	102.2
宁 夏	Ningxia	103.7	103.3	104.5	102.8	102.1	104.2
新 疆	Xinjiang	102.7	102.1	104.5	100.7	99.4	103.2

2-29 居民消费价格分类指数(2004年)

Consumer Price Indices by Category (2004)

(上年=100) (preceding year=100)

地区	Region	食品 Food	烟酒及用品 Tobacco, Liquor and Articles	衣着 Clothing	家庭设备用品及服务 Household Facilities and Articles	医疗保健和个人用品 Health Care & Personal Articles	交通和通信 Transportation and Communication	娱乐教育文化 Recreation, Education & Culture	居住 Residence
全国	**National**	**109.9**	**101.2**	**98.5**	**98.6**	**99.7**	**98.5**	**101.3**	**104.9**
北京	Beijing	104.8	101.2	98.9	96.9	99.2	95.7	101.5	101.4
天津	Tianjin	109.9	101.0	92.1	98.3	93.4	96.8	99.2	103.6
河北	Hebei	110.7	100.7	96.8	97.4	102.2	98.6	102.4	105.9
山西	Shanxi	109.5	103.2	99.4	99.0	99.6	98.7	102.7	106.6
内蒙古	Inner Mongolia	108.8	102.0	100.1	98.6	100.7	98.4	99.7	104.4
辽宁	Liaoning	108.7	100.2	97.9	97.5	102.8	98.5	101.5	103.2
吉林	Jilin	110.2	102.0	100.9	99.1	99.3	95.6	99.7	107.5
黑龙江	Heilongjiang	108.8	100.6	100.4	99.4	101.1	98.9	100.2	106.6
上海	Shanghai	108.3	98.3	94.2	97.8	100.0	96.5	99.9	101.6
江苏	Jiangsu	110.2	100.7	99.0	99.1	99.7	98.3	101.5	104.4
浙江	Zhejiang	111.1	101.4	97.3	98.3	95.1	97.7	102.8	104.4
安徽	Anhui	110.8	101.0	97.7	98.0	100.6	100.1	100.2	105.6
福建	Fujian	109.9	101.1	97.6	98.6	97.7	97.6	103.5	104.2
江西	Jiangxi	109.0	100.8	98.0	99.2	96.6	98.5	100.4	104.8
山东	Shandong	109.1	101.2	97.9	98.8	100.0	99.6	101.8	105.6
河南	Henan	113.5	104.2	98.4	98.2	99.0	100.6	102.3	106.3
湖北	Hubei	110.7	100.7	99.8	97.9	98.2	99.3	103.8	106.1
湖南	Hunan	111.6	100.8	100.3	99.5	99.9	98.8	102.2	104.5
广东	Guangdong	107.5	101.6	99.1	98.6	99.9	98.8	99.4	103.8
广西	Guangxi	112.2	100.2	98.0	99.6	101.1	97.7	98.6	105.2
海南	Hainan	111.0	100.5	98.8	100.3	99.7	99.6	97.9	101.9
重庆	Chongqing	111.0	100.4	91.2	98.5	99.4	99.2	103.2	100.9
四川	Sichuan	111.2	101.8	98.5	99.6	103.6	100.5	102.2	103.4
贵州	Guizhou	112.6	99.9	92.2	98.6	105.1	96.6	101.0	104.1
云南	Yunnan	114.8	101.4	97.8	99.7	99.8	98.5	102.2	107.7
西藏	Tibet	105.3	100.0	100.4	99.9	100.3	100.3	99.4	106.2
陕西	Shaanxi	107.3	101.3	102.5	98.5	97.0	99.1	100.5	106.2
甘肃	Gansu	106.2	99.8	99.4	99.4	99.6	95.1	101.4	105.0
青海	Qinghai	106.5	102.4	102.4	99.4	102.0	98.6	102.6	102.4
宁夏	Ningxia	109.6	104.5	99.1	97.9	98.1	99.7	100.1	106.3
新疆	Xinjiang	105.8	100.3	99.4	98.4	101.8	99.4	98.6	108.3

2-30 农业生产资料价格分类指数（2004年）

Price Indices of Agricultural Means of Production by Category (2004)

(上年=100) (preceding year=100)

地 区	Region	总指数 General Index	小农具 Small Farm Tools	饲料 Forage	半机械化农具 Semi-mechanized Farm Tools	机械化农具 Mechanized Farm Machinery	化学肥料 Chemical Fertilizer	农药及农药械 Pesticide and Its Appliances	农用机油 Oil for Farm Machinery
全国平均	**National**	**110.6**	**104.3**	**116.5**	**102.1**	**102.2**	**112.8**	**103.0**	**108.4**
河 北	Hebei	106.7	99.6	110.7	99.7	99.1	106.4	102.9	110.8
山 西	Shanxi	107.3	110.3	90.6	102.2	101.4	110.4	96.5	108.8
内蒙古	Inner Mongolia	109.5	96.3	115.3	98.7	103.9	109.0	101.9	107.7
辽 宁	Liaoning	113.3	107.6	127.0	101.6	105.3	111.1	98.9	115.1
吉 林	Jilin	106.3	102.8	102.1	97.1	98.7	107.0	100.6	102.1
黑龙江	Heilongjiang	112.0	103.9	117.0	101.1	100.6	110.2	123.4	108.0
江 苏	Jiangsu	112.3	101.3	117.5	98.5	104.4	113.8	103.8	106.7
浙 江	Zhejiang	113.2	103.4	120.1	100.3	103.3	115.4	104.1	105.5
安 徽	Anhui	112.0	103.7	123.4	101.6	104.2	115.9	99.6	114.3
福 建	Fujian	112.5	108.8	120.3	104.4	104.9	116.2	102.5	106.4
江 西	Jiangxi	110.7	106.8	116.5	105.2	104.0	116.4	105.2	108.1
山 东	Shandong	110.2	103.0	114.3	101.6	100.3	117.1	103.1	108.0
河 南	Henan	111.4	103.9	114.2	104.4	103.3	116.8	102.7	110.1
湖 北	Hubei	111.3	107.8	125.4	106.3	104.5	114.0	101.3	101.0
湖 南	Hunan	112.1	107.4	109.7	104.5	101.7	116.7	99.4	108.8
广 东	Guangdong	109.4	101.2	116.0	102.2	102.0	111.7	102.3	104.5
广 西	Guangxi	115.3	120.9	113.8	106.7	106.7	114.2	109.5	108.4
海 南	Hainan	111.3	98.8	106.1	104.7	103.0	118.9	104.2	109.9
四 川	Sichuan	110.9	106.8	111.9	102.9	102.2	111.3	101.7	107.8
贵 州	Guizhou	109.0	106.3	116.3	98.9	108.9	105.7	106.6	107.2
云 南	Yunnan	106.3	107.9	113.7	105.6	102.3	104.3	98.7	101.5
西 藏	Tibet	101.3	103.4	101.6	100.0	100.0	104.0	99.1	102.2
陕 西	Shaanxi	111.6	104.5	124.7	102.1	103.2	115.6	104.0	105.5
甘 肃	Gansu	107.4	106.2	113.3	102.5	83.2	115.1	92.3	118.2
青 海	Qinghai	109.2	105.6	113.4	118.4	105.8	111.4	98.5	109.5
宁 夏	Ningxia	113.5	107.8	118.0	99.9	108.2	113.6	102.6	103.3
新 疆	Xinjiang	107.3	108.3	116.4	102.0	99.9	109.7	100.7	112.8

2-31 固定资产投资价格指数

Price Indices of Investment in Fixed Assets

(上年=100) (preceding year=100)

地 区	Region	2003 固定资产投资 Investment in Fixed Assets	2003 建筑安装工程 Construction and Installation	2003 设备工、器具 Purchase of Equipment, Tools and Instruments	2003 其他费用 Others	2004 固定资产投资 Investment in Fixed Assets	2004 建筑安装工程 Construction and Installation	2004 设备工、器具 Purchase of Equipment, Tools and Instruments	2004 其他费用 Others
全 国	**National**	**102.2**	**104.2**	**97.0**	**101.6**	**105.6**	**108.2**	**99.4**	**103.5**
北 京	Beijing	102.2	104.3	95.6	100.8	104.3	107.7	95.3	101.3
天 津	Tianjin	102.6	104.9	97.8	100.4	107.3	111.3	100.5	101.0
河 北	Hebei	102.3	104.2	98.5	101.4	107.0	109.6	103.6	102.1
山 西	Shanxi	102.9	103.9	99.5	102.3	105.2	106.5	102.5	102.0
内蒙古	Inner Mongolia	102.6	103.7	100.2	100.5	105.0	105.9	104.1	101.4
辽 宁	Liaoning	102.5	104.8	97.7	101.2	104.8	107.5	99.9	102.0
吉 林	Jilin	101.1	102.3	98.1	101.3	104.1	105.6	101.1	102.9
黑龙江	Heilongjiang	102.3	102.7	100.8	103.0	105.0	106.3	100.5	102.0
上 海	Shanghai	102.4	105.2	97.5	101.4	106.7	110.6	99.4	104.7
江 苏	Jiangsu	104.3	107.7	97.6	103.6	109.4	114.1	100.5	107.5
浙 江	Zhejiang	103.5	106.1	98.2	101.7	105.9	108.7	102.1	103.4
安 徽	Anhui	103.5	105.8	98.3	101.1	106.1	108.1	100.1	105.6
福 建	Fujian	101.4	104.2	95.4	101.2	103.4	106.7	96.8	101.3
江 西	Jiangxi	105.1	107.5	99.8	102.9	107.4	109.6	100.4	107.4
山 东	Shandong	102.9	104.7	98.5	104.2	107.4	110.4	101.1	106.7
河 南	Henan	103.8	105.8	99.2	102.1	110.1	113.6	103.9	102.5
湖 北	Hubei	103.3	105.9	98.1	102.5	106.0	109.2	99.6	104.7
湖 南	Hunan	102.8	104.4	97.7	101.8	105.5	107.9	99.1	103.4
广 东	Guangdong	102.2	104.3	96.8	100.5	106.4	109.9	98.4	102.0
广 西	Guangxi	101.8	103.5	96.9	100.3	104.6	106.8	99.3	101.6
海 南	Hainan	103.2	105.7	99.2	100.5	105.6	109.7	100.0	101.7
重 庆	Chongqing	102.9	104.7	96.7	101.3	105.1	107.0	98.8	102.7
四 川	Sichuan	102.2	103.8	97.7	101.8	106.8	110.1	99.5	101.7
贵 州	Guizhou	102.3	103.9	98.7	99.9	104.9	106.4	103.4	100.5
云 南	Yunnan	102.2	103.1	99.4	102.4	108.0	110.4	102.4	105.7
西 藏	Tibet								
陕 西	Shaanxi	101.7	102.1	98.6	103.0	104.5	106.0	99.7	101.5
甘 肃	Gansu	101.7	102.9	99.1	100.4	105.5	106.7	104.8	100.4
青 海	Qinghai	102.0	102.9	97.8	102.5	102.8	103.2	100.1	104.4
宁 夏	Ningxia	102.3	103.7	96.9	103.2	104.9	107.1	99.1	102.6
新 疆	Xinjiang	103.4	104.0	100.6	100.9	104.5	105.8	101.9	100.7

2-32 城镇居民平均每人全年家庭收入来源（2004年）

Per Capita Annual Income in Urban Residents by Source (2004)

单位：元 (yuan)

地 区	Region	可支配收入 Disposable Income	总收入 Total Income	工薪收入 Income of Wages and Salaries	经营净收入 Net Income from Management	财产性收入 Property Income	转移性收入 Transfer Income
全 国	**National**	**9421.61**	**10128.51**	**7152.76**	**493.87**	**161.15**	**2320.73**
北 京	Beijing	15637.84	17116.46	11590.45	177.54	146.45	5202.02
天 津	Tianjin	11467.16	12279.73	7508.72	600.40	123.55	4047.06
河 北	Hebei	7951.31	8381.42	5589.89	334.28	108.97	2348.28
山 西	Shanxi	7902.86	8428.81	6338.80	335.91	141.19	1612.92
内蒙古	Inner Mongolia	8122.99	8488.13	5893.79	757.82	98.59	1737.93
辽 宁	Liaoning	8007.56	8706.46	5806.05	333.47	79.35	2487.58
吉 林	Jilin	7840.61	8226.78	5447.36	791.60	69.69	1918.14
黑龙江	Heilongjiang	7470.71	7803.41	5031.88	611.30	46.04	2114.18
上 海	Shanghai	16682.82	18501.66	13156.67	506.77	214.74	4623.47
江 苏	Jiangsu	10481.93	11236.68	6869.00	752.10	202.02	3413.56
浙 江	Zhejiang	14546.38	15881.63	10752.74	1336.37	383.55	3408.98
安 徽	Anhui	7511.43	7993.55	5583.71	513.20	117.96	1778.68
福 建	Fujian	11175.37	12117.93	7996.08	729.86	347.97	3044.02
江 西	Jiangxi	7559.64	7876.70	5541.74	433.67	88.52	1812.77
山 东	Shandong	9437.80	10187.12	8327.11	299.94	116.84	1443.23
河 南	Henan	7704.90	8073.36	5322.07	429.33	126.04	2195.92
湖 北	Hubei	8022.75	8522.06	6390.81	291.87	122.72	1716.66
湖 南	Hunan	8617.48	9190.21	6807.36	494.07	92.90	1795.88
广 东	Guangdong	13627.65	14953.39	11646.42	738.35	371.29	2197.34
广 西	Guangxi	8689.99	9324.00	6737.70	341.90	174.20	2070.21
海 南	Hainan	7735.78	8121.85	5599.27	261.99	267.81	1992.78
重 庆	Chongqing	9220.96	9910.09	7162.69	228.53	109.67	2409.20
四 川	Sichuan	7709.87	8261.44	5461.35	439.25	197.40	2163.45
贵 州	Guizhou	7322.05	7518.72	5135.14	576.33	54.21	1753.04
云 南	Yunnan	8870.88	9546.29	6138.33	518.17	334.41	2555.38
西 藏	Tibet	9106.07	10395.86	10204.52	42.59	1.18	147.58
陕 西	Shaanxi	7492.47	8043.23	5725.33	201.25	138.45	1978.20
甘 肃	Gansu	7376.74	7990.65	6087.37	330.43	53.37	1519.49
青 海	Qinghai	7319.67	7785.09	5022.57	299.21	67.25	2396.05
宁 夏	Ningxia	7217.87	7748.53	5166.44	495.12	60.03	2026.93
新 疆	Xinjiang	7503.42	8201.82	6394.50	371.74	62.95	1372.63

2-33 城镇居民家庭平均每人全年消费性支出（2004年）

Per Capita Annual Living Expenditure of Urban Residents (2004)

单位：元 (yuan)

地区	Region	消费性支出 Living Expenditure	食品 Food	衣着 Clothing	家庭设备用品及服务 Household Facilities, Articles and Services	医疗保健 Medicine and Medical Services	交通和通信 Transport and Communication Services	教育文化娱乐服务 Education, Cultural and Recreation Services	居住 Residence	杂项商品和服务 Miscellaneous Commodities and Services
全国	**National**	**7182.10**	**2709.60**	**686.79**	**407.37**	**528.15**	**843.62**	**1032.80**	**733.53**	**240.24**
北京	Beijing	12200.40	3925.54	1062.47	823.84	1182.81	1562.19	2115.89	1065.67	461.98
天津	Tianjin	8802.44	3278.24	624.61	497.48	823.99	787.71	1232.38	1230.17	327.86
河北	Hebei	5819.18	2142.36	630.93	343.21	550.29	595.95	682.87	705.18	168.39
山西	Shanxi	5654.15	1917.75	747.43	314.82	401.75	587.00	901.40	614.20	169.80
内蒙古	Inner Mongolia	6219.26	2024.87	897.88	360.31	473.64	699.66	858.38	627.02	277.50
辽宁	Liaoning	6543.28	2643.95	651.66	276.89	541.26	652.40	845.37	661.80	269.96
吉林	Jilin	6068.99	2180.09	739.52	254.33	527.32	643.16	795.04	700.04	229.51
黑龙江	Heilongjiang	5567.53	1972.24	719.28	215.07	537.44	548.39	762.49	611.44	201.18
上海	Shanghai	12631.03	4593.32	796.72	780.26	761.70	1702.86	2195.15	1326.69	474.33
江苏	Jiangsu	7332.26	2931.70	610.96	493.53	496.77	765.17	1031.14	760.71	242.28
浙江	Zhejiang	10636.14	3851.23	941.80	596.62	828.81	1419.09	1681.09	971.33	346.17
安徽	Anhui	5711.33	2509.02	637.88	257.01	395.74	564.92	623.48	534.30	188.99
福建	Fujian	8161.15	3394.63	598.37	435.32	476.75	1055.59	1050.30	869.25	280.93
江西	Jiangxi	5337.84	2296.48	513.57	328.18	268.11	498.45	785.66	505.47	141.93
山东	Shandong	6673.75	2310.66	829.22	457.33	484.42	801.23	983.07	601.54	206.28
河南	Henan	5294.19	1855.44	650.30	332.06	436.53	569.85	694.56	578.60	176.84
湖北	Hubei	6398.52	2516.20	710.96	334.12	461.40	600.48	938.62	641.62	195.12
湖南	Hunan	6884.61	2479.58	689.48	388.15	475.61	881.89	1091.29	640.73	237.87
广东	Guangdong	10694.79	3953.30	620.07	592.66	649.70	1754.12	1577.70	1205.12	342.11
广西	Guangxi	6445.73	2727.09	423.17	397.33	461.67	584.12	960.77	660.26	231.31
海南	Hainan	5802.40	2722.84	300.17	302.41	350.17	701.92	686.75	564.86	173.29
重庆	Chongqing	7973.05	3015.32	779.68	474.15	537.95	865.45	1200.52	903.22	196.77
四川	Sichuan	6371.14	2560.35	557.94	384.08	433.36	769.24	874.37	600.67	191.15
贵州	Guizhou	5494.45	2260.46	585.18	286.56	301.26	601.08	793.40	468.21	198.30
云南	Yunnan	6837.01	2895.60	651.72	302.04	623.22	882.19	725.08	592.93	164.21
西藏	Tibet	8338.21	3799.17	1079.74	469.74	320.65	1184.66	617.39	483.20	383.66
陕西	Shaanxi	6233.07	2236.48	609.33	409.00	513.27	583.19	1025.76	646.92	209.10
甘肃	Gansu	5937.30	2204.04	736.19	336.20	411.95	601.16	853.31	572.49	221.96
青海	Qinghai	5758.95	2056.06	621.98	438.44	451.95	566.97	746.89	664.20	212.47
宁夏	Ningxia	5821.38	2156.34	636.81	364.07	440.77	646.97	651.14	660.19	265.08
新疆	Xinjiang	5773.62	2083.13	766.73	292.14	375.18	615.19	840.59	566.99	233.66

2-34 城镇居民家庭平均每百户耐用消费品拥有量（2004年底）

Number of Major Durable Consumer Goods Owned Per 100 Urban Households (End of 2004)

地 区	Region	成套家具（套）Composite Furniture (sets)	摩托车（辆）Motorcycle (unit)	自行车（辆）Bicycle (unit)	助力车（辆）Helping Hand Car (unit)	家用汽车（辆）Automobile (unit)	洗衣机（台）Washing Machine (set)	电风扇（台）Electric Fan (set)	电冰箱（台）Refrigerator (set)
全 国	**National**	**76.41**	**24.84**	**140.21**	**6.50**	**2.18**	**95.90**	**179.56**	**90.15**
北 京	Beijing	89.25	5.65	191.83	3.99	12.64	102.02	130.90	102.60
天 津	Tianjin	98.53	8.53	222.40	7.40	2.33	95.87	114.60	98.93
河 北	Hebei	82.57	36.33	225.17	6.46	2.23	100.14	163.59	95.26
山 西	Shanxi	77.68	27.68	186.39	3.84	1.23	99.39	89.64	81.06
内蒙古	Inner Mongolia	73.47	27.35	174.89	4.25	3.47	93.45	60.35	83.59
辽 宁	Liaoning	43.06	7.28	129.59	3.20	0.42	91.88	78.42	88.68
吉 林	Jilin	28.39	15.66	132.50	1.82	1.16	97.62	71.20	82.20
黑龙江	Heilongjiang	42.06	9.20	102.60	0.51	0.95	92.25	58.82	75.73
上 海	Shanghai	99.70	3.00	125.60	20.30	3.60	95.60	214.50	103.50
江 苏	Jiangsu	72.72	27.59	177.59	17.71	1.83	98.85	209.65	90.94
浙 江	Zhejiang	80.56	29.41	170.42	23.18	3.52	94.94	264.98	98.93
安 徽	Anhui	64.93	18.88	135.23	5.54	0.53	95.68	242.27	89.85
福 建	Fujian	81.45	48.89	113.93	4.95	1.42	98.08	230.65	97.08
江 西	Jiangxi	75.98	18.98	142.11	2.59	0.36	96.24	255.17	87.28
山 东	Shandong	89.95	47.20	192.05	12.54	2.51	92.89	179.15	91.21
河 南	Henan	70.81	26.85	202.63	9.06	0.76	97.05	217.05	84.62
湖 北	Hubei	85.98	15.80	121.62	2.75	0.31	97.80	239.21	96.20
湖 南	Hunan	87.80	17.32	66.60	3.52	0.56	95.55	251.10	87.60
广 东	Guangdong	81.88	76.91	121.21	3.05	6.56	97.36	297.33	93.42
广 西	Guangxi	93.89	44.55	184.94	7.57	0.48	93.80	301.27	92.67
海 南	Hainan	18.66	67.54	111.95	0.51	2.25	80.51	193.05	71.41
重 庆	Chongqing	98.33	2.33	4.67	2.33	0.33	99.33	182.33	99.67
四 川	Sichuan	99.44	7.87	80.67	3.73	2.14	96.23	211.58	92.91
贵 州	Guizhou	71.27	8.61	22.91	0.03	0.38	98.05	103.42	86.43
云 南	Yunnan	67.17	20.43	122.69	6.77	6.91	91.11	29.69	77.31
西 藏	Tibet	86.00	7.00	137.00		2.00	93.00	11.00	84.00
陕 西	Shaanxi	68.49	15.04	134.08	1.93	0.35	97.00	131.64	81.65
甘 肃	Gansu	82.96	12.18	164.77	5.82	0.23	96.53	56.16	87.57
青 海	Qinghai	48.06	6.98	68.48	1.72	0.67	102.34	14.44	81.71
宁 夏	Ningxia	27.53	17.57	180.43	2.50	0.36	93.70	77.53	80.48
新 疆	Xinjiang	70.11	19.10	133.58	1.35	0.79	91.46	57.77	83.52

2-34 续表 1 continued

地区	Region	冰柜（台）Freezer (set)	彩色电视机（台）Color TV Set (set)	影碟机（台）Video Disc Player (set)	录音机（台）Tape Recorder (set)	录放像机（台）Video Recorder (set)	家用电脑（台）Computer (set)	组合音响（套）Hi-Fi Stereo Component System (set)	摄像机（架）Pickup Camera (set)
全　国	**National**	**6.73**	**133.44**	**63.26**	**47.33**	**17.55**	**33.11**	**28.29**	**3.17**
北　京	Beijing	10.09	150.61	66.97	66.52	45.22	79.44	35.98	13.63
天　津	Tianjin	16.80	136.47	55.33	54.73	28.00	41.20	28.93	3.93
河　北	Hebei	15.05	127.23	48.32	57.38	16.97	23.82	22.59	2.46
山　西	Shanxi	9.73	116.24	46.07	49.15	12.47	22.93	17.37	2.03
内蒙古	Inner Mongolia	12.94	110.53	52.18	45.19	8.59	19.02	13.26	2.51
辽　宁	Liaoning	8.93	122.29	46.54	50.20	22.75	27.87	24.18	4.11
吉　林	Jilin	10.45	124.89	55.05	48.04	17.94	20.85	14.30	3.12
黑龙江	Heilongjiang	12.41	112.98	47.17	51.16	15.36	17.29	15.62	3.08
上　海	Shanghai	1.90	177.50	85.70	60.20	30.80	69.90	44.80	8.30
江　苏	Jiangsu	4.67	145.41	56.76	42.86	18.92	31.68	25.33	3.56
浙　江	Zhejiang	3.67	163.14	64.15	50.41	20.27	44.72	30.41	3.07
安　徽	Anhui	4.95	127.66	55.90	40.89	15.87	19.31	20.39	1.58
福　建	Fujian	2.67	158.42	78.12	31.26	12.88	46.56	29.45	3.33
江　西	Jiangxi	3.55	135.35	55.47	38.36	10.94	19.98	24.14	1.54
山　东	Shandong	14.01	119.59	59.83	64.21	20.60	37.71	22.84	3.47
河　南	Henan	7.78	125.21	52.41	48.05	10.38	22.09	18.98	2.07
湖　北	Hubei	5.53	131.69	70.14	41.32	14.44	32.40	31.05	1.45
湖　南	Hunan	7.30	129.55	63.86	39.04	13.42	27.67	33.91	1.21
广　东	Guangdong	0.87	154.69	85.64	50.43	17.97	64.28	54.33	4.83
广　西	Guangxi	1.68	138.10	71.19	45.15	13.91	32.64	35.68	2.11
海　南	Hainan	2.03	118.51	58.68	48.75	11.11	18.96	25.06	0.25
重　庆	Chongqing	3.33	153.33	82.00	27.33	21.67	43.67	39.67	4.67
四　川	Sichuan	3.17	135.71	76.80	34.15	13.52	26.43	30.51	1.90
贵　州	Guizhou	5.79	125.27	78.71	26.22	13.39	21.02	39.34	2.12
云　南	Yunnan	1.16	122.91	75.94	43.61	17.40	25.73	35.32	3.18
西　藏	Tibet	9.00	133.00	74.00	59.00	45.00	17.00	33.00	5.00
陕　西	Shaanxi	3.25	127.87	58.25	44.57	14.33	23.51	20.75	1.45
甘　肃	Gansu	5.05	120.32	59.26	56.73	14.96	20.66	27.88	1.64
青　海	Qinghai	9.69	122.44	63.81	55.68	13.67	16.46	22.84	1.15
宁　夏	Ningxia	3.36	116.00	53.78	43.55	8.65	15.04	20.59	1.12
新　疆	Xinjiang	3.75	111.95	56.19	59.80	16.26	17.84	18.29	1.16

2-34 续表 2 continued

地区	Region	照相机（架）Camera (set)	钢琴（架）Piano (set)	其他中高档乐器（件）Other Medium and High Grade Musical Instrument (unit)	微波炉（台）Oven (unit)	空调器（台）Air Conditioner (unit)	取暖器（台）Room Heater (unit)	电炊具（台）Electric Cooking Appliances (unit)	淋浴热水器（台）Shower (unit)
全　国	**National**	**47.04**	**2.22**	**7.23**	**41.70**	**69.81**	**33.73**	**106.38**	**69.40**
北　京	Beijing	100.44	4.18	9.81	86.86	135.66	31.92	120.43	94.07
天　津	Tianjin	54.27	1.13	3.33	68.87	95.33	25.27	103.00	85.80
河　北	Hebei	47.77	1.38	7.51	30.87	61.56	17.06	68.75	69.38
山　西	Shanxi	40.39	1.41	6.16	17.60	21.33	11.56	41.82	34.56
内蒙古	Inner Mongolia	32.96	1.18	6.79	22.53	6.10	5.54	149.04	40.25
辽　宁	Liaoning	50.87	2.47	6.13	37.37	12.10	17.37	93.73	60.49
吉　林	Jilin	42.99	1.75	7.43	30.91	3.81	11.66	131.47	40.90
黑龙江	Heilongjiang	34.00	1.74	5.97	20.03	5.75	10.20	174.83	30.81
上　海	Shanghai	80.10	5.80	7.70	93.30	159.20	79.30	176.30	88.40
江　苏	Jiangsu	42.05	1.86	5.03	65.41	98.72	50.84	115.01	74.81
浙　江	Zhejiang	51.47	2.28	8.19	51.65	115.70	41.48	123.66	80.70
安　徽	Anhui	34.54	1.52	7.75	34.06	69.77	41.22	94.49	59.92
福　建	Fujian	44.56	3.15	5.88	68.29	126.62	16.61	125.92	98.52
江　西	Jiangxi	34.71	1.44	7.88	28.66	53.92	68.70	84.09	72.69
山　东	Shandong	56.80	3.14	9.18	35.62	61.67	31.96	87.17	69.04
河　南	Henan	37.87	1.96	7.89	23.87	81.80	35.81	75.39	45.63
湖　北	Hubei	41.70	1.53	7.27	40.16	85.79	62.87	116.96	71.04
湖　南	Hunan	39.67	2.39	7.48	34.49	65.84	70.11	62.02	66.07
广　东	Guangdong	64.68	3.50	9.24	58.65	155.95	11.81	116.45	105.16
广　西	Guangxi	42.20	1.57	7.09	39.78	63.96	28.00	152.91	96.70
海　南	Hainan	21.53	0.76	5.09	20.63	36.20		149.19	79.46
重　庆	Chongqing	52.67	2.00	6.33	66.33	152.33	34.67	83.00	96.33
四　川	Sichuan	37.53	1.39	5.45	36.95	65.92	42.29	103.58	83.99
贵　州	Guizhou	33.83	2.07	5.00	32.70	6.38	59.81	108.61	50.72
云　南	Yunnan	47.30	2.78	5.84	41.15	0.34	28.63	115.51	50.90
西　藏	Tibet	55.00		2.00	30.00	5.00	54.00	23.00	25.00
陕　西	Shaanxi	39.84	1.26	6.41	32.14	65.01	21.27	89.40	61.21
甘　肃	Gansu	42.58	1.69	9.69	22.34	2.78	12.90	81.33	55.74
青　海	Qinghai	46.02	1.50	7.78	31.93	1.00	25.54	52.52	32.72
宁　夏	Ningxia	26.94	0.70	6.32	23.05	2.95	10.33	144.44	55.32
新　疆	Xinjiang	40.33	2.51	12.24	14.29	6.15	7.58	76.99	61.46

2-34 续表 3 continued

地 区	Region	排油烟机 (台) Smoke Absorber (unit)	消毒碗柜 (台) Disinfection Cupboard (unit)	洗碗机 (台) Dishwasher (unit)	饮水机 (台) Drinking Machine (unit)	吸尘器 (台) Dust Catcher (unit)	健身器材 (套) Health Equipment (set)	普通电话 (部) Telephone (unit)	移动电话 (部) Mobile Telephone (unit)	传真机 (部) Fax Machine (unit)
全 国	**National**	**65.58**	**14.03**	**0.57**	**36.83**	**13.24**	**4.22**	**96.44**	**111.35**	**0.92**
北 京	Beijing	90.89	7.56	1.10	52.91	36.71	11.88	106.81	164.52	2.38
天 津	Tianjin	87.07	1.33	0.27	36.53	26.73	4.93	95.73	107.13	0.87
河 北	Hebei	71.55	2.94	0.57	30.17	12.83	6.09	96.36	82.13	0.40
山 西	Shanxi	60.34	1.06	0.29	31.39	6.59	2.16	93.48	79.00	0.42
内蒙古	Inner Mongolia	61.98	1.67	0.21	30.08	11.12	2.08	90.73	114.21	0.39
辽 宁	Liaoning	78.67	4.42	0.57	23.16	25.01	3.01	94.40	91.08	0.70
吉 林	Jilin	77.58	4.20	0.50	26.07	16.53	4.79	96.68	113.52	0.66
黑龙江	Heilongjiang	73.60	3.90	0.55	24.65	15.00	2.14	91.32	76.59	0.51
上 海	Shanghai	82.30	14.40	1.00	58.50	51.80	8.00	103.00	160.80	4.90
江 苏	Jiangsu	74.04	5.14	0.42	47.41	15.38	4.06	108.14	105.94	1.23
浙 江	Zhejiang	85.33	16.60	0.85	46.67	15.83	4.45	99.37	144.58	1.73
安 徽	Anhui	52.05	3.57	0.34	25.23	8.64	3.69	95.92	86.90	0.17
福 建	Fujian	64.39	36.31	0.65	34.29	5.82	5.67	106.07	149.58	1.35
江 西	Jiangxi	40.64	7.56	0.27	28.30	4.99	2.19	95.68	95.22	0.12
山 东	Shandong	85.49	5.82	0.85	60.91	17.19	5.21	97.09	121.36	0.44
河 南	Henan	52.07	5.99	0.35	33.83	5.02	3.04	94.85	87.53	0.46
湖 北	Hubei	54.45	10.65	0.56	26.87	7.28	3.25	95.53	95.89	0.67
湖 南	Hunan	33.74	19.99	0.48	28.73	3.33	4.01	93.06	124.85	0.23
广 东	Guangdong	80.43	78.75	1.08	38.57	10.75	7.41	102.38	170.86	2.51
广 西	Guangxi	53.65	38.95	0.20	26.93	6.69	2.71	94.69	102.57	1.26
海 南	Hainan	55.85	50.99		19.51	0.25	3.74	95.55	85.40	
重 庆	Chongqing	38.67	14.00	1.00	45.33	12.00	5.67	96.00	128.33	1.00
四 川	Sichuan	39.34	8.26	0.41	32.07	6.00	2.90	93.18	104.97	0.38
贵 州	Guizhou	40.04	26.43	0.32	51.83	5.45	1.99	94.07	96.82	0.34
云 南	Yunnan	74.28	10.90	1.00	57.83	9.23	4.03	90.09	111.52	0.84
西 藏	Tibet	37.00	8.00	2.00	37.00	7.00	1.00	88.00	108.00	
陕 西	Shaanxi	61.21	5.03	0.18	34.63	6.04	2.21	89.38	100.51	0.49
甘 肃	Gansu	80.03	1.80	0.49	38.25	7.29	2.20	87.87	91.89	0.34
青 海	Qinghai	79.30	3.40		29.63	8.53	1.43	90.51	90.69	0.27
宁 夏	Ningxia	60.46	1.89	0.10	30.32	6.32	1.00	91.29	90.49	0.16
新 疆	Xinjiang	75.98	4.23	0.14	26.82	16.59	2.72	91.69	87.13	0.14

2-35 农村居民家庭按来源分的纯收入（2004年）

Per Capita Net Income of Rural Households by Source (2004)

单位：元 (yuan)

地 区	Region	纯收入 Net Income	工资性收入 Wage Income	家庭经营纯收入 Family Business Income	财产性收入 Property Income	转移性收入 Transfer Income
全 国	**National**	**2936.40**	**998.46**	**1745.79**	**76.61**	**115.54**
北 京	Beijing	6170.33	3698.74	1600.80	417.79	453.01
天 津	Tianjin	5019.53	2358.69	2427.51	93.67	139.66
河 北	Hebei	3171.06	1110.92	1887.68	79.03	93.42
山 西	Shanxi	2589.60	987.52	1497.19	35.55	69.35
内蒙古	Inner Mongolia	2606.37	394.79	2037.70	56.10	117.78
辽 宁	Liaoning	3307.14	1075.86	1991.49	100.06	139.73
吉 林	Jilin	2999.62	457.80	2292.76	81.35	167.71
黑龙江	Heilongjiang	3005.18	413.14	2329.44	137.02	125.58
上 海	Shanghai	7066.33	5468.54	854.08	303.83	439.88
江 苏	Jiangsu	4753.85	2443.35	2018.51	110.34	181.65
浙 江	Zhejiang	5944.06	2855.82	2533.15	295.95	259.14
安 徽	Anhui	2499.33	884.62	1489.17	46.12	79.42
福 建	Fujian	4089.38	1488.47	2206.92	80.04	313.96
江 西	Jiangxi	2786.78	1017.51	1670.18	24.48	74.60
山 东	Shandong	3507.43	1178.32	2147.47	64.92	116.71
河 南	Henan	2553.15	753.99	1716.71	28.22	54.23
湖 北	Hubei	2890.01	755.23	2051.62	16.19	66.96
湖 南	Hunan	2837.76	1081.23	1614.57	41.87	100.08
广 东	Guangdong	4365.87	2173.21	1805.69	246.89	140.09
广 西	Guangxi	2305.22	857.63	1365.26	17.51	64.82
海 南	Hainan	2817.62	397.32	2257.56	60.53	102.21
重 庆	Chongqing	2510.41	931.69	1418.84	33.06	126.82
四 川	Sichuan	2518.93	829.17	1568.26	27.04	94.47
贵 州	Guizhou	1721.55	505.24	1115.87	18.55	81.89
云 南	Yunnan	1864.19	325.86	1386.61	71.76	79.96
西 藏	Tibet	1861.31	530.33	1103.41	115.04	112.53
陕 西	Shaanxi	1866.52	690.38	1028.34	50.60	97.21
甘 肃	Gansu	1852.22	527.58	1228.93	25.81	69.89
青 海	Qinghai	1957.65	460.90	1333.62	52.79	110.35
宁 夏	Ningxia	2320.05	618.37	1506.06	52.22	143.40
新 疆	Xinjiang	2244.93	138.23	1970.36	81.08	55.26

2-36 农村居民家庭平均每人生活消费支出（2004年）

Per Capita Living Expenditure of Rural Households (2004)

单位：元 (yuan)

地区	Region	生活消费支出合计 Living Expenditure	食品 Food	衣着 Clothing	居住 Residence	家庭设备及服务 Household Facilities, Articles and Services	医疗保健 Medicines and Health Care	交通和通讯 Transport, and Communi-cation	文教、娱乐用品及服务 Cultural, Educational and Recreational Articles and Services	其他商品及服务 Other Commo-dities and Services
全国	**National**	**2184.65**	**1031.91**	**120.16**	**324.25**	**89.23**	**130.56**	**192.63**	**247.63**	**48.27**
北京	Beijing	4616.94	1495.09	308.85	746.04	227.27	507.55	512.23	743.72	76.18
天津	Tianjin	2642.11	1017.72	181.21	508.06	108.51	177.10	230.41	376.87	42.23
河北	Hebei	1834.92	780.09	127.06	340.88	80.42	115.97	176.60	182.56	31.33
山西	Shanxi	1636.46	748.90	171.69	179.22	59.27	84.20	130.00	235.01	28.17
内蒙古	Inner Mongolia	2082.57	889.05	133.54	266.43	69.91	154.51	241.90	291.98	35.24
辽宁	Liaoning	2072.95	962.00	154.97	290.08	72.58	145.19	186.77	217.95	43.42
吉林	Jilin	1971.21	899.00	133.54	216.82	62.08	161.16	214.97	237.34	46.31
黑龙江	Heilongjiang	1837.37	750.57	123.87	388.87	49.86	131.04	175.85	188.51	28.78
上海	Shanghai	6328.85	2191.15	279.73	1446.15	344.41	424.55	720.37	805.55	116.94
江苏	Jiangsu	2992.55	1317.88	163.53	467.62	141.43	163.16	293.07	373.39	72.47
浙江	Zhejiang	4659.11	1838.57	258.58	798.88	242.09	326.12	496.86	597.96	100.05
安徽	Anhui	1813.71	861.34	86.87	299.82	75.97	91.95	163.93	199.95	33.88
福建	Fujian	3015.58	1408.54	159.60	430.14	154.43	136.40	306.06	313.09	107.32
江西	Jiangxi	2095.48	1125.13	107.19	234.69	66.89	110.32	171.89	237.28	42.10
山东	Shandong	2389.27	1000.13	139.18	365.97	110.12	155.85	221.93	298.23	97.85
河南	Henan	1664.09	808.27	108.08	268.72	63.68	95.22	121.17	168.04	30.91
湖北	Hubei	2088.98	1076.35	93.52	274.10	75.11	110.73	162.65	245.68	50.85
湖南	Hunan	2472.29	1338.65	112.38	293.23	92.37	124.12	174.52	279.96	57.05
广东	Guangdong	3240.78	1581.68	116.83	494.89	131.17	153.17	350.27	314.34	98.44
广西	Guangxi	1928.60	1047.58	64.42	311.48	64.87	83.64	140.13	178.83	37.65
海南	Hainan	1745.35	1027.90	58.96	134.00	83.16	86.57	133.77	164.42	56.59
重庆	Chongqing	1853.94	1039.00	79.08	201.03	74.80	115.31	119.67	198.65	26.38
四川	Sichuan	2015.72	1123.18	92.87	234.31	79.15	117.40	127.60	209.68	31.54
贵州	Guizhou	1296.34	754.39	55.63	165.95	41.48	47.19	70.41	140.21	21.07
云南	Yunnan	1571.04	848.30	61.87	239.29	61.78	87.66	105.52	143.20	23.42
西藏	Tibet	1470.70	941.08	157.87	118.55	75.55	28.93	89.16	37.84	21.72
陕西	Shaanxi	1618.05	686.38	91.78	237.32	65.46	118.12	126.13	258.83	34.04
甘肃	Gansu	1464.34	703.41	82.33	179.86	58.91	85.33	130.22	202.64	21.64
青海	Qinghai	1676.44	813.35	121.83	233.16	65.48	126.60	176.41	108.14	31.48
宁夏	Ningxia	1926.82	808.54	122.49	325.21	65.30	186.90	155.26	217.06	46.05
新疆	Xinjiang	1689.91	763.43	138.88	304.81	56.03	141.97	131.59	126.92	26.28

2-37 农村居民家庭平均每人生活消费现金支出（2004年）

Per Capita Living Expenditure in Cash of Rural Households (2004)

单位：元 (yuan)

地区	Region	生活消费现金支出合计 Living Expenditure in Cash	食品 Food	衣着 Clothing	居住 Residence	家庭设备及服务 Household Facilities, Articles and Services	医疗保健 Medicines and Medical Services	交通和通讯 Transport, and Communication Services	文教、娱乐用品及服务 Cultural, Educational and Recreational Articles and Services	其他商品及服务 Other Commodities and Services
全国	**National**	**1754.46**	**629.88**	**119.55**	**297.16**	**88.98**	**130.56**	**192.63**	**247.63**	**48.07**
北京	Beijing	4562.58	1443.57	308.85	745.04	227.27	507.55	512.23	743.72	74.36
天津	Tianjin	2513.22	888.93	181.21	508.06	108.51	177.10	230.41	376.87	42.13
河北	Hebei	1557.52	503.70	127.00	340.88	79.68	115.97	176.60	182.56	31.13
山西	Shanxi	1366.32	486.45	171.51	172.06	59.25	84.20	130.00	235.01	27.86
内蒙古	Inner Mongolia	1667.23	500.57	132.87	241.41	69.87	154.51	241.90	291.98	34.12
辽宁	Liaoning	1692.82	607.45	154.23	265.24	72.58	145.19	186.77	217.95	43.42
吉林	Jilin	1662.30	624.33	133.50	182.87	61.82	161.16	214.97	237.34	46.30
黑龙江	Heilongjiang	1554.23	565.37	123.87	290.94	49.86	131.04	175.85	188.51	28.78
上海	Shanghai	6032.42	1894.83	279.64	1446.15	344.40	424.55	720.37	805.55	116.92
江苏	Jiangsu	2528.29	859.21	163.53	462.08	141.37	163.16	293.07	373.39	72.47
浙江	Zhejiang	4410.85	1602.97	258.34	786.50	242.07	326.12	496.86	597.96	100.05
安徽	Anhui	1407.47	491.56	86.68	263.57	75.96	91.95	163.93	199.95	33.87
福建	Fujian	2606.75	1054.57	159.60	377.47	154.41	136.40	306.06	313.09	105.16
江西	Jiangxi	1534.38	610.00	105.80	190.10	66.89	110.32	171.89	237.28	42.10
山东	Shandong	2024.82	642.00	137.27	361.71	110.01	155.85	221.93	298.23	97.82
河南	Henan	1248.80	439.70	107.74	222.41	63.62	95.22	121.17	168.04	30.91
湖北	Hubei	1479.46	502.01	92.04	241.17	74.34	110.73	162.65	245.68	50.85
湖南	Hunan	1895.31	774.87	112.29	280.13	92.37	124.12	174.52	279.96	57.05
广东	Guangdong	2791.74	1196.85	116.49	431.59	130.59	153.17	350.27	314.34	98.44
广西	Guangxi	1447.75	613.79	64.42	264.75	64.87	83.64	140.13	178.83	37.33
海南	Hainan	1295.70	614.85	58.96	97.40	83.16	86.57	133.77	164.42	56.58
重庆	Chongqing	1231.90	440.91	79.08	177.49	74.40	115.31	119.67	198.65	26.37
四川	Sichuan	1373.49	525.33	91.03	191.94	79.00	117.40	127.60	209.68	31.51
贵州	Guizhou	821.69	292.86	55.57	153.71	41.40	47.19	70.41	140.21	20.33
云南	Yunnan	1087.22	393.96	61.87	209.90	61.75	87.66	105.52	143.20	23.36
西藏	Tibet	839.23	320.89	154.28	114.07	74.07	28.93	89.16	37.84	19.98
陕西	Shaanxi	1352.61	428.89	91.71	229.44	65.46	118.12	126.13	258.83	34.04
甘肃	Gansu	1050.94	296.03	82.27	174.73	58.34	85.33	130.22	202.64	21.37
青海	Qinghai	1191.05	356.05	120.27	208.03	64.07	126.60	176.41	108.14	31.48
宁夏	Ningxia	1488.81	379.60	122.49	316.15	65.28	186.90	155.26	217.06	46.05
新疆	Xinjiang	1283.90	384.25	134.81	283.78	54.32	141.97	131.59	126.92	26.28

2-38 农村居民家庭平均每百户主要耐用消费品拥有量（2004年底）

Number of Durable Consumer Goods Owned Per 100 Rural Households (End of 2004)

地区	Region	大型家具 (件) Large Furniture (unit)	洗衣机 (台) Washing Machine (unit)	电风扇 (台) Electric Fan (unit)	电冰箱 (台) Refrigerator (unit)	空调机 (台) Air Conditioner (unit)	抽油烟机 (台) Exhaust Fan (unit)	自行车 (辆) Bicycle (unit)
全国	**National**	**293.88**	**37.32**	**141.91**	**17.75**	**4.70**	**4.81**	**118.15**
北京	Beijing	244.53	94.93	153.73	100.67	42.13	37.60	208.67
天津	Tianjin	157.83	88.17	147.83	61.33	23.17	14.50	191.17
河北	Hebei	197.67	70.74	165.69	27.86	3.60	3.12	202.71
山西	Shanxi	271.19	59.38	52.38	12.62	0.67	2.29	134.86
内蒙古	Inner Mongolia	157.62	31.07	12.33	11.17	0.10	0.73	79.22
辽宁	Liaoning	135.84	58.68	52.59	19.52	0.42	3.17	123.92
吉林	Jilin	90.19	60.75	19.94	9.00	0.19	1.75	84.13
黑龙江	Heilongjiang	74.29	56.12	20.45	12.05	0.27	3.30	84.29
上海	Shanghai	318.00	79.67	346.83	85.00	54.83	51.17	202.17
江苏	Jiangsu	301.79	61.47	230.53	31.24	17.88	10.12	185.38
浙江	Zhejiang	401.78	45.56	294.67	56.59	26.63	30.70	161.63
安徽	Anhui	304.19	22.52	197.87	15.45	2.32	1.10	133.52
福建	Fujian	237.64	48.08	196.48	33.46	9.45	10.00	86.43
江西	Jiangxi	287.63	6.65	168.94	6.45	0.90	0.69	115.39
山东	Shandong	319.69	31.88	168.36	24.38	3.29	5.05	176.81
河南	Henan	273.05	41.43	162.21	9.00	2.31	0.71	151.67
湖北	Hubei	318.30	21.58	178.27	11.06	1.48	2.00	102.48
湖南	Hunan	557.38	22.19	192.49	9.59	1.27	0.97	78.27
广东	Guangdong	404.22	29.02	305.20	20.35	9.30	13.28	139.22
广西	Guangxi	167.47	4.46	206.45	4.33	0.13	0.35	118.23
海南	Hainan	237.92	8.19	121.03	10.14	0.69	0.69	51.53
重庆	Chongqing	416.85	18.83	148.67	10.22	0.94	0.72	16.89
四川	Sichuan	478.13	25.98	152.15	9.03	0.70	0.48	47.23
贵州	Guizhou	373.71	19.69	32.86	3.88	0.04	0.04	10.13
云南	Yunnan	103.75	23.29	10.50	5.46	0.04	1.83	42.58
西藏	Tibet	395.42	4.17		3.13			57.29
陕西	Shaanxi	251.62	44.50	85.23	6.53	0.77	0.68	132.88
甘肃	Gansu	306.56	38.56	26.78	5.67		1.61	125.01
青海	Qinghai	367.67	28.00	3.67	7.00		0.17	52.67
宁夏	Ningxia	448.33	48.33	26.83	10.00	0.17	0.33	168.50
新疆	Xinjiang	228.32	27.23	17.29	15.87	0.06	1.55	122.19

2-38 续表 continued

地 区	Region	摩托车 (辆) Motorcycle (unit)	电话机 (部) Telephone Set (unit)	黑白电视机 (台) Black and White TV Set (unit)	彩色电视机 (台) Color TV Set (unit)	录放像机 (台) Video-recorder (unit)	收录机 (台) Radio Cassette Player (unit)	照相机 (架) Camera (unit)
全 国	**National**	**36.15**	**54.54**	**37.92**	**75.09**	**3.65**	**17.97**	**3.68**
北 京	Beijing	42.93	104.13	5.73	120.67	20.40	29.33	34.27
天 津	Tianjin	49.00	78.50	6.50	107.83	12.33	18.17	6.33
河 北	Hebei	46.62	62.67	40.60	83.98	2.86	18.55	4.36
山 西	Shanxi	35.57	41.76	37.38	77.67	3.29	25.38	3.00
内蒙古	Inner Mongolia	43.16	27.82	32.33	70.05	0.68	32.14	2.62
辽 宁	Liaoning	35.45	76.14	21.59	91.69	6.83	16.88	4.39
吉 林	Jilin	37.31	58.06	21.56	87.63	1.50	18.75	2.38
黑龙江	Heilongjiang	26.79	57.99	24.64	83.71	2.41	13.17	3.21
上 海	Shanghai	90.67	103.83	42.67	137.17	12.67	34.83	13.67
江 苏	Jiangsu	45.24	86.18	49.59	84.32	6.38	19.72	5.62
浙 江	Zhejiang	52.70	88.81	33.74	116.70	9.70	22.96	8.59
安 徽	Anhui	23.71	66.21	53.45	67.58	2.13	14.26	2.48
福 建	Fujian	71.92	91.59	25.88	100.11	7.03	10.22	5.49
江 西	Jiangxi	33.80	47.14	59.67	62.20	3.51	9.27	2.00
山 东	Shandong	55.31	79.98	34.71	80.38	3.83	19.19	6.02
河 南	Henan	26.24	43.62	47.07	63.12	1.43	10.52	1.38
湖 北	Hubei	31.42	38.64	47.55	67.97	1.67	7.67	2.18
湖 南	Hunan	21.46	48.14	52.73	57.30	1.78	9.59	1.22
广 东	Guangdong	77.07	78.01	12.70	96.13	5.70	15.20	5.98
广 西	Guangxi	36.15	39.61	53.77	53.90	1.26	12.68	1.21
海 南	Hainan	76.11	36.25	8.89	76.53	7.08	18.61	1.67
重 庆	Chongqing	9.67	52.22	41.06	63.22	2.00	4.39	1.00
四 川	Sichuan	18.13	29.55	46.10	63.65	2.05	11.30	1.58
贵 州	Guizhou	11.16	21.52	27.81	47.19	1.03	7.81	1.21
云 南	Yunnan	11.71	21.33	20.67	63.42	2.83	15.13	2.83
西 藏	Tibet	3.33	6.67	7.29	32.29	3.13	71.25	1.04
陕 西	Shaanxi	25.18	52.86	39.73	72.48	0.81	21.62	2.03
甘 肃	Gansu	29.00	43.67	28.06	75.83	2.78	37.67	3.06
青 海	Qinghai	39.33	24.17	31.00	63.33	1.00	52.33	2.67
宁 夏	Ningxia	50.67	43.00	27.67	91.00	0.67	31.83	5.67
新 疆	Xinjiang	33.48	28.19	52.39	51.35	9.42	60.39	2.32

2-39 城市建设及住房情况（2004年）

Statistics on Construction and Housing Condition in Cities (2004)

地 区	Region	建成区面积 (平方公里) Developed Areas (sq.km)	征用土地面积 (平方公里) Land Put in Requisition for State Construction Projects (sq.km)	城市人口密度 (人/平方公里) Population Density of Urban Districts (persons/sq.km)	年末全市实有房屋建筑面积 (万平方米) Total Floor Space of Buildings (year-end) (10 000 sq.m)	年末全市实有住宅建筑面积 (万平方米) Total Floor Space of Residential Buildings (year-end) (10 000 sq.m)
全 国	**National Total**	**30406.2**	**1612.6**	**865**	**1490569.6**	**961616.8**
北 京	Beijing	1182.3	53.4	2623	46522.6	26199.8
天 津	Tianjin	500.1		852	20902.9	13465.3
河 北	Hebei	1248.4	35.9	2107	68689.6	47797.5
山 西	Shanxi	675.0	8.7	1566	40372.0	28275.5
内蒙古	Inner Mongolia	699.3	3.8	545	31658.4	19819.3
辽 宁	Liaoning	1737.3	38.7	1256	70938.9	42615.1
吉 林	Jilin	884.7	13.4	771	36313.0	23966.8
黑龙江	Heilongjiang	1417.6	11.7	340	61721.3	42443.5
上 海	Shanghai	781.0	61.0	1970	59314.0	35211.0
江 苏	Jiangsu	2252.9	193.7	1375	101022.4	62600.0
浙 江	Zhejiang	1508.5	96.1	1189	86885.1	56152.5
安 徽	Anhui	1123.4	28.3	1375	42157.9	28334.5
福 建	Fujian	628.3	28.0	1026	42473.9	30246.1
江 西	Jiangxi	631.6	82.1	2647	37180.6	25151.4
山 东	Shandong	2395.6	208.5	952	99923.3	60664.5
河 南	Henan	1422.4	26.9	5307	74361.4	49562.2
湖 北	Hubei	1432.1	39.1	613	65766.5	41716.9
湖 南	Hunan	1002.7	202.5	1110	68378.8	42768.2
广 东	Guangdong	3306.1	288.9	1659	139502.2	91519.2
广 西	Guangxi	709.7	42.7	706	38119.8	25447.5
海 南	Hainan	164.3	0.1	3421	8284.8	5058.7
重 庆	Chongqing	514.3	31.0	1088	32323.2	21210.1
四 川	Sichuan	1393.9	21.8	241	80033.3	53142.2
贵 州	Guizhou	332.3	3.5	1080	14886.0	11340.5
云 南	Yunnan	428.4	21.0	373	30386.4	19627.0
西 藏	Tibet	72.4	0.4	1137	1257.1	1082.6
陕 西	Shaanxi	541.3	24.2	2247	31595.6	20835.2
甘 肃	Gansu	495.5	7.5	5880	24338.6	13965.7
青 海	Qinghai	103.3	8.0	1966	4150.0	3000.0
宁 夏	Ningxia	236.4	24.9	186	8005.7	4576.2
新 疆	Xinjiang	585.4	7.0	213	23104.3	13821.7

2-40 城市供水情况（2004年）

Statistics on Tap Water Supply in Cities (2004)

地 区	Region	年末供水综合生产能力（万立方米/日）Production Capacity of Tap Water (year-end) (10 000 tons/day)	年末供水管道长度（公里）Length of Water Supply Pipelines (year-end) (km)	全年供水总量（万立方米）Total Annual Volume of Water Supply (10 000 tons)	#生活用水 For Residential Use	#生产用水 For Productive Use	用水人口（万人）Number of Residents with Access to Tap Water (10 000 persons)	人均日生活用水量（升）Per Capita Daily Consumption of Tap Water for Residential Use (liter)
全 国	**National Total**	**24753.0**	**358410.5**	**4902755**	**2334625**	**2113633**	**30339.7**	**210.8**
北 京	Beijing	1504.3	17017.6	150206	98252	38361	1187.0	226.8
天 津	Tianjin	338.3	6780.7	64490	28807	24997	632.0	124.9
河 北	Hebei	888.6	11054.7	161727	68450	76956	1291.2	145.2
山 西	Shanxi	344.7	5938.4	77733	32072	41792	759.0	115.8
内蒙古	Inner Mongolia	308.3	5718.1	61307	23286	34533	517.2	123.3
辽 宁	Liaoning	1356.9	23635.8	281080	101877	126676	1896.2	147.2
吉 林	Jilin	698.3	6534.6	151694	46017	94748	811.3	155.4
黑龙江	Heilongjiang	658.4	10579.7	128376	66357	50217	1134.4	160.3
上 海	Shanghai	1429.0	23496.8	323454	170183	121739	1289.1	361.7
江 苏	Jiangsu	1871.4	42565.3	392462	179068	179602	2273.7	215.8
浙 江	Zhejiang	1237.3	25390.0	242488	110032	107823	1321.9	228.1
安 徽	Anhui	1018.9	8002.8	201047	73560	117776	977.5	206.2
福 建	Fujian	700.7	6764.9	118094	57448	51411	625.2	251.7
江 西	Jiangxi	623.9	5547.6	147754	56470	77451	639.2	242.0
山 东	Shandong	1342.9	27943.8	263900	127756	120972	2444.5	143.2
河 南	Henan	1038.3	12065.4	184107	77357	87908	1438.6	147.3
湖 北	Hubei	1434.3	16197.0	260359	158108	95085	1580.6	274.1
湖 南	Hunan	1234.0	9116.7	237938	98508	106573	886.4	304.5
广 东	Guangdong	2848.3	39036.2	707001	356536	295059	3154.9	309.6
广 西	Guangxi	633.0	8010.6	132320	64613	56801	620.9	285.1
海 南	Hainan	143.8	1569.9	20446	16274	1104	141.7	314.7
重 庆	Chongqing	373.7	6413.6	71653	36668	24618	644.7	155.8
四 川	Sichuan	890.2	13403.4	169744	105109	56850	1291.4	223.0
贵 州	Guizhou	285.2	3403.1	53680	30199	14696	449.0	184.3
云 南	Yunnan	264.7	5329.1	51901	26926	13452	416.5	177.1
西 藏	Tibet	18.1	364.9	5363	3860	1001	20.6	513.4
陕 西	Shaanxi	381.4	4409.0	75340	39289	25464	729.3	147.6
甘 肃	Gansu	328.1	5346.9	61326	26358	30983	422.7	170.8
青 海	Qinghai	68.3	929.0	14914	8342	4733	94.8	241.2
宁 夏	Ningxia	129.6	1756.2	24943	9737	12178	155.5	171.6
新 疆	Xinjiang	360.3	4088.9	65908	37106	22074	492.9	206.3

2-41 城市燃气情况（2004年）

Statistics on Supply of Gas in Cities (2004)

地区	Region	人工煤气生产能力（万立方米/日） Production Capacity of Coal Gas(10 000 cu.m/day)	管道长度（公里） Length of Gas Pipelines (km)			全年供气总量 Total Gas Supply			用气人口(万人) Population with Access to Gas (10 000 persons)		
			人工煤气 Coal Gas	液化石油气 Liquefied Petroleum Gas	天然气 Natural Gas	人工煤气（万立方米） Coal Gas (10 000 cu.m)	液化石油气（吨） Liquefied Petroleum Gas (ton)	天然气（万立方米） Natural Gas (10 000 cu.m)	人工煤气 Coal Gas	液化石油气 Liquefied Petroleum Gas	天然气 Natural Gas
全国	**National Total**	**8299**	**56419**	**20119**	**71411**	**2137225**	**11267120**	**1693364**	**4654**	**17559**	**5628**
北京	Beijing		194	292	7164	16890	431399	270213	28	418	738
天津	Tianjin	185	1432	184	5715	25800	69779	62350	98	119	405
河北	Hebei	170	3400	128	2040	73647	336674	17123	378	709	118
山西	Shanxi	354	3517	1	350	77721	38742	10585	396	168	44
内蒙古	Inner Mongolia	195	994	39	464	6549	144113	4021	89	267	39
辽宁	Liaoning	214	4535	198	5214	61112	456355	37698	475	727	576
吉林	Jilin	87	2075	125	2284	12120	210681	21131	154	447	148
黑龙江	Heilongjiang	219	2409	157	1099	41726	236835	16932	275	603	89
上海	Shanghai	1194	8245		4911	207463	446543	98268	719	703	397
江苏	Jiangsu	2817	5620	1959	4727	1027886	1226675	20976	334	1712	179
浙江	Zhejiang	89	2694	2909	297	33504	1050667	3052	111	1144	58
安徽	Anhui	40	1915	320	906	18511	590159	3839	129	517	105
福建	Fujian	4	273	1918		1537	346660		9	598	
江西	Jiangxi	145	1886	132	285	46474	175642	123	155	388	13
山东	Shandong	140	5563	837	4572	47104	517235	93978	397	1751	259
河南	Henan	212	1597	109	4783	95994	171956	36603	142	544	347
湖北	Hubei	165	2265	1267	622	16618	315009	5884	141	1224	14
湖南	Hunan	167	1590	907		44119	300410	1538	102	593	
广东	Guangdong	141	1863	7059	506	64346	3121280	4857	156	2908	20
广西	Guangxi	11	318	693	70	4121	271968	168	24	506	1
海南	Hainan			4	399		68291	4632		91	48
重庆	Chongqing			3	7902		96023	135173		75	458
四川	Sichuan	355	423	108	11636	113863	163947	582734	32	139	912
贵州	Guizhou	96	1549	24	18	16929	60465	6199	111	190	2
云南	Yunnan	76	1351	133	110	16899	95078	14500	127	184	5
西藏	Tibet						704			13	
陕西	Shaanxi		21		1993	4534	51448	59153	30	241	322
甘肃	Gansu	15	316		474	4694	73240	13200	26	209	89
青海	Qinghai			615	490		17399	67456		36	31
宁夏	Ningxia		314		495	2883	27217	63749	11	88	27
新疆	Xinjiang	1205	63		1888	54182	154526	37230	5	247	186

2-42 城市集中供热情况（2004年）

Statistics on Heating in Cities (2004)

地区	Region	供应能力 Heating Capacity		供热总量 Volume Supplied		管道长度(公里) Length of Pipelines(km)		供热面积（万平方米） Heated Area (10 000 sq.m)
		蒸汽（吨/小时） Steam (ton/hour)	热水（兆瓦） Hot Water (Mega Watts)	蒸汽（万吉焦） Steam (10 000 gigajoules)	热水（万吉焦） Hot Water (10 000 gigajoules)	蒸汽 Steam	热水 Hot Water	
全国	**National Total**	**98262**	**174442**	**69447**	**125194**	**12775**	**64263**	**216266.2**
北京	Beijing	1384	23706	1071	12436	108	5107	28150.0
天津	Tianjin	3407	10111	1764	6530	402	7636	11441.0
河北	Hebei	8140	12866	7616	8440	1054	5118	17229.4
山西	Shanxi	2799	6627	6424	4650	307	1475	9141.2
内蒙古	Inner Mongolia	844	10160	523	8633	94	3271	9215.0
辽宁	Liaoning	11844	30488	5269	18729	1771	12376	38149.7
吉林	Jilin	5763	18330	1712	12021	411	4861	17772.0
黑龙江	Heilongjiang	5690	22646	2479	24082	519	9923	22707.3
上海	Shanghai							
江苏	Jiangsu	17157	228	12051	13	1699	25	2147.1
浙江	Zhejiang	3583	233	3804	91	469	56	3332.2
安徽	Anhui	2276	135	1460	35	223	21	263.6
福建	Fujian	160	286	222	53	7	19	272.0
江西	Jiangxi							
山东	Shandong	20054	13901	12717	8201	3975	6423	22714.0
河南	Henan	4602	1617	1966	972	765	1157	4898.4
湖北	Hubei	1404	78	806	16	135	10	498.0
湖南	Hunan	105		6		8		250.0
广东	Guangdong							
广西	Guangxi							
海南	Hainan							
重庆	Chongqing							
四川	Sichuan	160		133		42		4000.0
贵州	Guizhou							
云南	Yunnan							
西藏	Tibet							
陕西	Shaanxi	1983	1499	1670	1242	315	349	3182.1
甘肃	Gansu	4774	5474	6658	6643	211	2639	6443.2
青海	Qinghai		158		70		70	107.5
宁夏	Ningxia	646	4822	241	5068	132	1031	4030.9
新疆	Xinjiang	1487	11077	855	7269	128	2696	10321.8

2-43 城市市政工程情况（2004年）

Statistics on Municipal Engineering in Cities (2004)

地 区	Region	年末实有道路长度（公里）Length of Roads (year-end) (km)	年末实有道路面积（万平方米）Area of Roads (year-end) (10 000 sq.m)	城市桥梁（座）Number of Bridges (unit)	城市排水管道长度（公里）Length of Sewer Pipelines (km)	城市污水日处理能力（万立方米）Daily Disposal Capacity of Sewage (10 000 cu.m)	城市路灯（盏）Number of Street Lights (unit)
全 国	**National Total**	**222964**	**352955**	**51092**	**218881**	**7387**	**10531538**
北 京	Beijing	7483	11213	1285	6790	272	256032
天 津	Tianjin	4240	5897	511	9332	93	181072
河 北	Hebei	7996	14988	1271	9575	279	321439
山 西	Shanxi	4562	6472	752	3114	116	259914
内蒙古	Inner Mongolia	3628	5936	278	4032	101	376329
辽 宁	Liaoning	10407	15635	1300	9308	422	664359
吉 林	Jilin	4563	7166	451	4817	136	213881
黑龙江	Heilongjiang	9096	10731	656	5739	249	428561
上 海	Shanghai	11028	19795	7297	6469	453	267442
江 苏	Jiangsu	26598	35596	12680	25537	1018	1169011
浙 江	Zhejiang	11289	18777	5847	16942	504	642965
安 徽	Anhui	7263	12109	1047	6680	307	264264
福 建	Fujian	4644	6802	1231	5427	196	290098
江 西	Jiangxi	3671	6072	428	3224	113	324801
山 东	Shandong	23617	40083	3712	20083	510	662650
河 南	Henan	6506	13829	1027	8623	250	397351
湖 北	Hubei	14434	19959	1832	8791	426	303367
湖 南	Hunan	5540	8788	504	4946	328	255498
广 东	Guangdong	22529	38856	3712	25168	543	1108886
广 西	Guangxi	4761	7273	548	3774	282	332056
海 南	Hainan	1097	2234	126	1878	41	83849
重 庆	Chongqing	3448	5206	630	3752	63	179468
四 川	Sichuan	8264	14015	1926	8947	203	642540
贵 州	Guizhou	2058	2623	300	3184	23	100437
云 南	Yunnan	2503	3393	517	2653	161	162611
西 藏	Tibet	408	429	32	220		11085
陕 西	Shaanxi	3060	5527	394	2919	41	156488
甘 肃	Gansu	2810	4813	307	2620	71	118703
青 海	Qinghai	540	889	63	535	9	22856
宁 夏	Ningxia	1215	2318	120	861	54	118508
新 疆	Xinjiang	3706	5532	308	2940	124	215017

2-44 城市公共交通情况（2004年）

Statistics on Public Transportation in Cities (2004)

地 区	Region	年末公共汽(电)车运营车数(辆) Number of Public Vehicles for Business Transportation at the year-end (unit)	#公共汽车 Buses	#电车 Trolley	#地铁 Subways	客运总量(万人次) Number of Passengers Carried (10 000 person-times)	#公共汽车 Buses	#电车 Trolley	#地铁 Subways	出租汽车(辆) Number of Taxi (unit)
全 国	**National Total**	**281516**	**276908**	**2712**	**1896**	**4272898**	**4048652**	**91425**	**132821**	**903734**
北 京	Beijing	21711	20264	555	892	513877	423712	29511	60653	55463
天 津	Tianjin	6331	6331			78502	78502			31939
河 北	Hebei	9893	9893			86888	86888			43329
山 西	Shanxi	4171	4045	126		59916	57261	2655		26698
内蒙古	Inner Mongolia	3314	3314			30474	30474			31133
辽 宁	Liaoning	17080	16920	49	111	341791	332337	3240	6215	84578
吉 林	Jilin	8377	8340		37	98257	96868		1389	53744
黑龙江	Heilongjiang	9976	9935	41		119306	118901	405		56297
上 海	Shanghai	18797	17651	535	611	331794	270500	13287	48007	48709
江 苏	Jiangsu	19079	19079			263088	263088			40746
浙 江	Zhejiang	15115	14907	208		214173	203752	10421		28779
安 徽	Anhui	8323	8323			116158	116158			35005
福 建	Fujian	6959	6959			140637	140637			13335
江 西	Jiangxi	5161	5069	92		73189	69509	3680		9247
山 东	Shandong	18027	17764	263		191104	184393	6711		48756
河 南	Henan	12272	12093	179		132204	127416	4788		49888
湖 北	Hubei	17337	17114	216	7	204828	199609	5089	130	27111
湖 南	Hunan	9344	9344			175137	175137			23021
广 东	Guangdong	16959	16464	273	222	316149	291391	8338	16420	34094
广 西	Guangxi	4748	4748			103304	103304			11324
海 南	Hainan	1163	1163			12833	12833			3987
重 庆	Chongqing	6794	6778		16	95181	95174		7	15665
四 川	Sichuan	9792	9792			173541	173541			24766
贵 州	Guizhou	5038	5038			79337	79337			8505
云 南	Yunnan	4946	4946			58330	58330			16102
西 藏	Tibet	1249	1249			590	590			1341
陕 西	Shaanxi	6302	6227	75		93600	91839	1761		20216
甘 肃	Gansu	3089	2989	100		45945	45405	540		19201
青 海	Qinghai	1559	1559			26304	26304			6894
宁 夏	Ningxia	1172	1172			10754	10754			10853
新 疆	Xinjiang	7438	7438			84707	84707			23008

2-45 城市园林绿化情况（2004年）

Statistics on Parks, Gardens and Green Areas in Cities (2004)

地区	Region	城市园林绿地面积（公顷）Total Area of Parks, Gardens and Green Areas in Cities (hectare)	#公共绿地 Public Green Areas	公园（个）Number of Parks (unit)	公园面积（公顷）Area of Parks (hectare)	年游人量（万人次）Number of Visitors to Parks and Zoos in the Year (10 000 person-times)
全国	**National Total**	**1321866**	**252286**	**6427**	**133846**	**165062**
北京	Beijing	49298	12446	281	6060	12248
天津	Tianjin	14238	5096	186	2428	3746
河北	Hebei	41681	9402	286	5468	5164
山西	Shanxi	15359	4415	126	2501	3617
内蒙古	Inner Mongolia	18990	4385	78	2623	793
辽宁	Liaoning	71797	14513	247	7862	6559
吉林	Jilin	25475	6043	72	2455	1968
黑龙江	Heilongjiang	49073	9838	144	4362	4987
上海	Shanghai	26543	10924	134	1476	13374
江苏	Jiangsu	172563	21617	489	9098	9683
浙江	Zhejiang	47976	11252	626	4869	11237
安徽	Anhui	38079	6441	125	3175	4842
福建	Fujian	24492	5293	268	4135	5779
江西	Jiangxi	23384	5111	118	2035	2148
山东	Shandong	92732	24898	441	10071	8688
河南	Henan	35856	11153	266	4978	5307
湖北	Hubei	55282	12584	219	6184	9693
湖南	Hunan	36107	6605	149	5038	3095
广东	Guangdong	273742	31798	1195	25683	22268
广西	Guangxi	28568	5051	108	3460	2967
海南	Hainan	5827	1604	32	894	1816
重庆	Chongqing	14325	3409	78	1357	1407
四川	Sichuan	66400	10194	318	5533	10261
贵州	Guizhou	26918	2661	45	2569	2341
云南	Yunnan	11717	3773	99	2905	3736
西藏	Tibet	14	14	2	52	60
陕西	Shaanxi	13895	3481	67	1530	4691
甘肃	Gansu	10449	3048	78	1986	942
青海	Qinghai	2140	639	14	290	247
宁夏	Ningxia	6607	1208	27	564	697
新疆	Xinjiang	22339	3391	109	2203	704

2-46 城市环境卫生情况（2004年）

Statistics on Urban Sanitation in Cities (2004)

地区	Region	清扫保洁面积（万平方米）Area under Cleaning Program (10 000 sq.m)	生活垃圾清运量（万吨）Volume of Garbage Disposal (10 000 tons)	粪便清运量（万吨）Volume of Excrement and Urine Disposal (10 000 tons)	市容环卫专用车辆总数（台）Number of Special Vehicles for Environmental Sanitation (unit)	公共厕所（座）Number of Public Lavatories (unit)	#水冲式 Water-Closet
全国	**National Total**	**275973**	**15509**	**3576**	**60238**	**109629**	**62868**
北京	Beijing	11002	491	206	5942	5598	4758
天津	Tianjin	4097	182	26	1402	2088	1830
河北	Hebei	11629	741	166	2792	5779	2059
山西	Shanxi	6520	592	565	1473	4174	893
内蒙古	Inner Mongolia	4259	329	99	1112	4130	714
辽宁	Liaoning	18931	779	159	2883	10077	976
吉林	Jilin	8021	572	111	1957	5527	646
黑龙江	Heilongjiang	9785	1060	255	3295	10065	938
上海	Shanghai	9701	610	258	4082	3640	3169
江苏	Jiangsu	22505	818	389	4494	10260	9055
浙江	Zhejiang	15660	705	110	2723	4375	4226
安徽	Anhui	8148	467	43	1058	3616	2043
福建	Fujian	5976	291	43	1421	1459	1449
江西	Jiangxi	4662	259	20	661	1296	1107
山东	Shandong	28534	1243	163	3751	3936	3439
河南	Henan	12877	682	88	2317	4990	3184
湖北	Hubei	11957	891	100	2287	5119	3624
湖南	Hunan	6590	489	67	1192	2728	2250
广东	Guangdong	28293	1562	333	6393	5316	5158
广西	Guangxi	5686	229	27	933	1232	1091
海南	Hainan	2222	82	8	293	217	177
重庆	Chongqing	4488	237	75	913	2205	1518
四川	Sichuan	12441	580	74	2210	3774	3027
贵州	Guizhou	1886	203	12	538	896	822
云南	Yunnan	3028	200	61	990	1091	882
西藏	Tibet	262	38	1	18	81	38
陕西	Shaanxi	4875	350	18	929	1331	1023
甘肃	Gansu	3626	292	59	634	1239	631
青海	Qinghai	1328	58	25	171	420	326
宁夏	Ningxia	1687	135	10	316	940	382
新疆	Xinjiang	5300	345	9	1058	2030	1433

2-47 城市设施水平（2004年）

Level of Public Facilities in Cities (2004)

地 区	Region	人均住宅建筑面积（平方米）Per Capita Floor Space of Residential Buildings (sq.m)	城市用水普及率（%）Percentage with Access to Tap Water (%)	城市燃气普及率（%）Percentage of Population with Access to Gas (%)	每万人拥有公共交通车辆(标台) Number of Public Transportation Vehicles per 10 000 Persons (set)	人均拥有道路面积（平方米）Per Capita Area of Roads (sq.m)	人均公共绿地面积（平方米）Per Capita Public Green Areas (sq.m)	每万人拥有公共厕所（座）Number of Public Lavatories per 10 000 Population
全 国	**National Total**	**24.97**	**88.85**	**81.53**	**8.41**	**10.34**	**7.39**	**3.21**
北 京	Beijing	25.12	100.00	99.75	22.75	9.45	10.49	4.72
天 津	Tianjin	24.65	100.00	98.48	10.67	9.33	8.06	3.30
河 北	Hebei	24.92	99.94	93.29	6.89	11.60	7.28	4.47
山 西	Shanxi	23.58	85.62	68.63	4.76	7.30	4.98	4.71
内蒙古	Inner Mongolia	21.38	82.21	62.79	5.22	9.44	6.97	6.56
辽 宁	Liaoning	20.99	92.99	87.16	8.64	7.67	7.12	4.94
吉 林	Jilin	21.75	77.25	71.33	7.09	6.82	5.75	5.26
黑龙江	Heilongjiang	21.25	80.77	68.84	6.73	7.64	7.01	7.17
上 海	Shanghai	32.10	100.00	100.00	18.24	15.36	8.47	2.82
江 苏	Jiangsu	26.90	94.00	91.98	7.90	14.72	8.94	4.24
浙 江	Zhejiang	34.02	98.86	98.22	11.09	14.04	8.42	3.27
安 徽	Anhui	21.70	89.95	69.18	7.41	11.14	5.93	3.33
福 建	Fujian	31.52	95.90	93.18	10.46	10.43	8.12	2.24
江 西	Jiangxi	24.89	92.24	80.15	7.32	8.76	7.37	1.87
山 东	Shandong	25.72	75.46	74.29	5.62	12.37	7.69	1.22
河 南	Henan	21.62	92.14	66.17	7.21	8.86	7.14	3.20
湖 北	Hubei	24.05	73.75	64.35	7.01	9.31	5.87	2.39
湖 南	Hunan	25.39	87.61	68.71	8.88	8.69	6.53	2.70
广 东	Guangdong	26.27	95.14	92.99	6.53	11.72	9.59	1.60
广 西	Guangxi	26.74	78.74	67.39	6.31	9.22	6.41	1.56
海 南	Hainan	24.04	89.64	88.24	5.62	14.14	10.15	1.37
重 庆	Chongqing	28.25	76.81	63.52	7.71	6.20	4.06	2.63
四 川	Sichuan	26.87	97.49	81.75	7.57	10.58	7.70	2.85
贵 州	Guizhou	18.26	88.60	59.54	8.24	5.18	5.25	1.77
云 南	Yunnan	26.54	81.50	61.85	8.89	6.64	7.38	2.13
西 藏	Tibet	20.06	69.01	41.88	26.00	14.37	0.48	2.71
陕 西	Shaanxi	22.38	94.43	76.73	7.91	7.16	4.51	1.72
甘 肃	Gansu	21.98	85.15	65.20	5.57	9.69	6.14	2.50
青 海	Qinghai	20.98	99.94	69.95	15.71	9.37	6.74	4.43
宁 夏	Ningxia	22.90	61.10	49.39	3.99	9.11	4.75	3.69
新 疆	Xinjiang	21.32	98.12	87.25	13.11	11.01	6.75	4.04

2-48 农村基层组织情况（2004年）

Basic Conditions of Rural Grassroot Unit (2004)

地 区	Region	乡镇数(个) Number of Township and Town Government (unit)	# 镇数 Town Government	村民委员会(个) Number of Villager' Committee (unit)	乡村户数(万户) Number of Household (10 000 households)	乡村人口数(万人) Rural Population (10 000 persons)	乡村从业人员(万人) Number of Rural Laborer (10 000 persons)	男 Male	女 Female
全 国	**National Total**	**36952**	**19171**	**652718**	**24971.4**	**94253.7**	**49695.3**	**26525.8**	**23169.5**
北 京	Beijing	185	143	3978	132.9	359.9	171.4	89.2	82.2
天 津	Tianjin	140	120	3821	117.9	395.2	175.7	95.9	79.9
河 北	Hebei	1967	937	49697	1439.4	5389.9	2772.0	1484.1	1287.9
山 西	Shanxi	1193	476	28552	634.4	2344.5	1021.5	565.1	456.3
内蒙古	Inner Mongolia	1147	444	12215	353.2	1352.3	675.8	381.6	294.2
辽 宁	Liaoning	1007	620	12024	696.2	2338.9	1083.9	602.9	481.0
吉 林	Jilin	767	453	9370	381.8	1440.1	670.9	383.0	287.9
黑龙江	Heilongjiang	882	450	8951	486.7	1899.3	943.3	540.5	402.9
上 海	Shanghai	109	106	1905	112.8	347.9	248.1	128.4	119.6
江 苏	Jiangsu	1153	1030	18619	1562.9	5248.0	2664.8	1380.4	1284.4
浙 江	Zhejiang	1281	763	35445	1193.5	3734.8	2252.3	1203.0	1049.4
安 徽	Anhui	1584	935	26545	1333.0	5198.2	2910.8	1554.7	1356.1
福 建	Fujian	954	603	14745	682.3	2686.3	1311.5	706.5	605.0
江 西	Jiangxi	1435	769	17354	785.0	3266.6	1605.4	843.1	762.3
山 东	Shandong	1468	1173	86121	2052.1	7042.5	3754.2	1995.4	1758.8
河 南	Henan	2014	773	48330	2015.6	7968.8	4718.0	2498.8	2219.2
湖 北	Hubei	964	740	26697	1006.0	3965.3	1877.0	995.4	881.7
湖 南	Hunan	2343	1098	45722	1481.7	5455.8	2951.6	1604.7	1346.9
广 东	Guangdong	1247	1231	21917	1493.9	6254.5	2944.6	1539.9	1404.7
广 西	Guangxi	1324	746	14560	973.1	4123.4	2245.4	1187.0	1058.4
海 南	Hainan	200	180	2624	110.9	519.6	250.1	129.0	121.1
重 庆	Chongqing	1035	614	10143	715.0	2425.3	1361.5	730.5	631.0
四 川	Sichuan	4808	1876	52875	1973.4	6885.7	3774.0	2003.3	1770.6
贵 州	Guizhou	1380	619	20053	781.8	3253.6	1903.0	1012.4	890.7
云 南	Yunnan	1402	469	13198	865.7	3537.9	2030.0	1056.7	973.3
西 藏	Tibet	685	145	6009	39.3	223.6	105.7	53.5	52.2
陕 西	Shaanxi	1526	847	28506	703.4	2790.8	1425.5	778.4	647.1
甘 肃	Gansu	1371	443	17043	459.4	2063.6	1057.9	557.6	500.3
青 海	Qinghai	392	107	4158	75.9	354.1	184.6	97.5	87.0
宁 夏	Ningxia	192	93	2515	92.7	412.1	209.9	109.9	100.0
新 疆	Xinjiang	797	168	9026	219.6	975.5	395.1	217.6	177.4

2-49 乡村从业人员（2004年底）

Rural Laborers by Sector (End of 2004)

本表分行业从业人员是按从事的主行业划分的，如以农业为主、兼营商业的，仍作为农林牧渔业从业人员。

The number of laborers by sector in this table is classified by main economic activity. For example, those engaged primarily in agriculture and secondarily in commerce are classified as the laborers under farming, forestry, animal husbandry and fishery.

单位：万人 (10 000 persons)

地　区	Region	农林牧渔业 Farming, Forestry, Animal Husbandry and Fishery	工　业 Industry	建筑业 Construction	交通运输业、仓储及邮电通信业 Transport Storage, Post and Communication Services	批发零售贸易业餐饮业 Wholesale, Retail Trade and Catering Services	其他非农行　业 Other Nonagricultural Trades
全　国	**National Total**	**30596.0**	**5438.9**	**3380.5**	**1475.9**	**2701.6**	**6102.4**
北　京	Beijing	57.9	32.2	16.9	17.3	19.3	27.9
天　津	Tianjin	80.5	46.8	12.6	11.8	14.3	9.8
河　北	Hebei	1600.4	481.5	259.4	113.7	183.7	133.3
山　西	Shanxi	640.3	134.7	59.6	61.1	59.3	66.6
内蒙古	Inner Mongolia	523.8	23.1	28.0	13.6	26.4	60.9
辽　宁	Liaoning	685.8	94.9	71.2	43.2	68.9	119.9
吉　林	Jilin	496.7	28.5	33.9	18.9	34.4	58.5
黑龙江	Heilongjiang	706.1	47.9	47.2	24.5	56.7	60.9
上　海	Shanghai	65.2	113.8	12.2	9.1	15.7	32.0
江　苏	Jiangsu	1134.9	555.7	301.1	100.3	141.2	431.7
浙　江	Zhejiang	826.6	700.7	138.3	89.9	203.5	293.3
安　徽	Anhui	1794.7	262.1	254.0	84.1	183.9	332.1
福　建	Fujian	722.7	192.8	84.8	42.1	81.3	187.9
江　西	Jiangxi	961.0	173.1	91.2	34.9	66.3	279.0
山　东	Shandong	2180.1	475.6	343.0	150.9	250.3	354.3
河　南	Henan	3235.0	473.5	349.3	145.2	258.7	256.3
湖　北	Hubei	1105.7	115.3	116.0	49.3	89.7	401.1
湖　南	Hunan	1975.9	243.0	156.0	75.7	157.8	343.2
广　东	Guangdong	1525.0	544.5	201.3	86.5	216.1	371.3
广　西	Guangxi	1516.1	78.8	95.1	41.0	72.6	441.7
海　南	Hainan	190.8	8.6	8.1	6.8	17.2	18.6
重　庆	Chongqing	800.8	94.8	112.1	23.5	56.3	274.0
四　川	Sichuan	2367.0	235.9	283.1	72.3	178.2	637.4
贵　州	Guizhou	1288.5	76.3	45.3	25.6	55.2	412.2
云　南	Yunnan	1693.7	56.3	60.0	39.4	53.3	127.2
西　藏	Tibet	85.2	2.0	6.0	2.5	2.6	7.4
陕　西	Shaanxi	957.1	76.8	97.2	41.4	64.7	188.4
甘　肃	Gansu	763.2	35.3	58.0	24.3	35.6	141.5
青　海	Qinghai	131.9	9.7	13.3	5.6	9.5	14.6
宁　夏	Ningxia	144.0	14.1	19.1	9.6	12.6	10.6
新　疆	Xinjiang	339.4	10.6	7.7	11.9	16.4	9.0

注：工业从业人员中包括村及村以下办的工业从业人员。

a) Number of employed persons of industry includes those working in enterprises at village and lower levels.

2-50 全国耕地面积

Area of Cultivated Land

地 区	Region	耕地面积（总资源）(千公顷) Cultivated Land (Total Area) (1 000 hectares)	占全国比重 (%) Percentage to Total Area (%)
全国总计	**National Total**	**130039.2**	**100.00**
北 京	Beijing	343.9	0.26
天 津	Tianjin	485.6	0.37
河 北	Hebei	6883.3	5.29
山 西	Shanxi	4588.6	3.53
内蒙古	Inner Mongolia	8201.0	6.31
辽 宁	Liaoning	4174.8	3.21
吉 林	Jilin	5578.4	4.29
黑龙江	Heilongjiang	11773.0	9.05
上 海	Shanghai	315.1	0.24
江 苏	Jiangsu	5061.7	3.89
浙 江	Zhejiang	2125.3	1.63
安 徽	Anhui	5971.7	4.59
福 建	Fujian	1434.7	1.10
江 西	Jiangxi	2993.4	2.30
山 东	Shandong	7689.3	5.91
河 南	Henan	8110.3	6.24
湖 北	Hubei	4949.5	3.81
湖 南	Hunan	3953.0	3.04
广 东	Guangdong	3272.2	2.52
广 西	Guangxi	4407.9	3.39
海 南	Hainan	762.1	0.59
四 川	Sichuan	9169.1	7.05
贵 州	Guizhou	4903.5	3.77
云 南	Yunnan	6421.6	4.94
西 藏	Tibet	362.6	0.28
陕 西	Shaanxi	5140.5	3.95
甘 肃	Gansu	5024.7	3.86
青 海	Qinghai	688.0	0.53
宁 夏	Ningxia	1268.8	0.98
新 疆	Xinjiang	3985.7	3.07

注：本表数据来源于国土资源部、国家统计局、全国农业普查办公室“关于土地利用现状调查数据成果的公报”，耕地面积（总资源）数据为1996年10月31日时点数。据国家统计局初步测算，2001年耕地总资源为127082千公顷，其中：常用耕地面积为105826千公顷，临时性耕地面积为21256千公顷。

a) Data come from the "Communique of Main Data on Land Use Survey" issued by the Ministry of Land and Resources, National Bureau of Statistics, and National Agricultural Census Office of China. The cultivated areas is the data at Oct. 31, 1996. According to the estimation by National Bureau of Statistics, area of cultivated land (total area) in 2001 is 127 082 000 hectares, of which, regularly cultivated land is 105 826 000 hectares, and temporarily cultivated land is 21 256 000 hectares.

2-51 农、林、牧、渔业总产值及指数(2004年)

Gross Output Value of Farming, Forestry, Animal Husbandry and Fishery and Related Indices (2004)

本表绝对数按当年价格计算，指数按可比价格计算。2003年执行新国民经济行业分类标准，总产值包括农林牧渔服务业产值。

Data in value terms in this table are calculated at current prices, while the indices are calculated at comparable prices. Total value includes that of services for farming, forestry, animal husbandry and fishery since new national classification was used since 2003.

地区	Region	绝对数（亿元） Gross Output Value of Farming, Forestry, Animal Husbandry and Fishery (100 million yuan)					指数（上年=100） Indices of Gross Output of Farming, Forestry, Animal Husbandry and Fishery (preceding year=100)				
		农林牧渔业总产值 Total	农业 Farming	林业 Forestry	牧业 Animal Husbandry	渔业 Fishery	农林牧渔业总产值 Total	农业 Farming	林业 Forestry	牧业 Animal Husbandry	渔业 Fishery
全国	**National**	**36239.0**	**18138.4**	**1327.1**	**12173.8**	**3605.6**	**107.5**	**108.5**	**102.0**	**107.2**	**106.0**
北京	Beijing	262.0	92.7	12.7	138.7	9.9	100.4	100.4	92.1	103.0	89.1
天津	Tianjin	241.0	95.3	1.7	92.6	31.8	104.3	103.1	102.6	105.8	110.5
河北	Hebei	2375.9	1135.7	40.0	1037.7	72.1	106.8	107.3	93.0	106.6	107.7
山西	Shanxi	481.8	290.5	19.1	141.2	2.4	106.8	105.1	88.3	108.2	113.9
内蒙古	Inner Mongolia	851.3	411.5	46.6	374.7	6.0	115.0	109.4	93.0	126.0	107.4
辽宁	Liaoning	1510.5	611.3	40.7	548.3	272.2	107.9	106.5	106.1	109.7	107.6
吉林	Jilin	940.7	486.2	32.9	399.1	13.4	105.4	97.0	97.3	118.9	99.1
黑龙江	Heilongjiang	1136.6	620.2	65.8	400.7	25.0	119.3	122.7	111.4	117.7	103.5
上海	Shanghai	248.9	109.3	13.1	70.8	49.9	92.8	100.6	100.7	79.9	95.9
江苏	Jiangsu	2417.6	1242.4	40.2	563.4	449.5	108.9	113.7	116.7	99.0	108.3
浙江	Zhejiang	1332.3	592.6	78.4	277.9	362.0	104.4	105.1	106.7	101.3	104.6
安徽	Anhui	1644.4	842.0	71.9	540.8	146.9	108.9	118.1	95.7	100.5	104.2
福建	Fujian	1317.3	525.8	86.2	291.7	397.5	105.0	103.8	105.8	106.1	106.2
江西	Jiangxi	1055.0	491.1	79.1	325.0	143.2	108.0	110.7	104.5	105.3	108.0
山东	Shandong	3453.9	1891.7	59.5	1022.8	426.1	106.0	105.6	104.3	107.4	104.4
河南	Henan	2963.9	1602.9	75.8	1117.2	28.0	112.9	118.8	105.5	106.7	109.9
湖北	Hubei	1695.4	921.6	31.8	514.5	205.7	105.5	106.0	91.3	105.1	106.2
湖南	Hunan	1913.3	874.0	91.3	796.9	119.9	107.5	109.4	107.3	105.6	107.1
广东	Guangdong	2154.8	960.0	61.7	571.1	466.5	104.5	105.6	103.4	101.8	104.8
广西	Guangxi	1294.5	623.1	58.1	460.7	133.8	106.2	105.7	103.4	108.2	104.0
海南	Hainan	438.7	170.9	59.8	83.9	116.6	109.2	107.5	105.4	112.0	111.5
重庆	Chongqing	612.8	333.0	18.5	230.9	21.2	105.2	105.2	106.1	105.0	108.0
四川	Sichuan	2252.3	987.7	62.7	1097.6	65.8	107.1	104.1	103.7	110.0	112.8
贵州	Guizhou	524.6	317.7	23.2	168.8	7.0	102.6	105.4	85.7	109.2	108.7
云南	Yunnan	965.2	516.9	86.4	305.4	19.1	106.8	106.1	103.7	108.7	109.5
西藏	Tibet	62.7	26.6	5.7	29.1	0.0	107.0	105.1	107.7	107.5	111.5
陕西	Shaanxi	651.2	413.7	26.4	179.4	5.1	109.1	112.1	98.6	104.5	102.3
甘肃	Gansu	477.4	331.4	16.2	117.7	1.0	107.0	107.5	80.9	111.1	107.0
青海	Qinghai	86.6	34.2	1.8	46.5	0.1	105.1	105.8	68.2	107.2	79.5
宁夏	Ningxia	125.5	71.3	6.2	41.2	3.6	108.3	114.7	83.1	103.9	110.5
新疆	Xinjiang	750.7	515.0	13.8	187.5	4.3	106.4	104.5	100.7	112.0	108.2

2-52 主要农业机械拥有量(2004年底)

Agricultural Machinery and Machinery For Processing Farm Products (End of 2004)

地区	Region	农业机械总动力(万千瓦) Total Power of Agricultural Machinery (10 000 kw)	农用大中型拖拉机 Large and Medium Agricultural Tractors		小型拖拉机 Mini-Tractors		大中型拖拉机机引农具(部) Number of Large and Medium Tractor Towing Farm Machinery (unit)
			数量(台) Number (unit)	动力(万千瓦) Capacity (10 000 kw)	数量(台) Number (unit)	动力(万千瓦) Capacity (10 000 kw)	
全国	**National Total**	**64027.9**	**1118636**	**3713.1**	**14549279**	**13855.4**	**1887110**
北京	Beijing	340.0	9630	41.4	25326	28.8	16758
天津	Tianjin	608.1	9400	40.3	36400	35.4	14200
河北	Hebei	8135.6	89745	321.3	1396019	1426.1	163534
山西	Shanxi	2186.5	29862	103.8	252189	230.5	62080
内蒙古	Inner Mongolia	1772.3	51117	178.4	521931	599.9	71285
辽宁	Liaoning	1619.5	35566	142.0	175577	181.6	50846
吉林	Jilin	1319.8	66424	160.3	496945	495.7	141433
黑龙江	Heilongjiang	1952.2	127795	415.5	715714	734.7	222328
上海	Shanghai	105.2	4324	16.2	8619	7.8	11504
江苏	Jiangsu	3052.5	40100	146.7	867136	777.5	75236
浙江	Zhejiang	2026.7	4376	12.7	199306	171.0	5498
安徽	Anhui	3784.4	26000	89.0	2016664	1614.7	55053
福建	Fujian	981.0	1500	5.2	112486	112.0	457
江西	Jiangxi	1465.2	9000	13.1	116300	105.6	6700
山东	Shandong	8751.9	211805	663.6	1760142	1485.8	383089
河南	Henan	7521.1	97000	435.0	2828600	2943.6	189210
湖北	Hubei	1763.6	68263	154.0	320850	240.2	74521
湖南	Hunan	2923.9	7200	25.2	163833	157.0	7321
广东	Guangdong	1798.7	4500	17.8	323850	253.6	8200
广西	Guangxi	1814.3	17960	56.4	347100	270.7	13923
海南	Hainan	243.9	4835	13.5	28472	27.0	2322
重庆	Chongqing	728.3	2651	6.6	8403	10.7	1181
四川	Sichuan	2006.8	9100	27.0	125900	151.3	8300
贵州	Guizhou	797.2	12100	31.7	47670	51.0	4000
云南	Yunnan	1608.5	23800	76.2	304830	310.4	9002
西藏	Tibet	191.6	5818	18.4	64899	81.6	2209
陕西	Shaanxi	1307.0	26600	85.0	180758	198.9	49731
甘肃	Gansu	1321.3	14347	48.8	363089	382.0	23662
青海	Qinghai	325.8	2861	10.9	230496	196.7	3211
宁夏	Ningxia	528.5	12084	30.1	169150	173.9	11800
新疆	Xinjiang	1046.5	92873	327.3	340625	399.9	198516

注：2002年及以后大中型拖拉机中不包括变形拖拉机，2001年数据相应做了调整。

a) Number of large and medium agricultural tractors excluded the transfiguration tractors since 2002. The data in 2001 were adjusted accordingly.

2-52 续表 Continued

地 区	Region	小型拖拉机机引农具(部) Number of Mini-Tractor Towing Farm Machinery (unit)	农用排灌柴油机 Diesel Engines		渔用机动船 Motorized Fishing Boats	
			数 量 (台) Number (unit)	动 力 (万千瓦) Capacity (10 000 kw)	数 量 (台) Number (unit)	动 力 (万千瓦) Capacity (10 000 kw)
全 国	**National Total**	**23096911**	**7775427**	**5804.2**	**486878**	**1384.2**
北 京	Beijing	11932	1879	1.3	2	
天 津	Tianjin	37900	37700	29.3		
河 北	Hebei	1825403	1284381	1132.4	13754	44.2
山 西	Shanxi	286805	16120	19.9	29	0.1
内蒙古	Inner Mongolia	677595	156051	143.3	103	0.3
辽 宁	Liaoning	227494	132307	122.3	43481	117.7
吉 林	Jilin	1272226	276941	191.1	876	0.8
黑龙江	Heilongjiang	836137	189953	171.5	4455	2.9
上 海	Shanghai	8651	12		2272	16.1
江 苏	Jiangsu	1444501	173959	162.3	59724	99.4
浙 江	Zhejiang	203292	79030	39.5	49707	411.4
安 徽	Anhui	4832086	327567	240.3	13936	14.4
福 建	Fujian	63838	85908	53.0	82800	183.1
江 西	Jiangxi	127900	347100	217.2	16343	6.3
山 东	Shandong	2694963	1729423	1398.4	42285	136.2
河 南	Henan	4967100	550200	519.3	850	1.2
湖 北	Hubei	593063	209425	170.2	16981	7.3
湖 南	Hunan	42453	932381	434.0	13907	6.5
广 东	Guangdong	313569	210527	122.3	67201	228.0
广 西	Guangxi	625310	313280	157.4	13614	45.9
海 南	Hainan	7073	86092	39.1	26717	52.2
重 庆	Chongqing	4224	77908	47.3	5380	3.2
四 川	Sichuan	106900	336100	207.9	10300	4.2
贵 州	Guizhou	9510	85560	60.5	1080	2.1
云 南	Yunnan	166610	71700	62.0	330	0.3
西 藏	Tibet	16174	3370	3.2		
陕 西	Shaanxi	248337	32100	27.7	413	0.2
甘 肃	Gansu	666127	16365	16.8	2	
青 海	Qinghai	145003	669	1.1	71	0.1
宁 夏	Ningxia	180943	3743	3.3	30	
新 疆	Xinjiang	453792	7676	10.6	235	0.2

2-53 有效灌溉面积、农用化肥施用量、农村水电及用电情况(2004年)

Irrigated Area, Consumption of Chemical Fertilizers, Number of Hydropower Stations and Electricity Consumption in Rural Areas (2004)

地区	Region	有效灌溉面积(千公顷) Irrigated Area (1 000 hectares)	化肥施用量(万吨) Consumption of Chemical Fertilizer (10 000 tons)	氮肥 Nitrogenous Fertilizer	磷肥 Phosphate Fertilizer	钾肥 Potash Fertilizer	复合肥 Compound Fertilizer	乡村办水电站 Hydropower Station in Rural Areas		农村用电量(亿千瓦时) Electricity Consumed in Rural Area (100 million kwh)
								个数 Number	发电能力(万千瓦) Generating Capacity (10 000 kw)	
全国	**National Total**	**54478.4**	**4636.6**	**2221.9**	**736.0**	**467.3**	**1204.0**	**27115**	**993.8**	**3933.0**
北京	Beijing	186.7	14.5	7.9	1.2	0.6	4.7	34	1.3	38.4
天津	Tianjin	353.4	22.9	11.5	3.6	1.5	6.2			48.4
河北	Hebei	4459.8	289.9	149.2	46.6	22.2	72.0	123	3.0	310.8
山西	Shanxi	1088.2	93.4	40.5	18.9	7.1	26.9	88	2.3	63.2
内蒙古	Inner Mongolia	2635.9	104.4	54.2	18.3	7.0	24.9	2		26.7
辽宁	Liaoning	1520.1	117.9	64.4	11.4	9.1	32.9	140	34.7	158.0
吉林	Jilin	1595.2	159.1	88.4	7.1	9.7	53.8	63	4.8	23.7
黑龙江	Heilongjiang	2282.1	143.8	57.1	33.7	15.8	37.3	13	1.3	33.5
上海	Shanghai	245.7	15.0	9.5	1.5	0.4	3.6			114.3
江苏	Jiangsu	3839.0	336.8	183.1	48.6	20.8	84.4	2		679.8
浙江	Zhejiang	1406.9	93.3	55.3	12.9	8.0	17.1	2546	179.9	441.2
安徽	Anhui	3304.6	277.6	110.9	40.5	29.5	96.7	511	14.7	59.4
福建	Fujian	941.5	121.7	51.3	16.8	24.3	29.3	4629	186.5	137.6
江西	Jiangxi	1841.6	123.5	47.0	24.0	20.6	31.9	1853	52.4	42.3
山东	Shandong	4766.8	451.0	185.3	57.7	43.9	164.1	12	0.4	304.1
河南	Henan	4829.1	493.2	221.3	102.4	47.5	121.9	452	6.2	157.7
湖北	Hubei	2071.0	281.9	142.5	62.7	22.0	54.8	626	35.3	64.8
湖南	Hunan	2683.3	203.2	103.9	25.1	34.2	40.0	4080	65.2	57.5
广东	Guangdong	1312.6	201.3	96.0	18.8	39.8	46.7	5117	183.2	748.2
广西	Guangxi	1516.0	195.2	61.5	25.3	47.7	60.7	744	19.2	32.4
海南	Hainan	169.8	41.1	12.2	6.5	4.8	17.6	40	8.7	3.3
重庆	Chongqing	616.8	77.0	46.4	16.9	3.6	10.0	630	32.6	38.5
四川	Sichuan	2503.3	214.7	120.2	42.9	12.2	39.3	2472	83.4	107.8
贵州	Guizhou	692.9	74.3	43.3	10.1	6.0	14.9	782	23.8	30.3
云南	Yunnan	1469.4	137.2	78.8	22.7	11.2	24.6	789	23.8	40.3
西藏	Tibet	153.7	4.0	1.7	0.6	0.1	1.0	343	3.2	0.6
陕西	Shaanxi	1296.8	143.1	77.5	16.1	8.8	34.1	632	8.6	84.0
甘肃	Gansu	1003.3	72.4	35.2	14.8	4.0	18.4	213	6.0	41.4
青海	Qinghai	180.3	6.6	3.0	1.6	0.2	1.8	49	4.1	2.9
宁夏	Ningxia	406.3	27.6	14.3	3.3	1.0	9.1			9.0
新疆	Xinjiang	3106.6	99.2	48.9	23.6	3.7	23.1	130	9.0	32.6

2-54 水利设施和除涝、治碱面积（2004年）

Water Conservancy Facilities and Area with Flood Prevention Measures and Improved Area of Saline-Alkaline Land (2004)

地 区	Region	水库数（座）Number of Reservoirs (unit)	水库总库容量（亿立方米）Capacity of Reservoirs (100 million cu.m)	除涝面积（千公顷）Area with Flood Prevention Measures (1 000 hectares)	治碱面积（千公顷）Improved Area of Saline-alkaline Land (1 000 hectares)	水土流失治理面积（千公顷）Area of Soil Erosion under Control (1 000 hectares)
全 国	**National Total**	**85160**	**5542.0**	**21197.7**	**5961.6**	**92004.5**
北 京	Beijing	85	94.0	149.8		668.7
天 津	Tianjin	143	27.5	400.3	210.5	36.6
河 北	Hebei	1102	158.8	1648.2	834.5	5876.5
山 西	Shanxi	731	54.0	89.1	211.2	4915.4
内蒙古	Inner Mongolia	474	78.8	276.4	299.8	8815.6
辽 宁	Liaoning	942	330.5	995.8	304.4	5588.0
吉 林	Jilin	1315	308.7	1016.9	137.2	3281.9
黑龙江	Heilongjiang	623	86.6	3246.8	196.8	3947.4
上 海	Shanghai			61.0	28.6	
江 苏	Jiangsu	917	189.1	2777.1	698.1	840.6
浙 江	Zhejiang	3995	381.3	488.5	2.7	2219.7
安 徽	Anhui	4868	195.6	2194.5	101.6	1916.0
福 建	Fujian	2672	138.3	111.0	39.2	1052.6
江 西	Jiangxi	9401	282.8	347.1		3481.0
山 东	Shandong	5572	193.3	2591.6	939.4	3717.2
河 南	Henan	2345	396.5	1889.0	684.9	4056.7
湖 北	Hubei	5827	550.8	1135.1	3.4	4033.6
湖 南	Hunan	13261	369.2	466.3		2568.1
广 东	Guangdong	6629	414.6	501.9		1278.8
广 西	Guangxi	4383	250.5	203.6	113.3	1419.3
海 南	Hainan	988	94.0	9.9		28.1
重 庆	Chongqing	2766	42.2	14.3		1805.6
四 川	Sichuan	6684	159.0	90.2	0.3	5030.8
贵 州	Guizhou	1940	75.1	49.5		2535.3
云 南	Yunnan	5326	104.2	229.8	5.1	3983.2
西 藏	Tibet	50	11.8	34.1	0.1	144.3
陕 西	Shaanxi	1000	66.2	129.5	56.5	8788.3
甘 肃	Gansu	270	86.6	12.5	66.3	7502.5
青 海	Qinghai	152	299.0		9.9	720.3
宁 夏	Ningxia	201	19.0		98.7	1576.5
新 疆	Xinjiang	498	83.8	38.2	919.0	176.0

2-55 农村居民家庭平均每百户拥有主要生产性固定资产数量(2004年底)

Number of Major Productive Fixed Assets Per 100 Rural Households(End of 2004)

本表为农村住户抽样调查资料。

Data in this table are obtained from the sample surveys on rural households.

地 区	Region	汽 车 (辆) Motor Vehicles (set)	大中型拖拉机 (台) Large and Medium Tractors (set)	小型和手扶拖拉机 (台) Mini and Walking Tractors (set)	机动脱粒 机 (台) Motorized Threshing Machines (set)	胶轮大车 (辆) Carts with Rubber Tyres (set)	农用水泵 (台) Pumps (unit)	役 畜 (头) Draught Animals (unit)	产品畜 (头) Commodity Animals (unit)
全 国	**National**	**1.43**	**2.24**	**18.78**	**10.12**	**12.88**	**22.06**	**34.83**	**51.83**
北 京	Beijing	5.33	1.87	14.00	0.40	1.47	0.93	0.93	30.27
天 津	Tianjin	5.50	2.50	21.67	1.67	3.83	17.75	8.50	12.50
河 北	Hebei	2.61	2.29	35.77	5.55	10.45	31.66	19.22	34.12
山 西	Shanxi	2.74	2.38	17.61	1.33	7.71	5.62	29.53	31.00
内蒙古	Inner Mongolia	2.06	2.82	45.44	4.76	38.20	36.75	80.78	262.67
辽 宁	Liaoning	1.16	2.59	10.63	3.54	27.78	38.41	48.78	37.04
吉 林	Jilin	0.94	8.00	32.31	6.96	31.19	30.56	57.06	59.69
黑龙江	Heilongjiang	0.54	7.00	42.84	5.60	9.08	20.11	26.56	51.65
上 海	Shanghai	0.67	0.33	1.37	7.34	1.67	2.67		1.17
江 苏	Jiangsu	1.26	1.12	17.41	24.90	23.26	17.68	3.16	17.94
浙 江	Zhejiang	2.18	1.30	4.22	25.58	8.40	21.99	1.96	24.74
安 徽	Anhui	0.74	2.52	34.72	19.07	9.76	50.60	12.62	16.34
福 建	Fujian	1.59	0.55	3.24	8.70	3.08	10.22	10.45	19.51
江 西	Jiangxi	0.71	0.20	1.96	19.85	11.37	17.25	43.88	13.82
山 东	Shandong	1.57	4.66	25.97	3.78	19.70	43.16	20.76	47.45
河 南	Henan	0.74	5.98	42.14	12.14	16.93	41.37	16.66	29.17
湖 北	Hubei	0.55	0.94	12.35	3.06	13.33	21.03	30.72	14.21
湖 南	Hunan	1.15	0.35	2.31	17.63	4.22	17.81	20.92	20.58
广 东	Guangdong	1.21	0.47	7.90	14.10	5.55	14.20	30.88	20.39
广 西	Guangxi	0.52	0.52	8.94	13.82	4.12	13.41	57.84	34.76
海 南	Hainan	0.83	0.56	7.85	10.66	3.61	19.39	74.22	70.42
重 庆	Chongqing	0.33	0.06	0.11	11.94	0.22	7.22	18.70	31.63
四 川	Sichuan	0.90	0.45	0.95	14.43	1.35	26.53	30.76	45.58
贵 州	Guizhou	1.07	0.58	0.67	4.96	3.35	5.13	76.33	26.47
云 南	Yunnan	1.29	0.67	7.17	5.29	7.88	3.85	64.62	49.21
西 藏	Tibet	5.42	3.54	37.92	4.79	12.50	2.29	269.38	502.71
陕 西	Shaanxi	1.95	2.52	16.08	3.95	16.13	12.97	17.12	28.96
甘 肃	Gansu	1.22	2.89	28.89	1.56	18.67	6.94	78.50	66.72
青 海	Qinghai	4.00	1.17	54.97	3.42	20.00	1.00	94.00	119.17
宁 夏	Ningxia	3.67	0.67	60.67	1.68	8.33	14.08	59.17	44.33
新 疆	Xinjiang	1.74	5.68	24.97	2.06	53.16	2.71	96.90	423.61

2-56 农作物总播种面积（2004年）

Total Sown Areas of Farm Crops (2004)

单位：千公顷　　(1 000 hectares)

地区	Region	农作物总播种面积 Total Sown Area	粮食作物播种面积 Sown Area of Grain Crops	谷物 Cereal	#稻谷 Rice	#小麦 Wheat	#玉米 Corn	豆类 Soybeans
全国	**National Total**	**153552.5**	**101606.0**	**79350.4**	**28378.8**	**21626.0**	**25445.7**	**12798.9**
北京	Beijing	312.5	154.5	135.6	0.8	39.2	93.5	15.2
天津	Tianjin	504.3	263.5	232.3	13.7	79.0	134.8	30.1
河北	Hebei	8695.4	6003.4	5322.9	83.5	2161.5	2630.6	359.7
山西	Shanxi	3741.5	2925.4	2216.3	2.6	648.9	1125.6	348.8
内蒙古	Inner Mongolia	5924.0	4181.1	2583.4	80.9	418.7	1675.6	1069.6
辽宁	Liaoning	3723.3	2906.7	2434.7	544.2	20.6	1598.8	333.5
吉林	Jilin	4904.0	4312.1	3594.1	600.1	11.4	2901.5	633.2
黑龙江	Heilongjiang	9888.4	8458.0	4198.0	1587.8	255.0	2179.5	3913.6
上海	Shanghai	404.4	154.7	145.0	111.8	21.9	4.2	8.7
江苏	Jiangsu	7669.0	4774.6	4310.8	2112.9	1601.2	389.1	349.6
浙江	Zhejiang	2778.4	1454.5	1170.9	1028.1	59.5	54.5	184.9
安徽	Anhui	9200.4	6312.2	4977.5	2129.7	2059.9	662.3	977.0
福建	Fujian	2519.3	1482.4	1036.3	985.1	6.2	37.8	115.1
江西	Jiangxi	5182.8	3350.1	3067.8	3029.7	19.1	14.4	158.8
山东	Shandong	10638.6	6176.3	5600.5	124.4	2968.2	2455.1	256.6
河南	Henan	13789.7	8970.1	7906.6	508.5	4856.0	2420.0	625.9
湖北	Hubei	7155.9	3712.4	3004.1	1989.6	602.9	357.5	304.1
湖南	Hunan	7886.2	4754.1	4114.2	3716.8	76.2	276.5	279.7
广东	Guangdong	4808.0	2789.7	2294.1	2139.0	6.0	137.9	107.9
广西	Guangxi	6368.2	3511.2	2967.3	2356.0	11.7	586.6	283.4
海南	Hainan	826.9	471.8	348.7	334.7		13.7	13.7
重庆	Chongqing	3435.3	2516.4	1566.5	749.3	280.5	460.4	224.3
四川	Sichuan	9387.5	6476.5	4728.4	2063.8	1255.7	1172.6	565.5
贵州	Guizhou	4695.0	3037.2	1923.3	716.5	429.2	706.5	324.9
云南	Yunnan	5890.0	4158.5	3040.7	1086.2	543.3	1111.1	493.1
西藏	Tibet	231.2	179.8	168.9	1.1	40.6	3.3	9.0
陕西	Shaanxi	4099.8	3134.1	2462.9	145.8	1152.7	1047.4	370.4
甘肃	Gansu	3668.9	2534.6	1751.0	4.9	933.5	487.7	234.5
青海	Qinghai	473.3	244.7	136.8		102.2	1.6	40.1
宁夏	Ningxia	1158.3	791.7	603.5	64.4	279.0	187.9	84.6
新疆	Xinjiang	3592.3	1413.9	1307.4	66.8	686.4	518.0	83.4

2-56 续表 1 Continued

单位：千公顷 (1 000 hectares)

地区	Region	薯类 Tubers	油料 Oil-bearing Crops	#花生 Peanuts	#油菜籽 Rapeseeds	棉花 Cotton	麻类 Fiber Crops	#黄红麻 Jute and Ambary Hemp	糖料 Sugar Crops
全国	**National Total**	**9456.8**	**14430.7**	**4745.1**	**7271.4**	**5692.9**	**332.1**	**32.0**	**1568.1**
北京	Beijing	3.7	10.8	10.5		6.5			
天津	Tianjin	1.2	6.1	2.4		86.9			
河北	Hebei	320.8	583.6	448.9	47.8	669.1	2.1	0.4	8.6
山西	Shanxi	360.3	298.3	15.5	12.1	114.6	0.1		1.8
内蒙古	Inner Mongolia	528.1	671.0	14.2	278.5	6.7	7.9		36.3
辽宁	Liaoning	138.5	250.1	211.1	1.3	5.3	0.2		1.2
吉林	Jilin	84.8	222.1	83.0		0.2	0.9		1.3
黑龙江	Heilongjiang	346.4	411.1	14.1	2.8		98.5		75.5
上海	Shanghai	0.9	31.4	1.2	30.2	1.1			2.8
江苏	Jiangsu	114.2	920.7	218.6	689.9	409.6	1.3	0.2	5.0
浙江	Zhejiang	98.7	237.3	17.5	215.8	18.8	0.5	0.3	18.1
安徽	Anhui	357.7	1380.2	254.4	1003.3	398.9	14.2	6.9	6.5
福建	Fujian	330.9	125.1	109.9	13.9	0.1	0.1	0.1	15.9
江西	Jiangxi	123.5	566.2	134.5	400.5	62.5	8.5	1.2	18.6
山东	Shandong	319.3	944.8	925.3	16.8	1059.2	1.0	0.9	
河南	Henan	437.6	1538.9	951.7	373.8	951.8	13.1	12.3	4.4
湖北	Hubei	404.2	1476.0	173.0	1186.1	408.3	23.3	1.4	10.0
湖南	Hunan	360.3	877.6	139.9	728.2	167.7	53.2	0.4	21.3
广东	Guangdong	387.7	316.2	308.1	6.6		0.6	0.6	151.3
广西	Guangxi	260.5	306.0	236.5	60.7	1.7	5.3	4.8	723.7
海南	Hainan	109.3	47.4	43.9			0.2	0.2	69.9
重庆	Chongqing	725.7	244.1	52.7	173.8	0.4	7.6	0.2	2.8
四川	Sichuan	1182.6	1088.8	262.7	814.4	35.8	35.0	2.1	28.9
贵州	Guizhou	789.1	531.6	42.4	482.4	1.6	1.4	0.1	18.6
云南	Yunnan	624.7	204.9	41.3	147.9	0.6	23.0		280.8
西藏	Tibet	1.9	24.4		24.3				
陕西	Shaanxi	300.8	283.3	28.0	173.2	80.1	0.8		0.2
甘肃	Gansu	549.1	332.7	1.2	162.0	68.3	3.8		4.6
青海	Qinghai	67.8	159.8		157.7				
宁夏	Ningxia	103.6	125.0	0.1	0.2	0.2			
新疆	Xinjiang	23.1	215.5	2.5	67.5	1136.9	29.4		59.9

2-56 续表 2 Continued

单位：千公顷 (1 000 hectares)

地 区	Region	# 甘 蔗 Sugarcane	# 甜 菜 Beetroots	烟 叶 Tobacco	# 烤 烟 Flue-cured Tobacco	蔬 菜 Vegetables	茶园面积 Area of Tea Plantations at Year-end	果园面积 Area of Orchards at Year-end
全 国	**National Total**	**1378.1**	**190.0**	**1265.6**	**1145.1**	**17560.4**	**1262.3**	**9768.2**
北 京	Beijing					99.8		81.4
天 津	Tianjin					131.9		36.4
河 北	Hebei		8.6	4.4	2.9	1082.2		1106.4
山 西	Shanxi		1.8	3.0	2.9	248.6		279.1
内蒙古	Inner Mongolia		36.3	5.6	4.8	203.7		50.8
辽 宁	Liaoning		1.2	14.2	12.6	424.1		316.8
吉 林	Jilin		1.3	20.2	10.7	235.6		74.0
黑龙江	Heilongjiang		75.5	31.5	27.7	291.6		39.5
上 海	Shanghai	2.8				139.9		28.5
江 苏	Jiangsu	4.9	0.1	0.6		1217.5	23.6	184.9
浙 江	Zhejiang	18.1		1.9		661.0	147.9	294.4
安 徽	Anhui	6.5		12.0	11.3	649.7	113.3	109.8
福 建	Fujian	15.9		62.6	61.6	622.5	145.1	547.7
江 西	Jiangxi	18.6		8.9	7.8	552.9	34.3	294.0
山 东	Shandong			42.1	41.7	1970.1	13.3	756.3
河 南	Henan	4.4		131.1	129.5	1591.1	26.4	400.0
湖 北	Hubei	10.0		55.6	39.9	1021.1	126.3	250.4
湖 南	Hunan	21.3		88.3	82.1	962.6	77.4	406.2
广 东	Guangdong	151.3		31.6	26.7	1146.7	39.0	986.7
广 西	Guangxi	723.7		16.9	9.9	1026.1	34.0	844.1
海 南	Hainan	69.9		0.1	0.1	161.0	1.9	163.8
重 庆	Chongqing	2.8		53.0	41.4	389.6	24.0	164.7
四 川	Sichuan	28.8	0.2	66.4	45.9	970.6	139.8	444.1
贵 州	Guizhou	18.6	0.1	206.8	188.0	443.3	52.3	110.3
云 南	Yunnan	280.5	0.2	363.0	353.7	459.9	201.9	225.7
西 藏	Tibet					15.2	0.1	0.8
陕 西	Shaanxi	0.1	0.2	30.9	30.4	301.3	56.3	788.5
甘 肃	Gansu		4.6	14.2	13.3	283.4	5.5	335.1
青 海	Qinghai			0.1		25.1		7.1
宁 夏	Ningxia			0.1	0.1	46.9		44.9
新 疆	Xinjiang		59.9	0.5		185.6		396.2

2-57 主要农产品单位面积产量（2004年）

Yield of Major Farm Crops Per Hectare(2004)

单位：公斤/公顷 (kg/hectare)

地区	Region	谷物 Cereals	棉花 Cotton	花生 Peanuts	油菜籽 Rapeseeds	芝麻 Sesame	黄红麻 Jute and Ambary Hemp	甘蔗 Sugar-cane	甜菜 Beet-roots	烤烟 Flue-cured Tobacco
全国	**National**	**5187**	**1111**	**3022**	**1813**	**1128**	**2719**	**65199**	**30829**	**1889**
北京	Beijing	4777	1188	2716		831				
天津	Tianjin	5059	1385	3462		1468	901			
河北	Hebei	4357	994	3071	1364	926	2161		24291	1771
山西	Shanxi	4222	1048	2283	995	818			26090	2109
内蒙古	Inner Mongolia	4569	1105	1773	1125	934			26547	1966
辽宁	Liaoning	6653	895	1985	472	750			22856	1924
吉林	Jilin	6359	440	2451		960			27328	2099
黑龙江	Heilongjiang	5247		2149	1615	1062			12710	2019
上海	Shanghai	7090	1612	3473	2302			47657		
江苏	Jiangsu	6184	1228	3162	2425	1570	3363	59082	23375	
浙江	Zhejiang	6313	1213	2668	2015	1553	2824	58690		
安徽	Anhui	4957	1033	3750	1898	1129	2620	38463		2408
福建	Fujian	5429	971	2355	1301	925	2838	63920		1835
江西	Jiangxi	5177	1357	2364	1001	793	1559	46135		1977
山东	Shandong	5704	1036	3948	2336	1407	6417			1927
河南	Henan	4981	700	3218	2089	1109	2830	50791		1971
湖北	Hubei	6235	969	3652	1982	1383	4159	46225		1641
湖南	Hunan	5923	1210	2247	1469	1267	2022	52074		2186
广东	Guangdong	5169		2482	1349	1034	2589	73408		1889
广西	Guangxi	4391	515	2176	1025	847	2011	69148		1584
海南	Hainan	4356		2006		808	5374	59785		750
重庆	Chongqing	5287	560	1826	1783	966	725	42048		1559
四川	Sichuan	5420	924	2277	2026	1289	2243	50766	14287	2043
贵州	Guizhou	4673	399	1866	1533	708	2350	35393	4000	1595
云南	Yunnan	4133	428	1354	1774	513		60187	15029	1957
西藏	Tibet	5300		1667	2217					
陕西	Shaanxi	3727	1027	2563	1700	1062		36663	24237	1749
甘肃	Gansu	3409	1609	1891	1602				34423	2458
青海	Qinghai	3559			1792					
宁夏	Ningxia	4238	1510		1050					4369
新疆	Xinjiang	5863	1568	2658	1802	859			57483	1100

2-58 主要农产品产量（2004年）

Yield of Major Farm Crops (2004)

单位：万吨 (10 000 tons)

地区	Region	粮食 Grain	谷物 Cereal	#稻谷 Rice	#小麦 Wheat	#玉米 Corn	豆类 Beans	薯类 Tubers	棉花 Cotton
全国	**National Total**	**46946.9**	**41157.2**	**17908.8**	**9195.2**	**13028.7**	**2232.1**	**3557.7**	**632.4**
北京	Beijing	70.2	64.8	0.5	20.3	43.5	3.2	2.2	0.8
天津	Tianjin	122.8	117.5	11.1	37.8	68.2	4.6	0.7	12.0
河北	Hebei	2480.1	2319.4	47.3	1053.2	1157.6	57.6	103.1	66.5
山西	Shanxi	1062.0	935.7	1.1	237.1	631.9	48.8	77.5	12.0
内蒙古	Inner Mongolia	1505.3	1180.4	54.5	110.5	948.0	135.1	189.8	0.7
辽宁	Liaoning	1720.0	1619.9	401.5	8.9	1079.7	55.6	44.5	0.5
吉林	Jilin	2510.0	2285.4	437.6	3.4	1810.0	166.9	57.7	
黑龙江	Heilongjiang	3001.0	2202.5	1130.0	83.0	939.5	693.5	105.0	
上海	Shanghai	106.3	102.8	89.5	8.0	2.6	2.7	0.8	0.2
江苏	Jiangsu	2829.1	2666.0	1673.2	687.7	216.6	93.8	69.3	50.3
浙江	Zhejiang	834.9	739.3	686.9	19.0	22.5	41.0	54.6	2.3
安徽	Anhui	2743.0	2467.3	1292.1	790.1	320.8	119.3	156.4	41.2
福建	Fujian	736.5	562.6	545.6	1.9	12.7	24.7	149.2	
江西	Jiangxi	1663.0	1588.3	1579.4	2.9	4.8	23.8	50.9	8.5
山东	Shandong	3516.7	3194.6	90.6	1584.5	1499.2	76.2	245.9	109.8
河南	Henan	4260.0	3938.0	358.2	2480.9	1050.0	118.0	204.0	66.7
湖北	Hubei	2100.1	1873.1	1501.7	176.3	179.1	65.8	161.2	39.5
湖南	Hunan	2640.0	2436.9	2285.5	14.6	126.6	56.4	146.7	20.3
广东	Guangdong	1390.0	1185.7	1123.1	1.7	56.1	24.0	180.3	
广西	Guangxi	1398.5	1302.9	1123.4	1.9	176.1	37.4	58.2	0.1
海南	Hainan	190.1	151.9	147.2		4.7	2.9	35.3	
重庆	Chongqing	1144.5	828.2	509.5	78.4	227.8	38.1	278.2	
四川	Sichuan	3146.7	2563.0	1519.7	415.7	557.4	121.6	462.1	3.3
贵州	Guizhou	1149.6	898.7	477.0	76.8	333.9	40.6	210.3	0.1
云南	Yunnan	1509.5	1256.8	639.4	121.7	425.7	61.3	191.4	
西藏	Tibet	96.0	89.5	0.6	26.1	1.6	3.1	3.4	
陕西	Shaanxi	1040.0	918.0	87.0	410.3	407.0	38.8	83.2	8.2
甘肃	Gansu	805.8	597.0	3.9	272.3	245.0	38.0	170.8	11.0
青海	Qinghai	88.5	48.7		37.1	1.2	10.8	29.0	
宁夏	Ningxia	290.5	255.8	52.5	80.4	117.7	8.3	26.4	
新疆	Xinjiang	796.5	766.6	39.3	352.7	361.5	20.5	9.5	178.3

2-58 续表 1 Continued

单位：万吨 (10 000 tons)

地区	Region	油料 Oil-bearing Crops	#花生 Peanuts	#油菜籽 Rapeseeds	#芝麻 Sesame	麻类 Fiber Crops	#黄红麻 Jute and Ambary Hemp	甘蔗 Sugarcane	甜菜 Beetroots
全国	**National Total**	**3065.9**	**1434.2**	**1318.2**	**70.4**	**107.4**	**8.7**	**8984.9**	**585.7**
北京	Beijing	2.9	2.9						
天津	Tianjin	1.6	0.8		0.1				
河北	Hebei	154.3	137.9	6.5	1.5	0.4	0.1		21.0
山西	Shanxi	28.2	3.5	1.2	0.7	0.0			4.8
内蒙古	Inner Mongolia	103.7	2.5	31.3	1.3	1.9			96.3
辽宁	Liaoning	45.9	41.9	0.1	0.7	0.1			2.7
吉林	Jilin	38.1	20.3		3.3	0.3			3.6
黑龙江	Heilongjiang	46.0	3.0	0.4	0.7	39.3			96.0
上海	Shanghai	7.4	0.4	6.9				13.5	
江苏	Jiangsu	238.4	69.1	167.3	1.9	0.4	0.1	28.9	0.3
浙江	Zhejiang	48.8	4.7	43.5	0.6	0.1	0.1	106.3	
安徽	Anhui	299.7	95.4	190.4	13.7	3.3	1.8	25.0	
福建	Fujian	27.8	25.9	1.8	0.1			101.6	
江西	Jiangxi	74.5	31.8	40.1	2.3	1.3	0.2	85.7	
山东	Shandong	369.7	365.3	3.9	0.3	0.6	0.6		
河南	Henan	408.7	306.3	78.1	22.7	3.7	3.5	22.3	
湖北	Hubei	314.4	63.2	235.1	15.4	5.1	0.6	46.3	
湖南	Hunan	139.6	31.4	107.0	1.0	13.6	0.1	110.8	
广东	Guangdong	77.5	76.5	0.9	0.2	0.2	0.2	1110.4	
广西	Guangxi	58.3	51.5	6.2	0.4	1.1	1.0	5003.9	
海南	Hainan	9.1	8.8		0.3	0.1	0.1	417.9	
重庆	Chongqing	41.8	9.6	31.0	0.7	1.0		11.8	
四川	Sichuan	226.3	59.8	165.0	0.5	6.1	0.5	146.1	0.2
贵州	Guizhou	82.7	7.9	73.9		0.2		65.8	
云南	Yunnan	33.4	5.6	26.2		13.7		1688.5	0.3
西藏	Tibet	5.4	0.0	5.4					
陕西	Shaanxi	46.1	7.2	29.4	1.8	0.1		0.3	0.4
甘肃	Gansu	48.5	0.2	26.0		1.1			15.9
青海	Qinghai	28.9		28.3					
宁夏	Ningxia	13.8							
新疆	Xinjiang	44.5	0.7	12.2		13.6			344.2

2-58 续表 2 Continued

单位：万吨 (10 000 tons)

地 区	Region	烟叶 Tobacco	#烤烟 Flue-cured Tobacco	蚕茧 Silkworm Cocoons	#桑蚕茧 Mulberry Silkworm Cocoons	茶叶 Tea	水果 Fruits	#苹果 Apples	#柑桔 Citrus	#梨 Pears	#葡萄 Grapes	#香蕉 Bananas
全 国	**National Total**	**240.6**	**216.3**	**73.1**	**67.7**	**83.5**	**15340.9**	**2367.5**	**1495.8**	**1064.2**	**567.5**	**605.6**
北 京	Beijing						113.4	13.5		13.8	5.8	
天 津	Tianjin						69.0	6.5		2.5	13.2	
河 北	Hebei	1.1	0.5	0.1	0.1		1346.3	214.3		313.2	84.1	
山 西	Shanxi	0.6	0.6	0.4	0.4		342.9	202.1		19.7	11.7	
内蒙古	Inner Mongolia	1.3	0.9	0.4			129.3	5.9		6.8	2.3	
辽 宁	Liaoning	2.7	2.4	3.9			430.1	122.2		60.6	61.4	
吉 林	Jilin	5.4	2.2	0.1			215.0	24.1		15.7	10.9	
黑龙江	Heilongjiang	5.6	5.6	0.3			315.6	16.0		4.7	2.7	
上 海	Shanghai						111.4		18.5	1.8	2.6	
江 苏	Jiangsu	0.1		11.7	11.7	1.1	620.0	56.1	4.8	54.2	16.5	
浙 江	Zhejiang	0.5		8.4	8.4	13.9	632.1		201.0	28.6	20.3	
安 徽	Anhui	2.8	2.7	3.0	3.0	5.6	719.6	28.4	1.3	60.1	16.5	
福 建	Fujian	11.5	11.3			16.4	552.9		206.8	14.2	6.7	82.0
江 西	Jiangxi	1.7	1.5	0.8	0.8	1.3	291.0		84.4	6.6	0.4	
山 东	Shandong	8.2	8.0	6.7	6.6	0.5	2478.5	669.1		100.1	85.0	
河 南	Henan	25.7	25.5	1.9	1.4	1.2	1638.6	286.9	3.5	54.5	38.3	
湖 北	Hubei	9.8	6.6	1.1	1.1	7.6	542.7	1.1	130.8	54.9	5.1	
湖 南	Hunan	18.9	18.0	0.1	0.1	6.7	499.4		187.9	8.4	4.6	
广 东	Guangdong	6.3	5.0	5.7	5.7	4.0	909.0		159.1	4.2	0.0	320.9
广 西	Guangxi	2.9	1.6	10.7	10.7	2.2	702.3		172.0	9.7	10.7	107.8
海 南	Hainan					0.1	190.6		2.4			73.3
重 庆	Chongqing	8.5	6.4	2.9	2.9	1.6	137.2	0.7	80.0	16.1	1.7	0.2
四 川	Sichuan	14.4	9.4	9.7	9.7	8.6	494.8	24.0	198.8	62.0	14.3	1.6
贵 州	Guizhou	32.6	30.0	0.1	0.1	1.9	87.2	1.0	15.8	10.8	1.7	0.9
云 南	Yunnan	70.8	69.2	2.6	2.6	9.5	145.1	14.1	16.7	18.9	5.1	18.9
西 藏	Tibet						0.9	0.5		0.1		
陕 西	Shaanxi	5.4	5.3	2.1	2.1	1.0	858.1	555.2	11.8	66.9	11.1	
甘 肃	Gansu	3.5	3.3				245.6	80.0	0.3	25.2	7.0	
青 海	Qinghai	0.1					2.8	0.7		0.5		
宁 夏	Ningxia	0.1	0.1				68.6	15.6		0.8	3.8	
新 疆	Xinjiang	0.1					450.8	29.4		28.6	124.1	

注：2003年起水果产量包括瓜果类产量。

a) Data of output of fruits after 2003 include yield of melon and fruit.

2-59 主要林产品产量（2004年）

Output of Major Forest Products (2004)

单位：吨 (ton)

地 区	Region	橡 胶 Rubber	松 脂 Pine Resin	生 漆 Lacquer	油桐籽 Tung-oil Seeds	油茶籽 Tea-oil Seeds	核 桃 Walnuts
全 国	**National Total**	**574739**	**673310**	**9641**	**381428**	**874861**	**436862**
北 京	Beijing						12442
天 津	Tianjin						412
河 北	Hebei						38401
山 西	Shanxi						48558
内蒙古	Inner Mongolia						20
辽 宁	Liaoning						21092
吉 林	Jilin						3046
黑龙江	Heilongjiang						
上 海	Shanghai						
江 苏	Jiangsu		250		2	196	251
浙 江	Zhejiang		2119	7	254	34179	
安 徽	Anhui		4351	196	3062	10673	381
福 建	Fujian	50	68963	197	20205	67865	193
江 西	Jiangxi		75892	739	10252	193170	105
山 东	Shandong						14394
河 南	Henan		241	903	48076	7100	21652
湖 北	Hubei		5821	1837	12001	13084	4078
湖 南	Hunan		22726	266	41301	382597	3458
广 东	Guangdong	24908	116424		4710	29777	
广 西	Guangxi	829	282455	59	55934	115437	274
海 南	Hainan	329796	6093				
重 庆	Chongqing		1030	1689	28365	1679	4083
四 川	Sichuan		3869	1091	39276	4037	56731
贵 州	Guizhou		5575	1326	87024	10112	8298
云 南	Yunnan	219156	77273	317	18352	4834	84433
西 藏	Tibet						
陕 西	Shaanxi		228	964	12113	121	62453
甘 肃	Gansu			50	501		28957
青 海	Qinghai						78
宁 夏	Ningxia						17
新 疆	Xinjiang						23055

2-60 牲畜饲养情况(2004年)

Number of Livestock (2004)

单位：万头、万只 (10 000 heads)

地区	Region	大牲畜年底头数 Large Animals (year-end)	牛 Cattle and Buffaloes	马 Horses	驴 Donkeys	骡 Mules	骆驼 Camels
全国	**National Total**	**15737.8**	**13781.8**	**763.9**	**791.9**	**374.0**	**26.2**
北京	Beijing	31.7	29.3	0.3	1.5	0.6	
天津	Tianjin	48.7	43.4	0.4	3.6	1.3	
河北	Hebei	988.9	795.5	35.5	112.6	45.3	
山西	Shanxi	283.7	212.2	4.2	33.7	33.6	
内蒙古	Inner Mongolia	718.2	514.7	68.7	81.6	45.0	8.1
辽宁	Liaoning	476.9	329.1	31.3	91.8	24.8	
吉林	Jilin	615.2	525.0	57.8	16.7	15.6	
黑龙江	Heilongjiang	590.8	532.8	45.5	7.7	4.8	
上海	Shanghai	1.2	1.2				
江苏	Jiangsu	74.1	65.8	1.1	5.7	1.4	
浙江	Zhejiang	39.3	39.3	0.1			
安徽	Anhui	464.4	461.8	0.6	1.5	0.4	
福建	Fujian	107.8	107.8				
江西	Jiangxi	366.4	366.4				
山东	Shandong	1089.1	998.8	15.5	63.0	11.8	
河南	Henan	1491.2	1423.9	19.4	33.1	14.8	
湖北	Hubei	409.1	406.7	1.6	0.5	0.2	
湖南	Hunan	587.9	583.6	3.6	0.5	0.2	
广东	Guangdong	395.1	395.0	0.1			
广西	Guangxi	783.3	739.7	39.9	0.1	3.7	
海南	Hainan	147.0	147.0				
重庆	Chongqing	167.2	163.7	2.4	0.2	0.9	
四川	Sichuan	1207.6	1105.0	84.8	8.6	9.1	
贵州	Guizhou	839.9	758.9	78.5	0.2	2.3	
云南	Yunnan	966.6	788.6	79.8	32.9	65.4	
西藏	Tibet	667.6	612.8	42.5	10.8	1.5	
陕西	Shaanxi	335.1	300.9	1.3	23.4	9.5	
甘肃	Gansu	586.5	381.3	25.4	116.6	61.1	2.1
青海	Qinghai	432.8	383.8	27.1	8.7	12.6	0.7
宁夏	Ningxia	108.0	85.7	0.5	16.1	5.8	
新疆	Xinjiang	716.6	482.3	95.8	120.8	2.4	15.3

2-60 续表 Continued

单位：万头、万只 (10 000 heads)

地区	Region	肉猪出栏头数 Slaughtered Fattened Hogs	猪年底头数 Hogs (year-end)	羊年底只数 Sheep and Goats (year-end)	山羊 Goats	绵羊 Sheep
全国	**National Total**	**61800.7**	**48189.1**	**36639.1**	**19550.9**	**17088.2**
北京	Beijing	460.5	243.2	158.5	37.6	120.9
天津	Tianjin	446.6	252.4	93.6	19.0	74.6
河北	Hebei	4160.1	2945.9	2361.7	948.0	1413.7
山西	Shanxi	610.5	452.7	998.8	404.6	594.2
内蒙古	Inner Mongolia	875.8	711.2	5318.5	1719.1	3599.4
辽宁	Liaoning	2102.2	1364.8	1204.5	569.6	634.9
吉林	Jilin	1159.1	568.0	410.0	62.5	347.6
黑龙江	Heilongjiang	1295.5	1217.3	1153.6	448.2	705.4
上海	Shanghai	106.5	50.8	61.9	55.4	6.6
江苏	Jiangsu	2988.6	1910.8	1196.9	1176.7	20.2
浙江	Zhejiang	1893.1	1125.3	256.7	131.2	125.5
安徽	Anhui	2531.3	1969.0	953.8	951.6	2.2
福建	Fujian	1725.9	1241.8	128.9	128.9	
江西	Jiangxi	2051.1	1441.5	107.4	94.3	13.1
山东	Shandong	4330.2	3058.2	3286.8	2590.8	696.0
河南	Henan	5189.0	4232.0	3910.0	3440.0	470.0
湖北	Hubei	3126.2	2190.0	343.6	342.8	0.9
湖南	Hunan	6088.7	4343.4	671.1	671.0	0.1
广东	Guangdong	3309.0	1989.1	32.2	32.2	
广西	Guangxi	2462.5	2671.0	278.1	278.1	
海南	Hainan	392.8	370.2	90.1	90.1	
重庆	Chongqing	1900.2	1720.2	285.6	285.5	0.2
四川	Sichuan	6489.8	5627.3	1479.0	1134.3	344.7
贵州	Guizhou	1328.2	2033.1	421.0	398.9	22.1
云南	Yunnan	2585.9	2605.5	853.2	759.6	93.6
西藏	Tibet	15.3	26.2	1815.6	664.4	1151.1
陕西	Shaanxi	932.4	756.6	941.8	733.0	208.7
甘肃	Gansu	669.4	641.0	1302.4	302.0	1000.4
青海	Qinghai	114.5	106.3	1763.7	328.8	1434.9
宁夏	Ningxia	155.7	117.6	493.5	83.4	410.1
新疆	Xinjiang	304.2	206.7	4266.7	669.5	3597.3

2-61 畜产品产量(2004年)

Output of Livestock Products (2004)

地区	Region	肉类产量(万吨) Output of Meat (10000 tons)	# 猪牛羊肉 Output of Pork, Beef and Mutton	猪肉 Pork	牛肉 Beef	羊肉 Mutton	奶类(万吨) Milk (10 000 tons)	# 牛奶 Cow Milk
全国	**National Total**	**7244.8**	**5776.8**	**4701.6**	**675.9**	**399.3**	**2368.4**	**2260.6**
北京	Beijing	70.8	41.8	31.8	5.1	4.9	70.1	70.0
天津	Tianjin	53.7	41.8	33.1	5.6	3.2	54.2	54.2
河北	Hebei	534.0	427.4	313.4	82.9	31.1	276.9	266.5
山西	Shanxi	66.6	60.8	46.8	6.7	7.2	63.7	61.1
内蒙古	Inner Mongolia	201.3	169.9	80.8	28.7	60.4	502.1	497.9
辽宁	Liaoning	318.4	218.7	175.3	37.3	6.1	62.3	58.4
吉林	Jilin	243.5	151.5	98.5	49.0	4.0	26.0	25.3
黑龙江	Heilongjiang	165.3	134.3	93.9	31.4	9.0	378.1	374.5
上海	Shanghai	12.5	6.6	5.8		0.7	25.2	25.2
江苏	Jiangsu	346.8	242.4	219.8	5.3	17.4	56.9	53.6
浙江	Zhejiang	161.8	131.7	126.4	1.5	3.8	26.0	26.0
安徽	Anhui	333.7	259.6	207.6	35.6	16.4	10.2	10.2
福建	Fujian	151.3	126.1	121.5	2.8	1.8	21.1	20.8
江西	Jiangxi	217.7	171.5	161.2	8.7	1.6	11.6	11.6
山东	Shandong	696.5	461.0	346.4	79.6	35.0	188.7	160.9
河南	Henan	641.5	553.3	410.3	98.3	44.6	78.9	74.5
湖北	Hubei	309.3	262.4	240.7	15.9	5.8	11.7	11.7
湖南	Hunan	517.1	456.1	429.1	16.8	10.1	6.7	6.7
广东	Guangdong	360.5	244.7	237.7	6.3	0.6	11.2	10.9
广西	Guangxi	210.5	179.5	161.7	14.6	3.2	4.9	4.8
海南	Hainan	52.3	36.3	32.1	2.9	1.3	0.1	0.1
重庆	Chongqing	168.4	146.3	137.1	5.7	3.4	8.6	8.5
四川	Sichuan	609.1	526.0	480.2	27.0	18.8	53.0	52.6
贵州	Guizhou	148.0	136.4	120.0	11.4	5.0	3.61	3.56
云南	Yunnan	277.8	257.1	228.3	19.8	8.9	28.3	26.9
西藏	Tibet	20.8	20.8	1.0	12.2	7.6	26.2	20.3
陕西	Shaanxi	101.6	89.5	69.9	11.2	8.4	125.5	96.2
甘肃	Gansu	76.6	70.7	48.2	11.3	11.2	25.9	25.5
青海	Qinghai	24.8	24.2	8.0	7.3	8.8	24.1	22.8
宁夏	Ningxia	24.4	20.9	10.2	4.7	6.1	46.9	46.1
新疆	Xinjiang	128.1	107.7	24.6	30.4	52.7	139.7	133.3

2-61 续表 Continued

地区	Region	绵羊毛 (吨) Sheep Wool (ton)	# 细羊毛 Fine Wool	#半细羊毛 Semi-Fine Wool	山羊毛 (吨) Goat Wool (ton)	羊绒 (吨) Cashmere (ton)	禽蛋 (万吨) Poultry Eggs (10 000 tons)	蜂蜜 (万吨) Honey (10 000 tons)
全国	**National Total**	**373902**	**130413**	**119514**	**37727**	**14515**	**2723.7**	**29.3**
北京	Beijing	1260	28	1232	320	128	15.9	0.3
天津	Tianjin	820	56	764	67	1	24.4	
河北	Hebei	31678	5375	12955	3760	863	432.9	0.7
山西	Shanxi	8632	1687	998	1687	706	52.0	0.3
内蒙古	Inner Mongolia	85670	45614	14181	6329	5956	38.7	0.3
辽宁	Liaoning	10821	4134	6255	1635	894	192.4	0.2
吉林	Jilin	24566	18876	3669	401	55	95.0	0.7
黑龙江	Heilongjiang	24391	7574	16817	712	691	98.3	1.2
上海	Shanghai	23		23	107		10.5	0.1
江苏	Jiangsu	672	416	256	16	6	175.4	0.6
浙江	Zhejiang	1768		1768	603		42.1	7.4
安徽	Anhui	140	5	135	105	3	120.0	1.1
福建	Fujian						43.4	0.8
江西	Jiangxi						40.8	1.0
山东	Shandong	20082	4981	15101	8553	934	432.9	0.8
河南	Henan	11182	1768	6665	2731	409	347.4	4.1
湖北	Hubei	9			15		118.1	0.8
湖南	Hunan	3	3		7		88.1	1.0
广东	Guangdong				9		31.7	1.2
广西	Guangxi						16.1	0.7
海南	Hainan						2.7	0.1
重庆	Chongqing	4	4		2		36.6	0.6
四川	Sichuan	5375	712	2455	426	23	145.2	3.3
贵州	Guizhou	318	56	262	30	2	9.9	0.2
云南	Yunnan	1704	316	1064	75	1	16.5	0.7
西藏	Tibet	9125	157	3447	1153	853	0.3	
陕西	Shaanxi	5286	2349	1733	1230	835	48.4	0.3
甘肃	Gansu	20148	5831	3992	1633	327	13.7	0.1
青海	Qinghai	16629	743	4515	1105	341	1.4	0.1
宁夏	Ningxia	8689	990	1971	787	259	7.8	0.1
新疆	Xinjiang	84907	28738	19256	4229	1228	25.0	0.5

2-62 水产品产量(2004年)

Output of Aquatic Products (2004)

单位：万吨　　　　(10 000 tons)

地区	Region	水产品总产量 Total Aquatic Products	海水产品 Seawater Aquatic Products							
				天然生产 Naturally Grown	人工养殖 Artificially Cultured	鱼类 Fish	虾蟹类 Shrimps, Prawns and Crabs	贝类 Shell-fish	藻类 Algae	其他 Others
全国	**National Total**	**4901.8**	**2767.8**	**1451.1**	**1316.7**	**1017.3**	**312.4**	**1111.5**	**150.5**	**176.1**
北京	Beijing	6.7								
天津	Tianjin	31.0	4.9	3.8	1.1	1.9	1.4	1.4		0.1
河北	Hebei	92.4	53.7	31.1	22.6	18.6	9.5	21.7		4.0
山西	Shanxi	3.5								
内蒙古	Inner Mongolia	7.7								
辽宁	Liaoning	402.5	346.2	149.1	197.0	90.1	36.2	163.6	38.4	17.9
吉林	Jilin	12.0								
黑龙江	Heilongjiang	43.0								
上海	Shanghai	34.4	13.4	13.2	0.2	10.2	1.6	1.1		0.6
江苏	Jiangsu	366.1	107.4	58.9	48.5	37.4	15.2	46.5	1.7	6.5
浙江	Zhejiang	493.5	415.0	322.0	92.9	202.1	85.1	76.3	4.3	47.2
安徽	Anhui	171.3								
福建	Fujian	591.2	523.3	223.3	299.9	184.7	34.7	243.5	44.3	16.1
江西	Jiangxi	156.3								
山东	Shandong	718.2	612.1	270.2	341.9	176.4	47.6	296.5	53.7	37.8
河南	Henan	42.7								
湖北	Hubei	302.1								
湖南	Hunan	166.1								
广东	Guangdong	664.6	381.8	171.1	210.7	149.6	42.7	171.9	3.4	14.3
广西	Guangxi	268.9	165.8	79.9	85.9	51.1	22.7	83.7	0.1	8.2
海南	Hainan	135.8	115.1	99.0	16.0	83.5	15.6	5.4	4.5	5.9
重庆	Chongqing	23.4								
四川	Sichuan	86.1								
贵州	Guizhou	8.8								
云南	Yunnan	22.0								
西藏	Tibet	0.1								
陕西	Shaanxi	7.4								
甘肃	Gansu	1.5								
青海	Qinghai	0.1								
宁夏	Ningxia	5.7								
新疆	Xinjiang	7.2								
中国水产	China Aquatic	29.3	29.3	29.3		11.7	0.2			17.4
总公司	Company	18.8	18.8	18.8		8.6	0.1			10.2

2-62 续表 Continued

单位：万吨 (10 000 tons)

地区	Region	淡水产品 Freshwater Aquatic Products	天然生产 Naturally Grown	人工养殖 Artificially Cultured	鱼类 Fish	虾蟹类 Shrimps, Prawns and Crabs	贝类 Shell-fish	其他 Others
全国	**National Total**	**2134.0**	**242.0**	**1892.0**	**1893.4**	**153.4**	**53.5**	**33.7**
北京	Beijing	6.7		6.7	6.6			
天津	Tianjin	26.1	1.1	25.0	23.6	2.3	0.1	0.1
河北	Hebei	38.7	8.2	30.5	35.1	2.7	0.5	0.3
山西	Shanxi	3.5	0.2	3.3	3.5			
内蒙古	Inner Mongolia	7.7	2.9	4.8	7.4	0.3		
辽宁	Liaoning	56.4	4.2	52.1	51.3	4.2		0.9
吉林	Jilin	12.0	2.8	9.2	11.9			
黑龙江	Heilongjiang	43.0	5.4	37.6	42.5	0.5		
上海	Shanghai	21.0	0.5	20.5	14.0	6.7	0.1	0.2
江苏	Jiangsu	258.7	31.3	227.5	194.1	51.6	9.3	3.6
浙江	Zhejiang	78.5	9.1	69.5	54.3	10.9	4.9	8.5
安徽	Anhui	171.3	35.8	135.6	138.8	19.8	10.0	2.7
福建	Fujian	67.9	8.5	59.5	57.5	3.7	5.1	1.7
江西	Jiangxi	156.3	23.2	133.2	143.0	5.6	5.3	2.5
山东	Shandong	106.1	10.4	95.7	98.3	5.9	1.4	0.4
河南	Henan	42.7	2.9	39.8	41.3	1.0	0.1	0.3
湖北	Hubei	302.1	39.4	262.8	285.8	10.5	3.9	1.9
湖南	Hunan	166.1	17.0	149.1	158.6	2.6	2.0	2.9
广东	Guangdong	282.8	12.9	269.8	248.5	21.8	7.5	5.0
广西	Guangxi	103.1	11.0	92.1	98.8	1.5	2.0	0.8
海南	Hainan	20.8	2.5	18.3	19.2	0.3	0.4	1.0
重庆	Chongqing	23.4	1.3	22.1	23.0	0.1	0.2	0.1
四川	Sichuan	86.1	6.1	80.0	84.6	0.5	0.5	0.5
贵州	Guizhou	8.8	1.1	7.8	8.6	0.2		0.0
云南	Yunnan	22.0	2.5	19.5	21.3	0.6		0.1
西藏	Tibet	0.1	0.1					
陕西	Shaanxi	7.4	0.4	7.0	7.3			
甘肃	Gansu	1.5	0.1	1.4	1.4			
青海	Qinghai	0.1		0.1	0.1			
宁夏	Ningxia	5.7		5.6	5.7			
新疆	Xinjiang	7.2	1.3	6.0	7.2	0.1		
中国水产总公司	China Aquatic Company							

2-63 受灾面积和成灾面积(2004年)

Areas Covered and Affected by Natural Disaster (2004)

单位：千公顷 (1 000 hectares)

地区	Region	受灾面积 Areas Covered	成灾面积 Areas Affected	成灾面积占受灾面积% Percentage of Disaster Areas Affected to Areas Covered	水灾 Flood		旱灾 Drought	
					受灾面积 Areas Covered	成灾面积 Areas Affected	受灾面积 Areas Covered	成灾面积 Areas Affected
全国	**National Total**	**37106**	**16297**	**43.9**	**7314**	**3747**	**17253**	**8482**
北京	Beijing	28	10	36.1	4	2	8	2
天津	Tianjin	75	30	40.1	1		38	13
河北	Hebei	1757	797	45.4	113	27	517	314
山西	Shanxi	947	441	46.5	92	52	296	196
内蒙古	Inner Mongolia	3216	1711	53.2	192	162	2161	1284
辽宁	Liaoning	1250	757	60.6	46	8	1057	718
吉林	Jilin	2550	967	37.9	105	56	2362	896
黑龙江	Heilongjiang	3790	1087	28.7	150	79	2955	696
上海	Shanghai	6	3	55.2	5	3		
江苏	Jiangsu	956	173	18.1	111	47	244	41
浙江	Zhejiang	796	385	48.4	20	16	276	184
安徽	Anhui	715	304	42.5	159	83	284	123
福建	Fujian	671	220	32.8	81	51	292	109
江西	Jiangxi	1122	596	53.1	308	135	473	330
山东	Shandong	2119	771	36.4	717	381	277	126
河南	Henan	2234	864	38.7	824	365	424	278
湖北	Hubei	1550	894	57.7	818	495	496	257
湖南	Hunan	1129	581	51.4	629	427	217	70
广东	Guangdong	1071	523	48.8	95	55	728	320
广西	Guangxi	1995	914	45.8	659	208	1135	660
海南	Hainan	158	50	31.7	12	3	143	47
重庆	Chongqing	910	388	42.6	516	287	220	46
四川	Sichuan	1476	656	44.5	700	335	291	233
贵州	Guizhou	698	291	41.7	256	146	175	76
云南	Yunnan	1133	446	39.4	382	143	220	104
西藏	Tibet	43	11	24.5	21	6	13	2
陕西	Shaanxi	1121	457	40.8	139	84	435	240
甘肃	Gansu	2147	1153	53.7	77	34	925	755
青海	Qinghai	157	87	55.4	16	12	41	6
宁夏	Ningxia	545	297	54.5	23	20	183	83
新疆	Xinjiang	742	436	58.8	43	24	369	273

2-64 全部国有及规模以上非国有工业企业工业增加值和增长速度

Value-added of All State-owned Enterprises and Non-state-owned Enterprise above Designated Size and Its Growth Rates

地 区	Region	工业增加值（亿元） Value-added to Gross Industrial Output Value (100 million yuan)					2004年比上年增长（%） Increase Rate of 2004 over 2003 (%)
		2000	2001	2002	2003	2004	
全 国	**National Total**	**25394.8**	**28329.4**	**32994.8**	**41990.2**	**54805.1**	**16.7**
北 京	Beijing	722.7	751.2	840.4	1012.5	1259.5	19.9
天 津	Tianjin	630.1	728.1	843.4	1074.8	1395.6	26.5
河 北	Hebei	1132.7	1244.1	1413.5	1801.8	2459.2	22.2
山 西	Shanxi	428.7	499.8	633.0	908.7	1242.8	21.2
内蒙古	Inner Mongolia	279.5	307.6	375.8	516.7	776.8	38.5
辽 宁	Liaoning	1194.0	1255.7	1377.7	1715.9	2255.7	23.4
吉 林	Jilin	496.2	589.1	669.3	814.8	994.3	18.6
黑龙江	Heilongjiang	1213.1	1207.9	1262.0	1363.1	1619.6	15.3
上 海	Shanghai	1687.2	1988.4	2131.9	2832.9	3427.0	19.0
江 苏	Jiangsu	2604.4	2943.5	3546.7	4670.6	6447.5	23.4
浙 江	Zhejiang	1560.1	1874.4	2403.9	3097.6	4173.4	21.1
安 徽	Anhui	507.4	577.2	690.6	881.5	1082.2	25.1
福 建	Fujian	797.1	875.4	1177.6	1448.5	1845.8	23.5
江 西	Jiangxi	269.7	308.2	362.7	446.8	617.8	26.1
山 东	Shandong	2549.4	2900.7	3500.5	4701.1	6498.3	26.5
河 南	Henan	1116.4	1249.8	1387.9	1740.1	2332.7	23.6
湖 北	Hubei	1011.8	1072.8	1170.5	1364.8	1664.7	22.8
湖 南	Hunan	528.1	605.5	706.6	888.6	1198.1	24.1
广 东	Guangdong	3423.9	3738.3	4361.1	5718.1	7086.4	22.4
广 西	Guangxi	323.9	342.7	370.4	446.5	595.6	22.8
海 南	Hainan	63.3	65.3	82.3	96.3	102.7	18.4
重 庆	Chongqing	283.7	308.2	360.1	447.6	579.7	23.5
四 川	Sichuan	662.4	790.4	977.5	1165.7	1546.5	25.8
贵 州	Guizhou	217.0	236.6	271.1	346.5	438.4	20.1
云 南	Yunnan	531.5	582.1	659.1	746.0	881.2	16.6
西 藏	Tibet	9.3	9.5	10.5	12.4	14.4	14.1
陕 西	Shaanxi	411.2	459.7	533.7	674.4	870.7	22.9
甘 肃	Gansu	244.7	296.5	340.6	388.1	505.1	15.7
青 海	Qinghai	65.3	71.8	80.2	95.2	132.4	24.8
宁 夏	Ningxia	73.7	82.9	80.6	109.4	147.0	25.8
新 疆	Xinjiang	356.6	365.2	373.7	463.4	616.9	14.4

注：1.本表绝对数按当年价格计算，增长速度按可比价格计算。

2.规模以上非国有企业为年产品销售收入500万元以上的企业。

a) In this table, value is calculated at current prices, and increase rate is calculated at comparable prices.

b) Non-state-owned enterprises above designated size are those with annual sales income over 5 million yuan.

2-65 全部国有及规模以上非国有工业企业主要指标（2004年）

Main Indicators of All State-owned and Non-state-owned above Designated Size Industrial Enterprises (2004)

单位：亿元 (100 million yuan)

地区	Region	企业单位数 (个) Number of Enterprises (unit)	#亏损企业 Loss-suffering Enterprises	资产总计 Total Assets	流动资产年平均余额 Annual Average Balance of Circulating Funds	固定资产净值年平均余额 Annual Average Balance of Net Value of Fixed Assets	负债合计 Liquid Liabilities	产品销售收入 Sales Revenue
全　国	**National Total**	**219463**	**40048**	**195261.69**	**86884.71**	**73849.25**	**115529.44**	**187814.77**
北　京	Beijing	4324	1196	6082.44	2842.91	1737.59	3138.93	5110.84
天　津	Tianjin	5076	1126	5113.82	2381.51	1842.09	2899.53	5494.61
河　北	Hebei	8006	1334	7836.16	3244.00	3288.02	4883.76	8132.17
山　西	Shanxi	3355	700	5318.46	2003.90	2258.12	3548.41	3295.28
内蒙古	Inner Mongolia	2014	432	3030.90	973.79	1397.80	1854.63	2064.03
辽　宁	Liaoning	7836	2087	10167.83	4305.11	4418.35	5990.82	8320.43
吉　林	Jilin	2486	644	3981.39	1596.81	1653.24	2403.27	3190.84
黑龙江	Heilongjiang	2607	762	4684.46	1845.33	2297.60	2705.03	3613.08
上　海	Shanghai	12557	2374	13684.78	6867.50	4420.09	6876.83	13863.25
江　苏	Jiangsu	27123	3944	20227.30	10083.14	6729.49	12580.42	24492.28
浙　江	Zhejiang	31887	3382	15222.05	7592.45	4438.73	8802.94	16693.54
安　徽	Anhui	4456	1208	4428.81	1836.23	1743.22	2687.63	3604.97
福　建	Fujian	10428	1846	5815.90	2698.33	2260.27	3069.66	6212.68
江　西	Jiangxi	3445	736	2519.42	1018.15	1048.24	1642.71	2117.08
山　东	Shandong	20304	2124	17620.36	7559.42	6554.56	10307.39	21055.08
河　南	Henan	9620	1042	7413.86	3161.29	3096.00	4782.86	7065.33
湖　北	Hubei	6542	1320	7766.62	2830.77	3664.26	4507.75	5097.01
湖　南	Hunan	6529	1094	4173.82	1603.12	1842.28	2653.22	3452.44
广　东	Guangdong	25956	5717	21798.11	11335.51	7166.97	12666.87	26691.35
广　西	Guangxi	3209	1078	2502.82	932.87	1086.05	1620.25	1834.93
海　南	Hainan	532	168	477.24	206.00	204.74	260.04	348.14
重　庆	Chongqing	2600	521	2716.55	1178.92	925.81	1644.39	2078.02
四　川	Sichuan	6481	1123	6747.64	2811.27	2653.92	4269.58	4542.69
贵　州	Guizhou	2329	920	2036.74	807.54	835.54	1345.70	1188.07
云　南	Yunnan	1987	765	3210.96	1308.17	1213.02	1764.21	1952.96
西　藏	Tibet	164	28	80.50	23.32	44.63	20.71	19.18
陕　西	Shaanxi	2547	939	4164.89	1652.11	1857.75	2642.15	2496.96
甘　肃	Gansu	2918	610	2391.12	910.32	1097.31	1456.88	1537.27
青　海	Qinghai	432	139	958.20	309.02	461.89	680.62	359.99
宁　夏	Ningxia	482	153	796.72	323.04	361.91	512.86	507.38
新　疆	Xinjiang	1231	536	2291.85	642.88	1249.77	1309.38	1382.90

2-65 续表 Continued

单位：亿元 (100 million yuan)

地 区	Region	产品销售成本 Cost of Sales	产品销售费用 Expenses of Sales	产品销售税金及附加 Sales Tax and Extra Charges	利润总额 Total Profits	亏损企业亏损额 Value of Losses of Loss-suffering Enterprises	本年应交增值税 Value Added Tax Payable	全部从业人员年平均人数(万人) Annual Average Employed Persons (10 000 persons)
全 国	**National Total**	**157071.60**	**5902.28**	**2467.09**	**11341.64**	**1239.79**	**6396.44**	**6098.62**
北 京	Beijing	4288.51	217.72	43.81	310.85	49.23	161.62	99.93
天 津	Tianjin	4624.51	172.04	47.88	412.53	46.64	139.35	117.97
河 北	Hebei	6889.77	195.67	76.04	513.18	59.64	305.39	273.55
山 西	Shanxi	2531.68	180.77	37.52	218.41	19.90	222.43	185.99
内蒙古	Inner Mongolia	1697.08	86.43	27.44	123.89	10.20	98.19	78.62
辽 宁	Liaoning	7021.22	195.85	100.69	389.31	78.17	275.79	247.71
吉 林	Jilin	2645.93	82.73	67.96	178.73	37.71	126.48	100.37
黑龙江	Heilongjiang	2428.50	90.42	77.29	760.24	31.92	254.71	132.57
上 海	Shanghai	11607.29	432.05	161.12	1003.48	105.69	377.11	238.93
江 苏	Jiangsu	21507.16	662.07	176.45	1111.42	94.74	651.70	623.10
浙 江	Zhejiang	14354.81	452.84	166.81	942.80	46.29	501.19	563.00
安 徽	Anhui	2986.51	123.87	75.50	175.26	24.01	152.24	154.01
福 建	Fujian	5274.15	205.17	68.50	350.64	33.63	152.64	245.81
江 西	Jiangxi	1800.40	63.49	39.27	72.16	16.20	92.28	99.73
山 东	Shandong	17785.20	577.63	201.42	1383.57	66.98	707.12	647.81
河 南	Henan	5939.96	212.35	100.79	376.53	38.06	265.55	326.92
湖 北	Hubei	4130.58	184.15	94.59	279.76	44.20	198.68	196.97
湖 南	Hunan	2768.47	122.00	136.53	156.51	23.41	157.60	158.66
广 东	Guangdong	22714.93	972.47	195.68	1274.29	160.37	606.92	814.21
广 西	Guangxi	1475.24	68.22	31.86	121.84	16.42	97.97	85.59
海 南	Hainan	275.61	27.13	9.04	27.66	4.47	16.46	9.62
重 庆	Chongqing	1705.99	91.74	38.09	113.38	15.22	85.85	88.86
四 川	Sichuan	3676.90	192.91	83.20	200.07	69.51	191.95	207.95
贵 州	Guizhou	844.41	53.24	51.98	60.41	15.58	74.40	66.80
云 南	Yunnan	1332.53	63.77	226.21	189.14	24.19	142.18	63.50
西 藏	Tibet	12.08	1.67	0.39	2.99	0.23	1.85	1.83
陕 西	Shaanxi	1852.53	79.99	53.14	245.33	36.93	133.26	115.39
甘 肃	Gansu	1243.58	36.67	37.80	64.20	17.59	77.93	77.07
青 海	Qinghai	269.20	8.63	4.34	40.06	4.14	20.79	13.77
宁 夏	Ningxia	430.03	16.25	5.60	15.79	9.55	23.02	23.92
新 疆	Xinjiang	956.83	32.36	30.15	227.23	38.96	83.80	38.45

2-66 全部国有及规模以上非国有工业企业主要经济效益指标(2004年)

Main Indicators on Economic Benefit of All State-owned and Non-state-owned above Designated Size Industrial Enterprises (2004)

地区	Region	总资产贡献率 (%) Ratio of Total Assets to Industrial Output Value (%)	资产负债率 (%) Assets-Liability Ratio (%)	流动资产周转次数 (次/年) Number of Times of Turnover of Circulating Fund (times/year)	工业成本费用利润率 (%) Ratio of Profits to Industrial Cost (%)
全 国	**National**	**12.26**	**59.17**	**2.16**	**6.52**
北 京	Beijing	9.85	51.61	1.80	6.41
天 津	Tianjin	13.36	56.70	2.31	8.19
河 北	Hebei	13.50	62.32	2.51	6.80
山 西	Shanxi	11.24	66.72	1.64	7.24
内蒙古	Inner Mongolia	10.77	61.19	2.12	6.46
辽 宁	Liaoning	9.08	58.92	1.93	5.00
吉 林	Jilin	10.78	60.36	2.00	6.04
黑龙江	Heilongjiang	25.02	57.74	1.96	27.58
上 海	Shanghai	12.60	50.25	2.02	7.80
江 苏	Jiangsu	11.51	62.20	2.43	4.77
浙 江	Zhejiang	13.25	57.83	2.20	6.00
安 徽	Anhui	10.75	60.69	1.96	5.22
福 建	Fujian	11.82	52.78	2.30	6.07
江 西	Jiangxi	10.33	65.20	2.08	3.61
山 东	Shandong	15.46	58.50	2.79	7.11
河 南	Henan	12.30	64.51	2.23	5.70
湖 北	Hubei	8.87	58.04	1.80	5.96
湖 南	Hunan	12.94	63.57	2.15	4.96
广 东	Guangdong	11.06	58.11	2.35	5.12
广 西	Guangxi	12.00	64.74	1.97	7.20
海 南	Hainan	13.24	54.49	1.69	8.52
重 庆	Chongqing	10.78	60.53	1.76	5.77
四 川	Sichuan	8.83	63.28	1.62	4.66
贵 州	Guizhou	10.70	66.07	1.47	5.90
云 南	Yunnan	19.40	54.94	1.49	12.05
西 藏	Tibet	13.10	25.72	0.82	18.19
陕 西	Shaanxi	12.38	63.44	1.51	11.31
甘 肃	Gansu	9.18	60.93	1.69	4.51
青 海	Qinghai	8.91	71.03	1.16	12.83
宁 夏	Ningxia	7.57	64.37	1.57	3.24
新 疆	Xinjiang	16.73	57.13	2.15	20.95

2-67 国有及国有控股工业企业主要指标（2004年）

Main Indicators of State-owned and State-holding Industrial Enterprises (2004)

单位：亿元 (100 million yuan)

地 区	Region	企业单位数（个）Number of Enterprises (unit)	#亏损企业 Loss-suffering Enterprises	资产总计 Total Assets	流动资产年平均余额 Annual Average Balance of Circulating Funds	固定资产净值年平均余额 Annual Average Balance of Net Value of Fixed Assets	负债合计 Liquid Liabilities	产品销售收入 Sales Revenue
全 国	**National Total**	**31750**	**11112**	**101593.74**	**38424.31**	**44263.38**	**60291.23**	**71451.93**
北 京	Beijing	1331	494	3801.26	1506.68	1235.09	1870.07	2756.97
天 津	Tianjin	1333	570	2921.00	1081.65	1217.92	1756.80	2137.93
河 北	Hebei	1670	540	4817.41	1778.74	2226.55	3089.12	3618.00
山 西	Shanxi	1139	324	3708.35	1271.18	1654.92	2463.74	1861.10
内蒙古	Inner Mongolia	549	160	2029.50	568.68	1040.31	1282.28	1202.95
辽 宁	Liaoning	1156	483	6587.14	2518.76	3184.19	3948.34	5097.86
吉 林	Jilin	943	322	3107.46	1199.25	1302.69	1923.88	2412.96
黑龙江	Heilongjiang	974	388	3812.71	1420.65	1976.92	2152.91	2910.04
上 海	Shanghai	1576	432	6979.88	2999.40	2479.11	3024.44	5499.01
江 苏	Jiangsu	1141	333	5440.30	2308.66	2109.51	3279.16	4592.64
浙 江	Zhejiang	848	258	2330.15	932.54	861.35	1179.36	1975.91
安 徽	Anhui	708	274	3088.87	1160.70	1301.32	1894.87	2120.47
福 建	Fujian	826	310	1806.07	653.81	861.04	1006.12	1362.66
江 西	Jiangxi	984	358	1843.65	740.39	777.01	1275.47	1295.35
山 东	Shandong	1832	472	8374.07	3129.48	3383.02	4908.78	7220.71
河 南	Henan	1667	480	4680.82	1871.48	2077.86	3152.10	3320.55
湖 北	Hubei	1464	451	6194.38	2086.29	3103.87	3604.41	3162.74
湖 南	Hunan	1598	520	2899.02	1061.82	1350.30	1940.51	1881.12
广 东	Guangdong	2009	770	6416.43	2578.42	2763.65	3553.07	5469.76
广 西	Guangxi	1258	576	1627.55	550.04	760.14	1092.26	1020.55
海 南	Hainan	268	99	295.41	94.97	149.27	166.29	148.41
重 庆	Chongqing	537	176	1822.58	729.99	670.97	1096.00	1070.93
四 川	Sichuan	1022	271	4142.34	1601.92	1751.47	2736.38	2167.40
贵 州	Guizhou	974	402	1653.39	607.07	710.12	1116.58	806.80
云 南	Yunnan	855	397	2495.21	1001.25	947.60	1313.65	1378.19
西 藏	Tibet	157	28	75.99	21.94	42.58	19.63	18.00
陕 西	Shaanxi	1222	547	3400.08	1285.37	1594.57	2197.19	1932.44
甘 肃	Gansu	690	231	1985.62	728.59	939.55	1234.36	1247.75
青 海	Qinghai	225	67	867.72	275.62	426.25	626.27	311.10
宁 夏	Ningxia	138	56	529.37	202.34	267.07	338.47	305.85
新 疆	Xinjiang	656	323	1860.04	456.63	1097.16	1048.68	1145.77

2–67 续表 continued

单位：亿元 (100 million yuan)

地区	Region	产品销售成本 Cost of Sales	产品销售费用 Expenses of Sales	产品销售税金及附加 Sales Tax and Extra Charges	利润总额 Total Profits	亏损企业亏损额 Value of Losses of Loss-suffering Enterprises	本年应交增值税 Value Added Tax Payable	全部从业人员年平均人数(万人) Annual Average Employed Persons (10 000 persons)
全国	**National Total**	**57131.00**	**1774.64**	**1888.51**	**5311.88**	**669.48**	**3475.23**	**2048.21**
北京	Beijing	2360.93	74.27	36.18	160.02	31.16	89.68	45.94
天津	Tianjin	1768.68	39.43	38.89	157.46	22.13	81.84	42.05
河北	Hebei	3006.19	75.76	51.03	204.61	43.19	179.06	126.68
山西	Shanxi	1366.13	103.44	22.99	136.06	11.94	129.54	113.68
内蒙古	Inner Mongolia	1017.62	25.10	17.80	57.11	6.69	64.45	44.10
辽宁	Liaoning	4306.42	79.31	81.40	247.33	39.70	191.80	120.66
吉林	Jilin	2015.44	46.35	61.93	130.25	30.53	104.68	66.99
黑龙江	Heilongjiang	1842.94	55.11	69.88	728.00	24.05	224.45	94.92
上海	Shanghai	4420.37	111.74	146.90	583.73	31.63	231.29	66.76
江苏	Jiangsu	3861.08	103.07	106.77	233.36	22.50	185.94	94.62
浙江	Zhejiang	1588.16	53.23	95.38	140.55	9.44	90.94	33.25
安徽	Anhui	1719.34	51.53	64.95	114.35	12.50	110.19	77.88
福建	Fujian	1115.94	46.81	46.09	68.14	10.14	55.53	28.53
江西	Jiangxi	1099.59	31.59	32.76	37.70	12.98	59.82	52.40
山东	Shandong	5796.61	174.75	121.45	560.82	37.85	329.14	184.64
河南	Henan	2737.92	69.67	72.51	158.94	25.61	154.59	154.58
湖北	Hubei	2536.94	82.31	76.27	204.81	29.22	143.66	97.97
湖南	Hunan	1469.87	50.23	117.85	79.56	17.73	105.14	76.02
广东	Guangdong	4568.32	157.80	122.20	347.09	53.40	243.44	74.76
广西	Guangxi	799.12	35.05	25.81	73.63	10.18	63.86	42.27
海南	Hainan	108.11	14.60	3.93	15.10	2.94	9.31	5.35
重庆	Chongqing	867.33	46.63	27.60	57.33	10.06	54.61	42.13
四川	Sichuan	1703.41	74.50	61.08	85.58	59.03	112.42	88.03
贵州	Guizhou	529.11	27.60	47.87	44.06	10.64	56.58	44.71
云南	Yunnan	862.09	41.33	218.91	151.69	16.37	114.00	37.45
西藏	Tibet	11.31	1.64	0.29	2.82	0.23	1.84	1.68
陕西	Shaanxi	1400.93	44.21	49.10	213.61	30.71	109.38	86.13
甘肃	Gansu	1004.54	24.46	34.62	53.83	15.38	68.09	52.41
青海	Qinghai	228.72	5.95	3.66	39.17	2.60	19.02	10.36
宁夏	Ningxia	258.88	6.91	4.22	7.81	7.43	16.34	14.56
新疆	Xinjiang	758.98	20.28	28.19	217.34	31.54	74.60	26.72

2-68 国有及国有控股工业企业主要经济效益指标（2004年）

Main Indicators on Economic Benefit of State-owned and State-holding Industrial Enterprises (2004)

地区	Region	总资产贡献率 (%) Ratio of Total Assets to Industrial Output Value (%)	资产负债率 (%) Assets-Liability Ratio (%)	流动资产周转次数 (次/年) Number of Times of Turnover of Circulating Fund (times/year)	工业成本费用利润率 (%) Ratio of Profits to Industrial Cost (%)
全国	**National**	**12.13**	**59.35**	**1.86**	**8.23**
北京	Beijing	8.75	49.20	1.83	6.08
天津	Tianjin	10.95	60.14	1.98	8.11
河北	Hebei	10.82	64.12	2.03	6.04
山西	Shanxi	9.57	66.44	1.46	8.07
内蒙古	Inner Mongolia	9.07	63.18	2.12	5.06
辽宁	Liaoning	9.26	59.94	2.02	5.20
吉林	Jilin	10.90	61.91	2.01	5.80
黑龙江	Heilongjiang	28.52	56.47	2.05	34.83
上海	Shanghai	14.87	43.33	1.83	11.93
江苏	Jiangsu	11.15	60.28	1.99	5.46
浙江	Zhejiang	16.16	50.61	2.12	7.97
安徽	Anhui	10.84	61.35	1.83	5.89
福建	Fujian	14.88	55.71	2.08	5.45
江西	Jiangxi	9.14	69.18	1.75	3.07
山东	Shandong	13.97	58.62	2.31	8.61
河南	Henan	10.05	67.34	1.77	5.11
湖北	Hubei	8.23	58.19	1.52	7.09
湖南	Hunan	12.30	66.94	1.77	4.69
广东	Guangdong	12.65	55.37	2.12	6.88
广西	Guangxi	11.58	67.11	1.86	7.91
海南	Hainan	11.94	56.29	1.56	11.18
重庆	Chongqing	9.37	60.13	1.47	5.61
四川	Sichuan	7.77	66.06	1.35	4.20
贵州	Guizhou	10.35	67.53	1.33	6.67
云南	Yunnan	21.31	52.65	1.38	14.71
西藏	Tibet	13.12	25.83	0.82	18.18
陕西	Shaanxi	13.03	64.62	1.50	12.98
甘肃	Gansu	9.48	62.17	1.71	4.67
青海	Qinghai	9.27	72.17	1.13	14.79
宁夏	Ningxia	6.97	63.94	1.51	2.64
新疆	Xinjiang	19.06	56.38	2.51	25.50

2-69 “三资”工业企业主要指标（2004年）

Main Indicators of Foreign Funded Industrial Enterprises (2004)

单位：亿元 (100 million yuan)

地区	Region	企业单位数（个） Number of Enterprises (unit)	#亏损企业 Loss-suffering Enterprises	资产总计 Total Assets	流动资产年平均余额 Annual Average Balance of Circulating Funds	固定资产净值年平均余额 Annual Average Balance of Net Value of Fixed Assets	负债合计 Liquid Liabilities	产品销售收入 Sales Revenue
全　国	**National Total**	**42753**	**10526**	**47951.13**	**25620.61**	**15789.04**	**26886.09**	**57831.51**
北　京	Beijing	1053	308	1681.80	1010.67	382.58	935.00	2135.11
天　津	Tianjin	1277	344	1748.11	1076.55	521.92	845.13	2592.72
河　北	Hebei	834	179	1037.99	455.60	405.90	617.07	1029.39
山　西	Shanxi	102	28	261.08	87.90	154.63	162.87	165.46
内蒙古	Inner Mongolia	112	32	235.49	126.65	57.08	123.93	188.61
辽　宁	Liaoning	1772	586	1932.11	973.49	709.99	1042.14	1737.12
吉　林	Jilin	222	66	560.02	298.85	193.84	266.91	744.64
黑龙江	Heilongjiang	183	63	297.85	144.42	119.55	208.58	204.56
上　海	Shanghai	4851	1230	7245.03	4127.15	2185.82	3894.27	8790.91
江　苏	Jiangsu	5591	1216	6999.96	3550.37	2503.44	4160.49	8842.36
浙　江	Zhejiang	4516	796	3232.56	1742.19	972.23	1834.13	3680.47
安　徽	Anhui	403	129	530.73	258.62	206.82	298.28	531.67
福　建	Fujian	4279	842	3183.07	1634.59	1136.20	1661.72	3750.53
江　西	Jiangxi	306	64	272.16	126.89	96.01	149.06	300.19
山　东	Shandong	3494	714	2721.49	1271.06	1065.62	1538.10	3245.77
河　南	Henan	417	80	592.12	291.11	229.88	365.75	451.48
湖　北	Hubei	468	119	989.18	442.56	319.25	558.03	939.53
湖　南	Hunan	325	74	343.95	135.59	151.40	195.41	304.36
广　东	Guangdong	11069	3244	12151.10	6904.23	3658.32	6941.69	16556.27
广　西	Guangxi	320	93	379.82	176.92	153.04	213.81	372.66
海　南	Hainan	95	31	76.53	43.72	28.05	39.63	59.09
重　庆	Chongqing	173	36	421.39	191.68	150.78	241.15	404.03
四　川	Sichuan	382	93	449.71	233.64	155.04	262.23	360.67
贵　州	Guizhou	88	37	61.76	34.83	21.58	35.86	41.92
云　南	Yunnan	144	42	146.22	66.41	60.21	68.14	113.46
西　藏	Tibet							
陕　西	Shaanxi	142	37	206.10	117.36	76.85	106.75	161.00
甘　肃	Gansu	41	11	55.92	28.53	20.47	32.97	36.47
青　海	Qinghai	15	6	11.02	4.29	6.41	5.97	11.76
宁　夏	Ningxia	30	5	86.32	44.23	30.33	58.82	51.20
新　疆	Xinjiang	49	21	40.58	20.50	15.82	22.20	28.10

2-69 续表 continued

单位：亿元 (100 million yuan)

地 区	Region	产品销售成本 Cost of Sales	产品销售费用 Expenses of Sales	产品销售税金及附加 Sales Tax and Extra Charges	利润总额 Total Profits	亏损企业亏损额 Value of Losses of Loss-suffering Enterprises	本年应交增值税 Value Added Tax Payable	全部从业人员年平均人数(万人) Annual Average Employed Persons (10 000 persons)
全 国	**National Total**	**49190.57**	**2183.72**	**257.39**	**3454.78**	**384.22**	**1215.64**	**1444.47**
北 京	Beijing	1764.25	116.81	12.68	147.76	14.91	55.99	25.79
天 津	Tianjin	2173.10	128.57	9.89	210.47	23.43	44.64	35.69
河 北	Hebei	865.10	29.50	2.72	89.21	5.93	36.67	24.51
山 西	Shanxi	125.40	14.11	1.26	10.85	1.34	11.09	5.18
内蒙古	Inner Mongolia	153.68	12.00	0.04	15.77	0.88	3.86	4.57
辽 宁	Liaoning	1452.26	65.97	10.97	83.89	27.69	38.30	44.01
吉 林	Jilin	621.20	19.50	27.17	51.27	5.07	22.88	7.12
黑龙江	Heilongjiang	154.08	15.98	6.36	11.70	2.81	10.35	8.08
上 海	Shanghai	7395.00	338.75	51.74	571.19	69.98	170.65	121.58
江 苏	Jiangsu	7817.77	252.87	13.39	437.53	49.07	165.07	174.01
浙 江	Zhejiang	3154.31	120.46	6.90	216.08	19.32	80.73	114.51
安 徽	Anhui	439.07	25.50	4.09	35.21	4.52	17.23	12.62
福 建	Fujian	3188.03	133.94	11.06	243.50	15.72	68.36	145.66
江 西	Jiangxi	255.76	12.53	2.19	15.93	1.35	11.66	11.69
山 东	Shandong	2782.65	108.64	10.55	212.12	18.64	87.39	114.01
河 南	Henan	382.51	21.27	2.06	22.72	3.89	17.05	13.61
湖 北	Hubei	791.30	55.31	5.87	37.10	12.55	24.42	17.68
湖 南	Hunan	240.38	16.61	1.34	26.82	1.61	11.07	8.88
广 东	Guangdong	14140.48	588.73	63.47	887.33	90.59	270.14	513.88
广 西	Guangxi	300.42	19.76	2.55	27.41	2.28	15.16	10.89
海 南	Hainan	43.43	6.31	0.87	5.24	0.62	2.61	2.00
重 庆	Chongqing	318.17	20.77	5.82	38.29	2.21	19.47	6.38
四 川	Sichuan	287.46	26.29	2.25	20.26	4.44	13.42	9.85
贵 州	Guizhou	37.06	3.23	0.03	2.13	0.71	1.53	2.22
云 南	Yunnan	88.40	6.71	0.44	11.04	1.37	4.41	2.84
西 藏	Tibet							
陕 西	Shaanxi	112.57	17.62	0.30	19.09	1.32	7.64	3.31
甘 肃	Gansu	30.49	1.52	0.72	0.56	0.47	1.39	1.19
青 海	Qinghai	9.96	0.44	0.01	0.55	0.26	0.34	0.37
宁 夏	Ningxia	43.94	2.17	0.41	1.65	0.68	1.07	1.40
新 疆	Xinjiang	22.35	1.83	0.24	2.13	0.57	1.05	0.95

2-70 “三资”工业企业主要经济效益指标（2004年）

Main Indicators on Economics Benefit of Foreign Funded Industrial Enterprises(2004)

地 区	Region	总资产贡献率 (%) Ratio of Total Assets to Industrial Output Value（%）	资产负债率 (%) Assets-Liability Ratio (%)	流动资产周转次数（次/年） Number of Times of Annual of Turnover Circulating Funds (times/year)	成本费用利润率 (%) Ratio of Profits to Industrial Cost (%)
全 国	**National**	**11.94**	**56.07**	**2.26**	**6.39**
北 京	Beijing	15.10	55.60	2.11	7.42
天 津	Tianjin	16.55	48.35	2.41	8.81
河 北	Hebei	14.57	59.45	2.26	9.47
山 西	Shanxi	11.14	62.39	1.88	7.15
内蒙古	Inner Mongolia	10.52	52.63	1.49	9.06
辽 宁	Liaoning	8.57	53.94	1.78	5.18
吉 林	Jilin	20.03	47.66	2.49	7.65
黑龙江	Heilongjiang	10.52	70.03	1.42	6.32
上 海	Shanghai	12.25	53.75	2.13	6.96
江 苏	Jiangsu	10.39	59.44	2.49	5.20
浙 江	Zhejiang	11.69	56.74	2.11	6.21
安 徽	Anhui	12.58	56.20	2.06	7.14
福 建	Fujian	11.91	52.21	2.29	7.00
江 西	Jiangxi	13.80	54.77	2.37	5.63
山 东	Shandong	13.34	56.52	2.55	6.98
河 南	Henan	8.92	61.77	1.55	5.31
湖 北	Hubei	8.38	56.41	2.12	4.13
湖 南	Hunan	14.04	56.81	2.24	9.71
广 东	Guangdong	11.47	57.13	2.40	5.76
广 西	Guangxi	14.41	56.29	2.11	7.96
海 南	Hainan	13.10	51.78	1.35	9.65
重 庆	Chongqing	17.68	57.23	2.11	10.53
四 川	Sichuan	9.58	58.31	1.54	6.00
贵 州	Guizhou	7.54	58.07	1.20	4.72
云 南	Yunnan	11.91	46.60	1.71	10.71
西 藏	Tibet				
陕 西	Shaanxi	14.03	51.80	1.37	13.62
甘 肃	Gansu	6.48	58.97	1.28	1.60
青 海	Qinghai	11.17	54.23	2.74	4.90
宁 夏	Ningxia	6.15	68.14	1.16	3.34
新 疆	Xinjiang	9.89	54.72	1.37	8.17

2-71 大中型工业企业主要指标（2004年）

Main Indicators of Large-scale and Medium-scale Industrial Enterprises (2004)

单位：亿元 (100 million yuan)

地区	Region	企业单位数（个）Number of Enterprises (unit)	#亏损企业 Loss-suffering Enterprises	资产总计 Total Assets	流动资产年平均余额 Annual Average Balance of Circulating Funds	固定资产净值年平均余额 Annual Average Balance of Net Value of Fixed Assets	负债合计 Liquid Liabilities	产品销售收入 Sales Revenue
全国	**National Total**	**23267**	**4166**	**140245.43**	**59906.17**	**54515.24**	**82085.35**	**126283.62**
北京	Beijing	440	78	4290.69	1812.40	1330.46	2162.48	3643.49
天津	Tianjin	450	100	3467.05	1558.49	1302.83	1873.14	3966.15
河北	Hebei	1010	185	5947.92	2370.23	2562.27	3659.35	5630.43
山西	Shanxi	609	125	4409.54	1601.50	1903.10	2928.68	2560.38
内蒙古	Inner Mongolia	249	41	1984.53	689.16	845.89	1168.98	1500.67
辽宁	Liaoning	794	211	7813.22	3158.87	3608.79	4547.27	6318.15
吉林	Jilin	342	89	3184.15	1273.38	1294.82	1917.50	2670.12
黑龙江	Heilongjiang	370	106	3880.60	1462.18	1980.91	2145.18	3095.71
上海	Shanghai	1181	230	9348.80	4357.96	3193.80	4391.58	9185.74
江苏	Jiangsu	2640	447	13935.61	6614.45	4802.83	8587.26	15450.09
浙江	Zhejiang	2292	153	8528.58	4176.38	2400.22	4825.77	8848.19
安徽	Anhui	545	139	3563.15	1426.21	1414.18	2142.65	2719.36
福建	Fujian	830	104	3577.17	1634.75	1383.49	1934.64	3736.83
江西	Jiangxi	317	79	1829.64	738.52	759.69	1219.87	1429.10
山东	Shandong	2518	288	13267.95	5395.21	5035.13	7806.69	13693.65
河南	Henan	1001	172	5733.41	2370.10	2431.57	3734.56	4507.89
湖北	Hubei	670	201	6366.47	2230.56	3090.28	3658.62	3508.04
湖南	Hunan	507	107	2906.22	1135.65	1251.48	1825.70	2162.32
广东	Guangdong	3289	646	14440.93	7515.62	4645.42	8281.62	18109.01
广西	Guangxi	398	71	1675.61	625.28	722.00	1071.62	1226.24
海南	Hainan	67	17	286.14	121.57	128.85	156.91	231.51
重庆	Chongqing	390	63	2101.81	901.71	708.49	1255.07	1514.13
四川	Sichuan	819	120	4987.82	2069.40	1943.96	3179.01	3026.55
贵州	Guizhou	237	53	1512.45	599.19	615.84	967.04	847.88
云南	Yunnan	350	81	2423.98	1016.13	862.26	1247.88	1483.03
西藏	Tibet	10	1	50.01	15.16	28.34	12.76	12.11
陕西	Shaanxi	420	110	3439.44	1330.12	1578.58	2125.46	2087.85
甘肃	Gansu	184	46	1942.38	723.85	904.52	1192.93	1271.05
青海	Qinghai	55	18	854.35	273.74	418.00	619.40	310.56
宁夏	Ningxia	96	18	631.71	249.01	294.59	401.90	388.82
新疆	Xinjiang	187	67	1864.09	459.35	1072.70	1043.84	1148.60

2-71 续表 continued

单位：亿元 (100 million yuan)

地 区	Region	产品销售成本 Cost of Sales	产品销售费用 Expenses of Sales	产品销售税金及附加 Sales Tax and Extra Charges	利润总额 Total Profits	亏损企业亏损额 Value of Losses of Loss-suffering Enterprises	本年应交增值税 Value Added Tax Payable	全部从业人员年平均人数(万人) Annual Average Employed Persons (10 000 persons)
全 国	**National Total**	**104198.16**	**3936.87**	**2100.63**	**8612.43**	**687.55**	**4673.65**	**3232.05**
北 京	Beijing	3096.79	139.41	39.68	210.09	27.54	110.95	54.53
天 津	Tianjin	3303.16	129.25	42.02	332.73	25.22	101.72	57.61
河 北	Hebei	4756.11	116.31	59.16	370.65	36.98	240.07	162.57
山 西	Shanxi	1940.94	144.28	28.24	183.50	12.32	175.91	129.25
内蒙古	Inner Mongolia	1245.42	64.36	22.75	83.22	4.93	64.98	45.55
辽 宁	Liaoning	5311.41	131.93	90.79	328.09	43.43	223.73	152.29
吉 林	Jilin	2216.11	61.75	64.47	156.98	28.43	110.48	63.53
黑龙江	Heilongjiang	1986.53	69.51	72.31	745.10	21.98	234.98	94.13
上 海	Shanghai	7629.10	269.48	152.12	764.21	38.71	277.45	109.02
江 苏	Jiangsu	13468.51	426.97	138.83	770.72	50.90	410.33	299.11
浙 江	Zhejiang	7471.06	277.62	124.95	575.24	10.48	268.24	214.64
安 徽	Anhui	2221.71	89.15	69.73	144.17	15.06	127.65	93.91
福 建	Fujian	3126.69	131.82	51.68	259.34	10.12	89.51	98.35
江 西	Jiangxi	1215.24	38.19	33.33	49.33	10.63	66.32	48.02
山 东	Shandong	11402.36	365.77	150.84	976.47	38.33	508.52	361.62
河 南	Henan	3754.00	116.30	78.58	228.32	25.69	195.62	190.19
湖 北	Hubei	2815.14	113.02	78.22	229.06	31.00	157.46	103.28
湖 南	Hunan	1708.77	69.32	118.53	110.56	14.16	112.36	69.18
广 东	Guangdong	15404.71	700.95	150.60	943.58	78.75	423.17	419.72
广 西	Guangxi	955.94	48.08	26.96	101.60	5.96	71.48	39.37
海 南	Hainan	184.23	18.98	8.00	18.26	1.29	10.48	5.23
重 庆	Chongqing	1220.43	74.31	34.34	93.23	7.78	67.12	51.20
四 川	Sichuan	2392.81	132.37	71.59	141.78	58.22	143.86	118.20
贵 州	Guizhou	561.13	37.51	47.84	53.41	6.28	58.16	36.47
云 南	Yunnan	942.79	44.47	222.84	169.23	10.02	118.57	37.20
西 藏	Tibet	7.62	1.38	0.16	1.98	0.08	1.44	0.57
陕 西	Shaanxi	1515.78	60.31	49.57	240.32	21.36	119.10	79.21
甘 肃	Gansu	1028.08	26.39	35.21	56.82	13.07	69.27	46.22
青 海	Qinghai	229.61	5.68	3.94	38.38	2.38	19.09	9.35
宁 夏	Ningxia	328.37	11.59	4.96	12.35	7.70	19.90	17.51
新 疆	Xinjiang	757.61	20.43	28.41	223.70	28.78	75.67	25.03

2-72 大中型工业企业主要经济效益指标（2004年）

Main Indicators on Economics Benefit of Large-scale and Medium-scale Industrial Enterprises (2004)

地 区	Region	总资产贡献率 (%) Ratio of Total Assets to Industrial Output Value (%)	资产负债率 (%) Assets-Liability Ratio (%)	流动资产周转次数（次/年） Number of Times of Annual of Turnover Circulating Funds (times/year)	成本费用利润率 (%) Ratio of Profits to Industrial Cost (%)
全 国	**National**	**12.76**	**58.53**	**2.11**	**7.44**
北 京	Beijing	9.75	50.40	2.01	6.08
天 津	Tianjin	14.73	54.03	2.54	9.27
河 北	Hebei	13.24	61.52	2.38	7.09
山 西	Shanxi	11.29	66.42	1.60	7.86
内蒙古	Inner Mongolia	11.14	58.90	2.18	5.93
辽 宁	Liaoning	9.94	58.20	2.00	5.58
吉 林	Jilin	11.83	60.22	2.10	6.36
黑龙江	Heilongjiang	28.97	55.28	2.12	33.09
上 海	Shanghai	13.80	46.97	2.11	9.10
江 苏	Jiangsu	11.30	61.62	2.34	5.27
浙 江	Zhejiang	13.69	56.58	2.12	6.99
安 徽	Anhui	11.31	60.13	1.91	5.76
福 建	Fujian	13.04	54.08	2.29	7.58
江 西	Jiangxi	10.39	66.67	1.94	3.65
山 东	Shandong	14.57	58.84	2.54	7.77
河 南	Henan	10.81	65.14	1.90	5.41
湖 北	Hubei	8.70	57.47	1.57	7.13
湖 南	Hunan	13.97	62.82	1.90	5.66
广 东	Guangdong	11.82	57.35	2.41	5.59
广 西	Guangxi	13.68	63.95	1.96	9.18
海 南	Hainan	14.77	54.84	1.90	8.47
重 庆	Chongqing	11.14	59.71	1.68	6.55
四 川	Sichuan	8.72	63.74	1.46	4.99
贵 州	Guizhou	11.91	63.94	1.42	7.69
云 南	Yunnan	23.13	51.48	1.46	15.18
西 藏	Tibet	14.41	25.51	0.80	18.66
陕 西	Shaanxi	14.09	61.80	1.57	13.56
甘 肃	Gansu	9.91	61.42	1.76	4.84
青 海	Qinghai	9.24	72.50	1.13	14.50
宁 夏	Ningxia	7.75	63.62	1.56	3.30
新 疆	Xinjiang	19.56	56.00	2.50	26.32

2-73 主要工业产品产量（2004年）

Output of Major Industrial Products (2004)

地 区	Region	化学纤维（万吨） Chemical Fiber (10 000 tons)	纱（万吨） Yarn (10 000 tons)	布（亿米） Cloth (100 million m)	机制纸及纸板（万吨） Machine-made Paper and Paperboards (10 000 tons)	原 盐（万吨） Salt (10 000 tons)	机制糖（万吨） Machine-made Sugar (10 000 tons)	啤 酒（万千升） Beer (10 000 kiloliter)
全 国	**National Total**	**1424.54**	**1120.00**	**420.00**	**4863.20**	**3710.07**	**1017.61**	**2910.05**
北 京	Beijing	0.01	2.37	0.40	14.27			138.45
天 津	Tianjin	28.04	7.81	3.51	18.45	238.50		17.17
河 北	Hebei	16.82	49.88	18.22	313.12	401.40	3.03	126.92
山 西	Shanxi	2.83	9.74	2.98	16.41			17.45
内蒙古	Inner Mongolia	0.80	2.25	0.42	18.20	163.24	10.68	51.29
辽 宁	Liaoning	28.97	14.85	3.14	56.27	182.16	0.66	171.58
吉 林	Jilin	18.94	6.01	0.95	43.89			86.65
黑龙江	Heilongjiang	17.71	5.99	1.30	62.76		15.52	243.24
上 海	Shanghai	48.45	11.31	1.26	35.96			59.16
江 苏	Jiangsu	377.81	216.19	42.74	506.29	405.54		146.15
浙 江	Zhejiang	557.81	71.73	54.61	747.97	8.02		215.47
安 徽	Anhui	11.93	34.80	6.22	104.78	52.75		129.84
福 建	Fujian	71.47	54.46	10.78	165.86	46.00	6.05	145.17
江 西	Jiangxi	14.57	18.63	3.22	35.51	17.40	0.87	48.41
山 东	Shandong	74.99	264.05	66.20	997.25	1056.12		374.73
河 南	Henan	41.04	106.37	15.39	495.36	78.07		150.13
湖 北	Hubei	10.46	81.78	18.69	98.55	315.80		118.56
湖 南	Hunan	7.51	23.91	4.18	167.89	87.72	2.20	43.96
广 东	Guangdong	56.02	25.05	21.54	597.72	19.13	95.60	253.68
广 西	Guangxi	0.67	11.03	0.40	88.31	10.05	606.86	46.76
海 南	Hainan	5.57			1.10	8.39	45.80	8.77
重 庆	Chongqing	2.19	7.40	3.08	22.97	49.41		46.21
四 川	Sichuan	19.94	20.27	6.11	102.79	353.31	6.57	107.36
贵 州	Guizhou	0.77	1.51	0.46	5.67		2.04	13.84
云 南	Yunnan	1.40	1.39	0.15	20.34	60.48	190.46	20.05
西 藏	Tibet							3.89
陕 西	Shaanxi	0.82	18.63	7.47	52.36	10.00		61.92
甘 肃	Gansu	2.64	2.11	0.39	9.05	6.09	0.81	29.58
青 海	Qinghai		0.39		0.21	82.63		
宁 夏	Ningxia	0.25	0.14	0.01	44.40			9.07
新 疆	Xinjiang	4.11	24.81	0.93	19.49	57.86	30.46	24.59

2-73 续表 1 continued

地区	Region	卷烟(亿支) Cigarettes (100 million pieces)	家用电冰箱(万台) Household Refrigerators (10 000 units)	房间空调器(万台) Air-conditioners for Room (10 000 units)	家用洗衣机(万台) Household Washing Machines (10 000 units)	彩色电视机(万部) Color Television Sets (10 000 units)	原煤(亿吨) Coal (100 million tons)	原油(万吨) Crude Oil (10 000 tons)
全　国	**National Total**	**18744.13**	**3033.38**	**6646.22**	**2348.85**	**7328.80**	**19.56**	**17500.00**
北　京	Beijing	123.94	63.50	0.33	9.12		0.09	
天　津	Tianjin	110.00	28.25	439.52		99.62		1443.01
河　北	Hebei	560.04	9.95	0.09			0.72	535.64
山　西	Shanxi	125.00				9.94	3.72	
内蒙古	Inner Mongolia	152.50				237.49	1.72	
辽　宁	Liaoning	229.32	114.05	140.24		356.11	0.62	1296.37
吉　林	Jilin	296.50	14.38	0.50	1.18	82.90	0.24	478.89
黑龙江	Heilongjiang	352.72	0.10				0.72	4672.23
上　海	Shanghai	791.70	33.14	399.16	165.67	135.08		31.86
江　苏	Jiangsu	840.86	347.83	503.78	412.03	436.75	0.27	168.94
浙　江	Zhejiang	639.34	143.17	445.03	657.55	104.25	0.01	
安　徽	Anhui	951.30	376.98	524.18	336.22	250.86	0.79	
福　建	Fujian	573.04				284.61	0.11	
江　西	Jiangxi	326.29	26.70	32.79		72.62	0.12	
山　东	Shandong	1144.72	617.67	644.31	425.65	716.98	1.46	2674.30
河　南	Henan	1434.73	205.15	37.66	31.24	164.20	1.44	523.41
湖　北	Hubei	1081.15	22.41	177.91	62.22		0.04	78.20
湖　南	Hunan	1350.17	61.17		9.23		0.30	
广　东	Guangdong	1018.29	850.91	2842.22	184.03	3626.13	0.02	1467.47
广　西	Guangxi	510.20		0.06	2.65		0.05	3.59
海　南	Hainan	59.00						8.04
重　庆	Chongqing	386.32		379.01			0.18	
四　川	Sichuan	693.74	34.66	79.43	26.21	688.54	0.44	14.30
贵　州	Guizhou	973.72	72.20			62.22	0.98	
云　南	Yunnan	3106.92					0.17	
西　藏	Tibet							
陕　西	Shaanxi	610.62	10.54		13.77	0.50	0.84	1527.97
甘　肃	Gansu	220.50	0.62		12.08		0.31	76.34
青　海	Qinghai						0.04	222.02
宁　夏	Ningxia	11.50					0.24	
新　疆	Xinjiang	70.00					0.22	2227.71

2-73 续表 2 continued

地 区	Region	天然气 (亿立方米) Natural Gas (100 million cu.m)	发电量 (亿千瓦小时) Electricity (100 million kwh)	#水 电 Hydropower	生铁 (万吨) Pig Iron (10 000 tons)	粗钢 (万吨) Crude Steel (10 000 tons)	钢材 (万吨) Rolled Steel (10 000 tons)	水泥 (万吨) Cement (10000 tons)	平板玻璃 (万重量箱) Plate Glass (10 000 weight cases)
全 国	**National Total**	**414.93**	**21870.00**	**3280.00**	**25185.05**	**27279.79**	**29723.12**	**97000.00**	**30058.02**
北 京	Beijing		150.63	3.46	792.99	826.06	851.04	1128.00	656.73
天 津	Tianjin	8.31	337.69		475.03	741.99	1493.50	537.00	375.77
河 北	Hebei	6.85	1255.56	5.22	5283.54	5641.39	4697.79	7825.51	3612.31
山 西	Shanxi	3.04	1049.31	19.25	1807.73	1184.48	1102.64	1923.23	414.05
内蒙古	Inner Mongolia		815.38	8.35	646.23	626.26	601.36	1182.44	1042.83
辽 宁	Liaoning	12.68	888.74	44.21	2525.86	2595.51	2598.07	2472.08	1748.54
吉 林	Jilin	3.66	374.06	54.30	330.24	406.76	430.93	1376.31	268.21
黑龙江	Heilongjiang	20.50	550.13	11.22	152.39	238.25	197.76	1128.08	477.79
上 海	Shanghai	5.73	766.15		1356.47	1823.65	1818.41	665.00	845.81
江 苏	Jiangsu	0.50	1488.44	2.34	1663.64	2222.66	3749.91	7993.22	4195.04
浙 江	Zhejiang		1115.19	60.26	181.23	369.90	626.38	8191.61	1962.37
安 徽	Anhui		606.85	8.75	959.15	907.24	945.71	3235.46	482.34
福 建	Fujian		659.64	154.57	305.97	319.20	568.40	2245.34	536.53
江 西	Jiangxi		327.77	30.13	638.16	748.00	774.90	2976.13	627.91
山 东	Shandong	9.21	1640.25	0.01	1873.73	1855.39	2011.69	12363.84	3535.97
河 南	Henan	21.11	1185.58	68.30	791.10	974.73	966.02	5393.60	3346.34
湖 北	Hubei	0.98	1105.92	689.71	1165.42	1353.51	1334.33	3767.66	1073.92
湖 南	Hunan		605.18	236.59	795.06	804.07	802.11	3358.22	887.74
广 东	Guangdong	43.54	2022.53	99.84	409.42	717.48	1141.68	7785.25	965.06
广 西	Guangxi		338.09	158.69	339.36	319.58	376.12	2679.54	486.61
海 南	Hainan	1.29	66.47	9.49	2.96	0.22	17.55	418.70	
重 庆	Chongqing	2.50	218.85	49.36	247.32	269.02	275.01	1957.23	144.95
四 川	Sichuan	117.33	881.76	545.72	919.74	989.25	1011.97	3819.91	975.15
贵 州	Guizhou		713.04	216.25	200.84	208.07	203.22	1428.80	58.88
云 南	Yunnan	0.19	513.49	268.73	659.87	343.79	345.50	2151.00	312.70
西 藏	Tibet		11.65	10.46				95.98	
陕 西	Shaanxi	74.56	480.95	36.56	170.32	220.71	201.28	1800.50	477.99
甘 肃	Gansu	0.23	455.40	120.79	295.73	278.70	295.31	1353.04	312.69
青 海	Qinghai	18.35	173.44	111.01		47.23	37.38	342.81	74.50
宁 夏	Ningxia		252.85	8.86	18.61	11.54	14.09	582.79	67.27
新 疆	Xinjiang	57.13	244.10	32.80	176.94	233.44	233.06	1190.34	92.02

2-73 续表 3 continued

地区	Region	乙烯(万吨) Ethylene (10 000 tons)	硫酸(万吨) Sulfuric Acid (10 000 tons)	纯碱(万吨) Soda Ash (10 000 tons)	烧碱(万吨) Caustic Soda (10 000 tons)	农用氮、磷、钾化肥(万吨) Chemical Fertilizer (10 000 tons)	化学农药(万吨) Chemical Pesticide (10 000 tons)	塑料(万吨) Plastics (10 000 tons)
全国	**National Total**	**626.58**	**3994.2**	**1302.46**	**1060.26**	**4469.47**	**86.96**	**1790.99**
北京	Beijing	98.16	0.81		14.46	2.73	0.16	136.13
天津	Tianjin	22.79	9.99	87.02	86.28	15.07	0.69	112.15
河北	Hebei		110.46	166.39	48.81	243.21	4.98	60.32
山西	Shanxi		59.00	11.07	26.58	215.52	0.40	15.99
内蒙古	Inner Mongolia		33.19	65.75	21.76	60.75	0.62	13.63
辽宁	Liaoning	48.23	115.21	79.61	53.07	109.15	2.57	120.39
吉林	Jilin	58.05	5.51		8.51	15.86	0.82	58.35
黑龙江	Heilongjiang	45.60	8.84	0.06	15.08	43.34	0.14	82.41
上海	Shanghai	95.60	33.67		42.52	2.49	1.45	163.44
江苏	Jiangsu	81.25	346.03	190.10	136.14	227.22	23.61	296.13
浙江	Zhejiang		65.92	13.06	57.02	57.88	14.95	72.10
安徽	Anhui		179.05	20.79	16.13	204.28	2.77	22.71
福建	Fujian		44.18	18.29	24.88	58.69	1.44	32.32
江西	Jiangxi		110.13		25.60	50.67	1.52	14.79
山东	Shandong	45.65	371.85	233.01	194.55	623.59	9.98	116.43
河南	Henan	20.92	98.25	105.84	56.59	345.03	2.27	64.31
湖北	Hubei		354.42	69.92	32.56	332.20	4.30	35.60
湖南	Hunan		169.19	18.86	30.67	211.48	7.63	31.34
广东	Guangdong	61.09	160.53	29.08	21.21	19.62	1.47	168.38
广西	Guangxi		153.74	0.54	20.72	74.72	1.23	6.36
海南	Hainan		1.17			65.01		
重庆	Chongqing		135.51	10.03	8.02	104.22	0.80	0.10
四川	Sichuan		288.82	77.10	60.20	410.07	2.62	41.95
贵州	Guizhou		289.38	2.32	8.10	213.79	0.18	
云南	Yunnan		449.51	14.81	4.80	252.08	0.04	2.70
西藏	Tibet							
陕西	Shaanxi		83.03	18.67	10.46	117.85	0.23	4.45
甘肃	Gansu	23.87	115.17	15.49	5.80	71.54	0.01	41.85
青海	Qinghai		6.48	7.66	1.07	147.62		2.76
宁夏	Ningxia		14.55		11.23	75.78	0.02	14.16
新疆	Xinjiang	25.37	11.35	11.32	17.44	83.05	0.06	59.74

2-73 续表 4 continued

地 区	Region	金属切削机床 (万台) Metal-cutting Machine Tools (10 000 units)	汽 车 (万辆) Motor Vehicles (10 000 units)	#轿 车 Cars	大中型拖拉机 (万台) Tractors (10 000 units)	微型电子计算机 (万部) Micro-Computers (10 000 units)	集成电路 (万块) Integrated Circuit (10 000 units)	移动电话机 (万部) Mobile Telephone (10 000 units)
全 国	**National Total**	**38.9**	**507.41**	**231.40**	**9.83**	**4512.41**	**2114600.00**	**23345**
北 京	Beijing	0.8	53.87	18.22		503.63	72391.00	3825
天 津	Tianjin		22.26	21.98	0.87	1.65	47425.00	4909
河 北	Hebei	0.1	14.35		1.61			
山 西	Shanxi	0.2	0.09			0.43		
内蒙古	Inner Mongolia		0.59			0.73		207
辽 宁	Liaoning	9.2	14.17	3.73		178.05	147.16	61
吉 林	Jilin		64.62	33.71				
黑龙江	Heilongjiang	0.6	21.11	2.87		4.00		
上 海	Shanghai	1.4	55.96	54.99	0.87	996.09	548726.71	2026
江 苏	Jiangsu	6.8	24.38	8.99	0.97	1111.46	628074.32	201
浙 江	Zhejiang	5.3	10.09	8.08	0.89	118.47	132387.66	2107
安 徽	Anhui	1.2	21.80	7.96		10.69		
福 建	Fujian	0.2	6.58	2.79		295.02	9967.82	975
江 西	Jiangxi	0.5	18.40	2.68	0.11	13.75		
山 东	Shandong	5.7	14.73	5.02	2.72	56.23	16.03	978
河 南	Henan	0.4	3.03		1.61	0.45		
湖 北	Hubei	0.4	33.57	8.80	0.08	0.06		453
湖 南	Hunan	0.1	4.57	0.82	0.02		6.25	
广 东	Guangdong	2.3	27.66	26.65		1218.41	469484.65	7573
广 西	Guangxi	0.5	28.47	1.12		0.16	180.08	
海 南	Hainan		6.70	5.35				
重 庆	Chongqing	0.4	43.71	15.73		1.24		
四 川	Sichuan	0.8	6.28		0.07	0.61	638.94	
贵 州	Guizhou	0.1	0.05	0.02			1883.00	30
云 南	Yunnan	0.5	5.12	0.17				
西 藏	Tibet							
陕 西	Shaanxi	1.1	4.95	1.72		1.28		
甘 肃	Gansu	0.1	0.08				203258.00	
青 海	Qinghai	0.1						
宁 夏	Ningxia	0.3						
新 疆	Xinjiang		0.22					

2-74 建筑业企业主要经济指标（2004年）

Main Economic Indicators on Construction Enterprises (2004)

地 区	Region	企业单位数（个）Number of Enterprises (unit)	从业人员（万人）Number of Employed Persons (person)	建筑业增加值（亿元）Gross Value-added of Construction (100 million yuan)	利税总额（亿元）Total Pre-Tax Profits (100 million yuan)	利润总额（亿元）Total Profits (100 million yuan)	按增加值计算的劳动生产率（元/人）Overall Labor Productivity by Added-Value (yuan/person)
全 国	**National Total**	**53309**	**2557.86**	**5665.89**	**1580.4**	**621.23**	**20817**
北 京	Beijing	2107	51.95	225.60	81.9	35.70	22976
天 津	Tianjin	922	24.70	94.80	29.9	11.50	24045
河 北	Hebei	1474	105.74	189.00	83.0	19.00	16877
山 西	Shanxi	1332	49.63	136.50	25.3	4.62	22946
内蒙古	Inner Mongolia	655	28.05	89.40	26.9	17.50	22469
辽 宁	Liaoning	2777	116.13	270.10	64.3	20.80	22336
吉 林	Jilin	786	32.31	86.10	21.6	5.95	22444
黑龙江	Heilongjiang	1532	44.81	108.60	25.0	5.60	17409
上 海	Shanghai	2009	54.81	260.00	100.0	51.00	28769
江 苏	Jiangsu	4802	280.65	695.10	168.9	65.20	23924
浙 江	Zhejiang	3642	272.54	730.00	221.0	103.00	26706
安 徽	Anhui	1933	92.01	165.70	35.8	12.40	17801
福 建	Fujian	1290	48.46	130.00	34.0	13.00	26981
江 西	Jiangxi	1306	55.63	93.50	26.2	7.30	17085
山 东	Shandong	5261	217.97	425.80	119.5	53.70	16259
河 南	Henan	2230	92.36	202.00	39.2	9.20	20218
湖 北	Hubei	1910	112.56	233.20	68.8	23.90	21122
湖 南	Hunan	1616	115.40	196.50	51.2	17.10	17675
广 东	Guangdong	3714	152.03	377.60	123.0	57.60	25122
广 西	Guangxi	1041	34.03	59.50	21.0	8.07	14942
海 南	Hainan	112	6.19	9.40	2.7	2.00	15469
重 庆	Chongqing	1786	78.89	149.50	41.0	14.50	19804
四 川	Sichuan	3786	257.28	307.60	74.8	30.50	15075
贵 州	Guizhou	523	28.39	55.74	12.1	4.95	20097
云 南	Yunnan	1403	53.11	90.00	27.0	9.00	16308
西 藏	Tibet	137	2.53	5.56	1.5	1.42	19518
陕 西	Shaanxi	738	64.75	81.70	20.1	5.97	15498
甘 肃	Gansu	838	45.54	74.24	11.2	3.43	16045
青 海	Qinghai	418	9.51	16.00	3.0		13964
宁 夏	Ningxia	463	8.57	27.40	5.5	1.70	16943
新 疆	Xinjiang	766	21.34	79.75	15.0	5.62	27080

2-75 建筑业总产值（2004年）

Total Output Value of Construction (2004)

单位：万元 (10 000 yuan)

地区	Region	建筑业总产值 Total Output Value	建筑工程产值 Output Value of Construction	安装工程产值 Output Value of Installation	其他 Others
全国	**National**	**277453761**	**232929240**	**30684664**	**13839857**
北京	Beijing	14645377	12814587	1483419	347371
天津	Tianjin	6313333	5068665	991300	253368
河北	Hebei	8491113	7157430	966006	367677
山西	Shanxi	7494905	5936214	1189508	369183
内蒙古	Inner Mongolia	3273004	2716042	449519	107443
辽宁	Liaoning	12229453	9976395	1870856	382202
吉林	Jilin	3612636	3062861	472158	77617
黑龙江	Heilongjiang	4764773	3794132	809790	160851
上海	Shanghai	17379963	13893625	2166452	1319886
江苏	Jiangsu	33705671	29287397	2895030	1523244
浙江	Zhejiang	39667735	34061756	3794112	1811867
安徽	Anhui	7754402	5554158	878853	1321391
福建	Fujian	5656247	4913481	597717	145049
江西	Jiangxi	4495590	3882810	382594	230186
山东	Shandong	19021125	15569255	2703295	748575
河南	Henan	7874916	6569024	949995	355897
湖北	Hubei	10656434	8504123	905969	1246342
湖南	Hunan	9566691	8133748	678618	754325
广东	Guangdong	17495638	14713067	2305845	476726
广西	Guangxi	3335919	2849711	356895	129313
海南	Hainan	470692	423516	36312	10864
重庆	Chongqing	6626689	5923704	458562	244423
四川	Sichuan	13664601	11426957	1327890	909754
贵州	Guizhou	2457337	2032471	334324	90542
云南	Yunnan	4199601	3748474	341015	110112
西藏	Tibet	207858	198512	7503	1843
陕西	Shaanxi	5250124	4772475	392644	85005
甘肃	Gansu	2061251	1655452	357906	47893
青海	Qinghai	819128	666180	128411	24537
宁夏	Ningxia	1094183	948306	129456	16421
新疆	Xinjiang	3167372	2674712	322710	169950

2-76 建筑业劳动生产率和房屋建筑面积（2004年）

Labor Productivity of Construction and Floor Space of Building Construction (2004)

地区 Region		按建筑业总产值计算的劳动生产率（元/人）Overall Labor Productivity in Terms of Total Output Value (yuan/person)	#国有及国有控股 State-owned and State-controlling	按建筑业增加值计算的劳动生产率（元/人）Overall Labor Productivity in Terms of Added-Value (yuan/person)	房屋建筑面积（万平方米）Floor Space of Building Construction (10 000 sq.m)		#国有 State-owned
					施工面积 Floor Space under Construction	竣工面积 Floor Space Completed	施工面积 Floor Space under Construction
全国	**National**	**101939**	**126994**	**20817**	**291939**	**128163**	**79218**
北京	Beijing	149154	153389	22976	13020	4497	6908
天津	Tianjin	160132	211859	24045	3436	1308	2373
河北	Hebei	75822	119094	16877	9487	4083	2236
山西	Shanxi	125991	170887	22946	3301	1103	2134
内蒙古	Inner Mongolia	82259	127916	22469	2381	1358	703
辽宁	Liaoning	101131	129993	22336	8669	3851	2819
吉林	Jilin	94173	113481	22444	2401	1187	1531
黑龙江	Heilongjiang	76383	82864	17409	3864	2040	1313
上海	Shanghai	192312	207234	28769	10263	4614	3770
江苏	Jiangsu	116007	127291	23924	39999	19740	7049
浙江	Zhejiang	145119	169921	26706	50042	25630	2609
安徽	Anhui	83305	137125	17801	8013	4265	2105
福建	Fujian	117395	163156	26981	6841	2376	2121
江西	Jiangxi	82148	96580	17085	5663	2890	1821
山东	Shandong	72631	100018	16259	21562	9240	5245
河南	Henan	78821	115879	20218	8472	3500	3254
湖北	Hubei	96520	141520	21122	10720	5974	4465
湖南	Hunan	86052	108155	17675	11458	5242	3280
广东	Guangdong	116399	161060	25122	23938	7493	8912
广西	Guangxi	83775	110398	14942	4536	1860	2158
海南	Hainan	77460	80104	15469	571	213	387
重庆	Chongqing	87780	111577	19804	9109	2858	1688
四川	Sichuan	66967	80546	15075	16437	5026	3278
贵州	Guizhou	88599	109926	20097	2647	944	1671
云南	Yunnan	76097	94925	16308	4096	2330	1224
西藏	Tibet	72966	75984	19518	114	84	40
陕西	Shaanxi	99589	122421	15498	4005	1449	1793
甘肃	Gansu	44548	65199	16045	2570	1076	986
青海	Qinghai	71487	109448	13964	447	190	96
宁夏	Ningxia	67660	74081	16943	1151	553	460
新疆	Xinjiang	107550	122639	27080	2725	1189	789

2-77 运输线路长度（2004年底）

Length of Transport Routes at the Year-end (2004)

单位：公里 (km)

地 区	Region	铁路营业里程 Length of Railways in Operation	内河航道里程 Length of Navigable Inland Waterways	公路里程 Total Length of Highways	等级路 Expressway and Class I to IV Highway	#高速 Express-way	#一级 First Class	#二级 Second Class	等外路 Highway Below Class IV
全 国	**National Total**	**74407.7**	**123337**	**1870661**	**1515826**	**34288**	**33522**	**231715**	**354835**
北 京	Beijing	1124.6		14630	14404	525	560	2198	227
天 津	Tianjin	661.6	88	10514	10420	517	454	1665	94
河 北	Hebei	4671.5		70200	61735	1706	2499	11470	8465
山 西	Shanxi	3143.5	467	65813	63690	1347	872	10539	2123
内蒙古	Inner Mongolia	6337.3	2403	75976	67421	491	522	7465	8555
辽 宁	Liaoning	4174.2	413	52415	52196	1637	1472	12676	220
吉 林	Jilin	3561.8	1444	46796	44693	542	1364	6320	2103
黑龙江	Heilongjiang	5564.9	5131	66821	61303	722	1040	7034	5518
上 海	Shanghai	263.5	2223	7805	7780	485	330	2130	25
江 苏	Jiangsu	1606.4	24349	78262	70141	2423	3674	13458	8121
浙 江	Zhejiang	1249.9	9893	46935	44316	1475	2487	6189	2619
安 徽	Anhui	2353.1	5587	71783	65800	1294	319	9143	5983
福 建	Fujian	1453.9	3245	56208	44594	1043	336	6150	11614
江 西	Jiangxi	2274.4	5638	61860	40554	1425	507	8057	21305
山 东	Shandong	3262.5	1012	77766	77757	3033	4576	21127	9
河 南	Henan	4090.3	1208	75719	70901	1759	84	19859	4818
湖 北	Hubei	2486.7	8176	89673	72757	1353	973	14201	16916
湖 南	Hunan	2835.9	11495	87875	44411	1218	488	5385	43465
广 东	Guangdong	2181.4	11844	111452	101707	2519	7030	16590	9745
广 西	Guangxi	2737.6	5413	59704	47304	1157	514	5783	12400
海 南	Hainan	385.6	343	20873	11948	625	178	1450	8925
重 庆	Chongqing	718.2	4103	32344	24046	714	187	4166	8298
四 川	Sichuan	2958.0	10720	113043	76402	1758	1496	9633	36642
贵 州	Guizhou	1890.6	3323	46128	33850	413	85	2590	12277
云 南	Yunnan	2328.1	2539	167050	110876	1291	237	3089	56174
西 藏	Tibet			42203	10131			626	32072
陕 西	Shaanxi	3151.2	1066	52720	47324	976	349	5552	5396
甘 肃	Gansu	2295.5	860	40751	31613	687	141	4826	9138
青 海	Qinghai	1090.3	329	28059	25322	171	144	3382	2737
宁 夏	Ningxia	791.9	26	12456	12325	549	162	2015	131
新 疆	Xinjiang	2763.3		86824	68104	431	442	6950	18720

2-78 客 运 量 (2004年)

Passenger Traffic (2004)

单位：万人 (10 000 persons)

地 区	Region	合 计 Total	铁 路 Railways	国家铁路 National Railways	地方铁路 Local Railways	合资铁路 Joint-venture Railways	公 路 Highways	水 运 Waterways
全 国	**National Total**	**1767453**	**111764**	**107346**	**378**	**4040**	**1624526**	**19040**
北 京	Beijing	46900	5437	5437			41463	
天 津	Tianjin	3956	1499	1499			2457	
河 北	Hebei	77770	5270	5270			72500	
山 西	Shanxi	39207	3411	3411			35688	108
内蒙古	Inner Mongolia	28652	3142	3084		58	25510	
辽 宁	Liaoning	57637	9626	9612	14		47370	641
吉 林	Jilin	27088	4687	4687			22293	108
黑龙江	Heilongjiang	51263	8860	8746	114		42170	233
上 海	Shanghai	7683	4076	4076			2465	1142
江 苏	Jiangsu	128394	6085	6042		43	122218	91
浙 江	Zhejiang	150743	6255	4893		1362	142177	2311
安 徽	Anhui	68837	3406	3232		174	65075	356
福 建	Fujian	53513	1754	1499		255	50862	897
江 西	Jiangxi	39536	3778	3778			35312	446
山 东	Shandong	89407	3876	3780	95	1	84290	1241
河 南	Henan	90795	5695	5612	83		85016	84
湖 北	Hubei	67105	3456	3449		7	63127	522
湖 南	Hunan	106310	5563	5382	15	166	99975	772
广 东	Guangdong	141747	8459	7338	7	1114	131435	1853
广 西	Guangxi	48078	1639	1593	21	25	45578	861
海 南	Hainan	25791	16	14		2	24981	794
重 庆	Chongqing	63303	1166	1160		6	60833	1304
四 川	Sichuan	158608	4945	4477	2	466	150176	3487
贵 州	Guizhou	58707	1855	1850		5	56077	775
云 南	Yunnan	38653	1739	1532	26	181	36502	412
西 藏	Tibet	256					256	
陕 西	Shaanxi	35350	3231	3057		174	31763	356
甘 肃	Gansu	16479	1194	1194			15050	235
青 海	Qinghai	4568	364	364			4193	11
宁 夏	Ningxia	6654	295	295			6359	
新 疆	Xinjiang	22340	985	985			21355	
不分地区	Not Classified by Region	12123						

注：不分地区合计为民航完成数。

a) The total passenger traffic not classified by region is that completed by civil aviation.

2-79 旅客周转量（2004年）

Passenger-kilometers (2004)

单位：亿人公里 (100 million passenger-km)

地区	Region	合计 Total	铁路 Railways	国家铁路 National Railways	地方铁路 Local Railways	合资铁路 Joint-venture Railways	公路 Highways	水运 Waterways
全国	**National Total**	**16309.1**	**5712.2**	**5512.0**	**4.0**	**196.2**	**8748.4**	**66.3**
北京	Beijing	232.1	73.9	73.9			158.2	
天津	Tianjin	108.8	84.8	84.8			24.0	
河北	Hebei	945.4	479.1	479.1			466.3	
山西	Shanxi	285.1	104.9	104.9			180.2	
内蒙古	Inner Mongolia	256.4	101.1	97.0		4.1	155.3	
辽宁	Liaoning	574.8	371.5	371.5			194.9	8.4
吉林	Jilin	236.9	146.8	146.8			90.0	0.1
黑龙江	Heilongjiang	399.4	173.3	171.3	2.0		225.8	0.3
上海	Shanghai	122.9	46.4	46.4			72.1	4.5
江苏	Jiangsu	1083.6	227.9	227.2		0.7	855.4	0.3
浙江	Zhejiang	795.3	216.4	180.9		35.5	571.5	7.4
安徽	Anhui	709.0	281.6	272.2		9.5	426.9	0.5
福建	Fujian	371.9	84.1	75.9		8.1	286.5	1.3
江西	Jiangxi	554.6	355.8	354.5		1.2	198.0	0.8
山东	Shandong	748.0	267.0	265.5	1.2	0.3	475.5	5.6
河南	Henan	937.5	541.6	541.1	0.5		395.4	0.5
湖北	Hubei	623.0	283.0	282.1		0.9	336.6	3.3
湖南	Hunan	948.9	496.8	475.5		21.3	449.7	2.4
广东	Guangdong	1383.0	307.7	227.2		80.5	1066.4	8.9
广西	Guangxi	516.2	103.0	102.5	0.1	0.5	410.6	2.6
海南	Hainan	85.4	0.2	0.1		0.1	83.4	1.8
重庆	Chongqing	275.7	38.1	38.0		0.1	226.1	11.5
四川	Sichuan	640.6	170.1	150.3		19.8	467.7	2.8
贵州	Guizhou	278.2	125.9	125.9			150.8	1.6
云南	Yunnan	277.6	49.5	43.3	0.1	6.1	227.2	0.9
西藏	Tibet	14.8					14.8	
陕西	Shaanxi	450.3	255.5	247.8		7.7	194.3	0.6
甘肃	Gansu	281.5	185.0	185.0			96.3	0.2
青海	Qinghai	41.8	18.5	18.5			23.2	
宁夏	Ningxia	59.4	21.2	21.2			38.2	
新疆	Xinjiang	288.7	101.7	101.7			187.0	
不分地区	Not Classified by Region	1782.3						

注：不分地区合计为民航完成数。

a) The total passenger-kilometers not classified by region is that completed by civil aviation.

2-80 货 运 量（2004年）

Freight Traffic (2004)

单位：万吨 (10 000 tons)

地 区	Region	合 计 Total	铁 路 Railways	国家铁路 National Railways	地方铁路 Local Railways	合资铁路 Joint-venture Railways	公 路 Highways	水 运 Waterways
全 国	**National Total**	**1706412**	**249017**	**217816**	**14924**	**16277**	**1244990**	**187394**
北 京	Beijing	31321	2065	1959	106		29256	
天 津	Tianjin	36237	6113	3005	3108		19650	10474
河 北	Hebei	83672	15744	13712	1909	123	66227	1701
山 西	Shanxi	121633	48929	40264	463	8202	72621	83
内蒙古	Inner Mongolia	57436	14739	13715	714	310	42697	
辽 宁	Liaoning	89625	15014	14094	920		70164	4447
吉 林	Jilin	33286	6552	6385	167		26659	75
黑龙江	Heilongjiang	57011	15143	14676	467		40712	1156
上 海	Shanghai	62986	1284	1284			31554	30148
江 苏	Jiangsu	99136	5266	4764	498	4	69058	24812
浙 江	Zhejiang	118074	3663	2774	71	818	78540	35871
安 徽	Anhui	58893	9009	8231	509	269	43468	6416
福 建	Fujian	38253	4722	3645		1077	25964	7567
江 西	Jiangxi	31924	5723	4936	787		23223	2978
山 东	Shandong	129024	14850	13610	1226	14	106887	7287
河 南	Henan	72730	13668	12518	1150		58147	915
湖 北	Hubei	43879	5036	4629	316	91	31584	7259
湖 南	Hunan	70320	6043	5441	286	316	60291	3986
广 东	Guangdong	114790	8169	6049	675	1445	81792	24829
广 西	Guangxi	34486	5232	3775	491	966	25822	3432
海 南	Hainan	8577	468	433		35	6168	1941
重 庆	Chongqing	36430	1997	1883	102	12	31515	2918
四 川	Sichuan	60155	8084	7567	391	126	49143	2928
贵 州	Guizhou	19439	5504	5328		176	13541	394
云 南	Yunnan	59081	4534	4207	181	146	54326	221
西 藏	Tibet	246					246	
陕 西	Shaanxi	37961	7810	5693		2117	30038	113
甘 肃	Gansu	25686	4181	4181			21460	45
青 海	Qinghai	6211	1075	1075			5136	
宁 夏	Ningxia	7853	2527	2142	385		5326	
新 疆	Xinjiang	28760	4985	4985			23775	
不分地区	Not Classified by Region	31296	887	855		32		5398

注：不分地区合计中,包括民航、管道及中国远洋运输集团总公司海外公司完成数。

a) The freight traffic not classified by region includes that completed by enterprises directly under the departments of civil aviation, pipelines and abroad companies under China Ocean Shipping (Group) Company.

2-81 货物周转量(2004年)

Freight Ton-kilometers (2004)

单位：亿吨公里 (100 million ton-km)

地区	Region	合计 Total	铁路 Railways	国家铁路 National Railways	地方铁路 Local Railways	合资铁路 Joint-venture Railways	公路 Highways	水运 Waterways
全国	**National Total**	**69445.0**	**19288.8**	**18285.5**	**89.1**	**914.2**	**7840.9**	**41428.7**
北京	Beijing	537.7	455.4	455.2	0.2		82.3	
天津	Tianjin	11223.3	359.5	343.1	13.1	3.4	72.0	10791.8
河北	Hebei	4029.2	2221.2	1939.3	11.8	270.1	658.6	1149.4
山西	Shanxi	1417.7	1050.5	906.8	1.5	142.2	367.2	
内蒙古	Inner Mongolia	1311.9	1042.1	928.4	4.7	108.9	269.8	
辽宁	Liaoning	2948.0	1159.9	1158.1	1.9		327.0	1461.1
吉林	Jilin	595.9	499.9	499.3	0.5		95.9	0.1
黑龙江	Heilongjiang	1097.1	874.5	869.4	5.1		203.8	18.9
上海	Shanghai	10011.7	41.9	41.9			70.8	9899.0
江苏	Jiangsu	2348.3	437.7	436.9	0.6	0.2	386.9	1523.6
浙江	Zhejiang	2701.6	288.3	242.7	0.1	45.5	353.6	2059.6
安徽	Anhui	1455.9	868.7	846.4	6.9	15.4	349.9	237.4
福建	Fujian	1398.9	217.8	177.4		40.4	216.1	965.0
江西	Jiangxi	870.1	613.4	610.4	1.7	1.4	179.4	77.2
山东	Shandong	4752.5	1080.5	1038.3	7.0	35.2	596.1	3075.9
河南	Henan	2106.5	1649.6	1628.9	20.6		422.0	34.9
湖北	Hubei	1383.4	686.7	679.7	1.4	5.6	235.6	461.1
湖南	Hunan	1552.4	876.7	846.8	0.7	29.1	513.5	162.2
广东	Guangdong	3847.7	342.4	227.0	3.4	112.0	604.9	2900.3
广西	Guangxi	998.4	616.1	585.4	2.6	28.2	235.6	146.7
海南	Hainan	236.1	2.6	2.2		0.4	51.6	182.0
重庆	Chongqing	517.6	105.1	104.3	0.4	0.4	128.3	284.3
四川	Sichuan	837.3	583.6	572.0	1.3	10.3	230.9	22.9
贵州	Guizhou	610.9	520.7	516.8		4.0	84.3	5.9
云南	Yunnan	650.8	283.6	276.3	0.9	6.4	365.1	2.1
西藏	Tibet	23.1					23.1	
陕西	Shaanxi	963.5	768.1	715.3		52.8	195.2	0.3
甘肃	Gansu	878.3	748.3	748.3			130.0	0.1
青海	Qinghai	137.2	91.9	91.9			45.3	
宁夏	Ningxia	242.5	177.9	175.2	2.7		64.6	
新疆	Xinjiang	727.8	446.3	446.3			281.5	
不分地区	Not Classified by Region	7031.7	178.2	175.5		2.6		5966.8

注：不分地区合计中,包括民航、管道及中国远洋运输集团总公司海外公司完成数。

a) The freight ton-kilometers not classified by region includes that completed by enterprises directly under the departments of civil aviation, pipelines and abroad companies under China Ocean Shipping (Group) Company.

2-82 民用汽车拥有量（2004年）

Number of Civil Vehicles Owned (2004)

地 区	Region	民用汽车总计（万辆）Total (10 000 units)	载客汽车（万辆）Passenger Vehicles (10 000 units)	大型 Large	中型 Medium	小型 Small	微型 Minicar	载货汽车（万辆）Trucks (10 000 units)
全 国	**National Total**	**2693.71**	**1735.91**	**78.06**	**124.54**	**1248.89**	**284.42**	**893.00**
北 京	Beijing	182.42	161.40	3.39	10.99	125.95	21.07	17.69
天 津	Tianjin	58.34	45.06	1.29	2.53	30.53	10.72	11.93
河 北	Hebei	180.91	103.05	2.89	2.46	69.64	28.05	70.64
山 西	Shanxi	81.63	47.76	1.44	2.27	33.06	10.99	32.44
内蒙古	Inner Mongolia	60.18	34.14	1.35	1.88	24.37	6.54	24.06
辽 宁	Liaoning	116.27	73.50	5.13	6.26	57.32	4.79	38.89
吉 林	Jilin	57.31	39.44	1.76	1.49	30.29	5.90	17.21
黑龙江	Heilongjiang	74.16	48.59	2.59	3.10	35.32	7.58	23.93
上 海	Shanghai	83.51	64.69	3.41	7.58	49.89	3.81	18.82
江 苏	Jiangsu	161.19	113.09	4.26	9.39	83.63	15.80	44.36
浙 江	Zhejiang	162.34	107.48	3.12	6.61	84.27	13.48	51.86
安 徽	Anhui	68.28	35.51	2.60	3.64	22.47	6.80	29.83
福 建	Fujian	58.01	35.46	1.51	3.22	26.86	3.87	22.18
江 西	Jiangxi	40.48	21.32	1.40	1.80	14.98	3.14	18.10
山 东	Shandong	211.43	132.27	4.34	8.00	89.27	30.67	72.17
河 南	Henan	130.97	78.41	4.82	6.27	49.33	17.99	47.31
湖 北	Hubei	77.83	46.25	3.29	3.88	36.37	2.72	29.79
湖 南	Hunan	71.78	41.25	2.84	2.56	32.19	3.66	29.55
广 东	Guangdong	305.40	198.73	8.84	18.44	164.49	6.96	101.07
广 西	Guangxi	49.07	29.68	2.26	1.65	18.36	7.41	18.43
海 南	Hainan	14.55	8.89	0.77	0.51	7.34	0.27	5.44
重 庆	Chongqing	34.84	19.38	1.72	1.56	13.16	2.95	14.62
四 川	Sichuan	126.78	83.26	4.43	3.48	42.72	32.63	40.66
贵 州	Guizhou	34.09	19.27	1.07	2.22	8.15	7.83	14.57
云 南	Yunnan	88.86	52.31	1.46	2.72	34.30	13.83	35.98
西 藏	Tibet	8.24	4.94	0.20	0.57	4.08	0.09	3.27
陕 西	Shaanxi	62.53	41.84	2.38	5.68	24.53	9.26	19.02
甘 肃	Gansu	19.39	10.07	0.83	0.83	6.48	1.93	8.88
青 海	Qinghai	10.45	5.87	0.37	0.52	4.12	0.86	4.39
宁 夏	Ningxia	12.40	6.04	0.43	0.51	4.39	0.71	5.78
新 疆	Xinjiang	50.07	26.95	1.89	1.92	21.02	2.13	20.15

2-82 续表 Continued

地 区	Region	载货汽车（万辆） Trucks (10 000 units)				其他汽车（万辆） Others (10 000 units)	机动车驾驶员（万人） Number of Motor Drivers (10 000 persons)	#汽车驾驶员 Automobile Drivers
		重型 Heavy	中型 Middle	轻型 Light	微型 Mini			
全 国	**National Total**	**153.90**	**233.94**	**425.74**	**79.43**	**64.80**	**11769.04**	**7101.64**
北 京	Beijing	2.59	3.42	11.24	0.44	3.33	351.29	337.50
天 津	Tianjin	1.92	1.68	6.72	1.61	1.35	160.52	134.67
河 北	Hebei	21.66	11.59	32.62	4.78	7.22	676.02	614.61
山 西	Shanxi	9.33	7.70	11.84	3.57	1.43	220.55	158.02
内蒙古	Inner Mongolia	10.25	5.90	7.06	0.86	1.98	353.92	250.54
辽 宁	Liaoning	10.72	4.59	22.30	1.28	3.88	377.83	269.24
吉 林	Jilin	3.94	4.23	8.59	0.45	0.66	272.70	218.95
黑龙江	Heilongjiang	4.90	7.17	9.57	2.28	1.65	216.14	202.73
上 海	Shanghai	2.48	7.91	6.90	1.53		253.23	185.72
江 苏	Jiangsu	4.50	19.75	17.45	2.66	3.74	880.58	342.22
浙 江	Zhejiang	2.52	11.15	31.63	6.57	3.00	617.05	357.05
安 徽	Anhui	4.21	12.38	11.44	1.81	2.95	326.58	225.69
福 建	Fujian	1.64	4.11	13.04	3.38	0.37	379.30	148.29
江 西	Jiangxi	6.89	3.60	6.80	0.81	1.06	290.62	109.63
山 东	Shandong	7.73	15.64	42.23	6.57	7.00	1065.37	502.21
河 南	Henan	14.62	10.15	16.35	6.19	5.25	716.98	340.73
湖 北	Hubei	2.36	12.14	11.92	3.38	1.79	561.21	364.52
湖 南	Hunan	3.99	12.32	11.83	1.41	0.98	310.31	220.77
广 东	Guangdong	9.47	15.52	72.11	3.97	5.60	1451.38	664.32
广 西	Guangxi	3.79	5.40	6.28	2.96	0.95	482.28	214.63
海 南	Hainan	1.27	0.96	2.85	0.35	0.23	88.14	43.49
重 庆	Chongqing	1.23	5.57	6.56	1.25	0.85	147.48	107.83
四 川	Sichuan	2.09	16.08	15.94	6.54	2.86	522.87	371.92
贵 州	Guizhou	0.42	4.55	5.96	3.64	0.25	143.45	103.25
云 南	Yunnan	5.33	11.28	13.81	5.57	0.57	315.76	221.34
西 藏	Tibet	2.47	0.62	0.13	0.05	0.03	12.17	11.36
陕 西	Shaanxi	2.84	7.50	6.10	2.57	1.67	221.69	149.91
甘 肃	Gansu	1.40	3.54	3.64	0.30	0.44	122.07	81.30
青 海	Qinghai	0.78	1.52	1.75	0.33	0.19	42.70	24.33
宁 夏	Ningxia	1.01	1.85	2.69	0.23	0.57	56.66	29.71
新 疆	Xinjiang	5.55	4.14	8.39	2.08	2.98	132.21	95.19

注：小轿车包括在载客汽车中（下表同）。

a) Cars are included in passenger vehicles.(The same as in the following table.)

2-83 私人汽车拥有量（2004年）

Number of Private-owned Vehicles (2004)

单位：万辆 (10 000 units)

地 区	Region	汽车总计 Total	载客汽车 Passenger Vehicles	大型 Large	中型 Medium	小型 Small	微型 Minicar
全 国	**National Total**	**1481.66**	**1069.69**	**7.20**	**46.95**	**786.63**	**228.91**
北 京	Beijing	125.22	116.68	0.13	5.84	90.90	19.81
天 津	Tianjin	36.97	30.67	0.09	1.07	20.29	9.22
河 北	Hebei	112.65	79.43	0.55	1.17	52.22	25.49
山 西	Shanxi	41.13	28.87	0.18	0.82	19.82	8.05
内蒙古	Inner Mongolia	39.88	23.06	0.28	0.99	16.27	5.52
辽 宁	Liaoning	47.95	36.50	0.38	1.72	31.13	3.27
吉 林	Jilin	29.13	23.02	0.23	0.54	17.46	4.80
黑龙江	Heilongjiang	36.01	26.49	0.38	1.20	19.21	5.70
上 海	Shanghai	31.77	31.47	0.02	2.48	26.32	2.65
江 苏	Jiangsu	78.20	63.96	0.09	2.81	48.60	12.46
浙 江	Zhejiang	102.79	74.03	0.08	1.89	60.58	11.47
安 徽	Anhui	27.78	16.87	0.42	1.54	9.99	4.92
福 建	Fujian	34.14	21.77	0.06	0.84	17.74	3.13
江 西	Jiangxi	12.61	7.79	0.16	0.30	5.34	1.98
山 东	Shandong	117.10	82.35	0.39	2.57	54.84	24.55
河 南	Henan	64.10	43.91	0.68	2.52	27.46	13.25
湖 北	Hubei	35.18	22.87	0.35	1.36	19.07	2.08
湖 南	Hunan	41.60	22.55	0.51	1.13	17.83	3.07
广 东	Guangdong	200.13	142.63	0.59	9.86	125.68	6.50
广 西	Guangxi	23.39	15.46	0.21	0.44	9.78	5.03
海 南	Hainan	6.06	3.23	0.09	0.15	2.80	0.19
重 庆	Chongqing	14.36	9.50	0.05	0.24	6.96	2.25
四 川	Sichuan	75.90	56.51	0.10	0.82	28.19	27.40
贵 州	Guizhou	16.84	8.56	0.23	0.66	4.07	3.61
云 南	Yunnan	54.48	31.24	0.13	0.78	19.71	10.62
西 藏	Tibet	3.40	1.58	0.04	0.29	1.20	0.06
陕 西	Shaanxi	31.71	23.26	0.20	1.39	14.51	7.17
甘 肃	Gansu	9.11	4.81	0.25	0.43	2.79	1.34
青 海	Qinghai	4.89	2.71	0.05	0.17	1.82	0.68
宁 夏	Ningxia	5.90	3.28	0.05	0.19	2.46	0.57
新 疆	Xinjiang	21.29	14.63	0.26	0.71	11.57	2.09

2-83 续表 continued

单位：万辆 (10 000 units)

地区	Region	载货汽车 Trucks	重型 Heavy	中型 Middle	轻型 Light	微型 Mini	其他汽车 Others
全国	**National Total**	**402.82**	**53.40**	**94.69**	**203.85**	**50.87**	**9.15**
北京	Beijing	8.13	1.05	1.36	5.35	0.37	0.41
天津	Tianjin	6.09	0.61	0.69	3.53	1.26	0.21
河北	Hebei	31.57	7.48	4.47	16.32	3.30	1.64
山西	Shanxi	12.13	1.82	2.90	5.16	2.25	0.12
内蒙古	Inner Mongolia	16.12	7.21	3.74	4.47	0.70	0.70
辽宁	Liaoning	11.13	2.47	1.05	6.83	0.78	0.32
吉林	Jilin	6.01	1.30	1.39	3.04	0.28	0.10
黑龙江	Heilongjiang	9.36	1.64	2.65	3.60	1.47	0.16
上海	Shanghai	0.30	0.01	0.03	0.24	0.02	
江苏	Jiangsu	13.72	1.46	5.32	5.65	1.28	0.51
浙江	Zhejiang	28.43	1.06	4.60	18.23	4.54	0.33
安徽	Anhui	10.66	0.74	3.97	4.87	1.08	0.26
福建	Fujian	12.28	0.57	2.23	7.17	2.31	0.09
江西	Jiangxi	4.77	1.65	0.63	2.09	0.41	0.05
山东	Shandong	33.56	3.24	6.18	19.50	4.63	1.19
河南	Henan	19.65	3.82	3.43	8.54	3.86	0.54
湖北	Hubei	12.13	0.70	4.62	4.71	2.10	0.18
湖南	Hunan	18.90	2.31	7.79	7.39	1.40	0.15
广东	Guangdong	56.73	4.25	8.90	40.35	3.23	0.76
广西	Guangxi	7.87	1.08	2.31	2.79	1.69	0.06
海南	Hainan	2.79	0.62	0.63	1.31	0.23	0.04
重庆	Chongqing	4.81	0.11	1.39	2.45	0.86	0.05
四川	Sichuan	19.26	0.68	6.93	8.24	3.40	0.13
贵州	Guizhou	8.19	0.19	2.37	3.45	2.19	0.08
云南	Yunnan	23.15	2.57	7.30	9.57	3.72	0.09
西藏	Tibet	1.82	1.41	0.31	0.07	0.03	
陕西	Shaanxi	7.78	0.65	2.82	2.56	1.74	0.67
甘肃	Gansu	4.25	0.66	1.84	1.55	0.19	0.06
青海	Qinghai	2.15	0.36	0.81	0.81	0.17	0.02
宁夏	Ningxia	2.58	0.32	0.79	1.32	0.16	0.05
新疆	Xinjiang	6.49	1.36	1.23	2.69	1.20	0.17

2-84 公路运输汽车拥有量(2004年)

Number of Transport Vehicles (2004)

地 区	Region	汽车总计 (万辆) Total (10 000 units)	载客汽车 Passenger Vehicles 辆数 (万辆) Number (10 000 units)	客位 (万客位) Number of Seats (10 000 seats)	载货汽车 Trucks 辆数 (万辆) Number (10 000 units)	#普通载货汽车 Ordinary Trucks	吨位 (万吨) Capacity (10 000 tons)	#普通载货汽车 Ordinary Trucks
全 国	**National Total**	**1067.18**	**439.09**	**3872.21**	**628.09**	**604.93**	**2338.61**	**2119.64**
北 京	Beijing	12.03	0.40	15.81	11.63	10.96	49.07	42.97
天 津	Tianjin	6.72	0.52	15.69	6.19	5.36	31.07	22.13
河 北	Hebei	71.45	27.53	207.16	43.92	42.76	207.07	196.53
山 西	Shanxi	25.31	5.35	51.77	19.96	19.74	117.38	115.77
内蒙古	Inner Mongolia	34.95	18.61	127.25	16.33	15.99	95.76	92.71
辽 宁	Liaoning	30.76	1.76	47.25	29.01	27.67	116.56	100.98
吉 林	Jilin	22.49	7.81	88.74	14.68	14.26	53.58	50.46
黑龙江	Heilongjiang	38.60	21.14	148.53	17.46	17.22	63.49	61.68
上 海	Shanghai	21.87	3.65	42.69	18.21	16.38	92.39	61.31
江 苏	Jiangsu	144.28	98.57	731.82	45.71	43.73	180.49	162.66
浙 江	Zhejiang	145.04	97.86	613.47	47.18	45.76	109.87	92.53
安 徽	Anhui	24.32	4.32	69.81	20.00	19.56	81.10	78.26
福 建	Fujian	14.65	3.23	45.31	11.42	10.56	36.68	27.62
江 西	Jiangxi	12.86	2.70	36.84	10.16	10.02	33.99	32.87
山 东	Shandong	60.72	14.25	141.12	46.47	43.93	194.47	173.23
河 南	Henan	28.77	4.82	87.09	23.96	23.31	114.91	111.34
湖 北	Hubei	24.51	6.28	77.89	18.23	17.18	63.64	56.32
湖 南	Hunan	26.71	7.49	100.81	19.22	18.92	59.46	57.07
广 东	Guangdong	80.18	5.71	134.16	74.46	71.43	185.29	156.81
广 西	Guangxi	15.06	3.71	58.49	11.35	11.10	44.32	40.33
海 南	Hainan	2.98	0.95	18.49	2.03	1.99	6.06	5.69
重 庆	Chongqing	38.03	19.38	232.13	18.66	18.17	50.03	46.07
四 川	Sichuan	34.46	7.79	112.72	26.67	26.41	66.59	64.75
贵 州	Guizhou	20.05	9.96	88.18	10.08	9.98	28.10	27.57
云 南	Yunnan	61.92	44.77	362.90	17.15	16.82	55.76	53.31
西 藏	Tibet	3.00	0.99	9.14	2.01	1.99	11.57	11.41
陕 西	Shaanxi	15.04	4.92	54.28	10.12	9.79	36.03	32.91
甘 肃	Gansu	14.65	5.82	59.33	8.83	8.34	34.45	32.11
青 海	Qinghai	6.10	2.50	21.26	3.60	3.55	14.44	13.82
宁 夏	Ningxia	8.43	2.31	23.40	6.12	5.99	18.53	17.51
新 疆	Xinjiang	21.25	3.99	48.67	17.26	16.06	86.41	80.90

注：小轿车包括在载客汽车中。

a) Passenger vehicles include cars.

2-85 邮电业务量(2004年)

Post and Telecommunication Services (2004)

地 区	Region	邮电业务总量 (亿 元) Business Volume of Post and Telecommunication Services (100 million yuan)	邮政业务总量 Business Volume of Post	电信业务总量 Business Volume of Telecommunication Services	函 件 (亿 件) Number of Letters (100 million pcs)	特快专递 (万件) Pieces of Express Mail Services (10 000 pcs)	报刊期发数 (万 份) Newspapers and Magazines Circulation (10 000 copies)
全 国	**National Total**	**9712.29**	**564.30**	**9147.99**	**82.81**	**19771.9**	**14789**
北 京	Beijing	343.84	31.12	312.71	7.72	1499.7	798
天 津	Tianjin	142.39	9.20	133.19	1.06	352.1	178
河 北	Hebei	428.60	22.33	406.28	3.26	739.9	632
山 西	Shanxi	216.13	14.18	201.96	1.02	238.4	324
内蒙古	Inner Mongolia	156.63	8.62	148.01	0.62	218.1	218
辽 宁	Liaoning	369.46	20.46	349.00	1.39	744.3	352
吉 林	Jilin	212.64	11.28	201.36	0.72	322.9	260
黑龙江	Heilongjiang	285.22	22.20	263.02	1.39	371.5	419
上 海	Shanghai	349.05	36.11	312.94	8.24	1388.4	824
江 苏	Jiangsu	556.49	46.39	510.10	7.52	1464.0	1201
浙 江	Zhejiang	677.17	29.04	648.12	7.35	1164.2	918
安 徽	Anhui	222.98	19.27	203.71	2.40	432.5	801
福 建	Fujian	430.47	22.63	407.84	4.42	789.4	462
江 西	Jiangxi	201.63	15.17	186.46	2.14	390.1	405
山 东	Shandong	538.86	39.71	499.15	5.03	1259.4	716
河 南	Henan	433.98	28.27	405.27	2.65	1104.6	768
湖 北	Hubei	290.58	20.57	270.01	2.24	656.5	457
湖 南	Hunan	285.50	19.27	266.24	1.58	450.3	661
广 东	Guangdong	1786.05	55.12	1730.92	10.67	2689.4	1056
广 西	Guangxi	262.88	10.89	252.00	1.59	583.1	442
海 南	Hainan	62.35	3.72	58.63	0.24	95.7	71
重 庆	Chongqing	168.65	9.41	159.24	1.84	333.7	165
四 川	Sichuan	335.58	19.57	316.01	2.53	984.9	989
贵 州	Guizhou	131.23	6.12	125.11	0.70	326.8	272
云 南	Yunnan	206.30	8.18	198.12	0.84	218.0	339
西 藏	Tibet	13.34	1.00	12.34	0.05	30.7	24
陕 西	Shaanxi	244.03	14.82	229.21	1.99	365.6	283
甘 肃	Gansu	108.39	6.56	101.83	0.56	213.3	353
青 海	Qinghai	26.14	1.63	24.52	0.28	48.2	75
宁 夏	Ningxia	38.18	2.32	35.86	0.29	58.4	43
新 疆	Xinjiang	152.01	7.48	144.53	0.48	238.1	284
不分地区	Not Classified by Region	35.54	1.65	33.89			

注：邮电业务总量按2000年不变价格计算。

a) The business volumes of post and telecommunication services were calculated at 2000's constant prices.

2-85 续表 1 Continued

地区	Region	集邮业务（万枚）Philately (10 000 pieces)	长途电话（万次）Number of Long Distance Telephone Calls (10 000 times)	无线寻呼用户（万户）Number of Subscribers of Pagering Services (10 000 subscribers)	移动电话用户（万户）Number of Mobile Telephone Subscribers (10 000 subscribers)	互联网上网人数（万人）Number of Users of Internet Services (10 000 persons)
全 国	**National Total**	**149178**	**2262240**	**395.2**	**33482.4**	**9400**
北 京	Beijing	11610	78350	1.2	1340.7	402
天 津	Tianjin	5353	34929	0.8	423.6	193
河 北	Hebei	4070	85514	6.2	1512.9	387
山 西	Shanxi	3165	41771	4.0	753.8	211
内蒙古	Inner Mongolia	1584	28772	5.2	594.6	93
辽 宁	Liaoning	3714	104405	43.9	1194.4	322
吉 林	Jilin	1789	34052	23.3	763.8	179
黑龙江	Heilongjiang	3936	39370	25.5	1017.1	278
上 海	Shanghai	4678	87740	0.6	1311.3	441
江 苏	Jiangsu	11829	201916	7.6	2232.9	661
浙 江	Zhejiang	8111	195508	4.1	2322.5	534
安 徽	Anhui	8988	58666	1.0	873.4	240
福 建	Fujian	5570	99022	34.6	1138.1	326
江 西	Jiangxi	3534	47267	8.5	671.3	156
山 东	Shandong	6188	112584	26.6	1909.4	848
河 南	Henan	10495	105359	71.5	1392.3	305
湖 北	Hubei	7539	64423	0.3	1129.8	429
湖 南	Hunan	3257	73603	17.5	1036.4	312
广 东	Guangdong	7856	353901	26.0	5373.9	1188
广 西	Guangxi	2630	39186	4.1	874.5	285
海 南	Hainan	671	9083	2.2	165.0	47
重 庆	Chongqing	2169	26115	0.3	811.6	181
四 川	Sichuan	4094	81217	49.0	1514.6	523
贵 州	Guizhou	1089	25170	0.6	440.0	98
云 南	Yunnan	2710	32440	2.7	732.4	206
西 藏	Tibet	170	7959		39.7	7
陕 西	Shaanxi	4133	66857	1.1	788.7	258
甘 肃	Gansu	2495	24649	0.6	358.0	120
青 海	Qinghai	599	6878		117.7	20
宁 夏	Ningxia	758	9242	0.5	158.6	31
新 疆	Xinjiang	3141	35441	13.8	489.7	119
不分地区	Not Classified by Region	11253	50857	12.1		

注：国际互联网络用户为拨号用户和专线用户合计数。

a) Number of subscribers of Internet service includes dial-up subscribers and ISDN subscribers.

2-85 续表 2 Continued

地区	Region	本地电话年末用户（万户） Number of Subscribers of Local Telephone at Year-end (10 000subscribers)	城市电话用户 Number of Urban Telephone Subscribers	# 住宅电话 Residential Telephone Subscribers	乡村电话用户 Rural Telephone Subscribers	# 住宅电话 Residential Telephone Subscribers	公用电话（万户） Public Telephone (10 000 subscribers)
全国	**National Total**	**31175.6**	**21025.1**	**15246.5**	**10150.5**	**9240.5**	**2215.0**
北京	Beijing	847.5	759.8	558.4	87.7	87.0	52.1
天津	Tianjin	407.0	405.7	324.8	1.3	0.9	32.3
河北	Hebei	1554.9	883.2	665.8	671.8	640.0	67.0
山西	Shanxi	770.9	521.9	424.9	248.9	232.3	57.4
内蒙古	Inner Mongolia	492.2	390.1	309.7	102.1	91.8	26.8
辽宁	Liaoning	1470.1	1058.7	861.1	411.4	392.1	93.1
吉林	Jilin	655.6	461.5	371.7	194.1	186.9	39.9
黑龙江	Heilongjiang	1082.6	833.0	710.2	249.6	238.5	63.2
上海	Shanghai	868.2	859.2	615.7	9.0		31.2
江苏	Jiangsu	2582.4	1641.9	1163.2	940.5	855.1	147.0
浙江	Zhejiang	1974.8	1188.2	723.9	786.6	653.9	179.2
安徽	Anhui	1191.6	591.9	453.1	599.7	578.2	45.9
福建	Fujian	1264.7	848.3	573.6	416.5	374.1	102.0
江西	Jiangxi	693.4	411.5	298.8	281.9	260.9	56.0
山东	Shandong	2464.1	1265.8	1031.5	1198.2	1135.6	128.3
河南	Henan	1583.9	927.3	710.9	656.5	615.4	123.5
湖北	Hubei	1072.9	777.1	563.5	295.8	265.7	102.2
湖南	Hunan	1085.3	616.5	451.5	468.8	437.5	71.1
广东	Guangdong	2954.9	2179.3	1403.9	775.7	618.5	298.7
广西	Guangxi	810.9	544.2	382.1	266.7	245.6	54.2
海南	Hainan	197.3	140.6	87.6	56.6	48.3	20.5
重庆	Chongqing	642.4	425.5	308.5	216.9	203.6	36.4
四川	Sichuan	1369.9	989.2	681.8	380.8	346.8	103.4
贵州	Guizhou	387.6	281.0	202.3	106.5	97.0	27.2
云南	Yunnan	547.4	410.4	283.8	137.0	115.1	42.0
西藏	Tibet	37.7	35.2	23.9	2.5	1.5	2.5
陕西	Shaanxi	791.9	527.1	366.3	264.8	244.4	60.1
甘肃	Gansu	477.3	344.6	232.1	132.7	118.2	48.6
青海	Qinghai	94.4	77.7	56.9	16.7	15.2	5.6
宁夏	Ningxia	119.6	84.4	58.6	35.2	32.2	9.1
新疆	Xinjiang	495.2	376.7	270.0	118.6	103.4	39.9
不分地区	Not Classified by Region	187.2	167.8	76.5	19.4	4.6	48.7

注：公用电话用户中包括安装在街道等公共场所的智能网专线接入终端用户。

a) Number of subscribers of public telephone included the smart net special end-users which were installed at the public spatial,such as street.The data are not comparable whith the previous years.

2-86 邮政局所数及邮递线路(2004年底)

Postal and Telecommunication Services Facilities (End of 2004)

地 区	Region	邮政局所(处) Number of Post and Telecommunication Offices (unit)	信筒信箱(处) Number of Post Boxes (unit)	邮路总长度(公里) Length of Postal Routes (km)	# 汽车邮路 Highway Routes	# 铁路邮路 Railway Routes	农村投递线路(公里) Rural Delivery Routes (km)
全 国	**National Total**	**66393**	**222946**	**3336446**	**1194578**	**195998**	**3530508**
北 京	Beijing	845	3564	390587	46899	27566	17603
天 津	Tianjin	406	1656	21705	11114	5071	16172
河 北	Hebei	2484	7128	54120	46446	5578	157430
山 西	Shanxi	1608	3369	58272	25140	5329	102506
内蒙古	Inner Mongolia	1691	3099	57762	43074	5699	110812
辽 宁	Liaoning	1668	7848	138851	34829	4158	95844
吉 林	Jilin	1382	5387	67671	23131	7696	90572
黑龙江	Heilongjiang	2169	7107	105912	37176	16984	117242
上 海	Shanghai	616	4028	198572	37596	14720	28275
江 苏	Jiangsu	3207	10709	113950	75129	4790	253755
浙 江	Zhejiang	2405	15730	119537	42905	3081	127287
安 徽	Anhui	2698	9063	70751	41061	2097	129916
福 建	Fujian	1674	14426	142804	33753	1216	79186
江 西	Jiangxi	1906	6544	107941	42145	7063	119250
山 东	Shandong	6608	18727	162232	50777	7931	239500
河 南	Henan	2801	5316	96204	55402	5656	187449
湖 北	Hubei	2480	20081	78091	43954	5368	194307
湖 南	Hunan	5749	16493	97104	54599	3267	212557
广 东	Guangdong	4294	16783	330783	100053	12792	197650
广 西	Guangxi	1694	7346	70269	45027	3942	108210
海 南	Hainan	506	947	34831	13613		23108
重 庆	Chongqing	2324	6576	85909	24477	3067	63469
四 川	Sichuan	6193	8560	168458	56506	5253	192934
贵 州	Guizhou	1741	1936	65374	26463	6385	66905
云 南	Yunnan	1983	4292	140483	58347	4666	163756
西 藏	Tibet	127	239	16522	15165		44158
陕 西	Shaanxi	1819	5494	94002	29777	9037	125062
甘 肃	Gansu	1386	6512	69807	29315	5318	106089
青 海	Qinghai	214	601	24101	8210	2923	13138
宁 夏	Ningxia	371	828	14448	6153	2498	10570
新 疆	Xinjiang	1344	2557	139393	36342	6847	135796

2-87 电信主要通信能力（2004年底）

Main Communication Capacity of Telecommunications (End of 2004)

地 区	Region	长途自动交换机容量（路端）Capacity of Long-distance Telephone Exchanges (circuit)	本地电话局用交换机容量（万门）Capacity of Local Office Telephone Exchanges (10 000 line)	移动电话交换机容量（万户）Capacity of Mobile Telephone Exchanges (10 000 subscribers)	长途光缆线路长度（公里）Length of Long Distance Optical Cable Lines (km)	长途微波线路长度（公里）Length of Long Distance Microwave Lines (km)
全 国	**National Total**	**12629982**	**42346.9**	**39684.3**	**695271**	**56657**
北 京	Beijing	334890	1109.1	1597.0	3244	171
天 津	Tianjin	251250	533.7	559.0	1490	119
河 北	Hebei	422780	2067.7	1728.0	18002	3546
山 西	Shanxi	256780	957.0	942.4	20085	918
内蒙古	Inner Mongolia	253744	722.4	677.8	31114	706
辽 宁	Liaoning	585450	1909.4	1613.2	18356	2741
吉 林	Jilin	238747	1035.9	863.1	15902	1820
黑龙江	Heilongjiang	373220	1402.9	1145.5	34120	141
上 海	Shanghai	450007	1113.3	1768.0	4525	123
江 苏	Jiangsu	804273	3615.7	2644.6	23057	2031
浙 江	Zhejiang	535028	2620.6	3007.3	22889	2284
安 徽	Anhui	411426	1453.0	941.2	24679	2524
福 建	Fujian	412449	1650.6	1370.7	22659	5047
江 西	Jiangxi	304242	922.3	780.3	14607	1947
山 东	Shandong	608107	3226.5	2152.4	21487	1901
河 南	Henan	561162	2068.1	1679.0	28849	1379
湖 北	Hubei	425277	1437.2	1258.8	21371	2438
湖 南	Hunan	401164	1410.2	1472.7	30286	6065
广 东	Guangdong	1868339	4593.3	5870.8	45807	6529
广 西	Guangxi	351758	1072.6	1073.7	30206	2574
海 南	Hainan	78376	262.6	194.0	618	383
重 庆	Chongqing	160553	904.8	875.2	6160	522
四 川	Sichuan	612931	1801.8	1654.9	33218	1546
贵 州	Guizhou	211168	565.7	540.3	21529	2781
云 南	Yunnan	194100	749.8	881.7	26068	2
西 藏	Tibet	51064	89.1	57.0	7340	225
陕 西	Shaanxi	299999	1080.4	961.2	29694	2800
甘 肃	Gansu	138440	623.2	418.0	21873	355
青 海	Qinghai	67622	126.9	135.0	14566	3
宁 夏	Ningxia	56239	174.6	179.8	6732	81
新 疆	Xinjiang	234130	718.6	641.7	32328	2956
不分地区	Not Classified by Region	675267	327.9		62411	

注：电话交换机容量中不包括用户交换机容量。

a) The capacity of exchanges in this table excludes the capacity of exchanges owned by users.

2-88 社会消费品零售总额（2004年）

Total Retail Sale of Consumer Goods (2004)

单位：亿元 (100 million yuan)

地区	Region	社会消费品零售总额 Total Retail Sales of Consumer Goods	按销售单位所在地分 By Location 市 City	县 County	县以下 Under County Level	按行业分 By Sector 批发零售贸易业 Wholesale and Retail Trade	餐饮业 Catering Services	其他行业 Others
全国	**National**	**59501.0**	**35573.2**	**6161.4**	**12215.5**	**44839.9**	**7486.0**	**1624.2**
北京	Beijing	2191.8	1746.4	109.5	335.9	1778.7	190.2	222.9
天津	Tianjin	1052.7	982.9	39.3	30.5	831.9	132.9	87.9
河北	Hebei	2522.9	1240.6	486.4	795.9	2178.0	289.2	55.7
山西	Shanxi	884.8	563.5	168.9	152.4	738.2	102.4	44.1
内蒙古	Inner Mongolia	892.0	563.8	200.4	127.8	718.9	134.5	38.5
辽宁	Liaoning	2642.8	2223.6	127.6	291.6	2184.6	396.9	61.3
吉林	Jilin	1252.6	976.3	86.9	189.4	1065.0	182.6	5.0
黑龙江	Heilongjiang	1555.4	1159.3	205.7	190.3	1341.4	178.1	35.9
上海	Shanghai	2454.6	2117.7	18.7	318.2	2137.5	300.2	17.0
江苏	Jiangsu	4159.7	2968.6	242.1	949.0	3543.0	555.6	61.0
浙江	Zhejiang	3645.4	2313.0	407.1	925.3	3087.7	445.3	112.4
安徽	Anhui	1503.1	768.9	319.7	414.4	1289.1	184.1	29.9
福建	Fujian	1995.8	1239.9	248.6	507.4	1638.4	252.6	104.8
江西	Jiangxi	1059.9	533.3	232.8	293.8	934.8	101.3	23.8
山东	Shandong	4483.4	2903.7	445.5	1134.3	3695.2	587.0	201.3
河南	Henan	2808.2	1480.8	558.9	768.4	2303.2	427.6	77.3
湖北	Hubei	2667.5	1829.4	250.4	587.7	2128.5	353.8	185.1
湖南	Hunan	2069.8	1145.6	382.1	542.2	1763.8	269.9	36.2
广东	Guangdong	6370.4	4268.2	310.5	1791.6	5338.8	997.5	34.1
广西	Guangxi	973.4	531.0	187.0	255.3	811.4	137.1	24.9
海南	Hainan	220.2	148.6	19.9	51.7	174.4	35.4	10.4
重庆	Chongqing	955.0	555.1	129.5	270.4	812.9	132.1	10.0
四川	Sichuan	2384.0	1130.1	425.9	827.9	1834.1	436.3	113.6
贵州	Guizhou	517.6	308.1	98.6	110.9	405.9	102.3	9.4
云南	Yunnan	884.9	482.1	204.1	198.7	707.5	149.9	27.4
西藏	Tibet	63.7	28.2	27.4	8.1	50.4	9.7	3.6
陕西	Shaanxi	966.5	647.8	163.7	155.0	724.9	216.9	24.7
甘肃	Gansu	535.8	349.5	84.9	101.4	435.6	79.3	21.0
青海	Qinghai	115.6	75.0	27.4	13.2	94.5	18.1	3.0
宁夏	Ningxia	137.8	94.7	22.9	20.2	110.1	25.2	2.4
新疆	Xinjiang	482.1	362.8	54.1	65.2	384.4	78.6	19.1

注：各地区相加不等于全国总计，原因是全国数据进行了修正。

a) The sum of provincial figures do not add up to the national total, as the national total was adjusted. Similarly in following tables.

2-89 限额以上连锁零售企业基本情况(2004年)

Basic Conditions of Enterprises above Designated Size of Chain Store (2004)

地 区	Region	门店总数(个) Number of Stores (unit)	营业面积(万平方米) Operational Area (10 000 sq.m)	从业人数(万人) Employed Person (10 000 persons)	销售总额(亿元) Total Revenue of Sales (100 million yuan)	#零售额 Retail Sales	利润总额(亿元) Total Profit (100 million yuan)	资产总额(亿元) Total Assets (100 million yuan)	负债总额(亿元) Total Liablities (100 million yuan)
全 国	**National Total**	**54891**	**3517.1**	**105.6**	**5580.7**	**4509.9**	**78.7**	**1800.6**	**1309.4**
北 京	Beijing	3759	308.2	9.6	973.7	904.6	10.2	250.7	191.6
天 津	Tianjin	613	51.4	1.5	61.9	58.7	0.3	27.7	22.2
河 北	Hebei	943	61.2	1.9	34.2	33.3		17.1	13.9
山 西	Shanxi	833	54.2	1.8	37.0	34.3	0.4	39.3	31.0
内蒙古	Inner Mongolia	166	8.2	0.3	6.5	5.3	0.1	3.2	2.8
辽 宁	Liaoning	1640	42.9	1.7	49.8	40.3	-0.4	23.5	18.4
吉 林	Jilin	455	53.8	0.6	12.8	10.9	0.2	10.3	8.5
黑龙江	Heilongjiang	268	20.2	0.7	28.3	26.7	0.1	12.5	9.8
上 海	Shanghai	9709	514.8	19.8	1295.9	1008.4	13.4	307.1	225.8
江 苏	Jiangsu	7094	425.5	17.4	819.8	563.1	14.2	184.2	124.0
浙 江	Zhejiang	5540	522.2	6.0	480.9	287.0	25.3	159.8	75.7
安 徽	Anhui	926	35.4	1.0	50.8	41.1	0.2	22.3	17.9
福 建	Fujian	631	21.8	1.0	45.7	38.2	0.1	31.9	25.8
江 西	Jiangxi	864	29.7	1.0	38.8	34.3	0.2	19.8	15.1
山 东	Shandong	2860	219.0	5.3	373.7	277.6	4.2	133.7	101.7
河 南	Henan	1198	64.6	2.9	44.2	41.7	-0.1	23.9	21.5
湖 北	Hubei	1959	191.1	4.5	271.5	210.9	0.9	117.7	79.0
湖 南	Hunan	766	110.1	3.9	73.2	70.9	1.1	49.0	35.1
广 东	Guangdong	3350	499.0	14.6	623.7	600.9	6.8	229.7	181.3
广 西	Guangxi	617	29.1	0.9	15.9	15.5	0.1	7.3	5.5
海 南	Hainan	70	4.5	0.1	3.1	3.1		2.8	2.2
重 庆	Chongqing	4048	70.0	2.8	73.1	64.3	1.2	40.6	31.2
四 川	Sichuan	3102	54.7	2.0	59.0	47.2	0.7	25.6	21.6
贵 州	Guizhou	259	17.0	0.5	21.2	16.3	-0.4	17.3	16.5
云 南	Yunnan	1307	37.9	1.5	39.7	34.3	0.4	20.2	13.2
西 藏	Tibet	7							
陕 西	Shaanxi	959	19.4	1.1	17.1	15.2	0.1	5.4	4.9
甘 肃	Gansu	271	11.0	0.3	5.1	4.6	-0.1	2.1	1.7
青 海	Qinghai	88	10.3	0.2	6.3	6.3		4.1	3.2
宁 夏	Ningxia	119	5.2	0.2	3.3	2.8		1.7	0.8
新 疆	Xinjiang	384	24.6	0.5	14.4	12.3	-0.4	10.0	7.5

注：门店总数全国总计中包括开设在港澳台地区的门店。

a) Number of stores of national total include stores opened in Taiwan province, Hong Kong SAR and Macao SAR.

2-90 限额以上连锁餐饮企业基本情况(2004年)

Basic Conditions of Enterprises above Designated Size of Chain Catering Trade (2004)

地 区	Region	门店总数 (个) Number of Stores (unit)	营业面积 (万平方米) Operational Area (10 000 sq.m)	从业人数 (万人) Employed Person (10 000 persons)	营业总收入 (亿元) Total Revenue of Sales (100 million yuan)	#零售额 Retail Sales	利润总额 (亿元) Total Profit (100 million yuan)	资产总额 (亿元) Total Assets (100 million yuan)	负债总额 (亿元) Total Liablities (100 million yuan)
全 国	**National**	**6968**	**346.6**	**34.2**	**399.7**	**396.5**	**24.7**	**138.7**	**82.6**
北 京	Beijing	858	39.2	4.2	49.2	47.9	2.6	25.8	14.3
天 津	Tianjin	579	11.1	1.0		10.0	0.5	10.8	6.8
河 北	Hebei	194	0.4		0.1	0.1			
山 西	Shanxi	135	4.6	0.3	3.5	3.2	0.3	3.1	2.1
内蒙古	Inner Mongolia	81	37.2	4.6	43.5	43.5	6.5	1.4	0.3
辽 宁	Liaoning	240	20.0	2.0	17.9	17.9	1.9	7.3	3.8
吉 林	Jilin	67	0.3		0.2	0.2		0.3	0.1
黑龙江	Heilongjiang	144	0.5	0.1	0.2	0.2			
上 海	Shanghai	520	22.8	2.9	31.6	31.6	2.4	11.4	7.6
江 苏	Jiangsu	1051	11.6	2.1	21.8	21.8	3.0	8.8	5.0
浙 江	Zhejiang	297	16.1	1.7	20.8	20.8	3.1	13.2	7.9
安 徽	Anhui	85	11.2	0.6	3.9	3.7		3.6	3.0
福 建	Fujian	161	3.3	0.3	4.8	4.8	0.2	3.9	2.3
江 西	Jiangxi	33	4.2	0.3	1.5	1.5	0.2	1.2	0.7
山 东	Shandong	307	9.5	0.8	8.2	7.9	0.9	4.6	2.5
河 南	Henan	192	1.2	0.1	0.5	0.5		0.1	0.1
湖 北	Hubei	175	23.3	1.8	14.6	14.6		8.8	7.8
湖 南	Hunan	97	4.0	0.4	3.7	3.7	0.4	2.1	1.3
广 东	Guangdong	660	24.2	3.5	113.0	113.0	1.8	21.3	12.0
广 西	Guangxi	32							
海 南	Hainan	12	0.1						
重 庆	Chongqing	222	82.2	5.8	37.2	37.2	0.7	3.4	1.2
四 川	Sichuan	322	5.5	0.6	4.2	4.2	0.1	2.5	1.5
贵 州	Guizhou	45	1.2	0.1	1.1	1.1		1.0	0.6
云 南	Yunnan	96	4.7	0.4	3.1	3.1	0.1	0.9	0.3
西 藏	Tibet	10							
陕 西	Shaanxi	123	3.8	0.3	1.5	1.5	0.1	1.7	0.9
甘 肃	Gansu	73	1.6	0.2	0.9	0.9		0.4	0.2
青 海	Qinghai	21	0.6		0.2	0.2		0.1	
宁 夏	Ningxia	9							
新 疆	Xinjiang	127	1.9	0.1	1.3	1.3		1.0	0.3

注：门店总数全国总计中包括开设在港澳台地区的门店。

a) Number of stores of national total include stores opened in Taiwan province, Hong Kong SAR and Macao SAR.

2-91 亿元以上商品交易市场基本情况(2004年)

Basic Statistics on Commodity Exchange Markets of Turnover above 100 Million Yuan (2004)

地区	Region	市场数量 (个) Number of Market (unit)	摊位数 (个) Number of Booth (unit)	营业面积 (万平方米) Operating Area (10 000 sq.m)	成交额 (亿元) Turnover (100 million yuan)	批发 Wholesale Trade	零售 Retail Trade
全国	**National Total**	**3365**	**2229818**	**12477.5**	**26102.7**	**21116.9**	**4985.8**
北京	Beijing	77	63451	467.1	634.8	413.2	221.7
天津	Tianjin	43	33967	137.1	542.0	463.1	78.9
河北	Hebei	237	284965	2360.0	2105.9	1767.0	338.9
山西	Shanxi	23	16604	69.2	95.8	76.7	19.1
内蒙古	Inner Mongolia	37	21933	150.0	170.0	127.8	42.2
辽宁	Liaoning	170	163214	445.5	1349.1	1016.6	332.4
吉林	Jilin	71	66299	227.8	230.9	173.6	57.3
黑龙江	Heilongjiang	63	48477	133.3	252.3	208.7	43.6
上海	Shanghai	66	32042	136.6	2125.9	1983.3	142.7
江苏	Jiangsu	456	223318	1666.2	4193.2	3413.5	779.7
浙江	Zhejiang	496	310121	1192.4	5374.6	4417.6	957.0
安徽	Anhui	105	70220	448.4	578.6	470.9	107.7
福建	Fujian	109	36873	197.6	506.7	367.4	139.3
江西	Jiangxi	68	38764	163.1	460.7	383.1	77.6
山东	Shandong	316	202741	1416.9	2243.7	1923.1	320.6
河南	Henan	102	63691	243.1	503.4	406.6	96.8
湖北	Hubei	137	62190	299.4	626.2	372.7	253.6
湖南	Hunan	128	99624	298.8	688.2	497.8	190.4
广东	Guangdong	293	126799	746.3	1589.9	1168.7	421.2
广西	Guangxi	58	43405	120.5	190.1	109.3	80.8
海南	Hainan	11	4927	6.9	20.6	10.7	10.0
重庆	Chongqing	69	48613	244.4	632.4	573.3	59.0
四川	Sichuan	61	49630	186.9	340.9	261.9	79.0
贵州	Guizhou	18	15024	34.9	100.1	87.2	12.9
云南	Yunnan	31	24276	48.1	95.1	67.1	27.9
西藏	Tibet						
陕西	Shaanxi	26	12297	39.5	54.7	45.9	8.7
甘肃	Gansu	38	33150	130.7	131.7	108.5	23.2
青海	Qinghai	9	5005	17.6	19.0	15.5	3.5
宁夏	Ningxia	15	9182	736.3	57.2	42.5	14.7
新疆	Xinjiang	32	19016	112.9	188.8	143.5	45.3

2-92 进出口商品总值(2004年)

Import and Export Value of Commodities (2004)

单位：万美元 (USD 10 000)

地区	Region	按经营单位所在地分 By Location			按境内目的地、货源地分 By Places of Destination or Origin		
		进出口 Total	出口 Exports	进口 Imports	进出口 Total	出口 Exports	进口 Imports
全国	**National Total**	**115455433**	**59332558**	**56122875**	**115455433**	**59332558**	**56122875**
北京	Beijing	9457573	2056926	7400647	4281985	1311698	2970287
天津	Tianjin	4202861	2085175	2117685	4323632	2047852	2275780
河北	Hebei	1352585	933926	418659	1527966	970952	557013
山西	Shanxi	538249	403447	134802	906929	719609	187320
内蒙古	Inner Mongolia	372171	135447	236724	437479	188709	248769
辽宁	Liaoning	3441086	1891351	1549736	3993398	1958552	2034846
吉林	Jilin	679045	171475	507570	748670	191674	556995
黑龙江	Heilongjiang	678900	368069	310831	718284	371991	346293
上海	Shanghai	16000992	7350526	8650467	15679934	6973125	8706808
江苏	Jiangsu	17084901	8749423	8335478	17954167	8803941	9150226
浙江	Zhejiang	8520488	5813854	2706634	9465921	6115262	3350658
安徽	Anhui	721156	393681	327474	699091	355908	343183
福建	Fujian	4752701	2939476	1813226	4984746	3055072	1929674
江西	Jiangxi	352795	199475	153319	481782	260783	220999
山东	Shandong	6065822	3584452	2481370	6941591	3717848	3223743
河南	Henan	661955	417464	244491	735547	440023	295524
湖北	Hubei	676581	338219	338362	755872	325159	430713
湖南	Hunan	544352	310643	233708	608226	314416	293809
广东	Guangdong	35713062	19157104	16555958	36335360	19241067	17094293
广西	Guangxi	427722	238559	189164	483210	231441	251768
海南	Hainan	340169	109255	230915	289983	82492	207491
重庆	Chongqing	385715	209075	176640	373012	187608	185404
四川	Sichuan	686699	397970	288728	669406	348804	320602
贵州	Guizhou	151373	86661	64712	237037	126838	110199
云南	Yunnan	374117	223861	150256	373431	202035	171396
西藏	Tibet	19989	13022	6967	16530	11852	4678
陕西	Shaanxi	364238	239658	124581	455687	262428	193260
甘肃	Gansu	176315	99638	76677	196409	103604	92806
青海	Qinghai	57552	45476	12075	64773	46181	18593
宁夏	Ningxia	90821	64626	26195	113120	73491	39629
新疆	Xinjiang	563452	304627	258825	602259	292142	310117

2-93 外商投资情况

Foreign Investments

地区	Region	2003 项目数(个) Number of Projects (unit)	2003 合同投资额(万美元) Contracted Value (USD 10 000)	2003 实际投资额(万美元) Actually Utilized Value (USD 10 000)	2004 项目数(个) Number of Projects (unit)	2004 合同投资额(万美元) Contracted Value (USD 10 000)	2004 实际投资额(万美元) Actually Utilized Value (USD 10 000)
全国总计	**National Total**	**41081**	**11506969**	**5350467**	**43664**	**15347895**	**6062998**
北 京	Beijing	1539	599959	219126	1806	626373	255974
天 津	Tianjin	957	305338	153473	1092	553956	172091
河 北	Hebei	610	167253	96405	581	195707	69954
山 西	Shanxi	89	39596	21361	88	40310	9022
内蒙古	Inner Mongolia	138	39074	8854	189	251617	34297
辽 宁	Liaoning	2231	647232	282410	2491	866164	540677
吉 林	Jilin	340	65840	19059	305	118023	19237
黑龙江	Heilongjiang	239	48785	32180	276	83328	33917
上 海	Shanghai	4462	1075115	546849	4364	1166375	631087
江 苏	Jiangsu	7182	2978130	1056365	7170	3858743	894830
浙 江	Zhejiang	4460	1228386	498055	3818	1443772	573256
安 徽	Anhui	425	96762	36720	471	117842	42850
福 建	Fujian	2272	428105	259903	2276	532682	192384
江 西	Jiangxi	761	231825	161202	959	306804	204487
山 东	Shandong	5208	1243013	601617	5890	2027763	866423
河 南	Henan	304	105550	53903	470	199125	42211
湖 北	Hubei	510	232966	156886	566	186556	174441
湖 南	Hunan	509	133884	101835	636	260743	141803
广 东	Guangdong	7039	1348518	782294	8322	1936046	1001158
广 西	Guangxi	334	64313	41856	353	110008	29579
海 南	Hainan	166	23267	42125	168	34930	11926
重 庆	Chongqing	205	42357	26083	253	68263	25196
四 川	Sichuan	326	89380	41231	386	115330	36503
贵 州	Guizhou	66	19916	4521	59	7248	6271
云 南	Yunnan	165	44583	8384	167	31817	14153
西 藏	Tibet	49	4776		13	4321	
陕 西	Shaanxi	242	76002	33190	273	104533	14132
甘 肃	Gansu	59	25221	2342	63	32564	3539
青 海	Qinghai	47	19142	2522	46	18705	
宁 夏	Ningxia	28	53759	1743	39	22460	6704
新 疆	Xinjiang	86	20282	1534	74	25787	3996

2-94 外商投资企业情况（2004年）

Basic Indicators of Foreign Funded Enterprises (2004)

地 区	Region	登记企业数（户）Number of Enterprises (household)	登记投资总额（万美元）Total Investment (USD 10 000)	登记注册资本（万美元）Registered Capital (USD 10 000)	#外 方 Foreign Partner	进出口（万美元）Total Imports and Exports (USD 10 000)	出 口 Exports	进 口 Imports
全 国	**National**	**242284**	**13112**	**7285**	**5580**	**66317568**	**33860716**	**32456852**
北 京	Beijing	9890	532	290	207	1852699	736179	1116520
天 津	Tianjin	9938	470	275	221	3408834	1705174	1703660
河 北	Hebei	3497	201	106	68	426021	265709	160312
山 西	Shanxi	705	69	35	21	68521	51768	16753
内蒙古	Inner Mongolia	847	108	56	36	27169	15539	11629
辽 宁	Liaoning	14858	679	402	280	2066546	1089760	976786
吉 林	Jilin	2370	194	60	42	352083	50537	301546
黑龙江	Heilongjiang	2202	95	57	36	76347	38139	38208
上 海	Shanghai	26657	1722	923	718	10723174	4948834	5774340
江 苏	Jiangsu	29939	2170	1083	901	13553814	6515156	7038658
浙 江	Zhejiang	17792	834	467	339	3262642	1965121	1297521
安 徽	Anhui	2114	129	76	48	196206	96541	99665
福 建	Fujian	17236	689	387	344	3116631	1841854	1274777
江 西	Jiangxi	3415	163	88	67	115607	52937	62670
山 东	Shandong	19251	694	416	293	3222568	1839654	1382914
河 南	Henan	2600	149	87	56	122085	70449	51636
湖 北	Hubei	4173	227	136	85	234500	98525	135975
湖 南	Hunan	2598	119	70	53	106867	50272	56595
广 东	Guangdong	55259	2610	1520	1219	22653047	12171077	10481970
广 西	Guangxi	2336	127	74	54	146909	49585	97324
海 南	Hainan	2329	86	55	43	143037	34999	108038
重 庆	Chongqing	1294	72	39	26	126518	21868	104650
四 川	Sichuan	3789	140	94	55	130315	55194	75121
贵 州	Guizhou	641	22	14	10	38766	18883	19883
云 南	Yunnan	1761	79	44	27	31640	20989	10651
西 藏	Tibet	86	3	2	1	436	172	264
陕 西	Shaanxi	2754	125	71	50	65751	22667	43084
甘 肃	Gansu	650	31	19	13	16665	12594	4071
青 海	Qinghai	161	10	6	4	956	442	514
宁 夏	Ningxia	454	41	20	15	13456	9051	4405
新 疆	Xinjiang	331	14	10	6	17758	11046	6712
国家工商行政管理局	State Administration for Industry and Commerce	357	509	300	243			

2-95 接待入境旅游人数和国际旅游外汇收入

Number of International Tourists and Foreign Exchange Earnings

地 区	Region	2003			2004		
		接待入境旅游人数（万人次）Number of International Tourists (10 000 person-times)	#外国人 Foreigners	国际旅游外汇收入（百万美元）Foreign Exchange Earning (USD million)	接待入境旅游人数（万人次）Number of International Tourists (10 000 person-times)	#外国人 Foreigners	国际旅游外汇收入（百万美元）Foreign Exchange Earning (USD million)
全 国	**National Total**	**9166.21**	**1140.29**	**17406**	**10903.82**	**1693.25**	**25739**
北 京	Beijing	185.12	152.66	1904	315.50	268.10	3173
天 津	Tianjin	48.90	45.61	329	61.59	55.93	413
河 北	Hebei	28.03	25.76	85	58.07	53.65	190
山 西	Shanxi	11.60	7.91	36	29.58	18.22	81
内蒙古	Inner Mongolia	41.36	41.02	138	79.99	79.11	253
辽 宁	Liaoning	77.89	66.81	454	108.08	93.77	613
吉 林	Jilin	21.17	18.52	66	32.40	27.67	96
黑龙江	Heilongjiang	58.71	54.63	244	73.28	69.28	302
上 海	Shanghai	244.71	199.00	2053	385.45	319.67	3041
江 苏	Jiangsu	223.16	143.45	1132	306.57	214.24	1763
浙 江	Zhejiang	180.83	106.93	873	276.67	177.64	1300
安 徽	Anhui	28.08	16.40	83	50.10	31.97	141
福 建	Fujian	149.72	45.94	915	172.90	62.92	1065
江 西	Jiangxi	16.56	4.48	47	28.77	9.40	80
山 东	Shandong	77.67	61.55	370	119.31	96.17	567
河 南	Henan	18.86	11.27	63	45.02	24.12	160
湖 北	Hubei	40.52	32.32	136	61.19	50.19	192
湖 南	Hunan	15.39	10.54	46	55.34	41.23	313
广 东	Guangdong	1196.96	245.76	4267	1563.65	377.68	5378
广 西	Guangxi	65.02	32.93	164	117.58	69.38	288
海 南	Hainan	29.34	14.43	80	30.86	18.38	82
重 庆	Chongqing	23.45	18.17	113	43.44	33.89	203
四 川	Sichuan	45.17	24.40	150	96.62	54.65	289
贵 州	Guizhou	7.70	2.40	29	23.10	7.63	80
云 南	Yunnan	100.01	65.71	340	110.10	73.22	422
西 藏	Tibet	5.11	4.57	19	9.58	8.88	37
陕 西	Shaanxi	46.58	30.78	198	80.02	60.93	361
甘 肃	Gansu	10.18	6.79	21	23.67	15.14	44
青 海	Qinghai	1.77	0.77	5	2.89	1.24	9
宁 夏	Ningxia	0.30	0.22	1	0.70	0.54	2
新 疆	Xinjiang	17.05	14.99	49	31.69	27.10	91

2-96 普通高校基本情况（2004年）

Basic Statistics on Regular Institutions of Higher Education (2004)

单位：人 (person)

地 区	Region	学校数（所） Schools (unit)	招生数 New Enrollment	在校学生数 Total Enrollment	毕业生数 Graduates	教职工数 Teachers and Staff	#专任教师 Full-time Teachers
全 国	**National Total**	**1731**	**4473422**	**13334969**	**2391152**	**1610658**	**858393**
北 京	Beijing	77	144294	499524	100130	108284	43476
天 津	Tianjin	40	91254	285655	51666	36400	18973
河 北	Hebei	87	238226	697440	143148	72853	39235
山 西	Shanxi	56	107500	345318	51118	43852	24768
内蒙古	Inner Mongolia	31	70091	198709	31075	26331	14793
辽 宁	Liaoning	71	184307	583465	115889	79093	40697
吉 林	Jilin	42	111162	362191	65011	49859	25011
黑龙江	Heilongjiang	59	149781	465703	84964	64831	32119
上 海	Shanghai	58	128682	415701	88645	68279	28737
江 苏	Jiangsu	112	313649	994808	197423	110775	59037
浙 江	Zhejiang	67	182847	572759	103123	60833	35766
安 徽	Anhui	81	178979	501290	88440	50116	29538
福 建	Fujian	53	119908	325727	52818	36666	20417
江 西	Jiangxi	66	187999	489854	65386	51520	30419
山 东	Shandong	97	327452	946124	166959	93653	53847
河 南	Henan	82	257356	702846	134293	71988	41821
湖 北	Hubei	85	295701	892018	143246	105249	55683
湖 南	Hunan	81	206793	639001	111021	72227	38345
广 东	Guangdong	94	264537	726866	125229	79820	46951
广 西	Guangxi	49	103612	281044	50261	29732	17583
海 南	Hainan	14	19704	57883	7854	6311	3733
重 庆	Chongqing	35	99851	284546	50599	33407	18214
四 川	Sichuan	68	215179	637340	100998	71619	39306
贵 州	Guizhou	34	60578	179852	31059	22597	13792
云 南	Yunnan	43	75017	216308	34836	27530	15162
西 藏	Tibet	4	6003	14731	2108	1913	1081
陕 西	Shaanxi	62	195721	583926	110975	74607	37145
甘 肃	Gansu	31	64231	200282	39390	24544	13727
青 海	Qinghai	11	9452	29483	5802	5820	3079
宁 夏	Ningxia	13	13701	41448	7505	6684	3699
新 疆	Xinjiang	28	49855	163127	30181	23265	12239

2-97 中等职业学校基本情况（2004年）

Basic Statistics on Vocational Secondary School (2004)

单位：人 (person)

地区	Region	学校数（所）Schools (unit)	招生数 New Enrollment	在校学生数 Total Enrollment	毕业生数 Graduates	教职工数 Teachers and Staff	#专任教师 Full-time Teachers
全　国	**National Total**	**11570**	**4565045**	**11747467**	**3056939**	**878692**	**571037**
北　京	Beijing	148	63031	208019	65097	20296	10989
天　津	Tianjin	159	47740	135229	51919	14203	8358
河　北	Hebei	624	239333	630727	183835	55812	36030
山　西	Shanxi	429	119120	328386	97683	25871	16829
内蒙古	Inner Mongolia	232	67587	173956	53321	18116	11978
辽　宁	Liaoning	425	145528	412239	104637	36036	22509
吉　林	Jilin	267	61408	164170	46695	25824	15759
黑龙江	Heilongjiang	335	73782	222538	69990	23230	14608
上　海	Shanghai	168	60825	217356	61893	18090	9271
江　苏	Jiangsu	546	367647	909152	161109	51464	35883
浙　江	Zhejiang	537	265021	728559	172626	41053	31408
安　徽	Anhui	510	226897	519691	110613	29025	19402
福　建	Fujian	389	154623	400822	110262	24438	17266
江　西	Jiangxi	387	165368	397698	97780	21855	14301
山　东	Shandong	798	391374	1048100	279590	80528	52494
河　南	Henan	781	379605	979518	265708	64614	43609
湖　北	Hubei	401	196821	458459	104687	33091	21460
湖　南	Hunan	648	300548	649161	150958	41538	26632
广　东	Guangdong	684	246461	655428	189729	49485	33794
广　西	Guangxi	409	126900	344237	88867	29530	17764
海　南	Hainan	81	21133	51191	12367	4318	2576
重　庆	Chongqing	307	126491	321831	75721	20002	12919
四　川	Sichuan	660	249588	599872	147652	41164	26837
贵　州	Guizhou	221	61662	158768	48252	12139	7612
云　南	Yunnan	400	97592	271485	91218	23534	15290
西　藏	Tibet	10	4223	8549	2544	1155	774
陕　西	Shaanxi	448	172129	413101	110851	32940	20035
甘　肃	Gansu	298	64277	175122	49288	19113	12064
青　海	Qinghai	51	7173	18737	5804	2290	1610
宁　夏	Ningxia	34	21917	48975	14884	2748	1734
新　疆	Xinjiang	183	39241	96391	31359	15190	9242

注：本表数据未包括技工学校数。

a) Data in this table don't include that of technical school.

2-98 普通高中基本情况（2004年）

Basic Statistics on Regular Senior Secondary School (2004)

单位：人 (person)

地 区	Region	学校数（所） Schools (unit)	招生数 New Enrollment	在校学生数 Total Enrollment	毕业生数 Graduates	教职工数 Teachers and Staff	#专任教师 Full-time Teachers
全 国	**National Total**	**15998**	**8215096**	**22203701**	**5469351**	**5623981**	**1190681**
北 京	Beijing	338	93519	274803	66556	76347	18672
天 津	Tianjin	230	72335	198537	52635	55223	13105
河 北	Hebei	814	464146	1293887	318714	344686	67536
山 西	Shanxi	560	228292	647261	163273	186674	36985
内蒙古	Inner Mongolia	372	179126	473568	117525	121274	24593
辽 宁	Liaoning	464	258609	685199	169848	180225	35586
吉 林	Jilin	296	169907	451637	101107	123022	22302
黑龙江	Heilongjiang	479	203315	546793	139441	185184	32648
上 海	Shanghai	344	106474	313811	91017	76222	17832
江 苏	Jiangsu	844	494692	1373465	353177	330488	82855
浙 江	Zhejiang	610	299904	860613	215649	191700	53303
安 徽	Anhui	758	402700	1050188	248451	222229	45646
福 建	Fujian	614	255749	659758	159242	163985	40132
江 西	Jiangxi	642	294093	800049	198869	180557	43653
山 东	Shandong	862	680506	1891006	476833	473687	102278
河 南	Henan	909	613250	1687496	424773	424093	75961
湖 北	Hubei	631	429734	1197354	322890	269895	60334
湖 南	Hunan	773	464404	1190533	289817	303636	62361
广 东	Guangdong	998	508059	1313116	318190	339997	75330
广 西	Guangxi	526	244968	651494	165146	189618	32727
海 南	Hainan	104	39634	102632	26749	32936	5608
重 庆	Chongqing	291	162613	452705	102356	111385	24067
四 川	Sichuan	797	490364	1295105	279445	302361	66453
贵 州	Guizhou	452	173638	444031	94939	131660	22488
云 南	Yunnan	429	167299	419758	99365	147274	25076
西 藏	Tibet	22	11019	26740	6756	8247	1694
陕 西	Shaanxi	624	305475	833275	219980	185508	40745
甘 肃	Gansu	470	186561	499609	109055	105341	25458
青 海	Qinghai	143	34778	92122	20660	21853	5906
宁 夏	Ningxia	104	41618	118009	32475	25627	6538
新 疆	Xinjiang	498	138315	359147	84418	113047	22809

注：教职工数为普通高中和普通初中之和。

a) Number of Staff and Teachers is the sum of that of regular senior secondary school and regular junior secondary school.

2-99 普通初中基本情况（2004年）

Basic Statistics on Regular Junior Secondary School (2004)

单位：人 (person)

地 区	Region	学校数（所） Schools (unit)	招生数 New Enrollment	在校学生数 Total Enrollment	毕业生数 Graduates	专任教师 Full-time Teachers
全 国	**National Total**	**63060**	**20782272**	**64750006**	**20703868**	**3476784**
北 京	Beijing	422	100490	386511	166417	32442
天 津	Tianjin	414	112460	400568	139073	28292
河 北	Hebei	4103	1259918	4035302	1411923	222542
山 西	Shanxi	2758	614985	1927068	592882	116405
内蒙古	Inner Mongolia	1348	326358	1092223	320375	67595
辽 宁	Liaoning	1853	507462	1675350	583036	109022
吉 林	Jilin	1367	346009	1148001	368638	70754
黑龙江	Heilongjiang	2218	458048	1863607	549422	116824
上 海	Shanghai	492	113869	522475	168209	34067
江 苏	Jiangsu	2311	1189684	3677793	1132426	189493
浙 江	Zhejiang	1999	547269	1800749	649181	109587
安 徽	Anhui	3210	1191877	3540957	1080085	144396
福 建	Fujian	1408	615293	1861259	591043	99417
江 西	Jiangxi	2186	676603	2178942	722574	116548
山 东	Shandong	3707	1242717	4392406	1661201	276822
河 南	Henan	5320	1961250	5906674	1982146	289537
湖 北	Hubei	2651	1085882	3319842	993151	169315
湖 南	Hunan	3848	1032476	3528584	1184031	198536
广 东	Guangdong	3243	1586418	4495533	1314006	213640
广 西	Guangxi	2411	853305	2410467	747468	115918
海 南	Hainan	450	158608	439092	123719	20828
重 庆	Chongqing	1220	427650	1254784	374205	67984
四 川	Sichuan	4168	1205767	3614111	1106335	186905
贵 州	Guizhou	2183	721590	2049364	573295	93128
云 南	Yunnan	1851	633977	1930879	579396	99642
西 藏	Tibet	88	41696	109148	24270	5677
陕 西	Shaanxi	2095	731862	2192280	682679	113497
甘 肃	Gansu	1584	471039	1344797	397336	67566
青 海	Qinghai	364	77052	223162	63067	13496
宁 夏	Ningxia	321	92568	269277	86114	15337
新 疆	Xinjiang	1467	398090	1158801	336165	71572

2-100 职业初中基本情况（2004年）

Basic Statistics on Vocational Junior Secondary School (2004)

单位：人 (person)

地区	Region	学校数（所） Schools (unit)	招生数 New Enrollment	在校学生数 Total Enrollment	毕业生数 Graduates	教职工数 Teachers and Staff	#专任教师 Full-time Teachers
全国	**National Total**	**697**	**164172**	**525134**	**169130**	**27997**	**23680**
北京	Beijing						
天津	Tianjin						
河北	Hebei	30	7954	26945	10692	1950	1695
山西	Shanxi	72	8457	27211	9969	2034	1701
内蒙古	Inner Mongolia	163	23646	83680	24014	7687	5953
辽宁	Liaoning	12	863	1651	590	61	45
吉林	Jilin	33	8500	41310	11565	1900	1503
黑龙江	Heilongjiang	11	1259	11969	6497	345	317
上海	Shanghai	1	149	703	412	65	28
江苏	Jiangsu						
浙江	Zhejiang			67	203	11	7
安徽	Anhui	174	51297	158097	51430	6836	6132
福建	Fujian	1	118	314	115	28	22
江西	Jiangxi	2	606	1911	1583	102	93
山东	Shandong	3	393	1703	968	139	114
河南	Henan	7	1906	6830	3058	271	257
湖北	Hubei	37	10993	34003	10219	1748	1539
湖南	Hunan	7	618	2327	800	148	138
广东	Guangdong						
广西	Guangxi	17	1261	5248	2905	402	294
海南	Hainan						
重庆	Chongqing	1	29	267	51	40	28
四川	Sichuan	14	2124	6645	2215	421	353
贵州	Guizhou	78	13910	37787	11986	2194	2000
云南	Yunnan	13	6928	21782	4770	600	524
西藏	Tibet	2	84	107	300	2	1
陕西	Shaanxi	8	1352	4280	1110	247	233
甘肃	Gansu	3	54	1204	1176	71	68
青海	Qinghai	3	1239	1993	363	41	35
宁夏	Ningxia		1377	3519	602	137	132
新疆	Xinjiang	5	19055	43581	11537	517	468

2-101 普通小学基本情况（2004年）

Basic Statistics on Regular Primary School（2004）

单位：人 (person)

地 区	Region	学校数（所）Schools (unit)	招生数 New Enrollment	在校学生数 Total Enrollment	毕业生数 Graduates	教职工数 Teachers and Staff	#专任教师 Full-time Teachers
全 国	**National Total**	**394183**	**17470128**	**112462256**	**21351726**	**6171358**	**5628860**
北 京	Beijing	1504	73577	516042	100139	62191	48767
天 津	Tianjin	1099	81603	554844	114771	50989	42122
河 北	Hebei	22953	714975	5470049	1280862	348392	324832
山 西	Shanxi	28254	601024	3592007	624291	206361	191152
内蒙古	Inner Mongolia	6874	269785	1658154	350342	142319	124319
辽 宁	Liaoning	10281	416143	2794330	511757	194973	167203
吉 林	Jilin	7781	248558	1741380	355449	165872	140904
黑龙江	Heilongjiang	10791	383832	2315394	462923	201911	175274
上 海	Shanghai	658	106510	542898	110830	51369	38111
江 苏	Jiangsu	6723	682082	5282096	1204413	292204	264937
浙 江	Zhejiang	6747	514151	3443066	532422	176132	160075
安 徽	Anhui	21295	919509	6237115	1243178	275401	262528
福 建	Fujian	11614	364882	2869442	625809	182185	170962
江 西	Jiangxi	15257	681228	3862115	676849	202340	194377
山 东	Shandong	16943	1101680	6278002	1246899	410264	378793
河 南	Henan	34164	1624945	10140634	2035444	504468	478499
湖 北	Hubei	14085	599698	4749500	1099308	239549	221763
湖 南	Hunan	19615	714098	4325557	1038675	263448	248345
广 东	Guangdong	21944	1684682	10496221	1628669	455679	396487
广 西	Guangxi	15759	757330	4705591	893095	230087	200546
海 南	Hainan	3192	161941	1001835	167544	55433	50108
重 庆	Chongqing	10409	410479	2718999	446095	127262	114007
四 川	Sichuan	21935	1169163	7365754	1221872	341358	307940
贵 州	Guizhou	14257	836431	4794083	766334	192532	180793
云 南	Yunnan	19752	732476	4406482	721324	232561	218969
西 藏	Tibet	886	59126	326952	45182	14378	13610
陕 西	Shaanxi	22988	481638	3709746	765673	204007	188062
甘 肃	Gansu	15347	508787	3155535	488842	133383	128725
青 海	Qinghai	2995	99052	512586	80728	28926	27832
宁 夏	Ningxia	2630	123379	677738	94419	35076	33903
新 疆	Xinjiang	5451	347364	2218109	417588	150308	134915

2-102 特殊教育基本情况（2004年）

Basic Statistics on Special Education (2004)

单位：人 (person)

地区	Region	学校数（所） Schools (unit)	招生数 New Enrollment	在校学生数 Total Enrollment	毕业生数 Graduates	教职工数 Teachers and Staff	#专任教师 Full-time Teachers
全国	**National Total**	**1560**	**50771**	**371813**	**46727**	**41384**	**31058**
北京	Beijing	23	796	6412	1276	975	720
天津	Tianjin	22	239	2643	439	686	457
河北	Hebei	109	1665	10939	917	2337	1768
山西	Shanxi	35	717	4658	420	951	771
内蒙古	Inner Mongolia	29	437	3148	275	827	636
辽宁	Liaoning	75	738	8539	878	2563	1927
吉林	Jilin	48	914	5555	613	1744	1203
黑龙江	Heilongjiang	73	760	6475	566	2484	1910
上海	Shanghai	29	1193	10951	2404	1597	978
江苏	Jiangsu	109	3398	31573	4197	3379	2521
浙江	Zhejiang	62	1663	14195	2124	1475	1194
安徽	Anhui	65	2851	19159	2225	1256	963
福建	Fujian	66	5090	37600	6827	1513	1259
江西	Jiangxi	54	3066	19451	1545	631	513
山东	Shandong	139	2113	16173	1881	5153	3622
河南	Henan	123	2746	19146	1786	3166	2506
湖北	Hubei	77	966	7808	730	1660	1267
湖南	Hunan	54	3450	16725	3136	1250	958
广东	Guangdong	67	3178	26352	3346	1739	1327
广西	Guangxi	50	2276	15653	1391	776	549
海南	Hainan	4	206	1738	92	108	73
重庆	Chongqing	43	2044	15973	2326	693	541
四川	Sichuan	73	2726	17354	2131	1343	1068
贵州	Guizhou	38	1735	13397	952	695	548
云南	Yunnan	25	2917	18374	2013	635	472
西藏	Tibet	2	38	254	10	22	18
陕西	Shaanxi	29	992	7344	985	658	489
甘肃	Gansu	14	979	7732	612	410	296
青海	Qinghai	9	338	2383	185	155	128
宁夏	Ningxia	6	150	1560	63	147	119
新疆	Xinjiang	8	390	2549	382	356	257

2-103 普通学校生师比（2004年）

Student-Teacher Ratio by Level of Regular School (2004)

单位：%　　　　(%)

地区	Region	小学 Primary School	初中 Junior Secondary School	普通高中 Regular Senior Secondary School	职业高中 Vocational Senior Secondary School	普通中专 Regular Specialized Secondary School	普通高校 Regular Institution of Higher Education	本科院校 Undergraduate Courses	专科院校 Specialized Courses
总计	**National**	**19.98**	**18.65**	**18.65**	**19.10**	**28.13**	**16.22**	**17.44**	**13.15**
北京	Beijing	10.58	11.91	14.72	12.39	30.04	17.13	18.10	8.85
天津	Tianjin	13.17	14.16	15.15	14.91	20.59	16.89	17.45	15.59
河北	Hebei	16.84	18.12	19.16	17.15	32.97	16.81	18.16	13.93
山西	Shanxi	18.79	16.55	17.50	14.26	35.98	13.90	15.87	9.67
内蒙古	Inner Mongolia	13.34	15.99	19.26	13.32	23.74	14.22	17.16	9.07
辽宁	Liaoning	16.71	15.38	19.25	14.48	24.62	15.47	16.71	10.51
吉林	Jilin	12.36	16.46	20.25	13.47	20.74	16.39	17.16	11.74
黑龙江	Heilongjiang	13.21	16.01	16.75	11.85	35.54	15.93	17.24	11.56
上海	Shanghai	14.25	15.34	17.60	20.00	26.64	17.54	17.64	17.03
江苏	Jiangsu	19.94	19.41	16.58	16.68	46.24	17.15	18.27	14.63
浙江	Zhejiang	21.51	16.43	16.15	24.43	34.63	16.92	17.21	16.24
安徽	Anhui	23.76	24.57	23.01	32.32	25.27	16.54	17.82	14.22
福建	Fujian	16.78	18.72	16.44		22.68	15.36	16.38	12.71
江西	Jiangxi	19.87	18.70	18.33	22.22	46.27	15.16	17.87	11.34
山东	Shandong	16.57	15.87	18.49	18.52	28.66	15.76	17.47	12.25
河南	Henan	21.19	20.41	22.22	20.40	38.40	16.07	17.26	14.02
湖北	Hubei	21.42	19.63	19.85	22.30	25.66	16.86	17.67	14.72
湖南	Hunan	17.42	17.77	19.09	20.44	45.84	16.97	18.36	14.74
广东	Guangdong	26.47	21.04	17.43	17.69	21.13	16.24	16.66	15.31
广西	Guangxi	23.46	20.79	19.91	19.93	22.66	16.06	16.06	16.05
海南	Hainan	19.99	21.08	18.30	9.69	33.16	16.00	18.71	12.43
重庆	Chongqing	23.85	18.45	18.81	23.05	37.93	17.01	18.12	11.72
四川	Sichuan	23.92	19.34	19.49	20.61	28.53	17.39	18.65	13.03
贵州	Guizhou	26.52	21.94	19.75	12.94	26.38	14.39	16.18	10.99
云南	Yunnan	20.12	19.49	16.74	16.10	24.02	15.97	18.45	10.36
西藏	Tibet	24.02	19.24	15.79		12.52	12.51	12.58	11.42
陕西	Shaanxi	19.73	19.31	20.45	24.32	19.08	15.55	17.55	10.93
甘肃	Gansu	24.51	19.90	19.62	11.76	17.74	15.43	16.24	13.10
青海	Qinghai	18.42	16.64	15.60	12.99	9.50	10.79	11.04	9.94
宁夏	Ningxia	19.99	17.64	18.05	19.79	36.98	12.42	15.36	8.27
新疆	Xinjiang	16.44	16.69	15.75	9.72	12.98	13.84	15.26	10.04

注：普通高校生师比中专任教师数包括聘请校外教师。

a) Student-Teacher Ratio of Regular Institution of Higher Education, data of full-time teacher include teachers from other schools.

2-104 每十万人口各级学校平均在校生数（2004年）

Number of Students Per 100 000 Inhabitants by Level (2004)

单位：人 (person)

地 区	Region	幼儿园 Kindergartens	小学 Primary Education	初中阶段 Junior Secondary	高中阶段 Senior Secondary	高等学校 Higher Education
全 国	**National**	**1617**	**8725**	**5058**	**2824**	**1420**
北 京	Beijing	1412	3573	2670	3812	6204
天 津	Tianjin	1964	5508	3968	3900	3845
河 北	Hebei	1603	8095	6004	2956	1373
山 西	Shanxi	1935	10851	5899	3096	1427
内蒙古	Inner Mongolia	1245	6978	4943	2821	1141
辽 宁	Liaoning	1599	6651	3990	2752	1855
吉 林	Jilin	1072	6455	4404	2387	1898
黑龙江	Heilongjiang	1109	6082	4920	2220	1657
上 海	Shanghai	1566	3201	3094	3487	3694
江 苏	Jiangsu	1768	7167	4974	3356	1768
浙 江	Zhejiang	2732	7379	3856	3549	1651
安 徽	Anhui	1130	9754	5777	2538	985
福 建	Fujian	2145	8312	5360	3232	1186
江 西	Jiangxi	1547	9117	5134	3023	1412
山 东	Shandong	1602	6892	4821	3456	1361
河 南	Henan	1542	10506	6121	2877	944
湖 北	Hubei	980	7924	5590	2932	1999
湖 南	Hunan	977	6505	5312	2913	1267
广 东	Guangdong	2680	13223	5658	2777	1285
广 西	Guangxi	1828	9717	4978	2170	909
海 南	Hainan	1440	12371	5417	1999	977
重 庆	Chongqing	1740	8726	4022	2617	1277
四 川	Sichuan	1756	8483	4165	2263	1006
贵 州	Guizhou	1698	12419	5396	1602	745
云 南	Yunnan	1722	10105	4469	1649	799
西 藏	Tibet	304	12119	4046	1344	550
陕 西	Shaanxi	1291	10071	5955	3573	2114
甘 肃	Gansu	1347	12149	5175	2640	1089
青 海	Qinghai	1452	9637	4223	2123	891
宁 夏	Ningxia	1873	11707	4708	2996	1163
新 疆	Xinjiang	1358	11477	6223	2455	1307

注：1.高等学校包括普通高等学校和成人高等学校。

2.高中阶段合计数据包括普通高中、成人高中、普通中专、职业高中、技工学校和成人中专，分省数据不含技工学校。

3.初中阶段包括普通初中和职业初中。

a) Institutions of higher education include that of regular institution of higher education and adult institution of higher education.

b) Total of senior school include that of regular senior school,adult senior school,regular secondary technical school, vocational secondary school, technical worker school, adult technical secondary school, data classified by region exclude that of technical worker school.

c) Senior secondary school includes regular senior school and senior vocational school.

2-105 教育经费情况（2003年）

Basic Statistics on Educational Funds (2003)

单位：万元 (10 000 yuan)

地区	Region	合计 Total	国家财政性教育经费 Government Appropriation for Education	# 预算内教育经费 Budgetary	社会团体和公民个人办学经费 Funds of Social Organizations and Citizens for Running Schools	社会捐资和集资办学经费 Donations and Fund-raising for Running Schools	学费和杂费 Tuition and Miscellaneous Fee	其他教育经费 Other Educational Funds
全国	**National Total**	**62082653**	**38506237**	**34538583**	**2590148**	**1045927**	**11214985**	**8725357**
北京	Beijing	3928774	2523392	2319632	62415	52207	468169	822591
天津	Tianjin	1118577	691055	604289	47723	2118	174744	202937
河北	Hebei	2320028	1481519	1350020	77882	26246	504783	229597
山西	Shanxi	1304752	849910	743811	50490	26708	258020	119624
内蒙古	Inner Mongolia	935815	707599	636219	8057	1648	152796	65715
辽宁	Liaoning	2256444	1443059	1293261	53848	6569	443861	309108
吉林	Jilin	1329891	885322	786852	14164	25110	207333	197962
黑龙江	Heilongjiang	1882420	1227114	992138	56613	16041	328270	254382
上海	Shanghai	3070202	1925679	1690254	131565	49125	502115	461717
江苏	Jiangsu	4653850	2607027	2271205	220429	229606	798517	798271
浙江	Zhejiang	4115764	2320312	1875091	347710	138558	587758	721426
安徽	Anhui	1834930	1150904	1081198	45299	24176	405069	209482
福建	Fujian	1965773	1241811	1164045	176290	37901	302451	207321
江西	Jiangxi	1349865	733140	685836	100021	8948	313908	193849
山东	Shandong	3740855	2289913	2015068	162675	57583	771653	459032
河南	Henan	2544932	1699490	1582776	69855	21566	489994	264027
湖北	Hubei	2527725	1357804	1237342	36439	31703	622608	479172
湖南	Hunan	2354583	1221034	1124481	125731	25910	617746	364163
广东	Guangdong	6222727	3800235	3485442	405893	97030	1278988	640582
广西	Guangxi	1437796	959255	871282	25097	9739	266799	176907
海南	Hainan	329190	208049	173969	16894	7073	60473	36701
重庆	Chongqing	1207818	695288	638963	34377	53130	185474	239550
四川	Sichuan	2662491	1614052	1474877	57713	44659	455124	490943
贵州	Guizhou	954018	692411	636652	15044	5830	154699	86034
云南	Yunnan	1448460	1155358	1081579	35915	12827	135888	108472
西藏	Tibet	187467	176969	173700		2124	5972	2401
陕西	Shaanxi	1859411	1026280	948220	174533	21980	391076	245543
甘肃	Gansu	914336	652146	582181	18685	5686	156053	81767
青海	Qinghai	199568	168023	162435	780	338	21270	9158
宁夏	Ningxia	244762	182464	170016	336	988	33882	27092
新疆	Xinjiang	1179433	819626	685752	17678	2804	119493	219831

2-106 国内三种专利申请受理数和授权数（2004年）

Patent Applications Examined and Granted (2004)

单位：项 (item)

地区	Region	申请受理数 合计 Number of Patent Applications Examined	发明 Inventions	实用新型 Utility Models	外观设计 Designs	授权数合计 Number of Patent Applications Granted	发明 Inventions	实用新型 Utility Models	外观设计 Designs
全　国	**National Total**	**278943**	**65786**	**111578**	**101579**	**151328**	**18241**	**70019**	**63068**
北　京	Beijing	18402	8608	6321	3473	9005	3216	3956	1833
天　津	Tianjin	8406	4013	3142	1251	2578	432	1587	559
河　北	Hebei	5647	979	3258	1410	3407	357	2064	986
山　西	Shanxi	1949	571	1013	365	1189	295	636	258
内蒙古	Inner Mongolia	1457	286	699	472	831	108	437	286
辽　宁	Liaoning	14695	2907	7494	4294	5749	911	3752	1086
吉　林	Jilin	3657	1048	1951	658	2145	451	1179	515
黑龙江	Heilongjiang	4919	1325	2932	662	2809	326	1997	486
上　海	Shanghai	20471	6737	6131	7603	10625	1687	4040	4898
江　苏	Jiangsu	23532	4423	9405	9704	11330	1026	5474	4830
浙　江	Zhejiang	25294	3578	9021	12695	15249	785	5492	8972
安　徽	Anhui	2943	658	1597	688	1607	150	972	485
福　建	Fujian	7498	850	2524	4124	4758	160	1776	2822
江　西	Jiangxi	2685	663	1152	870	1169	105	625	439
山　东	Shandong	18388	3230	9385	5773	9733	788	6028	2917
河　南	Henan	6318	1213	3448	1657	3318	306	2117	895
湖　北	Hubei	7960	1674	3953	2333	3280	744	1966	570
湖　南	Hunan	7693	1734	3301	2658	3281	436	1801	1044
广　东	Guangdong	52201	8093	14682	29426	31446	1941	9307	20198
广　西	Guangxi	2202	495	1114	593	1272	127	666	479
海　南	Hainan	375	137	135	103	278	36	93	149
重　庆	Chongqing	5171	562	1910	2699	3601	147	1247	2207
四　川	Sichuan	7260	1638	2775	2847	4430	583	1822	2025
贵　州	Guizhou	1486	450	765	271	737	179	364	194
云　南	Yunnan	2132	740	793	599	1264	235	586	443
西　藏	Tibet	62	20	13	29	23	3	5	15
陕　西	Shaanxi	3217	1099	1587	531	2007	459	1193	355
甘　肃	Gansu	910	334	483	93	514	127	322	65
青　海	Qinghai	124	49	44	31	70	21	30	19
宁　夏	Ningxia	399	89	184	126	293	46	119	128
新　疆	Xinjiang	1492	272	870	350	792	75	530	187
香　港	Hong Kong	2148	403	375	1370	1495	132	289	1074
澳　门	Macao	9	7	2		12	2	8	2
台　湾	Taiwan	17841	6901	9119	1821	11031	1845	7539	1647

2-107 国有企事业单位专业技术人员数（2003年底）

Number of Scientific and Technical Personnel in State-owned Enterprises and Institutions (End of 2003)

单位：人 (person)

地区	Region	合计 Total	工程技术人员 Engineering	农业技术人员 Agriculture	科学研究人员 Scientific Research	卫生技术人员 Health Care	教学人员 Teaching
全国	**National Total**	**21739699**	**4992867**	**683437**	**275496**	**3441109**	**12346790**
北京	Beijing	448505	198751	6555	6570	74368	162261
天津	Tianjin	227381	56307	2611	1716	50823	115924
河北	Hebei	981541	147308	25129	3198	132307	673599
山西	Shanxi	619906	124547	18596	3866	90826	382071
内蒙古	Inner Mongolia	439973	68669	22202	2029	72508	274565
辽宁	Liaoning	783087	166335	26215	6297	153782	430458
吉林	Jilin	547570	103418	27903	4456	99159	312634
黑龙江	Heilongjiang	716404	155432	30731	5694	132671	391876
上海	Shanghai	316418	79852	2372	5821	77712	150661
江苏	Jiangsu	1033231	178130	34157	6487	162217	652240
浙江	Zhejiang	657957	110674	18928	5140	130700	392515
安徽	Anhui	709608	98254	19659	2973	92539	496183
福建	Fujian	511062	68822	13859	4132	60623	363626
江西	Jiangxi	576050	79872	18307	2692	98911	376268
山东	Shandong	1506151	282997	48947	9204	250250	914753
河南	Henan	1232272	146998	30345	5434	166048	883447
湖北	Hubei	849806	121557	31939	6964	177229	512117
湖南	Hunan	912746	130482	27886	4512	160695	589171
广东	Guangdong	1090383	135621	12575	4918	202548	734721
广西	Guangxi	654862	109325	22881	2999	105308	414349
海南	Hainan	111452	10707	3389	488	20734	76134
重庆	Chongqing	355110	47596	12606	1930	52757	240221
四川	Sichuan	1001858	127949	43194	5486	155582	669647
贵州	Guizhou	492604	63652	27170	1633	71317	328832
云南	Yunnan	637172	89855	38730	3518	99475	405594
西藏	Tibet	33728	3038	1447	378	7112	21753
陕西	Shaanxi	565724	96386	23668	2648	84113	358909
甘肃	Gansu	382978	64779	19125	2090	53361	243623
青海	Qinghai	92034	12875	5808	569	16915	55867
宁夏	Ningxia	118268	22541	8572	702	19837	66616
新疆	Xinjiang	387778	57599	30813	2399	65715	231252

注：1.本表中专业技术人员包括社会科学领域专业技术人员及小学教师，但不包括行政机关专业技术人员。

2.分地区数据中不含中央属国有企事业单位人数。

a) The data include the personnel in the social field and the primary teachers, but exclude the personnel in the administration.

b) The regional data exclude the personnel in the state-owned enterprises and institution under the central government.

2-108 技术市场成交额

Transaction Value in Technical Market

单位：万元 (10 000 yuan)

地 区	Region	1998	1999	2000	2001	2002	2003	2004
全 国	**National Total**	**4358228**	**5234123**	**6507519**	**7827489**	**8841713**	**10846728**	**13343630**
北 京	Beijing	815591	921889	1402871	1910065	2211738	2653574	4249975
天 津	Tianjin	200298	220296	262581	306009	363262	420008	450276
河 北	Hebei	139090	153795	94143	46784	60406	67969	72718
山 西	Shanxi	9758	3955	5258	14693	39014	32251	59960
内蒙古	Inner Mongolia	31332	29348	60287	62359	58197	108452	104085
辽 宁	Liaoning	280977	301546	347817	408698	508326	620200	752817
吉 林	Jilin	93167	103498	71390	88543	82921	87292.3	107900
黑龙江	Heilongjiang	152569	157121	152382	111035	120110	121165	125715
上 海	Shanghai	314060	366324	738952	1061603	1202170	1427790	1716963
江 苏	Jiangsu	330684	416683	449568	529165	594873	765163	897855
浙 江	Zhejiang	162275	188496	276275	316652	389438	530353	581465
安 徽	Anhui	39545	48544	61012	64145	75423	87960	90675
福 建	Fujian	69363	80868	172601	136941	128988	166779	141395
江 西	Jiangxi	38332	51444	69299	62724	62891	83323	93661
山 东	Shandong	261922	275121	288135	321938	347650	525682	750850
河 南	Henan	176492	201661	211621	212589	178506	192690	203207
湖 北	Hubei	187596	230161	276000	338597	348603	412538	461700
湖 南	Hunan	220189	246605	286833	293887	323422	369306	408280
广 东	Guangdong	248122	344528	482104	539722	684532	805730	572651
广 西	Guangxi	37021	25344	17741	37753	44406	41808	90955
海 南	Hainan	41533	82407		83990	9134	11978	1885
重 庆	Chongqing	92951	325345	296594	289484	409433	555083	596186
四 川	Sichuan	152000	125931	104150	126311	77524	128686	165640
贵 州	Guizhou	14071	762	620	599	13484	17892	13533
云 南	Yunnan	127222	172339	187742	255279	179496	228718	215555
西 藏	Tibet							
陕 西	Shaanxi	57765	82537	92560	84615	151554	168022	139129
甘 肃	Gansu	28137	25816	26413	27393	54644	77581	119608
青 海	Qinghai	2917	4283		4657	12373	8291	12793
宁 夏	Ningxia	2643	4654	6402	8872	8496	10047	12827
新 疆	Xinjiang	30606	42822	66168	82387	100699	120395	133371

2-109 文化、文物事业单位数（2004年）

Number of Institutions for Culture and Cultural Relics (2004)

单位：个 (unit)

地 区	Region	艺术表演团体 Art Performance Troupes	艺术表演场所 Art Performance Places	文化馆 Cultural Centers	公共图书馆 Public Libraries	博物馆 Museums
全 国	**National Total**	**2580**	**1846**	**2841**	**2720**	**1548**
北 京	Beijing	20	36	21	25	31
天 津	Tianjin	16	29	18	32	17
河 北	Hebei	127	97	162	149	45
山 西	Shanxi	158	45	117	122	88
内蒙古	Inner Mongolia	110	31	102	109	31
辽 宁	Liaoning	70	59	100	126	37
吉 林	Jilin	60	43	66	63	18
黑龙江	Heilongjiang	85	46	128	96	47
上 海	Shanghai	75	177	31	28	24
江 苏	Jiangsu	128	96	102	100	97
浙 江	Zhejiang	78	79	87	84	73
安 徽	Anhui	93	91	100	85	40
福 建	Fujian	94	74	78	83	79
江 西	Jiangxi	76	61	91	104	85
山 东	Shandong	118	95	141	142	72
河 南	Henan	199	155	190	135	76
湖 北	Hubei	98	72	117	104	98
湖 南	Hunan	91	84	125	115	71
广 东	Guangdong	140	69	120	128	143
广 西	Guangxi	119	22	99	96	49
海 南	Hainan	23	18	18	19	16
重 庆	Chongqing	29	20	43	44	15
四 川	Sichuan	84	72	180	137	54
贵 州	Guizhou	26	12	87	90	10
云 南	Yunnan	116	42	134	149	31
西 藏	Tibet	27	29	38	4	2
陕 西	Shaanxi	115	108	109	112	81
甘 肃	Gansu	76	29	84	92	67
青 海	Qinghai	12	1	42	38	16
宁 夏	Ningxia	14	13	19	16	6
新 疆	Xinjiang	87	35	92	92	25

2-110 卫生机构、床位数(2004年)

Number of Health Institutions, Beds and Employed Personnel (2004)

地区	Region	卫生机构数(个) Health Institutions (unit)	#医院 Hospital	#卫生院 Health Center	#门诊部、所 Clinics	#疾病预防控制中心(防疫站) CDC	#妇幼保健院(所站) Maternity and Child Care Centers	医疗机构床位数(张) Beds Total (bed)	#医院、卫生院 Hospital and Health Center
全国	**National Total**	**296492**	**18396**	**42471**	**207933**	**3586**	**2997**	**3250938**	**3046662**
北京	Beijing	4835	503	154	3942	29	19	77141	73593
天津	Tianjin	2560	278	196	1814	24	23	40969	38876
河北	Hebei	17760	818	1974	13726	201	183	157626	147592
山西	Shanxi	9510	877	1633	6199	154	129	107930	102375
内蒙古	Inner Mongolia	7416	472	1359	4669	147	117	66253	61155
辽宁	Liaoning	14230	913	1085	10827	128	116	176886	160553
吉林	Jilin	8219	594	831	4972	76	70	85942	81106
黑龙江	Heilongjiang	8230	867	941	5670	198	150	119463	112071
上海	Shanghai	2551	238	123	1903	22	21	85315	76058
江苏	Jiangsu	13400	995	1493	8175	143	107	186282	177301
浙江	Zhejiang	11937	519	2400	6384	138	88	134491	125231
安徽	Anhui	8973	660	2049	5369	132	116	121716	115066
福建	Fujian	8672	350	966	6618	95	91	80272	73265
江西	Jiangxi	12080	508	1539	9438	117	112	83832	78247
山东	Shandong	16526	1074	1788	11555	176	148	229418	215060
河南	Henan	13821	1123	2059	9482	184	165	207560	197232
湖北	Hubei	9909	566	1209	7068	110	92	137515	128422
湖南	Hunan	14885	762	2578	10722	150	133	147164	137302
广东	Guangdong	15744	904	1487	11833	133	125	198645	183107
广西	Guangxi	9034	449	1322	6695	104	103	91795	85433
海南	Hainan	2515	193	312	1819	30	25	18144	17253
重庆	Chongqing	6539	364	1210	4720	46	44	63288	60565
四川	Sichuan	24605	1144	5369	16934	209	196	189350	180940
贵州	Guizhou	6664	391	1459	4321	106	82	61421	58165
云南	Yunnan	9436	594	1485	6695	150	146	101654	95358
西藏	Tibet	1326	97	667	414	79	55	6411	5928
陕西	Shaanxi	11703	823	1818	8431	126	116	102990	96346
甘肃	Gansu	11404	376	1442	9055	105	100	61439	58029
青海	Qinghai	1439	130	412	631	56	18	15438	15138
宁夏	Ningxia	1483	132	268	921	25	22	16867	15873
新疆	Xinjiang	9086	682	843	6931	193	85	77721	74022

2-111 卫生机构人员数（2004年）

Number of Employed Personnel in Health Institutions(2004)

单位：人 (person)

地 区	Region	人员合计 Total	# 卫生技术人员 Medical Technical Personnel	# 执业(助理)医师 Doctors	# 注册护士 Nurses
全 国	**National Total**	**5353628**	**4389998**	**1904771**	**1307814**
北 京	Beijing	153367	116638	49091	41557
天 津	Tianjin	77548	60521	25208	19585
河 北	Hebei	268399	223745	101070	53573
山 西	Shanxi	174658	147561	68294	40962
内蒙古	Inner Mongolia	120253	101730	50177	26517
辽 宁	Liaoning	270325	212644	92265	72751
吉 林	Jilin	161507	128732	58257	39546
黑龙江	Heilongjiang	190563	149274	63974	44768
上 海	Shanghai	130823	101661	43775	38112
江 苏	Jiangsu	306639	247323	104512	76356
浙 江	Zhejiang	221539	185376	83052	54874
安 徽	Anhui	190763	157993	64483	45048
福 建	Fujian	117937	100502	43586	32687
江 西	Jiangxi	141244	118196	50084	35429
山 东	Shandong	377950	320918	138314	96114
河 南	Henan	356925	284231	109367	74739
湖 北	Hubei	260569	213805	89852	66214
湖 南	Hunan	249619	208948	89934	57820
广 东	Guangdong	348203	283351	113266	92287
广 西	Guangxi	154384	125455	53390	43286
海 南	Hainan	36835	29859	12111	10511
重 庆	Chongqing	93485	77516	36603	20249
四 川	Sichuan	281847	236035	113126	60871
贵 州	Guizhou	90174	76699	36856	21602
云 南	Yunnan	136697	113871	53248	36540
西 藏	Tibet	10260	8569	4356	1849
陕 西	Shaanxi	163850	134591	59683	37476
甘 肃	Gansu	96423	81932	34451	22283
青 海	Qinghai	23005	19637	8635	6200
宁 夏	Ningxia	27335	22897	10698	7100
新 疆	Xinjiang	120502	99788	43053	30908

2-112 城镇社区服务设施基本情况（2004年）

Basic Statistics on Urban Welfare Facilities (2004)

单位：个 (unit)

地 区	Region	城镇社区服务设施数 Number of Urban Welfare Facilities	#社区服务单位个数 Number of Community Service	城镇便民、利民服务网点 Number of Urban Service Points for Civilian
全 国	**National Total**	**198122**	**7804**	**703760**
北 京	Beijing	1970	158	6500
天 津	Tianjin	1976	108	9476
河 北	Hebei	11105	197	19704
山 西	Shanxi	3041	165	11066
内蒙古	Inner Mongolia	6089	202	43052
辽 宁	Liaoning	11678	324	93657
吉 林	Jilin	3294	291	24591
黑龙江	Heilongjiang	6294	466	54237
上 海	Shanghai	9703	89	12007
江 苏	Jiangsu	24376	472	60440
浙 江	Zhejiang	31023	223	43789
安 徽	Anhui	7087	359	22321
福 建	Fujian	3906	281	50146
江 西	Jiangxi	3053	308	8990
山 东	Shandong	10140	389	44770
河 南	Henan	3804	286	14864
湖 北	Hubei	6858	251	27798
湖 南	Hunan	13538	881	41084
广 东	Guangdong	7452	759	9026
广 西	Guangxi	1413	94	3343
海 南	Hainan	418	6	1709
重 庆	Chongqing	1349	78	6641
四 川	Sichuan	7559	380	29699
贵 州	Guizhou	4406	127	11100
云 南	Yunnan	709	51	1537
西 藏	Tibet	47		
陕 西	Shaanxi	7674	236	23711
甘 肃	Gansu	2531	275	17432
青 海	Qinghai	1205		627
宁 夏	Ningxia	1920	80	3657
新 疆	Xinjiang	2504	268	6786

2-113 离休、退休、退职人员年底人数（2004年）

Number of Retired and Resigned Persons at the Year-end (2004)

单位：万人 (10 000 persons)

地区	Region	合计 Total	离休人员 Retired Veterans	退休人员 Retired Persons	退职人员 Resigned Persons	企业 Enterprises	离休人员 Retired Veterans	退休人员 Retired Persons	退职人员 Resigned Persons
全国	**National Total**	**4675.1**	**131.9**	**4465.7**	**77.4**	**3610.1**	**68.1**	**3477.2**	**64.8**
北京	Beijing	183.8	6.2	173.0	4.7	146.6	3.2	139.1	4.4
天津	Tianjin	118.6	2.8	114.3	1.4	99.0	1.7	96.0	1.3
河北	Hebei	200.8	8.5	189.1	3.1	149.0	3.9	142.6	2.6
山西	Shanxi	121.6	6.5	113.9	1.2	93.1	3.0	89.1	0.9
内蒙古	Inner Mongolia	83.5	2.5	79.7	1.2	59.8	1.0	57.7	1.1
辽宁	Liaoning	337.4	10.7	319.8	6.8	287.1	6.6	274.2	6.3
吉林	Jilin	138.3	4.6	131.3	2.3	109.7	2.4	105.4	1.9
黑龙江	Heilongjiang	241.4	8.9	228.0	4.6	197.5	5.0	188.7	3.8
上海	Shanghai	265.9	3.3	259.2	3.4	230.2	1.8	225.1	3.2
江苏	Jiangsu	292.9	6.6	278.5	7.7	235.2	3.2	225.2	6.8
浙江	Zhejiang	166.1	3.1	158.8	4.3	127.4	1.4	122.5	3.6
安徽	Anhui	146.1	5.2	138.6	2.4	107.4	2.6	102.9	2.0
福建	Fujian	86.6	1.7	83.7	1.2	65.4	0.9	63.6	0.9
江西	Jiangxi	129.6	2.4	126.4	0.8	101.4	1.3	99.4	0.7
山东	Shandong	226.1	11.8	209.4	4.8	170.4	5.9	161.1	3.4
河南	Henan	222.6	9.1	210.8	2.6	159.0	3.9	153.0	2.1
湖北	Hubei	250.4	4.6	241.3	4.4	195.9	2.4	189.6	3.9
湖南	Hunan	180.8	3.3	175.8	1.8	134.3	1.7	131.3	1.3
广东	Guangdong	240.1	5.6	233.1	1.5	193.0	2.8	189.2	1.1
广西	Guangxi	109.6	1.7	106.5	1.4	73.6	0.9	71.6	1.1
海南	Hainan	33.2	0.5	31.2	1.5	26.8	0.3	25.1	1.5
重庆	Chongqing	112.8	1.3	109.7	1.8	86.6	0.6	84.4	1.6
四川	Sichuan	241.0	3.1	234.0	3.9	171.1	1.6	166.5	3.0
贵州	Guizhou	77.7	1.8	75.4	0.6	52.3	0.8	51.0	0.4
云南	Yunnan	114.7	3.1	110.6	1.0	79.7	1.5	77.5	0.7
西藏	Tibet	5.5	0.1	5.4		2.7		2.6	
陕西	Shaanxi	119.1	4.3	112.7	2.2	89.1	2.3	85.4	1.5
甘肃	Gansu	73.7	2.2	70.8	0.6	53.1	1.2	51.5	0.4
青海	Qinghai	24.6	0.8	23.4	0.4	16.5	0.3	16.0	0.2
宁夏	Ningxia	20.9	0.7	19.9	0.3	15.2	0.3	14.7	0.1
新疆	Xinjiang	106.6	4.7	98.3	3.5	81.9	3.6	75.2	3.1

注：企业数据不包括民政部门支付离休、退休、退职费的人数。

a) The enterprises data excluded retired and resigned staff and workers under civil administration.

2-114 基本养老保险情况（2004年）

Statistics on Basic Pension Insurance (2004)

地区	Region	年末参加养老保险人数（万人）Contributed in Pension Insurance at the Year-end (10 000 persons)	职工 Number of Employees	#企业（含其他）Enterprise (including others)	离休、退休、退职人员 Number of Retirees	基金收支情况（万元）Revenue and Expenses (10 000 yuan) 基金收入 Revenue	基金支出 Expenses	累计结余 Balance at the Year-end
全国	**National Total**	**16352.9**	**12250.3**	**10903.9**	**4102.6**	**42583805**	**35020985**	**29750178**
北京	Beijing	459.7	311.1	311.1	148.6	1914411	1742381	550671
天津	Tianjin	298.1	195.2	187.9	102.9	1041584	940897	321760
河北	Hebei	683.4	511.4	415.4	172.0	1778813	1391413	1259688
山西	Shanxi	376.7	283.4	283.4	93.3	1092598	760732	1033685
内蒙古	Inner Mongolia	318.8	236.8	209.9	82.0	742027	644593	367475
辽宁	Liaoning	1101.0	767.2	695.1	333.8	2921380	2455725	2022590
吉林	Jilin	439.0	315.9	304.4	123.1	1199905	892448	566448
黑龙江	Heilongjiang	738.1	530.8	473.2	207.3	1719747	1477505	974709
上海	Shanghai	770.9	505.6	442.1	265.3	3260809	3199441	804700
江苏	Jiangsu	1214.1	925.3	839.8	288.8	3139746	2715044	1635858
浙江	Zhejiang	888.0	735.5	670.5	152.4	2369650	1640640	2735712
安徽	Anhui	463.9	345.1	328.6	118.8	981090	869446	390825
福建	Fujian	377.5	293.8	237.8	83.7	851940	744303	572411
江西	Jiangxi	371.8	271.8	250.3	99.9	661077	568184	401099
山东	Shandong	1218.7	986.5	775.9	232.2	2999998	2451440	2294174
河南	Henan	781.1	599.9	522.3	181.1	1695564	1321659	1346003
湖北	Hubei	780.5	585.1	529.7	195.4	1463754	1336899	662980
湖南	Hunan	691.7	506.3	353.8	185.4	1578340	1303399	1032348
广东	Guangdong	1588.8	1368.4	1225.5	220.4	3735659	2335138	5967514
广西	Guangxi	279.3	209.1	209.1	70.2	596850	496606	461552
海南	Hainan	120.0	84.8	65.7	35.2	289287	256022	139432
重庆	Chongqing	283.9	187.0	185.7	96.8	654164	607890	202004
四川	Sichuan	668.0	465.3	419.0	202.7	1889174	1526936	1421675
贵州	Guizhou	174.9	124.8	111.4	50.0	455113	379979	395734
云南	Yunnan	255.3	175.9	165.7	79.4	781673	671232	565080
西藏	Tibet	7.6	4.5	3.4	3.0	50742	50552	-70
陕西	Shaanxi	369.3	266.8	266.8	102.5	871839	758323	316797
甘肃	Gansu	194.5	141.1	135.5	53.5	538257	464417	273958
青海	Qinghai	58.5	42.1	39.1	16.5	191003	165280	36238
宁夏	Ningxia	62.5	47.3	47.3	15.2	197148	133374	221562
新疆	Xinjiang	294.8	207.5	198.6	87.3	906946	711255	735315
不分地区	Not Classified by Region	22.8	18.9		3.9	13517	7832	40251

注：不分地区合计中，包括中国人民银行、中国农业发展银行数。

a) Data in the category of "Not Classified by Region" include data from the People's Bank of China and Agricultural Development Bank of China.

2-115 失业保险情况（2004年底）

Statistics of Unemployment Insurance at the Year-end (2004)

单位：万人 (10 000 persons)

地区	Region	参保人数 Contributors	企业 Enterprises	国有企业 State-owned Enterprises	集体企业 Collective-owned Enterprises	其他企业 Other Enterprises	事业单位 Institutions	领取失业保险金人数 Beneficiaries of Unemployment Insurance
全国	**National Total**	**10583.9**	**8148.4**	**4624.4**	**1067.7**	**2456.4**	**2255.9**	**418.6**
北京	Beijing	308.2	236.7	92.8	12.8	131.1	71.5	3.8
天津	Tianjin	195.1	162.8	95.7	18.5	48.6	32.2	5.1
河北	Hebei	479.0	354.7	237.0	43.8	73.9	122.9	11.0
山西	Shanxi	286.5	240.5	212.6	25.7	2.2	45.6	5.4
内蒙古	Inner Mongolia	222.3	157.5	92.4	12.1	53.0	62.3	5.8
辽宁	Liaoning	616.2	467.3	214.0	120.7	132.5	108.8	81.7
吉林	Jilin	282.2	233.0	189.4	20.5	23.1	48.5	12.2
黑龙江	Heilongjiang	475.8	425.5	322.5	71.8	31.2	49.8	9.7
上海	Shanghai	487.8	365.3	99.4	35.6	230.3	63.4	15.9
江苏	Jiangsu	797.1	640.9	242.9	122.2	275.8	141.6	43.6
浙江	Zhejiang	428.4	321.7	70.4	34.8	216.5	93.0	11.3
安徽	Anhui	371.1	281.3	170.0	53.3	58.0	88.7	26.4
福建	Fujian	266.4	216.7	67.9	21.6	127.2	47.4	9.5
江西	Jiangxi	226.6	152.4	132.3	10.6	9.6	74.0	7.2
山东	Shandong	747.5	586.2	382.7	97.1	106.3	158.8	30.6
河南	Henan	681.6	508.9	336.9	93.9	78.2	167.8	22.3
湖北	Hubei	391.3	284.3	222.5	30.3	31.5	105.7	17.0
湖南	Hunan	380.5	255.4	204.1	26.4	24.8	123.0	9.8
广东	Guangdong	1005.8	883.6	226.7	81.6	575.3	101.3	23.4
广西	Guangxi	226.4	139.0	102.3	12.8	23.9	87.1	9.8
海南	Hainan	57.9	43.6	32.6	3.1	7.9	12.8	2.1
重庆	Chongqing	193.4	154.4	114.3	28.1	12.0	36.4	9.2
四川	Sichuan	398.6	270.6	160.5	21.1	89.0	126.5	12.6
贵州	Guizhou	129.9	89.3	77.1	5.3	6.9	40.6	1.2
云南	Yunnan	173.2	117.0	73.0	15.4	28.6	55.0	10.5
西藏	Tibet	6.7	2.8	2.8			3.9	
陕西	Shaanxi	325.5	251.9	198.0	28.8	25.1	71.3	7.2
甘肃	Gansu	161.0	120.6	98.4	13.4	8.8	39.9	4.3
青海	Qinghai	33.1	21.6	16.7	0.7	4.2	11.1	1.2
宁夏	Ningxia	36.4	25.9	22.9	1.2	1.8	10.4	1.2
新疆	Xinjiang	192.4	137.0	113.5	4.5	19.0	54.5	7.7

2-116 基本医疗保险情况（2004年）

Statistics of Basic Medical Insurance (2004)

地 区	Region	年末参保人数（万人） Contributors at the Year-end (10 000 persons)			基金收支情况（万元） Revenue and Expenses (10 000 yuan)		
		合 计 Total	职 工 Employees	离休、退休、退职人员 Retirees	基金收入 Revenue	基金支出 Expenses	累计结余 Balance at the Year-end
全 国	**National Total**	**12403.6**	**9044.5**	**3359.2**	**11405404**	**8622033**	**9579263**
北 京	Beijing	483.9	342.2	141.7	891937	738977	398395
天 津	Tianjin	263.0	158.2	104.8	250348	271713	37189
河 北	Hebei	472.5	363.6	108.9	355074	259166	320295
山 西	Shanxi	295.5	231.6	63.9	181600	112576	165537
内蒙古	Inner Mongolia	274.2	196.1	78.1	151678	117963	128347
辽 宁	Liaoning	783.7	536.4	247.3	537173	398076	469468
吉 林	Jilin	270.0	202.4	67.5	148304	102069	125081
黑龙江	Heilongjiang	544.1	392.5	151.7	346652	268091	227814
上 海	Shanghai	714.1	453.3	260.9	1342929	1194508	614405
江 苏	Jiangsu	976.7	715.1	261.6	944043	693545	770454
浙 江	Zhejiang	569.2	418.9	150.3	675963	450489	837107
安 徽	Anhui	362.2	264.5	97.7	223822	161902	196432
福 建	Fujian	285.9	216.5	69.5	339672	223036	409555
江 西	Jiangxi	250.4	184.6	65.8	124295	91977	85060
山 东	Shandong	771.9	618.4	153.5	621722	492401	452003
河 南	Henan	590.0	453.3	136.8	332443	247596	346191
湖 北	Hubei	466.8	334.4	132.5	343653	221146	346472
湖 南	Hunan	477.0	343.1	133.9	342424	272123	261437
广 东	Guangdong	1034.2	865.2	168.9	1175526	763125	1668845
广 西	Guangxi	272.2	194.4	77.8	216535	152101	209420
海 南	Hainan	78.6	56.3	22.3	48979	42674	31572
重 庆	Chongqing	206.3	130.2	76.2	156063	77031	117320
四 川	Sichuan	587.6	391.0	196.5	474898	334719	493471
贵 州	Guizhou	152.6	108.6	44.0	89114	65664	79334
云 南	Yunnan	302.3	212.8	89.6	325085	270985	244803
西 藏	Tibet	7.1	4.3	2.8	12534	14706	5201
陕 西	Shaanxi	325.6	238.7	86.8	217089	152582	160347
甘 肃	Gansu	165.8	125.2	40.6	108013	85995	65974
青 海	Qinghai	60.2	40.7	19.5	66389	50826	66817
宁 夏	Ningxia	55.6	41.0	14.6	43312	34113	40954
新 疆	Xinjiang	304.4	211.2	93.2	318135	260158	203963

2-117 婚姻登记和离婚情况(2004年)

Number of Marriages and Divorces(2004)

地区	Region	结婚登记对数(万对) Total Number of Registered Marriages (10 000 couples)	内地居民登记结婚 Registered Marriages of Mainland	初婚(万人) First Marriages (10 000 persons)	再婚(万人) Remarriages (10 000 persons)	涉外及港澳台居民登记结婚 Registered Marriages with Foreigner and the Citizen of Hong Kong, Macao, Taiwan	离婚(万对) Divorces (10 000 couples)	离婚率(‰) Divorce Rate (‰)
全国	**National Total**	**867.1**	**860.8**	**1569.6**	**152.0**	**6.40**	**166.5**	**2.5**
北京	Beijing	12.6	12.5	21.4	3.6	0.10	3.3	
天津	Tianjin	7.7	7.7	13.2	2.2	0.04	1.8	
河北	Hebei	57.5	57.5	104.2	10.8	0.02	7.7	
山西	Shanxi	16.2	16.1	30.2	2.0	0.01	2.7	
内蒙古	Inner Mongolia	14.8	14.8	26.9	2.7	0.02	3.7	
辽宁	Liaoning	29.3	29.0	49.7	8.4	0.25	10.7	
吉林	Jilin	17.7	17.5	30.0	5.0	0.20	7.1	
黑龙江	Heilongjiang	23.8	23.5	41.0	6.0	0.28	9.3	
上海	Shanghai	12.5	12.2	20.3	4.2	0.26	3.6	
江苏	Jiangsu	51.6	51.5	94.0	9.0	0.14	9.1	
浙江	Zhejiang	39.9	39.5	72.2	6.8	0.45	6.9	
安徽	Anhui	45.1	45.0	85.5	4.5	0.09	5.3	
福建	Fujian	29.5	27.9	52.9	3.0	1.55	4.3	
江西	Jiangxi	29.6	29.4	56.0	2.8	0.17	4.0	
山东	Shandong	75.9	75.9	138.7	13.0	0.09	8.9	
河南	Henan	50.6	50.5	95.6	5.4	0.14	8.7	
湖北	Hubei	38.1	37.9	70.6	5.2	0.25	7.0	
湖南	Hunan	42.6	42.3	78.2	6.3	0.30	8.1	
广东	Guangdong	62.1	61.2	117.4	5.1	0.91	7.3	
广西	Guangxi	34.4	34.1	64.9	3.3	0.32	4.0	
海南	Hainan	3.9	3.8	6.9	0.6	0.10	0.5	
重庆	Chongqing	19.0	18.9	30.7	7.1	0.16	6.6	
四川	Sichuan	44.3	44.0	75.8	12.2	0.27	13.1	
贵州	Guizhou	22.4	22.3	41.5	3.1	0.07	3.7	
云南	Yunnan	26.4	26.4	48.7	4.1	0.06	4.3	
西藏	Tibet	0.5	0.5	0.9			0.1	
陕西	Shaanxi	20.6	20.5	37.1	3.9	0.05	4.1	
甘肃	Gansu	12.1	12.1	22.5	1.7	0.01	2.1	
青海	Qinghai	3.0	3.0	5.5	0.5		0.8	
宁夏	Ningxia	4.1	4.0	7.4	0.7		0.8	
新疆	Xinjiang	19.3	19.3	29.7	8.9	0.02	6.8	

2-118 废水排放及处理情况（2004年）

Discharge and Treatment of Industrial Waste Water (2004)

地 区	Region	废水治理设施数(套) Number of Facilities for Treatment of Waste Water (set)	工业废水排放总量(万吨) Total Volume of Waste Water Discharge (10 000 tons)	#直接排入海 Volume of Waste Water Directly Discharged into Sea	工业废水排放达标量(万吨) Industrial Waste Water Meeting Discharge Standards (10 000 tons)	生活污水排放量(万吨) Comsumption Waste Water Discharge (10 000 tons)
全 国	**National Total**	**66252**	**2211425**	**140668**	**2005680**	**2612669.0**
北 京	Beijing	555	12617		12442	85446
天 津	Tianjin	959	22628	3161	22482	26043
河 北	Hebei	4046	127386	4449	122817	79350
山 西	Shanxi	2384	31393		28135	62345
内蒙古	Inner Mongolia	657	22848		13968	29720
辽 宁	Liaoning	1987	91810	38728	86234	103447
吉 林	Jilin	647	33568		26668	53355
黑龙江	Heilongjiang	1173	45190		42339	69150
上 海	Shanghai	1711	56359	17702	54255	136966
江 苏	Jiangsu	4366	263538	2095	256210	202573
浙 江	Zhejiang	5541	165274	4415	158556	116052
安 徽	Anhui	1470	64054		62076	84262
福 建	Fujian	5037	115228	53720	111989	77740
江 西	Jiangxi	1220	54949		48720	65143
山 东	Shandong	4037	128706	10729	124839	135308
河 南	Henan	3404	117328		109909	133324
湖 北	Hubei	1992	97451		83591	135178
湖 南	Hunan	3027	123126		102990	126881
广 东	Guangdong	7206	164728	2757	138162	376989
广 西	Guangxi	2260	122731	448	106282	96045
海 南	Hainan	274	6894	2464	6464	26161
重 庆	Chongqing	1205	83031		77560	52487
四 川	Sichuan	4148	119223		103048	122497
贵 州	Guizhou	1695	16119		9374	39568
云 南	Yunnan	1848	38402		28697	39901
西 藏	Tibet	10	993			3508
陕 西	Shaanxi	1721	36833		33737	38977
甘 肃	Gansu	760	18293		13390	26878
青 海	Qinghai	92	3544		2223	10743
宁 夏	Ningxia	370	9510		7676	14263
新 疆	Xinjiang	450	17671		10847	42369

2-119 废气排放及处理情况（2004年）

Emission and Treatment of Industrial Waste Gas (2004)

地 区	Region	工业废气排放总量（亿标立方米） Total Volume of Industrial Waste Gas Emission (100 million cu.m)	废气治理设施数(套) Number of Facilities for Treatment of Waste Gas (set)	工业二氧化硫排放量（万吨） Volume of Sulphur Dioxide Emission by Industry (10 000 tons)	生活二氧化硫排放量（万吨） Volume of Sulphur Dioxide Emission by Consumption (10 000 tons)	工业烟尘排放量（万吨） Volume of Industrial Soot Emission (10 000 tons)	生活烟尘排放量（万吨） Volume of Consumption Soot Emission (10 000 tons)
全 国	**National Total**	**237696**	**144973**	**1891.4**	**363.5**	**886.5**	**208.5**
北 京	Beijing	3198	2403	12.5	6.6	2.9	4.1
天 津	Tianjin	3058	3063	20.1	2.6	6.9	1.6
河 北	Hebei	21696	10834	121.5	21.3	54.2	18.2
山 西	Shanxi	13351	7283	109.3	32.2	87.7	21.4
内蒙古	Inner Mongolia	13518	3434	103.4	14.5	50.0	16.2
辽 宁	Liaoning	13015	7169	64.9	18.2	39.0	18.9
吉 林	Jilin	4316	3026	21.6	6.9	25.8	8.1
黑龙江	Heilongjiang	4968	3788	29.5	7.8	42.9	9.9
上 海	Shanghai	8834	3085	35.0	12.4	5.3	6.5
江 苏	Jiangsu	17818	8437	118.3	5.7	39.8	1.7
浙 江	Zhejiang	11749	10909	78.9	2.5	20.8	1.1
安 徽	Anhui	5934	3383	43.9	5.1	22.1	3.5
福 建	Fujian	5020	5299	31.0	1.6	9.7	1.3
江 西	Jiangxi	3972	2210	46.9	5.0	20.9	1.0
山 东	Shandong	20357	10037	154.4	27.7	45.8	11.8
河 南	Henan	13103	9307	111.3	14.3	70.5	6.2
湖 北	Hubei	8838	4195	60.8	8.4	27.3	3.3
湖 南	Hunan	5527	4861	71.2	16.1	45.2	7.9
广 东	Guangdong	12543	10128	112.8	2.0	25.2	0.9
广 西	Guangxi	10656	5078	89.7	4.7	53.8	0.9
海 南	Hainan	634	400	2.2	0.1	1.0	0.1
重 庆	Chongqing	3541	2046	64.1	15.4	12.5	7.9
四 川	Sichuan	7466	5475	109.9	16.6	76.2	10.3
贵 州	Guizhou	4182	4377	60.0	71.5	18.5	13.7
云 南	Yunnan	4940	4090	40.0	7.8	13.8	4.6
西 藏	Tibet	16	19	0.1		0.2	
陕 西	Shaanxi	4374	4079	70.6	11.2	28.6	8.9
甘 肃	Gansu	3690	2359	43.8	4.6	12.3	3.5
青 海	Qinghai	1238	573	6.4	0.9	5.6	2.0
宁 夏	Ningxia	2338	1278	26.0	3.3	7.9	1.6
新 疆	Xinjiang	3806	2348	31.5	16.6	14.2	11.8

2-120 工业固体废物产生及处理利用情况（2004年）

Production, Treatment and Utilization of Industrial Solid Wastes (2004)

地 区	Region	工业固体废物产生量（万吨） Volume of Industrial Solid Wastes Produced (10 000 tons)	#危险废物 Hazardous Wastes	工业固体废物综合利用量（万吨） Volume of Industrial Solid Wasts Utilized (10 000 tons)	工业固体废物贮存量（万吨） Volume of Industrial Solid Wastes in Stocks (10 000 tons)	工业固体废物处置量（万吨） Volume of Industrial Solid Wastes Treated (10 000 tons)	工业固体废物排放量（吨） Volume of Industrial Solid Wastes Discharged (ton)	#危险废物 Hazardous Wastes	"三废"综合利用产品产值（万元） Output Value of Products Made from Utilization of Waste Gas, Water & Solid Wastes (10 000 yuan)
全 国	**National Total**	**120030**	**995**	**67796**	**26012**	**26635**	**17619510**	**11469.6**	**5733245.8**
北 京	Beijing	1303	4	973	101	236	99133		83306.9
天 津	Tianjin	753	6	782		21			54689.4
河 北	Hebei	16765	13	7525	4216	5054	393126		274722.4
山 西	Shanxi	10167	8	4499	804	4339	6194218		204540.9
内蒙古	Inner Mongolia	4702	39	1498	2573	603	893580		79749.8
辽 宁	Liaoning	8879	47	3552	2324	3006	116481		252058.6
吉 林	Jilin	2026	8	1067	924	93	10186		134482.3
黑龙江	Heilongjiang	3170	12	2411	262	505	12		161756.7
上 海	Shanghai	1811	36	1778	7	44	190		130401.7
江 苏	Jiangsu	4673	86	4596	227	156	611		566708.9
浙 江	Zhejiang	2318	20	2037	16	265	44281	0.8	567621.3
安 徽	Anhui	3767	9	2979	333	495	546		155963.0
福 建	Fujian	3361	7	2240	77	1052	57628		110676.6
江 西	Jiangxi	6524	4	1669	777	4141	117286		146192.2
山 东	Shandong	7922	65	7189	585	424	3241		644596.0
河 南	Henan	5140	10	3574	928	958	41857		238666.1
湖 北	Hubei	3266	13	2358	758	150	92434		432036.5
湖 南	Hunan	3269	30	2215	719	309	897358	1084.0	185322.0
广 东	Guangdong	2609	58	2312	228	327	159277	848.2	304539.1
广 西	Guangxi	3291	126	1953	1090	123	1318307		181118.5
海 南	Hainan	112		74	36	2	184		5243.5
重 庆	Chongqing	1489	43	1093	269	62	1179686	4506.0	79932.1
四 川	Sichuan	5847	17	3407	1970	394	1208880	1.2	243711.5
贵 州	Guizhou	4560	156	1838	1402	1267	2166193		79277.9
云 南	Yunnan	4053	21	1633	1484	903	551034	0.4	194583.2
西 藏	Tibet	14		6		2	57700		
陕 西	Shaanxi	3820	4	831	1893	1083	323461	14.0	44156.3
甘 肃	Gansu	2139	50	713	1132	289	570000	15.0	73646.1
青 海	Qinghai	508	63	103	405		60516		4977.0
宁 夏	Ningxia	645		335	71	236	34069		26852.8
新 疆	Xinjiang	1129	39	557	400	95	1028036	5000.0	71716.5

2-121 环境污染与破坏事故情况（2004年）

Environment Pollution and Destruction Accidents (2004)

地区	Region	环境污染与破坏事故次数(次) Number of Pollution and Destruction Accidents (time)	水污染 Water Pollution	大气污染 Air Pollution	固体废物污染 Solid Wastes Pollution	噪声与振动危害 Noise and Vibration Pollution	其他 Others	污染直接经济损失(万元) Direct Economic Losses (10 000 yuan)	污染事故赔、罚款总额(万元) Reparations and Fines on Pollution Accidents (10 000 yuan)
全国	**National Total**	**1441**	**753**	**569**	**47**	**36**	**36**	**36365.7**	**3963.9**
北京	Beijing								
天津	Tianjin	1		1				0.3	0.9
河北	Hebei	5	2	3				1.3	11.3
山西	Shanxi	16	5	11				68.1	61.1
内蒙古	Inner Mongolia	11	7	3	1			337.4	378.7
辽宁	Liaoning	19	10	7	2			579.4	364.4
吉林	Jilin	1	1					0.8	
黑龙江	Heilongjiang	57	46	7		3	1	31.1	24.6
上海	Shanghai	7	6	1				8	6.6
江苏	Jiangsu	50	34	13	2		1	64.1	77.7
浙江	Zhejiang	80	50	27	2		1	421.6	103.1
安徽	Anhui	55	28	21		6		655.1	92.5
福建	Fujian	7	2	1			4	56	36.7
江西	Jiangxi	55	37	9	5	3	1	56.9	66.2
山东	Shandong	88	10	76	1		1	160.5	121.7
河南	Henan	19	6	10	1	2		70.3	88.3
湖北	Hubei	63	38	20	2	1	2	320.9	197.6
湖南	Hunan	235	131	84	5	11	4	314.1	604
广东	Guangdong	42	27	11			4	207	11.8
广西	Guangxi	218	83	132	2		1	416.4	274
海南	Hainan	10	6	2			2	41.9	46.9
重庆	Chongqing	4	1	2	1			2.2	10.0
四川	Sichuan	81	43	34	3	1		22119.6	730.2
贵州	Guizhou	43	30	9	4			38.2	56.7
云南	Yunnan	124	57	57	5	2	3	10103.2	273.9
西藏	Tibet	1			1			0.6	
陕西	Shaanxi	41	26	5	1	3	6	61.9	96.4
甘肃	Gansu	89	54	19	9	4	3	110.8	119.9
青海	Qinghai	3	2	1				1.6	1.3
宁夏	Ningxia	3	1	2				5.2	5.0
新疆	Xinjiang	13	10	1			2	111.2	102.4

2-122　主要城市空气质量指标（2004年）

Ambient Air Quality in Main Cities (2004)

单位：毫克/立方米 (milligram/cu.m)

城　市 City	可吸入颗粒物 (PM_{10}) Paticulate Matters	二氧化硫 (SO_2) Sulphur Dioxide	二氧化氮 (NO_2) Nitrogen Dioxide	空气质量达到及好于二级的天数（天） Days of Air Quality Equal to or Above Grade II (days)
北　京 Beijing	0.149	0.055	0.071	229
天　津 Tianjin	0.111	0.073	0.052	299
石家庄 Shijiazhuang	0.123	0.087	0.042	279
太　原 Taiyuan	0.175	0.087	0.022	224
呼和浩特 Hohhot	0.080	0.045	0.038	311
沈　阳 Shenyang	0.137	0.052	0.035	301
长　春 Dalian	0.085	0.013	0.032	345
哈尔滨 Harbin	0.113	0.042	0.060	298
上　海 Shanghai	0.099	0.055	0.062	311
南　京 Nanjing	0.121	0.045	0.055	295
杭　州 Hangzhou	0.110	0.049	0.055	292
合　肥 Hefei	0.110	0.013	0.017	313
福　州 Fuzhou	0.074	0.010	0.041	358
南　昌 Nanchang	0.099	0.057	0.029	330
济　南 Jinan	0.149	0.045	0.038	210
郑　州 Zhengzhou	0.111	0.057	0.037	298
武　汉 Wuhan	0.130	0.048	0.054	247
长　沙 Changsha	0.140	0.084	0.033	219
广　州 Guangzhou	0.099	0.077	0.073	304
南　宁 Nanning	0.078	0.061	0.034	348
海　口 Haikou	0.033	0.007	0.013	366
重　庆 Chongqing	0.142	0.113	0.067	243
成　都 Chengdu	0.115	0.067	0.048	309
贵　阳 Guiyang	0.083	0.094	0.024	337
昆　明 Kunming	0.085	0.069	0.040	351
拉　萨 Lhasa	0.052	0.003	0.020	358
西　安 Xi'an	0.142	0.049	0.033	260
兰　州 Lanzhou	0.172	0.071	0.045	204
西　宁 Xining	0.127	0.024	0.027	280
银　川 Yinchuan	0.122	0.054	0.040	323
乌鲁木齐 Urumqi	0.114	0.102	0.058	258

2-123 主要城市道路交通噪声监测情况（2004年）

Monitoring of Urban Road Traffic Noise in Key Cities (2004)

城 市	City	路段总长度（米）Total Length of Roads (m)	超标路段（米）Roads with Excess Noise (m)	路段超标率（%）Percentage of Roads with Excess Noise (%)	路段平均宽度（米）Average Width of Roads (m)	平均车流量（辆/小时）Average Traffic Volume (car/hour)	噪声均值（LeqdBA）Average Noise Value (LeqdBA)
北 京	Beijing	589642	251187	42.6	36.3	5705	69.6
天 津	Tianjin	267941	46086	17.2	28.2	2307	68.0
石家庄	Shijiazhuang	179402	33369	18.6	28.8	1596	67.5
太 原	Taiyuan	138000	35052	25.4			68.0
呼和浩特	Hohhot	82649	29836	36.1	30.0	1994	69.4
沈 阳	Shenyang	144000	6768	4.7	33.7	2381	68.2
长 春	Changchun	123604	22867	18.5	30.6	2760	68.3
哈尔滨	Harbin	120200	28127	23.4	17.0	2262	68.2
上 海	Shanghai	210540	158326	75.2	20.0	2364	72.3
南 京	Nanjing	171122	66909	39.1	30.3	1958	69.3
杭 州	Hangzhou	188955	39303	20.8	16.3	2020	67.9
合 肥	Hefei	94021	3761	4.0	38.9	2118	67.8
福 州	Fuzhou	111230	17463	15.7	22.9	2366	68.4
南 昌	Nanchang	67500	25718	38.1	31.2	3038	69.7
济 南	Jinan	196374	75408	38.4	43.3	2621	69.1
郑 州	Zhengzhou	84115	28599	34.0	43.5	2064	67.7
武 汉	Wuhan	249800	142886	57.2	19.9	2290	70.0
长 沙	Changsha	93900	51739	55.1	29.4	2754	69.9
广 州	Guangzhou	248064	82109	33.1	24.0	3473	69.3
南 宁	Nanning	102000	50694	49.7	19.8	3310	69.7
海 口	Haikou	107280	15985	14.9	34.2	2729	67.8
重 庆	Chongqing	337600	79336	23.5	16.2	1725	68.1
成 都	Chengdu	321212	84479	26.3	44.3	2845	68.5
贵 阳	Guiyang	54300	21611	39.8	36.4	2785	69.5
昆 明	Kunming	91494	28821	31.5	30.0	2026	68.0
拉 萨	Lhasa	52950			18.7	747	63.8
西 安	Xi'an	204017	25706	12.6	24.3	2701	68.0
兰 州	Lanzhou	125396	35989	28.7	20.0	1538	68.9
西 宁	Xining	83420	55558	66.6	19.1	1746	70.6
银 川	Yinchuan	94380	42377	44.9	31.0	1860	69.9
乌鲁木齐	Urumqi	211600	111302	52.6	42.9	1775	69.7

2-124 自然保护基本情况（2004年）

Basic Situation of Natural Protection (2004)

地区	Region	自然保护区 Nature Reserves			珍稀濒危动物繁殖场（个）Number of Farms to Breed Rare or Endangered Animals (unit)	珍稀植物引种栽培场（个）Cultivating Farms of Rare Plants (unit)	生态示范区建设试点地区和单位（个）Number of Experimental Units and Region of Ecological Demonstration Zones(unit)	已批准国家级生态示范区（个）Number of Approved the National-level Ecological Demonstration Zones (unit)
		个数（个）Number of Nature Reserves (unit)	面积（万公顷）Area of Nature Reserves (10 000 hectares)	占辖区面积比重（%）Percentage of Nature Reserves in the Region (%)				
全国	**National Total**	**2194**	**14822.8**	**14.8**	**313**	**127**	**528**	**166**
北京	Beijing	18	12.7	7.5	7		7	3
天津	Tianjin	9	16.5	14.5			7	2
河北	Hebei	26	47.1	2.5			36	5
山西	Shanxi	39	107.6	6.9		2	26	7
内蒙古	Inner Mongolia	187	1582.5	13.4	4	2	15	4
辽宁	Liaoning	82	306.2	12.0	48	1	21	11
吉林	Jilin	33	220.5	12.2			10	6
黑龙江	Heilongjiang	162	424.5	9.3	77	22	23	15
上海	Shanghai	4	9.4	14.8			1	1
江苏	Jiangsu	25	69.2	6.7	10	2	51	30
浙江	Zhejiang	49	26.7	2.6	3	4	23	14
安徽	Anhui	31	54.2	4.2	6	4	30	9
福建	Fujian	90	50.7	3.1	5		13	4
江西	Jiangxi	128	83.1	5.0	4	5	33	5
山东	Shandong	70	77.5	4.7			34	12
河南	Henan	32	75.7	4.5	16	3	24	8
湖北	Hubei	52	102.8	5.5	6	18	12	6
湖南	Hunan	84	102.8	4.9	1	5	29	6
广东	Guangdong	256	329.9	4.5	32	6	13	3
广西	Guangxi	69	142.7	5.9	46	5	11	3
海南	Hainan	68	280.7	5.3	1		1	1
重庆	Chongqing	48	87.7	10.7	2	4	3	1
四川	Sichuan	131	774.2	15.9	8	11	35	4
贵州	Guizhou	127	96.1	5.5	2	1	12	1
云南	Yunnan	193	408.8	10.4	23	21	21	2
西藏	Tibet	38	4097.1	34.1			4	
陕西	Shaanxi	46	100.5	4.9	2	4	16	
甘肃	Gansu	50	870.3	19.1	8	4	4	
青海	Qinghai	8	2060.8	28.6			2	
宁夏	Ningxia	13	51.4	9.9		2	3	1
新疆	Xinjiang	26	2152.9	13.5	2	1	8	2

Chapter 3

第三章

地级统计资料

Statistics of Prefecture

3-1 土地面积和人口情况（2004年）

Land Area and Population (2004)

地 区	Region	土地面积 (平方公里) Land Area (sq.km)	年末总人口 (万人) Total Population (year-end) (10000 persons)	男性人口 Male	女性人口 Female	出生人口 (人) Birth Population (person)	死亡人口 (人) Death Population (person)	年末总户数 (万户) Total Households (year-end) (10000)
北京市	**Beijing**	**16411**	**1162.9**	**587.2**	**575.7**	**65811**	**62167**	**439.8**
东城区	Dongcheng District	25	62.2	30.8	31.4	2736	3442	22.4
西城区	Xicheng District	32	77.1	38.5	38.6	3605	3591	27.0
崇文区	Chongwen District	17	36.9	18.4	18.5	1294	2204	13.7
宣武区	Xuanwu District	19	53.5	26.9	26.6	2153	3741	19.9
朝阳区	Chaoyang District	455	165.7	84.0	81.7	9194	7594	63.5
丰台区	Fengtai District	306	93.2	47.4	45.8	5090	5004	37.0
石景山区	Shijingshan District	84	34.5	18.1	16.4	1575	1869	12.4
海淀区	Haidian District	431	184.1	94.5	89.6	9956	6106	58.5
门头沟区	Mentougou District	1451	23.7	12.3	11.4	1535	1951	10.3
房山区	Fangshan District	1990	75.2	37.8	37.4	5036	4553	30.0
通州区	Tongzhou District	906	62.0	30.7	31.3	3789	4305	27.5
顺义区	Shunyi District	1020	55.4	27.4	28.0	3240	3624	22.7
昌平区	Changping District	1344	46.9	23.6	23.3	3362	2608	18.8
大兴区	Daxing District	1036	55.8	28.0	27.8	3992	2739	20.3
怀柔区	Huairou District	2123	27.2	13.7	13.5	2193	1582	11.6
平谷区	Pinggu District	950	39.4	19.8	19.6	2094	2437	15.1
密云县	Miyun County	2229	42.6	21.4	21.2	3092	3117	17.4
延庆县	Yanqing County	1994	27.5	13.9	13.6	1875	1700	11.7
天津市	**Tianjin**	**11920**	**932.6**	**470.6**	**462.0**	**76925**	**59071**	**316.6**
和平区	Heping District	168	47.1	23.1	24.0	1619	2959	13.5
河东区	Hedong District		67.8	34.1	33.6	3121	4173	24.7
河西区	Hexi District		73.0	36.2	36.8	3330	5002	25.7
南开区	Nankai District		79.1	40.1	39.0	3318	4213	27.6
河北区	Hebei District		61.8	31.2	30.6	2646	4129	22.4
红桥区	Hongqiao District		55.0	27.8	27.2	2448	3594	20.1
塘沽区	Tanggu District	758	48.2	24.8	23.3	3819	2902	17.2
汉沽区	Hangu District	442	16.9	8.6	8.3	1698	1331	6.3
大港区	Dagang District	1056	34.9	18.2	16.7	3965	1302	13.0
东丽区	Dongli District	479	31.3	15.7	15.6	3139	2793	12.2
西青区	Xiqing District	564	30.9	15.4	15.6	3377	2288	11.6
津南区	Jinnan District	389	37.5	18.8	18.8	4149	2836	13.5
北辰区	Beichen District	478	32.3	16.2	16.1	3404	2390	12.1
武清区	Wuqing District	1573	81.1	40.7	40.4	9177	5809	25.0
宝坻区	Baodi District	1510	65.2	32.9	32.3	6671	4012	19.9
宁河县	Ninghe County	1431	36.3	18.4	17.9	4624	2253	11.0
静海县	Jinghai County	1480	51.6	26.3	25.3	7900	3569	17.0
蓟县	Ji County	1590	80.3	40.9	39.4	8255	3412	23.2
其他	Others		2.4	1.2	1.2	265	104	0.9
河北省	**Hebei**	**187693**	**6808.8**	**3479.6**	**3329.1**	**835984**	**448166**	**1960.0**
石家庄市	Shijiazhuang City	15848	917.6	463.8	453.8	112257	66172	253.2
唐山市	Tangshan City	13472	710.1	361.0	349.1	76574	43991	218.2
秦皇岛市	Qinhuangdao City	7523	275.8	141.1	134.7	27146	20342	90.1
邯郸市	Handan City	12062	863.4	439.4	423.9	105532	40537	223.2
邢台市	Xingtai City	12486	672.0	342.1	329.9	93031	41522	180.0
保定市	Baoding City	20584	1088.3	551.5	536.8	145876	58418	303.5
张家口市	Zhangjiakou City	36873	449.8	234.8	215.0	45199	34115	156.7

3-1 续表 1 continued

地 区	Region	土地面积 (平方公里) Land Area (sq.km)	年末总人口 (万人) Total Population (year-end) (10000 persons)	男性人口 Male	女性人口 Female	出生人口 (人) Birth Population (person)	死亡人口 (人) Death Population (person)	年末总户数 (万户) Total Households (year-end) (10000)
承德市	Chengde City	39548	361.7	188.2	173.5	45639	38272	113.7
沧州市	Cangzhou City	14053	679.4	345.4	334.0	83842	46128	193.1
廊坊市	Langfang City	6429	389.8	198.0	191.8	35694	17596	108.9
衡水市	Hengshui City	8815	414.3	209.5	204.8	65194	41073	119.4
其他	Others							
山西省	**Shanxi**	**156300**	**3335.1**	**1712.2**	**1622.9**	**412215**	**203773**	**903.2**
太原市	Taiyuan City	6988	341.4	173.6	167.8	31700	16300	90.6
大同市	Datong City	14112	309.7	159.0	150.7	40919	17400	100.1
阳泉市	Yangquan City	4570	129.6	66.1	63.5	14236	7870	42.9
长治市	Changzhi City	13896	321.7	164.4	157.3	37763	20393	86.6
晋城市	Jincheng City	9490	219.7	111.5	108.3	22568	15059	64.5
朔州市	Shuozhou City	10676	149.7	77.1	72.6	20727	9484	45.1
晋中市	Jinzhong City	16404	306.6	158.0	148.6	34171	21070	100.6
运城市	Yuncheng City	13968	495.3	253.4	241.9	64611	30843	129.5
忻州市	Xinzhou City	25500	301.9	156.8	145.1	40673	21417	93.0
临汾市	Linfen City	20275	409.2	210.0	199.2	54387	24096	116.1
吕梁市	Luliang City	21095	350.4	182.4	167.9	49108	19078	97.1
内蒙古自治区	**Inner Mongolia**	**1183000**	**2384.4**	**1229.9**	**1154.5**	**227003**	**142442**	**748.5**
呼和浩特市	Hohhot City	17200	254.4	132.1	122.3	23800	15074	84.0
包头市	Baotou City	27700	240.8	124.3	116.5	22523	13374	82.5
乌海市	Wuhai City	1700	45.9	23.8	22.1	4372	2353	16.1
赤峰市	Chifeng City	85400	441.6	226.9	214.7	43724	27968	130.3
通辽市	Tongliao City	59500	310.9	158.4	152.5	30386	17892	87.3
鄂尔多斯市	Erdos City	86800	146.7	77.4	69.3	14901	8073	47.9
呼伦贝尔市	Hulunbuir City	253000	271.2	139.0	132.2	24399	15581	85.8
巴彦淖尔市	Bayannur City	64400	172.4	88.4	84.0	16725	9903	56.3
乌兰察布市	Ulanqab City	54500	219.3	114.6	104.7	18613	14286	71.7
兴安盟	Xingan League	59800	160.5	82.6	78.0	15929	10570	47.2
锡林郭勒盟	Xilingol League	202600	99.6	51.4	48.2	9713	6218	31.9
阿拉善盟	Alxa League	270400	21.1	11.0	10.1	1918	1150	7.4
其他	Others							
辽宁省	**Liaoning**	**147500**	**4172.8**	**2117.3**	**2055.5**	**318682**	**270259**	**1380.2**
沈阳市	Shenyang City	13000	693.9	348.5	345.4	47795	47605	230.5
大连市	Dalian City	12600	561.6	283.5	278.1	34124	48285	193.4
鞍山市	Anshan City	9300	346.9	176.4	170.6	29991	23705	110.8
抚顺市	Fushun City	10900	224.9	113.4	111.4	12672	15150	78.1
本溪市	Benxi City	8500	156.6	79.1	77.5	10117	9352	53.6
丹东市	Dandong City	15000	241.0	121.8	119.2	17331	14808	76.2
锦州市	Jinzhou City	10300	307.8	155.7	152.1	25196	20099	101.3
营口市	Yingkou City	5400	229.9	117.8	112.1	17198	10976	77.0
阜新市	Fuxin City	10400	192.8	97.0	95.8	16224	14025	61.8
辽阳市	Liaoyang City	4800	182.4	93.3	89.2	13855	10258	63.5
盘锦市	Panjin City	4100	124.8	63.5	61.3	10393	6072	42.7
铁岭市	Tieling City	13000	300.4	153.5	146.9	27830	16726	97.2
朝阳市	Chaoyang City	19700	336.9	173.5	163.4	29444	19149	104.6
葫芦岛市	Huludao City	10500	273.0	140.3	132.6	26512	14049	89.5

3-1 续表 2 continued

地 区	Region	土地面积 (平方公里) Land Area (sq.km)	年末总人口 (万人) Total Population (year-end) (10000 persons)	男性人口 Male	女性人口 Female	出生人口 (人) Birth Population (person)	死亡人口 (人) Death Population (person)	年末总户数 (万户) Total Households (year-end) (10000)
吉林省	**Jilin**	**189072**	**2662.0**	**1352.0**	**1310.0**	**224586**	**156106**	**823.9**
长春市	Changchun City	20571	724.1	367.5	356.6	64439	34353	210.8
吉林市	Jilin City	27120	429.1	217.8	211.2	34490	41632	134.7
四平市	Siping City	14080	327.7	166.9	160.8	27712	14056	102.8
辽源市	Liaoyuan City	5139	124.0	63.3	60.6	9322	7412	40.2
通化市	Tonghua City	15195	226.4	115.2	111.2	19342	12601	70.2
白山市	Baishan City	17485	130.7	66.8	63.9	8674	6403	47.5
松原市	Songyuan City	21090	280.8	142.6	138.2	27824	11614	79.1
白城市	Baicheng City	25692	201.6	102.7	98.9	18309	14473	67.2
延边朝鲜族自治州	Yanbian Korean A.P	42700	217.7	109.2	108.5	14474	13562	71.4
其他	Others							
黑龙江省	**Heilongjiang**	**454817**	**3816.8**	**1937.8**	**1879.0**	**376471**	**208340**	**1198.4**
哈尔滨市	Harbin City	53068	970.2	492.6	477.6	84758	53581	299.5
齐齐哈尔市	Qiqihar City	42469	552.0	281.0	270.9	61777	36954	173.9
鸡西市	Jixi City	22488	194.1	98.7	95.5	14691	10462	66.6
鹤岗市	Hegang City	14680	109.8	55.7	54.1	9550	5544	40.2
双鸭山市	Shuangyashan City	22036	151.2	76.9	74.3	14051	7108	52.7
大庆市	Daqing City	21219	262.2	132.9	129.3	24278	11827	83.9
伊春市	Yichun City	32760	129.6	65.4	64.2	9052	6326	46.4
佳木斯市	Jiamusi City	32704	247.3	125.5	121.8	28053	9864	79.9
七台河市	Qitaihe City	6222	88.1	45.7	42.5	8557	3580	28.5
牡丹江市	Mudanjiang City	40583	270.3	136.5	133.8	21162	14084	89.8
黑河市	Heihe City	66802	174.1	89.1	85.0	14206	7210	57.5
绥化市	Suihua City	34964	557.8	284.0	273.8	50152	16000	159.9
大兴安岭地区	Daxinganling Prefecture	64822	53.7	27.6	26.0	3839	2575	18.4
其他	Others					7588	7143	
上海市	**Shanghai**	**6341**	**1352.4**	**680.4**	**672.0**	**80852**	**96502**	**490.6**
黄浦区	Huangpu District	12	61.1	30.7	30.4	2838	5219	20.6
卢湾区	Luwan District	8	32.4	16.1	16.3	1409	2711	11.5
徐汇区	Xuhui District	55	88.9	44.7	44.3	4587	5817	32.0
长宁区	Changning District	38	62.2	31.3	30.9	2803	3994	21.6
静安区	Jingan District	8	31.6	15.5	16.1	1359	2578	11.0
普陀区	Putuo District	55	85.2	42.9	42.3	4331	6361	31.2
闸北区	Zhabei District	29	70.7	35.7	35.0	3204	5716	25.8
虹口区	Hongkou District	23	78.9	39.4	39.5	3566	6220	28.5
杨浦区	Yangpu District	61	108.4	55.9	52.5	4405	7490	38.1
闵行区	Minhang District	372	78.6	40.2	38.4	7024	5260	29.8
宝山区	Baoshan District	415	86.8	45.0	41.8	5551	5963	32.7
嘉定区	Jiading District	459	52.0	25.9	26.1	4137	3790	17.6
浦东新区	Pudong New District	523	180.9	91.2	89.7	12370	12477	66.7
金山区	Jinshan District	586	52.6	26.3	26.3	3925	3480	17.3
松江区	Songjiang District	605	51.4	25.4	26.0	3406	3435	17.0
青浦区	Qingpu District	676	45.6	22.8	22.8	3408	2886	15.0
南汇区	Nanhui District	688	70.8	35.0	35.8	5492	4457	28.2
奉贤区	Fengxian District	687	51.1	25.1	25.9	3536	3302	20.8
崇明县	Chongming County	1041	63.3	31.2	32.0	3501	5346	25.5
其他	Others							

3-1 续表 3 continued

地 区	Region	土地面积 (平方公里) Land Area (sq.km)	年末总人口 (万人) Total Population (year-end) (10000 persons)	男性人口 Male	女性人口 Female	出生人口 (人) Birth Population (person)	死亡人口 (人) Death Population (person)	年末总户数 (万户) Total Households (year-end) (10000)
江苏省	**Jiangsu**	**102600**	**7432.5**	**3766.0**	**3666.5**	**701100**	**534200**	**2359.5**
南京市	Nanjing City	6582	583.6	299.7	283.9	44678	31452	190.8
无锡市	Wuxi City	4788	447.2	224.7	222.5	34567	30338	150.7
徐州市	Xuzhou City	11258	916.9	471.4	445.5	60786	42775	285.0
常州市	Changzhou City	4375	349.0	175.3	173.6	27992	24266	121.6
苏州市	Suzhou City	8488	598.9	296.3	302.5	47501	40814	205.9
南通市	Nantong City	8001	773.8	385.0	388.8	50863	58808	277.5
连云港市	Lianyungang City	7500	468.8	243.5	225.3	74212	31953	134.4
淮安市	Huaian City	10072	524.1	269.0	255.1	59628	27889	158.3
盐城市	Yancheng City	14983	798.3	409.6	388.6	70723	51584	273.7
扬州市	Yangzhou City	6634	454.3	229.3	225.0	40505	38240	156.7
镇江市	Zhenjiang City	3847	267.2	135.1	132.1	20419	22323	99.4
泰州市	Taizhou City	5791	502.8	256.7	246.1	38000	38192	169.9
宿迁市	Suqian City	8555	521.4	268.0	253.4	72655	30229	142.9
浙江省	**Zhejiang**	**101800**	**4577.2**	**2345.3**	**2232.0**	**501200**	**269500**	**1509.3**
杭州市	Hangzhou City	16596	651.7	332.6	319.1	60346	34344	204.5
宁波市	Ningbo City	9365	552.7	278.8	273.9	49192	36558	207.0
温州市	Wenzhou City	11784	746.2	389.8	356.4	102203	40358	215.5
嘉兴市	Jiaxing City	3915	333.9	166.5	167.5	25004	22292	99.4
湖州市	Huzhou City	5818	257.2	130.3	127.0	20876	17030	82.1
绍兴市	Shaoxing City	8256	434.7	219.8	214.9	41698	28183	155.2
金华市	Jinhua City	10918	451.7	232.5	219.2	58550	25465	164.8
衢州市	Quzhou City	8841	245.6	128.8	116.8	29226	18891	79.5
舟山市	Zhoushan City	1440	96.9	48.7	48.2	6465	6201	35.7
台州市	Taizhou City	9411	555.9	286.9	269.0	75969	32927	183.9
丽水市	Lishui City	17298	250.7	130.7	120.0	32159	14170	81.7
安徽省	**Anhui**	**139387**	**6460.8**	**3359.0**	**3101.8**	**794146**	**420238**	**1794.7**
合肥市	Hefei City	7029	444.7	233.8	210.9	48153	20951	129.6
芜湖市	Wuhu City	3317	224.6	116.5	108.1	20137	15534	72.6
蚌埠市	Bengbu City	5800	347.0	179.7	167.3	54885	37542	92.3
淮南市	Huainan City	2585	233.6	122.3	111.2	30038	13141	65.9
马鞍山市	Maanshan City	1686	124.4	64.4	60.0	11827	8215	37.4
淮北市	Huaibei City	2725	209.4	107.2	102.1	23466	10699	57.5
铜陵市	Tongling City	1113	71.6	37.0	34.6	7665	3907	22.3
安庆市	Anqing City	15398	604.2	312.5	291.7	60222	41415	161.1
黄山市	Huangshan City	9807	146.4	75.2	71.2	11866	10553	47.2
滁州市	Chuzhou City	13600	433.5	223.9	209.7	75568	46745	124.0
阜阳市	Fuyang City	9775	918.7	478.1	440.6	127459	51365	241.1
宿州市	Suzhou City	9787	599.6	307.1	292.6	74820	33300	150.2
巢湖市	Chaohu City	9394	454.0	236.6	217.3	42061	23204	130.5
六安市	Liuan City	17976	675.1	356.6	318.6	85882	40899	193.7
亳州市	Bozhou City	8800	545.7	285.4	260.3	72091	31288	140.3
池州市	Chizhou City	8272	155.4	80.1	75.3	16510	10399	45.1
宣城市	Xuancheng City	12323	273.0	142.6	130.4	31496	21081	84.0
其他	Others							

3-1 续表 4 continued

地 区	Region	土地面积 (平方公里) Land Area (sq.km)	年末总人口 (万人) Total Population (year-end) (10000 persons)	男性人口 Male	女性人口 Female	出生人口 (人) Birth Population (person)	死亡人口 (人) Death Population (person)	年末总户数 (万户) Total Households (year-end) (10000)
福建省	**Fujian**	**121400**	**3511.0**	**1808.0**	**1703.0**	**405242**	**196672**	**1097.2**
福州市	Fuzhou City		660.0	328.0	332.0	74354	35532	209.5
厦门市	Xiamen City		220.0	112.2	107.8	21850	9614	78.9
莆田市	Putian City		279.0	136.2	142.8	34965	16650	77.1
三明市	Sanming City		263.0	134.9	128.1	30187	14962	83.0
泉州市	Quanzhou City		756.0	378.8	377.2	85956	39962	227.0
漳州市	Zhangzhou City		468.0	240.6	227.4	54988	27028	137.6
南平市	Nanping City		287.0	149.0	138.0	34093	16903	90.8
龙岩市	Longyan City		273.0	136.2	136.8	32972	17167	83.5
宁德市	Ningde City		305.0	162.0	143.0	35872	18848	88.7
江西省	**Jiangxi**	**166900**	**4283.6**	**2206.5**	**2077.1**	**581215**	**255803**	**1223.9**
南昌市	Nanchang City	7402	448.5	227.5	221.0	60062	23882	127.4
景德镇市	Jingdezhen City	5256	152.8	77.9	74.9	20908	8564	46.5
萍乡市	Pingxiang City	3827	181.1	93.7	87.4	23414	10659	50.6
九江市	Jiujiang City	18797	463.2	237.0	226.2	64206	27484	131.2
新余市	Xinyu City	3178	111.0	57.0	53.9	14114	6144	37.1
鹰潭市	Yingtan City	3557	107.6	56.6	50.9	15229	6617	29.5
赣州市	Ganzhou City	39380	812.6	422.2	390.4	117082	50884	224.9
吉安市	Jian City	25259	466.5	240.4	226.1	66417	28604	135.2
宜春市	Yichun City	18669	530.4	274.9	255.6	75476	32898	159.3
抚州市	Fuzhou City	18817	378.8	201.4	177.4	53741	22735	107.0
上饶市	Shangrao City	22791	631.1	317.9	313.2	87720	37693	175.2
山东省	**Shandong**	**156724**	**9180.0**	**4651.8**	**4511.6**	**967858**	**511269**	**2766.7**
济南市	Jinan City	8177	590.1	297.3	292.8	60670	38158	173.2
青岛市	Qingdao City	11154	731.1	369.3	361.8	79341	49230	235.3
淄博市	Zibo City	5938	415.0	208.9	206.1	42888	24490	135.1
枣庄市	Zaozhuang City	4550	365.1	189.3	175.7	31294	14294	106.9
东营市	Dongying City	7923	178.8	90.9	87.9	19505	7371	56.8
烟台市	Yantai City	13746	646.8	325.5	321.3	50465	41323	224.9
潍坊市	Weifang City	15859	850.7	430.6	420.1	84695	49866	254.0
济宁市	Jining City	10685	802.3	410.9	391.4	90244	42496	221.6
泰安市	Taian City	7762	549.9	279.2	270.8	69509	33332	164.2
威海市	Weihai City	5436	248.4	125.4	122.9	15440	18029	88.5
日照市	Rizhao City	5310	280.5	142.2	138.3	30180	14262	94.9
莱芜市	Laiwu City	2246	124.3	63.2	61.0	13904	7054	41.0
临沂市	Linyi City	17184	1015.0	519.3	495.7	109561	51352	309.0
德州市	Dezhou City	10356	549.3	277.5	271.8	69243	30192	156.2
聊城市	Liaocheng City	8715	566.5	286.3	280.1	57691	28792	160.8
滨州市	Binzhou City	9445	368.9	186.2	182.7	45772	22833	108.1
菏泽市	Heze City	12239	880.7	449.7	431.0	97456	38195	236.2
河南省	**Henan**	**167000**	**9717.0**	**5000.0**	**4717.0**	**1130000**	**630000**	**2623.8**
郑州市	Zhengzhou City	7446	650.4	332.7	317.7	54370	28483	176.0
开封市	Kaifeng City	6444	474.9	243.1	231.8	47179	24656	122.6
洛阳市	Luoyang City	15200	638.4	328.5	309.9	61783	34685	176.0
平顶山市	Pingdingshan City	7882	490.4	255.7	234.7	50153	26399	131.9
安阳市	Anyang City	7413	531.1	269.9	261.2	53478	28620	147.4

3-1　续表 5　continued

地　区	Region	土地面积 (平方公里) Land Area (sq.km)	年末总人口 (万人) Total Population (year-end) (10000 persons)	男性人口 Male	女性人口 Female	出生人口 (人) Birth Population (person)	死亡人口 (人) Death Population (person)	年末总户数 (万户) Total Households (year-end) (10000)
鹤壁市	Hebi City	2182	143.2	73.7	69.5	14349	8441	42.0
新乡市	Xinxiang City	8169	549.6	279.4	270.2	51700	26454	150.4
焦作市	Jiaozuo City	4071	340.0	173.4	166.6	32437	18511	87.8
濮阳市	Puyang City	4266	356.4	182.4	174.0	35868	17383	89.5
许昌市	Xuchang City	4996	448.6	232.6	216.0	44665	26028	121.7
漯河市	Luohe City	2617	251.7	128.4	123.3	24756	12554	69.6
三门峡市	Sanmenxia City	10496	221.4	114.6	106.8	19025	11650	66.2
南阳市	Nanyang City	26600	1069.5	560.3	509.2	115505	66613	299.3
商丘市	Shangqiu City	10704	813.6	416.6	397.0	77904	45329	214.0
信阳市	Xinyang City	19541	783.7	411.2	372.6	85080	50047	226.5
周口市	Zhoukou City	11959	1065.3	546.4	518.8	107857	59614	267.9
驻马店市	Zhumadian City	15083	830.7	431.4	399.3	88803	50614	217.4
其他	Others	1931	65.6	33.3	32.3	6015	3103	17.7
湖北省	**Hubei**	**185900**	**6016.1**	**3129.6**	**2886.5**	**506600**	**362300**	**1749.3**
武汉市	Wuhan City	8494	785.9	405.9	380.0	53787	73587	245.2
黄石市	Huangshi City	4583	251.8	132.2	119.6	20254	10965	62.1
十堰市	Shiyan City	23680	341.8	181.3	160.5	33036	26679	107.4
宜昌市	Yichang City	21084	398.5	205.7	192.9	26739	24562	136.8
襄樊市	Xiangfan City	19724	578.8	298.1	280.7	42753	23493	176.2
鄂州市	Ezhou City	1504	105.3	55.1	50.2	10141	5835	34.0
荆门市	Jingmen City	12404	298.4	152.3	146.1	22274	13126	86.4
孝感市	Xiaogan City	8910	507.2	262.4	244.8	40757	22164	141.6
荆州市	Jingzhou City	14067	636.6	329.5	307.2	44567	28700	184.4
黄冈市	Huanggang City	17446	726.3	381.0	345.3	54620	34252	200.6
咸宁市	Xianning City	9861	277.0	144.6	132.4	26175	15673	77.7
随州市	Suizhou City	9636	257.7	132.7	125.0	17421	10951	71.2
恩施土家族苗族自治州	Enshi Tujia & Miao A.P	24061	382.7	200.3	182.4	43985	32169	111.8
其他	Others	10417	403.4	211.2	192.2	30000	21610	114.1
湖南省	**Hunan**	**211829**	**6697.7**	**3470.8**	**3227.0**	**796400**	**455400**	**1991.3**
长沙市	Changsha City	11800	610.4	313.8	296.6	66043	43276	180.1
株洲市	Zhuzhou City	11300	373.8	192.4	181.5	43253	25085	106.5
湘潭市	Xiangtan City	5000	282.8	145.9	136.9	31902	19599	87.0
衡阳市	Hengyang City	15300	719.0	377.9	341.1	90156	50039	202.3
邵阳市	Shaoyang City	20800	739.7	387.7	352.0	93054	49782	207.9
岳阳市	Yueyang City	14900	529.4	276.3	253.0	60028	36313	167.4
常德市	Changde City	18200	601.1	308.8	292.3	54455	40451	203.7
张家界市	Zhangjiajie City	9500	157.3	81.5	75.8	20668	11089	53.3
益阳市	Yiyang City	12100	458.6	236.2	222.3	44525	30769	139.0
郴州市	Chenzhou City	19400	457.7	239.0	218.7	54925	30529	140.5
永州市	Yongzhou City	22300	571.8	301.2	270.7	60155	38426	159.7
怀化市	Huaihua City	27600	495.3	257.4	237.9	62456	32986	145.0
娄底市	Loudi City	8100	405.1	212.2	192.9	52785	27547	126.9
湘西土家族苗族自治州	West Hunan Tujia A.P	15500	266.6	138.0	128.6	36475	17598	72.1
其他	Others							
广东省	**Guangdong**	**179129**	**7804.8**	**4025.9**	**3778.9**	**1067300**	**416200**	**2065.9**
广州市	Guangzhou City	7434	737.7	378.0	359.7	69928	41961	226.0

3-1 续表 6 continued

地 区	Region	土地面积 (平方公里) Land Area (sq.km)	年末总人口 (万人) Total Population (year-end) (10000 persons)	男性人口 Male	女性人口 Female	出生人口 (人) Birth Population (person)	死亡人口 (人) Death Population (person)	年末总户数 (万户) Total Households (year-end) (10000)
韶关市	Shaoguan City	18385	316.9	164.4	152.5	34376	14876	90.9
深圳市	Shenzhen City	1953	165.1	87.6	77.6	19749	2335	52.0
珠海市	Zhuhai City	1688	86.2	44.1	42.1	8600	2500	24.3
汕头市	Shantou City	2064	487.5	245.6	242.0	54090	24043	107.2
佛山市	Foshan City	3849	350.9	176.2	174.7	35751	19477	104.0
江门市	Jiangmen City	9451	385.5	195.5	190.0	32421	25057	118.6
湛江市	Zhanjiang City	12471	715.9	377.7	338.3	93300	25954	182.2
茂名市	Maoming City	11458	670.6	351.5	319.1	82791	21710	175.5
肇庆市	Zhaoqing City	14856	394.1	203.2	190.9	41945	20715	101.8
惠州市	Huizhou City	11158	293.2	149.9	143.3	30239	13188	76.9
梅州市	Meizhou City	15908	496.9	255.8	241.1	49819	25823	125.5
汕尾市	Shanwei City	5271	311.7	162.3	149.4	54605	11738	63.6
河源市	Heyuan City	15826	333.2	170.7	162.5	36616	13112	87.5
阳江市	Yangjiang City	7813	262.8	139.9	122.9	29024	12623	70.5
清远市	Qingyuan City	19160	391.3	203.4	187.8	41531	23757	104.0
东莞市	Dongguan City	2465	162.0	82.3	79.7	17312	7814	45.5
中山市	ZhongShan City	1800	139.4	69.9	69.6	14767	8366	38.8
潮州市	Chaozhou City	3100	249.6	127.2	122.4	23923	14651	59.4
揭阳市	Jieyang City	5240	601.8	309.0	292.7	101704	28467	136.6
云浮市	Yunfu City	7779	262.0	136.9	125.1	29993	14602	73.1
广西壮族自治区	**Guangxi**	**236661**	**4889.0**	**2559.0**	**2330.0**	**650000**	**300000**	**1285.0**
南宁市	Nanning City	22112	648.9	339.4	309.5	79420	28764	175.1
柳州市	Liuzhou City	18617	354.5	184.9	169.6	50582	15179	97.3
桂林市	Guilin City	27809	493.9	256.8	237.1	63341	33078	144.5
梧州市	Wuzhou City	12588	302.7	159.5	143.2	92828	29039	86.1
北海市	Beihai City	3337	147.9	77.6	70.2	18461	8458	39.6
防城港市	Fangchenggang City	6181	79.8	43.7	36.2	18779	5988	23.0
钦州市	Qinzhou City	10843	344.0	184.5	159.5	76653	15621	79.3
贵港市	Guigang City	10606	475.5	248.3	227.2	65231	15159	127.2
玉林市	Yulin City	12838	595.5	315.4	280.1	74521	34047	153.5
百色市	Baise City	36201	371.7	191.4	180.3	51740	24037	87.5
贺州市	Hezhou City	11855	209.6	109.8	99.7	28195	8727	50.4
河池市	Hechi City	33508	383.0	197.0	186.0	48578	19690	99.2
来宾市	Laibin City	13411	245.1	128.4	116.8	39170	12356	65.0
崇左市	Chongzuo City	17351	229.7	119.0	110.7	25084	11589	57.8
海南省	**Hainan**	**35354**	**805.9**	**422.7**	**383.2**	**148857**	**37559**	**197.7**
海口市	Haikou City	2305	143.1	73.6	69.4	19855	4876	39.6
三亚市	Sanya City	1919	50.8	26.0	24.7	7396	1907	12.2
其他	Others	31130	612.1	323.1	289.0	121606	30776	145.9
重庆市	**Chongqing**	**82403**	**3144.2**	**1637.2**	**1507.1**	**337200**	**234400**	**988.6**
万州区	Wanzhou District	3457	169.7	87.3	82.4	16244	10191	55.4
涪陵区	Fuling District	2941	111.6	57.3	54.3	9410	8116	37.2
渝中区	Yuzhong District	23	59.9	30.0	30.0	2752	4670	19.4
大渡口区	Dadukou District	103	21.3	10.7	10.6	1126	1172	7.7
江北区	Jiangbei District	214	48.9	24.9	24.0	4443	4792	16.5
沙坪坝区	Shapingba District	396	72.7	36.8	35.9	4678	4959	22.9

3-1 续表 7 continued

地 区	Region	土地面积 (平方公里) Land Area (sq.km)	年末总人口 (万人) Total Population (year-end) (10000 persons)	男性人口 Male	女性人口 Female	出生人口 (人) Birth Population (person)	死亡人口 (人) Death Population (person)	年末总户数 (万户) Total Households (year-end) (10000)
九龙坡区	Jiulongpo District	432	76.2	38.8	37.3	5742	5440	26.2
南岸区	Nanan District	261	52.7	26.8	25.9	3797	3462	17.6
北碚区	Beibei District	755	65.1	33.1	31.9	3637	5351	21.4
万盛区	Wansheng District	566	26.7	13.4	13.3	2184	1820	8.0
双桥区	Shuangqiao District	43	4.7	2.4	2.3	551	319	1.6
渝北区	Yubei District	1456	84.8	43.6	41.2	7097	5281	30.5
巴南区	Banan District	1825	85.8	44.4	41.3	7722	8083	29.6
黔江区	Qianjiang District	2402	50.2	26.6	23.7	6542	6120	15.0
长寿区	Changshou District	1424	87.5	45.2	42.3	7745	5974	28.7
其他	Others	66105	2126.7	1116.0	1010.7	253530	158650	650.8
四川省	**Sichuan**	**485000**	**8595.3**	**4460.0**	**4135.3**	**813580**	**582074**	**2606.1**
成都市	Chengdu City	12400	1059.7	538.2	521.5	71601	62426	350.5
自贡市	Zigong City	4300	315.8	162.7	153.1	28902	22439	96.3
攀枝花市	Panzhihua City	7400	107.0	55.8	51.2	11352	5828	32.1
泸州市	Luzhou City	12200	474.0	247.1	226.9	50032	42319	136.4
德阳市	Deyang City	5900	381.0	196.8	184.2	26165	27957	126.6
绵阳市	Mianyang City	20200	529.1	275.7	253.4	53473	51533	168.2
广元市	Guangyuan City	16300	303.9	157.2	146.7	29395	27529	93.4
遂宁市	Suining City	5300	380.0	197.2	182.8	32375	17265	114.5
内江市	Neijiang City	5300	420.7	217.1	203.6	38349	25398	135.6
乐山市	Leshan City	12800	347.7	178.0	169.7	29001	24059	109.0
南充市	Nanchong City	12400	724.8	380.7	344.1	60213	51574	220.5
眉山市	Meishan City	7100	340.8	175.2	165.6	29820	22284	103.8
宜宾市	Yibin City	13200	517.9	271.4	246.5	51020	31549	146.4
广安市	Guangan City	6300	452.8	238.6	214.2	40879	25723	130.2
达州市	Dazhou City	16200	637.1	335.7	301.4	82875	41042	187.2
雅安市	Yaan City	14000	153.4	79.2	74.2	18129	11340	48.1
巴中市	Bazhong City	12300	361.1	187.9	173.2	33581	23206	98.9
资阳市	Ziyang City	7900	488.0	254.0	234.0	43255	31906	156.9
阿坝藏族羌族自治州	Aba Zang & Qiang A.P	83400	84.8	43.7	41.1	10918	6139	21.6
甘孜藏族自治州	Ganzi Zang A.P	150000	91.4	46.4	45.0	11625	7218	20.7
凉山彝族自治州	Liangshan Yi A.P	60100	424.3	221.4	202.9	60620	23340	109.2
贵州省	**Guizhou**	**176152**	**3903.7**	**2022.2**	**1881.5**	**586100**	**246800**	**998.0**
贵阳市	Guiyang City	8034	347.8	179.0	168.8	39507	27086	93.4
六盘水市	Liupanshui City	9914	295.5	154.9	140.7	47219	18136	78.5
遵义市	Zunyi City	30762	723.0	374.2	348.8	101336	45120	188.1
安顺市	Anshun City	9264	256.2	132.7	123.5	39792	15933	65.2
铜仁地区	Tongren Prefecture	18003	384.3	202.0	182.3	67323	28474	98.3
黔西南布依族苗族自治州	Southwest Guizhou Buyi & Miao A.P	16804	304.2	156.8	147.4	39246	16069	74.9
毕节地区	Bijie Prefecture	26853	714.3	371.4	342.9	91866	33138	178.5
黔东南苗族侗族自治州	Southeast Guizhou Miao & Dong A.P	30337	424.3	224.7	199.6	66608	25433	104.3
黔南布依族苗族自治州	South Guizhou Buyi & Miao A.P	26197	381.7	197.6	184.0	41859	21087	98.3
云南省	**Yunnan**	**394139**	**4415.2**	**2284.1**	**2131.1**	**686000**	**290000**	**1117.1**
昆明市	Kunming City	21582	502.9	259.1	243.8	69000	34000	148.8
曲靖市	Qujing City	29855	575.7	302.9	272.8	90000	34000	150.1
玉溪市	Yuxi City	15285	208.6	105.4	103.2	31000	14000	59.6

3-1 续表 8 continued

地 区	Region	土地面积 (平方公里) Land Area (sq.km)	年末总人口 (万人) Total Population (year-end) (10000 persons)	男性人口 Male	女性人口 Female	出生人口 (人) Birth Population (person)	死亡人口 (人) Death Population (person)	年末总户数 (万户) Total Households (year-end) (10000)
保山市	Baoshan City	19637	241.1	123.3	117.8	36000	17000	60.3
昭通市	Zhaotong City	23021	524.3	274.1	250.2	96000	37000	130.4
丽江市	Lijiang City	21219	112.7	57.9	54.8	19000	9000	29.9
思茅市	Simao City	45385	236.4	124.1	112.3	34000	15000	60.5
临沧市	Lincang City	24469	218.3	114.0	104.3	36000	15000	52.6
楚雄彝族自治州	Chuxiong Yi A.P	29258	256.2	132.3	123.9	36000	16000	66.2
红河哈尼族彝族自治州	Honghe Hani & Yi A.P	32931	404.3	208.2	196.1	64000	26000	107.6
文山壮族苗族自治州	Wenshan Zhuang & Miao A.P	32239	335.5	174.8	160.7	57000	24000	79.2
西双版纳傣族自治州	Xishuangbanna Dai A.P	19700	87.6	44.5	43.1	14000	6000	23.6
大理白族自治州	Dali Bai A.P	29459	338.3	172.1	166.2	48000	20000	102.5
德宏傣族景颇族自治州	Dehong Dai & Jingpo A.P	11526	105.9	53.6	52.3	18000	7000	25.3
怒江傈僳族自治州	Nujiang Lisu A.P	14703	48.0	24.8	23.2	8000	4000	12.3
迪庆藏族自治州	Diqing Zang A.P	23870	33.8	17.3	16.5	6000	3000	8.1
西藏自治区	**Tibet**	**1202369**	**263.4**	**131.6**	**131.8**			**54.6**
拉萨市	Lhasa City	29539						
昌都地区	Qamdu Prefecture	108872						
山南地区	Lhokha Prefecture	79288						
日喀则地区	Xigaze Prefecture	182066						
那曲地区	Narqu Prefecture	391817						
阿里地区	Ngri Prefecture	296823						
林芝地区	Nyingchi Prefecture	113965						
其他	Others							
陕西省	**Shaanxi**	**205795**	**3705.0**	**1904.0**	**1801.0**	**373587**	**226333**	**1029.3**
西安市	Xian City	10108	725.0	374.2	350.8	66276	42319	199.3
铜川市	Tongchuan City	3890	84.3	44.3	40.0	9330	4014	24.2
宝鸡市	Baoji City	18143	369.2	191.4	177.8	53251	27939	102.7
咸阳市	Xianyang City	10196	489.8	255.2	234.5	51357	21990	130.4
渭南市	Weinan City	13046	536.8	273.4	263.4	56132	43453	150.3
延安市	Yanan City	37030	208.8	109.6	99.2	20668	10108	61.8
汉中市	Hanzhong City	27101	374.0	196.8	177.2	35365	27234	111.7
榆林市	Yulin City	43070	336.8	175.3	161.5	33340	10635	92.8
安康市	Ankang City	23529	295.0	158.5	136.4	22883	17672	86.1
商洛市	Shangluo City	19586	240.6	127.6	113.0	23743	19868	66.7
其他	Others	94	14.2	7.7	6.5	1242	1101	3.3
甘肃省	**Gansu**	**454774**	**2618.8**	**1354.4**	**1264.4**	**277789**	**130438**	**654.4**
兰州市	Lanzhou City	13103	305.1	156.0	149.1	30509	18249	88.1
嘉峪关市	Jiayuguan City	1351	18.0	9.7	8.3	1652	510	5.2
金昌市	Jinchang City	7569	46.3	24.2	22.1	2994	1573	13.7
白银市	Baiyin City	20164	174.9	90.3	84.6	26174	11164	44.6
天水市	Tianshui City	14312	347.8	179.1	168.7	41655	15154	80.8
武威市	Wuwei City	32517	193.1	99.8	93.3	16236	5913	47.6
张掖市	Zhangye City	39437	127.8	65.6	62.2	11855	6736	36.6
平凉市	Pingliang City	11197	222.9	114.8	108.2	25471	12244	56.2
酒泉市	Jiuquan City	193974	97.2	50.7	46.5	9991	4092	29.3
庆阳市	Qingyang City	27220	256.7	132.7	124.0	24345	9822	63.1
定西市	Dingxi City	19646	297.0	153.8	143.2	32392	16973	70.3

3-1 续表 9 continued

地 区	Region	土地面积 (平方公里) Land Area (sq.km)	年末总人口 (万人) Total Population (year-end) (10000 persons)	男性人口 Male	女性人口 Female	出生人口 (人) Birth Population (person)	死亡人口 (人) Death Population (person)	年末总户数 (万户) Total Households (year-end) (10000)
陇南市	Longnan City	27857	270.9	142.8	128.1	23395	15015	62.8
临夏回族自治州	Linxia Hui A.P	8117	193.7	100.4	93.3	21594	8655	40.8
甘南藏族自治州	Gannan Zang A.P	38312	67.4	34.7	32.8	9526	4338	15.2
青海省	**Qinghai**	**722300**	**498.5**	**255.8**	**242.7**	**71069**	**25268**	**126.4**
西宁市	Xining City	7597	183.3	93.4	89.9	26998	11702	48.9
海东地区	Haidong Prefecture	13708	148.5	77.0	71.5	18951	7108	35.2
海北藏族自治州	Haibei Zang A.P	32569	27.0	14.0	13.0	3398	1208	6.8
海南藏族自治州	Hainan Zang A.P	39998	39.6	20.1	19.4	5613	1202	9.7
黄南藏族自治州	Huangnan Zang AP	18823	21.5	10.8	10.7	2942	728	4.9
果洛藏族自治州	Golog Zang A.P	75339	14.5	7.4	7.1	4598	1041	3.4
玉树藏族自治州	Yushu Zang A.P	191178	28.3	14.3	14.0	4071	1223	6.1
海西蒙古族藏族自治州	Haixi Mongolian & Zang A.P	325785	36.0	18.8	17.3	4498	1056	11.6
宁夏回族自治区	**Ningxia**	**66402**	**587.7**	**301.8**	**285.9**	**93257**	**27971**	**157.2**
银川市	Yinchuan City	9491	137.8	69.9	67.9	15857	5620	43.8
石嘴山市	Shizuishan City	5310	72.6	37.4	35.2	8421	3718	22.4
吴忠市	Wuzhong City	21437	123.8	63.4	60.5	21992	5584	33.1
固原市	Guyuan City	14422	151.3	78.6	72.7	30022	8003	33.5
中卫市	Zhongwei City	15743	102.2	52.6	49.6	17429	4268	24.4
新疆维吾尔自治区	**Xinjiang**	**1664897**	**1963.1**	**1008.0**	**955.1**	**258050**	**85816**	**554.7**
乌鲁木齐市	Urumqi City	11384	186.0	96.3	89.6	14631	9870	58.0
克拉玛依市	Karamay City	8654	25.4	13.2	12.2	1812	769	8.9
石河子市	Shihezi City	460	64.3	33.0	31.3	4008	2594	22.9
吐鲁番地区	Turpan Prefecture	67563	58.0	29.5	28.5	7797	1803	16.3
哈密地区	Hami Prefecture	142095	52.6	26.9	25.7	5175	2065	16.7
昌吉回族自治州	Changji Hui A.P	77639	156.4	80.5	76.0	16131	5314	50.5
博尔塔拉蒙古自治州	Bortala Mongolian A.P	24934	45.2	23.3	21.9	5665	1348	15.1
巴音郭楞蒙古自治州	Bayingolin Mongolian A.P	470954	114.9	59.8	55.1	12847	4510	37.2
阿克苏地区	Aksu Prefecture	131341	222.8	115.7	107.1	30758	8142	58.3
克孜勒苏柯尔克孜自治州	Kizilsu Kirgiz A.P	72468	46.8	24.0	22.9	5919	2419	11.0
喀什地区	Kashi Prefecture	139480	361.5	184.3	177.2	61230	22035	87.5
和田地区	Hotan Prefecture	249147	177.2	90.7	86.5	32140	10219	44.4
伊犁哈萨克自治州	Ili Kazak A.P	56382	255.7	130.4	125.3	39901	8721	70.5
塔城地区	Tacheng Prefecture	94698	96.6	49.4	47.2	10854	3074	29.3
阿勒泰地区	Altay Prefecture	117699	62.3	31.9	30.4	9182	2933	17.5
阿拉尔市	Alar City							
图木舒克市	Tumxuk City							
五家渠市	Wujiaqu City							
兵团	Corps		256.4	134.1	122.3	15860	9864	61.1

3-2 地区生产总值（2004年）

Gross Regional Product (2004)

地区	Region	地区生产总值（亿元）Gross Regional Product (100 million yuan)	第一产业 Primary Industry	第二产业 Secondary Industry	#工业 Industry	第三产业 Tertiary Industry	人均地区生产总值（元）Per Capita GRP (yuan)
北京市	**Beijing**	**4283.3**	**102.9**	**1610.4**	**1290.2**	**2570.0**	**37058**
东城区	Dongcheng District	363.7		20.3	10.5	343.4	
西城区	Xicheng District	397.6		43.7	26.2	353.9	
崇文区	Chongwen District	104.8		27.1	16.6	77.7	
宣武区	Xuanwu District	233.8		73.5	59.8	160.3	
朝阳区	Chaoyang District	805.1	2.1	190.1	149.1	612.9	
丰台区	Fengtai District	261.1	1.1	76.7	57.7	183.2	
石景山区	Shijingshan District	149.7	0.1	106.0	96.4	43.6	
海淀区	Haidian District	1057.7	2.5	220.9	180.3	834.2	
门头沟区	Mentougou District	54.0	0.5	22.8	18.7	30.7	
房山区	Fangshan District	232.6	12.3	155.7	123.1	64.6	
通州区	Tongzhou District	122.4	12.5	58.4	48.2	51.4	
顺义区	Shunyi District	222.2	22.5	127.0	110.9	72.7	
昌平区	Changping District	152.0	4.8	78.1	64.0	69.1	
大兴区	Daxing District	120.5	14.4	49.2	38.8	56.9	
怀柔区	Huairou District	75.2	5.2	47.2	39.6	22.9	
平谷区	Pinggu District	60.2	8.9	28.0	21.8	23.3	
密云县	Miyun County	78.0	11.4	34.9	28.5	31.7	
延庆县	Yanqing County	44.3	9.3	16.4	9.3	18.7	
天津市	**Tianjin**	**2931.9**	**105.0**	**1560.2**	**1436.7**	**1266.7**	**31550**
和平区	Heping District	70.0		2.0	1.6	68.0	
河东区	Hedong District	49.2		9.3	6.3	39.9	
河西区	Hexi District	55.6		6.6	6.1	49.0	
南开区	Nankai District	51.9		10.6	8.6	41.2	
河北区	Hebei District	44.0		7.2	6.1	36.8	
红桥区	Hongqiao District	44.8		4.4	2.1	40.4	
塘沽区	Tanggu District	73.9	1.8	25.1	13.9	46.9	
汉沽区	Hangu District	26.6	3.2	12.0	10.6	11.4	
大港区	Dagang District	65.4	1.9	38.9	30.4	24.6	
东丽区	Dongli District	120.7	3.2	57.2	47.3	60.4	
西青区	Xiqing District	146.0	6.3	85.1	83.6	54.6	
津南区	Jinnan District	101.1	2.7	55.5	48.8	42.8	
北辰区	Beichen District	140.0	5.7	87.8	87.0	46.5	
武清区	Wuqing District	140.6	20.1	70.9	69.0	49.6	
宝坻区	Baodi District	117.8	12.6	61.6	56.4	43.6	
宁河县	Ninghe County	95.2	11.0	46.1	40.8	38.1	
静海县	Jinghai County	112.2	12.2	65.7	64.3	34.3	
蓟县	Ji County	122.2	18.4	52.9	44.3	51.0	
其他	Others						
河北省	**Hebei**	**8836.9**	**1370.4**	**4703.4**	**4154.6**	**2763.2**	**13017**
石家庄市	Shijiazhuang City	1633.5	230.5	794.3	697.8	608.7	17871
唐山市	Tangshan City	1626.3	213.4	915.0	854.0	497.9	22965
秦皇岛市	Qinhuangdao City	453.4	47.4	187.4	157.5	218.6	16515
邯郸市	Handan City	936.5	140.1	473.3	433.3	323.1	10887
邢台市	Xingtai City	635.6	112.7	362.6	332.5	160.3	9491
保定市	Baoding City	1110.9	178.0	544.2	459.4	388.7	10261
张家口市	Zhangjiakou City	400.1	58.2	194.7	173.0	147.2	8889

3-2 续表 1 continued

地 区	Region	地区生产总值 (亿元) Gross Regional Product (100 million yuan)	第一产业 Primary Industry	第二产业 Secondary Industry	#工业 Industry	第三产业 Tertiary Industry	人均地区生产总值 (元) Per Capita GRP (yuan)
承德市	Chengde City	300.6	55.0	149.2	122.4	96.4	8352
沧州市	Cangzhou City	774.1	123.8	388.4	348.2	261.9	11659
廊坊市	Langfang City	604.8	92.6	325.5	286.7	186.7	15566
衡水市	Hengshui City	473.8	84.2	251.4	225.3	138.2	11450
其他	Others						
山西省	**Shanxi**	**3042.4**	**253.4**	**1810.1**	**1568.5**	**978.9**	**9150**
太原市	Taiyuan City	643.1	19.3	354.0	277.3	269.8	18881
大同市	Datong City	304.7	18.5	181.8	157.4	104.4	9874
阳泉市	Yangquan City	151.5	3.4	94.0	84.3	54.1	11719
长治市	Changzhi City	318.5	29.8	201.6	174.2	87.1	9928
晋城市	Jincheng City	244.5	13.9	155.3	134.4	75.4	11148
朔州市	Shuozhou City	145.2	18.6	82.9	69.7	43.7	9738
晋中市	Jinzhong City	253.9	33.0	140.2	116.8	80.7	8300
运城市	Yuncheng City	359.3	50.4	215.3	184.1	93.6	7280
忻州市	Xinzhou City	129.6	20.8	57.4	42.5	51.4	4308
临汾市	Linfen City	375.9	33.4	245.6	222.3	97.0	9221
吕梁市	Luliang City	179.6	21.1	108.0	98.4	50.5	5147
内蒙古自治区	**Inner Mongolia**	**2712.1**	**506.1**	**1332.5**	**1015.7**	**873.5**	**11305**
呼和浩特市	Hohhot City	512.1	42.2	221.6	163.7	248.3	20321
包头市	Baotou City	570.4	29.2	324.7	273.0	216.5	23817
乌海市	Wuhai City	91.4	1.7	66.9	53.9	22.8	20081
赤峰市	Chifeng City	288.0	75.1	106.4	73.5	106.5	6522
通辽市	Tongliao City	277.1	77.0	97.0	61.5	103.0	8940
鄂尔多斯市	Erdos City	341.1	36.4	193.7	156.2	111.1	23500
呼伦贝尔市	Hulunbuir City	261.8	71.8	73.0	44.3	117.0	9598
巴彦淖尔市	Bayannur City	178.4	54.6	59.3	39.0	64.5	10349
乌兰察布市	Ulanqab City	183.2	53.2	81.0	46.6	49.0	8352
兴安盟	Xingan League	100.5	31.5	34.2	24.4	34.8	6119
锡林郭勒盟	Xilingol League	133.5	32.4	62.6	39.2	38.5	13739
阿拉善盟	Alxa League	50.3	3.8	30.3	22.0	16.2	22464
其他	Others						
辽宁省	**Liaoning**	**6872.7**	**769.9**	**3278.9**	**2833.0**	**2823.9**	**16297**
沈阳市	Shenyang City	1900.7	107.3	940.5	830.3	852.9	27487
大连市	Dalian City	1961.8	153.1	983.3	851.3	825.4	34975
鞍山市	Anshan City	1006.0	50.5	595.6	534.6	359.9	29075
抚顺市	Fushun City	375.0	26.6	226.4	208.0	122.0	16637
本溪市	Benxi City	293.6	18.1	174.2	154.6	101.4	18752
丹东市	Dandong City	290.5	47.8	113.5	99.4	129.2	12050
锦州市	Jinzhou City	343.1	86.7	132.8	118.4	123.7	10954
营口市	Yingkou City	318.3	36.8	170.1	144.9	111.4	13868
阜新市	Fuxin City	127.1	29.9	49.8	37.4	47.4	6590
辽阳市	Liaoyang City	290.0	22.0	158.9	142.4	109.1	15902
盘锦市	Panjin City	368.7	41.2	252.7	230.7	74.8	29591
铁岭市	Tieling City	216.1	57.6	89.7	73.3	68.8	7204
朝阳市	Chaoyang City	152.8	40.9	61.2	52.6	50.7	4538
葫芦岛市	Huludao City	293.4	41.0	148.4	136.0	104.0	10777

3-2 续表 2 continued

地区	Region	地区生产总值 (亿元) Gross Regional Product (100 million yuan)	第一产业 Primary Industry	第二产业 Secondary Industry	#工业 Industry	第三产业 Tertiary Industry	人均地区生产总值 (元) Per Capita GRP (yuan)
吉林省	**Jilin**	**2958.2**	**561.0**	**1379.3**	**1142.1**	**1017.9**	**10932**
长春市	Changchun City	1535.0	168.0	742.0	635.0	625.0	21285
吉林市	Jilin City	703.7	98.5	318.3	243.6	287.0	16239
四平市	Siping City	277.5	111.7	80.1	63.2	85.7	8482
辽源市	Liaoyuan City	100.1	20.8	37.8	29.3	41.4	8071
通化市	Tonghua City	217.8	39.9	98.5	85.1	79.5	9563
白山市	Baishan City	128.6	23.5	68.0	59.0	37.2	9760
松原市	Songyuan City	284.7	82.4	139.2	124.8	63.1	10165
白城市	Baicheng City	137.0	40.9	49.7	35.1	46.4	6809
延边朝鲜族自治州	Yanbian Korean A.P	194.2	30.0	87.6	70.8	76.7	8903
其他	Others						
黑龙江省	**Heilongjiang**	**5303.0**	**587.8**	**3155.3**	**2814.4**	**1559.9**	**13897**
哈尔滨市	Harbin City	1680.5	275.6	643.0	516.6	761.9	17464
齐齐哈尔市	Qiqihar City	406.6	98.0	148.6	108.4	160.0	7273
鸡西市	Jixi City	194.7	55.3	80.7	68.8	58.7	10028
鹤岗市	Hegang City	104.7	25.4	46.2	38.4	33.0	9496
双鸭山市	Shuangyashan City	136.6	38.4	59.4	51.3	38.8	9047
大庆市	Daqing City	1239.5	40.1	1048.5	1008.0	151.0	47667
伊春市	Yichun City	109.2	25.4	49.6	43.4	34.2	8387
佳木斯市	Jiamusi City	236.3	68.3	65.5	42.3	100.2	9595
七台河市	Qitaihe City	96.7	11.8	51.4	45.4	33.6	11019
牡丹江市	Mudanjiang City	301.8	38.9	127.9	113.5	134.9	11168
黑河市	Heihe City	112.3	40.6	22.7	13.4	49.0	6459
绥化市	Suihua City	397.6	116.5	103.3	83.2	177.8	7128
大兴安岭地区	Daxinganling Prefecture	55.3	18.5	15.0	11.6	21.8	10387
其他	Others						
上海市	**Shanghai**	**7450.3**	**96.7**	**3788.2**	**3492.9**	**3565.3**	**55307**
黄浦区	Huangpu District						
卢湾区	Luwan District						
徐汇区	Xuhui District						
长宁区	Changning District						
静安区	Jingan District						
普陀区	Putuo District						
闸北区	Zhabei District						
虹口区	Hongkou District						
杨浦区	Yangpu District						
闵行区	Minhang District						
宝山区	Baoshan District						
嘉定区	Jiading District						
浦东新区	Pudong New District						
金山区	Jinshan District						
松江区	Songjiang District						
青浦区	Qingpu District						
南汇区	Nanhui District						
奉贤区	Fengxian District						
崇明县	Chongming County						
其他	Others						

3-2 续表 3 continued

地 区	Region	地区生产总值 (亿元) Gross Regional Product (100 million yuan)	第一产业 Primary Industry	第二产业 Secondary Industry	#工业 Industry	第三产业 Tertiary Industry	人均地区生产总值 (元) Per Capita GRP (yuan)
江苏省	**Jiangsu**	**15512.4**	**1315.4**	**8770.3**	**7781.5**	**5426.7**	**20852**
南京市	Nanjing City	1910.0	70.0	1005.0	823.0	835.0	33050
无锡市	Wuxi City	2350.0	51.8	1353.5	1231.4	944.7	52825
徐州市	Xuzhou City	1095.8	153.7	542.4	440.6	399.7	12005
常州市	Changzhou City	1100.6	51.2	647.7	584.7	401.7	31665
苏州市	Suzhou City	3450.0	77.0	2268.0	2068.0	1105.0	57992
南通市	Nantong City	1226.1	148.9	664.2	577.6	413.0	15806
连云港市	Lianyungang City	416.4	88.6	188.3	144.0	139.5	8891
淮安市	Huaian City	501.0	111.9	235.8	188.4	153.3	9597
盐城市	Yancheng City	871.4	199.0	391.3	337.3	281.1	10928
扬州市	Yangzhou City	788.1	79.8	419.9	366.6	288.5	17359
镇江市	Zhenjiang City	781.2	34.1	460.6	394.0	286.5	29235
泰州市	Taizhou City	705.2	82.7	380.5	319.5	242.0	14014
宿迁市	Suqian City	335.6	96.1	141.8	102.4	97.7	6462
浙江省	**Zhejiang**	**11243.0**	**816.0**	**6045.0**	**5381.4**	**4382.0**	**23924**
杭州市	Hangzhou City	2515.0	139.1	1332.9	1174.9	1043.0	38858
宁波市	Ningbo City	2158.0	123.5	1230.2	1086.8	804.3	39174
温州市	Wenzhou City	1402.6	64.7	796.1	721.5	541.7	18846
嘉兴市	Jiaxing City	1050.6	77.9	635.1	545.9	337.6	31506
湖州市	Huzhou City	590.7	64.8	323.7	282.5	202.2	22966
绍兴市	Shaoxing City	1313.9	92.2	786.7	697.8	434.9	30254
金华市	Jinhua City	978.4	65.0	551.2	476.6	362.2	21703
衢州市	Quzhou City	283.8	45.6	139.7	110.8	98.4	11570
舟山市	Zhoushan City	172.3	33.0	71.1	55.6	68.1	21855
台州市	Taizhou City	1173.8	96.7	686.0	614.3	391.1	21177
丽水市	Lishui City	264.6	41.2	124.0	94.4	99.4	10582
安徽省	**Anhui**	**4812.7**	**932.4**	**2169.8**	**1736.0**	**1710.4**	**7768**
合肥市	Hefei City	589.7	54.0	297.2	229.4	238.5	13327
芜湖市	Wuhu City	345.1	28.3	201.8	177.0	114.9	15649
蚌埠市	Bengbu City	263.7	65.7	108.9	84.0	89.1	7906
淮南市	Huainan City	214.5	26.5	111.9	85.0	76.1	9346
马鞍山市	Maanshan City	265.1	18.1	183.7	165.2	63.3	21640
淮北市	Huaibei City	169.1	24.0	93.0	82.5	52.0	8351
铜陵市	Tongling City	136.7	6.4	86.8	74.8	43.5	19394
安庆市	Anqing City	392.0	88.6	182.8	144.1	120.7	6566
黄山市	Huangshan City	132.0	24.9	47.3	29.1	59.8	9133
滁州市	Chuzhou City	355.6	90.4	144.1	114.8	121.1	8518
阜阳市	Fuyang City	263.3	106.1	68.6	47.9	88.7	3089
宿州市	Suzhou City	279.1	125.0	68.3	46.6	85.8	4837
巢湖市	Chaohu City	294.6	73.5	122.6	96.4	98.5	6836
六安市	Liuan City	253.1	80.0	87.7	68.9	85.3	4136
亳州市	Bozhou City	224.6	89.2	59.3	38.0	76.2	4299
池州市	Chizhou City	92.4	24.4	36.4	23.8	31.6	6121
宣城市	Xuancheng City	235.7	50.1	102.0	79.3	83.6	8777
其他	Others						

3-2 续表 4 continued

地 区	Region	地区生产总值 (亿元) Gross Regional Product (100 million yuan)	第一产业 Primary Industry	第二产业 Secondary Industry	#工业 Industry	第三产业 Tertiary Industry	人均地区生产总值 (元) Per Capita GRP (yuan)
福建省	**Fujian**	**6053.1**	**787.3**	**2950.3**	**2532.7**	**2315.5**	**17218**
福州市	Fuzhou City	1548.5	162.3	790.0	656.3	596.2	23444
厦门市	Xiamen City	883.2	19.9	523.9	475.8	339.4	40147
莆田市	Putian City	308.5	45.6	156.1	129.9	106.8	11112
三明市	Sanming City	375.8	87.3	165.7	126.4	122.9	14307
泉州市	Quanzhou City	1603.0	94.7	857.5	762.3	650.8	21260
漳州市	Zhangzhou City	701.1	141.9	290.5	246.5	268.6	15058
南平市	Nanping City	321.7	83.2	111.8	81.0	126.7	11209
龙岩市	Longyan City	349.2	75.4	154.5	132.3	119.3	12792
宁德市	Ningde City	309.0	76.9	113.1	83.3	119.0	10166
江西省	**Jiangxi**	**3495.9**	**711.7**	**1595.7**	**1110.7**	**1188.5**	**8189**
南昌市	Nanchang City	770.5	59.4	404.1	306.1	307.0	17238
景德镇市	Jingdezhen City	165.1	15.9	87.2	65.0	62.1	10842
萍乡市	Pingxiang City	172.0	19.6	101.4	92.4	51.0	9526
九江市	Jiujiang City	356.8	55.4	176.7	124.5	124.6	7728
新余市	Xinyu City	134.0	18.1	73.7	61.9	42.2	12112
鹰潭市	Yingtan City	96.4	15.5	44.7	41.7	36.1	8992
赣州市	Ganzhou City	393.4	112.6	129.7	94.7	151.1	4857
吉安市	Jian City	242.7	74.3	78.9	49.4	89.5	5220
宜春市	Yichun City	289.5	88.6	111.5	95.3	89.5	5477
抚州市	Fuzhou City	204.2	63.0	86.0	61.9	55.2	5410
上饶市	Shangrao City	301.1	70.8	118.7	96.8	111.6	4787
山东省	**Shandong**	**15490.7**	**1778.3**	**8724.5**	**7799.3**	**4987.9**	**16925**
济南市	Jinan City	1618.9	118.7	742.4	617.0	757.8	27610
青岛市	Qingdao City	2163.8	161.8	1171.4	1024.1	830.6	29808
淄博市	Zibo City	1231.0	54.1	796.9	707.9	380.0	29729
枣庄市	Zaozhuang City	503.3	54.5	308.8	271.6	140.0	13811
东营市	Dongying City	891.9	40.7	720.2	645.2	130.9	50155
烟台市	Yantai City	1630.9	171.2	924.7	839.7	535.0	25059
潍坊市	Weifang City	1246.4	180.4	683.5	618.5	382.5	14678
济宁市	Jining City	1102.2	152.6	568.9	495.3	380.7	13767
泰安市	Taian City	732.1	93.9	386.1	322.5	252.1	13341
威海市	Weihai City	1008.8	98.9	616.3	568.5	293.6	40677
日照市	Rizhao City	387.8	62.6	191.1	158.1	134.1	13875
莱芜市	Laiwu City	223.9	16.9	141.4	127.4	65.5	18042
临沂市	Linyi City	1012.0	147.0	531.4	437.4	333.6	9990
德州市	Dezhou City	686.9	118.2	360.7	322.0	207.9	12542
聊城市	Liaocheng City	572.7	116.3	314.6	266.9	141.8	10134
滨州市	Binzhou City	519.5	80.7	300.0	258.1	138.7	14134
菏泽市	Heze City	365.0	136.0	148.4	123.6	80.7	4160
河南省	**Henan**	**8815.1**	**1647.5**	**4515.4**	**3862.2**	**2652.3**	**9470**
郑州市	Zhengzhou City	1377.9	63.1	738.0	593.5	576.8	21233
开封市	Kaifeng City	345.7	97.1	130.4	111.2	118.2	7294
洛阳市	Luoyang City	905.2	88.7	531.8	453.8	284.6	14204
平顶山市	Pingdingshan City	469.8	60.6	273.2	248.1	136.0	9598
安阳市	Anyang City	463.5	80.0	261.9	230.8	121.6	8747

3-2 续表 5 continued

地 区	Region	地区生产总值 (亿元) Gross Regional Product (100 million yuan)	第一产业 Primary Industry	第二产业 Secondary Industry	#工业 Industry	第三产业 Tertiary Industry	人均地区生产总值 (元) Per Capita GRP (yuan)
鹤壁市	Hebi City	156.3	31.4	83.9	74.3	41.0	10934
新乡市	Xinxiang City	461.5	78.9	231.6	178.1	151.0	8414
焦作市	Jiaozuo City	455.7	52.5	272.7	236.2	130.5	13426
濮阳市	Puyang City	317.4	54.4	187.8	155.0	75.2	8929
许昌市	Xuchang City	515.8	88.8	306.1	278.6	121.0	11518
漯河市	Luohe City	279.6	51.0	168.0	155.4	60.5	11122
三门峡市	Sanmenxia City	274.7	28.8	158.2	139.2	87.7	12416
南阳市	Nanyang City	893.3	253.1	430.6	370.1	209.7	8370
商丘市	Shangqiu City	455.8	160.2	174.3	136.4	121.4	5613
信阳市	Xinyang City	434.3	135.5	169.1	121.1	129.7	5553
周口市	Zhoukou City	522.0	186.0	213.4	177.3	122.6	4912
驻马店市	Zhumadian City	445.8	157.1	174.1	150.8	114.7	5381
其他	Others	120.5	8.9	83.3	73.6	28.4	18417
湖北省	**Hubei**	**6309.9**	**1020.1**	**2994.7**	**2593.9**	**2295.2**	**10500**
武汉市	Wuhan City	1956.0	102.0	903.0	733.0	951.0	24963
黄石市	Huangshi City	317.0	27.2	171.0	152.1	118.8	12614
十堰市	Shiyan City	291.0	34.9	161.2	147.5	94.9	8513
宜昌市	Yichang City	588.7	79.1	330.9	253.0	178.7	14802
襄樊市	Xiangfan City	557.9	117.2	259.0	230.8	181.7	9640
鄂州市	Ezhou City	141.9	18.9	74.1	68.1	48.9	13519
荆门市	Jingmen City	379.5	77.7	173.9	151.3	127.9	12669
孝感市	Xiaogan City	381.3	89.5	159.4	140.2	132.4	7505
荆州市	Jingzhou City	430.0	109.0	183.2	161.6	137.9	6755
黄冈市	Huanggang City	432.5	108.5	194.5	162.6	129.5	5955
咸宁市	Xianning City	205.0	45.3	96.5	88.4	63.1	7384
随州市	Suizhou City	189.7	49.2	88.0	79.6	52.5	7574
恩施土家族苗族自治州	Enshi Tujia & Miao A.P	164.2	68.2	47.0	36.0	49.0	4295
其他	Others	376.8	77.2	170.8	156.6	128.8	9339
湖南省	**Hunan**	**5612.3**	**1155.9**	**2214.4**	**1781.1**	**2242.0**	**9117**
长沙市	Changsha City	1133.9	103.3	504.6	341.5	526.0	18036
株洲市	Zhuzhou City	452.5	64.1	221.3	186.1	167.0	12635
湘潭市	Xiangtan City	332.8	50.7	143.6	116.3	138.4	12475
衡阳市	Hengyang City	542.2	136.0	194.8	160.8	211.3	8203
邵阳市	Shaoyang City	336.6	103.3	98.7	71.2	134.6	5093
岳阳市	Yueyang City	590.3	117.2	267.1	230.4	206.0	11738
常德市	Changde City	583.4	146.8	237.3	194.3	199.3	11014
张家界市	Zhangjiajie City	96.1	17.4	26.0	16.6	52.7	6680
益阳市	Yiyang City	287.3	75.4	83.9	62.2	128.0	6992
郴州市	Chenzhou City	395.1	76.6	165.3	138.8	153.2	9254
永州市	Yongzhou City	327.8	94.6	93.5	67.8	139.7	6546
怀化市	Huaihua City	290.4	63.8	86.6	66.6	139.9	6521
娄底市	Loudi City	267.2	53.9	120.1	97.0	93.2	7103
湘西土家族苗族自治州	West Hunan Tujia A.P	98.6	25.5	37.9	28.2	35.2	4042
其他	Others						
广东省	**Guangdong**	**16039.5**	**1245.4**	**8890.3**	**8011.2**	**5903.8**	**19707**
广州市	Guangzhou City	4115.8	115.5	1817.7	1627.1	2182.6	56271

3-2 续表 6 continued

地 区	Region	地区生产总值 (亿元) Gross Regional Product (100 million yuan)	第一产业 Primary Industry	第二产业 Secondary Industry	#工业 Industry	第三产业 Tertiary Industry	人均地区生产总值 (元) Per Capita GRP (yuan)
韶关市	Shaoguan City	325.0	56.9	161.0	134.7	107.1	11660
深圳市	Shenzhen City	3422.8	14.2	2108.1	1913.0	1300.5	59271
珠海市	Zhuhai City	546.3	18.6	311.5	261.4	216.2	41847
汕头市	Shantou City	603.8	51.0	303.8	281.7	249.0	12421
佛山市	Foshan City	1656.5	82.3	957.8	912.2	616.4	47500
江门市	Jiangmen City	839.5	75.0	425.1	407.8	339.3	21774
湛江市	Zhanjiang City	608.2	124.6	270.2	229.8	213.4	9733
茂名市	Maoming City	750.3	190.9	267.3	232.6	292.2	11210
肇庆市	Zhaoqing City	548.5	151.0	195.5	172.7	202.0	13945
惠州市	Huizhou City	685.1	83.0	391.0	347.5	211.2	23642
梅州市	Meizhou City	271.6	69.5	115.4	87.5	86.8	7019
汕尾市	Shanwei City	219.7	59.6	82.1	62.5	78.1	8482
河源市	Heyuan City	173.1	47.2	65.8	43.4	60.0	5187
阳江市	Yangjiang City	273.9	83.4	103.9	78.4	86.6	10422
清远市	Qingyuan City	248.3	76.6	103.4	71.3	68.2	7484
东莞市	Dongguan City	1155.3	27.7	640.6	599.5	487.0	71997
中山市	ZhongShan City	610.1	30.5	396.5	372.0	183.1	44005
潮州市	Chaozhou City	256.9	34.1	125.3	111.8	97.5	10306
揭阳市	Jieyang City	540.5	96.2	278.6	255.4	165.7	9067
云浮市	Yunfu City	257.6	76.3	104.2	86.3	77.1	9846
广西壮族自治区	**Guangxi**	**3320.1**	**811.4**	**1288.3**	**1044.8**	**1220.5**	**7196**
南宁市	Nanning City	588.9	102.8	185.0	125.8	301.1	9126
柳州市	Liuzhou City	403.8	54.6	214.2	182.2	135.0	11442
桂林市	Guilin City	454.8	118.1	167.9	133.5	168.8	9240
梧州市	Wuzhou City	195.5	46.7	75.9	60.4	72.9	6594
北海市	Beihai City	161.9	42.7	53.1	42.2	66.2	10989
防城港市	Fangchenggang City	84.6	21.6	31.4	23.7	31.6	10662
钦州市	Qinzhou City	174.6	72.4	47.0	36.4	55.2	5131
贵港市	Guigang City	164.8	62.0	48.6	39.4	54.2	3485
玉林市	Yulin City	299.9	99.3	116.1	101.4	84.5	5061
百色市	Baise City	206.2	60.9	89.2	69.3	56.0	5564
贺州市	Hezhou City	140.0	49.4	50.4	39.6	40.2	6688
河池市	Hechi City	174.4	54.5	60.8	38.9	59.2	4566
来宾市	Laibin City	145.2	58.9	53.2	45.2	33.1	5936
崇左市	Chongzuo City	128.7	48.4	34.2	25.0	46.2	5627
海南省	**Hainan**	**790.1**	**287.3**	**201.2**	**140.4**	**301.7**	**9704**
海口市	Haikou City	261.4	24.4	85.9	58.3	151.1	18519
三亚市	Sanya City	48.2	19.3	11.2	4.0	17.7	9538
其他	Others	480.5	243.6	104.1	78.2	132.8	
重庆市	**Chongqing**	**2665.4**	**423.7**	**1181.2**	**927.5**	**1060.5**	**9608**
万州区	Wanzhou District	109.3	14.6	54.2	30.9	40.5	7234
涪陵区	Fuling District	112.9	14.2	60.2	49.9	38.5	11205
渝中区	Yuzhong District	176.2		34.2	14.8	141.9	25764
大渡口区	Dadukou District	57.2	1.4	45.4	41.8	10.3	22358
江北区	Jiangbei District	94.9	1.6	63.2	53.4	30.2	15066
沙坪坝区	Shapingba District	138.7	5.0	78.0	60.7	55.7	16608

3-2 续表 7 continued

地 区	Region	地区生产总值 (亿元) Gross Regional Product (100 million yuan)	第一产业 Primary Industry	第二产业 Secondary Industry	#工业 Industry	第三产业 Tertiary Industry	人均地区生产总值 (元) Per Capita GRP (yuan)
九龙坡区	Jiulongpo District	185.5	6.7	113.0	92.4	65.8	20272
南岸区	Nanan District	94.8	3.3	62.8	48.0	28.7	14666
北碚区	Beibei District	81.0	5.7	42.9	35.8	32.4	12307
万盛区	Wansheng District	20.1	2.9	7.9	5.2	9.2	8119
双桥区	Shuangqiao District	8.8	0.2	7.1	6.6	1.5	19120
渝北区	Yubei District	95.1	11.5	57.2	37.2	26.4	11815
巴南区	Banan District	82.4	18.5	41.0	34.0	22.9	10349
黔江区	Qianjiang District	28.9	6.1	14.4	11.5	8.4	6605
长寿区	Changshou District	77.8	14.2	38.4	26.4	25.3	10431
其他	Others	1301.8	317.8	461.3	378.8	522.7	
四川省	**Sichuan**	**6556.0**	**1394.3**	**2690.0**	**2165.2**	**2471.8**	**8114**
成都市	Chengdu City	2185.7	168.0	1022.0	789.7	995.7	18856
自贡市	Zigong City	249.4	52.3	103.9	92.2	93.1	9075
攀枝花市	Panzhihua City	200.8	11.0	145.6	127.2	44.2	17883
泸州市	Luzhou City	258.8	63.9	100.3	80.2	94.7	6182
德阳市	Deyang City	424.8	87.5	202.5	182.4	134.8	11442
绵阳市	Mianyang City	454.9	100.4	172.7	142.1	181.9	9205
广元市	Guangyuan City	127.5	46.0	37.7	24.7	43.7	4664
遂宁市	Suining City	193.5	60.1	66.3	48.6	67.1	5410
内江市	Neijiang City	243.5	52.3	111.8	95.7	79.4	6156
乐山市	Leshan City	265.8	55.1	132.3	114.1	78.4	7904
南充市	Nanchong City	307.1	99.7	95.4	66.8	112.0	5101
眉山市	Meishan City	216.8	59.2	96.4	75.0	61.3	7046
宜宾市	Yibin City	349.0	71.4	172.8	145.7	104.8	7151
广安市	Guangan City	217.6	63.3	81.2	55.5	73.1	6081
达州市	Dazhou City	321.9	112.1	111.2	82.1	98.6	5720
雅安市	Yaan City	121.6	26.8	61.5	45.7	33.4	8014
巴中市	Bazhong City	124.7	52.9	25.5	15.1	46.3	4161
资阳市	Ziyang City	236.9	82.1	84.8	71.8	70.1	5608
阿坝藏族羌族自治州	Aba Zang & Qiang A.P	62.7	13.5	26.3	14.9	22.9	7126
甘孜藏族自治州	Ganzi Zang A.P	42.1	10.5	15.5	5.7	16.2	4615
凉山彝族自治州	Liangshan Yi A.P	250.6	83.4	89.0	66.1	78.2	5803
贵州省	**Guizhou**	**1591.9**	**334.1**	**714.7**	**574.6**	**543.1**	**4215**
贵阳市	Guiyang City	443.6	31.8	233.2	186.4	178.6	12683
六盘水市	Liupanshui City	151.1	17.4	92.4	77.4	41.3	5052
遵义市	Zunyi City	362.4	96.0	151.5	121.3	114.8	4919
安顺市	Anshun City	87.8	21.2	38.2	29.4	28.4	3361
铜仁地区	Tongren Prefecture	101.1	49.0	30.1	17.6	22.0	2604
黔西南布依族苗族自治州	Southwest Guizhou Buyi & Miao A.P	102.0	32.4	37.6	31.5	32.0	3319
毕节地区	Bijie Prefecture	194.0	67.3	69.3	51.2	57.4	2711
黔东南苗族侗族自治州	Southeast Guizhou Miao & Dong A.P	115.8	42.3	36.7	23.4	36.7	2651
黔南布依族苗族自治州	South Guizhou Buyi & Miao A.P	146.6	42.8	60.5	49.0	43.3	3739
云南省	**Yunnan**	**2959.5**	**604.3**	**1314.2**	**1053.4**	**1041.0**	**6733**
昆明市	Kunming City	942.1	66.3	453.9	362.5	421.9	18773
曲靖市	Qujing City	342.5	72.8	178.1	147.9	91.6	6025
玉溪市	Yuxi City	328.1	36.4	214.4	199.9	77.2	15795

3-2 续表 8 continued

地 区	Region	地区生产总值 (亿元) Gross Regional Product (100 million yuan)	第一产业 Primary Industry	第二产业 Secondary Industry	#工业 Industry	第三产业 Tertiary Industry	人均地区生产总值 (元) Per Capita GRP (yuan)
保山市	Baoshan City	98.1	35.1	21.4	11.5	41.6	4084
昭通市	Zhaotong City	146.3	41.1	53.9	38.6	51.3	2816
丽江市	Lijiang City	52.2	12.1	16.0	7.2	24.0	4646
思茅市	Simao City	90.2	27.4	27.8	16.2	35.0	3551
临沧市	Lincang City	85.7	29.7	29.9	18.6	26.1	3712
楚雄彝族自治州	Chuxiong Yi A.P	162.3	44.1	73.1	57.5	45.2	6351
红河哈尼族彝族自治州	Honghe Hani & Yi A.P	250.0	49.3	140.9	117.5	59.9	6206
文山壮族苗族自治州	Wenshan Zhuang & Miao A.P	124.5	39.7	38.0	28.1	46.9	2733
西双版纳傣族自治州	Xishuangbanna Dai A.P	68.8	23.1	16.2	6.4	29.4	7882
大理白族自治州	Dali Bai A.P	201.2	60.2	65.1	50.0	76.0	5970
德宏傣族景颇族自治州	Dehong Dai & Jingpo A.P	49.1	15.3	13.0	8.9	20.8	4659
怒江傈僳族自治州	Nujiang Lisu A.P	16.6	4.0	6.5	3.7	6.1	3482
迪庆藏族自治州	Diqing Zang A.P	23.4	4.8	7.7	4.7	10.9	6598
西藏自治区	**Tibet**	**211.5**	**43.3**	**57.6**	**15.4**	**110.6**	**7779**
拉萨市	Lhasa City	75.2	6.8	18.3		50.1	
昌都地区	Qamdu Prefecture	28.2	11.1	7.9		9.2	
山南地区	Lhokha Prefecture	19.1	3.0	6.7		9.4	
日喀则地区	Xigaze Prefecture	40.8	13.3	9.6		17.9	
那曲地区	Narqu Prefecture	19.3	7.4	4.0		7.9	
阿里地区	Ngri Prefecture	6.3	2.5	1.5		2.3	
林芝地区	Nyingchi Prefecture	22.8	3.9	8.1		10.9	
其他	Others						
陕西省	**Shaanxi**	**2883.5**	**395.0**	**1416.8**		**1071.7**	
西安市	Xian City	1095.9	60.1	495.7		540.2	
铜川市	Tongchuan City	58.9	5.2	29.8		23.9	
宝鸡市	Baoji City	320.3	39.8	170.2		110.3	
咸阳市	Xianyang City	338.6	74.9	147.4		116.3	
渭南市	Weinan City	247.7	52.6	105.5		89.6	
延安市	Yanan City	191.8	23.5	129.7		38.5	
汉中市	Hanzhong City	192.5	45.0	70.0		77.5	
榆林市	Yulin City	185.0	25.2	114.9		44.9	
安康市	Ankang City	119.6	32.0	30.7		56.9	
商洛市	Shangluo City	87.2	24.9	26.2		36.0	
其他	Others	11.6	1.3	6.5		3.8	
甘肃省	**Gansu**	**1558.9**	**281.4**	**758.2**	**576.2**	**519.4**	**5970**
兰州市	Lanzhou City	504.7	20.6	275.0	214.5	209.1	16479
嘉峪关市	Jiayuguan City	44.4	1.0	37.7	35.6	5.7	25199
金昌市	Jinchang City	85.5	5.9	68.7	61.9	10.9	18524
白银市	Baiyin City	126.3	18.9	69.5	53.9	38.0	7223
天水市	Tianshui City	125.5	22.5	49.9	35.4	53.1	3619
武威市	Wuwei City	108.0	35.0	37.1	25.2	36.0	5595
张掖市	Zhangye City	99.6	34.3	35.2	22.3	30.1	7788
平凉市	Pingliang City	96.3	24.7	38.4	28.3	33.2	4322
酒泉市	Jiuquan City	122.3	26.8	56.5	42.8	39.0	12616
庆阳市	Qingyang City	108.3	23.1	53.4	45.2	31.9	4227
定西市	Dingxi City	62.6	26.1	16.6	11.0	20.0	2126

3-2 续表 9 continued

地　区	Region	地区生产总值 (亿元) Gross Regional Product (100 million yuan)	第一产业 Primary Industry	第二产业 Secondary Industry	#工业 Industry	第三产业 Tertiary Industry	人均地区生产总值(元) Per Capita GRP (yuan)
陇南市	Longnan City	63.4	21.5	20.0	13.2	22.0	2346
临夏回族自治州	Linxia Hui A.P	42.5	14.7	14.3	10.5	13.5	2204
甘南藏族自治州	Gannan Zang A.P	21.8	7.6	5.9	3.8	8.3	3246
青海省	**Qinghai**	**465.7**	**57.8**	**227.1**	**158.6**	**180.9**	**8606**
西宁市	Xining City	174.7	10.1	87.5	62.9	77.1	8484
海东地区	Haidong Prefecture	66.8	13.5	25.7	17.1	27.6	4313
海北藏族自治州	Haibei Zang A.P	18.3	4.9	7.0	3.4	6.5	6808
海南藏族自治州	Hainan Zang A.P	23.7	7.3	9.8	3.8	6.6	5766
黄南藏族自治州	Huangnan Zang AP	19.7	5.9	9.1	5.5	4.7	9070
果洛藏族自治州	Golog Zang A.P	7.2	2.5	1.1	0.1	3.6	4952
玉树藏族自治州	Yushu Zang A.P	13.7	9.4	1.8	0.4	2.5	4855
海西蒙古族藏族自治州	Haixi Mongolian & Zang A.P	100.3	4.1	67.2	56.3	29.1	24712
宁夏回族自治区	**Ningxia**	**460.4**	**65.1**	**239.4**	**186.3**	**155.8**	**7882**
银川市	Yinchuan City	189.0	17.0	93.7	69.4	78.3	13956
石嘴山市	Shizuishan City	89.4	8.1	56.0	48.5	25.3	12295
吴忠市	Wuzhong City	105.6	15.8	62.7	55.2	27.1	8562
固原市	Guyuan City	35.8	11.0	10.1	3.6	14.7	2379
中卫市	Zhongwei City	50.5	12.9	22.5	14.0	15.1	4957
新疆维吾尔自治区	**Xinjiang**	**2200.0**	**445.0**	**1010.0**	**745.0**	**745.0**	**11199**
乌鲁木齐市	Urumqi City	484.3	7.1	186.9	138.6	290.3	22820
克拉玛依市	Karamay City	296.2	0.8	259.2	249.8	36.2	66674
石河子市	Shihezi City	44.6	4.2	18.9	14.2	21.5	15016
吐鲁番地区	Turpan Prefecture	97.2	11.0	64.4	52.9	21.9	16887
哈密地区	Hami Prefecture	52.4	9.3	19.0	13.3	24.0	9965
昌吉回族自治州	Changji Hui A.P	211.9	64.3	88.1	64.9	59.5	12910
博尔塔拉蒙古自治州	Bortala Mongolian A.P	38.7	15.7	7.9	3.7	15.0	8554
巴音郭楞蒙古自治州	Bayingolin Mongolian A.P	229.5	40.3	145.0	107.2	44.1	19620
阿克苏地区	Aksu Prefecture	153.6	58.0	37.3	21.2	58.2	6771
克孜勒苏柯尔克孜自治州	Kizilsu Kirgiz A.P	14.3	4.3	2.9	0.9	7.1	3054
喀什地区	Kashi Prefecture	119.6	52.9	22.1	7.8	44.6	3497
和田地区	Hotan Prefecture	43.0	19.8	7.6	2.2	15.7	2445
伊犁哈萨克自治州	Ili Kazak A.P	136.8	40.6	48.6	32.0	47.6	5754
塔城地区	Tacheng Prefecture	129.6	47.9	34.1	20.8	47.6	9992
阿勒泰地区	Altay Prefecture	52.6	16.7	18.3	8.3	17.6	9492
阿拉尔市	Alar City	19.0	11.6	2.8	1.7	4.7	12007
图木舒克市	Tumxuk City						
五家渠市	Wujiaqu City						
兵团	Corps						

3-3 地区生产总值指数（2004年）

Indices of Gross Regional Product (2004)

地 区	Region	地区生产总值指数(上年=100) Indices of Gross Regional Product (last year=100)	第一产业 Primary Industry	第二产业 Secondary Industry	#工业 Industry	第三产业 Tertiary Industry	人均地区生产总值指数(上年=100) Indices of Per Capita GRP (last year=100)
北京市	**Beijing**	**113.2**	**101.9**	**116.7**	**119.3**	**111.6**	**111.9**
东城区	Dongcheng District	110.4		96.6	100.1	111.3	
西城区	Xicheng District	114.0		104.5	98.5	115.3	
崇文区	Chongwen District	120.3		116.6	112.5	121.7	
宣武区	Xuanwu District	116.1		125.6	120.5	112.2	
朝阳区	Chaoyang District	117.7	90.6	109.5	108.3	120.6	
丰台区	Fengtai District	113.0	93.0	112.5	113.2	113.4	
石景山区	Shijingshan District	108.1	78.4	107.5	107.8	109.5	
海淀区	Haidian District	118.5	102.0	118.9	118.4	118.4	
门头沟区	Mentougou District	116.5	104.2	107.9	107.5	124.1	
房山区	Fangshan District	118.4	109.8	123.2	123.6	109.9	
通州区	Tongzhou District	117.1	102.8	118.0	125.2	120.1	
顺义区	Shunyi District	121.4	103.2	123.4	122.9	124.6	
昌平区	Changping District	116.8	100.7	116.3	116.3	118.7	
大兴区	Daxing District	116.2	104.9	116.8	121.5	119.0	
怀柔区	Huairou District	120.8	105.0	126.4	129.4	114.2	
平谷区	Pinggu District	118.0	102.4	123.9	127.5	118.3	
密云县	Miyun County	114.1	111.8	105.7	103.6	125.9	
延庆县	Yanqing County	118.4	113.6	118.6	121.5	120.7	
天津市	**Tianjin**	**115.7**	**105.5**	**119.8**	**121.5**	**111.7**	**114.9**
和平区	Heping District	125.8		159.3	189.3	125.1	
河东区	Hedong District	120.9		109.8	95.9	123.7	
河西区	Hexi District	123.1		137.2	142.1	121.5	
南开区	Nankai District	123.0		144.6	127.3	118.5	
河北区	Hebei District	120.2		102.9	101.2	124.3	
红桥区	Hongqiao District	119.3		105.6	90.3	120.9	
塘沽区	Tanggu District	123.0	103.9	137.3	144.5	117.4	
汉沽区	Hangu District	115.3	98.2	115.1	116.6	121.1	
大港区	Dagang District	118.3	137.1	118.3	120.5	117.2	
东丽区	Dongli District	115.5	84.7	117.4	117.1	115.8	
西青区	Xiqing District	115.0	104.0	114.8	114.7	116.6	
津南区	Jinnan District	115.0	94.2	116.4	118.2	114.8	
北辰区	Beichen District	115.8	98.7	115.7	116.6	118.2	
武清区	Wuqing District	115.0	98.9	120.5	120.1	114.7	
宝坻区	Baodi District	111.0	103.5	110.4	110.6	114.1	
宁河县	Ninghe County	115.3	101.3	114.8	115.1	120.5	
静海县	Jinghai County	116.9	102.7	115.3	117.2	126.0	
蓟县	Ji County	115.1	102.5	115.3	115.4	119.7	
其他	Others						
河北省	**Hebei**	**112.9**	**106.7**	**114.8**	**115.1**	**112.5**	
石家庄市	Shijiazhuang City	114.1	106.5	117.6	118.5	112.3	
唐山市	Tangshan City	114.9	105.8	118.0	117.5	114.0	
秦皇岛市	Qinhuangdao City	112.8	106.4	116.7	117.9	111.0	
邯郸市	Handan City	114.5	107.8	116.8	116.9	113.8	
邢台市	Xingtai City	113.5	105.5	116.6	117.8	112.3	
保定市	Baoding City	114.5	104.8	119.8	119.6	111.8	
张家口市	Zhangjiakou City	113.0	113.5	116.6	116.3	109.0	

3-3 续表 1 continued

地 区	Region	地区生产总值指数(上年=100) Indices of Gross Regional Product (last year=100)	第一产业 Primary Industry	第二产业 Secondary Industry	#工业 Industry	第三产业 Tertiary Industry	人均地区生产总值指数(上年=100) Indices of Per Capita GRP (last year=100)
承德市	Chengde City	115.8	113.4	116.9	115.8	115.5	
沧州市	Cangzhou City	115.3	117.0	116.4	115.5	113.0	
廊坊市	Langfang City	112.5	108.5	113.5	114.5	112.5	
衡水市	Hengshui City	114.5	104.1	117.1	117.5	115.0	
其他	Others						
山西省	**Shanxi**	**114.1**	**14.5**	**116.8**	**117.0**	**112.7**	**113.4**
太原市	Taiyuan City	115.7	101.4	119.8	118.4	112.4	115.2
大同市	Datong City	114.7	106.2	116.4	115.7	113.5	113.8
阳泉市	Yangquan City	114.5	107.2	114.4	114.3	114.9	114.0
长治市	Changzhi City	115.0	104.4	117.2	115.1	114.7	114.4
晋城市	Jincheng City	115.0	108.7	118.8	120.1	110.2	114.8
朔州市	Shuozhou City	115.3	106.0	122.3	125.2	108.3	114.5
晋中市	Jinzhong City	114.6	101.7	117.7	117.4	115.0	114.1
运城市	Yuncheng City	115.4	109.1	118.9	118.0	111.8	114.2
忻州市	Xinzhou City	113.5	107.5	113.5	111.7	115.9	113.1
临汾市	Linfen City	115.7	107.8	117.4	118.6	115.7	114.8
吕梁市	Luliang City	116.7	107.8	124.2	125.1	108.8	115.6
内蒙古自治区	**Inner Mongolia**	**119.4**	**111.7**	**127.5**	**129.8**	**113.4**	**119.3**
呼和浩特市	Hohhot City	123.0	110.3	128.8	132.0	119.8	121.2
包头市	Baotou City	125.2	117.5	128.7	130.1	120.9	127.9
乌海市	Wuhai City	131.7	107.5	135.3	139.6	124.7	117.0
赤峰市	Chifeng City	116.3	108.1	120.8	124.1	117.6	115.8
通辽市	Tongliao City	118.5	107.3	124.8	129.7	121.1	118.1
鄂尔多斯市	Erdos City	124.5	107.4	130.8	129.6	120.3	129.6
呼伦贝尔市	Hulunbuir City	125.0	142.0	126.3	132.7	116.5	125.2
巴彦淖尔市	Bayannur City	116.0	107.6	121.3	128.7	117.4	120.2
乌兰察布市	Ulanqab City	118.8	107.1	129.6	129.9	115.4	145.5
兴安盟	Xingan League	113.4	102.3	126.1	128.7	112.2	112.9
锡林郭勒盟	Xilingol League	128.1	110.3	142.6	138.7	122.5	125.0
阿拉善盟	Alxa League	129.0	107.1	143.7	150.7	114.1	123.7
其他	Others						
辽宁省	**Liaoning**	**112.8**	**107.9**	**116.0**	**115.2**	**110.7**	**112.6**
沈阳市	Shenyang City	115.5	114.7	119.8	118.5	111.1	115.1
大连市	Dalian City	116.2	110.4	119.9	117.1	113.1	115.8
鞍山市	Anshan City	116.1	110.2	118.6	119.1	113.3	115.8
抚顺市	Fushun City	115.0	109.5	116.4	116.8	113.7	115.4
本溪市	Benxi City	114.0	106.6	116.0	112.5	112.7	114.0
丹东市	Dandong City	116.8	108.3	123.7	124.3	114.2	116.8
锦州市	Jinzhou City	116.4	112.2	120.2	124.7	115.6	116.0
营口市	Yingkou City	121.2	109.0	130.6	129.5	112.7	120.8
阜新市	Fuxin City	120.2	130.6	118.1	122.3	116.9	120.3
辽阳市	Liaoyang City	116.3	107.1	120.7	121.1	112.5	116.2
盘锦市	Panjin City	108.1	110.0	106.5	106.4	112.4	107.7
铁岭市	Tieling City	117.0	111.0	126.3	128.5	111.7	116.8
朝阳市	Chaoyang City	117.1	120.5	122.0	121.6	110.3	116.1
葫芦岛市	Huludao City	118.0	118.5	119.6	119.7	115.5	118.5

3-3 续表 2 continued

地 区	Region	地区生产总值指数(上年=100) Indices of Gross Regional Product (last year=100)	第一产业 Primary Industry	第二产业 Secondary Industry	#工业 Industry	第三产业 Tertiary Industry	人均地区生产总值指数(上年=100) Indices of Per Capita GRP (last year=100)
吉林省	**Jilin**	**112.2**	**108.0**	**114.8**	**117.0**	**111.1**	**112.0**
长春市	Changchun City	113.5	108.0	115.5	114.7	113.0	112.6
吉林市	Jilin City	113.0	114.3	117.6	124.3	108.0	113.3
四平市	Siping City	114.5	110.8	119.9	121.2	114.5	114.2
辽源市	Liaoyuan City	116.5	104.2	131.2	128.0	112.1	116.7
通化市	Tonghua City	111.3	105.2	115.7	116.4	109.3	111.1
白山市	Baishan City	114.7	106.0	121.9	118.5	109.5	115.7
松原市	Songyuan City	118.2	104.7	130.0	131.0	115.8	117.6
白城市	Baicheng City	113.2	93.7	126.9	135.3	120.8	112.8
延边朝鲜族自治州	Yanbian Korean A.P	110.0	112.6	109.4	109.0	109.7	110.3
其他	Others						
黑龙江省	**Heilongjiang**	**111.7**	**112.2**	**112.9**	**113.0**	**109.3**	**111.6**
哈尔滨市	Harbin City	114.7	110.5	119.9	120.2	112.1	113.4
齐齐哈尔市	Qiqihar City	115.1	128.9	114.1	113.9	109.4	107.5
鸡西市	Jixi City	110.9	116.0	110.3	114.4	107.7	111.1
鹤岗市	Hegang City	112.2	103.2	115.9	119.5	114.3	112.8
双鸭山市	Shuangyashan City	114.4	115.0	120.4	119.4	106.0	114.3
大庆市	Daqing City	110.2	114.1	109.6	109.8	114.2	108.6
伊春市	Yichun City	110.3	111.2	112.2	111.5	107.3	111.7
佳木斯市	Jiamusi City	111.8	117.1	110.1	110.2	109.8	111.0
七台河市	Qitaihe City	113.0	112.8	116.8	117.0	108.3	111.8
牡丹江市	Mudanjiang City	110.0	115.7	109.1	109.0	109.4	110.1
黑河市	Heihe City	111.5	123.5	103.9	105.4	107.1	111.5
绥化市	Suihua City	111.0	107.6	112.0	110.5	112.8	110.6
大兴安岭地区	Daxinganling Prefecture	102.6	115.2	89.6	92.5	103.6	102.0
其他	Others						
上海市	**Shanghai**	**113.6**	**95.0**	**114.9**	**116.1**	**112.9**	**112.9**
黄浦区	Huangpu District						
卢湾区	Luwan District						
徐汇区	Xuhui District						
长宁区	Changning District						
静安区	Jingan District						
普陀区	Putuo District						
闸北区	Zhabei District						
虹口区	Hongkou District						
杨浦区	Yangpu District						
闵行区	Minhang District						
宝山区	Baoshan District						
嘉定区	Jiading District						
浦东新区	Pudong New District						
金山区	Jinshan District						
松江区	Songjiang District						
青浦区	Qingpu District						
南汇区	Nanhui District						
奉贤区	Fengxian District						
崇明县	Chongming County						
其他	Others						

3-3 续表 3 continued

地 区	Region	地区生产总值指数(上年=100) Indices of Gross Regional Product (last year=100)	第一产业 Primary Industry	第二产业 Secondary Industry	#工业 Industry	第三产业 Tertiary Industry	人均地区生产总值指数(上年=100) Indices of Per Capita GRP (last year=100)
江苏省	**Jiangsu**	**114.9**	**106.0**	**117.1**	**117.8**	**113.7**	**114.5**
南京市	Nanjing City	117.3	105.2	120.7	123.0	114.9	115.0
无锡市	Wuxi City	117.4	102.1	119.4	119.5	115.5	116.3
徐州市	Xuzhou City	114.0	110.0	115.3	114.3	113.7	113.2
常州市	Changzhou City	115.5	102.7	117.6	118.1	114.1	114.6
苏州市	Suzhou City	117.6	99.5	120.4	123.5	114.5	116.1
南通市	Nantong City	115.6	105.3	119.5	119.4	114.1	116.1
连云港市	Lianyungang City	113.9	106.6	117.7	118.6	114.3	112.9
淮安市	Huaian City	113.8	106.5	117.4	118.6	114.1	113.1
盐城市	Yancheng City	114.0	108.3	117.3	117.6	113.9	113.8
扬州市	Yangzhou City	114.7	106.0	117.3	118.0	113.5	114.5
镇江市	Zhenjiang City	114.7	106.6	115.7	116.9	114.2	114.7
泰州市	Taizhou City	114.7	104.5	118.7	119.7	112.5	114.8
宿迁市	Suqian City	113.8	108.5	117.5	118.8	114.2	112.9
浙江省	**Zhejiang**	**114.3**	**103.7**	**116.2**	**117.0**	**113.9**	**113.5**
杭州市	Hangzhou City	115.0	105.1	116.7	118.6	114.3	113.7
宁波市	Ningbo City	115.5	105.0	116.6	116.0	116.2	114.8
温州市	Wenzhou City	114.1	103.5	115.4	116.1	113.4	113.8
嘉兴市	Jiaxing City	116.5	105.4	118.3	117.8	116.2	116.2
湖州市	Huzhou City	115.4	108.2	118.5	118.8	112.9	115.3
绍兴市	Shaoxing City	115.3	103.5	117.1	117.6	114.7	115.2
金华市	Jinhua City	116.2	104.8	117.0	116.7	117.3	115.9
衢州市	Quzhou City	115.2	105.2	119.7	120.8	113.8	114.8
舟山市	Zhoushan City	117.0	110.2	121.9	119.8	115.5	117.5
台州市	Taizhou City	113.6	100.1	114.2	114.2	116.4	113.0
丽水市	Lishui City	114.9	102.4	120.8	117.5	114.2	114.6
安徽省	**Anhui**	**112.5**	**108.6**	**113.8**	**112.5**	**113.0**	**111.8**
合肥市	Hefei City	116.2	116.6	117.5	116.8	114.6	119.3
芜湖市	Wuhu City	114.6	103.1	118.5	120.5	111.0	113.9
蚌埠市	Bengbu City	116.5	134.5	114.4	114.1	109.6	111.8
淮南市	Huainan City	116.2	118.7	118.4	120.5	112.6	106.4
马鞍山市	Maanshan City	119.5	112.3	123.3	125.2	113.0	118.5
淮北市	Huaibei City	115.7	116.1	118.6	119.2	111.2	113.4
铜陵市	Tongling City	117.5	104.6	123.1	125.1	110.1	115.3
安庆市	Anqing City	112.5	105.1	116.7	116.9	111.8	112.5
黄山市	Huangshan City	112.2	103.8	119.2	110.9	110.7	112.4
滁州市	Chuzhou City	110.4	125.1	105.3	105.1	108.2	109.9
阜阳市	Fuyang City	110.4	118.8	105.1	104.0	106.5	100.6
宿州市	Suzhou City	114.1	120.2	111.7	111.7	108.8	116.1
巢湖市	Chaohu City	111.6	104.9	116.6	117.0	111.0	111.5
六安市	Liuan City	114.0	113.5	115.6	115.0	112.9	112.3
亳州市	Bozhou City	112.1	112.0	115.4	111.7	110.0	107.1
池州市	Chizhou City	113.2	109.6	117.3	117.1	111.4	112.9
宣城市	Xuancheng City	110.4	106.3	114.9	114.5	108.0	108.4
其他	Others						

3-3 续表 4 continued

地区	Region	地区生产总值指数(上年=100) Indices of Gross Regional Product (last year=100)	第一产业 Primary Industry	第二产业 Secondary Industry	#工业 Industry	第三产业 Tertiary Industry	人均地区生产总值指数(上年=100) Indices of Per Capita GRP (last year=100)
福建省	**Fujian**	**112.1**	**104.5**	**115.2**	**115.5**	**110.8**	**111.4**
福州市	Fuzhou City	113.0	103.9	115.2	115.3	112.4	112.3
厦门市	Xiamen City	116.0	99.7	119.4	120.5	111.8	114.4
莆田市	Putian City	113.0	105.5	116.5	116.7	111.2	112.4
三明市	Sanming City	110.3	104.6	113.9	112.7	109.9	110.0
泉州市	Quanzhou City	114.2	102.8	115.5	115.5	113.9	113.5
漳州市	Zhangzhou City	111.6	104.3	118.7	122.3	108.9	111.4
南平市	Nanping City	110.9	106.5	114.5	113.7	110.5	110.1
龙岩市	Longyan City	110.6	106.3	112.6	113.5	110.8	110.2
宁德市	Ningde City	111.0	104.7	115.1	113.5	111.5	110.5
江西省	**Jiangxi**	**113.2**	**108.0**	**118.6**	**119.3**	**109.6**	**112.8**
南昌市	Nanchang City	116.5	107.1	120.5	118.3	113.6	115.7
景德镇市	Jingdezhen City	115.8	109.0	117.2	108.1	115.5	115.0
萍乡市	Pingxiang City	116.3	109.8	117.3	114.9	116.9	115.6
九江市	Jiujiang City	115.2	107.2	118.6	118.5	114.4	114.4
新余市	Xinyu City	116.5	107.8	122.4	124.7	110.9	115.8
鹰潭市	Yingtan City	116.8	107.5	122.2	122.6	114.3	116.0
赣州市	Ganzhou City	112.1	104.2	115.5	117.9	115.0	111.3
吉安市	Jian City	114.0	105.8	104.6	97.6	132.2	113.2
宜春市	Yichun City	113.0	107.9	118.2	118.2	111.1	112.2
抚州市	Fuzhou City	113.6	111.2	117.8	113.2	109.7	112.8
上饶市	Shangrao City	114.5	103.0	125.8	125.8	112.1	113.7
山东省	**Shandong**	**115.3**	**106.9**	**119.2**	**121.1**	**112.3**	
济南市	Jinan City	115.6	107.8	119.8	122.0	113.0	
青岛市	Qingdao City	116.8	102.7	120.9	121.0	114.2	
淄博市	Zibo City	117.0	107.9	120.9	121.1	111.6	
枣庄市	Zaozhuang City	117.2	106.0	122.9	122.8	112.0	
东营市	Dongying City	117.2	108.5	117.8	117.5	117.1	
烟台市	Yantai City	117.5	107.2	122.9	123.5	112.2	
潍坊市	Weifang City	116.9	108.6	125.7	127.1	107.3	
济宁市	Jining City	117.2	108.0	121.9	124.6	114.7	
泰安市	Taian City	116.4	107.1	120.9	120.9	113.7	
威海市	Weihai City	117.1	104.1	121.1	121.1	114.4	
日照市	Rizhao City	117.2	107.2	124.0	125.2	113.6	
莱芜市	Laiwu City	117.2	105.5	124.4	127.0	109.3	
临沂市	Linyi City	117.0	107.9	119.6	118.4	117.3	
德州市	Dezhou City	117.1	107.6	118.1	121.3	112.1	
聊城市	Liaocheng City	117.0	105.9	124.3	123.4	114.2	
滨州市	Binzhou City	117.2	107.3	124.1	125.5	110.5	
菏泽市	Hezé City	117.1	106.9	131.8	130.5	112.5	
河南省	**Henan**	**113.7**	**112.8**	**116.2**	**117.0**	**110.6**	**114.0**
郑州市	Zhengzhou City	115.7	105.7	118.0	118.9	114.1	115.2
开封市	Kaifeng City	110.7	108.0	111.6	114.1	111.8	110.2
洛阳市	Luoyang City	116.2	106.3	118.9	120.1	114.6	115.6
平顶山市	Pingdingshan City	115.8	109.0	118.8	117.5	113.5	115.3
安阳市	Anyang City	115.9	108.1	120.8	119.4	111.6	115.2

3-3 续表 5 continued

地 区	Region	地区生产总值指数(上年=100) Indices of Gross Regional Product (last year=100)	第一产业 Primary Industry	第二产业 Secondary Industry	#工业 Industry	第三产业 Tertiary Industry	人均地区生产总值指数(上年=100) Indices of Per Capita GRP (last year=100)
鹤壁市	Hebi City	116.0	113.0	118.3	119.1	114.0	115.5
新乡市	Xinxiang City	114.6	106.0	119.2	117.8	112.4	114.1
焦作市	Jiaozuo City	121.1	108.1	129.0	125.6	112.5	120.4
濮阳市	Puyang City	114.4	106.0	117.6	117.5	112.2	113.8
许昌市	Xuchang City	114.6	109.0	117.3	116.1	112.2	114.1
漯河市	Luohe City	113.6	110.0	115.1	114.5	112.7	112.9
三门峡市	Sanmenxia City	113.4	111.5	115.5	117.2	110.5	113.1
南阳市	Nanyang City	115.6	113.0	117.7	117.0	114.4	115.1
商丘市	Shangqiu City	122.4	133.0	120.1	119.9	114.1	121.9
信阳市	Xinyang City	113.6	117.0	114.9	116.6	109.4	113.0
周口市	Zhoukou City	114.1	120.0	112.3	111.7	110.5	113.5
驻马店市	Zhumadian City	114.9	128.4	110.0	110.8	109.7	114.2
其他	Others	117.1	110.0	122.1	122.9	107.7	116.2
湖北省	**Hubei**	**111.3**	**106.5**	**113.9**	**113.4**	**109.5**	**116.7**
武汉市	Wuhan City	114.5	105.2	117.8	117.6	118.7	114.5
黄石市	Huangshi City	112.5	105.4	114.2	114.8	111.6	112.1
十堰市	Shiyan City	116.3	104.0	125.5	126.2	107.2	115.9
宜昌市	Yichang City	117.5	109.8	123.4	131.2	110.5	117.3
襄樊市	Xiangfan City	111.0	103.2	114.9	115.1	110.2	111.0
鄂州市	Ezhou City	111.8	106.1	113.3	112.7	111.8	112.0
荆门市	Jingmen City	111.5	106.3	115.5	115.0	109.3	111.8
孝感市	Xiaogan City	110.1	105.2	112.9	112.9	109.9	110.9
荆州市	Jingzhou City	108.5	104.2	110.4	110.2	109.2	110.1
黄冈市	Huanggang City	109.8	111.3	109.5	109.7	109.1	111.4
咸宁市	Xianning City	111.5	105.7	113.6	113.2	112.3	111.6
随州市	Suizhou City	111.7	108.0	114.5	114.5	110.1	110.9
恩施土家族苗族自治州	Enshi Tujia & Miao A.P	107.5	105.6	108.5	108.6	109.1	107.5
其他	Others	112.1	106.5	117.1	115.6	109.5	112.0
湖南省	**Hunan**	**112.0**	**107.4**	**116.2**	**115.9**	**110.2**	**111.4**
长沙市	Changsha City	115.0	107.2	120.0	119.9	112.0	114.8
株洲市	Zhuzhou City	112.4	107.3	113.9	113.4	112.4	112.3
湘潭市	Xiangtan City	113.4	108.8	118.6	120.6	110.5	113.2
衡阳市	Hengyang City	110.8	106.0	115.5	114.6	109.6	110.6
邵阳市	Shaoyang City	110.8	106.6	115.9	111.9	110.3	110.1
岳阳市	Yueyang City	112.1	105.5	116.8	116.9	110.6	112.0
常德市	Changde City	112.5	109.6	116.2	118.4	110.2	111.9
张家界市	Zhangjiajie City	112.3	105.2	117.7	116.1	112.5	112.1
益阳市	Yiyang City	110.9	108.0	113.3	112.0	110.8	110.8
郴州市	Chenzhou City	113.0	107.1	118.2	118.5	111.2	112.9
永州市	Yongzhou City	111.8	108.8	116.3	112.6	110.9	111.6
怀化市	Huaihua City	110.7	104.5	115.8	115.7	110.6	110.4
娄底市	Loudi City	113.2	109.3	117.7	122.2	110.2	112.9
湘西土家族苗族自治州	West Hunan Tujia A.P	109.6	104.5	112.6	116.0	110.6	109.4
其他	Others						
广东省	**Guangdong**	**114.2**	**104.2**	**118.4**	**120.0**	**110.4**	**111.1**
广州市	Guangzhou City	115.0	105.4	117.2	118.6	113.8	113.7

3-3 续表 6 continued

地 区	Region	地区生产总值指数(上年=100) Indices of Gross Regional Product (last year=100)	第一产业 Primary Industry	第二产业 Secondary Industry	#工业 Industry	第三产业 Tertiary Industry	人均地区生产总值指数(上年=100) Indices of Per Capita GRP (last year=100)
韶关市	Shaoguan City	113.5	103.6	117.9	118.7	113.1	113.0
深圳市	Shenzhen City	117.3	80.2	121.3	123.8	111.3	107.8
珠海市	Zhuhai City	113.8	103.6	115.1	116.6	112.7	109.5
汕头市	Shantou City	111.1	102.7	113.3	114.2	110.2	110.1
佛山市	Foshan City	116.3	98.0	121.1	121.5	111.8	114.5
江门市	Jiangmen City	112.2	103.8	117.8	118.2	107.3	111.1
湛江市	Zhanjiang City	111.0	103.8	115.4	114.0	110.0	110.3
茂名市	Maoming City	114.2	105.8	114.4	116.4	120.0	113.4
肇庆市	Zhaoqing City	113.2	105.7	118.6	119.3	113.7	112.7
惠州市	Huizhou City	115.1	104.5	114.2	114.6	121.7	113.1
梅州市	Meizhou City	112.3	103.1	119.2	123.5	111.4	111.3
汕尾市	Shanwei City	114.8	106.0	125.2	127.1	111.7	112.5
河源市	Heyuan City	117.9	104.3	134.2	137.8	114.8	117.7
阳江市	Yangjiang City	112.6	105.5	121.1	122.0	110.8	111.7
清远市	Qingyuan City	119.6	102.4	142.3	146.0	113.3	115.5
东莞市	Dongguan City	119.6	90.4	124.5	125.6	114.8	117.4
中山市	ZhongShan City	118.7	101.8	122.5	124.1	113.9	117.3
潮州市	Chaozhou City	111.1	101.0	115.4	115.2	109.2	106.1
揭阳市	Jieyang City	107.2	103.9	107.6	108.5	108.5	105.7
云浮市	Yunfu City	113.7	104.6	121.1	119.9	113.7	119.5
广西壮族自治区	**Guangxi**	**111.8**	**105.4**	**117.1**	**117.0**	**110.6**	**111.0**
南宁市	Nanning City	113.2	105.9	118.2	116.6	113.1	111.9
柳州市	Liuzhou City	114.4	107.9	120.4	120.5	109.0	113.5
桂林市	Guilin City	113.1	109.2	115.9	115.8	113.4	112.4
梧州市	Wuzhou City	114.2	109.7	124.8	119.9	108.1	112.0
北海市	Beihai City	111.3	103.1	120.2	123.7	110.7	110.8
防城港市	Fangchenggang City	111.7	104.8	120.1	113.5	110.1	110.7
钦州市	Qinzhou City	113.3	113.3	116.2	114.8	110.9	111.5
贵港市	Guigang City	112.0	106.9	121.3	116.6	111.3	110.4
玉林市	Yulin City	115.2	112.3	122.0	117.2	110.4	114.4
百色市	Baise City	115.9	106.0	129.8	130.8	108.0	115.2
贺州市	Hezhou City	112.6	106.3	122.8	116.5	108.9	112.3
河池市	Hechi City	113.7	110.2	122.2	118.5	109.4	113.2
来宾市	Laibin City	112.8	108.6	119.6	119.9	111.3	111.8
崇左市	Chongzuo City	112.8	110.2	119.3	118.6	111.7	112.1
海南省	**Hainan**	**110.4**	**108.0**	**115.8**	**116.7**	**109.6**	**109.4**
海口市	Haikou City	113.1	109.4	114.1	113.5	113.1	109.6
三亚市	Sanya City	113.2	108.0	118.8	102.3	115.8	111.9
其他	Others						
重庆市	**Chongqing**	**112.2**	**104.7**	**116.2**	**116.9**	**110.4**	**112.7**
万州区	Wanzhou District	114.2	106.0	117.1	118.5	113.1	115.1
涪陵区	Fuling District	113.0	106.9	114.3	117.7	112.8	114.1
渝中区	Yuzhong District	111.5	100.0	107.9	105.0	112.4	111.0
大渡口区	Dadukou District	112.0	90.7	116.0	116.0	99.2	110.9
江北区	Jiangbei District	112.5	100.0	112.6	112.1	113.1	112.8
沙坪坝区	Shapingba District	113.5	98.3	113.2	114.2	115.1	111.8

3-3 续表 7 continued

地 区	Region	地区生产总值指数(上年=100) Indices of Gross Regional Product (last year=100)	第一产业 Primary Industry	第二产业 Secondary Industry	#工业 Industry	第三产业 Tertiary Industry	人均地区生产总值指数(上年=100) Indices of Per Capita GRP (last year=100)
九龙坡区	Jiulongpo District	116.2	100.1	119.6	120.8	112.4	114.8
南岸区	Nanan District	113.0	96.6	114.5	112.2	111.7	111.2
北碚区	Beibei District	112.0	105.2	113.9	114.1	110.4	111.2
万盛区	Wansheng District	114.9	104.0	124.9	128.7	111.0	115.8
双桥区	Shuangqiao District	112.1	106.7	112.5	112.6	110.8	111.1
渝北区	Yubei District	133.9	101.0	154.4	176.4	116.3	130.9
巴南区	Banan District	115.0	104.6	120.3	119.2	114.6	114.6
黔江区	Qianjiang District	109.3	107.1	107.7	114.5	113.5	108.7
长寿区	Changshou District	113.3	105.5	118.7	123.4	109.3	113.3
其他	Others						
四川省	**Sichuan**	**112.7**	**105.9**	**117.7**	**118.0**	**110.9**	**112.3**
成都市	Chengdu City	113.6	105.7	115.8	115.8	112.5	113.5
自贡市	Zigong City	114.0	106.9	120.2	121.9	111.0	113.8
攀枝花市	Panzhihua City	113.0	106.0	114.0	115.8	111.8	112.5
泸州市	Luzhou City	113.2	107.0	117.7	119.4	112.5	113.0
德阳市	Deyang City	113.7	106.1	119.0	121.3	110.8	113.8
绵阳市	Mianyang City	111.2	106.7	112.5	114.9	112.0	111.2
广元市	Guangyuan City	113.1	107.1	122.8	125.7	111.2	113.0
遂宁市	Suining City	113.0	106.9	118.6	122.8	112.6	112.6
内江市	Neijiang City	113.2	107.2	117.3	118.9	111.1	112.9
乐山市	Leshan City	114.5	107.0	118.6	119.1	112.8	114.4
南充市	Nanchong City	112.8	107.5	119.9	120.5	111.5	112.7
眉山市	Meishan City	114.6	106.6	121.5	123.0	112.0	114.4
宜宾市	Yibin City	113.2	107.0	116.3	118.4	112.1	112.8
广安市	Guangan City	114.6	106.6	122.0	121.3	113.2	114.3
达州市	Dazhou City	113.7	106.2	121.6	120.3	112.5	113.0
雅安市	Yaan City	113.2	106.9	115.9	111.6	113.0	112.8
巴中市	Bazhong City	113.3	107.6	125.4	118.8	113.4	113.0
资阳市	Ziyang City	113.7	106.9	122.9	122.4	111.1	113.5
阿坝藏族羌族自治州	Aba Zang & Qiang A.P	114.3	103.0	121.9	135.4	112.6	113.7
甘孜藏族自治州	Ganzi Zang A.P	113.6	104.6	123.0	129.4	111.3	113.1
凉山彝族自治州	Liangshan Yi A.P	114.2	105.9	123.1	122.9	112.9	113.3
贵州省	**Guizhou**	**111.4**	**105.3**	**114.2**	**115.9**	**112.0**	**111.0**
贵阳市	Guiyang City	113.7	107.6	115.6	116.8	112.3	113.0
六盘水市	Liupanshui City	118.3	105.6	124.2	120.5	112.6	117.3
遵义市	Zunyi City	112.6	107.1	117.5	118.0	111.9	111.7
安顺市	Anshun City	110.1	108.4	110.6	114.9	110.9	109.1
铜仁地区	Tongren Prefecture	112.1	106.6	123.1	130.0	112.3	111.0
黔西南布依族苗族自治州	Southwest Guizhou Buyi & Miao A.P	113.3	108.1	116.7	116.2	114.4	112.2
毕节地区	Bijie Prefecture	116.2	110.9	126.4	135.2	112.4	115.2
黔东南苗族侗族自治州	Southeast Guizhou Miao & Dong A.P	111.0	106.5	115.2	119.4	111.8	111.0
黔南布依族苗族自治州	South Guizhou Buyi & Miao A.P	111.6	105.9	116.6	118.1	110.2	110.8
云南省	**Yunnan**	**111.5**	**105.6**	**115.0**	**113.9**	**110.7**	**110.5**
昆明市	Kunming City	112.0	104.3	114.6	114.8	110.5	111.1
曲靖市	Qujing City	112.3	106.7	115.3	112.3	111.5	110.4
玉溪市	Yuxi City	108.2	105.6	108.6	108.9	108.0	107.4

3-3 续表 8 continued

地　区	Region	地区生产总值指数(上年=100) Indices of Gross Regional Product (last year=100)	第一产业 Primary Industry	第二产业 Secondary Industry	#工业 Industry	第三产业 Tertiary Industry	人均地区生产总值指数(上年=100) Indices of Per Capita GRP (last year=100)
保山市	Baoshan City	109.4	105.1	115.1	110.5	110.5	108.6
昭通市	Zhaotong City	112.1	104.0	123.5	119.8	108.5	110.4
丽江市	Lijiang City	114.5	103.8	117.6	110.2	118.5	113.7
思茅市	Simao City	110.8	108.3	112.6	113.9	111.3	109.9
临沧市	Lincang City	111.2	103.5	119.8	121.4	111.7	110.2
楚雄彝族自治州	Chuxiong Yi A.P	111.5	106.3	114.2	111.3	112.6	110.9
红河哈尼族彝族自治州	Honghe Hani & Yi A.P	113.4	104.2	120.1	117.0	107.9	112.6
文山壮族苗族自治州	Wenshan Zhuang & Miao A.P	113.1	106.1	115.8	115.8	117.1	112.2
西双版纳傣族自治州	Xishuangbanna Dai A.P	112.1	101.4	140.9	157.6	109.1	111.3
大理白族自治州	Dali Bai A.P	112.0	105.7	116.3	116.1	113.5	111.2
德宏傣族景颇族自治州	Dehong Dai & Jingpo A.P	110.5	99.4	125.1	128.4	110.6	109.4
怒江傈僳族自治州	Nujiang Lisu A.P	108.5	101.1	112.2	95.9	109.8	107.1
迪庆藏族自治州	Diqing Zang A.P	135.6	102.2	190.1	176.7	128.6	134.8
西藏自治区	**Tibet**	**112.2**	**104.9**	**117.4**	**115.6**	**112.8**	**111.0**
拉萨市	Lhasa City	117.2	106.3	119.6		118.0	
昌都地区	Qamdu Prefecture	115.1	106.1	119.6		119.6	
山南地区	Lhokha Prefecture	116.4	112.0	144.9		111.0	
日喀则地区	Xigaze Prefecture	116.1	105.0	123.3		120.6	
那曲地区	Narqu Prefecture	118.8	106.5	119.6		130.8	
阿里地区	Ngri Prefecture						
林芝地区	Nyingchi Prefecture	117.5	105.9	119.5		114.2	
其他	Others						
陕西省	**Shaanxi**	**112.9**	**109.8**	**116.8**		**109.5**	
西安市	Xian City	113.5	106.7	115.6		112.3	
铜川市	Tongchuan City	112.4	116.1	113.9		110.3	
宝鸡市	Baoji City	114.5	112.0	119.4		108.8	
咸阳市	Xianyang City	113.1	110.6	117.6		108.7	
渭南市	Weinan City	111.2	106.5	118.9		106.3	
延安市	Yanan City	116.8	106.0	124.0		106.8	
汉中市	Hanzhong City	110.9	109.1	115.9		107.8	
榆林市	Yulin City	117.5	113.8	124.0		108.5	
安康市	Ankang City	109.4	109.3	112.5		107.9	
商洛市	Shangluo City	109.4	107.7	109.0		110.8	
其他	Others	114.3	114.6	120.1		106.9	
甘肃省	**Gansu**	**111.0**	**106.5**	**112.6**	**114.1**	**111.0**	**110.5**
兰州市	Lanzhou City	111.4	103.3	112.7	113.6	110.6	110.1
嘉峪关市	Jiayuguan City	117.7	114.7	118.1	118.5	116.9	136.8
金昌市	Jinchang City	118.2	106.3	122.2	123.8	108.1	117.6
白银市	Baiyin City	113.1	105.8	117.5	117.9	109.2	113.1
天水市	Tianshui City	111.5	105.4	111.4	109.1	114.3	111.8
武威市	Wuwei City	112.1	104.7	119.6	116.2	111.8	119.4
张掖市	Zhangye City	112.0	105.3	119.9	120.4	111.2	118.5
平凉市	Pingliang City	112.6	105.2	119.7	121.8	110.5	112.2
酒泉市	Jiuquan City	111.5	104.9	115.7	116.2	111.0	110.9
庆阳市	Qingyang City	112.2	108.9	119.7	120.8	104.6	111.6
定西市	Dingxi City	109.0	106.1	114.3	110.7	108.7	112.4

3-3 续表 9 continued

地 区	Region	地区生产总值指数(上年=100) Indices of Gross Regional Product (last year=100)	第一产业 Primary Industry	第二产业 Secondary Industry	#工业 Industry	第三产业 Tertiary Industry	人均地区生产总值指数(上年=100) Indices of Per Capita GRP (last year=100)
陇南市	Longnan City	112.1	105.7	118.9	119.3	112.6	110.9
临夏回族自治州	Linxia Hui A.P	110.6	105.7	115.6	112.6	110.9	113.6
甘南藏族自治州	Gannan Zang A.P	111.3	103.2	122.8	111.0	112.4	110.5
青海省	**Qinghai**	**112.3**	**103.8**	**116.4**	**122.1**	**110.2**	**111.3**
西宁市	Xining City	114.8	105.0	121.1	126.4	109.5	113.5
海东地区	Haidong Prefecture	112.8	110.9	115.8	119.0	111.0	112.4
海北藏族自治州	Haibei Zang A.P	109.1	101.7	111.3	105.6	111.9	108.3
海南藏族自治州	Hainan Zang A.P	112.8	103.9	123.2	151.6	109.6	111.7
黄南藏族自治州	Huangnan Zang AP	111.7	102.0	119.4	116.1	108.9	110.3
果洛藏族自治州	Golog Zang A.P	107.2	105.3	102.2	100.5	110.3	102.8
玉树藏族自治州	Yushu Zang A.P	108.6	105.0	113.0	97.3	115.3	103.1
海西蒙古族藏族自治州	Haixi Mongolian & Zang A.P	115.8	105.3	116.9	120.0	114.7	112.5
宁夏回族自治区	**Ningxia**	**111.0**	**103.8**	**114.1**	**118.1**	**109.8**	**109.5**
银川市	Yinchuan City	114.9	103.6	121.0	129.5	111.1	112.9
石嘴山市	Shizuishan City	113.6	101.7	118.4	122.2	109.1	113.8
吴忠市	Wuzhong City	109.7	102.7	112.3	115.7	93.3	109.1
固原市	Guyuan City	112.9	109.0	120.2	14.8	111.0	100.2
中卫市	Zhongwei City	111.9	114.4	109.9	110.9	112.2	107.5
新疆维吾尔自治区	**Xinjiang**	**111.1**	**105.1**	**114.3**	**114.5**	**110.4**	**109.5**
乌鲁木齐市	Urumqi City	112.5	110.9	111.6	115.2	113.0	
克拉玛依市	Karamay City	108.3	118.2	107.8	108.7	111.0	
石河子市	Shihezi City	112.6	105.6	112.3	114.9	114.2	
吐鲁番地区	Turpan Prefecture	112.8	110.5	114.5	112.4	109.5	
哈密地区	Hami Prefecture	108.5	106.5	103.5	113.0	113.4	
昌吉回族自治州	Changji Hui A.P	114.0	108.5	119.1	116.4	113.0	
博尔塔拉蒙古自治州	Bortala Mongolian A.P	110.1	107.6	106.8	105.5	114.1	
巴音郭楞蒙古自治州	Bayingolin Mongolian A.P	113.0	111.5	113.9	111.8	111.7	
阿克苏地区	Aksu Prefecture	113.1	106.8	119.5	117.0	116.1	
克孜勒苏柯尔克孜自治州	Kizilsu Kirgiz A.P	111.2	106.7	117.8	119.7	111.7	
喀什地区	Kashi Prefecture	112.7	106.1	122.4	131.2	116.9	
和田地区	Hotan Prefecture	112.0	107.1	135.5	107.9	109.6	
伊犁哈萨克自治州	Ili Kazak A.P	113.8	106.7	121.0	115.8	113.3	
塔城地区	Tacheng Prefecture	111.7	107.4	116.0	119.2	114.1	
阿勒泰地区	Altay Prefecture	113.3	108.0	120.4	115.7	111.3	
阿拉尔市	Alar City	110.9	112.2	114.9	117.9	105.8	
图木舒克市	Tumxuk City						
五家渠市	Wujiaqu City						
兵团	Corps						

3-4 就业人员和失业人员（2004年）

Employment and Unemployment (2004)

地 区	Region	就业人员（万人）Employed Population (10000 persons)	第一产业 Primary Industry	第二产业 Secondary Industry	第三产业 Tertiary Industry	城镇就业人员（万人）Urban Employed Persons (10000 persons)	城镇登记失业人员数（万人）Urban Registered Unemployed (10000 persons)
北京市	**Beijing**	**854.1**	**61.5**	**232.8**	**559.8**	**682.68**	**6.46**
东城区	Dongcheng District					40.73	0.44
西城区	Xicheng District					55.14	0.44
崇文区	Chongwen District					10.51	0.16
宣武区	Xuanwu District					25.12	0.39
朝阳区	Chaoyang District					86.46	0.72
丰台区	Fengtai District					42.96	0.97
石景山区	Shijingshan District					15.51	0.80
海淀区	Haidian District					97.24	0.48
门头沟区	Mentougou District					6.23	0.16
房山区	Fangshan District					16.12	0.49
通州区	Tongzhou District					17.77	0.19
顺义区	Shunyi District					21.77	0.18
昌平区	Changping District					21.01	0.19
大兴区	Daxing District					19.47	0.28
怀柔区	Huairou District					7.52	0.17
平谷区	Pinggu District					6.79	0.12
密云县	Miyun County					8.29	0.21
延庆县	Yanqing County					4.23	0.07
天津市	**Tianjin**	**527.8**	**82.8**	**223.9**	**221.1**	**302.47**	**11.77**
和平区	Heping District						0.87
河东区	Hedong District						1.71
河西区	Hexi District						1.58
南开区	Nankai District						1.71
河北区	Hebei District						1.11
红桥区	Hongqiao District						1.81
塘沽区	Tanggu District						0.97
汉沽区	Hangu District						0.25
大港区	Dagang District						0.16
东丽区	Dongli District						0.40
西青区	Xiqing District						0.28
津南区	Jinnan District						0.26
北辰区	Beichen District						0.09
武清区	Wuqing District						0.18
宝坻区	Baodi District						0.06
宁河县	Ninghe County						0.10
静海县	Jinghai County						0.12
蓟县	Ji County						0.11
其他	Others						
河北省	**Hebei**	**3516.7**	**1612.9**	**992.7**	**911.1**	**848.30**	**28.01**
石家庄市	Shijiazhuang City	463.1	160.9	167.7	134.5	118.22	2.74
唐山市	Tangshan City	386.6	154.5	131.9	100.2	104.70	4.26
秦皇岛市	Qinhuangdao City	152.1	75.5	30.5	46.2	48.67	1.55
邯郸市	Handan City	433.0	194.1	113.1	125.9	105.37	3.74
邢台市	Xingtai City	323.6	155.1	92.1	76.3	67.25	1.85
保定市	Baoding City	593.6	318.0	153.8	121.8	106.84	2.73
张家口市	Zhangjiakou City	211.3	125.7	34.2	51.3	58.99	2.71

3-4 续表 1 continued

地　区	Region	就业人员 (万人) Employed Population (10000 persons)	第一产业 Primary Industry	第二产业 Secondary Industry	第三产业 Tertiary Industry	城镇就业人员 (万人) Urban Employed Persons (10000 persons)	城镇登记失业人员数 (万人) Urban Registered Unemployed (10000 persons)
承德市	Chengde City	187.6	100.9	44.8	41.9	37.59	0.97
沧州市	Cangzhou City	352.1	148.9	116.7	86.5	67.09	1.59
廊坊市	Langfang City	209.3	86.3	71.4	51.6	55.31	0.50
衡水市	Hengshui City	204.5	92.9	67.5	44.0	55.59	0.65
其他	Others					22.68	4.72
山西省	**Shanxi**	**1474.1**	**645.1**	**375.0**	**454.0**	**452.97**	**13.90**
太原市	Taiyuan City	168.8	27.5	51.4	90.0	114.12	3.92
大同市	Datong City	133.2	43.7	36.8	52.8	51.24	1.35
阳泉市	Yangquan City	57.2	13.5	27.0	16.7	25.17	0.80
长治市	Changzhi City	152.9	65.8	43.9	43.2	46.66	0.53
晋城市	Jincheng City	109.5	43.9	31.9	33.7	31.45	0.49
朔州市	Shuozhou City	63.0	31.1	13.7	18.2	20.42	0.25
晋中市	Jinzhong City	136.9	62.9	38.0	36.1	35.54	0.98
运城市	Yuncheng City	237.3	139.6	46.9	50.8	32.50	0.15
忻州市	Xinzhou City	106.8	56.8	21.4	28.6	22.48	1.35
临汾市	Linfen City	183.7	85.8	43.6	54.4	42.67	0.87
吕梁市	Luliang City	152.1	73.5	33.1	45.5	26.92	0.34
内蒙古自治区	**Inner Mongolia**	**1136.2**	**559.7**	**191.6**	**384.9**	**343.36**	**18.51**
呼和浩特市	Hohhot City	140.9	44.6	41.2	55.1	47.53	2.65
包头市	Baotou City	114.2	30.6	32.6	51.1	47.94	3.37
乌海市	Wuhai City	18.4	3.2	9.1	6.1	12.83	0.80
赤峰市	Chifeng City	208.3	106.6	29.0	72.7	42.42	1.99
通辽市	Tongliao City	138.1	87.1	15.9	35.2	28.76	1.53
鄂尔多斯市	Erdos City	77.9	33.5	14.9	29.5	23.88	1.01
呼伦贝尔市	Hulunbuir City	91.3	48.3	12.9	30.1	38.75	2.74
巴彦淖尔市	Bayannur City	88.8	54.0	9.8	25.0	21.12	1.22
乌兰察布市	Ulanqab City	137.5	74.1	16.9	46.5	19.98	1.32
兴安盟	Xingan League	66.7	47.3	5.1	14.2	16.99	0.83
锡林郭勒盟	Xilingol League	44.8	26.4	2.1	16.3	14.99	0.79
阿拉善盟	Alxa League	9.2	4.1	2.0	3.1	5.10	0.27
其他	Others					23.07	
辽宁省	**Liaoning**	**2097.3**	**721.2**	**586.8**	**789.2**	**1013.43**	**68.22**
沈阳市	Shenyang City	310.7				192.61	14.70
大连市	Dalian City	323.3				194.66	9.28
鞍山市	Anshan City	168.6				88.08	6.31
抚顺市	Fushun City	129.8				82.34	5.23
本溪市	Benxi City	73.4				46.31	3.59
丹东市	Dandong City	111.4				41.74	4.42
锦州市	Jinzhou City	145.0				52.69	4.35
营口市	Yingkou City	105.1				36.65	2.64
阜新市	Fuxin City	104.6				45.61	2.88
辽阳市	Liaoyang City	85.9				37.86	2.80
盘锦市	Panjin City	93.4				56.84	1.91
铁岭市	Tieling City	124.5				42.88	4.28
朝阳市	Chaoyang City	173.7				38.75	3.23
葫芦岛市	Huludao City	124.8				37.00	2.60

3-4 续表 2 continued

地 区	Region	就业人员 (万人) Employed Population (10000 persons)	第一产业 Primary Industry	第二产业 Secondary Industry	第三产业 Tertiary Industry	城镇就业人员 (万人) Urban Employed Persons (10000 persons)	城镇登记失业人员数 (万人) Urban Registered Unemployed (10000 persons)
吉林省	**Jilin**	**1222.0**	**563.3**	**227.3**	**431.4**	**551.06**	**28.24**
长春市	Changchun City	376.1	133.3	90.7	152.1	184.95	6.98
吉林市	Jilin City	155.0	74.6	29.8	50.6	55.34	5.03
四平市	Siping City	127.1	70.9	14.7	41.5	36.01	3.23
辽源市	Liaoyuan City	47.2	21.0	10.2	16.0	16.16	2.01
通化市	Tonghua City	88.5	43.1	17.0	28.4	29.17	2.24
白山市	Baishan City	40.2	16.8	10.3	13.1	21.04	1.98
松原市	Songyuan City	116.0	75.0	13.9	27.1	27.57	2.08
白城市	Baicheng City	76.4	43.2	5.9	27.3	26.38	2.11
延边朝鲜族自治州	Yanbian Korean A.P	82.9	36.9	13.9	32.1	42.01	2.58
其他	Others	112.6	48.5	20.9	43.2	112.43	
黑龙江省	**Heilongjiang**	**1681.1**	**812.1**	**356.0**	**513.0**	**777.70**	**32.90**
哈尔滨市	Harbin City	455.6	165.7	130.5	159.4	227.71	9.08
齐齐哈尔市	Qiqihar City	252.1	146.0	41.4	64.7	84.05	4.11
鸡西市	Jixi City	73.8	29.9	19.7	24.1	39.61	1.34
鹤岗市	Hegang City	39.1	10.7	13.8	14.6	23.03	1.02
双鸭山市	Shuangyashan City	68.9	24.0	14.6	30.2	15.10	0.72
大庆市	Daqing City	127.0	56.1	32.6	38.3	59.13	3.30
伊春市	Yichun City	37.8	17.4	9.7	10.7	29.76	2.32
佳木斯市	Jiamusi City	105.8	60.7	14.0	31.2	32.64	1.77
七台河市	Qitaihe City	38.4	13.4	14.8	10.2	22.43	1.14
牡丹江市	Mudanjiang City	96.5	54.1	17.4	25.0	33.81	2.28
黑河市	Heihe City	62.9	32.0	7.9	23.1	30.39	0.23
绥化市	Suihua City	220.5	147.3	27.5	45.8	37.21	1.27
大兴安岭地区	Daxinganling Prefecture	19.6	9.3	3.2	7.2	16.91	
其他	Others	66.8	45.4	7.5	13.9	66.84	
上海市	**Shanghai**	**836.9**	**67.3**	**316.0**	**453.6**	**545.26**	**27.43**
黄浦区	Huangpu District						1.29
卢湾区	Luwan District						0.79
徐汇区	Xuhui District						2.09
长宁区	Changning District						1.49
静安区	Jingan District						0.69
普陀区	Putuo District						1.79
闸北区	Zhabei District						1.89
虹口区	Hongkou District						1.39
杨浦区	Yangpu District						2.67
闵行区	Minhang District						1.40
宝山区	Baoshan District						2.99
嘉定区	Jiading District						0.69
浦东新区	Pudong New District						4.29
金山区	Jinshan District						0.70
松江区	Songjiang District						0.60
青浦区	Qingpu District						0.59
南汇区	Nanhui District						0.60
奉贤区	Fengxian District						0.60
崇明县	Chongming County						0.80
其他	Others						0.08

3-4 续表 3 continued

地 区	Region	就业人员 (万人) Employed Population (10000 persons)	第一产业 Primary Industry	第二产业 Secondary Industry	第三产业 Tertiary Industry	城镇就业人员 (万人) Urban Employed Persons (10000 persons)	城镇登记失业人员数 (万人) Urban Registered Unemployed (10000 persons)
江苏省	**Jiangsu**	**4482.5**	**1676.5**	**1389.6**	**1416.5**	**1962.18**	**42.90**
南京市	Nanjing City	283.9	44.9	100.7	138.3	162.31	6.44
无锡市	Wuxi City	274.7	35.1	150.5	89.1	111.74	3.84
徐州市	Xuzhou City	395.5	189.7	111.5	94.3	88.13	3.72
常州市	Changzhou City	217.4	34.6	114.5	68.3	94.66	3.45
苏州市	Suzhou City	362.7	48.6	211.1	103.0	158.06	5.86
南通市	Nantong City	432.7	158.5	171.2	103.1	78.01	2.85
连云港市	Lianyungang City	214.6	103.2	50.3	61.1	37.96	2.06
淮安市	Huaian City	269.6	117.8	47.7	104.1	50.46	2.57
盐城市	Yancheng City	318.3	117.9	87.1	113.3	82.50	3.66
扬州市	Yangzhou City	228.3	53.0	96.8	78.5	63.43	2.99
镇江市	Zhenjiang City	145.0	36.7	63.2	45.1	47.44	1.74
泰州市	Taizhou City	243.7	73.4	92.5	77.8	50.77	2.24
宿迁市	Suqian City	267.9	118.9	59.8	89.2	29.39	1.47
浙江省	**Zhejiang**	**2992.0**	**779.7**	**1304.9**	**907.4**	**847.67**	**30.14**
杭州市	Hangzhou City	477.6	92.1	229.5	156.0	169.67	7.27
宁波市	Ningbo City	395.5	79.5	201.4	114.6	117.90	4.30
温州市	Wenzhou City	448.0	103.4	191.9	152.7	135.40	3.12
嘉兴市	Jiaxing City	252.5	43.8	149.3	59.3	89.63	2.39
湖州市	Huzhou City	150.2	44.2	63.4	42.7	47.33	1.05
绍兴市	Shaoxing City	285.2	75.3	140.0	69.9	73.25	2.60
金华市	Jinhua City	315.5	98.3	128.3	88.9	105.40	2.25
衢州市	Quzhou City	124.3	61.2	33.4	29.7	24.41	0.52
舟山市	Zhoushan City	54.3	15.5	18.7	20.1	16.65	0.70
台州市	Taizhou City	364.1	106.2	136.9	121.0	80.80	1.83
丽水市	Lishui City	142.2	72.8	29.9	39.5	27.54	0.52
安徽省	**Anhui**	**3605.2**	**1833.1**	**734.1**	**1038.0**	**694.39**	**26.08**
合肥市	Hefei City	262.4	98.4	61.5	102.5	80.60	6.14
芜湖市	Wuhu City	129.9	40.5	38.8	50.7	44.64	2.61
蚌埠市	Bengbu City	184.3	100.1	31.9	52.3	33.30	2.21
淮南市	Huainan City	132.3	44.5	44.3	43.5	50.90	2.07
马鞍山市	Maanshan City	59.8	20.4	23.0	16.4	21.80	1.03
淮北市	Huaibei City	100.2	44.8	27.9	27.5	38.70	1.53
铜陵市	Tongling City	42.0	12.0	14.2	15.8	20.85	1.07
安庆市	Anqing City	395.5	192.1	90.6	112.8	75.05	1.31
黄山市	Huangshan City	90.0	52.8	17.7	19.5	16.70	1.05
滁州市	Chuzhou City	234.7	132.6	50.9	51.3	45.30	1.45
阜阳市	Fuyang City	464.0	277.8	103.6	82.6	44.32	0.66
宿州市	Suzhou City	320.8	208.3	45.2	67.3	40.70	1.29
巢湖市	Chaohu City	284.8	132.9	83.7	68.2	38.06	3.82
六安市	Liuan City	380.6	234.8	65.4	80.4	54.15	3.60
亳州市	Bozhou City	311.8	174.9	33.8	103.0	41.70	0.81
池州市	Chizhou City	98.9	59.8	17.1	22.0	15.37	0.62
宣城市	Xuancheng City	181.5	103.2	36.4	41.9	30.52	1.50
其他	Others	1.7		1.4	0.3	1.72	

3-4 续表 4 continued

地 区	Region	就业人员 (万人) Employed Population (10000 persons)	第一产业 Primary Industry	第二产业 Secondary Industry	第三产业 Tertiary Industry	城镇就业人员 (万人) Urban Employed Persons (10000 persons)	城镇登记失业人员数 (万人) Urban Registered Unemployed (10000 persons)
福建省	**Fujian**	**1814.0**	**728.9**	**533.6**	**551.6**	**506.00**	**14.51**
福州市	Fuzhou City	322.5	98.9	101.0	122.6	115.21	2.82
厦门市	Xiamen City	120.0	19.1	58.4	42.6	83.37	1.98
莆田市	Putian City	153.0	62.7	44.9	45.4	29.56	0.59
三明市	Sanming City	124.5	68.9	22.4	33.2	31.53	1.93
泉州市	Quanzhou City	414.4	125.8	186.1	102.5	115.36	0.85
漳州市	Zhangzhou City	231.9	121.6	49.9	60.4	43.07	1.28
南平市	Nanping City	143.0	79.3	20.6	43.0	31.38	2.28
龙岩市	Longyan City	152.3	70.9	31.1	50.2	28.65	1.63
宁德市	Ningde City	148.9	81.6	19.3	48.0	24.18	1.15
江西省	**Jiangxi**	**2214.0**	**907.7**	**598.4**	**707.9**	**608.60**	**22.42**
南昌市	Nanchang City	239.6	81.5	64.4	93.7	117.86	3.35
景德镇市	Jingdezhen City	83.0	27.1	27.8	28.2	32.82	1.02
萍乡市	Pingxiang City	94.5	34.7	38.4	21.4	30.99	1.52
九江市	Jiujiang City	279.6	163.1	59.6	56.9	75.47	1.36
新余市	Xinyu City	58.8	21.8	20.6	16.4	22.44	0.77
鹰潭市	Yingtan City	60.5	24.8	12.7	23.0	22.62	0.31
赣州市	Ganzhou City	430.7	218.9	85.9	125.9	78.09	0.18
吉安市	Jian City	235.1	129.7	35.3	70.1	54.92	0.76
宜春市	Yichun City	257.4	119.9	61.7	75.9	54.30	0.40
抚州市	Fuzhou City	185.7	92.7	34.6	58.4	47.27	0.46
上饶市	Shangrao City	331.6	162.4	56.4	112.9	58.33	0.69
山东省	**Shandong**	**5728.1**				**2140.40**	**42.30**
济南市	Jinan City	294.2				103.00	5.80
青岛市	Qingdao City	450.2				191.30	6.00
淄博市	Zibo City	222.5				68.90	2.70
枣庄市	Zaozhuang City	204.0				48.00	1.90
东营市	Dongying City	99.7				46.40	0.90
烟台市	Yantai City	360.9				112.70	4.10
潍坊市	Weifang City	426.8				90.10	3.60
济宁市	Jining City	419.3				76.30	3.20
泰安市	Taian City	275.8				55.50	2.70
威海市	Weihai City	144.7				55.10	0.80
日照市	Rizhao City	155.9				25.20	1.00
莱芜市	Laiwu City	74.3				21.50	0.70
临沂市	Linyi City	580.6				82.30	2.70
德州市	Dezhou City	287.2				65.70	1.80
聊城市	Liaocheng City	303.5				44.30	1.80
滨州市	Binzhou City	198.1				35.40	1.20
菏泽市	Heze City	424.0				46.30	1.50
河南省	**Henan**	**5587.4**	**3245.7**	**1142.1**	**1199.7**	**869.46**	**31.17**
郑州市	Zhengzhou City	342.0	131.7	103.6	106.8	115.73	4.45
开封市	Kaifeng City	269.9	179.9	42.4	47.6	38.30	1.95
洛阳市	Luoyang City	368.2	197.1	85.9	85.3	69.67	2.80
平顶山市	Pingdingshan City	288.6	174.0	56.5	58.1	51.78	1.93
安阳市	Anyang City	328.3	186.4	82.9	59.0	51.96	1.92

3-4 续表 5 continued

地 区	Region	就业人员 (万人) Employed Population (10000 persons)	第一产业 Primary Industry	第二产业 Secondary Industry	第三产业 Tertiary Industry	城镇就业人员 (万人) Urban Employed Persons (10000 persons)	城镇登记失业人员数 (万人) Urban Registered Unemployed (10000 persons)
鹤壁市	Hebi City	78.9	38.9	21.4	18.7	18.02	0.48
新乡市	Xinxiang City	276.0	161.1	59.8	55.2	50.18	1.98
焦作市	Jiaozuo City	182.6	91.6	49.0	42.0	40.62	1.25
濮阳市	Puyang City	213.2	129.3	45.3	38.6	37.53	0.70
许昌市	Xuchang City	272.0	149.0	64.9	58.1	36.03	0.90
漯河市	Luohe City	148.7	79.8	37.7	31.2	23.21	0.57
三门峡市	Sanmenxia City	122.2	67.6	25.0	29.6	28.99	1.01
南阳市	Nanyang City	602.3	377.3	103.7	121.2	81.71	3.20
商丘市	Shangqiu City	472.1	301.0	85.3	85.8	46.64	2.40
信阳市	Xinyang City	424.9	243.5	69.4	111.9	47.46	1.72
周口市	Zhoukou City	628.3	388.9	118.1	121.4	60.43	2.17
驻马店市	Zhumadian City	511.1	331.2	79.6	100.2	43.55	1.35
其他	Others	41.2	17.6	10.5	13.2	10.64	0.38
湖北省	**Hubei**	**3507.0**	**1672.9**	**720.3**	**1113.8**	**1245.00**	**49.37**
武汉市	Wuhan City	416.7	81.0	141.3	194.4	263.17	11.17
黄石市	Huangshi City	139.4	34.6	54.4	50.4	68.10	2.37
十堰市	Shiyan City	200.9	87.1	39.8	74.0	48.28	2.19
宜昌市	Yichang City	212.3	98.2	45.5	68.6	84.90	2.69
襄樊市	Xiangfan City	295.1	126.7	76.1	92.3	80.33	1.45
鄂州市	Ezhou City	55.0	19.2	13.6	22.2	23.66	3.18
荆门市	Jingmen City	137.2	60.4	32.9	43.9	30.22	1.32
孝感市	Xiaogan City	251.3	106.9	57.7	86.7	57.54	2.81
荆州市	Jingzhou City	277.8	146.5	32.2	99.1	58.06	4.45
黄冈市	Huanggang City	347.5	137.1	90.3	120.1	50.60	2.39
咸宁市	Xianning City	136.5	41.8	29.7	65.0	28.26	5.22
随州市	Suizhou City	121.5	56.9	23.9	40.7	40.90	0.52
恩施土家族苗族自治州	Enshi Tujia & Miao A.P	241.0	162.1	21.6	57.3	33.79	0.97
其他	Others	208.0	84.1	51.5	72.3	83.94	1.49
湖南省	**Hunan**	**3747.1**	**1885.1**	**804.9**	**1057.1**	**954.43**	**42.99**
长沙市	Changsha City	356.0	138.0	90.0	128.0	124.41	5.38
株洲市	Zhuzhou City	212.7	91.4	56.5	64.8	56.69	3.20
湘潭市	Xiangtan City	169.3	79.5	48.6	41.3	45.31	2.93
衡阳市	Hengyang City	380.7	204.2	73.6	102.9	76.47	4.62
邵阳市	Shaoyang City	421.9	259.3	57.8	104.8	55.87	3.94
岳阳市	Yueyang City	259.8	138.4	40.0	81.5	56.02	3.30
常德市	Changde City	302.8	177.7	38.2	87.0	45.27	2.92
张家界市	Zhangjiajie City	87.6	55.3	7.6	24.8	13.65	0.99
益阳市	Yiyang City	243.2	134.0	39.5	69.7	38.28	2.20
郴州市	Chenzhou City	267.3	130.1	55.9	81.3	53.46	2.94
永州市	Yongzhou City	324.9	181.0	47.6	96.3	52.44	2.75
怀化市	Huaihua City	269.2	181.3	30.2	57.7	49.71	2.99
娄底市	Loudi City	217.3	123.0	35.8	58.5	40.64	2.76
湘西土家族苗族自治州	West Hunan Tujia A.P	159.1	100.1	16.9	42.1	32.83	2.06
其他	Others					11.97	
广东省	**Guangdong**	**4679.5**	**1533.8**	**1739.4**	**1406.3**	**1414.37**	**35.94**
广州市	Guangzhou City	540.7	90.1	204.7	245.9	309.38	6.77

3-4 续表 6 continued

地 区	Region	就业人员 (万人) Employed Population (10000 persons)	第一产业 Primary Industry	第二产业 Secondary Industry	第三产业 Tertiary Industry	城镇就业人员 (万人) Urban Employed Persons (10000 persons)	城镇登记失业人员数 (万人) Urban Registered Unemployed (10000 persons)
韶关市	Shaoguan City	152.9	70.9	25.1	56.9	36.37	1.81
深圳市	Shenzhen City	456.1	2.0	261.3	192.8	286.19	2.61
珠海市	Zhuhai City	91.4	9.9	39.8	41.8	72.72	1.11
汕头市	Shantou City	174.5	60.0	66.4	48.1	71.01	1.74
佛山市	Foshan City	293.5	35.2	176.0	82.4	90.73	2.85
江门市	Jiangmen City	209.6	83.8	62.2	63.6	58.48	2.08
湛江市	Zhanjiang City	299.9	203.8	35.0	61.0	58.29	2.38
茂名市	Maoming City	283.9	155.9	64.5	63.5	41.52	1.98
肇庆市	Zhaoqing City	201.3	84.6	50.2	66.5	38.15	1.14
惠州市	Huizhou City	212.9	68.4	92.2	52.3	80.77	1.29
梅州市	Meizhou City	209.8	103.9	44.4	61.5	30.44	1.46
汕尾市	Shanwei City	116.4	64.6	30.7	21.0	18.29	0.92
河源市	Heyuan City	125.3	51.6	18.9	54.8	27.89	1.42
阳江市	Yangjiang City	146.5	77.9	37.7	30.9	27.48	1.51
清远市	Qingyuan City	186.0	103.4	34.7	47.9	30.16	1.01
东莞市	Dongguan City	303.8	12.8	245.3	45.6	34.08	0.55
中山市	ZhongShan City	183.0	17.5	100.2	65.3	26.32	0.75
潮州市	Chaozhou City	127.6	46.6	54.5	26.6	21.01	0.80
揭阳市	Jieyang City	254.0	124.1	71.2	58.7	26.09	0.89
云浮市	Yunfu City	110.6	66.9	24.6	19.1	29.00	0.87
广西壮族自治区	**Guangxi**	**2649.0**	**1532.0**	**287.0**	**830.0**	**727.00**	**18.00**
南宁市	Nanning City					78.12	2.65
柳州市	Liuzhou City	191.8	94.3	31.8	65.7	56.83	2.15
桂林市	Guilin City					44.27	2.11
梧州市	Wuzhou City						0.79
北海市	Beihai City					9.48	0.23
防城港市	Fangchenggang City	43.7	23.4	8.0	12.3	10.03	0.33
钦州市	Qinzhou City	199.5	108.7	44.2	46.6	18.65	1.04
贵港市	Guigang City	233.1	125.0	49.2	58.9	21.47	0.79
玉林市	Yulin City					35.41	1.60
百色市	Baise City	215.0	142.2	13.2	59.6	26.08	0.66
贺州市	Hezhou City	104.9	76.4	13.1	15.4	17.85	0.59
河池市	Hechi City	168.2	130.4	11.1	26.7	28.69	1.35
来宾市	Laibin City					20.55	0.56
崇左市	Chongzuo City	120.0	98.1	8.0	13.9	15.72	0.69
海南省	**Hainan**	**371.1**	**212.5**	**37.2**	**121.5**	**121.07**	
海口市	Haikou City	85.4	21.4	15.3	48.6	55.17	
三亚市	Sanya City	22.8	12.2	1.4	9.3	7.80	
其他	Others	262.9	178.9	20.5	63.6	58.10	
重庆市	**Chongqing**	**1715.6**	**869.3**	**301.4**	**544.9**	**582.79**	**16.76**
万州区	Wanzhou District	73.4	29.1	19.1	25.1	25.35	0.80
涪陵区	Fuling District	64.8	33.6	12.4	18.8	16.31	0.53
渝中区	Yuzhong District	34.3		7.7	26.6	34.31	1.54
大渡口区	Dadukou District	14.6	2.4	6.6	5.6	10.94	0.35
江北区	Jiangbei District	28.2	3.3	11.8	13.1	22.63	0.93
沙坪坝区	Shapingba District	39.3	5.3	17.1	16.9	27.60	1.39

3-4 续表 7 continued

地 区	Region	就业人员 (万人) Employed Population (10000 persons)	第一产业 Primary Industry	第二产业 Secondary Industry	第三产业 Tertiary Industry	城镇就业人员 (万人) Urban Employed Persons (10000 persons)	城镇登记失业人员数 (万人) Urban Registered Unemployed (10000 persons)
九龙坡区	Jiulongpo District	55.3	7.5	27.2	20.6	35.23	1.64
南岸区	Nanan District	24.2	3.8	11.3	9.2	17.86	0.86
北碚区	Beibei District	32.6	12.3	13.0	7.3	10.97	0.45
万盛区	Wansheng District	12.6	5.1	4.5	3.0	4.59	0.36
双桥区	Shuangqiao District	3.0	0.5	1.5	1.0	1.54	0.03
渝北区	Yubei District	51.7	20.8	11.5	19.4	22.16	0.46
巴南区	Banan District	50.6	19.1	20.0	11.5	14.97	0.41
黔江区	Qianjiang District	24.7	17.6	2.4	4.7	5.88	0.23
长寿区	Changshou District	54.6	30.2	12.3	12.2	11.99	0.39
其他	Others	1151.8	678.8	123.1	349.9	320.46	6.40
四川省	**Sichuan**	**4691.0**	**2445.7**	**916.0**	**1329.3**	**1027.69**	**33.33**
成都市	Chengdu City	606.5	210.8	172.7	223.0	249.36	5.77
自贡市	Zigong City	165.1	83.5	33.7	47.9	38.70	1.64
攀枝花市	Panzhihua City	56.7	23.5	16.7	16.5	31.87	1.37
泸州市	Luzhou City	276.5	154.9	72.7	48.9	53.47	1.86
德阳市	Deyang City	244.7	101.6	53.8	89.3	58.78	1.39
绵阳市	Mianyang City	279.5	133.7	55.5	90.3	57.73	3.15
广元市	Guangyuan City	148.9	88.3	27.7	32.9	25.17	0.96
遂宁市	Suining City	170.2	77.9	35.6	56.7	42.92	1.36
内江市	Neijiang City	207.7	113.4	43.3	51.0	38.19	1.43
乐山市	Leshan City	216.0	103.2	44.1	68.7	71.19	1.57
南充市	Nanchong City	380.4	202.3	64.0	114.1	57.99	1.97
眉山市	Meishan City	173.5	108.9	29.1	35.5	21.80	1.28
宜宾市	Yibin City	307.3	174.0	45.5	87.8	65.32	2.13
广安市	Guangan City	218.1	123.8	46.3	48.0	20.75	1.53
达州市	Dazhou City	318.4	196.4	45.6	76.4	64.67	1.34
雅安市	Yaan City	86.6	51.1	15.5	20.0	16.51	0.56
巴中市	Bazhong City	179.4	106.1	13.3	60.0	24.04	1.00
资阳市	Ziyang City	242.9	129.1	41.5	72.3	26.73	1.01
阿坝藏族羌族自治州	Aba Zang & Qiang A.P	47.3	32.2	2.4	12.7	10.99	0.41
甘孜藏族自治州	Ganzi Zang A.P	54.4	42.8	2.2	9.4	12.17	0.38
凉山彝族自治州	Liangshan Yi A.P	248.4	188.2	16.7	43.5	34.60	1.22
贵州省	**Guizhou**	**2186.0**	**1672.3**	**124.6**	**389.1**	**202.50**	**11.61**
贵阳市	Guiyang City	211.7	73.0	55.3	83.4	97.32	3.30
六盘水市	Liupanshui City	150.8	91.5	19.8	39.5	22.85	1.07
遵义市	Zunyi City	401.5	239.7	55.2	106.7	48.75	2.00
安顺市	Anshun City	143.2	98.5	13.7	31.0	16.58	0.82
铜仁地区	Tongren Prefecture	234.1	135.9	14.9	83.3	19.71	0.20
黔西南布依族苗族自治州	Southwest Guizhou Buyi & Miao A.P	178.1	118.6	13.4	46.1	17.60	0.55
毕节地区	Bijie Prefecture	403.1	251.8	37.0	114.3	24.76	1.54
黔东南苗族侗族自治州	Southeast Guizhou Miao & Dong A.P	264.2	153.2	11.1	99.9	54.25	0.93
黔南布依族苗族自治州	South Guizhou Buyi & Miao A.P	222.7	134.6	22.3	65.8	24.44	1.08
云南省	**Yunnan**	**2401.4**	**1711.9**	**218.4**	**471.1**	**371.39**	**11.95**
昆明市	Kunming City	299.6	142.9	48.7	107.9	118.74	2.00
曲靖市	Qujing City	319.9	230.5	35.2	54.2	33.73	1.23
玉溪市	Yuxi City	132.0	83.7	18.3	30.0	24.53	0.36

3-4 续表 8 continued

地 区	Region	就业人员 (万人) Employed Population (10000 persons)	第一产业 Primary Industry	第二产业 Secondary Industry	第三产业 Tertiary Industry	城镇就业人员 (万人) Urban Employed Persons (10000 persons)	城镇登记失业人员数 (万人) Urban Registered Unemployed (10000 persons)
保山市	Baoshan City	138.4	107.1	11.2	20.2	12.74	0.65
昭通市	Zhaotong City	265.7	202.3	16.6	46.8	20.42	1.73
丽江市	Lijiang City	65.1	48.2	5.0	12.0	8.11	0.21
思茅市	Simao City	133.2	105.3	7.3	20.6	17.76	0.87
临沧市	Lincang City	117.0	90.6	6.2	20.2	12.44	0.64
楚雄彝族自治州	Chuxiong Yi A.P	153.2	115.4	12.3	25.5	18.59	0.59
红河哈尼族彝族自治州	Honghe Hani & Yi A.P	234.1	177.2	20.1	36.7	33.22	1.14
文山壮族苗族自治州	Wenshan Zhuang & Miao A.P	193.7	153.8	6.0	33.9	16.08	0.51
西双版纳傣族自治州	Xishuangbanna Dai A.P	46.6	37.7	1.4	7.5	12.09	0.55
大理白族自治州	Dali Bai A.P	194.2	135.2	23.6	35.4	24.43	0.72
德宏傣族景颇族自治州	Dehong Dai & Jingpo A.P	60.7	44.8	4.2	11.6	11.11	0.41
怒江傈僳族自治州	Nujiang Lisu A.P	27.2	21.7	1.2	4.3	3.73	0.22
迪庆藏族自治州	Diqing Zang A.P	20.8	15.5	1.0	4.3	3.65	0.16
西藏自治区	**Tibet**	**137.3**	**86.0**	**13.2**	**38.2**	**17.48**	**1.20**
拉萨市	Lhasa City	19.6	9.0	4.3	6.3	2.26	
昌都地区	Qamdu Prefecture	26.5	18.8	1.6	6.1	2.04	
山南地区	Lhokha Prefecture	16.8	11.7	1.1	4.0	1.69	
日喀则地区	Xigaze Prefecture	36.9	25.1	3.4	8.5	2.60	
那曲地区	Narqu Prefecture	18.2	13.3	0.4	4.5	1.28	
阿里地区	Ngri Prefecture	4.6	3.2	0.1	1.4	0.60	
林芝地区	Nyingchi Prefecture	7.3	4.9	0.4	2.1	1.16	
其他	Others	7.3	0.0	2.0	5.3	5.86	
陕西省	**Shaanxi**	**1941.1**	**964.6**	**333.1**	**643.4**	**515.63**	**18.46**
西安市	Xian City	409.6	141.8	111.7	156.1	165.03	8.29
铜川市	Tongchuan City	42.5	19.0	10.2	13.3	13.80	1.20
宝鸡市	Baoji City	204.2	100.0	49.2	55.0	57.71	2.28
咸阳市	Xianyang City	253.3	152.5	46.4	54.4	82.52	1.85
渭南市	Weinan City	283.2	186.4	36.5	60.4	40.86	2.26
延安市	Yanan City					27.32	0.97
汉中市	Hanzhong City	224.4	86.0	35.7	102.7	35.75	1.94
榆林市	Yulin City	20.0	0.8	3.9	15.3	30.39	0.99
安康市	Ankang City	12.1	0.3	2.4	9.5	16.95	1.14
商洛市	Shangluo City	107.1	65.4	8.6	33.1	19.71	0.39
其他	Others	2.4	1.0	1.0	1.3	3.05	0.07
甘肃省	**Gansu**	**1520.5**	**890.6**	**284.6**	**345.2**	**339.28**	**9.50**
兰州市	Lanzhou City	150.8	44.4	40.3	66.1	86.89	1.61
嘉峪关市	Jiayuguan City	9.2	1.1	5.3	2.9	7.45	0.33
金昌市	Jinchang City	26.7	10.6	7.0	9.1	10.33	0.60
白银市	Baiyin City	88.1	53.4	16.9	17.9	21.19	0.60
天水市	Tianshui City	181.6	108.0	35.5	38.1	29.33	1.18
武威市	Wuwei City	103.3	60.5	12.6	30.2	20.67	0.67
张掖市	Zhangye City	73.2	40.4	8.4	24.4	9.01	0.52
平凉市	Pingliang City	116.1	75.7	16.3	24.1	15.40	0.75
酒泉市	Jiuquan City	45.1	21.0	7.3	16.7	17.14	0.52
庆阳市	Qingyang City	119.4	78.8	9.4	31.1	14.80	0.78
定西市	Dingxi City	149.4	92.3	26.2	30.8	15.91	0.49

3-4 续表 9 continued

地 区	Region	就业人员 (万人) Employed Population (10000 persons)	第一产业 Primary Industry	第二产业 Secondary Industry	第三产业 Tertiary Industry	城镇就业人员 (万人) Urban Employed Persons (10000 persons)	城镇登记失业人员数 (万人) Urban Registered Unemployed (10000 persons)
陇南市	Longnan City	155.2	126.2	10.2	18.8	13.03	0.60
临夏回族自治州	Linxia Hui A.P	96.4	64.4	12.2	19.8	9.67	0.57
甘南藏族自治州	Gannan Zang A.P	38.5	29.0	2.2	7.3	7.11	0.28
青海省	**Qinghai**	**293.3**	**150.1**	**48.3**	**94.9**	**94.12**	**3.49**
西宁市	Xining City						2.10
海东地区	Haidong Prefecture						0.46
海北藏族自治州	Haibei Zang A.P						0.15
海南藏族自治州	Hainan Zang A.P						0.16
黄南藏族自治州	Huangnan Zang AP						0.09
果洛藏族自治州	Golog Zang A.P						0.07
玉树藏族自治州	Yushu Zang A.P						0.13
海西蒙古族藏族自治州	Haixi Mongolian & Zang A.P						0.33
宁夏回族自治区	**Ningxia**	**298.8**	**148.7**	**64.2**	**85.9**	**88.85**	**4.85**
银川市	Yinchuan City	80.4	24.1	22.3	34.0	49.11	1.55
石嘴山市	Shizuishan City	28.6	10.5	9.3	8.9	12.24	1.33
吴忠市	Wuzhong City	58.9	30.9	12.0	16.0	11.82	0.64
固原市	Guyuan City	77.7	50.9	11.2	15.6	8.79	0.44
中卫市	Zhongwei City	53.1	32.3	9.5	11.4	6.89	0.89
新疆维吾尔自治区	**Xinjiang**	**744.5**	**403.3**	**98.5**	**242.7**	**349.43**	**10.87**
乌鲁木齐市	Urumqi City	98.3	7.1	22.2	69.0	90.78	2.74
克拉玛依市	Karamay City	17.2	1.0	10.2	6.1	17.10	0.23
石河子市	Shihezi City	12.4	2.2	4.1	6.0	11.24	0.33
吐鲁番地区	Turpan Prefecture	30.5	18.5	4.3	7.7	9.59	0.41
哈密地区	Hami Prefecture	19.3	9.6	3.0	6.8	9.83	0.29
昌吉回族自治州	Changji Hui A.P	70.3	40.2	9.4	20.8	30.75	0.76
博尔塔拉蒙古自治州	Bortala Mongolian A.P	19.9	11.4	2.4	6.2	11.66	0.32
巴音郭楞蒙古自治州	Bayingolin Mongolian A.P	45.5	21.8	7.0	16.7	27.51	1.45
阿克苏地区	Aksu Prefecture	79.0	54.2	6.6	18.3	27.15	0.83
克孜勒苏柯尔克孜自治州	Kizilsu Kirgiz A.P	15.1	8.9	1.4	4.9	4.69	0.20
喀什地区	Kashi Prefecture	108.1	77.0	7.5	23.6	26.04	1.30
和田地区	Hotan Prefecture	63.1	45.7	4.8	12.7	12.04	0.38
伊犁哈萨克自治州	Ili Kazak A.P	92.1	56.6	9.9	25.6	33.73	0.89
塔城地区	Tacheng Prefecture	51.2	36.1	3.5	11.6	25.08	0.34
阿勒泰地区	Altay Prefecture	22.5	13.2	2.3	7.0	12.24	0.39
阿拉尔市	Alar City						
图木舒克市	Tumxuk City						
五家渠市	Wujiaqu City						
兵团	Corps						

3-5 城镇就业人员（2004年）

Urban Employed Persons (2004)

地区	Region	国有经济（万人）State-owned (10000 persons)	集体经济（万人）Urban Collective owned (10000 persons)	其他经济（万人）Others Ownership (10000 persons)	内资 Domestic Funded	港澳台商投资 Hongkong, Macao and Taiwan Funded	外商投资 Foreign Funded	私营企业（万人）Urban Private Enterprises (10000 persons)	个体（万人）Urban Individuals (10000 persons)
北京市	**Beijing**	**199.46**	**28.20**	**275.17**	**211.80**	**18.33**	**45.04**	**134.22**	**45.63**
东城区	Dongcheng District	24.52	1.32	14.89	8.36	1.99	4.54		
西城区	Xicheng District	32.31	1.62	21.21	19.19	0.78	1.24		
崇文区	Chongwen District	4.01	0.61	5.89	4.99	0.26	0.64		
宣武区	Xuanwu District	9.72	1.24	14.15	13.29	0.38	0.48		
朝阳区	Chaoyang District	27.59	3.96	54.91	35.92	5.24	13.75		
丰台区	Fengtai District	18.84	2.50	21.62	18.72	1.04	1.86		
石景山区	Shijingshan District	3.84	0.47	11.20	9.69	0.17	1.34		
海淀区	Haidian District	42.69	3.92	50.63	41.41	2.80	6.42		
门头沟区	Mentougou District	2.09	0.70	3.44	3.15	0.17	0.12		
房山区	Fangshan District	4.96	1.79	9.35	8.75	0.09	0.51		
通州区	Tongzhou District	4.43	1.30	12.04	9.76	0.39	1.89		
顺义区	Shunyi District	4.85	3.07	13.85	8.31	1.67	3.87		
昌平区	Changping District	5.12	2.09	13.79	12.06	0.65	1.08		
大兴区	Daxing District	4.81	1.36	13.30	7.28	1.48	4.54		
怀柔区	Huairou District	2.31	0.60	4.61	3.37	0.30	0.94		
平谷区	Pinggu District	2.19	0.57	4.03	2.79	0.42	0.82		
密云县	Miyun County	2.88	0.79	4.62	3.33	0.40	0.89		
延庆县	Yanqing County	2.30	0.29	1.64	1.43	0.10	0.11		
天津市	**Tianjin**	**126.36**	**20.21**	**103.59**	**54.21**	**11.72**	**37.66**	**41.98**	**10.33**
和平区	Heping District								
河东区	Hedong District								
河西区	Hexi District								
南开区	Nankai District								
河北区	Hebei District								
红桥区	Hongqiao District								
塘沽区	Tanggu District								
汉沽区	Hangu District								
大港区	Dagang District								
东丽区	Dongli District								
西青区	Xiqing District								
津南区	Jinnan District								
北辰区	Beichen District								
武清区	Wuqing District								
宝坻区	Baodi District								
宁河县	Ninghe County								
静海县	Jinghai County								
蓟县	Ji County								
其他	Others								
河北省	**Hebei**	**360.81**	**40.23**	**93.07**	**73.46**	**8.13**	**11.47**	**112.72**	**164.67**
石家庄市	Shijiazhuang City	65.95	8.74	12.59	9.34	1.51	1.74	8.98	18.15
唐山市	Tangshan City	48.06	4.48	18.94	14.42	1.97	2.55	8.74	17.87
秦皇岛市	Qinhuangdao City	19.76	1.67	6.92	4.15	0.53	2.24	12.91	4.77
邯郸市	Handan City	44.45	4.79	9.50	8.32	0.77	0.40	8.72	32.56
邢台市	Xingtai City	23.90	2.33	6.78	6.49	0.10	0.19	12.50	10.78
保定市	Baoding City	44.78	5.42	12.59	10.10	1.30	1.20	14.90	18.60
张家口市	Zhangjiakou City	28.05	3.50	4.60	4.17	0.10	0.32	4.39	14.75

3-5 续表 1 continued

地 区	Region	国有经济 (万人) State-owned (10000 persons)	集体经济 (万人) Urban Collective owned (10000 persons)	其他经济 (万人) Others Ownership (10000 persons)				私营企业 (万人) Urban Private Enterprises (10000 persons)	个 体 (万人) Urban Individuals (10000 persons)
					内资 Domestic Funded	港澳台商投资 Hongkong, Macao and Taiwan Funded	外商投资 Foreign Funded		
承德市	Chengde City	17.01	1.47	4.38	4.06	0.08	0.24	4.81	8.96
沧州市	Cangzhou City	28.13	4.51	6.40	5.64	0.35	0.41	11.57	10.43
廊坊市	Langfang City	18.08	1.08	4.79	1.98	0.84	1.98	13.79	14.17
衡水市	Hengshui City	16.08	2.24	3.44	2.70	0.56	0.19	11.41	13.63
其他	Others	6.55		2.11	2.09	0.03			
山西省	**Shanxi**	**258.41**	**37.53**	**66.03**	**62.15**	**1.98**	**1.90**	**52.60**	**38.40**
太原市	Taiyuan City	45.04	7.34	22.70	21.76	0.35	0.59	30.73	8.13
大同市	Datong City	42.12	7.48	1.64	0.51	0.64	0.49		
阳泉市	Yangquan City	17.49	3.18	0.69	0.62	0.00	0.07	1.94	1.87
长治市	Changzhi City	20.53	3.03	8.38	8.23	0.03	0.12	5.17	9.55
晋城市	Jincheng City	11.52	4.23	7.40	7.18	0.09	0.13	1.98	6.32
朔州市	Shuozhou City	11.04	1.12	0.80	0.73		0.07	2.61	4.85
晋中市	Jinzhong City	19.58	3.40	6.77	6.16	0.49	0.12	2.30	3.49
运城市	Yuncheng City	22.30	2.40	7.80	7.50		0.30		
忻州市	Xinzhou City	19.56	1.69	1.20	1.00	0.20			
临汾市	Linfen City	26.42	2.47	6.78	6.49	0.24	0.05	0.99	6.01
吕梁市	Luliang City	17.65	2.28	1.86	1.83	0.01	0.02	1.76	3.37
内蒙古自治区	**Inner Mongolia**	**166.64**	**13.52**	**62.90**	**59.10**	**1.12**	**2.68**	**44.18**	**56.12**
呼和浩特市	Hohhot City	20.45	1.34	7.53	6.71	0.21	0.61	12.01	6.20
包头市	Baotou City	13.05	3.42	18.26	17.82	0.18	0.26	7.36	5.85
乌海市	Wuhai City	4.71	0.81	4.57	4.52	0.03	0.02	1.88	0.86
赤峰市	Chifeng City	21.30	1.54	7.68	7.58	0.05	0.05	4.06	7.84
通辽市	Tongliao City	18.42	1.14	2.94	2.68	0.04	0.22	1.01	5.25
鄂尔多斯市	Erdos City	8.82	0.32	4.77	3.29	0.26	1.22	4.87	5.10
呼伦贝尔市	Hulunbuir City	19.24	0.66	6.30	6.23	0.04	0.03	4.14	8.41
巴彦淖尔市	Bayannur City	10.24	0.56	3.38	3.09	0.06	0.23	1.81	5.13
乌兰察布市	Ulanqab City	11.06	0.41	1.66	1.52	0.14		3.50	3.35
兴安盟	Xingan League	9.36	0.51	2.06	2.02	0.02	0.02	1.56	3.50
锡林郭勒盟	Xilingol League	7.65	0.38	1.88	1.85	0.01	0.02	1.28	3.80
阿拉善盟	Alxa League	2.19	0.06	1.36	1.36			0.68	0.81
其他	Others	20.15	2.37	0.51	0.43	0.08		0.02	0.02
辽宁省	**Liaoning**	**363.50**	**116.65**	**168.15**	**121.65**	**10.03**	**36.47**	**177.05**	**188.08**
沈阳市	Shenyang City	62.18	18.79	37.52	27.87	2.53	7.12	36.25	37.86
大连市	Dalian City	36.21	5.86	51.84	25.39	3.57	22.88	66.01	34.74
鞍山市	Anshan City	37.50	18.45	4.94	3.94	0.72	0.27	11.60	15.59
抚顺市	Fushun City	22.30	16.92	14.24	12.90	0.57	0.77	10.98	17.90
本溪市	Benxi City	24.26	9.17	4.73	4.36	0.24	0.13	4.26	3.89
丹东市	Dandong City	14.02	4.30	6.82	5.31	0.14	1.37	5.57	11.03
锦州市	Jinzhou City	22.64	7.04	6.33	5.27	0.56	0.50	5.06	11.61
营口市	Yingkou City	12.28	2.73	6.25	3.90	0.46	1.88	6.45	8.94
阜新市	Fuxin City	15.13	10.00	2.31	1.94	0.08	0.28	5.54	12.64
辽阳市	Liaoyang City	12.23	4.97	6.31	5.55	0.18	0.59	5.86	8.48
盘锦市	Panjin City	38.31	0.94	6.45	6.11	0.13	0.21	4.94	6.21
铁岭市	Tieling City	15.52	7.63	7.89	7.23	0.48	0.18	3.75	8.08
朝阳市	Chaoyang City	15.35	3.94	6.22	6.03	0.11	0.08	6.51	6.73
葫芦岛市	Huludao City	16.16	5.92	6.30	5.86	0.24	0.20	4.24	4.38

3-5 续表 2 continued

地 区	Region	国有经济 (万人) State-owned (10000 persons)	集体经济 (万人) Urban Collective owned (10000 persons)	其他经济 (万人) Others Ownership (10000 persons)	内资 Domestic Funded	港澳台商投资 Hongkong, Macao and Taiwan Funded	外商投资 Foreign Funded	私营企业 (万人) Urban Private Enterprises (10000 persons)	个 体 (万人) Urban Individuals (10000 persons)
吉林省	**Jilin**	**199.02**	**25.52**	**60.22**	**51.09**	**2.46**	**6.67**	**91.59**	**174.71**
长春市	Changchun City	59.06	8.49	22.30	16.44	1.28	4.58	65.05	30.05
吉林市	Jilin City	26.62	4.49	7.99	7.48	0.28	0.23	8.12	8.12
四平市	Siping City	17.96	1.64	3.98	3.68	0.18	0.12	3.60	8.83
辽源市	Liaoyuan City	9.34	0.69	0.73	0.73			2.42	2.98
通化市	Tonghua City	12.62	2.26	5.95	5.67	0.11	0.17	3.59	4.75
白山市	Baishan City	13.12	0.78	3.64	3.09	0.30	0.25	1.16	2.34
松原市	Songyuan City	14.91	1.05	6.44	6.27	0.03	0.14	1.51	3.66
白城市	Baicheng City	15.63	1.71	2.23	2.18	0.02	0.03	1.23	5.58
延边朝鲜族自治州	Yanbian Korean A.P	19.02	1.54	6.96	5.55	0.26	1.15	4.91	9.58
其他	Others	10.74	2.87						98.82
黑龙江省	**Heilongjiang**	**328.50**	**47.10**	**130.60**				**68.20**	**203.30**
哈尔滨市	Harbin City	87.61	29.34	44.34	40.82	1.82	1.70	31.70	34.72
齐齐哈尔市	Qiqihar City	25.90	3.17	7.76	7.25	0.25	0.26	4.82	42.39
鸡西市	Jixi City	10.21	1.04	9.11	8.86	0.18	0.07	5.29	13.96
鹤岗市	Hegang City	5.89	1.56	9.10	9.06		0.04	2.27	4.21
双鸭山市	Shuangyashan City	7.52	0.73	6.85	6.83	0.00	0.02	9.39	18.52
大庆市	Daqing City	27.70	1.40	15.45	15.13	0.30	0.02	1.59	12.99
伊春市	Yichun City	16.54	2.97	3.56	3.04	0.17	0.35	2.00	4.69
佳木斯市	Jiamusi City	15.50	1.40	3.90	3.40	0.08	0.40	2.40	8.60
七台河市	Qitaihe City	4.09	0.97	10.32	10.26	0.03	0.03	1.16	5.89
牡丹江市	Mudanjiang City	18.00	2.42	8.28	7.07	0.30	0.91	0.80	4.31
黑河市	Heihe City	10.94	0.43	1.47	1.41	0.01	0.04	1.64	15.91
绥化市	Suihua City	21.07	1.35	4.88	4.62	0.13	0.13	1.83	8.09
大兴安岭地区	Daxinganling Prefecture	8.60	0.29	1.07	1.05		0.02	1.02	2.43
其他	Others	52.77	0.04	4.52				1.89	7.62
上海市	**Shanghai**	**149.34**	**17.04**	**164.76**	**80.41**	**26.98**	**57.37**	**192.12**	**21.99**
黄浦区	Huangpu District	11.51	1.19	9.47	7.38	0.98	1.11		
卢湾区	Luwan District	5.05	0.49	6.26	4.95	0.60	0.72		
徐汇区	Xuhui District	18.56	0.68	16.33	10.46	1.94	3.94		
长宁区	Changning District	7.24	0.57	6.33	3.95	0.64	1.73		
静安区	Jingan District	7.51	0.58	5.95	5.34	0.23	0.38		
普陀区	Putuo District	8.64	0.97	5.64	2.94	0.23	2.47		
闸北区	Zhabei District	10.98	0.75	4.67	3.69	0.22	0.76		
虹口区	Hongkou District	9.97	1.45	9.52	7.70	0.85	0.97		
杨浦区	Yangpu District	11.06	1.06	8.29	5.29	1.72	1.28		
闵行区	Minhang District	11.04	1.37	6.28	4.10	1.01	1.16		
宝山区	Baoshan District	5.66	0.67	14.51	4.11	2.96	7.45		
嘉定区	Jiading District	3.15	0.66	8.92	1.45	1.65	5.82		
浦东新区	Pudong New District	19.07	1.32	28.25	13.32	3.66	11.26		
金山区	Jinshan District	3.00	0.46	4.66	1.53	1.87	1.26		
松江区	Songjiang District	2.67	0.77	14.79	1.28	5.55	7.96		
青浦区	Qingpu District	2.42	0.76	6.46	0.55	1.51	4.41		
南汇区	Nanhui District	2.84	1.47	3.30	0.80	0.39	2.11		
奉贤区	Fengxian District	2.68	1.31	4.28	1.05	0.91	2.32		
崇明县	Chongming County	3.04	0.54	0.83	0.52	0.04	0.27		
其他	Others	3.25	0.00	0.01	0.01				

3-5 续表 3 continued

地 区	Region	国有经济 (万人) State-owned (10000 persons)	集体经济 (万人) Urban Collective owned (10000 persons)	其他经济 (万人) Others Ownership (10000 persons)	内资 Domestic Funded	港澳台商投资 Hongkong, Macao and Taiwan Funded	外商投资 Foreign Funded	私营企业 (万人) Urban Private Enterprises (10000 persons)	个 体 (万人) Urban Individuals (10000 persons)
江苏省	**Jiangsu**	**293.03**	**43.77**	**270.05**	**168.01**	**40.07**	**61.97**	**300.91**	**145.95**
南京市	Nanjing City	50.36	4.86	34.18	25.17	3.42	5.58	46.12	26.79
无锡市	Wuxi City	20.91	4.22	27.60	14.70	4.35	8.55	46.31	12.70
徐州市	Xuzhou City	41.79	4.11	13.49	11.90	0.86	0.73	15.90	12.83
常州市	Changzhou City	13.33	1.89	20.35	15.50	2.21	2.64	46.53	12.57
苏州市	Suzhou City	23.33	4.19	63.31	18.05	17.76	27.50	49.26	17.97
南通市	Nantong City	21.17	3.76	28.89	17.20	3.53	8.16	16.54	7.65
连云港市	Lianyungang City	16.48	2.86	8.57	6.51	0.66	1.40	5.45	4.61
淮安市	Huaian City	18.72	3.42	11.42	9.71	0.77	0.94	7.89	9.01
盐城市	Yancheng City	24.80	2.83	20.29	16.63	2.12	1.54	22.86	11.72
扬州市	Yangzhou City	19.19	3.29	12.22	9.36	1.34	1.53	18.15	10.58
镇江市	Zhenjiang City	16.27	2.90	11.47	8.13	1.47	1.87	8.54	8.26
泰州市	Taizhou City	14.92	4.87	12.35	9.36	1.55	1.45	10.97	7.65
宿迁市	Suqian City	10.18	0.57	5.91	5.78	0.04	0.08	7.35	5.37
浙江省	**Zhejiang**	**179.12**	**35.91**	**249.53**	**185.05**	**30.33**	**34.15**	**236.36**	**146.75**
杭州市	Hangzhou City	40.60	3.36	36.99	23.15	6.24	7.60	59.96	28.76
宁波市	Ningbo City	24.10	4.10	44.90	30.10	8.90	5.90	29.90	14.90
温州市	Wenzhou City	25.53	7.11	46.43	39.07	2.75	4.61	28.32	28.01
嘉兴市	Jiaxing City	12.30	3.43	30.36	13.07	6.84	10.45	36.13	7.40
湖州市	Huzhou City	8.57	3.12	15.64	12.62	1.16	1.86	6.95	13.05
绍兴市	Shaoxing City	14.00	5.34	29.16	25.14	2.22	1.80	13.68	11.07
金华市	Jinhua City	13.80	3.20	41.52	38.02	1.90	1.60	26.21	20.67
衢州市	Quzhou City	7.15	0.93	5.92	5.15	0.46	0.31	5.74	4.67
舟山市	Zhoushan City	5.99	0.60	4.38	3.46	0.13	0.79	1.15	3.69
台州市	Taizhou City	16.23	4.00	18.35	17.60	0.35	0.40	21.36	20.86
丽水市	Lishui City	8.93	0.92	3.63	2.71	0.63	0.29	7.44	6.62
安徽省	**Anhui**	**237.41**	**46.22**	**94.82**	**86.02**	**3.30**	**5.51**	**81.40**	**118.55**
合肥市	Hefei City	30.32	2.77	9.14	6.85	0.48	1.82	29.88	7.41
芜湖市	Wuhu City	10.93	0.87	8.46	6.88	0.94	0.65	6.43	10.85
蚌埠市	Bengbu City	14.69	3.40	6.31	5.87	0.18	0.26	3.96	4.65
淮南市	Huainan City	12.75	5.11	17.43	16.76	0.09	0.58	3.64	7.82
马鞍山市	Maanshan City	8.94	1.86	6.41	5.85	0.18	0.38	1.76	2.82
淮北市	Huaibei City	7.43	3.15	12.37	12.20	0.12	0.05	2.84	7.33
铜陵市	Tongling City	8.83	1.16	3.01	2.78	0.01	0.23	2.91	4.95
安庆市	Anqing City	22.26	4.23	5.38	5.09	0.02	0.27	4.38	13.12
黄山市	Huangshan City	6.51	0.98	2.10	1.84	0.19	0.07	3.67	3.44
滁州市	Chuzhou City	14.77	2.52	5.69	4.61	0.70	0.39	3.00	7.01
阜阳市	Fuyang City	21.68	3.70	3.59	3.34	0.13	0.13	4.48	10.82
宿州市	Suzhou City	22.42	4.33	1.65	1.59	0.03	0.03	2.53	4.08
巢湖市	Chaohu City	10.66	3.51	4.05	3.80	0.10	0.14	1.92	6.13
六安市	Liuan City	18.10	4.12	2.19	2.13	0.01	0.04	3.28	13.43
亳州市	Bozhou City	12.41	2.56	1.88	1.87	0.01	0.00	2.86	4.63
池州市	Chizhou City	4.94	0.72	1.51	1.41	0.03	0.07	1.52	3.55
宣城市	Xuancheng City	8.51	1.23	3.65	3.17	0.09	0.40	1.89	6.52
其他	Others	1.28						0.45	

3-5 续表 4 continued

地 区	Region	国有经济 (万人) State-owned (10000 persons)	集体经济 (万人) Urban Collective owned (10000 persons)	其他经济 (万人) Others Ownership (10000 persons)				私营企业 (万人) Urban Private Enterprises (10000 persons)	个 体 (万人) Urban Individuals (10000 persons)
					内资 Domestic Funded	港澳台商投资 Hongkong, Macao and Taiwan Funded	外商投资 Foreign Funded		
福建省	**Fujian**	**151.28**	**22.03**	**204.37**	**55.40**	**90.80**	**58.16**	**75.42**	**52.90**
福州市	Fuzhou City	34.40	5.17	41.90	11.39	16.69	13.82	23.09	10.66
厦门市	Xiamen City	16.43	2.16	44.37	8.10	22.14	14.14	15.20	5.21
莆田市	Putian City	8.99	1.56	14.58	3.82	6.90	3.86	1.80	2.64
三明市	Sanming City	13.35	1.24	7.04	5.71	0.97	0.36	4.86	5.04
泉州市	Quanzhou City	21.38	6.12	63.13	10.74	32.03	20.35	15.70	9.03
漳州市	Zhangzhou City	16.61	2.24	15.43	2.77	9.43	3.23	3.89	4.91
南平市	Nanping City	13.19	1.32	6.92	5.28	0.77	0.86	4.68	5.27
龙岩市	Longyan City	12.10	1.27	7.52	5.12	1.28	1.11	3.15	4.61
宁德市	Ningde City	11.14	0.94	3.51	2.48	0.58	0.44	3.06	5.54
江西省	**Jiangxi**	**202.20**	**18.70**	**46.10**	**38.10**	**4.90**	**3.10**	**75.80**	**87.20**
南昌市	Nanchang City	34.78	5.25	12.31	10.31	1.30	0.70	18.90	13.50
景德镇市	Jingdezhen City	11.19	1.60	2.31	2.21	0.10		2.20	5.40
萍乡市	Pingxiang City	8.62	0.41	3.83	3.73		0.10	4.20	6.60
九江市	Jiujiang City	24.09	2.07	7.08	6.28	0.50	0.30	8.70	14.30
新余市	Xinyu City	5.51	0.43	3.83	3.73	0.10		3.10	9.57
鹰潭市	Yingtan City	6.04	0.23	0.93	0.73	0.10	0.10	1.70	3.70
赣州市	Ganzhou City	24.22	1.80	7.90	4.60	2.10	1.20	9.60	26.40
吉安市	Jian City	17.82	1.43	1.35	0.85	0.40	0.10	5.10	8.40
宜春市	Yichun City	19.29	1.05	3.23	2.83	0.10	0.30	9.40	13.20
抚州市	Fuzhou City	16.55	1.84	1.81	1.51	0.20	0.10	5.20	10.30
上饶市	Shangrao City	24.60	2.63	1.42	1.12	0.10	0.20	10.40	19.20
山东省	**Shandong**	**492.50**	**68.80**	**230.80**	**153.80**	**16.30**	**60.70**	**228.90**	**164.50**
济南市	Jinan City	47.30	7.20	22.40	18.80	0.80	2.80	11.80	14.30
青岛市	Qingdao City	41.80	5.70	68.30	21.10	5.20	42.00	52.30	23.20
淄博市	Zibo City	34.30	4.00	9.40	7.30	0.70	1.40	14.20	6.90
枣庄市	Zaozhuang City	25.40	4.40	2.30	1.40	0.50	0.40	6.60	9.30
东营市	Dongying City	23.40	2.80	5.80	5.50	0.20	0.10	8.10	6.30
烟台市	Yantai City	35.80	5.90	26.90	15.80	2.90	8.20	30.90	13.20
潍坊市	Weifang City	36.20	5.30	18.70	14.20	1.80	2.70	17.40	12.50
济宁市	Jining City	44.90	4.10	8.30	7.10	0.50	0.70	8.50	10.50
泰安市	Taian City	27.00	5.10	10.60	10.10	0.30	0.20	9.10	3.70
威海市	Weihai City	13.10	5.00	18.10	12.20	0.80	5.10	12.20	6.60
日照市	Rizhao City	9.80	0.80	6.90	6.10	0.20	0.60	4.60	3.00
莱芜市	Laiwu City	5.00	3.20	4.90	4.70		0.20	4.00	4.40
临沂市	Linyi City	35.10	3.40	9.10	7.80	0.90	0.40	16.00	18.70
德州市	Dezhou City	25.40	3.80	4.90	4.40	0.30	0.20	13.70	17.80
聊城市	Liaocheng City	22.80	3.00	8.70	7.70	0.80	0.20	5.30	4.50
滨州市	Binzhou City	24.80	2.10	2.20	1.60	0.40	0.20	3.90	2.40
菏泽市	Heze City	27.90	2.70	2.70	2.40		0.30	5.90	7.10
河南省	**Henan**	**408.78**	**96.09**	**191.03**	**176.16**	**7.66**	**7.21**	**56.89**	**116.67**
郑州市	Zhengzhou City	50.14	5.65	36.26	31.55	2.30	2.42	6.96	16.72
开封市	Kaifeng City	19.28	6.10	4.85	4.42	0.14	0.29	3.10	4.97
洛阳市	Luoyang City	30.96	6.32	14.61	13.52	0.33	0.77	7.68	10.10
平顶山市	Pingdingshan City	19.13	3.42	22.37	21.31	0.87	0.19	3.07	3.79
安阳市	Anyang City	20.38	6.45	14.65	13.75	0.52	0.37	2.04	8.44

3-5 续表 5 continued

地 区	Region	国有经济 (万人) State-owned (10000 persons)	集体经济 (万人) Urban Collective owned (10000 persons)	其他经济 (万人) Others Ownership (10000 persons)	内资 Domestic Funded	港澳台商投资 Hongkong, Macao and Taiwan Funded	外商投资 Foreign Funded	私营企业 (万人) Urban Private Enterprises (10000 persons)	个 体 (万人) Urban Individuals (10000 persons)
鹤壁市	Hebi City	5.97	1.47	8.01	7.59	0.35	0.07	0.81	1.76
新乡市	Xinxiang City	24.68	5.24	12.31	10.63	0.39	1.28	4.01	3.94
焦作市	Jiaozuo City	16.03	3.94	11.54	11.09	0.36	0.10	3.92	5.19
濮阳市	Puyang City	18.79	3.01	8.64	8.34	0.19	0.11	4.66	2.43
许昌市	Xuchang City	16.32	4.02	6.06	5.58	0.35	0.13	3.79	5.84
漯河市	Luohe City	9.35	3.16	6.60	6.32	0.21	0.06	1.28	2.82
三门峡市	Sanmenxia City	12.27	2.43	8.88	8.52	0.13	0.23	1.86	3.55
南阳市	Nanyang City	39.39	12.48	13.37	12.31	0.64	0.42	3.54	12.93
商丘市	Shangqiu City	25.60	7.42	5.63	5.37	0.17	0.09	1.55	6.44
信阳市	Xinyang City	28.21	5.49	5.74	5.64	0.08	0.02	1.13	6.89
周口市	Zhoukou City	32.20	10.16	3.12	2.55	0.47	0.10	4.39	10.56
驻马店市	Zhumadian City	22.29	7.48	4.67	4.41	0.03	0.23	1.46	7.65
其他	Others	3.05	0.13	3.73	3.27	0.13	0.33	1.12	2.61
湖北省	**Hubei**	**307.51**	**36.71**	**144.51**				**80.75**	**214.43**
武汉市	Wuhan City	108.57	12.21	55.84	51.06	2.11	2.67	33.83	51.72
黄石市	Huangshi City	15.26	4.17	9.05	7.73	0.79	0.53	15.90	8.02
十堰市	Shiyan City	13.96	0.95	14.17	8.74	0.07	5.36	7.30	11.90
宜昌市	Yichang City	24.30	2.50	34.20	34.20			10.40	13.50
襄樊市	Xiangfan City	28.81	2.41	11.69	11.14	0.35	0.20	13.62	23.80
鄂州市	Ezhou City	5.52	1.11	8.05	7.37	0.58	0.10	3.96	5.02
荆门市	Jingmen City	16.15	1.11	6.96	6.30	0.38	0.28	2.30	3.70
孝感市	Xiaogan City	21.22	7.38	7.65	6.99	0.49	0.17	4.50	16.79
荆州市	Jingzhou City	27.94	1.65	11.32	10.38	0.70	0.24	3.62	13.53
黄冈市	Huanggang City	246.20	31.80	54.30	54.30			6.11	14.29
咸宁市	Xianning City	12.48	1.22	4.48	4.07	0.28	0.13	3.02	7.06
随州市	Suizhou City	13.36	5.33	1.56	1.38	0.15	0.03	4.58	10.61
恩施土家族苗族自治州	Enshi Tujia & Miao A.P	11.06	0.37	2.33	2.29	0.01	0.03	10.96	9.07
其他	Others	20.28	1.82	6.42	5.03	1.22	0.17	40.78	14.64
湖南省	**Hunan**	**370.64**	**52.86**	**73.75**	**65.62**	**4.31**	**3.82**	**143.11**	**314.07**
长沙市	Changsha City	48.95	7.06	24.33	20.68	1.75	1.89	23.49	20.58
株洲市	Zhuzhou City	23.05	3.88	9.12	8.37	0.26	0.49	9.74	10.90
湘潭市	Xiangtan City	22.48	4.65	3.32	3.12	0.16	0.04	6.63	8.24
衡阳市	Hengyang City	40.18	8.60	7.55	6.73	0.47	0.35	5.88	14.26
邵阳市	Shaoyang City	31.97	5.39	3.03	2.90	0.02	0.12	4.72	10.76
岳阳市	Yueyang City	31.93	3.46	5.12	4.65	0.16	0.32	5.06	10.45
常德市	Changde City	21.32	1.54	3.69	3.17	0.19	0.32	5.02	13.70
张家界市	Zhangjiajie City	6.95	0.93	1.09	0.89	0.18	0.03	1.77	2.91
益阳市	Yiyang City	22.01	4.42	2.62	2.47	0.15	0.01	2.44	6.78
郴州市	Chenzhou City	24.96	2.63	4.01	3.03	0.84	0.14	4.09	17.77
永州市	Yongzhou City	25.22	2.60	2.59	2.51	0.07	0.01	6.01	16.02
怀化市	Huaihua City	21.83	3.30	4.24	4.18	0.01	0.04	8.09	12.25
娄底市	Loudi City	25.01	3.19	1.93	1.88	0.02	0.03	3.50	7.00
湘西土家族苗族自治州	West Hunan Tujia A.P	12.81	1.20	1.11	1.06	0.03	0.03	3.04	14.66
其他	Others	11.97							
广东省	**Guangdong**	**372.00**	**72.27**	**384.11**	**131.99**	**171.41**	**80.71**	**323.52**	**262.47**
广州市	Guangzhou City	85.60	14.68	94.11	34.77	40.18	19.16	80.85	34.14

3-5 续表 6 continued

地 区	Region	国有经济 (万人) State-owned (10000 persons)	集体经济 (万人) Urban Collective owned (10000 persons)	其他经济 (万人) Others Ownership (10000 persons)				私营企业 (万人) Urban Private Enterprises (10000 persons)	个 体 (万人) Urban Individuals (10000 persons)
					内资 Domestic Funded	港澳台商投资 Hongkong, Macao and Taiwan Funded	外商投资 Foreign Funded		
韶关市	Shaoguan City	14.50	2.42	9.55	6.95	2.40	0.20	3.60	6.30
深圳市	Shenzhen City	32.37	1.67	103.00	35.00	44.00	24.00	104.61	44.54
珠海市	Zhuhai City	7.81	3.23	30.24	6.96	12.32	10.96	13.89	17.55
汕头市	Shantou City	17.70	5.22	6.82	1.82	2.86	2.14	23.57	17.70
佛山市	Foshan City	18.40	4.13	26.47	14.47	8.97	3.03	29.75	11.98
江门市	Jiangmen City	14.06	3.61	17.53	7.83	7.78	1.92	10.40	12.88
湛江市	Zhanjiang City	29.54	2.57	6.78	3.88	2.37	0.53	5.51	13.89
茂名市	Maoming City	20.48	4.54	4.04	3.47	0.19	0.38	2.91	9.55
肇庆市	Zhaoqing City	13.86	1.55	8.30	2.16	4.37	1.77	3.72	10.72
惠州市	Huizhou City	15.63	5.21	32.67	2.17	22.05	8.45	10.88	16.38
梅州市	Meizhou City	16.98	2.40	3.24	1.78	1.18	0.28	1.92	5.90
汕尾市	Shanwei City	9.06	1.55	1.66	0.19	1.24	0.23	1.67	4.35
河源市	Heyuan City	10.02	1.85	5.40	1.63	3.13	0.64	2.47	8.15
阳江市	Yangjiang City	9.69	4.05	2.90	0.99	1.68	0.23	4.62	6.22
清远市	Qingyuan City	11.60	1.31	6.64	1.42	3.50	1.72	4.01	6.60
东莞市	Dongguan City	8.88	4.70	4.78	1.12	2.64	1.02	1.04	14.68
中山市	ZhongShan City	6.23	1.13	10.79	2.70	5.44	2.65	4.15	4.02
潮州市	Chaozhou City	7.48	1.96	2.25	0.84	1.18	0.23	4.67	4.65
揭阳市	Jieyang City	14.35	3.03	2.21	0.94	1.00	0.27	2.33	4.17
云浮市	Yunfu City	7.76	1.46	4.73	0.90	2.93	0.90	6.95	8.10
广西壮族自治区	**Guangxi**	**200.00**	**22.00**	**51.00**	**41.00**	**5.00**	**5.00**	**49.00**	**78.00**
南宁市	Nanning City	38.39	3.39	15.26	13.52	0.97	0.77	13.18	7.90
柳州市	Liuzhou City	23.22	2.96	11.10	9.99	0.19	0.92	8.57	10.98
桂林市	Guilin City	22.93	2.35	6.09	4.61	0.89	0.59	2.59	10.31
梧州市	Wuzhou City							2.84	6.09
北海市	Beihai City	7.45	0.71	1.32	0.97	0.16	0.19		
防城港市	Fangchenggang City	6.13	0.43	0.33	0.17	0.04	0.12	0.83	2.31
钦州市	Qinzhou City	9.20	1.04	1.48	1.08	0.18	0.22	1.56	5.37
贵港市	Guigang City	10.77	1.57	1.33	0.81	0.33	0.19	2.16	5.64
玉林市	Yulin City	17.26	2.81	3.40	1.90	0.56	0.94	2.77	9.17
百色市	Baise City	15.03	0.94	1.99	1.81	0.17	0.01	1.97	6.15
贺州市	Hezhou City	6.68	0.38	1.28	1.14	0.11	0.03	2.07	7.44
河池市	Hechi City	14.20	1.81	1.43	1.21	0.04	0.18	1.90	9.35
来宾市	Laibin City	8.48	0.51	1.58	1.28		0.30	2.96	7.02
崇左市	Chongzuo City	7.82	0.67	1.56	0.86	0.38	0.32	1.08	4.59
海南省	**Hainan**	**58.11**	**3.87**	**12.61**	**8.94**	**1.77**	**1.90**	**23.31**	**23.17**
海口市	Haikou City	15.54	1.18	8.24	6.18	0.88	1.18	18.73	11.48
三亚市	Sanya City	2.99	0.19	1.62	0.74	0.50	0.38	1.38	1.62
其他	Others	39.58	2.50	2.75	2.02	0.39	0.34	3.20	10.07
重庆市	**Chongqing**	**124.72**	**138.08**	**72.71**	**66.22**	**2.33**	**4.16**	**69.86**	**177.42**
万州区	Wanzhou District	6.13	1.46	5.69	5.50	0.04	0.15	1.09	10.98
涪陵区	Fuling District	5.04	1.41	5.43	5.43			1.05	3.38
渝中区	Yuzhong District	21.26	1.78	3.24	2.02	0.67	0.55	2.92	5.11
大渡口区	Dadukou District	3.81	0.58	1.58	1.34	0.06	0.18	3.88	1.09
江北区	Jiangbei District	5.85	0.86	5.16	4.56	0.23	0.37	5.46	5.30
沙坪坝区	Shapingba District	6.61	1.12	6.58	6.07	0.19	0.32	6.15	7.14

3-5 续表 7 continued

地 区	Region	国有经济 (万人) State-owned (10000 persons)	集体经济 (万人) Urban Collective owned (10000 persons)	其他经济 (万人) Others Ownership (10000 persons)	内资 Domestic Funded	港澳台商投资 Hongkong, Macao and Taiwan Funded	外商投资 Foreign Funded	私营企业 (万人) Urban Private Enterprises (10000 persons)	个 体 (万人) Urban Individuals (10000 persons)
九龙坡区	Jiulongpo District	7.55	0.75	14.75	13.98	0.16	0.61	6.85	5.33
南岸区	Nanan District	6.47	0.92	3.38	3.38			5.25	1.84
北碚区	Beibei District	3.80	0.64	3.20	3.08	0.06	0.06	2.11	1.22
万盛区	Wansheng District	2.34	0.58	0.52	0.35	0.17		0.59	0.56
双桥区	Shuangqiao District	0.18	0.30	0.65	0.64		0.01	0.24	0.17
渝北区	Yubei District	3.27	0.30	6.88	6.52		0.36	6.34	5.37
巴南区	Banan District	4.30	0.72	1.57	0.93	0.15	0.49	3.78	4.60
黔江区	Qianjiang District	1.80	0.13	0.21	0.21			0.85	2.89
长寿区	Changshou District	3.15	3.32	1.99	1.98		0.01	0.10	3.43
其他	Others	43.16	123.21	11.88	10.23	0.60	1.05	23.20	119.01
四川省	**Sichuan**	**500.14**	**45.59**	**137.42**	**128.14**	**3.19**	**6.09**	**136.26**	**208.28**
成都市	Chengdu City	128.31	12.20	37.11	31.05	1.85	4.21	40.22	31.52
自贡市	Zigong City	18.11	2.20	6.35	6.06	0.08	0.21	3.37	8.67
攀枝花市	Panzhihua City	19.03	2.77	1.38	1.27	0.08	0.03	2.93	5.76
泸州市	Luzhou City	22.30	4.58	6.22	6.09	0.08	0.05	4.97	15.40
德阳市	Deyang City	22.40	1.91	6.92	6.63	0.20	0.09	8.30	19.25
绵阳市	Mianyang City	30.73	1.96	8.96	8.52	0.13	0.31	7.78	8.30
广元市	Guangyuan City	14.51	1.01	2.67	2.66	0.01		2.65	4.33
遂宁市	Suining City	17.13	2.11	7.81	7.62		0.19	1.59	14.28
内江市	Neijiang City	22.40	2.12	8.94	8.82	0.07	0.05	1.72	3.01
乐山市	Leshan City	27.05	1.32	12.41	11.81	0.01	0.59	15.98	14.43
南充市	Nanchong City	24.21	1.96	5.48	5.34	0.03	0.11	7.50	18.84
眉山市	Meishan City	12.93	1.07	2.71	2.59	0.05	0.07	1.88	3.21
宜宾市	Yibin City	29.02	2.20	11.64	11.27	0.27	0.10	6.76	15.70
广安市	Guangan City	10.75	0.58	1.08	0.86	0.22		3.45	4.89
达州市	Dazhou City	25.30	2.43	5.77	5.77			16.09	15.08
雅安市	Yaan City	9.06	0.74	1.79	1.71	0.07	0.01	1.33	3.59
巴中市	Bazhong City	12.96	1.62	2.77	2.77			1.00	5.69
资阳市	Ziyang City	13.82	1.45	2.89	2.86	0.03		3.48	5.09
阿坝藏族羌族自治州	Aba Zang & Qiang A.P	7.62	0.41	1.52	1.52			0.41	1.03
甘孜藏族自治州	Ganzi Zang A.P	8.32	0.19	0.14	0.13		0.01	1.15	2.37
凉山彝族自治州	Liangshan Yi A.P	19.44	0.76	2.86	2.79	0.01	0.06	3.70	7.84
贵州省	**Guizhou**	**147.06**	**13.59**						
贵阳市	Guiyang City	36.00	4.67	18.24	16.67	0.63	0.94	12.70	25.71
六盘水市	Liupanshui City	8.16	0.73	8.59	8.59			1.46	3.91
遵义市	Zunyi City	21.83	1.65	3.27	3.09	0.10	0.08	8.60	13.40
安顺市	Anshun City	9.11	1.05	1.72	1.60	0.02	0.10	1.40	3.30
铜仁地区	Tongren Prefecture	11.92	0.84	0.65	0.65			1.42	4.88
黔西南布依族苗族自治州	Southwest Guizhou Buyi & Miao A.P	9.26	0.84	1.31	1.18	0.07	0.06	1.73	4.46
毕节地区	Bijie Prefecture	15.67	1.35	1.21	1.20		0.01	1.50	5.03
黔东南苗族侗族自治州	Southeast Guizhou Miao & Dong A.P	12.60	1.30	30.60	29.79	0.80	0.01	2.60	7.15
黔南布依族苗族自治州	South Guizhou Buyi & Miao A.P	12.59	1.21	2.49	2.32	0.08	0.09		8.16
云南省	**Yunnan**	**178.00**	**13.62**	**54.32**	**50.65**	**2.14**	**1.53**	**47.36**	**78.09**
昆明市	Kunming City	46.02	3.82	22.74	20.41	1.46	0.88	16.27	29.89
曲靖市	Qujing City	18.55	1.05	3.71	3.66		0.05	4.05	6.35
玉溪市	Yuxi City	9.34	1.22	2.30	2.05	0.19	0.06	5.65	6.02

3-5 续表 8 continued

地 区	Region	国有经济 (万人) State-owned (10000 persons)	集体经济 (万人) Urban Collective owned (10000 persons)	其他经济 (万人) Others Ownership (10000 persons)	内资 Domestic Funded	港澳台商投资 Hongkong, Macao and Taiwan Funded	外商投资 Foreign Funded	私营企业 (万人) Urban Private Enterprises (10000 persons)	个 体 (万人) Urban Individ-uals (10000 persons)
保山市	Baoshan City	6.49	0.51	2.63	2.48	0.08	0.07	0.86	2.26
昭通市	Zhaotong City	11.85	0.95	2.00	1.92	0.07		2.10	3.52
丽江市	Lijiang City	4.35	0.34	0.84	0.82		0.01	1.09	1.50
思茅市	Simao City	9.55	0.52	2.52	2.50	0.02		1.81	3.36
临沧市	Lincang City	6.92	0.39	1.27	1.26	0.01		1.22	2.64
楚雄彝族自治州	Chuxiong Yi A.P	9.68	0.53	1.69	1.58	0.08	0.02	3.28	3.41
红河哈尼族彝族自治州	Honghe Hani & Yi A.P	15.43	1.74	6.05	5.87	0.04	0.14	3.65	6.36
文山壮族苗族自治州	Wenshan Zhuang & Miao A.P	9.46	0.39	1.34	1.30	0.02	0.02	1.59	3.30
西双版纳傣族自治州	Xishuangbanna Dai A.P	8.07	0.45	0.87	0.83	0.01	0.03	0.99	1.71
大理白族自治州	Dali Bai A.P	12.09	1.25	4.39	4.08	0.12	0.19	2.40	4.30
德宏傣族景颇族自治州	Dehong Dai & Jingpo A.P	5.94	0.36	1.37	1.29	0.04	0.04	1.40	2.04
怒江傈僳族自治州	Nujiang Lisu A.P	2.34	0.03	0.35	0.35			0.42	0.58
迪庆藏族自治州	Diqing Zang A.P	1.90	0.06	0.26	0.24	0.00	0.02	0.57	0.86
西藏自治区	**Tibet**	**16.25**	**0.46**	**0.77**				**14.15**	
拉萨市	Lhasa City	1.99	0.23	0.04					
昌都地区	Qamdu Prefecture	1.99	0.03	0.03					
山南地区	Lhokha Prefecture	1.56	0.04	0.08					
日喀则地区	Xigaze Prefecture	2.41	0.12	0.08					
那曲地区	Narqu Prefecture	1.26	0.01						
阿里地区	Ngri Prefecture	0.60							
林芝地区	Nyingchi Prefecture	1.09	0.04	0.03					
其他	Others	5.34		0.52					
陕西省	**Shaanxi**	**251.30**	**23.90**	**56.38**	**53.14**	**1.52**	**1.72**	**110.25**	**73.80**
西安市	Xian City	78.76	11.04	28.35	26.80	0.47	1.08	22.67	24.21
铜川市	Tongchuan City	7.54	0.69	1.42	1.41	0.00	0.00	2.51	1.64
宝鸡市	Baoji City	23.31	2.71	6.29	5.98	0.24	0.07	10.60	14.80
咸阳市	Xianyang City	30.73	2.17	6.55	5.46	0.66	0.43	31.30	11.77
渭南市	Weinan City	28.18	1.97	4.12	3.99	0.08	0.05	1.67	4.92
延安市	Yanan City	17.37	0.77	0.72	0.71		0.01	3.12	5.34
汉中市	Hanzhong City	18.38	2.10	3.58	3.54	0.04		4.12	7.57
榆林市	Yulin City	17.64	0.81	1.56	1.54	0.01	0.00	8.01	2.38
安康市	Ankang City	10.10	0.90	1.05	0.96		0.08	1.67	3.23
商洛市	Shangluo City	8.73	0.68	1.58	1.57	0.01		1.72	7.00
其他	Others	1.15	0.04	1.16	1.16			0.16	0.54
甘肃省	**Gansu**	**157.62**	**14.95**	**21.07**	**19.15**	**0.63**	**1.29**	**58.05**	**87.58**
兰州市	Lanzhou City	49.89	4.35	11.06	9.56	0.47	1.03	11.92	9.24
嘉峪关市	Jiayuguan City	3.56	0.25	0.25	0.25			0.73	1.27
金昌市	Jinchang City	7.32	0.93	0.17	0.17			0.84	1.07
白银市	Baiyin City	13.27	1.55	1.32	1.32			1.86	3.19
天水市	Tianshui City	13.61	1.90	1.12	0.96	0.16		3.40	9.30
武威市	Wuwei City	7.75	0.62	1.08	1.08			4.93	4.92
张掖市	Zhangye City	7.10	0.23	1.68	1.68			2.20	2.40
平凉市	Pingliang City	9.89	1.13	0.18	0.16		0.02	1.15	3.05
酒泉市	Jiuquan City	7.10	0.19	2.41	2.34		0.07	1.38	6.06
庆阳市	Qingyang City	8.50	0.78	0.44	0.44			1.18	3.48
定西市	Dingxi City	8.06	0.94	0.49	0.34		0.15	3.55	1.96

3-5 续表 9 continued

地 区	Region	国有经济 (万人) State-owned (10000 persons)	集体经济 (万人) Urban Collective owned (10000 persons)	其他经济 (万人) Others Ownership (10000 persons)	内资 Domestic Funded	港澳台商投资 Hongkong, Macao and Taiwan Funded	外商投资 Foreign Funded	私营企业 (万人) Urban Private Enterprises (10000 persons)	个 体 (万人) Urban Individuals (10000 persons)
陇南市	Longnan City	9.50	1.42	0.08	0.06		0.02	0.88	1.15
临夏回族自治州	Linxia Hui A.P	7.61	0.56	0.60	0.60			0.30	0.60
甘南藏族自治州	Gannan Zang A.P	4.46	0.10	0.19	0.19			0.37	1.67
青海省	**Qinghai**	**34.13**	**2.29**	**6.10**	**5.97**	**0.13**		**17.54**	**18.47**
西宁市	Xining City	16.32	1.68	3.81	3.78	0.03			
海东地区	Haidong Prefecture	4.73	0.21	0.71	0.69	0.02			
海北藏族自治州	Haibei Zang A.P	1.73	0.07	0.32	0.32				
海南藏族自治州	Hainan Zang A.P	1.55	0.04	0.49	0.49				
黄南藏族自治州	Huangnan Zang AP	2.05	0.07						
果洛藏族自治州	Golog Zang A.P	1.03	0.01						
玉树藏族自治州	Yushu Zang A.P	1.20	0.03	0.04	0.04				
海西蒙古族藏族自治州	Haixi Mongolian & Zang A.P	5.52	0.17	0.73	0.65	0.08			
宁夏回族自治区	**Ningxia**	**39.11**	**1.93**	**20.08**	**19.17**	**0.04**	**0.87**	**15.81**	**11.92**
银川市	Yinchuan City	17.25	0.63	13.75	12.99	0.04	0.72	11.00	6.48
石嘴山市	Shizuishan City	5.20	0.32	3.28	3.13		0.15	1.41	2.03
吴忠市	Wuzhong City	6.88	0.58	1.63	1.63			1.22	1.51
固原市	Guyuan City	5.92	0.21	0.22	0.22			1.35	1.09
中卫市	Zhongwei City	3.86	0.19	1.20	1.20			0.83	0.81
新疆维吾尔自治区	**Xinjiang**	**188.18**	**6.86**	**47.31**	**45.81**	**0.66**	**0.84**	**50.75**	**55.17**
乌鲁木齐市	Urumqi City	33.69	1.61	15.32	14.34	0.48	0.50	27.60	12.53
克拉玛依市	Karamay City	7.54	0.85	4.88	4.84	0.04		1.14	2.69
石河子市	Shihezi City	4.61	0.05	2.70	2.62	0.03	0.05	1.48	2.40
吐鲁番地区	Turpan Prefecture	5.63	0.19	1.20	1.07	0.04	0.09	1.28	1.29
哈密地区	Hami Prefecture	5.77	0.09	1.94	1.82	0.01	0.11	0.47	1.55
昌吉回族自治州	Changji Hui A.P	15.90	0.61	4.67	4.65		0.02	4.69	4.83
博尔塔拉蒙古自治州	Bortala Mongolian A.P	7.88	0.17	0.83	0.83			1.47	1.31
巴音郭楞蒙古自治州	Bayingolin Mongolian A.P	16.10	0.41	3.01	2.98	0.01	0.02	2.37	5.60
阿克苏地区	Aksu Prefecture	16.56	0.72	2.91	2.91			2.15	4.80
克孜勒苏柯尔克孜自治州	Kizilsu Kirgiz A.P	3.32	0.08	0.26	0.26			0.21	0.77
喀什地区	Kashi Prefecture	15.12	1.11	3.11	3.11			1.74	4.96
和田地区	Hotan Prefecture	7.26	0.28	0.28	0.28			1.00	2.81
伊犁哈萨克自治州	Ili Kazak A.P	19.76	0.35	4.04	3.97	0.02	0.05	3.42	5.74
塔城地区	Tacheng Prefecture	19.70	0.25	1.47	1.44	0.03		1.13	2.52
阿勒泰地区	Altay Prefecture	9.34	0.09	0.69	0.69			0.60	1.37
阿拉尔市	Alar City								
图木舒克市	Tumxuk City								
五家渠市	Wujiaqu City								
兵团	Corps								

3-6 职工人数和职工工资（2004年）

Number and Wages of Staff and Workers (2004)

地 区	Region	职工人数（万人）Staff and Workers (10000 persons)	国有经济 State-owned	城镇集体经济 Rural Collective Owned	其他经济 Others	职工工资总额（亿元）Total Wages of Staff and Workers (100 million yuan)	国有经济 State-owned	城镇集体经济 Rural Collective Owned	其他经济 Others	职工平均工资（元）Average Wages of Staff and Workers (yuan)
北京市	**Beijing**	**446.39**	**183.66**	**24.84**	**237.89**	**1315.1**	**625.7**	**34.0**	**655.3**	**29674**
东城区	Dongcheng District	33.64	21.92	1.05	10.67	127.4	80.4	1.6	45.4	38215
西城区	Xicheng District	47.24	30.04	1.21	15.99	186.2	117.9	2.1	66.2	39836
崇文区	Chongwen District	9.24	3.66	0.48	5.10	24.9	12.8	0.7	11.4	27311
宣武区	Xuanwu District	20.51	8.68	1.02	10.81	66.3	36.8	1.9	27.5	34877
朝阳区	Chaoyang District	74.53	24.70	3.35	46.48	263.5	95.2	4.3	164.0	35738
丰台区	Fengtai District	37.75	17.52	2.10	18.13	89.4	50.0	2.8	36.6	23566
石景山区	Shijingshan District	14.26	3.45	0.31	10.50	40.2	11.2	0.5	28.5	28045
海淀区	Haidian District	86.99	38.79	3.27	44.93	270.0	130.4	5.2	134.4	31403
门头沟区	Mentougou District	5.64	1.96	0.67	3.01	11.8	5.2	0.8	5.8	21055
房山区	Fangshan District	15.45	4.85	1.68	8.92	32.3	13.0	2.2	17.1	19568
通州区	Tongzhou District	16.95	4.26	1.24	11.45	27.5	11.0	1.4	15.1	16179
顺义区	Shunyi District	20.37	4.75	2.98	12.64	46.7	11.6	4.1	31.0	23084
昌平区	Changping District	19.85	4.94	1.98	12.93	38.1	12.6	2.3	23.2	19436
大兴区	Daxing District	18.03	4.62	1.27	12.14	43.6	13.2	1.6	28.8	25096
怀柔区	Huairou District	7.04	2.26	0.60	4.18	14.5	6.1	0.7	7.7	15118
平谷区	Pinggu District	6.66	2.14	0.57	3.95	10.4	5.3	0.6	4.5	21256
密云县	Miyun County	8.09	2.84	0.78	4.47	13.9	7.4	1.0	5.5	16962
延庆县	Yanqing County	4.15	2.28	0.28	1.59	8.7	5.8	0.3	2.6	19029
天津市	**Tianjin**	**193.91**	**102.09**	**12.46**	**79.36**	**408.0**	**222.6**	**16.2**	**169.2**	**21146**
和平区	Heping District	25.28	19.58	0.97	4.73	47.7	36.6	1.0	10.1	20445
河东区	Hedong District	13.31	7.85	1.37	4.10	26.4	16.5	1.9	8.1	19281
河西区	Hexi District	19.52	11.13	0.94	7.45	43.3	26.4	1.0	15.9	21908
南开区	Nankai District	20.80	10.14	1.01	9.65	42.2	20.8	1.2	20.3	20116
河北区	Hebei District	13.18	9.68	1.18	2.31	27.8	22.2	1.4	4.2	20678
红桥区	Hongqiao District	5.21	3.28	0.67	1.26	9.0	6.3	0.7	2.0	16852
塘沽区	Tanggu District	24.02	9.03	0.85	14.14	73.9	27.0	1.5	45.4	31035
汉沽区	Hangu District	3.21	2.38	0.50	0.33	5.5	4.4	0.6	0.5	16952
大港区	Dagang District	12.97	6.22	1.09	5.66	32.1	16.0	1.8	14.3	24871
东丽区	Dongli District	9.31	4.18	0.63	4.51	19.0	10.0	1.1	7.9	20478
西青区	Xiqing District	10.86	2.61	0.30	7.96	20.4	5.2	0.4	14.7	19025
津南区	Jinnan District	5.31	1.29	0.48	3.54	8.1	2.7	0.5	4.9	15133
北辰区	Beichen District	7.73	2.48	0.37	4.87	15.4	5.7	0.5	9.2	20049
武清区	Wuqing District	7.72	2.81	0.31	4.59	13.2	5.5	0.5	7.2	17167
宝坻区	Baodi District	4.20	2.34	0.22	1.64	6.2	4.5	0.3	1.5	14624
宁河县	Ninghe County	2.42	1.54	0.48	0.40	3.7	2.6	0.6	0.5	15044
静海县	Jinghai County	3.96	2.03	0.48	1.46	6.1	4.1	0.6	1.4	14711
蓟县	Ji County	4.90	3.50	0.63	0.77	8.1	6.1	0.8	1.2	16469
其他	Others									
河北省	**Hebei**	**483.95**	**356.71**	**39.36**	**87.88**	**625.5**	**484.3**	**31.2**	**110.1**	**12925**
石家庄市	Shijiazhuang City	86.14	65.24	8.60	12.30	117.2	96.0	6.8	14.4	13601
唐山市	Tangshan City	70.01	47.15	4.46	18.39	98.6	68.1	3.4	27.0	14079
秦皇岛市	Qinhuangdao City	28.11	19.42	1.99	6.70	44.5	33.4	2.0	9.1	15842
邯郸市	Handan City	57.55	43.75	4.74	9.06	68.6	56.9	3.0	8.7	11928
邢台市	Xingtai City	32.73	23.64	2.44	6.65	38.3	27.6	1.6	9.1	11714
保定市	Baoding City	59.08	44.40	4.88	9.80	70.2	56.4	4.1	9.7	11875
张家口市	Zhangjiakou City	35.80	27.89	3.30	4.62	44.2	36.0	2.7	5.5	12341

3-6 续表 1 continued

地 区	Region	职工人数 (万人) Staff and Workers (10000 persons)	国有经济 State-owned	城镇集体经济 Rural Collective Owned	其他经济 Others	职工工资总额 (亿元) Total Wages of Staff and Workers (100 million yuan)	国有经济 State-owned	城镇集体经济 Rural Collective Owned	其他经济 Others	职工平均工资 (元) Average Wages of Staff and Workers (yuan)
承德市	Chengde City	23.18	17.07	1.42	4.69	29.9	22.0	1.2	6.7	12919
沧州市	Cangzhou City	37.87	27.68	4.26	5.94	42.5	33.9	3.4	5.2	11211
廊坊市	Langfang City	23.42	17.77	1.06	4.59	30.0	23.2	0.8	6.0	12812
衡水市	Hengshui City	21.68	16.01	2.22	3.46	23.3	17.4	2.1	3.8	10756
其他	Others	8.37	6.68		1.69	18.2	13.4		4.8	
山西省	**Shanxi**	**352.02**	**251.70**	**35.93**	**64.39**	**453.9**	**335.9**	**28.8**	**89.3**	**12943**
太原市	Taiyuan City	68.56	39.90	6.94	21.72	113.6	69.4	5.6	38.6	14998
大同市	Datong City	50.07	41.17	7.30	1.60	63.9	58.1	4.4	1.4	12591
阳泉市	Yangquan City	21.15	17.30	3.15	0.70	29.7	26.1	2.9	0.7	14169
长治市	Changzhi City	30.98	20.22	3.01	7.75	41.4	30.0	2.6	8.8	13628
晋城市	Jincheng City	22.37	11.17	3.09	8.11	31.4	14.6	2.2	14.6	14472
朔州市	Shuozhou City	12.60	10.76	1.08	0.76	14.8	13.2	1.1	0.6	11602
晋中市	Jinzhong City	28.66	18.96	3.24	6.46	31.8	23.8	2.7	5.3	11077
运城市	Yuncheng City	30.86	21.09	2.13	7.64	34.9	23.9	1.8	9.2	11339
忻州市	Xinzhou City	21.77	19.06	1.55	1.16	19.7	18.0	1.0	0.7	9150
临汾市	Linfen City	32.61	23.62	2.32	6.67	39.8	28.2	2.4	9.2	12347
吕梁市	Luliang City	20.89	16.95	2.12	1.82	22.0	18.6	2.0	1.4	10612
内蒙古自治区	**Inner Mongolia**	**238.67**	**163.50**	**13.24**	**61.93**	**323.1**	**234.0**	**12.2**	**76.9**	**13324**
呼和浩特市	Hohhot City	28.82	20.27	1.33	7.22	48.9	39.0	1.3	8.5	16663
包头市	Baotou City	34.50	12.92	3.36	18.22	56.5	25.0	3.9	27.6	16173
乌海市	Wuhai City	9.89	4.67	0.81	4.41	12.7	7.8	0.8	4.2	13099
赤峰市	Chifeng City	30.15	20.95	1.53	7.67	33.6	25.4	1.2	7.0	10876
通辽市	Tongliao City	22.42	18.35	1.13	2.94	24.3	20.1	1.1	3.1	10728
鄂尔多斯市	Erdos City	13.59	8.59	0.32	4.68	22.9	15.1	0.4	7.4	16965
呼伦贝尔市	Hulunbuir City	25.91	18.98	0.65	6.28	31.8	24.7	0.5	6.6	12092
巴彦淖尔市	Bayannur City	14.05	10.14	0.55	3.36	17.0	11.9	0.6	4.4	10991
乌兰察布市	Ulanqab City	12.44	10.57	0.41	1.46	16.5	13.7	0.3	2.5	13319
兴安盟	Xingan League	11.68	9.24	0.46	1.98	11.9	9.8	0.4	1.7	10008
锡林郭勒盟	Xilingol League	9.67	7.45	0.38	1.84	13.0	10.6	0.4	2.0	13228
阿拉善盟	Alxa League	3.58	2.16	0.06	1.36	5.5	3.8	0.1	1.6	15560
其他	Others	21.97	19.21	2.25	0.51	28.4	26.9	1.1	0.4	
辽宁省	**Liaoning**	**481.07**	**300.88**	**44.19**	**135.99**	**726.6**	**477.2**	**38.5**	**210.9**	**14921**
沈阳市	Shenyang City	88.02	49.44	8.27	30.31	153.8	94.7	7.8	51.3	17342
大连市	Dalian City	79.87	31.76	4.44	43.66	156.2	73.8	5.8	76.6	19605
鞍山市	Anshan City	39.23	29.29	6.41	3.54	61.1	52.3	4.4	4.4	15396
抚顺市	Fushun City	29.43	15.42	3.46	10.55	41.2	23.1	2.8	15.2	13915
本溪市	Benxi City	24.36	19.13	2.06	3.17	35.6	31.0	1.7	2.9	14634
丹东市	Dandong City	18.39	12.12	1.29	4.99	22.7	16.2	1.0	5.6	12237
锦州市	Jinzhou City	25.74	17.46	3.02	5.25	31.8	22.0	2.3	7.5	12200
营口市	Yingkou City	16.43	10.04	1.14	5.25	21.2	14.2	0.9	6.0	12587
阜新市	Fuxin City	17.72	13.17	2.50	2.05	20.1	16.5	1.9	1.7	11293
辽阳市	Liaoyang City	18.01	10.24	2.54	5.24	25.0	14.3	2.8	7.9	13911
盘锦市	Panjin City	40.50	35.65	0.71	4.13	48.6	43.0	0.7	4.8	12129
铁岭市	Tieling City	22.56	13.01	2.73	6.81	27.3	13.9	1.6	11.8	11434
朝阳市	Chaoyang City	21.20	13.85	1.62	5.73	25.0	15.9	1.7	7.3	10400
葫芦岛市	Huludao City	22.71	13.41	4.00	5.30	26.5	15.6	3.0	7.9	11590

3-6 续表 2 continued

地 区	Region	职工人数 (万人) Staff and Workers (10000 persons)	国有经济 State-owned	城镇集体经济 Rural Collective Owned	其他经济 Others	职工工资总额 (亿元) Total Wages of Staff and Workers (100 million yuan)	国有经济 State-owned	城镇集体经济 Rural Collective Owned	其他经济 Others	职工平均工资 (元) Average Wages of Staff and Workers (yuan)
吉林省	**Jilin**	**279.38**	**195.40**	**25.08**	**58.90**	**350.1**	**246.0**	**19.3**	**84.8**	**12431**
长春市	Changchun City	88.37	58.20	8.34	21.83	139.3	96.0	7.3	35.9	15722
吉林市	Jilin City	38.67	26.33	4.42	7.92	49.4	34.0	3.7	11.8	12694
四平市	Siping City	23.39	17.82	1.64	3.93	20.8	16.6	1.2	3.0	8794
辽源市	Liaoyuan City	10.57	9.19	0.66	0.72	10.4	9.6	0.4	0.4	9760
通化市	Tonghua City	20.57	12.44	2.24	5.89	23.1	13.4	1.6	8.0	10773
白山市	Baishan City	16.77	12.45	0.78	3.54	15.7	11.9	0.5	3.3	9267
松原市	Songyuan City	21.98	14.60	1.02	6.36	27.9	12.1	0.7	15.1	12697
白城市	Baicheng City	19.13	15.34	1.69	2.10	16.5	14.1	1.2	1.2	8643
延边朝鲜族自治州	Yanbian Korean A.P	26.76	18.67	1.48	6.61	28.8	21.2	1.4	6.2	10520
其他	Others	13.17	10.36	2.81		18.4	17.1	1.3		
黑龙江省	**Heilongjiang**	**476.90**	**305.70**	**46.20**	**125.00**	**592.3**	**385.0**	**7.6**	**177.1**	**12557**
哈尔滨市	Harbin City	158.44	86.25	29.08	43.11	231.8	143.5	17.7	70.6	13928
齐齐哈尔市	Qiqihar City	35.52	25.28	3.10	7.14	45.2	35.2	2.5	7.0	10895
鸡西市	Jixi City	20.26	10.18	1.03	9.05	19.1	11.8	0.8	6.5	9945
鹤岗市	Hegang City	16.44	5.82	1.55	9.07	16.0	7.1	1.1	7.8	10687
双鸭山市	Shuangyashan City	14.84	7.34	0.71	6.79	15.8	8.2	0.8	6.8	11189
大庆市	Daqing City	43.24	26.99	1.37	14.88	98.9	55.4	2.0	41.5	22618
伊春市	Yichun City	22.32	16.20	2.71	3.41	13.0	9.7	0.8	2.5	6213
佳木斯市	Jiamusi City	20.47	15.32	1.38	3.77	21.4	16.8	1.0	3.5	10154
七台河市	Qitaihe City	15.29	4.02	0.97	10.30	13.5	4.8	1.1	7.7	10278
牡丹江市	Mudanjiang City	27.87	17.68	2.40	7.79	29.3	20.1	1.5	7.7	10775
黑河市	Heihe City	12.57	10.79	0.41	1.37	13.9	12.5	0.3	1.1	11159
绥化市	Suihua City	26.35	20.49	1.21	4.64	22.5	18.7	0.8	3.1	8457
大兴安岭地区	Daxinganling Prefecture	9.73	8.44	0.29	1.00	8.5	7.8	0.1	0.7	8840
其他	Others	37.82	35.08	0.03	2.71	31.3				8252
上海市	**Shanghai**	**264.41**	**126.45**	**12.66**	**125.31**	**800.7**	**405.0**	**26.2**	**369.5**	**29875**
黄浦区	Huangpu District	18.03	9.76	0.88	7.40	69.0	37.3	2.2	29.4	37374
卢湾区	Luwan District	9.30	4.16	0.34	4.80	29.4	13.9	0.7	14.8	31282
徐汇区	Xuhui District	27.09	15.41	0.44	11.24	79.9	45.9	1.1	32.9	29081
长宁区	Changning District	10.67	5.80	0.38	4.50	33.8	17.4	0.7	15.8	31186
静安区	Jingan District	9.95	5.81	0.31	3.82	35.3	20.6	0.7	14.0	34758
普陀区	Putuo District	10.28	6.15	0.51	3.62	31.7	19.1	1.1	11.5	29659
闸北区	Zhabei District	13.05	9.23	0.52	3.30	36.0	25.5	1.0	9.4	26814
虹口区	Hongkou District	15.66	8.70	0.67	6.28	50.1	34.6	1.2	14.3	31359
杨浦区	Yangpu District	15.63	9.32	0.69	5.62	45.8	30.3	1.3	14.2	28141
闵行区	Minhang District	16.14	9.71	1.26	5.17	60.5	33.3	3.6	23.5	35942
宝山区	Baoshan District	17.14	4.84	0.39	11.92	48.3	14.2	0.8	33.3	28023
嘉定区	Jiading District	10.35	2.72	0.53	7.10	27.8	8.1	1.0	18.6	26841
浦东新区	Pudong New District	38.28	16.69	0.98	20.61	140.0	55.5	2.7	81.9	36373
金山区	Jinshan District	7.77	2.85	0.42	4.50	19.5	7.6	0.8	11.0	24428
松江区	Songjiang District	15.85	2.44	0.66	12.75	32.1	8.3	1.4	22.4	20853
青浦区	Qingpu District	8.58	2.22	0.74	5.62	17.1	5.8	1.2	10.0	20349
南汇区	Nanhui District	6.70	2.55	1.40	2.75	14.3	7.2	1.8	5.3	21421
奉贤区	Fengxian District	7.13	2.37	1.07	3.69	14.2	6.3	1.8	6.1	19999
崇明县	Chongming County	3.61	2.53	0.45	0.63	7.6	5.8	0.8	1.0	20506
其他	Others	3.20	3.19	0.00	0.01	8.3	8.3		0.0	26395

3-6 续表 3 continued

地区	Region	职工人数（万人）Staff and Workers (10000 persons)				职工工资总额（亿元）Total Wages of Staff and Workers (100 million yuan)				职工平均工资（元）Average Wages of Staff and Workers (yuan)
			国有经济 State-owned	城镇集体经济 Rural Collective Owned	其他经济 Others		国有经济 State-owned	城镇集体经济 Rural Collective Owned	其他经济 Others	
江苏省	**Jiangsu**	**575.08**	**281.03**	**41.11**	**252.94**	**1050.4**	**591.4**	**48.2**	**410.8**	**18202**
南京市	Nanjing City	84.37	48.14	4.62	31.61	222.9	131.4	7.6	83.9	26063
无锡市	Wuxi City	47.69	19.92	3.66	24.10	105.3	52.8	5.3	47.2	22126
徐州市	Xuzhou City	56.31	40.19	3.90	12.22	89.5	67.9	3.4	18.2	15809
常州市	Changzhou City	34.84	13.03	1.86	19.95	69.8	34.5	3.0	32.3	19985
苏州市	Suzhou City	87.18	22.58	3.97	60.63	188.5	71.1	7.3	110.1	22510
南通市	Nantong City	50.94	20.33	3.55	27.06	82.0	43.7	4.2	34.2	15902
连云港市	Lianyungang City	26.66	15.79	2.74	8.13	34.2	21.8	2.0	10.3	12713
淮安市	Huaian City	32.51	18.46	3.35	10.70	40.0	26.4	2.5	11.1	12172
盐城市	Yancheng City	44.29	22.89	2.61	18.78	53.6	34.5	2.4	16.7	11952
扬州市	Yangzhou City	33.48	18.43	3.20	11.85	54.0	35.2	2.8	16.1	15735
镇江市	Zhenjiang City	29.10	15.52	2.81	10.76	51.4	32.1	3.2	16.2	17382
泰州市	Taizhou City	29.93	14.12	4.27	11.55	40.3	25.7	4.1	10.4	13188
宿迁市	Suqian City	16.20	10.04	0.57	5.60	16.7	12.2	0.4	4.2	10339
浙江省	**Zhejiang**	**447.47**	**176.44**	**36.05**	**234.98**	**1016.4**	**573.1**	**60.8**	**382.6**	**23101**
杭州市	Hangzhou City	80.03	40.36	3.20	36.47	222.5	139.2	7.3	76.0	28186
宁波市	Ningbo City	67.10	23.07	3.85	40.18	168.1	83.3	7.9	76.9	25822
温州市	Wenzhou City	75.90	24.53	6.23	45.14	145.5	77.8	9.2	58.5	19577
嘉兴市	Jiaxing City	43.52	11.41	3.36	28.75	90.0	40.6	5.4	44.1	20701
湖州市	Huzhou City	18.29	7.82	1.70	8.78	40.8	24.3	3.1	13.4	21477
绍兴市	Shaoxing City	46.34	12.75	5.21	28.37	99.1	46.5	8.8	43.8	21507
金华市	Jinhua City	30.78	14.35	4.51	11.92	71.6	46.0	8.0	17.6	23261
衢州市	Quzhou City	12.74	6.66	0.65	5.43	28.6	19.5	0.9	8.3	22498
舟山市	Zhoushan City	10.62	5.78	0.59	4.25	24.4	15.9	1.1	7.5	21592
台州市	Taizhou City	35.31	15.49	3.84	15.98	84.4	51.5	6.7	26.2	24874
丽水市	Lishui City	13.03	8.67	0.89	3.47	30.4	23.6	1.8	5.1	22543
安徽省	**Anhui**	**324.75**	**206.24**	**32.56**	**85.95**	**421.5**	**280.4**	**25.9**	**115.1**	**12928**
合肥市	Hefei City	36.60	26.63	1.81	8.16	60.4	47.4	1.8	11.2	16369
芜湖市	Wuhu City	19.30	9.34	0.73	9.23	26.9	16.4	0.8	9.8	14165
蚌埠市	Bengbu City	19.44	12.49	1.87	5.08	23.7	17.8	1.2	4.7	12284
淮南市	Huainan City	26.94	9.58	3.66	13.70	46.4	13.7	3.9	28.8	16970
马鞍山市	Maanshan City	14.35	7.09	1.11	6.14	30.4	14.5	1.1	14.8	20946
淮北市	Huaibei City	21.18	6.75	1.94	12.48	28.4	8.9	1.7	17.8	13379
铜陵市	Tongling City	10.31	6.78	0.83	2.71	13.4	9.7	0.5	3.2	12762
安庆市	Anqing City	25.65	18.57	2.94	4.14	28.9	22.9	2.1	3.9	11208
黄山市	Huangshan City	9.01	5.94	0.82	2.25	11.7	8.7	0.9	2.1	12719
滁州市	Chuzhou City	20.52	13.12	2.10	5.30	20.6	14.9	1.4	4.3	10006
阜阳市	Fuyang City	25.27	19.42	2.59	3.26	24.9	20.6	1.7	2.6	9738
宿州市	Suzhou City	23.32	19.32	2.62	1.39	24.7	22.1	1.4	1.2	10572
巢湖市	Chaohu City	16.29	9.76	2.86	3.67	18.3	12.4	2.5	3.5	11469
六安市	Liuan City	20.82	16.10	2.92	1.80	21.2	17.8	2.1	1.2	10217
亳州市	Bozhou City	15.21	11.52	2.06	1.63	14.9	12.5	1.2	1.2	9707
池州市	Chizhou City	6.60	4.48	0.59	1.52	8.0	6.2	0.5	1.3	12008
宣城市	Xuancheng City	12.27	7.68	1.10	3.49	15.8	11.2	1.1	3.5	12795
其他	Others	1.67	1.67			2.9	2.9			

3-6 续表 4 continued

地 区	Region	职工人数 (万人) Staff and Workers (10000 persons)	国有经济 State-owned	城镇集体经济 Rural Collective Owned	其他经济 Others	职工工资总额 (亿元) Total Wages of Staff and Workers (100 million yuan)	国有经济 State-owned	城镇集体经济 Rural Collective Owned	其他经济 Others	职工平均工资 (元) Average Wages of Staff and Workers (yuan)
福建省	**Fujian**	**365.56**	**145.42**	**20.96**	**199.18**	**559.8**	**269.7**	**25.4**	**264.7**	**15603**
福州市	Fuzhou City	78.77	33.20	4.87	40.70	129.6	67.9	5.0	56.7	16586
厦门市	Xiamen City	61.74	16.07	2.02	43.64	123.1	48.1	3.4	71.6	20539
莆田市	Putian City	24.71	8.80	1.54	14.37	30.6	13.6	1.7	15.3	12654
三明市	Sanming City	20.85	12.88	1.21	6.76	31.7	20.1	1.5	10.1	15050
泉州市	Quanzhou City	88.22	20.30	5.89	62.03	122.8	39.6	8.5	74.6	14463
漳州市	Zhangzhou City	33.10	15.96	2.10	15.04	38.9	20.3	1.9	16.7	11964
南平市	Nanping City	20.34	12.51	1.25	6.58	26.1	17.7	1.1	7.3	12805
龙岩市	Longyan City	19.69	11.59	1.21	6.89	28.8	19.1	1.4	8.3	14744
宁德市	Ningde City	14.69	10.64	0.88	3.17	20.4	15.5	0.9	4.0	13961
江西省	**Jiangxi**	**258.35**	**192.35**	**17.54**	**48.46**	**305.5**	**236.7**	**13.7**	**55.1**	**11860**
南昌市	Nanchang City	49.04	31.74	4.89	12.41	74.9	51.4	4.3	19.2	15364
景德镇市	Jingdezhen City	14.29	10.47	1.52	2.30	15.3	12.3	0.8	2.2	10890
萍乡市	Pingxiang City	12.37	8.17	0.41	3.79	15.4	10.3	0.4	4.7	12333
九江市	Jiujiang City	31.69	22.69	1.95	7.05	33.6	25.7	1.4	6.5	10618
新余市	Xinyu City	9.34	5.15	0.38	3.80	12.5	6.3	0.3	5.9	13286
鹰潭市	Yingtan City	8.33	7.20	0.22	0.90	10.7	9.8	0.2	0.7	12927
赣州市	Ganzhou City	33.80	23.56	1.64	8.61	35.0	26.1	1.5	7.4	10323
吉安市	Jian City	20.49	17.41	1.20	1.88	20.3	17.9	0.9	1.5	9857
宜春市	Yichun City	23.30	18.63	1.02	3.65	25.4	20.8	0.9	3.8	11160
抚州市	Fuzhou City	20.25	16.22	1.80	2.23	17.7	15.1	1.2	1.5	8733
上饶市	Shangrao City	27.73	23.39	2.51	1.83	28.8	25.3	1.8	1.7	10361
山东省	**Shandong**	**776.10**	**483.60**	**67.20**	**225.30**	**1107.5**	**772.6**	**67.4**	**267.5**	**14332**
济南市	Jinan City	75.20	46.50	7.00	21.70	133.1	96.2	7.3	29.9	17837
青岛市	Qingdao City	113.30	40.90	5.60	66.80	193.4	97.5	8.2	87.7	17189
淄博市	Zibo City	47.20	34.00	3.80	9.40	72.4	58.9	3.4	10.1	15192
枣庄市	Zaozhuang City	31.60	25.00	4.30	2.30	41.2	36.3	3.4	1.5	13021
东营市	Dongying City	31.40	23.10	2.70	5.60	75.2	61.6	5.7	7.9	23909
烟台市	Yantai City	66.50	35.00	5.40	26.10	102.4	64.4	6.2	31.8	15446
潍坊市	Weifang City	59.40	35.50	5.30	18.60	72.6	51.1	4.7	16.8	12329
济宁市	Jining City	55.80	43.80	3.90	8.10	75.7	64.3	3.0	8.4	13608
泰安市	Taian City	42.10	26.80	4.90	10.40	50.2	35.9	3.4	10.9	11837
威海市	Weihai City	35.80	13.00	4.70	18.10	46.2	21.5	4.5	20.2	13071
日照市	Rizhao City	17.40	9.70	0.80	6.90	20.1	11.7	0.7	7.7	11648
莱芜市	Laiwu City	13.00	5.00	3.20	4.80	20.4	7.7	4.2	8.5	15619
临沂市	Linyi City	46.30	34.20	3.40	8.70	51.1	40.2	2.6	8.3	11076
德州市	Dezhou City	33.40	24.90	3.70	4.80	30.7	23.6	2.8	4.3	9260
聊城市	Liaocheng City	33.50	22.10	2.90	8.50	36.8	25.6	2.6	8.6	10919
滨州市	Binzhou City	28.70	24.50	2.00	2.20	31.8	28.1	2.0	1.7	11680
菏泽市	Heze City	32.20	27.30	2.60	2.30	28.4	24.5	1.8	2.1	8733
河南省	**Henan**	**676.86**	**397.98**	**93.35**	**185.52**	**802.0**	**497.5**	**79.6**	**224.9**	**12114**
郑州市	Zhengzhou City	89.93	48.92	5.48	35.54	128.6	80.4	5.2	43.1	15024
开封市	Kaifeng City	29.57	19.01	6.04	4.52	25.4	17.3	4.9	3.3	8657
洛阳市	Luoyang City	49.86	29.42	5.97	14.47	64.0	42.9	5.6	15.4	13030
平顶山市	Pingdingshan City	43.81	18.92	3.32	21.56	52.5	20.3	2.6	29.6	12089
安阳市	Anyang City	39.65	19.59	6.21	13.85	45.8	21.8	5.3	18.8	11988

3-6 续表 5 continued

地 区	Region	职工人数				职工工资				职工平均
		(万人) Staff and Workers (10000 persons)	国有经济 State-owned	城镇集体经济 Rural Collective Owned	其他经济 Others	总额 (亿元) Total Wages of Staff and Workers (100 million yuan)	国有经济 State-owned	城镇集体经济 Rural Collective Owned	其他经济 Others	工资 (元) Average Wages of Staff and Workers (yuan)
鹤壁市	Hebi City	15.19	5.85	1.34	8.00	15.5	5.9	1.1	8.5	10328
新乡市	Xinxiang City	41.69	24.39	5.11	12.19	38.0	23.5	3.8	10.8	9513
焦作市	Jiaozuo City	30.76	15.80	3.85	11.11	33.1	18.9	3.3	10.9	10959
濮阳市	Puyang City	29.39	17.94	2.98	8.48	38.0	21.7	2.4	13.9	13356
许昌市	Xuchang City	26.10	16.15	3.97	5.98	24.8	17.1	3.1	4.6	9708
漯河市	Luohe City	18.38	9.19	2.96	6.23	16.0	8.9	1.8	5.3	8917
三门峡市	Sanmenxia City	23.01	11.99	2.39	8.63	25.6	13.7	2.1	9.8	11301
南阳市	Nanyang City	63.02	37.72	12.31	12.99	62.9	41.3	10.4	11.3	10161
商丘市	Shangqiu City	37.99	25.12	7.38	5.49	32.7	20.2	5.1	7.4	8739
信阳市	Xinyang City	38.30	27.81	5.27	5.22	33.8	26.4	3.5	3.9	8930
周口市	Zhoukou City	44.03	31.47	9.59	2.98	31.3	23.2	6.2	1.9	7203
驻马店市	Zhumadian City	33.49	21.54	7.38	4.57	28.2	19.3	5.4	3.6	8553
其他	Others	6.80	2.95	0.13	3.72	7.2	3.5	0.1	3.5	10771
湖北省	**Hubei**	**488.73**	**307.51**	**36.71**	**144.51**	**579.6**	**404.2**	**27.8**	**147.6**	**11855**
武汉市	Wuhan City	136.60	79.63	6.89	50.08	217.7	162.9	7.9	58.9	15971
黄石市	Huangshi City	28.03	14.90	4.14	8.99	31.7	18.5	3.1	10.1	11270
十堰市	Shiyan City	27.33	13.75	0.95	12.63	40.3	15.8	0.8	25.9	14650
宜昌市	Yichang City	36.87	22.57	2.30	12.00	39.3	28.3	1.8	9.3	10636
襄樊市	Xiangfan City	42.40	28.47	2.38	11.55	38.9	28.5	1.3	9.1	9124
鄂州市	Ezhou City	14.17	5.39	1.08	7.70	13.0	6.5	0.7	5.8	9190
荆门市	Jingmen City	20.23	14.63	1.04	4.56	20.9	16.0	0.8	4.1	10455
孝感市	Xiaogan City	35.27	20.62	7.06	7.59	30.8	20.0	4.7	6.0	8764
荆州市	Jingzhou City	38.15	25.76	1.51	10.88	35.3	25.8	1.2	8.3	9264
黄冈市	Huanggang City	41.82	30.30	5.15	6.37	76.7	21.3	19.0	36.4	6584
咸宁市	Xianning City	17.56	12.11	1.10	4.35	16.2	12.4	0.8	3.0	9172
随州市	Suizhou City	11.67	7.59	2.09	1.99	10.2	7.2	1.4	1.6	8838
恩施土家族苗族自治州	Enshi Tujia & Miao A.P	13.07	10.77	0.36	1.94	15.3	13.1	0.3	1.9	11467
其他	Others	26.16	18.36	1.75	6.05	26.4	20.9	0.7	4.8	10080
湖南省	**Hunan**	**471.07**	**353.36**	**49.38**	**68.33**	**543.8**	**433.0**	**31.2**	**79.6**	**11463**
长沙市	Changsha City	74.89	45.05	6.67	23.17	124.8	86.7	5.4	32.7	16640
株洲市	Zhuzhou City	33.35	21.50	3.66	8.19	41.8	29.5	2.6	9.7	12264
湘潭市	Xiangtan City	29.90	22.29	4.48	3.13	32.4	26.9	2.5	2.9	10499
衡阳市	Hengyang City	52.95	38.44	7.75	6.76	48.6	37.8	3.9	6.9	9064
邵阳市	Shaoyang City	38.53	30.75	4.89	2.89	31.8	27.3	2.4	2.1	8274
岳阳市	Yueyang City	38.32	30.63	3.20	4.49	39.7	31.7	2.3	5.7	10145
常德市	Changde City	25.59	20.57	1.52	3.50	33.1	27.8	1.5	3.8	12937
张家界市	Zhangjiajie City	8.87	6.85	0.93	1.09	11.1	9.3	0.6	1.2	12424
益阳市	Yiyang City	28.13	21.41	4.34	2.38	23.9	20.2	1.8	1.9	8347
郴州市	Chenzhou City	29.61	23.68	2.51	3.42	34.8	29.5	1.7	3.5	11800
永州市	Yongzhou City	29.47	24.56	2.37	2.54	28.8	24.6	1.5	2.7	9875
怀化市	Huaihua City	27.99	20.95	3.05	3.99	27.5	21.8	1.9	3.8	9801
娄底市	Loudi City	27.82	23.14	2.95	1.73	30.4	26.4	2.2	1.8	10977
湘西土家族苗族自治州	West Hunan Tujia A.P	14.54	12.43	1.06	1.05	15.4	13.9	0.8	0.8	10629
其他	Others	11.11	11.11			19.6	19.6			17613
广东省	**Guangdong**	**809.51**	**361.17**	**70.99**	**377.34**	**1791.6**	**957.1**	**85.8**	**748.7**	**22116**
广州市	Guangzhou City	186.94	81.89	14.43	90.62	598.3	353.0	24.1	221.3	31593

3-6 续表 6 continued

地 区	Region	职工人数 (万人) Staff and Workers (10000 persons)	国有经济 State-owned	城镇集体经济 Rural Collective Owned	其他经济 Others	职工工资总额 (亿元) Total Wages of Staff and Workers (100 million yuan)	国有经济 State-owned	城镇集体经济 Rural Collective Owned	其他经济 Others	职工平均工资 (元) Average Wages of Staff and Workers (yuan)
韶关市	Shaoguan City	26.23	14.40	2.42	9.41	45.1	26.2	2.3	16.6	16385
深圳市	Shenzhen City	135.88	31.94	1.66	102.28	421.3	143.4	3.3	274.6	31928
珠海市	Zhuhai City	41.00	7.74	3.21	30.05	80.3	27.0	5.0	48.2	20087
汕头市	Shantou City	28.92	17.12	5.15	6.65	46.9	33.7	4.0	9.2	13285
佛山市	Foshan City	47.63	17.64	4.01	25.98	94.0	46.6	6.2	41.1	19562
江门市	Jiangmen City	34.52	13.68	3.58	17.26	47.6	25.0	3.7	18.9	13735
湛江市	Zhanjiang City	36.80	28.10	2.30	6.40	50.8	41.7	2.0	7.1	13580
茂名市	Maoming City	28.16	19.72	4.51	3.93	42.1	29.3	4.6	8.3	14531
肇庆市	Zhaoqing City	23.27	13.65	1.51	8.11	34.9	24.2	1.7	9.1	14914
惠州市	Huizhou City	53.23	15.53	5.18	32.52	74.3	29.8	5.2	39.3	14439
梅州市	Meizhou City	22.42	16.83	2.37	3.22	29.7	23.5	2.2	4.0	11232
汕尾市	Shanwei City	11.70	8.58	1.48	1.64	14.6	11.4	1.3	1.8	12220
河源市	Heyuan City	16.99	9.83	1.81	5.35	23.8	16.1	1.7	6.0	14472
阳江市	Yangjiang City	16.51	9.59	4.03	2.89	20.5	14.3	3.5	2.7	12395
清远市	Qingyuan City	19.31	11.42	1.30	6.58	30.6	22.0	1.5	7.2	15842
东莞市	Dongguan City	17.54	8.20	4.64	4.70	43.6	28.4	6.3	8.8	25326
中山市	ZhongShan City	17.82	6.10	1.13	10.59	38.8	20.6	2.2	16.1	22350
潮州市	Chaozhou City	11.34	7.27	1.83	2.24	15.0	11.6	1.3	2.2	12301
揭阳市	Jieyang City	19.49	14.28	3.01	2.20	21.6	17.1	2.4	2.1	10936
云浮市	Yunfu City	13.81	7.66	1.43	4.72	17.9	12.4	1.3	4.2	12737
广西壮族自治区	**Guangxi**	**261.00**	**190.00**	**20.00**	**51.00**	**352.2**	**267.4**	**17.6**	**67.2**	**13579**
南宁市	Nanning City	54.25	36.37	3.28	14.60	83.0	61.2	3.1	18.7	15447
柳州市	Liuzhou City	35.60	22.02	2.85	10.73	59.6	38.6	3.1	17.8	16504
桂林市	Guilin City	30.50	22.32	2.24	5.94	42.5	32.4	2.3	7.8	13938
梧州市	Wuzhou City	14.39	9.69	1.34	3.36	16.8	12.3	0.9	3.6	11659
北海市	Beihai City	8.86	7.02	0.64	1.20	11.2	9.2	0.6	1.5	12681
防城港市	Fangchenggang City	5.97	5.27	0.38	0.32	6.5	5.8	0.3	0.4	11878
钦州市	Qinzhou City	10.48	8.19	1.00	1.29	10.8	8.8	0.8	1.1	10352
贵港市	Guigang City	12.50	10.04	1.18	1.28	13.8	11.6	0.9	1.3	11033
玉林市	Yulin City	20.57	15.07	2.36	3.14	23.4	18.1	1.9	3.5	11319
百色市	Baise City	17.21	14.50	0.84	1.87	23.1	20.4	0.7	2.1	13476
贺州市	Hezhou City	7.72	6.15	0.36	1.21	9.1	7.6	0.3	1.2	11839
河池市	Hechi City	16.68	13.61	1.70	1.37	20.7	17.8	1.3	1.6	12429
来宾市	Laibin City	10.24	8.30	0.47	1.47	13.1	10.5	0.4	2.2	13104
崇左市	Chongzuo City	11.13	8.79	0.70	1.63	11.6	9.4	0.5	1.7	10624
海南省	**Hainan**	**72.53**	**56.67**	**3.71**	**12.15**	**91.3**	**71.8**	**3.0**	**16.6**	**12652**
海口市	Haikou City	24.43	15.21	1.15	8.07	42.4	29.3	1.0	12.1	17613
三亚市	Sanya City	4.66	2.91	0.18	1.57	6.8	4.8	0.2	1.8	15047
其他	Others	43.44	38.55	2.38	2.51	42.1	37.6	1.7	2.7	
重庆市	**Chongqing**	**208.04**	**120.85**	**16.85**	**70.34**	**294.0**	**190.4**	**16.4**	**87.1**	**14357**
万州区	Wanzhou District	12.34	5.98	1.17	5.19	13.5	7.6	1.1	4.7	11132
涪陵区	Fuling District	9.09	4.63	1.20	3.26	11.4	6.9	1.0	3.5	12932
渝中区	Yuzhong District	23.71	16.19	1.16	6.36	45.0	32.8	1.3	10.9	19263
大渡口区	Dadukou District	5.28	3.79	0.55	0.94	10.3	8.6	0.7	0.9	19513
江北区	Jiangbei District	11.62	5.79	0.82	5.01	19.5	10.7	0.8	8.0	17388
沙坪坝区	Shapingba District	10.71	5.20	0.82	4.69	18.4	10.5	0.9	7.1	17981

3-6 续表 7 continued

地 区	Region	职工人数 (万人) Staff and Workers (10000 persons)	国有经济 State-owned	城镇集体经济 Rural Collective Owned	其他经济 Others	职工工资总额 (亿元) Total Wages of Staff and Workers (100 million yuan)	国有经济 State-owned	城镇集体经济 Rural Collective Owned	其他经济 Others	职工平均工资 (元) Average Wages of Staff and Workers (yuan)
九龙坡区	Jiulongpo District	20.79	8.23	1.35	11.21	31.6	15.9	1.3	14.4	15580
南岸区	Nanan District	9.44	5.62	0.78	3.04	15.5	9.9	0.9	4.7	16514
北碚区	Beibei District	5.70	3.21	0.31	2.18	8.6	5.7	0.2	2.7	15148
万盛区	Wansheng District	2.41	1.89	0.18	0.34	2.9	2.5	0.1	0.3	12230
双桥区	Shuangqiao District	0.86	0.18	0.10	0.58	1.4	0.2	0.1	1.0	16661
渝北区	Yubei District	5.74	3.50	0.30	1.94	9.2	5.8	0.3	3.0	16357
巴南区	Banan District	6.50	4.26	0.70	1.54	8.4	5.7	0.7	2.0	12838
黔江区	Qianjiang District	2.14	1.83	0.13	0.18	3.3	3.0	0.1	0.2	15420
长寿区	Changshou District	4.08	2.44	0.67	0.97	6.0	4.1	0.7	1.3	14289
其他	Others	77.63	48.11	6.61	22.91	89.0	60.4	6.1	22.5	
四川省	**Sichuan**	**480.70**	**305.60**	**43.70**	**131.40**	**673.9**	**484.0**	**42.0**	**147.9**	**14063**
成都市	Chengdu City	123.20	75.70	11.70	35.80	215.6	157.1	11.9	46.7	17556
自贡市	Zigong City	17.30	9.00	2.20	6.10	20.6	11.7	1.5	7.4	11841
攀枝花市	Panzhihua City	18.70	14.70	2.70	1.30	33.0	28.0	3.4	1.7	17347
泸州市	Luzhou City	21.60	11.30	4.20	6.10	26.1	14.5	3.8	7.8	12288
德阳市	Deyang City	21.70	13.10	1.90	6.70	35.2	23.9	2.2	9.1	16362
绵阳市	Mianyang City	29.80	19.30	1.90	8.60	38.9	27.5	1.9	9.5	12956
广元市	Guangyuan City	14.10	10.50	1.00	2.60	14.6	11.4	0.9	2.2	10331
遂宁市	Suining City	14.90	6.60	1.80	6.50	15.0	8.1	1.4	5.5	10134
内江市	Neijiang City	21.50	10.80	2.00	8.70	23.8	14.5	1.9	7.4	11154
乐山市	Leshan City	26.20	12.80	1.30	12.10	29.9	16.8	1.2	12.0	11558
南充市	Nanchong City	23.60	16.40	1.90	5.30	25.2	19.6	1.5	4.1	10962
眉山市	Meishan City	12.10	8.40	1.10	2.60	14.4	10.7	1.2	2.5	11953
宜宾市	Yibin City	27.60	14.40	2.10	11.10	35.5	20.5	1.9	13.1	12953
广安市	Guangan City	10.40	8.80	0.50	1.10	13.4	11.4	0.7	1.4	12348
达州市	Dazhou City	24.50	16.70	2.40	5.40	26.8	19.4	1.9	5.5	11019
雅安市	Yaan City	8.60	6.20	0.70	1.70	10.6	8.2	0.5	1.9	12036
巴中市	Bazhong City	12.60	8.30	1.60	2.70	13.1	9.6	1.4	2.2	10611
资阳市	Ziyang City	13.10	9.00	1.40	2.70	16.7	12.7	1.5	2.5	12640
阿坝藏族羌族自治州	Aba Zang & Qiang A.P	7.50	5.60	0.40	1.50	12.2	10.0	0.4	1.9	16186
甘孜藏族自治州	Ganzi Zang A.P	6.00	5.70	0.20	0.10	9.7	9.2	0.2	0.3	16171
凉山彝族自治州	Liangshan Yi A.P	18.70	15.30	0.70	2.70	28.4	24.1	0.9	3.3	15279
贵州省	**Guizhou**	**192.67**	**139.57**	**12.77**	**40.33**	**236.6**	**177.6**	**10.8**	**48.2**	**12431**
贵阳市	Guiyang City	57.30	34.98	4.53	17.79	79.1	52.7	3.8	22.6	14099
六盘水市	Liupanshui City	16.54	7.39	0.71	8.44	22.5	9.5	0.7	12.3	13675
遵义市	Zunyi City	24.05	19.81	1.39	2.85	32.0	27.8	1.3	2.8	13408
安顺市	Anshun City	11.89	9.12	1.05	1.72	13.6	11.4	0.8	1.4	11820
铜仁地区	Tongren Prefecture	12.75	11.35	0.82	0.58	14.8	13.6	0.8	0.5	11736
黔西南布依族苗族自治州	Southwest Guizhou Buyi & Miao A.P	11.10	8.99	0.81	1.30	12.3	10.6	0.6	1.1	11204
毕节地区	Bijie Prefecture	17.82	15.40	1.28	1.14	18.8	17.0	0.8	1.0	10677
黔东南苗族侗族自治州	Southeast Guizhou Miao & Dong A.P	14.56	11.54	1.07	1.95	16.8	14.1	1.1	1.6	11660
黔南布依族苗族自治州	South Guizhou Buyi & Miao A.P	15.35	11.86	1.11	2.38	18.0	15.2	0.8	1.9	11747
云南省	**Yunnan**	**235.43**	**171.45**	**12.24**	**51.74**	**344.5**	**264.0**	**11.5**	**69.0**	**14581**
昆明市	Kunming City	68.61	44.45	2.85	21.31	116.4	77.5	3.2	35.7	16648
曲靖市	Qujing City	22.62	18.12	0.92	3.58	33.6	27.4	1.2	5.1	14847
玉溪市	Yuxi City	12.58	9.10	1.21	2.27	20.0	16.8	0.8	2.4	16454

3-6 续表 8 continued

地　区	Region	职工人数 (万人) Staff and Workers (10000 persons)	国有经济 State-owned	城镇集体经济 Rural Collective Owned	其他经济 Others	职工工资总额 (亿元) Total Wages of Staff and Workers (100 million yuan)	国有经济 State-owned	城镇集体经济 Rural Collective Owned	其他经济 Others	职工平均工资 (元) Average Wages of Staff and Workers (yuan)
保山市	Baoshan City	9.57	6.46	0.50	2.61	11.6	8.5	0.4	2.6	12089
昭通市	Zhaotong City	14.36	11.61	0.91	1.84	18.7	16.5	0.8	1.5	13112
丽江市	Lijiang City	5.28	4.20	0.30	0.78	7.5	6.3	0.3	0.9	14112
思茅市	Simao City	11.70	8.69	0.52	2.50	14.0	11.9	0.4	1.6	11864
临沧市	Lincang City	8.09	6.49	0.38	1.22	11.0	9.6	0.3	1.2	13609
楚雄彝族自治州	Chuxiong Yi A.P	11.29	9.23	0.49	1.56	15.9	13.7	0.5	1.6	13925
红河哈尼族彝族自治州	Honghe Hani & Yi A.P	22.18	14.61	1.69	5.89	28.9	20.9	1.5	6.5	12886
文山壮族苗族自治州	Wenshan Zhuang & Miao A.P	10.86	9.21	0.39	1.27	14.6	12.7	0.4	1.6	13586
西双版纳傣族自治州	Xishuangbanna Dai A.P	9.26	7.95	0.45	0.86	11.7	10.4	0.4	1.0	12592
大理白族自治州	Dali Bai A.P	16.92	11.56	1.20	4.17	23.3	17.5	1.1	4.7	14185
德宏傣族景颇族自治州	Dehong Dai & Jingpo A.P	7.45	5.78	0.36	1.31	9.1	7.2	0.3	1.5	12305
怒江傈僳族自治州	Nujiang Lisu A.P	2.58	2.20	0.03	0.34	4.2	3.4	0.0	0.8	16212
迪庆藏族自治州	Diqing Zang A.P	2.07	1.78	0.05	0.24	4.0	3.8	0.1	0.2	19651
西藏自治区	**Tibet**	**14.49**	**13.67**	**0.29**	**0.53**	**42.2**	**41.0**	**0.3**	**0.9**	**29292**
拉萨市	Lhasa City	1.80	1.68	0.10	0.03	4.8	4.6	0.1	0.1	26641
昌都地区	Qamdu Prefecture	1.54	1.49	0.03	0.03	4.2	4.2	0.0	0.0	27295
山南地区	Lhokha Prefecture	1.49	1.39	0.03	0.06	3.8	3.7	0.1	0.1	25574
日喀则地区	Xigaze Prefecture	2.15	1.97	0.10	0.08	5.6	5.4	0.1	0.1	26391
那曲地区	Narqu Prefecture	1.00	0.99	0.01		3.5	3.4	0.0		34560
阿里地区	Ngri Prefecture	0.43	0.43			1.7	1.7			39721
林芝地区	Nyingchi Prefecture	1.05	0.99	0.03	0.03	2.5	2.5	0.0	0.0	24022
其他	Others	5.04	4.73		0.31	16.3	15.6		0.7	32321
陕西省	**Shaanxi**	**318.54**	**242.56**	**22.05**	**53.93**	**416.2**	**324.3**	**16.5**	**75.4**	**13024**
西安市	Xian City	113.44	76.25	10.11	27.08	176.6	122.9	7.6	46.1	15473
铜川市	Tongchuan City	9.34	7.40	0.68	1.26	10.4	9.0	0.4	1.1	10689
宝鸡市	Baoji City	29.42	20.57	2.65	6.20	33.3	24.6	2.3	6.4	11266
咸阳市	Xianyang City	38.53	29.90	2.11	6.52	41.0	31.5	1.4	8.1	10832
渭南市	Weinan City	32.95	27.28	1.80	3.88	35.0	29.6	1.3	4.1	10511
延安市	Yanan City	17.95	16.66	0.64	0.64	24.3	23.2	0.4	0.7	13687
汉中市	Hanzhong City	22.70	17.44	1.88	3.38	24.5	20.2	1.2	3.0	10771
榆林市	Yulin City	18.77	16.62	0.74	1.42	22.5	18.9	0.7	2.9	11956
安康市	Ankang City	11.64	9.83	0.80	1.01	13.1	11.6	0.7	0.9	11237
商洛市	Shangluo City	10.26	8.26	0.60	1.39	10.0	8.5	0.5	1.0	9769
其他	Others	2.34	1.14	0.04	1.15	3.1	2.0	0.0	1.1	13627
甘肃省	**Gansu**	**186.97**	**152.80**	**13.87**	**20.30**	**249.6**	**213.9**	**11.8**	**23.9**	**13623**
兰州市	Lanzhou City	63.92	48.69	4.38	10.85	93.3	74.6	3.9	14.9	14854
嘉峪关市	Jiayuguan City	3.67	3.35	0.08	0.24	8.2	7.8	0.2	0.2	22369
金昌市	Jinchang City	8.16	7.07	0.93	0.16	14.5	12.9	1.5	0.1	17720
白银市	Baiyin City	14.81	12.35	1.30	1.16	19.2	16.6	1.0	1.7	12944
天水市	Tianshui City	16.05	13.22	1.76	1.07	17.2	15.4	1.1	0.7	10683
武威市	Wuwei City	9.25	7.56	0.61	1.08	9.7	8.7	0.5	0.5	10448
张掖市	Zhangye City	8.34	6.70	0.23	1.41	9.3	7.9	0.2	1.2	11189
平凉市	Pingliang City	10.79	9.69	0.92	0.18	14.6	13.9	0.7	0.1	13525
酒泉市	Jiuquan City	9.44	6.91	0.18	2.35	14.4	10.9	0.2	3.3	15862
庆阳市	Qingyang City	9.44	8.25	0.75	0.44	11.0	9.9	0.8	0.3	11137
定西市	Dingxi City	9.26	7.84	0.93	0.49	10.5	9.7	0.6	0.3	11518

3-6 续表 9 continued

地 区	Region	职工人数 (万人) Staff and Workers (10000 persons)	国有经济 State-owned	城镇集体经济 Rural Collective Owned	其他经济 Others	职工工资总额 (亿元) Total Wages of Staff and Workers (100 million yuan)	国有经济 State-owned	城镇集体经济 Rural Collective Owned	其他经济 Others	职工平均工资 (元) Average Wages of Staff and Workers (yuan)
陇南市	Longnan City	10.65	9.42	1.15	0.08	11.7	10.9	0.7	0.1	11119
临夏回族自治州	Linxia Hui A.P	8.57	7.42	0.55	0.60	9.8	9.1	0.4	0.4	11649
甘南藏族自治州	Gannan Zang A.P	4.62	4.33	0.10	0.19	6.1	5.8	0.1	0.2	13113
青海省	**Qinghai**	**40.51**	**32.66**	**2.18**	**5.67**	**69.7**	**61.3**	**2.2**	**6.2**	**17229**
西宁市	Xining City	20.87	15.60	1.63	3.64	34.2	28.5	1.5	4.1	16403
海东地区	Haidong Prefecture	5.33	4.48	0.20	0.65	8.1	7.4	0.2	0.5	15244
海北藏族自治州	Haibei Zang A.P	2.12	1.73	0.07	0.32	3.1	2.8	0.1	0.3	14911
海南藏族自治州	Hainan Zang A.P	2.54	1.99	0.08	0.47	4.2	3.6	0.2	0.5	16637
黄南藏族自治州	Huangnan Zang AP	1.55	1.50	0.05		2.8	2.8	0.0		17500
果洛藏族自治州	Golog Zang A.P	1.03	1.02	0.01		1.9	1.9	0.0		19416
玉树藏族自治州	Yushu Zang A.P	1.25	1.18	0.03	0.04	2.6	2.5	0.0	0.0	20151
海西蒙古族藏族自治州	Haixi Mongolian & Zang A.P	5.82	5.15	0.12	0.55	12.8	11.9	0.1	0.8	22017
宁夏回族自治区	**Ningxia**	**59.17**	**37.85**	**1.77**	**19.55**	**88.7**	**58.2**	**2.1**	**28.4**	**14709**
银川市	Yinchuan City	30.81	16.80	0.61	13.40	48.9	27.4	0.9	20.6	15239
石嘴山市	Shizuishan City	8.61	5.08	0.32	3.21	12.2	7.8	0.3	4.0	13928
吴忠市	Wuzhong City	8.80	6.74	0.45	1.61	12.4	9.5	0.5	2.4	13649
固原市	Guyuan City	5.86	5.51	0.20	0.15	8.9	8.6	0.2	0.2	15121
中卫市	Zhongwei City	5.09	3.72	0.19	1.18	6.3	4.8	0.2	1.2	11993
新疆维吾尔自治区	**Xinjiang**	**235.97**	**182.80**	**6.43**	**46.74**	**356.3**	**269.1**	**7.8**	**79.4**	**14484**
乌鲁木齐市	Urumqi City	48.46	31.65	1.57	15.24	95.3	63.8	2.3	29.3	19052
克拉玛依市	Karamay City	11.43	6.09	0.81	4.53	24.8	12.4	1.2	11.2	19893
石河子市	Shihezi City	7.33	4.58	0.05	2.70	11.2	6.8	0.1	4.3	13234
吐鲁番地区	Turpan Prefecture	6.92	5.56	0.19	1.17	12.5	9.9	0.2	2.3	17849
哈密地区	Hami Prefecture	7.58	5.65	0.09	1.84	10.8	7.7	0.1	3.0	14220
昌吉回族自治州	Changji Hui A.P	20.97	15.84	0.61	4.52	26.6	19.3	0.6	6.6	11880
博尔塔拉蒙古自治州	Bortala Mongolian A.P	8.69	7.72	0.17	0.80	10.5	9.5	0.2	0.9	11799
巴音郭楞蒙古自治州	Bayingolin Mongolian A.P	19.31	15.96	0.39	2.96	28.2	22.4	0.4	5.3	13938
阿克苏地区	Aksu Prefecture	19.59	16.24	0.49	2.86	28.8	24.8	0.5	3.5	13940
克孜勒苏柯尔克孜自治州	Kizilsu Kirgiz A.P	3.37	3.19	0.06	0.12	5.3	5.2	0.1	0.1	16012
喀什地区	Kashi Prefecture	18.61	14.63	1.04	2.94	26.0	21.2	1.0	3.9	13565
和田地区	Hotan Prefecture	8.17	7.21	0.27	0.69	12.1	11.1	0.2	0.8	14843
伊犁哈萨克自治州	Ili Kazak A.P	24.22	19.68	0.35	4.19	28.1	22.3	0.5	5.2	11354
塔城地区	Tacheng Prefecture	21.19	19.53	0.25	1.41	23.5	21.3	0.2	2.0	10550
阿勒泰地区	Altay Prefecture	10.13	9.27	0.09	0.77	12.7	11.5	0.1	1.1	11863
阿拉尔市	Alar City									
图木舒克市	Tumxuk City									
五家渠市	Wujiaqu City									
兵团	Corps									

3-7 固定资产投资（2004年）

Investment in Fixed Assets (2004)

地 区	Region	全社会固定资产投资（亿元）Total Investment in Fixed Assets (100 million yuan)	#国有经济 State-owned	#集体经济 Urban Collective	#个体经济 Individuals	#房地产开发 Real Estate Development	商品房屋销售额（亿元）Total Sales of Commercial Houses (100 million yuan)	商品房屋销售面积（万平方米）Floor Space Sold of Commercial Houses (10000 sq.m)
北京市	**Beijing**	**2233.7**	**324.8**	**8.6**		**1473.3**	**1249.1**	**2472.0**
东城区	Dongcheng District	125.4	21.8	0.1		102.7	58.4	119.2
西城区	Xicheng District	171.5	38.1	0.0		126.5	73.5	96.6
崇文区	Chongwen District	56.9	6.8			47.7	44.7	91.4
宣武区	Xuanwu District	85.3	14.4	0.2		70.0	86.6	154.3
朝阳区	Chaoyang District	323.2	42.6	0.1		239.8	180.6	286.7
丰台区	Fengtai District	126.6	12.4	0.1		85.1	60.2	125.1
石景山区	Shijingshan District	40.6	15.8	0.2		17.1	15.3	34.8
海淀区	Haidian District	336.4	94.7	2.3		219.2	186.7	304.7
门头沟区	Mentougou District	58.2	4.2	0.1		49.4	35.1	48.0
房山区	Fangshan District	119.6	17.9			49.7	29.5	107.2
通州区	Tongzhou District	94.0	6.4	0.3		66.9	69.5	183.5
顺义区	Shunyi District	92.8	18.0	1.2		41.3	39.1	110.8
昌平区	Changping District	105.6	6.2	3.8		75.2	40.3	100.8
大兴区	Daxing District	95.1	4.9	0.1		73.2	90.3	249.0
怀柔区	Huairou District	111.3	4.4			72.8	45.9	79.3
平谷区	Pinggu District	61.2	5.9	0.2		43.8	75.3	128.7
密云县	Miyun County	91.9	5.0			68.7	105.4	208.9
延庆县	Yanqing County	26.7	3.7			14.3	12.7	43.2
天津市	**Tianjin**	**1259.0**	**1115.0**	**109.7**	**34.3**	**263.9**	**263.8**	**847.0**
和平区	Heping District	176.0	132.3			37.3	20.0	47.7
河东区	Hedong District	28.2	12.6			14.8	23.5	76.0
河西区	Hexi District	49.8	27.8	0.3		23.3	20.3	64.9
南开区	Nankai District	68.0	41.6	0.0		25.4	20.5	63.1
河北区	Hebei District	27.8	14.3			10.6	11.3	46.1
红桥区	Hongqiao District	32.7	25.1	0.0		6.5	11.2	43.7
塘沽区	Tanggu District	175.0	81.7	0.0		9.8	13.9	52.7
汉沽区	Hangu District	10.7	5.6	0.1		1.6	2.1	9.5
大港区	Dagang District	55.8	11.0	2.5		3.4	10.2	46.8
东丽区	Dongli District	88.9	34.9	1.3		12.1	13.8	36.7
西青区	Xiqing District	83.7	23.3	0.6		16.4	16.9	55.8
津南区	Jinnan District	21.8	6.1	1.5		8.7	2.1	12.1
北辰区	Beichen District	38.4	5.4	1.9		12.2	13.0	45.6
武清区	Wuqing District	23.5	6.5			10.0	4.8	28.1
宝坻区	Baodi District	21.3	9.7	0.3		0.6	6.3	20.2
宁河县	Ninghe County	9.8	3.9	1.2		1.5	1.8	9.6
静海县	Jinghai County	18.7	7.1	0.8		7.1	6.4	26.4
蓟县	Ji County	15.0	8.3	0.8		3.4	1.8	9.3
其他	Others	314.1				59.4	63.9	152.6
河北省	**Hebei**	**3251.7**	**998.2**	**109.0**	**70.1**	**351.3**	**232.3**	**1441.0**
石家庄市	Shijiazhuang City	716.7	222.0	30.4	4.5	98.8	40.9	239.5
唐山市	Tangshan City	461.1	91.0	14.1	20.7	45.6	41.9	223.7
秦皇岛市	Qinhuangdao City	141.8	56.2	0.6	1.9	26.5	24.5	119.0
邯郸市	Handan City	346.4	125.0	24.4	4.7	23.4	11.0	69.2
邢台市	Xingtai City	262.2	56.6	6.3	4.0	14.5	6.8	67.9
保定市	Baoding City	472.1	135.3	12.3	10.0	33.2	14.4	117.9
张家口市	Zhangjiakou City	129.2	60.0	1.6	2.1	19.4	19.0	143.7

3-7 续表 1 continued

地　区	Region	全社会固定资产投资（亿元）Total Investment in Fixed Assets (100 million yuan)	#国有经济 State-owned	#集体经济 Urban Collective	#个体经济 Individ-uals	#房地产开发 Real Estate Develop-ment	商品房屋销售额（亿元）Total Sales of Commercial Houses (100 million yuan)	商品房屋销售面积（万平方米）Floor Space Sold of Commercial Houses (10000 sq.m)
承德市	Chengde City	151.2	66.7	0.4	4.0	15.8	14.3	85.5
沧州市	Cangzhou City	245.3	60.8	8.1	4.9	20.0	10.0	74.4
廊坊市	Langfang City	266.5	45.4	3.8	1.9	41.0	36.8	204.0
衡水市	Hengshui City	239.1	53.9	7.1	11.7	13.0	12.7	96.1
其他	Others							
山西省	**Shanxi**	**1458.5**	**571.4**	**119.4**	**190.1**	**145.0**	**85.8**	**482.6**
太原市	Taiyuan City	355.1	139.2	27.7	68.2	75.4	38.5	144.5
大同市	Datong City	113.6	40.1	14.0	2.8	9.5	6.2	41.9
阳泉市	Yangquan City	49.1	40.0	5.0	4.1	7.4	5.9	50.0
长治市	Changzhi City	163.0	67.0	15.0	4.0	9.1	7.3	35.4
晋城市	Jincheng City	117.7	75.4	13.1	10.5	8.9	3.7	29.1
朔州市	Shuozhou City	71.1	19.1	5.6	2.3	4.8	5.0	34.3
晋中市	Jinzhong City	121.2	30.8	5.6	10.2	10.7	7.2	56.8
运城市	Yuncheng City	138.0	57.8	14.0	26.9	11.2	6.3	51.0
忻州市	Xinzhou City	84.1	21.0	2.4	15.2	16.8	0.6	4.9
临汾市	Linfen City	126.3	37.2	3.7	3.5	5.6	4.1	26.7
吕梁市	Luliang City	102.7	43.7	9.3	18.2	1.5	0.9	7.9
内蒙古自治区	**Inner Mongolia**	**1808.9**	**800.4**	**35.7**	**79.7**	**111.0**	**98.3**	**708.1**
呼和浩特市	Hohhot City	315.0	184.0	1.4	0.9	31.2	28.0	172.6
包头市	Baotou City	406.0	83.9	3.9	1.8	26.7	18.8	143.7
乌海市	Wuhai City	70.7	18.0			6.4	8.0	55.7
赤峰市	Chifeng City	162.1	91.4	3.7	10.4	11.2	6.4	52.4
通辽市	Tongliao City	160.0	83.3	1.2	0.4	6.2	4.4	34.2
鄂尔多斯市	Erdos City	262.7	110.6	0.6	29.7	6.3	7.8	61.8
呼伦贝尔市	Hulunbuir City	135.8	69.2	0.4	1.6	7.1	11.6	75.3
巴彦淖尔市	Bayannur City	107.7	56.1	0.9	0.4	4.7	4.3	34.1
乌兰察布市	Ulanqab City	181.0	82.2	0.1	1.5	3.9	2.6	28.6
兴安盟	Xingan League	53.0	30.9	0.1	0.6	4.0	3.9	29.6
锡林郭勒盟	Xilingol League	99.3	63.8	0.0	4.3	2.8	1.9	14.4
阿拉善盟	Alxa League	44.5				0.5	0.7	5.8
其他	Others							
辽宁省	**Liaoning**	**2980.5**	**930.4**	**310.3**	**504.7**	**701.1**	**421.8**	**1748.8**
沈阳市	Shenyang City	971.4	223.7	52.2	17.5	342.6	152.6	524.3
大连市	Dalian City	716.2	189.2	21.5	106.7	208.8	151.5	486.3
鞍山市	Anshan City	215.3	98.9	8.7	6.6	22.3	18.8	94.1
抚顺市	Fushun City	102.5	40.6	6.8	3.3	11.4	11.0	65.9
本溪市	Benxi City	124.5	100.4	0.8	11.8	9.8	10.0	58.6
丹东市	Dandong City	89.7	25.8	16.8	26.0	15.9	11.2	57.1
锦州市	Jinzhou City	72.1	26.9	8.9	6.8	4.6	9.0	50.6
营口市	Yingkou City	156.3	35.7	2.8	0.8	23.7	15.2	106.3
阜新市	Fuxin City	58.3	25.8	0.6	12.8	8.3	7.8	64.0
辽阳市	Liaoyang City	77.3	20.3	9.1	18.1	6.7	7.5	43.1
盘锦市	Panjin City	149.5	32.7	0.4	0.4	14.1	3.9	24.4
铁岭市	Tieling City	78.7	13.8	10.6	25.9	8.5	4.8	36.9
朝阳市	Chaoyang City	64.6	28.3	6.3	15.2	9.9	8.0	62.5
葫芦岛市	Huludao City	76.9	24.1	1.1	0.0	14.6	10.5	74.9

3-7 续表 2 continued

地 区	Region	全社会固定资产投资(亿元) Total Investment in Fixed Assets (100 million yuan)	#国有经济 State-owned	#集体经济 Urban Collective	#个体经济 Individuals	#房地产开发 Real Estate Development	商品房屋销售额(亿元) Total Sales of Commercial Houses (100 million yuan)	商品房屋销售面积(万平方米) Floor Space Sold of Commercial Houses (10000 sq.m)
吉林省	**Jilin**	**1049.9**	**524.5**	**10.2**	**1.2**	**159.9**	**75.6**	**401.9**
长春市	Changchun City	419.8	209.7	3.4		89.8	43.8	193.8
吉林市	Jilin City	278.3	139.0	4.5	0.5	30.3	15.8	96.6
四平市	Siping City	52.5	26.2			2.2	1.3	6.1
辽源市	Liaoyuan City	36.6	18.3	0.3	0.0	4.8	4.5	29.6
通化市	Tonghua City	46.5	23.2	0.9		8.3	4.5	33.0
白山市	Baishan City	30.4	15.2	0.2	0.2	3.0	0.8	7.1
松原市	Songyuan City	80.3	40.1	0.1	0.1	3.1	0.5	3.5
白城市	Baicheng City	34.0	17.0	0.0	0.3	2.5	0.1	0.4
延边朝鲜族自治州	Yanbian Korean A.P	71.5	35.7	0.8	0.2	16.0	4.3	31.8
其他	Others							
黑龙江省	**Heilongjiang**	**1515.3**	**610.2**	**56.0**	**265.0**	**214.1**	**59.9**	**984.7**
哈尔滨市	Harbin City	533.6	242.1			120.0	39.7	465.3
齐齐哈尔市	Qiqihar City	76.4	30.0	1.3	0.6	22.6	5.2	158.4
鸡西市	Jixi City	28.5	15.1	0.2	0.3	1.6	0.5	18.6
鹤岗市	Hegang City	26.6	21.6	0.1	0.1	5.5	0.6	27.6
双鸭山市	Shuangyashan City	40.6	11.1	0.6	0.1	3.7		29.9
大庆市	Daqing City	238.2	78.7	1.6	5.1	13.8	9.3	63.3
伊春市	Yichun City	21.2	16.0	0.0	0.0	4.2	0.6	26.7
佳木斯市	Jiamusi City	36.9	16.9	0.3	0.7	5.8	4.4	41.6
七台河市	Qitaihe City	32.0	8.3		1.1	3.3	0.4	23.8
牡丹江市	Mudanjiang City	71.7	33.8	0.4	0.9	9.2	2.5	81.8
黑河市	Heihe City	27.6	15.0	0.1	0.5	1.3	0.4	6.5
绥化市	Suihua City	39.4	12.7	0.0	0.5	3.5		16.4
大兴安岭地区	Daxinganling Prefecture	12.9	8.6	0.2	0.3	1.2	0.7	10.8
其他	Others							
上海市	**Shanghai**	**3084.7**	**955.1**	**146.6**	**360.5**	**1175.5**	**2263.8**	**3488.8**
黄浦区	Huangpu District	96.7	32.5	0.5	7.8	65.0	84.7	76.0
卢湾区	Luwan District	38.1	14.3		0.2	30.1	29.8	26.9
徐汇区	Xuhui District	106.2	36.7	5.4	5.1	63.7	146.5	155.9
长宁区	Changning District	64.6	13.9	0.0	9.3	45.3	70.0	53.8
静安区	Jingan District	50.5	19.5	0.3	5.1	40.7	83.7	71.9
普陀区	Putuo District	84.2	19.9	2.3	17.0	63.2	159.4	200.5
闸北区	Zhabei District	56.9	6.9	1.4	18.4	48.0	56.7	79.0
虹口区	Hongkou District	107.5	42.7	3.0	14.4	64.2	71.3	81.3
杨浦区	Yangpu District	72.8	31.8	0.1	9.1	38.7	85.7	127.4
闵行区	Minhang District	225.2	23.2	19.1	30.6	103.5	316.4	532.6
宝山区	Baoshan District	245.4	111.6	33.1	15.5	59.2	126.9	259.7
嘉定区	Jiading District	167.2	42.6	15.4	17.8	65.2	82.3	188.6
浦东新区	Pudong New District	633.4	172.6	21.5	50.4	261.0	561.0	779.6
金山区	Jinshan District	62.5	25.4	2.8	10.4	13.2	18.9	65.9
松江区	Songjiang District	179.7	27.3	12.7	42.2	75.5	157.3	299.7
青浦区	Qingpu District	123.9	17.1	7.5	28.9	61.1	78.9	156.2
南汇区	Nanhui District	123.6	32.6	6.5	31.0	47.3	90.0	204.5
奉贤区	Fengxian District	77.6	14.7	5.6	23.8	24.0	39.3	110.8
崇明县	Chongming County	25.9	15.8	1.1	5.8	6.6	5.4	18.5
其他	Others							

3-7 续表 3 continued

地 区	Region	全社会固定资产投资(亿元) Total Investment in Fixed Assets (100 million yuan)					商品房屋销售额(亿元) Total Sales of Commercial Houses (100 million yuan)	商品房屋销售面积(万平方米) Floor Space Sold of Commercial Houses (10000 sq.m)
			#国有经济 State-owned	#集体经济 Urban Collective	#个体经济 Individuals	#房地产开发 Real Estate Development		
江苏省	**Jiangsu**	**6827.6**	**2006.2**	**418.4**	**1599.9**	**1269.8**	**842.9**	**3178.9**
南京市	Nanjing City	1201.9	491.4	4.0	182.0	292.9	213.7	608.0
无锡市	Wuxi City	1114.1	192.2	124.8	358.0	195.6	103.9	410.1
徐州市	Xuzhou City	445.3	158.9	16.5	79.5	30.9	13.7	79.3
常州市	Changzhou City	588.6	140.9	31.3	84.9	97.9	58.6	236.6
苏州市	Suzhou City	1554.8	326.2	98.7	450.0	334.3	226.5	707.1
南通市	Nantong City	606.9	92.1	125.9	192.4	59.4	48.4	228.3
连云港市	Lianyungang City	246.3	103.2	2.9	47.9	27.3	27.3	126.7
淮安市	Huaian City	275.7	80.2	6.2	64.3	34.6	22.8	121.2
盐城市	Yancheng City	374.9	82.2	7.8	194.4	31.1	19.9	122.0
扬州市	Yangzhou City	330.0	113.6	10.1	20.3	64.0	52.6	227.1
镇江市	Zhenjiang City	320.5	102.7	4.0	13.7	39.2	26.4	128.4
泰州市	Taizhou City	306.2	75.4	24.4	154.7	39.3	24.1	130.8
宿迁市	Suqian City	197.2	41.2	8.9	79.7	23.3	7.3	57.3
浙江省	**Zhejiang**	**6059.8**	**1406.4**	**97.0**	**3.9**	**1353.1**	**948.3**	**3051.4**
杭州市	Hangzhou City	1202.2	301.4	20.8		357.6	274.4	655.9
宁波市	Ningbo City	1103.8	267.5	20.3	1.8	244.3	195.5	556.9
温州市	Wenzhou City	507.3	140.5	6.7	0.3	141.6	119.9	313.6
嘉兴市	Jiaxing City	635.4	95.3	13.2	0.5	117.5	58.5	244.3
湖州市	Huzhou City	365.5	77.1	11.4		61.0	36.3	178.5
绍兴市	Shaoxing City	629.1	128.7	11.3	0.2	120.3	86.2	359.7
金华市	Jinhua City	517.8	148.4	10.0		126.0	71.7	291.1
衢州市	Quzhou City	202.7	46.8	0.3	0.1	43.2	25.5	147.2
舟山市	Zhoushan City	127.9	30.1	1.2		23.4	19.1	65.4
台州市	Taizhou City	479.0	89.2	4.7	0.2	84.4	45.6	175.7
丽水市	Lishui City	175.7	69.9	0.4	0.6	33.8	15.7	63.2
安徽省	**Anhui**	**1914.2**	**740.5**	**62.5**	**202.9**	**363.5**	**267.7**	**1528.9**
合肥市	Hefei City	361.5	141.6	6.5	7.2	139.9	99.2	398.1
芜湖市	Wuhu City	172.0	51.8	1.7	0.2	28.9	17.3	89.6
蚌埠市	Bengbu City	102.8	39.9	0.7	11.0	16.9	16.7	88.9
淮南市	Huainan City	86.1	16.6	0.6	3.7	13.4	7.1	46.5
马鞍山市	Maanshan City	145.5	89.6	4.0	21.3	23.4	20.1	115.6
淮北市	Huaibei City	64.1	36.6	0.3	1.9	7.6	8.8	60.5
铜陵市	Tongling City	61.8	4.6	2.1	4.4	13.2	8.8	54.2
安庆市	Anqing City	125.1	53.5	4.5	0.4	15.7	16.6	140.6
黄山市	Huangshan City	78.5	34.2	1.9	4.0	19.7	16.8	100.0
滁州市	Chuzhou City	87.1	24.2	2.5	0.7	12.0	6.0	47.3
阜阳市	Fuyang City	91.9	23.7	4.3	27.8	13.3	7.7	59.5
宿州市	Suzhou City	67.8	17.2	0.8	19.4	7.6	2.9	26.4
巢湖市	Chaohu City	120.0	27.7	2.9	58.1	11.3	8.9	69.8
六安市	Liuan City	87.0	30.5	1.3	15.7	15.5	10.8	83.0
亳州市	Bozhou City	67.8	24.1	1.7	26.0	6.0	4.8	37.6
池州市	Chizhou City	56.2	31.7	0.8	4.6	6.5	5.9	47.8
宣城市	Xuancheng City	110.5	29.8	1.2	9.9	12.6	9.2	63.6
其他	Others							

3-7 续表 4 continued

地 区	Region	全社会固定资产投资(亿元) Total Investment in Fixed Assets (100 million yuan)	#国有经济 State-owned	#集体经济 Urban Collective	#个体经济 Individ-uals	#房地产开发 Real Estate Develop-ment	商品房屋销售额(亿元) Total Sales of Commercial Houses (100 million yuan)	商品房屋销售面积(万平方米) Floor Space Sold of Commercial Houses (10000 sq.m)
福建省	**Fujian**	**1899.1**	**632.5**	**69.8**	**328.6**	**477.8**	**354.5**	**1384.8**
福州市	Fuzhou City	514.3				223.8	109.0	416.9
厦门市	Xiamen City	304.7				91.5	126.8	305.9
莆田市	Putian City	78.3				13.5	8.8	51.5
三明市	Sanming City	103.3				12.3	6.8	52.5
泉州市	Quanzhou City	358.5				58.2	47.8	227.0
漳州市	Zhangzhou City	152.6				32.7	13.2	74.6
南平市	Nanping City	116.4				15.4	16.1	100.2
龙岩市	Longyan City	85.6				14.3	10.8	70.4
宁德市	Ningde City	96.8				16.2	15.3	86.2
江西省	**Jiangxi**	**1819.7**				**266.0**	**187.7**	**1385.3**
南昌市	Nanchang City	361.8	200.2	5.8	3.5	95.5	77.1	334.9
景德镇市	Jingdezhen City	87.8	43.1	0.7	0.9	18.1	12.5	80.0
萍乡市	Pingxiang City	95.9	26.5	0.7	0.8	16.2	8.1	63.0
九江市	Jiujiang City	140.1	43.0	9.0	25.6	19.2	12.1	108.3
新余市	Xinyu City	68.0	38.5	19.1	6.8	8.2	5.0	48.0
鹰潭市	Yingtan City	43.9	27.9	0.0	0.8	5.8	4.1	38.1
赣州市	Ganzhou City	158.0	60.9	0.8	11.5	21.6	18.8	196.3
吉安市	Jian City	96.2				14.7	10.7	115.6
宜春市	Yichun City	121.4	33.2	2.0	18.0	15.8	7.9	89.0
抚州市	Fuzhou City	91.5	21.9	0.2	4.9	21.1	14.9	129.8
上饶市	Shangrao City	128.0				29.8	16.4	182.3
山东省	**Shandong**					**764.8**		
济南市	Jinan City					110.2		
青岛市	Qingdao City					162.7		
淄博市	Zibo City					56.0		
枣庄市	Zaozhuang City					20.3		
东营市	Dongying City					35.1		
烟台市	Yantai City					99.5		
潍坊市	Weifang City					43.0		
济宁市	Jining City					41.0		
泰安市	Taian City					19.9		
威海市	Weihai City					45.7		
日照市	Rizhao City					21.2		
莱芜市	Laiwu City					4.4		
临沂市	Linyi City					26.1		
德州市	Dezhou City					33.8		
聊城市	Liaocheng City					25.1		
滨州市	Binzhou City					7.2		
菏泽市	Heze City					13.5		
河南省	**Henan**	**3099.4**	**1091.2**	**408.7**	**352.9**	**258.8**	**165.9**	**1055.4**
郑州市	Zhengzhou City	613.3	210.4	106.8	49.1	121.8	66.0	314.5
开封市	Kaifeng City	83.4	36.2	7.6	15.5	6.8	6.3	52.9
洛阳市	Luoyang City	330.3	101.6	46.0	20.8	30.7	22.7	167.7
平顶山市	Pingdingshan City	113.6	39.9	10.8	10.6	4.9	4.8	35.0
安阳市	Anyang City	153.7	35.0	20.9	16.2	11.6	11.2	76.2

3-7 续表 5 continued

地 区	Region	全社会固定资产投资(亿元) Total Investment in Fixed Assets (100 million yuan)	#国有经济 State-owned	#集体经济 Urban Collective	#个体经济 Individuals	#房地产开发 Real Estate Development	商品房屋销售额(亿元) Total Sales of Commercial Houses (100 million yuan)	商品房屋销售面积(万平方米) Floor Space Sold of Commercial Houses (10000 sq.m)
鹤壁市	Hebi City	49.1	14.4	2.1	4.8	1.2	0.7	6.8
新乡市	Xinxiang City	218.2	71.6	23.9	21.5	19.4	8.6	54.6
焦作市	Jiaozuo City	183.3	50.2	24.9	14.1	13.2	6.1	51.7
濮阳市	Puyang City	130.9	84.1	6.2	9.1	5.6	4.4	39.9
许昌市	Xuchang City	162.7	33.1	37.6	20.4	7.5	3.2	24.7
漯河市	Luohe City	71.3	21.5	10.4	10.4	6.9	5.6	50.6
三门峡市	Sanmenxia City	109.2	46.4	13.5	4.7	1.4	0.5	5.4
南阳市	Nanyang City	267.2	109.9	41.7	38.0	13.0	7.7	63.1
商丘市	Shangqiu City	158.4	60.6	16.9	23.5	6.2	1.4	10.1
信阳市	Xinyang City	184.4	89.3	16.1	32.7	12.0	12.0	56.1
周口市	Zhoukou City	155.9	43.0	12.3	45.0	7.2	1.8	17.9
驻马店市	Zhumadian City	108.0	44.5	6.7	31.1	3.5	2.3	21.9
其他	Others	59.4	16.4	6.8	3.4	1.2	0.6	6.3
湖北省	**Hubei**	**2356.4**	**951.7**	**105.1**	**436.0**	**337.3**	**310.4**	**1591.8**
武汉市	Wuhan City	822.2	319.4	25.2	77.6	233.3	165.6	658.1
黄石市	Huangshi City	88.3	28.1	10.5	3.2	7.6	5.0	38.0
十堰市	Shiyan City	77.5	45.1	0.7	4.7	11.8	4.9	37.6
宜昌市	Yichang City	271.3	181.3	6.4	31.3	20.2	13.5	92.4
襄樊市	Xiangfan City	130.5	96.4	14.4	19.8	17.5	9.8	100.8
鄂州市	Ezhou City	44.3	26.8	2.7	14.8	4.2	3.1	33.2
荆门市	Jingmen City	86.1	24.3	4.0	18.6	4.4	1.9	21.3
孝感市	Xiaogan City	104.4	70.9	9.5	24.0	7.5	5.8	63.0
荆州市	Jingzhou City	108.2	26.1	4.0	22.6	11.6	4.1	43.3
黄冈市	Huanggang City	106.7				6.2	1.2	17.6
咸宁市	Xianning City	75.3	19.7	0.1	14.0	2.6	0.7	13.6
随州市	Suizhou City	46.5	16.8	1.1	7.4	4.2	2.8	33.6
恩施土家族苗族自治州	Enshi Tujia & Miao A.P	70.0	25.7	0.3	13.2	3.0	2.1	18.8
其他	Others	115.7	39.8	5.8	20.5	3.3	2.1	23.1
湖南省	**Hunan**	**1981.3**	**846.8**	**166.3**	**362.6**	**334.9**	**179.6**	**1188.8**
长沙市	Changsha City	668.1	239.9	76.0	81.9	175.5	95.9	470.5
株洲市	Zhuzhou City	130.3	47.8	12.1	52.3	25.7	19.2	113.3
湘潭市	Xiangtan City	134.3	55.0	17.4	19.6	15.5	9.4	93.8
衡阳市	Hengyang City	136.6	50.7	12.6	43.7	12.5	5.4	49.4
邵阳市	Shaoyang City	103.6	30.3	5.8	35.5	10.1	2.6	26.4
岳阳市	Yueyang City	152.9	47.9	30.0	21.6	14.3	7.0	71.8
常德市	Changde City	145.6	44.2	19.4	32.6	24.0	11.2	116.8
张家界市	Zhangjiajie City	43.1	11.7	3.5	8.4	5.0	5.9	39.0
益阳市	Yiyang City	76.9	30.7	10.9	19.4	7.6	2.9	22.9
郴州市	Chenzhou City	157.7	41.4	11.7	31.7	19.2	10.1	87.1
永州市	Yongzhou City	112.3	37.0	11.2	41.8	6.9	1.9	21.8
怀化市	Huaihua City	62.0	34.7	3.9	12.6	7.7	4.2	39.4
娄底市	Loudi City	93.2	57.7	4.5	18.7	5.3	2.0	18.9
湘西土家族苗族自治州	West Hunan Tujia A.P	56.8	29.2	2.2	12.1	5.6	1.9	17.7
其他	Others							
广东省	**Guangdong**	**6025.5**	**1830.4**	**419.7**	**1133.3**	**1355.8**	**1059.0**	**3046.9**
广州市	Guangzhou City	1312.7	537.1	30.9	0.6	440.8	395.9	872.7

3-7 续表 6 continued

地区	Region	全社会固定资产投资(亿元) Total Investment in Fixed Assets (100 million yuan)	#国有经济 State-owned	#集体经济 Urban Collective	#个体经济 Individ-uals	#房地产开发 Real Estate Develop-ment	商品房屋销售额(亿元) Total Sales of Commercial Houses (100 million yuan)	商品房屋销售面积(万平方米) Floor Space Sold of Commercial Houses (10000 sq.m)
韶关市	Shaoguan City	129.2	56.7	6.6	6.4	10.8	10.7	82.2
深圳市	Shenzhen City	1090.1	342.5	66.3	26.2	431.8	256.5	379.5
珠海市	Zhuhai City	179.9	27.2	1.9	14.0	40.5	38.0	115.7
汕头市	Shantou City	131.9	36.2	5.9	12.9	17.1	27.8	126.4
佛山市	Foshan City	568.6				96.4	113.6	392.4
江门市	Jiangmen City	195.7	52.6	15.9	78.4	30.7	21.0	137.7
湛江市	Zhanjiang City	142.1	65.4	3.8	35.4	12.9	7.4	44.3
茂名市	Maoming City	120.3	65.2	13.6	41.5	8.0	10.4	74.7
肇庆市	Zhaoqing City	145.2	41.4	5.1	49.6	17.5	15.9	88.0
惠州市	Huizhou City	297.6	30.2	7.0	13.6	29.6	22.9	101.1
梅州市	Meizhou City	93.1	44.6	15.2	19.5	12.8	10.0	76.7
汕尾市	Shanwei City	73.4	28.3	2.0	6.1	1.4	0.9	9.4
河源市	Heyuan City	78.4	30.1	2.9	11.6	8.0	2.1	18.5
阳江市	Yangjiang City	56.7				12.5	6.2	48.4
清远市	Qingyuan City	156.8	44.9	2.9	28.8	16.1	8.6	65.1
东莞市	Dongguan City	433.9	68.5			93.5	59.2	160.6
中山市	ZhongShan City	291.6	47.6	31.2	3.7	62.5	40.6	159.3
潮州市	Chaozhou City	75.5	24.5	3.1	4.3	3.5	3.4	27.2
揭阳市	Jieyang City	87.8	30.7	4.3	25.2	5.3	4.8	44.8
云浮市	Yunfu City	76.1	33.6	1.4	28.2	4.3	3.3	22.5
广西壮族自治区	**Guangxi**	**1254.9**				**192.4**	**171.0**	**821.2**
南宁市	Nanning City	260.8	136.3	5.6	43.7	66.0	94.5	341.6
柳州市	Liuzhou City	141.3				38.5	24.2	133.0
桂林市	Guilin City	146.9				35.1	24.8	138.1
梧州市	Wuzhou City	71.0	26.4	1.6	7.9	7.0	4.7	29.2
北海市	Beihai City	51.4	25.1	1.0	4.0	8.9	5.0	35.2
防城港市	Fangchenggang City	30.4	13.4	0.1	0.1	1.7	1.4	17.2
钦州市	Qinzhou City	62.4	23.2	0.7	18.5	5.1	1.6	13.8
贵港市	Guigang City	58.5						
玉林市	Yulin City	92.3	24.5	1.9	39.8	5.9	2.6	20.7
百色市	Baise City	102.9				2.6	1.8	13.4
贺州市	Hezhou City	46.0	17.6	0.6	17.5	1.6		
河池市	Hechi City	92.1	38.9	1.0	10.5	4.3	2.3	19.0
来宾市	Laibin City	45.6	19.3	0.1	6.2	2.0	0.6	6.6
崇左市	Chongzuo City	40.7	21.3	0.1	5.1	0.6		1.3
海南省	**Hainan**	**325.3**	**104.5**	**0.9**	**0.9**	**56.0**	**30.2**	**125.8**
海口市	Haikou City	119.2	31.2	0.5	0.2	40.3	24.1	107.7
三亚市	Sanya City	37.4	7.1			14.4	6.1	17.6
其他、	Others	168.6	66.1	0.4	0.6	1.3	0.1	0.4
重庆市	**Chongqing**	**1621.9**	**662.5**	**95.8**	**311.5**	**405.1**	**232.8**	**1329.3**
万州区	Wanzhou District	80.7	42.7	2.7	6.0	9.3	8.6	62.4
涪陵区	Fuling District	46.6	25.6	3.3	7.6	6.0	3.5	19.7
渝中区	Yuzhong District	89.1	49.3	0.2	12.6	33.5	11.1	41.8
大渡口区	Dadukou District	31.3	14.7	0.4	3.2	8.1	9.7	47.5
江北区	Jiangbei District	94.7	37.8	2.1	17.0	45.6	23.6	116.5
沙坪坝区	Shapingba District	86.2	40.9	6.7	15.6	35.3	22.5	106.4

3-7 续表 7 continued

地 区	Region	全社会固定资产投资(亿元) Total Investment in Fixed Assets (100 million yuan)	#国有经济 State-owned	#集体经济 Urban Collective	#个体经济 Individuals	#房地产开发 Real Estate Development	商品房屋销售额(亿元) Total Sales of Commercial Houses (100 million yuan)	商品房屋销售面积(万平方米) Floor Space Sold of Commercial Houses (10000 sq.m)
九龙坡区	Jiulongpo District	112.7	36.7	9.1	16.8	48.8	24.0	107.3
南岸区	Nanan District	120.3	35.0	3.7	25.5	60.4	33.9	146.3
北碚区	Beibei District	37.9	15.4	2.4	6.0	11.4	7.2	37.5
万盛区	Wansheng District	11.0	5.3	0.6	0.5	2.0	0.6	6.2
双桥区	Shuangqiao District	3.4	1.0	0.0	0.4	0.9	0.5	6.0
渝北区	Yubei District	175.8	68.4	1.8	14.1	56.3	39.2	173.7
巴南区	Banan District	54.4	14.2	3.3	19.5	16.9	8.8	54.7
黔江区	Qianjiang District	18.2	10.0	1.6	2.4	2.9	0.5	5.3
长寿区	Changshou District	40.8	15.1	1.2	6.3	4.2	3.8	42.1
其他	Others	618.9	250.4	56.8	157.8	63.2	35.4	355.9
四川省	**Sichuan**	**2648.5**	**1025.8**	**127.8**	**467.0**	**510.1**	**330.5**	**2102.0**
成都市	Chengdu City	1039.9	441.7	50.1	139.9	291.4	185.7	757.3
自贡市	Zigong City	50.8	12.1	2.6	8.0	12.6	7.3	69.9
攀枝花市	Panzhihua City	79.1	51.2	2.9	0.0	9.3	5.6	39.4
泸州市	Luzhou City	87.1	28.8	0.8	14.4	16.0	16.6	142.0
德阳市	Deyang City	90.5	29.7	0.0	8.4	18.6	13.9	116.5
绵阳市	Mianyang City	124.2	39.5	0.1		25.1	21.0	143.4
广元市	Guangyuan City	49.3	17.2	0.4	10.1	7.4	2.4	22.2
遂宁市	Suining City	66.1	3.5	2.4		9.5	5.5	61.0
内江市	Neijiang City	66.9	16.4	0.8	0.8	10.4	8.0	72.6
乐山市	Leshan City	101.6	16.7	0.5	84.3	12.1	8.2	84.2
南充市	Nanchong City	115.0	48.1	1.3	22.4	16.2	13.8	126.4
眉山市	Meishan City	113.1	40.8	5.4	17.2	11.6	8.8	91.3
宜宾市	Yibin City	117.9	35.7	0.4	10.8	19.0	8.4	82.1
广安市	Guangan City	107.1	40.9	4.0	31.4	11.1	7.9	96.1
达州市	Dazhou City	126.5	52.5	12.4	23.1	20.5	7.9	87.3
雅安市	Yaan City	75.3	15.3	0.7	0.1	2.7	0.8	5.5
巴中市	Bazhong City	37.1	14.9	1.9	7.9	7.6	2.4	34.5
资阳市	Ziyang City	56.9	20.6	6.5	12.1	5.9	5.5	63.1
阿坝藏族羌族自治州	Aba Zang & Qiang A.P	64.7	27.0	0.1	2.3	0.8	0.5	2.7
甘孜藏族自治州	Ganzi Zang A.P	43.3	23.4	0.2	1.7	0.1	0.0	0.0
凉山彝族自治州	Liangshan Yi A.P	96.9	48.4	0.8	0.1	2.2	0.5	4.5
贵州省	**Guizhou**	**869.3**	**507.7**	**38.4**	**323.1**	**121.7**	**76.8**	**554.3**
贵阳市	Guiyang City	292.8	129.2		163.6	72.4	40.5	224.8
六盘水市	Liupanshui City	85.9	57.2	6.4	22.3	4.8	4.2	35.1
遵义市	Zunyi City	161.0	91.0	2.0	68.1	25.4	16.6	164.1
安顺市	Anshun City	24.7	8.4	1.6	14.7	3.1	2.4	23.9
铜仁地区	Tongren Prefecture	54.2	29.6	0.3	24.3	5.0	3.4	28.9
黔西南布依族苗族自治州	Southwest Guizhou Buyi & Miao A.P	40.0	18.3	0.0	21.6	1.6	1.0	12.9
毕节地区	Bijie Prefecture	95.2	64.2	2.7	28.3	2.9	2.1	20.5
黔东南苗族侗族自治州	Southeast Guizhou Miao & Dong A.P	66.9	34.5	1.1	31.3	6.4	5.1	41.6
黔南布依族苗族自治州	South Guizhou Buyi & Miao A.P	45.5	19.0	5.0	21.5	7.7	6.3	59.5
云南省	**Yunnan**	**1330.6**	**586.7**	**57.8**	**231.3**	**162.3**		
昆明市	Kunming City	435.1	166.4	10.5	56.6	107.7		
曲靖市	Qujing City	159.5	145.1	5.3	9.2	10.1		
玉溪市	Yuxi City	81.8	38.7	4.7	7.3	4.5		

3-7 续表 8 continued

地 区	Region	全社会固定资产投资(亿元) Total Investment in Fixed Assets (100 million yuan)	#国有经济 State-owned	#集体经济 Urban Collective	#个体经济 Individ-uals	#房地产开发 Real Estate Develop-ment	商品房屋销售额(亿元) Total Sales of Commercial Houses (100 million yuan)	商品房屋销售面积(万平方米) Floor Space Sold of Commercial Houses (10000 sq.m)
保山市	Baoshan City	35.5	15.0	1.4	4.8	6.3		
昭通市	Zhaotong City	60.1	43.0	1.3	5.5	2.0		
丽江市	Lijiang City	42.4	13.4	0.8	2.2	11.3		
思茅市	Simao City	48.7	19.2	4.0	5.2	2.0		
临沧市	Lincang City	46.1	26.8	0.6	4.3	2.9		
楚雄彝族自治州	Chuxiong Yi A.P	56.4	30.8	2.1	7.9	3.1		
红河哈尼族彝族自治州	Honghe Hani & Yi A.P	107.0	73.5	3.4	7.4	6.8		
文山壮族苗族自治州	Wenshan Zhuang & Miao A.P	45.7	28.6	1.7	5.2	3.9		
西双版纳傣族自治州	Xishuangbanna Dai A.P	34.7	27.4	0.4	3.0	1.4		
大理白族自治州	Dali Bai A.P	63.7	28.0	4.3	8.9	6.0		
德宏傣族景颇族自治州	Dehong Dai & Jingpo A.P	18.8	11.2	0.2	2.8	1.4		
怒江傈僳族自治州	Nujiang Lisu A.P	11.3						
迪庆藏族自治州	Diqing Zang A.P	21.2	14.0	0.0	1.4			
西藏自治区	**Tibet**	**168.4**	**137.1**	**1.2**	**7.8**	**6.8**	**3.2**	**37.1**
拉萨市	Lhasa City	48.9	35.0	0.4	1.2	5.3		
昌都地区	Qamdu Prefecture	26.5	23.5	0.1	2.5	0.3		
山南地区	Lhokha Prefecture	24.0	20.8	0.1	0.7	0.2		
日喀则地区	Xigaze Prefecture	30.1	25.9	0.6	1.1	0.9		
那曲地区	Narqu Prefecture	14.1	13.0		0.9	0.1		
阿里地区	Ngri Prefecture	5.5	5.5					
林芝地区	Nyingchi Prefecture	19.4	13.5		1.2			
其他	Others							
陕西省	**Shaanxi**	**1544.2**	**814.5**	**71.1**	**143.2**	**231.2**	**88.2**	**509.4**
西安市	Xian City	552.6	246.9	37.7	32.3	163.3	55.0	209.4
铜川市	Tongchuan City	26.5	15.3	0.9	1.2	2.7	1.9	24.6
宝鸡市	Baoji City	154.8	68.5	7.8	31.1	16.2	8.6	65.2
咸阳市	Xianyang City	170.2	61.6	4.9	18.5	12.5	4.3	32.4
渭南市	Weinan City	100.8	57.7	5.7	15.5	4.1	2.8	28.6
延安市	Yanan City	149.8	140.8	2.5	2.3	3.4	2.0	22.3
汉中市	Hanzhong City	65.9	31.3	1.5	5.8	13.4	6.2	62.7
榆林市	Yulin City	124.1	74.5	6.5	14.8	4.9	1.8	11.9
安康市	Ankang City	56.8	27.2	2.6	11.7	7.3	4.1	40.0
商洛市	Shangluo City	32.8	19.1	0.7	9.3	1.6	0.3	2.8
其他	Others	9.9	3.5	0.4	0.7	1.9	1.3	9.3
甘肃省	**Gansu**	**756.0**	**468.5**	**49.7**	**53.5**	**72.1**	**45.9**	**261.5**
兰州市	Lanzhou City	231.9	147.0	5.0	4.2	44.7	32.5	142.4
嘉峪关市	Jiayuguan City	42.6	37.6	0.2	1.4	2.3	0.2	1.4
金昌市	Jinchang City	30.6	22.5	0.5	2.8	0.6	0.1	0.6
白银市	Baiyin City	54.6	17.2	0.9	3.1	2.4	1.3	12.4
天水市	Tianshui City	44.1	16.2	8.9	10.0	6.3	3.1	18.6
武威市	Wuwei City	46.0	19.6	10.1	1.5	3.4	1.2	10.6
张掖市	Zhangye City	52.0	33.0	0.5	6.8	2.3	2.1	18.8
平凉市	Pingliang City	36.4	23.3	2.3	4.8	2.8	2.1	18.4
酒泉市	Jiuquan City	58.6	27.5	9.3	8.7	3.1	1.7	18.6
庆阳市	Qingyang City	61.0	49.8	2.4	7.2	1.3	0.9	8.1
定西市	Dingxi City	30.5	16.3	0.2	1.9	1.7	0.3	3.9

3-7 续表 9 continued

地　区	Region	全社会固定资产投资（亿元）Total Investment in Fixed Assets (100 million yuan)	#国有经济 State-owned	#集体经济 Urban Collective	#个体经济 Individ-uals	#房地产开发 Real Estate Develop-ment	商品房屋销售额（亿元）Total Sales of Commercial Houses (100 million yuan)	商品房屋销售面积（万平方米）Floor Space Sold of Commercial Houses (10000 sq.m)
陇南市	Longnan City	25.3	13.8	0.6	1.0	0.5	0.2	3.0
临夏回族自治州	Linxia Hui A.P	18.3	11.5	1.2	1.7	0.8	0.3	4.7
甘南藏族自治州	Gannan Zang A.P	15.5	11.6	0.2	1.4			
青海省	**Qinghai**	**318.1**	**168.4**	**10.4**	**37.2**	**26.2**	**14.9**	**94.3**
西宁市	Xining City	98.5	49.2	5.7	13.5	22.9	12.7	73.8
海东地区	Haidong Prefecture	30.5	13.8	0.4	5.9	1.7	1.5	17.0
海北藏族自治州	Haibei Zang A.P	10.6	6.9		0.5			
海南藏族自治州	Hainan Zang A.P	14.1	11.6	0.4	1.9	0.0		
黄南藏族自治州	Huangnan Zang AP	11.7	1.9		0.5			
果洛藏族自治州	Golog Zang A.P	3.0	2.7		0.1			
玉树藏族自治州	Yushu Zang A.P	5.8	4.7	0.2				
海西蒙古族藏族自治州	Haixi Mongolian & Zang A.P	57.3	8.2	0.3	1.8	1.6	0.7	3.5
宁夏回族自治区	**Ningxia**	**380.9**	**151.3**	**4.4**	**104.3**	**67.2**	**59.7**	**319.4**
银川市	Yinchuan City	140.7	44.9	0.7		48.8	48.4	233.0
石嘴山市	Shizuishan City	46.1	18.3	0.6		7.3	5.4	42.2
吴忠市	Wuzhong City	37.6	13.1	1.2		7.6	3.6	26.8
固原市	Guyuan City	14.4	10.5	0.6		1.2	0.7	6.0
中卫市	Zhongwei City	35.7	9.6	0.6		2.3	1.6	11.5
新疆维吾尔自治区	**Xinjiang**	**1161.5**	**759.9**	**8.6**	**158.7**	**86.0**	**110.6**	**635.5**
乌鲁木齐市	Urumqi City	206.7	115.5	0.6	26.9	33.6	59.7	273.9
克拉玛依市	Karamay City	125.1	102.7	0.4	0.9	5.8	7.4	51.6
石河子市	Shihezi City	26.3	12.9	0.1	4.6	2.6	3.3	23.0
吐鲁番地区	Turpan Prefecture	42.6	35.8	0.5	1.9	0.3	0.3	3.3
哈密地区	Hami Prefecture	18.9	11.9	0.1	1.9	1.7	1.6	13.4
昌吉回族自治州	Changji Hui A.P	83.0	37.2	2.2	14.9	7.6	7.2	55.0
博尔塔拉蒙古自治州	Bortala Mongolian A.P	15.9	11.7	0.3	1.8	2.5	1.8	14.9
巴音郭楞蒙古自治州	Bayingolin Mongolian A.P	158.7	120.8	0.7	16.4	12.1	13.3	67.0
阿克苏地区	Aksu Prefecture	68.8	40.2	0.1	4.2	6.4	4.4	39.5
克孜勒苏柯尔克孜自治州	Kizilsu Kirgiz A.P	7.7	4.8	0.0	0.5	1.2	0.2	3.4
喀什地区	Kashi Prefecture	61.4	43.3	0.7	3.0	2.8	2.7	23.1
和田地区	Hotan Prefecture	20.5	15.9	0.3	1.4	0.1		
伊犁哈萨克自治州	Ili Kazak A.P	64.0	41.1	0.3	6.2	6.8	6.6	46.7
塔城地区	Tacheng Prefecture	41.1	26.7	0.7	2.2	1.5	1.2	11.9
阿勒泰地区	Altay Prefecture	26.8	19.6	0.1	1.2	1.1	0.8	9.1
阿拉尔市	Alar City							
图木舒克市	Tumxuk City							
五家渠市	Wujiaqu City							
兵团	Corps							

3-8 地方财政收入和支出（2004年）

Local Government Finance (2004)

地　区	Region	地方财政收入（亿元） Revenue of Local Governments (100 million yuan)	#增值税 Value added Tax	#营业税 Operation Tax	#企业所得税 Enterprises' Income Tax	地方财政支出（亿元） Expenditures of Local Governments (100 million yuan)	#基建支出 Capital Construction	#支农支出 Agriculture	#教育事业费 Education
北京市	**Beijing**	**744.49**	**68.88**	**333.16**	**121.70**	**898.28**	**73.94**	**33.33**	**121.39**
东城区	Dongcheng District	34.47	1.86	15.49	9.18	29.47	2.16		4.00
西城区	Xicheng District	38.64	3.86	18.87	5.20	32.60	3.29		4.64
崇文区	Chongwen District	9.10	0.77	4.01	0.69	17.48	1.37		2.38
宣武区	Xuanwu District	24.63	2.73	10.79	6.01	22.65	2.36		2.72
朝阳区	Chaoyang District	68.22	8.05	32.70	12.62	46.02	1.43	1.53	8.00
丰台区	Fengtai District	14.75	2.08	7.12	1.51	25.87	1.40	1.03	5.13
石景山区	Shijingshan District	8.97	2.80	2.28	1.03	13.71	1.92	0.33	1.75
海淀区	Haidian District	57.91	6.60	29.49	8.64	66.38	6.80	1.26	9.75
门头沟区	Mentougou District	5.41	0.83	2.72	0.78	15.27	2.52	1.11	1.76
房山区	Fangshan District	11.61	2.30	3.24	3.25	22.63	1.60	2.32	4.29
通州区	Tongzhou District	9.81	1.33	4.58	1.19	20.08	1.05	2.05	3.18
顺义区	Shunyi District	11.71	2.16	4.79	1.86	25.15	3.43	2.59	3.55
昌平区	Changping District	10.95	1.27	5.54	0.86	21.62	2.48	2.36	3.04
大兴区	Daxing District	9.81	1.00	5.60	0.86	21.78	1.42	2.53	3.94
怀柔区	Huairou District	6.42	0.96	3.76	0.82	18.92	1.46	2.00	2.59
平谷区	Pinggu District	6.30	0.48	4.09	0.61	17.10	2.13	1.48	2.69
密云县	Miyun County	9.65	0.56	6.21	1.10	21.86	2.41	2.34	2.71
延庆县	Yanqing County	3.25	0.19	1.56	0.20	14.17	1.29	1.72	2.13
天津市	**Tianjin**	**246.18**	**35.17**	**78.39**	**32.12**	**375.02**	**69.39**	**10.93**	**55.40**
和平区	Heping District	7.33	0.23	3.14	1.14	8.94	1.42		2.36
河东区	Hedong District	6.21	0.76	1.98	0.47	7.21			2.29
河西区	Hexi District	8.40	0.27	2.98	0.70	8.15	0.50		2.59
南开区	Nankai District	7.95	0.81	2.28	0.71	8.10	0.05		2.43
河北区	Hebei District	4.35	0.57	1.33	0.40	6.18	0.05		2.11
红桥区	Hongqiao District	2.48	0.34	0.73	0.16	5.21	0.00		1.92
塘沽区	Tanggu District	7.19	0.95	2.21	0.71	10.10	0.36	0.23	2.49
汉沽区	Hangu District	1.47	0.37	0.22	0.11	2.95	0.00	0.13	0.84
大港区	Dagang District	3.72	0.54	0.93	0.41	5.91	1.16	0.23	1.40
东丽区	Dongli District	6.76	1.32	1.03	0.85	7.61	0.92	0.55	1.72
西青区	Xiqing District	7.99	1.78	1.29	1.22	10.45	4.82	0.30	1.43
津南区	Jinnan District	4.07	0.81	0.98	0.67	6.63	1.00	0.27	1.42
北辰区	Beichen District	6.08	1.26	1.17	0.99	6.82	1.14	0.30	1.60
武清区	Wuqing District	6.47	0.82	1.77	0.76	12.70	0.03	1.18	3.04
宝坻区	Baodi District	2.46	0.29	0.85	0.15	5.68	0.05	0.38	2.17
宁河县	Ninghe County	1.56	0.24	0.37	0.15	3.70	0.01	0.43	1.26
静海县	Jinghai County	2.81	0.52	0.51	0.22	5.67	0.02	0.63	1.95
蓟县	Ji County	4.22	1.14	0.34	1.17	7.03	0.29	0.31	2.12
其他	Others	40.08	7.16	11.07	11.97	74.24	46.01		1.17
河北省	**Hebei**	**407.83**	**83.31**	**85.51**	**38.11**	**785.56**	**61.86**	**24.22**	**142.35**
石家庄市	Shijiazhuang City	56.16	6.28	16.78	3.96	92.97	7.09	2.85	20.42
唐山市	Tangshan City	58.13	14.32	11.21	3.05	97.56	6.62	4.31	17.43
秦皇岛市	Qinhuangdao City	19.03	2.18	6.31	1.27	34.28	1.42	0.97	7.15
邯郸市	Handan City	34.05	7.40	5.16	2.96	63.67	5.38	1.84	13.89
邢台市	Xingtai City	18.00	3.56	2.84	1.43	41.16	1.99	1.59	9.79
保定市	Baoding City	33.60	3.69	5.89	1.62	69.14	2.54	2.12	16.31
张家口市	Zhangjiakou City	15.28	3.12	3.87	0.40	52.70	11.17	1.52	7.92

3-8 续表 1 continued

地 区	Region	地方财政收入（亿元） Revenue of Local Governments (100 million yuan)	#增值税 Value added Tax	#营业税 Operation Tax	#企业所得税 Enterprises' Income Tax	地方财政支出（亿元） Expenditures of Local Governments (100 million yuan)	#基建支出 Capital Construction	#支农支出 Agriculture	#教育事业费 Education
承德市	Chengde City	12.03	2.10	3.49	0.61	37.81	5.96	1.45	7.94
沧州市	Cangzhou City	25.86	4.54	5.97	0.83	50.20	2.48	2.49	12.96
廊坊市	Langfang City	20.28	2.32	5.66	1.40	39.64	1.83	1.85	9.53
衡水市	Hengshui City	10.11	0.47	2.06	0.50	29.06	2.35	1.34	7.03
其他	Others								
山西省	**Shanxi**	**256.36**	**69.97**	**48.35**	**22.43**	**519.06**	**43.09**	**46.04**	**80.27**
太原市	Taiyuan City	42.64	10.25	8.39	3.53	57.19	1.77	1.21	7.28
大同市	Datong City	15.32	3.91	2.52	1.03	36.97	0.29	1.58	6.85
阳泉市	Yangquan City	9.30	2.60	1.30	0.80	15.90	0.20	0.60	3.10
长治市	Changzhi City	17.05	4.94	2.20	1.65	34.75		1.98	6.95
晋城市	Jincheng City	13.85	3.98	1.85	1.96	24.53		1.58	5.24
朔州市	Shuozhou City	6.67	1.74	0.97	0.48	15.89		2.74	3.14
晋中市	Jinzhong City	12.98	3.14	2.40	0.70	30.50	0.55	1.56	5.83
运城市	Yuncheng City	14.40	4.50	2.10	0.70	34.50	0.30	1.80	7.60
忻州市	Xinzhou City	7.90	1.70	1.50	0.30	30.80		1.30	6.20
临汾市	Linfen City	19.70	6.05	2.45	1.32	43.92	1.29	2.07	7.82
吕梁市	Luliang City	11.88	3.56	1.64	0.76	34.64	0.05	1.41	8.20
内蒙古自治区	**Inner Mongolia**	**238.28**	**30.68**	**55.02**	**8.70**	**602.75**	**75.95**	**75.64**	**66.22**
呼和浩特市	Hohhot City	36.73	4.22	8.16	1.51	61.32	5.62		6.71
包头市	Baotou City	45.24	8.02	8.57	1.29	64.37	7.31		5.62
乌海市	Wuhai City	6.11	1.64	1.71	0.15	11.84	2.63		0.94
赤峰市	Chifeng City	15.80	2.25	4.34	0.48	60.95	9.26		11.38
通辽市	Tongliao City	12.95	1.30	3.17	0.28	40.81	5.48		6.41
鄂尔多斯市	Erdos City	23.73	5.02	8.12	1.61	47.97	10.87		4.47
呼伦贝尔市	Hulunbuir City	19.08	2.29	3.58	0.34	51.80	7.74		5.85
巴彦淖尔市	Bayannur City	10.63	1.05	3.31	0.44	29.63	3.49		4.82
乌兰察布市	Ulanqab City	9.89	2.28	3.07	0.19	42.48	5.14		4.77
兴安盟	Xingan League	5.69	0.48	1.40	0.05	22.33	2.64		3.94
锡林郭勒盟	Xilingol League	8.01	1.19	1.87	0.11	32.21	5.86		2.64
阿拉善盟	Alxa League	3.40	0.70	1.13	0.17	10.76	2.64		1.10
其他	Others								
辽宁省	**Liaoning**	**529.64**	**76.83**	**141.67**	**49.99**	**931.40**	**86.54**	**34.29**	**121.00**
沈阳市	Shenyang City	109.54	9.19	31.90	7.63	171.71	3.26	5.96	23.32
大连市	Dalian City	117.17	10.23	45.00	11.95	170.31	32.15	6.91	16.85
鞍山市	Anshan City	40.21	6.31	6.11	5.24	64.58	2.73	2.19	7.61
抚顺市	Fushun City	17.61	2.73	3.26	0.60	39.43	2.17	0.72	4.78
本溪市	Benxi City	16.93	3.61	2.62	0.80	32.83	1.27	0.73	5.25
丹东市	Dandong City	13.31	1.53	3.17	0.57	31.57	1.80	0.96	6.08
锦州市	Jinzhou City	14.30	1.64	3.92	0.78	34.02	1.54	0.88	4.72
营口市	Yingkou City	12.59	1.70	3.24	0.70	30.92	0.77	0.79	4.36
阜新市	Fuxin City	6.25	0.82	1.78	0.15	23.84	1.47	0.70	3.04
辽阳市	Liaoyang City	14.03	2.22	2.26	0.34	25.40	0.97	0.69	3.42
盘锦市	Panjin City	18.50	4.82	2.81	1.10	24.88	1.49	0.93	2.13
铁岭市	Tieling City	10.87	1.32	1.97	0.35	27.61	1.09	1.01	4.93
朝阳市	Chaoyang City	7.95	1.69	1.77	0.36	31.63	1.52	1.29	6.05
葫芦岛市	Huludao City	14.65	2.39	2.86	0.37	29.38	1.32	0.83	4.42

3-8 续表 2 continued

地 区	Region	地方财政收入（亿元）Revenue of Local Governments (100 million yuan)	#增值税 Value added Tax	#营业税 Operation Tax	#企业所得税 Enterprises' Income Tax	地方财政支出（亿元）Expenditures of Local Governments (100 million yuan)	#基建支出 Capital Construction	#支农支出 Agriculture	#教育事业费 Education
吉林省	**Jilin**	**166.28**	**32.19**	**40.78**	**12.36**	**507.78**	**41.42**	**16.15**	**60.74**
长春市	Changchun City	50.69	6.89	9.29	4.75	100.77	12.60	3.51	13.65
吉林市	Jilin City	19.73	3.60	2.71	0.72	57.69	4.44	1.99	9.16
四平市	Siping City	7.26	0.98	1.01	0.21	27.56	1.60	1.49	5.61
辽源市	Liaoyuan City	3.12	0.36	0.56	0.09	17.65	4.09	0.61	2.23
通化市	Tonghua City	7.93	1.33	1.16	0.85	26.68	1.17	1.26	3.95
白山市	Baishan City	4.23	0.61	0.75	0.22	20.81	2.22	0.79	2.46
松原市	Songyuan City	8.10	1.54	1.04	0.21	23.39	1.70	1.78	4.72
白城市	Baicheng City	4.11	0.93	0.73	0.12	24.38	2.38	1.87	4.36
延边朝鲜族自治州	Yanbian Korean A.P	9.95	1.17	1.91	0.42	42.42	3.21	1.67	5.24
其他	Others								
黑龙江省	**Heilongjiang**	**289.42**	**73.50**	**52.28**	**12.11**	**697.55**	**48.35**	**26.61**	**91.80**
哈尔滨市	Harbin City	95.60	12.43	26.07	6.25	164.50	9.61	5.90	25.01
齐齐哈尔市	Qiqihar City	13.88	2.11	2.18	0.36	55.25	2.73	2.72	10.87
鸡西市	Jixi City	5.30	1.67	0.81	0.17	26.25	3.43	1.04	4.07
鹤岗市	Hegang City	3.63	0.99	0.68	0.15	17.33	3.19	0.47	2.49
双鸭山市	Shuangyashan City	3.33	0.79	0.56	0.08	20.70	3.29	0.90	3.32
大庆市	Daqing City	45.24	3.71	3.52	2.04	61.30	2.83	2.25	5.09
伊春市	Yichun City	2.17	0.35	0.41	0.05	16.98	0.93	0.62	1.84
佳木斯市	Jiamusi City	4.61	0.97	0.97	0.10	33.36	3.04	1.80	5.25
七台河市	Qitaihe City	3.60	1.21	0.40	0.09	12.57	3.07	0.43	1.44
牡丹江市	Mudanjiang City	10.08	1.99	1.68	0.85	31.99	1.66	1.50	5.20
黑河市	Heihe City	2.86	0.42	0.41	0.09	20.38	1.34	0.92	3.16
绥化市	Suihua City	7.89	1.36	0.98	1.15	45.27	2.38	3.11	10.08
大兴安岭地区	Daxinganling Prefecture	1.28	0.22	0.27	0.01	8.22	1.39	0.35	0.85
其他	Others								
上海市	**Shanghai**	**1119.72**	**131.55**	**442.46**	**204.99**	**1395.69**	**310.67**	**16.33**	**155.35**
黄浦区	Huangpu District	42.34				44.61			
卢湾区	Luwan District	24.21				25.67			
徐汇区	Xuhui District	41.89				45.60			
长宁区	Changning District	36.52				40.57			
静安区	Jingan District	27.64				30.95			
普陀区	Putuo District	37.02				43.01			
闸北区	Zhabei District	22.90				28.04			
虹口区	Hongkou District	32.51				37.20			
杨浦区	Yangpu District	29.01				34.84			
闵行区	Minhang District	57.82				66.56			
宝山区	Baoshan District	45.23				52.29			
嘉定区	Jiading District	37.15				49.79			
浦东新区	Pudong New District	120.42				193.58			
金山区	Jinshan District	19.10				29.91			
松江区	Songjiang District	38.14				46.73			
青浦区	Qingpu District	37.39				46.96			
南汇区	Nanhui District	26.73				33.96			
奉贤区	Fengxian District	20.62				27.87			
崇明县	Chongming County	12.41				22.22			
其他	Others								

3-8 续表 3 continued

地　区	Region	地方财政收入(亿元) Revenue of Local Governments (100 million yuan)	#增值税 Value added Tax	#营业税 Operation Tax	#企业所得税 Enterprises' Income Tax	地方财政支出(亿元) Expenditures of Local Governments (100 million yuan)	#基建支出 Capital Construction	#支农支出 Agriculture	#教育事业费 Education
江苏省	**Jiangsu**	**980.49**	**148.13**	**282.49**	**138.59**	**1312.04**	**101.22**	**75.68**	**214.37**
南京市	Nanjing City	169.88	28.09	54.67	21.48	191.68	15.99	8.47	21.10
无锡市	Wuxi City	135.28	27.27	33.65	19.21	143.10	11.66	6.32	21.01
徐州市	Xuzhou City	42.71	10.39	10.33	2.79	66.98	1.91	4.45	13.27
常州市	Changzhou City	67.34	9.53	16.77	8.26	75.66	4.01	4.95	11.37
苏州市	Suzhou City	219.57	34.93	65.40	33.57	233.13	26.74	13.19	26.01
南通市	Nantong City	52.59	7.62	14.39	5.66	75.65	3.83	4.54	13.84
连云港市	Lianyungang City	18.58	2.66	5.48	1.51	32.48	1.25	2.34	6.37
淮安市	Huaian City	22.31	5.32	5.16	1.37	39.61	4.11	3.28	7.06
盐城市	Yancheng City	30.11	5.27	7.72	1.66	54.63	1.17	4.49	16.13
扬州市	Yangzhou City	38.14	7.65	9.48	3.17	49.22	2.41	3.99	9.98
镇江市	Zhenjiang City	35.90	8.16	8.16	2.97	44.13	0.61	2.96	7.87
泰州市	Taizhou City	34.07	8.16	6.60	3.72	49.49	3.13	3.45	11.73
宿迁市	Suqian City	11.07	1.05	2.96	0.44	32.71	3.76	4.61	6.77
浙江省	**Zhejiang**	**805.95**	**76.62**	**286.27**	**147.79**	**1062.94**	**73.29**	**75.10**	**200.08**
杭州市	Hangzhou City	197.45	27.92	73.83	36.60	195.63	13.44	9.56	30.79
宁波市	Ningbo City	151.75	9.59	56.01	34.37	215.95	27.58	14.05	26.17
温州市	Wenzhou City	85.68	9.22	26.17	14.13	104.80	2.63	7.06	25.75
嘉兴市	Jiaxing City	47.87	6.94	18.24	7.52	59.72	0.58	4.26	13.32
湖州市	Huzhou City	29.62	4.44	10.43	3.99	36.51	1.27	2.26	8.18
绍兴市	Shaoxing City	50.92	2.00	20.52	8.89	64.50	1.67	5.26	14.91
金华市	Jinhua City	51.23	4.71	17.68	6.94	68.22	1.83	6.06	17.29
衢州市	Quzhou City	17.08	1.82	6.70	1.39	33.48	1.00	2.99	7.70
舟山市	Zhoushan City	13.57	0.95	6.47	1.21	28.93	3.07	3.51	4.60
台州市	Taizhou City	55.97	6.17	16.29	10.22	79.15	3.33	6.52	19.89
丽水市	Lishui City	16.19	1.93	5.30	1.41	38.68	1.46	3.02	9.13
安徽省	**Anhui**	**274.63**	**38.98**	**60.28**	**25.83**	**601.53**	**50.86**	**25.34**	**105.56**
合肥市	Hefei City	44.93	7.85	15.46	4.32	57.06	10.40	1.63	9.46
芜湖市	Wuhu City	20.78	4.21	6.03	2.13	29.05	2.31	0.61	5.02
蚌埠市	Bengbu City	11.50	1.80	3.36	0.58	20.30	0.85	0.52	5.11
淮南市	Huainan City	11.60	4.49	2.38	0.51	19.91	2.26	0.34	2.89
马鞍山市	Maanshan City	18.15	5.99	4.33	1.31	21.72	1.76	0.50	2.35
淮北市	Huaibei City	8.90	2.87	1.70	0.36	13.05	0.24	0.39	2.53
铜陵市	Tongling City	7.29	2.12	2.08	0.54	12.10	1.21	0.17	1.46
安庆市	Anqing City	18.03	2.63	4.18	0.62	39.90	2.37	1.18	10.38
黄山市	Huangshan City	6.77	0.54	2.23	0.31	16.37	0.88	0.52	2.68
滁州市	Chuzhou City	10.62	1.54	2.48	0.43	26.85	1.44	1.16	7.13
阜阳市	Fuyang City	11.89	1.46	2.34	0.20	35.57	1.60	1.31	8.48
宿州市	Suzhou City	7.95	1.17	1.44	0.08	23.99	1.42	0.66	6.94
巢湖市	Chaohu City	9.77	1.27	2.35	0.27	23.27	1.44	0.72	5.90
六安市	Liuan City	10.99	0.75	2.41	0.17	32.22	2.45	1.60	9.30
亳州市	Bozhou City	6.74	0.70	1.27	0.14	18.80	1.00	0.73	5.01
池州市	Chizhou City	4.75	0.75	1.25	0.35	12.72	0.88	0.51	2.96
宣城市	Xuancheng City	8.97	1.45	2.24	0.53	21.99	1.69	0.84	5.09
其他	Others								

3-8 续表 4 continued

地 区	Region	地方财政收入(亿元) Revenue of Local Governments (100 million yuan)	#增值税 Value added Tax	#营业税 Operation Tax	#企业所得税 Enterprises' Income Tax	地方财政支出(亿元) Expenditures of Local Governments (100 million yuan)	#基建支出 Capital Construction	#支农支出 Agriculture	#教育事业费 Education
福建省	**Fujian**	**333.52**	**30.26**	**101.75**	**47.93**	**516.68**	**41.04**	**30.02**	**100.90**
福州市	Fuzhou City	75.21	3.87	29.65	8.28	76.71	3.89	2.93	16.60
厦门市	Xiamen City	65.02	2.44	24.04	11.83	98.49	9.58	3.04	11.48
莆田市	Putian City	10.21	1.49	2.51	1.36	17.46	0.02	1.16	6.43
三明市	Sanming City	17.38	4.00	4.13	0.85	24.87	0.95	2.07	6.50
泉州市	Quanzhou City	58.65	9.74	14.38	8.38	71.73	3.13	5.30	20.08
漳州市	Zhangzhou City	20.10	2.30	5.57	1.80	31.14	0.88	1.79	7.26
南平市	Nanping City	13.16	2.07	3.70	0.78	21.72	0.29	1.85	5.36
龙岩市	Longyan City	16.98	3.56	3.44	1.19	27.32	0.55	2.16	6.74
宁德市	Ningde City	9.79	0.81	3.45	0.74	23.01	0.16	1.76	6.45
江西省	**Jiangxi**	**205.77**	**25.44**	**55.31**	**13.51**	**454.06**	**34.24**	**42.34**	**73.71**
南昌市	Nanchang City	42.19	4.79	17.22	3.37	52.19	6.08	2.06	6.66
景德镇市	Jingdezhen City	7.74	1.22	2.14	0.62	14.41	0.94	0.69	2.68
萍乡市	Pingxiang City	9.47	1.52	3.27	0.46	19.86	2.93	0.81	2.71
九江市	Jiujiang City	18.81	2.99	5.28	1.13	38.33	2.53	1.91	6.89
新余市	Xinyu City	7.54	0.96	1.98	0.24	12.86	0.63	0.73	1.88
鹰潭市	Yingtan City	5.29	1.43	1.47	0.29	10.25	0.58	0.52	1.45
赣州市	Ganzhou City	22.84	2.24	6.71	1.90	56.50	4.91	3.64	9.72
吉安市	Jian City	14.79	1.63	3.73	1.26	37.18	2.11	2.85	7.83
宜春市	Yichun City	15.46	2.29	4.19	0.69	36.91	1.97	2.61	7.28
抚州市	Fuzhou City	8.74	0.84	3.02	0.34	27.97	3.17	1.82	5.52
上饶市	Shangrao City	17.00	1.59	4.86	1.67	42.97	2.19	2.58	10.24
山东省	**Shandong**	**828.33**	**116.04**	**176.45**	**86.06**	**1189.37**	**60.03**	**50.92**	**204.83**
济南市	Jinan City	89.04	12.40	23.20	9.64	101.70	1.78	3.25	13.70
青岛市	Qingdao City	130.51	8.65	41.90	17.51	164.62	23.71	5.58	26.41
淄博市	Zibo City	50.04	7.91	8.49	4.54	62.55	0.01	2.76	10.98
枣庄市	Zaozhuang City	20.71	3.13	2.47	1.35	30.72	0.02	2.11	5.59
东营市	Dongying City	28.31	2.63	6.48	2.18	35.46	0.01	2.13	4.75
烟台市	Yantai City	64.02	7.51	14.54	6.72	92.05	0.01	3.81	15.51
潍坊市	Weifang City	52.58	8.27	8.89	4.01	73.62	2.23	3.59	19.43
济宁市	Jining City	54.06	9.24	7.00	6.18	73.23	1.15	4.44	14.20
泰安市	Taian City	31.21	4.33	3.74	1.49	51.50		2.27	7.91
威海市	Weihai City	42.64	2.40	7.15	3.09	58.52	0.12	3.11	9.45
日照市	Rizhao City	11.23	0.99	3.09	0.90	18.42	0.08	0.99	3.99
莱芜市	Laiwu City	10.30	2.81	1.74	1.19	14.48	0.01	0.46	2.86
临沂市	Linyi City	37.58	4.03	6.04	2.57	67.52	0.01	4.39	14.50
德州市	Dezhou City	24.32	2.02	4.04	1.47	40.26	0.00	2.78	8.05
聊城市	Liaocheng City	22.43	2.41	3.86	2.26	40.56	0.02	2.09	8.12
滨州市	Binzhou City	22.01	4.50	3.36	2.13	36.87	2.05	1.84	6.57
菏泽市	Heze City	17.22	1.39	2.81	0.84	40.23	0.00	2.06	8.69
河南省	**Henan**	**428.78**	**65.78**	**92.81**	**38.43**	**879.96**	**67.23**	**54.06**	**220.81**
郑州市	Zhengzhou City	104.82	12.15	32.27	21.77	108.30	11.85	2.92	13.40
开封市	Kaifeng City	11.33	1.20	2.83	0.67	30.28	1.50	0.75	5.39
洛阳市	Luoyang City	42.81	8.11	9.71	5.04	62.82	6.57	1.55	9.63
平顶山市	Pingdingshan City	19.96	5.78	3.78	1.22	35.37	1.73	1.00	6.50
安阳市	Anyang City	23.70	6.44	4.17	1.22	42.23	4.79	1.20	8.42

3-8 续表 5 continued

地 区	Region	地方财政收入(亿元) Revenue of Local Governments (100 million yuan)	#增值税 Value added Tax	#营业税 Operation Tax	#企业所得税 Enterprises' Income Tax	地方财政支出(亿元) Expenditures of Local Governments (100 million yuan)	#基建支出 Capital Construction	#支农支出 Agriculture	#教育事业费 Education
鹤壁市	Hebi City	5.75	1.06	1.15	0.46	12.58	1.39	0.35	2.17
新乡市	Xinxiang City	19.90	3.23	4.56	2.35	40.84	3.33	1.23	8.15
焦作市	Jiaozuo City	22.68	4.37	4.97	3.02	34.56	2.42	0.94	4.93
濮阳市	Puyang City	12.56	2.74	2.27	0.56	25.46	1.93	0.88	5.03
许昌市	Xuchang City	16.18	2.31	3.22	0.85	29.65	1.32	0.97	5.75
漯河市	Luohe City	10.90	1.77	1.98	2.31	20.63	1.83	0.56	3.19
三门峡市	Sanmenxia City	12.06	2.38	2.41	1.65	23.29	1.91	0.86	4.09
南阳市	Nanyang City	25.25	3.66	5.14	1.14	57.06	2.62	1.88	11.98
商丘市	Shangqiu City	14.16	2.04	2.57	0.96	40.06	2.62	1.40	9.63
信阳市	Xinyang City	12.21	1.41	3.26	0.28	42.30	4.12	1.31	10.95
周口市	Zhoukou City	13.54	1.17	2.77	0.57	42.00	2.31	1.31	10.89
驻马店市	Zhumadian City	12.84	1.33	2.45	0.67	40.01	2.82	1.14	8.62
其他	Others	5.63	1.17	1.02	1.19	8.12	0.77	0.26	1.44
湖北省	**Hubei**	**310.45**	**49.66**	**72.26**	**28.25**	**646.29**	**37.46**	**24.59**	**104.51**
武汉市	Wuhan City	104.02	15.60	26.39	9.47	142.61	8.95	3.05	20.08
黄石市	Huangshi City	9.72	1.97	1.65	0.47	18.38		1.26	3.85
十堰市	Shiyan City	10.17	2.68	2.16	0.59	26.75	0.03	1.03	6.36
宜昌市	Yichang City	19.13	2.72	5.20	1.21	38.92		3.01	8.27
襄樊市	Xiangfan City	17.85	3.10	3.09	0.56	33.27	0.00	3.04	8.66
鄂州市	Ezhou City	3.97	0.80	0.77	0.21	7.90		0.47	0.22
荆门市	Jingmen City	9.29	1.17	1.40	0.25	17.73	1.11	0.85	4.24
孝感市	Xiaogan City	10.13	1.11	1.61	0.53	23.28	1.11	1.03	3.91
荆州市	Jingzhou City	13.45	1.19	2.29	0.56	34.14		1.16	7.98
黄冈市	Huanggang City	13.19	0.95	1.51	0.43	36.14	0.46	3.25	9.17
咸宁市	Xianning City	6.40	0.50	0.94	0.19	16.55		1.19	3.50
随州市	Suizhou City	4.48	0.51	0.77	0.08	11.45		0.76	2.91
恩施土家族苗族自治州	Enshi Tujia & Miao A.P	7.85	0.62	1.24	0.12	26.21		1.45	6.20
其他	Others	9.73	0.95	1.22	0.31	20.37	0.02	1.76	4.59
湖南省	**Hunan**	**320.63**	**43.41**	**78.61**	**17.67**	**719.54**	**46.48**	**74.13**	**104.33**
长沙市	Changsha City	80.66	8.61	29.55	4.30	100.55	8.08	4.85	12.03
株洲市	Zhuzhou City	20.27	3.76	4.35	0.59	39.16	1.93	1.66	5.22
湘潭市	Xiangtan City	12.02	1.89	2.22	0.45	24.28	0.60	1.10	3.04
衡阳市	Hengyang City	17.29	1.92	3.96	0.46	39.07	0.51	1.91	7.40
邵阳市	Shaoyang City	12.86	1.48	2.33	0.26	38.37	0.28	1.89	8.09
岳阳市	Yueyang City	22.25	3.31	4.08	0.51	42.26	2.51	2.39	7.32
常德市	Changde City	21.52	1.87	3.93	0.43	41.71	0.27	2.24	8.02
张家界市	Zhangjiajie City	4.18	0.35	1.26	0.17	11.89	0.07	0.59	2.48
益阳市	Yiyang City	8.30	1.07	1.78	0.28	26.41	0.28	1.44	6.12
郴州市	Chenzhou City	23.16	3.01	3.77	0.30	40.60	0.96	2.55	8.11
永州市	Yongzhou City	11.07	1.17	1.93	0.19	32.86	0.56	1.74	7.21
怀化市	Huaihua City	9.59	1.22	2.47	0.22	30.68	0.02	1.58	5.86
娄底市	Loudi City	10.60	1.60	1.82	0.24	24.36	0.23	1.20	4.67
湘西土家族苗族自治州	West Hunan Tujia A.P	5.02	1.05	1.22	0.12	24.43	0.05	1.50	4.49
其他	Others								
广东省	**Guangdong**	**1418.51**	**168.88**	**484.78**	**194.43**	**1852.95**	**254.13**	**41.60**	**287.95**
广州市	Guangzhou City	302.87	52.84	79.35	32.66	408.34	89.32	9.59	45.21

3-8 续表 6 continued

地 区	Region	地方财政收入（亿元）Revenue of Local Governments (100 million yuan)	#增值税 Value added Tax	#营业税 Operation Tax	#企业所得税 Enterprises' Income Tax	地方财政支出（亿元）Expenditures of Local Governments (100 million yuan)	#基建支出 Capital Construction	#支农支出 Agriculture	#教育事业费 Education
韶关市	Shaoguan City	16.41	5.51	3.00	0.65	42.77	1.11	3.09	7.39
深圳市	Shenzhen City	321.47	33.24	140.08	42.31	377.57	103.07	3.35	42.00
珠海市	Zhuhai City	34.46	6.26	8.32	3.06	50.89	3.18	0.76	6.84
汕头市	Shantou City	24.65	2.29	4.57	1.88	44.14	0.45	1.62	11.25
佛山市	Foshan City	95.29	13.72	21.90	10.74	130.93	1.95	2.44	21.26
江门市	Jiangmen City	28.94	3.59	6.86	2.45	47.58	0.67	2.67	9.31
湛江市	Zhanjiang City	18.34	3.85	4.23	0.58	48.46	1.42	1.97	10.14
茂名市	Maoming City	17.76	5.39	2.19	0.54	41.95	0.81	1.37	11.53
肇庆市	Zhaoqing City	15.80	1.53	3.28	0.80	35.53	0.68	1.40	7.08
惠州市	Huizhou City	25.42	3.42	7.45	1.96	45.94	1.13	1.66	8.56
梅州市	Meizhou City	12.49	4.00	2.50	0.71	42.04	0.23	2.71	9.73
汕尾市	Shanwei City	5.37	0.55	0.99	0.29	16.44	0.25	0.56	4.21
河源市	Heyuan City	6.02	1.03	1.58	0.31	29.95	0.98	1.09	6.80
阳江市	Yangjiang City	5.99	0.59	1.77	0.60	20.50	0.32	1.12	4.55
清远市	Qingyuan City	9.29	2.07	2.75	0.61	31.44	0.29	0.96	8.63
东莞市	Dongguan City	82.64	24.86	19.25	6.81	94.16	17.90	1.62	13.93
中山市	ZhongShan City	34.54	3.88	8.98	2.99	43.18	3.22	1.98	8.21
潮州市	Chaozhou City	5.25	0.47	1.34	0.60	18.88	0.29	0.79	4.97
揭阳市	Jieyang City	9.64	2.17	1.48	0.71	28.95	0.62	2.44	8.47
云浮市	Yunfu City	7.18	1.21	1.43	0.47	19.99	0.40	0.99	4.69
广西壮族自治区	**Guangxi**	**237.77**	**31.12**	**61.35**	**15.18**	**507.47**	**45.44**	**20.57**	**90.54**
南宁市	Nanning City	43.25	4.59	17.37	1.80	62.12	6.35	2.86	9.16
柳州市	Liuzhou City	29.81	7.68	7.63	1.22	43.73	3.18	2.15	6.23
桂林市	Guilin City	25.52	3.54	7.54	1.46	45.09	3.67	1.55	9.42
梧州市	Wuzhou City	11.94	1.10	2.73	0.32	22.02	1.12	0.68	4.81
北海市	Beihai City	9.72	1.15	2.33	0.23	14.63	1.46	0.48	2.97
防城港市	Fangchenggang City	4.72	0.40	1.21	0.29	9.14	0.95	0.28	1.49
钦州市	Qinzhou City	8.86	0.63	1.78	0.14	16.79	1.63	0.98	3.86
贵港市	Guigang City	9.56	1.15	2.40	0.21	18.42	1.48	0.95	5.40
玉林市	Yulin City	14.13	2.50	2.98	0.81	26.76	1.15	0.91	7.70
百色市	Baise City	14.15	2.96	2.55	0.36	30.71	2.25	1.15	7.38
贺州市	Hezhou City	5.98	0.57	0.87	0.30	14.01	0.61	0.65	3.56
河池市	Hechi City	12.15	1.90	2.85	0.44	28.40	1.86	1.00	7.05
来宾市	Laibin City	6.26	1.88	1.10	0.46	16.11	0.99	0.67	3.75
崇左市	Chongzuo City	9.45	1.21	1.25	0.69	20.61	1.82	1.48	3.52
海南省	**Hainan**	**69.30**	**6.99**	**19.03**	**3.39**	**140.74**	**14.93**	**10.36**	**17.92**
海口市	Haikou City	14.89	1.23	2.79	0.58	24.87	3.85	0.55	3.49
三亚市	Sanya City	5.38	0.22	2.73	0.18	7.45	0.19	0.40	1.20
其他	Others	49.03	5.54	13.51	2.63	108.42	10.89	9.41	13.23
重庆市	**Chongqing**	**302.44**	**25.95**	**58.54**	**11.15**	**485.12**	**52.96**	**33.01**	**49.78**
万州区	Wanzhou District	6.37	0.67	1.40	0.27	16.34	0.94	0.56	2.37
涪陵区	Fuling District	6.41	1.28	1.14	0.44	14.35	1.49	0.57	1.54
渝中区	Yuzhong District	9.01	0.69	3.87	0.55	16.89	1.06		1.24
大渡口区	Dadukou District	2.46	0.68	0.47	0.06	3.87	0.28	0.08	0.35
江北区	Jiangbei District	7.23	0.74	1.91	0.53	12.36	1.04	0.16	0.81
沙坪坝区	Shapingba District	8.66	0.45	1.43	0.20	14.92	1.55	0.19	1.10

3-8 续表 7 continued

地 区	Region	地方财政收入(亿元) Revenue of Local Governments (100 million yuan)	#增值税 Value added Tax	#营业税 Operation Tax	#企业所得税 Enterprises' Income Tax	地方财政支出(亿元) Expenditures of Local Governments (100 million yuan)	#基建支出 Capital Construction	#支农支出 Agriculture	#教育事业费 Education
九龙坡区	Jiulongpo District	6.03	0.54	1.18	0.25	12.36	0.70	0.23	0.85
南岸区	Nanan District	4.54	0.32	0.95	0.16	11.81	1.29	0.14	0.92
北碚区	Beibei District	2.08	0.28	0.44	0.09	6.06	0.28	0.19	0.73
万盛区	Wansheng District	0.83	0.24	0.12	0.04	2.80	0.16	0.10	0.35
双桥区	Shuangqiao District	0.57	0.22	0.06	0.04	0.89	0.02	0.05	0.10
渝北区	Yubei District	5.30	0.18	1.84	0.17	12.24	1.18	0.44	1.21
巴南区	Banan District	3.45	0.42	0.47	0.14	9.54	0.82	0.24	1.37
黔江区	Qianjiang District	2.20	0.47	0.46	0.06	7.92	1.30	0.31	0.84
长寿区	Changshou District	3.32	0.69	0.43	0.17	7.19	0.38	0.29	1.08
其他	Others	234.00	18.09	42.35	7.97	335.58	40.47	29.47	34.90
四川省	**Sichuan**	**385.78**	**52.36**	**110.25**	**31.05**	**895.25**	**84.80**	**32.80**	**122.52**
成都市	Chengdu City	108.03	12.87	29.75	8.48	156.44	10.48	5.26	19.35
自贡市	Zigong City	7.63	0.79	1.37	0.36	20.50	1.19	0.61	3.15
攀枝花市	Panzhihua City	12.43	3.16	2.11	0.35	24.77	3.84	0.85	2.10
泸州市	Luzhou City	9.72	1.24	1.77	0.69	26.50	1.47	1.26	4.67
德阳市	Deyang City	14.64	2.38	1.80	1.82	31.90	2.86	1.39	4.54
绵阳市	Mianyang City	16.40	1.90	3.28	1.10	44.55	3.86	2.01	5.65
广元市	Guangyuan City	3.67	0.46	0.84	0.13	23.47	1.82	1.06	4.17
遂宁市	Suining City	4.34	0.40	0.86	0.30	19.75	1.60	1.03	3.85
内江市	Neijiang City	6.82	1.04	1.20	0.35	24.38	1.97	1.07	4.35
乐山市	Leshan City	10.77	1.86	1.95	0.58	32.22	1.66	1.25	5.24
南充市	Nanchong City	8.38	0.62	1.67	0.11	41.01	3.32	1.75	9.29
眉山市	Meishan City	6.49	0.75	0.95	0.27	22.02	3.15	0.86	3.66
宜宾市	Yibin City	12.52	1.78	1.74	3.06	41.86	4.01	1.31	6.25
广安市	Guangan City	7.09	0.64	1.09	0.14	24.67	2.03	1.31	4.22
达州市	Dazhou City	7.36	0.94	1.42	0.13	39.73	3.65	2.12	6.23
雅安市	Yaan City	3.75	0.77	0.87	0.30	17.94	1.41	0.46	2.00
巴中市	Bazhong City	2.64	0.20	0.49	0.03	20.60	1.92	0.79	3.49
资阳市	Ziyang City	5.80	0.49	0.74	0.11	23.40	1.69	1.54	4.57
阿坝藏族羌族自治州	Aba Zang & Qiang A.P	4.24	0.70	1.40	0.36	26.07	5.35	0.76	3.59
甘孜藏族自治州	Ganzi Zang A.P	1.72	0.32	0.61	0.09	27.91	5.89	0.85	2.66
凉山彝族自治州	Liangshan Yi A.P	11.49	2.15	2.48	0.43	52.75	6.84	2.22	8.69
贵州省	**Guizhou**	**149.29**	**23.91**	**37.95**	**12.10**	**418.42**	**38.28**	**17.28**	**73.67**
贵阳市	Guiyang City	40.74	5.15	13.27	3.18	59.93	2.81	2.45	7.71
六盘水市	Liupanshui City	9.70	1.66	2.64	0.28	21.80	0.17	1.29	4.52
遵义市	Zunyi City	18.03	2.41	4.93	0.60	45.83	0.64	2.81	11.75
安顺市	Anshun City	5.83	0.79	1.55	0.25	17.30	0.28	1.00	4.18
铜仁地区	Tongren Prefecture	6.36	0.47	1.60	0.02	24.32		1.71	6.49
黔西南布依族苗族自治州	Southwest Guizhou Buyi & Miao A.P	6.68	0.79	2.01	0.31	20.01	0.54	1.32	5.07
毕节地区	Bijie Prefecture	11.91	1.46	2.26	0.10	34.52	0.56	1.89	9.53
黔东南苗族侗族自治州	Southeast Guizhou Miao & Dong A.P	6.59	0.67	2.03	0.10	30.41		1.75	8.39
黔南布依族苗族自治州	South Guizhou Buyi & Miao A.P	7.93	0.95	1.97	0.30	28.57	0.32	1.63	7.28
云南省	**Yunnan**	**263.36**	**45.56**	**56.57**	**27.78**	**663.64**	**64.89**	**71.90**	**111.82**
昆明市	Kunming City	72.57	16.70	22.25	3.77	91.60	8.07	6.02	12.96
曲靖市	Qujing City	23.65	6.13	4.30	0.79	46.91	1.34	4.68	12.20
玉溪市	Yuxi City	29.57	8.93	3.15	2.96	37.15	0.28	4.01	8.52

3-8 续表 8 continued

地 区	Region	地方财政收入(亿元) Revenue of Local Governments (100 million yuan)	#增值税 Value added Tax	#营业税 Operation Tax	#企业所得税 Enterprises' Income Tax	地方财政支出(亿元) Expenditures of Local Governments (100 million yuan)	#基建支出 Capital Construction	#支农支出 Agriculture	#教育事业费 Education
保山市	Baoshan City	5.19	0.77	1.27	0.12	19.12	0.60	2.39	4.80
昭通市	Zhaotong City	6.97	1.59	1.12	0.24	32.75	1.22	2.88	8.72
丽江市	Lijiang City	3.40	0.44	1.27	0.08	16.34	0.42	2.36	3.32
思茅市	Simao City	5.07	0.90	1.56	0.11	24.90	0.83	3.27	5.89
临沧市	Lincang City	4.19	0.72	1.19	0.04	20.50	1.35	2.23	4.93
楚雄彝族自治州	Chuxiong Yi A.P	10.73	2.23	1.58	0.48	31.74	3.08	3.82	6.38
红河哈尼族彝族自治州	Honghe Hani & Yi A.P	20.57	4.42	3.50	1.04	43.70	1.62	4.06	9.01
文山壮族苗族自治州	Wenshan Zhuang & Miao A.P	5.52	0.84	1.69	0.16	25.55	0.49	2.22	7.47
西双版纳傣族自治州	Xishuangbanna Dai A.P	2.72	0.28	1.19	0.05	10.60	0.64	1.40	2.16
大理白族自治州	Dali Bai A.P	13.30	1.83	3.13	0.34	33.67	2.56	3.68	6.63
德宏傣族景颇族自治州	Dehong Dai & Jingpo A.P	3.25	0.22	0.79	0.04	15.63	0.94	1.80	2.75
怒江傈僳族自治州	Nujiang Lisu A.P	1.48	0.32	0.37	0.04	9.01	0.67	0.98	1.71
迪庆藏族自治州	Diqing Zang A.P	1.10	0.19	0.51	0.01	9.11	0.70	1.09	1.43
西藏自治区	**Tibet**	**10.02**	**1.07**	**4.31**	**0.75**	**133.83**	**32.40**	**5.12**	**11.97**
拉萨市	Lhasa City	2.81	0.58	1.39	0.18	11.48	0.54	0.45	2.74
昌都地区	Qamdu Prefecture	0.81	0.07	0.47	0.05	8.11	0.06	0.38	1.87
山南地区	Lhokha Prefecture	1.11	0.14	0.53	0.04	8.22	0.04	0.35	1.93
日喀则地区	Xigaze Prefecture	1.13	0.09	0.55	0.10	11.08		0.42	2.72
那曲地区	Narqu Prefecture	0.85	0.04	0.30	0.02	7.32	0.11	0.30	1.26
阿里地区	Ngri Prefecture	0.54	0.03	0.25	0.01	3.59	0.05	0.13	0.48
林芝地区	Nyingchi Prefecture	1.07	0.13	0.37	0.02	5.49	0.12	0.25	0.96
其他	Others								
陕西省	**Shaanxi**	**214.96**	**39.44**	**61.93**	**14.49**	**516.31**	**46.32**	**18.74**	**74.35**
西安市	Xian City	75.31	10.02	28.70	4.06	84.20	3.77	1.63	10.75
铜川市	Tongchuan City	2.46	0.32	0.08		6.37			1.29
宝鸡市	Baoji City	12.58	2.67	3.38	0.33	21.14	0.11	0.68	5.34
咸阳市	Xianyang City	11.83	1.49	3.27	0.55	25.99	0.12	1.25	7.29
渭南市	Weinan City	8.46	1.33	2.40	0.34	22.88	0.08	0.99	6.28
延安市	Yanan City	28.98	5.68	5.00	1.33	43.91	7.49	3.62	6.51
汉中市	Hanzhong City	7.54	1.43	2.54	0.12	21.85	0.04	1.04	5.79
榆林市	Yulin City	19.54	5.84	5.22	0.29	33.01	1.79	2.07	7.85
安康市	Ankang City	4.31	0.67	1.55	0.10	16.18	0.02	0.67	4.39
商洛市	Shangluo City	2.99	0.34	1.20	0.05	13.15		0.74	4.50
其他	Others	0.91				1.77			
甘肃省	**Gansu**	**104.16**	**21.62**	**27.05**	**6.32**	**356.94**	**32.88**	**11.23**	**53.66**
兰州市	Lanzhou City	24.95	2.50	8.79	1.09	40.90	3.56	0.86	7.18
嘉峪关市	Jiayuguan City	3.48	0.74	0.72	0.29	3.89	0.52	0.06	0.09
金昌市	Jinchang City	3.43	0.72	0.58	0.05	6.53	0.53	0.38	0.94
白银市	Baiyin City	4.25	0.60	0.90	0.19	13.85	1.57	0.64	3.01
天水市	Tianshui City	4.68	0.87	1.09	0.12	23.96	1.73	1.08	5.13
武威市	Wuwei City	2.67	0.29	0.84	0.09	13.65	1.47	0.78	3.48
张掖市	Zhangye City	3.27	0.35	1.04	0.10	12.60	1.15	0.68	2.35
平凉市	Pingliang City	4.79	0.96	1.06	0.12	18.01	1.47	0.75	4.05
酒泉市	Jiuquan City	4.24	0.31	1.06	0.16	13.19	1.37	0.82	2.36
庆阳市	Qingyang City	5.48	1.44	0.87	0.06	21.02	2.16	1.05	4.68
定西市	Dingxi City	3.16	0.27	0.81	0.06	19.65	2.05	0.71	4.52

3-8 续表 9 continued

地 区	Region	地方财政收入（亿元）Revenue of Local Governments (100 million yuan)	#增值税 Value added Tax	#营业税 Operation Tax	#企业所得税 Enterprises' Income Tax	地方财政支出（亿元）Expenditures of Local Governments (100 million yuan)	#基建支出 Capital Construction	#支农支出 Agriculture	#教育事业费 Education
陇南市	Longnan City	2.54	0.54	0.49	0.11	19.29	1.76	0.88	4.51
临夏回族自治州	Linxia Hui A.P	1.71	0.26	0.40	0.03	15.88	1.74	0.57	2.38
甘南藏族自治州	Gannan Zang A.P	1.07	0.08	0.28	0.11	12.12	2.43	0.41	1.43
青海省	**Qinghai**	**27.00**	**5.98**	**8.51**	**1.69**	**137.34**	**20.84**	**4.80**	**15.26**
西宁市	Xining City	10.03	1.54	4.09	0.25	23.60	2.12	0.90	4.27
海东地区	Haidong Prefecture	2.15	0.15	0.88	0.02	13.76	0.22	0.86	3.47
海北藏族自治州	Haibei Zang A.P	0.80	0.06	0.30	0.01	5.01	0.19	0.31	0.72
海南藏族自治州	Hainan Zang A.P	0.99	0.10	0.39	0.01	6.68	0.17	0.44	1.09
黄南藏族自治州	Huangnan Zang AP	0.66	0.18	0.23	0.01	4.80	0.05	0.16	0.84
果洛藏族自治州	Golog Zang A.P	0.14	0.01	0.08	0.00	4.10	0.10	0.17	0.49
玉树藏族自治州	Yushu Zang A.P	0.20	0.01	0.08	0.00	5.33	0.04	0.20	0.72
海西蒙古族藏族自治州	Haixi Mongolian & Zang A.P	4.51	1.07	0.88	0.25	10.11	1.24	0.51	1.09
宁夏回族自治区	**Ningxia**	**37.47**	**6.28**	**13.44**	**2.14**	**123.02**	**20.52**	**6.14**	**16.10**
银川市	Yinchuan City	14.98	1.55	6.91	0.65	28.49	3.10	1.29	2.91
石嘴山市	Shizuishan City	5.16	1.55	1.42	0.11	9.65	0.81	0.55	1.52
吴忠市	Wuzhong City	4.33	0.96	1.29	0.14	14.09	3.34	0.94	2.78
固原市	Guyuan City	1.41	0.10	0.50	0.03	14.50	1.85	1.59	3.43
中卫市	Zhongwei City	2.32	0.38	1.10	0.05	9.38	1.72	0.69	2.03
新疆维吾尔自治区	**Xinjiang**	**155.70**	**29.00**	**47.50**	**5.70**	**421.04**	**68.69**	**17.75**	**63.09**
乌鲁木齐市	Urumqi City	46.34	7.82	17.57	1.69	39.30	5.89	0.80	0.05
克拉玛依市	Karamay City	20.21	7.50	3.47	0.66	20.69	4.30	0.40	3.02
石河子市	Shihezi City	3.23	0.43	1.45	0.08	4.81	0.43	0.04	0.48
吐鲁番地区	Turpan Prefecture	5.03	2.02	1.03	0.10	8.13	0.31	0.10	1.78
哈密地区	Hami Prefecture	2.97	0.62	1.08	0.08	7.58	0.11	0.49	1.66
昌吉回族自治州	Changji Hui A.P	10.05	2.58	2.88	0.26	19.32	1.02	1.13	3.97
博尔塔拉蒙古自治州	Bortala Mongolian A.P	2.36	0.47	0.93	0.06	7.26	0.24	0.64	0.15
巴音郭楞蒙古自治州	Bayingolin Mongolian A.P	10.69	2.43	3.85	0.30	20.22	0.62	1.54	3.78
阿克苏地区	Aksu Prefecture	9.83	3.11	2.27	0.32	25.96	1.20	1.31	6.00
克孜勒苏柯尔克孜自治州	Kizilsu Kirgiz A.P	0.68	0.05	0.31	0.00	8.75	0.28	0.63	1.99
喀什地区	Kashi Prefecture	5.71	0.82	1.71	0.10	29.31	1.10	1.33	8.09
和田地区	Hotan Prefecture	2.00	0.24	0.70	0.03	17.88	0.39	0.71	4.80
伊犁哈萨克自治州	Ili Kazak A.P	7.52	0.93	2.90	0.20	26.75	0.85	1.42	6.03
塔城地区	Tacheng Prefecture	5.76	1.76	1.24	0.10	15.93	0.48	1.15	3.21
阿勒泰地区	Altay Prefecture	2.21	0.24	1.08	0.04	12.15	0.29	0.80	3.12
阿拉尔市	Alar City	0.33	0.04	0.18		0.73	0.40	0.00	0.07
图木舒克市	Tumxuk City	0.15	0.02	0.07		0.18	0.05		
五家渠市	Wujiaqu City	0.30	0.05	0.15	0.00	0.47	0.05	0.00	0.13
兵团	Corps								

3-9 城乡居民家庭收入和支出（2004年）

Income and Expenditure of Urban and Rural Residents (2004)

地 区	Region	农村居民人均纯收入（元）Rural Household Per Capita Net Income (yuan)	农村居民人均支出（元）Rural Household Per Capita Expenditures (yuan)	#食品支出 Food	城镇居民人均可支配收入（元）Urban Household Disposable Income (yuan)	城镇居民人均消费性支出（元）Urban Household Living Expenditures for Consumption (yuan)	#食品支出 Food	农村人均住房面积（平方米）Per Capita Living Space in Rural Areas (sq.m)
北京市	**Beijing**	**7172**	**4886**	**1592**	**15638**	**12200**	**3926**	**34.2**
东城区	Dongcheng District				16701	13014	4303	
西城区	Xicheng District				16353	12856	3971	
崇文区	Chongwen District				15730	12777	4158	
宣武区	Xuanwu District				14665	11445	3823	
朝阳区	Chaoyang District	10261	7341	2337	15757	12731	4134	47.0
丰台区	Fengtai District	8481	6402	2035	13926	10887	3652	36.3
石景山区	Shijingshan District				14427	11354	3782	
海淀区	Haidian District	9238	7672	2597	16230	12043	3709	42.9
门头沟区	Mentougou District	6862	5214	1700				23.6
房山区	Fangshan District	6438	4630	1412				28.8
通州区	Tongzhou District	7092	4216	1510				31.2
顺义区	Shunyi District	6785	5061	1600				35.3
昌平区	Changping District	6752	5366	1785				42.8
大兴区	Daxing District	6724	3822	1269				38.7
怀柔区	Huairou District	6534	4138	1303				28.6
平谷区	Pinggu District	6553	3736	1096				34.4
密云县	Miyun County	6550	4181	1492				24.8
延庆县	Yanqing County	6345	4088	1342				30.2
天津市	**Tianjin**	**6525**	**3297**	**1270**	**11467**	**8802**	**3278**	**25.2**
和平区	Heping District							
河东区	Hedong District							
河西区	Hexi District							
南开区	Nankai District							
河北区	Hebei District							
红桥区	Hongqiao District							
塘沽区	Tanggu District	7223	4310	1941				25.8
汉沽区	Hangu District	6874	3760	1360				26.2
大港区	Dagang District	6903	4787	1464				28.2
东丽区	Dongli District	7877	5268	1756				30.0
西青区	Xiqing District	8046	3767	1756				27.4
津南区	Jinnan District	7179	4035	1117				26.0
北辰区	Beichen District	7997	3945	1670				23.9
武清区	Wuqing District	6380	2617	1065				26.8
宝坻区	Baodi District	6054	2805	1083				21.9
宁河县	Ninghe County	6257	2395	1132				19.4
静海县	Jinghai County	6054	3101	1117				24.8
蓟县	Ji County	6056	2649	887				23.6
其他	Others							
河北省	**Hebei**	**3171**	**1835**	**780**	**7951**	**5819**	**2142**	**26.1**
石家庄市	Shijiazhuang City	3799	2059	797	8628	6532	2502	34.4
唐山市	Tangshan City	4083	2525	1030	8902	7196	2796	29.0
秦皇岛市	Qinhuangdao City	3075	2080	755	8526	6092	2275	28.7
邯郸市	Handan City	3234	1643	637	7706	5503	2000	29.1
邢台市	Xingtai City	3003	1489	595	6695	4516	1815	29.1
保定市	Baoding City	3243	1664	689	8260	6403	2185	26.8
张家口市	Zhangjiakou City	2116	1482	663	6520	5197	2062	18.7

地 区	Region	农村居民人均纯收入(元) Rural Household Per Capita Net Income (yuan)	农村居民人均支出(元) Rural Household Per Capita Expenditures (yuan)	#食品支出 Food	城镇居民人均可支配收入(元) Urban Household Disposable Income (yuan)	城镇居民人均消费性支出(元) Urban Household Living Expenditures for Consumption (yuan)	#食品支出 Food	农村人均住房面积(平方米) Per Capita Living Space in Rural Areas (sq.m)
承德市	Chengde City	2110	1759	785	7538	5650	2269	19.8
沧州市	Cangzhou City	3022	1726	710	7383	5528	1914	23.3
廊坊市	Langfang City	4338	2267	870	9211	6568	2403	31.1
衡水市	Hengshui City	3184	1551	689	7690	5798	1886	25.4
其他	Others							
山西省	**Shanxi**	**2590**	**1637**	**749**	**7903**	**5654**	**1918**	**25.5**
太原市	Taiyuan City	3873	2430	890	9353	7110	2286	27.8
大同市	Datong City	2241	1106	646	7306	5469	2269	16.8
阳泉市	Yangquan City	3437	2636	962	7998	5031	1763	27.0
长治市	Changzhi City	3263	1601	750	8136	5642	1988	30.0
晋城市	Jincheng City	3278	2101	795	8097	5696	1704	29.0
朔州市	Shuozhou City	2795	1665	791	7768	5444	1899	21.9
晋中市	Jinzhong City	2949	1986	790	7914	5853	1893	21.2
运城市	Yuncheng City	2587	1599	652	6808	4702	1528	27.4
忻州市	Xinzhou City	1778	1778	606	6352	4341	1467	19.0
临汾市	Linfen City	2976	2310	763	6857	4924	1738	25.5
吕梁市	Luliang City	1765	1271	443	7180	4992	1628	20.5
内蒙古自治区	**Inner Mongolia**	**2606**	**2083**	**889**	**8123**	**6219**	**2024**	**18.9**
呼和浩特市	Hohhot City	4005	4179	962	10166	7481	2532	21.6
包头市	Baotou City	4136	5029	1045	11502	8722	2918	22.4
乌海市	Wuhai City	3886	6978	1196	8208	6305	2047	22.5
赤峰市	Chifeng City	2415	3089	757	6706	5221	1647	19.7
通辽市	Tongliao City	2889	3743	827	6864	5285	1723	19.2
鄂尔多斯市	Erdos City	3908	5430	905	8770	7006	2019	25.0
呼伦贝尔市	Hulunbuir City	2682	4249	759	7147	5095	1671	19.1
巴彦淖尔市	Bayannur City	3518	5730	1174	6910	4929	1586	23.0
乌兰察布市	Ulanqab City	2608	3314	781	6471	5528	1691	17.1
兴安盟	Xingan League	2040	2496	645	6466	4537	1406	20.6
锡林郭勒盟	Xilingol League	2568	6978	1031	6655	5313	2025	16.8
阿拉善盟	Alxa League	3414	7526	1461	7568	7571	2126	28.7
其他	Others							
辽宁省	**Liaoning**	**3307**	**2073**	**962**	**8008**	**6543**	**2644**	**23.9**
沈阳市	Shenyang City	4347	2377	975	8924	7213	2741	24.4
大连市	Dalian City	5106	3452	1619	10378	8672	3595	27.0
鞍山市	Anshan City	4253	2494	1047	8262	6859	2669	23.7
抚顺市	Fushun City	3580	2305	956	7008	6227	2425	22.0
本溪市	Benxi City	3663	2461	1074	6930	6073	2573	20.8
丹东市	Dandong City	3816	2705	1365	6039	5200	2354	23.1
锦州市	Jinzhou City	3400	1896	800	7986	6402	2677	27.1
营口市	Yingkou City	3868	1917	877	8128	6619	2906	26.6
阜新市	Fuxin City	2609	1972	940	5623	4468	1912	23.0
辽阳市	Liaoyang City	3800	2074	941	7307	5520	2458	24.7
盘锦市	Panjin City	4630	2889	1335	9509	6982	2697	30.2
铁岭市	Tieling City	3482	1820	868	5724	5500	1923	22.3
朝阳市	Chaoyang City	2415	1899	812	5683	4600	1809	23.6
葫芦岛市	Huludao City	3052	1822	786	7771	5691	2384	27.1

3-9 续表 2 continued

地 区	Region	农村居民人均纯收入（元）Rural Household Per Capita Net Income (yuan)	农村居民人均支出（元）Rural Household Per Capita Expenditures (yuan)	#食品支出 Food	城镇居民人均可支配收入（元）Urban Household Disposable Income (yuan)	城镇居民人均消费性支出（元）Urban Household Living Expenditures for Consumption (yuan)	#食品支出 Food	农村人均住房面积（平方米）Per Capita Living Space in Rural Areas (sq.m)
吉林省	**Jilin**	**3000**			**7841**	**6069**	**2180**	
长春市	Changchun City	3210			8901	7539	2813	
吉林市	Jilin City	3201			8550	6542	2303	
四平市	Siping City	3063			7778	6389	2035	
辽源市	Liaoyuan City	2895			7500	5483	1975	
通化市	Tonghua City	3086			7855	5223	1952	
白山市	Baishan City	3073			7265	5027	1966	
松原市	Songyuan City	3093			7793	5141	1786	
白城市	Baicheng City	2104			7396	5120	1918	
延边朝鲜族自治州	Yanbian Korean A.P	2458			9109	7363	2154	
其他	Others							
黑龙江省	**Heilongjiang**	**3005**	**1837**	**751**	**7471**	**5568**	**1972**	**20.4**
哈尔滨市	Harbin City	3623	2130	640	8940	6896	2680	20.4
齐齐哈尔市	Qiqihar City	3297	2128	764	6373	4794	174	20.7
鸡西市	Jixi City	3208	2060	886	6590	5168	1752	20.6
鹤岗市	Hegang City	2206			6532	5305	1886	
双鸭山市	Shuangyashan City	2606			6403	4446	1502	
大庆市	Daqing City	2385	1650	767	12324	8138	2265	23.1
伊春市	Yichun City	3391			6463	5000	1790	8.1
佳木斯市	Jiamusi City	3077	2416	940	6225	4503	1850	18.2
七台河市	Qitaihe City	3143			6403	4737	1666	
牡丹江市	Mudanjiang City	3612	2208	855	6647	5231	2076	23.2
黑河市	Heihe City	3395	2154	869				18.4
绥化市	Suihua City	2495			5154	3490	1265	
大兴安岭地区	Daxinganling Prefecture	3344			6147	5004	1790	
其他	Others							
上海市	**Shanghai**	**7337**	**6329**	**2191**	**16683**	**12631**	**4593**	**59.8**
黄浦区	Huangpu District							
卢湾区	Luwan District							
徐汇区	Xuhui District							
长宁区	Changning District							
静安区	Jingan District							
普陀区	Putuo District							
闸北区	Zhabei District							
虹口区	Hongkou District							
杨浦区	Yangpu District							
闵行区	Minhang District							
宝山区	Baoshan District							
嘉定区	Jiading District							
浦东新区	Pudong New District							
金山区	Jinshan District							
松江区	Songjiang District							
青浦区	Qingpu District							
南汇区	Nanhui District							
奉贤区	Fengxian District							
崇明县	Chongming County							
其他	Others							

3-9 续表 3 continued

地 区	Region	农村居民人均纯收入（元）Rural Household Per Capita Net Income (yuan)	农村居民人均支出（元）Rural Household Per Capita Expenditures (yuan)	#食品支出 Food	城镇居民人均可支配收入（元）Urban Household Disposable Income (yuan)	城镇居民人均消费性支出（元）Urban Household Living Expenditures for Consumption (yuan)	#食品支出 Food	农村人均住房面积（平方米）Per Capita Living Space in Rural Areas (sq.m)
江苏省	**Jiangsu**	**4754**	**3035**	**1341**	**10482**	**7332**	**2932**	**36.5**
南京市	Nanjing City	5533	3619	1684	11602	8350	3500	37.6
无锡市	Wuxi City	7115	5056	1908	13588	9518	3666	53.9
徐州市	Xuzhou City	4021	2028	881	9840	6669	2548	27.8
常州市	Changzhou City	6235	4793	2015	12868	9878	3673	55.7
苏州市	Suzhou City	7503	5450	2006	14451	9783	3919	62.8
南通市	Nantong City	4929	3342	1381	10937	7768	3140	47.2
连云港市	Lianyungang City	3501	2048	1021	8872	6218	2413	23.0
淮安市	Huaian City	3701	2491	1242	8209	5704	2408	27.9
盐城市	Yancheng City	4451	2589	1193	9362	6566	2477	30.5
扬州市	Yangzhou City	4677	3034	1396	9851	6509	2711	37.7
镇江市	Zhenjiang City	5306	3798	1696	10858	7374	3255	42.9
泰州市	Taizhou City	4574	2924	1289	9695	6318	2695	39.3
宿迁市	Suqian City	3474	2134	1083	6378	4403	1863	23.8
浙江省	**Zhejiang**	**6096**	**4659**	**1839**	**14546**	**10636**	**3851**	**51.3**
杭州市	Hangzhou City	6382	4993	1916	14565	11213	4421	52.1
宁波市	Ningbo City	7018	6102	2485	15882	11283	4174	49.9
温州市	Wenzhou City	6202	4870	2196	17727	14212	5320	39.4
嘉兴市	Jiaxing City	7021	5082	2034	14693	10689	3893	61.0
湖州市	Huzhou City	6380	4212	1742	13487	9380	3741	40.3
绍兴市	Shaoxing City	6970	5266	2115	15642	10608	3783	58.2
金华市	Jinhua City	5018	4183	1548	13910	9879	3462	49.4
衢州市	Quzhou City	4414	3479	1570	11477	8284	2935	48.6
舟山市	Zhoushan City	6232	4395	1924	13747	9835	3555	43.1
台州市	Taizhou City	6008	3913	1692	16113	12130	4274	48.6
丽水市	Lishui City	3321	3047	1192	11892	8686	2995	41.4
安徽省	**Anhui**	**2499**	**1814**	**861**	**7511**	**5711**	**2509**	**24.9**
合肥市	Hefei City	2889	2509	1243	8610	6998	3022	29.3
芜湖市	Wuhu City	3589	2440	1140	8553	6333	2827	30.1
蚌埠市	Bengbu City	2683	1381	699	8110	6330	2670	21.1
淮南市	Huainan City	2573	1841	954	7418	5547	2479	23.6
马鞍山市	Maanshan City	3985	2909	1305	10189	7272	2842	29.9
淮北市	Huaibei City	2639	1483	663	7290	5530	2584	31.3
铜陵市	Tongling City	3079	2487	1064	7948	5934	2652	32.3
安庆市	Anqing City	2334	1986	880	7356	5048	2409	34.0
黄山市	Huangshan City	2823	2036	1134	7609	5735	2426	32.3
滁州市	Chuzhou City	2620	1479	769	7408	5506	2463	22.0
阜阳市	Fuyang City	1986	1422	744	7096	5599	2315	20.7
宿州市	Suzhou City	2130	1292	702	7013	4852	2068	24.0
巢湖市	Chaohu City	2737	2121	1148	6746	4533	2184	24.9
六安市	Liuan City	2117	1390	699	6103	4864	2369	27.3
亳州市	Bozhou City	2229	1389	677	7116	5305	2256	24.0
池州市	Chizhou City	2648	2152	1053	6974	5212	2562	32.9
宣城市	Xuancheng City	2844	2038	1037	7153	5391	2426	29.3
其他	Others							

3-9 续表 4 continued

地 区	Region	农村居民人均纯收入（元）Rural Household Per Capita Net Income (yuan)	农村居民人均支出（元）Rural Household Per Capita Expenditures (yuan)	#食品支出 Food	城镇居民人均可支配收入（元）Urban Household Disposable Income (yuan)	城镇居民人均消费性支出（元）Urban Household Living Expenditures for Consumption (yuan)	#食品支出 Food	农村人均住房面积（平方米）Per Capita Living Space in Rural Areas (sq.m)
福建省	**Fujian**	**4089**	**3015**	**1409**	**11175**	**8161**	**3395**	**38.2**
福州市	Fuzhou City	4815	3217	1486	11436	8042	3442	41.8
厦门市	Xiamen City	5647	4127	1864	14443	10739	4231	44.5
莆田市	Putian City	4093	2960	1388	10232	7593	3516	54.9
三明市	Sanming City	3886	2692	1268	9968	7174	3049	39.7
泉州市	Quanzhou City	5680	4052	1757	12699	9350	3742	44.6
漳州市	Zhangzhou City	4320	3494	1625	10118	7427	3333	35.4
南平市	Nanping City	3756	2603	1260	9324	7144	3052	39.4
龙岩市	Longyan City	3769	2874	1386	10230	7813	2783	35.7
宁德市	Ningde City	3517	2324	1153	8985	6452	2811	28.0
江西省	**Jiangxi**	**2953**	**2127**	**1156**	**7560**	**5338**	**2296**	**31.4**
南昌市	Nanchang City	3414	2168	1133	8744	5864	2799	35.5
景德镇市	Jingdezhen City	3227	2406	1308	7693	5591	2284	34.8
萍乡市	Pingxiang City	3322	2455	1031	7858	6374	2441	42.9
九江市	Jiujiang City	2901	1954	954	7819	5349	2364	33.7
新余市	Xinyu City	3425	2519	1296	7869	5830	2164	38.9
鹰潭市	Yingtan City	3265	2350	1163	7723	5555	2284	45.7
赣州市	Ganzhou City	2553	1837	945	7388	5090	2205	27.3
吉安市	Jian City	2857	2108	1020	7031	5362	2272	31.3
宜春市	Yichun City	3165	2173	1161	7132	5400	2236	34.5
抚州市	Fuzhou City	2862	1963	1050	7411	4778	2295	28.4
上饶市	Shangrao City	2912	1578	894	7573	4795	2254	32.8
山东省	**Shandong**	**3507**	**2389**	**1000**	**9438**	**6674**	**2311**	**26.9**
济南市	Jinan City	4117	2543	1040	12005	8581	2785	32.9
青岛市	Qingdao City	5080	3353	1298	11089	9002	3424	28.0
淄博市	Zibo City	4432	2894	1106	9960	7011	2409	29.8
枣庄市	Zaozhuang City	3759	2245	995	8473	5279	1834	28.5
东营市	Dongying City	4033	2759	972	12935	8194	2405	27.4
烟台市	Yantai City	4660	2809	1122	10803	8054	3003	26.6
潍坊市	Weifang City	4438	3025	1201	9297	6822	2379	27.6
济宁市	Jining City	3648	2275	873	9502	6024	2309	29.5
泰安市	Taian City	3691	1894	875	8883	6393	2204	27.3
威海市	Weihai City	5376	2884	1181	11112	8314	2492	27.5
日照市	Rizhao City	3695	2094	910	9083	6545	2220	27.6
莱芜市	Laiwu City	4232	2277	917	10132	6462	2313	35.9
临沂市	Linyi City	3158	1976	838	9309	6708	2171	26.2
德州市	Dezhou City	3381	1569	699	8049	5888	1960	29.0
聊城市	Liaocheng City	3066	1711	697				28.4
滨州市	Binzhou City	3378	2235	862	9009	6268	2165	29.1
菏泽市	Heze City	2653	1577	789	6734	4833	1870	21.4
河南省	**Henan**	**2553**	**1664**	**808**	**7705**	**5294**	**1855**	**25.9**
郑州市	Zhengzhou City	4183	2421	828	9364	6463	2212	42.7
开封市	Kaifeng City	2381	1351	637	6603	4503	1786	20.4
洛阳市	Luoyang City	2585	1867	718	8622	6074	2100	31.0
平顶山市	Pingdingshan City	2369	1515	699	7631	5392	1976	26.7
安阳市	Anyang City	2825	1705	709	7903	5653	1879	31.8

3-9 续表 5 continued

地 区	Region	农村居民人均纯收入（元） Rural Household Per Capita Net Income (yuan)	农村居民人均支出（元） Rural Household Per Capita Expenditures (yuan)	#食品支出 Food	城镇居民人均可支配收入（元） Urban Household Disposable Income (yuan)	城镇居民人均消费性支出（元） Urban Household Living Expenditures for Consumption (yuan)	#食品支出 Food	农村人均住房面积（平方米） Per Capita Living Space in Rural Areas (sq.m)
鹤壁市	Hebi City	3014	1684	751	6793	4478	1643	30.5
新乡市	Xinxiang City	2748	1938	809	7146	4971	1843	30.2
焦作市	Jiaozuo City	3374	1959	751	7286	4854	1705	35.0
濮阳市	Puyang City	2193	1300	642	7091	4813	1709	24.7
许昌市	Xuchang City	3246	1751	762	6959	5063	1670	25.8
漯河市	Luohe City	2964	1628	670	7063	4886	1698	28.1
三门峡市	Sanmenxia City	2568	1775	831	7232	5095	1720	28.8
南阳市	Nanyang City	2495	1714	816	6919	4591	1573	25.9
商丘市	Shangqiu City	2056	1305	604	6322	4230	1625	22.3
信阳市	Xinyang City	2396	1850	1022	5935	4309	1913	27.6
周口市	Zhoukou City	2048	1422	642	5642	3873	1544	20.2
驻马店市	Zhumadian City	2226	1594	799	6179	4250	1583	21.5
其他	Others	3397	2023	858	7828	5337	1489	35.8
湖北省	**Hubei**	**2890**	**2089**	**1076**	**8023**	**6399**	**2516**	**33.68**
武汉市	Wuhan City	3955	2667	1335	9564	7793	3191	37.56
黄石市	Huangshi City	2626	2012	955	7865	6323	2381	32.00
十堰市	Shiyan City	1916	1822	907	8987			28.13
宜昌市	Yichang City	2938	2268	1169	7592	6208	2251	41.80
襄樊市	Xiangfan City	3060	1897	1032	7553	6051	2068	31.48
鄂州市	Ezhou City	3234	2540	1267	7490	5846	2279	38.90
荆门市	Jingmen City	3629	2634	1118	7749	6417	2127	34.10
孝感市	Xiaogan City	2874	2014	1092	7248	5527	2274	31.16
荆州市	Jingzhou City	3002	2217	1114	7600	6036	2344	31.30
黄冈市	Huanggang City	2485	1995	1013	5864	4578	1748	32.40
咸宁市	Xianning City	2698	2020	1065	7313	5729	2310	32.15
随州市	Suizhou City	3017	2363	1219	6708	5271	1972	31.16
恩施土家族苗族自治州	Enshi Tujia & Miao A.P	1593	1636	899	6600	5120	1868	38.72
其他	Others	2947	2095	1022	6741	4584	1942	31.64
湖南省	**Hunan**	**2838**	**2472**	**1339**	**9617**	**6885**	**2480**	**35.3**
长沙市	Changsha City	4315	3649	1593	11029	9056	3025	49.0
株洲市	Zhuzhou City	3535	2556	1235	10061	7572	2699	50.5
湘潭市	Xiangtan City	3791	2873	1385	8602	6487	2562	42.8
衡阳市	Hengyang City	3464	2631	1425	7958	6019	2385	41.9
邵阳市	Shaoyang City	2315	2199	1202	7398	6340	2336	28.8
岳阳市	Yueyang City	3336	2924	1456	10136	7498	2565	38.9
常德市	Changde City	2952	2564	1379	8461	6963	2422	41.6
张家界市	Zhangjiajie City	2083	1865	1095	6996	4968	1592	33.6
益阳市	Yiyang City	2713	2486	1280	8291	6692	2283	33.4
郴州市	Chenzhou City	3169	2500	1272	8567	7753	2679	32.6
永州市	Yongzhou City	2448	2025	1108	6024	4589	1870	33.1
怀化市	Huaihua City	2162	1915	1132	7997	5440	2115	30.7
娄底市	Loudi City	2184	1968	1147	7639	6154	2399	31.5
湘西土家族苗族自治州	West Hunan Tujia A.P	1601	1494	919				21.8
其他	Others							
广东省	**Guangdong**	**4366**	**3241**	**1582**	**13628**	**10695**	**3953**	**25.5**
广州市	Guangzhou City	6625	4353	1905	16884	13121	5023	36.6

3-9 续表 6 continued

地 区	Region	农村居民人均纯收入（元）Rural Household Per Capita Net Income (yuan)	农村居民人均支出（元）Rural Household Per Capita Expenditures (yuan)	#食品支出 Food	城镇居民人均可支配收入（元）Urban Household Disposable Income (yuan)	城镇居民人均消费性支出（元）Urban Household Living Expenditures for Consumption (yuan)	#食品支出 Food	农村人均住房面积（平方米）Per Capita Living Space in Rural Areas (sq.m)
韶关市	Shaoguan City	3461			9930	7532	3257	
深圳市	Shenzhen City				27896	19570	6193	
珠海市	Zhuhai City	6048			18347	12826	4432	
汕头市	Shantou City	4089	3805	1973	9930	8393	3871	21.0
佛山市	Foshan City	7086			16045	12774	4257	
江门市	Jiangmen City	5159			11958	9228	3660	
湛江市	Zhanjiang City	3964	2620	1349	8919	7447	3184	26.0
茂名市	Maoming City	4360	3174	1505	8269	6431	2627	36.5
肇庆市	Zhaoqing City	4340			9261	7436	3238	
惠州市	Huizhou City	4370	3300	1646	13822	11929	4090	23.6
梅州市	Meizhou City	4109	3253	1500	8050	6530	2928	30.0
汕尾市	Shanwei City	3724	2621	1442	8056	7068	3226	16.7
河源市	Heyuan City	3515	3369	1613				24.8
阳江市	Yangjiang City	4420						
清远市	Qingyuan City	3350	2663	1283				27.0
东莞市	Dongguan City	9083	10783	2819	20526	18426	5041	65.0
中山市	ZhongShan City	7523	5567	2140	15836	12487	4989	34.7
潮州市	Chaozhou City	4123	3767	1833	8351	7455	3233	23.1
揭阳市	Jieyang City	3949	2763	1358	8481	7213	3309	17.0
云浮市	Yunfu City	4003						
广西壮族自治区	**Guangxi**	**2305**	**1929**	**1048**				**26.9**
南宁市	Nanning City	2467	1904	1102	8060	6211	2558	30.8
柳州市	Liuzhou City	2250	1893	1117	8213	5697	2539	24.9
桂林市	Guilin City	2638	2162	1224	8149	5933	2436	30.2
梧州市	Wuzhou City	2292	1165	484	6785	4563	2209	
北海市	Beihai City	2790	1827	1104	8773	6681	3206	27.1
防城港市	Fangchenggang City	2517	1841	1219	6324	4118	2196	23.0
钦州市	Qinzhou City	2783	1950	1171	7922	4873	2224	19.6
贵港市	Guigang City	2399	1739	961	6209	4633	2072	29.9
玉林市	Yulin City	2259	1807	967	6770	4744	2010	25.3
百色市	Baise City	1550	1050	880	6687	4890	2115	23.8
贺州市	Hezhou City	2090	1834	926	6305	4688	1875	24.1
河池市	Hechi City	1727	1587	847	6156	4954	2112	26.2
来宾市	Laibin City	2113	1871	989	6428	4883	2121	27.0
崇左市	Chongzuo City	2122	1712	939	6208	4455	2061	26.4
海南省	**Hainan**	**2818**	**1746**	**1028**	**7736**	**5802**	**2723**	**19.5**
海口市	Haikou City	3572	2626	1517	8981	6778	3173	26.1
三亚市	Sanya City	3157	1257	529	7360	5769	2616	18.9
其他	Others							
重庆市	**Chongqing**	**2510**	**1854**	**1039**	**9221**	**7973**	**3015**	**32.5**
万州区	Wanzhou District	2287	1713	962	7711	6444	2323	32.3
涪陵区	Fuling District	2529	1773	998	8552	6671	2633	35.2
渝中区	Yuzhong District				10142	9519	3458	
大渡口区	Dadukou District	3812	2704	1284	9134	6982	3178	42.5
江北区	Jiangbei District	3748	2890	1402	9258	8312	2995	31.4
沙坪坝区	Shapingba District	3814	2972	1471	9295	8015	2981	36.4

3-9 续表 7 continued

地 区	Region	农村居民人均纯收入（元） Rural Household Per Capita Net Income (yuan)	农村居民人均支出（元） Rural Household Per Capita Expenditures (yuan)	#食品支出 Food	城镇居民人均可支配收入（元） Urban Household Disposable Income (yuan)	城镇居民人均消费性支出（元） Urban Household Living Expenditures for Consumption (yuan)	#食品支出 Food	农村人均住房面积（平方米） Per Capita Living Space in Rural Areas (sq.m)
九龙坡区	Jiulongpo District	3760	3144	1662	9285	7442	2934	43.7
南岸区	Nanan District	3965	3092	1302	9255	7471	2873	39.0
北碚区	Beibei District	3280	3009	1536	8991	7062	2606	34.6
万盛区	Wansheng District	2998	2490	1210	6051	5244	1813	41.8
双桥区	Shuangqiao District	3275	2751	1326	9426	5682	1760	37.0
渝北区	Yubei District	3168	2557	1331	9143	7028	2740	39.0
巴南区	Banan District	3124	2319	1275	8906	7039	2682	34.0
黔江区	Qianjiang District	1968	1964	959	7881	6082	1734	29.3
长寿区	Changshou District	3034	2071	1100	9270	8010	2908	39.2
其他	Others							
四川省	**Sichuan**	**2580**	**2011**	**1118**	**7710**	**6371**	**2560**	**29.5**
成都市	Chengdu City	4072	2954	1386	10394	8997	3183	
自贡市	Zigong City	2873	2184	1350	6553	5587	2414	32.0
攀枝花市	Panzhihua City	3155	2497	1323	8187	6512	2861	28.0
泸州市	Luzhou City	2883	2379	1361	8197	6530	2593	33.0
德阳市	Deyang City	3257	2544	1278	8500	7220	2795	32.0
绵阳市	Mianyang City	2902	2142	1105	7708	6047	2376	32.0
广元市	Guangyuan City	1846	1354	724	5608	4647	1911	35.0
遂宁市	Suining City	2519	1950	1120	5920	4793	2175	30.0
内江市	Neijiang City	2723	2114	1078	5416	4656	2079	32.0
乐山市	Leshan City	2927	2136	1223	7161	6521	2659	39.0
南充市	Nanchong City	2345	1783	968	7208	5701	2575	29.0
眉山市	Meishan City	2970	2068	1178	6646	4940	2137	32.0
宜宾市	Yibin City	2796	2193	1254	7125	5522	2343	36.0
广安市	Guangan City	2606	1947	1081	6611	4833	2222	31.0
达州市	Dazhou City	2723	2095	1219	5904	4802	1681	34.0
雅安市	Yaan City	2513	2198	1130	7093	5478	2311	34.0
巴中市	Bazhong City	1831	1673	921	5888	5450	2507	30.0
资阳市	Ziyang City	2681	1882	1193	7004	6304	2706	34.0
阿坝藏族羌族自治州	Aba Zang & Qiang A.P	1634	1435	831				24.0
甘孜藏族自治州	Ganzi Zang A.P	1161	1006	748				20.0
凉山彝族自治州	Liangshan Yi A.P	2156	1561	1075	6905	5239	2475	24.0
贵州省	**Guizhou**	**1722**	**1296**	**754**	**7322**	**5495**	**2260**	**22.1**
贵阳市	Guiyang City	2809	1967	866	8989	6912	2750	31.3
六盘水市	Liupanshui City	1672	1161	717	7177	4889	2424	22.3
遵义市	Zunyi City	2120	1343	732	7256	5393	2189	26.6
安顺市	Anshun City	1656	1192	693	6752	4761	2212	18.4
铜仁地区	Tongren Prefecture	1582	1359	719	5953	4849	1683	24.1
黔西南布依族苗族自治州	Southwest Guizhou Buyi & Miao A.P	1646	1413	769	7355	5136	1981	21.0
毕节地区	Bijie Prefecture	1627	1161	690	5579	3918	1705	19.3
黔东南苗族侗族自治州	Southeast Guizhou Miao & Dong A.P	1588	1278	731	7063	5139	2033	19.3
黔南布依族苗族自治州	South Guizhou Buyi & Miao A.P	1675	1272	700	6565	5102	1989	24.3
云南省	**Yunnan**	**1864**	**1570**	**847**	**8871**	**6837**	**2896**	**23.5**
昆明市	Kunming City	2909	2392	1023	9046	7025	3029	
曲靖市	Qujing City	1898	1555	851	8341	6222	2395	
玉溪市	Yuxi City	3009	2578	1108	8412	6645	2500	

3-9 续表 8 continued

地 区	Region	农村居民人均纯收入（元）Rural Household Per Capita Net Income (yuan)	农村居民人均支出（元）Rural Household Per Capita Expenditures (yuan)	#食品支出 Food	城镇居民人均可支配收入（元）Urban Household Disposable Income (yuan)	城镇居民人均消费性支出（元）Urban Household Living Expenditures for Consumption (yuan)	#食品支出 Food	农村人均住房面积（平方米）Per Capita Living Space in Rural Areas (sq.m)
保山市	Baoshan City	1721	1442	856	8549	6760	2789	
昭通市	Zhaotong City	1171	1106	679	7712	5986	2324	
丽江市	Lijiang City	1324	1021	579	9116	5732	2761	
思茅市	Simao City	1415			6960	5011	2322	
临沧市	Lincang City	1222	960	625	6927	5352	2162	
楚雄彝族自治州	Chuxiong Yi A.P	2022	1751	1006	8693	6100	2591	
红河哈尼族彝族自治州	Honghe Hani & Yi A.P	1807	1547	755				
文山壮族苗族自治州	Wenshan Zhuang & Miao A.P	1247	1166	777	8295	6336	2809	
西双版纳傣族自治州	Xishuangbanna Dai A.P	2012			7363	6152	2918	
大理白族自治州	Dali Bai A.P	2090	1987	917	8758	7101	2614	
德宏傣族景颇族自治州	Dehong Dai & Jingpo A.P	1394	1284	710	8085	6487	2458	
怒江傈僳族自治州	Nujiang Lisu A.P	969	940	571				
迪庆藏族自治州	Diqing Zang A.P	1276	1145	629	8993	6580	3048	
西藏自治区	**Tibet**	**1861**	**1233**	**703**	**8200**	**8338**	**3799**	**21.3**
拉萨市	Lhasa City							
昌都地区	Qamdu Prefecture							
山南地区	Lhokha Prefecture							
日喀则地区	Xigaze Prefecture							
那曲地区	Narqu Prefecture							
阿里地区	Ngri Prefecture							
林芝地区	Nyingchi Prefecture							
其他	Others							
陕西省	**Shaanxi**	**1867**	**1618**	**686**	**7492**	**6233**	**1883**	**26.9**
西安市	Xian City	3143	2277	812	8544	7428	2685	34.7
铜川市	Tongchuan City	1810			5114	4508	1786	25.0
宝鸡市	Baoji City	2031	1541	611	7811	5693	2084	21.6
咸阳市	Xianyang City	2100	1490	567	8257	6439	2178	33.3
渭南市	Weinan City	1742	1429	560	6631	4964	1725	27.7
延安市	Yanan City	1953			6334	6681	1941	
汉中市	Hanzhong City	1765	1497	751	6138	4848	1994	33.0
榆林市	Yulin City	1652	1561	623	5990	5128	1635	20.3
安康市	Ankang City	1652	1647	804	5767	4715	1844	28.0
商洛市	Shangluo City	1420	1329	556	6559	4255	1381	27.0
其他	Others	3169						24.3
甘肃省	**Gansu**	**1852**	**1464**	**703**	**7377**	**5937**	**2204**	**17.9**
兰州市	Lanzhou City	2250	1871	802	7683	6483	2450	20.3
嘉峪关市	Jiayuguan City	4407	3521	1532	9380	7688	2702	30.4
金昌市	Jinchang City	3597	2420	994	9417	8543	2965	24.7
白银市	Baiyin City	1895	1530	705	7254	5377	2230	18.8
天水市	Tianshui City	1440	1250	640	6424	5172	1851	14.7
武威市	Wuwei City	2535	1107	438	5995	4782	1916	27.5
张掖市	Zhangye City	3535	2494	1037	6995	5994	2087	26.6
平凉市	Pingliang City	1715	1334	612	6485	4789	1906	16.5
酒泉市	Jiuquan City	4174	3118	1079	8282	6534	2297	36.2
庆阳市	Qingyang City	1633	1268	545	6252	5152	1847	18.5
定西市	Dingxi City	1590	1261	722	5917	4426	1794	13.2

3-9 续表 9 continued

地 区	Region	农村居民人均纯收入（元）Rural Household Per Capita Net Income (yuan)	农村居民人均支出（元）Rural Household Per Capita Expenditures (yuan)	#食品支出 Food	城镇居民人均可支配收入（元）Urban Household Disposable Income (yuan)	城镇居民人均消费性支出（元）Urban Household Living Expenditures for Consumption (yuan)	#食品支出 Food	农村人均住房面积（平方米）Per Capita Living Space in Rural Areas (sq.m)
陇南市	Longnan City	1252	1029	556	5630	4883	1876	16.8
临夏回族自治州	Linxia Hui A.P	1284	1038	534	4513	3390	1433	16.9
甘南藏族自治州	Gannan Zang A.P	1433	1242	722	4652	3914	1435	19.8
青海省	**Qinghai**	**2005**	**1676**	**813**	**7320**	**5759**	**2056**	**17.29**
西宁市	Xining City	2321	1745	631	7626	5876	2132	24.71
海东地区	Haidong Prefecture	1764	1337	510	6391	5442	1995	19.37
海北藏族自治州	Haibei Zang A.P	1849	1675	930	7051	5929	2239	16.16
海南藏族自治州	Hainan Zang A.P	2258	1735	773	6300	5142	1817	15.80
黄南藏族自治州	Huangnan Zang AP	1659	1488	717	6751	4574	1961	9.54
果洛藏族自治州	Golog Zang A.P	1808	1428	873	7638	6123	3143	8.06
玉树藏族自治州	Yushu Zang A.P	1662	1158	852	7883	5868	2699	13.61
海西蒙古族藏族自治州	Haixi Mongolian & Zang A.P	2120	2011	663	7899	6627	2171	20.47
宁夏回族自治区	**Ningxia**	**2320**	**1927**	**809**	**7218**	**5821**	**2156**	**21.4**
银川市	Yinchuan City	3388	2510	939	7984	6729	2515	28.9
石嘴山市	Shizuishan City	3454	2570	1076	6954	5335	2037	28.5
吴忠市	Wuzhong City	2699	2133	861	6668	5307	1956	25.9
固原市	Guyuan City	1489	1363	705	6376	4766	1778	14.4
中卫市	Zhongwei City	2359	2146	744	6561	5202	1720	21.4
新疆维吾尔自治区	**Xinjiang**	**2245**	**1690**	**763**	**7503**	**5774**	**2083**	**19.1**
乌鲁木齐市	Urumqi City							
克拉玛依市	Karamay City							
石河子市	Shihezi City							
吐鲁番地区	Turpan Prefecture							
哈密地区	Hami Prefecture							
昌吉回族自治州	Changji Hui A.P	4328	2646	1104				27.8
博尔塔拉蒙古自治州	Bortala Mongolian A.P							
巴音郭楞蒙古自治州	Bayingolin Mongolian A.P	3624	2633	1116				24.1
阿克苏地区	Aksu Prefecture	2920	1887	826				20.3
克孜勒苏柯尔克孜自治州	Kizilsu Kirgiz A.P							
喀什地区	Kashi Prefecture	1589	1072	564				15.9
和田地区	Hotan Prefecture	1133	881	485				14.5
伊犁哈萨克自治州	Ili Kazak A.P	2576	1641	705				17.9
塔城地区	Tacheng Prefecture	2903	2327	1176				20.0
阿勒泰地区	Altay Prefecture	2831	1655	969				16.4
阿拉尔市	Alar City							
图木舒克市	Tumxuk City							
五家渠市	Wujiaqu City							
兵团	Corps							

3-10 城市供水和交通（2004年）

Water Supply,Bus and Taxi in Cities (2004)

地　区	Region	城市建成区面积（平方公里）Urban Developed Areas (sq.km)	供水管道长度（公里）Length of Water Supply Pipelines (km)	供水总量（万吨）Total Volume of Water Supply (10000 tons)	#生活用 Residential Use	用水人口（万人）Number of Residents with Access to Tap Water (10000 persons)	市内公共电汽车数（辆）Public Buses and Trolley Buses	出租汽车数（辆）Number of Taxis
北京市	**Beijing**	**1182.3**	**17018**	**150206**	**56825**	**1187.0**	**20819**	**55463**
东城区	Dongcheng District							
西城区	Xicheng District							
崇文区	Chongwen District							
宣武区	Xuanwu District							
朝阳区	Chaoyang District							
丰台区	Fengtai District							
石景山区	Shijingshan District							
海淀区	Haidian District							
门头沟区	Mentougou District							
房山区	Fangshan District							
通州区	Tongzhou District							
顺义区	Shunyi District							
昌平区	Changping District							
大兴区	Daxing District							
怀柔区	Huairou District							
平谷区	Pinggu District							
密云县	Miyun County							
延庆县	Yanqing County							
天津市	**Tianjin**	**500.1**	**6781**	**64490**	**17783**	**632.0**	**6331**	**31939**
和平区	Heping District							
河东区	Hedong District							
河西区	Hexi District							
南开区	Nankai District							
河北区	Hebei District							
红桥区	Hongqiao District							
塘沽区	Tanggu District							
汉沽区	Hangu District							
大港区	Dagang District							
东丽区	Dongli District							
西青区	Xiqing District							
津南区	Jinnan District							
北辰区	Beichen District							
武清区	Wuqing District							
宝坻区	Baodi District							
宁河县	Ninghe County							
静海县	Jinghai County							
蓟县	Ji County							
其他	Others							
河北省	**Hebei**	**1248.4**	**11055**	**161727**	**49322**	**1291.2**	**9893**	**43329**
石家庄市	Shijiazhuang City	222.3	1724	33590	8920	257.4	1978	7768
唐山市	Tangshan City	221.3	1758	36581	11003	207.6	1871	4376
秦皇岛市	Qinhuangdao City	81.4	867	10598	2790	75.9	642	3567
邯郸市	Handan City	120.2	1751	21645	5573	154.3	1580	5303
邢台市	Xingtai City	73.1	555	9668	2602	75.6	539	3508
保定市	Baoding City	153.3	1010	15953	5814	160.8	885	3922
张家口市	Zhangjiakou City	76.8	467	10958	3305	86.1	650	3650

3-10 续表 1 continued

地　区	Region	城市建成区面积(平方公里) Urban Developed Areas (sq.km)	供水管道长度(公里) Length of Water Supply Pipelines (km)	供水总量(万吨) Total Volume of Water Supply (10000 tons)	#生活用 Residential Use	用水人口(万人) Number of Residents with Access to Tap Water (10000 persons)	市内公共电汽车数(辆) Public Buses and Trolley Buses	出租汽车数(辆) Number of Taxis
承德市	Chengde City	40.0	264	6689	2530	45.8	442	1883
沧州市	Cangzhou City	118.0	1327	7168	3254	113.6	592	5281
廊坊市	Langfang City	79.5	826	4855	2241	59.1	466	2200
衡水市	Hengshui City	62.6	506	4022	1290	55.0	248	1871
其他	Others							
山西省	**Shanxi**	**675.0**	**5938**	**77733**	**24896**	**759.0**	**4171**	**26698**
太原市	Taiyuan City	183.8	906	26804	10614	266.5	1529	8535
大同市	Datong City	88.6	1055	11263	3704	136.0	483	4605
阳泉市	Yangquan City	49.1	835	4227	1178	44.1	295	1895
长治市	Changzhi City	45.8	515	8696	2462	54.0	346	1882
晋城市	Jincheng City	41.0	491	2037	919	32.3	156	1590
朔州市	Shuozhou City	29.4	325	8310	880	21.7	122	903
晋中市	Jinzhong City	51.3	374	4034	1258	38.0	366	1202
运城市	Yuncheng City	53.7	236	3801	765	55.8	300	1898
忻州市	Xinzhou City	27.9	254	2562	649	22.1	106	795
临汾市	Linfen City	70.9	551	4572	1923	62.5	294	2555
吕梁市	Luliang City	33.5	398	1427	544	26.0	174	838
内蒙古自治区	**Inner Mongolia**	**699.3**	**5718**	**61307**	**12450**	**517.2**	**3314**	**31133**
呼和浩特市	Hohhot City	135.0	558	12574	2582	104.0	729	3950
包头市	Baotou City	150.0	1739	22127	3021	128.2	984	5556
乌海市	Wuhai City	55.8	556	8617	1196	37.9	405	951
赤峰市	Chifeng City	46.2	455	4200	549	44.1	155	3051
通辽市	Tongliao City	47.3	667	3495	1028	38.8	196	2486
鄂尔多斯市	Erdos City	23.0	290	1070	760	22.6	105	2200
呼伦贝尔市	Hulunbuir City	112.6	568	3830	1729	50.1	340	4345
巴彦淖尔市	Bayannur City	19.0	100	491	305	20.2	104	1540
乌兰察布市	Ulanqab City	45.0	286	3400	629	35.3	97	3150
兴安盟	Xingan League	28.6	110	626	213	19.5	143	1942
锡林郭勒盟	Xilingol League	36.8	389	877	438	16.6	56	1962
阿拉善盟	Alxa League							
其他	Others							
辽宁省	**Liaoning**	**1737.3**	**23636**	**281080**	**64671**	**1896.2**	**16969**	**84578**
沈阳市	Shenyang City	305.5	3247	60013	15873	459.5	4786	19178
大连市	Dalian City	320.5	4392	36838	17495	337.1	4131	15859
鞍山市	Anshan City	161.1	2909	48044	6166	163.0	1980	7195
抚顺市	Fushun City	122.0	1559	15160	3222	130.6	1536	4522
本溪市	Benxi City	106.5	620	31262	1680	83.0	538	2594
丹东市	Dandong City	86.7	1216	9638	2483	90.0	533	2926
锦州市	Jinzhou City	82.2	812	19145	2902	105.0	579	4660
营口市	Yingkou City	134.0	2022	9922	3494	131.6	670	6310
阜新市	Fuxin City	49.4	2309	7247	2050	77.0	377	2760
辽阳市	Liaoyang City	88.6	1255	16671	1901	75.5	386	2900
盘锦市	Panjin City	53.2	624	8184	1903	57.2	406	3226
铁岭市	Tieling City	73.5	948	5967	2234	66.3	526	4048
朝阳市	Chaoyang City	64.4	786	7166	2013	70.5	221	3350
葫芦岛市	Huludao City	89.8	937	5823	1255	50.1	300	5050

3-10 续表 2 continued

地 区	Region	城市建成区面积(平方公里) Urban Developed Areas (sq.km)	供水管道长度(公里) Length of Water Supply Pipelines (km)	供水总量(万吨) Total Volume of Water Supply (10000 tons)	#生活用 Residential Use	用水人口(万人) Number of Residents with Access to Tap Water (10000 persons)	市内公共电汽车数(辆) Public Buses and Trolley Buses	出租汽车数(辆) Number of Taxis
吉林省	**Jilin**	**884.7**	**6535**	**151694**	**31950**	**811.3**	**8340**	**53744**
长春市	Changchun City	256.1	1899	32939	12957	289.5	3823	20879
吉林市	Jilin City	217.8	1358	87547	6623	163.1	1348	7793
四平市	Siping City	72.8	510	4153	1755	59.8	519	4255
辽源市	Liaoyuan City	39.0	272	2489	576	43.0	289	4090
通化市	Tonghua City	75.2	602	5968	2763	62.1	377	3438
白山市	Baishan City	31.0	245	1824	624	28.6	287	1193
松原市	Songyuan City	32.8	356	2778	1810	31.6	456	2177
白城市	Baicheng City	64.3	405	5273	2070	48.3	384	4296
延边朝鲜族自治州	Yanbian Korean A.P	95.6	888	8723	2772	85.4	857	5623
其他	Others							
黑龙江省	**Heilongjiang**	**1417.6**	**10580**	**128376**	**49912**	**1134.4**	**9976**	**56297**
哈尔滨市	Harbin City	364.9	1613	40941	22707	357.8	4480	13718
齐齐哈尔市	Qiqihar City	111.7	1065	9503	4240	119.2	584	4561
鸡西市	Jixi City	105.9	1544	7347	3194	91.8	437	4217
鹤岗市	Hegang City	58.2	507	3925	1615	53.6	376	1615
双鸭山市	Shuangyashan City	58.8	261	1994	900	44.5	190	1700
大庆市	Daqing City	148.4	1400	29017	5267	99.6	1517	5204
伊春市	Yichun City	174.5	1635	4720	1431	50.5	285	2496
佳木斯市	Jiamusi City	81.1	582	8541	3234	81.6	494	3385
七台河市	Qitaihe City	85.3	412	3345	1995	38.4	266	1550
牡丹江市	Mudanjiang City	100.7	737	13157	3087	95.1	857	4868
黑河市	Heihe City	40.9	250	1144	384	19.0	185	1563
绥化市	Suihua City	87.2	574	4742	1858	83.4	305	11420
大兴安岭地区	Daxinganling Prefecture							
其他	Others							
上海市	**Shanghai**	**781.0**	**23497**	**323454**	**100256**	**1289.1**	**18186**	**48709**
黄浦区	Huangpu District							
卢湾区	Luwan District							
徐汇区	Xuhui District							
长宁区	Changning District							
静安区	Jingan District							
普陀区	Putuo District							
闸北区	Zhabei District							
虹口区	Hongkou District							
杨浦区	Yangpu District							
闵行区	Minhang District							
宝山区	Baoshan District							
嘉定区	Jiading District							
浦东新区	Pudong New District							
金山区	Jinshan District							
松江区	Songjiang District							
青浦区	Qingpu District							
南汇区	Nanhui District							
奉贤区	Fengxian District							
崇明县	Chongming County							
其他	Others							

3-10 续表 3 continued

地 区	Region	城市建成区面积(平方公里) Urban Developed Areas (sq.km)	供水管道长度(公里) Length of Water Supply Pipelines (km)	供水总量(万吨) Total Volume of Water Supply (10000 tons)	#生活用 Residential Use	用水人口(万人) Number of Residents with Access to Tap Water (10000 persons)	市内公共电汽车数(辆) Public Buses and Trolley Buses	出租汽车数(辆) Number of Taxis
江苏省	**Jiangsu**	**2252.9**	**42565**	**392462**	**126089**	**2273.7**	**19079**	**40746**
南京市	Nanjing City	484.3	6678	116275	31053	430.1	4796	9098
无锡市	Wuxi City	279.0	6376	36135	15598	277.4	2453	4725
徐州市	Xuzhou City	146.6	1562	17245	4111	160.3	1407	3536
常州市	Changzhou City	124.9	5342	35086	12630	227.2	2716	2149
苏州市	Suzhou City	420.8	9383	82051	21708	347.6	2211	6123
南通市	Nantong City	109.4	2408	22155	11115	145.1	954	2661
连云港市	Lianyungang City	69.7	810	8204	2813	63.3	226	933
淮安市	Huaian City	80.0	1894	7016	2804	81.9	608	903
盐城市	Yancheng City	112.0	1192	10098	4607	100.5	410	1276
扬州市	Yangzhou City	139.1	1887	19128	6607	129.3	1098	3311
镇江市	Zhenjiang City	129.6	2594	23390	6146	152.1	974	2257
泰州市	Taizhou City	125.5	1979	14379	6267	137.5	909	2924
宿迁市	Suqian City	32.0	461	1300	630	21.5	317	850
浙江省	**Zhejiang**	**1508.5**	**25390**	**242488**	**80673**	**1321.9**	**15115**	**28779**
杭州市	Hangzhou City	330.5	5126	71957	22417	284.9	4542	8740
宁波市	Ningbo City	185.7	3730	47146	14704	182.0	3080	4337
温州市	Wenzhou City	154.3	2213	28443	14076	175.7	2177	5205
嘉兴市	Jiaxing City	139.4	1547	17124	4071	74.8	708	1537
湖州市	Huzhou City	52.9	2391	6797	2649	42.9	478	912
绍兴市	Shaoxing City	149.2	2150	16407	4276	130.5	1535	2007
金华市	Jinhua City	199.6	3761	15975	6520	158.7	952	2657
衢州市	Quzhou City	52.5	828	14778	2499	40.1	472	421
舟山市	Zhoushan City	50.8	920	3892	1326	28.7	262	1002
台州市	Taizhou City	166.2	2348	16080	6616	178.1	797	1561
丽水市	Lishui City	27.6	376	3889	1519	25.6	112	400
安徽省	**Anhui**	**1123.4**	**8003**	**201047**	**51391**	**977.5**	**8323**	**35005**
合肥市	Hefei City	148.3	942	20690	9355	153.3	2322	6500
芜湖市	Wuhu City	87.5	866	18775	4346	70.8	788	3130
蚌埠市	Bengbu City	73.7	566	10235	2006	66.5	540	2311
淮南市	Huainan City	92.3	549	18205	5429	105.6	885	2300
马鞍山市	Maanshan City	64.0	411	46510	4234	51.6	641	2895
淮北市	Huaibei City	43.9	406	9850	3191	63.5	948	1890
铜陵市	Tongling City	33.2	346	16680	2425	39.1	297	1574
安庆市	Anqing City	80.1	803	23862	3348	65.7	301	2180
黄山市	Huangshan City	32.2	392	2402	1034	38.3	113	347
滁州市	Chuzhou City	76.0	541	4513	2230	61.4	113	2148
阜阳市	Fuyang City	79.3	528	9091	4450	72.0	475	1782
宿州市	Suzhou City	69.0	308	3911	1370	44.0	166	1298
巢湖市	Chaohu City	64.3	339	4684	1877	37.7	169	1850
六安市	Liuan City	66.7	330	4202	2664	36.0	250	1908
亳州市	Bozhou City	50.6	132	2930	720	24.2	79	1042
池州市	Chizhou City	23.2	217	2010	1430	19.6	46	570
宣城市	Xuancheng City	39.1	328	2497	1282	28.2	190	1280
其他	Others							

3-10 续表 4 continued

地 区	Region	城市建成区面积(平方公里) Urban Developed Areas (sq.km)	供水管道长度(公里) Length of Water Supply Pipelines (km)	供水总量(万吨) Total Volume of Water Supply (10000 tons)	#生活用 Residential Use	用水人口(万人) Number of Residents with Access to Tap Water (10000 persons)	市内公共电汽车数(辆) Public Buses and Trolley Buses	出租汽车数(辆) Number of Taxis
福建省	**Fujian**	**628.3**	**6765**	**118094**	**45444**	**625.2**	**6959**	**13335**
福州市	Fuzhou City	183.8	1881	27815	15858	188.3	1961	4395
厦门市	Xiamen City	111.5	1426	19784	6133	85.0	1967	3437
莆田市	Putian City	30.0	471	7434	3086	38.1	517	632
三明市	Sanming City	31.9	682	17385	2525	34.4	346	357
泉州市	Quanzhou City	101.6	1167	19723	7359	101.2	846	1246
漳州市	Zhangzhou City	56.2	320	6298	2828	57.0	214	1173
南平市	Nanping City	52.0	364	9225	3400	53.8	491	976
龙岩市	Longyan City	34.9	197	6944	2005	32.4	321	249
宁德市	Ningde City	26.5	256	3486	2250	35.0	296	870
江西省	**Jiangxi**	**631.6**	**5548**	**147754**	**45518**	**639.2**	**5161**	**9247**
南昌市	Nanchang City	135.0	1892	38121	15638	203.7	1650	3539
景德镇市	Jingdezhen City	59.6	335	10093	2200	49.0	303	595
萍乡市	Pingxiang City	58.0	378	5854	3651	46.4	552	600
九江市	Jiujiang City	60.9	380	30274	5182	66.4	877	1598
新余市	Xinyu City	38.0	330	8446	2764	37.5	226	232
鹰潭市	Yingtan City	39.6	184	30263	1080	23.6	120	210
赣州市	Ganzhou City	65.7	824	6198	2710	61.5	482	646
吉安市	Jian City	34.7	301	2970	1472	21.9	126	380
宜春市	Yichun City	78.3	477	9166	6703	67.6	532	646
抚州市	Fuzhou City	33.7	203	2911	1849	34.1	182	329
上饶市	Shangrao City	28.1	244	3458	2269	27.6	111	472
山东省	**Shandong**	**2395.6**	**27944**	**263900**	**92607**	**2444.5**	**18027**	**48756**
济南市	Jinan City	240.6	1663	33183	17736	273.0	3450	8051
青岛市	Qingdao City	333.3	4873	43712	18207	388.9	4508	9031
淄博市	Zibo City	169.7	1706	22828	4618	196.9		
枣庄市	Zaozhuang City	142.5	1318	16806	3278	124.3	1729	1688
东营市	Dongying City	85.1	1756	18469	1500	69.8	623	3830
烟台市	Yantai City	292.6	3806	18699	6378	225.3	712	2535
潍坊市	Weifang City	285.2	2318	25381	9416	237.6	1078	4267
济宁市	Jining City	107.5	2218	17348	5422	157.8	741	2416
泰安市	Taian City	129.9	2511	13944	6192	169.5	925	1792
威海市	Weihai City	137.5	2036	9076	3311	106.4	741	2336
日照市	Rizhao City	54.9	535	5502	2520	86.6	620	1356
莱芜市	Laiwu City	55.0	328	5352	2638	64.1	731	1906
临沂市	Linyi City	123.0	1061	9708	2954	107.0	868	3376
德州市	Dezhou City	78.1	559	7468	2865	67.7	540	2833
聊城市	Liaocheng City	71.9	851	9820	3443	116.1	449	2100
滨州市	Binzhou City	40.0	230	3205	1419	21.5	176	
菏泽市	Heze City	48.7	176	3399	710	32.1	136	1239
河南省	**Henan**	**1422.4**	**12065**	**184107**	**57225**	**1438.6**	**12272**	**49888**
郑州市	Zhengzhou City	271.6	2241	29559	9599	319.5	3712	13088
开封市	Kaifeng City	70.0	751	10002	3965	77.7	365	2800
洛阳市	Luoyang City	143.6	1142	17477	6160	135.2	826	5475
平顶山市	Pingdingshan City	82.7	707	15408	6648	100.1	764	2303
安阳市	Anyang City	89.2	817	18324	3400	83.3	699	2331

3-10 续表 5 continued

地 区	Region	城市建成区面积(平方公里) Urban Developed Areas (sq.km)	供水管道长度(公里) Length of Water Supply Pipelines (km)	供水总量(万吨) Total Volume of Water Supply (10000 tons)	#生活用 Residential Use	用水人口(万人) Number of Residents with Access to Tap Water (10000 persons)	市内公共电汽车数(辆) Public Buses and Trolley Buses	出租汽车数(辆) Number of Taxis
鹤壁市	Hebi City	40.4	263	4627	1252	34.4	338	736
新乡市	Xinxiang City	110.1	738	12773	3905	103.8	684	5380
焦作市	Jiaozuo City	101.4	708	14072	3088	92.9	794	1673
濮阳市	Puyang City	33.7	289	4478	1260	33.1	529	
许昌市	Xuchang City	73.7	535	5155	1994	64.5	718	2904
漯河市	Luohe City	38.8	363	8632	1432	35.5	607	1100
三门峡市	Sanmenxia City	51.1	301	4604	1865	49.3	352	1585
南阳市	Nanyang City	85.4	801	10594	2296	97.2	497	1403
商丘市	Shangqiu City	73.4	407	7222	4383	86.6	527	3950
信阳市	Xinyang City	43.2	1373	5178	2311	42.4	173	1830
周口市	Zhoukou City	53.0	300	10199	1870	40.1	291	1280
驻马店市	Zhumadian City	38.2	181	3042	1217	22.0	159	1530
其他	Others	23.0	149	2761	580	21.0	237	520
湖北省	**Hubei**	**1432.1**	**16197**	**260359**	**130081**	**1580.6**	**17330**	**27111**
武汉市	Wuhan City	218.2	5730	76466	42450	393.8	5213	12137
黄石市	Huangshi City	79.1	730	21561	10360	80.8	1196	1100
十堰市	Shiyan City	84.6	431	14390	5162	64.8	699	882
宜昌市	Yichang City	124.7	1314	18443	9220	128.8	2885	799
襄樊市	Xiangfan City	143.1	1068	20854	12499	157.7	1069	2885
鄂州市	Ezhou City	45.0	509	25296	4157	39.1	449	400
荆门市	Jingmen City	65.8	410	8976	4467	64.6	733	545
孝感市	Xiaogan City	95.2	447	11143	6376	88.3	659	930
荆州市	Jingzhou City	134.9	1860	17658	9843	188.5	1216	2290
黄冈市	Huanggang City	72.7	635	7832	3901	74.3	801	1258
咸宁市	Xianning City	50.4	300	6050	3311	43.0	322	670
随州市	Suizhou City	99.0	556	7398	4158	85.2	720	920
恩施土家族苗族自治州	Enshi Tujia & Miao A.P	28.8	245	3108	1949	39.0	114	700
其他	Others	190.7	1962	21184	12228	132.9	1254	1595
湖南省	**Hunan**	**1002.7**	**9117**	**237938**	**79214**	**886.4**	**9344**	**23021**
长沙市	Changsha City	161.4	1416	40753	19695	208.5	2410	6678
株洲市	Zhuzhou City	94.0	737	19779	6467	67.2	800	2011
湘潭市	Xiangtan City	89.5	1111	48107	6525	84.9	637	1218
衡阳市	Hengyang City	127.1	830	22453	5380	110.6	701	2058
邵阳市	Shaoyang City	67.5	536	9150	3169	51.8	458	1076
岳阳市	Yueyang City	99.6	915	45783	13244	73.3	694	1954
常德市	Changde City	67.2	593	12577	5068	52.4	682	1326
张家界市	Zhangjiajie City	19.1	314	2085	881	16.4	332	1196
益阳市	Yiyang City	53.1	292	7347	2793	45.3	455	1349
郴州市	Chenzhou City	51.9	606	10477	4421	41.4	570	1080
永州市	Yongzhou City	42.1	472	4939	2319	32.0	791	356
怀化市	Huaihua City	41.0	658	5600	3947	39.9	362	927
娄底市	Loudi City	71.0	384	5655	3467	48.4	357	1192
湘西土家族苗族自治州	West Hunan Tujia A.P	18.3	253	3233	1838	14.4	95	600
其他	Others							
广东省	**Guangdong**	**3306.1**	**39036**	**707001**	**242865**	**3154.9**	**16737**	**34094**
广州市	Guangzhou City	703.0	12070	194239	78392	618.4	7796	16267

3-10 续表 6 continued

地 区	Region	城市建成区面积(平方公里) Urban Developed Areas (sq.km)	供水管道长度(公里) Length of Water Supply Pipelines (km)	供水总量(万吨) Total Volume of Water Supply (10000 tons)	#生活用 Residential Use	用水人口(万人) Number of Residents with Access to Tap Water (10000 persons)	市内公共电汽车数(辆) Public Buses and Trolley Buses	出租汽车数(辆) Number of Taxis
韶关市	Shaoguan City	68.9	528	11533	3558	60.7	256	1083
深圳市	Shenzhen City	551.0	6402	135025	52842	597.6		
珠海市	Zhuhai City	105.6	1530	23051	9172	128.4	1138	1882
汕头市	Shantou City	192.9	1485	27548	11630	415.2	439	2109
佛山市	Foshan City	126.3	2234	41307	12682	113.2	1379	2094
江门市	Jiangmen City	176.0	2012	32515	12320	164.5	764	870
湛江市	Zhanjiang City	116.9	1221	14468	8208	171.8	395	1019
茂名市	Maoming City	95.9	674	16885	5599	128.5	229	490
肇庆市	Zhaoqing City	85.0	866	12759	4543	69.9	318	745
惠州市	Huizhou City	74.5	1124	16327	5774	87.0	544	778
梅州市	Meizhou City	44.0	396	3646	2079	43.4	143	387
汕尾市	Shanwei City	32.2	1270	3580	2278	41.8	139	30
河源市	Heyuan City	12.0	203	2930	950	27.1	65	207
阳江市	Yangjiang City	49.1	459	4194	2754	45.8	36	22
清远市	Qingyuan City	63.2	931	5282	2274	66.7	318	270
东莞市	Dongguan City	649.7	3580	136000	13800	160.6	1757	4780
中山市	ZhongShan City	33.4	645	7548	3244	26.9	691	
潮州市	Chaozhou City	37.7	303	5726	3109	34.3	100	470
揭阳市	Jieyang City	50.4	526	8840	5289	111.8	120	421
云浮市	Yunfu City	38.5	579	3598	2368	41.4	110	170
广西壮族自治区	**Guangxi**	**709.7**	**8011**	**132320**	**48477**	**620.9**	**4748**	**11324**
南宁市	Nanning City	125.0	1301	27538	11941	132.0	1788	3450
柳州市	Liuzhou City	103.9	1627	41025	10103	96.9	799	1074
桂林市	Guilin City	58.3	711	12173	4675	57.2	574	2897
梧州市	Wuzhou City	39.2	387	5546	2476	42.7	228	560
北海市	Beihai City	34.1	601	3539	1926	36.0	171	576
防城港市	Fangchenggang City	24.9	260	2618	1092	14.0	112	185
钦州市	Qinzhou City	63.9	364	2743	1789	37.3	118	200
贵港市	Guigang City	63.9	665	13610	3686	47.2	172	428
玉林市	Yulin City	63.8	557	6642	2936	58.6	182	629
百色市	Baise City	29.8	211	2214	1893	14.8	90	200
贺州市	Hezhou City	34.0	521	2270	947	19.2	82	124
河池市	Hechi City	26.2	354	8028	2558	30.1	219	239
来宾市	Laibin City	23.7	198	2567	1227	18.4	70	598
崇左市	Chongzuo City	19.2	252	1807	1228	16.5	143	164
海南省	**Hainan**	**164.3**	**1570**	**20446**	**11543**	**141.7**	**1163**	**3987**
海口市	Haikou City	62.6	562	12460	6765	81.5	762	1929
三亚市	Sanya City	20.0	378	3721	1916	15.7	225	1108
其他	Others							
重庆市	**Chongqing**	**514.3**	**6414**	**71653**	**30769**	**644.7**	**6778**	**15665**
万州区	Wanzhou District							
涪陵区	Fuling District							
渝中区	Yuzhong District							
大渡口区	Dadukou District							
江北区	Jiangbei District							
沙坪坝区	Shapingba District							

3-10 续表 7 continued

地 区	Region	城市建成区面积(平方公里) Urban Developed Areas (sq.km)	供水管道长度(公里) Length of Water Supply Pipelines (km)	供水总量(万吨) Total Volume of Water Supply (10000 tons)	#生活用 Residential Use	用水人口(万人) Number of Residents with Access to Tap Water (10000 persons)	市内公共电汽车数(辆) Public Buses and Trolley Buses	出租汽车数(辆) Number of Taxis
九龙坡区	Jiulongpo District							
南岸区	Nanan District							
北碚区	Beibei District							
万盛区	Wansheng District							
双桥区	Shuangqiao District							
渝北区	Yubei District							
巴南区	Banan District							
黔江区	Qianjiang District							
长寿区	Changshou District							
其他	Others							
四川省	**Sichuan**	**1393.9**	**13403**	**169744**	**75115**	**1291.4**	**9792**	**24766**
成都市	Chengdu City	484.2	4904	60004	27175	431.1	4389	10072
自贡市	Zigong City	43.9	401	6147	2963	57.1	544	1437
攀枝花市	Panzhihua City	42.0	518	9519	3199	54.1	627	1437
泸州市	Luzhou City	51.6	533	9470	3432	53.2	485	1593
德阳市	Deyang City	127.2	1325	13886	3899	77.3	278	961
绵阳市	Mianyang City	95.2	896	10143	4835	92.6	713	1357
广元市	Guangyuan City	55.6	451	5417	1977	36.5	117	468
遂宁市	Suining City	49.1	255	3937	2344	42.1	148	440
内江市	Neijiang City	26.5	421	5716	1979	38.7	452	700
乐山市	Leshan City	90.6	691	8233	3822	68.9	299	921
南充市	Nanchong City	67.6	616	10762	4865	94.8	391	1220
眉山市	Meishan City	44.3	213	3065	2057	29.8	162	418
宜宾市	Yibin City	32.5	522	4731	2320	38.2	297	454
广安市	Guangan City	63.7	248	3644	1523	33.6	146	453
达州市	Dazhou City	28.0	515	3815	2245	35.3	212	1129
雅安市	Yaan City	14.1	114	2709	908	16.0	36	344
巴中市	Bazhong City	15.6	157	2544	1759	23.6	127	326
资阳市	Ziyang City	35.4	361	4121	2422	44.4	155	736
阿坝藏族羌族自治州	Aba Zang & Qiang A.P							
甘孜藏族自治州	Ganzi Zang A.P							
凉山彝族自治州	Liangshan Yi A.P	26.9	262	1881	1391	24.1	214	300
贵州省	**Guizhou**	**332.3**	**3403**	**53680**	**24210**	**449.0**	**5038**	**8505**
贵阳市	Guiyang City	107.1	1841	33099	12112	207.2	2950	2995
六盘水市	Liupanshui City	29.0	173	2931	974	31.9	146	1350
遵义市	Zunyi City	65.8	362	6787	4814	75.7	552	1441
安顺市	Anshun City	25.2	89	1065	705	28.5	280	520
铜仁地区	Tongren Prefecture	19.8	67	785	574	18.8	72	426
黔西南布依族苗族自治州	Southwest Guizhou Buyi & Miao A.P	23.0	213	983	730	20.4	145	536
毕节地区	Bijie Prefecture	14.4	153	3500	2380	18.2	351	435
黔东南苗族侗族自治州	Southeast Guizhou Miao & Dong A.P	24.0	276	1282	707	20.2	214	519
黔南布依族苗族自治州	South Guizhou Buyi & Miao A.P	23.9	230	3248	1214	28.1	328	283
云南省	**Yunnan**	**428.4**	**5329**	**51901**	**15501**	**416.5**	**4946**	**16102**
昆明市	Kunming City	206.8	3446	33285	5340	221.1	3712	8201
曲靖市	Qujing City	43.5	267	5480	1952	40.4	269	2119
玉溪市	Yuxi City	18.3	174	1789	1159	16.3	71	317

3-10 续表 8 continued

地 区	Region	城市建成区面积(平方公里) Urban Developed Areas (sq.km)	供水管道长度(公里) Length of Water Supply Pipelines (km)	供水总量(万吨) Total Volume of Water Supply (10000 tons)	#生活用 Residential Use	用水人口(万人) Number of Residents with Access to Tap Water (10000 persons)	市内公共电汽车数(辆) Public Buses and Trolley Buses	出租汽车数(辆) Number of Taxis
保山市	Baoshan City	15.9	175	1090	950	14.2	72	410
昭通市	Zhaotong City	16.5	182	1147	785	17.0		531
丽江市	Lijiang City							
思茅市	Simao City	15.0	90	595	365	8.2	98	260
临沧市	Lincang City							
楚雄彝族自治州	Chuxiong Yi A.P	20.0	39	1672	930	14.8	90	350
红河哈尼族彝族自治州	Honghe Hani & Yi A.P	27.0	281	2241	1078	27.7	156	745
文山壮族苗族自治州	Wenshan Zhuang & Miao A.P							
西双版纳傣族自治州	Xishuangbanna Dai A.P	14.5	124	1219	901	10.7	108	456
大理白族自治州	Dali Bai A.P	27.6	294	2277	1491	30.9	346	800
德宏傣族景颇族自治州	Dehong Dai & Jingpo A.P	23.2	257	1106	550	15.3	24	1136
怒江傈僳族自治州	Nujiang Lisu A.P							
迪庆藏族自治州	Diqing Zang A.P							
西藏自治区	**Tibet**	**72.4**	**365**	**5363**	**3226**	**20.6**	**1249**	**1341**
拉萨市	Lhasa City	54.8	313	4715	2918	20.6	683	1160
昌都地区	Qamdu Prefecture							
山南地区	Lhokha Prefecture							
日喀则地区	Xigaze Prefecture	17.6	52	648	308		566	181
那曲地区	Narqu Prefecture							
阿里地区	Ngri Prefecture							
林芝地区	Nyingchi Prefecture							
其他	Others							
陕西省	**Shaanxi**	**541.3**	**4409**	**75340**	**25119**	**729.3**	**6302**	**20216**
西安市	Xian City	221.7	2279	36092	12228	363.2	4288	10463
铜川市	Tongchuan City	36.1	351	2261	930	37.8		
宝鸡市	Baoji City	46.0	443	6662	3920	67.3	402	3500
咸阳市	Xianyang City	64.4	320	13540	3236	99.0	358	1606
渭南市	Weinan City	65.2	338	7850	1616	54.7	507	1333
延安市	Yanan City	15.6	115	1200	265	13.5	176	406
汉中市	Hanzhong City	28.0	241	3597	1451	45.0	111	1078
榆林市	Yulin City	26.0	165	884	228	15.5	133	464
安康市	Ankang City	26.8	96	2287	625	23.5	267	980
商洛市	Shangluo City	11.5	62	967	620	9.8	60	386
其他	Others							
甘肃省	**Gansu**	**495.5**	**5347**	**61326**	**17860**	**422.7**	**3089**	**19201**
兰州市	Lanzhou City	141.1	606	23572	6991	163.9	1884	6620
嘉峪关市	Jiayuguan City	36.0	1725	9869	1069	16.8	89	528
金昌市	Jinchang City	24.5	318	7450	1579	19.0	42	934
白银市	Baiyin City	49.9	394	5053	2304	45.0	136	1449
天水市	Tianshui City	37.9	340	2539	1279	40.4	210	1829
武威市	Wuwei City	24.6	171	1565	852	18.8	111	1891
张掖市	Zhangye City	22.0	196	2583	933	17.1		
平凉市	Pingliang City	24.0	257	974	617	19.5	82	1521
酒泉市	Jiuquan City	72.9	760	5657	981	36.1	232	1714
庆阳市	Qingyang City	13.5	123	904	696	17.2	124	1298
定西市	Dingxi City	26.1	123	360	155	9.6	35	431

3-10 续表 9 continued

地 区	Region	城市建成区面积(平方公里) Urban Developed Areas (sq.km)	供水管道长度(公里) Length of Water Supply Pipelines (km)	供水总量(万吨) Total Volume of Water Supply (10000 tons)	#生活用 Residential Use	用水人口(万人) Number of Residents with Access to Tap Water (10000 persons)	市内公共电汽车数(辆) Public Buses and Trolley Buses	出租汽车数(辆) Number of Taxis
陇南市	Longnan City							
临夏回族自治州	Linxia Hui A.P	14.0	286	489	278	14.9	120	716
甘南藏族自治州	Gannan Zang A.P	9.0	50	311	126	4.5	24	270
青海省	**Qinghai**	**103.3**	**929**	**14914**	**6847**	**94.8**	**1559**	**6894**
西宁市	Xining City	62.1	505	12175	6249	80.1	1277	5116
海东地区	Haidong Prefecture							
海北藏族自治州	Haibei Zang A.P							
海南藏族自治州	Hainan Zang A.P							
黄南藏族自治州	Huangnan Zang AP							
果洛藏族自治州	Golog Zang A.P							
玉树藏族自治州	Yushu Zang A.P							
海西蒙古族藏族自治州	Haixi Mongolian & Zang A.P	41.2	424	2739	598	14.7	282	1778
宁夏回族自治区	**Ningxia**	**236.4**	**1756**	**24943**	**5452**	**155.5**	**1172**	**10853**
银川市	Yinchuan City	95.1	782	10234	2410	72.0	735	4680
石嘴山市	Shizuishan City	63.6	455	9001	1599	36.2	96	2040
吴忠市	Wuzhong City	34.2	278	4730	915	22.1	209	1241
固原市	Guyuan City	30.9	120	383	154	9.3	82	2692
中卫市	Zhongwei City	12.6	122	595	374	15.9	50	200
新疆维吾尔自治区	**Xinjiang**	**585.4**	**4089**	**65908**	**27617**	**492.9**	**7438**	**23008**
乌鲁木齐市	Urumqi City	173.3	781	29516	13967	185.9	3985	6900
克拉玛依市	Karamay City	50.6	564	9454	1360	25.4	473	1483
石河子市	Shihezi City							
吐鲁番地区	Turpan Prefecture	8.6	37	1357	325	4.7	78	380
哈密地区	Hami Prefecture	25.9	145	2197	952	18.0	186	941
昌吉回族自治州	Changji Hui A.P	45.1	298	2468	1322	41.3	567	1908
博尔塔拉蒙古自治州	Bortala Mongolian A.P	13.1	88	535	269	9.3	102	435
巴音郭楞蒙古自治州	Bayingolin Mongolian A.P	43.0	457	3444	1590	30.8	481	2017
阿克苏地区	Aksu Prefecture	28.1	107	1478	1135	25.0	209	950
克孜勒苏柯尔克孜自治州	Kizilsu Kirgiz A.P	7.2	41	330	269	5.0	24	70
喀什地区	Kashi Prefecture	25.5	120	2075	1209	37.9	262	1487
和田地区	Hotan Prefecture	16.6	135	797	624	8.7	105	708
伊犁哈萨克自治州	Ili Kazak A.P	53.2	523	4513	1837	45.1	419	2328
塔城地区	Tacheng Prefecture	28.4	189	663	352	12.5	90	1492
阿勒泰地区	Altay Prefecture	8.6	136	407	297	6.6	58	300
阿拉尔市	Alar City							
图木舒克市	Tumxuk City							
五家渠市	Wujiaqu City							
兵团	Corps							

3-11 城市供气量（2004年）

Gas Supply in Cities (2004)

地 区	Region	煤气供气量 (万立方米) Total Gas Supply (10000 cu.m)	#生活用 Residential Use	天然气供气量 (万立方米) Total Natural Gas Supply (10000 cu.m)	#生活用 Residential Use	液化石油气供气量 (吨) Total Liquefied Petroleum Gas Supply (ton)	#生活用 Residential Use
北京市	**Beijing**	**16890**	**3239**	**270213**	**48519**	**431399**	**401214**
东城区	Dongcheng District						
西城区	Xicheng District						
崇文区	Chongwen District						
宣武区	Xuanwu District						
朝阳区	Chaoyang District						
丰台区	Fengtai District						
石景山区	Shijingshan District						
海淀区	Haidian District						
门头沟区	Mentougou District						
房山区	Fangshan District						
通州区	Tongzhou District						
顺义区	Shunyi District						
昌平区	Changping District						
大兴区	Daxing District						
怀柔区	Huairou District						
平谷区	Pinggu District						
密云县	Miyun County						
延庆县	Yanqing County						
天津市	**Tianjin**	**25800**	**7594**	**62350**	**15145**	**69779**	**27432**
和平区	Heping District						
河东区	Hedong District						
河西区	Hexi District						
南开区	Nankai District						
河北区	Hebei District						
红桥区	Hongqiao District						
塘沽区	Tanggu District						
汉沽区	Hangu District						
大港区	Dagang District						
东丽区	Dongli District						
西青区	Xiqing District						
津南区	Jinnan District						
北辰区	Beichen District						
武清区	Wuqing District						
宝坻区	Baodi District						
宁河县	Ninghe County						
静海县	Jinghai County						
蓟县	Ji County						
其他	Others						
河北省	**Hebei**	**73647**	**28721**	**17123**	**6188**	**336674**	**208355**
石家庄市	Shijiazhuang City	10032	6351	4746	145	46326	37022
唐山市	Tangshan City	18483	7297	2600	2577	47728	36122
秦皇岛市	Qinhuangdao City	4033	2930			13049	11652
邯郸市	Handan City	10754	7356	1008	581	10681	10597
邢台市	Xingtai City	3738	1120	1603	176	13579	12969
保定市	Baoding City			2230	1060	39103	23686
张家口市	Zhangjiakou City	4601	3377			16058	12012

3-11 续表 1 continued

地 区	Region	煤气供气量 (万立方米) Total Gas Supply (10000 cu.m)	#生活用 Residential Use	天然气供气量 (万立方米) Total Natural Gas Supply (10000 cu.m)	#生活用 Residential Use	液化石油气供气量 (吨) Total Liquefied Petroleum Gas Supply (ton)	#生活用 Residential Use
承德市	Chengde City	22006	290			9309	8664
沧州市	Cangzhou City			1345	306	125020	40160
廊坊市	Langfang City			3568	1323	7335	7335
衡水市	Hengshui City			22	20	8486	8136
其他	Others						
山西省	**Shanxi**	**77721**	**38074**	**10585**	**7135**	**38742**	**33061**
太原市	Taiyuan City	44139	17329			15081	11482
大同市	Datong City	9632	8212			4350	4030
阳泉市	Yangquan City			10228	6778	808	711
长治市	Changzhi City	9422	3349	26	26	2570	2510
晋城市	Jincheng City	903	202	2	1	860	560
朔州市	Shuozhou City	3090	1135	330	330	285	285
晋中市	Jinzhong City	2895	2201			2747	2657
运城市	Yuncheng City	240	240			3000	2800
忻州市	Xinzhou City	2830	1082			2450	2400
临汾市	Linfen City	2220	1979			5530	4675
吕梁市	Luliang City	2350	2346			1060	951
内蒙古自治区	**Inner Mongolia**	**6549**	**5651**	**4021**	**2210**	**144113**	**136583**
呼和浩特市	Hohhot City	2189	1679	2410	1765	85237	83522
包头市	Baotou City	3849	3762	1151	25	5986	4306
乌海市	Wuhai City	511	210			2100	1596
赤峰市	Chifeng City					25595	24316
通辽市	Tongliao City			60	40	3700	3540
鄂尔多斯市	Erdos City			400	380	2500	2300
呼伦贝尔市	Hulunbuir City					10941	10112
巴彦淖尔市	Bayannur City					560	500
乌兰察布市	Ulanqab City					2350	1905
兴安盟	Xingan League					3176	2876
锡林郭勒盟	Xilingol League					1968	1610
阿拉善盟	Alxa League						
其他	Others						
辽宁省	**Liaoning**	**61112**	**43441**	**37698**	**27616**	**456355**	**286350**
沈阳市	Shenyang City	6095	3629	13417	8652	47035	13834
大连市	Dalian City	20842	14595	1100	1100	166211	83175
鞍山市	Anshan City	9730	6391	1678	1107	16822	8481
抚顺市	Fushun City	3916	370	8775	7227	30462	25288
本溪市	Benxi City			3939	3461	13000	5210
丹东市	Dandong City	3529	3351			28572	16606
锦州市	Jinzhou City	5474	4005			45305	45165
营口市	Yingkou City			744	512	32750	29450
阜新市	Fuxin City			1730	1257	4621	4553
辽阳市	Liaoyang City			666	623	14970	12715
盘锦市	Panjin City			930	622	22000	14273
铁岭市	Tieling City	1526	1300	2300	1300	9310	7511
朝阳市	Chaoyang City	10000	9800	1527	1302	8297	7889
葫芦岛市	Huludao City			892	453	17000	12200

3-11 续表 2 continued

地 区	Region	煤气供气量 (万立方米) Total Gas Supply (10000 cu.m)	#生活用 Residential Use	天然气供气量 (万立方米) Total Natural Gas Supply (10000 cu.m)	#生活用 Residential Use	液化石油气供气量 (吨) Total Liquefied Petroleum Gas Supply (ton)	#生活用 Residential Use
吉林省	**Jilin**	**12120**	**8712**	**21131**	**3765**	**210681**	**107342**
长春市	Changchun City	10427	7075	15548	1459	70632	19866
吉林市	Jilin City	792	759	2130	917	29496	21542
四平市	Siping City			3453	1389	5760	5680
辽源市	Liaoyuan City					3920	2824
通化市	Tonghua City	746	746			16835	12200
白山市	Baishan City					1675	1260
松原市	Songyuan City					50000	12425
白城市	Baicheng City					13110	13110
延边朝鲜族自治州	Yanbian Korean A.P	155	132			19253	18435
其他	Others						
黑龙江省	**Heilongjiang**	**41726**	**24135**	**16932**	**3166**	**236835**	**166666**
哈尔滨市	Harbin City	35386	19462	568	224	102293	56280
齐齐哈尔市	Qiqihar City	730	625	3765	1592	14883	11290
鸡西市	Jixi City	2240	2021			3243	2021
鹤岗市	Hegang City			750	650	3260	3210
双鸭山市	Shuangyashan City	359	189			524	492
大庆市	Daqing City			11000	500	37000	32000
伊春市	Yichun City					19008	18072
佳木斯市	Jiamusi City	1511	338	849	200	5360	4662
七台河市	Qitaihe City	1500	1500			2100	1500
牡丹江市	Mudanjiang City					28159	19074
黑河市	Heihe City					3475	3395
绥化市	Suihua City					17530	14670
大兴安岭地区	Daxinganling Prefecture						
其他	Others						
上海市	**Shanghai**	**207463**	**122205**	**98268**	**19695**	**446543**	**203639**
黄浦区	Huangpu District						
卢湾区	Luwan District						
徐汇区	Xuhui District						
长宁区	Changning District						
静安区	Jingan District						
普陀区	Putuo District						
闸北区	Zhabei District						
虹口区	Hongkou District						
杨浦区	Yangpu District						
闵行区	Minhang District						
宝山区	Baoshan District						
嘉定区	Jiading District						
浦东新区	Pudong New District						
金山区	Jinshan District						
松江区	Songjiang District						
青浦区	Qingpu District						
南汇区	Nanhui District						
奉贤区	Fengxian District						
崇明县	Chongming County						
其他	Others						

3-11 续表 3 continued

地 区	Region	煤气供气量 (万立方米) Total Gas Supply (10000 cu.m)	#生活用 Residential Use	天然气供气量 (万立方米) Total Natural Gas Supply (10000 cu.m)	#生活用 Residential Use	液化石油气供气量 (吨) Total Liquefied Petroleum Gas Supply (ton)	#生活用 Residential Use
江苏省	**Jiangsu**	**1027886**	**40926**	**20976**	**2630**	**1226675**	**708033**
南京市	Nanjing City	994094	15738	1061	477	170264	88712
无锡市	Wuxi City	4955	3841	6622	375	151880	123115
徐州市	Xuzhou City	4057	3285			40850	36100
常州市	Changzhou City	5694	4032	1497	375	92233	71639
苏州市	Suzhou City	7707	4943	10607	825	438351	125504
南通市	Nantong City	4310	3699			55480	40470
连云港市	Lianyungang City			244	196	17420	17200
淮安市	Huaian City			346	228	35929	30913
盐城市	Yancheng City			255	58	35800	34500
扬州市	Yangzhou City	2287	1951			49417	43919
镇江市	Zhenjiang City	4782	3437	40	2	77130	39938
泰州市	Taizhou City			304	94	56122	50923
宿迁市	Suqian City					5800	5100
浙江省	**Zhejiang**	**33504**	**26347**	**3052**	**530**	**1050667**	**656596**
杭州市	Hangzhou City	8583	4556	1186	348	197236	129112
宁波市	Ningbo City			544	116	364226	142302
温州市	Wenzhou City					157726	125336
嘉兴市	Jiaxing City			1304	52	78190	43491
湖州市	Huzhou City			5	4	14000	14000
绍兴市	Shaoxing City	23554	20701			45318	29553
金华市	Jinhua City					57533	54469
衢州市	Quzhou City	656	656	13	11	11338	10838
舟山市	Zhoushan City	681	405			25691	16827
台州市	Taizhou City	30	30			80684	75339
丽水市	Lishui City					18724	15329
安徽省	**Anhui**	**18511**	**14852**	**3839**	**1665**	**590159**	**195482**
合肥市	Hefei City	6190	4187	1685	332	42661	21170
芜湖市	Wuhu City	2567	2107	758	211	67687	17457
蚌埠市	Bengbu City			235	102	27846	16441
淮南市	Huainan City	1600	906	600	600	13138	12622
马鞍山市	Maanshan City	3165	2920	294	199	10200	10200
淮北市	Huaibei City	1813	1600			15590	14211
铜陵市	Tongling City	2304	2265			34594	4086
安庆市	Anqing City	872	868			289223	18618
黄山市	Huangshan City					15300	13100
滁州市	Chuzhou City			214	168	18000	16845
阜阳市	Fuyang City					9774	9308
宿州市	Suzhou City					10143	9540
巢湖市	Chaohu City			2	2	8491	7611
六安市	Liuan City			34	34	8612	8078
亳州市	Bozhou City			18	18	5000	4500
池州市	Chizhou City					6200	5750
宣城市	Xuancheng City					7700	5945
其他	Others						

3-11 续表 4 continued

地 区	Region	煤气供气量 (万立方米) Total Gas Supply (10000 cu.m)	#生活用 Residential Use	天然气供气量 (万立方米) Total Natural Gas Supply (10000 cu.m)	#生活用 Residential Use	液化石油气供气量 (吨) Total Liquefied Petroleum Gas Supply (ton)	#生活用 Residential Use
福建省	**Fujian**	**1537**	**1407**			**346660**	**227904**
福州市	Fuzhou City					115526	61402
厦门市	Xiamen City					83473	43020
莆田市	Putian City					18533	16407
三明市	Sanming City	1537	1407			12171	9451
泉州市	Quanzhou City					48150	38990
漳州市	Zhangzhou City					20602	18129
南平市	Nanping City					17500	15163
龙岩市	Longyan City					10880	8329
宁德市	Ningde City					19825	17013
江西省	**Jiangxi**	**46474**	**16030**	**123**	**10**	**175642**	**138974**
南昌市	Nanchang City	3397	2698	25		70085	58117
景德镇市	Jingdezhen City	25229	1865			29942	13320
萍乡市	Pingxiang City	3191	2285			7210	7101
九江市	Jiujiang City	400	390	33	10	20792	19903
新余市	Xinyu City	9187	4513			1279	1036
鹰潭市	Yingtan City	566	565			5100	4400
赣州市	Ganzhou City	1532	1321			13794	12302
吉安市	Jian City	694	500	65		5150	5110
宜春市	Yichun City	1498	1386			8130	6581
抚州市	Fuzhou City					6500	5800
上饶市	Shangrao City	780	507			7660	5304
山东省	**Shandong**	**47104**	**30284**	**93978**	**44898**	**517235**	**408224**
济南市	Jinan City	5710	3642	7275	1983	62676	62676
青岛市	Qingdao City	16157	10552	3598	1248	85768	63687
淄博市	Zibo City	3692	1809	11967	1455	79338	45456
枣庄市	Zaozhuang City	2871	2591			27528	23413
东营市	Dongying City			60510	32650	11479	4970
烟台市	Yantai City	4257	3313	622	56	84674	66831
潍坊市	Weifang City	4789	1754	1907	537	48044	41432
济宁市	Jining City	5193	3700	65	59	10738	9523
泰安市	Taian City	522	494	3782	3782	8976	8286
威海市	Weihai City	1570	1139	56	41	27202	22555
日照市	Rizhao City			356	295	11141	7987
莱芜市	Laiwu City	2163	1150			15780	15516
临沂市	Linyi City	180	140	290	210	28300	21300
德州市	Dezhou City			2192	1610	5812	5775
聊城市	Liaocheng City			717	370	3510	2900
滨州市	Binzhou City			550	550	3270	3117
菏泽市	Heze City			91	52	3000	2800
河南省	**Henan**	**95994**	**19342**	**36603**	**17507**	**171956**	**155629**
郑州市	Zhengzhou City	979	426	19864	7607	17234	10148
开封市	Kaifeng City			1600	1130	1675	738
洛阳市	Luoyang City	18364	512			22511	22511
平顶山市	Pingdingshan City	9560	5758			5452	5417
安阳市	Anyang City	55000	2500	6985	1769	11114	7186

3-11 续表 5 continued

地 区	Region	煤气供气量 (万立方米) Total Gas Supply (10000 cu.m)	#生活用 Residential Use	天然气供气量 (万立方米) Total Natural Gas Supply (10000 cu.m)	#生活用 Residential Use	液化石油气供气量 (吨) Total Liquefied Petroleum Gas Supply (ton)	#生活用 Residential Use
鹤壁市	Hebi City			432	212	4380	4380
新乡市	Xinxiang City	144	144	978	575	15774	15524
焦作市	Jiaozuo City			4800	4400	7830	7630
濮阳市	Puyang City			1452	1322	11413	11080
许昌市	Xuchang City			2	2	18143	17003
漯河市	Luohe City	6240	6240	5	5	10860	10852
三门峡市	Sanmenxia City	114	80			6901	6772
南阳市	Nanyang City	1943	1287			11041	10930
商丘市	Shangqiu City			5	5	12156	10886
信阳市	Xinyang City					7800	6900
周口市	Zhoukou City					4390	4390
驻马店市	Zhumadian City	1438	1438	480	480	2300	2300
其他	Others	2212	956			982	982
湖北省	**Hubei**	**16618**	**13787**	**5884**	**3505**	**315009**	**289804**
武汉市	Wuhan City	10822	8971			82804	79234
黄石市	Huangshi City	660	660			32000	31370
十堰市	Shiyan City	1556	1556			9980	9313
宜昌市	Yichang City	2690	1750	1000	100	21362	20982
襄樊市	Xiangfan City					30855	29427
鄂州市	Ezhou City					8372	8347
荆门市	Jingmen City			34	5	26070	20580
孝感市	Xiaogan City	350	350			10538	10098
荆州市	Jingzhou City	540	500			24530	20380
黄冈市	Huanggang City					21336	17812
咸宁市	Xianning City					7771	6202
随州市	Suizhou City					14360	14312
恩施土家族苗族自治州	Enshi Tujia & Miao A.P			4850	3400	3438	2658
其他	Others					21593	19089
湖南省	**Hunan**	**44119**	**7642**	**1538**	**277**	**300410**	**258444**
长沙市	Changsha City	3583	2396	1538	277	93365	93365
株洲市	Zhuzhou City	3589	1807			17269	15169
湘潭市	Xiangtan City	34210	1144			17035	16910
衡阳市	Hengyang City					40717	28543
邵阳市	Shaoyang City	1229	1092			5650	5650
岳阳市	Yueyang City	100	100			35750	25980
常德市	Changde City					24557	20547
张家界市	Zhangjiajie City					3960	2960
益阳市	Yiyang City					11470	10400
郴州市	Chenzhou City					12525	7825
永州市	Yongzhou City					14750	13313
怀化市	Huaihua City					16200	10960
娄底市	Loudi City	1408	1103			4662	4322
湘西土家族苗族自治州	West Hunan Tujia A.P					2500	2500
其他	Others						
广东省	**Guangdong**	**64346**	**21627**	**4857**	**756**	**3121280**	**1648814**
广州市	Guangzhou City	25466	15587	3064	447	697721	455295

3-11 续表 6 continued

地　区	Region	煤气供气量（万立方米）Total Gas Supply (10000 cu.m)	#生活用 Residential Use	天然气供气量（万立方米）Total Natural Gas Supply (10000 cu.m)	#生活用 Residential Use	液化石油气供气量（吨）Total Liquefied Petroleum Gas Supply (ton)	#生活用 Residential Use
韶关市	Shaoguan City					30549	30187
深圳市	Shenzhen City					880514	311775
珠海市	Zhuhai City	38400	5880			92500	65500
汕头市	Shantou City					295000	240000
佛山市	Foshan City					271601	49516
江门市	Jiangmen City					115237	83136
湛江市	Zhanjiang City					57344	55161
茂名市	Maoming City					71920	55327
肇庆市	Zhaoqing City					32749	25685
惠州市	Huizhou City					77394	72444
梅州市	Meizhou City	480	160			24680	23680
汕尾市	Shanwei City					26300	23940
河源市	Heyuan City					1000	880
阳江市	Yangjiang City					4700	4700
清远市	Qingyuan City					34835	29250
东莞市	Dongguan City					200000	
中山市	ZhongShan City			1793	309	44744	31153
潮州市	Chaozhou City					66613	8708
揭阳市	Jieyang City					68380	56127
云浮市	Yunfu City					27500	26350
广西壮族自治区	**Guangxi**	**4121**	**3233**	**168**	**168**	**271968**	**249492**
南宁市	Nanning City					53842	50352
柳州市	Liuzhou City	3641	3168	168	168	43275	37529
桂林市	Guilin City					21946	20050
梧州市	Wuzhou City					14171	13697
北海市	Beihai City	284	65			17504	16804
防城港市	Fangchenggang City					6868	6466
钦州市	Qinzhou City					21870	19260
贵港市	Guigang City					24915	23810
玉林市	Yulin City					34769	31248
百色市	Baise City					4743	4370
贺州市	Hezhou City					5440	5040
河池市	Hechi City	196				9800	9300
来宾市	Laibin City					8670	7690
崇左市	Chongzuo City					4155	3876
海南省	**Hainan**			**4632**	**3383**	**68291**	**61891**
海口市	Haikou City			3762	3050	40700	38000
三亚市	Sanya City			160	13	8883	6383
其他	Others						
重庆市	**Chongqing**			**135173**	**52230**	**96023**	**43733**
万州区	Wanzhou District						
涪陵区	Fuling District						
渝中区	Yuzhong District						
大渡口区	Dadukou District						
江北区	Jiangbei District						
沙坪坝区	Shapingba District						

3-11 续表 7 continued

地 区	Region	煤气供气量 (万立方米) Total Gas Supply (10000 cu.m)	#生活用 Residential Use	天然气供气量 (万立方米) Total Natural Gas Supply (10000 cu.m)	#生活用 Residential Use	液化石油气供气量 (吨) Total Liquefied Petroleum Gas Supply (ton)	#生活用 Residential Use
九龙坡区	Jiulongpo District						
南岸区	Nanan District						
北碚区	Beibei District						
万盛区	Wansheng District						
双桥区	Shuangqiao District						
渝北区	Yubei District						
巴南区	Banan District						
黔江区	Qianjiang District						
长寿区	Changshou District						
其他	Others						
四川省	**Sichuan**	**113863**	**4534**	**582734**	**142644**	**163947**	**90883**
成都市	Chengdu City			270174	66499	89033	43695
自贡市	Zigong City			45828	4216		
攀枝花市	Panzhihua City	113213	4324			5440	4419
泸州市	Luzhou City			112372	21518	1500	
德阳市	Deyang City			67963	5650	10649	9581
绵阳市	Mianyang City			29873	4849	824	600
广元市	Guangyuan City			10049	9245	9540	9310
遂宁市	Suining City			3100	2830		
内江市	Neijiang City			4438	1736	18000	1540
乐山市	Leshan City			6426	2301	1485	485
南充市	Nanchong City			15139	12922	4576	3900
眉山市	Meishan City			920	920	2500	2500
宜宾市	Yibin City			3322	1382	2229	434
广安市	Guangan City			1240	1030	2385	1131
达州市	Dazhou City	650	210	3133	2013	2818	2422
雅安市	Yaan City			1147	595	1883	1737
巴中市	Bazhong City			998	953	800	650
资阳市	Ziyang City			6613	3985	3169	2781
阿坝藏族羌族自治州	Aba Zang & Qiang A.P						
甘孜藏族自治州	Ganzi Zang A.P						
凉山彝族自治州	Liangshan Yi A.P					7116	5698
贵州省	**Guizhou**	**16929**	**7747**	**6199**	**4067**	**60465**	**50337**
贵阳市	Guiyang City	13758	6738			24069	21256
六盘水市	Liupanshui City	1149	937				
遵义市	Zunyi City	1950		6199	4067	2841	2816
安顺市	Anshun City					2730	2380
铜仁地区	Tongren Prefecture					4160	4160
黔西南布依族苗族自治州	Southwest Guizhou Buyi & Miao A.P					2800	1960
毕节地区	Bijie Prefecture	72	72			465	465
黔东南苗族侗族自治州	Southeast Guizhou Miao & Dong A.P					12000	10000
黔南布依族苗族自治州	South Guizhou Buyi & Miao A.P					11400	7300
云南省	**Yunnan**	**16899**	**12793**	**14500**	**5270**	**95078**	**82995**
昆明市	Kunming City	16671	12607			60363	50524
曲靖市	Qujing City					9369	8887
玉溪市	Yuxi City					4212	3600

3-11 续表 8 continued

地 区	Region	煤气供气量(万立方米) Total Gas Supply (10000 cu.m)	#生活用 Residential Use	天然气供气量(万立方米) Total Natural Gas Supply (10000 cu.m)	#生活用 Residential Use	液化石油气供气量(吨) Total Liquefied Petroleum Gas Supply (ton)	#生活用 Residential Use
保山市	Baoshan City			14500	5270	250	230
昭通市	Zhaotong City					1384	1384
丽江市	Lijiang City						
思茅市	Simao City					2060	2060
临沧市	Lincang City						
楚雄彝族自治州	Chuxiong Yi A.P					5405	5189
红河哈尼族彝族自治州	Honghe Hani & Yi A.P	228	186			2901	2521
文山壮族苗族自治州	Wenshan Zhuang & Miao A.P						
西双版纳傣族自治州	Xishuangbanna Dai A.P					1667	1133
大理白族自治州	Dali Bai A.P					3897	3897
德宏傣族景颇族自治州	Dehong Dai & Jingpo A.P					3571	3571
怒江傈僳族自治州	Nujiang Lisu A.P						
迪庆藏族自治州	Diqing Zang A.P						
西藏自治区	**Tibet**					**704**	**700**
拉萨市	Lhasa City					21	17
昌都地区	Qamdu Prefecture						
山南地区	Lhokha Prefecture						
日喀则地区	Xigaze Prefecture					683	683
那曲地区	Narqu Prefecture						
阿里地区	Ngri Prefecture						
林芝地区	Nyingchi Prefecture						
其他	Others						
陕西省	**Shaanxi**	**4534**	**4490**	**59153**	**13849**	**51448**	**44671**
西安市	Xian City	1082	1038	37831	7008	8564	8564
铜川市	Tongchuan City					1787	1630
宝鸡市	Baoji City			4061	1650	12673	11145
咸阳市	Xianyang City			13550	3400	10150	9550
渭南市	Weinan City			235	154	5606	5131
延安市	Yanan City			2626	1334	6451	6451
汉中市	Hanzhong City	3452	3452				
榆林市	Yulin City			850	303	3600	
安康市	Ankang City					1242	1025
商洛市	Shangluo City					1375	1175
其他	Others						
甘肃省	**Gansu**	**4694**	**3659**	**13850**	**6329**	**73240**	**22692**
兰州市	Lanzhou City			9100	2546	5180	2541
嘉峪关市	Jiayuguan City	3984	3022			500	460
金昌市	Jinchang City					900	860
白银市	Baiyin City	710	637			1603	1575
天水市	Tianshui City					10290	19
武威市	Wuwei City					2060	1700
张掖市	Zhangye City					3810	3804
平凉市	Pingliang City					1480	1350
酒泉市	Jiuquan City			4750	3783	43640	6908
庆阳市	Qingyang City						
定西市	Dingxi City					677	575

3-11 续表 9 continued

地　区	Region	煤气供气量（万立方米）Total Gas Supply (10000 cu.m)	#生活用 Residential Use	天然气供气量（万立方米）Total Natural Gas Supply (10000 cu.m)	#生活用 Residential Use	液化石油气供气量（吨）Total Liquefied Petroleum Gas Supply (ton)	#生活用 Residential Use
陇南市	Longnan City						
临夏回族自治州	Linxia Hui A.P					1900	1700
甘南藏族自治州	Gannan Zang A.P					1200	1200
青海省	**Qinghai**			**67456**	**3279**	**17399**	**16517**
西宁市	Xining City			43351	2534	14429	14429
海东地区	Haidong Prefecture						
海北藏族自治州	Haibei Zang A.P						
海南藏族自治州	Hainan Zang A.P						
黄南藏族自治州	Huangnan Zang AP						
果洛藏族自治州	Golog Zang A.P						
玉树藏族自治州	Yushu Zang A.P						
海西蒙古族藏族自治州	Haixi Mongolian & Zang A.P			24105	745	2970	2088
宁夏回族自治区	**Ningxia**	**2883**	**355**	**63749**	**3893**	**27217**	**17810**
银川市	Yinchuan City			63524	3807	19902	11606
石嘴山市	Shizuishan City	2883	355			1720	1300
吴忠市	Wuzhong City			225	86	3855	3219
固原市	Guyuan City					980	975
中卫市	Zhongwei City					760	710
新疆维吾尔自治区	**Xinjiang**	**54182**	**1200**	**37230**	**14571**	**154526**	**101085**
乌鲁木齐市	Urumqi City	54182	1200	21407	9772	79998	37008
克拉玛依市	Karamay City			1234		19190	17465
石河子市	Shihezi City						
吐鲁番地区	Turpan Prefecture			388	39	1502	1385
哈密地区	Hami Prefecture			2	2	6490	5800
昌吉回族自治州	Changji Hui A.P			6620	1280	6910	5700
博尔塔拉蒙古自治州	Bortala Mongolian A.P					890	890
巴音郭楞蒙古自治州	Bayingolin Mongolian A.P			6322	2298	7411	7411
阿克苏地区	Aksu Prefecture					6147	5901
克孜勒苏柯尔克孜自治州	Kizilsu Kirgiz A.P					2487	1300
喀什地区	Kashi Prefecture			600	600	3914	
和田地区	Hotan Prefecture					1985	1985
伊犁哈萨克自治州	Ili Kazak A.P					9100	8550
塔城地区	Tacheng Prefecture			360	360	4127	3860
阿勒泰地区	Altay Prefecture					1215	1115
阿拉尔市	Alar City						
图木舒克市	Tumxuk City						
五家渠市	Wujiaqu City						
兵团	Corps						

3-12 城市排水、绿化和垃圾处理（2004年）

Afforestation and Garbage Disposal in Cities (2004)

地 区	Region	公园面积 (公顷) Areas of Parks (hectares)	绿化覆盖率 (%) Proportion With Green Areas (%)	排水管道长度 (公里) Length of Sewer Pipelines (km)	生活废水排放量 (万吨) Discharge of Residential Waste Water (10000 tons)	生活废水处理量 (万吨) Treatment of Residential Waste Water (10000 tons)	生活垃圾清运量 (万吨) Volume of Garbage Disposal (10000 tons)	生活垃圾处理量 (万吨) Treatment of Residential Garbage (10000 tons)
北京市	**Beijing**	**6060.0**	**40.2**	**6790**	**102018**	**55019**	**491.0**	**392.8**
东城区	Dongcheng District							
西城区	Xicheng District							
崇文区	Chongwen District							
宣武区	Xuanwu District							
朝阳区	Chaoyang District							
丰台区	Fengtai District							
石景山区	Shijingshan District							
海淀区	Haidian District							
门头沟区	Mentougou District							
房山区	Fangshan District							
通州区	Tongzhou District							
顺义区	Shunyi District							
昌平区	Changping District							
大兴区	Daxing District							
怀柔区	Huairou District							
平谷区	Pinggu District							
密云县	Miyun County							
延庆县	Yanqing County							
天津市	**Tianjin**	**2428.3**	**35.0**	**9332**	**55223**	**29639**	**181.6**	**181.6**
和平区	Heping District							
河东区	Hedong District							
河西区	Hexi District							
南开区	Nankai District							
河北区	Hebei District							
红桥区	Hongqiao District							
塘沽区	Tanggu District							
汉沽区	Hangu District							
大港区	Dagang District							
东丽区	Dongli District							
西青区	Xiqing District							
津南区	Jinnan District							
北辰区	Beichen District							
武清区	Wuqing District							
宝坻区	Baodi District							
宁河县	Ninghe County							
静海县	Jinghai County							
蓟县	Ji County							
其他	Others							
河北省	**Hebei**	**5468.5**	**34.3**	**9575**	**126929**	**62222**	**741.0**	**507.1**
石家庄市	Shijiazhuang City	655.2	30.5	1902	28576	10388	127.7	104.0
唐山市	Tangshan City	1084.9	42.6	1477	26003	15964	87.4	85.8
秦皇岛市	Qinhuangdao City	369.6	40.9	1124	6719	5269	45.3	45.3
邯郸市	Handan City	583.7	41.9	1192	17836	9498	55.0	49.7
邢台市	Xingtai City	255.0	28.9	633	7524	4128	58.0	54.0
保定市	Baoding City	276.3	31.2	1030	13928	7155	88.0	76.9
张家口市	Zhangjiakou City	434.4	28.3	475	8704	4730	130.3	0.9

3-12 续表 1 continued

地 区	Region	公园面积 (公顷) Areas of Parks (hectares)	绿化覆盖率 (%) Proportion With Green Areas (%)	排水管道长度 (公里) Length of Sewer Pipelines (km)	生活废水排放量 (万吨) Discharge of Residential Waste Water (10000 tons)	生活废水处理量 (万吨) Treatment of Residential Waste Water (10000 tons)	生活垃圾清运量 (万吨) Volume of Garbage Disposal (10000 tons)	生活垃圾处理量 (万吨) Treatment of Residential Garbage (10000 tons)
承德市	Chengde City	1042.8	31.6	244	5355		33.0	23.1
沧州市	Cangzhou City	159.3	27.7	555	5462	2010	48.9	13.1
廊坊市	Langfang City	295.3	34.0	429	3544	1636	33.8	31.2
衡水市	Hengshui City	312.0	30.7	515	3279	1445	33.6	23.1
其他	Others							
山西省	**Shanxi**	**2501.2**	**27.2**	**3114**	**47997**	**26351**	**592.4**	**275.5**
太原市	Taiyuan City	1336.9	37.0	855	21821	13402	100.2	77.0
大同市	Datong City	239.0	27.5	316	3763	2325	159.0	
阳泉市	Yangquan City	282.4	26.0	222	3170	2212	44.8	41.7
长治市	Changzhi City	56.0	31.9	274	6985	4751	32.7	30.0
晋城市	Jincheng City	164.0	22.4	294	2033		36.2	
朔州市	Shuozhou City	40.7	28.7	161	870	150	37.9	12.9
晋中市	Jinzhong City	90.5	23.6	228	2493	1512	38.3	38.3
运城市	Yuncheng City	98.8	16.6	258	2029		33.1	29.8
忻州市	Xinzhou City	9.6	11.9	119	1228		16.0	11.0
临汾市	Linfen City	135.5	22.6	190	2835	1999	61.6	18.0
吕梁市	Luliang City	47.9	18.3	195	770		32.6	16.8
内蒙古自治区	**Inner Mongolia**	**2622.9**	**24.8**	**4032**	**38028**	**18658**	**329.2**	**221.9**
呼和浩特市	Hohhot City	287.3	22.4	733	7956	4270	56.0	53.0
包头市	Baotou City	876.0	34.5	1038	12400	7526	67.4	66.9
乌海市	Wuhai City	71.0	17.0	190	6277	555	25.8	14.3
赤峰市	Chifeng City	123.7	27.7	253	2583	1342	25.1	15.4
通辽市	Tongliao City	62.3	24.5	520	2230	1660	26.0	22.0
鄂尔多斯市	Erdos City	8.7	16.3	113	828	720	16.5	0.7
呼伦贝尔市	Hulunbuir City	613.7	27.1	251	2142	985	45.6	27.6
巴彦淖尔市	Bayannur City	95.5	23.7	342	240	230	17.0	
乌兰察布市	Ulanqab City	79.0	7.3	262	2300	939	21.0	0.6
兴安盟	Xingan League	346.7	32.0	117	410	341	19.0	14.4
锡林郭勒盟	Xilingol League	59.0	18.0	213	662	90	9.8	7.0
阿拉善盟	Alxa League							
其他	Others							
辽宁省	**Liaoning**	**7861.9**	**35.4**	**9308**	**214374**	**97161**	**778.8**	**666.6**
沈阳市	Shenyang City	2668.8	37.5	2323	47926	32850	161.6	154.4
大连市	Dalian City	1291.1	38.6	1712	30981	26030	121.6	118.9
鞍山市	Anshan City	480.0	35.6	833	35643	12330	53.5	53.5
抚顺市	Fushun City	427.0	34.6	650	13196	4674	54.0	50.0
本溪市	Benxi City	354.6	41.7	262	23509	5650	34.0	34.0
丹东市	Dandong City	316.6	29.2	367	7535	2208	39.9	39.9
锦州市	Jinzhou City	441.7	34.0	506	14499	2044	51.4	48.4
营口市	Yingkou City	438.7	28.9	602	7007		54.5	35.6
阜新市	Fuxin City	310.5	35.1	217	5860		54.0	40.0
辽阳市	Liaoyang City	100.0	33.9	643	8595	6560	28.0	12.7
盘锦市	Panjin City	233.9	34.4	398	5891	300	16.0	14.6
铁岭市	Tieling City	222.4	33.0	285	3438	1084	38.2	29.5
朝阳市	Chaoyang City	228.7	22.0	253	5636		47.0	10.0
葫芦岛市	Huludao City	347.8	41.0	257	4658	3431	25.1	25.1

3-12 续表 2 continued

地 区	Region	公园面积 (公顷) Areas of Parks (hectares)	绿化覆盖率 (%) Proportion With Green Areas (%)	排水管道长度 (公里) Length of Sewer Pipelines (km)	生活废水排放量 (万吨) Discharge of Residential Waste Water (10000 tons)	生活废水处理量 (万吨) Treatment of Residential Waste Water (10000 tons)	生活垃圾清运量 (万吨) Volume of Garbage Disposal (10000 tons)	生活垃圾处理量 (万吨) Treatment of Residential Garbage (10000 tons)
吉林省	**Jilin**	**2454.5**	**30.2**	**4817**	**66918**	**15787**	**571.8**	**482.5**
长春市	Changchun City	664.3	34.2	2143	25391	9734	168.2	158.3
吉林市	Jilin City	453.6	35.3	995	17936	3757	85.6	85.4
四平市	Siping City	56.5	17.2	254	3220	900	65.9	15.8
辽源市	Liaoyuan City	128.0	21.8	120	1800	1080	21.0	21.0
通化市	Tonghua City	205.3	27.4	167	4454		39.1	38.0
白山市	Baishan City	131.3	19.3	88	1480		24.5	21.6
松原市	Songyuan City	156.0	35.1	236	2092	290	47.6	47.6
白城市	Baicheng City	220.5	30.9	319	3887		39.5	28.1
延边朝鲜族自治州	Yanbian Korean A.P	439.0	25.1	497	6658	26	80.4	66.7
其他	Others							
黑龙江省	**Heilongjiang**	**4362.3**	**26.8**	**5739**	**110485**	**37041**	**1059.7**	**668.9**
哈尔滨市	Harbin City	722.2	25.5	1614	40852	12117	212.9	186.9
齐齐哈尔市	Qiqihar City	431.2	28.7	653	9837	3957	86.0	29.2
鸡西市	Jixi City	96.3	25.4	390	6428	9	123.8	91.9
鹤岗市	Hegang City	626.0	27.4	187	3140		86.0	86.0
双鸭山市	Shuangyashan City	92.0	33.9	228	1470		65.0	52.0
大庆市	Daqing City	198.0	34.5	839	18570	16708	26.0	14.1
伊春市	Yichun City	1064.8	22.7	174	1903		103.3	22.6
佳木斯市	Jiamusi City	198.7	36.4	347	6694		57.7	48.4
七台河市	Qitaihe City	115.0	10.4	107	4100	1300	47.0	38.0
牡丹江市	Mudanjiang City	561.6	37.8	616	13116	2950	72.0	43.8
黑河市	Heihe City	69.5	13.6	123	1010		23.0	19.0
绥化市	Suihua City	187.0	22.5	460	3365		157.0	37.0
大兴安岭地区	Daxinganling Prefecture							
其他	Others							
上海市	**Shanghai**	**1475.9**	**27.3**	**6469**	**205400**	**154193**	**609.7**	**609.7**
黄浦区	Huangpu District							
卢湾区	Luwan District							
徐汇区	Xuhui District							
长宁区	Changning District							
静安区	Jingan District							
普陀区	Putuo District							
闸北区	Zhabei District							
虹口区	Hongkou District							
杨浦区	Yangpu District							
闵行区	Minhang District							
宝山区	Baoshan District							
嘉定区	Jiading District							
浦东新区	Pudong New District							
金山区	Jinshan District							
松江区	Songjiang District							
青浦区	Qingpu District							
南汇区	Nanhui District							
奉贤区	Fengxian District							
崇明县	Chongming County							
其他	Others							

3-12 续表 3 continued

地 区	Region	公园面积 (公顷) Areas of Parks (hectares)	绿化覆盖率 (%) Proportion With Green Areas (%)	排水管道长度 (公里) Length of Sewer Pipelines (km)	生活废水排放量 (万吨) Discharge of Residential Waste Water (10000 tons)	生活废水处理量 (万吨) Treatment of Residential Waste Water (10000 tons)	生活垃圾清运量 (万吨) Volume of Garbage Disposal (10000 tons)	生活垃圾处理量 (万吨) Treatment of Residential Garbage (10000 tons)
江苏省	**Jiangsu**	**9098.1**	**37.9**	**25537**	**318074**	**241965**	**817.7**	**781.2**
南京市	Nanjing City	2560.3	44.5	2991	121094	90982	165.6	150.6
无锡市	Wuxi City	1441.5	37.3	5457	22859	16645	105.5	84.5
徐州市	Xuzhou City	452.5	32.9	1140	11084	9180	77.7	77.7
常州市	Changzhou City	355.7	37.5	3042	29568	24802	55.8	55.8
苏州市	Suzhou City	2584.3	41.8	5344	55102	47789	153.5	153.5
南通市	Nantong City	116.2	33.7	963	15573	9077	42.0	42.0
连云港市	Lianyungang City	159.8	34.4	516	5608	3050	24.0	24.0
淮安市	Huaian City	221.1	37.0	633	4941	3081	30.5	30.0
盐城市	Yancheng City	238.2	29.9	804	7899	4686	29.6	29.6
扬州市	Yangzhou City	436.3	32.9	1595	9910	7057	32.8	32.8
镇江市	Zhenjiang City	280.8	31.7	1261	16171	12411	40.6	40.6
泰州市	Taizhou City	227.4	31.8	1336	16664	12654	45.5	45.5
宿迁市	Suqian City	24.0	38.5	457	1600	550	14.6	14.6
浙江省	**Zhejiang**	**4869.3**	**31.9**	**16942**	**176804**	**94479**	**705.2**	**652.3**
杭州市	Hangzhou City	785.0	36.1	3016	52814	37727	164.4	164.4
宁波市	Ningbo City	606.6	36.6	2937	32436	17677	95.4	93.1
温州市	Wenzhou City	519.0	26.6	1639	21844	5882	115.7	98.7
嘉兴市	Jiaxing City	383.3	30.3	1163	13253	6762	45.4	34.7
湖州市	Huzhou City	316.5	36.2	1198	5234	2600	23.2	17.2
绍兴市	Shaoxing City	574.3	34.0	1598	11877	7407	43.7	43.7
金华市	Jinhua City	537.9	30.3	2575	12966	3300	81.2	79.4
衢州市	Quzhou City	251.9	36.4	531	10540	5871	23.4	23.4
舟山市	Zhoushan City	180.4	32.7	327	3225	648	21.5	19.6
台州市	Taizhou City	590.7	23.2	1746	9503	5047	77.2	65.0
丽水市	Lishui City	123.8	21.0	212	3112	1558	14.1	13.1
安徽省	**Anhui**	**3175.4**	**26.8**	**6680**	**129752**	**58208**	**466.8**	**322.6**
合肥市	Hefei City	606.8	40.3	1398	19524	16819	40.9	40.9
芜湖市	Wuhu City	383.0	32.5	386	17122	942	20.8	20.8
蚌埠市	Bengbu City	268.0	26.1	378	10129	4244	25.9	25.9
淮南市	Huainan City	95.0	23.7	478	17584	10039	60.0	25.0
马鞍山市	Maanshan City	284.3	42.0	412	17381	12925	10.6	10.6
淮北市	Huaibei City	212.0	35.2	234	7394	1906	19.4	3.9
铜陵市	Tongling City	226.0	40.9	114	8936	1506	28.3	28.3
安庆市	Anqing City	136.3	17.3	631	3998	1028	36.0	24.9
黄山市	Huangshan City	47.7	36.6	212	980		23.0	11.5
滁州市	Chuzhou City	70.8	17.5	370	5100		35.5	24.2
阜阳市	Fuyang City	348.0	28.1	367	4844	2961	41.3	39.3
宿州市	Suzhou City	30.0	13.5	496	2092	1553	33.0	17.0
巢湖市	Chaohu City	45.0	17.8	225	4573	1625	20.8	20.8
六安市	Liuan City	57.4	15.4	291	4635	1460	20.5	4.5
亳州市	Bozhou City	69.3	19.0	282	2450	1200	22.9	4.5
池州市	Chizhou City	233.2	21.6	145	1250		10.2	4.0
宣城市	Xuancheng City	62.6	23.8	262	1760		17.7	16.6
其他	Others							

3-12 续表 4 continued

地区	Region	公园面积 (公顷) Areas of Parks (hectares)	绿化覆盖率 (%) Proportion With Green Areas (%)	排水管道长度 (公里) Length of Sewer Pipelines (km)	生活废水排放量 (万吨) Discharge of Residential Waste Water (10000 tons)	生活废水处理量 (万吨) Treatment of Residential Waste Water (10000 tons)	生活垃圾清运量 (万吨) Volume of Garbage Disposal (10000 tons)	生活垃圾处理量 (万吨) Treatment of Residential Garbage (10000 tons)
福建省	**Fujian**	**4134.8**	**34.9**	**5427**	**91259**	**42654**	**290.5**	**275.8**
福州市	Fuzhou City	1349.1	33.3	1472	22448	11241	75.1	71.1
厦门市	Xiamen City	878.0	36.9	1236	14550	11138	56.3	52.4
莆田市	Putian City	124.8	36.4	387	4461	2032	12.8	12.8
三明市	Sanming City	235.3	40.7	197	13067	3938	15.5	15.5
泉州市	Quanzhou City	641.0	35.4	926	16201	5790	52.8	48.0
漳州市	Zhangzhou City	362.1	35.7	532	5293	3728	14.8	14.5
南平市	Nanping City	277.3	34.2	261	7016	1287	34.5	34.0
龙岩市	Longyan City	158.4	33.6	165	5507	3500	11.0	10.6
宁德市	Ningde City	108.9	29.2	252	2716		17.7	17.0
江西省	**Jiangxi**	**2035.4**	**31.0**	**3224**	**99127**	**23983**	**258.7**	**244.4**
南昌市	Nanchang City	281.1	37.8	817	31900	4889	64.0	64.0
景德镇市	Jingdezhen City	152.0	38.0	193	3339		17.5	17.4
萍乡市	Pingxiang City	140.0	30.2	231	3544		22.0	21.0
九江市	Jiujiang City	361.9	32.3	313	8468	5700	24.0	21.6
新余市	Xinyu City	152.8	39.2	268	6700	2930	25.0	19.0
鹰潭市	Yingtan City	183.4	25.3	123	26545	9570	13.4	13.0
赣州市	Ganzhou City	182.4	24.0	432	4710		25.1	23.4
吉安市	Jian City	110.5	24.0	130	2018	146	11.9	11.9
宜春市	Yichun City	254.0	24.4	411	6728		27.2	24.5
抚州市	Fuzhou City	103.3	23.3	134	2380		11.0	11.0
上饶市	Shangrao City	114.0	32.1	172	2795	748	17.6	17.6
山东省	**Shandong**	**10071.4**	**36.6**	**20083**	**190559**	**98698**	**1242.8**	**1189.5**
济南市	Jinan City	1527.6	39.0	1848	21902	10901	96.0	96.0
青岛市	Qingdao City	1815.4	38.7	3679	30162	22458	154.2	154.2
淄博市	Zibo City	505.6	38.5	798	17062	9386	82.8	81.2
枣庄市	Zaozhuang City	215.9	29.6	728	12205	3751	64.2	62.9
东营市	Dongying City	96.0	36.0	1411	13852	1825	33.6	29.1
烟台市	Yantai City	763.0	37.8	2366	14398	9571	79.5	79.5
潍坊市	Weifang City	1337.6	33.9	1807	19119	11854	130.0	129.3
济宁市	Jining City	523.7	37.1	788	13114	7743	70.7	68.3
泰安市	Taian City	403.8	39.1	1669	10353	3202	43.4	43.4
威海市	Weihai City	929.6	41.2	1392	6506	4825	56.8	56.8
日照市	Rizhao City	247.8	39.0	757	2959	1876	17.0	17.0
莱芜市	Laiwu City	147.0	38.9	368	3841	3130	14.2	14.2
临沂市	Linyi City	819.5	36.9	832	7281	1825	38.7	38.7
德州市	Dezhou City	174.9	30.3	540	5468	1952	27.7	27.7
聊城市	Liaocheng City	355.5	34.1	636	7287	3218	24.0	21.5
滨州市	Binzhou City	62.0	19.7	297	2450	1182	289.0	250.0
菏泽市	Heze City	146.7	33.3	167	2600		21.0	19.7
河南省	**Henan**	**4978.3**	**30.9**	**8623**	**146484**	**65362**	**681.5**	**604.3**
郑州市	Zhengzhou City	1233.7	31.4	1937	23642	11044	129.2	129.2
开封市	Kaifeng City	182.8	36.1	387	8002	1460	33.9	33.9
洛阳市	Luoyang City	319.7	35.1	526	13771	5727	67.6	55.9
平顶山市	Pingdingshan City	364.8	22.6	297	12270	8185	47.8	30.0
安阳市	Anyang City	266.0	34.5	617	14390	6743	58.7	58.7

3-12 续表 5 continued

地 区	Region	公园面积 (公顷) Areas of Parks (hectares)	绿化覆盖率 (%) Proportion With Green Areas (%)	排水管道长度 (公里) Length of Sewer Pipelines (km)	生活废水排放量 (万吨) Discharge of Residential Waste Water (10000 tons)	生活废水处理量 (万吨) Treatment of Residential Waste Water (10000 tons)	生活垃圾清运量 (万吨) Volume of Garbage Disposal (10000 tons)	生活垃圾处理量 (万吨) Treatment of Residential Garbage (10000 tons)
鹤壁市	Hebi City	86.4	32.0	176	3702	1068	18.1	16.0
新乡市	Xinxiang City	186.3	32.6	558	10218	2920	45.3	37.7
焦作市	Jiaozuo City	566.7	34.2	741	11295	3649	44.1	38.5
濮阳市	Puyang City	323.5	41.4	260	3582	2868	19.5	19.5
许昌市	Xuchang City	187.4	30.6	569	4124	3465	40.0	30.0
漯河市	Luohe City	152.4	39.7	345	6978	2980	19.0	19.0
三门峡市	Sanmenxia City	282.7	23.7	253	3529	1460	19.1	17.6
南阳市	Nanyang City	532.9	26.4	648	7836	2194	39.0	35.8
商丘市	Shangqiu City	89.8	20.4	319	5940	3300	31.3	25.7
信阳市	Xinyang City	20.0	29.5	192	4142	2555	14.6	13.0
周口市	Zhoukou City	53.6	25.9	326	7739	2189	27.4	16.9
驻马店市	Zhumadian City	74.4	23.1	251	3116	2666	18.0	18.0
其他	Others	55.3	36.3	221	2209	890	8.9	8.9
湖北省	**Hubei**	**6184.0**	**34.1**	**8791**	**215327**	**87739**	**891.3**	**648.1**
武汉市	Wuhan City	880.2	36.0	1684	75200	16240	291.0	237.3
黄石市	Huangshi City	688.6	34.5	496	16670	11189	38.6	36.6
十堰市	Shiyan City	508.0	41.6	491	11418	3712	27.9	26.9
宜昌市	Yichang City	547.7	37.6	772	12153	7114	62.4	54.6
襄樊市	Xiangfan City	551.4	40.2	774	21479	11875	58.5	44.7
鄂州市	Ezhou City	216.4	30.2	225	22796	13062	14.1	13.5
荆门市	Jingmen City	338.1	44.1	529	4969	3811	42.2	32.7
孝感市	Xiaogan City	197.0	33.9	522	8387	3930	65.6	30.1
荆州市	Jingzhou City	498.1	33.9	959	13753	5524	83.6	48.7
黄冈市	Huanggang City	180.5	30.3	342	6708	3682	29.3	27.6
咸宁市	Xianning City	181.0	28.4	186	4665	1599	38.1	25.1
随州市	Suizhou City	802.0	23.2	533	3621	1003	34.3	25.0
恩施土家族苗族自治州	Enshi Tujia & Miao A.P	48.0	30.6	151	2955	1024	14.6	14.5
其他	Others	547.1	28.1	1126	10553	5572	91.1	30.9
湖南省	**Hunan**	**5038.1**	**32.2**	**4946**	**162878**	**62109**	**488.9**	**403.1**
长沙市	Changsha City	970.4	35.6	752	28677	13184	83.9	83.9
株洲市	Zhuzhou City	496.9	33.0	469	14920	7170	41.6	36.0
湘潭市	Xiangtan City	338.0	35.7	543	18529	7403	37.9	15.5
衡阳市	Hengyang City	261.7	32.8	643	17982	4995	54.2	54.2
邵阳市	Shaoyang City	276.0	15.2	235	8444	1676	28.5	15.5
岳阳市	Yueyang City	352.6	33.3	424	24149	10904	34.3	31.3
常德市	Changde City	463.3	38.7	413	7382	3569	24.9	24.9
张家界市	Zhangjiajie City	18.4	18.7	91	1400	74	18.6	7.4
益阳市	Yiyang City	296.2	33.0	445	5595	2002	30.6	29.2
郴州市	Chenzhou City	275.3	38.3	234	5076	1328	28.9	8.6
永州市	Yongzhou City	119.0	32.7	113	5164	1023	29.7	26.0
怀化市	Huaihua City	149.8	31.1	119	8429	1299	29.1	29.1
娄底市	Loudi City	280.1	28.9	374	15185	7241	33.9	29.4
湘西土家族苗族自治州	West Hunan Tujia A.P	740.6	16.9	93	1946	241	12.8	12.2
其他	Others							
广东省	**Guangdong**	**25683.2**	**30.9**	**25168**	**469777**	**158337**	**1561.5**	**1199.7**
广州市	Guangzhou City	3122.8	35.0	4454	84439	47548	337.1	269.4

3-12 续表 6 continued

地 区	Region	公园面积 (公顷) Areas of Parks (hectares)	绿化覆盖率 (%) Proportion With Green Areas (%)	排水管道长度 (公里) Length of Sewer Pipelines (km)	生活废水排放量 (万吨) Discharge of Residential Waste Water (10000 tons)	生活废水处理量 (万吨) Treatment of Residential Waste Water (10000 tons)	生活垃圾清运量 (万吨) Volume of Garbage Disposal (10000 tons)	生活垃圾处理量 (万吨) Treatment of Residential Garbage (10000 tons)
韶关市	Shaoguan City	729.3	33.6	256	7400	335	28.2	
深圳市	Shenzhen City	13240.4	45.0	6331	114803	52840	324.5	324.5
珠海市	Zhuhai City	1029.8	42.1	1066	17326	5693	53.6	49.3
汕头市	Shantou City	750.0	26.4	1573	19169	4937	66.8	66.6
佛山市	Foshan City	798.8	29.7	1308	27197	11388	66.9	41.0
江门市	Jiangmen City	1069.6	38.5	2126	28286	6630	62.9	62.4
湛江市	Zhanjiang City	760.0	31.4	553	7802	1825	64.4	5.1
茂名市	Maoming City	549.2	30.9	520	8115	958	26.2	3.1
肇庆市	Zhaoqing City	306.0	39.9	611	7504	1817	31.1	28.5
惠州市	Huizhou City	217.2	34.0	692	7489	4888	38.4	24.4
梅州市	Meizhou City	263.5	31.9	428	3762	1278	20.0	7.4
汕尾市	Shanwei City	109.5	31.5	285	704		12.3	
河源市	Heyuan City	80.5	33.8	154				
阳江市	Yangjiang City	213.1	22.3	622	2890	720	37.0	0.7
清远市	Qingyuan City	332.4	25.3	315	3537	1424	18.7	18.4
东莞市	Dongguan City	1116.2	11.6	2633	120000	11059	271.5	231.7
中山市	ZhongShan City	194.0	37.5	509	4779	2914	25.0	21.0
潮州市	Chaozhou City	469.4	39.6	156	2640	1828	17.7	17.7
揭阳市	Jieyang City	21.7	13.9	402			41.8	16.6
云浮市	Yunfu City	310.0	32.2	175	1935	256	17.4	12.0
广西壮族自治区	**Guangxi**	**3460.1**	**30.8**	**3774**	**124372**	**39447**	**228.7**	**209.4**
南宁市	Nanning City	799.8	39.6	526	22030	8130	38.0	38.0
柳州市	Liuzhou City	857.7	31.1	556	31322	18355	34.1	34.1
桂林市	Guilin City	341.0	39.4	453	9738	4922	21.6	21.6
梧州市	Wuzhou City	307.1	31.4	124	5307	915	16.2	13.2
北海市	Beihai City	76.0	52.4	206	5720	1171	15.9	15.9
防城港市	Fangchenggang City	44.9	13.6	159	1964		12.6	12.3
钦州市	Qinzhou City	19.5	18.0	230	2118	1040	8.9	3.7
贵港市	Guigang City	141.3	25.2	245	26615	405	13.5	13.1
玉林市	Yulin City	524.0	23.1	306	5724		18.4	18.4
百色市	Baise City	59.4	30.3	97	1882		7.0	6.5
贺州市	Hezhou City	81.3	26.9	297	1660		8.8	5.1
河池市	Hechi City	96.2	30.9	367	6819	4508	9.9	9.7
来宾市	Laibin City	44.0	20.8	130	2028		7.7	4.0
崇左市	Chongzuo City	68.0	35.7	79	1445		16.1	13.9
海南省	**Hainan**	**893.7**	**36.7**	**1878**	**17827**	**9408**	**82.2**	**82.1**
海口市	Haikou City	491.0	38.5	921	10425	6911	33.7	33.7
三亚市	Sanya City	122.0	44.3	199	3650	2117	14.8	14.8
其他	Others							
重庆市	**Chongqing**	**1356.6**	**21.6**	**3752**	**59243**	**12254**	**237.2**	**236.5**
万州区	Wanzhou District							
涪陵区	Fuling District							
渝中区	Yuzhong District							
大渡口区	Dadukou District							
江北区	Jiangbei District							
沙坪坝区	Shapingba District							

3-12 续表 7 continued

地 区	Region	公园面积 (公顷) Areas of Parks (hectares)	绿化覆盖率 (%) Proportion With Green Areas (%)	排水管道长度 (公里) Length of Sewer Pipelines (km)	生活废水排放量 (万吨) Discharge of Residential Waste Water (10000 tons)	生活废水处理量 (万吨) Treatment of Residential Waste Water (10000 tons)	生活垃圾清运量 (万吨) Volume of Garbage Disposal (10000 tons)	生活垃圾处理量 (万吨) Treatment of Residential Garbage (10000 tons)
九龙坡区	Jiulongpo District							
南岸区	Nanan District							
北碚区	Beibei District							
万盛区	Wansheng District							
双桥区	Shuangqiao District							
渝北区	Yubei District							
巴南区	Banan District							
黔江区	Qianjiang District							
长寿区	Changshou District							
其他	Others							
四川省	**Sichuan**	**5533.2**	**28.5**	**8947**	**134356**	**43239**	**579.9**	**382.9**
成都市	Chengdu City	2356.9	34.3	3062	48358	27644	171.7	148.8
自贡市	Zigong City	111.8	31.6	351	4630	3220	11.0	11.0
攀枝花市	Panzhihua City	283.7	41.1	413	7615		28.0	27.6
泸州市	Luzhou City	86.0	32.7	391	7354	3407	36.3	27.8
德阳市	Deyang City	360.4	19.8	875	11770		39.0	18.4
绵阳市	Mianyang City	530.4	29.4	723	7871	4678	30.5	27.1
广元市	Guangyuan City	66.0	21.4	246	4058		16.5	15.5
遂宁市	Suining City	145.3	16.2	192	3170	630	30.2	14.3
内江市	Neijiang City	54.8	16.0	227	4650	120	9.3	9.3
乐山市	Leshan City	221.1	26.4	408	6626	800	29.9	10.4
南充市	Nanchong City	425.0	31.6	788	8620	500	61.0	29.0
眉山市	Meishan City	44.2	24.7	245	1930		9.0	
宜宾市	Yibin City	254.9	26.0	118	3785		18.9	9.3
广安市	Guangan City	77.6	25.0	247	2914		12.8	12.8
达州市	Dazhou City	195.6	21.2	118	2720	1460	17.1	
雅安市	Yaan City	97.0	25.6	83	2167		7.9	7.8
巴中市	Bazhong City	43.3	28.9	112	1554	720	10.0	5.0
资阳市	Ziyang City	137.3	21.1	179	3040		22.6	3.8
阿坝藏族羌族自治州	Aba Zang & Qiang A.P							
甘孜藏族自治州	Ganzi Zang A.P							
凉山彝族自治州	Liangshan Yi A.P	42.0	16.4	170	1525	60	18.2	5.0
贵州省	**Guizhou**	**2568.6**	**27.8**	**3184**	**59657**	**7170**	**202.5**	**166.5**
贵阳市	Guiyang City	1964.0	45.4	2103	43502	5565	64.0	63.1
六盘水市	Liupanshui City	19.5	5.8	134	2345		18.0	9.1
遵义市	Zunyi City	323.1	30.7	306	5430	1605	31.0	23.7
安顺市	Anshun City	2.0	14.6	91	852		14.6	14.6
铜仁地区	Tongren Prefecture	0.8	19.6	152	628		8.6	8.6
黔西南布依族苗族自治州	Southwest Guizhou Buyi & Miao A.P	22.9	1.2	86	786		8.3	8.3
毕节地区	Bijie Prefecture	10.5	4.9	68	2800		21.0	13.0
黔东南苗族侗族自治州	Southeast Guizhou Miao & Dong A.P	74.6	20.4	98	1026		12.0	12.0
黔南布依族苗族自治州	South Guizhou Buyi & Miao A.P	151.2	35.1	147	2288		25.0	14.1
云南省	**Yunnan**	**2905.5**	**24.6**	**2653**	**44587**	**26441**	**200.1**	**176.4**
昆明市	Kunming City	1624.8	25.7	924	27340	18274	91.2	91.2
曲靖市	Qujing City	33.1	10.9	336	4192	3806	20.6	19.2
玉溪市	Yuxi City	150.6	36.9	315	1252		20.0	7.6

地 区	Region	公园面积 (公顷) Areas of Parks (hectares)	绿化覆盖率 (%) Proportion With Green Areas (%)	排水管道长度 (公里) Length of Sewer Pipelines (km)	生活废水排放量 (万吨) Discharge of Residential Waste Water (10000 tons)	生活废水处理量 (万吨) Treatment of Residential Waste Water (10000 tons)	生活垃圾清运量 (万吨) Volume of Garbage Disposal (10000 tons)	生活垃圾处理量 (万吨) Treatment of Residential Garbage (10000 tons)
保山市	Baoshan City	20.0	9.6	105	872	5	4.5	4.5
昭通市	Zhaotong City	112.0	9.7	79	2366		8.0	5.1
丽江市	Lijiang City							
思茅市	Simao City	7.0	6.5		460	73	5.0	2.0
临沧市	Lincang City							
楚雄彝族自治州	Chuxiong Yi A.P	260.1	25.4	192	1421	498	6.3	6.3
红河哈尼族彝族自治州	Honghe Hani & Yi A.P	344.0	32.8	162	3471	2995	12.4	12.4
文山壮族苗族自治州	Wenshan Zhuang & Miao A.P							
西双版纳傣族自治州	Xishuangbanna Dai A.P	177.0	50.2	106	1000	556	7.5	7.5
大理白族自治州	Dali Bai A.P	125.7	26.0	248	1822		16.7	16.7
德宏傣族景颇族自治州	Dehong Dai & Jingpo A.P	51.2	35.3	187	391	235	7.9	3.9
怒江傈僳族自治州	Nujiang Lisu A.P							
迪庆藏族自治州	Diqing Zang A.P							
西藏自治区	**Tibet**	**52.0**	**0.7**	**220**			**38.0**	
拉萨市	Lhasa City	52.0	0.3	220			38.0	
昌都地区	Qamdu Prefecture							
山南地区	Lhokha Prefecture							
日喀则地区	Xigaze Prefecture		2.0					
那曲地区	Narqu Prefecture							
阿里地区	Ngri Prefecture							
林芝地区	Nyingchi Prefecture							
其他	Others							
陕西省	**Shaanxi**	**1530.3**	**29.4**	**2919**	**45893**	**10492**	**350.2**	**294.7**
西安市	Xian City	1081.4	30.1	1520	23018	9045	132.8	127.8
铜川市	Tongchuan City	29.0	20.2	275	1250		15.1	9.3
宝鸡市	Baoji City	214.0	41.5	321	6130		42.0	
咸阳市	Xianyang City	35.4	34.7	204	1816	972	45.0	45.0
渭南市	Weinan City	42.6	24.9	221	6469		34.5	33.8
延安市	Yanan City	1.6	18.9	60	475	475	7.8	7.8
汉中市	Hanzhong City	73.1	17.9	94	2900		11.2	11.2
榆林市	Yulin City	4.1	28.8	71	902		14.0	14.0
安康市	Ankang City	20.1	33.2	87	2312		40.0	40.0
商洛市	Shangluo City	29.0	25.7	67	620		7.8	5.8
其他	Others							
甘肃省	**Gansu**	**1986.5**	**23.9**	**2620**	**43966**	**15290**	**292.1**	**256.1**
兰州市	Lanzhou City	769.3	35.5	663	21400	9405	101.3	101.2
嘉峪关市	Jiayuguan City	204.4	30.3	432	4516	2764	10.0	10.0
金昌市	Jinchang City	34.6	18.0	125	4859		15.0	
白银市	Baiyin City	165.2	19.0	97	3473	850	17.2	15.4
天水市	Tianshui City	250.8	32.4	320	2031	461	39.7	36.0
武威市	Wuwei City	96.0	12.1	116	1280	570	12.0	12.0
张掖市	Zhangye City	20.0	23.7	76	1515	460	16.2	16.2
平凉市	Pingliang City	110.0	17.8	58	370		18.0	18.0
酒泉市	Jiuquan City	137.0	16.3	514	3584	742	41.3	26.0
庆阳市	Qingyang City	11.2	17.0	72	310		7.7	7.7
定西市	Dingxi City	106.0	4.3	56	193	39	5.0	5.0

3-12 续表 9 continued

地 区	Region	公园面积 (公顷) Areas of Parks (hectares)	绿化覆盖率 (%) Proportion With Green Areas (%)	排水管道长度 (公里) Length of Sewer Pipelines (km)	生活废水排放量 (万吨) Discharge of Residential Waste Water (10000 tons)	生活废水处理量 (万吨) Treatment of Residential Waste Water (10000 tons)	生活垃圾清运量 (万吨) Volume of Garbage Disposal (10000 tons)	生活垃圾处理量 (万吨) Treatment of Residential Garbage (10000 tons)
陇南市	Longnan City							
临夏回族自治州	Linxia Hui A.P	65.0	21.9	62	280		6.6	6.6
甘南藏族自治州	Gannan Zang A.P	17.0	5.2	30	155		2.1	2.1
青海省	**Qinghai**	**289.7**	**22.1**	**535**	**11932**	**2200**	**57.7**	**55.1**
西宁市	Xining City	249.4	27.7	420	9740	2200	47.5	47.5
海东地区	Haidong Prefecture							
海北藏族自治州	Haibei Zang A.P							
海南藏族自治州	Hainan Zang A.P							
黄南藏族自治州	Huangnan Zang AP							
果洛藏族自治州	Golog Zang A.P							
玉树藏族自治州	Yushu Zang A.P							
海西蒙古族藏族自治州	Haixi Mongolian & Zang A.P	40.3	13.6	115	2192		10.2	7.6
宁夏回族自治区	**Ningxia**	**563.6**	**18.3**	**861**	**21307**	**9349**	**135.3**	**51.2**
银川市	Yinchuan City	213.0	22.4	364	8165	7086	34.4	31.0
石嘴山市	Shizuishan City	189.2	20.0	187	8589	1095	48.0	
吴忠市	Wuzhong City	127.4	13.3	148	3689	1168	19.9	15.2
固原市	Guyuan City	29.0	12.0	105	365		12.5	5.0
中卫市	Zhongwei City	5.0	7.8	57	499		20.5	
新疆维吾尔自治区	**Xinjiang**	**2202.8**	**31.8**	**2940**	**34048**	**23071**	**345.3**	**308.1**
乌鲁木齐市	Urumqi City	760.2	25.3	727	11338	7620	127.0	100.0
克拉玛依市	Karamay City	141.3	36.5	439	3505	3139	22.7	21.6
石河子市	Shihezi City							
吐鲁番地区	Turpan Prefecture	5.4	43.2	50	232	232	7.0	7.0
哈密地区	Hami Prefecture	44.4	38.6	145	1977	1494	13.0	13.0
昌吉回族自治州	Changji Hui A.P	165.9	32.6	173	2147	1241	27.6	26.5
博尔塔拉蒙古自治州	Bortala Mongolian A.P	115.5	35.9	57	271	222	17.3	17.3
巴音郭楞蒙古自治州	Bayingolin Mongolian A.P	44.1	39.1	241	3150	3150	26.8	26.8
阿克苏地区	Aksu Prefecture	126.6	38.4	158	1365	1365	10.0	10.0
克孜勒苏柯尔克孜自治州	Kizilsu Kirgiz A.P	24.4	23.3	37	201		1.0	0.1
喀什地区	Kashi Prefecture	102.0	31.7	99	1765	1440	18.3	18.3
和田地区	Hotan Prefecture	114.0	21.2	40	605	445	8.0	4.4
伊犁哈萨克自治州	Ili Kazak A.P	247.0	40.1	309	2405	2097	23.7	23.7
塔城地区	Tacheng Prefecture	102.1	34.3	127	486	219	17.0	17.0
阿勒泰地区	Altay Prefecture	54.2	35.9	56	407	407	8.9	8.5
阿拉尔市	Alar City							
图木舒克市	Tumxuk City							
五家渠市	Wujiaqu City							
兵团	Corps							

3-13 农村和农业基本情况（2004年）

Basic Conditions of Agriculture (2004)

地　区	Region	乡村户数（万户）Rural Households (10000)	乡村劳动力（万人）Rural Laborers (10000 persons)	#农林牧渔业 Farming, Forestry, Animal Husbandry & Fishery	耕地面积（千公顷）Cultivated Areas (1000 hectares)	农林牧渔业总产值（亿元）Gross Output Value of Farming, Forestry, Animal Husbandry (100 million yuan)	农林牧渔业总产值指数（上年=100）Indices of Gross Output Value of Farming, Forestry, Animal Husbandry (last year =100)	农业机械总动力（万千瓦）Total Power of Agricultural Machinery (10000 kw)	化肥使用量（万吨）Consumption of Chemical Fertilizer (10000 tons)	农村用电量（万千瓦小时）Electricity Consumed in Rural Area (10000 kwh)
北京市	**Beijing**	**132.9**	**171.4**	**57.9**	**236.0**	**262.0**		**340.0**	**14.41**	**383954**
东城区	Dongcheng District									
西城区	Xicheng District									
崇文区	Chongwen District									
宣武区	Xuanwu District									
朝阳区	Chaoyang District	10.6	10.8	1.9	5.4	5.0		8.0	0.13	46620
丰台区	Fengtai District	6.0	7.4	1.8	3.9	2.6		8.7	0.09	51496
石景山区	Shijingshan District									
海淀区	Haidian District	6.9	7.4	1.7	3.2	8.6		17.4	0.13	25047
门头沟区	Mentougou District	3.5	4.0	1.0	1.6	1.8		9.2	0.03	7522
房山区	Fangshan District	16.9	22.6	6.4	28.1	31.1		56.4	1.27	39668
通州区	Tongzhou District	17.5	21.3	7.0	36.7	30.7		28.8	2.63	44745
顺义区	Shunyi District	14.0	19.7	5.2	33.5	58.5		49.1	2.25	40367
昌平区	Changping District	10.4	12.7	4.5	12.9	11.7		11.2	0.48	34142
大兴区	Daxing District	11.6	19.4	7.6	38.6	38.4		48.6	3.38	34178
怀柔区	Huairou District	7.0	8.0	3.2	9.6	11.7		14.8	0.68	20226
平谷区	Pinggu District	9.9	14.1	6.3	11.6	17.7		31.2	1.35	20204
密云县	Miyun County	11.2	14.4	6.8	22.2	24.3		30.3	0.79	14218
延庆县	Yanqing County	7.6	9.6	4.6	28.6	14.1		26.3	1.20	5255
天津市	**Tianjin**	**117.9**	**175.7**	**80.5**	**415.3**	**221.4**	**105.2**	**608.1**	**22.85**	**484221**
和平区	Heping District									
河东区	Hedong District									
河西区	Hexi District									
南开区	Nankai District									
河北区	Hebei District									
红桥区	Hongqiao District									
塘沽区	Tanggu District	2.4	2.3	0.6	5.2	4.4	109.4	26.7	0.10	3459
汉沽区	Hangu District	1.8	2.6	1.6	4.2	7.7	99.5	14.8	0.32	13036
大港区	Dagang District	3.3	3.9	1.6	13.4	3.8	117.0	26.8	0.28	15378
东丽区	Dongli District	8.4	9.7	1.9	13.1	7.5	96.0	44.9	0.33	24834
西青区	Xiqing District	8.2	11.5	3.9	15.3	13.1	104.0	45.6	1.09	49820
津南区	Jinnan District	9.2	13.2	3.4	14.6	4.6	94.2	47.4	0.17	35872
北辰区	Beichen District	8.7	11.4	3.1	18.5	11.9	108.1	45.4	0.61	35857
武清区	Wuqing District	20.0	36.9	20.1	89.9	48.4	106.0	97.5	5.08	128762
宝坻区	Baodi District	16.1	25.4	13.6	76.1	29.9	109.1	68.8	6.38	21971
宁河县	Ninghe County	7.9	11.1	6.4	38.7	23.2	106.6	52.2	1.78	13685
静海县	Jinghai County	13.1	15.8	7.6	69.2	23.7	98.4	68.0	3.14	108140
蓟县	Ji County	18.7	32.1	16.7	54.0	42.6	106.9	68.9	3.50	30202
其他	Others				3.2			1.2	0.07	3205
河北省	**Hebei**	**1439.4**	**2772.0**	**1600.4**	**6000.6**	**2375.9**	**106.7**	**8135.6**	**289.88**	**2665783**
石家庄市	Shijiazhuang City	176.2	354.9	160.3	574.7	426.0	106.4	1797.7	48.49	475460
唐山市	Tangshan City	153.9	278.0	150.2	546.6	351.8	105.9	810.5	37.11	467821
秦皇岛市	Qinhuangdao City	61.1	107.9	75.1	171.2	85.8	107.3	225.9	11.68	70506
邯郸市	Handan City	169.1	332.2	193.3	650.3	285.8	109.3	992.4	39.58	366234
邢台市	Xingtai City	137.9	265.5	154.8	648.0	210.2	105.5	767.1	30.82	200089
保定市	Baoding City	231.4	499.6	317.1	767.2	314.8	105.2	974.5	41.19	271888
张家口市	Zhangjiakou City	109.2	171.0	124.6	693.9	105.6	112.9	174.8	8.38	49620

3-13 续表 1 continued

地区	Region	乡村户数 (万户) Rural Households (10000)	乡村劳动力 (万人) Rural Laborers (10000 persons)	#农林牧渔业 Farming, Forestry, Animal Husbandry & Fishery	耕地面积 (千公顷) Cultivated Areas (1000 hectares)	农林牧渔业总产值 (亿元) Gross Output Value of Farming, Forestry, Animal Husbandry (100 million yuan)	农林牧渔业总产值指数 (上年=100) Indices of Gross Output Value of Farming, Forestry, Animal Husbandry (last year =100)	农业机械总动力 (万千瓦) Total Power of Agricultural Machinery (10000 kw)	化肥使用量 (万吨) Consumption of Chemical Fertilizer (10000 tons)	农村用电量 (万千瓦小时) Electricity Consumed in Rural Area (10000 kwh)
承德市	Chengde City	82.0	154.1	100.0	270.5	96.0	113.9	167.9	8.17	45519
沧州市	Cangzhou City	145.2	284.5	147.3	745.3	225.8	117.0	971.9	26.35	299493
廊坊市	Langfang City	80.0	154.0	85.6	367.7	171.5	106.5	590.7	15.97	271436
衡水市	Hengshui City	93.5	170.6	92.2	565.3	161.9	111.8	662.3	22.14	147717
其他	Others									
山西省	**Shanxi**	**634.4**	**1021.5**	**640.3**	**3272.2**	**481.8**	**105.4**	**2186.5**	**93.44**	**632232**
太原市	Taiyuan City	30.4	50.4	26.7	121.8	32.8	102.6	118.2	2.39	45234
大同市	Datong City	48.9	65.7	43.1	320.0	37.7	113.4	131.8	6.81	22868
阳泉市	Yangquan City	23.3	31.0	14.4	54.6	6.9	125.8	105.2	1.02	81856
长治市	Changzhi City	64.9	106.3	65.3	282.4	53.2	100.2	130.7	9.89	50449
晋城市	Jincheng City	49.1	78.1	43.8	147.4	24.7	106.9	190.2	23.73	56080
朔州市	Shuozhou City	29.1	42.6	30.8	269.9	32.6	105.4	114.8	6.94	14686
晋中市	Jinzhong City	68.9	101.4	62.5	299.2	58.5	102.1	250.7	8.77	64169
运城市	Yuncheng City	100.1	204.8	139.6	514.4	87.8	111.1	409.9	22.20	136000
忻州市	Xinzhou City	68.5	84.4	56.2	462.7	38.1	107.8	289.7	9.35	46132
临汾市	Linfen City	76.1	141.0	85.1	379.9	56.7	106.4	301.3	13.90	48676
吕梁市	Luliang City	75.1	115.9	72.8	420.1	36.5	108.3	163.6	6.24	66250
内蒙古自治区	**Inner Mongolia**	**353.2**	**675.8**	**523.8**	**7114.7**	**850.4**	**114.9**	**1772.3**	**104.36**	**267318**
呼和浩特市	Hohhot City	29.9	56.9	43.5	511.0	72.3	114.8	142.9	7.69	21959
包头市	Baotou City	18.5	37.7	29.5	428.7	49.8	120.9	115.6	5.47	22397
乌海市	Wuhai City	1.5	3.1	2.5	6.1	2.8	110.1	18.1	0.60	3056
赤峰市	Chifeng City	91.3	165.8	104.2	980.3	127.5	111.1	251.0	15.80	75411
通辽市	Tongliao City	57.1	99.7	81.2	914.4	127.7	109.4	250.6	23.50	42818
鄂尔多斯市	Erdos City	21.1	44.1	32.9	401.4	61.1	124.0	178.0	5.92	22126
呼伦贝尔市	Hulunbuir City	21.9	38.8	34.9	1194.5	118.3	155.4	190.6	10.13	14778
巴彦淖尔市	Bayannur City	26.3	55.7	48.6	585.4	90.0	113.7	251.4	19.65	30533
乌兰察布市	Ulanqab City	43.7	94.5	73.7	831.6	89.7	118.6	135.2	5.46	15589
兴安盟	Xingan League	27.7	49.2	44.6	612.3	52.4	125.2	143.9	8.56	10157
锡林郭勒盟	Xilingol League	12.6	26.4	24.3	188.1	56.2	122.3	78.2	0.98	2727
阿拉善盟	Alxa League	1.7	4.1	3.8	27.6	6.4	113.1	16.8	0.60	5767
其他	Others									
辽宁省	**Liaoning**	**696.2**	**1083.8**	**685.8**	**3391.3**	**1510.5**	**107.7**	**1619.5**	**184.50**	
沈阳市	Shenyang City	81.0	121.8	78.3	547.0	210.9	113.5	24.0	29.11	
大连市	Dalian City	91.9	128.6	73.9	242.7	298.9	110.4	260.8	22.72	
鞍山市	Anshan City	52.8	80.5	45.6	206.1	98.5	109.4	97.3	13.81	
抚顺市	Fushun City	25.2	47.5	31.8	126.9	54.6	108.5	39.5	4.42	
本溪市	Benxi City	15.7	27.0	15.1	68.2	35.4	107.8	44.0	2.41	
丹东市	Dandong City	42.4	69.7	44.0	176.6	80.5	109.1	100.6	14.30	
锦州市	Jinzhou City	60.5	92.3	65.6	335.3	161.1	107.0	140.0	14.70	
营口市	Yingkou City	41.7	68.4	38.0	113.8	64.7	110.1	90.1	7.80	
阜新市	Fuxin City	34.0	59.0	41.4	288.0	58.3	123.2	118.9	10.00	
辽阳市	Liaoyang City	33.8	48.0	27.6	174.7	45.5	106.3	48.4	8.90	
盘锦市	Panjin City	21.3	36.6	24.1	128.8	77.9	110.6	50.4	6.60	
铁岭市	Tieling City	64.7	81.6	55.8	420.8	143.2	112.4	124.3	24.62	
朝阳市	Chaoyang City	74.4	135.0	87.7	338.8	81.7	120.1	95.7	15.70	
葫芦岛市	Huludao City	56.9	87.8	56.9	223.6	77.1	112.1	77.8	9.41	

3-13 续表 2 continued

地区	Region	乡村户数 (万户) Rural Households (10000)	乡村劳动力 (万人) Rural Laborers (10000 persons)	#农林牧渔业 Farming, Forestry, Animal Husbandry & Fishery	耕地面积 (千公顷) Cultivated Areas (1000 hectares)	农林牧渔业总产值 (亿元) Gross Output Value of Farming, Forestry, Animal Husbandry (100 million yuan)	农林牧渔业总产值指数 (上年=100) Indices of Gross Output Value of Farming, Forestry, Animal Husbandry (last year =100)	农业机械总动力 (万千瓦) Total Power of Agricultural Machinery (10000 kw)	化肥使用量 (万吨) Consumption of Chemical Fertilizer (10000 tons)	农村用电量 (万千瓦小时) Electricity Consumed in Rural Area (10000 kwh)
吉林省	**Jilin**	**381.8**	**670.9**	**496.7**	**4703.1**	**940.7**	**107.9**	**1319.8**	**304.69**	**2618632**
长春市	Changchun City	109.3	191.1	132.3	1097.0	281.5	108.4	241.7	91.93	603020
吉林市	Jilin City	54.7	99.8	72.9	476.3	152.7	106.4	139.0	39.62	441396
四平市	Siping City	53.7	91.1	69.6	630.5	198.3	111.7	144.6	47.99	392433
辽源市	Liaoyuan City	18.5	31.1	20.9	144.9	36.3	102.0	49.6	11.29	95146
通化市	Tonghua City	32.8	59.3	42.5	199.0	68.1	105.9	90.3	20.37	256848
白山市	Baishan City	11.1	19.2	13.9	41.3	38.7	107.5	38.0	2.74	67605
松原市	Songyuan City	49.2	88.5	72.8	780.5	138.7	100.0	282.8	54.32	300694
白城市	Baicheng City	31.0	50.0	40.3	541.7	71.0	81.5	243.4	27.51	184683
延边朝鲜族自治州	Yanbian Korean A.P	21.7	40.9	31.5	208.3	49.9	120.7	90.2	8.92	276807
其他	Others									
黑龙江省	**Heilongjiang**	**486.7**	**943.3**	**706.1**	**9905.0**	**1136.6**	**119.3**	**1952.2**	**143.81**	**335362**
哈尔滨市	Harbin City	131.2	240.7	157.2	1645.1	339.8	111.5	345.3	30.50	102057
齐齐哈尔市	Qiqihar City	89.4	173.5	141.3	1879.2	165.2	142.9	293.8	18.89	41414
鸡西市	Jixi City	19.4	35.3	27.7	323.4	49.6	111.5	90.3	3.11	15497
鹤岗市	Hegang City	6.4	11.7	9.3	153.1	17.0	115.2	36.5	1.76	2107
双鸭山市	Shuangyashan City	13.8	26.5	21.8	377.6	38.8	158.9	62.8	3.29	10290
大庆市	Daqing City	34.6	71.1	54.1	567.5	74.6	107.4	120.9	9.07	18712
伊春市	Yichun City	4.6	8.5	6.3	152.5	41.2	120.8	35.2	1.15	4458
佳木斯市	Jiamusi City	31.3	65.6	52.2	938.1	78.3	100.9	141.3	9.56	26487
七台河市	Qitaihe City	9.1	16.5	12.7	139.0	17.7	113.0	30.8	2.46	6302
牡丹江市	Mudanjiang City	31.0	66.1	48.1	431.0	68.9	110.1	104.0	5.93	30111
黑河市	Heihe City	20.9	33.7	27.9	717.1	48.7	136.2	117.0	5.73	11915
绥化市	Suihua City	93.4	191.3	145.4	1564.4	207.8	113.8	202.7	21.82	47872
大兴安岭地区	Daxinganling Prefecture	1.6	2.8	2.2	96.8	24.8	112.5	24.4	0.49	535
其他	Others						123.4	336.1	30.06	17605
上海市	**Shanghai**	**112.8**	**248.1**	**65.2**	**245.7**	**248.9**	**93.2**	**105.2**	**15.02**	**1143475**
黄浦区	Huangpu District									
卢湾区	Luwan District									
徐汇区	Xuhui District									
长宁区	Changning District									
静安区	Jingan District									
普陀区	Putuo District									
闸北区	Zhabei District									
虹口区	Hongkou District									
杨浦区	Yangpu District									
闵行区	Minhang District	8.2	13.8	1.4	5.9	7.4	71.4	1.8	0.20	74000
宝山区	Baoshan District	7.3	11.4	3.7	13.5	10.3	65.4	6.2	0.76	60300
嘉定区	Jiading District	8.7	15.5	2.1	21.7	11.3	63.3	5.4	0.87	389926
浦东新区	Pudong New District	12.8	19.9	2.1	9.5	12.9	77.3	2.1	0.45	115620
金山区	Jinshan District	10.7	21.8	8.0	27.7	23.5	100.5	13.6	1.49	145000
松江区	Songjiang District	9.5	17.2	2.6	17.7	20.5	81.6	8.5	1.38	116706
青浦区	Qingpu District	10.0	18.9	3.8	23.7	29.1	84.9	9.0	1.40	61000
南汇区	Nanhui District	24.3	39.7	14.1	25.7	38.6	90.6	7.6	1.74	98000
奉贤区	Fengxian District	14.9	22.4	6.2	27.6	30.5	93.6	15.6	2.89	10672
崇明县	Chongming County	20.2	29.1	12.4	51.7	39.9	100.4	21.8	3.07	60904
其他	Others									

3-13 续表 3 continued

地 区	Region	乡村户数 (万户) Rural Households (10000)	乡村劳动力 (万人) Rural Laborers (10000 persons)	#农林牧渔业 Farming, Forestry, Animal Husbandry & Fishery	耕地面积 (千公顷) Cultivated Areas (1000 hectares)	农林牧渔业总产值 (亿元) Gross Output Value of Farming, Forestry, Animal Husbandry (100 million yuan)	农林牧渔业总产值指数 (上年=100) Indices of Gross Output Value of Farming, Forestry, Animal Husbandry (last year =100)	农业机械总动力 (万千瓦) Total Power of Agricultural Machinery (10000 kw)	化肥使用量 (万吨) Consumption of Chemical Fertilizer (10000 tons)	农村用电量 (万千瓦小时) Electricity Consumed in Rural Area (10000 kwh)
江苏省	**Jiangsu**	**1505.0**	**2664.8**	**1134.9**	**4741.0**	**2417.6**	**107.8**	**3052.5**	**336.80**	**6798300**
南京市	Nanjing City	69.3	124.5	43.8	242.7	149.7	111.5	172.7	16.05	174878
无锡市	Wuxi City	95.4	161.4	34.5	152.3	92.5	100.9	145.0	9.85	1723897
徐州市	Xuzhou City	178.0	347.6	190.7	590.8	307.3	111.0	424.7	65.19	257496
常州市	Changzhou City	80.4	124.8	34.1	169.8	99.4	101.8	159.5	9.20	719841
苏州市	Suzhou City	112.8	207.6	47.5	257.5	164.0	100.7	204.3	13.04	2245507
南通市	Nantong City	215.6	354.0	156.7	475.1	277.6	105.6	278.2	26.65	475660
连云港市	Lianyungang City	88.7	167.2	100.5	356.7	164.3	99.0	226.0	29.19	105094
淮安市	Huaian City	98.0	213.7	115.5	479.3	211.3	106.8	254.1	31.32	72399
盐城市	Yancheng City	185.3	273.6	135.5	769.9	460.4	113.8	400.8	56.17	231711
扬州市	Yangzhou City	99.9	164.6	52.5	307.8	159.3	106.7	178.1	17.28	191479
镇江市	Zhenjiang City	58.6	96.8	35.6	154.8	66.9	107.0	122.2	8.86	226930
泰州市	Taizhou City	118.7	200.3	72.6	309.7	158.2	106.7	205.8	22.08	324739
宿迁市	Suqian City	104.6	229.5	117.8	439.5	176.4	115.7	275.3	31.71	71862
浙江省	**Zhejiang**	**1193.5**	**2252.3**	**826.6**	**1594.9**	**1332.3**	**104.4**	**2026.7**	**93.34**	**4411995**
杭州市	Hangzhou City	138.5	254.7	91.8	183.5	208.3	110.2	287.5	13.09	659804
宁波市	Ningbo City	182.0	306.2	78.3	211.0	193.1	111.2	272.4	12.40	846433
温州市	Wenzhou City	175.4	377.5	119.9	159.6	112.3	111.2	195.7	8.50	448899
嘉兴市	Jiaxing City	70.9	149.4	43.8	210.8	130.0	113.2	170.5	10.47	496514
湖州市	Huzhou City	57.3	114.2	44.1	143.0	102.4	118.1	151.9	5.48	242918
绍兴市	Shaoxing City	129.1	214.9	70.3	167.7	142.2	112.1	195.6	9.62	965277
金华市	Jinhua City	139.7	254.6	110.1	165.7	99.4	111.5	180.1	9.95	228990
衢州市	Quzhou City	59.9	119.0	61.4	100.7	67.3	112.6	76.2	8.69	62419
舟山市	Zhoushan City	23.4	37.8	15.5	17.7	84.5	113.4	161.1	0.57	53831
台州市	Taizhou City	157.0	307.8	119.3	147.1	174.1	103.7	264.4	8.89	372411
丽水市	Lishui City	60.3	116.4	72.1	89.2	65.1	105.9	65.7	5.68	34499
安徽省	**Anhui**	**1333.0**	**2910.8**	**1794.7**	**4108.9**	**1644.4**	**108.9**	**3784.4**	**277.56**	**593951**
合肥市	Hefei City	70.8	169.6	97.3	215.3	92.6	116.8	138.1	16.49	31946
芜湖市	Wuhu City	44.3	85.3	40.3	84.0	50.1	107.1	85.5	6.79	60330
蚌埠市	Bengbu City	62.6	150.9	99.3	299.0	112.6	130.0	374.1	24.09	29832
淮南市	Huainan City	31.8	79.1	43.9	116.2	44.2	147.8	141.1	11.42	38361
马鞍山市	Maanshan City	19.4	37.6	20.3	49.3	25.7	113.4	48.7	2.51	11877
淮北市	Huaibei City	32.4	61.5	44.7	133.5	40.6	118.8	171.3	7.73	8428
铜陵市	Tongling City	10.1	19.5	9.3	23.8	10.3	109.1	34.3	1.65	8489
安庆市	Anqing City	130.5	281.4	161.6	252.2	143.0	110.0	185.1	18.40	61366
黄山市	Huangshan City	35.9	73.2	52.4	48.7	39.7	105.8	52.5	3.81	11318
滁州市	Chuzhou City	86.7	189.4	131.2	389.4	157.2	121.6	358.3	28.42	55447
阜阳市	Fuyang City	200.9	463.2	277.0	572.6	207.9	120.7	424.2	31.68	60961
宿州市	Suzhou City	127.0	280.2	207.2	492.3	205.6	125.8	464.3	29.27	35732
巢湖市	Chaohu City	100.8	204.2	113.7	285.8	129.2	107.0	212.0	21.36	59061
六安市	Liuan City	157.1	327.2	184.3	419.7	149.4	115.2	387.2	29.57	38288
亳州市	Bozhou City	119.3	273.3	182.6	494.6	167.7	113.1	474.0	28.14	38200
池州市	Chizhou City	36.1	75.6	42.9	79.1	38.7	111.0	72.4	4.88	12983
宣城市	Xuancheng City	67.4	139.5	86.5	153.5	82.8	107.9	161.3	11.38	31333
其他	Others									

3-13 续表 4 continued

地 区	Region	乡村户数 (万户) Rural Households (10000)	乡村劳动力 (万人) Rural Laborers (10000 persons)	#农林牧渔业 Farming, Forestry, Animal Husbandry & Fishery	耕地面积 (千公顷) Cultivated Areas (1000 hectares)	农林牧渔业总产值 (亿元) Gross Output Value of Farming, Forestry, Animal Husbandry (100 million yuan)	农林牧渔业总产值指数 (上年=100) Indices of Gross Output Value of Farming, Forestry, Animal Husbandry (last year =100)	农业机械总动力 (万千瓦) Total Power of Agricultural Machinery (10000 kw)	化肥使用量 (万吨) Consumption of Chemical Fertilizer (10000 tons)	农村用电量 (万千瓦小时) Electricity Consumed in Rural Area (10000 kwh)
福建省	**Fujian**	**682.3**	**1311.5**	**722.7**	**1140.8**	**1317.3**	**105.1**	**981.0**	**121.66**	**1375738**
福州市	Fuzhou City	121.8	207.6	104.6	132.6	270.0	105.1	152.8	11.52	323757
厦门市	Xiamen City	18.4	36.8	19.1	24.1	34.1	100.6	47.6	2.99	37271
莆田市	Putian City	62.3	123.5	64.7	58.1	75.0	105.7	68.4	5.40	33114
三明市	Sanming City	50.2	93.1	59.0	164.8	138.9	105.5	85.9	11.81	62383
泉州市	Quanzhou City	143.0	299.1	125.1	133.6	164.1	103.1	178.7	17.39	654278
漳州市	Zhangzhou City	95.0	191.2	121.2	151.2	246.3	105.0	161.6	40.37	77780
南平市	Nanping City	59.7	111.8	77.4	206.4	133.7	107.2	109.6	13.87	46635
龙岩市	Longyan City	60.0	123.7	70.3	132.5	123.6	107.3	86.7	9.92	87207
宁德市	Ningde City	72.0	124.8	81.3	137.4	131.7	105.1	89.7	8.40	53313
江西省	**Jiangxi**	**785.0**	**1605.4**	**961.0**	**2073.6**	**1054.9**	**108.0**	**1465.1**	**123.53**	**423032**
南昌市	Nanchang City	59.6	126.0	77.0	207.8	99.1	107.1	174.4	12.48	53949
景德镇市	Jingdezhen City	23.5	45.3	26.1	55.3	27.0	108.7	58.7	2.80	15342
萍乡市	Pingxiang City	32.8	69.7	34.5	46.1	34.8	110.1	60.9	3.65	36725
九江市	Jiujiang City	81.6	168.7	98.9	203.4	89.5	110.5	140.7	12.08	34045
新余市	Xinyu City	19.9	36.3	21.5	54.7	29.7	108.6	44.6	4.28	17182
鹰潭市	Yingtan City	19.6	37.9	23.6	54.8	27.7	110.4	23.6	3.10	6247
赣州市	Ganzhou City	160.0	354.2	203.2	293.5	175.6	104.4	195.2	20.90	61602
吉安市	Jian City	86.4	183.3	122.8	325.6	126.7	101.1	197.8	14.34	40252
宜春市	Yichun City	98.8	184.4	112.2	328.8	142.8	108.1	238.6	19.76	60141
抚州市	Fuzhou City	70.4	127.7	90.7	223.2	108.0	103.7	131.9	14.25	30340
上饶市	Shangrao City	132.4	261.1	150.4	280.6	121.7	108.5	198.7	15.89	67207
山东省	**Shandong**	**2052.1**	**3754.2**	**2180.1**	**6355.2**	**3453.9**	**105.7**	**8751.9**	**450.96**	**3041359**
济南市	Jinan City	98.5	191.3	95.9	324.9	204.4	105.4	418.5	21.18	187486
青岛市	Qingdao City	150.6	258.9	112.1	422.6	303.4	101.0	598.9	32.45	330609
淄博市	Zibo City	86.7	153.6	76.9	163.7	101.0	108.7	299.5	11.75	380469
枣庄市	Zaozhuang City	74.2	156.1	83.4	179.2	103.8	115.1	191.8	17.38	177393
东营市	Dongying City	31.9	53.3	32.5	171.3	81.7	109.6	183.2	12.04	38260
烟台市	Yantai City	167.3	248.2	148.4	420.6	308.1	105.3	630.6	34.73	374984
潍坊市	Weifang City	196.1	336.7	170.2	673.6	362.5	106.7	821.7	54.60	413561
济宁市	Jining City	173.3	343.0	198.2	520.5	300.9	107.0	653.0	38.88	152245
泰安市	Taian City	118.0	220.3	125.9	315.3	172.5	107.8	335.4	19.70	74597
威海市	Weihai City	65.3	89.6	42.2	165.0	182.5	102.0	365.2	12.43	155346
日照市	Rizhao City	75.0	130.7	82.6	166.8	110.3	101.8	224.5	14.71	55992
莱芜市	Laiwu City	30.1	52.8	28.9	59.8	30.7	104.4	76.5	3.65	54000
临沂市	Linyi City	261.5	498.3	324.1	651.8	267.8	108.3	681.5	41.90	225256
德州市	Dezhou City	116.3	221.5	156.7	541.2	226.5	108.0	904.5	32.74	75169
聊城市	Liaocheng City	129.5	259.2	172.5	535.4	208.6	105.8	911.3	36.50	81140
滨州市	Binzhou City	86.8	162.9	100.6	374.2	151.3	110.2	466.8	23.79	82456
菏泽市	Heze City	191.1	377.7	229.2	656.3	240.1	107.4	988.9	42.52	182396
河南省	**Henan**	**2015.6**	**4718.0**	**3235.0**	**7177.5**	**2963.9**	**112.9**	**7521.1**	**493.16**	**1576889**
郑州市	Zhengzhou City	107.0	226.3	131.2	296.1	110.2	105.7	411.1	21.45	324803
开封市	Kaifeng City	93.4	231.6	179.5	394.4	177.9	108.5	616.1	21.69	50143
洛阳市	Luoyang City	123.0	298.6	196.5	358.3	147.8	106.3	364.5	18.42	132728
平顶山市	Pingdingshan City	99.9	236.8	173.8	312.9	109.3	109.2	222.1	26.70	51190
安阳市	Anyang City	117.3	276.3	186.0	395.2	138.6	108.0	471.8	26.23	104980

3-13 续表 5 continued

地 区	Region	乡村户数 (万户) Rural Households (10000)	乡村劳动力 (万人) Rural Laborers (10000 persons)	#农林牧渔业 Farming, Forestry, Animal Husbandry & Fishery	耕地面积 (千公顷) Cultivated Areas (1000 hectares)	农林牧渔业总产值 (亿元) Gross Output Value of Farming, Forestry, Animal Husbandry (100 million yuan)	农林牧渔业总产值指数 (上年=100) Indices of Gross Output Value of Farming, Forestry, Animal Husbandry (last year =100)	农业机械总动力 (万千瓦) Total Power of Agricultural Machinery (10000 kw)	化肥使用量 (万吨) Consumption of Chemical Fertilizer (10000 tons)	农村用电量 (万千瓦小时) Electricity Consumed in Rural Area (10000 kwh)
鹤壁市	Hebi City	26.0	60.9	38.7	96.1	56.2	113.2	159.1	5.69	18062
新乡市	Xinxiang City	105.9	225.9	160.4	386.3	134.9	105.5	584.4	29.67	174634
焦作市	Jiaozuo City	60.9	142.0	91.1	181.9	91.9	107.8	340.7	18.21	97036
濮阳市	Puyang City	69.7	175.6	128.9	247.5	105.1	106.3	359.5	21.74	36249
许昌市	Xuchang City	97.5	236.0	148.6	325.5	155.7	108.6	303.6	19.12	72843
漯河市	Luohe City	52.0	125.5	79.7	166.3	89.7	110.0	204.8	11.82	36103
三门峡市	Sanmenxia City	41.9	93.2	67.3	157.2	49.3	111.9	134.9	7.96	23332
南阳市	Nanyang City	234.1	520.6	375.5	939.8	435.7	113.0	529.2	67.05	129202
商丘市	Shangqiu City	188.1	425.4	300.5	666.4	282.9	119.7	884.8	42.48	82937
信阳市	Xinyang City	172.7	377.4	242.3	568.0	231.6	117.2	282.4	33.44	56230
周口市	Zhoukou City	230.2	567.9	387.2	826.2	326.3	120.0	836.0	61.19	84680
驻马店市	Zhumadian City	182.5	467.5	330.3	826.3	274.7	129.0	738.6	58.18	81761
其他	Others	13.6	30.6	17.5	34.9	14.8	112.4	77.6	2.13	19976
湖北省	**Hubei**	**1006.0**	**1877.0**	**1105.7**	**3091.8**	**1695.4**	**106.5**	**1768.6**	**281.92**	**647900**
武汉市	Wuhan City	72.1	128.1	71.7	206.1	165.7	106.2	173.6	16.10	123056
黄石市	Huangshi City	31.0	61.0	29.0	74.3	43.7	105.5	42.8	3.83	61618
十堰市	Shiyan City	67.5	115.6	63.9	138.9	58.2	105.1	76.5	9.66	19022
宜昌市	Yichang City	83.6	141.7	94.5	227.2	128.1	104.9	155.4	26.56	33561
襄樊市	Xiangfan City	90.5	171.4	122.4	392.9	206.8	103.0	194.8	45.66	38551
鄂州市	Ezhou City	19.4	34.8	22.1	41.4	38.6	112.4	35.3	11.41	28999
荆门市	Jingmen City	48.0	83.0	56.7	249.0	133.7	106.3	161.8	24.02	35578
孝感市	Xiaogan City	94.1	193.8	104.5	242.1	152.6	103.7	144.2	17.12	45242
荆州市	Jingzhou City	101.3	208.2	140.5	423.7	193.6	107.8	223.4	31.27	76319
黄冈市	Huanggang City	140.3	257.4	136.8	310.8	169.5	103.5	134.5	35.97	67607
咸宁市	Xianning City	46.4	79.4	41.8	127.1	80.6	106.9	8.9	9.39	25814
随州市	Suizhou City	44.9	87.2	48.6	136.0	82.6	109.5	66.2	11.11	20041
恩施土家族苗族自治州	Enshi Tujia & Miao A.P	93.8	174.5	101.6	252.8	103.4	105.8	70.4	17.86	17746
其他	Others	73.0	136.6	74.8	275.5	136.8	79.6	153.8	21.96	54780
湖南省	**Hunan**	**1481.7**	**2951.6**	**1975.9**	**3816.5**	**1913.3**	**107.5**	**2923.9**	**203.19**	**575298**
长沙市	Changsha City	120.4	241.5	137.6	284.8	172.1	107.3	307.0	14.66	113847
株洲市	Zhuzhou City	75.4	156.0	90.9	202.9	101.5	107.4	148.5	10.41	42057
湘潭市	Xiangtan City	62.0	124.0	79.3	140.9	87.0	108.9	140.2	10.29	30836
衡阳市	Hengyang City	155.9	298.5	203.1	371.0	221.0	106.2	214.3	19.12	35839
邵阳市	Shaoyang City	175.9	368.5	258.0	396.5	170.2	106.8	216.5	17.95	46830
岳阳市	Yueyang City	118.4	203.8	132.5	319.9	189.4	106.1	345.3	19.95	40075
常德市	Changde City	138.6	257.6	176.8	459.3	234.3	107.8	293.1	29.96	68481
张家界市	Zhangjiajie City	39.1	74.0	55.1	105.7	29.1	105.3	67.0	4.76	6660
益阳市	Yiyang City	104.6	205.0	133.2	274.8	119.0	108.4	285.3	17.07	38850
郴州市	Chenzhou City	104.3	215.4	129.0	272.6	122.5	107.2	228.3	14.44	38981
永州市	Yongzhou City	130.4	272.5	179.0	335.9	174.3	108.9	264.3	19.50	38029
怀化市	Huaihua City	110.3	229.0	178.7	298.4	101.4	104.6	165.1	10.46	35046
娄底市	Loudi City	89.4	179.0	123.0	180.1	85.2	109.5	158.8	8.74	28559
湘西土家族苗族自治州	West Hunan Tujia A.P	57.0	126.9	99.6	173.7	42.8	104.7	90.3	5.87	11207
其他	Others									
广东省	**Guangdong**	**1493.9**	**2944.6**	**1525.0**	**2107.8**	**2154.8**	**104.5**	**1798.7**	**201.30**	**7482272**
广州市	Guangzhou City	79.3	155.4	74.8	132.0	201.4	108.4	245.8	9.21	1466969

3-13 续表 6 continued

地区	Region	乡村户数 (万户) Rural Households (10000)	乡村劳动力 (万人) Rural Laborers (10000 persons)	#农林牧渔业 Farming, Forestry, Animal Husbandry & Fishery	耕地面积 (千公顷) Cultivated Areas (1000 hectares)	农林牧渔业总产值 (亿元) Gross Output Value of Farming, Forestry, Animal Husbandry (100 million yuan)	农林牧渔业总产值指数 (上年=100) Indices of Gross Output Value of Farming, Forestry, Animal Husbandry (last year =100)	农业机械总动力 (万千瓦) Total Power of Agricultural Machinery (10000 kw)	化肥使用量 (万吨) Consumption of Chemical Fertilizer (10000 tons)	农村用电量 (万千瓦小时) Electricity Consumed in Rural Area (10000 kwh)
韶关市	Shaoguan City	54.1	98.5	70.8	130.1	90.2	102.1	82.6	9.50	24184
深圳市	Shenzhen City				2.6	30.0	87.7	2.6	2.50	132453
珠海市	Zhuhai City	13.0	29.0	8.8	16.6	31.5	108.6	20.4	1.16	44357
汕头市	Shantou City	82.5	160.7	73.6	43.8	80.6	102.7	42.5	4.96	133593
佛山市	Foshan City	81.6	159.3	32.0	58.0	156.0	102.8	131.9	6.12	1627566
江门市	Jiangmen City	82.5	158.6	83.6	134.0	152.2	103.8	139.5	11.07	300665
湛江市	Zhanjiang City	126.2	276.7	197.7	301.0	206.5	104.4	216.7	32.70	68013
茂名市	Maoming City	135.8	261.1	164.1	227.4	268.2	106.0	147.3	23.00	58258
肇庆市	Zhaoqing City	83.4	171.6	94.3	132.4	186.2	105.2	92.7	13.93	65357
惠州市	Huizhou City	65.6	141.7	65.8	102.0	123.3	107.2	88.8	7.84	63561
梅州市	Meizhou City	112.3	171.2	103.6	122.2	105.8	102.3	104.1	12.20	58535
汕尾市	Shanwei City	56.7	117.5	63.3	59.7	100.8	107.4	58.5	6.40	48482
河源市	Heyuan City	67.8	135.8	71.4	104.2	62.1	102.5	43.6	5.90	21310
阳江市	Yangjiang City	57.5	119.1	77.1	103.5	128.0	104.8	70.7	8.94	27668
清远市	Qingyuan City	83.5	158.7	98.9	163.5	111.2	103.3	75.0	13.92	38262
东莞市	Dongguan City	45.5	79.9	11.9	32.6	44.2	98.3	29.9	5.91	2989254
中山市	ZhongShan City	36.9	115.6	17.3	29.6	49.5	105.0	57.3	2.93	67197
潮州市	Chaozhou City	51.3	93.5	44.1	37.6	61.1	100.7	31.9	4.76	116858
揭阳市	Jieyang City	110.5	223.3	109.7	91.9	127.9	104.0	51.4	11.69	93551
云浮市	Yunfu City	68.0	117.3	62.2	83.5	111.1	105.0	65.6	6.66	36177
广西壮族自治区	**Guangxi**	**973.1**	**2245.4**	**1516.1**	**2560.7**	**1294.5**	**106.3**	**1814.3**	**195.00**	**323600**
南宁市	Nanning City	120.0	282.1	196.1	397.3	172.3	106.5	277.5	34.42	47034
柳州市	Liuzhou City	59.0	135.0	93.1	238.0	88.3	106.5	103.9	14.25	23886
桂林市	Guilin City	103.9	215.1	156.0	282.4	174.6	108.8	192.1	19.67	37223
梧州市	Wuzhou City	64.8	135.1	79.5	96.1	81.5	109.1	70.0	6.10	17011
北海市	Beihai City	27.1	65.2	44.5	79.4	78.3	102.5	80.3	5.72	11214
防城港市	Fangchenggang City	14.7	34.2	23.4	47.0	35.4	104.7	42.7	3.26	6681
钦州市	Qinzhou City	70.7	174.5	107.6	154.9	115.7	111.4	82.7	20.20	14560
贵港市	Guigang City	103.5	211.6	124.0	204.7	101.1	106.7	179.2	17.47	24153
玉林市	Yulin City	119.5	290.3	172.4	195.7	157.7	112.4	193.5	14.55	47583
百色市	Baise City	72.6	188.7	141.1	278.4	95.2	106.9	154.6	7.86	24892
贺州市	Hezhou City	41.9	99.3	71.9	92.4	81.4	105.8	54.9	5.34	13066
河池市	Hechi City	80.0	179.5	129.7	207.1	88.4	109.4	168.3	9.31	22091
来宾市	Laibin City	48.8	116.0	88.4	230.5	92.3	107.9	95.1	18.65	18576
崇左市	Chongzuo City	46.4	122.6	88.3	258.4	75.7	109.5	119.7	18.43	15630
海南省	**Hainan**	**110.9**	**250.1**	**190.8**	**417.8**	**452.9**	**107.8**	**243.9**	**41.06**	**33111**
海口市	Haikou City	15.0	30.2	19.7	48.2	38.7	107.7	24.0	2.69	5428
三亚市	Sanya City	5.2	15.0	11.8	12.1	25.0	108.0	15.6	1.20	1393
其他	Others	90.6	204.9	159.3	357.5	389.3		204.3	37.17	26290
重庆市	**Chongqing**	**715.0**	**1361.5**	**800.8**	**1400.6**	**612.8**	**105.7**	**728.3**	**77.02**	**384627**
万州区	Wanzhou District	37.7	74.9	44.1	57.7	26.6	103.4	32.6	3.61	10859
涪陵区	Fuling District	25.3	47.9	31.1	67.2	22.3	107.1	31.6	3.61	22413
渝中区	Yuzhong District									
大渡口区	Dadukou District	2.2	3.6	1.7	1.6	2.3	93.9	2.1	0.38	7058
江北区	Jiangbei District	3.0	5.6	3.2	3.9	2.4	110.4	2.5	0.53	5891
沙坪坝区	Shapingba District	7.0	11.7	5.2	10.3	7.3	97.8	10.9	0.82	27529

3-13 续表 7 continued

地 区	Region	乡村户数 (万户) Rural Households (10000)	乡村劳动力 (万人) Rural Laborers (10000 persons)	#农林牧渔业 Farming, Forestry, Animal Husbandry & Fishery	耕地面积 (千公顷) Cultivated Areas (1000 hectares)	农林牧渔业总产值 (亿元) Gross Output Value of Farming, Forestry, Animal Husbandry (100 million yuan)	农林牧渔业总产值指数 (上年=100) Indices of Gross Output Value of Farming, Forestry, Animal Husbandry (last year =100)	农业机械总动力 (万千瓦) Total Power of Agricultural Machinery (10000 kw)	化肥使用量 (万吨) Consumption of Chemical Fertilizer (10000 tons)	农村用电量 (万千瓦小时) Electricity Consumed in Rural Area (10000 kwh)
九龙坡区	Jiulongpo District	7.9	13.9	7.5	10.0	9.3	100.4	29.6	0.50	10772
南岸区	Nanan District	6.9	9.5	3.6	4.6	4.7	83.4		0.19	6665
北碚区	Beibei District	12.2	22.2	11.5	15.9	8.9	105.6	19.5	0.90	33936
万盛区	Wansheng District	4.3	9.1	5.1	5.9	5.0	103.6	8.5	0.59	4756
双桥区	Shuangqiao District	0.8	1.3	0.8	0.8	0.4	111.7	0.6	0.03	120
渝北区	Yubei District	18.8	35.2	22.6	29.3	16.8	102.6	13.2	1.45	5455
巴南区	Banan District	21.0	34.6	19.0	41.2	28.3	106.1	22.1	1.77	8297
黔江区	Qianjiang District	12.7	28.4	20.4	28.6	11.3	107.4	22.5	2.02	2282
长寿区	Changshou District	22.0	41.2	22.2	37.5	21.0	104.3	26.1	2.25	6650
其他	Others	533.3	1022.5	602.8	1086.0	446.2		506.6	58.36	231944
四川省	**Sichuan**	**1973.4**	**3773.7**	**2367.0**	**3904.4**	**2252.3**	**107.1**	**2006.8**	**214.71**	**1078468**
成都市	Chengdu City	208.8	406.5	210.1	357.5	283.2	107.4	235.9	20.03	280271
自贡市	Zigong City	72.0	134.9	77.4	122.6	80.4	110.1	53.0	7.22	27823
攀枝花市	Panzhihua City	13.8	29.0	23.2	30.3	18.2	109.4	43.9	2.67	8840
泸州市	Luzhou City	114.8	233.8	153.9	208.6	101.5	108.1	86.2	8.78	34519
德阳市	Deyang City	99.8	194.8	101.4	192.8	140.1	106.9	119.0	15.89	129197
绵阳市	Mianyang City	129.5	232.7	132.5	280.9	160.3	107.8	129.6	17.20	63527
广元市	Guangyuan City	66.7	127.4	87.9	155.8	73.4	110.9	93.8	9.90	17572
遂宁市	Suining City	82.8	137.2	77.5	152.6	95.0	105.2	76.2	11.19	20277
内江市	Neijiang City	101.8	180.6	113.2	163.4	87.8	107.8	94.1	9.51	59541
乐山市	Leshan City	81.3	158.6	102.1	150.8	86.5	108.1	112.3	7.38	54041
南充市	Nanchong City	178.0	329.9	201.2	296.2	167.8	107.4	133.6	19.77	44668
眉山市	Meishan City	84.5	155.8	108.6	174.5	93.2	107.9	104.7	11.59	49411
宜宾市	Yibin City	120.5	255.8	173.5	240.4	117.8	110.7	105.2	10.70	58220
广安市	Guangan City	104.8	199.1	123.2	172.1	98.5	108.0	76.9	9.66	27868
达州市	Dazhou City	147.3	248.6	138.6	270.2	175.3	106.7	113.6	17.41	50890
雅安市	Yaan City	38.4	72.1	48.7	59.3	45.1	111.7	80.8	4.80	40127
巴中市	Bazhong City	79.6	156.0	105.5	149.9	87.2	108.8	74.7	12.02	16391
资阳市	Ziyang City	129.5	220.5	128.4	278.5	139.7	109.8	107.8	8.30	38735
阿坝藏族羌族自治州	Aba Zang & Qiang A.P	14.4	38.3	31.3	55.1	19.4	104.4	42.1	0.76	14783
甘孜藏族自治州	Ganzi Zang A.P	15.9	44.6	41.9	92.3	17.5	103.6	37.4	0.20	8071
凉山彝族自治州	Liangshan Yi A.P	89.2	217.5	186.9	300.6	128.9	108.9	86.0	9.72	33696
贵州省	**Guizhou**	**781.8**	**1903.0**	**1288.5**	**1752.2**	**524.6**	**105.5**	**797.2**	**74.31**	**302913**
贵阳市	Guiyang City	47.2	110.2	73.0	97.7	50.3	108.3	65.3	6.30	25795
六盘水市	Liupanshui City	60.3	124.3	91.2	106.7	26.8	116.8	84.9	5.50	8473
遵义市	Zunyi City	153.3	367.9	239.7	391.7	154.8	107.4	165.4	16.45	42395
安顺市	Anshun City	50.4	130.0	93.6	106.7	33.4	108.3	60.7	5.54	9763
铜仁地区	Tongren Prefecture	84.7	5.3	58.8	173.2	80.7	107.2	68.4	4.96	14471
黔西南布依族苗族自治州	Southwest Guizhou Buyi & Miao A.P	64.2	159.9	118.2	162.6	53.3	108.4	73.8	6.65	10299
毕节地区	Bijie Prefecture	155.6	378.4	251.0	364.4	111.7	111.0	103.5	17.65	25942
黔东南苗族侗族自治州	Southeast Guizhou Miao & Dong A.P	87.5	219.7	152.5	178.7	67.8	107.3	89.4	6.27	15824
黔南布依族苗族自治州	South Guizhou Buyi & Miao A.P	78.3	198.2	133.8	175.1	72.2	107.8	85.8	7.04	14907
云南省	**Yunnan**	**865.7**	**2030.0**	**1693.7**	**4179.3**	**965.2**	**106.8**	**1608.5**	**137.24**	**403402**
昆明市	Kunming City	81.4	180.8	141.9	167.4	109.0	107.1	233.6	14.95	64575
曲靖市	Qujing City	125.1	286.1	229.8	248.0	126.6	108.1	196.9	23.06	44942
玉溪市	Yuxi City	48.0	107.5	83.0	107.6	59.7	107.4	151.8	8.75	83845

3-13 续表 8 continued

地 区	Region	乡村户数 (万户) Rural Households (10000)	乡村劳动力 (万人) Rural Laborers (10000 persons)	#农林牧渔业 Farming, Forestry, Animal Husbandry & Fishery	耕地面积 (千公顷) Cultivated Areas (1000 hectares)	农林牧渔业总产值 (亿元) Gross Output Value of Farming, Forestry, Animal Husbandry (100 million yuan)	农林牧渔业总产值指数 (上年=100) Indices of Gross Output Value of Farming, Forestry, Animal Husbandry (last year =100)	农业机械总动力 (万千瓦) Total Power of Agricultural Machinery (10000 kw)	化肥使用量 (万吨) Consumption of Chemical Fertilizer (10000 tons)	农村用电量 (万千瓦小时) Electricity Consumed in Rural Area (10000 kwh)
保山市	Baoshan City	52.0	125.7	106.5	137.7	54.5	105.8	76.0	8.26	16922
昭通市	Zhaotong City	114.6	245.3	201.7	323.5	58.0	105.6	68.1	10.75	23311
丽江市	Lijiang City	24.4	57.0	47.6	93.2	20.6	105.1	36.1	5.45	7179
思茅市	Simao City	48.0	115.4	103.5	187.3	42.6	102.7	91.4	4.04	11008
临沧市	Lincang City	45.2	104.6	89.5	230.6	47.2	104.8	58.6	7.10	8948
楚雄彝族自治州	Chuxiong Yi A.P	55.1	134.6	114.7	153.2	70.9	106.8	113.9	10.05	22276
红河哈尼族彝族自治州	Honghe Hani & Yi A.P	80.8	200.9	175.2	250.6	79.8	107.7	164.1	14.82	41537
文山壮族苗族自治州	Wenshan Zhuang & Miao A.P	68.3	177.6	153.0	225.5	59.8	110.7	104.9	10.16	19884
西双版纳傣族自治州	Xishuangbanna Dai A.P	12.7	34.5	32.5	104.3	36.6	98.8	65.7	2.12	4044
大理白族自治州	Dali Bai A.P	75.0	169.8	134.5	181.4	96.8	106.4	137.2	11.76	44109
德宏傣族景颇族自治州	Dehong Dai & Jingpo A.P	18.8	49.6	43.4	123.3	23.7	99.0	70.6	4.83	3235
怒江傈僳族自治州	Nujiang Lisu A.P	9.9	23.5	21.5	45.4	6.0	103.0	12.3	0.44	2954
迪庆藏族自治州	Diqing Zang A.P	6.5	17.1	15.3	29.7	7.0	105.4	27.1	0.70	4633
西藏自治区	**Tibet**	**39.3**	**105.7**	**85.2**	**222.7**	**62.7**	**104.1**	**191.6**	**3.98**	**5901**
拉萨市	Lhasa City	4.9	12.9	8.7	35.5	9.3	103.6	43.1	0.93	730
昌都地区	Qamdu Prefecture	8.2	23.3	20.6	46.7	15.1	101.5	14.7	0.99	1208
山南地区	Lhokha Prefecture	6.3	13.8	11.6	28.9	5.7	103.7	21.2	0.29	2358
日喀则地区	Xigaze Prefecture	9.6	30.8	22.2	85.3	16.2	105.2	48.5	1.06	898
那曲地区	Narqu Prefecture	6.6	16.0	14.2	5.6	8.0	106.6	18.4	0.00	84
阿里地区	Ngri Prefecture	1.5	3.7	3.2	2.6	3.1	108.9	9.7	0.44	
林芝地区	Nyingchi Prefecture	2.2	5.2	4.8	18.3	5.3	101.3	36.0	0.28	623
其他	Others					0.1	82.0			
陕西省	**Shaanxi**	**703.3**	**1425.5**	**957.1**	**2795.5**	**624.6**	**109.2**	**1307.0**	**143.13**	**840258**
西安市	Xian City	101.2	222.0	140.6	269.9	91.5	107.6	214.1	21.07	168430
铜川市	Tongchuan City	11.2	25.2	19.0	64.0	9.1	115.8	24.7	3.26	13101
宝鸡市	Baoji City	69.9	144.5	88.5	307.5	65.1	112.1	127.9	16.45	73320
咸阳市	Xianyang City	94.4	213.8	151.8	369.8	121.7	111.0	191.7	28.34	106058
渭南市	Weinan City	108.9	242.4	185.3	514.7	84.2	107.9	299.4	32.12	137674
延安市	Yanan City	36.1	67.6	52.9	228.9	42.1	112.1	83.7	6.59	43304
汉中市	Hanzhong City	83.9	144.5	86.0	202.8	71.4	106.7	86.8	11.87	41757
榆林市	Yulin City	73.2	134.2	90.1	501.2	44.0	115.6	162.1	8.66	213748
安康市	Ankang City	65.8	130.2	74.9	194.4	53.5	113.0	65.0	8.70	23547
商洛市	Shangluo City	56.8	96.1	65.3	128.0	39.0	108.5	43.5	5.52	17208
其他	Others	1.9	5.1	2.7	5.0	1.9	105.4	6.4	0.28	2111
甘肃省	**Gansu**	**459.4**	**1057.9**	**763.2**	**3403.9**	**477.4**	**106.5**	**1321.3**	**72.39**	**323951**
兰州市	Lanzhou City	32.1	70.3	43.9	211.5	34.6	103.3	125.4	3.83	35706
嘉峪关市	Jiayuguan City	0.6	1.4	1.0	2.8	1.8	114.7	4.2	0.15	862
金昌市	Jinchang City	6.0	13.6	10.2	51.5	11.1	110.5	71.0	2.54	13777
白银市	Baiyin City	28.5	69.2	52.8	297.6	32.0	105.9	143.7	3.83	34520
天水市	Tianshui City	62.2	154.7	106.1	382.0	37.8	105.4	78.7	5.59	21220
武威市	Wuwei City	37.1	82.6	60.1	254.8	54.1	104.7	209.1	10.57	52122
张掖市	Zhangye City	25.5	57.0	22.5	218.6	55.5	105.4	156.7	8.98	22652
平凉市	Pingliang City	42.6	98.6	38.9	374.2	42.6	105.8	62.4	7.02	14448
酒泉市	Jiuquan City	15.1	29.5	91.9	111.5	49.3	104.9	120.2	5.58	19043
庆阳市	Qingyang City	50.2	104.6	103.2	439.3	45.0	109.0	86.0	8.11	20101
定西市	Dingxi City	59.2	133.5	68.1	513.7	42.7	106.1	101.6	6.66	15358

3-13 续表 9 continued

地 区	Region	乡村户数 (万户) Rural Households (10000)	乡村劳动力 (万人) Rural Laborers (10000 persons)	#农林牧渔业 Farming, Forestry, Animal Husbandry & Fishery	耕地面积 (千公顷) Cultivated Areas (1000 hectares)	农林牧渔业总产值 (亿元) Gross Output Value of Farming, Forestry, Animal Husbandry (100 million yuan)	农林牧渔业总产值指数 (上年=100) Indices of Gross Output Value of Farming, Forestry, Animal Husbandry (last year =100)	农业机械总动力 (万千瓦) Total Power of Agricultural Machinery (10000 kw)	化肥使用量 (万吨) Consumption of Chemical Fertilizer (10000 tons)	农村用电量 (万千瓦小时) Electricity Consumed in Rural Area (10000 kwh)
陇南市	Longnan City	55.0	126.0	78.2	289.8	36.0	105.7	75.3	5.72	23783
临夏回族自治州	Linxia Hui A.P	34.7	88.0	61.8	143.3	22.2	105.7	55.4	1.88	30795
甘南藏族自治州	Gannan Zang A.P	10.9	29.0	24.5	67.4	10.7	103.2	19.0	0.29	3881
青海省	**Qinghai**	**75.9**	**184.5**	**131.9**	**542.0**	**86.6**		**328.8**	**6.56**	**29486**
西宁市	Xining City	23.1	57.6	38.2	146.7	18.5		130.0	2.62	6877
海东地区	Haidong Prefecture	28.7	68.7	41.8	202.1	22.7		103.6	2.14	11186
海北藏族自治州	Haibei Zang A.P	4.3	10.4	8.7	47.6	6.9		20.4	0.54	1410
海南藏族自治州	Hainan Zang A.P	5.9	14.8	12.4	73.3	11.2		26.1	0.60	4713
黄南藏族自治州	Huangnan Zang AP	3.4	9.0	8.2	19.7	7.4		8.2	0.13	1024
果洛藏族自治州	Golog Zang A.P	2.4	5.1	5.0	1.2	3.6		1.6		51
玉树藏族自治州	Yushu Zang A.P	5.1	12.0	11.8	15.1	10.4		9.5		2842
海西蒙古族藏族自治州	Haixi Mongolian & Zang A.P	2.9	6.9	5.8	36.3	6.0		29.4	0.50	1383
宁夏回族自治区	**Ningxia**	**92.7**	**209.9**	**144.0**	**944.4**	**125.5**	**107.8**	**528.5**	**27.60**	**89980**
银川市	Yinchuan City	14.6	31.9	21.7	130.0	31.9	109.6	129.5	7.22	18501
石嘴山市	Shizuishan City	7.9	16.4	10.1	72.2	14.8	113.3	76.2	4.50	6021
吴忠市	Wuzhong City	23.0	47.1	29.9	267.6	30.9	105.1	129.2	6.19	18863
固原市	Guyuan City	27.6	68.8	50.7	338.0	23.6	112.9	96.6	4.82	12958
中卫市	Zhongwei City	19.6	45.7	31.7	136.6	24.3	106.0	97.0	4.87	33637
新疆维吾尔自治区	**Xinjiang**	**219.6**	**395.1**	**339.4**	**3362.3**	**750.7**	**106.4**	**1046.5**	**99.17**	**326299**
乌鲁木齐市	Urumqi City	3.5	7.5	5.1	31.5	8.8	115.5	15.2	0.53	8877
克拉玛依市	Karamay City	0.1	0.1	0.1	15.5	2.3	70.7	1.0	0.11	292
石河子市	Shihezi City									
吐鲁番地区	Turpan Prefecture	8.9	20.9	18.0	35.4	18.3	117.5	46.6	1.11	23450
哈密地区	Hami Prefecture	4.8	9.5	7.6	53.2	10.5	109.6	23.0	0.56	10302
昌吉回族自治州	Changji Hui A.P	17.7	39.5	32.4	307.2	84.4	110.5	142.2	8.19	54101
博尔塔拉蒙古自治州	Bortala Mongolian A.P	4.5	8.2	6.6	72.1	18.5	107.4	30.8	1.75	3142
巴音郭楞蒙古自治州	Bayingolin Mongolian A.P	10.1	18.0	15.1	167.1	53.9	114.4	70.7	6.27	15599
阿克苏地区	Aksu Prefecture	28.0	51.9	47.3	336.3	77.8	107.4	101.7	12.56	19964
克孜勒苏柯尔克孜自治州	Kizilsu Kirgiz A.P	7.1	10.4	8.5	28.9	9.6	106.9	14.4	0.97	1423
喀什地区	Kashi Prefecture	54.2	82.0	73.3	402.1	95.3	113.2	99.4	13.35	11393
和田地区	Hotan Prefecture	34.8	51.1	44.5	171.0	40.8	110.5	38.6	4.61	9829
伊犁哈萨克自治州	Ili Kazak A.P	27.9	58.3	48.3	279.9	60.3	106.0	75.9	5.15	8381
塔城地区	Tacheng Prefecture	11.5	26.1	23.2	304.0	54.8	108.8	119.7	6.84	17287
阿勒泰地区	Altay Prefecture	5.9	10.3	8.5	118.2	23.7	107.5	34.4	1.37	3292
阿拉尔市	Alar City									
图木舒克市	Tumxuk City									
五家渠市	Wujiaqu City									
兵团	Corps	0.7	1.1	0.9	1039.9	239.4	111.2	232.9	35.80	138967

3-14 播种面积和农产品产量（2004年）

Sown Areas and Yield of Farm Crops (2004)

地 区	Region	有效灌溉面积（千公顷）Irrigated Area (1000 hectare)	农作物总播种面积（千公顷）Total Sown Area (1000 hectare)	#粮食作物 Grain Crops	粮食产量（万吨）Grain Yield (10000 tons)	棉花产量（吨）Cotton (ton)	油料产量（万吨）Oil-bearing (10000 tons)	肉类产量（吨）Meat (ton)	水产品产量（吨）Aquatic Products (ton)
北京市	**Beijing**	**186.7**	**312.7**	**154.5**	**70.2**	**7768**	**2.90**	**70.84**	**66753**
东城区	Dongcheng District								
西城区	Xicheng District								
崇文区	Chongwen District								
宣武区	Xuanwu District								
朝阳区	Chaoyang District	5.5	5.1	0.7	0.4	22		0.38	2393
丰台区	Fengtai District	1.8	3.0	0.8	0.2			0.18	716
石景山区	Shijingshan District								
海淀区	Haidian District	2.3	2.9	1.4	0.6			0.25	780
门头沟区	Mentougou District	1.4	3.2	2.1	0.3			0.50	230
房山区	Fangshan District	19.9	34.4	23.4	9.8	1802	0.30	6.07	2250
通州区	Tongzhou District	35.8	51.3	27.0	14.3	1746	0.10	5.47	12589
顺义区	Shunyi District	31.5	50.6	19.9	9.6	2689	0.10	21.00	12139
昌平区	Changping District	9.2	15.0	9.0	3.2	299		2.50	5477
大兴区	Daxing District	37.6	63.7	23.2	13.0	317		11.81	3462
怀柔区	Huairou District	7.9	13.3	9.9	3.4	15		4.62	3342
平谷区	Pinggu District	10.1	18.9	7.9	3.1	878	1.20	4.87	16565
密云县	Miyun County	13.1	22.2	9.8	3.5		0.40	9.28	3510
延庆县	Yanqing County	9.9	27.8	19.4	8.8		0.80	2.75	3300
天津市	**Tianjin**	**353.4**	**504.3**	**263.5**	**125.3**	**120330**	**1.55**	**53.73**	**310033**
和平区	Heping District								
河东区	Hedong District								
河西区	Hexi District								
南开区	Nankai District								
河北区	Hebei District								
红桥区	Hongqiao District								
塘沽区	Tanggu District	5.2	4.6	0.8	0.3	5329		0.84	21463
汉沽区	Hangu District	2.3	2.0	0.4	0.3	1351		0.85	23602
大港区	Dagang District	10.9	15.0	12.4	3.8	3059	0.03	0.96	6080
东丽区	Dongli District	13.1	14.0	3.0	1.3	5702		2.06	21987
西青区	Xiqing District	15.6	21.5	8.2	4.8	9191	0.02	2.28	46144
津南区	Jinnan District	13.8	13.0	4.1	2.0	4454		1.41	13798
北辰区	Beichen District	14.5	21.7	9.8	4.5	3109	0.20	2.69	12000
武清区	Wuqing District	74.1	149.6	86.6	53.3	17645	0.38	10.60	44350
宝坻区	Baodi District	65.5	96.4	64.5	36.3	17191	0.08	11.56	33878
宁河县	Ninghe County	35.9	42.9	6.8	4.2	33880	0.11	7.22	16150
静海县	Jinghai County	55.5	78.5	47.1	23.4	17794	0.27	6.98	25421
蓟县	Ji County	42.3	80.8	56.9	37.5	3958	0.47	16.38	26362
其他	Others	4.8	2.9	1.3	0.8	3445	0.00		18798
河北省	**Hebei**	**4459.9**	**8695.4**	**6003.4**	**2480.1**	**665369**	**154.32**	**540.08**	**928218**
石家庄市	Shijiazhuang City	516.8	1000.8	723.4	469.8	20339	23.47	102.73	28163
唐山市	Tangshan City	478.2	774.9	446.6	252.9	43229	23.29	75.64	480183
秦皇岛市	Qinhuangdao City	127.5	218.5	150.9	79.4	1846	7.45	22.96	152899
邯郸市	Handan City	532.2	1047.5	733.9	395.8	121682	18.98	59.52	36747
邢台市	Xingtai City	497.4	940.6	630.4	324.0	181808	12.91	40.00	5030
保定市	Baoding City	645.6	1166.3	820.4	446.7	38089	27.45	69.22	50014
张家口市	Zhangjiakou City	245.7	688.9	463.2	129.5		6.55	23.08	10721

3-14 续表 1 continued

地 区	Region	有效灌溉面积（千公顷）Irrigated Area (1000 hectare)	农作物总播种面积（千公顷）Total Sown Area (1000 hectare)	#粮食作物 Grain Crops	粮食产量（万吨）Grain Yield (10000 tons)	棉花产量（吨）Cotton (ton)	油料产量（万吨）Oil-bearing (10000 tons)	肉类产量（吨）Meat (ton)	水产品产量（吨）Aquatic Products (ton)
承德市	Chengde City	121.1	276.1	215.5	105.7		0.73	30.58	6338
沧州市	Cangzhou City	539.7	1052.4	718.7	323.7	166393	9.15	42.11	114241
廊坊市	Langfang City	279.7	483.6	281.1	148.7	59008	4.30	39.62	37390
衡水市	Hengshui City	475.8	785.5	497.0	285.9	159408	12.16	34.60	6492
其他	Others								
山西省	**Shanxi**	**1088.2**	**3741.5**	**2925.4**	**1062.0**	**120151**	**28.20**	**82.89**	**35364**
太原市	Taiyuan City	54.2	115.0	80.2	30.0	263	0.59	5.97	2832
大同市	Datong City	97.5	296.8	235.1	78.4		2.16	8.43	920
阳泉市	Yangquan City	4.1	54.7	51.9	22.2		0.06	1.13	980
长治市	Changzhi City	59.1	289.4	253.0	150.0	79	1.13	9.55	2772
晋城市	Jincheng City	30.5	206.6	187.2	80.0	714	1.43	5.95	583
朔州市	Shuozhou City	95.0	270.8	203.3	71.8		2.93	5.93	473
晋中市	Jinzhong City	128.2	323.1	254.2	127.1	1011	2.65	11.18	1296
运城市	Yuncheng City	282.5	602.6	425.0	159.6	108000	3.40	9.00	18231
忻州市	Xinzhou City	113.9	430.6	348.7	118.6	62	5.24	9.35	2081
临汾市	Linfen City	127.6	499.9	416.8	172.5	9263	4.44	10.04	4151
吕梁市	Luliang City	95.4	401.0	317.3	80.7	478	4.13	6.35	775
内蒙古自治区	**Inner Mongolia**	**2635.9**	**5924.0**	**4181.0**	**1505.4**	**7373**	**103.68**	**201.97**	**77257**
呼和浩特市	Hohhot City	179.7	389.5	241.3	115.5		10.39	10.23	2113
包头市	Baotou City	129.3	285.1	178.2	91.2		6.53	7.31	2456
乌海市	Wuhai City	9.8	6.8	4.3	2.9		0.08	0.94	95
赤峰市	Chifeng City	386.0	976.1	783.1	284.7		6.83	39.36	15681
通辽市	Tongliao City	583.9	912.3	687.4	367.7	548	6.36	36.60	4918
鄂尔多斯市	Erdos City	180.4	323.1	155.1	99.9	2	5.16	14.39	8081
呼伦贝尔市	Hulunbuir City	147.0	1198.8	909.2	190.5		19.60	19.46	12524
巴彦淖尔市	Bayannur City	584.6	485.2	241.4	171.8	24	35.19	18.64	6933
乌兰察布市	Ulanqab City	205.6	589.0	440.6	141.8		7.56	23.12	7743
兴安盟	Xingan League	210.7	630.4	532.1	138.1		3.55	13.48	11686
锡林郭勒盟	Xilingol League	19.0	178.1	66.9	20.5		1.35	17.08	12790
阿拉善盟	Alxa League		25.0	11.4	8.6	6799	1.96	1.36	610
其他	Others								
辽宁省	**Liaoning**	**1520.1**	**3666.4**	**2966.0**	**1720.0**	**4742**	**45.90**	**316.50**	**4025336**
沈阳市	Shenyang City	261.5	568.9	494.6	365.4	539	3.90	59.50	142200
大连市	Dalian City	97.5	315.2	270.5	145.8	35	1.00	45.30	2156600
鞍山市	Anshan City	95.2	228.7	179.6	120.1	10	1.20	38.00	28600
抚顺市	Fushun City	43.5	101.6	82.4	51.7		0.30	12.10	11300
本溪市	Benxi City	26.1	60.7	46.3	25.1		0.10	7.90	7200
丹东市	Dandong City	70.6	199.5	156.0	81.1		1.10	13.00	356600
锦州市	Jinzhou City	170.5	377.0	284.3	194.0	187	9.30	47.00	289700
营口市	Yingkou City	90.0	100.9	86.8	60.5	9	0.10	12.50	346800
阜新市	Fuxin City	70.3	360.3	275.3	158.0	7	10.20	23.10	4000
辽阳市	Liaoyang City	85.5	151.0	132.7	86.6		0.40	11.80	62000
盘锦市	Panjin City	102.6	125.2	111.8	95.1			8.00	2000
铁岭市	Tieling City	159.6	477.1	377.9	317.0		11.50	48.30	206300
朝阳市	Chaoyang City	175.8	382.1	304.6	146.3	3530	2.10	17.20	13000
葫芦岛市	Huludao City	71.5	218.2	163.2	109.0	298	4.70	25.90	341000

3-14 续表 2 continued

地 区	Region	有效灌溉面积（千公顷）Irrigated Area (1000 hectare)	农作物总播种面积（千公顷）Total Sown Area (1000 hectare)	#粮食作物 Grain Crops	粮食产量（万吨）Grain Yield (10000 tons)	棉花产量（吨）Cotton (ton)	油料产量（万吨）Oil-bearing (10000 tons)	肉类产量（吨）Meat (ton)	水产品产量（吨）Aquatic Products (ton)
吉林省	**Jilin**	**1093.1**	**4904.0**	**4312.1**	**2510.0**		**38.10**	**288.00**	**119821**
长春市	Changchun City	139.5	1139.2	1012.2	801.1		3.31	157.82	17420
吉林市	Jilin City	111.4	440.6	402.7	300.2		2.07	60.32	30020
四平市	Siping City	107.8	647.2	592.5	575.5		5.41	83.05	2286
辽源市	Liaoyuan City	11.3	148.6	141.9	117.5			16.72	1969
通化市	Tonghua City	87.7	220.3	193.4	144.3		0.30	33.49	11102
白山市	Baishan City	3.4	51.6	38.9	17.4		0.24	7.59	10521
松原市	Songyuan City	306.0	777.8	665.9	502.2		17.19	32.86	29030
白城市	Baicheng City	289.6	576.8	454.1	145.2		8.66	22.07	12165
延边朝鲜族自治州	Yanbian Korean A.P	36.4	241.3	199.9	73.3		0.92	7.99	5308
其他	Others								
黑龙江省	**Heilongjiang**	**2282.1**	**9647.0**	**4233.0**	**3135.0**		**46.00**	**260.50**	**430066**
哈尔滨市	Harbin City	257.7	1648.4	932.1	879.9		1.30	65.07	84934
齐齐哈尔市	Qiqihar City	358.2	1890.0	710.1	422.7		15.10	42.86	51388
鸡西市	Jixi City	74.3	331.4	153.2	143.0		1.70	7.82	17152
鹤岗市	Hegang City	40.2	152.9	38.3	118.2			3.04	43820
双鸭山市	Shuangyashan City	34.8	373.5	96.0	118.2		3.00	6.20	32512
大庆市	Daqing City	120.9	563.1	327.3	171.9		3.90	16.59	5460
伊春市	Yichun City	18.8	154.7	40.8	43.6		0.20	6.27	9015
佳木斯市	Jiamusi City	141.5	938.1	304.4	284.3		3.50	15.78	67450
七台河市	Qitaihe City	11.8	147.3	43.8	47.5		0.30	5.28	3208
牡丹江市	Mudanjiang City	61.0	439.5	150.4	126.7		2.60	10.75	2790
黑河市	Heihe City	12.8	732.6	74.9	147.4		0.20	3.43	104960
绥化市	Suihua City	242.1	1574.6	831.6	645.4		4.40	52.52	6257
大兴安岭地区	Daxinganling Prefecture	1.5	94.2	9.1	19.3			1.64	1120
其他	Others	890.2					9.50	23.26	
上海市	**Shanghai**	**245.7**	**404.4**	**154.7**	**106.3**	**1773**	**7.39**	**38.09**	**344105**
黄浦区	Huangpu District								
卢湾区	Luwan District								
徐汇区	Xuhui District								
长宁区	Changning District								
静安区	Jingan District								
普陀区	Putuo District								
闸北区	Zhabei District								
虹口区	Hongkou District								
杨浦区	Yangpu District								
闵行区	Minhang District	6.1	7.3	1.4	1.0	3		1.37	1010
宝山区	Baoshan District	9.0	13.7	4.6	3.0		0.19	1.05	10626
嘉定区	Jiading District	21.8	20.9	7.1	4.8	8	0.04	2.62	6851
浦东新区	Pudong New District	9.3	11.5	1.5	1.1		0.02	1.09	2168
金山区	Jinshan District	23.9	5.4	2.4	19.1	293	2.75	3.92	17283
松江区	Songjiang District	20.1	4.5	1.3	10.1		0.35	3.39	11429
青浦区	Qingpu District	21.3	37.0	14.7	10.7		0.55	7.10	37165
南汇区	Nanhui District	26.0	56.1	17.5	12.7	322	0.39	8.55	29798
奉贤区	Fengxian District	25.8	41.0	14.0	10.8	161	0.59	5.45	32524
崇明县	Chongming County	51.7	101.6	45.4	28.3	986		2.52	77085
其他	Others							2.02	

3-14 续表 3 continued

地 区	Region	有效灌溉面积（千公顷） Irrigated Area (1000 hectare)	农作物总播种面积（千公顷） Total Sown Area (1000 hectare)	#粮食作物 Grain Crops	粮食产量（万吨） Grain Yield (10000 tons)	棉花产量（吨） Cotton (ton)	油料产量（万吨） Oil-bearing (10000 tons)	肉类产量（吨） Meat (ton)	水产品产量（吨） Aquatic Products (ton)
江苏省	**Jiangsu**	**3839.0**	**7669.0**	**4774.6**	**2829.1**	**502833**	**238.38**	**346.85**	**3661300**
南京市	Nanjing City	189.9	403.7	140.1	102.4	6058	20.98	20.64	174059
无锡市	Wuxi City	152.3	183.8	118.5	81.3		3.67	14.62	113927
徐州市	Xuzhou City	468.4	1001.3	539.3	319.0	83708	19.91	45.49	155734
常州市	Changzhou City	155.3	239.3	142.0	106.1	368	8.55	11.47	127304
苏州市	Suzhou City	246.9	317.1	167.6	117.7	7450	6.92	15.23	311884
南通市	Nantong City	410.0	876.2	535.0	302.7	52685	43.40	35.95	667583
连云港市	Lianyungang City	279.2	551.0	414.5	260.3	48183	13.52	21.48	446657
淮安市	Huaian City	325.5	732.8	550.5	334.2	4725	21.64	27.81	227429
盐城市	Yancheng City	606.7	1352.2	748.7	462.9	277414	45.50	69.23	780401
扬州市	Yangzhou City	266.6	454.1	336.4	205.0	10444	13.71	23.92	333657
镇江市	Zhenjiang City	135.4	231.9	152.9	99.1	1759	9.14	7.36	69273
泰州市	Taizhou City	285.3	555.9	388.1	258.1	24531	15.93	23.86	202037
宿迁市	Suqian City	331.0	667.7	499.9	305.6	14849	15.51	23.11	201340
浙江省	**Zhejiang**	**1404.9**	**2778.4**	**1454.5**	**834.9**	**22768**	**48.77**	**131.72**	**4935300**
杭州市	Hangzhou City	166.5	398.3	186.7	106.8	1184	7.29	29.88	139660
宁波市	Ningbo City	172.3	338.1	145.1	83.7	7384	4.04	16.50	927163
温州市	Wenzhou City	127.3	275.7	171.8	94.0	210	0.72	11.04	634549
嘉兴市	Jiaxing City	195.2	347.2	178.2	125.0	2501	14.09	31.93	139199
湖州市	Huzhou City	128.0	228.0	123.1	87.5	26	9.27	14.56	172987
绍兴市	Shaoxing City	147.7	291.8	149.5	95.4	3665	3.74	15.12	91781
金华市	Jinhua City	157.2	257.7	149.4	85.4	5070	3.30	17.81	49354
衢州市	Quzhou City	91.0	208.4	135.5	77.9	1734	3.65	17.25	30905
舟山市	Zhoushan City	12.7	27.5	12.0	5.9	127	0.55	1.54	1304229
台州市	Taizhou City	128.7	284.0	162.5	85.1	821	0.78	12.54	1383814
丽水市	Lishui City	78.4	196.3	115.5	55.4	46	1.32	7.97	16343
安徽省	**Anhui**	**3303.5**	**8632.2**	**5726.8**	**2743.0**	**392254**	**299.66**	**366.22**	**1713259**
合肥市	Hefei City	272.0	472.0	249.7	166.6	16232	35.24	29.70	112274
芜湖市	Wuhu City	84.8	211.8	112.6	75.9	7593	9.93	7.98	89091
蚌埠市	Bengbu City	193.0	599.7	394.9	215.6	45625	37.42	22.14	96577
淮南市	Huainan City	88.9	233.7	193.6	118.3	3047	2.48	9.53	54160
马鞍山市	Maanshan City	51.8	101.7	53.9	41.7	4400	7.51	2.52	63546
淮北市	Huaibei City	80.7	264.7	212.6	94.8	18608	4.07	8.31	26018
铜陵市	Tongling City	24.0	43.9	23.6	15.3	5701	1.96	1.13	18706
安庆市	Anqing City	248.1	698.7	416.8	226.6	71353	21.99	23.40	280897
黄山市	Huangshan City	46.5	128.1	71.4	34.5	221	3.08	7.37	16476
滁州市	Chuzhou City	342.2	850.6	579.8	360.8	17005	40.81	35.92	227501
阜阳市	Fuyang City	349.5	1155.3	864.9	421.5	30739	16.17	48.09	90718
宿州市	Suzhou City	359.8	970.0	669.9	332.3	82223	34.98	44.05	39870
巢湖市	Chaohu City	280.4	575.7	300.8	199.9	69274	32.25	21.57	183824
六安市	Liuan City	377.1	808.4	573.0	343.5	8562	26.62	40.19	189004
亳州市	Bozhou City	277.9	984.0	706.1	333.1	73568	17.39	41.24	51233
池州市	Chizhou City	83.1	184.6	113.5	66.8	17824	6.99	6.23	84228
宣城市	Xuancheng City	143.6	349.2	189.6	115.6	10279	17.76	16.86	89136
其他	Others								

3-14 续表 4 continued

地 区	Region	有效灌溉面积（千公顷）Irrigated Area (1000 hectare)	农作物总播种面积（千公顷）Total Sown Area (1000 hectare)	#粮食作物 Grain Crops	粮食产量（万吨）Grain Yield (10000 tons)	棉花产量（吨）Cotton (ton)	油料产量（万吨）Oil-bearing (10000 tons)	肉类产量（吨）Meat (ton)	水产品产量（吨）Aquatic Products (ton)
福建省	**Fujian**	**941.5**	**2519.3**	**1482.4**	**736.5**	**68**	**27.82**	**183.75**	**5912100**
福州市	Fuzhou City	109.9	327.3	190.1	90.9		4.08	27.28	1685635
厦门市	Xiamen City	19.6	50.9	21.2	11.9		2.12	6.62	175723
莆田市	Putian City	55.7	135.1	79.6	41.2		4.10	12.37	658545
三明市	Sanming City	131.9	413.4	231.3	110.5	66	2.35	16.19	79847
泉州市	Quanzhou City	109.0	295.2	204.9	97.3		4.93	28.08	973581
漳州市	Zhangzhou City	140.0	319.9	164.0	89.3		4.47	27.04	1419203
南平市	Nanping City	169.4	436.0	269.2	122.3	2	2.52	19.47	98497
龙岩市	Longyan City	107.9	338.0	209.4	106.1		2.65	38.29	49121
宁德市	Ningde City	98.1	267.3	176.5	77.2		0.60	8.41	771965
江西省	**Jiangxi**	**1841.6**	**5248.9**	**3416.2**	**1803.4**	**84812**	**74.53**	**220.03**	**1563427**
南昌市	Nanchang City	189.9	495.9	327.9	188.9	1007	7.34	23.04	268789
景德镇市	Jingdezhen City	52.8	141.2	86.4	49.2	471	1.59	4.28	17119
萍乡市	Pingxiang City	38.2	125.7	78.1	51.4	59	0.78	8.15	24574
九江市	Jiujiang City	174.7	442.2	236.3	118.1	58669	11.08	12.47	266154
新余市	Xinyu City	53.5	140.8	92.8	49.9	8842	1.41	6.17	29319
鹰潭市	Yingtan City	52.6	155.1	104.5	56.2	7	2.03	8.10	28607
赣州市	Ganzhou City	261.2	755.6	512.1	257.4	18	8.36	52.62	185792
吉安市	Jian City	279.3	813.7	588.7	271.7	151	10.94	25.55	126589
宜春市	Yichun City	237.6	834.1	577.0	316.4	6869	12.24	34.27	220839
抚州市	Fuzhou City	289.9	598.3	377.3	230.9	3935	5.84	23.69	103826
上饶市	Shangrao City	211.9	708.0	504.0	258.5	4784	9.51	21.68	291819
山东省	**Shandong**	**4766.8**	**10776.1**	**6313.9**	**3516.7**	**1097709**	**369.71**	**696.53**	**7181520**
济南市	Jinan City	238.9	608.7	418.0	242.7	39343	5.34	39.20	33970
青岛市	Qingdao City	292.5	660.3	361.0	232.3	7216	58.04	75.56	1324490
淄博市	Zibo City	128.0	283.2	184.6	116.3	28170	1.38	15.51	26536
枣庄市	Zaozhuang City	146.2	365.7	191.9	121.6	3389	13.76	19.45	37900
东营市	Dongying City	145.6	232.7	84.5	49.7	107304	0.59	16.14	370656
烟台市	Yantai City	265.0	547.2	350.0	197.6		44.89	31.17	1804811
潍坊市	Weifang City	522.6	955.5	548.9	331.3	51590	25.60	120.07	591069
济宁市	Jining City	440.5	954.9	524.3	345.7	120250	26.12	74.85	265507
泰安市	Taian City	232.6	575.6	340.1	210.0	7140	18.38	40.07	72043
威海市	Weihai City	133.7	246.8	150.8	91.2		24.17	10.59	2443201
日照市	Rizhao City	114.4	243.7	151.1	90.6	779	22.55	15.86	610386
莱芜市	Laiwu City	41.4	92.4	45.2	23.8	305	1.66	5.62	8236
临沂市	Linyi City	359.8	1004.7	635.2	345.5	13978	69.57	59.93	94802
德州市	Dezhou City	433.7	916.3	540.4	354.8	260751	5.33	53.27	90035
聊城市	Liaocheng City	485.6	947.2	552.8	327.2	108043	20.20	52.52	62335
滨州市	Binzhou City	293.1	533.2	296.1	185.2	197707	1.03	27.78	313696
菏泽市	Heze City	493.3	1349.0	684.0	317.2	273844	31.12	45.58	95702
河南省	**Henan**	**4829.1**	**13805.7**	**8970.1**	**4260.0**	**666700**	**408.75**	**643.00**	**426958**
郑州市	Zhengzhou City	179.8	513.6	352.1	148.3	6724	16.91	24.82	67380
开封市	Kaifeng City	312.7	770.4	410.9	193.3	54412	22.02	36.73	15777
洛阳市	Luoyang City	133.2	647.2	477.5	208.0	4369	8.26	25.02	13495
平顶山市	Pingdingshan City	188.5	521.7	398.1	161.3	4843	10.14	34.47	8230
安阳市	Anyang City	294.2	693.1	452.6	245.5	32772	28.64	20.10	3706

3-14 续表 5 continued

地 区	Region	有效灌溉面积（千公顷） Irrigated Area (1000 hectare)	农作物总播种面积（千公顷） Total Sown Area (1000 hectare)	#粮食作物 Grain Crops	粮食产量（万吨） Grain Yield (10000 tons)	棉花产量（吨） Cotton (ton)	油料产量（万吨） Oil-bearing (10000 tons)	肉类产量（吨） Meat (ton)	水产品产量（吨） Aquatic Products (ton)
鹤壁市	Hebi City	83.4	180.3	149.9	88.9	1031	5.55	21.57	3010
新乡市	Xinxiang City	327.8	701.4	537.6	295.5	26006	23.18	32.78	19703
焦作市	Jiaozuo City	157.9	331.9	238.2	161.4	8338	7.12	20.20	5631
濮阳市	Puyang City	212.2	464.1	341.2	196.6	14850	14.35	21.00	6071
许昌市	Xuchang City	230.0	563.5	381.4	229.1	31293	11.08	39.65	5350
漯河市	Luohe City	145.4	382.7	246.9	132.1	21641	5.43	27.68	4944
三门峡市	Sanmenxia City	51.3	236.4	141.8	47.2	1950	3.01	6.59	2760
南阳市	Nanyang City	442.1	1821.1	967.2	453.2	166068	81.01	90.28	64523
商丘市	Shangqiu City	591.9	1383.1	829.0	453.9	108750	29.69	61.20	29941
信阳市	Xinyang City	397.4	1106.5	696.4	397.0	17674	46.59	57.07	111351
周口市	Zhoukou City	583.8	1616.0	949.8	541.2	176308	29.94	73.23	22705
驻马店市	Zhumadian City	476.5	1550.9	1086.1	539.7	25750	65.23	82.18	36881
其他	Others	20.8	56.5	39.0	17.9	452	0.51	3.32	5500
湖北省	**Hubei**	**2071.0**	**7156.0**	**3712.0**	**2100.1**	**446288**	**314.38**	**278.98**	**3019400**
武汉市	Wuhan City	158.2	558.5	237.8	131.5	25742	19.29	22.50	388188
黄石市	Huangshi City	33.4	219.5	131.6	63.7	3449	6.79	6.79	93769
十堰市	Shiyan City	35.6	356.1	201.6	73.7	108	6.54	11.69	25695
宜昌市	Yichang City	95.0	537.5	296.1	145.6	21859	21.48	30.57	111007
襄樊市	Xiangfan City	279.0	788.9	464.4	311.2	42200	48.25	37.96	152200
鄂州市	Ezhou City	30.3	107.1	48.3	27.8	3152	5.34	5.24	161472
荆门市	Jingmen City	175.2	540.1	264.2	201.0	42733	39.11	20.15	232569
孝感市	Xiaogan City	214.8	523.6	284.2	197.7	28385	19.21	19.41	311500
荆州市	Jingzhou City	329.8	909.2	430.7	304.3	121584	49.11	25.03	634708
黄冈市	Huanggang City	214.0	813.4	452.9	278.3	39829	29.02	28.58	307842
咸宁市	Xianning City	105.4	393.7	197.1	98.6	1613	8.88	11.69	133513
随州市	Suizhou City	115.2	278.4	178.7	119.6	13224	6.89	12.12	69361
恩施土家族苗族自治州	Enshi Tujia & Miao A.P	56.9	632.1	403.9	156.6	62	7.25	27.12	5677
其他	Others	247.2	567.6	226.7	143.0	102348	35.09	20.13	391910
湖南省	**Hunan**	**2683.3**	**8188.7**	**5082.2**	**2810.3**	**204300**	**139.61**	**596.10**	**1672139**
长沙市	Changsha City	218.7	615.3	390.2	252.0	849	3.02	64.24	100128
株洲市	Zhuzhou City	144.6	352.5	259.2	183.0	1048	2.63	33.89	61398
湘潭市	Xiangtan City	115.6	297.8	220.6	152.7	495	0.79	40.16	66042
衡阳市	Hengyang City	254.4	858.1	528.9	330.6	17474	17.61	81.51	219734
邵阳市	Shaoyang City	254.9	802.6	553.8	311.3	684	10.81	65.09	75890
岳阳市	Yueyang City	248.9	792.2	478.1	290.7	52378	12.65	84.83	322365
常德市	Changde City	391.1	1024.8	549.5	303.9	92065	40.72	70.78	294036
张家界市	Zhangjiajie City	48.4	212.3	125.9	58.7	2057	6.91	10.47	8196
益阳市	Yiyang City	219.8	599.4	344.4	189.9	31782	10.99	45.84	201172
郴州市	Chenzhou City	169.8	536.7	345.6	194.7	352	5.02	48.14	88702
永州市	Yongzhou City	236.7	802.4	507.1	278.9	2242	6.30	61.24	125987
怀化市	Huaihua City	185.4	612.6	338.6	170.6	1897	10.41	33.87	36793
娄底市	Loudi City	112.4	363.6	275.6	154.3	695	3.01	32.85	53644
湘西土家族苗族自治州	West Hunan Tujia A.P	82.7	348.7	195.1	80.5	276	8.73	11.33	18052
其他	Others								
广东省	**Guangdong**	**1312.6**	**4781.8**	**2789.7**	**1390.0**		**78.78**	**365.32**	**6713800**
广州市	Guangzhou City	95.1	274.1	96.3	52.2		2.38	29.85	425800

3-14 续表 6 continued

地 区	Region	有效灌溉面积 (千公顷) Irrigated Area (1000 hectare)	农作物总播种面积 (千公顷) Total Sown Area (1000 hectare)	#粮食作物 Grain Crops	粮食产量 (万吨) Grain Yield (10000 tons)	棉花产量 (吨) Cotton (ton)	油料产量 (万吨) Oil-bearing (10000 tons)	肉类产量 (吨) Meat (ton)	水产品产量 (吨) Aquatic Products (ton)
韶关市	Shaoguan City	87.5	348.9	163.5	90.9		12.30	16.40	78000
深圳市	Shenzhen City	2.9	14.7	0.5	0.2		0.01	5.58	95400
珠海市	Zhuhai City	8.8	23.5	10.7	5.8		0.09	2.38	153700
汕头市	Shantou City	33.1	117.0	73.5	53.4		0.39	12.49	342400
佛山市	Foshan City	45.1	137.3	26.7	14.4			33.33	496800
江门市	Jiangmen City	100.4	310.0	187.0	93.4		3.91	27.90	687500
湛江市	Zhanjiang City	119.0	597.0	309.0	154.0		12.37	30.24	795800
茂名市	Maoming City	105.3	427.7	264.4	156.5		11.24	65.90	831600
肇庆市	Zhaoqing City	105.0	390.7	216.2	128.4		7.03	36.25	281400
惠州市	Huizhou City	68.1	268.1	147.9	74.4		6.37	15.25	162600
梅州市	Meizhou City	88.3	350.0	234.1	129.6		2.99	24.01	79700
汕尾市	Shanwei City	41.0	150.5	100.0	50.5		1.97	10.33	556700
河源市	Heyuan City	69.7	270.6	194.9	104.6		6.12	10.47	32200
阳江市	Yangjiang City	58.7	252.0	152.0	76.0		4.91	11.94	888400
清远市	Qingyuan City	86.0	398.2	213.0	100.3		7.18	20.83	69100
东莞市	Dongguan City	13.8	30.8	5.4	3.0		0.02	14.62	71500
中山市	ZhongShan City	41.8	60.2	26.4	14.5		0.05	6.07	272000
潮州市	Chaozhou City	23.6	93.0	68.8	45.1		0.49	8.65	161300
揭阳市	Jieyang City	71.5	248.0	161.3	103.9		2.61	16.19	141300
云浮市	Yunfu City	48.3	250.2	159.6	97.1		4.72	25.93	90600
广西壮族自治区	**Guangxi**	**1516.0**	**6172.9**	**3316.0**	**1473.2**		**58.32**	**383.05**	**2743123**
南宁市	Nanning City	235.1	837.7	414.2	170.1	22	8.42	41.98	158829
柳州市	Liuzhou City	96.3	420.4	187.2	79.6	33	2.78	22.49	48036
桂林市	Guilin City	221.3	779.7	387.2	198.3	181	9.76	44.45	88269
梧州市	Wuzhou City	70.5	279.2	160.4	87.8	1	3.40	25.32	48998
北海市	Beihai City	46.5	181.5	92.6	41.9		3.82	11.77	923480
防城港市	Fangchenggang City	28.5	107.7	59.4	23.0		1.01	4.24	443298
钦州市	Qinzhou City	81.0	354.4	212.6	104.9	48	2.68	23.95	561717
贵港市	Guigang City	153.9	438.2	267.2	132.7	20	6.99	30.07	131863
玉林市	Yulin City	146.7	475.0	321.0	195.5	52	4.26	54.97	115673
百色市	Baise City	108.9	537.8	317.7	108.4	139	1.00	25.27	38972
贺州市	Hezhou City	67.7	285.0	151.0	73.1	23	4.04	27.70	56882
河池市	Hechi City	87.7	538.0	329.9	104.7	313	2.21	27.50	32000
来宾市	Laibin City	100.3	502.7	235.3	89.0	39	5.37	30.03	40606
崇左市	Chongzuo City	74.9	437.1	180.4	64.5		2.58	13.25	55397
海南省	**Hainan**	**169.8**	**862.3**	**482.3**	**196.6**		**9.08**	**58.72**	**1358484**
海口市	Haikou City	15.2	85.0	44.9	15.6		0.58	8.97	50341
三亚市	Sanya City	6.7	30.1	16.6	6.8		0.16	2.01	81439
其他	Others	147.9	747.3	420.9	174.2		8.34	47.74	1226704
重庆市	**Chongqing**	**616.8**	**3436.0**	**2516.5**	**1144.6**	**196**	**41.75**	**167.01**	**239255**
万州区	Wanzhou District	36.5	158.9	117.2	51.4		1.35	9.71	12028
涪陵区	Fuling District	30.1	148.4	99.8	43.9		0.71	7.35	8812
渝中区	Yuzhong District								44822
大渡口区	Dadukou District	0.0	4.0	1.3	0.6			0.70	1945
江北区	Jiangbei District	4.0	7.3	4.6	2.0		0.02	0.76	1402
沙坪坝区	Shapingba District	8.2	20.4	10.4	6.3		0.03	1.70	4080

3-14 续表 7 continued

地区	Region	有效灌溉面积（千公顷）Irrigated Area (1000 hectare)	农作物总播种面积（千公顷）Total Sown Area (1000 hectare)	#粮食作物 Grain Crops	粮食产量（万吨）Grain Yield (10000 tons)	棉花产量（吨）Cotton (ton)	油料产量（万吨）Oil-bearing (10000 tons)	肉类产量（吨）Meat (ton)	水产品产量（吨）Aquatic Products (ton)
九龙坡区	Jiulongpo District	7.2	20.7	10.8	5.9		0.06	2.04	5021
南岸区	Nanan District	3.1	11.4	5.4	2.7		0.04	0.38	2662
北碚区	Beibei District	10.5	34.9	22.7	11.0		0.13	2.25	5057
万盛区	Wansheng District	1.9	20.4	13.0	5.4		0.14	1.26	1709
双桥区	Shuangqiao District	0.6	1.7	1.4	0.9		0.01	0.20	341
渝北区	Yubei District	11.0	76.0	52.9	25.8		0.28	4.55	7100
巴南区	Banan District	14.5	114.0	79.8	39.9		0.30	7.14	17555
黔江区	Qianjiang District	8.4	89.1	61.7	25.3	29	1.39	3.89	1220
长寿区	Changshou District	19.6	91.1	75.0	38.6		0.70	6.92	14040
其他	Others	461.0	2637.5	1960.3	885.0	167	36.61	118.17	111461
四川省	**Sichuan**	**2503.3**	**9244.4**	**6333.3**	**3326.5**	**2262539**	**226.25**	**870.62**	**861500**
成都市	Chengdu City	344.6	845.0	486.0	276.0	213589	21.36	95.09	75000
自贡市	Zigong City	74.4	275.6	205.3	122.8	35524	3.55	30.38	37600
攀枝花市	Panzhihua City	25.2	57.9	39.4	21.4	1219	0.12	5.81	7800
泸州市	Luzhou City	106.9	458.4	360.7	190.3	21657	2.17	40.04	45500
德阳市	Deyang City	153.0	461.8	285.6	184.1	184964	18.50	49.20	38500
绵阳市	Mianyang City	215.6	611.7	405.0	212.8	268445	26.84	51.50	61500
广元市	Guangyuan City	83.2	390.5	251.9	130.4	147941	14.79	30.63	27900
遂宁市	Suining City	122.1	396.3	283.7	151.5	129130	12.91	37.32	28300
内江市	Neijiang City	106.2	402.6	292.9	150.0	75211	7.52	32.68	60100
乐山市	Leshan City	96.4	341.9	229.9	104.1	43894	4.39	41.57	42300
南充市	Nanchong City	206.6	851.4	524.8	295.7	313131	31.31	70.01	75800
眉山市	Meishan City	185.3	414.6	292.5	160.6	85757	8.58	39.44	57600
宜宾市	Yibin City	105.7	496.4	396.4	212.8	58830	5.88	53.66	46900
广安市	Guangan City	93.7	448.0	317.4	180.7	92906	9.29	41.97	52100
达州市	Dazhou City	151.7	781.9	530.4	281.6	254051	25.41	71.95	62100
雅安市	Yaan City	42.9	177.2	119.2	55.3	24365	2.44	20.04	8500
巴中市	Bazhong City	71.0	407.8	290.3	158.3	101782	10.18	40.48	37500
资阳市	Ziyang City	155.3	703.7	495.9	225.2	190713	19.07	57.30	76900
阿坝藏族羌族自治州	Aba Zang & Qiang A.P	16.9	66.5	52.0	15.9	2886	0.29	7.27	300
甘孜藏族自治州	Ganzi Zang A.P	25.9	73.2	65.7	17.5	1207	0.12	8.02	300
凉山彝族自治州	Liangshan Yi A.P	120.7	581.8	408.5	179.5	15337	1.53	46.25	19000
贵州省	**Guizhou**	**692.9**	**4692.3**	**3034.5**	**1149.6**		**82.71**	**171.06**	**88500**
贵阳市	Guiyang City	29.4	233.8	131.6	59.7		6.17	16.42	9246
六盘水市	Liupanshui City	30.3	234.7	186.3	75.8		0.76	9.00	595
遵义市	Zunyi City	146.0	1150.2	763.3	320.7		28.37	53.40	15567
安顺市	Anshun City	52.1	246.3	156.2	75.6		7.63	9.78	4357
铜仁地区	Tongren Prefecture	80.2	102.1	100.0	64.4		10.29	24.43	11964
黔西南布依族苗族自治州	Southwest Guizhou Buyi & Miao A.P	52.9	373.9	248.5	102.3		3.26	18.03	10749
毕节地区	Bijie Prefecture	67.0	1007.3	624.3	238.2		10.61	32.29	1851
黔东南苗族侗族自治州	Southeast Guizhou Miao & Dong A.P	111.9	502.7	295.9	134.8		7.09	19.55	19581
黔南布依族苗族自治州	South Guizhou Buyi & Miao A.P	88.1	439.5	286.4	124.8		8.53	18.71	6241
云南省	**Yunnan**	**1469.4**	**5890.0**	**4158.5**	**1509.5**	**274**	**33.41**	**277.79**	**220498**
昆明市	Kunming City	135.9	382.5	245.4	114.9		1.33	30.90	36293
曲靖市	Qujing City	170.1	762.1	471.6	198.1		7.58	57.17	28739
玉溪市	Yuxi City	81.4	210.8	88.0	46.1	11	2.63	17.16	11722

3-14 续表 8 continued

地 区	Region	有效灌溉面积(千公顷) Irrigated Area (1000 hectare)	农作物总播种面积(千公顷) Total Sown Area (1000 hectare)	#粮食作物 Grain Crops	粮食产量(万吨) Grain Yield (10000 tons)	棉花产量(吨) Cotton (ton)	油料产量(万吨) Oil-bearing (10000 tons)	肉类产量(吨) Meat (ton)	水产品产量(吨) Aquatic Products (ton)
保山市	Baoshan City	101.9	320.3	214.9	87.9		2.95	15.70	16145
昭通市	Zhaotong City	95.2	619.0	463.1	135.3	1	1.54	22.25	2644
丽江市	Lijiang City	62.3	152.0	125.8	38.6	11	0.78	7.41	7110
思茅市	Simao City	104.4	377.8	286.8	81.6	20	1.20	8.74	13608
临沧市	Lincang City	78.0	365.3	257.0	69.8	6	1.36	8.59	8034
楚雄彝族自治州	Chuxiong Yi A.P	114.0	293.5	199.2	93.9		3.15	22.70	8847
红河哈尼族彝族自治州	Honghe Hani & Yi A.P	163.5	474.1	303.1	124.5	156	3.21	21.29	26260
文山壮族苗族自治州	Wenshan Zhuang & Miao A.P	90.8	554.5	377.9	105.9	7	3.05	21.49	9885
西双版纳傣族自治州	Xishuangbanna Dai A.P	44.3	118.8	80.7	34.6	46	0.16	2.35	14318
大理白族自治州	Dali Bai A.P	140.2	358.3	252.1	121.2	15	2.91	30.17	24444
德宏傣族景颇族自治州	Dehong Dai & Jingpo A.P	58.2	167.9	78.3	29.8		1.33	3.63	11436
怒江傈僳族自治州	Nujiang Lisu A.P	13.6	80.3	68.4	15.9		0.10	2.36	378
迪庆藏族自治州	Diqing Zang A.P	15.8	53.1	46.5	12.9	1	0.14	1.53	635
西藏自治区	**Tibet**	**153.7**	**231.2**	**179.8**	**96.0**		**5.39**	**20.82**	
拉萨市	Lhasa City	27.2	38.7	28.4	21.0		1.65	2.55	
昌都地区	Qamdu Prefecture	12.5	50.6	42.3	14.7		0.28	5.84	
山南地区	Lhokha Prefecture	26.6	29.2	22.3	15.4		0.95	1.75	
日喀则地区	Xigaze Prefecture	73.2	84.1	64.6	35.7		2.20	3.03	
那曲地区	Narqu Prefecture	0.4	5.3	3.9	1.0		0.00	5.41	
阿里地区	Ngri Prefecture	1.9	2.0	1.3	0.4		0.02	1.30	
林芝地区	Nyingchi Prefecture	11.9	20.7	17.0	7.8		0.30	0.92	
其他	Others		0.7	0.1	0.0			0.02	
陕西省	**Shaanxi**	**1296.8**	**4303.0**	**3362.0**	**1160.4**	**82260**	**46.06**	**122.55**	**68562**
西安市	Xian City	198.1	502.6	420.4	195.8	4006	1.14	17.15	9721
铜川市	Tongchuan City	12.9	85.8	69.9	23.5	12	0.76	1.21	833
宝鸡市	Baoji City	159.9	461.1	380.5	146.0	232	2.43	15.50	5751
咸阳市	Xianyang City	237.5	557.5	442.5	200.0	783	4.78	14.21	8035
渭南市	Weinan City	334.6	674.7	503.6	191.4	73662	7.91	11.05	15155
延安市	Yanan City	29.2	275.0	223.3	73.2	283	2.02	5.65	2049
汉中市	Hanzhong City	124.4	443.3	303.3	114.2	66	13.58	20.12	17817
榆林市	Yulin City	111.2	545.2	437.1	131.7	123	6.01	13.20	3665
安康市	Ankang City	45.9	453.5	320.4	90.4	22	6.16	12.37	4239
商洛市	Shangluo City	31.6	289.0	225.0	66.8	27	1.11	11.81	1267
其他	Others	4.7	7.3	6.6	3.9		0.02	0.22	
甘肃省	**Gansu**	**1003.3**	**3668.9**	**2534.6**	**805.8**	**110000**	**48.50**	**78.72**	**14540**
兰州市	Lanzhou City	77.3	196.6	124.4	32.8		2.24	4.01	1416
嘉峪关市	Jiayuguan City	2.8	3.8	1.0	0.8		0.13	0.23	75
金昌市	Jinchang City	46.9	57.8	37.1	26.0	170	0.42	1.81	694
白银市	Baiyin City	86.0	252.4	201.9	54.1	298	1.34	5.86	1802
天水市	Tianshui City	34.1	418.1	316.5	79.2	144	5.03	5.77	1252
武威市	Wuwei City	191.6	255.2	151.7	92.8	25016	5.60	9.99	142
张掖市	Zhangye City	153.2	210.6	122.8	83.3	3894	6.61	9.59	1842
平凉市	Pingliang City	44.9	437.2	315.1	84.7		5.19	6.17	1201
酒泉市	Jiuquan City	111.3	126.6	33.6	28.3	74309	0.63	4.95	1546
庆阳市	Qingyang City	40.1	557.6	360.5	99.3		9.10	6.47	561
定西市	Dingxi City	61.5	528.7	390.7	90.1		4.28	8.67	877

3-14 续表 9 continued

地 区	Region	有效灌溉面积（千公顷）Irrigated Area (1000 hectare)	农作物总播种面积（千公顷）Total Sown Area (1000 hectare)	#粮食作物 Grain Crops	粮食产量（万吨）Grain Yield (10000 tons)	棉花产量（吨）Cotton (ton)	油料产量（万吨）Oil-bearing (10000 tons)	肉类产量（吨）Meat (ton)	水产品产量（吨）Aquatic Products (ton)
陇南市	Longnan City	54.7	364.3	301.4	80.6	21	2.79	7.05	1260
临夏回族自治州	Linxia Hui A.P	54.2	156.2	117.6	47.5		3.05	5.30	1308
甘南藏族自治州	Gannan Zang A.P	8.0	66.9	43.5	9.8		1.40	3.48	25
青海省	**Qinghai**	**180.3**	**465.0**	**231.1**	**78.8**		**31.20**	**29.29**	**1058**
西宁市	Xining City	36.8	127.3	68.5	22.9		9.54	5.63	178
海东地区	Haidong Prefecture	46.5	183.4	101.2	34.5		11.73	7.21	199
海北藏族自治州	Haibei Zang A.P	15.7	40.2	11.2	3.7		3.55	2.35	
海南藏族自治州	Hainan Zang A.P	36.7	57.5	18.1	6.2		3.76	3.31	495
黄南藏族自治州	Huangnan Zang AP	5.8	18.1	8.0	3.0		0.70	3.14	20
果洛藏族自治州	Golog Zang A.P		0.7	0.6	0.2			2.21	
玉树藏族自治州	Yushu Zang A.P	2.9	12.9	9.9	1.9		0.10	3.22	
海西蒙古族藏族自治州	Haixi Mongolian & Zang A.P	35.9	25.0	13.6	6.4		1.82	2.23	166
宁夏回族自治区	**Ningxia**	**406.3**	**1158.3**	**791.7**	**290.5**	**302**	**13.80**	**24.38**	**56541**
银川市	Yinchuan City	129.8	159.1	128.1	80.2	282	1.35	4.90	37615
石嘴山市	Shizuishan City	72.0	90.4	68.9	37.2		2.18	2.60	7861
吴忠市	Wuzhong City	105.7	283.9	198.0	69.3		1.95	6.24	4479
固原市	Guyuan City	42.1	417.1	256.6	58.8		6.40	4.36	312
中卫市	Zhongwei City	56.7	207.9	140.1	45.1	20	1.92	6.28	6274
新疆维吾尔自治区	**Xinjiang**	**3106.6**	**3571.9**	**1378.6**	**828.5**	**1752500**	**44.54**	**107.65**	**73296**
乌鲁木齐市	Urumqi City	30.3	29.0	10.6	4.0	105	0.23	1.46	3152
克拉玛依市	Karamay City	7.6	8.4	1.0	0.3	5841	0.03	0.36	550
石河子市	Shihezi City	31.5							
吐鲁番地区	Turpan Prefecture	38.6	51.2	18.9	7.8	18519	0.06	3.94	290
哈密地区	Hami Prefecture	265.3	41.9	16.7	6.5	14356	0.19	2.17	793
昌吉回族自治州	Changji Hui A.P	230.2	315.1	128.5	71.2	118099	3.91	16.25	12601
博尔塔拉蒙古自治州	Bortala Mongolian A.P	166.0	71.1	22.2	20.2	58764	1.49	2.28	772
巴音郭楞蒙古自治州	Bayingolin Mongolian A.P	323.6	181.3	43.5	26.6	144543	0.64	8.17	8551
阿克苏地区	Aksu Prefecture	31.2	391.2	166.5	115.2	281692	1.76	9.90	5719
克孜勒苏柯尔克孜自治州	Kizilsu Kirgiz A.P	395.7	43.3	29.8	16.5	8244	0.10	2.18	160
喀什地区	Kashi Prefecture	160.2	555.6	286.7	165.8	263334	1.12	17.84	5182
和田地区	Hotan Prefecture	974.2	225.1	135.3	88.2	38339	0.32	4.61	982
伊犁哈萨克自治州	Ili Kazak A.P	276.1	307.9	176.9	111.8	6773	11.38	13.05	8698
塔城地区	Tacheng Prefecture	104.0	289.4	89.0	58.0	113182	6.83	9.60	2968
阿勒泰地区	Altay Prefecture	72.1	107.5	49.3	22.5		3.08	6.91	5238
阿拉尔市	Alar City								
图木舒克市	Tumxuk City								
五家渠市	Wujiaqu City								
兵团	Corps		953.9	203.8	122.2	877760	13.39	17.31	17640

3-15 规模以上工业企业单位数和总产值（2004年）

Gross Output Value and Number of Industrial Enterprises of Above Designated Size (2004)

地 区	Region	工业企业数 单位数（个）Number of Enterprises	大型企业 Large Enterprises	中型企业 Medium Enterprises	小型企业 Small Enterprises	工业总产值（亿元）Gross Output Value of Industry (100 million yuan)	#国有及国有控股 State-owned and State-controlled	工业总产值指数（上年=100）Indices of Gross Output Value of Industry (preceding year=100)
北京市	**Beijing**	**4324**	**44**	**396**	**3884**	**4880.9**	**2620.9**	
东城区	Dongcheng District	84	1	4	79	85.6	76.6	
西城区	Xicheng District	125	4	9	112	74.6	66.7	
崇文区	Chongwen District	65	1	7	57	32.0	10.3	
宣武区	Xuanwu District	95	3	7	85	92.6	87.9	
朝阳区	Chaoyang District	693	11	72	610	631.2	419.8	
丰台区	Fengtai District	324	4	32	288	189.3	78.4	
石景山区	Shijingshan District	132	3	5	124	539.7	513.0	
海淀区	Haidian District	481	5	55	421	639.7	197.8	
门头沟区	Mentougou District	83	2	5	76	37.4	10.3	
房山区	Fangshan District	203	4	10	189	475.0	427.6	
通州区	Tongzhou District	319		33	286	137.7	26.0	
顺义区	Shunyi District	275	3	31	241	609.4	418.7	
昌平区	Changping District	300	2	31	267	418.0	64.4	
大兴区	Daxing District	401		25	376	136.6	14.3	
怀柔区	Huairou District	229		8	221	117.8	12.1	
平谷区	Pinggu District	174		15	159	72.7	6.6	
密云县	Miyun County	156		16	140	78.9	21.9	
延庆县	Yanqing County	52		4	48	14.4	2.3	
天津市	**Tianjin**	**5378**	**40**	**443**	**4895**	**5375.1**	**1930.2**	**131.8**
和平区	Heping District	63	2	4	57	167.4	165.1	139.3
河东区	Hedong District	176	3	11	162	172.6	147.2	152.9
河西区	Hexi District	214	3	21	190	196.0	59.1	129.2
南开区	Nankai District	458	2	38	418	195.4	78.9	123.4
河北区	Hebei District	215	1	16	198	102.5	83.9	113.9
红桥区	Hongqiao District	141		10	131	24.4	17.9	94.9
塘沽区	Tanggu District	387	9	68	310	1470.9	340.3	141.2
汉沽区	Hangu District	90	1	8	81	60.5	25.4	116.0
大港区	Dagang District	168	4	16	148	506.4	430.5	122.9
东丽区	Dongli District	383	2	44	337	311.4	160.2	135.3
西青区	Xiqing District	508	6	69	433	884.0	299.3	138.2
津南区	Jinnan District	428	1	21	406	152.3	1.8	122.4
北辰区	Beichen District	603	4	43	556	416.1	37.4	122.2
武清区	Wuqing District	393	2	31	360	225.9	5.5	118.7
宝坻区	Baodi District	360		13	347	80.6	2.5	120.7
宁河县	Ninghe County	171		8	163	75.6	19.8	135.5
静海县	Jinghai County	279		12	267	198.5	7.5	132.0
蓟县	Ji County	341		10	331	134.5	47.8	115.9
其他	Others							
河北省	**Hebei**	**8006**				**7846.4**		**122.2**
石家庄市	Shijiazhuang City	1555				1523.8		128.6
唐山市	Tangshan City	1207				1813.2		130.6
秦皇岛市	Qinhuangdao City	396				388.9		129.8
邯郸市	Handan City	500				835.0		125.8
邢台市	Xingtai City	671				520.4		125.6
保定市	Baoding City	1099				684.4		132.5
张家口市	Zhangjiakou City	315				315.4		130.5

3-15 续表 1 continued

地 区	Region	工业企业数 单位数 (个) Number of Enterprises	大型企业 Large Enterprises	中型企业 Medium Enterprises	小型企业 Small Enterprises	工业总产值 (亿元) Gross Output Value of Industry (100 million yuan)	#国有及国有控股 State-owned and State-controlled	工业总产值指数 (上年=100) Indices of Gross Output Value of Industry (preceding year=100)
承德市	Chengde City	338				278.9		153.4
沧州市	Cangzhou City	730				481.8		132.3
廊坊市	Langfang City	555				420.2		129.7
衡水市	Hengshui City	637				371.6		125.6
其他	Others	3				212.9		
山西省	**Shanxi**	**5013**	**74**	**697**	**4242**	**3771.4**	**1950.5**	**138.8**
太原市	Taiyuan City	521	16	78	427	719.9	514.9	136.5
大同市	Datong City	612	10	54	548	319.1	206.5	121.7
阳泉市	Yangquan City	296	4	48	244	201.5	133.7	119.6
长治市	Changzhi City	586	8	82	496	380.8	189.1	146.2
晋城市	Jincheng City	241	3	60	178	209.4	147.3	128.9
朔州市	Shuozhou City	162	3	27	132	159.8	117.8	139.3
晋中市	Jinzhong City	709	5	72	632	274.6	77.4	154.4
运城市	Yuncheng City	506	10	85	411	433.8	158.1	124.8
忻州市	Xinzhou City	360		28	332	87.0	35.8	
临汾市	Linfen City	591	7	103	481	563.1	163.5	156.6
吕梁市	Luliang City	426	6	59	361	251.7	35.6	
内蒙古自治区	**Inner Mongolia**	**2275**	**41**	**296**	**1938**	**2095.9**	**1110.2**	**129.7**
呼和浩特市	Hohhot City	224	2	36	186	357.2	129.7	148.3
包头市	Baotou City	319	14	46	259	643.4	510.5	
乌海市	Wuhai City	125	2	20	103	100.2	46.4	
赤峰市	Chifeng City	237	6	36	195	152.7	63.8	140.8
通辽市	Tongliao City	155	2	23	130	123.9	39.7	141.9
鄂尔多斯市	Erdos City	353	6	38	309	292.3	139.4	
呼伦贝尔市	Hulunbuir City	155	2	17	136	88.7	56.6	
巴彦淖尔市	Bayannur City	160	1	27	132	93.3	17.4	149.6
乌兰察布市	Ulanqab City	193	1	19	173	97.5	32.4	
兴安盟	Xingan League	83	1	8	74	42.8	18.3	162.7
锡林郭勒盟	Xilingol League	177	2	8	167	55.1	33.2	
阿拉善盟	Alxa League	84	2	15	67	43.5	17.9	72.9
其他	Others	10		3	7	5.6	4.9	
辽宁省	**Liaoning**	**7836**	**109**	**685**	**7042**	**8051.1**	**4620.9**	**132.9**
沈阳市	Shenyang City	1835	23	140	1672	1493.4	600.9	140.4
大连市	Dalian City	1605	26	168	1411	2018.2	1135.1	130.9
鞍山市	Anshan City	648	5	66	577	818.6	490.5	131.5
抚顺市	Fushun City	371	6	52	313	581.9	489.9	134.9
本溪市	Benxi City	224	4	22	198	473.6	419.1	134.6
丹东市	Dandong City	431	3	30	398	181.9	25.4	127.2
锦州市	Jinzhou City	391	4	35	352	346.4	201.6	134.2
营口市	Yingkou City	853	2	53	798	411.4	89.6	140.2
阜新市	Fuxin City	187	9	11	167	100.9	63.4	122.7
辽阳市	Liaoyang City	362	3	35	324	399.3	180.3	131.4
盘锦市	Panjin City	187	4	10	173	495.8	423.2	114.3
铁岭市	Tieling City	347	3	17	327	165.9	72.7	131.0
朝阳市	Chaoyang City	237	3	24	210	169.7	111.2	148.8
葫芦岛市	Huludao City	157	13	22	122	394.0	317.9	136.3

3-15 续表 2 continued

地区	Region	工业企业数 单位数（个） Number of Enterprises	大型企业 Large Enterprises	中型企业 Medium Enterprises	小型企业 Small Enterprises	工业总产值（亿元） Gross Output Value of Industry (100 million yuan)	#国有及国有控股 State-owned and State-controlled	工业总产值指数（上年=100） Indices of Gross Output Value of Industry (preceding year=100)
吉林省	**Jilin**	**2486**	**32**	**310**	**2144**	**3247.3**	**2387.8**	**122.5**
长春市	Changchun City	580	14	97	469	1712.7	1385.2	113.9
吉林市	Jilin City	454	8	49	397	607.9	489.6	144.1
四平市	Siping City	276		36	240	154.5	50.6	124.5
辽源市	Liaoyuan City	179	1	17	161	70.0	33.8	132.0
通化市	Tonghua City	235	2	29	204	192.9	106.7	126.5
白山市	Baishan City	164	1	24	139	103.1	46.7	137.9
松原市	Songyuan City	157	2	10	145	206.4	175.8	134.4
白城市	Baicheng City	163	1	15	147	53.1	26.0	115.7
延边朝鲜族自治州	Yanbian Korean A.P	278	3	33	242	146.7	73.4	119.6
其他	Others							
黑龙江省	**Heilongjiang**	**2560**	**51**	**308**	**2201**	**3464.0**	**2739.2**	
哈尔滨市	Harbin City	731	21	85	625	864.3	635.4	121.5
齐齐哈尔市	Qiqihar City	273	11	36	226	230.3	159.3	
鸡西市	Jixi City	131	2	21	108	77.7	39.7	127.2
鹤岗市	Hegang City	35	1	1	33	51.4	41.9	
双鸭山市	Shuangyashan City	80	2	8	70	49.6	36.1	126.7
大庆市	Daqing City	290	6	29	255	1672.8	1542.9	
伊春市	Yichun City	102	1	12	89	51.1	30.7	122.6
佳木斯市	Jiamusi City	206		28	178	76.4	35.9	112.4
七台河市	Qitaihe City	70	1	11	58	63.8	39.3	130.9
牡丹江市	Mudanjiang City	297	2	31	264	126.8	37.3	113.7
黑河市	Heihe City	91		2	89	13.9	8.0	115.5
绥化市	Suihua City	171	1	22	148	79.9	37.1	103.2
大兴安岭地区	Daxinganling Prefecture	10		3	7	3.9	3.6	113.5
其他	Others	72	2	19	51	102.4	91.9	
上海市	**Shanghai**	**12316**	**70**	**1116**	**11130**	**12885.0**	**5106.5**	
黄浦区	Huangpu District	86	4	17	65	190.1	162.8	
卢湾区	Luwan District	65	4	13	48	147.1	139.3	
徐汇区	Xuhui District	387	2	54	331	612.3	127.9	
长宁区	Changning District	163	1	22	140	84.0	43.2	
静安区	Jingan District	54	1	10	43	43.5	33.8	
普陀区	Putuo District	323	1	36	286	187.7	78.9	
闸北区	Zhabei District	207		35	172	132.2	63.9	
虹口区	Hongkou District	140	2	21	117	95.6	68.4	
杨浦区	Yangpu District	271	2	40	229	443.2	379.2	
闵行区	Minhang District	1618	11	168	1439	1599.0	536.4	
宝山区	Baoshan District	750	5	60	685	1279.8	942.9	
嘉定区	Jiading District	1674	6	107	1561	1269.1	442.0	
浦东新区	Pudong New District	1878	21	206	1651	3325.9	1439.1	
金山区	Jinshan District	501	1	47	453	625.0	404.8	
松江区	Songjiang District	1136	2	112	1022	1427.0	47.7	
青浦区	Qingpu District	950	4	73	873	524.5	25.1	
南汇区	Nanhui District	988		39	949	379.7	81.8	
奉贤区	Fengxian District	882	1	43	838	411.0	54.0	
崇明县	Chongming County	240	1	13	226	87.4	14.7	
其他	Others	3	1		2	20.8	20.8	

3-15 续表 3 continued

地 区	Region	工业企业数 单位数 (个) Number of Enterprises	大型企业 Large Enterprises	中型企业 Medium Enterprises	小型企业 Small Enterprises	工业总产值 (亿元) Gross Output Value of Industry (100 million yuan)	#国有及国有控股 State-owned and State-controlled	工业总产值指数 (上年=100) Indices of Gross Output Value of Industry (preceding year=100)
江苏省	**Jiangsu**	**27136**	**210**	**2437**	**24489**	**24836.5**	**4314.2**	**135.2**
南京市	Nanjing City	2165	30	217	1918	3285.0	1560.7	130.3
无锡市	Wuxi City	4543	41	420	4082	4575.1	526.3	137.2
徐州市	Xuzhou City	959	10	71	878	952.2	460.9	132.3
常州市	Changzhou City	3161	16	248	2897	2012.7	200.4	132.6
苏州市	Suzhou City	5044	56	688	4300	7307.5	263.3	138.8
南通市	Nantong City	2715	4	208	2503	1603.4	144.6	139.1
连云港市	Lianyungang City	552	3	42	507	288.2	68.4	140.0
淮安市	Huaian City	885	6	48	831	450.9	139.5	129.4
盐城市	Yancheng City	1795	9	109	1677	888.9	68.1	130.5
扬州市	Yangzhou City	1773	11	128	1634	1129.6	316.4	134.7
镇江市	Zhenjiang City	1531	10	138	1383	1073.1	219.1	127.0
泰州市	Taizhou City	1492	9	99	1384	997.3	178.8	135.1
宿迁市	Suqian City	516	2	20	494	148.1	18.5	129.6
浙江省	**Zhejiang**	**41357**	**84**	**2959**	**38314**	**18729.1**	**2803.4**	**123.6**
杭州市	Hangzhou City	5627	28	471	5128	4149.1	538.0	129.9
宁波市	Ningbo City	8263	16	604	7643	3815.0	980.3	126.6
温州市	Wenzhou City	5401	8	369	5024	1886.4	109.2	126.3
嘉兴市	Jiaxing City	4860	10	308	4542	1744.3	179.5	132.9
湖州市	Huzhou City	2348	2	100	2246	832.7	89.6	
绍兴市	Shaoxing City	3876	13	459	3404	2514.3	155.3	132.7
金华市	Jinhua City	3288	7	254	3027	1138.0	65.8	129.5
衢州市	Quzhou City	650	1	42	607	235.9	55.8	135.3
舟山市	Zhoushan City	450	2	34	414	221.8	47.3	127.8
台州市	Taizhou City	3825	10	211	3604	1352.9	154.6	128.2
丽水市	Lishui City	670	2	47	621	248.0	24.7	118.7
安徽省	**Anhui**	**4773**	**67**	**526**	**4180**	**3659.6**	**1922.1**	
合肥市	Hefei City	635	14	75	546	716.4	327.9	
芜湖市	Wuhu City	522	6	58	458	465.8	187.3	
蚌埠市	Bengbu City	202	6	35	161	166.8	95.1	
淮南市	Huainan City	152	6	21	125	220.9	160.9	
马鞍山市	Maanshan City	247	3	26	218	408.6	343.8	
淮北市	Huaibei City	109	7	18	84	153.6	102.5	
铜陵市	Tongling City	130	5	19	106	223.4	178.7	
安庆市	Anqing City	462	5	43	414	297.3	187.3	
黄山市	Huangshan City	186	1	7	178	52.8	5.5	
滁州市	Chuzhou City	405	3	50	352	211.4	75.3	
阜阳市	Fuyang City	228	2	29	197	105.4	42.1	
宿州市	Suzhou City	198	1	19	178	76.9	40.5	
巢湖市	Chaohu City	349	4	32	313	157.5	46.4	
六安市	Liuan City	306		35	271	114.4	33.4	
亳州市	Bozhou City	125	2	17	106	63.9	25.0	
池州市	Chizhou City	124		10	114	42.8	5.8	
宣城市	Xuancheng City	393	2	32	359	158.0	41.1	
其他	Others					23.6	23.6	

3-15 续表 4 continued

地 区	Region	工业企业数 单位数(个) Number of Enterprises	大型企业 Large Enterprises	中型企业 Medium Enterprises	小型企业 Small Enterprises	工业总产值(亿元) Gross Output Value of Industry (100 million yuan)	#国有及国有控股 State-owned and State-controlled	工业总产值指数(上年=100) Indices of Gross Output Value of Industry (preceding year=100)
福建省	**Fujian**	**11918**	**51**	**964**	**10903**	**6783.4**	**1329.7**	**126.6**
福州市	Fuzhou City	2345	14	196	2135	1820.4	417.3	125.6
厦门市	Xiamen City	1859	19	214	1626	1769.4	341.3	125.4
莆田市	Putian City	492	2	55	435	269.4	19.4	123.5
三明市	Sanming City	709	5	42	662	297.0	147.8	118.1
泉州市	Quanzhou City	3923	4	303	3616	1609.6	185.7	129.0
漳州市	Zhangzhou City	1079	2	60	1017	474.8	31.5	144.1
南平市	Nanping City	574	4	37	533	191.2	69.6	120.9
龙岩市	Longyan City	480	1	35	444	217.7	102.4	120.6
宁德市	Ningde City	457		22	435	133.8	14.8	129.2
江西省	**Jiangxi**	**4019**	**26**	**370**	**3623**	**2212.0**	**1278.9**	**140.4**
南昌市	Nanchang City	786	10	77	699	554.2	332.9	133.6
景德镇市	Jingdezhen City	229	2	24	203	128.9	96.0	106.1
萍乡市	Pingxiang City	219	2	11	206	138.3	23.0	162.3
九江市	Jiujiang City	531	2	57	472	275.6	179.8	142.2
新余市	Xinyu City	143	1	16	126	163.0	135.6	122.1
鹰潭市	Yingtan City	102	4	13	85	212.7	186.6	191.8
赣州市	Ganzhou City	484		50	434	184.9	50.3	155.9
吉安市	Jian City	366		30	336	95.2	29.5	145.1
宜春市	Yichun City	445	1	40	404	145.7	62.8	146.4
抚州市	Fuzhou City	316		21	295	86.6	18.2	146.2
上饶市	Shangrao City	397	3	31	363	119.0	56.5	119.0
山东省	**Shandong**	**20304**	**270**	**2610**	**17424**	**21338.2**	**6582.5**	**130.3**
济南市	Jinan City	1510	17	167	1326	1753.8	938.2	128.1
青岛市	Qingdao City	2885	45	383	2457	3333.9	961.4	126.9
淄博市	Zibo City	1754	23	276	1455	1898.4	670.6	123.0
枣庄市	Zaozhuang City	788	5	86	697	707.2	200.1	136.3
东营市	Dongying City	357	10	54	293	1090.2	671.7	125.0
烟台市	Yantai City	2136	29	280	1827	2656.8	436.0	129.3
潍坊市	Weifang City	2911	28	281	2602	1823.4	413.9	137.2
济宁市	Jining City	1072	19	136	917	1035.4	476.9	133.0
泰安市	Taian City	749	11	134	604	733.4	274.8	128.2
威海市	Weihai City	1087	24	240	823	2140.9	239.6	124.0
日照市	Rizhao City	334	4	66	264	346.9	68.1	155.3
莱芜市	Laiwu City	155	7	20	128	395.0	258.8	133.9
临沂市	Linyi City	1606	14	147	1445	908.8	161.3	137.8
德州市	Dezhou City	1283	10	122	1151	772.5	182.5	135.5
聊城市	Liaocheng City	548	13	97	438	679.9	331.7	138.6
滨州市	Binzhou City	556	9	62	485	760.4	228.3	144.6
菏泽市	Heze City	571		59	512	302.3	68.6	141.9
河南省	**Henan**	**9782**	**109**	**896**	**8777**	**7236.5**	**3179.9**	**121.9**
郑州市	Zhengzhou City	1802	20	150	1632	1233.8	328.0	121.0
开封市	Kaifeng City	390	1	41	348	179.8	49.2	119.2
洛阳市	Luoyang City	787	14	76	697	802.9	591.3	124.2
平顶山市	Pingdingshan City	363	6	37	320	385.1	226.5	122.7
安阳市	Anyang City	435	5	64	366	524.1	260.6	121.5

3-15 续表 5 continued

地 区	Region	工业企业数 单位数（个） Number of Enterprises	大型企业 Large Enter-prises	中型企业 Medium Enter-prises	小型企业 Small Enter-prises	工业总产值（亿元） Gross Output Value of Industry (100 million yuan)	#国有及国有控股 State-owned and State-controlled	工业总产值指数（上年=100） Indices of Gross Output Value of Industry (preceding year=100)
鹤壁市	Hebi City	250	3	16	231	172.6	55.9	124.3
新乡市	Xinxiang City	657	9	94	554	433.8	112.6	122.3
焦作市	Jiaozuo City	645	7	72	566	552.5	220.1	132.6
濮阳市	Puyang City	449	5	21	423	361.2	230.8	119.1
许昌市	Xuchang City	705	4	57	644	456.3	147.0	121.2
漯河市	Luohe City	363	2	29	332	353.1	114.2	113.4
三门峡市	Sanmenxia City	351	7	35	309	308.2	176.2	118.9
南阳市	Nanyang City	940	10	74	856	502.1	230.1	122.3
商丘市	Shangqiu City	244	5	18	221	202.1	126.9	125.5
信阳市	Xinyang City	323	2	33	288	185.3	99.1	120.8
周口市	Zhoukou City	390	3	34	353	246.8	90.8	113.7
驻马店市	Zhumadian City	556	3	31	522	183.4	68.0	120.2
其他	Others	131	3	14	114	136.1	35.2	134.8
湖北省	**Hubei**	**6232**	**63**	**684**	**5485**	**4960.3**	**2643.3**	
武汉市	Wuhan City	1403	24	130	1249	1678.3		126.0
黄石市	Huangshi City	360	9	55	296	318.3	164.4	140.3
十堰市	Shiyan City	322	12	36	274	467.2	385.1	129.7
宜昌市	Yichang City	447	7	65	375	411.8	254.1	151.3
襄樊市	Xiangfan City	380	20	68	292	381.6	291.3	123.4
鄂州市	Ezhou City	199	1	9	189	182.8	79.1	122.7
荆门市	Jingmen City	390	6	34	350	266.5	156.7	
孝感市	Xiaogan City	568	13	23	532	266.6	80.7	121.7
荆州市	Jingzhou City	533	3	49	481	225.7	71.3	117.3
黄冈市	Huanggang City	523	1	32	490	139.3	60.5	116.9
咸宁市	Xianning City	296	1	35	260	109.0	34.7	
随州市	Suizhou City	410		11	399	173.2	61.3	126.9
恩施土家族苗族自治州	Enshi Tujia & Miao A.P	129	2	8	119	43.8	23.8	
其他	Others	485	4	40	441	228.0	95.3	108.8
湖南省	**Hunan**	**6529**	**49**	**458**	**6022**	**3506.1**	**1779.6**	
长沙市	Changsha City	1149	7	98	1044	706.1	267.9	
株洲市	Zhuzhou City	607	8	41	558	353.3	158.7	
湘潭市	Xiangtan City	418	7	22	389	291.8	188.0	
衡阳市	Hengyang City	560	4	45	511	277.0	138.2	
邵阳市	Shaoyang City	458		29	429	113.8	52.6	
岳阳市	Yueyang City	671	7	25	639	592.7	354.3	
常德市	Changde City	396	3	48	345	280.9	167.3	
张家界市	Zhangjiajie City	94		3	91	22.0	8.7	
益阳市	Yiyang City	402		26	376	102.7	44.9	
郴州市	Chenzhou City	611	4	38	569	255.1	70.2	
永州市	Yongzhou City	366	1	25	340	120.0	69.0	
怀化市	Huaihua City	345	1	21	323	113.0	56.8	
娄底市	Loudi City	225	5	21	199	223.1	177.6	
湘西土家族苗族自治州	West Hunan Tujia A.P	226	2	16	208	54.6	25.4	
其他	Others							
广东省	**Guangdong**	**25956**	**187**	**3102**	**22667**	**26372.4**	**4554.0**	**122.8**
广州市	Guangzhou City	4727	44	533	4150	5043.3	1583.0	122.9

3-15 续表 6 continued

地 区	Region	工业企业数 单位数（个） Number of Enterprises	大型企业 Large Enterprises	中型企业 Medium Enterprises	小型企业 Small Enterprises	工业总产值（亿元） Gross Output Value of Industry (100 million yuan)	#国有及国有控股 State-owned and State-controlled	工业总产值指数（上年=100） Indices of Gross Output Value of Industry (preceding year=100)
韶关市	Shaoguan City	359	3	47	309	313.5	216.4	119.1
深圳市	Shenzhen City	2350	51	600	1699	6509.3	990.6	124.8
珠海市	Zhuhai City	847	8	107	732	1262.7	111.9	124.8
汕头市	Shantou City	1174	4	55	1115	621.7	73.2	
佛山市	Foshan City	4078	16	373	3689	3331.3	171.6	126.3
江门市	Jiangmen City	2132	8	157	1967	1153.7	134.2	116.1
湛江市	Zhanjiang City	597	2	61	534	498.7	124.6	114.4
茂名市	Maoming City	572	3	26	543	618.2	452.0	113.9
肇庆市	Zhaoqing City	815	2	65	748	254.5	66.7	
惠州市	Huizhou City	881	10	158	713	1119.8	294.8	99.5
梅州市	Meizhou City	338	1	37	300	156.6	64.4	129.5
汕尾市	Shanwei City	145	1	16	128	74.7	3.2	
河源市	Heyuan City	185		20	165	110.1	17.6	143.2
阳江市	Yangjiang City	367		26	341	154.2	24.6	122.2
清远市	Qingyuan City	313		32	281	171.2	19.5	160.3
东莞市	Dongguan City	2049	27	445	1577	2583.2	134.1	124.3
中山市	ZhongShan City	2542	7	228	2307	1694.7	17.6	127.8
潮州市	Chaozhou City	595		34	561	220.8	18.5	
揭阳市	Jieyang City	564		44	520	252.7	7.6	102.3
云浮市	Yunfu City	326		38	288	227.5	28.0	120.2
广西壮族自治区	**Guangxi**	**3223**	**25**	**373**	**2825**	**1886.8**	**1011.6**	
南宁市	Nanning City	561	2	67	492	263.7	108.6	124.6
柳州市	Liuzhou City	447				567.4	465.6	132.9
桂林市	Guilin City	519				203.2	78.4	118.3
梧州市	Wuzhou City	241		29	212	93.0	32.2	125.3
北海市	Beihai City							
防城港市	Fangchenggang City	72		6	66	66.4	7.5	129.9
钦州市	Qinzhou City					38.7		
贵港市	Guigang City							
玉林市	Yulin City	310	2	19	289	132.2	74.9	122.5
百色市	Baise City							
贺州市	Hezhou City	105		8	97	43.5	9.9	182.7
河池市	Hechi City	203		28	175	81.5	37.7	137.0
来宾市	Laibin City	80	1	18	61	82.2	46.1	129.7
崇左市	Chongzuo City	115	1	14	100	59.4	12.1	124.9
海南省	**Hainan**	**646**	**3**	**67**	**576**	**384.7**		**115.7**
海口市	Haikou City	218	1	24	193	221.9		118.3
三亚市	Sanya City	27		3	24	9.4		109.0
其他	Others	401	2	40	359	153.3		
重庆市	**Chongqing**	**2634**	**49**	**386**	**2199**	**2142.7**	**1178.2**	**129.9**
万州区	Wanzhou District	111		19	92	47.4	22.7	129.9
涪陵区	Fuling District	94	4	13	77	91.0	57.3	130.4
渝中区	Yuzhong District	48	2	8	38	104.6	98.9	125.4
大渡口区	Dadukou District	88	3	16	69	137.5	107.3	138.6
江北区	Jiangbei District	193	5	30	158	219.3	155.4	110.8
沙坪坝区	Shapingba District	210	3	40	167	194.9	75.9	121.6

3-15 续表 7 continued

地区	Region	工业企业数 单位数（个） Number of Enterprises	大型企业 Large Enterprises	中型企业 Medium Enterprises	小型企业 Small Enterprises	工业总产值（亿元） Gross Output Value of Industry (100 million yuan)	#国有及国有控股 State-owned and State-controlled	工业总产值指数（上年=100） Indices of Gross Output Value of Industry (preceding year=100)
九龙坡区	Jiulongpo District	233	8	39	186	309.4	182.3	130.3
南岸区	Nanan District	197	4	31	162	163.1	58.1	128.4
北碚区	Beibei District	141	1	20	120	73.2	31.3	117.6
万盛区	Wansheng District	31	1	1	29	11.1	6.4	148.9
双桥区	Shuangqiao District	18	1		17	39.5	34.1	97.2
渝北区	Yubei District	103	2	20	81	150.9	86.3	196.9
巴南区	Banan District	119	3	19	97	127.7	72.6	119.1
黔江区	Qianjiang District	15		5	10	20.9	19.7	117.0
长寿区	Changshou District	33	2	7	24	50.5	33.2	134.8
其他	Others	1000	10	118	872	401.8	136.7	
四川省	**Sichuan**	**6481**	**76**	**743**	**5662**	**4463.7**	**1988.2**	
成都市	Chengdu City	1871	15	247	1609	1231.2	389.6	
自贡市	Zigong City	269	5	33	231	177.4	99.5	
攀枝花市	Panzhihua City	104	3	15	86	266.2	208.2	
泸州市	Luzhou City	229	3	30	196	128.6	65.6	
德阳市	Deyang City	575	9	61	505	380.4	211.2	
绵阳市	Mianyang City	413	4	53	356	351.3	230.6	
广元市	Guangyuan City	133	1	16	116	58.4	35.9	
遂宁市	Suining City	141	3	16	122	90.5	29.2	
内江市	Neijiang City	306	5	9	292	201.0	89.3	
乐山市	Leshan City	467	14	46	407	270.7	47.7	
南充市	Nanchong City	268		28	240	148.7	56.4	
眉山市	Meishan City	285	1	33	251	173.5	38.0	
宜宾市	Yibin City	236	5	41	190	282.8	204.4	
广安市	Guangan City	163	2	11	150	72.5	19.6	
达州市	Dazhou City	217	1	25	191	114.1	51.0	
雅安市	Yaan City	201		19	182	56.1	20.6	
巴中市	Bazhong City	69		7	62	19.6	12.4	
资阳市	Ziyang City	207	2	23	182	123.3	24.6	
阿坝藏族羌族自治州	Aba Zang & Qiang A.P	80		6	74	26.0	12.0	
甘孜藏族自治州	Ganzi Zang A.P	65		1	64	10.1	7.4	
凉山彝族自治州	Liangshan Yi A.P	179		23	156	92.0	34.9	
贵州省	**Guizhou**	**2329**	**22**	**215**	**2092**	**1249.7**	**815.1**	
贵阳市	Guiyang City	688	8	97	583	491.3		119.0
六盘水市	Liupanshui City	120	4	12	102	142.9		138.9
遵义市	Zunyi City	307	4	32	272	216.5		122.3
安顺市	Anshun City	116		16	100	62.8		
铜仁地区	Tongren Prefecture	215		12	203	47.9		
黔西南布依族苗族自治州	Southwest Guizhou Buyi & Miao A.P	250		11	239	61.8		115.9
毕节地区	Bijie Prefecture	220		13	207	94.3		152.6
黔东南苗族侗族自治州	Southeast Guizhou Miao & Dong A.P	254		14	240	51.4		
黔南布依族苗族自治州	South Guizhou Buyi & Miao A.P	296	1	21	274	97.6		
云南省	**Yunnan**	**2407**	**25**	**357**	**2025**	**2094.0**	**1436.7**	
昆明市	Kunming City	937	10	114	813	808.5	617.0	
曲靖市	Qujing City	238	6	47	185	293.1	227.4	
玉溪市	Yuxi City	283	1	45	237	334.9	204.2	

3-15 续表 8 continued

地 区	Region	工业企业数 单位数(个) Number of Enterprises	大型企业 Large Enterprises	中型企业 Medium Enterprises	小型企业 Small Enterprises	工业总产值(亿元) Gross Output Value of Industry (100 million yuan)	#国有及国有控股 State-owned and State-controlled	工业总产值指数(上年=100) Indices of Gross Output Value of Industry (preceding year=100)
保山市	Baoshan City	74		15	59	23.8	7.3	
昭通市	Zhaotong City	67	1	7	59	55.1	42.7	
丽江市	Lijiang City	51		5	46	14.7	2.9	
思茅市	Simao City	95		16	79	29.5	16.5	
临沧市	Lincang City	52		14	38	25.2	10.4	
楚雄彝族自治州	Chuxiong Yi A.P	113	1	12	100	90.3	58.7	
红河哈尼族彝族自治州	Honghe Hani & Yi A.P	144	4	35	105	249.9	180.0	
文山壮族苗族自治州	Wenshan Zhuang & Miao A.P	99		12	87	38.5	12.8	
西双版纳傣族自治州	Xishuangbanna Dai A.P	45		5	40	11.2	4.3	
大理白族自治州	Dali Bai A.P	116	1	21	94	85.0	45.8	
德宏傣族景颇族自治州	Dehong Dai & Jingpo A.P	62	1	5	56	21.9	4.3	
怒江傈僳族自治州	Nujiang Lisu A.P	10		3	7	6.8	0.9	
迪庆藏族自治州	Diqing Zang A.P	21		1	20	5.8	1.5	
西藏自治区	**Tibet**	**189**				**22.8**	**17.1**	
拉萨市	Lhasa City	24				2.6		
昌都地区	Qamdu Prefecture	28				1.6		
山南地区	Lhokha Prefecture	23				3.0		
日喀则地区	Xigaze Prefecture	33				2.2		
那曲地区	Narqu Prefecture	20				0.8		
阿里地区	Ngri Prefecture	5				0.3		
林芝地区	Nyingchi Prefecture	19				2.7		
其他	Others	37				9.8		
陕西省	**Shaanxi**	**2547**	**65**	**355**	**2127**	**2426.7**	**1802.3**	
西安市	Xian City					736.2		
铜川市	Tongchuan City					53.8		
宝鸡市	Baoji City					301.8		
咸阳市	Xianyang City					291.1		
渭南市	Weinan City					227.0		
延安市	Yanan City					347.4		
汉中市	Hanzhong City					132.5		
榆林市	Yulin City					200.5		
安康市	Ankang City					33.7		
商洛市	Shangluo City					21.0		
其他	Others					14.7		
甘肃省	**Gansu**	**2918**	**28**	**156**	**2734**	**1505.2**	**1165.1**	
兰州市	Lanzhou City	1009	12	69	928	652.5	506.3	
嘉峪关市	Jiayuguan City	26	1	4	21	95.9	89.8	
金昌市	Jinchang City	60	3	5	52	149.5	128.2	
白银市	Baiyin City	107	5	10	92	136.8	108.9	
天水市	Tianshui City	204	1	16	187	56.0	43.5	
武威市	Wuwei City	146	1	4	141	38.7	9.3	
张掖市	Zhangye City	200		11	189	35.1	10.6	
平凉市	Pingliang City	171	1	9	161	52.4	38.0	
酒泉市	Jiuquan City	290	3	5	282	123.5	106.2	
庆阳市	Qingyang City	242	1	2	239	89.9	80.1	
定西市	Dingxi City	170		5	165	17.8	10.7	

3-15 续表 9 continued

地 区	Region	工业企业数 单位数（个） Number of Enterprises	大型企业 Large Enter-prises	中型企业 Medium Enter-prises	小型企业 Small Enter-prises	工业总产值（亿元） Gross Output Value of Industry (100 million yuan)	#国有及国有控股 State-owned and State-controlled	工业总产值指数（上年=100） Indices of Gross Output Value of Industry (preceding year=100)
陇南市	Longnan City	146		10	136	30.2	15.6	
临夏回族自治州	Linxia Hui A.P	81		5	76	19.3	13.0	
甘南藏族自治州	Gannan Zang A.P	66		1	65	7.6	5.0	
青海省	**Qinghai**	**461**	**8**	**50**	**403**	**374.1**	**303.6**	
西宁市	Xining City	164	5	24	135	209.5	176.7	
海东地区	Haidong Prefecture	82		11	71	26.0	8.1	
海北藏族自治州	Haibei Zang A.P	58		3	55	8.2	4.4	
海南藏族自治州	Hainan Zang A.P	20		1	19	2.7	0.5	
黄南藏族自治州	Huangnan Zang AP	14		1	13	2.9	0.1	
果洛藏族自治州	Golog Zang A.P	17			17	0.2	0.2	
玉树藏族自治州	Yushu Zang A.P	21			21	0.3	0.3	
海西蒙古族藏族自治州	Haixi Mongolian & Zang A.P	85	3	10	72	124.3	113.2	
宁夏回族自治区	**Ningxia**	**662**	**13**	**102**	**547**	**553.7**	**308.3**	**136.8**
银川市	Yinchuan City	228	4	41	183	260.8	159.7	133.9
石嘴山市	Shizuishan City	214	5	23	177	156.5	84.5	120.0
吴忠市	Wuzhong City	116	3	15	98	95.8	61.9	118.0
固原市	Guyuan City	27		1	26	3.2	1.4	105.3
中卫市	Zhongwei City	77	1	13	63	37.3	0.8	129.5
新疆维吾尔自治区	**Xinjiang**	**1430**	**23**	**180**	**1227**	**1571.8**	**1253.5**	**128.5**
乌鲁木齐市	Urumqi City	332	8	43	281	435.5	368.5	117.4
克拉玛依市	Karamay City	74	5	7	62	533.1	516.7	164.5
石河子市	Shihezi City	52	2	8	42	38.9	28.9	88.0
吐鲁番地区	Turpan Prefecture	55	1	6	48	74.6	65.3	113.0
哈密地区	Hami Prefecture	70	1	9	60	30.6	22.2	132.6
昌吉回族自治州	Changji Hui A.P	240		30	210	122.4	23.6	132.0
博尔塔拉蒙古自治州	Bortala Mongolian A.P	29		8	21	10.2	6.2	116.7
巴音郭楞蒙古自治州	Bayingolin Mongolian A.P	118	4	12	102	167.9	140.7	118.6
阿克苏地区	Aksu Prefecture	87		13	74	44.3	22.5	129.5
克孜勒苏柯尔克孜自治州	Kizilsu Kirgiz A.P	17			17	1.8	0.6	155.8
喀什地区	Kashi Prefecture	59	1	4	54	14.7	7.5	174.5
和田地区	Hotan Prefecture	29		5	24	4.4	2.8	100.9
伊犁哈萨克自治州	Ili Kazak A.P	126	1	17	108	56.0	27.1	127.9
塔城地区	Tacheng Prefecture	77		13	64	22.1	9.6	113.3
阿勒泰地区	Altay Prefecture	44		4	40	11.5	8.6	113.2
阿拉尔市	Alar City	2			2	0.4	0.0	47.1
图木舒克市	Tumxuk City	5			5	0.6	0.6	82.5
五家渠市	Wujiaqu City	14		1	13	2.9	2.3	116.8
兵团	Corps							

3-16 规模以上内资工业企业总产值（2004年）

Gross Output Value of Above Designated Size Domestic Funded Industrial Enterprises (2004)

地　区	Region	国有工业（亿元）State-owned Industry (100 million yuan)	集体工业（亿元）Collective owned Industry (100 million yuan)	股份合作企业（亿元）Cooperative Enterprises (100 million yuan)	联营企业（亿元）Joint Ownership Enterprises (100 million yuan)	有限责任公司（亿元）Limited Liability Corporations (100 million yuan)	股份有限公司（亿元）Share Holding Enterprises (100 million yuan)	私营企业（亿元）Private Enterprises (100 million yuan)	其他企业（亿元）Other Enterprises (100 million yuan)
北京市	**Beijing**	**613.0**	**143.0**	**112.0**	**16.9**	**755.0**	**974.2**	**203.3**	**8.88**
东城区	Dongcheng District	11.5	3.2			2.0	3.1		
西城区	Xicheng District	28.5	0.2	0.7	0.1	28.9	1.0	1.0	
崇文区	Chongwen District	4.1	0.4	0.4	0.0	5.5	11.1	0.4	
宣武区	Xuanwu District	66.0	0.4	0.3	0.2	7.8	0.2	0.6	
朝阳区	Chaoyang District	84.0	31.8	2.4	4.3	122.3	55.1	18.8	
丰台区	Fengtai District	48.6	11.0	4.2	0.4	23.8	18.3	8.1	
石景山区	Shijingshan District	18.5	1.3	0.6		244.2	237.6	2.7	6.91
海淀区	Haidian District	30.9	11.0	2.6	0.6	121.9	144.0	29.0	
门头沟区	Mentougou District	3.7	2.4	0.3	0.0	5.6	14.0	4.0	
房山区	Fangshan District	240.8	19.1	3.6	2.0	10.4	178.1	6.8	
通州区	Tongzhou District	7.3	10.3	9.6	2.6	31.5	10.1	14.4	
顺义区	Shunyi District	32.4	9.0	2.8	0.2	18.8	21.1	6.6	0.10
昌平区	Changping District	16.4	4.1	68.5	0.2	43.5	233.3	11.7	0.17
大兴区	Daxing District	7.5	4.1	7.5	1.7	26.2	1.5	52.9	1.70
怀柔区	Huairou District	2.2	9.1	0.7	0.8	17.7	11.5	15.2	
平谷区	Pinggu District	0.9	14.4	5.8	0.5	7.0	0.8	13.1	
密云县	Miyun County	7.4	7.3	1.4	2.4	7.2	12.7	13.4	
延庆县	Yanqing County	0.7	3.7	0.8	0.8	4.0	0.1	2.7	
天津市	**Tianjin**	**470.2**	**313.2**	**51.9**	**15.7**	**807.9**	**631.3**	**440.0**	**8.59**
和平区	Heping District	5.8	0.4	0.2		156.3	2.8		
河东区	Hedong District	106.3	2.2	0.7		36.6	5.6	0.2	
河西区	Hexi District	28.6	1.3	0.1		17.8	4.8	0.4	
南开区	Nankai District	22.4	3.7	0.4	0.3	24.5	24.9	13.5	
河北区	Hebei District	70.9	1.7	0.8	0.1	14.2	0.9	0.1	
红桥区	Hongqiao District	3.3	2.3	0.1	0.2	9.2	3.8	1.9	0.06
塘沽区	Tanggu District	19.0	5.7	0.6	5.3	64.6	189.0	20.7	0.29
汉沽区	Hangu District	0.4	17.0			32.1	1.4	1.8	
大港区	Dagang District	95.1	16.1	5.2	0.3	61.5	296.1	5.2	
东丽区	Dongli District	37.0	9.8	2.0	0.4	89.6	2.0	19.9	4.32
西青区	Xiqing District	53.8	58.8	3.6	1.1	87.0	83.2	22.3	0.30
津南区	Jinnan District	0.5	35.8	2.2	1.6	22.6	0.3	42.2	0.26
北辰区	Beichen District	6.1	43.4	21.7	2.6	76.1	2.9	56.9	0.03
武清区	Wuqing District	3.4	17.9	11.9	0.9	23.1	3.2	34.0	0.24
宝坻区	Baodi District	1.1	9.2	0.7	0.4	2.8	4.1	48.9	
宁河县	Ninghe County	8.9	10.7	1.3	1.0	15.2	5.9	24.7	
静海县	Jinghai County	3.5	19.7	0.4	0.1	30.5	0.2	129.5	3.10
蓟县	Ji County	4.2	57.4	0.1	1.5	44.1	0.3	17.9	
其他	Others								
河北省	**Hebei**								
石家庄市	Shijiazhuang City								
唐山市	Tangshan City								
秦皇岛市	Qinhuangdao City								
邯郸市	Handan City								
邢台市	Xingtai City								
保定市	Baoding City								
张家口市	Zhangjiakou City								

3-16 续表 1 continued

地 区	Region	国有工业 (亿元) State-owned Industry (100 million yuan)	集体工业 (亿元) Collective owned Industry (100 million yuan)	股份合作企业 (亿元) Cooperative Enterprises (100 million yuan)	联营企业 (亿元) Joint Ownership Enterprises (100 million yuan)	有限责任公司 (亿元) Limited Liability Corporations (100 million yuan)	股份有限公司 (亿元) Share Holding Enterprises (100 million yuan)	私营企业 (亿元) Private Enterprises (100 million yuan)	其他企业 (亿元) Other Enterprises (100 million yuan)
承德市	Chengde City								
沧州市	Cangzhou City								
廊坊市	Langfang City								
衡水市	Hengshui City								
其他	Others								
山西省	**Shanxi**	**790.7**	**224.6**	**39.8**	**13.1**	**1499.5**	**344.6**	**668.8**	**8.07**
太原市	Taiyuan City	65.2	12.4	10.6	0.4	474.0	15.7	121.6	
大同市	Datong City	62.4	25.1	2.1	0.7	142.3	29.7	20.1	0.05
阳泉市	Yangquan City	18.4	14.4	1.5	0.2	74.0	69.1	9.2	
长治市	Changzhi City	32.5	31.0	3.6	2.2	200.5	35.7	73.5	
晋城市	Jincheng City	14.8	20.7	0.2	2.9	118.4	9.6	10.3	
朔州市	Shuozhou City	107.6	8.1	2.7	0.6	24.2	1.4	13.5	1.17
晋中市	Jinzhong City	38.4	12.5	7.9	0.2	95.8	35.1	49.3	
运城市	Yuncheng City	41.7	6.9	6.3	2.8	159.1	104.0	103.8	
忻州市	Xinzhou City	28.0	4.4	1.7	0.5	18.7	6.1	24.1	
临汾市	Linfen City	30.9	35.6	1.8	1.2	300.7	20.4	153.3	
吕梁市	Luliang City	25.8	53.8	1.4	1.4	51.2	17.8	91.7	
内蒙古自治区	**Inner Mongolia**	**303.3**	**25.2**	**11.2**	**1.7**	**771.1**	**455.9**	**283.0**	
呼和浩特市	Hohhot City	60.9	0.5	0.1		67.3	81.2	19.4	
包头市	Baotou City	64.7	12.6	0.7	1.1	307.5	213.5	30.3	
乌海市	Wuhai City	13.4		1.4		31.4	11.6	42.1	
赤峰市	Chifeng City	31.4	4.2	0.4		61.3	34.1	11.5	0.35
通辽市	Tongliao City	33.9	2.6	1.3		20.5	18.2	22.3	0.06
鄂尔多斯市	Erdos City	18.2	2.9	3.7		128.6	40.3	49.3	
呼伦贝尔市	Hulunbuir City	16.7	0.2	0.2		55.6	4.5	8.5	
巴彦淖尔市	Bayannur City	10.9	0.6			30.1	13.5	27.9	
乌兰察布市	Ulanqab City	28.2		1.5	0.6	22.7	6.3	35.8	
兴安盟	Xingan League	7.8	0.8	1.2		23.7	1.7	5.8	0.99
锡林郭勒盟	Xilingol League	10.7	0.4	0.7		10.6	19.5	13.1	
阿拉善盟	Alxa League	4.3	0.5	0.1		10.7	11.4	16.0	
其他	Others	2.3				1.3		1.0	
辽宁省	**Liaoning**	**1232.9**	**360.8**	**100.1**	**9.9**	**2020.7**	**1629.0**	**857.0**	**10.57**
沈阳市	Shenyang City	133.2	38.9	31.4	3.3	450.5	65.3	152.6	4.71
大连市	Dalian City	137.0	26.9	13.8	1.1	495.5	384.2	124.9	0.01
鞍山市	Anshan City	482.3	114.2	13.6		44.6	20.1	108.9	1.25
抚顺市	Fushun City	95.9	9.2	0.6	0.1	99.5	309.3	29.2	
本溪市	Benxi City	18.0	11.8	0.5		409.1	8.1	23.1	
丹东市	Dandong City	20.0	18.2	6.5		25.7	42.9	38.0	0.67
锦州市	Jinzhou City	15.3	16.8	7.3	0.3	43.7	182.0	38.6	
营口市	Yingkou City	26.8	47.8	2.2	0.4	101.4	7.6	104.7	0.06
阜新市	Fuxin City	53.9	3.4	0.5	0.3	10.1	3.6	17.6	0.02
辽阳市	Liaoyang City	28.7	30.4	6.7	3.6	25.6	147.0	96.6	1.70
盘锦市	Panjin City	96.4	1.9	10.5	0.4	68.1	291.6	19.1	2.14
铁岭市	Tieling City	63.7	5.9	0.8		20.9	8.0	44.3	
朝阳市	Chaoyang City	9.6	5.7	1.0	0.1	114.7	5.8	27.4	0.01
葫芦岛市	Huludao City	52.3	29.8	4.8	0.5	111.4	153.5	32.1	

3-16 续表 2 continued

地 区	Region	国有工业 (亿元) State-owned Industry (100 million yuan)	集体工业 (亿元) Collective owned Industry (100 million yuan)	股份合作企业 (亿元) Cooperative Enterprises (100 million yuan)	联营企业 (亿元) Joint Ownership Enterprises (100 million yuan)	有限责任公司 (亿元) Limited Liability Corporations (100 million yuan)	股份有限公司 (亿元) Share Holding Enterprises (100 million yuan)	私营企业 (亿元) Private Enterprises (100 million yuan)	其他企业 (亿元) Other Enterprises (100 million yuan)
吉林省	**Jilin**	**911.5**	**102.3**	**13.3**	**5.8**	**407.6**	**732.4**	**209.8**	**4.38**
长春市	Changchun City	659.2	51.3	3.3	0.7	91.4	98.6	40.6	
吉林市	Jilin City	100.6	10.9	0.8	0.8	141.2	291.7	40.3	1.26
四平市	Siping City	30.7	13.7	1.2	0.1	35.2	22.2	33.4	1.28
辽源市	Liaoyuan City	25.6	6.1	0.7	0.1	8.7	7.3	18.7	0.84
通化市	Tonghua City	8.1	3.0	0.9		37.7	121.2	14.9	0.24
白山市	Baishan City	17.6	9.3	0.3	0.7	19.2	27.1	23.9	
松原市	Songyuan City	22.8	0.5	4.3	2.1	42.1	114.8	11.0	0.07
白城市	Baicheng City	11.9	2.1	1.4	1.2	11.5	10.7	7.5	0.68
延边朝鲜族自治州	Yanbian Korean A.P	35.1	5.5	0.6	0.1	20.6	38.8	19.7	0.01
其他	Others								
黑龙江省	**Heilongjiang**	**571.9**	**74.9**	**17.4**	**1.7**	**793.2**	**1582.7**	**207.7**	**2.83**
哈尔滨市	Harbin City	202.4	22.5	6.9		391.7	70.6	57.3	
齐齐哈尔市	Qiqihar City	22.3	7.8	0.4	0.1	137.3	15.5	34.5	
鸡西市	Jixi City	31.2	8.7	0.2		7.7	9.7	10.4	
鹤岗市	Hegang City	41.1	0.7			5.9	0.1	2.9	
双鸭山市	Shuangyashan City	2.1	0.2	0.1		16.3	23.7	6.8	0.14
大庆市	Daqing City	143.2	14.9	0.9	1.3	67.9	1407.3	17.1	1.84
伊春市	Yichun City	5.9	2.9	0.1		25.9	4.5	7.8	0.26
佳木斯市	Jiamusi City	19.2	4.6	4.0		15.7	12.2	15.0	
七台河市	Qitaihe City	2.0	1.6	0.1		45.2		14.7	
牡丹江市	Mudanjiang City	21.3	7.9	2.4		39.2	3.1	23.5	
黑河市	Heihe City	5.5	0.1	0.1	0.4	5.1	1.5	1.0	
绥化市	Suihua City	8.3	3.1	0.3		31.2	9.6	11.1	0.58
大兴安岭地区	Daxinganling Prefecture	2.8	0.1	0.2			0.5		
其他	Others	64.6		1.7		4.1	24.3	5.6	
上海市	**Shanghai**	**954.7**	**370.8**	**194.5**	**138.5**	**1402.6**	**767.2**	**887.6**	**20.39**
黄浦区	Huangpu District	84.9	7.7	0.4		36.4	4.6	0.9	0.13
卢湾区	Luwan District	56.9	2.2	2.4		14.3	52.9	0.9	
徐汇区	Xuhui District	15.7	3.7	2.1	5.2	63.6	3.8	11.7	
长宁区	Changning District	15.6	4.2	0.2	0.5	15.4	7.3	1.7	
静安区	Jingan District	4.3	1.8	0.8	0.2	27.1	3.4	1.1	
普陀区	Putuo District	24.9	13.7	2.7	2.1	31.0	6.8	8.1	3.34
闸北区	Zhabei District	21.5	3.8	1.5	0.1	32.8	9.0	3.2	
虹口区	Hongkou District	10.1	2.2	1.5	0.2	23.5	0.1	3.6	
杨浦区	Yangpu District	228.5	9.4	5.0	0.3	69.5	2.4	8.2	
闵行区	Minhang District	58.6	31.1	30.6	13.0	191.9	25.4	102.2	7.09
宝山区	Baoshan District	25.2	51.4	11.9	19.9	324.1	559.6	50.1	0.25
嘉定区	Jiading District	9.9	55.4	11.6	26.0	51.5	5.0	133.7	6.58
浦东新区	Pudong New District	337.3	43.0	29.0	22.0	360.1	58.6	133.7	0.43
金山区	Jinshan District	3.6	26.9	11.5	2.8	55.5	13.7	21.8	2.35
松江区	Songjiang District	3.6	21.4	26.4	12.0	15.9	7.2	91.9	
青浦区	Qingpu District	3.3	29.9	7.3	7.6	19.5	1.0	104.2	0.10
南汇区	Nanhui District	9.5	25.8	16.6	13.2	32.8	4.4	95.1	
奉贤区	Fengxian District	10.0	29.9	20.9	10.2	33.1	1.9	89.4	0.14
崇明县	Chongming County	10.3	7.4	12.1	3.1	4.5		25.9	
其他	Others	20.8							

3-16 续表 3 continued

地 区	Region	国有工业 (亿元) State-owned Industry (100 million yuan)	集体工业 (亿元) Collective owned Industry (100 million yuan)	股份合作企业 (亿元) Cooperative Enterprises (100 million yuan)	联营企业 (亿元) Joint Ownership Enterprises (100 million yuan)	有限责任公司 (亿元) Limited Liability Corporations (100 million yuan)	股份有限公司 (亿元) Share Holding Enterprises (100 million yuan)	私营企业 (亿元) Private Enterprises (100 million yuan)	其他企业 (亿元) Other Enterprises (100 million yuan)
江苏省	**Jiangsu**	**1975.4**	**1400.2**	**1074.3**	**87.6**	**3296.8**	**2036.3**	**5895.1**	**10.81**
南京市	Nanjing City	577.8	84.7	37.8					1.52
无锡市	Wuxi City	309.0	682.7	455.1					1.82
徐州市	Xuzhou City	168.9	18.2	6.4					0.69
常州市	Changzhou City	86.0	74.0	279.8					1.15
苏州市	Suzhou City	132.4	75.4	67.7					2.34
南通市	Nantong City	50.2	47.1	99.8					0.84
连云港市	Lianyungang City	34.3	8.3	4.2					0.14
淮安市	Huaian City	81.8	17.0	6.4					0.30
盐城市	Yancheng City	35.5	27.7	32.0					0.64
扬州市	Yangzhou City	96.4	108.5	37.8					0.72
镇江市	Zhenjiang City	164.8	111.6	9.2					0.46
泰州市	Taizhou City	109.9	146.9	36.4					0.55
宿迁市	Suqian City	3.1	0.4	1.7					0.14
浙江省	**Zhejiang**	**1332.9**	**345.3**	**450.2**	**86.5**	**3514.9**	**1624.4**	**6464.5**	
杭州市	Hangzhou City	316.7	312.3	56.9	6.0	964.4	127.6	1144.9	
宁波市	Ningbo City	287.6	65.1	50.2	11.0	384.0	569.7	1153.3	
温州市	Wenzhou City	100.5	13.8	132.2	4.8	720.6	81.3	620.9	
嘉兴市	Jiaxing City	77.9	14.1	47.5	47.9	147.2	110.7	714.5	
湖州市	Huzhou City	36.0	30.8	8.9	2.6	229.7	77.8	284.0	
绍兴市	Shaoxing City	33.4	119.7	43.3	3.8	479.1	155.1	969.4	
金华市	Jinhua City	51.3	8.5	5.2	0.3	186.3	29.0	740.5	
衢州市	Quzhou City	13.1	3.1	2.2	0.1	76.2	23.2	105.6	
舟山市	Zhoushan City	22.3	3.0	6.4	0.8	42.6	10.6	96.3	
台州市	Taizhou City	80.7	32.6	117.2	5.2	550.4	93.9	273.2	
丽水市	Lishui City	21.6	0.5	0.4	0.3	75.1	5.0	127.9	
安徽省	**Anhui**	**632.2**	**105.6**	**41.5**	**6.3**	**1070.0**	**659.1**	**532.5**	**14.84**
合肥市	Hefei City	107.9	32.3	4.6	0.1	177.2	63.8	66.0	3.46
芜湖市	Wuhu City	60.1	2.6			157.2	49.5	63.7	2.11
蚌埠市	Bengbu City	28.1	5.2	1.5	0.4	87.6	13.2	16.5	0.26
淮南市	Huainan City	32.4	2.4	0.9		115.4	36.0	23.1	1.30
马鞍山市	Maanshan City	30.7	3.3	3.3	0.1	27.8	271.7	36.5	0.06
淮北市	Huaibei City	18.9	2.3		0.1	67.5	14.2	4.5	0.09
铜陵市	Tongling City	92.3	3.7	0.6	0.5	68.8	22.7	21.7	1.37
安庆市	Anqing City	120.5	15.4	6.8	2.7	55.2	24.9	68.8	0.37
黄山市	Huangshan City	2.0	11.0	0.3		17.0	6.0	5.0	
滁州市	Chuzhou City	32.2	7.2	4.4	1.8	41.8	44.3	59.1	0.37
阜阳市	Fuyang City	28.0	5.3	2.3	0.2	29.9	10.8	10.1	
宿州市	Suzhou City	20.9	4.1	0.6	0.0	27.2	7.7	13.5	1.55
巢湖市	Chaohu City	14.1	2.3	2.7		42.5	33.3	58.1	0.97
六安市	Liuan City	12.4	2.7	6.5	0.2	33.4	14.6	32.9	0.78
亳州市	Bozhou City	5.2	1.6	2.2		26.1	7.3	7.1	0.53
池州市	Chizhou City	1.6	1.6	0.2		16.7	10.6	10.0	1.42
宣城市	Xuancheng City	25.0	2.7	4.9	0.3	58.4	25.0	35.8	0.21
其他	Others					20.2	3.4		

3-16 续表 4 continued

地 区	Region	国有工业 (亿元) State-owned Industry (100 million yuan)	集体工业 (亿元) Collective owned Industry (100 million yuan)	股份合作企业 (亿元) Cooperative Enterprises (100 million yuan)	联营企业 (亿元) Joint Ownership Enterprises (100 million yuan)	有限责任公司 (亿元) Limited Liability Corporations (100 million yuan)	股份有限公司 (亿元) Share Holding Enterprises (100 million yuan)	私营企业 (亿元) Private Enterprises (100 million yuan)	其他企业 (亿元) Other Enterprises (100 million yuan)
福建省	**Fujian**	**598.9**	**103.6**	**72.2**	**55.2**	**583.3**	**270.6**	**1023.2**	**37.01**
福州市	Fuzhou City	250.1	29.3	1.6	24.8	124.3	78.8	247.1	0.38
厦门市	Xiamen City	56.2	6.6		7.6	58.5	55.6	133.4	24.39
莆田市	Putian City	4.0	9.6	6.0	0.8	46.0	3.7	28.7	1.43
三明市	Sanming City	29.0	13.9	1.7	2.0	154.0	21.5	48.1	0.06
泉州市	Quanzhou City	154.3	17.3	49.4	11.5	77.8	34.4	335.8	9.33
漳州市	Zhangzhou City	16.9	8.8	5.7	0.5	20.1	11.0	81.5	0.12
南平市	Nanping City	17.0	3.7	2.6	0.9	46.5	35.8	41.9	
龙岩市	Longyan City	66.4	12.8	3.3	3.3	24.3	28.0	42.7	0.75
宁德市	Ningde City	5.0	1.7	2.0	3.7	31.9	1.9	64.0	0.58
江西省	**Jiangxi**	**352.6**	**37.7**	**33.2**	**2.2**	**731.0**	**301.4**	**373.7**	
南昌市	Nanchang City	111.8	10.5	20.0	0.8	158.9	137.8	47.4	
景德镇市	Jingdezhen City	32.0	4.6	0.7	0.9	59.7	18.6	10.4	
萍乡市	Pingxiang City	21.9	1.7	3.1		79.0	5.2	26.0	
九江市	Jiujiang City	46.3	1.6	0.9	0.4	37.1	114.9	32.1	
新余市	Xinyu City	5.2	5.9	0.9		125.2		17.6	
鹰潭市	Yingtan City	25.3	7.8	1.9		22.3	3.3	11.6	
赣州市	Ganzhou City	17.5	1.6	0.2		51.9		63.2	
吉安市	Jian City	12.7	0.7	0.2	0.1	16.7	1.2	45.8	
宜春市	Yichun City	32.4	0.5	1.5		43.2	9.9	48.2	
抚州市	Fuzhou City	12.5	1.2	2.0		11.7	4.7	29.1	
上饶市	Shangrao City	35.0	1.5	1.7	0.1	17.6	5.8	42.5	
山东省	**Shandong**	**2087.3**	**2819.3**	**479.7**	**359.2**	**6028.7**	**2290.5**	**3788.2**	**64.41**
济南市	Jinan City	154.2	143.8	18.5	272.0	553.8	188.5	293.5	0.84
青岛市	Qingdao City	250.5	683.2	76.0	2.1	801.7	251.1	365.6	0.72
淄博市	Zibo City	583.8	225.4	59.6	21.4	270.7	218.2	317.1	0.21
枣庄市	Zaozhuang City	46.1	70.7	3.9	0.1	202.0	29.7	314.5	0.04
东营市	Dongying City	9.8	29.2	21.0		810.9	129.8	69.5	0.29
烟台市	Yantai City	223.1	526.2	43.2	32.6	464.3	208.6	389.8	9.28
潍坊市	Weifang City	98.9	122.0	50.1	3.0	357.1	296.6	495.4	25.95
济宁市	Jining City	123.2	41.0	37.8	1.3	193.2	283.8	228.4	1.57
泰安市	Taian City	89.6	51.3	8.8	1.4	330.9	53.2	163.6	4.75
威海市	Weihai City	45.2	672.6	106.2	18.3	431.4	222.5	183.4	14.50
日照市	Rizhao City	27.6	8.1	3.5	0.5	136.2	61.6	43.4	
莱芜市	Laiwu City	23.2	16.5	0.2	0.7	269.2	42.6	23.6	
临沂市	Linyi City	92.8	108.0	7.7	0.3	280.3	88.3	243.3	0.53
德州市	Dezhou City	114.6	48.5	22.8	1.6	137.5	44.9	327.1	3.50
聊城市	Liaocheng City	75.3	33.4	12.8	2.1	312.8	58.3	144.4	0.93
滨州市	Binzhou City	100.2	33.0	0.2	0.6	366.9	83.3	101.6	1.09
菏泽市	Heze City	29.1	6.5	7.4	1.3	109.8	29.5	85.0	0.23
河南省	**Henan**	**1559.3**	**879.7**	**146.6**	**35.6**	**1864.9**	**821.5**	**1439.8**	**11.99**
郑州市	Zhengzhou City	158.4	173.5	34.2	8.2	198.1	215.4	315.3	2.91
开封市	Kaifeng City	35.4	45.6	8.8	0.1	19.1	11.9	49.3	
洛阳市	Luoyang City	373.7	49.1	8.8	1.1	226.9	28.9	93.3	0.26
平顶山市	Pingdingshan City	10.8	11.4	2.7		281.7	9.0	30.6	5.14
安阳市	Anyang City	68.3	26.9	7.2	0.3	221.2	22.3	131.4	0.21

3-16 续表 5 continued

地 区	Region	国有工业 (亿元) State-owned Industry (100 million yuan)	集体工业 (亿元) Collective owned Industry (100 million yuan)	股份合作企业 (亿元) Cooperative Enterprises (100 million yuan)	联营企业 (亿元) Joint Ownership Enterprises (100 million yuan)	有限责任公司 (亿元) Limited Liability Corporations (100 million yuan)	股份有限公司 (亿元) Share Holding Enterprises (100 million yuan)	私营企业 (亿元) Private Enterprises (100 million yuan)	其他企业 (亿元) Other Enterprises (100 million yuan)
鹤壁市	Hebi City	11.2	37.8	2.4	3.0	80.8	4.6	24.8	0.10
新乡市	Xinxiang City	107.4	80.8	7.2	0.3	50.3	51.3	90.7	
焦作市	Jiaozuo City	52.3	88.3	17.4	8.6	97.6	139.1	114.8	1.17
濮阳市	Puyang City	116.0	9.3	4.1	1.1	44.1	89.2	89.6	
许昌市	Xuchang City	129.1	62.9	1.3	3.3	46.0	66.4	126.5	1.02
漯河市	Luohe City	21.2	62.9	2.2	0.1	159.6	9.9	74.6	
三门峡市	Sanmenxia City	88.8	86.8	0.1		86.3	12.1	25.1	
南阳市	Nanyang City	136.8	49.1	16.0	4.2	116.4	38.1	115.5	0.45
商丘市	Shangqiu City	51.8	15.2	2.2	0.5	63.1	40.7	26.2	0.19
信阳市	Xinyang City	60.4	21.1	4.7	1.3	42.4	33.1	21.3	0.25
周口市	Zhoukou City	58.8	10.0	19.8	1.9	15.5	26.5	70.0	0.21
驻马店市	Zhumadian City	53.8	44.5	7.3	1.9	24.9	23.2	21.2	0.08
其他	Others	7.6	4.5	0.5		91.0		19.7	
湖北省	**Hubei**	**1266.2**	**104.5**	**30.2**	**8.5**	**932.9**	**927.2**	**617.1**	**80.07**
武汉市	Wuhan City	692.8	63.4	11.7			535.8		39.91
黄石市	Huangshi City	47.7	15.4	6.1	1.1	63.5	80.3	56.5	2.33
十堰市	Shiyan City	60.1	3.9	1.7			143.2		8.50
宜昌市	Yichang City								
襄樊市	Xiangfan City	83.1	13.8	0.2			211.2		4.10
鄂州市	Ezhou City	78.5	16.1	0.5	0.5	8.4	9.2	47.4	0.51
荆门市	Jingmen City	17.8	4.1	0.3	1.0		214.1		13.50
孝感市	Xiaogan City	38.5	40.3	3.5	1.5	35.2	31.9	87.9	
荆州市	Jingzhou City	18.5	15.7	5.1	13.8	35.6	49.6	64.7	1.38
黄冈市	Huanggang City	31.2	34.7	1.4			71.9		
咸宁市	Xianning City	17.0	4.6	1.7	0.1	22.4	20.7	33.5	3.26
随州市	Suizhou City	20.1	3.1	3.8			102.4	38.4	
恩施土家族苗族自治州	Enshi Tujia & Miao A.P	22.2	0.8	0.1			19.4		0.90
其他	Others	28.4	29.3	0.7	1.0	16.0	66.1	35.4	8.06
湖南省	**Hunan**	**1057.8**	**231.4**	**105.6**	**10.0**	**599.0**	**551.7**	**614.4**	**9.41**
长沙市	Changsha City	150.8	19.3	17.3	1.0	118.1	148.6	110.8	0.21
株洲市	Zhuzhou City	80.9	16.3	11.3		86.1	74.4	45.7	0.56
湘潭市	Xiangtan City	150.3	13.5	15.9		47.9	6.6	43.1	0.21
衡阳市	Hengyang City	113.3	46.3	5.4	2.4	21.8	14.5	58.0	1.93
邵阳市	Shaoyang City	39.7	10.4	3.6	0.1	9.1	11.3	38.3	
岳阳市	Yueyang City	66.1	43.3	18.4	2.2	147.6	196.1	77.6	2.49
常德市	Changde City	133.5	10.1	4.1	0.7	39.2	25.2	30.0	1.85
张家界市	Zhangjiajie City	6.9	0.6	1.8		3.5	1.2	6.3	
益阳市	Yiyang City	26.1	13.2	3.0	1.1	27.8	4.0	22.2	
郴州市	Chenzhou City	57.1	37.9	17.1	0.8	15.0	9.8	91.0	0.32
永州市	Yongzhou City	26.3	3.3	1.7	0.6	13.7	35.7	32.5	
怀化市	Huaihua City	39.2	7.7	3.0	0.2	28.8	8.8	19.8	1.52
娄底市	Loudi City	148.1	8.4	2.2	0.2	37.6	10.2	15.5	0.31
湘西土家族苗族自治州	West Hunan Tujia A.P	19.7	1.0	0.9	0.8	2.9	5.2	23.8	
其他	Others								
广东省	**Guangdong**	**1102.2**	**739.1**	**208.8**	**175.8**	**1849.6**	**2759.7**	**2318.6**	**109.81**
广州市	Guangzhou City	256.9	173.5	27.6	64.6	352.8	315.2	520.0	8.36

3-16 续表 6 continued

地 区	Region	国有工业 (亿元) State-owned Industry (100 million yuan)	集体工业 (亿元) Collective owned Industry (100 million yuan)	股份合作企业 (亿元) Cooperative Enterprises (100 million yuan)	联营企业 (亿元) Joint Ownership Enterprises (100 million yuan)	有限责任公司 (亿元) Limited Liability Corporations (100 million yuan)	股份有限公司 (亿元) Share Holding Enterprises (100 million yuan)	私营企业 (亿元) Private Enterprises (100 million yuan)	其他企业 (亿元) Other Enterprises (100 million yuan)
韶关市	Shaoguan City	45.5	4.9	3.4	0.1	40.1	145.6	15.5	2.00
深圳市	Shenzhen City	76.2	14.8	1.3	54.3	393.8	689.6	126.0	1.90
珠海市	Zhuhai City	7.5	17.8	2.5	1.4	65.8	167.5	5.2	3.25
汕头市	Shantou City	34.3	20.2	11.3	0.4	111.9	15.2	186.2	2.90
佛山市	Foshan City	68.1	153.5	121.1	11.8	396.5	643.9	563.6	0.87
江门市	Jiangmen City	96.5	29.1	4.9	1.7	106.3	53.7	230.9	5.63
湛江市	Zhanjiang City	64.1	10.4	1.6		67.1	21.2	49.1	0.38
茂名市	Maoming City	210.3	23.8	1.8			307.0		32.84
肇庆市	Zhaoqing City	30.7	5.1	1.3	7.7	30.7	10.0	54.8	1.00
惠州市	Huizhou City	17.3	8.4	2.8		1.7	30.7		6.26
梅州市	Meizhou City	52.0	16.6	1.3			40.7	6.3	
汕尾市	Shanwei City	3.2	10.6				9.4	2.6	1.64
河源市	Heyuan City	6.6	7.5	1.4	2.9	13.0	13.6	14.2	0.93
阳江市	Yangjiang City	23.9	5.5		0.1	7.6	3.9	86.1	
清远市	Qingyuan City	8.7	4.3	1.6	1.6	22.0	1.0	42.8	
东莞市	Dongguan City	46.4	96.2	5.6		5.6	205.0	14.6	
中山市	ZhongShan City	9.3	79.6	0.9	3.4	165.1	6.9	349.1	0.30
潮州市	Chaozhou City	18.5	4.6	7.4	1.6	42.0	12.9	48.1	
揭阳市	Jieyang City	7.2	25.4	7.7			60.4		38.15
云浮市	Yunfu City	19.1	27.5	3.4	24.2	27.6	6.4	3.6	3.40
广西壮族自治区	**Guangxi**	**497.2**	**84.4**	**25.7**	**15.7**	**378.9**	**218.0**	**267.9**	
南宁市	Nanning City	54.2	10.2	1.9			152.7		9.36
柳州市	Liuzhou City	197.0	14.3	6.5					
桂林市	Guilin City	57.2	10.0	10.7					
梧州市	Wuzhou City	16.7	8.9	0.9	0.0	16.6	10.1	10.3	0.11
北海市	Beihai City								
防城港市	Fangchenggang City	2.5	1.2	0.2	3.1	3.9	0.1	3.2	
钦州市	Qinzhou City								
贵港市	Guigang City								
玉林市	Yulin City	8.4	7.3	2.2					
百色市	Baise City								
贺州市	Hezhou City	6.0	7.4	0.8		10.3	10.6	5.3	0.08
河池市	Hechi City	26.9	2.3	0.3			40.3		4.51
来宾市	Laibin City	13.7	1.1			38.2			0.63
崇左市	Chongzuo City	12.1	2.3	26.8					
海南省	**Hainan**	**74.4**	**4.4**	**15.1**	**16.3**	**153.2**	**44.1**	**7.7**	
海口市	Haikou City	11.0	1.5	13.3	1.2	127.3	20.8	0.4	
三亚市	Sanya City	0.9			0.1	1.2	2.0	3.5	
其他	Others	62.5	2.9	1.7	15.0	24.8	21.3	3.9	
重庆市	**Chongqing**	**172.6**	**44.0**	**14.4**	**1.5**	**742.5**	**260.9**	**488.4**	**2.28**
万州区	Wanzhou District	8.1	0.3	0.1		22.1	7.7	7.3	0.46
涪陵区	Fuling District	12.5	1.2	0.1	0.1	38.5	21.9	12.2	
渝中区	Yuzhong District	6.9	0.7	0.4		93.5	2.3	0.8	
大渡口区	Dadukou District	9.0	3.6	0.4		11.8	0.3	15.0	0.59
江北区	Jiangbei District	11.7	9.4	1.0	0.3	45.7	102.3	20.3	0.15
沙坪坝区	Shapingba District	19.2	5.8	2.9	0.2	40.5	40.0	70.4	0.40

3-16 续表 7 continued

地 区	Region	国有工业 (亿元) State-owned Industry (100 million yuan)	集体工业 (亿元) Collective owned Industry (100 million yuan)	股份合作企业 (亿元) Cooperative Enterprises (100 million yuan)	联营企业 (亿元) Joint Ownership Enterprises (100 million yuan)	有限责任公司 (亿元) Limited Liability Corporations (100 million yuan)	股份有限公司 (亿元) Share Holding Enterprises (100 million yuan)	私营企业 (亿元) Private Enterprises (100 million yuan)	其他企业 (亿元) Other Enterprises (100 million yuan)
九龙坡区	Jiulongpo District	9.2	5.2	0.2		175.5	39.9	41.5	0.20
南岸区	Nanan District	9.1	0.7	1.5		49.6	9.2	62.7	
北碚区	Beibei District	5.4	1.6	0.2	0.2	30.2	3.9	30.6	
万盛区	Wansheng District	0.0	0.4	0.6	0.1	7.2		1.0	
双桥区	Shuangqiao District		0.9			34.8	0.5		
渝北区	Yubei District	2.0	0.8	0.3	0.2	27.7		28.2	
巴南区	Banan District	8.0	2.0	0.4	0.1	26.7	13.0	23.9	
黔江区	Qianjiang District	12.5				7.3		1.1	
长寿区	Changshou District	25.3	1.2	0.2		10.1	0.6	1.1	
其他	Others	33.8	10.2	6.1	0.5	121.1	19.1	172.4	0.48
四川省	**Sichuan**	**778.4**	**133.3**	**3194.2**					
成都市	Chengdu City	186.6	49.9	769.7					
自贡市	Zigong City	10.6	7.6	144.9					
攀枝花市	Panzhihua City	159.2	25.3	75.0					
泸州市	Luzhou City	1.9	3.8	121.2					
德阳市	Deyang City	82.0	15.6	267.0					
绵阳市	Mianyang City	28.9	4.7	299.3					
广元市	Guangyuan City	13.0	0.8	40.0					
遂宁市	Suining City	1.9	0.5	85.1					
内江市	Neijiang City	14.3	1.8	176.7					
乐山市	Leshan City	19.7	1.1	219.9					
南充市	Nanchong City	23.2	6.6	114.3					
眉山市	Meishan City	9.6	1.6	155.9					
宜宾市	Yibin City	26.7	1.6	249.3					
广安市	Guangan City	6.7	2.7	56.9					
达州市	Dazhou City	13.0	1.3	99.4					
雅安市	Yaan City	7.2	2.7	42.1					
巴中市	Bazhong City	2.2	0.1	17.3					
资阳市	Ziyang City	18.5	3.7	100.4					
阿坝藏族羌族自治州	Aba Zang & Qiang A.P	3.1	0.1	22.8					
甘孜藏族自治州	Ganzi Zang A.P	1.7	0.4	7.9					
凉山彝族自治州	Liangshan Yi A.P	21.5	1.7	66.9					
贵州省	**Guizhou**	**504.8**	**30.7**	**13.2**	**6.5**	**314.9**	**147.6**	**183.8**	**0.74**
贵阳市	Guiyang City	160.5	7.7	3.0	2.7	136.4	109.2	36.1	0.39
六盘水市	Liupanshui City	28.0	6.1	0.1			102.7	5.7	
遵义市	Zunyi City	110.2	4.3	1.9	1.3	45.8	15.7	33.5	0.21
安顺市	Anshun City	31.1	0.5	0.8	0.1	17.6	3.7	5.8	
铜仁地区	Tongren Prefecture	19.0	1.1	1.3	0.6	8.4	2.7	14.7	0.08
黔西南布依族苗族自治州	Southwest Guizhou Buyi & Miao A.P	28.5	0.5	0.3	1.6	16.8	3.1	10.0	
毕节地区	Bijie Prefecture	58.7	1.8	0.4	0.2	8.7	2.5	21.2	0.21
黔东南苗族侗族自治州	Southeast Guizhou Miao & Dong A.P	16.5	1.0	1.3			22.2		8.27
黔南布依族苗族自治州	South Guizhou Buyi & Miao A.P	41.6	2.7	0.9	0.9	14.4	7.0	24.3	0.64
云南省	**Yunnan**	**682.8**	**71.6**	**17.9**	**8.0**	**553.9**	**335.2**	**286.4**	
昆明市	Kunming City	238.7	39.6	4.4	1.3	151.4	231.7	61.9	
曲靖市	Qujing City	164.5	9.4		0.1	52.3	23.8	23.1	
玉溪市	Yuxi City	21.6	10.4	4.4	0.5	194.1	8.2	78.1	

3-16 续表 8 continued

地 区	Region	国有工业 (亿元) State-owned Industry (100 million yuan)	集体工业 (亿元) Collective owned Industry (100 million yuan)	股份合作企业 (亿元) Cooperative Enterprises (100 million yuan)	联营企业 (亿元) Joint Ownership Enterprises (100 million yuan)	有限责任公司 (亿元) Limited Liability Corporations (100 million yuan)	股份有限公司 (亿元) Share Holding Enterprises (100 million yuan)	私营企业 (亿元) Private Enterprises (100 million yuan)	其他企业 (亿元) Other Enterprises (100 million yuan)
保山市	Baoshan City	0.4	0.5	1.6		8.3	4.9	6.3	
昭通市	Zhaotong City	27.8	0.7	0.2		2.1	14.6	5.6	
丽江市	Lijiang City	0.1	0.3	1.2		1.3	2.7	9.1	
思茅市	Simao City	10.7	0.9	0.4	0.1	6.2	2.0	7.8	
临沧市	Lincang City	8.4	1.7	0.1		5.8	2.7	6.5	
楚雄彝族自治州	Chuxiong Yi A.P	44.7	0.6	0.4	0.6	11.4	5.2	24.4	
红河哈尼族彝族自治州	Honghe Hani & Yi A.P	118.4	5.2	1.1	0.2	76.0	17.2	26.6	
文山壮族苗族自治州	Wenshan Zhuang & Miao A.P	8.0	0.3	0.4		4.2	9.2	16.1	
西双版纳傣族自治州	Xishuangbanna Dai A.P	3.6		1.5	0.3	4.4	1.0	0.4	
大理白族自治州	Dali Bai A.P	32.7	0.4	1.8	4.8	19.5	3.8	16.5	
德宏傣族景颇族自治州	Dehong Dai & Jingpo A.P	1.8	0.9	0.3	0.2	11.7	4.7	2.1	
怒江傈僳族自治州	Nujiang Lisu A.P	0.9	0.5			3.8		1.5	
迪庆藏族自治州	Diqing Zang A.P	0.4				1.3	3.6	0.4	
西藏自治区	**Tibet**	**10.6**	**2.3**	**0.1**			**7.5**		
拉萨市	Lhasa City								
昌都地区	Qamdu Prefecture								
山南地区	Lhokha Prefecture								
日喀则地区	Xigaze Prefecture								
那曲地区	Narqu Prefecture								
阿里地区	Ngri Prefecture								
林芝地区	Nyingchi Prefecture								
其他	Others								
陕西省	**Shaanxi**	**910.2**	**72.1**	**17.2**	**10.4**	**680.8**	**438.7**	**119.6**	**1.90**
西安市	Xian City								
铜川市	Tongchuan City								
宝鸡市	Baoji City								
咸阳市	Xianyang City								
渭南市	Weinan City								
延安市	Yanan City								
汉中市	Hanzhong City								
榆林市	Yulin City								
安康市	Ankang City								
商洛市	Shangluo City								
其他	Others								
甘肃省	**Gansu**	**500.9**	**133.3**	**15.5**	**3.5**	**220.3**	**510.1**	**81.1**	**0.32**
兰州市	Lanzhou City	163.9	64.2	6.8	2.9	33.2	325.1	23.3	0.02
嘉峪关市	Jiayuguan City	2.2	3.3	0.1		3.2	86.9	0.3	
金昌市	Jinchang City	122.1	17.1	0.2	0.0	7.9		2.3	
白银市	Baiyin City	80.0	13.2	2.6		33.8	2.1	4.8	0.13
天水市	Tianshui City	35.4	2.9	3.4		10.3	1.0	2.1	
武威市	Wuwei City	5.4	4.4	0.3	0.3	4.4	10.4	13.4	0.02
张掖市	Zhangye City	5.7	1.7	0.1	0.2	19.3	0.3	7.9	0.02
平凉市	Pingliang City	20.5	6.4	0.3		16.6	1.3	7.3	
酒泉市	Jiuquan City	20.7	3.7	0.6	0.1	9.0	82.3	5.6	
庆阳市	Qingyang City	17.4	5.8			64.4	0.1	2.2	
定西市	Dingxi City	4.0	2.4	0.1		3.9	0.5	2.4	0.09

地 区	Region	国有工业 (亿元) State-owned Industry (100 million yuan)	集体工业 (亿元) Collective owned Industry (100 million yuan)	股份合作企业 (亿元) Cooperative Enterprises (100 million yuan)	联营企业 (亿元) Joint Ownership Enterprises (100 million yuan)	有限责任公司 (亿元) Limited Liability Corporations (100 million yuan)	股份有限公司 (亿元) Share Holding Enterprises (100 million yuan)	私营企业 (亿元) Private Enterprises (100 million yuan)	其他企业 (亿元) Other Enterprises (100 million yuan)
陇南市	Longnan City	14.1	6.6	0.9		3.0	0.1	5.4	0.05
临夏回族自治州	Linxia Hui A.P	8.6	0.3	0.1		6.7		3.7	
甘南藏族自治州	Gannan Zang A.P	0.9	1.5			4.7		0.5	
青海省	**Qinghai**	**64.2**	**5.0**	**3.2**	**0.3**	**70.3**	**179.2**	**31.5**	
西宁市	Xining City	43.7	2.7	2.5	0.2	43.4	98.7	7.8	
海东地区	Haidong Prefecture	3.4	1.5	0.1	0.0	5.3	2.8	12.6	
海北藏族自治州	Haibei Zang A.P	1.2	0.4	0.1		4.0	0.6	1.9	
海南藏族自治州	Hainan Zang A.P	0.1				0.8	1.2	0.6	
黄南藏族自治州	Huangnan Zang AP	0.0	0.2	0.0		0.4	0.6	1.7	
果洛藏族自治州	Golog Zang A.P	0.2				0.0			
玉树藏族自治州	Yushu Zang A.P	0.3	0.0	0.0					
海西蒙古族藏族自治州	Haixi Mongolian & Zang A.P	15.3	0.2	0.5	0.0	16.5	75.3	6.9	
宁夏回族自治区	**Ningxia**	**90.3**	**4.9**	**4.9**	**2.2**	**178.0**	**91.0**	**133.8**	**0.74**
银川市	Yinchuan City	73.0	2.5	2.8	1.9	69.5	32.9	50.1	
石嘴山市	Shizuishan City	12.4	2.1	1.0		65.9	19.1	49.0	
吴忠市	Wuzhong City	4.0	0.2		0.3	30.5	30.4	17.9	0.74
固原市	Guyuan City	0.7		0.1		2.2		0.2	
中卫市	Zhongwei City	0.2	0.1	1.1		9.8	8.6	16.6	
新疆维吾尔自治区	**Xinjiang**	**171.5**	**10.1**	**1.5**	**2.5**	**342.1**	**917.8**	**88.6**	
乌鲁木齐市	Urumqi City	36.1	4.2		0.4	131.1	229.6	18.0	
克拉玛依市	Karamay City	68.8	0.9		0.8	14.5	444.2	2.5	
石河子市	Shihezi City	7.5				5.1	18.7	3.2	
吐鲁番地区	Turpan Prefecture	2.0	0.6		0.7	8.8	59.3	1.0	
哈密地区	Hami Prefecture	9.8	0.6		0.4	13.2		3.7	
昌吉回族自治州	Changji Hui A.P	10.2	1.9	0.8		50.9	28.9	22.9	
博尔塔拉蒙古自治州	Bortala Mongolian A.P	3.7				3.1		3.3	
巴音郭楞蒙古自治州	Bayingolin Mongolian A.P	5.9	0.2	0.1		17.1	128.3	15.7	
阿克苏地区	Aksu Prefecture	3.9		0.3		33.2	2.4	3.7	
克孜勒苏柯尔克孜自治州	Kizilsu Kirgiz A.P	0.1				1.5		0.1	
喀什地区	Kashi Prefecture	0.6	0.4			12.9		0.7	
和田地区	Hotan Prefecture	1.5				2.9			
伊犁哈萨克自治州	Ili Kazak A.P	12.4	0.9			25.1	5.5	11.3	
塔城地区	Tacheng Prefecture	3.4	0.1	0.2		14.7	0.9	1.4	
阿勒泰地区	Altay Prefecture	4.9	0.3	0.1	0.2	5.0	0.1	0.9	
阿拉尔市	Alar City	0.0				0.4			
图木舒克市	Tumxuk City	0.5				0.1		0.1	
五家渠市	Wujiaqu City	0.2				2.5		0.1	
兵团	Corps								

3-17 规模以上工业企业经济效益情况（2004年）

Economic Benefit of Above Designated Size Industrial Enterprises (2004)

地 区	Region	工业总产值（亿元） Gross Output Value of Industry (100 million yuan)			工业增加值（亿元） Value -added (100 million yuan)	资产总计（亿元） Total Assets (100 million yuan)	负债合计（亿元） Total Liability (100 million yuan)	产品销售收入（亿元） Sales Revenue (100 million yuan)	利润总额（亿元） Total Profits (100 million yuan)
		内资企业 Domestic Funded Enter-prises	港澳台商投资企业 Hongkong, Macao & Taiwan Funded	外商投资企业 Foreign Funded					
北京市	**Beijing**	**2826.2**	**460.9**	**1593.8**	**1259.5**	**6082.4**	**3138.9**	**5110.8**	**310.8**
东城区	Dongcheng District	19.8	3.0	62.7	21.6	63.3	29.9	87.5	3.6
西城区	Xicheng District	60.2	3.3	11.1	32.7	331.9	108.9	95.4	4.3
崇文区	Chongwen District	21.8	1.4	8.7	14.6	189.1	83.6	34.4	5.7
宣武区	Xuanwu District	75.4	1.8	15.4	63.5	383.9	213.6	296.0	11.6
朝阳区	Chaoyang District	318.7	80.3	232.2	190.1	1169.2	602.2	628.5	40.8
丰台区	Fengtai District	114.3	16.2	58.8	52.4	259.5	151.1	191.9	8.8
石景山区	Shijingshan District	511.8	2.5	25.4	128.8	626.8	349.3	428.4	19.5
海淀区	Haidian District	340.0	210.9	88.8	170.0	887.4	484.7	713.8	39.2
门头沟区	Mentougou District	30.0	2.7	4.7	14.8	82.3	33.5	39.6	4.3
房山区	Fangshan District	460.6	4.3	10.1	139.3	303.4	127.6	523.1	42.8
通州区	Tongzhou District	85.9	11.0	40.7	40.9	179.2	97.4	135.8	3.9
顺义区	Shunyi District	91.0	31.2	487.3	111.2	394.6	205.6	591.4	38.8
昌平区	Changping District	377.9	10.2	29.9	65.2	279.6	161.5	428.9	16.5
大兴区	Daxing District	103.1	12.9	20.6	31.6	162.1	87.3	135.1	6.5
怀柔区	Huairou District	57.2	12.4	48.2	38.8	112.3	71.0	117.5	7.7
平谷区	Pinggu District	42.5	5.9	24.3	15.5	68.8	46.2	65.0	3.4
密云县	Miyun County	51.8	6.3	20.9	26.2	83.5	48.8	76.5	4.9
延庆县	Yanqing County	12.9	0.2	1.4	2.2	16.3	11.9	13.3	0.3
天津市	**Tianjin**	**2738.9**	**313.6**	**2322.6**	**1395.6**	**5113.8**	**2899.5**	**5494.6**	**412.5**
和平区	Heping District	165.4	0.3	1.7	60.8	245.7	135.8	229.0	4.1
河东区	Hedong District	151.5	5.3	15.8	38.8	312.9	231.2	196.9	9.4
河西区	Hexi District	53.1	2.6	140.4	49.0	291.2	193.6	195.0	6.1
南开区	Nankai District	89.7	2.6	103.2	53.2	290.9	182.4	215.1	10.7
河北区	Hebei District	88.8	7.1	6.6	34.2	314.5	223.2	180.7	0.5
红桥区	Hongqiao District	20.9	1.4	2.1	5.1	47.3	28.8	26.8	1.4
塘沽区	Tanggu District	305.2	154.5	1011.1	429.5	1090.4	439.2	1463.3	227.3
汉沽区	Hangu District	52.8	3.4	4.3	23.7	61.7	36.9	61.6	1.8
大港区	Dagang District	479.5	1.0	25.9	133.2	467.6	262.0	505.9	22.4
东丽区	Dongli District	165.0	14.3	132.1	78.2	347.0	201.5	316.8	14.8
西青区	Xiqing District	310.0	19.9	554.1	173.3	654.3	375.0	870.8	37.6
津南区	Jinnan District	105.5	6.8	40.0	57.4	109.5	58.5	143.3	6.2
北辰区	Beichen District	209.6	39.7	166.7	79.1	427.0	263.0	419.7	26.3
武清区	Wuqing District	94.7	32.2	99.0	47.9	182.0	97.3	203.7	8.9
宝坻区	Baodi District	67.1	2.5	11.0	14.5	43.8	26.4	79.1	5.2
宁河县	Ninghe County	67.7	3.9	4.0	10.5	43.9	26.2	67.4	3.1
静海县	Jinghai County	187.0	8.9	2.6	66.1	75.4	47.5	194.8	11.6
蓟县	Ji County	125.5	7.1	1.9	41.2	108.6	71.1	124.9	15.0
其他	Others								
河北省	**Hebei**				**2459.2**	**7836.2**	**4883.7**	**8132.2**	**513.2**
石家庄市	Shijiazhuang City				459.8	1365.8	876.5	1549.1	100.9
唐山市	Tangshan City				545.8	1714.5	1102.3	1896.2	119.7
秦皇岛市	Qinhuangdao City				100.0	468.0	317.1	405.4	14.8
邯郸市	Handan City				279.9	1030.2	669.5	844.2	50.2
邢台市	Xingtai City				171.4	464.3	264.6	524.8	41.7
保定市	Baoding City				200.5	756.5	447.7	695.3	39.7
张家口市	Zhangjiakou City				115.5	404.1	281.4	428.5	12.6

3-17 续表 1 continued

地 区	Region	工业总产值（亿元）Gross Output Value of Industry (100 million yuan) 内资企业 Domestic Funded Enter-prises	港澳台商投资企业 Hongkong, Macao & Taiwan Funded	外商投资企业 Foreign Funded	工业增加值（亿元）Value -added (100 million yuan)	资产总计（亿元）Total Assets (100 million yuan)	负债合计（亿元）Total Liability (100 million yuan)	产品销售收入（亿元）Sales Revenue (100 million yuan)	利润总额（亿元）Total Profits (100 million yuan)
承德市	Chengde City				79.2	345.1	222.5	268.5	19.9
沧州市	Cangzhou City				130.0	407.2	234.6	496.6	22.4
廊坊市	Langfang City				124.7	377.8	218.1	426.3	18.3
衡水市	Hengshui City				103.3	261.3	154.9	363.7	24.4
其他	Others				149.1	241.4	94.6	233.6	48.6
山西省	**Shanxi**	**3589.1**	**64.6**	**117.7**	**1346.2**	**5975.7**	**3835.0**	**3760.2**	**243.8**
太原市	Taiyuan City	699.9	11.2	8.8	228.5	1231.7	751.6	707.9	31.2
大同市	Datong City	282.4	1.6	35.1	136.1	515.9	321.4	358.8	15.9
阳泉市	Yangquan City	186.7	12.4	2.4	77.0	384.7	226.4	193.1	9.2
长治市	Changzhi City	379.1	1.2	0.5	135.1	530.1	343.5	367.4	32.3
晋城市	Jincheng City	176.9	0.2	32.2	106.9	476.7	309.2	218.6	31.1
朔州市	Shuozhou City	159.2		0.6	64.9	232.2	170.1	157.1	5.5
晋中市	Jinzhong City	239.3	17.3	18.0	10.5	34.7	23.0	29.0	0.0
运城市	Yuncheng City	424.5	1.7	7.5	157.9	649.9	418.3	421.6	34.1
忻州市	Xinzhou City	83.5	2.7	0.8	30.3	207.8	134.7	85.5	5.4
临汾市	Linfen City	543.8	10.4	8.9	187.0	509.5	319.4	539.5	43.1
吕梁市	Luliang City	243.0	6.9	1.8	85.3	404.9	291.6	249.4	17.3
内蒙古自治区	**Inner Mongolia**	**1851.5**	**70.0**	**174.5**	**807.0**	**3306.0**	**1958.8**	**2113.6**	**142.2**
呼和浩特市	Hohhot City	229.3	57.2	70.6	123.0	631.4	321.1	341.6	31.5
包头市	Baotou City	630.3	1.6	11.4	229.4	852.0	486.6	683.4	23.8
乌海市	Wuhai City	99.9	0.3		44.0	145.2	94.4	96.2	3.9
赤峰市	Chifeng City	143.3	4.1	5.3	51.3	268.4	156.6	154.2	8.0
通辽市	Tongliao City	98.9	0.1	24.9	48.9	190.0	113.9	118.2	7.3
鄂尔多斯市	Erdos City	243.1	3.4	45.8	134.9	598.6	337.7	321.0	39.6
呼伦贝尔市	Hulunbuir City	85.7	0.2	2.9	41.1	219.3	191.1	87.5	5.0
巴彦淖尔市	Bayannur City	83.0	2.2	8.1	31.9	110.1	72.3	83.9	6.4
乌兰察布市	Ulanqab City	95.1	0.4	2.0	33.7	106.0	79.2	94.5	5.5
兴安盟	Xingan League	42.0	0.1	0.7	15.9	36.8	24.6	40.0	1.0
锡林郭勒盟	Xilingol League	54.9		0.2	33.1	75.0	35.0	52.8	7.2
阿拉善盟	Alxa League	43.0	0.3	0.3	19.9	73.1	46.2	40.3	3.1
其他	Others	3.2	0.2	2.2					
辽宁省	**Liaoning**	**6221.0**	**341.8**	**1488.3**	**2255.7**	**10167.8**	**5990.8**	**8320.4**	**389.3**
沈阳市	Shenyang City	879.8	105.0	508.6	407.7	2244.1	1425.7	1416.5	36.7
大连市	Dalian City	1183.4	67.6	767.3	524.1	2126.6	1237.7	1958.6	70.5
鞍山市	Anshan City	785.0	18.1	15.5	320.9	1045.0	521.4	839.3	105.9
抚顺市	Fushun City	543.7	14.6	23.6	130.8	530.9	272.3	601.9	5.3
本溪市	Benxi City	470.5	1.5	1.6	131.1	641.1	399.2	614.0	13.4
丹东市	Dandong City	151.8	7.4	22.8	47.1	249.5	156.1	177.1	8.4
锦州市	Jinzhou City	304.1	24.3	18.1	73.1	278.4	177.2	336.1	7.0
营口市	Yingkou City	291.0	22.8	97.7	115.2	376.3	222.5	343.4	12.0
阜新市	Fuxin City	89.4	2.4	9.2	27.2	176.1	113.4	82.9	1.5
辽阳市	Liaoyang City	340.3	48.6	10.4	89.4	422.5	215.9	399.6	23.6
盘锦市	Panjin City	490.0	2.7	3.1	234.0	575.0	261.4	460.0	77.9
铁岭市	Tieling City	143.5	19.2	3.2	61.8	221.7	115.9	159.5	4.8
朝阳市	Chaoyang City	164.4	3.1	2.2	46.6	182.5	108.6	171.0	12.3
葫芦岛市	Huludao City	384.2	4.8	5.1	90.9	535.8	369.4	417.1	4.3

地 区	Region	工业总产值（亿元） Gross Output Value of Industry (100 million yuan)			工业增加值（亿元） Value -added (100 million yuan)	资产总计（亿元） Total Assets (100 million yuan)	负债合计（亿元） Total Liability (100 million yuan)	产品销售收入（亿元） Sales Revenue (100 million yuan)	利润总额（亿元） Total Profits (100 million yuan)
		内资企业 Domestic Funded Enter- prises	港澳台商投资企业 Hongkong, Macao & Taiwan Funded	外商投资企业 Foreign Funded					
吉林省	**Jilin**	**2387.2**	**52.3**	**807.9**	**994.3**	**3981.4**	**2403.3**	**3190.8**	**178.7**
长春市	Changchun City	945.1	18.6	749.0	452.0	1745.4	1064.7	1655.9	70.2
吉林市	Jilin City	587.5	9.7	10.7	186.9	850.4	510.3	652.9	41.9
四平市	Siping City	137.7	10.9	5.9	53.6	186.4	145.1	153.1	4.3
辽源市	Liaoyuan City	68.0		2.0	23.4	124.4	85.9	61.8	0.0
通化市	Tonghua City	185.9	5.7	1.3	69.0	283.6	154.4	186.6	16.0
白山市	Baishan City	98.1	0.8	4.2	39.4	152.4	92.8	91.7	4.3
松原市	Songyuan City	197.7	0.0	8.7	111.4	345.0	168.4	204.3	34.1
白城市	Baicheng City	47.0	0.0	6.1	18.4	61.0	42.4	53.2	2.3
延边朝鲜族自治州	Yanbian Korean A.P	120.3	6.5	19.9	40.3	233.0	139.3	131.4	5.8
其他	Others								
黑龙江省	**Heilongjiang**	**3252.3**	**56.5**	**155.2**	**1624.8**	**4684.5**	**2705.0**	**3613.1**	**760.2**
哈尔滨市	Harbin City	751.3	36.0	86.1	227.0	1431.2	1012.4	809.0	24.8
齐齐哈尔市	Qiqihar City	217.9	4.2	8.2	55.4	363.4	286.1	221.3	0.9
鸡西市	Jixi City	67.9	0.1	9.8	28.3	164.3	155.3	80.4	4.1
鹤岗市	Hegang City	50.7		0.7	24.9	109.4	88.6	45.5	0.2
双鸭山市	Shuangyashan City	49.3			18.5	126.7	78.7	49.1	1.8
大庆市	Daqing City	1654.3	3.7	14.8	1092.3	1386.9	299.6	1741.3	715.8
伊春市	Yichun City	47.3	0.4	3.4	19.2	74.6	51.2	48.4	1.4
佳木斯市	Jiamusi City	70.7	2.2		19.1	125.1	94.8	70.0	-0.5
七台河市	Qitaihe City	63.6			25.9	144.2	95.0	64.1	0.7
牡丹江市	Mudanjiang City	97.4	7.4	22.0	32.6	170.0	110.4	117.0	1.8
黑河市	Heihe City	13.7		0.1	5.4	41.4	37.5	13.3	-0.2
绥化市	Suihua City	64.3	8.2	7.3	26.9	115.1	85.0	78.7	4.3
大兴安岭地区	Daxinganling Prefecture	3.6			1.8	12.4	10.1	3.4	0.0
其他	Others	100.3			18.5	126.1	91.4	100.9	2.7
上海市	**Shanghai**	**4736.3**	**1738.7**	**6410.0**		**13684.8**	**6876.8**	**13863.2**	**1003.5**
黄浦区	Huangpu District	135.1	41.3	13.6		925.6	251.1	456.1	9.4
卢湾区	Luwan District	129.6	2.4	15.2		266.8	139.2	146.8	7.7
徐汇区	Xuhui District	105.9	43.2	463.2		449.5	250.2	639.0	26.6
长宁区	Changning District	45.0	9.1	29.9		139.8	67.1	87.5	5.4
静安区	Jingan District	38.6	0.9	4.0		92.6	47.0	51.2	10.9
普陀区	Putuo District	92.7	16.9	78.2		253.9	133.6	198.4	14.9
闸北区	Zhabei District	71.9	11.1	49.2		152.7	100.5	134.1	4.8
虹口区	Hongkou District	41.4	7.3	46.9		168.6	90.8	104.8	4.5
杨浦区	Yangpu District	323.3	23.1	96.8		650.5	188.4	447.2	81.3
闵行区	Minhang District	459.8	300.7	838.5		1736.3	984.9	1621.4	110.5
宝山区	Baoshan District	1042.5	75.4	161.9		1416.1	585.0	1304.8	194.3
嘉定区	Jiading District	299.7	190.4	779.0		1066.9	496.6	1268.8	93.9
浦东新区	Pudong New District	984.1	258.8	2083.0		3511.4	1950.8	3944.9	258.8
金山区	Jinshan District	138.2	382.0	104.8		512.7	225.1	616.3	57.6
松江区	Songjiang District	178.5	158.1	1090.4		968.1	615.5	1420.4	48.5
青浦区	Qingpu District	173.0	104.2	247.4		515.2	260.4	531.5	32.2
南汇区	Nanhui District	197.5	38.1	144.2		359.1	195.0	381.2	25.6
奉贤区	Fengxian District	195.5	67.7	147.8		396.7	235.8	400.3	12.6
崇明县	Chongming County	63.3	8.1	16.0		83.7	48.3	87.8	4.1
其他	Others	20.8				18.7	11.3	20.6	

3-17 续表 3 continued

地区	Region	工业总产值（亿元）Gross Output Value of Industry (100 million yuan)			工业增加值（亿元）Value-added (100 million yuan)	资产总计（亿元）Total Assets (100 million yuan)	负债合计（亿元）Total Liability (100 million yuan)	产品销售收入（亿元）Sales Revenue (100 million yuan)	利润总额（亿元）Total Profits (100 million yuan)
		内资企业 Domestic Funded Enterprises	港澳台商投资企业 Hongkong, Macao & Taiwan Funded	外商投资企业 Foreign Funded					
江苏省	**Jiangsu**	**15776.5**	**2643.3**	**6416.7**	**6447.5**	**20227.3**	**12580.4**	**24492.3**	**1111.4**
南京市	Nanjing City	2218.5	239.1	827.4	810.1	2790.7	1616.7	3227.5	200.3
无锡市	Wuxi City	3266.3	480.0	828.8	1088.9	3422.0	2122.9	4399.8	211.6
徐州市	Xuzhou City	886.8	39.1	26.3	314.2	728.2	468.6	880.8	46.2
常州市	Changzhou City	1593.0	151.2	268.6	471.6	1665.9	1071.6	1959.4	77.9
苏州市	Suzhou City	2618.5	1551.6	3137.5	1918.3	5790.0	3638.8	7146.8	309.6
南通市	Nantong City	1039.7	160.4	403.2	427.8	1072.5	642.7	1499.8	73.6
连云港市	Lianyungang City	189.5	17.1	81.6	82.7	244.3	140.5	261.2	13.3
淮安市	Huaian City	404.1	12.2	34.5	132.3	338.0	213.0	442.0	23.2
盐城市	Yancheng City	735.1	48.5	105.3	219.7	509.8	335.9	844.0	25.6
扬州市	Yangzhou City	961.6	67.8	100.2	309.9	862.4	496.1	1046.5	40.4
镇江市	Zhenjiang City	749.6	115.0	208.6	298.7	1027.1	686.5	979.1	35.6
泰州市	Taizhou City	843.8	57.7	95.9	282.1	673.7	415.0	879.9	43.0
宿迁市	Suqian City	145.0	1.4	1.7	43.1	91.6	47.6	141.2	5.5
浙江省	**Zhejiang**	**13818.9**	**2189.1**	**2721.1**	**4114.7**	**17202.4**	**10301.7**	**18333.4**	**999.7**
杭州市	Hangzhou City	2929.7	443.0	776.4	922.3	3828.6	2226.5	4075.2	220.8
宁波市	Ningbo City	2520.8	638.6	655.6	786.7	3335.0	1959.5	3660.7	241.3
温州市	Wenzhou City	1673.9	72.9	139.6	450.3	1580.9	897.9	1816.7	118.9
嘉兴市	Jiaxing City	1159.7	215.6	369.0	391.2	1942.5	1278.2	1703.3	77.6
湖州市	Huzhou City	669.7	90.3	72.7	186.4	678.4	402.3	808.8	43.4
绍兴市	Shaoxing City	1803.9	485.1	225.2	487.4	2315.8	1401.6	2432.2	131.7
金华市	Jinhua City	1021.0	46.2	70.8	277.6	1043.0	628.9	1090.6	56.4
衢州市	Quzhou City	223.6	5.7	6.7	67.9	278.8	177.9	227.0	9.0
舟山市	Zhoushan City	181.9	7.6	32.3	49.6	207.3	140.7	203.2	6.0
台州市	Taizhou City	1153.1	87.0	112.8	303.2	1072.1	640.6	1301.7	76.5
丽水市	Lishui City	230.7	4.3	13.0	65.6	231.5	142.8	261.5	9.9
安徽省	**Anhui**	**3062.1**	**205.4**	**392.0**	**1190.5**	**4368.1**	**2608.4**	**3637.3**	**207.8**
合肥市	Hefei City	455.2	30.4	230.7	216.7	755.9	420.4	627.6	41.9
芜湖市	Wuhu City	335.2	99.8	30.8	137.9	421.7	242.1	407.5	22.3
蚌埠市	Bengbu City	152.8	2.6	11.4	63.0	271.1	171.4	161.8	8.5
淮南市	Huainan City	211.5	1.3	8.1	95.1	404.2	287.2	216.9	11.0
马鞍山市	Maanshan City	373.5	15.0	20.2	151.5	555.5	241.9	401.8	45.5
淮北市	Huaibei City	107.6	20.2	25.8	79.4	292.2	174.1	193.1	5.7
铜陵市	Tongling City	211.7	1.8	10.0	65.6	320.5	216.9	281.9	22.1
安庆市	Anqing City	294.6	0.1	2.6	78.5	264.2	158.2	289.2	11.5
黄山市	Huangshan City	41.3	5.6	5.9	16.8	53.8	27.0	48.6	1.5
滁州市	Chuzhou City	191.2	5.4	14.8	62.9	199.1	113.5	181.7	6.4
阜阳市	Fuyang City	86.5	7.6	11.3	32.6	125.5	81.8	105.9	2.2
宿州市	Suzhou City	75.5	0.6	0.7	30.7	103.8	65.2	71.7	-0.5
巢湖市	Chaohu City	154.0	0.9	2.7	45.5	178.4	101.7	152.9	8.4
六安市	Liuan City	103.5	0.4	10.5	38.0	115.1	78.3	108.7	8.7
亳州市	Bozhou City	49.9	13.3	0.6	20.5	92.5	55.7	66.5	1.8
池州市	Chizhou City	42.2		0.6	15.1	56.7	40.7	44.1	4.3
宣城市	Xuancheng City	152.3	0.5	5.2	40.7	157.6	94.2	146.0	6.7
其他	Others	23.6					38.1	131.3	

3-17 续表 4 continued

地 区	Region	工业总产值（亿元） Gross Output Value of Industry (100 million yuan)			工业增加值（亿元）	资产总计（亿元）	负债合计（亿元）	产品销售收入（亿元）	利润总额（亿元）
		内资企业 Domestic Funded Enter-prises	港澳台商投资企业 Hongkong, Macao & Taiwan Funded	外商投资企业 Foreign Funded	Value -added (100 million yuan)	Total Assets (100 million yuan)	Total Liability (100 million yuan)	Sales Revenue (100 million yuan)	Total Profits (100 million yuan)
福建省	**Fujian**	**2744.0**	**2225.9**	**1813.6**	**1917.7**	**6034.0**	**3195.9**	**6581.1**	**382.0**
福州市	Fuzhou City	756.5	636.4	427.5	484.5	1644.1	926.2	1761.8	72.0
厦门市	Xiamen City	342.2	608.1	819.1	437.1	1467.1	798.9	1730.5	137.9
莆田市	Putian City	100.1	86.4	82.9	99.6	249.1	151.6	254.1	12.4
三明市	Sanming City	270.1	20.7	6.2	80.2	377.1	220.9	298.2	13.5
泉州市	Quanzhou City	689.8	613.5	306.3	495.2	1158.1	473.6	1551.6	84.9
漳州市	Zhangzhou City	144.6	207.4	122.8	132.5	505.6	274.7	459.8	30.8
南平市	Nanping City	148.5	13.4	29.4	53.0	240.6	132.1	187.2	6.5
龙岩市	Longyan City	181.5	26.0	10.2	95.8	286.0	153.7	209.8	21.7
宁德市	Ningde City	110.6	14.1	9.2	39.8	106.4	64.2	128.1	2.3
江西省	**Jiangxi**	**1831.8**	**138.5**	**241.7**	**627.1**	**2634.2**	**1715.5**	**2186.6**	**71.9**
南昌市	Nanchang City	487.2	29.8	37.2	172.0	641.6	348.7	564.8	27.3
景德镇市	Jingdezhen City	127.0	0.7	1.2	38.4	224.7	151.8	114.7	1.4
萍乡市	Pingxiang City	136.8	1.2	0.3	39.5	133.9	96.3	136.7	4.9
九江市	Jiujiang City	233.3	34.4	8.0	71.0	350.4	277.1	271.4	1.8
新余市	Xinyu City	154.8	7.1	1.1	44.4	169.2	18.7	172.8	2.2
鹰潭市	Yingtan City	72.1	0.2	140.4	38.6	225.3	107.1	210.4	11.9
赣州市	Ganzhou City	134.4	29.0	21.4	53.1	162.0	100.7	168.6	6.7
吉安市	Jian City	77.3	3.3	14.7	30.5	116.7	74.8	90.9	1.8
宜春市	Yichun City	135.7	7.3	2.7	47.2	208.7	140.2	137.2	3.8
抚州市	Fuzhou City	61.3	16.1	9.3	27.6	72.6	51.0	70.5	0.7
上饶市	Shangrao City	104.1	9.5	5.4	37.3	139.0	88.4	113.5	3.7
山东省	**Shandong**	**17917.3**	**833.7**	**2587.3**	**6498.3**	**17620.4**	**10307.4**	**21055.1**	**2490.8**
济南市	Jinan City	1625.2	42.2	86.3	556.8	1466.4	939.9	1630.2	190.9
青岛市	Qingdao City	2430.9	164.5	738.5	874.1	2586.2	1575.4	3254.9	245.3
淄博市	Zibo City	1696.4	64.6	137.4	608.9	1602.1	935.5	1884.1	226.6
枣庄市	Zaozhuang City	667.1	13.6	26.5	214.7	441.0	268.7	607.0	95.3
东营市	Dongying City	1070.5	5.4	14.4	564.9	970.4	280.2	1040.6	355.5
烟台市	Yantai City	1897.3	229.5	530.0	740.3	1724.4	969.0	2518.3	281.5
潍坊市	Weifang City	1449.0	77.1	297.2	501.3	1552.6	961.3	1806.2	178.7
济宁市	Jining City	910.3	10.1	115.0	408.5	1221.0	715.5	1016.9	193.0
泰安市	Taian City	703.5	12.9	17.0	243.5	715.9	464.3	690.0	91.7
威海市	Weihai City	1694.1	51.5	395.4	544.9	1009.5	575.2	1856.6	186.2
日照市	Rizhao City	280.9	26.9	39.2	100.1	305.8	218.0	333.3	24.8
莱芜市	Laiwu City	375.9	17.1	2.0	120.7	395.7	262.6	407.5	50.2
临沂市	Linyi City	821.2	40.9	46.8	272.2	781.6	510.6	909.7	89.5
德州市	Dezhou City	700.4	10.1	61.9	255.1	625.5	332.3	808.4	111.1
聊城市	Liaocheng City	640.0	17.1	22.8	212.1	578.0	351.6	692.8	68.1
滨州市	Binzhou City	686.8	31.4	42.2	217.1	714.0	443.7	804.5	61.1
菏泽市	Heze City	268.7	18.7	14.9	84.6	206.6	128.6	274.1	18.6
河南省	**Henan**	**6759.2**	**242.8**	**234.5**	**2332.7**	**8142.3**	**5083.9**	**7283.6**	**403.7**
郑州市	Zhengzhou City	1105.9	56.2	71.6	402.7	1301.4	837.9	1236.3	83.8
开封市	Kaifeng City	170.2	2.5	7.2	52.3	164.5	120.5	178.1	4.9
洛阳市	Luoyang City	781.9	5.4	15.6	256.3	948.6	637.7	850.7	35.9
平顶山市	Pingdingshan City	351.4	22.2	11.5	143.8	569.5	335.7	403.3	20.5
安阳市	Anyang City	477.7	37.5	9.0	174.6	579.7	358.6	534.0	19.1

3-17 续表 5 continued

地 区	Region	工业总产值（亿元） Gross Output Value of Industry (100 million yuan) 内资企业 Domestic Funded Enter-prises	港澳台商投资企业 Hongkong, Macao & Taiwan Funded	外商投资企业 Foreign Funded	工业增加值（亿元） Value -added (100 million yuan)	资产总计（亿元） Total Assets (100 million yuan)	负债合计（亿元） Total Liability (100 million yuan)	产品销售收入（亿元） Sales Revenue (100 million yuan)	利润总额（亿元） Total Profits (100 million yuan)
鹤壁市	Hebi City	164.7	5.1	2.9	57.1	127.9	80.1	138.4	5.5
新乡市	Xinxiang City	388.0	6.1	39.7	124.0	520.4	317.3	427.6	14.6
焦作市	Jiaozuo City	519.1	20.0	13.3	174.0	463.7	293.3	556.3	44.4
濮阳市	Puyang City	353.3	3.4	4.5	121.2	460.8	277.7	375.4	25.9
许昌市	Xuchang City	436.4	11.2	8.8	154.2	443.1	262.9	463.8	35.7
漯河市	Luohe City	330.5	20.6	2.0	101.2	242.6	135.2	370.9	17.7
三门峡市	Sanmenxia City	299.2	1.8	7.1	100.5	391.2	273.8	311.9	24.4
南阳市	Nanyang City	476.5	11.9	13.7	160.7	531.9	344.0	481.4	23.9
商丘市	Shangqiu City	199.8	1.8	0.6	72.0	355.1	226.4	219.5	22.7
信阳市	Xinyang City	184.5	0.1	0.7	57.9	170.1	116.0	170.1	3.6
周口市	Zhoukou City	202.6	21.5	22.7	73.6	260.5	164.0	235.0	7.6
驻马店市	Zhumadian City	176.8	3.0	3.6	56.0	164.1	105.0	168.8	6.6
其他	Others	123.3	12.7	0.2	43.9	169.2	120.7	142.1	6.5
湖北省	**Hubei**	**3907.0**	**196.3**	**857.0**	**1559.54**	**7438.59**	**4180.00**	**4832.43**	**270.98**
武汉市	Wuhan City	1343.6		334.8	538.89	2219.03	1303.70	1604.30	115.91
黄石市	Huangshi City	272.9	11.3	34.0	114.00	454.77	300.98	308.93	8.00
十堰市	Shiyan City	217.4	2.0	247.8	134.80	769.85	347.46	579.58	16.99
宜昌市	Yichang City	411.8			184.39	1862.95	973.22	402.00	59.11
襄樊市	Xiangfan City	312.3	69.2		120.43	474.76	295.62	346.19	22.35
鄂州市	Ezhou City	161.1	12.1	9.5	56.24	150.47	90.27	173.88	4.09
荆门市	Jingmen City	250.9	11.8	3.8	72.03	260.72	105.04	259.66	6.23
孝感市	Xiaogan City	238.8	21.5	6.3	88.92	256.99	144.08	249.64	8.36
荆州市	Jingzhou City	204.5	7.3	13.9	81.03	302.18	193.35	216.20	5.04
黄冈市	Huanggang City	139.3			67.97	154.74	97.89	161.97	5.04
咸宁市	Xianning City	103.2	1.7	4.1	34.59	100.30	63.80	95.78	6.83
随州市	Suizhou City	167.9	5.4		57.38	88.46	54.89	164.81	8.02
恩施土家族苗族自治州	Enshi Tujia & Miao A.P	43.5	0.1	0.2	18.65	119.13	92.40	48.07	0.05
其他	Others	184.9	30.6	12.5	93.37	271.51	150.26	260.00	10.82
湖南省	**Hunan**	**3179.2**	**148.6**	**178.4**	**1198.1**	**4173.8**	**2653.2**	**3452.4**	**156.5**
长沙市	Changsha City	566.0	47.1	93.0	250.0	862.9	479.7	672.7	48.9
株洲市	Zhuzhou City	315.2	20.9	17.2	112.0	406.5	255.2	313.1	10.5
湘潭市	Xiangtan City	277.5	9.7	4.6	92.4	338.1	210.0	274.5	15.6
衡阳市	Hengyang City	263.7	5.1	8.2	89.8	283.3	201.1	248.2	7.7
邵阳市	Shaoyang City	112.3	0.9	0.7	35.9	108.7	69.6	98.6	2.6
岳阳市	Yueyang City	553.7	9.3	29.8	175.0	411.0	267.4	525.5	4.2
常德市	Changde City	244.7	23.0	13.1	132.7	271.8	140.8	257.4	19.5
张家界市	Zhangjiajie City	20.2	1.5	0.4	9.3	23.7	14.4	15.7	0.5
益阳市	Yiyang City	97.3	2.7	2.7	29.9	121.3	88.7	87.1	1.7
郴州市	Chenzhou City	229.0	23.8	2.3	90.7	213.1	107.8	255.8	19.3
永州市	Yongzhou City	113.8	3.4	2.9	38.5	145.3	99.8	120.0	4.7
怀化市	Huaihua City	109.0	0.3	3.7	46.7	91.9	61.8	76.0	2.1
娄底市	Loudi City	222.5	0.7		76.2	268.4	182.9	235.6	12.8
湘西土家族苗族自治州	West Hunan Tujia A.P	54.3	0.3		18.9	125.8	75.0	60.1	1.9
其他	Others						399.0		
广东省	**Guangdong**	**9263.6**	**9269.3**	**7839.6**	**7086.4**	**21798.1**	**12525.1**	**26203.0**	**1285.0**
广州市	Guangzhou City	1718.9	1385.9	1938.5	1435.9	4246.9	2253.4	5093.8	394.6

3-17 续表 6 continued

地 区	Region	工业总产值（亿元） Gross Output Value of Industry (100 million yuan)			工业增加值（亿元） Value-added (100 million yuan)	资产总计（亿元） Total Assets (100 million yuan)	负债合计（亿元） Total Liability (100 million yuan)	产品销售收入（亿元） Sales Revenue (100 million yuan)	利润总额（亿元） Total Profits (100 million yuan)
		内资企业 Domestic Funded Enterprises	港澳台商投资企业 Hongkong, Macao & Taiwan Funded	外商投资企业 Foreign Funded					
韶关市	Shaoguan City	257.1	49.0	7.4	107.7	461.4	281.0	325.3	18.7
深圳市	Shenzhen City	1358.0	2472.1	2679.2	1822.1	5189.9	3007.0	6333.5	400.0
珠海市	Zhuhai City	270.9	332.9	658.9	254.3	1044.5	613.0	1239.0	50.0
汕头市	Shantou City	382.4	127.7	111.7	155.5	567.9	311.5	612.3	23.4
佛山市	Foshan City	1959.4	1065.9	306.0	812.6	2506.7	1557.4	3374.2	85.6
江门市	Jiangmen City	528.7	342.7	282.4	299.8	1000.1	647.2	1113.5	35.8
湛江市	Zhanjiang City	214.0	249.9	34.9	174.8	543.5	282.0	463.6	52.8
茂名市	Maoming City	575.8	31.5	10.9	131.5	383.7	172.5	647.4	27.4
肇庆市	Zhaoqing City	141.2	58.1	55.2	128.1	362.5	191.5	240.5	5.1
惠州市	Huizhou City	67.2	619.9	432.7	265.0	831.5	541.1	1131.9	26.7
梅州市	Meizhou City	116.8	26.5	13.3	58.7	247.1	142.1	166.9	8.5
汕尾市	Shanwei City	27.4	45.7	1.6	20.0	72.2	38.3	79.0	3.4
河源市	Heyuan City	60.0	45.4	4.8	32.9	124.3	48.3	106.6	6.2
阳江市	Yangjiang City	127.1	21.6	5.5	49.4	102.9	69.3	137.1	1.3
清远市	Qingyuan City	81.8	77.8	11.6	50.1	276.7	185.6	180.4	2.3
东莞市	Dongguan City	373.5	1325.6	884.2	717.1	2207.4	1295.7	2733.2	90.0
中山市	ZhongShan City	614.5	726.9	353.3	393.6	1067.8	653.7	1622.3	43.7
潮州市	Chaozhou City	135.0	69.2	16.6	50.5	169.0	80.7	219.5	5.4
揭阳市	Jieyang City	138.8	89.6	24.3	68.2	204.0	95.8	266.6	3.2
云浮市	Yunfu City	115.2	105.7	6.6	58.8	188.3	58.0	116.5	0.6
广西壮族自治区	**Guangxi**	**1488.2**	**102.7**	**295.9**			**1620.3**	**1834.9**	**121.8**
南宁市	Nanning City	228.2			90.2	376.7	256.3	243.7	12.1
柳州市	Liuzhou City				152.6	657.6	424.9	576.5	34.5
桂林市	Guilin City				68.5	278.9	172.7	195.8	11.2
梧州市	Wuzhou City	63.6	18.4	11.0	28.1	123.3	82.3	90.8	1.7
北海市	Beihai City								
防城港市	Fangchenggang City	14.1	0.7	51.5	12.7	40.8	25.9	62.3	0.9
钦州市	Qinzhou City				11.9	49.7	37.9	37.4	0.1
贵港市	Guigang City								
玉林市	Yulin City				43.8	166.7	109.3	132.0	7.6
百色市	Baise City								
贺州市	Hezhou City	40.3	2.7	0.4	10.2	66.5	35.7	43.0	2.0
河池市	Hechi City	74.3		7.2	30.7	151.7	116.9	80.1	7.3
来宾市	Laibin City	53.6		28.5	30.4	145.2	89.2	81.9	14.2
崇左市	Chongzuo City	41.8	7.3	10.3	20.5	74.3	36.9	53.1	10.2
海南省	**Hainan**	**315.1**	**21.4**	**48.2**	**116.4**	**674.1**	**400.7**	**411.2**	**28.6**
海口市	Haikou City	175.4	16.4	30.2	53.6	235.1	124.4	240.5	10.0
三亚市	Sanya City	7.7	0.6	1.1	3.2	18.7	6.5	8.8	0.5
其他	Others	132.0	4.4	16.9	59.6	420.3	269.8	161.9	18.1
重庆市	**Chongqing**	**1726.7**	**134.4**	**281.6**	**588.3**	**2718.3**	**1653.7**	**2108.8**	**1155.9**
万州区	Wanzhou District	46.1	0.1	1.2	14.5	69.7	39.5	45.4	1.5
涪陵区	Fuling District	86.5	0.2	4.3	27.3	158.9	95.9	81.0	3.4
渝中区	Yuzhong District	104.6			28.8	241.9	162.1	114.5	3.1
大渡口区	Dadukou District	40.7	89.7	7.1	38.6	131.6	73.5	137.4	11.7
江北区	Jiangbei District	190.9	5.0	23.4	50.5	339.2	187.7	216.5	21.7
沙坪坝区	Shapingba District	179.4	5.2	10.3	40.8	193.0	140.4	194.0	4.0

3-17 续表 7 continued

地 区	Region	工业总产值（亿元） Gross Output Value of Industry (100 million yuan)			工业增加值（亿元）	资产总计（亿元）	负债合计（亿元）	产品销售收入（亿元）	利润总额（亿元）
		内资企业 Domestic Funded Enter-prises	港澳台商投资企业 Hongkong, Macao & Taiwan Funded	外商投资企业 Foreign Funded	Value -added (100 million yuan)	Total Assets (100 million yuan)	Total Liability (100 million yuan)	Sales Revenue (100 million yuan)	Total Profits (100 million yuan)
九龙坡区	Jiulongpo District	271.7	13.7	24.0	70.2	415.5	246.1	298.2	8.3
南岸区	Nanan District	132.8	7.2	23.1	48.5	171.8	107.0	160.8	7.5
北碚区	Beibei District	72.1	0.5	0.6	22.3	86.3	53.7	69.1	2.7
万盛区	Wansheng District	9.3	1.8		4.1	15.9	8.6	10.9	0.8
双桥区	Shuangqiao District	36.2		3.3	4.7	25.8	19.1	39.6	0.0
渝北区	Yubei District	59.2	4.1	87.5	32.8	105.7	67.2	144.3	12.1
巴南区	Banan District	74.1	4.3	49.3	27.1	109.6	63.9	126.5	5.8
黔江区	Qianjiang District	20.9			9.5	46.4	31.8	19.8	0.9
长寿区	Changshou District	38.4		12.0	18.0	76.3	34.2	50.6	7.8
其他	Others	363.8	2.6	35.5	150.5	530.7	323.1	400.1	1064.7
四川省	**Sichuan**	**4105.9**	**123.3**	**234.5**	**1588.1**	**6747.6**	**4269.6**	**4542.7**	**200.1**
成都市	Chengdu City	1006.3	71.5	153.5	411.4	1621.5	772.0	1161.5	53.9
自贡市	Zigong City	163.2	4.1	10.1	49.7	272.4	154.4	166.1	8.5
攀枝花市	Panzhihua City	259.4	4.8	2.0	109.4	650.8	204.3	283.2	19.5
泸州市	Luzhou City	126.8	1.7	0.1	49.5	199.7	77.7	126.7	6.5
德阳市	Deyang City	364.6	4.3	11.5	122.6	540.5	285.3	367.0	29.4
绵阳市	Mianyang City	332.9	5.3	13.1	93.7	450.9	220.2	347.6	-34.4
广元市	Guangyuan City	53.8	0.1	4.6	18.0	137.2	46.5	59.4	0.4
遂宁市	Suining City	87.5	0.3	2.8	31.2	126.1	47.5	84.5	5.6
内江市	Neijiang City	192.7	5.5	2.8	56.0	190.5	94.1	201.8	7.4
乐山市	Leshan City	240.7	5.3	24.8	105.5	385.8	134.4	248.9	18.4
南充市	Nanchong City	144.1	3.8	0.8	40.3	101.9	35.8	131.4	2.6
眉山市	Meishan City	167.1	0.9	5.5	60.5	146.0	60.7	171.5	5.0
宜宾市	Yibin City	277.6	5.2		110.3	381.9	145.5	283.1	33.0
广安市	Guangan City	66.3	6.2		30.2	128.0	42.4	71.9	3.0
达州市	Dazhou City	113.7	0.4		41.6	95.7	36.1	113.2	3.4
雅安市	Yaan City	52.0	3.4	0.7	24.0	144.7	40.5	55.5	4.8
巴中市	Bazhong City	19.6			5.7	21.2	9.1	19.6	0.3
资阳市	Ziyang City	122.6	0.4	0.3	41.5	99.9	53.4	114.7	3.7
阿坝藏族羌族自治州	Aba Zang & Qiang A.P	26.0			13.5	125.2	25.7	28.1	4.5
甘孜藏族自治州	Ganzi Zang A.P	9.9		0.2	5.0	33.3	10.4	10.0	1.6
凉山彝族自治州	Liangshan Yi A.P	90.1		1.9	42.4	153.1	60.3	89.8	7.2
贵州省	**Guizhou**	**1202.2**	**8.5**	**39.0**	**438.4**	**2036.7**	**1345.7**	**1188.1**	**60.4**
贵阳市	Guiyang City	455.9	7.3	28.1	175.1	748.5	519.0	461.3	16.5
六盘水市	Liupanshui City	142.6	0.3		54.6	260.0	138.8	150.5	4.5
遵义市	Zunyi City	212.9	0.7	2.9	87.9	338.3	205.5	194.7	27.5
安顺市	Anshun City	59.6	0.4	2.8	17.0	102.9	76.8	55.1	1.3
铜仁地区	Tongren Prefecture	47.9			11.3	49.1	35.4	44.8	1.3
黔西南布依族苗族自治州	Southwest Guizhou Buyi & Miao A.P	60.9	0.9	0.1	27.3	66.7	37.5	60.6	3.5
毕节地区	Bijie Prefecture	93.7	0.2	0.4	22.9	65.1	49.9	62.3	2.2
黔东南苗族侗族自治州	Southeast Guizhou Miao & Dong A.P	49.2	2.2		17.8	74.5	58.2	63.3	0.7
黔南布依族苗族自治州	South Guizhou Buyi & Miao A.P	92.4	1.2	3.9	28.3	146.9	74.0	95.2	5.3
云南省	**Yunnan**	**1955.7**	**51.4**	**86.9**	**881.3**	**3567.2**	**1878.6**	**2052.5**	**215.5**
昆明市	Kunming City	729.1	32.3	47.0	280.4	1383.1	735.2	797.4	89.7
曲靖市	Qujing City	273.2	2.1	17.8	125.9	463.9	278.7	282.9	21.9
玉溪市	Yuxi City	317.4	5.5	11.9	174.2	623.9	146.7	332.0	47.7

3-17 续表 8 continued

地区	Region	工业总产值（亿元） Gross Output Value of Industry (100 million yuan)			工业增加值（亿元）	资产总计（亿元）	负债合计（亿元）	产品销售收入（亿元）	利润总额（亿元）
		内资企业 Domestic Funded Enterprises	港澳台商投资企业 Hongkong, Macao & Taiwan Funded	外商投资企业 Foreign Funded	Value-added (100 million yuan)	Total Assets (100 million yuan)	Total Liability (100 million yuan)	Sales Revenue (100 million yuan)	Total Profits (100 million yuan)
保山市	Baoshan City	21.9	0.9	1.0	8.7	63.8	42.2	23.3	1.5
昭通市	Zhaotong City	51.1	4.0		31.1	101.2	51.8	52.0	8.1
丽江市	Lijiang City	14.7			5.4	27.5	19.6	13.4	0.7
思茅市	Simao City	28.1	1.4		12.0	77.4	56.7	28.0	0.0
临沧市	Lincang City	25.2	0.1		13.9	68.9	48.7	24.7	3.1
楚雄彝族自治州	Chuxiong Yi A.P	87.3	1.7	1.3	42.7	122.6	88.9	88.8	8.3
红河哈尼族彝族自治州	Honghe Hani & Yi A.P	244.6	0.8	4.4	111.8	339.8	205.2	242.0	20.0
文山壮族苗族自治州	Wenshan Zhuang & Miao A.P	38.3	0.2		18.6	73.1	45.9	38.7	6.4
西双版纳傣族自治州	Xishuangbanna Dai A.P	11.2			5.6	25.2	19.0	10.9	-0.5
大理白族自治州	Dali Bai A.P	79.5	2.2	3.3	36.0	126.9	88.4	84.7	5.0
德宏傣族景颇族自治州	Dehong Dai & Jingpo A.P	21.8		0.1	8.0	42.1	33.2	21.5	1.5
怒江傈僳族自治州	Nujiang Lisu A.P	6.8			3.1	14.7	9.8	6.6	1.5
迪庆藏族自治州	Diqing Zang A.P	5.7		0.1	3.7	13.0	8.6	5.5	0.6
西藏自治区	**Tibet**		**0.3**		**12.7**	**109.2**	**22.0**		**3.5**
拉萨市	Lhasa City				1.6		2.2		0.2
昌都地区	Qamdu Prefecture				0.8		1.0		0.6
山南地区	Lhokha Prefecture				1.8		1.9		0.2
日喀则地区	Xigaze Prefecture				1.1		1.6		0.1
那曲地区	Narqu Prefecture				0.5		0.2		0.0
阿里地区	Ngri Prefecture				0.1		0.3		0.7
林芝地区	Nyingchi Prefecture				1.6		1.3		1.5
其他	Others				5.3		13.4		
陕西省	**Shaanxi**	**2250.9**	**62.9**	**112.9**		**4164.9**	**2642.1**	**2497.0**	**245.3**
西安市	Xian City								
铜川市	Tongchuan City								
宝鸡市	Baoji City								
咸阳市	Xianyang City								
渭南市	Weinan City								
延安市	Yanan City								
汉中市	Hanzhong City								
榆林市	Yulin City								
安康市	Ankang City								
商洛市	Shangluo City								
其他	Others								
甘肃省	**Gansu**	**1465.2**	**27.9**	**12.2**	**505.1**	**2391.1**	**1456.9**	**1537.3**	**64.2**
兰州市	Lanzhou City	619.6	22.8	10.0	201.9	1022.9	606.3	704.2	5.7
嘉峪关市	Jiayuguan City	95.9			35.3	240.5	154.8	146.1	7.9
金昌市	Jinchang City	149.5			60.3	165.2	94.3	170.3	11.6
白银市	Baiyin City	136.6		0.2	44.9	245.6	175.9	129.5	3.9
天水市	Tianshui City	55.0		0.9	21.4	85.5	55.7	51.2	1.8
武威市	Wuwei City	38.5	0.2		13.2	71.3	42.6	23.3	0.6
张掖市	Zhangye City	35.1			13.3	64.3	41.9	26.8	1.2
平凉市	Pingliang City	52.4			23.0	110.3	81.7	45.9	5.5
酒泉市	Jiuquan City	122.0	0.5	1.0	36.6	178.3	113.0	102.9	-1.5
庆阳市	Qingyang City	89.9	0.0		42.9	97.1	26.7	78.5	24.1
定西市	Dingxi City	13.4	4.4		5.4	32.8	21.0	13.9	0.0

3-17 续表 9 continued

地 区	Region	工业总产值（亿元）Gross Output Value of Industry (100 million yuan)			工业增加值（亿元）Value -added (100 million yuan)	资产总计（亿元）Total Assets (100 million yuan)	负债合计（亿元）Total Liability (100 million yuan)	产品销售收入（亿元）Sales Revenue (100 million yuan)	利润总额（亿元）Total Profits (100 million yuan)
		内资企业 Domestic Funded Enter-prises	港澳台商投资企业 Hongkong, Macao & Taiwan Funded	外商投资企业 Foreign Funded					
陇南市	Longnan City	30.2			10.5	43.0	24.1	23.7	2.2
临夏回族自治州	Linxia Hui A.P	19.3			6.4	23.1	12.8	14.8	0.0
甘南藏族自治州	Gannan Zang A.P	7.6			6.3	11.2	6.3	6.2	1.3
青海省	**Qinghai**	**353.7**	**17.1**	**3.3**	**138.16**	**986.89**	**661.41**	**372.09**	**33.86**
西宁市	Xining City	199.0	8.4	2.1	64.50	653.46	459.87	218.24	8.41
海东地区	Haidong Prefecture	25.7		0.3	7.52	38.95	32.56	21.41	0.05
海北藏族自治州	Haibei Zang A.P	8.2			2.62	12.92	6.78	7.67	0.28
海南藏族自治州	Hainan Zang A.P	2.7			1.56	16.89	2.64	3.07	0.82
黄南藏族自治州	Huangnan Zang AP	2.9			1.17	7.06	4.22	2.78	0.09
果洛藏族自治州	Golog Zang A.P	0.2			0.07	1.34	0.55	0.14	-0.05
玉树藏族自治州	Yushu Zang A.P	0.3			0.09	1.18	0.46	1.18	-0.01
海西蒙古族藏族自治州	Haixi Mongolian & Zang A.P	114.7	8.7	0.9	60.63	255.09	154.34	117.60	24.27
宁夏回族自治区	**Ningxia**	**505.8**	**4.2**	**43.7**	**176.8**	**864.1**	**557.5**	**528.7**	**15.4**
银川市	Yinchuan City	232.6	3.0	25.2	82.1	400.7	252.0	239.3	10.8
石嘴山市	Shizuishan City	149.4	1.2	5.9	54.0	250.6	152.5	151.7	6.0
吴忠市	Wuzhong City	84.1		11.7	28.4	147.3	105.0	99.9	-2.9
固原市	Guyuan City	3.2			1.1	6.0	5.5	2.6	0.1
中卫市	Zhongwei City	36.4		0.9	11.2	59.6	42.6	35.3	1.4
新疆维吾尔自治区	**Xinjiang**	**1534.2**	**12.4**	**25.2**	**669.0**	**2488.1**	**1325.4**	**1583.4**	**226.3**
乌鲁木齐市	Urumqi City	419.3	6.7	9.6	132.4	677.5	362.0	438.5	28.9
克拉玛依市	Karamay City	531.7	0.8	0.6	265.1	663.3	262.7	539.6	105.7
石河子市	Shihezi City	34.5	0.9	3.5	11.6	107.9	71.3	54.0	1.2
吐鲁番地区	Turpan Prefecture	72.3	2.1	0.2	53.5	106.7	52.5	76.6	30.1
哈密地区	Hami Prefecture	27.7	0.2	2.7	12.8	64.1	41.4	29.2	0.9
昌吉回族自治州	Changji Hui A.P	115.6	1.4	5.5	34.8	193.0	127.3	119.0	3.7
博尔塔拉蒙古自治州	Bortala Mongolian A.P	10.2			1.8	18.1	13.6	9.4	-0.3
巴音郭楞蒙古自治州	Bayingolin Mongolian A.P	167.3	0.1	0.5	103.1	312.4	160.9	161.6	51.0
阿克苏地区	Aksu Prefecture	43.6		0.7	14.3	88.9	52.3	42.6	3.8
克孜勒苏柯尔克孜自治州	Kizilsu Kirgiz A.P	1.8			0.4	3.7	3.3	1.7	-0.2
喀什地区	Kashi Prefecture	14.6		0.1	4.3	42.5	37.6	13.6	1.7
和田地区	Hotan Prefecture	4.4			1.7	22.6	17.0	4.6	-0.7
伊犁哈萨克自治州	Ili Kazak A.P	55.3		0.8	21.6	103.4	63.9	55.9	1.3
塔城地区	Tacheng Prefecture	20.6	0.4	1.1	6.9	51.4	36.2	22.4	-0.8
阿勒泰地区	Altay Prefecture	11.5			4.0	23.4	16.7	11.2	0.4
阿拉尔市	Alar City	0.4			0.0	1.1	0.6	0.6	-0.1
图木舒克市	Tumxuk City	0.6			0.2	3.3	1.9	0.6	-0.1
五家渠市	Wujiaqu City	2.9			0.5	4.9	4.1	2.5	-0.2
兵团	Corps								

3-18 建筑业情况（2004年）

Construction (2004)

地　区	Region	建筑业企业单位数（个）Number of Construction Enterprises	建筑业企业从业人员（万人）Employment of Construction Enterprises (10000 persons)	建筑业企业总产值（亿元）Gross Output Value of Construction (100 million yuan)	房屋建筑施工面积（万平方米）Floor Space of Buildings Under Construction (10000 sq.m)	房屋建筑竣工面积（万平方米）Floor Space of Buildings Completed in Construction (10000 sq.m)
北京市	**Beijing**	**2107**	**52.0**	**1464.5**	**13019.6**	**4496.6**
东城区	Dongcheng District	133	2.2	67.1	446.1	150.6
西城区	Xicheng District	157	2.7	92.5	615.4	237.2
崇文区	Chongwen District	54	1.4	47.1	493.5	194.6
宣武区	Xuanwu District	110	2.0	86.0	781.2	250.3
朝阳区	Chaoyang District	330	7.4	244.7	2235.4	862.8
丰台区	Fengtai District	160	3.1	102.4	1174.9	294.5
石景山区	Shijingshan District	41	1.6	65.6	639.9	204.5
海淀区	Haidian District	233	8.9	243.0	2206.5	478.8
门头沟区	Mentougou District	73	0.9	19.3	101.6	42.5
房山区	Fangshan District	85	5.2	133.5	1437.9	526.7
通州区	Tongzhou District	138	3.1	52.4	474.0	229.7
顺义区	Shunyi District	85	2.5	48.0	423.7	187.4
昌平区	Changping District	81	1.5	59.8	435.8	125.3
大兴区	Daxing District	124	2.4	69.9	639.0	266.7
怀柔区	Huairou District	85	3.0	37.9	194.8	81.0
平谷区	Pinggu District	114	1.4	26.7	206.1	116.6
密云县	Miyun County	48	1.4	37.6	230.3	105.4
延庆县	Yanqing County	45	1.0	25.4	264.3	141.9
天津市	**Tianjin**	**1155**	**22.8**	**655.2**	**3547.8**	**1644.9**
和平区	Heping District	121	1.4	64.5	485.0	211.0
河东区	Hedong District	88	2.1	79.2	340.5	123.9
河西区	Hexi District	159	2.9	103.7	471.7	189.7
南开区	Nankai District	140	1.2	26.5	112.7	43.5
河北区	Hebei District	52	0.9	18.9	185.7	81.7
红桥区	Hongqiao District	28	0.4	6.8	42.9	17.0
塘沽区	Tanggu District	125	3.5	133.4	661.6	281.6
汉沽区	Hangu District	16	0.4	10.8	138.5	35.8
大港区	Dagang District	65	1.8	26.2	108.7	72.4
东丽区	Dongli District	63	1.2	27.6	82.9	61.6
西青区	Xiqing District	50	0.8	9.6	74.9	33.3
津南区	Jinnan District	61	2.1	90.8	368.5	194.5
北辰区	Beichen District	46	0.5	7.1	34.4	12.2
武清区	Wuqing District	51	1.0	15.7	65.8	42.9
宝坻区	Baodi District	21	1.0	11.1	149.4	103.9
宁河县	Ninghe County	24	0.5	4.1	25.6	19.9
静海县	Jinghai County	19	0.5	9.0	105.5	60.1
蓟县	Ji County	26	0.8	10.2	93.7	59.9
其他	Others					
河北省	**Hebei**	**2163**	**111.9**	**1000.4**	**11149.8**	**5827.1**
石家庄市	Shijiazhuang City	289	16.8	191.2	2281.8	993.4
唐山市	Tangshan City	303	18.8	184.9	1442.0	772.5
秦皇岛市	Qinhuangdao City	227	5.6	66.9	625.1	338.3
邯郸市	Handan City	200	13.3	108.6	1211.6	514.5
邢台市	Xingtai City	129	6.0	32.8	628.1	327.5
保定市	Baoding City	239	19.9	167.5	1890.8	1152.3
张家口市	Zhangjiakou City	93	4.3	31.5	491.0	304.3

3-18 续表 1 continued

地 区	Region	建筑业企业单位数（个）Number of Construction Enterprises	建筑业企业从业人员（万人）Employment of Construction Enterprises (10000 persons)	建筑业企业总产值（亿元）Gross Output Value of Construction (100 million yuan)	房屋建筑施工面积（万平方米）Floor Space of Buildings Under Construction (10000 sq.m)	房屋建筑竣工面积（万平方米）Floor Space of Buildings Completed in Construction (10000 sq.m)
承德市	Chengde City	150	3.5	40.2	393.9	190.7
沧州市	Cangzhou City	197	10.5	71.3	875.4	574.5
廊坊市	Langfang City	216	8.2	76.4	790.4	405.5
衡水市	Hengshui City	107	4.9	26.7	511.9	248.8
其他	Others	13	0.2	2.4	7.7	4.9
山西省	**Shanxi**	**1490**	**57.7**	**712.6**	**3926.0**	**1525.6**
太原市	Taiyuan City	578	24.9	406.6	1749.6	403.8
大同市	Datong City	167	4.6	33.5	248.2	140.5
阳泉市	Yangquan City	55	2.9	19.1	114.4	59.9
长治市	Changzhi City	96	3.4	23.5	270.5	156.4
晋城市	Jincheng City	58	2.2	16.8	108.9	64.9
朔州市	Shuozhou City	56	1.2	15.0	64.2	48.7
晋中市	Jinzhong City	102	4.2	61.1	362.1	137.4
运城市	Yuncheng City	126	5.1	35.2	365.4	182.1
忻州市	Xinzhou City	94	3.1	31.0	204.1	114.4
临汾市	Linfen City	81	4.5	58.0	281.5	127.4
吕梁市	Luliang City	77	1.7	12.7	157.1	90.1
内蒙古自治区	**Inner Mongolia**	**674**	**27.5**	**354.5**	**2561.8**	**1603.7**
呼和浩特市	Hohhot City	151	7.0	102.6	641.1	274.0
包头市	Baotou City	90	4.3	67.4	526.3	272.4
乌海市	Wuhai City	31	1.1	15.4	106.8	87.1
赤峰市	Chifeng City	95	5.3	27.7	374.0	327.9
通辽市	Tongliao City	35	1.5	25.6	107.0	74.4
鄂尔多斯市	Erdos City	63	2.1	48.3	256.4	199.3
呼伦贝尔市	Hulunbuir City	66	2.7	22.4	120.7	106.6
巴彦淖尔市	Bayannur City	54	1.0	17.5	142.0	108.0
乌兰察布市	Ulanqab City	37	1.1	12.2	167.3	68.3
兴安盟	Xingan League	18	0.5	5.3	53.9	39.4
锡林郭勒盟	Xilingol League	22	0.6	6.5	45.7	30.2
阿拉善盟	Alxa League	12	0.2	3.8	20.6	16.1
其他	Others					
辽宁省	**Liaoning**	**2777**	**116.1**	**1222.9**	**8668.6**	**3851.1**
沈阳市	Shenyang City	713	31.8	270.8	2336.4	955.8
大连市	Dalian City	742	28.8	343.4	3007.4	1354.5
鞍山市	Anshan City	227	11.2	110.6	550.8	170.6
抚顺市	Fushun City	123	5.5	41.5	209.5	100.5
本溪市	Benxi City	120	4.9	59.0	278.0	103.2
丹东市	Dandong City	104	4.7	52.7	382.8	208.1
锦州市	Jinzhou City	122	4.9	43.6	255.5	136.1
营口市	Yingkou City	95	2.8	39.4	378.8	223.5
阜新市	Fuxin City	98	2.6	24.5	231.0	143.6
辽阳市	Liaoyang City	106	6.0	96.1	219.6	111.5
盘锦市	Panjin City	94	3.5	53.3	84.6	21.5
铁岭市	Tieling City	53	3.1	29.7	186.7	104.5
朝阳市	Chaoyang City	84	3.4	26.4	263.4	87.7
葫芦岛市	Huludao City	96	3.0	31.8	284.2	130.0

3-18 续表 2 continued

地　区	Region	建筑业企业单位数（个）Number of Construction Enterprises	建筑业企业从业人员（万人）Employment of Construction Enterprises (10000 persons)	建筑业企业总产值（亿元）Gross Output Value of Construction (100 million yuan)	房屋建筑施工面积（万平方米）Floor Space of Buildings Under Construction (10000 sq.m)	房屋建筑竣工面积（万平方米）Floor Space of Buildings Completed in Construction (10000 sq.m)
吉林省	**Jilin**					
长春市	Changchun City					
吉林市	Jilin City					
四平市	Siping City					
辽源市	Liaoyuan City					
通化市	Tonghua City					
白山市	Baishan City					
松原市	Songyuan City					
白城市	Baicheng City					
延边朝鲜族自治州	Yanbian Korean A.P					
其他	Others					
黑龙江省	**Heilongjiang**	**2025**	**48.0**	**516.0**	**6353.1**	**3962.9**
哈尔滨市	Harbin City	871	21.7	275.3	1201.0	736.0
齐齐哈尔市	Qiqihar City	154	5.3	34.1	267.1	163.7
鸡西市	Jixi City	46	1.7	12.6	56.0	20.9
鹤岗市	Hegang City	59	1.3	98.8	63.5	30.6
双鸭山市	Shuangyashan City	40	1.3	8.1	64.8	22.4
大庆市	Daqing City	210	8.2	88.6	157.8	23.8
伊春市	Yichun City	57	0.8	6.9	51.9	33.1
佳木斯市	Jiamusi City	78	1.8	12.5	128.2	9.5
七台河市	Qitaihe City	28	0.9	7.9	73.0	41.7
牡丹江市	Mudanjiang City	117	2.2	25.5	187.5	98.1
黑河市	Heihe City	55	1.0	4.8	112.5	86.2
绥化市	Suihua City	124	2.3	14.9	65.0	60.9
大兴安岭地区	Daxinganling Prefecture	25	1.0	3.8	24.6	21.1
其他	Others				178.8	150.4
上海市	**Shanghai**	**2009**	**54.8**	**1738.0**	**10263.3**	**4613.9**
黄浦区	Huangpu District	91	1.0	31.0	147.6	5.9
卢湾区	Luwan District	44	0.6	14.1	15.5	8.2
徐汇区	Xuhui District	149	2.0	56.5	194.7	49.8
长宁区	Changning District	66	0.8	23.4	202.3	57.8
静安区	Jingan District	60	0.6	22.9	90.7	22.2
普陀区	Putuo District	122	2.5	48.9	572.4	62.1
闸北区	Zhabei District	58	2.5	68.5	102.1	3.9
虹口区	Hongkou District	76	1.5	48.4	169.5	32.9
杨浦区	Yangpu District	94	2.2	42.9	305.6	89.6
闵行区	Minhang District	143	6.0	170.0	1173.9	357.3
宝山区	Baoshan District	66	1.7	54.1	479.3	147.1
嘉定区	Jiading District	85	2.3	36.4	359.9	69.6
浦东新区	Pudong New District	306	7.8	192.1	1679.3	409.0
金山区	Jinshan District	80	1.9	18.7	173.3	66.8
松江区	Songjiang District	129	3.0	80.6	891.3	394.3
青浦区	Qingpu District	71	2.6	48.0	641.4	290.7
南汇区	Nanhui District	136	2.5	69.9	561.0	275.1
奉贤区	Fengxian District	96	2.3	41.2	451.0	173.8
崇明县	Chongming County	9	0.8	7.8	43.1	3.5
其他	Others					

3-18 续表 3 continued

地 区	Region	建筑业企业单位数(个) Number of Construction Enterprises	建筑业企业从业人员(万人) Employment of Construction Enterprises (10000 persons)	建筑业企业总产值(亿元) Gross Output Value of Construction (100 million yuan)	房屋建筑施工面积(万平方米) Floor Space of Buildings Under Construction (10000 sq.m)	房屋建筑竣工面积(万平方米) Floor Space of Buildings Completed in Construction (10000 sq.m)
江苏省	**Jiangsu**	**5241**	**305.6**	**3656.7**	**43170.6**	**21756.8**
南京市	Nanjing City	869	30.2	518.9	3595.4	1760.1
无锡市	Wuxi City	465	13.5	186.0	2454.0	1277.0
徐州市	Xuzhou City	302	30.8	147.1	1976.0	1066.5
常州市	Changzhou City	379	17.4	215.3	2340.0	859.0
苏州市	Suzhou City	770	33.0	426.1	5274.1	3083.8
南通市	Nantong City	554	44.8	655.2	9792.3	2735.9
连云港市	Lianyungang City	218	8.8	102.2	1053.1	651.9
淮安市	Huaian City	289	20.1	131.7	1252.0	811.0
盐城市	Yancheng City	464	23.0	207.7	2511.9	1400.9
扬州市	Yangzhou City	437	27.8	363.8	4198.2	2184.9
镇江市	Zhenjiang City	274	9.6	128.4	835.7	486.2
泰州市	Taizhou City	334	36.4	410.8	5344.3	3013.0
宿迁市	Suqian City	128	6.9	52.3	493.8	349.8
浙江省	**Zhejiang**	**3741**	**266.0**	**3895.6**	**50982.4**	**20380.5**
杭州市	Hangzhou City	794	49.5	873.0	9479.9	3607.0
宁波市	Ningbo City	629	42.0	595.9	8535.8	3235.1
温州市	Wenzhou City	466	20.3	220.2	2878.1	1065.6
嘉兴市	Jiaxing City	194	10.0	111.2	1770.0	871.8
湖州市	Huzhou City	164	7.4	105.5	1166.5	500.2
绍兴市	Shaoxing City	412	69.7	1136.1	15421.7	5988.1
金华市	Jinhua City	440	30.4	423.9	6042.3	2461.2
衢州市	Quzhou City	112	5.0	48.6	697.9	371.4
舟山市	Zhoushan City	86	2.9	37.7	395.9	142.8
台州市	Taizhou City	313	24.4	293.5	3967.8	1850.0
丽水市	Lishui City	131	4.4	50.0	626.7	287.5
安徽省	**Anhui**	**1926**	**91.8**	**788.8**	**8370.7**	**4758.5**
合肥市	Hefei City	449	22.8	288.1	2349.3	1146.8
芜湖市	Wuhu City	139	5.8	44.6	669.2	361.8
蚌埠市	Bengbu City	113	3.8	40.7	428.1	218.5
淮南市	Huainan City	77	5.2	55.6	513.7	208.2
马鞍山市	Maanshan City	92	4.4	58.5	406.9	244.4
淮北市	Huaibei City	48	2.8	18.0	150.3	90.1
铜陵市	Tongling City	84	2.6	17.4	214.6	111.7
安庆市	Anqing City	222	9.9	53.5	999.1	628.1
黄山市	Huangshan City	56	2.7	22.5	252.2	158.8
滁州市	Chuzhou City	95	3.9	26.8	377.0	271.7
阜阳市	Fuyang City	89	3.3	23.1	354.5	194.1
宿州市	Suzhou City	74	5.5	36.1	251.6	169.2
巢湖市	Chaohu City	99	5.8	25.3	369.9	219.5
六安市	Liuan City	114	7.7	47.2	590.0	432.4
亳州市	Bozhou City	34	1.1	6.1	88.9	61.2
池州市	Chizhou City	62	1.9	11.3	155.3	117.8
宣城市	Xuancheng City	79	2.6	13.9	200.4	124.0
其他	Others					

3-18 续表 4 continued

地 区	Region	建筑业企业单位数(个) Number of Construction Enterprises	建筑业企业从业人员(万人) Employment of Construction Enterprises (10000 persons)	建筑业企业总产值(亿元) Gross Output Value of Construction (100 million yuan)	房屋建筑施工面积(万平方米) Floor Space of Buildings Under Construction (10000 sq.m)	房屋建筑竣工面积(万平方米) Floor Space of Buildings Completed in Construction (10000 sq.m)
福建省	**Fujian**	**1782**	**58.5**	**679.3**	**7587.2**	**3587.1**
福州市	Fuzhou City	540	17.4	300.0	3067.1	1357.9
厦门市	Xiamen City	281	11.3	104.3	937.8	368.0
莆田市	Putian City	83	2.4	23.0	296.9	156.0
三明市	Sanming City	92	2.1	22.3	278.8	112.4
泉州市	Quanzhou City	343	12.9	115.0	1481.7	904.9
漳州市	Zhangzhou City	122	3.6	34.1	508.7	236.5
南平市	Nanping City	108	2.3	21.3	242.4	92.6
龙岩市	Longyan City	130	4.5	41.5	511.2	254.7
宁德市	Ningde City	83	1.9	17.9	262.4	104.2
江西省	**Jiangxi**	**1387**	**59.0**	**462.3**	**6210.4**	**3400.0**
南昌市	Nanchang City	364	23.7	209.3	2214.9	937.6
景德镇市	Jingdezhen City	57	1.9	11.3	245.0	113.5
萍乡市	Pingxiang City	81	1.8	15.1	225.1	159.0
九江市	Jiujiang City	140	6.0	61.8	497.6	351.0
新余市	Xinyu City	69	2.8	20.4	234.5	152.0
鹰潭市	Yingtan City	42	1.7	15.3	195.7	90.7
赣州市	Ganzhou City	175	3.4	26.2	595.0	323.8
吉安市	Jian City	120	3.6	22.2	432.6	252.2
宜春市	Yichun City	123	4.2	22.4	472.9	322.3
抚州市	Fuzhou City	87	4.3	21.4	561.4	325.4
上饶市	Shangrao City	129	5.5	36.8	535.8	372.5
山东省	**Shandong**				**19928.7**	**7915.2**
济南市	Jinan City				2130.7	863.5
青岛市	Qingdao City				4173.6	1518.5
淄博市	Zibo City				967.1	436.4
枣庄市	Zaozhuang City				549.9	239.3
东营市	Dongying City				1045.4	420.0
烟台市	Yantai City				2063.1	735.5
潍坊市	Weifang City				1433.9	600.6
济宁市	Jining City				1052.1	369.6
泰安市	Taian City				756.6	352.3
威海市	Weihai City				1685.8	556.4
日照市	Rizhao City				467.1	209.8
莱芜市	Laiwu City				163.7	35.6
临沂市	Linyi City				857.7	473.6
德州市	Dezhou City				720.4	253.9
聊城市	Liaocheng City				611.2	238.0
滨州市	Binzhou City				598.6	327.4
菏泽市	Heze City				643.1	279.1
河南省	**Henan**	**2094**	**93.0**	**787.8**	**8471.9**	**3499.5**
郑州市	Zhengzhou City	361	20.2	227.1	2221.7	630.5
开封市	Kaifeng City	82	3.6	26.1	239.9	112.4
洛阳市	Luoyang City	261	8.5	118.8	1055.6	308.3
平顶山市	Pingdingshan City	116	3.4	25.9	284.2	116.7
安阳市	Anyang City	140	11.1	59.6	862.3	590.2

3-18 续表 5 continued

地 区	Region	建筑业企业单位数（个） Number of Construction Enterprises	建筑业企业从业人员（万人） Employment of Construction Enterprises (10000 persons)	建筑业企业总产值（亿元） Gross Output Value of Construction (100 million yuan)	房屋建筑施工面积（万平方米） Floor Space of Buildings Under Construction (10000 sq.m)	房屋建筑竣工面积（万平方米） Floor Space of Buildings Completed in Construction (10000 sq.m)
鹤壁市	Hebi City	29	1.1	5.7	106.8	43.2
新乡市	Xinxiang City	164	7.6	52.7	657.5	154.3
焦作市	Jiaozuo City	47	2.7	22.4	267.4	116.7
濮阳市	Puyang City	84	4.9	40.9	282.3	258.2
许昌市	Xuchang City	59	2.3	17.2	258.1	91.4
漯河市	Luohe City	91	1.4	6.1	129.2	54.5
三门峡市	Sanmenxia City	48	1.7	20.5	116.7	58.5
南阳市	Nanyang City	148	7.9	44.6	683.8	275.1
商丘市	Shangqiu City	64	4.8	32.7	226.6	139.0
信阳市	Xinyang City	141	5.1	38.7	384.7	224.1
周口市	Zhoukou City	101	3.4	27.6	361.9	205.1
驻马店市	Zhumadian City	124	2.5	18.5	271.1	97.0
其他	Others	34	0.7	2.6	62.2	24.6
湖北省	**Hubei**	**2417**	**105.3**	**1114.3**	**11784.9**	**8870.2**
武汉市	Wuhan City	969	42.3	585.2	6203.1	3191.8
黄石市	Huangshi City	84	5.8	42.1	497.9	250.3
十堰市	Shiyan City	115	2.9	35.0	265.2	143.3
宜昌市	Yichang City	177	11.9	110.8	548.5	334.0
襄樊市	Xiangfan City	189	7.3	59.8	602.4	342.9
鄂州市	Ezhou City	58	3.8	19.1	366.3	235.5
荆门市	Jingmen City	64	3.7	29.5	233.8	154.1
孝感市	Xiaogan City	105	8.2	40.4	141.3	91.6
荆州市	Jingzhou City	156	6.8	50.4	572.3	374.6
黄冈市	Huanggang City	134	8.6	64.7	872.7	601.4
咸宁市	Xianning City	54	2.4	16.4	169.0	
随州市	Suizhou City	38	2.1	12.6	210.3	118.0
恩施土家族苗族自治州	Enshi Tujia & Miao A.P	57	2.4	13.5	169.6	75.5
其他	Others	85	4.1	34.8	354.6	235.6
湖南省	**Hunan**	**1616**	**115.4**	**956.7**	**443.7**	**171.1**
长沙市	Changsha City	397	40.7	437.6	173.7	35.8
株洲市	Zhuzhou City	131	6.6	63.3	29.8	21.3
湘潭市	Xiangtan City	102	7.4	47.9	48.0	18.7
衡阳市	Hengyang City	159	11.2	87.6	50.7	18.7
邵阳市	Shaoyang City	84	8.0	53.8	17.0	9.4
岳阳市	Yueyang City	181	10.1	65.6	23.7	16.0
常德市	Changde City	96	8.3	54.0	31.7	17.0
张家界市	Zhangjiajie City	29	1.1	9.1	7.4	0.6
益阳市	Yiyang City	90	4.2	37.4	8.1	3.9
郴州市	Chenzhou City	79	3.0	23.8	39.5	25.2
永州市	Yongzhou City	69	3.1	17.1	2.4	1.1
怀化市	Huaihua City	64	4.6	15.5	5.7	2.2
娄底市	Loudi City	99	5.4	31.2	4.4	1.2
湘西土家族苗族自治州	West Hunan Tujia A.P	36	1.4	12.9	1.8	0.2
其他	Others					
广东省	**Guangdong**	**3714**	**152.0**	**1749.6**	**23938.2**	**8948.0**
广州市	Guangzhou City	721	29.4	506.4	4546.6	1535.5

3-18 续表 6 continued

地 区	Region	建筑业企业单位数(个) Number of Construction Enterprises	建筑业企业从业人员(万人) Employment of Construction Enterprises (10000 persons)	建筑业企业总产值(亿元) Gross Output Value of Construction (100 million yuan)	房屋建筑施工面积(万平方米) Floor Space of Buildings Under Construction (10000 sq.m)	房屋建筑竣工面积(万平方米) Floor Space of Buildings Completed in Construction (10000 sq.m)
韶关市	Shaoguan City	61	3.8	31.9	439.9	192.6
深圳市	Shenzhen City	547	23.5	398.6	4388.8	1664.2
珠海市	Zhuhai City	173	3.0	48.8	524.5	252.6
汕头市	Shantou City	198	12.3	116.0	2044.3	761.1
佛山市	Foshan City	373	12.0	138.6	2417.2	913.9
江门市	Jiangmen City	132	0.8	44.5	1292.5	525.7
湛江市	Zhanjiang City	102	7.9	62.1	1147.0	416.1
茂名市	Maoming City	107	8.0	52.9	850.1	467.9
肇庆市	Zhaoqing City	96	3.3	28.9	402.9	171.2
惠州市	Huizhou City	106	8.6	31.3	914.8	674.9
梅州市	Meizhou City	84	7.3	53.4	779.1	32.7
汕尾市	Shanwei City	40	1.3	6.6	115.0	78.8
河源市	Heyuan City	76	2.2	11.6	165.0	120.7
阳江市	Yangjiang City	84	4.0	27.5	547.2	219.4
清远市	Qingyuan City	70	2.1	21.1	446.5	171.7
东莞市	Dongguan City	355	9.7	77.0	1503.7	
中山市	ZhongShan City	217	5.1	50.8	897.2	385.8
潮州市	Chaozhou City	72	2.1	16.0	176.1	111.3
揭阳市	Jieyang City	65	3.6	14.5	157.4	161.1
云浮市	Yunfu City	35	1.9	11.3	182.5	91.0
广西壮族自治区	**Guangxi**	**1017**	**34.0**	**333.6**	**4536.3**	**1860.4**
南宁市	Nanning City	371	12.8	137.2	1529.6	434.7
柳州市	Liuzhou City	70	4.8	47.9	736.2	283.8
桂林市	Guilin City	137	4.2	43.4	723.1	254.8
梧州市	Wuzhou City	49	1.4	9.1	151.2	66.7
北海市	Beihai City					
防城港市	Fangchenggang City	26	0.6	5.7	104.0	58.0
钦州市	Qinzhou City	37	1.4	9.1	179.4	73.2
贵港市	Guigang City					
玉林市	Yulin City	58	2.9	11.1	280.9	71.4
百色市	Baise City					
贺州市	Hezhou City	31	0.6	1.8	42.1	17.3
河池市	Hechi City	46	1.6	9.4	155.2	97.2
来宾市	Laibin City	25	0.4	1.5	34.0	20.5
崇左市	Chongzuo City	26	0.5	1.9	32.6	22.0
海南省	**Hainan**	**112**	**6.2**	**47.1**	**571.0**	**213.1**
海口市	Haikou City	60	3.9	28.1	371.1	96.6
三亚市	Sanya City	8	0.4	1.2	15.4	5.3
其他	Others	44	2.0	17.8	184.5	111.1
重庆市	**Chongqing**	**2442**	**86.9**	**690.3**	**10184.5**	**5167.7**
万州区	Wanzhou District	153	6.0	34.6	649.0	369.6
涪陵区	Fuling District	88	3.5	27.6	573.7	265.8
渝中区	Yuzhong District	332	5.0	66.9	745.3	260.1
大渡口区	Dadukou District	67	1.8	17.7	116.0	60.3
江北区	Jiangbei District	118	4.2	30.4	349.5	157.3
沙坪坝区	Shapingba District	140	4.0	34.7	357.1	158.1

3-18 续表 7 continued

地 区	Region	建筑业企业单位数(个) Number of Construction Enterprises	建筑业企业从业人员(万人) Employment of Construction Enterprises (10000 persons)	建筑业企业总产值(亿元) Gross Output Value of Construction (100 million yuan)	房屋建筑施工面积(万平方米) Floor Space of Buildings Under Construction (10000 sq.m)	房屋建筑竣工面积(万平方米) Floor Space of Buildings Completed in Construction (10000 sq.m)
九龙坡区	Jiulongpo District	215	8.3	94.0	1436.1	562.1
南岸区	Nanan District	126	4.0	40.8	192.3	110.4
北碚区	Beibei District	42	1.8	14.1	247.8	99.7
万盛区	Wansheng District	20	0.5	1.9	110.5	23.1
双桥区	Shuangqiao District	4	0.0	0.3	3.9	1.4
渝北区	Yubei District	233	7.5	69.4	806.2	432.0
巴南区	Banan District	98	4.5	34.7	520.7	318.4
黔江区	Qianjiang District	20	0.4	5.1	101.4	64.8
长寿区	Changshou District	50	3.4	21.5	403.2	192.5
其他	Others	736	32.0	196.6	3571.8	2092.1
四川省	**Sichuan**	**3786**	**204.1**	**1366.5**	**16437.4**	**9122.9**
成都市	Chengdu City	1243	84.7	664.7	6015.4	3137.9
自贡市	Zigong City	147	5.8	27.5	493.1	202.1
攀枝花市	Panzhihua City	85	3.3	46.6	121.3	66.7
泸州市	Luzhou City	196	15.4	62.3	1419.3	863.3
德阳市	Deyang City	232	9.0	70.9	742.7	391.2
绵阳市	Mianyang City	221	10.5	74.4	912.4	576.2
广元市	Guangyuan City	143	2.9	18.1	247.1	96.2
遂宁市	Suining City	134	8.5	37.9	580.2	422.7
内江市	Neijiang City	152	7.1	43.2	633.0	339.8
乐山市	Leshan City	169	5.6	33.6	559.3	354.2
南充市	Nanchong City	219	12.1	63.2	975.8	538.1
眉山市	Meishan City	86	6.0	37.8	525.4	357.6
宜宾市	Yibin City	190	4.3	22.1	475.1	246.9
广安市	Guangan City	98	9.0	47.7	729.5	435.2
达州市	Dazhou City	96	7.6	44.0	777.5	385.6
雅安市	Yaan City	51	1.5	5.5	84.5	76.3
巴中市	Bazhong City	104	3.7	27.5	579.6	313.7
资阳市	Ziyang City	97	4.2	22.3	335.0	201.6
阿坝藏族羌族自治州	Aba Zang & Qiang A.P	29	0.6	2.8	25.1	21.1
甘孜藏族自治州	Ganzi Zang A.P	17	0.3	1.9	15.5	9.2
凉山彝族自治州	Liangshan Yi A.P	77	1.7	12.3	190.6	87.1
贵州省	**Guizhou**	**523**	**27.7**	**245.7**	**2647.0**	**944.0**
贵阳市	Guiyang City	262	17.3	190.1	1276.7	380.9
六盘水市	Liupanshui City	32	1.6	6.4	130.4	45.0
遵义市	Zunyi City	101	4.0	32.0	699.0	345.0
安顺市	Anshun City	27	0.8	3.0	59.3	31.7
铜仁地区	Tongren Prefecture	46	1.4	5.1	136.2	79.5
黔西南布依族苗族自治州	Southwest Guizhou Buyi & Miao A.P	27	1.2	4.1	90.6	50.7
毕节地区	Bijie Prefecture	52	1.1	3.2	82.2	55.7
黔东南苗族侗族自治州	Southeast Guizhou Miao & Dong A.P	46	1.4	6.5	207.7	85.8
黔南布依族苗族自治州	South Guizhou Buyi & Miao A.P	44	0.8	5.3	166.3	68.5
云南省	**Yunnan**					
昆明市	Kunming City					
曲靖市	Qujing City					
玉溪市	Yuxi City					

3-18 续表 8 continued

地 区	Region	建筑业企业单位数(个) Number of Construction Enterprises	建筑业企业从业人员(万人) Employment of Construction Enterprises (10000 persons)	建筑业企业总产值(亿元) Gross Output Value of Construction (100 million yuan)	房屋建筑施工面积(万平方米) Floor Space of Buildings Under Construction (10000 sq.m)	房屋建筑竣工面积(万平方米) Floor Space of Buildings Completed in Construction (10000 sq.m)
保山市	Baoshan City					
昭通市	Zhaotong City					
丽江市	Lijiang City					
思茅市	Simao City					
临沧市	Lincang City					
楚雄彝族自治州	Chuxiong Yi A.P					
红河哈尼族彝族自治州	Honghe Hani & Yi A.P					
文山壮族苗族自治州	Wenshan Zhuang & Miao A.P					
西双版纳傣族自治州	Xishuangbanna Dai A.P					
大理白族自治州	Dali Bai A.P					
德宏傣族景颇族自治州	Dehong Dai & Jingpo A.P					
怒江傈僳族自治州	Nujiang Lisu A.P					
迪庆藏族自治州	Diqing Zang A.P					
西藏自治区	**Tibet**	**142**	**31861.0**	**29.1**	**183.8**	**146.7**
拉萨市	Lhasa City	68	19244.0	18.5	88.9	82.1
昌都地区	Qamdu Prefecture	2	144.0	0.2	0.7	0.2
山南地区	Lhokha Prefecture	20	2889.0	1.6	10.4	7.6
日喀则地区	Xigaze Prefecture	26	4770.0	4.6	34.4	32.9
那曲地区	Narqu Prefecture	6	1086.0	1.4	3.5	3.4
阿里地区	Ngri Prefecture	9	1654.0	1.4	6.7	6.7
林芝地区	Nyingchi Prefecture	11	2074.0	1.5	39.2	13.8
其他	Others					
陕西省	**Shaanxi**	**738**	**42.1**	**525.0**	**4004.7**	**1449.0**
西安市	Xlan Clty	182	14.1	227.9	1410.9	384.6
铜川市	Tongchuan City	18	0.8	5.1	62.1	31.7
宝鸡市	Baoji City	82	4.6	45.2	814.2	370.2
咸阳市	Xianyang City	64	8.8	155.2	552.2	199.7
渭南市	Weinan City	84	3.5	30.6	181.9	72.7
延安市	Yanan City	36	0.9	9.2	140.6	64.9
汉中市	Hanzhong City	90	3.4	13.7	296.8	112.7
榆林市	Yulin City	74	2.5	17.0	227.9	63.4
安康市	Ankang City	51	1.3	6.9	149.3	79.7
商洛市	Shangluo City	50	1.7	9.3	142.1	61.5
其他	Others	7	0.5	4.9	26.7	7.9
甘肃省	**Gansu**	**838**	**45.5**	**226.1**	**2570.0**	**1075.8**
兰州市	Lanzhou City	299	14.4	94.5	1038.3	415.3
嘉峪关市	Jiayuguan City	23	0.9	9.0	60.5	34.7
金昌市	Jinchang City	33	1.6	14.7	88.4	33.5
白银市	Baiyin City	37	2.5	10.5	147.8	78.0
天水市	Tianshui City	64	2.9	10.8	178.5	75.9
武威市	Wuwei City	39	3.2	9.1	124.6	43.6
张掖市	Zhangye City	60	2.0	10.9	93.3	45.9
平凉市	Pingliang City	29	2.2	8.8	62.0	24.8
酒泉市	Jiuquan City	53	1.9	11.3	179.9	84.9
庆阳市	Qingyang City	67	3.8	17.1	128.6	52.5
定西市	Dingxi City	53	5.3	12.1	220.9	77.3

3-18 续表 9 continued

地 区	Region	建筑业企业单位数（个）Number of Construction Enterprises	建筑业企业从业人员（万人）Employment of Construction Enterprises (10000 persons)	建筑业企业总产值（亿元）Gross Output Value of Construction (100 million yuan)	房屋建筑施工面积（万平方米）Floor Space of Buildings Under Construction (10000 sq.m)	房屋建筑竣工面积（万平方米）Floor Space of Buildings Completed in Construction (10000 sq.m)
陇南市	Longnan City	32	1.0	3.9	80.0	26.9
临夏回族自治州	Linxia Hui A.P	32	3.9	11.7	145.1	70.5
甘南藏族自治州	Gannan Zang A.P	17	0.1	1.7	22.3	12.1
青海省	**Qinghai**	**399**	**9.4**	**88.6**	**438.3**	**263.3**
西宁市	Xining City	273	7.1	67.3	325.0	193.5
海东地区	Haidong Prefecture	42	0.9	5.3	43.8	30.7
海北藏族自治州	Haibei Zang A.P	10	0.1	0.5	7.1	3.0
海南藏族自治州	Hainan Zang A.P	15	0.1	0.9	5.4	2.9
黄南藏族自治州	Huangnan Zang AP	12	0.2	1.3	13.5	5.9
果洛藏族自治州	Golog Zang A.P	5	0.0	0.1	0.5	0.5
玉树藏族自治州	Yushu Zang A.P	4	0.0	0.1	0.7	0.7
海西蒙古族藏族自治州	Haixi Mongolian & Zang A.P	38	0.9	13.0	42.3	26.1
宁夏回族自治区	**Ningxia**	**484**	**8.3**	**111.2**	**1118.7**	**579.4**
银川市	Yinchuan City	279	4.9	75.4	764.5	371.6
石嘴山市	Shizuishan City	57	0.8	11.1	104.6	67.3
吴忠市	Wuzhong City	73	0.9	12.1	94.7	58.1
固原市	Guyuan City	44	1.0	6.4	27.3	19.8
中卫市	Zhongwei City	31	0.7	6.3	127.6	62.6
新疆维吾尔自治区	**Xinjiang**	**932**	**33.2**	**344.0**	**2812.3**	**1483.4**
乌鲁木齐市	Urumqi City	475	11.7	135.3	968.4	438.7
克拉玛依市	Karamay City	41	2.9	40.5	165.8	97.8
石河子市	Shihezi City	56	3.7	23.4	237.0	127.4
吐鲁番地区	Turpan Prefecture	10	0.4	6.2	36.4	22.4
哈密地区	Hami Prefecture	31	0.7	4.5	69.3	26.7
昌吉回族自治州	Changji Hui A.P	59	2.6	20.7	203.0	135.8
博尔塔拉蒙古自治州	Bortala Mongolian A.P	18	0.3	3.1	34.9	24.2
巴音郭楞蒙古自治州	Bayingolin Mongolian A.P	46	3.3	47.8	331.7	168.9
阿克苏地区	Aksu Prefecture	40	1.5	14.7	171.3	103.7
克孜勒苏柯尔克孜自治州	Kizilsu Kirgiz A.P	8	0.3	1.4	18.0	15.7
喀什地区	Kashi Prefecture	33	1.8	12.4	207.8	98.1
和田地区	Hotan Prefecture	22	0.7	5.7	71.6	47.7
伊犁哈萨克自治州	Ili Kazak A.P	58	2.0	18.5	177.0	100.4
塔城地区	Tacheng Prefecture	18	0.9	6.6	82.0	51.5
阿勒泰地区	Altay Prefecture	17	0.5	3.1	38.1	24.5
阿拉尔市	Alar City					
图木舒克市	Tumxuk City					
五家渠市	Wujiaqu City					
兵团	Corps					

3-19 交通运输邮电业情况（2004年）

Transport, Post and Telecommunication Services (2004)

地 区	Region	公路里程（公里）Mileage Highways (km)	#等级公路 Express way and Class I to IV Highway	民用汽车拥有量（辆）Number of Civil Vehicles Owned	邮电业务总量（亿元）Business Volume of Post Services (100 million yuan)	#电信业务总量 Telecom-munication	本地电话用户（万户）Local Telephone Subscribers (10000 subscribers)	移动电话用户（万户）Mobile Telephone Subscribers (10000 subscribers)
北京市	**Beijing**	**14630**	**14404**	**1871306**	**350.1**	**319.0**	**847.4**	**1335.9**
东城区	Dongcheng District							
西城区	Xicheng District							
崇文区	Chongwen District							
宣武区	Xuanwu District							
朝阳区	Chaoyang District							
丰台区	Fengtai District							
石景山区	Shijingshan District							
海淀区	Haidian District							
门头沟区	Mentougou District							
房山区	Fangshan District							
通州区	Tongzhou District							
顺义区	Shunyi District							
昌平区	Changping District							
大兴区	Daxing District							
怀柔区	Huairou District							
平谷区	Pinggu District							
密云县	Miyun County							
延庆县	Yanqing County							
天津市	**Tianjin**	**10514**	**10420**	**621774**	**146.8**	**137.5**	**413.3**	**423.0**
和平区	Heping District							
河东区	Hedong District							
河西区	Hexi District							
南开区	Nankai District							
河北区	Hebei District							
红桥区	Hongqiao District							
塘沽区	Tanggu District							
汉沽区	Hangu District							
大港区	Dagang District							
东丽区	Dongli District							
西青区	Xiqing District							
津南区	Jinnan District							
北辰区	Beichen District							
武清区	Wuqing District							
宝坻区	Baodi District							
宁河县	Ninghe County							
静海县	Jinghai County							
蓟县	Ji County							
其他	Others							
河北省	**Hebei**	**70198**	**61733**	**8102108**	**430.8**	**408.5**	**1578.0**	**1512.9**
石家庄市	Shijiazhuang City	7952	7286	1439324	81.6	77.1	269.4	248.2
唐山市	Tangshan City	7588	7557	275978	59.2	56.4	229.0	203.8
秦皇岛市	Qinhuangdao City	3271	3219	342605	30.2	28.8	73.0	104.8
邯郸市	Handan City	7979	6578	928904	36.3	34.3	157.8	121.4
邢台市	Xingtai City	5622	5190	621307	27.0	25.7	117.4	106.4
保定市	Baoding City	6341	6124	1195275	66.6	62.9	235.4	223.6
张家口市	Zhangjiakou City	11065	7482	455324	20.5	19.6	91.0	77.3

3-19 续表 1 continued

地 区	Region	公路里程 (公里) Mileage Highways (km)	#等级公路 Expressway and Class I to IV Highway	民用汽车拥有量 (辆) Number of Civil Vehicles Owned	邮电业务总量 (亿元) Business Volume of Post Services (100 million yuan)	#电信业务总量 Telecommunication	本地电话用户 (万户) Local Telephone Subscribers (10000 subscribers)	移动电话用户 (万户) Mobile Telephone Subscribers (10000 subscribers)
承德市	Chengde City	7159	5397	288057	17.9	17.0	61.0	69.7
沧州市	Cangzhou City	5045	4934	976368	41.3	39.0	145.3	154.0
廊坊市	Langfang City	3056	3008	867672	31.6	30.0	102.9	115.8
衡水市	Hengshui City	5121	4959	711294	18.7	17.7	95.6	87.8
其他	Others							
山西省	**Shanxi**	**65813**	**63690**	**893507**	**217.0**	**203.0**	**721.0**	**752.0**
太原市	Taiyuan City	2927	2560	214250	32.2	29.7	162.1	169.6
大同市	Datong City	5292	5153	100384	17.1	15.6	65.4	70.8
阳泉市	Yangquan City	1489	1450	44358	7.4	0.6	29.7	37.5
长治市	Changzhi City	5113	4793	158085	14.8	13.9	62.9	59.9
晋城市	Jincheng City	3268	3230	53656	13.4	12.6	44.9	47.5
朔州市	Shuozhou City	4887	4821	108187	4.1	3.7	24.8	31.3
晋中市	Jinzhong City	8311	8148	67843	18.3	16.7	82.3	67.5
运城市	Yuncheng City	8725	8640	66800	13.7	12.4	107.2	92.4
忻州市	Xinzhou City	10338	9868	45321	3.7	2.8	59.0	54.7
临汾市	Linfen City	9159	8895	114762	27.0	25.1	75.9	88.3
吕梁市	Luliang City	6305	6132	68987	13.9	12.9	54.5	56.1
内蒙古自治区	**Inner Mongolia**	**75976**	**67421**	**501788**	**232.2**	**223.6**	**502.0**	**594.6**
呼和浩特市	Hohhot City	3695	3322	57400	34.5	33.1	82.7	94.4
包头市	Baotou City	4000	3636	51491	33.5	32.2	71.7	83.7
乌海市	Wuhai City	518	467	15947	10.3	10.0	16.1	24.5
赤峰市	Chifeng City	10741	10475	93953	22.0	20.9	53.6	58.6
通辽市	Tongliao City	8923	8103	54612	15.6	14.9	46.2	58.9
鄂尔多斯市	Erdos City	9043	8095	68354	23.2	22.6	41.4	52.9
呼伦贝尔市	Hulunbuir City	9964	9627	39942	20.5	19.4	65.1	70.8
巴彦淖尔市	Bayannur City	5476	4291	24098	19.3	18.9	35.7	43.4
乌兰察布市	Ulanqab City	7069	5754	36255	12.8	12.2	38.4	40.8
兴安盟	Xingan League	4630	4297	26522	13.7	13.2	25.0	29.4
锡林郭勒盟	Xilingol League	7758	5511	24347	14.5	14.1	22.2	30.3
阿拉善盟	Alxa League	4159	3843	8867	12.3	12.2	3.9	7.0
其他	Others							
辽宁省	**Liaoning**	**51832**	**51612**	**1270932**	**365.2**	**344.7**	**1490.5**	**1166.8**
沈阳市	Shenyang City	5864	5864	304886	95.4	91.0	318.1	270.2
大连市	Dalian City	4657	4657	260781	78.8	74.5	292.3	231.3
鞍山市	Anshan City	3555	3546	90948	28.8	27.2	136.9	90.9
抚顺市	Fushun City	3440	3424	69428	16.2	15.3	78.6	63.3
本溪市	Benxi City	2485	2445	50683	13.3	12.5	58.9	37.6
丹东市	Dandong City	4073	4060	54735	18.3	17.2	83.1	49.5
锦州市	Jinzhou City	3432	3432	78876	19.3	18.2	97.8	63.2
营口市	Yingkou City	2064	2064	83958	16.5	15.4	76.7	57.5
阜新市	Fuxin City	3171	3163	45302	10.7	10.2	54.0	41.2
辽阳市	Liaoyang City	1856	1805	46672	13.7	12.6	63.8	53.1
盘锦市	Panjin City	1977	1977	42711	13.3	12.2	58.4	59.7
铁岭市	Tieling City	4982	4982	48057	13.6	12.5	71.4	52.4
朝阳市	Chaoyang City	5615	5557	46792	12.7	11.9	37.9	48.1
葫芦岛市	Huludao City	3143	3118	47103	14.8	13.9	62.7	48.8

3-19 续表 2 continued

地 区	Region	公路里程 (公里) Mileage Highways (km)	#等级公路 Express way and Class I to IV Highway	民用汽车拥有量 (辆) Number of Civil Vehicles Owned	邮电业务总量 (亿元) Business Volume of Post Services (100 million yuan)	#电信业务总量 Telecom-munication	本地电话用户 (万户) Local Telephone Subscribers (10000 subscribers)	移动电话用户 (万户) Mobile Telephone Subscribers (10000 subscribers)
吉林省	**Jilin**	**47255**	**45148**	**573132**	**211.3**	**200.0**	**667.0**	**763.0**
长春市	Changchun City	6994	6987	204315	71.0	67.8	193.0	282.0
吉林市	Jilin City	8658	8464	96582	31.5	29.8	112.0	124.0
四平市	Siping City	3827	3794	40119	17.8	16.9	76.0	62.0
辽源市	Liaoyuan City	1865	1865	26937	8.6	8.2	20.0	34.0
通化市	Tonghua City	4891	4884	36107	15.5	14.4	65.0	55.0
白山市	Baishan City	5181	4816	31522	9.6	8.7	36.0	32.0
松原市	Songyuan City	4797	3620	33241	15.1	14.6	41.0	64.0
白城市	Baicheng City	4684	4676	44704	11.9	11.4	38.0	47.0
延边朝鲜族自治州	Yanbian Korean A.P	6358	6042	59605	22.8	20.7	86.0	63.0
其他	Others				7.5	7.5		
黑龙江省	**Heilongjiang**	**66821**	**61303**	**785317**	**290.1**	**267.9**	**1098.6**	**1017.1**
哈尔滨市	Harbin City	15321	7928	326017	85.5	79.4	424.6	310.0
齐齐哈尔市	Qiqihar City	7803	7337	60858	20.1	18.3	121.4	118.1
鸡西市	Jixi City	2832	2814	24722	4.5	3.0	48.4	47.1
鹤岗市	Hegang City	1983	1094	18849	2.4	1.8	29.7	31.5
双鸭山市	Shuangyashan City	2346	2335	16010	6.2	5.3	25.6	35.4
大庆市	Daqing City	34000	5570	158453	18.8	16.5	80.6	109.7
伊春市	Yichun City	1527	999	19973	3.9	2.9	47.0	21.0
佳木斯市	Jiamusi City	4820	4313	42521	11.6	9.6	53.5	69.5
七台河市	Qitaihe City	838	292	16829	3.5	3.1	24.3	21.1
牡丹江市	Mudanjiang City	6796	1089	122917	7.6	5.7	73.4	100.5
黑河市	Heihe City	6386	4420	6953	3.8	2.0	25.3	10.6
绥化市	Suihua City	6130	6060	43000	6.8	5.4	80.4	57.2
大兴安岭地区	Daxinganling Prefecture	6026	5576		3.5	2.7	21.4	17.8
其他	Others							
上海市	**Shanghai**	**7805**	**7780**	**2028500**	**347.5**	**311.2**	**868.0**	**1311.0**
黄浦区	Huangpu District							
卢湾区	Luwan District							
徐汇区	Xuhui District							
长宁区	Changning District							
静安区	Jingan District							
普陀区	Putuo District							
闸北区	Zhabei District							
虹口区	Hongkou District							
杨浦区	Yangpu District							
闵行区	Minhang District							
宝山区	Baoshan District							
嘉定区	Jiading District							
浦东新区	Pudong New District							
金山区	Jinshan District							
松江区	Songjiang District							
青浦区	Qingpu District							
南汇区	Nanhui District							
奉贤区	Fengxian District							
崇明县	Chongming County							
其他	Others							

3-19 续表 3 continued

地 区	Region	公路里程 (公里) Mileage Highways (km)	#等级公路 Express way and Class I to IV Highway	民用汽车拥有量 (辆) Number of Civil Vehicles Owned	邮电业务总量 (亿元) Business Volume of Post Services (100 million yuan)	#电信业务总量 Telecom-munication	本地电话用户 (万户) Local Telephone Subscribers (10000 subscribers)	移动电话用户 (万户) Mobile Telephone Subscribers (10000 subscribers)
江苏省	**Jiangsu**	**78262**	**70141**	**1611895**	**557.4**	**511.0**	**2582.9**	**2232.0**
南京市	Nanjing City	8182	6073	247036	43.8	37.3	290.8	384.3
无锡市	Wuxi City	4147	4080	234541	58.0	52.9	249.7	302.1
徐州市	Xuzhou City	9770	8958	115916	26.6	23.5	223.2	142.7
常州市	Changzhou City	3550	3442	128735	31.8	28.8	165.2	194.0
苏州市	Suzhou City	6453	5650	355096	83.0	75.9	383.4	491.4
南通市	Nantong City	8692	6784	107932	83.2	78.4	275.6	205.6
连云港市	Lianyungang City	4829	4484	50150	12.7	11.5	122.2	62.4
淮安市	Huaian City	5727	5423	53108	12.3	10.9	138.0	69.8
盐城市	Yancheng City	7673	7337	62282	22.4	18.3	201.3	141.5
扬州市	Yangzhou City	5459	5255	67249	21.9	18.3	168.4	126.0
镇江市	Zhenjiang City	3038	2921	66997	18.9	16.8	125.6	101.9
泰州市	Taizhou City	4624	4589	61681	44.8	41.5	162.5	96.0
宿迁市	Suqian City	6118	5145	35841	8.3	7.4	101.7	45.8
浙江省	**Zhejiang**	**46935**	**42842**	**1647435**	**677.2**	**648.1**	**1974.8**	**2323.0**
杭州市	Hangzhou City	6742	1477	410781	85.1	78.6	360.6	479.6
宁波市	Ningbo City	5615	5566	266201	66.9	62.5	296.7	421.0
温州市	Wenzhou City	5455	5279	233877	66.6	62.6	319.3	407.3
嘉兴市	Jiaxing City	2063	1853	118169	34.1	32.2	148.0	212.1
湖州市	Huzhou City	3039	2925	67609	31.3	30.2	104.2	133.4
绍兴市	Shaoxing City	4235	3908	132867	15.9	13.2	189.9	178.6
金华市	Jinhua City	6897	6897	175351	48.0	45.4	178.4	239.8
衢州市	Quzhou City	3095	2823	31244	15.2	14.3	75.3	60.5
舟山市	Zhoushan City	943	667	15604	8.1	7.5	47.1	51.2
台州市	Taizhou City	4125	3686	171175	83.7	81.0	198.3	283.1
丽水市	Lishui City	4726	4454	39582	10.6	9.6	60.4	90.7
安徽省	**Anhui**	**71783**	**65800**	**682837**	**223.5**	**204.1**	**1149.7**	**873.4**
合肥市	Hefei City	4657	4306	107689	30.2	27.2	129.9	149.3
芜湖市	Wuhu City	3064	2785	31785	11.4	10.1	65.3	52.1
蚌埠市	Bengbu City	4883	4095	34589	11.2	10.1	69.8	50.8
淮南市	Huainan City	1965	1806	28988	8.7	7.9	44.2	42.1
马鞍山市	Maanshan City	1095	877	22743	7.5	6.6	39.0	36.7
淮北市	Huaibei City	1388	1352	17528	5.9	5.3	33.7	29.2
铜陵市	Tongling City	651	635	12716	4.5	3.9	23.4	23.7
安庆市	Anqing City	5172	4933	35713	15.4	13.3	120.0	72.6
黄山市	Huangshan City	2725	2606	21754	5.2	4.5	39.4	24.9
滁州市	Chuzhou City	5506	5495	50567	11.9	11.0	79.4	55.7
阜阳市	Fuyang City	5146	4961	70100	15.3	13.4	103.9	74.4
宿州市	Suzhou City	6362	6249	41022	10.1	9.3	78.2	44.3
巢湖市	Chaohu City	4906	4343	28500	10.8	9.7	78.4	46.6
六安市	Liuan City	9638	8615	69972	12.0	10.9	88.6	62.7
亳州市	Bozhou City	4924	3979	36069	8.5	7.6	64.0	35.2
池州市	Chizhou City	3645	3104	13405	5.0	4.3	28.4	25.8
宣城市	Xuancheng City	4644	4247	41958	9.8	9.0	64.0	47.4
其他	Others	1412	1412	17739	40.0	40.0		

3-19 续表 4 continued

地 区	Region	公路里程 (公里) Mileage Highways (km)	#等级公路 Express way and Class I to IV Highway	民用汽车拥有量 (辆) Number of Civil Vehicles Owned	邮电业务总量 (亿元) Business Volume of Post Services (100 million yuan)	#电信业务总量 Telecom-munication	本地电话用户 (万户) Local Telephone Subscribers (10000 subscribers)	移动电话用户 (万户) Mobile Telephone Subscribers (10000 subscribers)
福建省	**Fujian**	**56208**	**44594**	**632739**	**426.8**	**404.1**	**1266.0**	**1134.0**
福州市	Fuzhou City	5111						
厦门市	Xiamen City	1493						
莆田市	Putian City	1656						
三明市	Sanming City	7574						
泉州市	Quanzhou City	9816						
漳州市	Zhangzhou City	6019						
南平市	Nanping City	10924						
龙岩市	Longyan City	9879						
宁德市	Ningde City	3729						
江西省	**Jiangxi**	**61860**	**40555**	**404849**	**203.5**	**188.3**	**693.3**	**671.3**
南昌市	Nanchang City	2742	2155	137701	28.4	25.4	138.0	164.3
景德镇市	Jingdezhen City	2302	1495	15423	9.5	4.2	32.2	31.2
萍乡市	Pingxiang City	2353	1211	141032	7.7	7.2	36.5	42.2
九江市	Jiujiang City	7022	4693	41598	12.8	11.4	85.2	73.0
新余市	Xinyu City	1646	1494	84414	7.1	6.6	24.7	32.9
鹰潭市	Yingtan City	1572	997	12346	4.7	4.2	14.0	22.1
赣州市	Ganzhou City	11685	6248	52324	24.8	22.6	110.5	97.5
吉安市	Jian City	8257	6467	47638	5.9	4.1	68.8	44.0
宜春市	Yichun City	7736	3959	24200	10.9	9.2	71.7	72.2
抚州市	Fuzhou City	7976	5533	13876	6.4	5.2	50.8	64.2
上饶市	Shangrao City	7219	4953	52850	10.6	9.0	79.8	81.0
山东省	**Shandong**	**77768**	**77758**	**3449203**	**524.0**	**484.6**	**2512.0**	
济南市	Jinan City	4591	4591	290561	59.0	55.4	267.4	
青岛市	Qingdao City	6156	6156	405103	83.0	77.9	335.0	
淄博市	Zibo City	3729	3729	202348	35.0	32.5	156.0	
枣庄市	Zaozhuang City	2086	2086	95359	16.4	15.5	69.8	
东营市	Dongying City	4689	4689	154859	21.3	20.2	53.4	
烟台市	Yantai City	6391	6391	350615	41.8	37.5	239.1	
潍坊市	Weifang City	7674	7664	263258	50.0	46.2	246.0	
济宁市	Jining City	5790	5790	246794	30.3	28.0	171.9	
泰安市	Taian City	4391	4391	89751	20.1	18.4	119.9	
威海市	Weihai City	2528	2528	150353	24.1	21.4	111.0	
日照市	Rizhao City	2412	2412	66271	12.6	11.6	63.3	
莱芜市	Laiwu City	1125	1125	45792	6.3	5.7	30.6	
临沂市	Linyi City	4053	4053	211006	38.2	36.8	226.0	
德州市	Dezhou City	3930	3930	219553	21.8	19.6	107.2	
聊城市	Liaocheng City	4570	4570	279782	23.0	20.6	104.5	
滨州市	Binzhou City	7833	7833	178485	18.8	16.4	84.8	
菏泽市	Heze City	5817	5817	190383	22.3	20.6	126.0	
河南省	**Henan**	**75719**	**70901**	**1309670**	**435.9**	**407.7**	**1625.0**	**1392.3**
郑州市	Zhengzhou City	6157	5923	268796	85.8	81.1	257.9	283.4
开封市	Kaifeng City	2935	2935	45406	18.2	17.0	73.4	62.7
洛阳市	Luoyang City	5387	5109	138902	33.3	31.1	151.4	110.2
平顶山市	Pingdingshan City	4053	3974	79884	24.9	23.6	81.3	78.7
安阳市	Anyang City	4502	4358	65315	21.7	19.8	99.4	70.6

3-19 续表 5 continued

地 区	Region	公路里程 (公里) Mileage Highways (km)	#等级公路 Expressway and Class I to IV Highway	民用汽车拥有量 (辆) Number of Civil Vehicles Owned	邮电业务总量 (亿元) Business Volume of Post Services (100 million yuan)	#电信业务总量 Telecommunication	本地电话用户 (万户) Local Telephone Subscribers (10000 subscribers)	移动电话用户 (万户) Mobile Telephone Subscribers (10000 subscribers)
鹤壁市	Hebi City	1491	1436	25185	7.2	6.8	29.2	23.1
新乡市	Xinxiang City	3750	3304	74248	28.0	25.3	126.8	85.1
焦作市	Jiaozuo City	3229	2886	82340	26.8	25.2	75.3	78.4
濮阳市	Puyang City	3043	3012	72664	17.4	16.4	46.9	61.0
许昌市	Xuchang City	3241	3117	69847	22.0	21.1	69.2	70.8
漯河市	Luohe City	1752	1750	31358	12.6	11.5	42.0	40.6
三门峡市	Sanmenxia City	4119	3656	55387	11.8	11.2	46.0	38.8
南阳市	Nanyang City	7730	6787	71983	31.4	30.0	160.1	96.5
商丘市	Shangqiu City	5705	5042	61999	24.2	22.5	87.5	78.2
信阳市	Xinyang City	7243	6620	38975	21.7	20.1	89.6	70.9
周口市	Zhoukou City	5769	5404	64942	23.5	21.1	88.2	75.7
驻马店市	Zhumadian City	4790	4766	44705	20.0	18.6	83.4	67.8
其他	Others	823	823	17734	1.5	1.1	17.3	
湖北省	**Hubei**	**104895**	**72757**	**957079**	**176.6**	**156.0**	**1074.0**	**1129.00**
武汉市	Wuhan City	4846	3849	334567	75.0	70.0	343.7	453.99
黄石市	Huangshi City	2919	2430	31743	15.5	13.6	37.0	55.00
十堰市	Shiyan City	8755	4908	60742	7.3	6.2	52.1	40.10
宜昌市	Yichang City	10599	8225	88262	11.7	10.6	86.6	90.41
襄樊市	Xiangfan City	13570	12178	86190	12.4	10.4	84.5	102.50
鄂州市	Ezhou City	1869	1796	11095	3.1	1.0	18.0	25.21
荆门市	Jingmen City	5575	4203	49191	6.8	6.0	39.1	64.37
孝感市	Xiaogan City	5051	5017	41983	9.6	8.5	68.7	59.44
荆州市	Jingzhou City	6407	6108	60046	14.7	13.0	89.9	90.73
黄冈市	Huanggang City	22088	6205	48166	5.9	4.4	64.5	84.50
咸宁市	Xianning City	4685	4025	37219	5.5	4.5	41.2	38.22
随州市	Suizhou City	5183	3201	20367	3.9	3.2	29.6	35.11
恩施土家族苗族自治州	Enshi Tujia & Miao A.P	8182	5396	48446	2.6	1.9	26.0	57.32
其他	Others	5167	4859	39062	2.0	1.5	50.1	53.09
湖南省	**Hunan**	**87875**	**44410**	**2866763**	**260.9**	**241.8**	**1085.4**	**1036.4**
长沙市	Changsha City	5492	3489	402264	62.6		194.3	270.0
株洲市	Zhuzhou City	4096	2646	268643	18.3		89.3	73.2
湘潭市	Xiangtan City	2719	1268	250224	14.0		59.2	50.3
衡阳市	Hengyang City	8411	3457	262963	22.1		101.8	96.5
邵阳市	Shaoyang City	7976	4122	197780	16.2		80.1	60.9
岳阳市	Yueyang City	8235	4878	181467	23.1		92.3	89.0
常德市	Changde City	7597	3148	260217	21.4		109.6	85.6
张家界市	Zhangjiajie City	4350	1781	54201	5.8		22.7	22.6
益阳市	Yiyang City	4050	2866	155520	14.4		69.0	51.8
郴州市	Chenzhou City	6839	3996	201046	17.2		71.2	76.1
永州市	Yongzhou City	7065	4245	252287	12.4		55.9	49.0
怀化市	Huaihua City	9556	3048	150118	14.1		66.2	44.3
娄底市	Loudi City	4926	3122	141313	11.6		47.4	42.3
湘西土家族苗族自治州	West Hunan Tujia A.P	6564	2345	61674	7.6		26.6	25.0
其他	Others							
广东省	**Guangdong**	**111453**	**101708**	**3054025**	**1781.8**	**1669.0**	**2954.2**	**5373.8**
广州市	Guangzhou City	5438	4983	715735	408.2	389.3	534.5	1053.5

3-19 续表 6 continued

地 区	Region	公路里程 (公里) Mileage Highways (km)	#等级公路 Express way and Class I to IV Highway	民用汽车拥有量 (辆) Number of Civil Vehicles Owned	邮电业务总量 (亿元) Business Volume of Post Services (100 million yuan)	#电信业务总量 Telecom-munication	本地电话用户 (万户) Local Telephone Subscribers (10000 subscribers)	移动电话用户 (万户) Mobile Telephone Subscribers (10000 subscribers)
韶关市	Shaoguan City	9198	7664	39601	22.8	20.5	76.8	85.3
深圳市	Shenzhen City	1622	1622	605354	368.1	354.1	405.0	1003.6
珠海市	Zhuhai City	1053	1020	82770	51.6	49.9	68.3	164.8
汕头市	Shantou City	1826	1806	110468	63.9	61.0	149.5	216.4
佛山市	Foshan City	3924	3924	366078	143.4	128.7	227.2	490.4
江门市	Jiangmen City	4772	4617	124760	59.3	50.7	133.6	217.9
湛江市	Zhanjiang City	7578	6715	53512	43.2	41.1	108.2	133.0
茂名市	Maoming City	7982	7861	70237	31.8	29.7	121.9	98.3
肇庆市	Zhaoqing City	8038	7769	51512	31.9	29.8	84.2	105.6
惠州市	Huizhou City	7381	6920	88511	66.5	63.6	133.1	202.5
梅州市	Meizhou City	11028	9508	41381	23.0	21.5	81.9	92.0
汕尾市	Shanwei City	3427	3178	16114	18.0	17.5	51.9	60.3
河源市	Heyuan City	8896	6447	24929	16.2	13.9	56.0	56.1
阳江市	Yangjiang City	4455	4386	24645	19.1	17.6	52.8	56.4
清远市	Qingyuan City	10440	9715	43910	23.9	23.1	57.2	92.5
东莞市	Dongguan City	2759	2722	319725	245.5	219.5	274.4	761.1
中山市	ZhongShan City	1077	1031	148387	73.5	69.0	119.5	227.1
潮州市	Chaozhou City	1871	1550	44998	24.1	23.2	71.0	88.3
揭阳市	Jieyang City	4313	4007	48239	33.9	32.4	102.0	118.4
云浮市	Yunfu City	4375	4263	33159	14.1	12.9	45.0	50.5
广西壮族自治区	**Guangxi**	**59704**			**260.1**		**810.9**	
南宁市	Nanning City	6127	5435	112120	24.8	22.3	153.4	199.4
柳州市	Liuzhou City	3639	3173	64608	19.7	18.6	76.4	81.9
桂林市	Guilin City	7220	5617	74563	27.0	25.5	92.1	87.3
梧州市	Wuzhou City	3530	3004	25257	13.4	12.7	49.8	53.9
北海市	Beihai City	2019	1732	22657	13.2	12.7	36.7	42.2
防城港市	Fangchenggang City	1625	1261	13876	4.6	4.4	18.9	19.7
钦州市	Qinzhou City	3812	3113	11347	9.7	9.2	35.0	40.1
贵港市	Guigang City	2259	1906	22085	9.3	8.6	65.8	47.3
玉林市	Yulin City	5590	4757	56134	12.1	11.1	87.2	69.5
百色市	Baise City	7172	4157	29450	14.3	13.8	54.0	43.6
贺州市	Hezhou City	2640	1447	17027	3.5	3.1	22.9	26.4
河池市	Hechi City	6452	3901	15052	12.5	11.8	54.2	45.2
来宾市	Laibin City	2640	2444	162754	4.2	3.9	27.2	28.7
崇左市	Chongzuo City	4800	4674	26502	4.0	3.5	22.3	34.3
海南省	**Hainan**	**20873**	**11948**	**145548**	**61.5**	**57.8**	**197.3**	**165.0**
海口市	Haikou City	1458	803	99592	27.0	25.5	82.8	71.8
三亚市	Sanya City	1030	996	12837	3.5	3.3	18.7	13.8
其他	Others	18385	10149	33119	31.0	29.0	95.8	79.4
重庆市	**Chongqing**	**32344**	**24046**	**839352**	**168.7**	**159.2**	**642.4**	**811.6**
万州区	Wanzhou District	1434	1294	21277	4.7	4.2	39.2	30.0
涪陵区	Fuling District	1392	624		5.2	4.9	34.0	29.0
渝中区	Yuzhong District			47155	30.6	29.9	18.8	28.9
大渡口区	Dadukou District	87	87	9819	0.1			
江北区	Jiangbei District	121	121	7056	0.3			29.3
沙坪坝区	Shapingba District	104	91	18500	3.3	2.4	29.5	

地 区	Region	公路里程 (公里) Mileage Highways (km)	#等级公路 Express way and Class I to IV Highway	民用汽车拥有量 (辆) Number of Civil Vehicles Owned	邮电业务总量 (亿元) Business Volume of Post Services (100 million yuan)	#电信业务总量 Telecom-munication	本地电话用户 (万户) Local Telephone Subscribers (10000 subscribers)	移动电话用户 (万户) Mobile Telephone Subscribers (10000 subscribers)
九龙坡区	Jiulongpo District	445	445	19000	10.2	9.8	28.0	50.0
南岸区	Nanan District	275	169		0.4		18.0	
北碚区	Beibei District	385	383	9600	1.3	1.0	14.4	15.0
万盛区	Wansheng District	317	295	3888	0.6	0.6	5.5	6.1
双桥区	Shuangqiao District	35	35	1265	0.5	0.4	1.4	0.9
渝北区	Yubei District	648	633	21286	2.8	2.6	12.7	31.5
巴南区	Banan District	876	821	5785	2.2	1.8	15.2	19.0
黔江区	Qianjiang District	1178	991	1304	1.2	1.1	7.7	7.9
长寿区	Changshou District	582	404	5120	2.5	2.2	13.1	12.2
其他	Others	24465	17653	668297	102.8	98.4	404.7	551.8
四川省	**Sichuan**	**113043**	**76401**	**1414864**	**259.9**	**240.4**	**1282.9**	**1707.2**
成都市	Chengdu City	11787	11149	543000	86.7	82.3	383.8	658.1
自贡市	Zigong City	2111	1274	31503	10.8	10.1	43.6	49.4
攀枝花市	Panzhihua City	1829	1146	37791	7.0	6.6	29.7	42.0
泸州市	Luzhou City	7068	5724	46343	15.2	14.2	53.2	68.6
德阳市	Deyang City	3598	3368	57212	10.8	9.8	73.2	83.4
绵阳市	Mianyang City	6049	4090	63444	18.1	17.0	98.3	119.7
广元市	Guangyuan City	4552	3338	94111	5.5	4.9	39.8	44.4
遂宁市	Suining City	2375	1803	22947	6.4	5.6	31.7	37.9
内江市	Neijiang City	3000	1980	30387	11.0	10.1	47.2	64.7
乐山市	Leshan City	4132	2914	45938	11.3	10.5	54.0	72.2
南充市	Nanchong City	5546	3911	52236	12.1	10.6	77.0	75.6
眉山市	Meishan City	3568	2840	20776	7.6	6.9	40.5	44.3
宜宾市	Yibin City	4477	2487	33532	18.6	17.6	59.0	67.6
广安市	Guangan City	2388	1767	22182	6.1	5.0	36.6	41.2
达州市	Dazhou City	7900	4904	33746	10.1	8.9	64.3	74.4
雅安市	Yaan City	2728	2273	107126	2.8	2.4	25.6	25.2
巴中市	Bazhong City	4228	2844	75154	4.3	3.9	27.9	34.0
资阳市	Ziyang City	3554	1828	21802	5.9	5.2	40.2	42.7
阿坝藏族羌族自治州	Aba Zang & Qiang A.P	5913	3405	18132	2.7	2.5	12.0	13.7
甘孜藏族自治州	Ganzi Zang A.P	9758	5098	12987	2.0	1.8	8.9	8.3
凉山彝族自治州	Liangshan Yi A.P	14699	6475	44515	5.2	4.5	36.3	39.8
贵州省	**Guizhou**	**46128**	**33831**	**342860**	**131.2**		**387.6**	**440.0**
贵阳市	Guiyang City	3843	2816	214609	40.3	38.4	93.7	134.2
六盘水市	Liupanshui City	4092	1747	32121	3.9	3.5	26.7	29.1
遵义市	Zunyi City	19946	5139	91374	11.6	10.3	69.6	92.0
安顺市	Anshun City	2049	1541	20444	3.8	3.5	28.0	33.6
铜仁地区	Tongren Prefecture	10102	3854	12394	6.1	1.5	24.0	29.8
黔西南布依族苗族自治州	Southwest Guizhou Buyi & Miao A.P	6614	3832	26473	3.7	3.4	26.6	27.1
毕节地区	Bijie Prefecture	10538	6264	41334	5.2	4.8	36.1	36.3
黔东南苗族侗族自治州	Southeast Guizhou Miao & Dong A.P	6766	4641	26429	5.1	4.6	42.1	36.0
黔南布依族苗族自治州	South Guizhou Buyi & Miao A.P	12496	3886	11320	2.4	1.9	35.3	24.5
云南省	**Yunnan**	**167050**	**110876**	**958218**	**211.9**	**203.7**	**547.4**	**722.4**
昆明市	Kunming City	12096	8838	308381				280.1
曲靖市	Qujing City	14449	11572	97510	9.1		41.9	61.4
玉溪市	Yuxi City	15153	13876	88250	9.1		37.8	40.6

3-19 续表 8 continued

地 区	Region	公路里程 (公里) Mileage Highways (km)	#等级公路 Express way and Class I to IV Highway	民用汽车拥有量 (辆) Number of Civil Vehicles Owned	邮电业务总量 (亿元) Business Volume of Post Services (100 million yuan)	#电信业务总量 Telecom-munication	本地电话用户 (万户) Local Telephone Subscribers (10000 subscribers)	移动电话用户 (万户) Mobile Telephone Subscribers (10000 subscribers)
保山市	Baoshan City	9976	6695	40082	3.8		18.3	35.5
昭通市	Zhaotong City	12530	6001	37992	4.1		20.4	31.5
丽江市	Lijiang City	6474	3141	23115	2.5		16.7	18.2
思茅市	Simao City	15909	7769	46810	4.2		25.6	29.9
临沧市	Lincang City	11276	5213	23270	3.3		17.0	23.0
楚雄彝族自治州	Chuxiong Yi A.P	11934	7147	32142	4.8		26.1	36.5
红河哈尼族彝族自治州	Honghe Hani & Yi A.P	17599	12066	74806	13.6		69.1	55.2
文山壮族苗族自治州	Wenshan Zhuang & Miao A.P	11016	6051	32317	4.0		22.7	25.4
西双版纳傣族自治州	Xishuangbanna Dai A.P	6146	5162	21020	1.9		24.6	23.1
大理白族自治州	Dali Bai A.P	11125	8403	59286	10.3		49.7	39.1
德宏傣族景颇族自治州	Dehong Dai & Jingpo A.P	4976	3512	26737	9.9		14.7	25.1
怒江傈僳族自治州	Nujiang Lisu A.P	2821	2231	7602	1.0		3.9	7.5
迪庆藏族自治州	Diqing Zang A.P	3570	3199	16596	0.9		3.4	6.8
西藏自治区	**Tibet**	**42203**	**10131**		**13.5**	**12.5**	**37.8**	**39.7**
拉萨市	Lhasa City	2141	1296					
昌都地区	Qamdu Prefecture	5700	2146					
山南地区	Lhokha Prefecture	3602	1564					
日喀则地区	Xigaze Prefecture	9347	2322					
那曲地区	Narqu Prefecture	11876	1464					
阿里地区	Ngri Prefecture	7091	178					
林芝地区	Nyingchi Prefecture	2444	1161					
其他	Others							
陕西省	**Shaanxi**	**52720**	**47324**	**625319**	**244.8**	**229.9**	**791.9**	**788.7**
西安市	Xian City	3856	3811	266012	102.7	97.5	296.6	320.1
铜川市	Tongchuan City	2022	2004	27225	5.1	4.7	19.0	16.6
宝鸡市	Baoji City	4737	4501	43265	20.5	18.7	88.1	58.4
咸阳市	Xianyang City	4679	4615	52385	24.1	22.5	81.5	79.5
渭南市	Weinan City	5631	5460	55059	25.0	23.8	93.9	87.6
延安市	Yanan City	5291	4882	43834	15.8	15.0	39.9	55.6
汉中市	Hanzhong City	6990	5148	40138	16.0	14.7	61.9	43.6
榆林市	Yulin City	7348	6475	40202	19.5	18.8	44.5	52.1
安康市	Ankang City	6119	5002	29478	9.9	9.1	39.3	39.2
商洛市	Shangluo City	6047	5426	27721	6.1	5.3	27.1	36.1
其他	Others							
甘肃省	**Gansu**	**40751**	**31613**	**280944**	**108.0**	**101.4**	**477.3**	**358.0**
兰州市	Lanzhou City	2420	2090	80204	20.6	18.5	145.3	115.2
嘉峪关市	Jiayuguan City	277	256	6449	1.6	1.4	8.5	11.3
金昌市	Jinchang City	776	769	8740	1.3	1.1	11.6	10.2
白银市	Baiyin City	2853	2266	26278	3.7	3.3	28.4	22.2
天水市	Tianshui City	3076	2305	9013	3.1	2.4	40.0	25.9
武威市	Wuwei City	3279	2692	9007	3.3	2.9	26.6	18.2
张掖市	Zhangye City	3046	2704	15415	3.0	2.7	36.7	16.3
平凉市	Pingliang City	2733	2297	26023	1.6	1.3	11.0	9.6
酒泉市	Jiuquan City	5625	4278	23800	10.5	10.0	30.5	26.1
庆阳市	Qingyang City	3620	3034	24978	4.3	3.9	27.9	26.8
定西市	Dingxi City	3559	2885	6878	2.1	1.7	22.1	5.6

3-19 续表 9 continued

地 区	Region	公路里程 (公里) Mileage Highways (km)	#等级公路 Express way and Class I to IV Highway	民用汽车拥有量 (辆) Number of Civil Vehicles Owned	邮电业务总量 (亿元) Business Volume of Post Services (100 million yuan)	#电信业务总量 Telecom-munication	本地电话用户 (万户) Local Telephone Subscribers (10000 subscribers)	移动电话用户 (万户) Mobile Telephone Subscribers (10000 subscribers)
陇南市	Longnan City	4131	2405	11536	0.7	0.3	18.9	15.5
临夏回族自治州	Linxia Hui A.P	1984	1460	18405	1.8	1.6	11.6	10.2
甘南藏族自治州	Gannan Zang A.P	3374	2171	14218	0.7	0.6	2.3	6.8
青海省	**Qinghai**	**28059**	**25322**	**452521**	**26.4**	**24.8**	**93.0**	**108.50**
西宁市	Xining City	2882	2864	96288				59.30
海东地区	Haidong Prefecture	4171	4161					13.70
海北藏族自治州	Haibei Zang A.P	2768	2515					3.60
海南藏族自治州	Hainan Zang A.P	3398	2914					5.10
黄南藏族自治州	Huangnan Zang AP	2155	1768					2.80
果洛藏族自治州	Golog Zang A.P	3793	3152					1.70
玉树藏族自治州	Yushu Zang A.P	3813	3324					2.10
海西蒙古族藏族自治州	Haixi Mongolian & Zang A.P	5079	4624					20.20
宁夏回族自治区	**Ningxia**	**12456**	**12325**	**127547**	**39.2**	**36.9**	**119.6**	**158.6**
银川市	Yinchuan City	1605	1605	66484	20.9	19.8	54.1	70.5
石嘴山市	Shizuishan City	1948	1948	23510	5.1	4.6	19.8	26.3
吴忠市	Wuzhong City	4071	4071	19799	2.1	1.9	24.4	10.5
固原市	Guyuan City	2664	2533	9247	2.0	1.8	11.5	9.3
中卫市	Zhongwei City	2168	2168	8507	1.7	1.5	9.8	11.2
新疆维吾尔自治区	**Xinjiang**	**62331**	**47925**					**489.7**
乌鲁木齐市	Urumqi City	1294	1195					157.6
克拉玛依市	Karamay City	483	481					17.6
石河子市	Shihezi City							21.1
吐鲁番地区	Turpan Prefecture	2312	2251					12.7
哈密地区	Hami Prefecture	4116	2960					14.4
昌吉回族自治州	Changji Hui A.P	7303	7146					38.3
博尔塔拉蒙古自治州	Bortala Mongolian A.P	2470	1622					13.8
巴音郭楞蒙古自治州	Bayingolin Mongolian A.P	7030	6180					46.7
阿克苏地区	Aksu Prefecture	6715	5291					37.6
克孜勒苏柯尔克孜自治州	Kizilsu Kirgiz A.P	2502	1444					6.7
喀什地区	Kashi Prefecture	10752	4741					33.0
和田地区	Hotan Prefecture	2963	2500					12.1
伊犁哈萨克自治州	Ili Kazak A.P	5323	4726					56.3
塔城地区	Tacheng Prefecture	4672	3715					10.7
阿勒泰地区	Altay Prefecture	3518	2828					11.1
阿拉尔市	Alar City							
图木舒克市	Tumxuk City							
五家渠市	Wujiaqu City							
兵团	Corps	877	844					

3-20 社会消费品零售总额和零售贸易业情况（2004年）

Total Retail Sale of Consumer Goods and Condition of Retail Trade (2004)

地　区	Region	社会消费品零售总额（亿元）Total Retail Sales (100 million yuan)	批发零售贸易业 Wholesale and Retail Sale Trades	餐饮业 Catering Trade	其他行业 Others	零售贸易业法人企业个数（个）Number of Outlets of Retail Trade	零售贸易业从业人数（人）Number of Persons of Retail Trade
北京市	**Beijing**	**1970.6**	**1730.9**	**154.2**	**85.5**	**1068**	**140445**
东城区	Dongcheng District	186.2	148.2	33.3	4.6	117	21612
西城区	Xicheng District	178.8	160.7	15.1	3.0	141	19159
崇文区	Chongwen District	72.7	69.8	1.9	0.9	71	8476
宣武区	Xuanwu District	68.9	55.6	4.5	8.8	65	6548
朝阳区	Chaoyang District	369.3	331.2	36.6	1.5	92	24371
丰台区	Fengtai District	177.1	165.2	3.1	8.7	75	7525
石景山区	Shijingshan District	118.7	113.0	5.7		38	8138
海淀区	Haidian District	399.4	377.7	11.3	10.4	235	19632
门头沟区	Mentougou District	27.1	23.9	2.7	0.5	17	2733
房山区	Fangshan District	70.6	55.9	4.1	10.7	37	3294
通州区	Tongzhou District	52.1	34.3	6.6	11.2	28	4464
顺义区	Shunyi District	55.4	52.2	3.2		36	3099
昌平区	Changping District	41.6	36.0	4.7	1.0	31	3886
大兴区	Daxing District	45.0	28.7	8.0	8.3	25	2333
怀柔区	Huairou District	22.5	17.0	3.5	1.9	19	2023
平谷区	Pinggu District	20.5	17.8	2.3	0.4	7	244
密云县	Miyun County	32.6	24.1	2.7	5.8	9	1388
延庆县	Yanqing County	32.2	19.5	4.9	7.7	19	1229
天津市	**Tianjin**	**1052.7**	**831.9**	**132.9**	**87.9**	**274**	**35749**
和平区	Heping District	92.6	76.4	10.7	5.4	50	3769
河东区	Hedong District	52.1	43.1	8.9		30	491
河西区	Hexi District	97.6	70.3	16.8	10.5	18	534
南开区	Nankai District	92.1	67.8	18.1	6.2	28	4124
河北区	Hebei District	79.9	60.6	16.2	3.0	7	115
红桥区	Hongqiao District	52.6	49.2	2.6	0.8	15	1359
塘沽区	Tanggu District	71.3	67.8	3.5		20	2083
汉沽区	Hangu District	16.5	12.3	2.6	1.6	6	870
大港区	Dagang District	29.8	27.1	2.6	0.1	14	941
东丽区	Dongli District	34.9	23.1	6.7	5.0	18	5704
西青区	Xiqing District	14.1	9.8	3.8	0.5	10	188
津南区	Jinnan District	16.3	12.0	4.3		7	405
北辰区	Beichen District	27.0	21.9	5.1		16	563
武清区	Wuqing District	33.0	16.2	7.1	9.7	7	2893
宝坻区	Baodi District	24.7	19.5	2.1	3.1	8	219
宁河县	Ninghe County	17.8	16.9	0.4	0.4	6	192
静海县	Jinghai County	14.1	11.4	2.7		6	19
蓟县	Ji County	18.9	15.6	3.3		8	129
其他	Others						
河北省	**Hebei**	**2522.9**	**1816.9**	**289.2**	**416.8**	**389**	**104858**
石家庄市	Shijiazhuang City	533.1	378.3	38.6	116.2	69	22443
唐山市	Tangshan City	359.7	265.8	39.3	54.6	65	14055
秦皇岛市	Qinhuangdao City	135.1	102.1	17.0	16.0	29	8399
邯郸市	Handan City	272.8	192.0	42.6	38.2	42	12490
邢台市	Xingtai City	180.4	138.9	18.4	23.1	14	4154
保定市	Baoding City	367.9	261.0	45.5	61.4	51	15706
张家口市	Zhangjiakou City	138.7	87.4	20.1	31.2	26	6556

3-20 续表 1 continued

地 区	Region	社会消费品零售总额(亿元) Total Retail Sales (100 million yuan)	批发零售贸易业 Wholesale and Retail Sale Trades	餐饮业 Catering Trade	其他行业 Others	零售贸易业法人企业个数(个) Number of Outlets of Retail Trade	零售贸易业从业人数(人) Number of Persons of Retail Trade
承德市	Chengde City	103.0	70.4	16.6	16.0	18	3220
沧州市	Cangzhou City	192.0	141.8	20.8	29.4	24	8366
廊坊市	Langfang City	138.3	98.8	19.5	20.0	32	4977
衡水市	Hengshui City	101.9	80.4	10.8	10.7	18	3707
其他	Others					1	785
山西省	**Shanxi**	**884.8**	**738.2**	**102.4**	**44.1**	**11151**	**258065**
太原市	Taiyuan City	226.3	189.3	29.5	7.5	2641	60067
大同市	Datong City	119.2	101.1	14.7	3.4	1997	47205
阳泉市	Yangquan City	48.3	37.6	4.5	6.2	813	18354
长治市	Changzhi City	60.5	51.0	6.2	3.3	920	18437
晋城市	Jincheng City	59.6	47.5	5.8	6.3	906	26184
朔州市	Shuozhou City	44.9	34.2	5.4	5.3	592	11663
晋中市	Jinzhong City	83.7	74.8	6.3	2.6	707	16450
运城市	Yuncheng City	99.5	75.2	15.8	8.5	856	20740
忻州市	Xinzhou City	57.1	49.4	4.6	3.1	560	14242
临汾市	Linfen City	90.3	75.0	9.9	5.4	744	14627
吕梁市	Luliang City	42.9	35.8	3.2	3.9	415	10096
内蒙古自治区	**Inner Mongolia**	**892.0**	**718.9**	**134.6**	**38.5**	**296**	**50041**
呼和浩特市	Hohhot City	156.5	127.3	24.0	5.1	82	11912
包头市	Baotou City	177.5	132.5	38.4	6.6	77	10863
乌海市	Wuhai City	22.7	20.4	2.2	0.1	18	1502
赤峰市	Chifeng City	118.1	100.2	13.5	4.4	12	2690
通辽市	Tongliao City	77.9	66.7	8.0	3.2	14	2458
鄂尔多斯市	Erdos City	58.3	45.8	10.0	2.5	31	2895
呼伦贝尔市	Hulunbuir City	86.7	70.7	10.0	5.9	24	4234
巴彦淖尔市	Bayannur City	48.8	34.8	9.4	4.6	15	3258
乌兰察布市	Ulanqab City	49.0	38.3	8.0	2.7	7	1674
兴安盟	Xingan League	43.6	35.8	5.4	2.4	10	411
锡林郭勒盟	Xilingol League	42.2	36.9	4.5	0.9	4	7936
阿拉善盟	Alxa League	10.8	9.5	1.0	0.3	2	208
其他	Others						
辽宁省	**Liaoning**	**2642.8**	**2184.6**	**397.0**	**61.3**		
沈阳市	Shenyang City	808.8	677.9	108.2	22.8		
大连市	Dalian City	645.2	528.3	108.0	8.9		
鞍山市	Anshan City	194.8	150.9	38.9	5.0		
抚顺市	Fushun City	157.4	127.1	18.8	11.5		
本溪市	Benxi City	78.3	65.0	8.8	4.5		
丹东市	Dandong City	105.4	86.3	18.8	0.3		
锦州市	Jinzhou City	121.1	98.6	16.7	5.8		
营口市	Yingkou City	93.4	77.0	16.4	0.0		
阜新市	Fuxin City	57.3	50.9	6.3	0.0		
辽阳市	Liaoyang City	79.4	64.7	14.6	0.1		
盘锦市	Panjin City	70.8	57.7	12.0	1.1		
铁岭市	Tieling City	85.4	74.3	11.1	0.1		
朝阳市	Chaoyang City	56.1	45.7	9.3	1.2		
葫芦岛市	Huludao City	89.5	80.5	9.0			

3-20 续表 2 continued

地 区	Region	社会消费品零售总额(亿元) Total Retail Sales (100 million yuan)	批发零售贸易业 Wholesale and Retail Sale Trades	餐饮业 Catering Trade	其他行业 Others	零售贸易业法人企业个数(个) Number of Outlets of Retail Trade	零售贸易业从业人数(人) Number of Persons of Retail Trade
吉林省	**Jilin**	**1252.6**	**1065.0**	**182.6**	**5.0**		
长春市	Changchun City	495.3	427.8	67.1	0.5		
吉林市	Jilin City	285.3	234.5	50.5	0.4		
四平市	Siping City	86.9	77.1	9.9			
辽源市	Liaoyuan City	30.9	27.1	3.3	0.4		
通化市	Tonghua City	81.6	61.5	19.7	0.4		
白山市	Baishan City	49.7	41.6	8.1			
松原市	Songyuan City	78.1	65.6	9.2	3.3		
白城市	Baicheng City	64.8	59.6	5.2			
延边朝鲜族自治州	Yanbian Korean A.P	80.1	70.3	9.8	0.1		
其他	Others						
黑龙江省	**Heilongjiang**	**1555.4**	**1341.4**	**178.1**	**35.9**		
哈尔滨市	Harbin City	707.4	626.4	76.4	4.6	169	32028
齐齐哈尔市	Qiqihar City	144.1	131.9	10.1	2.1	18	2284
鸡西市	Jixi City	52.0	40.0	9.9	2.1	19	3051
鹤岗市	Hegang City	25.9	23.1	2.7	0.1	12	1224
双鸭山市	Shuangyashan City	27.5	24.4	1.9	1.2	9	664
大庆市	Daqing City	130.0	111.8	16.3	1.9	82	11106
伊春市	Yichun City	28.3	21.7	6.5	0.1	2	203
佳木斯市	Jiamusi City	80.8	65.5	11.7	3.6	31	6005
七台河市	Qitaihe City	25.6	21.6	3.9	0.1	6	339
牡丹江市	Mudanjiang City	111.9	86.0	15.9	10.0	19	4329
黑河市	Heihe City	30.2	26.4	3.6	0.2	15	1700
绥化市	Suihua City	111.2	95.1	9.8	6.3	29	5102
大兴安岭地区	Daxinganling Prefecture	18.6	14.9	1.9	1.8	5	582
其他	Others	51.1	44.2	6.1	0.8		
上海市	**Shanghai**	**2454.6**	**2137.5**	**300.2**	**17.0**	**399**	**161282**
黄浦区	Huangpu District	293.6				85	25458
卢湾区	Luwan District	106.7				21	4072
徐汇区	Xuhui District	179.9				28	20280
长宁区	Changning District	105.2				28	7376
静安区	Jingan District	110.8				31	8842
普陀区	Putuo District	145.9				31	32247
闸北区	Zhabei District	96.4				19	5856
虹口区	Hongkou District	124.0				20	16599
杨浦区	Yangpu District	111.3				18	11450
闵行区	Minhang District	127.1				16	6661
宝山区	Baoshan District	117.9				10	1981
嘉定区	Jiading District	110.3				8	2006
浦东新区	Pudong New District	358.2				45	10008
金山区	Jinshan District	77.8				5	910
松江区	Songjiang District	110.5				12	1705
青浦区	Qingpu District	85.8				4	898
南汇区	Nanhui District	88.2				8	3088
奉贤区	Fengxian District	75.3				4	1586
崇明县	Chongming County	29.6				6	259
其他	Others						

3-20 续表 3 continued

地 区	Region	社会消费品零售总额(亿元) Total Retail Sales (100 million yuan)	批发零售贸易业 Wholesale and Retail Sale Trades	餐饮业 Catering Trade	其他行业 Others	零售贸易业法人企业个数(个) Number of Outlets of Retail Trade	零售贸易业从业人数(人) Number of Persons of Retail Trade
江苏省	**Jiangsu**	**4159.7**	**3543.0**	**555.6**	**61.1**	**1121**	**223538**
南京市	Nanjing City	711.4	600.4	98.5	12.5		
无锡市	Wuxi City	579.2	473.0	95.4	10.8		
徐州市	Xuzhou City	273.8	237.6	35.2	0.9		
常州市	Changzhou City	324.1	277.8	39.6	6.6		
苏州市	Suzhou City	625.1	516.2	106.8	2.1		
南通市	Nantong City	384.2	348.2	27.4	8.6		
连云港市	Lianyungang City	141.2	122.8	16.7	1.8		
淮安市	Huaian City	156.4	135.7	17.2	3.4		
盐城市	Yancheng City	255.9	234.7	19.4	1.8		
扬州市	Yangzhou City	228.0	192.1	31.5	4.4		
镇江市	Zhenjiang City	192.1	156.2	32.7	3.1		
泰州市	Taizhou City	200.7	172.3	25.4	3.1		
宿迁市	Suqian City	87.6	76.0	9.8	1.8		
浙江省	**Zhejiang**	**3645.4**	**3087.7**	**445.3**	**112.4**	**1089**	**130169**
杭州市	Hangzhou City	704.3	595.7	88.4	20.3	184	34311
宁波市	Ningbo City	595.6	507.2	83.5	5.0	141	23012
温州市	Wenzhou City	587.9	480.8	80.6	26.5	131	14314
嘉兴市	Jiaxing City	325.3	275.4	33.3	16.6	93	9651
湖州市	Huzhou City	208.3	183.0	21.6	3.8	66	4906
绍兴市	Shaoxing City	335.4	292.5	32.1	10.8	80	13166
金华市	Jinhua City	361.9	321.1	32.6	8.3	184	12474
衢州市	Quzhou City	105.4	86.7	14.4	4.2	54	2984
舟山市	Zhoushan City	87.5	75.3	11.9	0.2	44	4002
台州市	Taizhou City	302.9	252.8	40.2	9.9	60	8721
丽水市	Lishui City	118.7	101.8	11.6	5.3	52	2554
安徽省	**Anhui**	**1503.1**	**1289.1**	**184.1**	**29.9**	**354**	**62928**
合肥市	Hefei City	239.8	214.9	24.2	0.7	86	13127
芜湖市	Wuhu City	102.5	89.4	11.7	1.4	10	3475
蚌埠市	Bengbu City	101.6	85.0	16.5	0.1	13	4086
淮南市	Huainan City	63.0	56.9	4.6	1.5	11	3419
马鞍山市	Maanshan City	52.7	46.0	5.8	0.9	23	4320
淮北市	Huaibei City	45.6	39.3	4.2	2.1	13	2623
铜陵市	Tongling City	34.3	30.9	3.1	0.2	14	1969
安庆市	Anqing City	129.5	112.5	15.1	1.9	17	4222
黄山市	Huangshan City	40.9	32.5	8.0	0.4	3	612
滁州市	Chuzhou City	86.6	71.7	13.5	1.4	30	4515
阜阳市	Fuyang City	130.8	108.3	18.8	3.7	30	5674
宿州市	Suzhou City	75.2	66.2	6.3	2.7	15	3562
巢湖市	Chaohu City	85.4	68.8	11.4	5.1	9	3249
六安市	Liuan City	99.7	88.6	11.1		4	1450
亳州市	Bozhou City	88.7	70.5	13.8	4.4	7	2981
池州市	Chizhou City	27.8	23.3	3.1	1.4	11	913
宣城市	Xuancheng City	72.3	61.7	8.6	2.0	21	2731
其他	Others						

3-20 续表 4 continued

地 区	Region	社会消费品零售总额(亿元) Total Retail Sales (100 million yuan)	批发零售贸易业 Wholesale and Retail Sale Trades	餐饮业 Catering Trade	其他行业 Others	零售贸易业法人企业个数(个) Number of Outlets of Retail Trade	零售贸易业从业人数(人) Number of Persons of Retail Trade
福建省	**Fujian**	**1995.8**	**1638.4**	**252.7**	**104.8**		
福州市	Fuzhou City	580.4	485.2	71.2	24.0		
厦门市	Xiamen City	260.3	207.1	40.7	12.5		
莆田市	Putian City	97.2	80.5	12.9	3.8		
三明市	Sanming City	117.2	96.3	14.9	5.9		
泉州市	Quanzhou City	470.3	375.7	54.6	40.0		
漳州市	Zhangzhou City	199.4	169.0	23.7	6.7		
南平市	Nanping City	95.7	80.1	12.6	3.1		
龙岩市	Longyan City	77.6	64.8	8.5	4.3		
宁德市	Ningde City	97.7	81.5	11.7	4.6		
江西省	**Jiangxi**	**1059.9**	**934.8**	**101.3**	**23.8**	**188**	
南昌市	Nanchang City	234.9	215.2	18.9	0.7	94	16311
景德镇市	Jingdezhen City	44.1	41.0	2.2	0.9	11	1187
萍乡市	Pingxiang City	54.6	48.0	6.4	0.2	10	1475
九江市	Jiujiang City	97.3	85.4	10.6	1.3	43	4450
新余市	Xinyu City	39.5	31.4	6.2	1.9	13	
鹰潭市	Yingtan City	28.6	25.4	2.5	0.7	8	
赣州市	Ganzhou City	134.9	120.9	11.9	2.1	44	525
吉安市	Jian City	81.3	70.1	8.7	2.5	27	1950
宜春市	Yichun City	128.2	110.7	14.6	2.9	17	3850
抚州市	Fuzhou City	92.9	76.6	7.9	8.4	9	2264
上饶市	Shangrao City	123.8	110.1	11.5	2.2	24	2077
山东省	**Shandong**	**4483.4**	**3695.2**	**587.0**	**201.3**		
济南市	Jinan City	621.0	503.6	87.9	29.5		
青岛市	Qingdao City	605.5	495.2	80.7	29.5		
淄博市	Zibo City	299.8	242.8	44.1	13.0		
枣庄市	Zaozhuang City	140.3	113.6	20.0	6.7		
东营市	Dongying City	117.1	89.9	21.7	5.5		
烟台市	Yantai City	440.4	376.5	45.9	18.0		
潍坊市	Weifang City	405.2	342.7	41.3	21.3		
济宁市	Jining City	293.8	239.3	41.2	13.4		
泰安市	Taian City	224.2	194.5	20.6	9.1		
威海市	Weihai City	238.1	180.0	46.5	11.7		
日照市	Rizhao City	104.5	91.6	8.9	4.0		
莱芜市	Laiwu City	67.1	50.1	13.4	3.6		
临沂市	Linyi City	309.9	269.2	28.1	12.6		
德州市	Dezhou City	187.2	160.3	19.4	7.5		
聊城市	Liaocheng City	127.3	104.7	16.1	6.5		
滨州市	Binzhou City	117.9	95.2	18.9	3.8		
菏泽市	Heze City	177.4	143.1	28.3	6.0		
河南省	**Henan**	**2808.2**	**2303.2**	**427.6**	**77.3**	**1948**	**198269**
郑州市	Zhengzhou City	558.7	459.9	80.2	18.6	305	37986
开封市	Kaifeng City	128.6	108.4	14.8	5.4	92	6601
洛阳市	Luoyang City	288.8	251.1	28.8	8.9	172	18389
平顶山市	Pingdingshan City	131.6	110.6	17.7	3.3	83	10749
安阳市	Anyang City	127.7	105.9	17.3	4.5	90	8032

3-20 续表 5 continued

地 区	Region	社会消费品零售总额(亿元) Total Retail Sales (100 million yuan)	批发零售贸易业 Wholesale and Retail Sale Trades	餐饮业 Catering Trade	其他行业 Others	零售贸易业法人企业个数(个) Number of Outlets of Retail Trade	零售贸易业从业人数(人) Number of Persons of Retail Trade
鹤壁市	Hebi City	34.4	32.0	2.1	0.3	23	1417
新乡市	Xinxiang City	154.5	137.9	11.8	4.8	128	8661
焦作市	Jiaozuo City	118.8	99.6	15.4	3.7	100	8570
濮阳市	Puyang City	85.3	73.4	8.6	3.3	81	10040
许昌市	Xuchang City	129.5	107.0	20.9	1.6	59	5678
漯河市	Luohe City	89.7	74.3	11.0	4.4	47	6652
三门峡市	Sanmenxia City	80.1	69.2	8.9	2.0	78	4522
南阳市	Nanyang City	290.7	245.0	30.5	15.2	289	22724
商丘市	Shangqiu City	146.9	123.3	19.6	4.0	88	9896
信阳市	Xinyang City	157.8	133.1	19.9	4.9	97	11552
周口市	Zhoukou City	185.4	148.4	29.5	7.4	108	11115
驻马店市	Zhumadian City	146.9	119.2	19.0	8.7	117	15685
其他	Others	26.0	21.5	4.5		26	1651
湖北省	**Hubei**	**2667.48**	**2128.54**	**353.82**	**185.12**		**87311**
武汉市	Wuhan City	960.58	788.35	128.82	43.41	165	48618
黄石市	Huangshi City	106.27	84.96	17.15	4.16	41	5377
十堰市	Shiyan City	105.68					
宜昌市	Yichang City	197.82	163.60	29.68	4.54		
襄樊市	Xiangfan City	206.64	154.27	20.08	32.29	44	9792
鄂州市	Ezhou City	54.53	48.00	4.18	2.35	21	1633
荆门市	Jingmen City	120.43	100.27	10.65	9.51	24	4679
孝感市	Xiaogan City	151.91	123.87	26.74	1.30	38	4457
荆州市	Jingzhou City	236.96	166.01	33.76	37.18	22	4100
黄冈市	Huanggang City	151.16	131.49	16.14	3.53		
咸宁市	Xianning City	65.36	56.84	5.84	2.68	14	
随州市	Suizhou City	83.66	67.09	5.48	11.09	12	2138
恩施土家族苗族自治州	Enshi Tujia & Miao A.P	42.96	34.40	5.46	3.09		
其他	Others	168.63	115.22	24.60	28.79	25	6517
湖南省	**Hunan**	**2069.8**	**1763.8**	**269.9**	**36.2**	**551**	**122137**
长沙市	Changsha City	525.1	442.0	77.6	5.5	197	59426
株洲市	Zhuzhou City	159.0	137.4	18.4	3.2	27	4713
湘潭市	Xiangtan City	101.8	80.0	17.4	4.4	17	14408
衡阳市	Hengyang City	176.3	145.9	29.3	1.1	48	9628
邵阳市	Shaoyang City	113.5	100.7	12.5	0.3	27	3787
岳阳市	Yueyang City	196.1	175.0	15.9	5.3	38	4593
常德市	Changde City	176.0	148.5	22.9	4.7	37	6181
张家界市	Zhangjiajie City	32.5	27.9	4.6		8	877
益阳市	Yiyang City	102.4	91.0	10.6	0.8	13	1953
郴州市	Chenzhou City	159.3	132.9	20.8	5.6	54	4463
永州市	Yongzhou City	99.4	88.7	10.4	0.4	23	4222
怀化市	Huaihua City	96.4	78.8	15.1	2.6	21	3022
娄底市	Loudi City	85.2	77.1	7.6	0.5	22	3735
湘西土家族苗族自治州	West Hunan Tujia A.P	46.8	37.9	7.1	1.8	19	1129
其他	Others						
广东省	**Guangdong**	**6370.4**	**5338.8**	**997.5**	**34.1**	**3638**	**169508**
广州市	Guangzhou City	1675.1	1363.5	300.5	11.2	301	43867

3-20 续表 6 continued

地 区	Region	社会消费品零售总额(亿元) Total Retail Sales (100 million yuan)	批发零售贸易业 Wholesale and Retail Sale Trades	餐饮业 Catering Trade	其他行业 Others	零售贸易业法人企业个数(个) Number of Outlets of Retail Trade	零售贸易业从业人数(人) Number of Persons of Retail Trade
韶关市	Shaoguan City	129.4	113.4	15.5	0.4	15	8229
深圳市	Shenzhen City	915.5	758.9	156.6		225	76192
珠海市	Zhuhai City	179.9	151.0	28.9	0.1	76	
汕头市	Shantou City	292.1	263.5	28.1	0.5	2660	19389
佛山市	Foshan City	542.2	438.7	103.3	0.2	115	
江门市	Jiangmen City	311.6	259.8	48.6	3.2		
湛江市	Zhanjiang City	231.7	193.5	36.6	1.6	17	1291
茂名市	Maoming City	260.2	228.4	30.3	1.5	25	3022
肇庆市	Zhaoqing City	193.9	164.7	28.4	0.8	41	3669
惠州市	Huizhou City	212.8	175.8	36.9			
梅州市	Meizhou City	104.1	92.0	9.8	2.4	10	
汕尾市	Shanwei City	126.5	104.5	17.4	4.6	13	1729
河源市	Heyuan City	60.1	52.9	7.0	0.2	8	1475
阳江市	Yangjiang City	109.8	94.1	13.9	1.8	4	880
清远市	Qingyuan City	110.5	94.7	15.7	0.2	20	1541
东莞市	Dongguan City	389.0	334.8	54.2	0.1		
中山市	ZhongShan City	178.8	151.3	27.3	0.3	70	5840
潮州市	Chaozhou City	91.2	77.5	1.3	0.7	24	1516
揭阳市	Jieyang City	185.2	169.2	14.0	2.0	1	
云浮市	Yunfu City	70.4	56.4	11.9	2.1	13	868
广西壮族自治区	**Guangxi**	**973.4**	**811.4**	**137.1**	**24.9**		
南宁市	Nanning City	239.4	203.0	36.1	0.3		
柳州市	Liuzhou City	106.2	89.0	15.4	1.9		
桂林市	Guilin City	120.8	94.4	24.0	2.4		
梧州市	Wuzhou City	71.3	56.4	9.7	5.2	21	2003
北海市	Beihai City						
防城港市	Fangchenggang City	19.4	17.1	2.3		3	220
钦州市	Qinzhou City	61.6	55.2	6.3	0.1		
贵港市	Guigang City	43.2	37.3	3.5	2.4		
玉林市	Yulin City	111.1	96.4	13.2	1.5	702	15177
百色市	Baise City						
贺州市	Hezhou City	25.5	21.0	2.6	1.9	2	573
河池市	Hechi City	52.0	42.2	6.6	3.3	11	850
来宾市	Laibin City	28.2	24.7	3.5	0.0		
崇左市	Chongzuo City	22.4	18.6	2.5	1.4	240	
海南省	**Hainan**	**219.2**	**173.4**	**35.4**	**10.4**		
海口市	Haikou City	101.0	82.0	13.7	5.3		
三亚市	Sanya City	17.2	12.5	0.5	4.2		
其他	Others	101.0	78.9	21.2	0.9		
重庆市	**Chongqing**	**1061.5**	**902.3**	**144.3**	**14.9**	**403**	**58103**
万州区	Wanzhou District	42.4	35.1	5.9	1.4	13	1028
涪陵区	Fuling District	35.0	30.1	4.8	0.1	23	3801
渝中区	Yuzhong District	142.7	128.3	13.3	1.2	54	12007
大渡口区	Dadukou District	9.3	7.5	1.8	0.0	2	319
江北区	Jiangbei District	53.1	44.4	8.2	0.5	20	3091
沙坪坝区	Shapingba District	74.8	64.6	8.7	1.5	14	2149

3-20 续表 7 continued

地 区	Region	社会消费品零售总额(亿元) Total Retail Sales (100 million yuan)	批发零售贸易业 Wholesale and Retail Sale Trades	餐饮业 Catering Trade	其他行业 Others	零售贸易业法人企业个数(个) Number of Outlets of Retail Trade	零售贸易业从业人数(人) Number of Persons of Retail Trade
九龙坡区	Jiulongpo District	92.1	82.3	8.8	1.0	16	5465
南岸区	Nanan District	59.6	49.4	10.1		25	2567
北碚区	Beibei District	26.7	23.4	3.1	0.2	8	664
万盛区	Wansheng District	7.3	6.1	1.1	0.1	3	154
双桥区	Shuangqiao District	1.5	1.2	0.3	0.0		
渝北区	Yubei District	29.8	23.7	6.0	0.2	14	1470
巴南区	Banan District	26.1	22.6	3.5	0.0	8	241
黔江区	Qianjiang District	12.9	11.5	1.4		7	393
长寿区	Changshou District	20.5	15.8	4.1	0.6	11	1210
其他	Others	427.7	356.4	63.3	8.1	185	23544
四川省	**Sichuan**	**2384.0**	**1834.1**	**436.3**	**113.6**		
成都市	Chengdu City	875.2	683.4	179.4	12.4		
自贡市	Zigong City	65.9	53.9	9.0	3.0		
攀枝花市	Panzhihua City	59.5	42.5	11.2	5.8		
泸州市	Luzhou City	100.6	83.0	14.2	3.4		
德阳市	Deyang City	124.5	97.3	27.1			
绵阳市	Mianyang City	154.7	112.4	37.1	5.2		
广元市	Guangyuan City	55.6	43.2	7.0	5.3		
遂宁市	Suining City	76.8	56.6	12.5	7.7		
内江市	Neijiang City	69.8	58.2	9.2	2.4		
乐山市	Leshan City	103.0	60.6	19.1	23.3		
南充市	Nanchong City	139.8	98.5	25.2	16.1		
眉山市	Meishan City	67.4	49.9	13.1	4.4		
宜宾市	Yibin City	113.8	93.1	20.1	0.5		
广安市	Guangan City	85.6	59.5	11.7	14.3		
达州市	Dazhou City	110.7	97.3	13.2	0.2		
雅安市	Yaan City	40.2	31.7	6.5	2.1		
巴中市	Bazhong City	39.7	34.4	3.9	1.3		
资阳市	Ziyang City	69.7	59.6	8.7	1.3		
阿坝藏族羌族自治州	Aba Zang & Qiang A.P	14.3	9.9	4.0	0.4		
甘孜藏族自治州	Ganzi Zang A.P	14.1	11.5	2.2	0.4		
凉山彝族自治州	Liangshan Yi A.P	74.8	52.3	16.7	5.8		
贵州省	**Guizhou**	**517.6**	**405.9**	**102.3**	**9.4**		
贵阳市	Guiyang City	175.5	134.3	36.9	4.4	50	11873
六盘水市	Liupanshui City	29.4	26.6	1.9	0.9	9	
遵义市	Zunyi City	88.4	74.0	14.1	0.4	21	
安顺市	Anshun City	32.0	28.7	3.0	0.4	4	
铜仁地区	Tongren Prefecture	27.2	24.2	2.3	0.7		
黔西南布依族苗族自治州	Southwest Guizhou Buyi & Miao A.P	27.5	23.9	3.6	0.1	241	
毕节地区	Bijie Prefecture	29.4	25.0	3.1	1.3	2	
黔东南苗族侗族自治州	Southeast Guizhou Miao & Dong A.P	35.3	31.4	3.1	0.7		
黔南布依族苗族自治州	South Guizhou Buyi & Miao A.P	40.4	35.3	3.9	1.2		
云南省	**Yunnan**	**884.9**	**707.5**	**149.9**	**27.4**		
昆明市	Kunming City	370.5	287.5	72.4	10.6		
曲靖市	Qujing City	67.6					
玉溪市	Yuxi City	44.4					

3-20 续表 8 continued

地 区	Region	社会消费品零售总额(亿元) Total Retail Sales (100 million yuan)	批发零售贸易业 Wholesale and Retail Sale Trades	餐饮业 Catering Trade	其他行业 Others	零售贸易业法人企业个数(个) Number of Outlets of Retail Trade	零售贸易业从业人数(人) Number of Persons of Retail Trade
保山市	Baoshan City	32.0					
昭通市	Zhaotong City	33.6					
丽江市	Lijiang City	13.7					
思茅市	Simao City	29.3					
临沧市	Lincang City	24.4					
楚雄彝族自治州	Chuxiong Yi A.P	43.0					
红河哈尼族彝族自治州	Honghe Hani & Yi A.P	57.1					
文山壮族苗族自治州	Wenshan Zhuang & Miao A.P	44.7					
西双版纳傣族自治州	Xishuangbanna Dai A.P	18.8					
大理白族自治州	Dali Bai A.P	52.7					
德宏傣族景颇族自治州	Dehong Dai & Jingpo A.P	19.0					
怒江傈僳族自治州	Nujiang Lisu A.P	6.4					
迪庆藏族自治州	Diqing Zang A.P	5.8					
西藏自治区	**Tibet**	**63.7**	**50.4**	**9.7**	**3.6**		
拉萨市	Lhasa City	29.1	22.8	5.2	1.0		
昌都地区	Qamdu Prefecture	4.7	4.0	0.7			
山南地区	Lhokha Prefecture	5.5	5.0	0.6			
日喀则地区	Xigaze Prefecture	12.0	8.4	1.5	2.1		
那曲地区	Narqu Prefecture	6.7	6.1	0.4	0.1		
阿里地区	Ngri Prefecture	1.8	1.3	0.4	0.1		
林芝地区	Nyingchi Prefecture	3.9	2.7	1.0	0.2		
其他	Others						
陕西省	**Shaanxi**	**966.5**	**724.9**	**216.9**	**24.7**		
西安市	Xian City	503.4	373.1	117.0	13.2		
铜川市	Tongchuan City	19.9	11.2	8.6	0.2		
宝鸡市	Baoji City	93.4	77.5	14.2	1.6		
咸阳市	Xianyang City	90.3	65.9	23.0	1.3		
渭南市	Weinan City	66.3	54.1	9.7	2.6		
延安市	Yanan City	32.7	23.2	9.0	0.6		
汉中市	Hanzhong City	54.7	44.2	10.5	0.1		
榆林市	Yulin City	39.8	26.9	8.7	4.2		
安康市	Ankang City	35.7	26.7	8.3	0.7		
商洛市	Shangluo City	25.3	22.3	3.0			
其他	Others	2.3	1.4	0.8	0.2		
甘肃省	**Gansu**	**535.8**	**435.6**	**79.3**	**21.0**		
兰州市	Lanzhou City	230.0	186.5	33.5	10.0		
嘉峪关市	Jiayuguan City	8.6	7.1	1.6			
金昌市	Jinchang City	14.9	12.5	2.0	0.3		
白银市	Baiyin City	33.9	28.8	3.9	1.1		
天水市	Tianshui City	42.2	31.9	7.6	2.8		
武威市	Wuwei City	26.5	20.6	5.5	0.4		
张掖市	Zhangye City	24.1	22.0	2.0	0.1		
平凉市	Pingliang City	35.9	30.8	4.0	1.1		
酒泉市	Jiuquan City	34.3	28.6	4.1	1.7		
庆阳市	Qingyang City	25.9	21.7	3.7	0.4		
定西市	Dingxi City	22.5	18.8	2.4	1.3		

3-20 续表 9 continued

地区	Region	社会消费品零售总额(亿元) Total Retail Sales (100 million yuan)	批发零售贸易业 Wholesale and Retail Sale Trades	餐饮业 Catering Trade	其他行业 Others	零售贸易业法人企业个数(个) Number of Outlets of Retail Trade	零售贸易业从业人数(人) Number of Persons of Retail Trade
陇南市	Longnan City	14.8	12.8	1.9	0.2		
临夏回族自治州	Linxia Hui A.P	14.4	11.5	2.1	0.9		
甘南藏族自治州	Gannan Zang A.P	7.7	5.6	1.8	0.2		
青海省	**Qinghai**	**115.60**	**94.51**	**18.10**	**2.99**		
西宁市	Xining City	71.62	61.02	10.07	0.53		
海东地区	Haidong Prefecture	14.83	11.03	2.79	1.01		
海北藏族自治州	Haibei Zang A.P	4.09	3.27	0.82			
海南藏族自治州	Hainan Zang A.P	4.91	3.57	0.93	0.41		
黄南藏族自治州	Huangnan Zang AP	1.74	1.29	0.32	0.13		
果洛藏族自治州	Golog Zang A.P	1.25	0.93	0.23	0.09		
玉树藏族自治州	Yushu Zang A.P	2.10	1.54	0.31	0.25		
海西蒙古族藏族自治州	Haixi Mongolian & Zang A.P	15.69	12.53	2.61	0.55		
宁夏回族自治区	**Ningxia**	**137.8**	**110.1**	**25.2**	**2.5**	**125**	**12649**
银川市	Yinchuan City	70.5	54.6	14.5	1.4	66	6806
石嘴山市	Shizuishan City	24.9	18.3	5.7	0.9	27	2852
吴忠市	Wuzhong City	20.7	16.6	3.5	0.7	7	1593
固原市	Guyuan City	12.6	11.0	1.5	0.1	13	309
中卫市	Zhongwei City	11.9	9.1	1.7	1.0	12	1089
新疆维吾尔自治区	**Xinjiang**	**563.7**	**448.3**	**78.8**	**36.5**	**320**	**30933**
乌鲁木齐市	Urumqi City	191.0	157.6	26.0	7.4	136	15697
克拉玛依市	Karamay City	17.0	14.2	2.6	0.1	14	1669
石河子市	Shihezi City					2	377
吐鲁番地区	Turpan Prefecture	13.3	10.8	2.5	0.1	11	813
哈密地区	Hami Prefecture	17.0	13.1	1.5	2.4	21	768
昌吉回族自治州	Changji Hui A.P	49.3	39.9	6.9	2.6	23	2179
博尔塔拉蒙古自治州	Bortala Mongolian A.P	8.8	7.7	1.1	0.1	1	177
巴音郭楞蒙古自治州	Bayingolin Mongolian A.P	39.0	33.6	4.8	0.7	18	1396
阿克苏地区	Aksu Prefecture	32.8	20.8	4.7	7.3	29	2348
克孜勒苏柯尔克孜自治州	Kizilsu Kirgiz A.P	3.8	3.3	0.4	0.1	1	36
喀什地区	Kashi Prefecture	26.5	19.4	3.0	4.2	7	1308
和田地区	Hotan Prefecture	12.1	9.8	1.3	0.9	4	389
伊犁哈萨克自治州	Ili Kazak A.P	41.2	33.2	5.6	2.3	19	1232
塔城地区	Tacheng Prefecture	16.8	12.9	2.5	1.4	6	282
阿勒泰地区	Altay Prefecture	13.7	10.4	2.5	0.7	2	587
阿拉尔市	Alar City						
图木舒克市	Tumxuk City						
五家渠市	Wujiaqu City						
兵团	Corps	81.4	61.7	11.0	8.7	26	1675

3-21 批发零售贸易业情况（2004年）

Wholesale and Retail Trade (2004)

地 区	Region	法人企业个数（个）Number of Outlets	从业人数（人）Number of Persons	购进总额（亿元）Total Purchases (100 million yuan)	销售总额（亿元）Total Sales (100 million yuan)	批发总额 Wholesale	零售总额 Retail Sales	库存总额（亿元）Total Inventory (100 million yuan)
北京市	**Beijing**	**2031**	**216053**	**5409.8**	**5703.0**	**4593.7**	**1109.3**	**527.0**
东城区	Dongcheng District	297	35968	860.9	1077.0	950.0	127.0	79.1
西城区	Xicheng District	304	30119	1250.2	1031.0	920.2	110.9	102.8
崇文区	Chongwen District	118	13050	138.0	151.5	103.5	48.0	19.9
宣武区	Xuanwu District	157	12522	350.1	364.7	315.6	49.2	47.7
朝阳区	Chaoyang District	193	34737	778.5	794.6	531.9	262.7	93.5
丰台区	Fengtai District	144	18423	253.3	273.2	162.0	111.2	17.4
石景山区	Shijingshan District	64	9783	202.6	204.3	99.2	105.1	23.3
海淀区	Haidian District	345	26438	1106.0	1284.8	1159.9	124.9	107.1
门头沟区	Mentougou District	35	3762	31.3	40.1	15.0	25.1	2.7
房山区	Fangshan District	77	4993	92.7	99.5	86.2	13.3	5.7
通州区	Tongzhou District	46	6069	30.3	38.9	24.0	14.9	2.2
顺义区	Shunyi District	60	4418	61.1	66.2	36.8	29.5	4.4
昌平区	Changping District	40	4394	21.0	29.1	17.3	11.7	2.0
大兴区	Daxing District	57	4313	83.5	83.9	69.8	14.2	5.1
怀柔区	Huairou District	24	2226	13.8	15.0	8.0	6.9	1.3
平谷区	Pinggu District	10	507	31.5	33.5	31.4	2.1	0.9
密云县	Miyun County	15	1802	11.9	13.8	8.1	5.8	0.9
延庆县	Yanqing County	34	1907	57.6	64.9	22.3	42.5	5.1
天津市	**Tianjin**	**813**	**66621**	**2299.2**	**3221.1**	**2389.5**	**831.7**	**1266.4**
和平区	Heping District	145	5191	829.7	841.3	770.6	70.7	265.8
河东区	Hedong District	62	634	105.8	104.8	89.3	15.5	194.4
河西区	Hexi District	88	1058	357.0	354.4	342.5	11.9	231.3
南开区	Nankai District	72	4744	168.4	176.4	128.0	48.4	126.1
河北区	Hebei District	40	247	78.1	78.7	77.2	1.6	37.1
红桥区	Hongqiao District	28	1689	14.8	15.9	12.2	3.7	15.2
塘沽区	Tanggu District	98	2582	141.2	140.7	125.0	15.7	120.7
汉沽区	Hangu District	8	907	1.6	1.6	0.9	0.7	3.4
大港区	Dagang District	22	1343	19.3	20.3	13.9	6.4	6.8
东丽区	Dongli District	48	6073	69.7	70.8	36.4	34.4	52.2
西青区	Xiqing District	24	506	39.9	43.1	40.7	2.5	17.4
津南区	Jinnan District	14	440	14.0	10.8	6.6	4.2	7.8
北辰区	Beichen District	95	1643	78.1	79.8	72.5	7.2	36.0
武清区	Wuqing District	22	3068	12.3	16.5	12.5	4.1	12.4
宝坻区	Baodi District	10	231	4.1	4.1	2.6	1.6	2.6
宁河县	Ninghe County	12	209	4.4	4.9	3.7	1.1	3.6
静海县	Jinghai County	10	91	3.9	4.3	2.8	1.4	10.6
蓟县	Ji County	15	264	8.3	8.9	7.1	1.8	4.0
其他	Others							
河北省	**Hebei**	**965**	**181150**		**1104.0**	**795.3**	**308.7**	
石家庄市	Shijiazhuang City	187	39880		359.9	260.3	99.6	
唐山市	Tangshan City	140	22953		189.4	139.3	50.1	
秦皇岛市	Qinhuangdao City	56	11049		70.9	47.9	23.0	
邯郸市	Handan City	97	22259		87.7	66.2	21.5	
邢台市	Xingtai City	61	9701		50.8	43.6	7.2	
保定市	Baoding City	111	22998		96.5	58.8	37.7	
张家口市	Zhangjiakou City	59	10580		47.0	32.1	14.9	

3-21 续表 1 continued

地 区	Region	法人企业个数(个) Number of Outlets	从业人数(人) Number of Persons	购进总额(亿元) Total Purchases (100 million yuan)	销售总额(亿元) Total Sales (100 million yuan)	批发总额 Wholesale	零售总额 Retail Sales	库存总额(亿元) Total Inventory (100 million yuan)
承德市	Chengde City	48	7407		31.1	21.5	9.6	
沧州市	Cangzhou City	62	14968		55.2	39.6	15.6	
廊坊市	Langfang City	86	10353		67.6	51.4	16.2	
衡水市	Hengshui City	57	8217		47.9	34.6	13.3	
其他	Others	1	785					
山西省	**Shanxi**	**20371**	**492755**	**663.6**	**2143.0**	**1560.3**	**582.7**	**79.6**
太原市	Taiyuan City	5666	118225	169.8	935.2	720.1	215.1	20.4
大同市	Datong City	2913	80510	89.3	192.5	123.8	68.7	10.7
阳泉市	Yangquan City	1128	27651	36.2	97.0	58.1	38.9	4.4
长治市	Changzhi City	1808	34450	45.4	150.8	116.1	34.7	5.5
晋城市	Jincheng City	1766	54348	44.7	167.3	131.4	35.9	8.2
朔州市	Shuozhou City	869	24789	33.6	88.9	73.6	15.3	4.0
晋中市	Jinzhong City	1407	33659	62.8	153.7	110.1	43.6	7.5
运城市	Yuncheng City	1282	33459	74.6	119.3	60.9	58.4	9.0
忻州市	Xinzhou City	956	29958	42.8	63.4	39.3	24.1	5.1
临汾市	Linfen City	1922	37950	67.7	116.0	84.6	31.4	8.1
吕梁市	Luliang City	658	17756	32.2	58.8	42.2	16.6	3.9
内蒙古自治区	**Inner Mongolia**	**810**	**90127**		**657.0**	**478.2**	**178.8**	
呼和浩特市	Hohhot City	234	24496		155.2	100.0	55.2	
包头市	Baotou City	166	19641		114.5	74.9	39.5	
乌海市	Wuhai City	30	2618		9.6	2.3	7.3	
赤峰市	Chifeng City	38	4470		35.4	24.8	10.6	
通辽市	Tongliao City	49	4694		26.5	17.9	8.6	
鄂尔多斯市	Erdos City	80	5756		140.2	120.1	20.2	
呼伦贝尔市	Hulunbuir City	77	7410		68.3	53.8	14.5	
巴彦淖尔市	Bayannur City	37	5680		24.7	19.6	5.1	
乌兰察布市	Ulanqab City	22	3264		16.9	13.5	3.5	
兴安盟	Xingan League	34	2998		21.9	15.5	6.4	
锡林郭勒盟	Xilingol League	34	8447		38.5	32.9	5.6	
阿拉善盟	Alxa League	9	653		5.3	3.0	2.4	
其他	Others							
辽宁省	**Liaoning**				**5794.0**	**3609.5**	**2184.6**	
沈阳市	Shenyang City				2680.9	2003.0	677.9	
大连市	Dalian City				988.2	459.9	528.3	
鞍山市	Anshan City				600.7	449.8	150.9	
抚顺市	Fushun City				210.2	83.1	127.1	
本溪市	Benxi City				135.4	70.4	65.0	
丹东市	Dandong City				202.9	116.6	86.3	
锦州市	Jinzhou City				218.4	119.9	98.6	
营口市	Yingkou City				117.5	40.5	77.0	
阜新市	Fuxin City				90.6	39.7	50.9	
辽阳市	Liaoyang City				133.2	68.5	64.7	
盘锦市	Panjin City				76.8	19.1	57.7	
铁岭市	Tieling City				113.4	39.1	74.3	
朝阳市	Chaoyang City				116.8	71.2	45.7	
葫芦岛市	Huludao City				109.2	28.7	80.5	

3-21 续表 2 continued

地 区	Region	法人企业个数 (个) Number of Outlets	从业人数 (人) Number of Persons	购进总额 (亿元) Total Purchases (100 million yuan)	销售总额 (亿元) Total Sales (100 million yuan)	批发总额 Wholesale	零售总额 Retail Sales	库存总额 (亿元) Total Inventory (100 million yuan)
吉林省	**Jilin**							
长春市	Changchun City							
吉林市	Jilin City							
四平市	Siping City							
辽源市	Liaoyuan City							
通化市	Tonghua City							
白山市	Baishan City							
松原市	Songyuan City							
白城市	Baicheng City							
延边朝鲜族自治州	Yanbian Korean A.P							
其他	Others							
黑龙江省	**Heilongjiang**	**952**	**132566**		**2418.7**	**1077.3**	**1341.4**	
哈尔滨市	Harbin City	389	51580		1191.8	565.4	626.5	
齐齐哈尔市	Qiqihar City	42	5596		165.4	33.4	131.9	
鸡西市	Jixi City	48	10462		77.7	37.8	39.9	
鹤岗市	Hegang City	39	5742		32.4	9.2	23.1	
双鸭山市	Shuangyashan City	13	1948		43.9	19.5	24.3	
大庆市	Daqing City	138	15446		270.2	158.4	111.8	
伊春市	Yichun City	4	480		27.1	5.4	21.7	
佳木斯市	Jiamusi City	71	15496		90.3	24.8	65.5	
七台河市	Qitaihe City	17	1599		28.2	6.7	21.6	
牡丹江市	Mudanjiang City	101	8816		196.9	110.8	86.1	
黑河市	Heihe City	23	3181		41.9	15.5	26.3	
绥化市	Suihua City	48	9290		135.5	40.4	95.1	
大兴安岭地区	Daxinganling Prefecture	9	990		20.9	5.9	15.0	
其他	Others	10	1940		90.4	44.1	46.2	
上海市	**Shanghai**	**1410**	**300109**	**4044.0**	**4760.3**	**3322.3**	**1438.1**	**320.4**
黄浦区	Huangpu District	196	48358	700.9	820.3	608.8	211.5	46.6
卢湾区	Luwan District	58	7435	48.6	65.2	40.7	24.5	8.1
徐汇区	Xuhui District	69	22385	172.2	260.8	125.0	135.8	10.5
长宁区	Changning District	70	14941	172.7	202.0	130.8	71.2	9.3
静安区	Jingan District	65	15041	284.4	321.0	225.3	95.7	24.4
普陀区	Putuo District	77	43371	960.0	1005.1	837.4	167.7	63.4
闸北区	Zhabei District	54	12259	297.7	360.7	327.4	33.4	15.1
虹口区	Hongkou District	59	28705	310.4	376.0	242.5	133.6	17.5
杨浦区	Yangpu District	42	18322	209.2	256.4	193.0	63.4	10.5
闵行区	Minhang District	43	10324	106.8	125.7	53.4	72.3	10.0
宝山区	Baoshan District	30	5159	32.8	50.1	25.6	24.5	1.6
嘉定区	Jiading District	17	3630	32.2	40.1	34.5	5.6	1.3
浦东新区	Pudong New District	543	54925	569.2	701.9	412.6	289.4	88.4
金山区	Jinshan District	15	1915	19.7	23.1	16.4	6.7	1.2
松江区	Songjiang District	22	2112	12.8	17.0	8.1	8.9	1.4
青浦区	Qingpu District	10	3350	10.3	12.5	6.2	6.3	0.9
南汇区	Nanhui District	12	3535	68.4	80.5	7.0	73.5	5.7
奉贤区	Fengxian District	18	2758	27.4	31.5	22.6	8.9	3.4
崇明县	Chongming County	10	1584	8.8	10.3	5.0	5.3	1.0
其他	Others							

3-21 续表 3 continued

地 区	Region	法人企业个数(个) Number of Outlets	从业人数(人) Number of Persons	购进总额(亿元) Total Purchases (100 million yuan)	销售总额(亿元) Total Sales (100 million yuan)			库存总额(亿元) Total Inventory (100 million yuan)
						批发总额 Wholesale	零售总额 Retail Sales	
江苏省	**Jiangsu**	**2747**	**366919**		**6423.5**	**5159.6**	**1263.9**	
南京市	Nanjing City							
无锡市	Wuxi City							
徐州市	Xuzhou City							
常州市	Changzhou City							
苏州市	Suzhou City							
南通市	Nantong City							
连云港市	Lianyungang City							
淮安市	Huaian City							
盐城市	Yancheng City							
扬州市	Yangzhou City							
镇江市	Zhenjiang City							
泰州市	Taizhou City							
宿迁市	Suqian City							
浙江省	**Zhejiang**	**4133**	**268351**		**8388.1**	**7407.6**	**980.5**	
杭州市	Hangzhou City	1521	83200		3932.5	3607.1	325.4	
宁波市	Ningbo City	563	48012		1793.6	1593.0	200.6	
温州市	Wenzhou City	458	30916		690.6	589.7	100.9	
嘉兴市	Jiaxing City	286	17336		388.3	336.0	52.3	
湖州市	Huzhou City	150	8896		185.4	142.6	42.8	
绍兴市	Shaoxing City	236	23039		326.9	248.4	78.5	
金华市	Jinhua City	353	20233		394.0	298.0	96.1	
衢州市	Quzhou City	122	6644		86.6	74.0	12.6	
舟山市	Zhoushan City	120	7220		124.6	111.1	13.5	
台州市	Taizhou City	229	18300		393.0	345.9	47.1	
丽水市	Lishui City	95	4481		72.6	62.0	10.6	
安徽省	**Anhui**	**818**	**119211**		**1481.6**	**1195.6**	**286.0**	
合肥市	Hefei City	259	28937		755.7	648.0	107.7	
芜湖市	Wuhu City	32	5986		64.1	39.6	24.4	
蚌埠市	Bengbu City	27	6903		43.7	31.8	11.9	
淮南市	Huainan City	18	5559		25.6	19.1	6.5	
马鞍山市	Maanshan City	33	5782		133.1	116.4	16.7	
淮北市	Huaibei City	23	3695		23.6	16.6	7.0	
铜陵市	Tongling City	23	2904		29.8	21.7	8.0	
安庆市	Anqing City	58	8769		47.9	29.7	18.2	
黄山市	Huangshan City	11	1411		13.9	12.3	1.5	
滁州市	Chuzhou City	69	9513		35.6	24.9	10.7	
阜阳市	Fuyang City	64	12779		142.5	110.4	32.1	
宿州市	Suzhou City	28	6981		32.9	23.0	10.0	
巢湖市	Chaohu City	36	5675		34.0	26.9	7.1	
六安市	Liuan City	13	2476		17.7	10.8	6.9	
亳州市	Bozhou City	31	5554		27.4	20.3	7.1	
池州市	Chizhou City	20	1952		20.4	18.2	2.1	
宣城市	Xuancheng City	39	4335		33.9	25.8	8.1	
其他	Others							

3-21 续表 4 continued

地 区	Region	法人企业个数（个）Number of Outlets	从业人数（人）Number of Persons	购进总额（亿元）Total Purchases (100 million yuan)	销售总额（亿元）Total Sales (100 million yuan)	批发总额 Wholesale	零售总额 Retail Sales	库存总额（亿元）Total Inventory (100 million yuan)
福建省	**Fujian**							
福州市	Fuzhou City							
厦门市	Xiamen City							
莆田市	Putian City							
三明市	Sanming City							
泉州市	Quanzhou City							
漳州市	Zhangzhou City							
南平市	Nanping City							
龙岩市	Longyan City							
宁德市	Ningde City							
江西省	**Jiangxi**	**578**	**79289**		**767.8**	**585.0**	**182.8**	
南昌市	Nanchang City	249	28023		470.3	373.6	96.7	
景德镇市	Jingdezhen City	19	2427		15.1	12.4	2.7	
萍乡市	Pingxiang City	15	2653		21.4	15.5	5.9	
九江市	Jiujiang City	67	7853		49.5	35.7	13.8	
新余市	Xinyu City	19	2534		13.6	8.0	5.6	
鹰潭市	Yingtan City	20	939		16.2	11.9	4.3	
赣州市	Ganzhou City	58	10213		38.7	20.4	18.3	
吉安市	Jian City	33	4781		25.1	21.0	4.2	
宜春市	Yichun City	44	9901		64.0	52.2	11.8	
抚州市	Fuzhou City	17	4761		22.1	14.5	7.7	
上饶市	Shangrao City	37	5204		31.8	20.0	11.8	
山东省	**Shandong**							
济南市	Jinan City							
青岛市	Qingdao City							
淄博市	Zibo City							
枣庄市	Zaozhuang City							
东营市	Dongying City							
烟台市	Yantai City							
潍坊市	Weifang City							
济宁市	Jining City							
泰安市	Taian City							
威海市	Weihai City							
日照市	Rizhao City							
莱芜市	Laiwu City							
临沂市	Linyi City							
德州市	Dezhou City							
聊城市	Liaocheng City							
滨州市	Binzhou City							
菏泽市	Heze City							
河南省	**Henan**	**2958**	**345097**		**2269.0**	**1710.0**	**559.0**	
郑州市	Zhengzhou City	550	70814		1077.8	809.6	268.2	
开封市	Kaifeng City	133	14820		94.6	60.0	34.5	
洛阳市	Luoyang City	263	26381		162.9	108.6	54.4	
平顶山市	Pingdingshan City	124	18582		57.5	38.0	19.5	
安阳市	Anyang City	183	15936		176.4	150.7	25.7	

3-21 续表 5 continued

地 区	Region	法人企业个数(个) Number of Outlets	从业人数(人) Number of Persons	购进总额(亿元) Total Purchases (100 million yuan)	销售总额(亿元) Total Sales (100 million yuan)	批发总额 Wholesale	零售总额 Retail Sales	库存总额(亿元) Total Inventory (100 million yuan)
鹤壁市	Hebi City	39	4760		16.4	13.2	3.3	
新乡市	Xinxiang City	178	17099		83.7	65.5	18.1	
焦作市	Jiaozuo City	140	12848		59.9	35.4	24.4	
濮阳市	Puyang City	107	13385		43.0	24.8	18.3	
许昌市	Xuchang City	90	13780		60.4	46.3	14.1	
漯河市	Luohe City	76	10197		40.5	32.9	7.6	
三门峡市	Sanmenxia City	114	7447		35.0	24.3	10.7	
南阳市	Nanyang City	394	37692		130.5	84.3	46.2	
商丘市	Shangqiu City	138	17096		77.6	58.0	19.6	
信阳市	Xinyang City	138	15312		53.6	32.4	21.2	
周口市	Zhoukou City	156	30900		59.0	47.3	11.8	
驻马店市	Zhumadian City	165	24058		76.0	57.5	18.6	
其他	Others	39	3064		24.2	18.1	6.1	
湖北省	**Hubei**		**150527**		**539.94**	**294.03**	**245.91**	**97.70**
武汉市	Wuhan City	562	81506		1489.50	1190.60	298.90	
黄石市	Huangshi City	60	6886		38.91	24.53	14.38	1.17
十堰市	Shiyan City							
宜昌市	Yichang City							
襄樊市	Xiangfan City	83	16720		46.10	24.45	21.65	
鄂州市	Ezhou City	46	2665		62.30	14.31	47.99	1.58
荆门市	Jingmen City	38	6698	37.26	38.34	18.64	19.70	4.19
孝感市	Xiaogan City	64	7968	43.12	44.84	32.54	12.30	2.81
荆州市	Jingzhou City	49	8940		58.19	37.67	20.52	5.48
黄冈市	Huanggang City							
咸宁市	Xianning City	24			12.50	8.23	4.27	8.61
随州市	Suizhou City	27	7983	17.12	19.96	10.18	9.78	2.46
恩施土家族苗族自治州	Enshi Tujia & Miao A.P							
其他	Others	40	11161	7.43	28.82	15.87	12.95	3.64
湖南省	**Hunan**	**1005**	**181985**		**1411.1**	**1047.0**	**364.0**	**94.9**
长沙市	Changsha City	411	82769		836.8	628.0	208.8	52.0
株洲市	Zhuzhou City	53	8319		71.8	56.6	15.2	4.1
湘潭市	Xiangtan City	39	16231		51.4	38.1	13.2	3.1
衡阳市	Hengyang City	64	14422		65.3	47.1	18.2	6.1
邵阳市	Shaoyang City	43	6335		40.0	33.6	6.4	1.9
岳阳市	Yueyang City	60	8937		74.0	56.1	17.9	3.3
常德市	Changde City	62	9958		53.9	44.6	9.3	5.4
张家界市	Zhangjiajie City	14	1781		14.5	13.1	1.4	1.8
益阳市	Yiyang City	21	3682		26.9	15.8	11.1	1.1
郴州市	Chenzhou City	86	8782		61.2	48.8	12.4	6.2
永州市	Yongzhou City	38	7493		31.1	24.2	6.9	3.9
怀化市	Huaihua City	50	5364		29.6	26.8	2.8	2.3
娄底市	Loudi City	28	4740		24.6	18.7	5.9	1.0
湘西土家族苗族自治州	West Hunan Tujia A.P	36	3172		29.9	21.9	7.9	2.7
其他	Others							
广东省	**Guangdong**	**8001**	**350959**	**5745.2**	**6162.7**	**4945.0**	**1217.7**	**353.7**
广州市	Guangzhou City	942	95301	2498.1	2651.8	2289.6	362.2	167.3

3-21 续表 6 continued

地 区	Region	法人企业个数 (个) Number of Outlets	从业人数 (人) Number of Persons	购进总额 (亿元) Total Purchases (100 million yuan)	销售总额 (亿元) Total Sales (100 million yuan)			库存总额 (亿元) Total Inventory (100 million yuan)
						批发总额 Wholesale	零售总额 Retail Sales	
韶关市	Shaoguan City	38	10692	40.5	46.5	41.4	5.1	1.7
深圳市	Shenzhen City	857	146474	1139.1	1288.2	876.4	411.8	88.7
珠海市	Zhuhai City	125		133.3	135.6	90.3	45.3	9.4
汕头市	Shantou City	4782	48991	70.3	65.8	46.3	19.6	4.0
佛山市	Foshan City	475		606.2	641.6	512.6	128.9	35.2
江门市	Jiangmen City			114.8	124.8	88.0	36.8	6.2
湛江市	Zhanjiang City	76	6858	96.6	94.3	83.1	11.2	3.8
茂名市	Maoming City	86	7055	292.4	302.5	283.3	19.2	3.4
肇庆市	Zhaoqing City	87	6262	55.2	60.5	46.7	13.8	2.3
惠州市	Huizhou City			126.0	128.3	111.3	17.0	4.7
梅州市	Meizhou City	33		48.5	55.6	49.7	5.9	2.0
汕尾市	Shanwei City	30	3442	14.0	15.5	10.5	5.0	0.9
河源市	Heyuan City	20	2281	12.0	18.9	12.5	6.4	0.5
阳江市	Yangjiang City	12	1747	13.4	14.0	12.3	1.7	0.6
清远市	Qingyuan City	46	3601	26.9	29.5	19.3	10.1	1.0
东莞市	Dongguan City	109		171.3	180.6	113.9	66.7	10.8
中山市	ZhongShan City	175	10533	218.8	234.9	192.4	42.5	8.7
潮州市	Chaozhou City	50	2483	19.3	20.8	18.5	2.3	0.9
揭阳市	Jieyang City	23		31.8	35.0	33.0	1.9	1.2
云浮市	Yunfu City	35	5239	16.9	18.1	14.1	4.1	0.4
广西壮族自治区	**Guangxi**				**627.0**	**430.1**	**196.9**	
南宁市	Nanning City				280.2	180.1	100.2	
柳州市	Liuzhou City							
桂林市	Guilin City				47.7	30.9	16.8	
梧州市	Wuzhou City	46	4286		26.5	17.1	9.5	
北海市	Beihai City							
防城港市	Fangchenggang City	10	3443		8.4	8.0	0.4	
钦州市	Qinzhou City							
贵港市	Guigang City							
玉林市	Yulin City	1278	22996		171.9	75.5	96.4	
百色市	Baise City							
贺州市	Hezhou City	7	1479					
河池市	Hechi City	19	3015		16.1	14.4	1.8	1.3
来宾市	Laibin City							
崇左市	Chongzuo City	494						
海南省	**Hainan**							
海口市	Haikou City							
三亚市	Sanya City							
其他	Others							
重庆市	**Chongqing**	**905**	**106790**		**2369.3**	**1457.6**	**911.7**	
万州区	Wanzhou District	46	3806		82.7	52.1	30.5	
涪陵区	Fuling District	28	4935		46.4	15.0	31.5	
渝中区	Yuzhong District	125	20912		491.4	372.5	118.8	
大渡口区	Dadukou District	3	352		37.7	31.6	6.1	
江北区	Jiangbei District	50	5561		140.6	93.6	47.0	
沙坪坝区	Shapingba District	27	4973		214.7	149.8	64.9	

3-21 续表 7 continued

地 区	Region	法人企业个数（个）Number of Outlets	从业人数（人）Number of Persons	购进总额（亿元）Total Purchases (100 million yuan)	销售总额（亿元）Total Sales (100 million yuan)			库存总额（亿元）Total Inventory (100 million yuan)
						批发总额 Wholesale	零售总额 Retail Sales	
九龙坡区	Jiulongpo District	48	10568		439.8	329.2	110.6	
南岸区	Nanan District	75	7389		152.4	105.4	47.1	
北碚区	Beibei District	11	1168		39.6	15.3	24.3	
万盛区	Wansheng District	6	295		10.4	4.8	5.5	
双桥区	Shuangqiao District	2	47		3.7	2.3	1.4	
渝北区	Yubei District	28	2211		67.5	36.0	31.5	
巴南区	Banan District	14	719		40.1	13.4	26.7	
黔江区	Qianjiang District	9	1001		16.0	4.8	11.3	
长寿区	Changshou District	17	1542		22.2	5.6	16.6	
其他	Others	416	41311		564.1	226.3	337.7	
四川省	**Sichuan**							
成都市	Chengdu City							
自贡市	Zigong City							
攀枝花市	Panzhihua City							
泸州市	Luzhou City							
德阳市	Deyang City							
绵阳市	Mianyang City							
广元市	Guangyuan City							
遂宁市	Suining City							
内江市	Neijiang City							
乐山市	Leshan City							
南充市	Nanchong City							
眉山市	Meishan City							
宜宾市	Yibin City							
广安市	Guangan City							
达州市	Dazhou City							
雅安市	Yaan City							
巴中市	Bazhong City							
资阳市	Ziyang City							
阿坝藏族羌族自治州	Aba Zang & Qiang A.P							
甘孜藏族自治州	Ganzi Zang A.P							
凉山彝族自治州	Liangshan Yi A.P							
贵州省	**Guizhou**							
贵阳市	Guiyang City	99	9066	210.0	214.6		54.6	
六盘水市	Liupanshui City	8			23.7		10.4	
遵义市	Zunyi City	37		144.5	213.6		75.0	24.3
安顺市	Anshun City	11			16.6		6.4	
铜仁地区	Tongren Prefecture							
黔西南布依族苗族自治州	Southwest Guizhou Buyi & Miao A.P	19			35.4		15.1	
毕节地区	Bijie Prefecture	13			27.1		0.1	
黔东南苗族侗族自治州	Southeast Guizhou Miao & Dong A.P							
黔南布依族苗族自治州	South Guizhou Buyi & Miao A.P	15			9.8		1.2	0.7
云南省	**Yunnan**							
昆明市	Kunming City							
曲靖市	Qujing City							
玉溪市	Yuxi City							

3-21 续表 8 continued

地 区	Region	法人企业个数 (个) Number of Outlets	从业人数 (人) Number of Persons	购进总额 (亿元) Total Purchases (100 million yuan)	销售总额 (亿元) Total Sales (100 million yuan)			库存总额 (亿元) Total Inventory (100 million yuan)
						批发总额 Wholesale	零售总额 Retail Sales	
保山市	Baoshan City							
昭通市	Zhaotong City							
丽江市	Lijiang City							
思茅市	Simao City							
临沧市	Lincang City							
楚雄彝族自治州	Chuxiong Yi A.P							
红河哈尼族彝族自治州	Honghe Hani & Yi A.P							
文山壮族苗族自治州	Wenshan Zhuang & Miao A.P							
西双版纳傣族自治州	Xishuangbanna Dai A.P							
大理白族自治州	Dali Bai A.P							
德宏傣族景颇族自治州	Dehong Dai & Jingpo A.P							
怒江傈僳族自治州	Nujiang Lisu A.P							
迪庆藏族自治州	Diqing Zang A.P							
西藏自治区	**Tibet**			**13.7**	**21.4**			
拉萨市	Lhasa City							
昌都地区	Qamdu Prefecture							
山南地区	Lhokha Prefecture							
日喀则地区	Xigaze Prefecture							
那曲地区	Narqu Prefecture							
阿里地区	Ngri Prefecture							
林芝地区	Nyingchi Prefecture							
其他	Others							
陕西省	**Shaanxi**							
西安市	Xian City							
铜川市	Tongchuan City							
宝鸡市	Baoji City							
咸阳市	Xianyang City							
渭南市	Weinan City							
延安市	Yanan City							
汉中市	Hanzhong City							
榆林市	Yulin City							
安康市	Ankang City							
商洛市	Shangluo City							
其他	Others							
甘肃省	**Gansu**				**606.0**	**491.7**	**114.3**	
兰州市	Lanzhou City				418.4	354.3	64.1	
嘉峪关市	Jiayuguan City				24.7	23.2	1.5	
金昌市	Jinchang City				6.8	4.6	2.3	
白银市	Baiyin City				17.2	12.4	4.8	
天水市	Tianshui City				27.7	20.3	7.4	
武威市	Wuwei City				15.4	13.5	1.9	
张掖市	Zhangye City				9.4	3.6	5.8	
平凉市	Pingliang City				8.0	3.0	5.0	
酒泉市	Jiuquan City				26.4	18.4	8.0	
庆阳市	Qingyang City				12.6	9.3	3.3	
定西市	Dingxi City				16.6	12.6	4.0	

地 区	Region	法人企业个数（个）Number of Outlets	从业人数（人）Number of Persons	购进总额（亿元）Total Purchases (100 million yuan)	销售总额（亿元）Total Sales (100 million yuan)	批发总额 Wholesale	零售总额 Retail Sales	库存总额（亿元）Total Inventory (100 million yuan)
陇南市	Longnan City				14.1	10.7	3.4	
临夏回族自治州	Linxia Hui A.P				5.9	3.7	2.2	
甘南藏族自治州	Gannan Zang A.P				2.7	2.2	0.5	
青海省	**Qinghai**							
西宁市	Xining City							
海东地区	Haidong Prefecture							
海北藏族自治州	Haibei Zang A.P							
海南藏族自治州	Hainan Zang A.P							
黄南藏族自治州	Huangnan Zang AP							
果洛藏族自治州	Golog Zang A.P							
玉树藏族自治州	Yushu Zang A.P							
海西蒙古族藏族自治州	Haixi Mongolian & Zang A.P							
宁夏回族自治区	**Ningxia**	**328**	**23007**		**196.5**	**146.8**	**49.7**	**15.6**
银川市	Yinchuan City	203	12891		135.2	98.8	36.4	11.2
石嘴山市	Shizuishan City	54	3823		21.9	16.5	5.4	1.6
吴忠市	Wuzhong City	27	2411		17.4	14.2	3.2	0.9
固原市	Guyuan City	22	865		8.9	6.6	2.2	1.0
中卫市	Zhongwei City	22	3017		13.2	10.6	2.5	0.9
新疆维吾尔自治区	**Xinjiang**	**936**	**75608**		**1078.7**	**889.0**	**189.7**	
乌鲁木齐市	Urumqi City	401	26255		418.8	312.2	106.6	
克拉玛依市	Karamay City	32	3124		52.6	47.8	4.7	
石河子市	Shihezi City	2	377		0.8	0.2	0.5	
吐鲁番地区	Turpan Prefecture	15	1225		7.9	4.5	3.4	
哈密地区	Hami Prefecture	32	2227		16.7	9.9	6.9	
昌吉回族自治州	Changji Hui A.P	65	5097		37.1	27.9	9.2	
博尔塔拉蒙古自治州	Bortala Mongolian A.P	13	945		52.9	50.9	1.9	
巴音郭楞蒙古自治州	Bayingolin Mongolian A.P	48	4400		46.1	35.4	10.7	
阿克苏地区	Aksu Prefecture	64	7480		48.0	35.9	12.1	
克孜勒苏柯尔克孜自治州	Kizilsu Kirgiz A.P	3	172		1.1	1.0	0.1	
喀什地区	Kashi Prefecture	25	7613		26.4	20.0	6.4	
和田地区	Hotan Prefecture	8	765		6.8	3.1	3.7	
伊犁哈萨克自治州	Ili Kazak A.P	57	3745		45.1	40.5	4.6	
塔城地区	Tacheng Prefecture	20	1349		35.0	33.1	1.8	
阿勒泰地区	Altay Prefecture	9	1148		21.6	20.3	1.3	
阿拉尔市	Alar City							
图木舒克市	Tumxuk City							
五家渠市	Wujiaqu City							
兵团	Corps	142	9686		261.9	246.1	15.7	

3-22 利用外资和旅游业情况（2004年）

Foreign Capital and Tourism (2004)

地 区	Region	外商直接投资（万美元）Foreign Direct Investment (USD 10000)	涉外饭店数（个）Number of Tourist Hotels	入境国际旅游人数（万人次）Number of International Tourists (10000 person-times)	#外国人 Foreigners	旅游外汇收入（万美元）Foreign Exchange Earnings (USD 10000)	国内旅游人数（万人次）Number of Domestic Tourists (10000 person-times)	国内旅游收入（万元）Total Expenditure of Domestic Travel (10000 yuan)
北京市	**Beijing**	**308354**	**613**	**315.50**	**268.10**	**316900**	**12000**	**11450000**
东城区	Dongcheng District	17809	49	74.71	63.35			
西城区	Xicheng District	6364	46	13.80	11.54			
崇文区	Chongwen District	2313	20	8.62	7.35			
宣武区	Xuanwu District	874	39	19.06	18.01			
朝阳区	Chaoyang District	134545	107	151.95	128.80			
丰台区	Fengtai District	3498	31	5.18	4.61			
石景山区	Shijingshan District	1450	8	0.21	0.17			
海淀区	Haidian District	36566	90	38.87	32.23			
门头沟区	Mentougou District	453	14					
房山区	Fangshan District	1196	25					
通州区	Tongzhou District	10142	10	0.09	0.07			
顺义区	Shunyi District	14202	15	0.91	0.87			
昌平区	Changping District	4514	42	1.30	0.40			
大兴区	Daxing District	4319	11	0.40	0.35			
怀柔区	Huairou District	2046	50	0.09	0.09			
平谷区	Pinggu District	3461	19	0.13	0.13			
密云县	Miyun County	3831	19	0.06	0.05			
延庆县	Yanqing County	1668	18					
天津市	**Tianjin**	**247244**	**105**	**61.59**	**23.60**	**41253**	**4484**	**4851400**
和平区	Heping District	3230	14					
河东区	Hedong District	1557	9					
河西区	Hexi District	2630	21					
南开区	Nankai District	14772	8					
河北区	Hebei District	1049	5					
红桥区	Hongqiao District	61	1					
塘沽区	Tanggu District	157284	18					
汉沽区	Hangu District	386						
大港区	Dagang District	3552	3					
东丽区	Dongli District	10615	6					
西青区	Xiqing District	13811	1					
津南区	Jinnan District	7122	1					
北辰区	Beichen District	12310	1					
武清区	Wuqing District	10038	2					
宝坻区	Baodi District	2318	2					
宁河县	Ninghe County	1923	1					
静海县	Jinghai County	2568	4					
蓟县	Ji County	2018	8					
其他	Others							
河北省	**Hebei**	**162341**	**317**	**58.07**	**53.65**	**19042**	**7227**	**3345962**
石家庄市	Shijiazhuang City	28753	51	6.18	5.66	1982	1441	666952
唐山市	Tangshan City	38817	41	3.75	3.56	1376	510	236130
秦皇岛市	Qinhuangdao City	20020	60	16.28	15.55	8040	1212	560999
邯郸市	Handan City	10640	20	0.56	0.47	196	760	351880
邢台市	Xingtai City	10689	12	0.18	0.14	41	276	127603
保定市	Baoding City	14847	27	4.42	4.25	1554	1542	713835
张家口市	Zhangjiakou City	2958	15	1.01	0.96	167	350	161893

3-22 续表 1 continued

地 区	Region	外商直接投资(万美元) Foreign Direct Investment (USD 10000)	涉外饭店数(个) Number of Tourist Hotels	入境国际旅游人数(万人次) Number of International Tourists (10000 person-times)	#外国人 Foreigners	旅游外汇收入(万美元) Foreign Exchange Earnings (USD 10000)	国内旅游人数(万人次) Number of Domestic Tourists (10000 person-times)	国内旅游收入(万元) Total Expenditure of Domestic Travel (10000 yuan)
承德市	Chengde City	9805	27	19.92	17.60	4571	535	247705
沧州市	Cangzhou City	8276	22	0.30	0.20	92	179	82738
廊坊市	Langfang City	8569	28	5.27	5.08	963	324	149901
衡水市	Hengshui City	8967	14	0.21	0.19	60	100	46328
其他	Others							
山西省	**Shanxi**	**9021**	**243**	**29.58**	**18.22**	**8123**	**5579**	**1539000**
太原市	Taiyuan City	5049	69	7.83	5.66	3019	1331	485600
大同市	Datong City	1642	18	6.41	4.15	1767	597	191600
阳泉市	Yangquan City		3	0.05	0.04	27	248	67700
长治市	Changzhi City	313	8	1.35	1.11	241	488	119800
晋城市	Jincheng City	36	18	0.76	0.20	112	425	89600
朔州市	Shuozhou City		11	0.74	0.37	146	104	18900
晋中市	Jinzhong City	610	35	4.26	3.18	870	533	133500
运城市	Yuncheng City	919	32	2.50	2.50	510	580	137000
忻州市	Xinzhou City	14	28	3.01	1.76	840	560	106900
临汾市	Linfen City	438	31	1.88	0.70	378	509	142800
吕梁市	Luliang City		10	0.77	0.64	214	205	46400
内蒙古自治区	**Inner Mongolia**	**62743**	**168**	**80.00**	**79.11**	**25313**	**1511**	**1240100**
呼和浩特市	Hohhot City	23940	26	3.00	2.83	956	259	293712
包头市	Baotou City	23991	26	0.99	0.95	370	335	234500
乌海市	Wuhai City	1012	5	0.00	0.00	1	15	21230
赤峰市	Chifeng City	527	20	0.99	0.99	314	309	126000
通辽市	Tongliao City	1761	10	0.32	0.32	96	109	66800
鄂尔多斯市	Erdos City	5753	14	0.99	0.98	220	225	96000
呼伦贝尔市	Hulunbuir City	1835	34	36.23	36.23	14835	245	234700
巴彦淖尔市	Bayannur City	2439	14	0.71	0.71	136	78	12885
乌兰察布市	Ulanqab City	346	14	2.25	1.70	689	140	42000
兴安盟	Xingan League	113	6	0.04	0.03	23	202	41300
锡林郭勒盟	Xilingol League	1016	8	33.83	33.81	7526	115	88742
阿拉善盟	Alxa League	10	1	0.66	0.65	147	34	18128
其他	Others							
辽宁省	**Liaoning**	**540679**		**108.10**	**93.80**	**61281**	**8090**	
沈阳市	Shenyang City	242277		27.00	22.30	14342	2818	
大连市	Dalian City	220328		52.00	45.60	35000	1600	
鞍山市	Anshan City	19261		6.00	5.20	4216	690	
抚顺市	Fushun City	3260		2.00	1.30	397	248	
本溪市	Benxi City	4617		4.00	2.90	1082	420	
丹东市	Dandong City	8646		9.00	8.60	2769	586	
锦州市	Jinzhou City	4928		3.00	2.20	975	328	
营口市	Yingkou City	16319		2.00	1.60	671	231	
阜新市	Fuxin City	2107		0.20	0.10	78	85	
辽阳市	Liaoyang City	4211		0.90	0.80	413	214	
盘锦市	Panjin City	2462		0.90	0.80	479	198	
铁岭市	Tieling City	7650		0.50	0.50	229	142	
朝阳市	Chaoyang City	2434		0.10	0.10	59	130	
葫芦岛市	Huludao City	2179		2.00	1.60	570	400	

3-22 续表 2 continued

地 区	Region	外商直接投资(万美元) Foreign Direct Investment (USD 10000)	涉外饭店数(个) Number of Tourist Hotels	入境国际旅游人数(万人次) Number of International Tourists (10000 person-times)	#外国人 Foreigners	旅游外汇收入(万美元) Foreign Exchange Earnings (USD 10000)	国内旅游人数(万人次) Number of Domestic Tourists (10000 person-times)	国内旅游收入(万元) Total Expenditure of Domestic Travel (10000 yuan)
吉林省	**Jilin**	**45266**	**176**	**32.40**	**27.00**	**9600**	**2588**	**1759200**
长春市	Changchun City	28737	44	9.00	7.00	4345	1101	932100
吉林市	Jilin City	6641	34	3.00	2.00	758	758	410700
四平市	Siping City	1109	9			96	52	30800
辽源市	Liaoyuan City	666	2				41	22500
通化市	Tonghua City	1138	11	2.00	1.00	458	138	70500
白山市	Baishan City	817	15	1.00	1.00	425	134	61400
松原市	Songyuan City	1028	9				60	30500
白城市	Baicheng City	101	11				61	34500
延边朝鲜族自治州	Yanbian Korean A.P	5029	41	17.00	16.00	3518	243	166200
其他	Others							
黑龙江省	**Heilongjiang**	**123639**	**246**	**73.28**	**69.28**	**30215**	**4002**	**2250000**
哈尔滨市	Harbin City	25350	76	18.38	14.71	8465	1515	953000
齐齐哈尔市	Qiqihar City	2166	19	0.60	0.48	247	645	212000
鸡西市	Jixi City	905	14	10.00	7.00	3000	176	29000
鹤岗市	Hegang City	55	4	0.02	0.02	4	29	4350
双鸭山市	Shuangyashan City	726	6	2.00	2.00	400	69	31100
大庆市	Daqing City	2411	20	0.18	0.18	158	495	96000
伊春市	Yichun City	351	12	0.04	0.04	102	201	43427
佳木斯市	Jiamusi City	209	10	3.90	3.90	690	85	35000
七台河市	Qitaihe City	1456	2	0.01	0.00	3	24	1181
牡丹江市	Mudanjiang City	4124	41	46.77	46.77	15422	312	93510
黑河市	Heihe City	654	10	14.90	14.90	351	81	37200
绥化市	Suihua City	1540	5	0.01	0.01	1	800	7000
大兴安岭地区	Daxinganling Prefecture	51	6			40	13	8116
其他	Others							
上海市	**Shanghai**	**654100**	**359**	**491.92**	**339.11**	**308900**	**8505**	**12163400**
黄浦区	Huangpu District		31					
卢湾区	Luwan District		8					
徐汇区	Xuhui District		36					
长宁区	Changning District		34					
静安区	Jingan District		19					
普陀区	Putuo District		22					
闸北区	Zhabei District		22					
虹口区	Hongkou District		26					
杨浦区	Yangpu District		15					
闵行区	Minhang District		15					
宝山区	Baoshan District		14					
嘉定区	Jiading District		17					
浦东新区	Pudong New District		42					
金山区	Jinshan District		9					
松江区	Songjiang District		12					
青浦区	Qingpu District		14					
南汇区	Nanhui District		7					
奉贤区	Fengxian District		8					
崇明县	Chongming County		8					
其他	Others							

3-22 续表 3 continued

地 区	Region	外商直接投资(万美元) Foreign Direct Investment (USD 10000)	涉外饭店数(个) Number of Tourist Hotels	入境国际旅游人数(万人次) Number of International Tourists (10000 person-times)	#外国人 Foreigners	旅游外汇收入(万美元) Foreign Exchange Earnings (USD 10000)	国内旅游人数(万人次) Number of Domestic Tourists (10000 person-times)	国内旅游收入(万元) Total Expenditure of Domestic Travel (10000 yuan)
江苏省	**Jiangsu**	**1213783**	**636**	**306.57**	**214.24**	**176344**	**14662**	**12898200**
南京市	Nanjing City	151208	114	71.97	47.17	50773	2806	2712700
无锡市	Wuxi City	194828	67	50.44	34.71	20746	2202	2124600
徐州市	Xuzhou City	30399	37	5.06	3.57	3546	801	595800
常州市	Changzhou City	53563	49	14.32	10.65	11244	1041	921600
苏州市	Suzhou City	464810	100	97.26	94.72	48608	3157	2956900
南通市	Nantong City	101986	36	11.00	9.38	9934	629	489800
连云港市	Lianyungang City	22773	57	4.03	3.62	3520	609	496000
淮安市	Huaian City	9215	38	1.83	1.38	959	490	282100
盐城市	Yancheng City	14210	37	3.40	1.97	1536	465	336400
扬州市	Yangzhou City	75177	43	18.80	13.34	10873	904	678200
镇江市	Zhenjiang City	55965	28	25.43	17.62	12991	971	859500
泰州市	Taizhou City	38255	16	2.54	1.61	1916	421	350700
宿迁市	Suqian City	1394	14	0.50	0.32	398	166	93900
浙江省	**Zhejiang**	**668128**	**905**	**276.67**	**177.64**	**130047**	**10600**	**9025000**
杭州市	Hangzhou City	140982	200	123.40	79.16	59734	3016	3611800
宁波市	Ningbo City	210322	157	32.24	19.59	15428	2010	1925000
温州市	Wenzhou City	20916	65	17.25	13.55	7102	1052	910800
嘉兴市	Jiaxing City	102187	57	34.01	17.73	10187	1117	782000
湖州市	Huzhou City	61121	51	8.05	2.68	3131	851	484900
绍兴市	Shaoxing City	82344	78	15.34	10.93	5356	1211	907500
金华市	Jinhua City	42983	100	23.45	19.06	12251	1199	841500
衢州市	Quzhou City	2080	25	1.91	0.76	748	420	218400
舟山市	Zhoushan City	2251	56	11.65	7.00	5976	825	462200
台州市	Taizhou City	30296	63	6.29	4.00	3923	1238	971500
丽水市	Lishui City	2053	53	3.07	2.79	6213	318	135000
安徽省	**Anhui**	**54669**	**341**	**50.10**	**31.97**	**19000**	**4329**	**2499461**
合肥市	Hefei City	18351	43	5.78	4.44	3325	616	423476
芜湖市	Wuhu City	10341	19	1.71	1.69	2200	500	213941
蚌埠市	Bengbu City	2510	14	0.59	0.30	285	285	92599
淮南市	Huainan City	1880	16	0.48	0.06	183	236	67658
马鞍山市	Maanshan City	5310	11	0.80	0.75	752	188	102588
淮北市	Huaibei City	909	6	0.28	0.07	167	162	55420
铜陵市	Tongling City	547	15	0.49	0.31	268	98	41116
安庆市	Anqing City	1638	38	1.03	0.41	497	837	331227
黄山市	Huangshan City	1559	60	32.56	20.88	6600	784	463509
滁州市	Chuzhou City	1299	18	0.75	0.43	297	207	83855
阜阳市	Fuyang City	2584	15	0.44	0.03	164	204	117510
宿州市	Suzhou City	878	6	0.11	0.01	51	163	61257
巢湖市	Chaohu City	1726	13	0.59	0.22	650	180	59190
六安市	Liuan City	1782	12	0.27	0.06	1800	212	84938
亳州市	Bozhou City	815	8	0.19	0.13	57	129	57860
池州市	Chizhou City	1403	20	3.33	1.54	552	268	153060
宣城市	Xuancheng City	1137	27	0.67	0.50	244	248	90256
其他	Others							

3-22 续表 4 continued

地 区	Region	外商直接投资(万美元) Foreign Direct Investment (USD 10000)	涉外饭店数(个) Number of Tourist Hotels	入境国际旅游人数(万人次) Number of International Tourists (10000 person-times)	#外国人 Foreigners	旅游外汇收入(万美元) Foreign Exchange Earnings (USD 10000)	国内旅游人数(万人次) Number of Domestic Tourists (10000 person-times)	国内旅游收入(万元) Total Expenditure of Domestic Travel (10000 yuan)
福建省	**Fujian**	**222120**		**167.90**	**62.92**	**106507**		
福州市	Fuzhou City	60635		31.08	17.78	23538		
厦门市	Xiamen City	57022		59.05	32.85	42296		
莆田市	Putian City	5351		9.48	0.31	1832		
三明市	Sanming City	3106		0.16	0.09	48		
泉州市	Quanzhou City	61583		50.08	5.21	32702		
漳州市	Zhangzhou City	25027		3.53	1.07	914		
南平市	Nanping City	4990		13.96	5.31	4957		
龙岩市	Longyan City	3104		0.38	0.20	171		
宁德市	Ningde City	1302		0.18	0.10	48		
江西省	**Jiangxi**	**205238**	**238**	**28.77**	**9.40**	**7976**	**4089**	**2342100**
南昌市	Nanchang City	71550	40	5.00	3.49	1723	587	377700
景德镇市	Jingdezhen City	1417	19	4.02	1.56	1181	324	174900
萍乡市	Pingxiang City	5129	7	0.44	0.19	126	226	104000
九江市	Jiujiang City	27502	32	6.04	2.61	1663	668	423200
新余市	Xinyu City	5157	8	0.20	0.17	59	141	70300
鹰潭市	Yingtan City	3576	15	3.04	0.21	445	245	151300
赣州市	Ganzhou City	46808	26	4.49	0.38	1336	587	336400
吉安市	Jian City	13607	24	2.60	0.13	476	481	250400
宜春市	Yichun City	12933	27	0.55	0.17	203	265	134500
抚州市	Fuzhou City	4331	15	1.00	0.22	312	188	88200
上饶市	Shangrao City	13228	18	1.21	0.26	452	377	231200
山东省	**Shandong**	**870064**		**119.31**	**96.17**	**56655**		
济南市	Jinan City	18307		10.66	5.80	3698		
青岛市	Qingdao City	379917		52.25	45.84	29182		
淄博市	Zibo City	30941		2.99	2.25	678		
枣庄市	Zaozhuang City	7801		0.26	0.13	85		
东营市	Dongying City	16172		0.18	0.17	125		
烟台市	Yantai City	174068		14.91	12.95	10479		
潍坊市	Weifang City	37163		3.08	1.95	903		
济宁市	Jining City	14727		7.82	5.51	1492		
泰安市	Taian City	8038		8.09	3.99	2910		
威海市	Weihai City	109891		12.17	11.36	5097		
日照市	Rizhao City	5849		4.72	4.69	1008		
莱芜市	Laiwu City	7912		0.08	0.07	61		
临沂市	Linyi City	9224		1.13	0.82	528		
德州市	Dezhou City	30376		0.13	0.11	43		
聊城市	Liaocheng City	5747		0.54	0.29	281		
滨州市	Binzhou City	3245		0.10	0.09	45		
菏泽市	Heze City	10686		0.19	0.17	41		
河南省	**Henan**	**87367**	**379**	**45.00**		**16001**	**8012**	**6200000**
郑州市	Zhengzhou City	24202	99	17.40		5974	1702	1282859
开封市	Kaifeng City	1802	22	7.94		1594	513	366371
洛阳市	Luoyang City	8900	35	9.00		3145	1101	877887
平顶山市	Pingdingshan City	3443	17	0.20		81	278	167121
安阳市	Anyang City	1873	22	1.20		276	405	267653

3-22 续表 5 continued

地 区	Region	外商直接投资（万美元）Foreign Direct Investment (USD 10000)	涉外饭店数（个）Number of Tourist Hotels	入境国际旅游人数（万人次）Number of International Tourists (10000 person-times)	#外国人 Foreigners	旅游外汇收入（万美元）Foreign Exchange Earnings (USD 10000)	国内旅游人数（万人次）Number of Domestic Tourists (10000 person-times)	国内旅游收入（万元）Total Expenditure of Domestic Travel (10000 yuan)
鹤壁市	Hebi City	1406	5	0.19		55	117	68685
新乡市	Xinxiang City	4563	15	0.37		91	303	176835
焦作市	Jiaozuo City	6321	19	5.30		2137	480	270891
濮阳市	Puyang City	2925	14	0.66		241	242	144386
许昌市	Xuchang City	3159	16	0.19		54	197	95350
漯河市	Luohe City	6597	9	0.20		89	137	73396
三门峡市	Sanmenxia City	5758	21	1.38		316	408	227316
南阳市	Nanyang City	3811	28	0.44		214	405	246533
商丘市	Shangqiu City	2303	13	0.24		56	228	122948
信阳市	Xinyang City	3429	10	0.14		83	383	165226
周口市	Zhoukou City	2438	9	0.10		28	212	123164
驻马店市	Zhumadian City	2577	17	0.18		72	269	133742
其他	Others	1860	8	0.25		50	61	38908
湖北省	**Hubei**	**207126**	**531**	**61.19**	**50.19**	**19240**	**6489**	**3942200**
武汉市	Wuhan City	116063	114	31.45	24.17	12618	2607	1922400
黄石市	Huangshi City	20049	20	0.16	0.13	41	101	39800
十堰市	Shiyan City	3750	53	2.26	1.33	509	538	199100
宜昌市	Yichang City	9305	65	14.00	13.00	3076	791	450200
襄樊市	Xiangfan City	8013	53	1.25	1.10	305	570	244600
鄂州市	Ezhou City	5926	7	0.58	0.16	203	112	67200
荆门市	Jingmen City	6325	39	0.34	0.34	111	369	110000
孝感市	Xiaogan City	7413	16			249	31	50000
荆州市	Jingzhou City	6036	31	0.96	0.75	303	366	192500
黄冈市	Huanggang City	5707	24	1.00	0.80	360	400	60000
咸宁市	Xianning City	5170	32	0.29	0.20	80	301	121600
随州市	Suizhou City	1273	12	0.90	0.70		305	56809
恩施土家族苗族自治州	Enshi Tujia & Miao A.P	1033	22	9.20	7.01	129	135	12245
其他	Others	5702	43	0.30	0.20	65	179	75279
湖南省	**Hunan**	**141806**	**417**	**55.34**	**41.24**	**31308**	**6431**	**3455700**
长沙市	Changsha City	50111	76	18.77	14.57	14180	1569	1122900
株洲市	Zhuzhou City	12779	23	0.11	0.04	29	404	183100
湘潭市	Xiangtan City	10035	16	0.32	0.20	89	562	168600
衡阳市	Hengyang City	12882	33	0.37	0.04	179	453	230000
邵阳市	Shaoyang City	2038	16	0.02	0.01	6	324	178600
岳阳市	Yueyang City	8762	31	8.78	4.30	3037	391	156800
常德市	Changde City	11932	35	0.36	0.20	93	399	164300
张家界市	Zhangjiajie City	1740	54	25.75	21.58	13487	413	303200
益阳市	Yiyang City	2419	13	0.01		3	247	102800
郴州市	Chenzhou City	14770	27	0.10	0.04	26	458	229300
永州市	Yongzhou City	7566	24	0.30	0.04	66	286	127700
怀化市	Huaihua City	3770	26	0.03	0.01	7	323	179700
娄底市	Loudi City	1573	13	0.10	0.10	49	332	138800
湘西土家族苗族自治州	West Hunan Tujia A.P	1429	30	0.30	0.10	59	269	169700
其他	Others							
广东省	**Guangdong**	**1101200**	**1071**	**1540.97**	**457.00**	**4449600**	**8967**	**12190900**
广州市	Guangzhou City	208730	195	437.15	123.44	1568400	2238	3901800

3-22 续表 6 continued

地区	Region	外商直接投资(万美元) Foreign Direct Investment (USD 10000)	涉外饭店数(个) Number of Tourist Hotels	入境国际旅游人数(万人次) Number of International Tourists (10000 person-times)	#外国人 Foreigners	旅游外汇收入(万美元) Foreign Exchange Earnings (USD 10000)	国内旅游人数(万人次) Number of Domestic Tourists (10000 person-times)	国内旅游收入(万元) Total Expenditure of Domestic Travel (10000 yuan)
韶关市	Shaoguan City	32362	39	7.81	0.37	10200	290	233900
深圳市	Shenzhen City	204323	170	559.79	125.19	1477600	1383	2333000
珠海市	Zhuhai City	35407	68	140.32	18.98	465300	421	571900
汕头市	Shantou City	6806	44	19.25	3.94	54400	264	377200
佛山市	Foshan City	149949	72	70.76	9.56	211800	478	683800
江门市	Jiangmen City	44522	33	28.50	4.08	76500	512	384500
湛江市	Zhanjiang City	6205	31	2.03	1.50	8900	121	283400
茂名市	Maoming City	5099	22	0.79	0.38	4600	144	396100
肇庆市	Zhaoqing City	41920	33	11.25	1.35	38000	463	314100
惠州市	Huizhou City	54976	38	31.20	31.20	71400	321	319200
梅州市	Meizhou City	20510	24	8.11	0.47	21600	260	169200
汕尾市	Shanwei City	13622		2.14	0.05	3200	147	123700
河源市	Heyuan City	20318	37	3.74	0.09	6700	184	131700
阳江市	Yangjiang City	5000	31	7.14	0.24	6600	238	169900
清远市	Qingyuan City	7058	43	4.28	0.20	10900	202	296400
东莞市	Dongguan City	185961	85	123.86	66.03	193800	589	663200
中山市	ZhongShan City	44329	36	62.16	8.98	171100	368	401000
潮州市	Chaozhou City	5065	14	15.86	1.34	38200	127	169200
揭阳市	Jieyang City	7197	9	2.49	0.51	4500	88	129800
云浮市	Yunfu City	1842	15	2.32	0.10	5900	126	137700
广西壮族自治区	**Guangxi**	**29579**	**298**	**112.53**	**66.77**			
南宁市	Nanning City	7768	61	6.56	5.10	1715	1387	716453
柳州市	Liuzhou City	4048	19	2.00	1.41	662	492	251562
桂林市	Guilin City	2519	57	80.77	45.98	156220	1031	345208
梧州市	Wuzhou City	10900	14	1.75	1.12	147	180	72838
北海市	Beihai City	1973	15	2.53	1.51	553	399	178600
防城港市	Fangchenggang City	625	11	3.22	3.14	485	153	49132
钦州市	Qinzhou City	2561	6					
贵港市	Guigang City	3010	13	1.01	0.11	273	258	62838
玉林市	Yulin City	975	20	2.06	0.40	905	356	162900
百色市	Baise City	1694	16	0.81	0.45	36	251	95687
贺州市	Hezhou City	1851	9	10.11	4.49	1463	236	93752
河池市	Hechi City	537	12	0.37	0.14	121	231	113600
来宾市	Laibin City	71	3	0.13	0.04	31	165	55400
崇左市	Chongzuo City	513	17	6.42	4.80	967	214	64056
海南省	**Hainan**	**64343**	**215**	**30.86**	**18.38**	**8160**	**1051**	**1042400**
海口市	Haikou City	32016	64	10.12	4.96	2736	307	427600
三亚市	Sanya City	10600	66	14.63	10.62	4257	349	356700
其他	Others	21727	85	6.11	2.80	1167	395	258100
重庆市	**Chongqing**	**40508**	**168**	**43.44**	**33.89**	**20308**	**5236**	**2429200**
万州区	Wanzhou District	144	15	1.83	1.83	60	229	35050
涪陵区	Fuling District	1000	8	0.16	0.14		68	18000
渝中区	Yuzhong District	10019	27	20.85	14.58	9743	928	398000
大渡口区	Dadukou District	708	2				7	1300
江北区	Jiangbei District	2811	6	0.66	0.46	122	105	27000
沙坪坝区	Shapingba District	1168	8	0.33	0.20	160	683	48614

3-22 续表 7 continued

地 区	Region	外商直接投资（万美元）Foreign Direct Investment (USD 10000)	涉外饭店数（个）Number of Tourist Hotels	入境国际旅游人数（万人次）Number of International Tourists (10000 person-times)	#外国人 Foreigners	旅游外汇收入（万美元）Foreign Exchange Earnings (USD 10000)	国内旅游人数（万人次）Number of Domestic Tourists (10000 person-times)	国内旅游收入（万元）Total Expenditure of Domestic Travel (10000 yuan)
九龙坡区	Jiulongpo District	2210	11	7.78	7.78	1167	389	40056
南岸区	Nanan District	4608	8	5.40	3.80	411	616	110000
北碚区	Beibei District	3127	4	0.93	0.70	40	290	46802
万盛区	Wansheng District	200	3	0.05	0.04		64	6545
双桥区	Shuangqiao District						19	132
渝北区	Yubei District	8279	8	2.10	1.04	1700	179	17230
巴南区	Banan District	3480	2	0.13	0.10	13	179	65000
黔江区	Qianjiang District		3	0.01	0.01	1	48	9838
长寿区	Changshou District	176	7				50	7000
其他	Others	2578	56	3.21	3.20	6890	1382	1598634
四川省	**Sichuan**	**73825**	**413**	**97.88**	**74.61**	**28926**	**11415**	**5665972**
成都市	Chengdu City	52048	144	40.88	26.29	14039	3215	2284300
自贡市	Zigong City	1995	13	0.19	0.16	191	396	186600
攀枝花市	Panzhihua City	512	6	0.06	0.06	38	205	75506
泸州市	Luzhou City	817	10	0.22	0.07	38	626	161400
德阳市	Deyang City	4641	10	0.70	0.61	118	517	242142
绵阳市	Mianyang City	3536	39	6.09	1.99	1194	705	360400
广元市	Guangyuan City	181	6	0.03	0.01	6	188	100800
遂宁市	Suining City	598	8	0.04		6	363	123200
内江市	Neijiang City	620	9	0.02	0.02	3	359	117999
乐山市	Leshan City	5092	25	9.47	6.63	1808	1078	466353
南充市	Nanchong City	505	16	0.21	0.04	62	398	131500
眉山市	Meishan City	703	10	0.21	0.11	39	431	114086
宜宾市	Yibin City	205	25	1.00	0.77	119	411	205500
广安市	Guangan City	25	11	0.05		16	544	170900
达州市	Dazhou City	63	4	0.03		4	472	92700
雅安市	Yaan City	266	15	0.15	0.15	22	205	73000
巴中市	Bazhong City	450	6	0.01	0.01	3	180	38000
资阳市	Ziyang City	346	9	0.10	0.09	46	254	116200
阿坝藏族羌族自治州	Aba Zang & Qiang A.P	53	27	33.59	33.59	9640	517	393900
甘孜藏族自治州	Ganzi Zang A.P	837	8	4.81	4.00	1532	180	129186
凉山彝族自治州	Liangshan Yi A.P	332	12	0.03	0.03	2	172	82300
贵州省	**Guizhou**	**6533**	**148**	**23.10**	**7.63**	**8020**	**2480**	**1610200**
贵阳市	Guiyang City	7817	51	3.72	1.55	1332	1163	476000
六盘水市	Liupanshui City	23	5	0.06		23	121	15254
遵义市	Zunyi City	1036	16	0.13	0.13	19	210	82400
安顺市	Anshun City	132	13	4.15	0.18	623	264	63000
铜仁地区	Tongren Prefecture	30567	12	0.07	0.07	9	69	17680
黔西南布依族苗族自治州	Southwest Guizhou Buyi & Miao A.P	134	4	0.81	0.55	164	71	18176
毕节地区	Bijie Prefecture	488	16	0.84	0.33	269	133	19600
黔东南苗族侗族自治州	Southeast Guizhou Miao & Dong A.P	525	11	3.04	2.08	770	240	168074
黔南布依族苗族自治州	South Guizhou Buyi & Miao A.P	427	32	0.80	0.62	287	221	143500
云南省	**Yunnan**	**14152**		**110.10**	**73.22**	**42245**	**6011**	**3340784**
昆明市	Kunming City	6228		49.33	30.18	13073	1708	1266131
曲靖市	Qujing City	1138		0.44		105	443	191981
玉溪市	Yuxi City	986		0.16		38	459	139581

3-22 续表 8 continued

地 区	Region	外商直接投资(万美元) Foreign Direct Investment (USD 10000)	涉外饭店数(个) Number of Tourist Hotels	入境国际旅游人数(万人次) Number of International Tourists (10000 person-times)	#外国人 Foreigners	旅游外汇收入(万美元) Foreign Exchange Earnings (USD 10000)	国内旅游人数(万人次) Number of Domestic Tourists (10000 person-times)	国内旅游收入(万元) Total Expenditure of Domestic Travel (10000 yuan)
保山市	Baoshan City	45		3.78		950	344	107830
昭通市	Zhaotong City	117		0.02		9	194	42816
丽江市	Lijiang City	352		9.21		2663	351	338690
思茅市	Simao City			3.04		1291	249	55767
临沧市	Lincang City	304		2.51		1662	84	23642
楚雄彝族自治州	Chuxiong Yi A.P	145		0.67		120	241	84505
红河哈尼族彝族自治州	Honghe Hani & Yi A.P	221		2.37		2738	375	92546
文山壮族苗族自治州	Wenshan Zhuang & Miao A.P	551		0.22		793	219	91891
西双版纳傣族自治州	Xishuangbanna Dai A.P	13		3.44		1336	272	236809
大理白族自治州	Dali Bai A.P	501		13.58		3510	591	402855
德宏傣族景颇族自治州	Dehong Dai & Jingpo A.P			4.38		6904	247	157996
怒江傈僳族自治州	Nujiang Lisu A.P			0.47		380	56	20187
迪庆藏族自治州	Diqing Zang A.P	117		16.48		6887	179	87558
西藏自治区	**Tibet**	**2699**	**63**	**9.58**	**8.88**	**3660**	**113**	**122817**
拉萨市	Lhasa City	2699		5.30		2075	47	50795
昌都地区	Qamdu Prefecture			0.09		34	8	9103
山南地区	Lhokha Prefecture			0.85		284	6	6996
日喀则地区	Xigaze Prefecture			2.87		1065	29	32113
那曲地区	Narqu Prefecture			0.09		36	5	5290
阿里地区	Ngri Prefecture			0.31		141	1	1116
林芝地区	Nyingchi Prefecture			0.07		25	16	17404
其他	Others							
陕西省	**Shaanxi**	**52664**	**221**	**80.02**	**60.93**	**36000**	**4150**	**1850000**
西安市	Xian City	28835	63	65.03	52.75	33000	2084	
铜川市	Tongchuan City	16	11	0.82	0.64	123	264	
宝鸡市	Baoji City	1977	33	2.62	1.61	2400	622	
咸阳市	Xianyang City	2875	26	3.83	2.52	1359	892	
渭南市	Weinan City	910	16	2.71	0.35	464	560	
延安市	Yanan City	56	18	1.41	0.71	217	388	
汉中市	Hanzhong City	511	14	0.65	0.25	22	526	
榆林市	Yulin City		13	0.05	0.04	33	265	
安康市	Ankang City	173	12	0.50	0.12	80	108	
商洛市	Shangluo City	12	10	0.23	0.11	6	67	
其他	Others	394	5				158	
甘肃省	**Gansu**	**3539**	**178**	**23.67**	**15.14**	**4379**	**950**	**516196**
兰州市	Lanzhou City	2044	41	4.48	2.96	1000	193	142078
嘉峪关市	Jiayuguan City	118	10	1.51	0.86	240	53	38292
金昌市	Jinchang City		3	0.02	0.02	17	10	2935
白银市	Baiyin City	194	3	0.01	0.00	1	22	5407
天水市	Tianshui City	3	18	1.26	0.74	207	153	99589
武威市	Wuwei City	45	6	1.13	0.17	95	72	38815
张掖市	Zhangye City	58	10	1.34	0.26	202	49	23510
平凉市	Pingliang City		7	0.05	0.01	8	94	44650
酒泉市	Jiuquan City	504	48	7.65	4.71	1586	76	43998
庆阳市	Qingyang City	36	14	0.02	0.00	7	44	19157
定西市	Dingxi City	52	1	0.03	0.01	9	52	7118

3-22 续表 9 continued

地 区	Region	外商直接投资（万美元）Foreign Direct Investment (USD 10000)	涉外饭店数（个）Number of Tourist Hotels	入境国际旅游人数（万人次）Number of International Tourists (10000 person-times)	#外国人 Foreigners	旅游外汇收入（万美元）Foreign Exchange Earnings (USD 10000)	国内旅游人数（万人次）Number of Domestic Tourists (10000 person-times)	国内旅游收入（万元）Total Expenditure of Domestic Travel (10000 yuan)
陇南市	Longnan City	434		0.06	0.04	8	32	8558
临夏回族自治州	Linxia Hui A.P	51	7	1.42	0.98	210	33	10253
甘南藏族自治州	Gannan Zang A.P		10	4.70	4.38	788	68	31836
青海省	**Qinghai**			**1.77**	**0.77**	**912**	**394**	
西宁市	Xining City							
海东地区	Haidong Prefecture							
海北藏族自治州	Haibei Zang A.P							
海南藏族自治州	Hainan Zang A.P							
黄南藏族自治州	Huangnan Zang AP							
果洛藏族自治州	Golog Zang A.P							
玉树藏族自治州	Yushu Zang A.P							
海西蒙古族藏族自治州	Haixi Mongolian & Zang A.P							
宁夏回族自治区	**Ningxia**	**6704**	**44**	**1.00**	**1.00**	**171**	**404**	**150000**
银川市	Yinchuan City	6380	30	1.00	1.00	154	304	127300
石嘴山市	Shizuishan City	324	4				86	12000
吴忠市	Wuzhong City		2			17	3	6300
固原市	Guyuan City		4				3	1800
中卫市	Zhongwei City		4				8	2600
新疆维吾尔自治区	**Xinjiang**	**4586**		**31.69**	**27.10**	**9108**	**1242**	**1089595**
乌鲁木齐市	Urumqi City	2130		13.06	11.44	4846	403	499681
克拉玛依市	Karamay City			0.07	0.05	17	32	32299
石河子市	Shihezi City	400		0.02	0.01	3	50	44256
吐鲁番地区	Turpan Prefecture			2.28	1.76	1115	72	44736
哈密地区	Hami Prefecture	108		0.30	0.09	59	44	40268
昌吉回族自治州	Changji Hui A.P	398		0.03	0.02	8	88	41817
博尔塔拉蒙古自治州	Bortala Mongolian A.P			0.03	0.02	8	30	17574
巴音郭楞蒙古自治州	Bayingolin Mongolian A.P	241		0.38	0.31	126	92	46532
阿克苏地区	Aksu Prefecture	640		0.42	0.36	284	86	39128
克孜勒苏柯尔克孜自治州	Kizilsu Kirgiz A.P	2		0.05	0.05	8	16	8611
喀什地区	Kashi Prefecture	129		4.41	4.04	1928	93	84140
和田地区	Hotan Prefecture			1.27	0.98	200	29	27417
伊犁哈萨克自治州	Ili Kazak A.P	538		6.39	5.47	346	101	65299
塔城地区	Tacheng Prefecture			0.09	0.09	47	33	28506
阿勒泰地区	Altay Prefecture			2.87	2.41	113	72	69301
阿拉尔市	Alar City							
图木舒克市	Tumxuk City							
五家渠市	Wujiaqu City							
兵团	Corps							

3-23 金融机构存款和贷款（2004年）

Deposits and Loans of Financial Institutions (2004)

地 区	Region	金融机构存款（亿元）State Bank Deposits (100 million yuan)	#企业存款 Enterprises Deposits	#居民储蓄存款余额 Urban & Rural Savings Deposits	定期 Fixed Deposits	活期 Current Deposits	金融机构贷款（亿元）State Bank Loans (100 million yuan)	#工业贷款 Loans to Industrial	#商业贷款 Loans to Commercial	#农业贷款 Loans to Agricultural
北京市	**Beijing**	**21625.9**	**12310.2**	**6122.4**	**3966.2**	**2156.2**	**12600.2**	**1216.8**	**787.9**	**76.5**
东城区	Dongcheng District	2162.4	1479.7	473.4			1355.9	133.7	97.7	
西城区	Xicheng District	5400.2	3827.0	787.3			4445.9	324.6	178.4	
崇文区	Chongwen District	625.1	317.9	262.2			377.9	35.0	48.0	
宣武区	Xuanwu District	1612.6	1019.6	299.1			776.1	80.0	44.8	
朝阳区	Chaoyang District	3717.9	2266.4	1184.5			1937.6	238.9	168.9	
丰台区	Fengtai District	1145.5	393.9	602.5			693.0	28.1	48.5	
石景山区	Shijingshan District	339.3	132.5	164.4			133.1	47.9	6.9	
海淀区	Haidian District	4356.1	2185.9	1328.5			1696.7	199.4	111.1	
门头沟区	Mentougou District	80.4	26.3	41.6			24.2	2.6	2.6	
房山区	Fangshan District	244.3	68.5	145.3			123.5	14.9	12.2	
通州区	Tongzhou District	288.4	72.6	162.1			149.1	6.1	6.3	
顺义区	Shunyi District	318.1	141.2	139.5			169.5	49.4	17.9	
昌平区	Changping District	320.4	114.4	150.1			204.1	10.8	5.6	
大兴区	Daxing District	374.2	139.1	171.7			219.3	13.6	17.3	
怀柔区	Huairou District	111.6	36.0	57.0			71.1	10.7	5.5	
平谷区	Pinggu District	92.9	28.3	54.5			69.3	7.1	5.0	
密云县	Miyun County	103.4	28.4	59.3			84.5	10.3	5.9	
延庆县	Yanqing County	68.6	21.7	38.8			43.2	1.9	5.4	
天津市	**Tianjin**	**4729.6**	**1823.0**	**2116.7**	**1475.5**	**641.3**	**3821.4**	**405.5**	**261.1**	**175.3**
和平区	Heping District									
河东区	Hedong District									
河西区	Hexi District									
南开区	Nankai District									
河北区	Hebei District									
红桥区	Hongqiao District									
塘沽区	Tanggu District									
汉沽区	Hangu District									
大港区	Dagang District									
东丽区	Dongli District									
西青区	Xiqing District									
津南区	Jinnan District									
北辰区	Beichen District									
武清区	Wuqing District									
宝坻区	Baodi District									
宁河县	Ninghe County									
静海县	Jinghai County									
蓟县	Ji County									
其他	Others									
河北省	**Hebei**	**9249.9**	**2083.6**	**6207.5**	**4517.3**	**1690.2**	**6152.2**	**873.6**	**641.4**	**800.2**
石家庄市	Shijiazhuang City	2208.9	675.3	1189.5	882.2	307.3	1474.8	224.3	118.7	115.0
唐山市	Tangshan City	1309.7	338.8	856.2	608.8	247.4	801.5	138.6	55.3	75.2
秦皇岛市	Qinhuangdao City	544.0	153.5	354.5	269.7	84.7	350.7	36.2	35.2	27.4
邯郸市	Handan City	846.2	164.7	608.5	448.2	160.3	594.1	96.1	93.3	86.0
邢台市	Xingtai City	621.8	96.7	477.2	351.7	125.5	386.4	65.1	74.3	71.6
保定市	Baoding City	1055.0	164.3	814.2	592.2	222.0	559.9	76.5	52.6	150.3
张家口市	Zhangjiakou City	448.9	79.9	328.3	231.6	96.7	307.2	46.8	34.9	46.9

3-23 续表 1 continued

地 区	Region	金融机构存款(亿元) State Bank Deposits (100 million yuan)	#企业存款 Enterprises Deposits	#居民储蓄存款余额 Urban & Rural Savings Deposits	定期 Fixed Deposits	活期 Current Deposits	金融机构贷款(亿元) State Bank Loans (100 million yuan)	#工业贷款 Loans to Industrial	#商业贷款 Loans to Commercial	#农业贷款 Loans to Agricultural
承德市	Chengde City	315.7	62.8	217.2	149.4	67.8	230.7	43.1	28.0	33.9
沧州市	Cangzhou City	773.0	112.4	610.6	449.6	161.0	456.1	61.9	55.6	92.9
廊坊市	Langfang City	583.0	124.1	411.0	267.2	143.8	360.1	37.9	29.2	43.1
衡水市	Hengshui City	455.6	87.0	333.5	261.7	71.8	280.2	47.2	60.6	58.0
其他	Others	88.0	24.1	6.7	4.9	1.9	350.4		3.5	
山西省	**Shanxi**	**5811.7**	**1558.0**	**3342.3**	**2421.9**	**920.4**	**4016.1**	**577.6**	**357.9**	**401.0**
太原市	Taiyuan City	2225.1	833.2	815.3	544.3	270.9	1952.8	247.3	129.4	31.8
大同市	Datong City	557.6	159.4	371.9	277.2	94.6	201.4	55.5	27.6	10.8
阳泉市	Yangquan City	229.8	50.3	158.5	125.6	32.9	128.2	22.2	10.4	11.2
长治市	Changzhi City	398.4	89.8	264.0	208.5	55.5	266.8	51.3	25.6	41.7
晋城市	Jincheng City	398.3	126.7	237.3	185.7	51.6	214.8	29.8	15.0	37.1
朔州市	Shuozhou City	172.8	43.4	118.4	87.4	31.0	100.2	14.3	11.3	19.0
晋中市	Jinzhong City	386.1	65.8	295.0	230.4	64.5	191.6	31.7	23.9	47.6
运城市	Yuncheng City	366.2	43.9	286.5	209.2	77.3	359.2	64.6	54.9	64.9
忻州市	Xinzhou City	288.6	40.3	231.7	178.7	52.9	174.3	11.2	20.6	45.3
临汾市	Linfen City	507.3	66.7	351.5	223.4	128.1	287.1	26.6	28.3	62.8
吕梁市	Luliang City	281.5	38.6	212.4	151.5	60.9	139.7	23.1	11.1	28.8
内蒙古自治区	**Inner Mongolia**	**2576.4**	**690.1**	**1603.9**	**915.4**	**688.5**	**2239.8**	**333.1**	**295.6**	**141.3**
呼和浩特市	Hohhot City	635.6	232.9	307.3	172.8	134.4	483.5	49.0	36.0	14.0
包头市	Baotou City	528.3	157.0	299.8	178.7	121.1	273.6	95.3	23.0	9.0
乌海市	Wuhai City	94.7	28.0	62.1	32.8	29.3	95.0	11.6	1.9	0.2
赤峰市	Chifeng City	254.3	43.1	187.0	115.2	71.7	201.9	25.1	26.6	29.9
通辽市	Tongliao City	148.5	40.5	92.3	50.8	41.6	191.6	39.5	76.2	15.8
鄂尔多斯市	Erdos City	188.4	47.6	119.3	51.4	67.8	206.9	68.4	9.8	8.4
呼伦贝尔市	Hulunbuir City	260.5	48.3	200.3	133.8	66.4	171.6	22.7	42.0	21.6
巴彦淖尔市	Bayannur City	145.2	23.6	107.9	52.3	55.6	106.7	12.3	24.7	13.6
乌兰察布市	Ulanqab City	130.8	17.0	101.7	60.9	40.8	83.3	8.2	14.6	9.0
兴安盟	Xingan League	65.4	11.4	45.8	26.2	19.5	75.6	7.9	33.3	0.7
锡林郭勒盟	Xilingol League	80.9	16.0	54.7	25.0	29.7	61.3	3.3	6.4	9.1
阿拉善盟	Alxa League	39.8	8.4	25.9	15.4	10.5	38.7	6.1	1.2	3.1
其他	Others									
辽宁省	**Liaoning**	**10203.6**	**2816.8**	**6048.5**	**4389.4**	**1659.1**	**7753.0**	**1421.4**	**961.6**	**281.3**
沈阳市	Shenyang City	3050.5	977.8	1546.0	1050.9	495.1	2294.7	342.9	286.1	38.9
大连市	Dalian City	2692.5	898.0	1302.3	940.2	362.1	2070.0	355.1	159.2	58.5
鞍山市	Anshan City	756.3	184.0	533.7	399.5	134.2	492.3	132.0	72.3	9.7
抚顺市	Fushun City	407.9	65.0	314.4	235.7	78.7	230.7	63.9	26.0	8.4
本溪市	Benxi City	320.7	61.3	222.2	163.7	58.5	226.2	64.1	15.8	7.8
丹东市	Dandong City	389.1	63.3	293.6	219.5	74.1	232.8	48.7	40.2	18.1
锦州市	Jinzhou City	439.6	78.8	328.1	250.5	77.6	320.9	63.5	51.0	26.9
营口市	Yingkou City	330.7	56.0	254.2	69.3	184.9	274.7	57.4	49.1	15.9
阜新市	Fuxin City	182.1	37.0	134.9	97.3	37.6	185.5	38.8	37.1	14.4
辽阳市	Liaoyang City	306.6	52.6	235.1	177.3	57.8	214.9	47.3	44.4	3.3
盘锦市	Panjin City	349.8	80.6	256.7	202.3	54.4	137.4	37.4	27.1	10.1
铁岭市	Tieling City	238.2	36.4	195.9	149.9	46.0	226.6	26.8	82.4	21.6
朝阳市	Chaoyang City	249.9	35.3	191.1	141.4	49.7	221.3	42.2	46.5	26.5
葫芦岛市	Huludao City	324.4	56.5	240.3	176.3	64.0	251.0	59.0	25.0	21.1

3-23 续表 2 continued

地 区	Region	金融机构存款(亿元) State Bank Deposits (100 million yuan)	#企业存款 Enter-prises Deposits	#居民储蓄存款余额 Urban & Rural Savings Deposits	定期 Fixed Deposits	活期 Current Deposits	金融机构贷款(亿元) State Bank Loans (100 million yuan)	#工业贷款 Loans to Industrial	#商业贷款 Loans to Commer-cial	#农业贷款 Loans to Agricul-tural
吉林省	**Jilin**	**3683.5**	**804.9**	**2405.6**	**1635.4**	**770.2**	**3435.0**	**526.9**	**811.8**	**176.6**
长春市	Changchun City	1766.3	520.9	910.4	604.4	306.0	1791.6	205.3	345.7	45.1
吉林市	Jilin City	587.9	105.9	446.0	318.1	127.9	407.2	125.7	89.8	23.3
四平市	Siping City	232.4	23.2	196.6	146.0	50.6	260.2	27.1	103.0	20.5
辽源市	Liaoyuan City	111.3	17.8	83.2	62.0	21.2	123.6	22.8	25.8	10.3
通化市	Tonghua City	235.0	40.6	178.2	121.1	57.1	182.6	49.7	30.8	15.5
白山市	Baishan City	146.8	16.8	120.5	83.5	37.0	108.5	21.0	11.5	14.2
松原市	Songyuan City	147.3	21.7	112.6	74.3	38.3	180.1	13.2	99.2	12.8
白城市	Baicheng City	118.1	16.1	89.6	58.8	30.8	131.6	12.7	57.9	13.3
延边朝鲜族自治州	Yanbian Korean A.P	338.5	41.9	268.5	167.3	101.2	249.7	49.5	48.1	21.6
其他	Others									
黑龙江省	**Heilongjiang**	**5313.9**	**1332.1**	**3585.7**	**2453.6**		**4038.9**	**654.6**	**1002.4**	**162.9**
哈尔滨市	Harbin City	2260.7	779.3	1261.2	828.0	433.2	2113.4	336.7	323.8	21.6
齐齐哈尔市	Qiqihar City	369.0	67.3	283.2	193.2	90.0	356.7	71.0	81.9	21.9
鸡西市	Jixi City	223.6	22.0	194.2	132.9	61.3	164.1	29.4	65.2	8.0
鹤岗市	Hegang City	134.2	17.6	110.4	71.3	39.1	115.1	18.8	42.9	6.5
双鸭山市	Shuangyashan City	133.8	18.8	109.3	68.1	41.2	135.6	22.7	67.1	5.4
大庆市	Daqing City	758.6	230.6	467.0	364.1	103.0	183.1	27.5	54.0	15.2
伊春市	Yichun City	157.6	18.4	131.7	97.2	34.5	89.8	28.1	17.4	4.8
佳木斯市	Jiamusi City	258.2	33.0	207.6	140.9	66.7	204.4	17.7	102.3	9.4
七台河市	Qitaihe City	93.5	14.5	73.6	47.4	26.3	77.4	54.9	24.2	3.1
牡丹江市	Mudanjiang City	386.8	53.2	313.9	96.1	217.7	187.7	42.5	34.7	8.7
黑河市	Heihe City	139.3	21.3	107.9	73.6	34.3	101.1	7.4	48.5	16.9
绥化市	Suihua City	234.8	27.5	193.0	1.3	26.3	257.6	29.7	143.6	18.2
大兴安岭地区	Daxinganling Prefecture	90.1	16.7	69.7	48.6	21.1	27.9	9.0	4.0	1.3
其他	Others									
上海市	**Shanghai**	**17691.9**	**9439.5**	**6116.1**	**4230.0**	**1886.2**	**12380.2**	**1278.9**	**492.9**	**33.8**
黄浦区	Huangpu District									
卢湾区	Luwan District									
徐汇区	Xuhui District									
长宁区	Changning District									
静安区	Jingan District									
普陀区	Putuo District									
闸北区	Zhabei District									
虹口区	Hongkou District									
杨浦区	Yangpu District									
闵行区	Minhang District									
宝山区	Baoshan District									
嘉定区	Jiading District									
浦东新区	Pudong New District									
金山区	Jinshan District									
松江区	Songjiang District									
青浦区	Qingpu District									
南汇区	Nanhui District									
奉贤区	Fengxian District									
崇明县	Chongming County									
其他	Others									

3-23 续表 3 continued

地 区	Region	金融机构存款(亿元) State Bank Deposits (100 million yuan)	#企业存款 Enterprises Deposits	#居民储蓄存款余额 Urban & Rural Savings Deposits	定期 Fixed Deposits	活期 Current Deposits	金融机构贷款(亿元) State Bank Loans (100 million yuan)	#工业贷款 Loans to Industrial	#商业贷款 Loans to Commercial	#农业贷款 Loans to Agricultural
江苏省	**Jiangsu**	**18211.0**	**6749.6**	**8863.1**	**6461.8**	**2401.4**	**13481.0**	**2118.6**	**959.5**	**574.6**
南京市	Nanjing City	4230.3	2146.6	1283.6	911.7	371.9	4061.7	391.6	226.2	44.5
无锡市	Wuxi City	2585.2	996.6	1160.2	843.6	316.6	1802.4	473.7	109.0	34.8
徐州市	Xuzhou City	841.5	219.6	556.3	395.5	160.8	475.1	93.6	72.4	57.8
常州市	Changzhou City	1360.3	434.0	722.5	544.8	177.7	956.3	220.7	64.6	21.6
苏州市	Suzhou City	3812.2	1509.3	1712.3	1121.8	590.5	2915.8	346.7	72.3	39.6
南通市	Nantong City	1523.4	376.5	990.0	844.1	145.9	853.2	175.8	77.3	95.0
连云港市	Lianyungang City	357.9	110.7	212.4	141.9	70.5	235.7	32.3	43.3	38.6
淮安市	Huaian City	355.3	97.5	209.2	134.9	74.3	251.9	39.0	45.0	33.6
盐城市	Yancheng City	735.0	157.4	514.8	397.8	117.0	439.5	57.9	86.7	78.9
扬州市	Yangzhou City	839.7	252.3	522.8	399.7	123.1	470.7	95.8	47.8	33.2
镇江市	Zhenjiang City	676.5	220.7	388.5	296.4	92.1	489.2	96.1	45.1	21.3
泰州市	Taizhou City	701.2	182.5	461.5	355.4	106.0	397.7	76.1	40.9	44.9
宿迁市	Suqian City	192.6	45.8	129.2	74.2	54.9	131.8	19.1	29.0	31.0
浙江省	**Zhejiang**	**17236.6**	**6558.1**	**7364.1**	**4626.7**	**2737.4**	**14350.8**	**2079.6**	**843.4**	**692.2**
杭州市	Hangzhou City	5522.6	2454.0	1732.4	1147.9	584.5	4651.2	668.5	334.2	126.4
宁波市	Ningbo City	3091.8	1290.0	1209.0	804.1	404.9	2483.6	384.8	173.3	77.6
温州市	Wenzhou City	1935.1	617.2	1004.0	498.1	505.9	1534.3	263.8	69.5	119.5
嘉兴市	Jiaxing City	1166.0	374.3	632.1	451.4	180.7	877.4	91.2	34.3	41.9
湖州市	Huzhou City	527.4	165.4	288.7	185.0	103.6	400.7	49.9	26.0	30.7
绍兴市	Shaoxing City	1523.5	502.2	759.1	541.4	217.7	1176.8	248.0	74.3	45.2
金华市	Jinhua City	1311.6	418.3	623.7	343.0	280.7	1056.5	150.0	48.0	58.6
衢州市	Quzhou City	325.8	105.0	172.3	118.4	53.9	292.4	48.2	18.4	31.3
舟山市	Zhoushan City	309.8	115.7	152.3	109.6	42.8	235.2	34.4	20.2	17.8
台州市	Taizhou City	1164.1	393.6	601.1	287.7	313.4	932.9	120.6	36.3	116.5
丽水市	Lishui City	332.6	96.2	189.5	75.0	114.5	258.2	20.4	8.8	26.8
安徽省	**Anhui**	**5045.3**	**1489.5**	**2972.4**	**2076.0**	**896.4**	**3900.6**	**543.5**	**646.5**	**370.7**
合肥市	Hefei City	1296.0	607.4	429.1	274.5	154.6	1210.7	127.8	90.4	15.1
芜湖市	Wuhu City	328.8	118.2	174.4	116.2	58.2	315.4	68.1	21.5	12.7
蚌埠市	Bengbu City	300.5	97.8	182.2	125.3	56.9	220.3	50.9	43.6	17.0
淮南市	Huainan City	252.4	70.2	182.2	137.8	44.5	177.8	32.2	25.5	12.7
马鞍山市	Maanshan City	256.9	91.6	143.7	102.0	41.7	145.3	19.5	10.3	10.0
淮北市	Huaibei City	183.2	57.0	121.2	89.1	32.1	106.6	32.2	12.0	10.1
铜陵市	Tongling City	133.8	47.9	76.7	55.9	20.8	136.5	41.5	10.4	5.8
安庆市	Anqing City	348.9	76.2	247.0	183.1	64.0	249.1	27.8	50.8	36.5
黄山市	Huangshan City	160.9	39.4	104.2	73.8	30.4	96.0	8.2	12.6	10.8
滁州市	Chuzhou City	224.7	41.1	163.6	109.0	54.6	185.4	19.0	72.8	29.3
阜阳市	Fuyang City	359.7	45.8	282.4	205.1	77.2	210.6	13.3	57.0	49.4
宿州市	Suzhou City	227.9	32.3	180.8	119.7	61.1	142.1	22.1	50.3	27.5
巢湖市	Chaohu City	228.2	36.8	178.9	132.8	46.1	167.1	22.9	57.2	29.1
六安市	Liuan City	243.6	50.9	173.4	126.4	47.1	178.7	11.9	56.0	35.1
亳州市	Bozhou City	170.6	19.3	137.1	92.5	44.7	115.9	10.5	41.4	29.3
池州市	Chizhou City	107.4	21.5	74.1	53.6	20.5	80.2	12.7	11.7	12.9
宣城市	Xuancheng City	178.1	35.9	123.4	81.4	42.0	132.9	23.1	23.0	27.3
其他	Others									

3-23 续表 4 continued

地 区	Region	金融机构存款(亿元) State Bank Deposits (100 million yuan)	#企业存款 Enterprises Deposits	#居民储蓄存款余额 Urban & Rural Savings Deposits	定期 Fixed Deposits	活期 Current Deposits	金融机构贷款(亿元) State Bank Loans (100 million yuan)	#工业贷款 Loans to Industrial	#商业贷款 Loans to Commercial	#农业贷款 Loans to Agricultural
福建省	**Fujian**	**5984.3**	**1834.7**	**3322.3**	**1898.2**	**1424.1**	**4367.1**	**705.3**	**303.7**	**279.4**
福州市	Fuzhou City	2018.9	738.6	996.3	606.6	389.7	1556.0	195.9	90.9	44.0
厦门市	Xiamen City	1140.2	516.0	464.7	246.5	218.2	833.1	88.6	83.5	26.0
莆田市	Putian City	253.6	34.3	202.0	134.7	67.3	164.2	25.4	13.6	22.4
三明市	Sanming City	276.4	65.0	171.7	97.3	74.4	208.7	52.7	11.7	25.7
泉州市	Quanzhou City	1163.3	219.1	794.3	442.4	351.9	749.7	198.9	45.1	49.4
漳州市	Zhangzhou City	369.9	86.2	240.7	137.2	103.4	258.2	46.1	17.9	34.4
南平市	Nanping City	281.6	58.7	191.9	116.4	75.5	201.7	43.2	17.1	25.9
龙岩市	Longyan City	259.5	74.7	153.6	79.2	74.5	181.7	32.8	11.8	33.3
宁德市	Ningde City	190.9	42.1	107.1	37.9	69.3	172.1	21.8	12.3	18.3
江西省	**Jiangxi**	**3758.3**	**991.7**	**2347.7**	**1465.8**	**882.0**	**2854.0**	**422.7**	**391.0**	**254.6**
南昌市	Nanchang City	1316.1	511.2	558.4	348.2	210.2	873.1	118.0	88.4	25.5
景德镇市	Jingdezhen City	157.3	43.1	105.6	67.0	38.6	137.0	45.9	13.6	5.2
萍乡市	Pingxiang City	124.5	25.5	90.3	49.4	40.9	98.4	29.6	8.0	10.8
九江市	Jiujiang City	300.3	73.4	208.9	130.8	78.1	251.1	56.3	54.2	25.6
新余市	Xinyu City	136.9	26.8	93.7	35.4	58.3	92.7	21.2	11.7	8.5
鹰潭市	Yingtan City	101.0	23.3	71.0	47.3	23.7	104.0	17.0	14.4	7.3
赣州市	Ganzhou City	430.7	82.7	314.4	182.3	132.1	242.8	30.9	27.9	34.7
吉安市	Jian City	292.6	47.1	224.9	141.3	83.6	164.4	14.3	30.5	26.0
宜春市	Yichun City	320.0	52.0	248.4	153.5	94.9	214.8	33.5	53.5	32.4
抚州市	Fuzhou City	233.2	39.4	193.8	128.0	65.8	94.9	15.7	43.7	35.5
上饶市	Shangrao City	323.0	51.8	241.4	162.4	79.0	286.6	41.5	45.1	43.1
山东省	**Shandong**	**14514.3**	**3873.0**	**7721.5**	**2256.3**	**5465.1**	**11782.8**	**1925.6**	**1166.1**	**1340.1**
济南市	Jinan City	3138.4	1021.3	870.5	275.7	594.9	2929.0	411.6	173.6	75.5
青岛市	Qingdao City	2244.5	790.9	1089.5	384.6	704.9	1846.4	330.7	162.8	82.5
淄博市	Zibo City	943.9	254.6	543.2	159.8	383.4	675.7	140.3	44.1	117.1
枣庄市	Zaozhuang City	307.7	70.5	194.3	74.3	119.9	238.8	34.1	25.2	32.7
东营市	Dongying City	555.3	146.8	328.3	95.2	233.0	357.4	78.8	30.6	58.9
烟台市	Yantai City	1414.7	361.6	893.3	174.6	718.7	987.9	166.6	103.8	121.2
潍坊市	Weifang City	1055.4	228.2	696.2	215.8	480.5	743.9	139.7	96.2	140.4
济宁市	Jining City	778.9	167.5	488.1	137.5	350.6	543.8	107.1	74.5	73.0
泰安市	Taian City	536.8	122.8	338.6	93.7	244.9	372.4	88.7	28.2	64.7
威海市	Weihai City	604.1	142.3	394.9	75.4	319.5	420.1	55.5	48.8	71.4
日照市	Rizhao City	270.5	70.1	153.4	46.0	107.4	246.4	29.9	30.4	35.8
莱芜市	Laiwu City	188.7	51.9	101.5	29.8	71.7	166.1	32.2	14.1	15.4
临沂市	Linyi City	784.1	129.8	500.7	164.2	336.5	591.5	91.6	53.4	161.0
德州市	Dezhou City	487.9	93.0	324.2	98.9	225.3	421.2	57.7	92.5	77.7
聊城市	Liaocheng City	459.0	70.6	319.4	78.8	240.6	372.4	62.5	58.8	77.9
滨州市	Binzhou City	341.8	78.1	212.3	69.9	142.4	277.2	57.4	45.1	63.2
菏泽市	Heze City	364.4	59.9	273.2	82.1	191.1	310.7	40.8	83.9	71.6
河南省	**Henan**	**8631.8**	**1988.2**	**5607.3**	**3946.4**	**1660.9**	**7092.3**	**1124.9**	**1124.2**	**939.8**
郑州市	Zhengzhou City	2724.8	897.6	1211.1	812.7	398.4	2231.3	455.5	185.2	79.4
开封市	Kaifeng City	283.9	49.4	220.5	155.4	65.0	218.3	26.7	67.7	27.2
洛阳市	Luoyang City	786.4	193.8	518.8	369.4	149.5	492.0	125.0	49.3	43.9
平顶山市	Pingdingshan City	390.2	85.0	274.5	169.5	105.0	221.8	46.8	25.9	49.8
安阳市	Anyang City	462.3	79.1	346.7	264.4	82.2	284.3	51.9	49.7	67.7

3-23 续表 5 continued

地 区	Region	金融机构存款(亿元) State Bank Deposits (100 million yuan)	#企业存款 Enter-prises Deposits	#居民储蓄存款余额 Urban & Rural Savings Deposits	定期 Fixed Deposits	活期 Current Deposits	金融机构贷款(亿元) State Bank Loans (100 million yuan)	#工业贷款 Loans to Industrial	#商业贷款 Loans to Commer-cial	#农业贷款 Loans to Agricul-tural
鹤壁市	Hebi City	108.8	18.5	83.9	57.1	26.8	93.0	12.7	20.0	29.0
新乡市	Xinxiang City	489.5	99.0	350.7	255.0	95.6	329.0	57.5	61.7	54.2
焦作市	Jiaozuo City	350.6	66.1	253.9	183.0	70.9	254.2	40.5	29.1	37.7
濮阳市	Puyang City	277.0	44.6	223.8	164.3	59.4	142.7	12.7	40.1	31.5
许昌市	Xuchang City	303.4	48.7	229.2	160.2	69.0	232.3	55.0	45.7	42.8
漯河市	Luohe City	192.2	36.4	140.5	103.4	37.1	199.0	33.4	47.5	34.0
三门峡市	Sanmenxia City	225.5	42.2	172.7	118.3	54.4	180.3	56.1	15.4	37.5
南阳市	Nanyang City	524.9	90.1	396.8	287.6	109.2	419.9	47.9	94.9	127.4
商丘市	Shangqiu City	305.1	38.4	241.0	155.3	85.7	287.3	29.7	109.2	62.1
信阳市	Xinyang City	385.9	64.6	299.2	223.0	76.2	270.5	22.7	60.3	67.7
周口市	Zhoukou City	369.9	38.6	316.5	224.8	91.7	367.0	23.8	138.7	80.3
驻马店市	Zhumadian City	340.1	39.3	279.5	212.1	67.3	227.8	16.0	79.8	60.0
其他	Others	65.3	10.5	48.1	30.6	17.5	52.3	10.9	4.3	7.4
湖北省	**Hubei**	**7033.6**	**2354.2**	**3865.7**	**2551.3**	**1314.4**	**5377.4**	**682.9**	**796.2**	**219.9**
武汉市	Wuhan City	3375.7	1537.7	1376.1	850.9	525.2	2688.9	308.0	225.9	30.3
黄石市	Huangshi City	231.8	61.1	144.0	84.7	59.2	143.5	43.9	12.7	4.3
十堰市	Shiyan City	357.7	104.6	211.8	138.9	73.0	149.5	17.6	21.0	15.5
宜昌市	Yichang City	517.3	176.3	285.9	197.3	88.6	462.9	58.7	37.1	19.7
襄樊市	Xiangfan City	487.7	110.6	342.6	93.7	248.9	283.5	52.7	78.4	25.0
鄂州市	Ezhou City	95.2	22.8	62.3	43.4	18.9	74.3	9.9	10.6	7.5
荆门市	Jingmen City	226.7	43.1	177.8	125.9	51.9	143.0	19.2	55.4	13.8
孝感市	Xiaogan City	276.2	49.4	209.5	64.5	145.0	219.4	28.4	66.9	21.8
荆州市	Jingzhou City	383.0	66.9	296.0	189.8	106.3	288.1	59.0	108.4	13.9
黄冈市	Huanggang City	310.8	36.7	256.3	193.3	63.0	205.5	16.4	63.7	30.0
咸宁市	Xianning City	140.2	28.5	105.3	67.4	37.9	89.8	17.7	17.2	7.4
随州市	Suizhou City	140.3	20.1	113.3	86.1	27.2	71.8	10.7	23.7	13.3
恩施土家族苗族自治州	Enshi Tujia & Miao A.P	124.0	31.3	77.4	44.8	32.6	90.1	8.1	17.3	9.9
其他	Others	252.3	34.3	218.0	115.6	102.4	138.4	32.6	57.9	12.0
湖南省	**Hunan**	**5500.5**	**1377.4**	**3483.2**	**2214.8**	**1268.4**	**4258.0**	**586.4**	**534.0**	**420.5**
长沙市	Changsha City	1900.7	786.0	760.5	453.3	307.2	1787.8	188.0	86.8	70.3
株洲市	Zhuzhou City	397.1	96.1	271.9	172.5	99.4	230.6	65.7	18.7	18.7
湘潭市	Xiangtan City	276.0	50.6	205.6	156.7	48.9	180.7	43.2	19.2	29.6
衡阳市	Hengyang City	479.5	69.3	376.7	261.1	115.5	274.5	40.0	47.9	38.8
邵阳市	Shaoyang City	290.0	54.4	215.0	140.6	74.4	276.5	54.5	75.2	34.3
岳阳市	Yueyang City	211.0	28.5	167.0	113.7	53.3	163.0	20.9	55.7	18.7
常德市	Changde City	342.8	54.7	263.7	175.1	88.6	269.9	39.9	106.3	30.2
张家界市	Zhangjiajie City	262.0	31.0	210.5	134.1	76.4	146.3	17.2	25.3	35.6
益阳市	Yiyang City	323.6	55.3	239.2	128.1	111.1	159.1	15.7	17.9	31.1
郴州市	Chenzhou City	337.5	33.1	278.3	186.1	92.1	148.9	19.2	22.8	31.4
永州市	Yongzhou City	240.4	39.6	183.3	125.7	57.6	155.1	32.3	14.8	36.0
怀化市	Huaihua City	244.6	40.8	182.3	102.4	79.9	149.4	20.1	24.4	23.9
娄底市	Loudi City	118.8	21.9	78.6	37.4	41.2	106.7	24.4	12.2	12.7
湘西土家族苗族自治州	West Hunan Tujia A.P	72.5	15.4	50.1	28.0	22.1	73.3	5.3	6.7	9.3
其他	Others	4.0	0.6	0.6	0.0	0.5	136.1			
广东省	**Guangdong**	**30723.6**	**9941.7**	**16193.4**	**7735.7**	**8457.6**	**19491.8**	**2161.9**	**1588.3**	**459.0**
广州市	Guangzhou City	9613.6	3471.2	4256.8	1762.8	2494.0	6535.4	734.7	431.0	40.2

3-23 续表 6 continued

地 区	Region	金融机构存款(亿元) State Bank Deposits (100 million yuan)	#企业存款 Enterprises Deposits	#居民储蓄存款余额 Urban & Rural Savings Deposits	定期 Fixed Deposits	活期 Current Deposits	金融机构贷款(亿元) State Bank Loans (100 million yuan)	#工业贷款 Loans to Industrial	#商业贷款 Loans to Commercial	#农业贷款 Loans to Agricultural
韶关市	Shaoguan City	396.9	78.2	272.6	168.3	104.3	175.1	86.9	28.3	14.6
深圳市	Shenzhen City	7100.8	3285.0	2625.4	1137.7	1487.7	5242.8	477.4	480.3	6.5
珠海市	Zhuhai City	769.7	288.9	408.6	222.6	186.0	417.2	42.7	40.9	7.1
汕头市	Shantou City	838.4	138.5	641.5	199.7	441.8	419.5	104.0	60.1	31.7
佛山市	Foshan City	3258.9	807.2	2028.8	1214.5	814.3	2030.1	278.0	110.0	34.4
江门市	Jiangmen City	1029.9	188.1	753.9	503.2	250.7	573.4	72.2	58.0	24.0
湛江市	Zhanjiang City	605.2	92.4	450.8	193.2	257.5	292.5	48.3	36.8	39.8
茂名市	Maoming City	479.9	65.2	372.6	215.2	157.4	250.9	23.4	29.3	48.5
肇庆市	Zhaoqing City	414.4	75.5	293.1	166.3	126.8	257.8	37.7	16.8	18.7
惠州市	Huizhou City	665.1	161.6	447.3	234.3	213.0	347.8	32.6	26.3	16.2
梅州市	Meizhou City	387.3	57.6	280.6	182.3	98.3	140.5	25.1	13.7	2.1
汕尾市	Shanwei City	124.9	16.2	95.2	50.7	44.5	59.0	6.8	9.9	12.4
河源市	Heyuan City	175.9	35.2	125.7	60.8	65.0	93.0	9.8	7.5	13.4
阳江市	Yangjiang City	218.3	30.5	171.2	80.2	91.0	107.0	10.1	9.4	17.9
清远市	Qingyuan City	329.7	62.3	235.3	125.7	109.6	193.0	15.6	18.1	26.9
东莞市	Dongguan City	2462.9	754.7	1431.7	504.1	927.6	1405.3	120.4	131.8	6.3
中山市	ZhongShan City	959.7	228.0	614.9	296.6	318.3	477.4	93.0	36.4	6.5
潮州市	Chaozhou City	275.3	40.2	207.4	131.5	75.9	131.1	25.9	12.9	22.7
揭阳市	Jieyang City	407.2	43.1	337.2	205.6	131.6	171.2	25.1	17.3	24.3
云浮市	Yunfu City	185.3	28.5	142.9	80.5	62.4	105.6	12.1	5.5	17.5
广西壮族自治区	**Guangxi**	**3673.2**	**959.1**	**2240.1**	**1128.7**	**1111.4**	**2759.7**	**327.8**	**182.6**	**206.6**
南宁市	Nanning City	1091.0	419.1	515.8	237.9	277.9	1208.8	84.1	37.6	27.3
柳州市	Liuzhou City	503.4	173.2	288.7	156.5	132.2	309.1	84.5	25.4	14.8
桂林市	Guilin City	471.5	104.3	319.3	183.0	136.3	280.3	34.4	24.0	29.6
梧州市	Wuzhou City	164.7	28.3	123.0	67.2	55.8	103.8	13.5	11.7	8.7
北海市	Beihai City	148.1	25.5	100.5	53.3	47.2	133.0	20.1	15.2	11.3
防城港市	Fangchenggang City	69.4	10.8	51.1	24.5	26.6	33.0	2.4	3.9	5.8
钦州市	Qinzhou City	115.2	18.0	86.0	41.8	44.2	73.5	5.6	9.4	14.6
贵港市	Guigang City	175.8	23.2	136.4	62.5	73.9	87.0	8.4	9.3	16.5
玉林市	Yulin City	280.6	35.6	225.7	124.0	101.7	152.5	18.9	13.1	26.6
百色市	Baise City	143.6	27.3	91.1	40.5	50.6	110.7	13.2	7.9	12.5
贺州市	Hezhou City	79.4	13.7	56.9	28.5	28.5	41.5	7.2	3.5	6.7
河池市	Hechi City	158.7	37.8	108.3	50.7	57.6	94.6	19.6	5.1	10.3
来宾市	Laibin City	88.4	16.9	56.0	24.0	32.0	53.4	11.6	4.6	10.9
崇左市	Chongzuo City	101.3	14.6	74.0	30.4	43.7	40.3	3.3	4.4	11.7
海南省	**Hainan**	**1110.8**	**361.2**	**615.9**	**323.5**	**292.4**	**801.2**	**56.8**	**44.4**	**57.4**
海口市	Haikou City	664.2	253.1	316.6	174.3	142.3	568.0	41.6	20.2	12.4
三亚市	Sanya City	102.1	35.2	54.8	23.3	31.5	49.9	4.6	2.7	3.0
其他	Others	344.5	72.9	244.5	125.9	118.7	183.4	10.6	21.5	42.1
重庆市	**Chongqing**	**4039.6**	**1230.9**	**2189.7**	**1470.0**	**719.7**	**3246.3**	**333.8**	**194.5**	**171.0**
万州区	Wanzhou District	166.5	39.9	120.0	90.7	29.3	91.0	10.5	6.1	9.9
涪陵区	Fuling District	118.5	34.5	69.5	47.1	22.4	108.7	34.4	6.2	7.2
渝中区	Yuzhong District	1018.6	470.2	205.7	106.4	99.3	1244.2	57.3	74.0	
大渡口区	Dadukou District	59.0	17.9	37.1	21.2	15.9	35.2	17.8		
江北区	Jiangbei District	264.0	120.7	111.2	66.3	44.9	161.9	20.9	8.9	2.1
沙坪坝区	Shapingba District	275.3	87.5	159.7	104.9	54.8	177.8	44.7	7.7	5.3

3-23 续表 7 continued

地 区	Region	金融机构存款(亿元) State Bank Deposits (100 million yuan)	#企业存款 Enterprises Deposits	#居民储蓄存款余额 Urban & Rural Savings Deposits	定期 Fixed Deposits	活期 Current Deposits	金融机构贷款(亿元) State Bank Loans (100 million yuan)	#工业贷款 Loans to Industrial	#商业贷款 Loans to Commercial	#农业贷款 Loans to Agricultural
九龙坡区	Jiulongpo District	390.9	197.6	171.5	103.5	68.0	274.7	68.5	16.3	2.6
南岸区	Nanan District	201.3	91.3	110.0	62.8	47.2	153.4	33.8	10.2	2.5
北碚区	Beibei District	100.2	27.0	71.1	50.0	21.0	50.8	12.8	3.2	2.7
万盛区	Wansheng District	21.5	4.0	16.7	11.5	5.1	7.6	1.4	0.8	0.1
双桥区	Shuangqiao District	8.3	2.4	5.7	3.9	1.8	4.0	3.3		0.3
渝北区	Yubei District	178.9	44.4	97.5	63.3	34.2	106.8	4.2	3.0	3.5
巴南区	Banan District	97.0	19.5	68.9	49.8	19.1	60.9	14.2	2.6	3.9
黔江区	Qianjiang District	24.9	5.8	14.7	8.6	6.2	31.0	3.9	1.9	3.4
长寿区	Changshou District	83.1	13.1	63.4	47.6	15.9	31.4	3.2	2.1	7.2
其他	Others	1031.8	55.2	867.0	632.4	234.7	706.8	3.0	51.4	120.2
四川省	**Sichuan**	**8462.1**	**2378.9**	**5019.4**	**3559.2**	**1460.3**	**6475.9**	**802.9**	**635.5**	**509.5**
成都市	Chengdu City	3771.5	1383.8	1726.4	1125.6	600.8	2859.9	565.4	240.8	183.8
自贡市	Zigong City	231.8	56.6	161.3	122.9	38.4	118.1	21.7	15.6	12.1
攀枝花市	Panzhihua City	196.0	56.0	124.4	82.3	42.1	144.9	47.9	7.9	4.6
泸州市	Luzhou City	265.0	48.6	195.2	144.3	50.9	157.8	25.8	29.8	24.6
德阳市	Deyang City	423.1	152.3	240.0	175.5	64.4	238.6	53.4	31.2	38.6
绵阳市	Mianyang City	494.3	146.7	303.6	226.0	77.6	350.7	67.6	36.5	39.3
广元市	Guangyuan City	141.0	22.0	107.7	76.1	31.6	123.5	5.8	21.1	23.8
遂宁市	Suining City	188.8	25.8	150.1	115.4	34.8	113.0	21.3	24.8	17.1
内江市	Neijiang City	221.2	20.4	181.6	137.4	44.2	154.3	30.6	17.3	23.8
乐山市	Leshan City	282.3	48.7	210.8	152.6	58.2	213.8	47.2	17.8	18.8
南充市	Nanchong City	364.9	41.9	302.8	233.1	69.7	223.7	19.1	43.8	42.6
眉山市	Meishan City	194.4	21.2	157.6	121.4	36.2	129.5	17.2	21.6	31.3
宜宾市	Yibin City	293.5	83.7	176.2	120.9	55.3	181.1	30.6	24.8	22.6
广安市	Guangan City	225.3	14.9	194.1	159.3	34.8	125.5	13.0	16.9	27.8
达州市	Dazhou City	319.6	33.5	266.0	205.4	60.6	163.4	17.4	30.6	30.1
雅安市	Yaan City	131.4	24.7	88.1	63.1	25.0	90.9	11.3	6.0	17.9
巴中市	Bazhong City	88.4	8.9	71.1	47.5	23.6	77.2	1.9	21.3	20.3
资阳市	Ziyang City	211.1	18.4	177.6	142.2	35.4	98.0	10.2	17.6	36.5
阿坝藏族羌族自治州	Aba Zang & Qiang A.P	79.2	26.5	33.6	15.5	18.1	60.5	2.3	1.1	10.9
甘孜藏族自治州	Ganzi Zang A.P	64.0	24.0	26.2	13.5	12.7	24.9	1.8	1.5	2.0
凉山彝族自治州	Liangshan Yi A.P	216.1	52.2	126.6	80.6	46.0	101.8	13.4	11.7	15.8
贵州省	**Guizhou**	**2322.3**	**840.8**	**1094.6**	**582.0**	**512.5**	**2020.0**	**223.7**	**162.0**	**140.9**
贵阳市	Guiyang City	1068.0	437.1	402.4	168.8	233.6	910.6	119.9	58.1	17.2
六盘水市	Liupanshui City	168.6	73.7	75.4	41.5	33.9	112.4	14.0	5.8	10.9
遵义市	Zunyi City	354.6	118.1	196.5	85.5	111.8	220.6	34.9	24.6	30.1
安顺市	Anshun City	116.5	36.5	63.2	25.8	37.4	122.6	22.0	6.3	6.5
铜仁地区	Tongren Prefecture	93.4	23.8	60.0	30.8	29.2	75.9	2.3	16.3	15.3
黔西南布依族苗族自治州	Southwest Guizhou Buyi & Miao A.P	103.2	32.1	55.3	31.9	23.4	60.4	4.0	6.0	11.4
毕节地区	Bijie Prefecture	133.7	39.4	75.1	40.8	34.3	102.5	11.4	21.2	16.5
黔东南苗族侗族自治州	Southeast Guizhou Miao & Dong A.P	141.9	33.0	86.4	47.4	39.0	106.2	7.1	10.8	19.0
黔南布依族苗族自治州	South Guizhou Buyi & Miao A.P	131.9	36.7	80.3	40.1	40.2	88.8	8.2	12.8	14.1
云南省	**Yunnan**	**4404.4**	**1688.8**	**2052.1**	**1197.2**	**855.0**	**3398.3**	**426.4**	**272.0**	**239.3**
昆明市	Kunming City	2162.4	960.1	826.1	488.0	338.1	1467.5	219.9	106.2	39.3
曲靖市	Qujing City	341.2	121.0	180.1	104.4	75.7	254.2	39.6	28.1	27.4
玉溪市	Yuxi City	366.8	164.9	163.0	113.6	49.4	167.3	29.9	11.1	19.1

3-23 续表 8 continued

地 区	Region	金融机构存款(亿元) State Bank Deposits (100 million yuan)	#企业存款 Enter-prises Deposits	#居民储蓄存款余额 Urban & Rural Savings Deposits	定期 Fixed Deposits	活期 Current Deposits	金融机构贷款(亿元) State Bank Loans (100 million yuan)	#工业贷款 Loans to Industrial	#商业贷款 Loans to Commer-cial	#农业贷款 Loans to Agricul-tural
保山市	Baoshan City	104.3	23.2	68.3	38.8	29.5	96.8	8.1	9.5	18.4
昭通市	Zhaotong City	129.3	36.3	67.1	36.2	30.9	93.1	16.6	10.3	15.1
丽江市	Lijiang City	84.6	30.0	46.3	20.4	25.9	75.5	6.8	4.2	12.4
思茅市	Simao City	108.2	28.0	64.1	35.3	28.8	73.4	6.1	7.6	8.7
临沧市	Lincang City	66.5	16.4	42.8	21.5	21.3	78.5	7.3	5.7	6.5
楚雄彝族自治州	Chuxiong Yi A.P	164.5	53.6	90.6	55.6	35.0	106.0	19.6	18.5	12.7
红河哈尼族彝族自治州	Honghe Hani & Yi A.P	289.7	72.8	176.6	110.8	65.9	193.7	37.0	27.8	24.0
文山壮族苗族自治州	Wenshan Zhuang & Miao A.P	110.7	31.0	63.0	31.5	31.5	98.6	4.4	10.9	14.0
西双版纳傣族自治州	Xishuangbanna Dai A.P	88.8	26.3	52.1	30.4	21.8	35.8	4.6	4.8	4.8
大理白族自治州	Dali Bai A.P	208.2	52.6	124.6	72.4	52.2	152.4	19.1	18.5	26.4
德宏傣族景颇族自治州	Dehong Dai & Jingpo A.P	93.3	21.2	63.7	29.5	34.2	51.2	3.3	5.8	6.2
怒江傈僳族自治州	Nujiang Lisu A.P	30.8	12.3	12.6	4.6	8.0	15.1	3.1	1.6	1.4
迪庆藏族自治州	Diqing Zang A.P	27.3	11.3	11.2	4.2	7.0	22.9	1.0	1.3	2.8
西藏自治区	**Tibet**	**361.7**	**207.5**	**107.5**	**44.1**	**63.4**	**167.9**	**5.6**	**18.6**	**6.8**
拉萨市	Lhasa City	239.0	153.4	59.3	24.4	34.8	110.9	4.8	12.4	1.2
昌都地区	Qamdu Prefecture	22.5	10.7	8.5	3.1	5.4	11.9	0.2	1.2	1.9
山南地区	Lhokha Prefecture	23.8	10.7	9.2	4.1	5.2	7.7	0.3	0.8	0.4
日喀则地区	Xigaze Prefecture	31.3	13.2	12.6	6.1	6.5	15.8	0.1	2.0	1.4
那曲地区	Narqu Prefecture	15.2	7.4	5.0	1.5	3.5	9.5	0.0	1.5	1.1
阿里地区	Ngri Prefecture	7.8	3.1	3.1	1.0	2.1	3.3	0.2	0.2	0.2
林芝地区	Nyingchi Prefecture	22.1	9.0	9.8	3.8	6.0	8.8	0.0	0.5	0.7
其他	Others									
陕西省	**Shaanxi**	**5380.3**	**1665.9**	**2948.3**	**2070.5**	**877.9**	**3829.6**	**552.8**	**316.0**	**303.9**
西安市	Xian City	3061.7	1160.0	1432.9	1007.5	425.3	2052.3	320.5	126.2	69.9
铜川市	Tongchuan City	91.2	28.1	57.3	41.1	16.1	55.6	12.7	6.7	5.6
宝鸡市	Baoji City	392.3	76.9	287.0	220.1	66.9	230.6	51.5	30.0	36.3
咸阳市	Xianyang City	402.8	77.4	306.9	229.2	77.6	238.7	52.5	38.9	32.4
渭南市	Weinan City	349.6	61.9	267.5	194.8	72.8	241.1	19.8	50.4	41.9
延安市	Yanan City	221.4	57.5	121.9	68.0	53.8	153.0	34.0	10.5	17.7
汉中市	Hanzhong City	268.6	57.9	186.9	135.8	51.1	163.4	33.4	23.2	27.1
榆林市	Yulin City	229.3	61.2	120.5	54.1	66.5	184.8	16.5	14.7	25.4
安康市	Ankang City	139.4	28.8	92.3	28.4	63.9	100.7	7.0	9.2	28.4
商洛市	Shangluo City	107.1	18.1	79.7	62.2	17.6	66.6	4.8	6.1	20.6
其他	Others	24.1	4.7	15.0	11.0	4.1	16.3	2.5	0.2	1.5
甘肃省	**Gansu**	**2482.4**	**824.4**	**1383.1**	**928.1**	**455.0**	**1907.4**	**360.1**	**203.1**	**159.6**
兰州市	Lanzhou City	1239.0	552.5	525.5	357.9	167.5	1087.6	194.6	84.0	22.4
嘉峪关市	Jiayuguan City	55.8	18.9	30.1	21.2	8.9	73.9	29.6	2.8	0.3
金昌市	Jinchang City	82.2	34.2	50.2	37.3	12.9	53.8	15.9	4.7	3.5
白银市	Baiyin City	112.2	27.4	76.3	55.3	20.9	88.8	30.0	11.1	6.5
天水市	Tianshui City	143.9	23.3	103.0	68.0	35.0	78.4	14.1	9.2	16.2
武威市	Wuwei City	103.7	18.3	76.8	50.7	26.1	71.1	8.9	20.9	10.9
张掖市	Zhangye City	91.4	18.5	64.8	40.2	24.6	64.8	7.5	13.5	10.9
平凉市	Pingliang City	91.4	18.4	66.1	44.1	22.0	85.0	18.1	12.6	18.2
酒泉市	Jiuquan City	205.6	53.8	133.4	93.1	40.4	83.6	15.9	20.2	20.1
庆阳市	Qingyang City	114.6	15.4	89.9	62.2	27.6	64.6	7.4	7.6	20.8
定西市	Dingxi City	72.8	10.6	54.9	35.3	19.5	54.7	5.3	6.9	13.6

3-23 续表 9 continued

地区	Region	金融机构存款(亿元) State Bank Deposits (100 million yuan)	#企业存款 Enterprises Deposits	#居民储蓄存款余额 Urban & Rural Savings Deposits	定期 Fixed Deposits	活期 Current Deposits	金融机构贷款(亿元) State Bank Loans (100 million yuan)	#工业贷款 Loans to Industrial	#商业贷款 Loans to Commercial	#农业贷款 Loans to Agricultural
陇南市	Longnan City	85.6	16.5	54.7	31.5	23.3	45.2	8.1	4.9	7.8
临夏回族自治州	Linxia Hui A.P	54.5	9.6	40.4	22.3	18.0	38.0	3.8	3.6	5.2
甘南藏族自治州	Gannan Zang A.P	29.6	6.8	17.0	8.9	8.1	17.9	0.6	1.2	3.0
青海省	**Qinghai**	**601.7**	**212.6**	**299.3**	**172.5**	**126.8**	**619.9**	**80.0**	**32.8**	**23.6**
西宁市	Xining City	434.0	162.0	201.3	125.8	75.5	501.6	64.3	22.2	7.5
海东地区	Haidong Prefecture	43.9	7.8	30.7	16.0	14.7	45.8	3.0	4.8	7.0
海北藏族自治州	Haibei Zang A.P	10.9	2.8	6.5	2.9	3.6	5.3	0.8	0.6	1.7
海南藏族自治州	Hainan Zang A.P	15.1	3.4	9.6	4.1	5.5	7.5	1.0	1.5	2.8
黄南藏族自治州	Huangnan Zang AP	9.3	2.6	5.5	2.0	3.5	8.2	0.6	0.5	1.7
果洛藏族自治州	Golog Zang A.P	5.1	0.9	2.4	0.8	1.7	3.1	0.1	0.5	0.4
玉树藏族自治州	Yushu Zang A.P	6.6	1.4	3.0	0.7	2.3	6.7	0.0	0.8	0.9
海西蒙古族藏族自治州	Haixi Mongolian & Zang A.P	76.8	31.5	40.2	20.1	20.1	41.7	10.2	1.8	1.6
宁夏回族自治区	**Ningxia**	**841.2**	**260.3**	**425.5**	**277.6**	**147.9**	**672.8**	**99.2**	**45.2**	**74.8**
银川市	Yinchuan City	524.1	195.1	218.8	139.2	79.7	401.4	49.7	26.8	26.1
石嘴山市	Shizuishan City	117.8	30.7	75.4	50.8	24.6	93.5	18.6	6.1	13.5
吴忠市	Wuzhong City	103.5	21.1	65.0	44.1	20.9	90.2	21.4	3.3	16.2
固原市	Guyuan City	35.6	5.7	22.7	12.7	10.0	28.2	1.9	3.2	6.3
中卫市	Zhongwei City	60.1	7.7	43.7	30.9	12.8	59.5	7.7	5.9	12.6
新疆维吾尔自治区	**Xinjiang**	**2959.8**	**832.5**	**1534.7**	**991.6**	**543.1**	**2214.7**	**309.4**	**471.4**	**149.2**
乌鲁木齐市	Urumqi City	1227.2	429.4	488.5	305.8	182.7	957.5	162.9	146.6	7.5
克拉玛依市	Karamay City	184.6	56.6	98.9	73.4	25.4	43.8	17.2	3.7	0.1
石河子市	Shihezi City	114.2	22.7	78.2	62.4	15.8	83.0	17.4	20.1	14.5
吐鲁番地区	Turpan Prefecture	55.6	16.9	33.8	21.4	12.4	24.5	1.4	7.2	4.5
哈密地区	Hami Prefecture	95.2	23.8	65.2	49.9	15.3	48.9	8.8	8.9	5.8
昌吉回族自治州	Changji Hui A.P	184.1	33.2	121.7	79.1	42.7	189.3	41.7	40.5	28.3
博尔塔拉蒙古自治州	Bortala Mongolian A.P	67.1	12.2	35.0	22.7	12.3	44.0	0.7	21.9	7.7
巴音郭楞蒙古自治州	Bayingolin Mongolian A.P	217.2	57.4	124.5	76.0	48.5	136.7	22.7	33.1	18.2
阿克苏地区	Aksu Prefecture	208.4	36.2	126.4	74.3	52.0	112.6	8.5	53.4	20.1
克孜勒苏柯尔克孜自治州	Kizilsu Kirgiz A.P	21.5	4.6	12.0	6.3	5.8	9.0	0.4	2.3	0.6
喀什地区	Kashi Prefecture	179.0	37.1	109.0	67.0	41.9	92.4	2.6	46.8	6.6
和田地区	Hotan Prefecture	53.6	18.1	26.8	15.1	11.7	26.4	1.3	9.4	2.6
伊犁哈萨克自治州	Ili Kazak A.P	195.5	39.2	126.5	79.2	47.4	137.9	18.5	44.8	19.0
塔城地区	Tacheng Prefecture	88.0	14.5	59.6	39.3	20.3	60.9	2.6	24.1	9.6
阿勒泰地区	Altay Prefecture	55.9	11.3	32.4	21.9	10.5	34.1	2.7	8.9	4.2
阿拉尔市	Alar City									
图木舒克市	Tumxuk City									
五家渠市	Wujiaqu City									
兵团	Corps									

3-24 幼儿园和小学情况（2004年）

Kindergartens and Primary Schools (2004)

地 区	Region	幼儿园数 (所) Kinder-gartens	入园儿童数 (万人) Students Enrollment by Kinder-gartens (10000 persons)	小学学校数 (所) Primary Schools	小学专任教师数 (人) Full-time Teachers of Primary School (person)	小学在校学生数 (万人) Students Enrollment by Primary School (10000 persons)	小学招生数 (万人) Students Enrollment by Primary School (10000 persons)	小学毕业生数 (万人) Graduates from Primary School (10000 persons)
北京市	**Beijing**	**1422**	**20.57**	**1504**	**48767**	**51.59**	**7.36**	**10.02**
东城区	Dongcheng District	37	0.73	46	2263	2.74	0.41	0.55
西城区	Xicheng District	49	0.69	48	2590	2.76	0.38	0.56
崇文区	Chongwen District	22	0.54	30	1415	1.42	0.19	0.29
宣武区	Xuanwu District	27	0.43	34	1711	1.57	0.21	0.34
朝阳区	Chaoyang District	156	3.40	173	5406	4.90	0.72	0.90
丰台区	Fengtai District	107	2.12	94	3654	3.67	0.52	0.69
石景山区	Shijingshan District	36	0.71	37	1513	1.39	0.19	0.25
海淀区	Haidian District	169	4.06	119	5641	8.22	1.31	1.44
门头沟区	Mentougou District	10	0.42	52	1515	1.13	0.15	0.22
房山区	Fangshan District	106	1.36	163	3612	3.99	0.58	0.84
通州区	Tongzhou District	93	0.96	117	3100	3.07	0.40	0.70
顺义区	Shunyi District	68	0.83	74	2732	2.68	0.38	0.60
昌平区	Changping District	129	0.98	96	2906	2.23	0.31	0.38
大兴区	Daxing District	37	0.85	124	2879	3.24	0.47	0.65
怀柔区	Huairou District	108	0.70	101	2301	2.58	0.34	0.51
平谷区	Pinggu District	85	0.46	49	1701	1.75	0.23	0.33
密云县	Miyun County	137	0.73	66	2299	2.56	0.34	0.47
延庆县	Yanqing County	46	0.60	81	1529	1.69	0.23	0.30
天津市	**Tianjin**	**1636**	**17.93**	**1099**	**42122**	**55.48**	**8.16**	**11.48**
和平区	Heping District	49	0.51	33	2241	2.86	0.44	0.58
河东区	Hedong District	56	0.62	30	2126	2.27	0.31	0.55
河西区	Hexi District	41	0.97	53	2216	3.11	0.49	0.67
南开区	Nankai District	46	0.96	41	2442	2.83	0.42	0.63
河北区	Hebei District	49	0.64	40	1667	2.60	0.38	0.57
红桥区	Hongqiao District	18	0.44	33	2112	1.86	0.25	0.48
塘沽区	Tanggu District	50	0.67	60	2626	3.49	0.55	0.57
汉沽区	Hangu District	21	0.26	27	1050	1.09	0.14	0.22
大港区	Dagang District	74	0.93	33	1931	2.35	0.46	0.47
东丽区	Dongli District	60	0.75	43	1914	2.55	0.41	0.38
西青区	Xiqing District	64	0.87	40	1998	1.87	0.27	0.40
津南区	Jinnan District	55	0.88	44	1561	2.74	0.35	0.46
北辰区	Beichen District	108	0.95	46	1692	1.84	0.25	0.36
武清区	Wuqing District	255	2.31	142	3921	5.34	0.79	1.04
宝坻区	Baodi District	156	1.20	135	4051	5.65	0.64	1.27
宁河县	Ninghe County	88	0.63	63	1845	2.42	0.39	0.64
静海县	Jinghai County	245	1.89	99	2813	4.21	0.73	0.83
蓟县	Ji County	191	2.31	132	3721	6.23	0.82	1.29
其他	Others	10	0.14	5	195	0.16	0.07	0.07
河北省	**Hebei**	**3368**	**108.53**	**22953**	**324832**	**547.00**	**71.50**	**128.09**
石家庄市	Shijiazhuang City	519	13.07	2971	42251	78.28	9.84	17.61
唐山市	Tangshan City	145	13.07	1680	29023	46.72	6.88	10.69
秦皇岛市	Qinhuangdao City	115	4.03	893	13374	18.88	2.68	3.99
邯郸市	Handan City	436	12.55	3436	40219	76.66	9.96	19.92
邢台市	Xingtai City	194	11.89	2706	32228	61.53	7.49	14.28
保定市	Baoding City	809	18.95	3208	49612	82.70	10.75	19.74
张家口市	Zhangjiakou City	225	6.11	1418	20185	33.78	4.71	6.31

3-24 续表 1 continued

地 区	Region	幼儿园数 (所) Kinder-gartens	入园儿童数 (万人) Students Enrollment by Kinder-gartens (10000 persons)	小学学校数 (所) Primary Schools	小学专任教师数 (人) Full-time Teachers of Primary School (person)	小学在校学生数 (万人) Students Enrollment by Primary School (10000 persons)	小学招生数 (万人) Students Enrollment by Primary School (10000 persons)	小学毕业生数 (万人) Graduates from Primary School (10000 persons)
承德市	Chengde City	224	5.23	1952	16734	25.59	3.90	4.72
沧州市	Cangzhou City	249	11.44	2132	36831	55.19	6.84	14.76
廊坊市	Langfang City	207	6.02	1095	22911	32.88	3.97	8.00
衡水市	Hengshui City	245	6.18	1462	21464	34.79	4.46	8.06
其他	Others							
山西省	**Shanxi**	**4857**	**64.13**	**28254**	**191152**	**359.20**	**60.10**	**62.43**
太原市	Taiyuan City	847	7.59	1090	17632	31.90	5.29	4.35
大同市	Datong City	129	3.36	2133	19899	35.11	5.32	5.74
阳泉市	Yangquan City	381	2.94	710	6992	12.40	2.00	1.80
长治市	Changzhi City	729	6.61	3276	18416	31.04	5.11	5.78
晋城市	Jincheng City	549	6.60	2346	11974	23.30	3.92	4.91
朔州市	Shuozhou City	23	1.57	1568	9863	20.27	3.54	3.54
晋中市	Jinzhong City	761	7.29	2117	15395	28.84	4.72	5.12
运城市	Yuncheng City	422	10.50	2650	27206	52.90	11.30	8.90
忻州市	Xinzhou City	145	4.10	4379	18145	33.22	6.46	5.85
临汾市	Linfen City	403	4.87	3569	23424	44.76	7.45	8.26
吕梁市	Luliang City	468	8.80	4398	22501	45.82	7.71	8.57
内蒙古自治区	**Inner Mongolia**	**1169**	**29.64**	**6874**	**124319**	**165.82**	**26.98**	**35.03**
呼和浩特市	Hohhot City	129	3.57	725	10676	19.10	2.81	3.55
包头市	Baotou City	99	2.83	437	9081	14.61	2.67	3.20
乌海市	Wuhai City	18	0.65	50	2411	3.83	0.58	0.64
赤峰市	Chifeng City	335	6.08	1634	25122	31.83	5.05	6.72
通辽市	Tongliao City	25	3.05	1052	19352	23.47	3.83	5.02
鄂尔多斯市	Erdos City	98	2.72	230	6180	9.42	1.78	2.23
呼伦贝尔市	Hulunbuir City	139	2.59	788	14340	17.21	2.76	3.97
巴彦淖尔市	Bayannur City	114	3.33	582	8779	11.73	2.06	2.74
乌兰察布市	Ulanqab City	66	1.55	458	11835	15.28	2.23	3.23
兴安盟	Xingan League	98	1.50	706	10087	11.24	1.77	2.18
锡林郭勒盟	Xilingol League	37	1.37	177	5274	6.77	1.20	1.39
阿拉善盟	Alxa League	11	0.41	35	1182	1.32	0.24	0.17
其他	Others							
辽宁省	**Liaoning**	**6981**	**67.31**	**10281**	**167203**	**279.43**	**41.61**	**51.18**
沈阳市	Shenyang City	637	10.76	1087	25978	41.77	6.14	7.83
大连市	Dalian City	1614	11.54	1048	18713	37.65	5.47	6.27
鞍山市	Anshan City	802	6.37	889	14146	22.68	3.63	4.25
抚顺市	Fushun City	314	2.53	443	8752	12.28	1.71	2.40
本溪市	Benxi City	303	2.89	290	6552	9.60	1.30	1.76
丹东市	Dandong City	404	3.73	751	9973	15.89	2.48	2.73
锦州市	Jinzhou City	614	5.81	700	11760	20.60	3.13	3.80
营口市	Yingkou City	236	2.81	483	9074	15.04	2.45	3.23
阜新市	Fuxin City	203	2.45	701	9003	13.57	1.91	2.44
辽阳市	Liaoyang City	399	3.03	442	6404	11.85	1.85	1.87
盘锦市	Panjin City	317	2.58	294	6150	9.32	1.48	1.73
铁岭市	Tieling City	662	5.45	971	12408	21.20	3.10	3.79
朝阳市	Chaoyang City	290	4.34	1228	16440	26.94	3.78	4.98
葫芦岛市	Huludao City	186	3.02	954	11850	21.04	3.18	4.10

3-24 续表 2 continued

地 区	Region	幼儿园数 (所) Kinder-gartens	入园儿童数 (万人) Students Enrollment by Kinder-gartens (10000 persons)	小学学校数 (所) Primary Schools	小学专任教师数 (人) Full-time Teachers of Primary School (person)	小学在校学生数 (万人) Students Enrollment by Primary School (10000 persons)	小学招生数 (万人) Students Enrollment by Primary School (10000 persons)	小学毕业生数 (万人) Graduates from Primary School (10000 persons)
吉林省	**Jilin**	**2691**	**28.98**	**7781**	**140904**	**174.14**	**24.86**	**35.54**
长春市	Changchun City	710	9.49	1772	38483	50.51	7.57	9.74
吉林市	Jilin City	572	5.17	1062	20118	27.45	4.15	5.97
四平市	Siping City	251	2.14	1156	17524	20.83	2.76	4.30
辽源市	Liaoyuan City	152	1.35	506	6892	8.08	1.04	1.54
通化市	Tonghua City	274	2.12	647	11251	13.97	1.84	2.65
白山市	Baishan City	85	0.88	416	7879	7.89	1.06	1.67
松原市	Songyuan City	77	2.29	941	15261	19.11	2.57	4.32
白城市	Baicheng City	115	2.04	874	12608	13.55	2.17	2.65
延边朝鲜族自治州	Yanbian Korean A.P	455	3.50	407	10888	12.75	1.70	2.70
其他	Others							
黑龙江省	**Heilongjiang**	**3179**	**42.30**	**10791**	**175274**	**231.54**	**38.38**	**46.29**
哈尔滨市	Harbin City	988	11.76	2539	42888	55.27	9.05	12.45
齐齐哈尔市	Qiqihar City	361	4.38	1796	20344	30.62	4.83	4.22
鸡西市	Jixi City	196	2.07	419	9266	11.05	2.01	2.57
鹤岗市	Hegang City	179	1.39	201	5611	7.50	1.13	1.53
双鸭山市	Shuangyashan City	200	2.36	302	7068	10.34	1.65	1.87
大庆市	Daqing City	122	4.33	825	14043	17.55	3.25	3.86
伊春市	Yichun City	108	1.41	237	5987	7.69	1.19	1.25
佳木斯市	Jiamusi City	1	3.61	856	13759	20.89	3.23	3.40
七台河市	Qitaihe City	133	0.74	158	4065	5.21	0.91	1.22
牡丹江市	Mudanjiang City	146	2.23	713	13989	16.49	2.48	3.35
黑河市	Heihe City	222	1.65	569	8406	12.45	2.21	2.13
绥化市	Suihua City	375	5.91	2054	27035	32.85	5.90	7.76
大兴安岭地区	Daxinganling Prefecture	22	0.44	122	2813	3.64	0.55	0.67
其他	Others							
上海市	**Shanghai**	**1017**	**26.58**	**648**	**37545**	**53.74**	**10.55**	**10.97**
黄浦区	Huangpu District	28	0.67	22	1133	1.40	0.25	0.32
卢湾区	Luwan District	17	0.37	14	767	0.80	0.15	0.18
徐汇区	Xuhui District	77	1.74	45	1976	3.53	0.69	0.66
长宁区	Changning District	39	0.88	25	1468	2.05	0.41	0.41
静安区	Jingan District	16	0.41	13	844	0.90	0.18	0.18
普陀区	Putuo District	56	1.55	33	1454	2.95	0.57	0.60
闸北区	Zhabei District	57	1.11	35	1793	2.39	0.46	0.55
虹口区	Hongkou District	51	1.06	40	1547	2.08	0.39	0.47
杨浦区	Yangpu District	79	1.58	47	2372	3.03	0.58	0.67
闵行区	Minhang District	100	2.38	44	2483	3.79	0.79	0.63
宝山区	Baoshan District	82	2.51	63	3096	4.16	0.86	0.79
嘉定区	Jiading District	33	1.25	24	1507	2.32	0.46	0.46
浦东新区	Pudong New District	163	4.23	107	6531	8.91	1.85	1.69
金山区	Jinshan District	19	0.97	25	1464	2.29	0.42	0.54
松江区	Songjiang District	31	1.21	14	1619	2.54	0.50	0.49
青浦区	Qingpu District	33	1.03	24	1632	2.40	0.46	0.50
南汇区	Nanhui District	81	1.51	24	2457	3.27	0.62	0.69
奉贤区	Fengxian District	21	1.21	16	1553	2.50	0.48	0.52
崇明县	Chongming County	32	0.81	29	1596	2.07	0.34	0.54
其他	Others	2	0.09	4	253	0.36	0.07	0.08

3-24 续表 3 continued

地 区	Region	幼儿园数 (所) Kinder-gartens	入园儿童数 (万人) Students Enrollment by Kinder-gartens (10000 persons)	小学学校数 (所) Primary Schools	小学专任教师数 (人) Full-time Teachers of Primary School (person)	小学在校学生数 (万人) Students Enrollment by Primary School (10000 persons)	小学招生数 (万人) Students Enrollment by Primary School (10000 persons)	小学毕业生数 (万人) Graduates from Primary School (10000 persons)
江苏省	**Jiangsu**	**6566**	**130.96**	**6723**	**264937**	**528.21**	**68.21**	**120.44**
南京市	Nanjing City	479	10.46	450	20369	32.38	4.51	7.54
无锡市	Wuxi City	543	10.93	411	17298	32.27	4.69	6.06
徐州市	Xuzhou City	630	13.92	908	39864	83.06	9.12	21.79
常州市	Changzhou City	247	7.40	307	11622	25.56	3.54	4.83
苏州市	Suzhou City	316	13.02	488	20821	36.50	5.04	7.23
南通市	Nantong City	510	12.70	678	21919	47.05	6.03	9.56
连云港市	Lianyungang City	681	9.49	469	20574	44.70	6.12	11.08
淮安市	Huaian City	291	9.76	528	21586	46.90	5.75	10.78
盐城市	Yancheng City	1010	12.14	743	27143	46.38	6.57	12.17
扬州市	Yangzhou City	381	9.11	408	16011	28.58	3.89	6.19
镇江市	Zhenjiang City	202	4.94	238	8945	17.11	2.14	3.61
泰州市	Taizhou City	434	8.12	484	16238	31.97	3.95	7.09
宿迁市	Suqian City	842	8.99	611	22547	55.75	6.85	12.51
浙江省	**Zhejiang**	**11366**	**127.85**	**6747**	**160075**	**344.31**	**51.42**	**53.24**
杭州市	Hangzhou City	1098	18.65	897	23066	44.80	6.77	7.49
宁波市	Ningbo City	1398	17.03	719	19302	47.61	7.40	7.26
温州市	Wenzhou City	1666	21.38	1161	28730	62.21	9.04	9.31
嘉兴市	Jiaxing City	309	8.08	456	11862	27.55	3.72	4.45
湖州市	Huzhou City	171	5.76	290	8744	19.08	2.73	3.18
绍兴市	Shaoxing City	1337	12.57	686	14467	33.79	5.16	5.54
金华市	Jinhua City	1972	13.25	735	14818	33.68	4.69	4.78
衢州市	Quzhou City	1287	6.24	427	7653	16.08	2.38	2.47
舟山市	Zhoushan City	151	2.14	91	3126	5.06	0.73	0.97
台州市	Taizhou City	838	16.48	794	18353	37.51	6.14	5.32
丽水市	Lishui City	1139	6.27	491	9954	16.95	2.65	2.49
安徽省	**Anhui**	**2496**	**72.42**	**21295**	**262528**	**623.71**	**91.95**	**124.32**
合肥市	Hefei City	223	5.89	1178	17130	38.33	6.79	6.54
芜湖市	Wuhu City	221	3.25	354	8104	16.59	2.00	3.55
蚌埠市	Bengbu City	77	4.14	1066	13681	34.18	5.22	7.33
淮南市	Huainan City	59	2.27	527	10989	22.62	3.22	4.20
马鞍山市	Maanshan City	136	2.12	250	4895	10.02	1.31	2.11
淮北市	Huaibei City	70	3.16	628	10579	23.34	3.67	3.96
铜陵市	Tongling City	53	1.13	128	3097	5.54	0.80	1.17
安庆市	Anqing City	96	6.28	2438	25603	58.11	6.84	11.02
黄山市	Huangshan City	40	2.05	776	6712	11.24	1.15	2.46
滁州市	Chuzhou City	196	6.33	1491	16826	40.68	6.56	8.71
阜阳市	Fuyang City	270	9.43	3208	37707	112.76	18.11	21.90
宿州市	Suzhou City	119	4.91	2083	25181	64.93	9.06	14.09
巢湖市	Chaohu City	107	4.34	1369	15440	38.31	5.49	7.51
六安市	Liuan City	384	6.31	2637	25708	53.10	7.84	11.49
亳州市	Bozhou City	159	4.85	2014	24024	62.60	9.59	12.08
池州市	Chizhou City	77	1.98	526	6293	13.38	1.74	2.66
宣城市	Xuancheng City	209	3.99	622	10559	17.98	2.58	3.53
其他	Others							

3-24 续表 4 continued

地 区	Region	幼儿园数 (所) Kinder-gartens	入园儿童数 (万人) Students Enrollment by Kinder-gartens (10000 persons)	小学学校数 (所) Primary Schools	小学专任教师数 (人) Full-time Teachers of Primary School (person)	小学在校学生数 (万人) Students Enrollment by Primary School (10000 persons)	小学招生数 (万人) Students Enrollment by Primary School (10000 persons)	小学毕业生数 (万人) Graduates from Primary School (10000 persons)
福建省	**Fujian**	**7200**	**74.82**	**11614**	**170962**	**286.94**	**36.49**	**62.58**
福州市	Fuzhou City	1612	13.16	1982	27635	51.43	7.22	10.18
厦门市	Xiamen City	469	4.44	375	8118	14.66	2.30	2.73
莆田市	Putian City	854	6.21	865	15217	28.60	4.18	5.94
三明市	Sanming City	590	5.80	1209	15692	20.85	2.67	5.36
泉州市	Quanzhou City	604	14.18	1951	32816	62.03	5.78	13.47
漳州市	Zhangzhou City	1570	12.08	1651	21883	35.13	5.58	8.22
南平市	Nanping City	631	6.60	1082	17647	22.81	3.29	5.23
龙岩市	Longyan City	491	6.88	816	14746	21.49	2.47	6.20
宁德市	Ningde City	379	5.45	1683	17208	29.95	3.00	5.24
江西省	**Jiangxi**	**4370**	**65.81**	**15257**	**194377**	**386.21**	**68.12**	**67.68**
南昌市	Nanchang City	534	8.31	1160	19408	41.47	7.72	3.53
景德镇市	Jingdezhen City	121	1.85	545	7401	12.42	2.44	2.65
萍乡市	Pingxiang City	191	2.92	475	7854	12.93	2.37	2.81
九江市	Jiujiang City	207	4.64	1430	21615	40.35	7.02	7.91
新余市	Xinyu City	96	2.04	237	5247	7.02	1.53	1.49
鹰潭市	Yingtan City	60	1.69	364	4808	8.98	1.73	1.86
赣州市	Ganzhou City	922	15.93	3080	32664	78.69	15.32	15.40
吉安市	Jian City	693	7.13	1972	20543	40.24	6.00	7.10
宜春市	Yichun City	516	7.57	1841	23222	42.82	7.62	8.09
抚州市	Fuzhou City	241	3.64	1778	19736	33.95	5.45	5.36
上饶市	Shangrao City	789	10.09	2375	31879	67.34	10.92	11.51
山东省	**Shandong**	**16453**	**146.16**	**16943**	**378793**	**627.80**	**110.17**	**124.69**
济南市	Jinan City	1635	13.06	889	25214	37.55	6.78	7.19
青岛市	Qingdao City	2115	14.12	1037	31573	47.69	8.36	7.83
淄博市	Zibo City	910	10.43	633	15796	25.42	5.13	4.13
枣庄市	Zaozhuang City	864	6.19	873	18350	33.81	4.89	7.96
东营市	Dongying City	712	5.08	238	6807	12.70	2.50	2.59
烟台市	Yantai City	1822	12.56	1050	22602	34.05	6.19	6.75
潍坊市	Weifang City	2433	15.82	1740	37675	58.70	10.34	9.13
济宁市	Jining City	379	9.00	1573	32481	56.65	9.21	12.21
泰安市	Taian City	1004	8.89	765	19607	25.74	6.20	7.22
威海市	Weihai City	525	4.28	230	9154	13.52	2.43	2.75
日照市	Rizhao City	960	6.84	535	10214	17.67	3.41	3.38
莱芜市	Laiwu City	604	3.45	268	5575	7.13	1.87	1.18
临沂市	Linyi City	760	9.46	2143	38489	74.82	13.77	17.57
德州市	Dezhou City	472	5.15	1062	25181	32.53	5.66	9.24
聊城市	Liaocheng City	491	6.17	1230	22119	40.22	5.80	8.32
滨州市	Binzhou City	594	7.30	649	14940	25.61	4.55	4.93
菏泽市	Heze City	173	8.36	2028	43016	84.00	13.08	12.33
河南省	**Henan**	**3467**	**149.02**	**34164**	**478499**	**1014.06**	**162.49**	**203.54**
郑州市	Zhengzhou City	428	13.25	1307	29153	57.62	8.86	13.62
开封市	Kaifeng City	130	6.85	1737	21460	41.40	7.23	9.65
洛阳市	Luoyang City	215	8.96	2644	28718	67.14	10.53	12.55
平顶山市	Pingdingshan City	118	4.82	1673	24456	44.37	6.94	10.04
安阳市	Anyang City	198	5.54	1825	24375	45.53	7.61	10.78

3-24 续表 5 continued

地 区	Region	幼儿园数 (所) Kinder-gartens	入园儿童数 (万人) Students Enrollment by Kinder-gartens (10000 persons)	小学学校数 (所) Primary Schools	小学专任教师数 (人) Full-time Teachers of Primary School (person)	小学在校学生数 (万人) Students Enrollment by Primary School (10000 persons)	小学招生数 (万人) Students Enrollment by Primary School (10000 persons)	小学毕业生数 (万人) Graduates from Primary School (10000 persons)
鹤壁市	Hebi City	124	2.90	483	6660	15.82	2.66	3.01
新乡市	Xinxiang City	282	8.09	2013	22474	48.55	8.69	11.70
焦作市	Jiaozuo City	361	8.11	787	15546	35.95	5.29	7.39
濮阳市	Puyang City	55	2.86	1455	17558	39.42	6.20	9.80
许昌市	Xuchang City	297	5.94	1453	23153	39.69	6.12	8.48
漯河市	Luohe City	38	3.02	565	12161	21.25	3.54	4.92
三门峡市	Sanmenxia City	126	4.22	1139	11155	21.24	3.43	4.59
南阳市	Nanyang City	283	14.49	4020	49107	87.54	14.72	17.95
商丘市	Shangqiu City	62	13.16	3053	51362	107.89	18.60	23.17
信阳市	Xinyang City	190	12.54	2892	41255	86.73	12.31	15.58
周口市	Zhoukou City	327	19.92	4243	56130	148.37	23.53	24.21
驻马店市	Zhumadian City	189	13.00	2723	40869	99.85	15.33	14.76
其他	Others	44	1.34	152	2907	5.69	0.92	1.36
湖北省	**Hubei**	**2256**	**58.80**	**14085**	**221763**	**474.95**	**60.00**	**109.93**
武汉市	Wuhan City	624	10.83	1192	31643	57.77	7.14	11.78
黄石市	Huangshi City	97	2.02	767	10422	29.45	3.66	5.50
十堰市	Shiyan City	108	4.03	1274	15619	28.71	3.86	7.00
宜昌市	Yichang City	314	5.80	629	12667	23.27	3.18	4.97
襄樊市	Xiangfan City	79	4.87	1531	25700	41.50	5.41	8.89
鄂州市	Ezhou City	55	0.97	307	5004	9.70	1.16	2.11
荆门市	Jingmen City	174	3.83	471	9684	18.75	2.37	4.28
孝感市	Xiaogan City	119	3.39	1297	21664	44.07	4.80	11.08
荆州市	Jingzhou City	202	4.47	1194	18969	46.96	5.86	11.90
黄冈市	Huanggang City	85	5.34	2104	23597	65.44	8.35	15.90
咸宁市	Xianning City	93	3.14	915	11941	27.79	3.06	6.27
随州市	Suizhou City	71	6.30	287	7123	16.90	1.95	5.36
恩施土家族苗族自治州	Enshi Tujia & Miao A.P	107	4.87	1305	15620	33.60	5.61	5.60
其他	Others	166	2.89	810	12279	30.63	3.49	8.40
湖南省	**Hunan**	**2555**	**65.11**	**19615**	**248345**	**432.56**	**71.41**	**103.87**
长沙市	Changsha City	328	7.79	1433	18067	31.80	6.35	5.90
株洲市	Zhuzhou City	205	4.12	873	10851	20.36	3.52	5.36
湘潭市	Xiangtan City	158	3.04	650	9540	16.51	2.67	3.75
衡阳市	Hengyang City	157	5.81	2254	27732	48.99	8.17	11.35
邵阳市	Shaoyang City	196	7.04	2253	25113	49.49	8.73	11.20
岳阳市	Yueyang City	293	5.03	1574	20164	34.91	5.13	9.15
常德市	Changde City	256	4.92	1407	20934	34.92	4.77	7.50
张家界市	Zhangjiajie City	64	2.11	441	5541	10.19	1.57	2.43
益阳市	Yiyang City	43	3.04	1045	16372	23.96	3.97	7.05
郴州市	Chenzhou City	214	4.81	2003	18505	29.74	5.42	8.70
永州市	Yongzhou City	227	4.28	852	24626	42.83	6.76	10.10
怀化市	Huaihua City	145	4.90	1665	21667	30.71	5.08	8.29
娄底市	Loudi City	63	4.19	1210	15710	30.25	5.19	7.32
湘西土家族苗族自治州	West Hunan Tujia A.P	206	4.03	1955	13523	27.90	4.10	5.76
其他	Others							
广东省	**Guangdong**	**10213**	**213.20**	**21944**	**396487**	**1049.62**	**168.47**	**162.87**
广州市	Guangzhou City	1585	9.65	1429	39983	87.47	14.06	13.42

3-24 续表 6 continued

地 区	Region	幼儿园数 (所) Kinder-gartens	入园儿童数 (万人) Students Enrollment by Kinder-gartens (10000 persons)	小学学校数 (所) Primary Schools	小学专任教师数 (人) Full-time Teachers of Primary School (person)	小学在校学生数 (万人) Students Enrollment by Primary School (10000 persons)	小学招生数 (万人) Students Enrollment by Primary School (10000 persons)	小学毕业生数 (万人) Graduates from Primary School (10000 persons)
韶关市	Shaoguan City	314	6.40	849	15379	30.63	4.63	5.95
深圳市	Shenzhen City	699	13.50	378	19660	52.64	9.66	6.20
珠海市	Zhuhai City	213	3.40	140	5080	12.08	1.97	1.84
汕头市	Shantou City	1010	12.13	838	21571	74.15	12.35	10.88
佛山市	Foshan City	794	14.84	519	17546	42.30	6.90	6.79
江门市	Jiangmen City	481	10.50	962	14891	40.03	6.06	6.94
湛江市	Zhanjiang City	668	17.37	2266	35730	107.08	17.50	17.19
茂名市	Maoming City	141	13.34	1988	30761	95.94	14.65	14.94
肇庆市	Zhaoqing City	361	10.54	1372	17183	43.34	7.29	6.79
惠州市	Huizhou City	243	6.99	1170	18986	41.90	6.77	5.97
梅州市	Meizhou City	258	7.82	1997	22515	53.94	8.04	9.68
汕尾市	Shanwei City	328	32.39	789	15662	42.50	7.16	6.37
河源市	Heyuan City	207	6.63	1428	15982	36.39	5.58	5.93
阳江市	Yangjiang City	156	1.94	787	14306	28.83	4.07	5.07
清远市	Qingyuan City	495	4.65	1328	18296	42.52	6.43	7.46
东莞市	Dongguan City	489	11.25	498	15512	44.83	8.05	5.18
中山市	ZhongShan City	401	6.47	266	7354	20.87	3.78	3.19
潮州市	Chaozhou City	694	7.40	731	10561	29.18	4.54	4.82
揭阳市	Jieyang City	539	13.74	1358	26982	90.23	14.05	12.63
云浮市	Yunfu City	137	2.24	851	12547	32.77	4.95	5.63
广西壮族自治区	**Guangxi**	**3122**	**88.78**	**15759**	**200546**	**470.56**	**75.73**	**89.31**
南宁市	Nanning City	610	9.38	1682	25513	59.06	9.15	11.21
柳州市	Liuzhou City	270	6.27	1194	15766	29.21	4.47	6.23
桂林市	Guilin City	335	7.28	1685	19546	31.17	4.49	6.98
梧州市	Wuzhou City	141	6.45	903	12025	37.04	5.98	6.53
北海市	Beihai City	167	3.51	419	7390	17.39	2.54	2.90
防城港市	Fangchenggang City	66	1.76	364	5162	8.79	1.49	1.33
钦州市	Qinzhou City	127	6.95	1115	11890	34.37	6.02	5.43
贵港市	Guigang City	119	8.92	1161	17904	53.97	9.76	10.07
玉林市	Yulin City	553	11.41	1493	19044	65.55	10.73	12.92
百色市	Baise City	303	7.96	1756	17052	32.85	5.27	5.65
贺州市	Hezhou City	51	2.83	874	9840	26.71	3.84	4.96
河池市	Hechi City	127	5.85	1633	20053	36.19	6.52	5.68
来宾市	Laibin City	138	3.31	773	9461	23.13	3.20	4.87
崇左市	Chongzuo City	109	3.24	845	9952	15.59	2.30	3.81
海南省	**Hainan**	**708**	**11.68**	**3192**	**50108**	**100.18**	**16.19**	**16.75**
海口市	Haikou City	290	3.53	391	9128	18.94	3.07	3.11
三亚市	Sanya City	46	0.79	150	2993	7.40	1.21	1.16
其他	Others	372	7.36	2651	37987	73.84	11.91	12.48
重庆市	**Chongqing**	**3408**	**54.48**	**10409**	**114007**	**271.90**	**41.05**	**44.61**
万州区	Wanzhou District	143	3.10	526	5889	12.98	2.02	2.18
涪陵区	Fuling District	113	1.75	231	4631	9.22	1.13	1.54
渝中区	Yuzhong District	65	1.07	39	2221	3.29	0.51	0.58
大渡口区	Dadukou District	43	0.52	30	797	1.52	0.24	0.22
江北区	Jiangbei District	91	1.28	62	1858	2.82	0.44	0.43
沙坪坝区	Shapingba District	111	1.45	82	2080	4.33	0.68	0.74

3-24 续表 7 continued

地 区	Region	幼儿园数 (所) Kinder-gartens	入园儿童数 (万人) Students Enrollment by Kinder-gartens (10000 persons)	小学学校数 (所) Primary Schools	小学专任教师数 (人) Full-time Teachers of Primary School (person)	小学在校学生数 (万人) Students Enrollment by Primary School (10000 persons)	小学招生数 (万人) Students Enrollment by Primary School (10000 persons)	小学毕业生数 (万人) Graduates from Primary School (10000 persons)
九龙坡区	Jiulongpo District	155	1.75	100	2426	4.86	0.73	0.77
南岸区	Nanan District	113	1.35	61	1524	3.02	0.48	0.47
北碚区	Beibei District	48	0.89	109	1957	3.56	0.51	0.61
万盛区	Wansheng District	46	0.30	86	1148	2.14	0.32	0.38
双桥区	Shuangqiao District	8	0.16	12	266	0.46	0.07	0.07
渝北区	Yubei District	115	1.67	263	3140	5.76	0.89	1.00
巴南区	Banan District	105	1.24	114	2739	5.51	0.73	0.98
黔江区	Qianjiang District	13	0.87	236	2157	5.86	1.02	0.72
长寿区	Changshou District	77	1.02	173	3398	6.77	1.06	1.13
其他	Others	2162	36.06	8285	77776	199.78	30.22	32.78
四川省	**Sichuan**	**7602**	**152.73**	**21935**	**307940**	**736.58**	**116.92**	**122.19**
成都市	Chengdu City	1760	25.74	586	35963	77.43	11.60	12.44
自贡市	Zigong City	320	5.12	592	9015	23.21	3.49	4.17
攀枝花市	Panzhihua City	159	3.00	446	4572	9.58	1.97	1.26
泸州市	Luzhou City	295	8.69	321	14398	40.93	6.94	6.36
德阳市	Deyang City	266	7.45	448	12325	26.40	3.92	4.75
绵阳市	Mianyang City	626	9.91	1641	18197	39.50	5.95	7.13
广元市	Guangyuan City	198	5.44	963	13502	28.10	4.22	4.34
遂宁市	Suining City	185	6.26	1231	13239	30.86	4.35	6.82
内江市	Neijiang City	525	7.46	721	13829	28.68	4.79	5.55
乐山市	Leshan City	238	5.16	1088	13716	26.69	4.03	4.57
南充市	Nanchong City	244	9.81	269	25250	62.27	9.18	10.82
眉山市	Meishan City	152	3.15	271	11903	26.94	3.81	4.85
宜宾市	Yibin City	621	9.19	1976	16946	51.32	7.96	8.21
广安市	Guangan City	364	7.83	1613	14244	45.12	7.19	7.25
达州市	Dazhou City	537	12.32	2787	23834	60.91	9.05	10.52
雅安市	Yaan City	218	3.09	540	6513	14.05	2.09	2.30
巴中市	Bazhong City	78	6.50	335	14275	41.34	7.30	5.72
资阳市	Ziyang City	614	9.42	1550	13689	33.21	5.32	7.16
阿坝藏族羌族自治州	Aba Zang & Qiang A.P	24	0.92	1207	6101	10.01	1.75	1.33
甘孜藏族自治州	Ganzi Zang A.P	29	0.58	1009	5232	9.46	1.61	0.97
凉山彝族自治州	Liangshan Yi A.P	149	5.71	2341	21197	50.57	10.37	5.65
贵州省	**Guizhou**	**1484**	**65.71**	**14257**	**180793**	**479.41**	**83.64**	**76.63**
贵阳市	Guiyang City	311	5.50	962	17996	36.85	6.57	5.87
六盘水市	Liupanshui City	82	4.96	1080	13034	41.12	8.06	6.23
遵义市	Zunyi City	318	13.13	2450	32533	84.38	14.15	14.28
安顺市	Anshun City	99		1037	13031	34.87	6.11	5.46
铜仁地区	Tongren Prefecture	168	6.80	1571	18660	50.40	9.06	8.00
黔西南布依族苗族自治州	Southwest Guizhou Buyi & Miao A.P	81	4.46	1141	15403	40.43	6.53	7.26
毕节地区	Bijie Prefecture	76	7.68	2488	29770	98.65	18.40	14.53
黔东南苗族侗族自治州	Southeast Guizhou Miao & Dong A.P	162	4.75	1989	21136	47.79	7.84	7.89
黔南布依族苗族自治州	South Guizhou Buyi & Miao A.P	187	6.47	1539	19230	44.93	6.93	7.12
云南省	**Yunnan**	**2103**	**75.37**	**19752**	**218969**	**440.65**	**73.25**	**72.13**
昆明市	Kunming City		13.47	1526	22506	45.85	8.09	6.61
曲靖市	Qujing City		12.45	1887	29645	64.36	10.92	9.84
玉溪市	Yuxi City		5.85	663	10656	18.90	3.29	3.20

3-24 续表 8 continued

地 区	Region	幼儿园数 (所) Kinder-gartens	入园儿童数 (万人) Students Enrollment by Kinder-gartens (10000 persons)	小学学校数 (所) Primary Schools	小学专任教师数 (人) Full-time Teachers of Primary School (person)	小学在校学生数 (万人) Students Enrollment by Primary School (10000 persons)	小学招生数 (万人) Students Enrollment by Primary School (10000 persons)	小学毕业生数 (万人) Graduates from Primary School (10000 persons)
保山市	Baoshan City		5.18	1336	12479	24.05	4.07	4.05
昭通市	Zhaotong City		5.51	2615	25291	77.18	12.07	11.44
丽江市	Lijiang City		1.99	659	7108	11.66	1.95	1.88
思茅市	Simao City		2.74	1307	12850	20.16	3.19	4.04
临沧市	Lincang City		2.61	1559	12289	21.35	3.50	3.57
楚雄彝族自治州	Chuxiong Yi A.P	128	4.02	1130	12692	21.28	3.52	3.77
红河哈尼族彝族自治州	Honghe Hani & Yi A.P		7.43	2001	21719	41.38	6.76	7.38
文山壮族苗族自治州	Wenshan Zhuang & Miao A.P		3.51	2164	18979	37.18	6.43	6.18
西双版纳傣族自治州	Xishuangbanna Dai A.P		1.54	437	5718	9.66	1.60	1.74
大理白族自治州	Dali Bai A.P		6.42	1158	14390	28.03	4.65	5.10
德宏傣族景颇族自治州	Dehong Dai & Jingpo A.P		1.76	709	6596	11.02	1.75	2.07
怒江傈僳族自治州	Nujiang Lisu A.P		0.58	264	3650	4.89	0.83	0.72
迪庆藏族自治州	Diqing Zang A.P		0.29	337	2401	3.70	0.63	0.55
西藏自治区	**Tibet**	**41**	**0.82**	**886**	**13610**	**32.70**	**5.91**	**4.52**
拉萨市	Lhasa City	26	0.50	110	3107	5.20	0.81	0.92
昌都地区	Qamdu Prefecture	1	0.03	188	2413	7.56	1.27	1.09
山南地区	Lhokha Prefecture	3	0.07	111	1962	3.66	0.59	0.61
日喀则地区	Xigaze Prefecture	3	0.08	219	3284	8.24	1.25	1.23
那曲地区	Narqu Prefecture	4	0.01	149	1284	4.88	1.37	0.26
阿里地区	Ngri Prefecture	1	0.01	39	381	0.85	0.18	0.09
林芝地区	Nyingchi Prefecture	1	0.06	67	1107	2.15	0.42	0.29
其他	Others	2	0.06	3	72	0.16	0.02	0.03
陕西省	**Shaanxi**	**2346**	**47.74**	**22988**	**188062**	**370.97**	**48.16**	**76.57**
西安市	Xian City	660	12.16	2016	29367	63.75	9.12	12.37
铜川市	Tongchuan City	21	0.61	676	4891	7.67	0.89	1.65
宝鸡市	Baoji City	118	5.60	1837	17022	35.72	4.60	7.45
咸阳市	Xianyang City	160	4.48	2385	27869	55.39	6.81	10.40
渭南市	Weinan City	860	6.54	2804	27738	51.02	6.33	11.66
延安市	Yanan City	171	3.77	2754	14834	26.27	3.54	5.80
汉中市	Hanzhong City	90	4.64	2455	16908	31.84	4.74	5.84
榆林市	Yulin City	136	4.71	3425	20628	40.78	4.83	9.37
安康市	Ankang City	64	3.00	1879	16380	29.84	3.99	5.81
商洛市	Shangluo City	61	2.04	2725	11717	27.58	3.15	6.00
其他	Others	5	0.21	32	708	1.11	0.15	0.23
甘肃省	**Gansu**	**2377**	**35.06**	**15347**	**128725**	**315.55**	**50.88**	**48.88**
兰州市	Lanzhou City	236	5.31	884	14111	25.78	3.83	4.53
嘉峪关市	Jiayuguan City	55	0.53	25	676	1.45	0.22	0.21
金昌市	Jinchang City	20	0.69	167	2058	3.95	0.64	0.61
白银市	Baiyin City	125	2.58	1021	11423	25.27	3.58	4.14
天水市	Tianshui City	55	2.75	2202	15805	44.08	7.85	7.44
武威市	Wuwei City	428	3.62	1276	10953	23.12	3.12	4.03
张掖市	Zhangye City	524	3.13	621	5959	11.57	1.85	1.85
平凉市	Pingliang City	137	3.64	1646	11792	28.93	4.57	4.32
酒泉市	Jiuquan City	313	2.83	438	4489	9.24	1.46	1.61
庆阳市	Qingyang City	319	3.37	1947	13032	35.76	5.42	4.64
定西市	Dingxi City	58	3.02	1826	13529	38.38	6.21	6.25

3-24 续表 9 continued

地 区	Region	幼儿园数（所）Kindergartens	入园儿童数（万人）Students Enrollment by Kindergartens (10000 persons)	小学学校数（所）Primary Schools	小学专任教师数（人）Full-time Teachers of Primary School (person)	小学在校学生数（万人）Students Enrollment by Primary School (10000 persons)	小学招生数（万人）Students Enrollment by Primary School (10000 persons)	小学毕业生数（万人）Graduates from Primary School (10000 persons)
陇南市	Longnan City	45	1.83	1686	11880	36.02	5.87	5.47
临夏回族自治州	Linxia Hui A.P	50	1.35	965	8832	23.45	4.73	2.99
甘南藏族自治州	Gannan Zang A.P	12	0.41	643	4186	8.55	1.53	0.79
青海省	**Qinghai**	**240**	**7.70**	**2995**	**27832**	**51.30**	**9.90**	**8.10**
西宁市	Xining City			743	8310	16.00		
海东地区	Haidong Prefecture			1209	8513	15.10		
海北藏族自治州	Haibei Zang A.P			166	1586	2.90		
海南藏族自治州	Hainan Zang A.P			352	2575	4.80		
黄南藏族自治州	Huangnan Zang AP			190	2030	3.40		
果洛藏族自治州	Golog Zang A.P			57	940	1.30		
玉树藏族自治州	Yushu Zang A.P			189	1551	3.10		
海西蒙古族藏族自治州	Haixi Mongolian & Zang A.P			89	2327	4.50		
宁夏回族自治区	**Ningxia**	**212**	**10.86**	**2630**	**33903**	**67.77**	**12.34**	**9.44**
银川市	Yinchuan City	83	2.73	303	6752	14.05	2.43	2.30
石嘴山市	Shizuishan City	48	1.37	175	3877	6.55	1.04	1.09
吴忠市	Wuzhong City	38	2.87	540	7658	14.53	2.55	2.00
固原市	Guyuan City	15	1.74	1124	9878	19.65	3.97	2.64
中卫市	Zhongwei City	28	2.15	488	5738	12.99	2.35	1.41
新疆维吾尔自治区	**Xinjiang**	**977**	**18.28**	**5451**	**134915**	**221.81**	**34.74**	**41.76**
乌鲁木齐市	Urumqi City	218	3.57	168	8428	14.83	2.60	2.31
克拉玛依市	Karamay City	26	0.72	30	1692	2.40	0.43	0.35
石河子市	Shihezi City	42	0.57	12	670	1.26	0.20	0.20
吐鲁番地区	Turpan Prefecture	17	0.26	118	4422	5.49	0.90	1.06
哈密地区	Hami Prefecture	28	0.66	55	3707	3.64	0.58	0.66
昌吉回族自治州	Changji Hui A.P	143	2.11	255	8988	10.96	1.87	2.06
博尔塔拉蒙古自治州	Bortala Mongolian A.P	15	0.46	98	3047	3.32	0.54	0.60
巴音郭楞蒙古自治州	Bayingolin Mongolian A.P	57	1.09	264	8878	9.27	1.49	1.77
阿克苏地区	Aksu Prefecture	21	0.56	877	14697	24.92	3.72	5.21
克孜勒苏柯尔克孜自治州	Kizilsu Kirgiz A.P	5	0.14	217	4481	5.68	0.87	1.34
喀什地区	Kashi Prefecture	25	0.63	1212	20702	49.64	7.13	10.27
和田地区	Hotan Prefecture	11	0.34	856	10752	23.30	3.68	4.02
伊犁哈萨克自治州	Ili Kazak A.P	105	1.70	545	15981	24.95	4.30	4.20
塔城地区	Tacheng Prefecture	55	0.80	273	8018	8.78	1.40	1.56
阿勒泰地区	Altay Prefecture	24	0.45	133	5475	5.09	0.77	1.09
阿拉尔市	Alar City							
图木舒克市	Tumxuk City							
五家渠市	Wujiaqu City							
兵团	Corps	185	4.22	338	14977	28.29	4.26	5.04

3-25 普通中等教育和高等教育情况（2004年）

Secondary Education and Institutions of Higher Education (2004)

地区	Region	普通中等学校数（所）Number of Secondary Schools	普通中等学校专任教师数（人）Full-time Teachers of Secondary School (person)	普通中等学校在校学生数（万人）Students Enrollment by Secondary School (10000 persons)	普通中等学校招生数（万人）New Students Enrollment by Secondary School (10000 persons)	普通中等学校毕业生数（万人）Graduates from Secondary School (10000 persons)	普通高等学校数（所）Regular Institutions of Higher Education	普通高等学校专任教师数（人）Full-time Teachers of Secondary School (person)
北京市	**Beijing**	**760**	**51114**	**66.12**	**19.39**	**23.30**	**77**	**44095**
东城区	Dongcheng District	32	3358	4.29	1.32	1.46		
西城区	Xicheng District	44	4144	4.81	1.50	1.68		
崇文区	Chongwen District	22	1506	2.06	0.63	0.81		
宣武区	Xuanwu District	26	2009	2.67	0.81	0.94		
朝阳区	Chaoyang District	84	4174	5.66	1.71	2.04		
丰台区	Fengtai District	52	3182	3.36	1.01	1.24		
石景山区	Shijingshan District	23	1506	1.48	0.48	0.55		
海淀区	Haidian District	84	6276	9.56	3.10	3.14		
门头沟区	Mentougou District	19	1079	1.09	0.33	0.39		
房山区	Fangshan District	67	3920	5.27	1.40	1.97		
通州区	Tongzhou District	47	3314	4.61	1.28	1.53		
顺义区	Shunyi District	46	3431	4.90	1.24	1.93		
昌平区	Changping District	48	2286	2.18	0.65	0.81		
大兴区	Daxing District	51	3415	3.95	1.09	1.38		
怀柔区	Huairou District	31	2430	3.58	0.97	1.19		
平谷区	Pinggu District	28	1540	1.77	0.53	0.57		
密云县	Miyun County	26	1926	2.76	0.75	0.91		
延庆县	Yanqing County	30	1618	2.12	0.59	0.76		
天津市	**Tianjin**	**644**	**41397**	**59.91**	**18.48**	**19.17**	**40**	**18973**
和平区	Heping District	30	2328	3.59	1.18	1.21	2	1135
河东区	Hedong District	33	1956	2.89	0.96	1.10	3	1274
河西区	Hexi District	46	2544	4.17	1.29	1.53	9	4655
南开区	Nankai District	43	2646	3.42	1.12	1.19	8	5543
河北区	Hebei District	38	1937	3.52	1.11	1.28	2	678
红桥区	Hongqiao District	31	2017	2.87	0.89	1.05	3	974
塘沽区	Tanggu District	40	2216	2.89	0.82	0.88	2	463
汉沽区	Hangu District	18	871	1.08	0.38	0.32		
大港区	Dagang District	41	2383	2.67	0.77	0.66	2	872
东丽区	Dongli District	25	1304	1.69	0.55	0.56	1	792
西青区	Xiqing District	15	1248	1.65	0.58	0.52	5	1634
津南区	Jinnan District	20	1011	1.90	0.65	0.66		
北辰区	Beichen District	20	1258	1.57	0.54	0.52	1	690
武清区	Wuqing District	51	3615	4.93	1.54	1.69	1	106
宝坻区	Baodi District	51	3984	5.71	1.86	1.70		
宁河县	Ninghe County	29	2289	3.64	0.95	0.79		
静海县	Jinghai County	47	2694	3.99	1.12	0.90	1	157
蓟县	Ji County	64	4945	7.58	2.05	2.50		
其他	Others	2	151	0.15	0.13	0.10		
河北省	**Hebei**	**4917**	**290078**	**532.92**	**172.41**	**173.06**	**87**	**39235**
石家庄市	Shijiazhuang City	692	43589	79.98	25.74	26.89	32	13265
唐山市	Tangshan City	499	34090	52.87	16.11	17.84	8	3483
秦皇岛市	Qinhuangdao City	232	13120	19.20	5.72	6.08	5	2864
邯郸市	Handan City	595	34370	76.89	25.27	23.17	4	2651
邢台市	Xingtai City	578	27480	57.72	19.05	19.63	4	1405
保定市	Baoding City	699	42082	78.13	25.66	26.10	10	6471
张家口市	Zhangjiakou City	294	16382	26.91	8.51	8.85	3	1463

3-25 续表 1 continued

地　区	Region	普通中等学校数 (所) Number of Secondary Schools	普通中等学校专任教师数 (人) Full-time Teachers of Secondary School (person)	普通中等学校在校学生数 (万人) Students Enrollment by Secondary School (10000 persons)	普通中等学校招生数 (万人) New Students Enrollment by Secondary School (10000 persons)	普通中等学校毕业生数 (万人) Graduates from Secondary School (10000 persons)	普通高等学校数 (所) Regular Institutions of Higher Education	普通高等学校专任教师数 (人) Full-time Teachers of Secondary School (person)
承德市	Chengde City	301	14520	22.17	6.89	7.66	5	1320
沧州市	Cangzhou City	481	28166	52.12	17.70	15.38	5	1436
廊坊市	Langfang City	241	17938	32.50	10.59	10.31	8	3372
衡水市	Hengshui City	305	18341	34.42	11.17	11.17	2	624
其他	Others						1	881
山西省	**Shanxi**	**3318**	**163390**	**257.43**	**84.33**	**75.62**	**56**	**24768**
太原市	Taiyuan City	253	15686	21.76	6.88	5.67	33	13909
大同市	Datong City	292	13885	23.06	7.78	2.00	1	1355
阳泉市	Yangquan City	104	5844	8.30	2.60	2.60	1	348
长治市	Changzhi City	281	12708	24.13	8.14	7.79	4	1408
晋城市	Jincheng City	216	8480	14.46	4.92	4.65	2	327
朔州市	Shuozhou City	155	6466	9.45	4.55	3.63		
晋中市	Jinzhong City	323	13949	22.05	6.95	6.61	3	1260
运城市	Yuncheng City	429	24276	41.30	13.60	12.50	1	735
忻州市	Xinzhou City	457	16233	23.90	0.30	0.30	1	697
临汾市	Linfen City	406	19578	33.31	10.98	10.27	3	1843
吕梁市	Luliang City	414	17388	31.76	10.40	9.40	2	478
内蒙古自治区	**Inner Mongolia**	**1720**	**92188**	**156.58**	**50.55**	**43.79**	**31**	**14793**
呼和浩特市	Hohhot City	167	8364	14.71	5.01	4.03	17	8016
包头市	Baotou City	157	9712	17.51	5.12	3.62	3	1932
乌海市	Wuhai City	38	1839	3.08	1.03	0.91		
赤峰市	Chifeng City	347	19035	32.95	10.23	10.14	2	785
通辽市	Tongliao City	243	12246	19.55	6.69	5.49	3	1279
鄂尔多斯市	Erdos City	76	5112	8.97	2.94	1.91		
呼伦贝尔市	Hulunbuir City	260	11927	17.49	5.71	4.93	1	607
巴彦淖尔市	Bayannur City	99	6167	11.89	3.97	3.93	1	753
乌兰察布市	Ulanqab City	123	6391	13.20	4.45	3.79	2	735
兴安盟	Xingan League	133	6464	9.46	3.05	2.94	1	397
锡林郭勒盟	Xilingol League	58	3831	6.40	2.02	1.75	1	289
阿拉善盟	Alxa League	19	1100	1.39	0.33	0.33		
其他	Others							
辽宁省	**Liaoning**	**2317**	**144608**	**236.05**	**76.61**	**75.29**	**70**	**40697**
沈阳市	Shenyang City	362	25164	38.10	12.40	12.78	27	17210
大连市	Dalian City	288	20061	34.10	10.70	11.40	18	10950
鞍山市	Anshan City	176	11896	19.50	6.11	6.00	2	1639
抚顺市	Fushun City	152	7790	11.87	3.61	3.79	3	1341
本溪市	Benxi City	94	6053	8.74	2.73	3.05	1	528
丹东市	Dandong City	130	7851	13.46	4.32	4.34	2	1293
锦州市	Jinzhou City	163	9569	15.75	5.24	4.97	6	3175
营口市	Yingkou City	104	7806	15.06	4.75	4.88	2	613
阜新市	Fuxin City	119	6747	10.55	3.49	3.22	2	1779
辽阳市	Liaoyang City	91	5784	9.06	3.00	3.02	2	624
盘锦市	Panjin City	80	4936	7.72	2.55	2.29	1	243
铁岭市	Tieling City	160	9394	14.82	5.12	4.36	2	513
朝阳市	Chaoyang City	231	12830	21.59	7.14	6.54	1	423
葫芦岛市	Huludao City	167	8727	15.73	5.45	4.65	1	366

3-25 续表 2 continued

地 区	Region	普通中等学校数 (所) Number of Secondary Schools	普通中等学校专任教师数 (人) Full-time Teachers of Secondary School (person)	普通中等学校在校学生数 (万人) Students Enrollment by Secondary School (10000 persons)	普通中等学校招生数 (万人) New Students Enrollment by Secondary School (10000 persons)	普通中等学校毕业生数 (万人) Graduates from Secondary School (10000 persons)	普通高等学校数 (所) Regular Institutions of Higher Education	普通高等学校专任教师数 (人) Full-time Teachers of Secondary School (person)
吉林省	**Jilin**	**1663**	**93056**	**159.96**	**51.59**	**46.97**	**43**	**25011**
长春市	Changchun City	377	24876	46.62	14.68	12.68	28	17411
吉林市	Jilin City	234	13952	26.79	8.66	8.54	7	3392
四平市	Siping City	216	10743	18.46	6.37	4.93	3	1378
辽源市	Liaoyuan City	73	4050	6.57	2.16	2.03	1	162
通化市	Tonghua City	172	8451	13.52	3.93	4.61	1	717
白山市	Baishan City	124	5419	7.67	2.49	2.23		
松原市	Songyuan City	149	8665	16.11	5.49	4.41		
白城市	Baicheng City	137	6958	10.70	3.52	3.26	2	513
延边朝鲜族自治州	Yanbian Korean A.P	181	9942	13.52	4.29	4.28	1	1438
其他	Others							
黑龙江省	**Heilongjiang**	**2697**	**149472**	**241.04**	**66.14**	**68.89**	**59**	**32119**
哈尔滨市	Harbin City	684	39687	57.13	17.10	17.37	32	21300
齐齐哈尔市	Qiqihar City	389	18384	33.04	6.69	9.75	4	1961
鸡西市	Jixi City	162	8691	13.76	3.72	3.36	1	690
鹤岗市	Hegang City	82	5060	7.90	2.50	1.87	1	248
双鸭山市	Shuangyashan City	134	6255	9.71	2.78	2.65	2	306
大庆市	Daqing City	184	12649	21.36	5.77	5.86	4	2592
伊春市	Yichun City	96	5554	7.44	1.83	1.97	1	228
佳木斯市	Jiamusi City	190	9921	15.52	4.61	4.64	3	1708
七台河市	Qitaihe City	68	3966	5.99	1.76	1.58		
牡丹江市	Mudanjiang City	179	10032	15.45	4.98	5.25	7	2110
黑河市	Heihe City	153	7082	10.34	2.96	3.05	1	307
绥化市	Suihua City	342	20092	40.50	10.43	10.71	2	445
大兴安岭地区	Daxinganling Prefecture	34	2099	2.89	1.01	0.83	1	224
其他	Others							
上海市	**Shanghai**	**822**	**51277**	**82.78**	**21.81**	**25.68**	**59**	**28737**
黄浦区	Huangpu District	31	2052	3.59	0.89	1.30		
卢湾区	Luwan District	18	1072	1.59	0.37	0.62		
徐汇区	Xuhui District	50	3344	5.58	1.48	1.78		
长宁区	Changning District	30	2085	3.70	0.96	1.24		
静安区	Jingan District	16	1289	2.08	0.54	0.70		
普陀区	Putuo District	56	2795	5.20	1.33	1.76		
闸北区	Zhabei District	52	2915	4.67	1.12	1.55		
虹口区	Hongkou District	53	2347	4.47	1.11	1.52		
杨浦区	Yangpu District	63	3799	6.15	1.56	2.11		
闵行区	Minhang District	57	3550	4.67	1.33	1.31		
宝山区	Baoshan District	52	3081	4.82	1.29	1.41		
嘉定区	Jiading District	31	1878	2.78	0.77	0.81		
浦东新区	Pudong New District	105	7801	12.07	3.35	3.50		
金山区	Jinshan District	29	2103	3.28	0.85	0.95		
松江区	Songjiang District	31	2053	3.50	0.94	0.97		
青浦区	Qingpu District	30	1861	2.89	0.79	0.77		
南汇区	Nanhui District	42	2912	4.64	1.19	1.27		
奉贤区	Fengxian District	34	1828	2.94	0.81	0.84		
崇明县	Chongming County	35	2338	3.90	1.04	1.21		
其他	Others	7	174	0.26	0.08	0.06		

3-25 续表 3 continued

地 区	Region	普通中等学校数 (所) Number of Secondary Schools	普通中等学校专任教师数 (人) Full-time Teachers of Secondary School (person)	普通中等学校在校学生数 (万人) Students Enrollment by Secondary School (10000 persons)	普通中等学校招生数 (万人) New Students Enrollment by Secondary School (10000 persons)	普通中等学校毕业生数 (万人) Graduates from Secondary School (10000 persons)	普通高等学校数 (所) Regular Institutions of Higher Education	普通高等学校专任教师数 (人) Full-time Teachers of Secondary School (person)
江苏省	**Jiangsu**	**3155**	**272348**	**505.13**	**168.44**	**148.56**	**111**	**59037**
南京市	Nanjing City	240	22104	33.93	11.14	10.66	38	26051
无锡市	Wuxi City	198	20321	30.02	9.49	10.00	11	3719
徐州市	Xuzhou City	366	35744	83.19	28.22	23.85	7	4686
常州市	Changzhou City	173	12710	22.82	7.41	7.24	9	3156
苏州市	Suzhou City	268	24220	35.89	11.28	11.79	13	5623
南通市	Nantong City	326	26209	46.41	14.66	15.10	6	2790
连云港市	Lianyungang City	212	18300	39.05	14.08	9.29	3	1491
淮安市	Huaian City	222	17582	37.65	13.16	8.19	6	2222
盐城市	Yancheng City	331	31517	57.41	17.86	17.56	4	1708
扬州市	Yangzhou City	208	16767	27.19	8.85	8.01	5	3100
镇江市	Zhenjiang City	121	9701	16.83	5.33	5.41	5	3183
泰州市	Taizhou City	253	19451	33.19	10.78	9.95	3	1009
宿迁市	Suqian City	237	17722	41.55	16.17	11.51	1	299
浙江省	**Zhejiang**	**2609**	**162890**	**266.14**	**84.72**	**86.48**	**68**	**35766**
杭州市	Hangzhou City	384	23552	36.76	11.68	12.37	36	18445
宁波市	Ningbo City	308	19331	32.09	10.87	9.63	14	5633
温州市	Wenzhou City	483	28966	47.82	15.06	15.29	5	2824
嘉兴市	Jiaxing City	164	11846	20.15	6.71	5.89	4	964
湖州市	Huzhou City	141	8895	15.54	4.79	4.70	3	819
绍兴市	Shaoxing City	209	15785	27.86	9.07	8.45	4	1592
金华市	Jinhua City	275	16745	26.20	8.00	9.01	6	2643
衢州市	Quzhou City	150	7675	13.06	4.05	4.36	1	456
舟山市	Zhoushan City	61	3430	5.16	1.54	1.84	3	573
台州市	Taizhou City	298	18757	29.74	9.15	10.58	3	1083
丽水市	Lishui City	136	7908	11.77	3.79	4.36	3	894
安徽省	**Anhui**	**3968**	**190042**	**459.11**	**159.46**	**132.85**	**82**	**29500**
合肥市	Hefei City	261	14463	31.43	10.04	9.76	29	12022
芜湖市	Wuhu City	126	6466	14.08	5.00	4.27	10	3562
蚌埠市	Bengbu City	189	10304	27.16	9.24	7.54	4	2193
淮南市	Huainan City	137	7747	16.39	5.46	4.94	5	2535
马鞍山市	Maanshan City	66	4198	8.48	2.95	2.34	5	1248
淮北市	Huaibei City	139	7180	16.63	5.81	4.89	2	1049
铜陵市	Tongling City	50	2684	4.72	1.71	1.35	3	788
安庆市	Anqing City	437	21086	43.21	15.48	14.25	2	1029
黄山市	Huangshan City	132	5015	8.44	3.15	2.52	1	372
滁州市	Chuzhou City	292	13919	33.74	11.74	9.68	4	1128
阜阳市	Fuyang City	583	20949	68.79	25.41	17.38	2	552
宿州市	Suzhou City	399	19176	52.04	18.25	14.57	4	648
巢湖市	Chaohu City	238	13495	30.28	10.12	9.03	2	566
六安市	Liuan City	345	17103	42.05	14.01	12.78	3	868
亳州市	Bozhou City	265	11862	34.56	11.96	9.14	2	297
池州市	Chizhou City	111	5025	9.73	3.72	2.85	3	556
宣城市	Xuancheng City	198	9370	17.39	5.40	5.55	1	87
其他	Others							

3-25 续表 4 continued

地 区	Region	普通中等学校数（所）Number of Secondary Schools	普通中等学校专任教师数（人）Full-time Teachers of Secondary School (person)	普通中等学校在校学生数（万人）Students Enrollment by Secondary School (10000 persons)	普通中等学校招生数（万人）New Students Enrollment by Secondary School (10000 persons)	普通中等学校毕业生数（万人）Graduates from Secondary School (10000 persons)	普通高等学校数（所）Regular Institutions of Higher Education	普通高等学校专任教师数（人）Full-time Teachers of Secondary School (person)
福建省	**Fujian**	**2022**	**139549**	**252.10**	**87.10**	**75.03**	**53**	**20417**
福州市	Fuzhou City	373	24011	41.24	14.12	11.92	22	9485
厦门市	Xiamen City	70	7290	11.85	4.12	3.31	7	3901
莆田市	Putian City	172	12448	23.52	8.35	6.65	2	747
三明市	Sanming City	191	12213	21.46	7.17	6.48	2	542
泉州市	Quanzhou City	384	28294	51.57	18.83	15.58	12	3281
漳州市	Zhangzhou City	243	16838	33.79	11.40	9.88	2	1143
南平市	Nanping City	182	11331	21.67	7.16	6.29	3	592
龙岩市	Longyan City	211	14919	26.51	8.58	7.81	2	554
宁德市	Ningde City	196	12205	20.48	7.38	7.12	1	172
江西省	**Jiangxi**	**2828**	**160201**	**297.90**	**97.07**	**92.14**	**66**	**30419**
南昌市	Nanchang City	277	15831	28.00	6.92	10.05	41	17363
景德镇市	Jingdezhen City	113	6239	10.71	3.62	3.16	3	971
萍乡市	Pingxiang City	127	8028	13.38	4.30	4.26	1	280
九江市	Jiujiang City	358	18121	34.45	11.87	11.29	4	3061
新余市	Xinyu City	73	4814	7.36	2.36	2.26	1	328
鹰潭市	Yingtan City	81	4304	8.27	2.77	2.52	1	
赣州市	Ganzhou City	483	27482	58.21	19.69	16.16	6	2586
吉安市	Jian City	323	17492	30.21	10.08	8.69	1	703
宜春市	Yichun City	312	18510	32.38	11.20	10.74	2	1099
抚州市	Fuzhou City	236	14881	26.47	8.23	9.00	2	140
上饶市	Shangrao City	445	24499	48.47	16.03	14.02	5	835
山东省	**Shandong**	**4569**	**379100**	**628.34**	**192.32**	**213.80**		
济南市	Jinan City	251	21581	32.22	10.85	10.97		
青岛市	Qingdao City	331	30372	43.61	12.71	14.71		
淄博市	Zibo City	240	19569	28.84	7.33	7.98		
枣庄市	Zaozhuang City	192	15078	28.79	10.71	8.77		
东营市	Dongying City	110	9627	13.34	4.17	3.77		
烟台市	Yantai City	368	32127	46.39	11.29	13.69		
潍坊市	Weifang City	457	39656	57.35	15.82	19.52		
济宁市	Jining City	426	31272	60.43	18.45	23.91		
泰安市	Taian City	233	21454	34.88	11.46	13.16		
威海市	Weihai City	114	13085	17.74	4.49	5.33		
日照市	Rizhao City	147	12140	20.24	5.43	6.05		
莱芜市	Laiwu City	73	6367	8.95	2.18	2.73		
临沂市	Linyi City	443	41539	74.13	25.94	24.62		
德州市	Dezhou City	272	20197	35.13	12.20	12.20		
聊城市	Liaocheng City	257	19952	37.28	12.68	15.06		
滨州市	Binzhou City	174	13888	24.06	7.37	7.81		
菏泽市	Heze City	481	31196	64.98	19.24	23.51		
河南省	**Henan**	**6229**	**365498**	**759.42**	**257.45**	**240.69**	**82**	**41821**
郑州市	Zhengzhou City	448	28205	57.52	18.90	17.56	37	17422
开封市	Kaifeng City	338	17937	38.31	13.01	11.92	3	3082
洛阳市	Luoyang City	460	25495	45.38	15.91	15.71	4	2948
平顶山市	Pingdingshan City	307	17502	33.97	10.77	11.26	4	1519
安阳市	Anyang City	399	19964	37.58	13.12	12.21	2	1407

3-25 续表 5 continued

地 区	Region	普通中等学校数（所）Number of Secondary Schools	普通中等学校专任教师数（人）Full-time Teachers of Secondary School (person)	普通中等学校在校学生数（万人）Students Enrollment by Secondary School (10000 persons)	普通中等学校招生数（万人）New Students Enrollment by Secondary School (10000 persons)	普通中等学校毕业生数（万人）Graduates from Secondary School (10000 persons)	普通高等学校数（所）Regular Institutions of Higher Education	普通高等学校专任教师数（人）Full-time Teachers of Secondary School (person)
鹤壁市	Hebi City	101	5249	10.86	3.82	3.32	1	468
新乡市	Xinxiang City	499	24422	49.35	16.11	15.80	6	3914
焦作市	Jiaozuo City	286	13640	24.77	8.83	7.66	3	2055
濮阳市	Puyang City	236	15666	35.33	11.55	10.49	1	329
许昌市	Xuchang City	295	17982	34.52	11.31	11.26	2	883
漯河市	Luohe City	137	9680	20.63	6.66	6.08	2	645
三门峡市	Sanmenxia City	187	9674	18.03	6.24	5.77	1	188
南阳市	Nanyang City	611	36551	70.23	23.00	23.47	4	1811
商丘市	Shangqiu City	499	30452	79.08	27.78	23.82	5	1581
信阳市	Xinyang City	410	30208	63.64	20.91	18.66	3	1752
周口市	Zhoukou City	604	35572	81.90	29.42	27.12	2	919
驻马店市	Zhumadian City	355	24167	52.01	17.98	16.64	1	624
其他	Others	57	3132	6.28	2.12	1.96	1	274
湖北省	**Hubei**	**3282**	**229649**	**451.72**	**151.56**	**131.60**	**85**	**57977**
武汉市	Wuhan City	531	33288	54.33	17.45	17.04	52	38594
黄石市	Huangshi City	155	9451	20.14	7.16	5.43	2	1259
十堰市	Shiyan City	211	13530	27.15	9.05	7.85	5	1760
宜昌市	Yichang City	234	15517	25.66	8.05	9.50	2	1917
襄樊市	Xiangfan City	288	22400	40.49	12.44	13.20	3	1470
鄂州市	Ezhou City	69	4212	8.36	3.08	2.17	1	429
荆门市	Jingmen City	157	12800	22.09	6.66	7.94	3	868
孝感市	Xiaogan City	245	18222	40.15	14.47	10.12	2	1267
荆州市	Jingzhou City	353	25518	54.27	18.11	13.60	9	3556
黄冈市	Huanggang City	389	27727	62.86	21.37	17.79	4	2034
咸宁市	Xianning City	185	12079	19.16	8.33	6.45	4	1339
随州市	Suizhou City	106	9423	21.18	7.11	5.95	1	2517
恩施土家族苗族自治州	Enshi Tujia & Miao A.P	193	11309	21.99	7.54	6.30	1	655
其他	Others	141	10851	24.93	9.27	7.44	2	312
湖南省	**Hunan**	**4621**	**260897**	**471.91**	**149.69**	**147.38**	**81**	**38345**
长沙市	Changsha City	347	23731	39.57	11.16	14.50	39	19408
株洲市	Zhuzhou City	228	15079	27.86	8.07	9.21	6	2370
湘潭市	Xiangtan City	226	11810	21.29	6.28	7.28	5	3999
衡阳市	Hengyang City	473	25532	48.09	15.37	14.85	5	3022
邵阳市	Shaoyang City	556	26896	53.60	16.93	16.88	3	1021
岳阳市	Yueyang City	389	23522	40.34	12.71	12.37	4	1574
常德市	Changde City	319	21893	37.34	11.79	12.19	4	1320
张家界市	Zhangjiajie City	116	5176	9.99	3.33	2.80	1	270
益阳市	Yiyang City	311	20767	34.97	10.68	10.99	2	746
郴州市	Chenzhou City	370	19111	36.00	11.44	10.15	2	861
永州市	Yongzhou City	395	22580	39.75	13.74	11.90	2	1159
怀化市	Huaihua City	386	17945	31.76	10.77	9.17	3	900
娄底市	Loudi City	316	18048	33.51	10.76	10.56	3	718
湘西土家族苗族自治州	West Hunan Tujia A.P	189	8807	17.86	6.65	4.53	2	977
其他	Others							
广东省	**Guangdong**	**4241**	**288970**	**580.86**	**209.45**	**163.22**	**94**	**46900**
广州市	Guangzhou City	437	30711	53.08	18.51	15.68	52	29761

3-25 续表 6 continued

地 区	Region	普通中等学校数 (所) Number of Secondary Schools	普通中等学校专任教师数 (人) Full-time Teachers of Secondary School (person)	普通中等学校在校学生数 (万人) Students Enrollment by Secondary School (10000 persons)	普通中等学校招生数 (万人) New Students Enrollment by Secondary School (10000 persons)	普通中等学校毕业生数 (万人) Graduates from Secondary School (10000 persons)	普通高等学校数 (所) Regular Institutions of Higher Education	普通高等学校专任教师数 (人) Full-time Teachers of Secondary School (person)
韶关市	Shaoguan City	201	12384	21.98	7.80	6.30	2	988
深圳市	Shenzhen City	216	11625	21.12	7.94	4.81	9	2572
珠海市	Zhuhai City	53	4025	7.44	2.66	2.05	2	2966
汕头市	Shantou City	230	15327	34.26	12.88	8.70	1	630
佛山市	Foshan City	177	17440	30.28	10.44	8.99	3	1189
江门市	Jiangmen City	271	15246	27.24	9.57	8.13	1	541
湛江市	Zhanjiang City	354	22754	57.68	20.85	16.80	3	2519
茂名市	Maoming City	316	24990	53.23	19.50	13.87	2	916
肇庆市	Zhaoqing City	181	13279	25.44	8.80	7.70	4	1019
惠州市	Huizhou City	171	10943	21.21	7.85	6.02	1	496
梅州市	Meizhou City	284	19691	37.16	13.25	10.84	1	745
汕尾市	Shanwei City	149	8858	20.33	7.57	5.50	1	73
河源市	Heyuan City	185	11642	21.22	7.66	6.34	1	221
阳江市	Yangjiang City	108	8462	17.99	6.33	5.09	1	219
清远市	Qingyuan City	216	13306	26.23	9.34	7.75	1	240
东莞市	Dongguan City	114	8437	17.13	6.31	4.35	2	560
中山市	ZhongShan City	86	6529	12.64	4.42	3.37	3	460
潮州市	Chaozhou City	121	8467	18.12	6.39	5.34	1	388
揭阳市	Jieyang City	258	15515	38.34	14.57	10.34	2	220
云浮市	Yunfu City	113	9339	18.74	6.82	5.26	1	177
广西壮族自治区	**Guangxi**	**2937**	**148645**	**306.20**	**109.83**	**91.26**	**58**	**17583**
南宁市	Nanning City	420	21164	41.97	14.93	13.14	28	8183
柳州市	Liuzhou City	240	11181	21.21	7.61	6.35	6	1833
桂林市	Guilin City	321	16400	29.72	10.10	9.75	7	3792
梧州市	Wuzhou City	154	8514	18.94	7.38	5.15	1	359
北海市	Beihai City	88	5298	11.29	3.98	3.16	3	321
防城港市	Fangchenggang City	55	2619	4.74	1.62	1.43		
钦州市	Qinzhou City	142	8089	18.85	6.53	5.85	1	283
贵港市	Guigang City	279	16229	34.91	12.59	9.60	1	130
玉林市	Yulin City	342	19206	43.56	14.56	12.27	1	517
百色市	Baise City	247	9977	20.23	7.22	6.18	2	615
贺州市	Hezhou City	121	6351	14.68	5.12	3.53	1	295
河池市	Hechi City	253	10813	21.57	7.63	6.33	2	390
来宾市	Laibin City	140	6785	16.56	6.08	4.97	1	237
崇左市	Chongzuo City	132	6089	9.65	4.38	3.65	1	230
海南省	**Hainan**	**554**	**26436**	**54.17**	**19.82**	**15.05**	**14**	**3636**
海口市	Haikou City	101	6590	12.26	4.44	3.17	10	2665
三亚市	Sanya City	42	1737	3.62	1.37	0.98	1	33
其他	Others	411	18109	38.29	14.01	10.90	3	938
重庆市	**Chongqing**	**1511**	**92051**	**170.75**	**59.03**	**47.66**	**34**	**18214**
万州区	Wanzhou District	84	4925	9.67	3.30	2.78	4	553
涪陵区	Fuling District	63	3927	5.96	2.07	1.69	2	817
渝中区	Yuzhong District	19	2211	3.15	1.05	0.92	2	1503
大渡口区	Dadukou District	9	789	1.23	0.38	0.39		
江北区	Jiangbei District	18	1474	1.92	0.63	0.52		
沙坪坝区	Shapingba District	38	2958	4.66	1.55	1.33	5	4802

3-25 续表 7 continued

地 区	Region	普通中等学校数（所）Number of Secondary Schools	普通中等学校专任教师数（人）Full-time Teachers of Secondary School (person)	普通中等学校在校学生数（万人）Students Enrollment by Secondary School (10000 persons)	普通中等学校招生数（万人）New Students Enrollment by Secondary School (10000 persons)	普通中等学校毕业生数（万人）Graduates from Secondary School (10000 persons)	普通高等学校数（所）Regular Institutions of Higher Education	普通高等学校专任教师数（人）Full-time Teachers of Secondary School (person)
九龙坡区	Jiulongpo District	36	2612	4.04	1.35	1.14	6	2621
南岸区	Nanan District	25	1692	2.49	0.87	0.65	4	3344
北碚区	Beibei District	29	2142	3.22	1.11	0.87	4	2776
万盛区	Wansheng District	16	885	1.36	0.46	0.39		
双桥区	Shuangqiao District	3	188	0.26	0.10	0.07		
渝北区	Yubei District	57	3189	4.35	1.48	1.24		
巴南区	Banan District	56	2509	4.39	1.46	1.27	1	155
黔江区	Qianjiang District	22	1514	2.84	0.98	0.78		
长寿区	Changshou District	38	2851	4.43	1.53	1.21		
其他	Others	998	58185	116.79	40.71	32.41	6	1643
四川省	**Sichuan**	**4965**	**253358**	**490.92**	**169.61**	**138.58**	**68**	**39306**
成都市	Chengdu City	529	35713	58.78	20.02	16.88	33	24329
自贡市	Zigong City	145	8370	16.45	5.69	4.43	1	1091
攀枝花市	Panzhihua City	83	4034	5.93	1.97	1.48	2	883
泸州市	Luzhou City	217	12497	24.84	8.77	6.61	4	1636
德阳市	Deyang City	195	10880	19.95	6.69	6.12	5	1082
绵阳市	Mianyang City	305	17229	31.21	10.52	9.13	3	2200
广元市	Guangyuan City	214	9365	18.45	6.47	4.96	1	139
遂宁市	Suining City	170	12765	26.79	9.54	7.02	1	271
内江市	Neijiang City	297	13700	27.82	8.46	8.54	2	764
乐山市	Leshan City	251	9788	17.28	6.10	4.66	2	891
南充市	Nanchong City	549	22588	44.28	15.57	12.98	3	1988
眉山市	Meishan City	236	10463	19.94	7.04	5.41	1	143
宜宾市	Yibin City	354	14008	28.18	10.28	7.47	2	835
广安市	Guangan City	201	14138	29.23	10.26	8.51	1	170
达州市	Dazhou City	347	16546	38.00	13.03	10.61	2	573
雅安市	Yaan City	86	4488	8.20	2.94	2.15	2	1122
巴中市	Bazhong City	191	8993	22.09	8.05	5.83		
资阳市	Ziyang City	321	14670	31.23	9.60	10.51		
阿坝藏族羌族自治州	Aba Zang & Qiang A.P	67	2703	4.08	1.56	1.01	1	202
甘孜藏族自治州	Ganzi Zang A.P	34	1698	2.37	0.90	0.57	1	304
凉山彝族自治州	Liangshan Yi A.P	173	8722	15.81	6.14	3.68	1	683
贵州省	**Guizhou**	**2635**	**115616**	**249.34**	**89.52**	**66.82**	**34**	**13792**
贵阳市	Guiyang City	313	12985	22.14	7.48	6.30	12	8758
六盘水市	Liupanshui City	221	8536	20.86	7.36	5.35	2	392
遵义市	Zunyi City	558	23714	49.37	17.42	13.78	2	779
安顺市	Anshun City	152	7170	15.74	6.03	3.93	2	523
铜仁地区	Tongren Prefecture	239	11868	25.36	9.60	6.51	2	747
黔西南布依族苗族自治州	Southwest Guizhou Buyi & Miao A.P	209	9077	20.89	7.31	5.82	2	355
毕节地区	Bijie Prefecture	409	17375	42.54	15.75	10.69	1	316
黔东南苗族侗族自治州	Southeast Guizhou Miao & Dong A.P	280	13644	28.24	10.01	7.72	3	670
黔南布依族苗族自治州	South Guizhou Buyi & Miao A.P	255	11247	24.21	8.56	6.73	3	867
云南省	**Yunnan**	**2280**	**124718**	**235.06**	**80.13**	**67.88**	**43**	**15162**
昆明市	Kunming City	280	16517	25.54	8.94	7.90	22	9421
曲靖市	Qujing City	255	18217	37.47	12.43	10.21		356
玉溪市	Yuxi City	132	8120	12.86	4.21	4.17		577

3-25 续表 8 continued

地 区	Region	普通中等学校数 (所) Number of Secondary Schools	普通中等学校专任教师数 (人) Full-time Teachers of Secondary School (person)	普通中等学校在校学生数 (万人) Students Enrollment by Secondary School (10000 persons)	普通中等学校招生数 (万人) New Students Enrollment by Secondary School (10000 persons)	普通中等学校毕业生数 (万人) Graduates from Secondary School (10000 persons)	普通高等学校数 (所) Regular Institutions of Higher Education	普通高等学校专任教师数 (人) Full-time Teachers of Secondary School (person)
保山市	Baoshan City	134	7647	14.26	4.92	4.36		210
昭通市	Zhaotong City	170	10584	24.79	8.78	6.47		319
丽江市	Lijiang City	90	3925	6.77	2.34	1.95		385
思茅市	Simao City	140	6487	11.59	4.06	3.38		225
临沧市	Lincang City	131	5453	10.43	3.68	2.73		145
楚雄彝族自治州	Chuxiong Yi A.P	170	8353	14.08	4.63	4.50	1	354
红河哈尼族彝族自治州	Honghe Hani & Yi A.P	209	11199	22.31	7.69	6.32	1	401
文山壮族苗族自治州	Wenshan Zhuang & Miao A.P	158	9486	19.20	6.68	5.04	1	192
西双版纳傣族自治州	Xishuangbanna Dai A.P	66	2532	5.04	1.79	1.41		
大理白族自治州	Dali Bai A.P	225	10384	19.75	6.35	6.44		520
德宏傣族景颇族自治州	Dehong Dai & Jingpo A.P	68	3312	6.87	2.16	2.03		
怒江傈僳族自治州	Nujiang Lisu A.P	27	1569	2.42	0.86	0.59		
迪庆藏族自治州	Diqing Zang A.P	25	933	1.67	0.60	0.38		
西藏自治区	**Tibet**	**110**	**7371**	**13.59**	**5.27**	**3.10**	**4**	**1081**
拉萨市	Lhasa City	25	2153	3.17	1.11	0.89	3	778
昌都地区	Qamdu Prefecture	15	1064	2.84	1.21	0.42		
山南地区	Lhokha Prefecture	17	1062	1.99	0.76	0.52		
日喀则地区	Xigaze Prefecture	23	1733	3.60	1.41	0.74		
那曲地区	Narqu Prefecture	12	438	0.61	0.28	0.14		
阿里地区	Ngri Prefecture	5	83	0.11	0.05	0.03		
林芝地区	Nyingchi Prefecture	10	523	0.79	0.31	0.21		
其他	Others	3	315	0.48	0.15	0.16	1	303
陕西省	**Shaanxi**	**2719**	**154242**	**302.56**	**103.73**	**90.27**	**62**	**37145**
西安市	Xian City	461	30600	56.54	18.85	18.01	41	26900
铜川市	Tongchuan City	79	3558	6.87	2.25	2.12		
宝鸡市	Baoji City	278	17183	31.73	10.44	10.42	2	1240
咸阳市	Xianyang City	348	21256	43.22	14.79	13.07	9	3221
渭南市	Weinan City	426	24622	49.30	16.54	14.52	1	630
延安市	Yanan City	180	10046	19.80	7.38	5.01	1	763
汉中市	Hanzhong City	256	12309	22.88	7.50	7.17	1	864
榆林市	Yulin City	274	14757	32.44	12.18	8.51	1	396
安康市	Ankang City	222	9569	19.37	6.88	5.47	1	316
商洛市	Shangluo City	187	9615	19.14	6.54	5.54	1	302
其他	Others	8	727	1.27	0.39	0.42	2	1825
甘肃省	**Gansu**	**2054**	**93024**	**184.44**	**65.76**	**50.64**	**33**	**12840**
兰州市	Lanzhou City	237	12268	21.27	7.11	6.40	19	9903
嘉峪关市	Jiayuguan City	11	661	1.24	0.40	0.30		
金昌市	Jinchang City	40	2174	3.83	1.18	0.95		
白银市	Baiyin City	189	8840	17.74	6.21	4.88		
天水市	Tianshui City	257	11333	25.69	9.26	7.14	4	855
武威市	Wuwei City	164	7594	15.87	5.59	4.42	1	161
张掖市	Zhangye City	102	5324	8.83	2.88	2.46	2	506
平凉市	Pingliang City	169	7892	15.29	5.68	4.10	1	94
酒泉市	Jiuquan City	98	4202	6.87	2.41	1.88	1	209
庆阳市	Qingyang City	209	8490	18.01	6.55	5.57	2	452
定西市	Dingxi City	205	10909	21.87	7.83	5.94	1	232

地 区	Region	普通中等学校数 (所) Number of Secondary Schools	普通中等学校专任教师数 (人) Full-time Teachers of Secondary School (person)	普通中等学校在校学生数 (万人) Students Enrollment by Secondary School (10000 persons)	普通中等学校招生数 (万人) New Students Enrollment by Secondary School (10000 persons)	普通中等学校毕业生数 (万人) Graduates from Secondary School (10000 persons)	普通高等学校数 (所) Regular Institutions of Higher Education	普通高等学校专任教师数 (人) Full-time Teachers of Secondary School (person)
陇南市	Longnan City	215	7143	16.42	6.13	3.92	1	177
临夏回族自治州	Linxia Hui A.P	102	4558	8.98	3.50	2.17		
甘南藏族自治州	Gannan Zang A.P	56	1636	2.52	1.03	0.52	1	251
青海省	**Qinghai**	**507**	**19402**	**31.50**	**11.20**	**8.40**	**9**	**3079**
西宁市	Xining City	152	7892	12.90				
海东地区	Haidong Prefecture	175	6337	10.90				
海北藏族自治州	Haibei Zang A.P	26		1.40				
海南藏族自治州	Hainan Zang A.P	41	1039	1.90				
黄南藏族自治州	Huangnan Zang AP	20	607	1.00				
果洛藏族自治州	Golog Zang A.P	15	320	0.30				
玉树藏族自治州	Yushu Zang A.P	14	480	0.50				
海西蒙古族藏族自治州	Haixi Mongolian & Zang A.P	64	1761	2.60				
宁夏回族自治区	**Ningxia**	**425**	**21875**	**38.73**	**13.42**	**11.86**	**13**	**3699**
银川市	Yinchuan City	95	5873	10.42	3.61	3.00	9	3035
石嘴山市	Shizuishan City	65	3393	5.08	1.76	1.45	2	164
吴忠市	Wuzhong City	84	4070	6.79	2.59	2.00	1	175
固原市	Guyuan City	107	5130	9.75	3.15	3.17	1	325
中卫市	Zhongwei City	74	3409	6.69	2.31	2.24		
新疆维吾尔自治区	**Xinjiang**	**1965**	**94381**	**151.79**	**53.64**	**42.06**	**28**	**12239**
乌鲁木齐市	Urumqi City	123	7386	11.64	4.14	3.19	14	7070
克拉玛依市	Karamay City	24	1725	1.98	0.70	0.56	1	209
石河子市	Shihezi City	11	761	1.25	0.44	0.33	1	1439
吐鲁番地区	Turpan Prefecture	95	4023	4.43	1.47	1.50		
哈密地区	Hami Prefecture	72	2863	3.43	1.16	1.03		
昌吉回族自治州	Changji Hui A.P	125	7359	9.84	3.41	2.79	3	763
博尔塔拉蒙古自治州	Bortala Mongolian A.P	39	2292	2.77	0.97	0.76		
巴音郭楞蒙古自治州	Bayingolin Mongolian A.P	127	5829	7.75	2.72	2.00	1	166
阿克苏地区	Aksu Prefecture	158	7949	17.82	6.32	4.72	2	711
克孜勒苏柯尔克孜自治州	Kizilsu Kirgiz A.P	64	2868	4.69	1.61	1.24		
喀什地区	Kashi Prefecture	236	12482	27.17	9.47	7.43	1	543
和田地区	Hotan Prefecture	150	6028	11.47	4.38	3.33	2	342
伊犁哈萨克自治州	Ili Kazak A.P	254	11209	15.84	5.71	4.52	2	908
塔城地区	Tacheng Prefecture	110	5281	6.88	2.37	2.06		
阿勒泰地区	Altay Prefecture	96	3422	4.54	1.49	1.40		
阿拉尔市	Alar City							
图木舒克市	Tumxuk City							
五家渠市	Wujiaqu City							
兵团	Corps	281	12904	20.30	7.25	5.19	1	88

3-26 普通高等学校学生数和文化事业情况（2004年）

Students of Regular Institutions of Higher Education and Culture (2004)

地 区	Region	普通高校在校学生数（万人）Students Enrollment by Institutions (10000 persons)	普通高校招生数（万人）New Students Enrollment by Institutions (10000 persons)	普通高校毕业生数（万人）Graduates from Institutions (10000 persons)	公共图书馆（个）Public Libraries	公共图书馆藏书量（万册）Total Collections Public Libraries (10000)	广播覆盖率(%) Listener Rating (%)	电视覆盖率(%) Viewer Rating (%)
北京市	**Beijing**	**50.24**	**14.73**	**9.96**	**26**	**3450.5**	**100.0**	**99.5**
东城区	Dongcheng District				1	43.3	100.0	100.0
西城区	Xicheng District				2	62.4	100.0	100.0
崇文区	Chongwen District				1	46.1	100.0	100.0
宣武区	Xuanwu District				1	28.5	100.0	100.0
朝阳区	Chaoyang District				4	495.1	100.0	100.0
丰台区	Fengtai District				2	25.1	100.0	100.0
石景山区	Shijingshan District				2	57.1	100.0	100.0
海淀区	Haidian District				2	2489.4	100.0	100.0
门头沟区	Mentougou District				1	25.2	100.0	100.0
房山区	Fangshan District				2	40.7	100.0	96.1
通州区	Tongzhou District				1	20.6	100.0	100.0
顺义区	Shunyi District				1	22.3	100.0	100.0
昌平区	Changping District				1	18.7	100.0	100.0
大兴区	Daxing District				1	20.0	100.0	100.0
怀柔区	Huairou District				1	16.0	100.0	100.0
平谷区	Pinggu District				1	15.1	100.0	99.6
密云县	Miyun County				1	11.2	100.0	94.3
延庆县	Yanqing County				1	13.7	100.0	99.0
天津市	**Tianjin**	**28.61**	**9.62**	**5.17**	**32**	**826.9**	**100.0**	**99.0**
和平区	Heping District	1.19	0.41	0.22	3	80.4	100.0	
河东区	Hedong District	1.84	0.58	0.37	2	40.9	100.0	
河西区	Hexi District	8.04	2.56	1.39	2	38.9	100.0	
南开区	Nankai District	5.82	1.70	1.23	3	413.8	100.0	
河北区	Hebei District	1.34	0.48	0.25	2	33.9	100.0	
红桥区	Hongqiao District	1.88	0.66	0.33	2	20.4	100.0	
塘沽区	Tanggu District	0.88	0.41	0.07	3	55.0	100.0	
汉沽区	Hangu District				2	27.0	100.0	
大港区	Dagang District	1.42	0.63	0.11	1	8.8	100.0	
东丽区	Dongli District	1.13	0.34	0.26	1	14.3	100.0	
西青区	Xiqing District	3.19	1.23	0.46	2	11.3	100.0	
津南区	Jinnan District				1	12.6	100.0	
北辰区	Beichen District	1.59	0.47	0.43	2	15.3	100.0	
武清区	Wuqing District	0.20	0.06	0.06	1	9.4	100.0	
宝坻区	Baodi District				1	16.2	100.0	
宁河县	Ninghe County				1	1.8	100.0	
静海县	Jinghai County	0.09	0.09		2	17.8	100.0	
蓟县	Ji County				1	9.3	100.0	
其他	Others							
河北省	**Hebei**	**69.74**	**23.86**	**14.31**	**149**	**1228.6**	**98.4**	**98.4**
石家庄市	Shijiazhuang City	24.55	8.84	5.21	22	347.3	99.0	98.8
唐山市	Tangshan City	6.41	2.02	1.15	13	147.9	100.0	100.0
秦皇岛市	Qinhuangdao City	5.89	2.12	0.89	6	78.8	100.0	100.0
邯郸市	Handan City	4.35	1.31	1.30	14	106.3	100.0	98.8
邢台市	Xingtai City	2.87	1.20	0.54	18	69.5	98.9	98.9
保定市	Baoding City	11.45	3.70	1.83	21	158.9	97.1	97.3
张家口市	Zhangjiakou City	2.60	0.71	0.69	13	102.3	97.3	95.9

3-26 续表 1 continued

地 区	Region	普通高校在校学生数(万人) Students Enrollment by Institutions (10000 persons)	普通高校招生数(万人) New Students Enrollment by Institutions (10000 persons)	普通高校毕业生数(万人) Graduates from Institutions (10000 persons)	公共图书馆(个) Public Libraries	公共图书馆藏书量(万册) Total Collections Public Libraries (10000)	广播覆盖率(%) Listener Rating (%)	电视覆盖率(%) Viewer Rating (%)
承德市	Chengde City	2.06	0.69	0.51	10	67.9	85.0	88.1
沧州市	Cangzhou City	1.84	0.70	0.50	14	73.5	100.0	100.0
廊坊市	Langfang City	5.73	1.95	1.16	7	51.1	100.0	100.0
衡水市	Hengshui City	0.79	0.27	0.23	11	25.1	100.0	100.0
其他	Others	1.22	0.35	0.30				
山西省	**Shanxi**	**34.53**	**10.75**	**5.11**	**122**	**728.9**	**91.6**	**95.7**
太原市	Taiyuan City	21.65	6.77	3.09	10	335.9	98.3	97.5
大同市	Datong City	2.33	0.66	0.37	13	53.6	93.6	96.7
阳泉市	Yangquan City	0.50	0.10	0.08	5	49.9	98.0	97.9
长治市	Changzhi City	1.73	0.65	0.47	13	88.5	91.9	94.8
晋城市	Jincheng City	0.64	0.20	0.08	6	23.7	93.8	95.2
朔州市	Shuozhou City				6	21.6	93.8	98.2
晋中市	Jinzhong City	2.83	0.90	0.60	11	80.4	91.0	97.0
运城市	Yuncheng City	1.00	0.20	0.30	13	108.4	94.0	94.5
忻州市	Xinzhou City	0.80	0.10	0.30	15	54.7	88.0	91.7
临汾市	Linfen City	2.07	0.54	0.39	17	50.5	94.5	97.4
吕梁市	Luliang City	0.99	0.22	0.17	14	64.0	76.2	94.2
内蒙古自治区	**Inner Mongolia**	**19.87**	**7.01**	**3.11**	**109**	**1174.9**	**90.4**	**88.0**
呼和浩特市	Hohhot City	11.53	4.21	1.76	9	226.4	96.5	93.1
包头市	Baotou City	3.41	1.04	0.54	10	282.0	100.0	96.3
乌海市	Wuhai City				1	14.5	96.3	97.2
赤峰市	Chifeng City	0.69	0.32	0.11	14	95.0	92.5	84.4
通辽市	Tongliao City	1.76	0.56	0.22	9	72.0	91.2	89.7
鄂尔多斯市	Erdos City	0.05			9	46.2	92.0	87.3
呼伦贝尔市	Hulunbuir City	0.97	0.40	0.20	14	61.0	82.5	80.5
巴彦淖尔市	Bayannur City	0.41	0.11	0.05	8	36.2	88.1	90.3
乌兰察布市	Ulanqab City	0.79	0.25	0.21	12	285.0	92.5	87.5
兴安盟	Xingan League	0.11	0.04	0.01	6	20.0	87.2	89.9
锡林郭勒盟	Xilingol League	0.13	0.07		12	24.0	88.0	90.2
阿拉善盟	Alxa League				4	12.6	88.7	88.3
其他	Others				1			
辽宁省	**Liaoning**	**58.35**	**18.45**	**11.59**			**98.1**	**98.0**
沈阳市	Shenyang City	26.11	8.20	5.20			100.0	100.0
大连市	Dalian City	15.75	4.88	2.79			97.6	98.4
鞍山市	Anshan City	2.29	0.74	0.49			97.1	96.0
抚顺市	Fushun City	1.99	0.59	0.39			98.8	98.7
本溪市	Benxi City	0.85	0.34	0.17			99.4	98.1
丹东市	Dandong City	1.85	0.60	0.56			98.3	98.2
锦州市	Jinzhou City	5.13	1.71	0.87			99.3	99.4
营口市	Yingkou City	0.50	0.16	0.18			99.2	98.9
阜新市	Fuxin City	2.31	0.63	0.52			95.1	98.3
辽阳市	Liaoyang City	0.69	0.23	0.18			99.0	96.1
盘锦市	Panjin City	0.10	0.04	0.04			100.0	100.0
铁岭市	Tieling City	0.15	0.06	0.04			96.4	96.3
朝阳市	Chaoyang City	0.28	0.11	0.08			96.5	96.5
葫芦岛市	Huludao City	0.35	0.16	0.08			96.6	95.6

3-26 续表 2 continued

地 区	Region	普通高校在校学生数（万人）Students Enrollment by Institutions (10000 persons)	普通高校招生数（万人）New Students Enrollment by Institutions (10000 persons)	普通高校毕业生数（万人）Graduates from Institutions (10000 persons)	公共图书馆（个）Public Libraries	公共图书馆藏书量（万册）Total Collections Public Libraries (10000)	广播覆盖率(%) Listener Rating (%)	电视覆盖率(%) Viewer Rating (%)
吉林省	**Jilin**	**36.12**	**11.07**	**6.47**	**63**	**1118.4**	**96.5**	**97.7**
长春市	Changchun City	26.19	7.84	4.74	12	248.4	100.0	100.0
吉林市	Jilin City	4.85	1.58	0.87	10	181.8	98.7	96.8
四平市	Siping City	1.83	0.57	0.32	5	52.0	100.0	98.9
辽源市	Liaoyuan City	0.05	0.01	0.03	3	33.1	96.5	97.0
通化市	Tonghua City	0.84	0.29	0.12	8	63.8	94.5	95.6
白山市	Baishan City				6	36.5	80.5	91.0
松原市	Songyuan City				4	37.5	92.3	96.5
白城市	Baicheng City	0.87	0.33	0.10	6	37.5	89.2	98.8
延边朝鲜族自治州	Yanbian Korean A.P	1.49	0.45	0.29	9	128.4	99.7	97.2
其他	Others					299.3		
黑龙江省	**Heilongjiang**	**45.93**	**14.77**	**8.50**	**96**	**1260.2**	**98.5**	**98.7**
哈尔滨市	Harbin City	30.10	9.53	5.69	20	596.5	99.4	98.3
齐齐哈尔市	Qiqihar City	3.52	0.97	0.61	11	167.5	100.0	100.0
鸡西市	Jixi City	0.91	0.34	0.24	4	36.7	98.7	99.0
鹤岗市	Hegang City	0.14	0.03	0.06	3	22.0	85.0	95.0
双鸭山市	Shuangyashan City	0.11	0.07		5	29.6	100.0	97.4
大庆市	Daqing City	4.63	1.56	0.56	6	85.3	100.0	99.1
伊春市	Yichun City	0.08	0.01	0.04	6	44.8	96.7	98.4
佳木斯市	Jiamusi City	2.51	0.60	0.60	7	62.9	100.0	98.8
七台河市	Qitaihe City				2	14.6	100.0	100.0
牡丹江市	Mudanjiang City	3.08	1.19	0.35	8	70.0	99.5	98.7
黑河市	Heihe City	0.20	0.17	0.20	6	29.7	93.8	95.7
绥化市	Suihua City	0.60	0.27	0.16	11	80.6	100.0	97.6
大兴安岭地区	Daxinganling Prefecture	0.06	0.02		6	23.0	86.2	99.9
其他	Others							
上海市	**Shanghai**	**41.57**	**13.06**	**8.86**	**28**	**5952.3**	**100.0**	**100.0**
黄浦区	Huangpu District				1	77.8	100.0	100.0
卢湾区	Luwan District				1	44.6	100.0	100.0
徐汇区	Xuhui District				2	5055.6	100.0	100.0
长宁区	Changning District				2	50.7	100.0	100.0
静安区	Jingan District				2	106.2	100.0	100.0
普陀区	Putuo District				2	52.0	100.0	100.0
闸北区	Zhabei District				2	47.1	100.0	100.0
虹口区	Hongkou District				2	51.3	100.0	100.0
杨浦区	Yangpu District				3	43.9	100.0	100.0
闵行区	Minhang District				1	24.9	100.0	100.0
宝山区	Baoshan District				1	48.2	100.0	100.0
嘉定区	Jiading District				1	38.7	100.0	100.0
浦东新区	Pudong New District				1	119.2	100.0	100.0
金山区	Jinshan District				1	23.3	100.0	100.0
松江区	Songjiang District				1	35.6	100.0	100.0
青浦区	Qingpu District				2	36.9	100.0	100.0
南汇区	Nanhui District				1	28.4	100.0	100.0
奉贤区	Fengxian District				1	29.3	100.0	100.0
崇明县	Chongming County				1	38.5	100.0	100.0
其他	Others							

3-26 续表 3 continued

地 区	Region	普通高校在校学生数(万人) Students Enrollment by Institutions (10000 persons)	普通高校招生数(万人) New Students Enrollment by Institutions (10000 persons)	普通高校毕业生数(万人) Graduates from Institutions (10000 persons)	公共图书馆(个) Public Libraries	公共图书馆藏书量(万册) Total Collections Public Libraries (10000)	广播覆盖率(%) Listener Rating (%)	电视覆盖率(%) Viewer Rating (%)
江苏省	**Jiangsu**	**106.27**	**31.40**	**19.74**	**101**	**2974.2**	**99.7**	**99.5**
南京市	Nanjing City	49.15	12.94	8.99	17	1167.6	100.0	100.0
无锡市	Wuxi City	6.24	2.26	1.07	9	214.5	100.0	100.0
徐州市	Xuzhou City	8.69	2.57	1.87	7	153.3	100.0	100.0
常州市	Changzhou City	6.67	2.64	0.86	4	185.5	100.0	100.0
苏州市	Suzhou City	9.16	2.83	1.73	10	344.5	100.0	100.0
南通市	Nantong City	4.99	1.55	0.97	8	200.9	100.0	100.0
连云港市	Lianyungang City	2.51	0.78	0.69	6	54.3	100.0	100.0
淮安市	Huaian City	3.80	1.36	0.72	8	111.9	100.0	100.0
盐城市	Yancheng City	2.78	0.85	0.52	9	163.9	100.0	98.9
扬州市	Yangzhou City	5.30	1.49	1.07	6	151.7	100.0	100.0
镇江市	Zhenjiang City	5.40	1.52	0.83	7	133.8	100.0	100.0
泰州市	Taizhou City	1.37	0.54	0.31	5	97.8	100.0	100.0
宿迁市	Suqian City	0.24	0.05	0.12	5	30.9	99.0	78.5
浙江省	**Zhejiang**	**59.48**	**20.36**	**10.80**	**84**	**2087.0**	**98.2**	**68.7**
杭州市	Hangzhou City	31.36	10.41	5.80	10	732.0	99.2	99.1
宁波市	Ningbo City	9.60	3.38	1.67	10	238.0	100.0	100.0
温州市	Wenzhou City	4.53	1.43	0.83	12	207.0	97.6	97.0
嘉兴市	Jiaxing City	1.77	0.67	0.30	6	191.7	100.0	100.0
湖州市	Huzhou City	1.43	0.52	0.28	4	73.0	99.8	99.8
绍兴市	Shaoxing City	2.50	0.94	0.34	6	129.0	100.0	100.0
金华市	Jinhua City	4.14	1.52	1.00	9	179.5	98.6	99.3
衢州市	Quzhou City	0.82	0.29	0.18	7	54.8	95.1	95.4
舟山市	Zhoushan City	0.98	0.37	0.13	4	50.0	98.0	98.0
台州市	Taizhou City	1.54	0.58	0.29	8	132.2	98.1	98.8
丽水市	Lishui City	1.93	0.96	0.49	9	95.9	89.2	96.3
安徽省	**Anhui**	**50.13**	**17.90**	**8.84**	**85**	**813.0**	**95.6**	**95.0**
合肥市	Hefei City	17.23	6.35	2.24	7	304.1	100.0	100.0
芜湖市	Wuhu City	8.27	2.97	1.68	4	51.8	95.5	97.5
蚌埠市	Bengbu City	3.60	1.04	0.74	4	34.4	100.0	100.0
淮南市	Huainan City	4.06	1.31	0.63	4	23.1	100.0	100.0
马鞍山市	Maanshan City	2.20	0.64	0.44	2	33.2	97.5	98.0
淮北市	Huaibei City	1.95	0.64	0.32	2	23.5	96.4	91.4
铜陵市	Tongling City	1.14	0.49	0.21	2	30.3	94.9	100.0
安庆市	Anqing City	1.22	0.39	0.31	9	46.5	95.2	95.1
黄山市	Huangshan City	0.81	0.32	0.17	7	33.3	88.8	96.0
滁州市	Chuzhou City	2.11	0.89	0.51	7	29.0	93.1	93.0
阜阳市	Fuyang City	1.51	0.48	0.37	6	21.6	100.0	98.6
宿州市	Suzhou City	1.50	0.63	0.46	5	19.2	90.3	82.9
巢湖市	Chaohu City	1.26	0.50	0.26	5	57.0	100.0	100.0
六安市	Liuan City	1.88	0.77	0.26	6	31.0	95.3	92.8
亳州市	Bozhou City	0.34	0.09	0.03	4	21.4	100.0	100.0
池州市	Chizhou City	0.93	0.34	0.18	4	22.7	95.2	95.4
宣城市	Xuancheng City	0.13	0.05	0.02	7	30.9	96.5	96.4
其他	Others							

3-26 续表 4 continued

地 区	Region	普通高校在校学生数（万人）Students Enrollment by Institutions (10000 persons)	普通高校招生数（万人）New Students Enrollment by Institutions (10000 persons)	普通高校毕业生数（万人）Graduates from Institutions (10000 persons)	公共图书馆（个）Public Libraries	公共图书馆藏书量（万册）Total Collections Public Libraries (10000)	广播覆盖率（%）Listener Rating (%)	电视覆盖率（%）Viewer Rating (%)
福建省	**Fujian**	**32.57**	**11.99**	**5.28**	**83**	**1158.2**	**96.5**	**97.8**
福州市	Fuzhou City	16.07	5.90	2.89	15	434.2	96.9	98.2
厦门市	Xiamen City	5.08	1.83	0.81	7	149.6	100.0	94.9
莆田市	Putian City	0.92	0.39	0.17	3	18.3	97.5	97.9
三明市	Sanming City	0.71	0.29	0.14	12	36.5	93.8	98.6
泉州市	Quanzhou City	5.48	1.95	0.75	10	159.8	97.4	97.8
漳州市	Zhangzhou City	2.17	0.80	0.23	10	76.2	98.0	98.1
南平市	Nanping City	0.84	0.34	0.08	10	102.6	96.1	97.5
龙岩市	Longyan City	0.96	0.36	0.13	7	63.6	93.2	97.5
宁德市	Ningde City	0.33	0.13	0.08	9	52.5	93.9	96.9
江西省	**Jiangxi**	**48.99**	**18.80**	**6.54**	**104**	**1622.4**	**92.9**	**94.9**
南昌市	Nanchang City	28.99	11.66	3.61	11	130.0	97.1	98.6
景德镇市	Jingdezhen City	1.44	0.58	0.22	3	43.6	90.0	90.2
萍乡市	Pingxiang City	0.45	0.16	0.07	6	53.0	98.0	99.0
九江市	Jiujiang City	5.61	2.19	0.91	12	556.6	91.2	92.1
新余市	Xinyu City	0.61	0.26	0.16	3	35.0	95.8	95.8
鹰潭市	Yingtan City	0.27	0.10	0.04	4	25.8	91.7	94.0
赣州市	Ganzhou City	4.32	1.35	0.62	18	155.8	92.0	94.0
吉安市	Jian City	1.21	0.40	0.19	13	137.6	93.1	95.3
宜春市	Yichun City	1.49	0.42	0.13	10	104.1	91.4	95.0
抚州市	Fuzhou City	0.06	0.04		12	78.7	89.4	93.0
上饶市	Shangrao City	1.10	0.37	0.20	12	74.3	94.8	96.7
山东省	**Shandong**				**142**	**2522.3**	**93.8**	**93.1**
济南市	Jinan City				8	698.5	98.5	99.9
青岛市	Qingdao City				13	293.8	97.9	97.5
淄博市	Zibo City				9	153.1	96.1	99.4
枣庄市	Zaozhuang City				7	89.8	93.6	89.4
东营市	Dongying City				6	195.5	98.2	95.6
烟台市	Yantai City				14	231.1	95.6	95.7
潍坊市	Weifang City				11	176.6	91.9	96.6
济宁市	Jining City				11	112.9	93.4	93.3
泰安市	Taian City				7	44.8	97.9	96.0
威海市	Weihai City				4	77.0	94.5	96.2
日照市	Rizhao City				4	28.7	87.9	93.0
莱芜市	Laiwu City				1	14.6	98.0	96.3
临沂市	Linyi City				10	139.5	86.0	89.2
德州市	Dezhou City				12	72.2	91.2	90.6
聊城市	Liaocheng City				8	55.2	98.1	97.2
滨州市	Binzhou City				8	77.3	97.6	92.2
菏泽市	Heze City				9	61.8	88.2	77.9
河南省	**Henan**	**70.28**	**27.37**	**13.43**	**136**	**1399.0**	**96.0**	**96.0**
郑州市	Zhengzhou City	32.46	12.51	6.15	1	279.0	100.0	100.0
开封市	Kaifeng City	4.41	1.64	0.86	7	105.0	94.0	95.0
洛阳市	Luoyang City	5.59	1.98	1.31	6	74.0	95.7	96.2
平顶山市	Pingdingshan City	2.69	1.15	0.38	11	114.0	97.1	94.0
安阳市	Anyang City	2.28	0.93	0.46	7	59.0	100.0	100.0

3-26 续表 5 continued

地 区	Region	普通高校在校学生数(万人) Students Enrollment by Institutions (10000 persons)	普通高校招生数(万人) New Students Enrollment by Institutions (10000 persons)	普通高校毕业生数(万人) Graduates from Institutions (10000 persons)	公共图书馆(个) Public Libraries	公共图书馆藏书量(万册) Total Collections Public Libraries (10000)	广播覆盖率(%) Listener Rating (%)	电视覆盖率(%) Viewer Rating (%)
鹤壁市	Hebi City	0.33	0.20	0.03	7	73.0	96.5	94.0
新乡市	Xinxiang City	5.94	2.12	1.25	3	29.0	97.0	95.0
焦作市	Jiaozuo City	3.63	1.38	0.51	11	90.0	98.2	98.6
濮阳市	Puyang City	0.46	0.21	0.05	7	54.0	93.1	93.5
许昌市	Xuchang City	1.54	0.69	0.24	6	36.0	100.0	100.0
漯河市	Luohe City	0.71	0.34	0.17	6	42.0	100.0	100.0
三门峡市	Sanmenxia City	0.33	0.15	0.06	4	33.0	94.6	95.7
南阳市	Nanyang City	3.00	1.25	0.71	6	62.0	99.0	96.0
商丘市	Shangqiu City	2.18	0.99	0.34	13	125.0	100.0	100.0
信阳市	Xinyang City	2.31	0.88	0.42	9	53.0	82.7	87.5
周口市	Zhoukou City	1.15	0.40	0.24	11	49.0	97.2	97.2
驻马店市	Zhumadian City	1.05	0.43	0.19	10	59.0	100.0	100.0
其他	Others	0.24	0.13	0.03	10	54.0	92.3	96.9
湖北省	**Hubei**	**89.20**	**29.58**	**14.32**	**104**	**1867.0**	**95.7**	**96.6**
武汉市	Wuhan City	60.05	20.13	9.10	17	819.8	98.1	99.3
黄石市	Huangshi City	2.45	0.88	0.61	3	97.1	95.4	95.9
十堰市	Shiyan City	3.55	1.31	0.63	8	98.8	84.2	89.0
宜昌市	Yichang City	2.70	0.81	0.50	10	137.2	93.8	94.2
襄樊市	Xiangfan City	2.19	0.73	0.66	9	12.0	95.6	96.8
鄂州市	Ezhou City	0.86	0.26	0.17	1	30.0	98.2	95.2
荆门市	Jingmen City	1.96	0.35	0.50	4	42.0	96.0	98.4
孝感市	Xiaogan City	2.16	0.78	0.53	8	64.4	97.9	97.0
荆州市	Jingzhou City	6.89	2.30	1.49	8	122.0	100.0	100.0
黄冈市	Huanggang City	2.80	1.14	0.65	12	122.0	95.9	96.0
咸宁市	Xianning City	2.57	0.89	0.43	7	56.7	92.7	93.2
随州市	Suizhou City	1.02	0.21	0.05	2	19.9	97.6	95.3
恩施土家族苗族自治州	Enshi Tujia & Miao A.P	1.55	0.68	0.35	9	127.4	93.1	93.2
其他	Others	0.22	0.11	0.01	6	87.9	83.0	98.3
湖南省	**Hunan**	**63.90**	**20.68**	**11.10**	**115**	**1627.0**	**82.1**	**92.1**
长沙市	Changsha City	32.94	10.80	6.10	7	508.0	96.8	97.8
株洲市	Zhuzhou City	3.83	1.26	0.66	6	105.0	96.0	96.0
湘潭市	Xiangtan City	7.10	2.03	1.24	5	88.0	100.0	90.0
衡阳市	Hengyang City	4.78	1.45	0.85	11	138.0	84.9	95.9
邵阳市	Shaoyang City	1.32	0.46	0.24	11	122.0	60.0	82.0
岳阳市	Yueyang City	2.10	0.60	0.27	7	85.0	95.4	95.7
常德市	Changde City	2.02	0.71	0.21	9	113.0	97.0	92.0
张家界市	Zhangjiajie City	0.68	0.24	0.03	3	18.0	46.0	90.2
益阳市	Yiyang City	1.31	0.52	0.21	7	77.0	93.2	94.5
郴州市	Chenzhou City	1.50	0.56	0.26	11	58.0	92.4	93.3
永州市	Yongzhou City	1.99	0.50	0.26	11	73.0	83.2	91.4
怀化市	Huaihua City	1.55	0.61	0.25	13	92.0	55.0	87.9
娄底市	Loudi City	1.13	0.53	0.17	5	74.0	63.9	91.9
湘西土家族苗族自治州	West Hunan Tujia A.P	1.64	0.41	0.34	9	76.0	63.2	90.2
其他	Others							
广东省	**Guangdong**	**72.69**	**26.46**	**12.52**	**131**	**3190.8**		
广州市	Guangzhou City	45.97	16.82	8.32	16	969.0	99.8	99.5

3-26 续表 6 continued

地 区	Region	普通高校在校学生数（万人） Students Enrollment by Institutions (10000 persons)	普通高校招生数（万人） New Students Enrollment by Institutions (10000 persons)	普通高校毕业生数（万人） Graduates from Institutions (10000 persons)	公共图书馆（个） Public Libraries	公共图书馆藏书量（万册） Total Collections Public Libraries (10000)	广播覆盖率(%) Listener Rating (%)	电视覆盖率(%) Viewer Rating (%)
韶关市	Shaoguan City	1.98	0.64	0.40	11	71.0	97.2	96.8
深圳市	Shenzhen City	4.13	1.45	0.63	8	385.0	100.0	100.0
珠海市	Zhuhai City	0.72	0.38	0.02	2	35.0	98.0	98.0
汕头市	Shantou City	0.83	0.22	0.22	8	87.7	94.4	98.9
佛山市	Foshan City	2.57	0.98	0.60	6	197.0	100.0	100.0
江门市	Jiangmen City	0.88	0.28	0.13	6	140.3	99.2	98.1
湛江市	Zhanjiang City	4.81	1.47	0.81	7	0.1	94.2	94.2
茂名市	Maoming City	1.44	0.40	0.13	5	52.8	99.0	97.0
肇庆市	Zhaoqing City	1.62	0.67	0.23	7	85.2	98.0	98.1
惠州市	Huizhou City	0.80	0.29	0.15	5	64.9	98.8	97.7
梅州市	Meizhou City	1.29	0.46	0.21	10	99.7	100.0	99.0
汕尾市	Shanwei City	0.20			4	6.8	99.1	98.9
河源市	Heyuan City	0.36	0.19	0.04	7	43.5	97.7	96.8
阳江市	Yangjiang City	0.48	0.18	0.04	4	56.5	98.6	98.4
清远市	Qingyuan City	0.79	0.30	0.13	9	81.0	98.7	96.7
东莞市	Dongguan City	0.91	0.38	0.15	1	630.6	100.0	100.0
中山市	ZhongShan City	0.88	0.58	0.11	1	52.4	98.0	98.0
潮州市	Chaozhou City	0.89	0.30	0.12	3	32.4	98.0	98.5
揭阳市	Jieyang City	0.80	0.30	0.05	6	60.0	97.3	97.0
云浮市	Yunfu City	0.34	0.18	0.04	5	39.8	98.0	96.0
广西壮族自治区	**Guangxi**	**28.88**	**10.80**	**5.18**	**96**	**1448.6**	**86.7**	**91.5**
南宁市	Nanning City	13.24	5.10	2.48	11	325.0	91.1	90.8
柳州市	Liuzhou City	3.16	1.24	0.44	7	109.1	90.3	95.1
桂林市	Guilin City	6.64	1.90	1.37	13	260.5	93.9	96.2
梧州市	Wuzhou City	0.78	0.29	0.12	5	92.5	92.4	93.8
北海市	Beihai City	0.24	0.13		3	36.2	98.0	98.0
防城港市	Fangchenggang City				4	20.3	82.0	73.4
钦州市	Qinzhou City	0.36	0.15	0.12	3	39.1	100.0	89.1
贵港市	Guigang City	0.05	0.05		3	39.9	90.2	88.2
玉林市	Yulin City	1.05	0.32	0.24	5	100.7	95.0	95.0
百色市	Baise City	1.08	0.29	1.78	12	107.7	90.3	81.0
贺州市	Hezhou City	0.70	0.29	0.13	4	57.2	85.9	96.6
河池市	Hechi City	1.23	0.33	0.14	11	87.0	32.8	57.8
来宾市	Laibin City	0.44	0.16	0.09	6	42.1	88.9	91.1
崇左市	Chongzuo City	0.43	0.16	0.07	7	107.1	81.2	82.3
海南省	**Hainan**	**5.79**	**2.01**	**0.77**	**19**	**175.7**	**95.9**	**94.5**
海口市	Haikou City	4.94	1.50	0.51	3	5.0	95.8	94.6
三亚市	Sanya City	0.03	0.02		1	12.0	95.0	95.0
其他	Others	0.82	0.49	0.26	15	158.7		
重庆市	**Chongqing**	**30.39**	**69.19**	**5.40**	**44**	**736.0**	**92.3**	**95.7**
万州区	Wanzhou District	0.82	0.21	0.19	2	19.0	93.2	95.2
涪陵区	Fuling District	1.33	0.50	0.23	2	53.5	98.5	96.5
渝中区	Yuzhong District	2.59	0.92	0.51	3	316.4	100.0	100.0
大渡口区	Dadukou District				1	4.7	100.0	100.0
江北区	Jiangbei District				1	11.7	100.0	100.0
沙坪坝区	Shapingba District	6.51	1.96	1.36	1	18.5	100.0	100.0

3-26 续表 7 continued

地 区	Region	普通高校在校学生数（万人） Students Enrollment by Institutions (10000 persons)	普通高校招生数（万人） New Students Enrollment by Institutions (10000 persons)	普通高校毕业生数（万人） Graduates from Institutions (10000 persons)	公共图书馆（个） Public Libraries	公共图书馆藏书量（万册） Total Collections Public Libraries (10000)	广播覆盖率（%） Listener Rating (%)	电视覆盖率（%） Viewer Rating (%)
九龙坡区	Jiulongpo District	3.17	1.11	0.63	1	5.8	100.0	100.0
南岸区	Nanan District	5.51	1.73	1.02	1	9.7	100.0	100.0
北碚区	Beibei District	4.38	1.47	0.81	1	82.5	99.2	98.2
万盛区	Wansheng District				1	4.5	94.4	96.9
双桥区	Shuangqiao District				1		100.0	100.0
渝北区	Yubei District				1	16.1	99.2	99.2
巴南区	Banan District	0.39	0.02	0.10	1	9.7	95.0	98.0
黔江区	Qianjiang District				1	10.0	94.5	95.1
长寿区	Changshou District				1	10.0	95.6	96.9
其他	Others	5.69	61.28	0.54	25	164.0		
四川省	**Sichuan**	**63.73**	**21.52**	**10.10**	**137**	**1953.1**	**95.3**	**96.4**
成都市	Chengdu City	40.28	13.74	6.11	21	794.7	100.0	99.7
自贡市	Zigong City	2.32	0.68	0.41	3	35.0	98.9	95.8
攀枝花市	Panzhihua City	1.18	0.41	0.07	3	44.3	93.6	94.7
泸州市	Luzhou City	1.98	0.63	0.24	6	116.8	95.9	99.4
德阳市	Deyang City	2.06	0.93	0.21	6	51.2	100.0	98.0
绵阳市	Mianyang City	3.77	1.08	0.71	8	87.7	93.9	94.0
广元市	Guangyuan City	0.02	0.02		7	52.8	95.4	98.4
遂宁市	Suining City	0.37	0.21	0.06	4	28.9	100.0	99.2
内江市	Neijiang City	1.19	0.31	0.26	3	41.9	94.3	96.4
乐山市	Leshan City	1.22	0.42	0.20	7	31.7	97.6	97.8
南充市	Nanchong City	2.93	0.78	0.77	8	88.9	95.2	96.3
眉山市	Meishan City	0.06	0.03		6	23.9	100.0	100.0
宜宾市	Yibin City	1.38	0.52	0.16	9	89.3	95.0	94.1
广安市	Guangan City	0.00	0.00		6	140.2	96.8	96.1
达州市	Dazhou City	0.67	0.34	0.11	7	79.8	93.3	93.3
雅安市	Yaan City	2.11	0.57	0.41	8	50.9	96.3	96.7
巴中市	Bazhong City				5	39.0	90.1	97.2
资阳市	Ziyang City				4	44.9	95.0	96.3
阿坝藏族羌族自治州	Aba Zang & Qiang A.P	0.39	0.14	0.06	6	22.3	72.3	93.0
甘孜藏族自治州	Ganzi Zang A.P	0.43	0.20	0.07	3	38.1	81.8	82.6
凉山彝族自治州	Liangshan Yi A.P	1.35	0.50	0.25	7	50.8	83.6	90.0
贵州省	**Guizhou**	**17.99**	**6.06**	**3.11**	**90**	**743.9**	**82.1**	**89.6**
贵阳市	Guiyang City	10.73	3.79	1.98	9	321.0	99.2	97.3
六盘水市	Liupanshui City	0.56	0.19	0.06	3	23.9	87.8	93.8
遵义市	Zunyi City	1.64	0.40	0.24	13	94.0	79.2	87.8
安顺市	Anshun City	0.68	0.28	0.08	1	30.0	82.5	87.3
铜仁地区	Tongren Prefecture	0.45	0.37	0.11	11	33.0	78.5	73.4
黔西南布依族苗族自治州	Southwest Guizhou Buyi & Miao A.P	0.41	0.16	0.17	9	39.5	76.2	89.0
毕节地区	Bijie Prefecture	0.41	0.13	0.12	9	65.6	80.4	82.8
黔东南苗族侗族自治州	Southeast Guizhou Miao & Dong A.P	0.97	0.53	0.14	17	57.5	77.8	94.2
黔南布依族苗族自治州	South Guizhou Buyi & Miao A.P	1.11	0.40	0.14	13	83.0	83.2	87.8
云南省	**Yunnan**	**21.63**	**7.50**	**3.48**	**149**	**1422.0**	**90.7**	**92.1**
昆明市	Kunming City	14.10			17	390.1	99.0	97.9
曲靖市	Qujing City	0.63			11	102.3	95.4	93.9
玉溪市	Yuxi City	0.99			10	109.0	98.1	98.7

3-26 续表 8 continued

地 区	Region	普通高校在校学生数(万人) Students Enrollment by Institutions (10000 persons)	普通高校招生数(万人) New Students Enrollment by Institutions (10000 persons)	普通高校毕业生数(万人) Graduates from Institutions (10000 persons)	公共图书馆(个) Public Libraries	公共图书馆藏书量(万册) Total Collections Public Libraries (10000)	广播覆盖率(%) Listener Rating (%)	电视覆盖率(%) Viewer Rating (%)
保山市	Baoshan City	0.60			7	44.3	92.2	92.5
昭通市	Zhaotong City	0.36			12	69.0	80.0	82.0
丽江市	Lijiang City	0.63			6	39.8	63.2	86.1
思茅市	Simao City	0.30			10	52.6	90.5	92.6
临沧市	Lincang City	0.18			9	51.4	87.9	92.7
楚雄彝族自治州	Chuxiong Yi A.P	0.49	0.16	0.05	11	87.5	95.5	95.6
红河哈尼族彝族自治州	Honghe Hani & Yi A.P	0.51			15	122.6	94.4	93.7
文山壮族苗族自治州	Wenshan Zhuang & Miao A.P	0.30			9	62.5	86.7	87.6
西双版纳傣族自治州	Xishuangbanna Dai A.P				4	20.7	86.7	92.5
大理白族自治州	Dali Bai A.P	0.76			13	91.0	89.2	94.3
德宏傣族景颇族自治州	Dehong Dai & Jingpo A.P				7	34.4	91.0	94.0
怒江傈僳族自治州	Nujiang Lisu A.P				5	32.0	83.3	87.9
迪庆藏族自治州	Diqing Zang A.P				3	12.9	75.8	81.1
西藏自治区	**Tibet**	**1.47**	**0.60**	**0.21**	**4**	**795.0**	**83.1**	**84.5**
拉萨市	Lhasa City	0.91	0.38	0.16				
昌都地区	Qamdu Prefecture							
山南地区	Lhokha Prefecture							
日喀则地区	Xigaze Prefecture							
那曲地区	Narqu Prefecture							
阿里地区	Ngri Prefecture							
林芝地区	Nyingchi Prefecture							
其他	Others	0.56	0.22	0.05				
陕西省	**Shaanxi**	**58.39**	**19.98**	**11.10**	**112**	**864.0**	**92.7**	**93.7**
西安市	Xian City	40.29	13.17	7.66	14	72.0	98.8	97.1
铜川市	Tongchuan City				5	34.6	93.0	97.6
宝鸡市	Baoji City	1.52	0.54	0.36	12	97.7	99.0	98.3
咸阳市	Xianyang City	5.24	2.01	0.84	13	70.3	98.4	98.8
渭南市	Weinan City	1.12	0.43	0.20	11	59.7	83.6	88.1
延安市	Yanan City	1.31	0.46	0.32	13	43.0	91.2	93.2
汉中市	Hanzhong City	1.70	0.54	0.37	11	47.2	91.5	90.8
榆林市	Yulin City	0.80	0.32	0.14	12	68.9	86.9	84.7
安康市	Ankang City	0.47	0.18	0.07	11	41.9	86.8	89.8
商洛市	Shangluo City	0.46	0.17	0.08	8	50.5	91.4	94.5
其他	Others	2.89	0.83	0.66	1		100.0	100.0
甘肃省	**Gansu**	**21.31**	**7.73**	**4.20**	**93**	**830.0**	**89.8**	**89.8**
兰州市	Lanzhou City	16.12	5.12	3.00	8	298.7	98.0	98.2
嘉峪关市	Jiayuguan City				1	9.1	96.3	95.0
金昌市	Jinchang City				2	12.0	82.8	75.8
白银市	Baiyin City				6	48.6	83.9	89.1
天水市	Tianshui City	1.66	0.91	0.41	8	59.1	93.8	86.9
武威市	Wuwei City	0.52	0.10		4	24.0	89.2	93.3
张掖市	Zhangye City	0.83	0.30	0.18	6	53.6	97.5	97.0
平凉市	Pingliang City	0.19	0.05		7	25.0	97.8	90.7
酒泉市	Jiuquan City	0.11	0.06	0.04	7	31.5	93.1	93.3
庆阳市	Qingyang City	1.04	0.35	0.31	9	37.4	83.5	86.0
定西市	Dingxi City	0.21	0.13	0.14	7	55.7	88.6	87.1

3-26 续表 9 continued

地 区	Region	普通高校在校学生数（万人） Students Enrollment by Institutions (10000 persons)	普通高校招生数（万人） New Students Enrollment by Institutions (10000 persons)	普通高校毕业生数（万人） Graduates from Institutions (10000 persons)	公共图书馆（个） Public Libraries	公共图书馆藏书量（万册） Total Collections Public Libraries (10000)	广播覆盖率（%） Listener Rating (%)	电视覆盖率（%） Viewer Rating (%)
陇南市	Longnan City	0.19	0.58		10	56.7	87.7	88.5
临夏回族自治州	Linxia Hui A.P				9	32.1	78.5	87.2
甘南藏族自治州	Gannan Zang A.P	0.44	0.13	0.12	9	25.4	78.1	83.2
青海省	**Qinghai**	**2.90**	**0.90**	**0.60**	**38**		**86.4**	**92.0**
西宁市	Xining City				5		93.2	98.5
海东地区	Haidong Prefecture				6		84.4	94.2
海北藏族自治州	Haibei Zang A.P				5		65.3	92.8
海南藏族自治州	Hainan Zang A.P				2		74.5	88.4
黄南藏族自治州	Huangnan Zang AP				5		72.0	87.1
果洛藏族自治州	Golog Zang A.P				6		68.8	59.1
玉树藏族自治州	Yushu Zang A.P				6		79.2	65.9
海西蒙古族藏族自治州	Haixi Mongolian & Zang A.P				3		94.5	92.9
宁夏回族自治区	**Ningxia**	**4.14**	**1.37**	**0.75**	**20**	**687.6**	**91.2**	**89.0**
银川市	Yinchuan City	3.58	1.21	0.62	6	205.1	100.0	100.0
石嘴山市	Shizuishan City	0.13	0.01	0.01	2	33.6	95.0	100.0
吴忠市	Wuzhong City	0.07	0.01	0.04	4	70.3	95.0	100.0
固原市	Guyuan City	0.36	0.14	0.08	5	330.0	84.7	85.0
中卫市	Zhongwei City				3	48.7	90.3	90.3
新疆维吾尔自治区	**Xinjiang**	**16.82**	**5.32**	**3.10**	**92**	**763.4**	**92.9**	**92.5**
乌鲁木齐市	Urumqi City	10.34	3.14	2.05	3		80.0	80.0
克拉玛依市	Karamay City	0.44	0.24	0.05	2	763.4	98.8	98.8
石河子市	Shihezi City	1.99	0.53	0.19	1	132.4	85.0	95.0
吐鲁番地区	Turpan Prefecture				3	62.0	96.1	94.0
哈密地区	Hami Prefecture				3	15.4	90.0	95.0
昌吉回族自治州	Changji Hui A.P	1.00	0.46	0.17	9	24.4	98.5	96.6
博尔塔拉蒙古自治州	Bortala Mongolian A.P				4	102.2	92.2	90.2
巴音郭楞蒙古自治州	Bayingolin Mongolian A.P	0.04	0.02		10	36.5	98.0	98.0
阿克苏地区	Aksu Prefecture	0.73	0.25	0.09	10	15.5	98.5	96.4
克孜勒苏柯尔克孜自治州	Kizilsu Kirgiz A.P				3	32.3	90.5	87.5
喀什地区	Kashi Prefecture	0.93	0.27	0.15	11	52.9	95.5	94.2
和田地区	Hotan Prefecture	0.40	0.13	0.22	6	14.8	96.0	94.2
伊犁哈萨克自治州	Ili Kazak A.P	0.85	0.22	0.12	11	22.4	88.0	92.1
塔城地区	Tacheng Prefecture				8	89.4	92.5	90.2
阿勒泰地区	Altay Prefecture				8	60.7	95.6	92.3
阿拉尔市	Alar City					67.5		
图木舒克市	Tumxuk City					35.0		
五家渠市	Wujiaqu City							
兵团	Corps	0.11	0.05	0.08				

3-27 卫生机构数和床位数（2004年）

Number of Units and Beds in Health Institutions (2004)

地 区	Region	卫生机构数 (个) Number of Health Care Institutions	#医院、卫生院 Hospitals, Health Center	#防疫站 Epidemic Prevention Station	#妇幼保健站 Maternity and Child Care Centers	卫生机构床位数 (张) Number of Beds in Health Care Institutions (bed)	#医院、卫生院 Hospitals, Health Center
北京市	**Beijing**	**4835**	**657**	**29**	**19**	**77293**	**73811**
东城区	Dongcheng District	365	32	2	1	8150	8070
西城区	Xicheng District	444	30	1	1	7819	7719
崇文区	Chongwen District	131	21	1	1	1988	1988
宣武区	Xuanwu District	183	20	7	1	4156	4128
朝阳区	Chaoyang District	883	132	1	1	12112	12112
丰台区	Fengtai District	366	49	2	1	6137	6093
石景山区	Shijingshan District	204	20	1	1	3125	2726
海淀区	Haidian District	731	88	1	1	9411	8398
门头沟区	Mentougou District	122	21	2	1	2295	2266
房山区	Fangshan District	201	39	2	2	4228	4008
通州区	Tongzhou District	164	27	1	1	2086	1878
顺义区	Shunyi District	144	11	1	1	2081	1385
昌平区	Changping District	287	44	1	1	6061	5793
大兴区	Daxing District	219	39	2	1	3005	2918
怀柔区	Huairou District	82	24	1	1	1297	1267
平谷区	Pinggu District	123	19	1	1	1266	1186
密云县	Miyun County	87	23	1	1	1176	1026
延庆县	Yanqing County	99	18	1	1	900	850
天津市	**Tianjin**	**2577**	**474**	**24**	**23**	**40994**	**38876**
和平区	Heping District	157	30	1	1	4924	4904
河东区	Hedong District	170	30	2	1	2198	2054
河西区	Hexi District	260	41	1	3	6341	6106
南开区	Nankai District	176	34	1	1	6221	5639
河北区	Hebei District	206	32	2	2	4842	4692
红桥区	Hongqiao District	119	28	1	2	2119	2069
塘沽区	Tanggu District	231	28	5	2	2417	2173
汉沽区	Hangu District	169	11	1	1	992	922
大港区	Dagang District	54	23	1	1	1722	1692
东丽区	Dongli District	116	14	1	1	1257	1235
西青区	Xiqing District	108	22	1	1	1140	1140
津南区	Jinnan District	95	14	1	1	603	579
北辰区	Beichen District	94	16	1	1	634	634
武清区	Wuqing District	130	37	1	1	1198	1071
宝坻区	Baodi District	43	38	1	1	1263	1163
宁河县	Ninghe County	71	23	1	1	569	569
静海县	Jinghai County	98	22	1	1	1176	963
蓟县	Ji County	280	31	1	1	1378	1271
其他	Others						
河北省	**Hebei**	**3414**	**2773**	**192**	**184**	**158428**	**147509**
石家庄市	Shijiazhuang City	424	338	25	25	23787	22208
唐山市	Tangshan City	354	286	17	14	24203	22047
秦皇岛市	Qinhuangdao City	121	96	8	8	6131	5365
邯郸市	Handan City	419	354	22	19	20577	19900
邢台市	Xingtai City	303	257	20	20	14068	13684
保定市	Baoding City	484	402	26	27	20046	18047
张家口市	Zhangjiakou City	319	275	19	18	11169	10656

3-27 续表 1 continued

地 区	Region	卫生机构数 (个) Number of Health Care Institutions	#医院、卫生院 Hospitals, Health Center	#防疫站 Epidemic Prevention Station	#妇幼保健站 Maternity and Child Care Centers	卫生机构床位数 (张) Number of Beds in Health Care Institutions (bed)	#医院、卫生院 Hospitals, Health Center
承德市	Chengde City	278	244	12	12	8765	8276
沧州市	Cangzhou City	288	236	20	19	12744	12121
廊坊市	Langfang City	201	134	11	10	9361	8474
衡水市	Hengshui City	223	151	12	12	7577	6731
其他	Others						
山西省	**Shanxi**	**9510**	**2510**	**154**	**129**	**108195**	**102075**
太原市	Taiyuan City	3215	249	18	11	22407	20534
大同市	Datong City	1153	252	23	14	11751	10944
阳泉市	Yangquan City	106	81	6	6	5758	5611
长治市	Changzhi City	244	201	14	14	10460	9990
晋城市	Jincheng City	187	163	7	8	7043	6599
朔州市	Shuozhou City	154	130	7	6	3440	3394
晋中市	Jinzhong City	720	238	17	11	10455	9800
运城市	Yuncheng City	338	114	152	14	11950	11217
忻州市	Xinzhou City	353	310	2	7	7285	6903
临汾市	Linfen City	402	350	18	18	12168	11799
吕梁市	Luliang City	292	249	16	15	6693	6403
内蒙古自治区	**Inner Mongolia**	**3715**	**1831**	**147**	**117**	**66699**	**61155**
呼和浩特市	Hohhot City	338	149	11	11	7713	7344
包头市	Baotou City	318	105	12	11	9846	8776
乌海市	Wuhai City	61	28	4	4	2110	1934
赤峰市	Chifeng City	606	297	15	13	10868	10194
通辽市	Tongliao City	483	186	10	9	5188	4794
鄂尔多斯市	Erdos City	157	130	9	9	4170	3913
呼伦贝尔市	Hulunbuir City	715	250	41	17	10444	9603
巴彦淖尔市	Bayannur City	192	136	9	8	4856	4350
乌兰察布市	Ulanqab City	299	227	12	12	3897	3723
兴安盟	Xingan League	159	112	6	7	4070	3485
锡林郭勒盟	Xilingol League	293	153	14	13	2706	2256
阿拉善盟	Alxa League	94	58	4	3	831	783
其他	Others						
辽宁省	**Liaoning**	**14230**	**1998**	**128**	**116**	**177293**	**160553**
沈阳市	Shenyang City	2013	319	17	16	33588	31743
大连市	Dalian City	1998	241	15	12	28405	26008
鞍山市	Anshan City	1908	141	9	8	17040	14105
抚顺市	Fushun City	544	120	8	8	10362	10362
本溪市	Benxi City	216	83	8	7	8879	8321
丹东市	Dandong City	458	126	7	6	10832	9811
锦州市	Jinzhou City	912	138	9	8	10929	10620
营口市	Yingkou City	1258	122	7	7	8856	7730
阜新市	Fuxin City	449	102	10	9	6821	6224
辽阳市	Liaoyang City	671	80	8	8	7823	7258
盘锦市	Panjin City	798	63	6	4	5652	5041
铁岭市	Tieling City	1062	113	9	7	7409	6916
朝阳市	Chaoyang City	1015	202	8	8	9262	9127
葫芦岛市	Huludao City	928	148	7	8	11435	7287

地 区	Region	卫生机构数 (个) Number of Health Care Institutions	#医院、卫生院 Hospitals, Health Center	#防疫站 Epidemic Prevention Station	#妇幼保健站 Maternity and Child Care Centers	卫生机构床位数 (张) Number of Beds in Health Care Institutions (bed)	#医院、卫生院 Hospitals, Health Center
吉林省	**Jilin**	**8219**	**1425**	**76**	**70**	**86353**	**81106**
长春市	Changchun City	1642	294	14	10	23282	22508
吉林市	Jilin City	2883	258	12	11	16851	15555
四平市	Siping City	500	146	6	8	8694	7887
辽源市	Liaoyuan City	223	67	3	3	4191	4138
通化市	Tonghua City	572	153	7	8	7638	7177
白山市	Baishan City	456	105	8	7	6306	5601
松原市	Songyuan City	321	127	7	5	4712	4502
白城市	Baicheng City	432	139	6	6	6560	6084
延边朝鲜族自治州	Yanbian Korean A.P	1190	136	13	12	8119	7654
其他	Others						
黑龙江省	**Heilongjiang**	**8230**	**1808**	**198**	**150**	**119645**	**112071**
哈尔滨市	Harbin City	1435	423	35	21	35764	33998
齐齐哈尔市	Qiqihar City	297	233	19	17	13423	12403
鸡西市	Jixi City	1094	198	15	7	8970	6887
鹤岗市	Hegang City	565	69	20	13	4894	4737
双鸭山市	Shuangyashan City	137	92	17	11	5658	5507
大庆市	Daqing City	157	115	16	8	9153	8862
伊春市	Yichun City	83	53	15	9	4866	4739
佳木斯市	Jiamusi City	714	152	23	18	7909	6886
七台河市	Qitaihe City	477	42	7	7	2656	2564
牡丹江市	Mudanjiang City	161	111	19	11	10480	9702
黑河市	Heihe City	155	139	8	7	5715	5546
绥化市	Suihua City	262	210	12	10	9240	7979
大兴安岭地区	Daxinganling Prefecture	334	58	13	5	2276	2080
其他	Others						
上海市	**Shanghai**	**2577**	**489**	**22**	**12**	**86361**	**84952**
黄浦区	Huangpu District	119	21			4823	4823
卢湾区	Luwan District	104	15			3580	3580
徐汇区	Xuhui District	253	32		1	11238	11238
长宁区	Changning District	166	26			3662	3362
静安区	Jingan District	69	18		1	4283	4258
普陀区	Putuo District	129	19			4123	4119
闸北区	Zhabei District	111	24		1	4679	4679
虹口区	Hongkou District	149	36			5985	5985
杨浦区	Yangpu District	149	27			5666	5636
闵行区	Minhang District	249	29		1	5608	4722
宝山区	Baoshan District	102	29		1	4037	4037
嘉定区	Jiading District	149	21			2310	2310
浦东新区	Pudong New District	312	47		1	6647	6487
金山区	Jinshan District	75	18		1	2726	2722
松江区	Songjiang District	147	21		1	3506	3506
青浦区	Qingpu District	82	20		1	1781	1781
南汇区	Nanhui District	121	32		1	4255	4255
奉贤区	Fengxian District	45	26		1	4340	4340
崇明县	Chongming County	46	28		1	3112	3112
其他	Others						

3-27 续表 3 continued

地 区	Region	卫生机构数 (个) Number of Health Care Institutions	#医院、卫生院 Hospitals, Health Center	#防疫站 Epidemic Prevention Station	#妇幼保健站 Maternity and Child Care Centers	卫生机构床位数 (张) Number of Beds in Health Care Institutions (bed)	#医院、卫生院 Hospitals, Health Center
江苏省	**Jiangsu**	**14059**	**2556**	**143**	**107**	**188990**	**177301**
南京市	Nanjing City	1513	237	21	14	25798	21048
无锡市	Wuxi City	1643	175	11	5	19101	17826
徐州市	Xuzhou City	1344	232	14	14	18792	18252
常州市	Changzhou City	611	109	8	7	12352	11932
苏州市	Suzhou City	1715	207	14	8	22033	21255
南通市	Nantong City	1674	313	9	7	20482	19784
连云港市	Lianyungang City	867	150	10	8	8793	7672
淮安市	Huaian City	591	178	9	9	9278	8961
盐城市	Yancheng City	1080	249	10	11	14042	13670
扬州市	Yangzhou City	1140	197	20	8	11721	10991
镇江市	Zhenjiang City	940	105	7	6	8176	7932
泰州市	Taizhou City	600	169	5	5	10912	10709
宿迁市	Suqian City	726	279	5	5	7510	7269
浙江省	**Zhejiang**	**11937**	**2919**	**138**	**88**	**135139**	**125231**
杭州市	Hangzhou City	1985	382	15	11	31738	27262
宁波市	Ningbo City	1555	242	12	11	17053	15595
温州市	Wenzhou City	1580	520	49	10	16412	16105
嘉兴市	Jiaxing City	744	156	8	7	10546	9993
湖州市	Huzhou City	718	127	5	4	8407	7857
绍兴市	Shaoxing City	1039	323	8	6	11972	11129
金华市	Jinhua City	1274	342	11	10	12020	11400
衢州市	Quzhou City	605	165	6	6	5402	5041
舟山市	Zhoushan City	376	81	5	4	3415	3115
台州市	Taizhou City	1223	232	10	10	12285	11958
丽水市	Lishui City	838	349	9	9	5889	5776
安徽省	**Anhui**	**8973**	**2709**	**132**	**116**	**122180**	**115039**
合肥市	Hefei City	664	214	10	10	13127	12580
芜湖市	Wuhu City	513	131	10	9	7208	6772
蚌埠市	Bengbu City	414	127	9	9	8604	8110
淮南市	Huainan City	452	123	8	8	8860	7894
马鞍山市	Maanshan City	298	46	6	5	3208	2939
淮北市	Huaibei City	198	104	3	5	7472	6862
铜陵市	Tongling City	158	41	6	2	3087	2861
安庆市	Anqing City	824	335	10	9	10850	10168
黄山市	Huangshan City	602	167	8	7	4147	3859
滁州市	Chuzhou City	491	290	8	8	7871	7642
阜阳市	Fuyang City	830	215	9	9	10975	10795
宿州市	Suzhou City	565	137	6	6	6996	6856
巢湖市	Chaohu City	507	178	5	5	7367	6191
六安市	Liuan City	751	210	9	10	8503	8255
亳州市	Bozhou City	280	124	6	4	5155	5096
池州市	Chizhou City	714	87	5	1	3062	2902
宣城市	Xuancheng City	712	180	14	9	5688	5257
其他	Others						

3-27 续表 4 continued

地 区	Region	卫生机构数 (个) Number of Health Care Institutions	#医院、卫生院 Hospitals, Health Center	#防疫站 Epidemic Prevention Station	#妇幼保健站 Maternity and Child Care Centers	卫生机构床位数 (张) Number of Beds in Health Care Institutions (bed)	#医院、卫生院 Hospitals, Health Center
福建省	**Fujian**	**8672**	**1315**	**95**	**91**	**87836**	**80523**
福州市	Fuzhou City	1375	237			19379	17133
厦门市	Xiamen City	883	44			6657	5398
莆田市	Putian City	282	64			5226	4896
三明市	Sanming City	1028	170			7710	7484
泉州市	Quanzhou City	1703	199			15481	14610
漳州市	Zhangzhou City	1418	146			10205	9359
南平市	Nanping City	549	161			8859	8382
龙岩市	Longyan City	652	156			7786	7286
宁德市	Ningde City	782	138			6533	5975
江西省	**Jiangxi**	**12080**	**2047**	**117**	**112**	**84036**	**78211**
南昌市	Nanchang City	827	165	13	11	15216	13990
景德镇市	Jingdezhen City	210	67	6	5	3747	3489
萍乡市	Pingxiang City	861	68	3	6	4425	4125
九江市	Jiujiang City	1240	282	14	14	9552	8546
新余市	Xinyu City	250	53	3	3	3223	3082
鹰潭市	Yingtan City	270	64	4	4	2307	2250
赣州市	Ganzhou City	2273	387	20	19	11928	11102
吉安市	Jian City	943	274	14	13	8562	8025
宜春市	Yichun City	887	211	12	11	10044	9418
抚州市	Fuzhou City	448	200	13	12	5797	5590
上饶市	Shangrao City	3871	276	11	13	9235	8594
山东省	**Shandong**	**16574**	**2891**	**177**	**149**	**231574**	**216486**
济南市	Jinan City	1413	243	13	12	24044	22588
青岛市	Qingdao City	2924	219	20	9	25684	23465
淄博市	Zibo City	667	154	10	9	14610	13452
枣庄市	Zaozhuang City	444	118	8	7	9935	9234
东营市	Dongying City	727	93	7	7	7709	7494
烟台市	Yantai City	1762	228	14	13	17422	16180
潍坊市	Weifang City	1474	262	15	13	21107	19750
济宁市	Jining City	1336	243	14	12	18240	17198
泰安市	Taian City	777	153	10	7	14736	13057
威海市	Weihai City	725	98	5	4	9264	8929
日照市	Rizhao City	370	83	5	5	5623	5217
莱芜市	Laiwu City	295	50	3	3	3586	3314
临沂市	Linyi City	1441	271	13	13	19279	17773
德州市	Dezhou City	590	151	12	9	9172	8742
聊城市	Liaocheng City	336	183	9	9	10874	10539
滨州市	Binzhou City	788	108	8	7	7718	7431
菏泽市	Heze City	505	234	11	10	12571	12123
河南省	**Henan**	**13821**	**3182**	**184**	**165**	**209046**	**197232**
郑州市	Zhengzhou City	1648	267	17	13	29422	27610
开封市	Kaifeng City	446	161	11	9	12183	11681
洛阳市	Luoyang City	947	253	16	15	18209	17238
平顶山市	Pingdingshan City	526	172	12	12	12925	11628
安阳市	Anyang City	1631	154	10	10	11701	10885

3-27 续表 5 continued

地区	Region	卫生机构数（个） Number of Health Care Institutions	#医院、卫生院 Hospitals, Health Center	#防疫站 Epidemic Prevention Station	#妇幼保健站 Maternity and Child Care Centers	卫生机构床位数（张） Number of Beds in Health Care Institutions (bed)	#医院、卫生院 Hospitals, Health Center
鹤壁市	Hebi City	328	50	7	6	4295	4180
新乡市	Xinxiang City	770	239	14	13	15412	14623
焦作市	Jiaozuo City	862	142	11	11	9860	9346
濮阳市	Puyang City	596	128	9	8	8088	7448
许昌市	Xuchang City	357	137	7	6	8258	7861
漯河市	Luohe City	323	74	5	4	4918	4671
三门峡市	Sanmenxia City	610	127	7	4	6304	6083
南阳市	Nanyang City	1004	300	14	13	17421	16270
商丘市	Shangqiu City	813	232	10	9	13408	12660
信阳市	Xinyang City	1330	262	12	10	9796	9440
周口市	Zhoukou City	1016	239	11	11	13176	12482
驻马店市	Zhumadian City	536	224	10	10	11891	11436
其他	Others	78	21	1	1	1779	1690
湖北省	**Hubei**	**12752**	**2784**	**110**	**99**	**140099**	**127216**
武汉市	Wuhan City	1817	231	17	14	35776	32013
黄石市	Huangshi City	291	80	5	3	7489	7159
十堰市	Shiyan City	938	162	9	7	9601	9139
宜昌市	Yichang City	1317	147	11	8	11503	11092
襄樊市	Xiangfan City	2797	187	12	10	12630	12630
鄂州市	Ezhou City	99	38	2	1	2644	2544
荆门市	Jingmen City	523	90	13	3	6613	6204
孝感市	Xiaogan City	486	153	8	8	8155	6870
荆州市	Jingzhou City	487	141	7	9	12424	10377
黄冈市	Huanggang City	234	195	10	10	11069	10356
咸宁市	Xianning City	1206	87	7	7	4434	2055
随州市	Suizhou City	1082	1073	2	7	3940	3638
恩施土家族苗族自治州	Enshi Tujia & Miao A.P	941	106	3	8	6590	6386
其他	Others	534	94	4	4	7231	6753
湖南省	**Hunan**	**4039**	**3340**	**150**	**133**	**147833**	**137058**
长沙市	Changsha City	345	259	12	11	24360	22364
株洲市	Zhuzhou City	209	185	10	10	10357	9961
湘潭市	Xiangtan City	122	106	6	4	8004	7647
衡阳市	Hengyang City	396	334	14	13	13767	12873
邵阳市	Shaoyang City	343	298	13	12	11337	10690
岳阳市	Yueyang City	290	225	11	10	10230	8734
常德市	Changde City	347	272	12	9	12170	10859
张家界市	Zhangjiajie City	132	109	6	5	3550	3296
益阳市	Yiyang City	214	165	8	6	8772	7483
郴州市	Chenzhou City	345	296	12	12	11060	10538
永州市	Yongzhou City	341	289	12	12	9317	8694
怀化市	Huaihua City	455	402	14	14	11559	11159
娄底市	Loudi City	179	160	6	6	7075	6703
湘西土家族苗族自治州	West Hunan Tujia A.P	321	240	14	9	6275	6057
其他	Others						
广东省	**Guangdong**	**15744**	**2391**	**131**	**125**	**200056**	**183107**
广州市	Guangzhou City	2443	263	19	14	45687	39361

3-27 续表 6 continued

地 区	Region	卫生机构数 (个) Number of Health Care Institutions	#医院、卫生院 Hospitals, Health Center	#防疫站 Epidemic Prevention Station	#妇幼保健站 Maternity and Child Care Centers	卫生机构床位数 (张) Number of Beds in Health Care Institutions (bed)	#医院、卫生院 Hospitals, Health Center
韶关市	Shaoguan City	739	184	11	9	8757	8064
深圳市	Shenzhen City	1239	93	7	7	15069	14228
珠海市	Zhuhai City	427	48	3	3	4814	4273
汕头市	Shantou City	729	76	5	7	7831	7350
佛山市	Foshan City	892	85	7	5	16447	15221
江门市	Jiangmen City	931	119	6	6	9359	8786
湛江市	Zhanjiang City	921	166	8	11	13186	12263
茂名市	Maoming City	579	145	6	5	9767	8665
肇庆市	Zhaoqing City	711	139	7	7	7034	6432
惠州市	Huizhou City	576	123	5	5	7513	7067
梅州市	Meizhou City	1414	189	8	9	8180	7219
汕尾市	Shanwei City	439	76	6	6	3574	3398
河源市	Heyuan City	364	123	6	6	4150	3802
阳江市	Yangjiang City	337	72	4	5	4332	3996
清远市	Qingyuan City	592	154	8	6	6863	6558
东莞市	Dongguan City	355	53	1	1	10797	10528
中山市	ZhongShan City	311	35	1	1	5438	5420
潮州市	Chaozhou City	800	66	3	3	2361	2180
揭阳市	Jieyang City	549	101	5	6	5556	5264
云浮市	Yunfu City	396	81	5	3	3341	3032
广西壮族自治区	**Guangxi**	**9031**	**1772**	**104**	**103**	**91812**	**85396**
南宁市	Nanning City	1645	206	10	9	18184	16870
柳州市	Liuzhou City	2168	180	9	9	11293	10544
桂林市	Guilin City	272	199	13	13	11811	10595
梧州市	Wuzhou City	114	89	6	5	6272	5948
北海市	Beihai City	312	42	2	3	3263	2833
防城港市	Fangchenggang City	133	41	4		1333	1322
钦州市	Qinzhou City	310	76	7	5	4544	4211
贵港市	Guigang City	113	94	4	5	4394	4114
玉林市	Yulin City	3040	145	6	8	8409	7879
百色市	Baise City	405	361	12	13	6725	6242
贺州市	Hezhou City	104	80	4	4	2986	2849
河池市	Hechi City	242	194	13	12	6780	6376
来宾市	Laibin City	1195	98	6	6	3582	3397
崇左市	Chongzuo City	388	113	7	7	3353	3071
海南省	**Hainan**	**2515**	**505**	**30**	**25**	**18394**	**13251**
海口市	Haikou City	160	77	8	6	5971	5305
三亚市	Sanya City	49	31	1	1	1680	1665
其他	Others	2306	397	21	18	10743	6281
重庆市	**Chongqing**	**6539**	**1574**	**46**	**44**	**63899**	**60565**
万州区	Wanzhou District	816	105	4	4	3569	3388
涪陵区	Fuling District	249	60	1	1	2375	2310
渝中区	Yuzhong District	362	25	4	1	6452	6155
大渡口区	Dadukou District	111	10	1	1	906	876
江北区	Jiangbei District	373	33	1	1	3515	3493
沙坪坝区	Shapingba District	219	35	1	1	2879	2861

3-27 续表 7 continued

地 区	Region	卫生机构数 (个) Number of Health Care Institutions	#医院、卫生院 Hospitals, Health Center	#防疫站 Epidemic Prevention Station	#妇幼保健站 Maternity and Child Care Centers	卫生机构床位数 (张) Number of Beds in Health Care Institutions (bed)	#医院、卫生院 Hospitals, Health Center
九龙坡区	Jiulongpo District	293	35	1	1	3315	3290
南岸区	Nanan District	178	28	1	1	2448	2398
北碚区	Beibei District	107	29	1	1	2604	1824
万盛区	Wansheng District	43	13	1	1	1059	1051
双桥区	Shuangqiao District	16	4	1	1	179	179
渝北区	Yubei District	130	37	1	1	913	890
巴南区	Banan District	220	30	1	1	2041	2034
黔江区	Qianjiang District	69	30	1	1	811	705
长寿区	Changshou District	193	54	1	1	1886	1852
其他	Others	3160	1046	25	26	28947	27259
四川省	**Sichuan**	**24605**	**6576**	**209**	**196**	**191523**	**181244**
成都市	Chengdu City	4493	716	22	19	44879	41850
自贡市	Zigong City	739	135	7	7	6666	6287
攀枝花市	Panzhihua City	731	101	9	9	5668	5465
泸州市	Luzhou City	930	186	8	7	7068	6810
德阳市	Deyang City	1179	215	7	5	10062	9196
绵阳市	Mianyang City	1288	414	12	10	14088	13504
广元市	Guangyuan City	1230	312	8	7	7524	7236
遂宁市	Suining City	733	119	6	4	5744	5662
内江市	Neijiang City	984	213	6	5	6684	6445
乐山市	Leshan City	1410	314	12	11	9662	9043
南充市	Nanchong City	1125	568	10	10	11755	11299
眉山市	Meishan City	805	268	7	6	5923	5416
宜宾市	Yibin City	1041	300	11	11	10328	9990
广安市	Guangan City	880	202	6	6	5037	4875
达州市	Dazhou City	1787	421	7	8	10580	10175
雅安市	Yaan City	909	194	9	9	4644	4278
巴中市	Bazhong City	1092	306	5	5	5048	4631
资阳市	Ziyang City	839	221	5	5	6173	5939
阿坝藏族羌族自治州	Aba Zang & Qiang A.P	516	267	14	14	2798	2695
甘孜藏族自治州	Ganzi Zang A.P	614	367	19	19	2704	2439
凉山彝族自治州	Liangshan Yi A.P	1280	737	19	19	8488	8009
贵州省	**Guizhou**	**6654**	**1850**	**106**	**82**	**61313**	**58113**
贵阳市	Guiyang City	291	191	15	10	14141	12979
六盘水市	Liupanshui City	143	125	6	2	6078	6049
遵义市	Zunyi City	337	282	15	10	10602	10422
安顺市	Anshun City	146	123	6	7	4534	4347
铜仁地区	Tongren Prefecture	233	190	11	11	4387	4198
黔西南布依族苗族自治州	Southwest Guizhou Buyi & Miao A.P	182	153	9	9	4640	4252
毕节地区	Bijie Prefecture	310	272	9	9	5557	5351
黔东南苗族侗族自治州	Southeast Guizhou Miao & Dong A.P	311	249	17	17	6106	5807
黔南布依族苗族自治州	South Guizhou Buyi & Miao A.P	316	265	17	9	5641	5392
云南省	**Yunnan**	**9436**	**2079**	**150**	**146**	**102167**	**95358**
昆明市	Kunming City	2007				26691	24134
曲靖市	Qujing City	755				10552	10048
玉溪市	Yuxi City	968				6345	6173

3-27 续表 8 continued

地 区	Region	卫生机构数 (个) Number of Health Care Institutions	#医院、卫生院 Hospitals, Health Center	#防疫站 Epidemic Prevention Station	#妇幼保健站 Maternity and Child Care Centers	卫生机构床位数 (张) Number of Beds in Health Care Institutions (bed)	#医院、卫生院 Hospitals, Health Center
保山市	Baoshan City	474				4534	4534
昭通市	Zhaotong City	370				5186	4967
丽江市	Lijiang City	338				2523	2401
思茅市	Simao City	431				3813	3666
临沧市	Lincang City	418				3294	3137
楚雄彝族自治州	Chuxiong Yi A.P	584				6794	6412
红河哈尼族彝族自治州	Honghe Hani & Yi A.P	915				10821	10429
文山壮族苗族自治州	Wenshan Zhuang & Miao A.P	294				4837	4837
西双版纳傣族自治州	Xishuangbanna Dai A.P	374				3291	3291
大理白族自治州	Dali Bai A.P	901				8206	7336
德宏傣族景颇族自治州	Dehong Dai & Jingpo A.P	441				3254	3113
怒江傈僳族自治州	Nujiang Lisu A.P	88				1272	1178
迪庆藏族自治州	Diqing Zang A.P	78				754	724
西藏自治区	**Tibet**	**1326**	**764**	**79**	**55**	**6413**	**5928**
拉萨市	Lhasa City	189	61	9	6	1560	1390
昌都地区	Qamdu Prefecture	262	154	12	12	778	708
山南地区	Lhokha Prefecture	124	82	13	11	691	639
日喀则地区	Xigaze Prefecture	316	216	19	8	1381	1324
那曲地区	Narqu Prefecture	217	151	12	10	858	796
阿里地区	Ngri Prefecture	80	40	6	1	511	474
林芝地区	Nyingchi Prefecture	138	60	8	7	634	597
其他	Others						
陕西省	**Shaanxi**	**5138**	**2641**	**126**	**116**	**103075**	**99735**
西安市	Xian City	1243	495	18	15	32854	31422
铜川市	Tongchuan City	147	68	8	5	3754	3744
宝鸡市	Baoji City	652	265	13	13	11426	11019
咸阳市	Xianyang City	435	300	14	14	12749	12697
渭南市	Weinan City	450	299	13	12	9530	9510
延安市	Yanan City	403	213	14	14	5844	5743
汉中市	Hanzhong City	545	302	12	12	10217	9332
榆林市	Yulin City	494	278	13	13	7090	6967
安康市	Ankang City	436	232	12	9	5123	5118
商洛市	Shangluo City	322	181	8	8	4150	3845
其他	Others	11	8	1	1	338	338
甘肃省	**Gansu**	**11404**	**1818**	**105**	**100**	**61801**	**58029**
兰州市	Lanzhou City	1569	180	11	10	15156	14319
嘉峪关市	Jiayuguan City	104	7	1	1	980	920
金昌市	Jinchang City	299	21	2	2	1602	1602
白银市	Baiyin City	766	105	7	6	4846	4631
天水市	Tianshui City	1023	180	9	8	6291	5285
武威市	Wuwei City	399	135	6	5	4133	3956
张掖市	Zhangye City	465	110	7	7	3456	3227
平凉市	Pingliang City	1073	128	8	8	4825	4537
酒泉市	Jiuquan City	293	97	8	9	3381	3289
庆阳市	Qingyang City	1430	156	9	9	4370	4265
定西市	Dingxi City	747	180	8	8	4604	4436

3-27 续表 9 continued

地 区	Region	卫生机构数 (个) Number of Health Care Institutions	#医院、卫生院 Hospitals, Health Center	#防疫站 Epidemic Prevention Station	#妇幼保健站 Maternity and Child Care Centers	卫生机构床位数 (张) Number of Beds in Health Care Institutions (bed)	#医院、卫生院 Hospitals, Health Center
陇南市	Longnan City	1856	254	10	9	3792	3521
临夏回族自治州	Linxia Hui A.P	1113	147	9	9	2738	2592
甘南藏族自治州	Gannan Zang A.P	267	118	10	9	1627	1449
青海省	**Qinghai**	**694**	**533**	**56**	**18**	**15701**	
西宁市	Xining City	141	105	11	9	8263	
海东地区	Haidong Prefecture	148	120	7	6	1933	
海北藏族自治州	Haibei Zang A.P	64	46	5	1	850	
海南藏族自治州	Hainan Zang A.P	66	52	7		1287	
黄南藏族自治州	Huangnan Zang AP	57	45	5		625	
果洛藏族自治州	Golog Zang A.P	68	52	6		544	
玉树藏族自治州	Yushu Zang A.P	74	60	6		808	
海西蒙古族藏族自治州	Haixi Mongolian & Zang A.P	76	53	9		1391	
宁夏回族自治区	**Ningxia**	**1483**	**400**	**25**	**22**	**16870**	**15453**
银川市	Yinchuan City	506	107	8	6	7775	7093
石嘴山市	Shizuishan City	323	55	3	3	2789	2690
吴忠市	Wuzhong City	249	78	5	4	2538	2164
固原市	Guyuan City	255	99	6	6	2062	1852
中卫市	Zhongwei City	150	61	3	3	1706	1654
新疆维吾尔自治区	**Xinjiang**						
乌鲁木齐市	Urumqi City						
克拉玛依市	Karamay City						
石河子市	Shihezi City						
吐鲁番地区	Turpan Prefecture						
哈密地区	Hami Prefecture						
昌吉回族自治州	Changji Hui A.P						
博尔塔拉蒙古自治州	Bortala Mongolian A.P						
巴音郭楞蒙古自治州	Bayingolin Mongolian A.P						
阿克苏地区	Aksu Prefecture						
克孜勒苏柯尔克孜自治州	Kizilsu Kirgiz A.P						
喀什地区	Kashi Prefecture						
和田地区	Hotan Prefecture						
伊犁哈萨克自治州	Ili Kazak A.P						
塔城地区	Tacheng Prefecture						
阿勒泰地区	Altay Prefecture						
阿拉尔市	Alar City						
图木舒克市	Tumxuk City						
五家渠市	Wujiaqu City						
兵团	Corps						

3-28 卫生机构人员数和对外贸易（2004年）

Employed Personnel in Health Institutions and Foreign Trade (2004)

地 区	Region	卫生机构数 (个) Number of Health Care Institutions	#医院、卫生院 Hospitals, Health Center	#防疫站 Epidemic Prevention Station	#妇幼保健站 Maternity and Child Care Centers	进出口总额 (万美元) Imports and Exports (USD 10000)	进口额 Import	出口额 Export
北京市	**Beijing**	**153367**	**116638**	**49091**	**41557**	**9466181**	**7408688**	**2057493**
东城区	Dongcheng District	21967	15702	6374	5624	929163	690844	238319
西城区	Xicheng District	18336	14576	5492	6036	2215767	1752899	462867
崇文区	Chongwen District	5661	4409	1970	1553	23274	18890	4383
宣武区	Xuanwu District	10378	7306	2924	2726	236109	180761	55348
朝阳区	Chaoyang District	25590	19007	7790	6919	3281484	2780899	500584
丰台区	Fengtai District	10809	8283	3504	2973	147166	113593	33573
石景山区	Shijingshan District	5215	3924	1725	1487	25874	12107	13767
海淀区	Haidian District	19066	14779	6383	5164	1640810	1167112	473698
门头沟区	Mentougou District	2897	2246	873	860	15977	10667	5311
房山区	Fangshan District	5781	4396	1914	1687	16830	8059	8771
通州区	Tongzhou District	4244	3505	1610	1077	61396	37783	23613
顺义区	Shunyi District	4024	3296	1630	893	210395	175532	34863
昌平区	Changping District	5510	4145	1774	1426	62681	37787	24894
大兴区	Daxing District	4669	3576	1576	1074	515099	363595	151504
怀柔区	Huairou District	2361	1906	924	464	26928	20855	6073
平谷区	Pinggu District	2285	1868	883	506	25087	17044	8043
密云县	Miyun County	2744	2162	995	638	26422	15399	11023
延庆县	Yanqing County	1830	1552	750	450	5210	4369	841
天津市	**Tianjin**	**79904**	**60722**	**25299**	**19602**	**4201948**	**2115404**	**2086544**
和平区	Heping District	13025	8633	3246	3155			
河东区	Hedong District	4355	3349	1377	1087			
河西区	Hexi District	11560	8727	3194	3372			
南开区	Nankai District	10034	6810	2452	2498			
河北区	Hebei District	7548	5857	2254	2062			
红桥区	Hongqiao District	4330	3432	1425	1231			
塘沽区	Tanggu District	4945	3994	1659	1408			
汉沽区	Hangu District	1638	1332	520	439			
大港区	Dagang District	3326	2698	1242	868			
东丽区	Dongli District	1728	1361	646	359			
西青区	Xiqing District	1685	1308	658	327			
津南区	Jinnan District	1461	1199	574	299			
北辰区	Beichen District	1743	1427	687	368			
武清区	Wuqing District	2960	2467	1301	474			
宝坻区	Baodi District	1805	1615	876	406			
宁河县	Ninghe County	1784	1241	608	267			
静海县	Jinghai County	1945	1694	1016	418			
蓟县	Ji County	4032	3578	1564	564			
其他	Others							
河北省	**Hebei**	**235001**	**190337**	**83886**	**49709**	**1352624**	**418593**	**934031**
石家庄市	Shijiazhuang City	35594	28646	12990	8142	366348	77874	288474
唐山市	Tangshan City	34450	27908	11743	8795	181561	91808	89753
秦皇岛市	Qinhuangdao City	10921	8764	4108	2536	220525	59624	160901
邯郸市	Handan City	27797	21838	9023	5805	71810	43813	27997
邢台市	Xingtai City	18321	15103	7502	3292	56223	13249	42974
保定市	Baoding City	30886	24141	10261	5749	93964	18384	75580
张家口市	Zhangjiakou City	16046	13238	5348	3658	36348	19232	17116

3-28 续表 1 continued

地 区	Region	卫生机构数 (个) Number of Health Care Institutions	#医院、卫生院 Hospitals, Health Center	#防疫站 Epidemic Prevention Station	#妇幼保健站 Maternity and Child Care Centers	进出口总额 (万美元) Imports and Exports (USD 10000)	进口额 Import	出口额 Export
承德市	Chengde City	13785	11640	5004	2827	24702	13070	11632
沧州市	Cangzhou City	21265	17570	8144	4512	67783	19439	48344
廊坊市	Langfang City	14404	11506	5125	2769	100607	56338	44269
衡水市	Hengshui City	11532	9983	4638	1624	132753	5762	126991
其他	Others							
山西省	**Shanxi**	**158319**	**147561**	**59741**	**37062**	**538173**	**134685**	**403488**
太原市	Taiyuan City	36770	30798	12728	10768	339410	76457	262953
大同市	Datong City	20742	17372	7904	4915	13544	5521	8023
阳泉市	Yangquan City	6608	6608	2960	2315	7303	1452	5851
长治市	Changzhi City	13651	11661	5288	3282	11388	6927	4461
晋城市	Jincheng City	10271	8514	4076	1888	4552	1368	3184
朔州市	Shuozhou City	4876	4238	2372	855	1786	1123	663
晋中市	Jinzhong City	15765	13560	5050	3696	49620	2397	47223
运城市	Yuncheng City	15278	12243	5086	3097	53535	30965	22570
忻州市	Xinzhou City	11973	10132	4175	2362	4524	151	4373
临汾市	Linfen City	17356	14625	1618	3372	22831	4205	18626
吕梁市	Luliang City	12604	10524	5305	2604	29654	4118	25536
内蒙古自治区	**Inner Mongolia**	**120253**	**101730**	**50177**	**26517**	**404865**	**236713**	**168152**
呼和浩特市	Hohhot City	15433	12707	5653	3978	45608	18875	26733
包头市	Baotou City	16766	13917	6418	4798	80215	36819	43396
乌海市	Wuhai City	3048	2596	1197	852	930		930
赤峰市	Chifeng City	17252	14751	7407	3109	11771	5546	6225
通辽市	Tongliao City	11744	10226	5436	2239	7137	2074	5063
鄂尔多斯市	Erdos City	6115	5385	2864	1312	60040	1355	58685
呼伦贝尔市	Hulunbuir City	18292	15249	7458	4334	138565	129991	8574
巴彦淖尔市	Bayannur City	8277	7178	3327	1628	11722	2103	9619
乌兰察布市	Ulanqab City	8477	7116	3833	1429	1362	329	1033
兴安盟	Xingan League	7245	6061	2929	1313	588	223	365
锡林郭勒盟	Xilingol League	5712	4860	2709	1101	44321	38384	5937
阿拉善盟	Alxa League	1892	1684	946	424	2606	1014	1592
其他	Others							
辽宁省	**Liaoning**	**270325**	**212644**	**92265**	**72751**	**3443709**	**1551938**	**1891771**
沈阳市	Shenyang City	58112	46419	20113	16176	515157	281510	233647
大连市	Dalian City	42273	33678	14375	12416	2072870	987422	1085448
鞍山市	Anshan City	25381	19279	8181	6738	165319	65107	100212
抚顺市	Fushun City	14613	11620	4810	4366	56960	16024	40936
本溪市	Benxi City	13910	10332	3710	4042	96790	44188	52602
丹东市	Dandong City	13772	10535	4281	3930	200610	69288	131322
锦州市	Jinzhou City	16900	13204	5540	4034	59939	13691	46248
营口市	Yingkou City	14412	11392	5217	3765	117900	39718	78182
阜新市	Fuxin City	11409	8772	3631	2955	4025	354	3671
辽阳市	Liaoyang City	9807	7922	3821	2713	17649	4434	13215
盘锦市	Panjin City	9225	7470	3550	2525	21818	4194	17624
铁岭市	Tieling City	13982	11100	5074	3094	9391	1266	8125
朝阳市	Chaoyang City	13109	10880	5267	2874	16118	2908	13210
葫芦岛市	Huludao City	13420	10041	4695	3123	89163	21834	67329

3-28 续表 2 continued

地 区	Region	卫生机构数 (个) Number of Health Care Institutions	#医院、卫生院 Hospitals, Health Center	#防疫站 Epidemic Prevention Station	#妇幼保健站 Maternity and Child Care Centers	进出口总额 (万美元) Imports and Exports (USD 10000)	进口额 Import	出口额 Export
吉林省	**Jilin**	**161507**	**128732**	**48927**	**39546**	**679326**	**507822**	**171504**
长春市	Changchun City	43842	34547	13611	11783	531630	448932	82697
吉林市	Jilin City	29531	24106	9033	7671	46713	17968	28745
四平市	Siping City	18771	14586	5295	3888	2956	1069	1887
辽源市	Liaoyuan City	7465	5788	2313	1691	2132	1106	1025
通化市	Tonghua City	12604	10195	4068	2847	24367	15064	9303
白山市	Baishan City	10614	8430	3272	2529	8940	1831	7109
松原市	Songyuan City	11945	9137	3001	2291			
白城市	Baicheng City	11330	9040	3468	2386	3187	455	2732
延边朝鲜族自治州	Yanbian Korean A.P	15405	12903	4866	4460	57249	20551	36699
其他	Others					2154	846	1308
黑龙江省	**Heilongjiang**	**190563**	**149274**	**63974**	**44768**	**679204**	**310956**	**368249**
哈尔滨市	Harbin City	50624	38543	15521	11112	209935	121904	88031
齐齐哈尔市	Qiqihar City	20575	15844	6921	4896	7715	2794	4921
鸡西市	Jixi City	10484	8278	2805	1032	9181	1148	8034
鹤岗市	Hegang City	8258	6305	2820	2133	756	432	324
双鸭山市	Shuangyashan City	7945	6115	2562	2130	9452	625	8827
大庆市	Daqing City	14995	11401	5018	3453	12499	5309	7190
伊春市	Yichun City	6829	5402	2349	1868	5319	627	4692
佳木斯市	Jiamusi City	14020	11019	4382	3371	40898	12962	27936
七台河市	Qitaihe City	4218	3068	1255	925	381	248	133
牡丹江市	Mudanjiang City	13359	10643	4605	3569	350351	155525	194826
黑河市	Heihe City	8474	6788	4101	1795	28904	8578	20326
绥化市	Suihua City	17069	13289	5597	2512	3128	415	2713
大兴安岭地区	Daxinganling Prefecture	3995	3047	1370	1076	686	389	297
其他	Others							
上海市	**Shanghai**	**130823**	**101661**	**43775**	**38112**	**16002600**	**8650600**	**7352000**
黄浦区	Huangpu District	10319	7910	3382	2960			
卢湾区	Luwan District	7267	5569	2231	2108			
徐汇区	Xuhui District	17120	13081	4857	5344			
长宁区	Changning District	7352	5210	2153	1769			
静安区	Jingan District	8905	6755	2657	2794			
普陀区	Putuo District	6533	5214	2343	1988			
闸北区	Zhabei District	6209	4851	2153	1775			
虹口区	Hongkou District	9890	7393	3014	2978			
杨浦区	Yangpu District	8438	6724	2877	2717			
闵行区	Minhang District	6154	4650	2051	1557			
宝山区	Baoshan District	5986	4744	2175	1780			
嘉定区	Jiading District	3705	3008	1421	1018			
浦东新区	Pudong New District	10562	8595	4195	3134			
金山区	Jinshan District	3698	3169	1541	1107			
松江区	Songjiang District	3706	3020	1353	1139			
青浦区	Qingpu District	3193	2556	1134	888			
南汇区	Nanhui District	4116	3276	1527	1041			
奉贤区	Fengxian District	3866	3073	1372	1054			
崇明县	Chongming County	3804	2863	1339	961			
其他	Others							

地 区	Region	卫生机构数 (个) Number of Health Care Institutions	#医院、卫生院 Hospitals, Health Center	#防疫站 Epidemic Prevention Station	#妇幼保健站 Maternity and Child Care Centers	进出口总额 (万美元) Imports and Exports (USD 10000)	进口额 Import	出口额 Export
江苏省	**Jiangsu**	**309450**	**250134**	**106060**	**76975**	**17085660**	**8335995**	**8749665**
南京市	Nanjing City	42510	32857	13931	11495	2063806	1017816	1045990
无锡市	Wuxi City	26424	22288	9722	7158	2182444	1080591	1101853
徐州市	Xuzhou City	36163	28297	10480	8479	90945	36096	54849
常州市	Changzhou City	19546	15707	6586	5578	690534	218904	471630
苏州市	Suzhou City	35004	29103	11964	9408	10319440	5242096	5077344
南通市	Nantong City	30484	24005	10863	6823	679251	244332	434919
连云港市	Lianyungang City	14774	11675	5236	3848	153923	77817	76106
淮安市	Huaian City	16102	13254	5377	4131	64159	26026	38133
盐城市	Yancheng City	24260	19650	9049	5163	111023	47396	63627
扬州市	Yangzhou City	18647	15660	6880	4451	241829	106728	135101
镇江市	Zhenjiang City	16153	13203	5163	3899	347931	196070	151861
泰州市	Taizhou City	19413	16313	7457	4114	125552	30130	95422
宿迁市	Suqian City	9970	8122	3352	2428	10181	1172	9009
浙江省	**Zhejiang**	**221539**	**185376**	**83052**	**54874**	**8521312**	**2706674**	**5814638**
杭州市	Hangzhou City	48556	39816	16770	13248	2449600	932100	1517500
宁波市	Ningbo City	30086	25059	11357	7605	2611222	942255	1668967
温州市	Wenzhou City	29496	24200	10069	6527	596714	139080	457634
嘉兴市	Jiaxing City	15627	13496	5915	4117	792488	281908	510580
湖州市	Huzhou City	11749	9948	4402	3083	169765	24953	144812
绍兴市	Shaoxing City	18616	15953	7846	4643	866224	205371	660853
金华市	Jinhua City	20693	17242	8529	4770	367533	32742	334791
衢州市	Quzhou City	8845	7375	3957	1975	35080	11422	23658
舟山市	Zhoushan City	5508	4599	2027	1516	101050	19671	81379
台州市	Taizhou City	21548	18484	7804	4873	478862	98967	379896
丽水市	Lishui City	10809	9198	4370	2517	41266	3951	37315
安徽省	**Anhui**	**190763**	**157993**	**64483**	**45048**	**721121**	**327467**	**393654**
合肥市	Hefei City	21648	17302	7215	5699	350820	131899	218921
芜湖市	Wuhu City	10223	8298	3734	2798	68205	36503	31702
蚌埠市	Bengbu City	12934	10458	4116	3363	24473	4204	20269
淮南市	Huainan City	12061	9966	4011	3473	3727	1127	2600
马鞍山市	Maanshan City	6587	5573	2325	2086	86139	68721	17418
淮北市	Huaibei City	12025	9740	3658	3455	5831	670	5161
铜陵市	Tongling City	4711	3811	1591	1428	75211	60633	14578
安庆市	Anqing City	16056	13478	5578	3988	22526	7704	14822
黄山市	Huangshan City	6264	5228	2270	1645	7198	2166	5032
滁州市	Chuzhou City	10692	8945	4009	2268	22339	6913	15426
阜阳市	Fuyang City	17283	14652	5730	2826	7880	1563	6317
宿州市	Suzhou City	12896	10758	3706	2562	2602	443	2159
巢湖市	Chaohu City	11084	8991	3614	2477	8515	634	7881
六安市	Liuan City	14020	11719	5306	2609	11799	820	10979
亳州市	Bozhou City	8468	7145	2428	1258	1606	171	1435
池州市	Chizhou City	4822	4207	1841	1130	6648	787	5861
宣城市	Xuancheng City	8989	7722	3351	1983	15602	2509	13093
其他	Others							

3-28 续表 4 continued

地区	Region	卫生机构数 (个) Number of Health Care Institutions	#医院、卫生院 Hospitals, Health Center	#防疫站 Epidemic Prevention Station	#妇幼保健站 Maternity and Child Care Centers	进出口总额 (万美元) Imports and Exports (USD 10000)	进口额 Import	出口额 Export
福建省	**Fujian**	**117937**	**100502**	**43586**	**32687**	**4708442**	**1813228**	**2895214**
福州市	Fuzhou City	28546	23986	10298	8764	1389357	522610	866747
厦门市	Xiamen City	11668	9845	4579	3272	2379459	1014298	1365161
莆田市	Putian City	7256	6005	2764	1841	139897	40696	99201
三明市	Sanming City	10169	8942	4159	2827	31262	7248	24014
泉州市	Quanzhou City	18560	15920	6537	4802	365738	109002	256736
漳州市	Zhangzhou City	11742	10194	3876	2771	323829	108784	215045
南平市	Nanping City	10863	9109	3955	3028	30305	8204	22101
龙岩市	Longyan City	9426	8153	3814	2864	21901	1371	20530
宁德市	Ningde City	9707	8348	3604	2518	26694	1015	25679
江西省	**Jiangxi**	**141244**	**118196**	**50084**	**35429**	**353195**	**199539**	**153656**
南昌市	Nanchang City	26696	21344	8668	7549	165946	107503	58443
景德镇市	Jingdezhen City	5659	4610	1709	1710	9952	5743	4209
萍乡市	Pingxiang City	8610	7254	3058	2090	1439	1355	84
九江市	Jiujiang City	14497	12141	5089	3622	18401	8678	9723
新余市	Xinyu City	4326	3755	1590	1272	14391	2271	12120
鹰潭市	Yingtan City	3293	2702	1335	781	55979	11952	44027
赣州市	Ganzhou City	21378	17671	6919	4738	43704	28949	14755
吉安市	Jian City	13075	11216	4857	3189	5679	5255	424
宜春市	Yichun City	15370	13037	5379	3943	10593	5970	4623
抚州市	Fuzhou City	10321	8754	3970	2675	8882	5125	3757
上饶市	Shangrao City	18019	15712	7510	3860	18229	16738	1491
山东省	**Shandong**	**381089**	**323101**	**139177**	**96448**	**6078136**	**2490850**	**3587286**
济南市	Jinan City	42076	34318	14674	11560	304678	167373	137305
青岛市	Qingdao City	39494	32944	13957	10460	2698781	1120615	1578166
淄博市	Zibo City	22530	18946	8752	6010	266420	121363	145057
枣庄市	Zaozhuang City	17207	14719	6257	5246	35371	9836	25535
东营市	Dongying City	11791	10066	4171	3285	105613	45052	60561
烟台市	Yantai City	29262	24466	10573	6619	799391	349886	449505
潍坊市	Weifang City	32540	28564	12359	8850	304369	91657	212712
济宁市	Jining City	32148	27096	11063	8385	144442	61967	82475
泰安市	Taian City	24490	20633	9190	6476	60091	15077	45014
威海市	Weihai City	12180	10527	4862	3183	559453	214514	344939
日照市	Rizhao City	8093	7103	3223	2046	184292	76094	108198
莱芜市	Laiwu City	7297	6110	2549	1866	71870	28392	43478
临沂市	Linyi City	28665	24971	10967	6795	158226	45354	112872
德州市	Dezhou City	17442	15351	6864	3307	59144	13671	45473
聊城市	Liaocheng City	17558	15002	5979	3910	52398	16007	36391
滨州市	Binzhou City	12965	11244	4840	3408	190527	100135	90392
菏泽市	Heze City	25351	21041	8897	5042	83070	13857	69213
河南省	**Henan**	**356925**	**284231**	**109367**	**74739**	**661346**	**243736**	**417610**
郑州市	Zhengzhou City	44620	35666	14350	12009	171671	63736	107935
开封市	Kaifeng City	18708	14594	5640	4355	7453	1889	5564
洛阳市	Luoyang City	28056	21745	8340	6243	75083	16147	58936
平顶山市	Pingdingshan City	19485	15676	5835	4430	29854	17388	12466
安阳市	Anyang City	18897	15082	6434	3888	62639	30559	32080

3-28 续表 5 continued

地 区	Region	卫生机构数 (个) Number of Health Care Institutions	#医院、卫生院 Hospitals, Health Center	#防疫站 Epidemic Prevention Station	#妇幼保健站 Maternity and Child Care Centers	进出口总额 (万美元) Imports and Exports (USD 10000)	进口额 Import	出口额 Export
鹤壁市	Hebi City	6930	5246	1989	1485	7431	456	6975
新乡市	Xinxiang City	26042	20921	7709	5742	38769	12274	26495
焦作市	Jiaozuo City	18087	14477	5433	3741	78133	32669	45464
濮阳市	Puyang City	12470	9935	3810	2763	12517	2471	10046
许昌市	Xuchang City	15327	11530	4670	2554	36879	5655	31223
漯河市	Luohe City	9568	7435	2819	1801	19735	9620	10114
三门峡市	Sanmenxia City	9778	8059	3218	2070	15619	3516	12104
南阳市	Nanyang City	32968	26314	9096	6357	26775	10394	16382
商丘市	Shangqiu City	25836	20759	7096	4875	6135	647	5487
信阳市	Xinyang City	18267	14673	6187	3296	5039	2358	2681
周口市	Zhoukou City	26842	22155	8945	4618	21222	13884	7338
驻马店市	Zhumadian City	22341	17925	6845	4032	5372	821	4551
其他	Others	2703	2039	951	480	41019	19251	21768
湖北省	**Hubei**	**260600**	**213800**	**89900**	**66200**	**677151**	**338764**	**338386**
武汉市	Wuhan City	61363	48745	19634	17850	429848	236707	193141
黄石市	Huangshi City	14012	11642	4363	3980	57235	34885	22350
十堰市	Shiyan City	17397	13765	4841	4237	11137	6630	4507
宜昌市	Yichang City	20473	17285	7817	5560	42473	16754	25719
襄樊市	Xiangfan City	23903	19990	6135	6279	23260	12942	10318
鄂州市	Ezhou City	4994	3892	1645	1324	11851	6201	5650
荆门市	Jingmen City	11895	9841	3382	2851	11818	2755	9063
孝感市	Xiaogan City	17790	14464	4543	3871	12089	5667	6422
荆州市	Jingzhou City	22085	14906	7053	5037	25892	7140	18752
黄冈市	Huanggang City	20891	17429	7796	4421	18102	5062	13040
咸宁市	Xianning City	11819	9269	4635	2374	5133	1053	4080
随州市	Suizhou City	8197	6842	3025	2889	9902	597	9305
恩施土家族苗族自治州	Enshi Tujia & Miao A.P	11780	10079	3616	1045	2424	188	2236
其他	Others	13914	10840	4362	2968	16396	1802	14593
湖南省	**Hunan**	**229525**	**188890**	**79882**	**53874**	**543774**	**233996**	**309778**
长沙市	Changsha City	33200	25405	10195	8967	245422	108769	136653
株洲市	Zhuzhou City	14197	11583	4717	3830	59002	10566	48436
湘潭市	Xiangtan City	11505	9291	3856	2805	67468	25032	42436
衡阳市	Hengyang City	27115	21891	9445	6025	24328	10634	13694
邵阳市	Shaoyang City	18667	15304	6031	4009	5174	493	4681
岳阳市	Yueyang City	16068	14102	5636	3360	29919	25656	4263
常德市	Changde City	19091	15508	6871	4164	14822	5175	9647
张家界市	Zhangjiajie City	5122	4351	2054	1182	427	19	408
益阳市	Yiyang City	14702	12590	5561	3184	12959	8096	4863
郴州市	Chenzhou City	15979	13546	6079	4174	34585	24805	9780
永州市	Yongzhou City	15979	13522	5800	3845	16702	1236	15466
怀化市	Huaihua City	16340	13732	5586	3759	14530	13360	1170
娄底市	Loudi City	13000	10917	5010	2634	3427	56	3371
湘西土家族苗族自治州	West Hunan Tujia A.P	8560	7148	3041	1936	15009	98	14911
其他	Others							
广东省	**Guangdong**	**348203**	**283351**	**113266**	**92287**	**35712900**	**16556000**	**19156900**
广州市	Guangzhou City	74406	59887	24486	21927	4478800	2331400	2147400

3-28 续表 6 continued

地 区	Region	卫生机构数 (个) Number of Health Care Institutions	#医院、卫生院 Hospitals, Health Center	#防疫站 Epidemic Prevention Station	#妇幼保健站 Maternity and Child Care Centers	进出口总额 (万美元) Imports and Exports (USD 10000)	进口额 Import	出口额 Export
韶关市	Shaoguan City	13905	11267	4286	4151	84200	53600	30600
深圳市	Shenzhen City	28649	22938	10386	7975	14727600	6943300	7784300
珠海市	Zhuhai City	8425	7181	2905	2275	2180100	1276200	903900
汕头市	Shantou City	15732	12717	4891	3699	417800	163300	254500
佛山市	Foshan City	23792	20176	8467	6940	2169000	785600	1383400
江门市	Jiangmen City	17094	14218	5484	4527	784600	276900	507700
湛江市	Zhanjiang City	21792	17179	6471	5419	184300	90100	94200
茂名市	Maoming City	15169	12649	4532	3714	100400	36600	63800
肇庆市	Zhaoqing City	14971	11841	4242	4031	190300	66300	124000
惠州市	Huizhou City	14035	11289	4214	3620	1663500	789600	873900
梅州市	Meizhou City	17256	14204	5921	4000	35900	11000	24900
汕尾市	Shanwei City	7678	5882	2499	1800	83900	43400	40500
河源市	Heyuan City	9222	7829	2947	1623	34500	14800	19700
阳江市	Yangjiang City	7751	6239	2245	1691	107000	23000	84000
清远市	Qingyuan City	10851	9010	3328	3025	119300	66600	52700
东莞市	Dongguan City	13126	11121	4407	3998	6451200	2932100	3519100
中山市	ZhongShan City	8612	7311	2975	2536	1563600	563000	1000600
潮州市	Chaozhou City	7535	6111	2849	1500	153500	35600	117900
揭阳市	Jieyang City	11449	8932	3801	2009	123200	28400	94800
云浮市	Yunfu City	6753	5370	1930	1827	60200	25200	35000
广西壮族自治区	**Guangxi**		**125503**	**53415**	**43296**	**428847**	**189293**	**239554**
南宁市	Nanning City	30192	23934	10049	8317	63661	11204	52457
柳州市	Liuzhou City	18925	15403	5819	5097	8504	5722	2782
桂林市	Guilin City	17768	13917	5571	5413	35429	11473	23956
梧州市	Wuzhou City	9405	7573	2936	3092	37304	11580	25724
北海市	Beihai City	6493	5143	2180	1831	15073	4417	10656
防城港市	Fangchenggang City	1885	1514	748	568	73486	65128	8358
钦州市	Qinzhou City	7396	6160	2488	1934	9431	4213	5218
贵港市	Guigang City	7971	6313	2467	2092	6301	1176	5125
玉林市	Yulin City	20604	18832	4667	3885	30143	8721	21422
百色市	Baise City	9290	7603	3523	2588	17110	12334	4775
贺州市	Hezhou City	4594	3817	1586	1329	11259	1850	9409
河池市	Hechi City	9352	7572	3568	2587	10369	4532	5837
来宾市	Laibin City	5482	4420	1991	1606	17815	7802	10013
崇左市	Chongzuo City	5404	4166	1872	1446	32628	4623	28005
海南省	**Hainan**	**36835**	**26104**	**12111**	**10511**	**340168**	**230916**	**109252**
海口市	Haikou City	10685	8434	3214	3237	150645	116369	34276
三亚市	Sanya City	2960	2267	901	831	22146	2355	19791
其他	Others	23190	15403	7996	6443	167377	112192	55185
重庆市	**Chongqing**	**93485**	**77516**	**36603**	**20249**	**385735**	**176616**	**209119**
万州区	Wanzhou District	5841	4737	2540	1282	2656	43	2614
涪陵区	Fuling District	3664	3015	1463	617	11972	6169	5803
渝中区	Yuzhong District	9845	7728	3348	2733	54075	38743	15331
大渡口区	Dadukou District	1282	1155	522	367	27603	19809	7794
江北区	Jiangbei District	4251	3528	1454	1260	64075	20777	43298
沙坪坝区	Shapingba District	3775	3086	1394	948	29063	2385	26678

3-28 续表 7 continued

地 区	Region	卫生机构数 (个) Number of Health Care Institutions	#医院、卫生院 Hospitals, Health Center	#防疫站 Epidemic Prevention Station	#妇幼保健站 Maternity and Child Care Centers	进出口总额 (万美元) Imports and Exports (USD 10000)	进口额 Import	出口额 Export
九龙坡区	Jiulongpo District	4734	3995	1900	1271	43420	11300	32120
南岸区	Nanan District	3245	2572	1251	781	64006	54259	9747
北碚区	Beibei District	2550	2081	1005	577	6843	2461	4382
万盛区	Wansheng District	1343	1037	389	373	121	100	20
双桥区	Shuangqiao District	183	154	64	50			
渝北区	Yubei District	1978	1635	730	367	17679	3666	14013
巴南区	Banan District	3100	2527	1155	850	28452	14026	14426
黔江区	Qianjiang District	1262	1073	428	206	6	6	
长寿区	Changshou District	2263	1878	882	499	3505	151	3354
其他	Others	44169	37315	18078	8068	32259	2718	29541
四川省	**Sichuan**	**281848**	**236035**	**113096**	**60871**	**687162**	**288791**	**398371**
成都市	Chengdu City	71617	58330	26013	17897	336815	149693	187122
自贡市	Zigong City	10691	8457	3912	2577	23395	12719	10676
攀枝花市	Panzhihua City	8475	6996	3293	2221	33663	15872	17791
泸州市	Luzhou City	11340	9424	4408	2141	7383	1918	5465
德阳市	Deyang City	12623	10856	5532	2784	36010	20025	15985
绵阳市	Mianyang City	15538	13482	6082	3495	92693	40265	52428
广元市	Guangyuan City	10867	9110	3989	2340	10656	1648	9008
遂宁市	Suining City	7546	6634	3158	1782	8374	1164	7210
内江市	Neijiang City	11837	9871	4975	2554	25223	11696	13527
乐山市	Leshan City	12472	10527	5356	2746	42245	14312	27933
南充市	Nanchong City	16813	13276	6016	3046	5240	54	5186
眉山市	Meishan City	8964	7646	3810	1507	21053	9383	11670
宜宾市	Yibin City	12134	10408	5198	2683	30292	8464	21828
广安市	Guangan City	8332	6909	3019	1326	1850	494	1356
达州市	Dazhou City	17363	14895	7254	3128	911		911
雅安市	Yaan City	6230	5394	2905	1267	1629	207	1422
巴中市	Bazhong City	8555	7492	4231	1144	372		372
资阳市	Ziyang City	10165	8608	4224	1940	6209	552	5657
阿坝藏族羌族自治州	Aba Zang & Qiang A.P	3982	3494	2150	809	676	301	375
甘孜藏族自治州	Ganzi Zang A.P	4262	3823	2145	724	116		116
凉山彝族自治州	Liangshan Yi A.P	12042	10403	5426	2760	2357	24	2333
贵州省	**Guizhou**	**90174**	**76699**	**36911**	**21844**	**151442**	**64734**	**86709**
贵阳市	Guiyang City	18499	12405	5131	4600	120519	45424	75094
六盘水市	Liupanshui City	6915	5501	2367	1805	16396	16315	81
遵义市	Zunyi City	12805	10721	4944	2888	4776	1519	3257
安顺市	Anshun City	5557	4818	1646	1240	713	64	648
铜仁地区	Tongren Prefecture	6391	5294	2744	1293	3172		3172
黔西南布依族苗族自治州	Southwest Guizhou Buyi & Miao A.P	5554	4180	1867	667			
毕节地区	Bijie Prefecture	7179	6125	3372	1383	433	103	330
黔东南苗族侗族自治州	Southeast Guizhou Miao & Dong A.P	8387	7253	3883	1976	778	124	654
黔南布依族苗族自治州	South Guizhou Buyi & Miao A.P	7964	5982	2959	1746	4655	1183	3472
云南省	**Yunnan**	**136697**	**113871**	**53248**	**36540**	**374776**	**150894**	**223882**
昆明市	Kunming City	37954	31092	13947	11212	261500	123100	138400
曲靖市	Qujing City	12051	10250	4690	2884			
玉溪市	Yuxi City	9563	8014	3574	2325			

3-28 续表 8 continued

地 区	Region	卫生机构数 (个) Number of Health Care Institutions	#医院、卫生院 Hospitals, Health Center	#防疫站 Epidemic Prevention Station	#妇幼保健站 Maternity and Child Care Centers	进出口总额 (万美元) Imports and Exports (USD 10000)	进口额 Import	出口额 Export
保山市	Baoshan City	5769	4851	2405	1451			
昭通市	Zhaotong City	6245	5089	2678	1558			
丽江市	Lijiang City	3613	3114	1312	1067			
思茅市	Simao City	6610	5410	2763	1477			
临沧市	Lincang City	4437	3605	1970	954			
楚雄彝族自治州	Chuxiong Yi A.P	8523	7132	3325	2223			
红河哈尼族彝族自治州	Honghe Hani & Yi A.P	13107	10946	4939	3813			
文山壮族苗族自治州	Wenshan Zhuang & Miao A.P	6376	5393	2581	1728			
西双版纳傣族自治州	Xishuangbanna Dai A.P	4583	3874	1863	1398			
大理白族自治州	Dali Bai A.P	9973	8443	3971	2536			
德宏傣族景颇族自治州	Dehong Dai & Jingpo A.P	4496	3757	1878	1126			
怒江傈僳族自治州	Nujiang Lisu A.P	2007	1741	667	535			
迪庆藏族自治州	Diqing Zang A.P	1390	1160	685	253			
西藏自治区	**Tibet**	**10260**	**8569**	**4356**	**1849**	**22355**	**9346**	**13009**
拉萨市	Lhasa City	3129	2445	1064	718			
昌都地区	Qamdu Prefecture	1256	1081	563	267			
山南地区	Lhokha Prefecture	1120	972	613	185			
日喀则地区	Xigaze Prefecture	1978	1688	782	324			
那曲地区	Narqu Prefecture	1332	1129	492	165			
阿里地区	Ngri Prefecture	494	446	290	55			
林芝地区	Nyingchi Prefecture	951	808	552	135			
其他	Others							
陕西省	**Shaanxi**	**163850**	**134591**	**59683**	**37476**	**364238**	**124581**	**239658**
西安市	Xian City	51126	40289	16749	13433	309258	105756	203502
铜川市	Tongchuan City	4963	4102	1742	1332	2465	321	2144
宝鸡市	Baoji City	18080	15049	6569	4099	10686	5840	4846
咸阳市	Xianyang City	19827	16626	7499	4831	25487	8966	16521
渭南市	Weinan City	16516	13765	6189	3548	6024	2164	3859
延安市	Yanan City	9826	7955	3665	2029	539	14	526
汉中市	Hanzhong City	16034	13630	5417	3128	1745	78	1667
榆林市	Yulin City	10775	8927	4650	1951	1114		1114
安康市	Ankang City	8779	7629	3968	1855	189		189
商洛市	Shangluo City	7450	6208	3010	1164	109		109
其他	Others	474	411	225	106	6623	1442	5181
甘肃省	**Gansu**	**96423**	**81932**	**29415**	**20054**	**176314**	**76676**	**99638**
兰州市	Lanzhou City	24630	20126	6703	5876	67982	13598	54384
嘉峪关市	Jiayuguan City	1482	1378	437	369	19002	8638	10364
金昌市	Jinchang City	2683	2349	726	687	56387	43856	12531
白银市	Baiyin City	6706	5602	2106	1577	17149	8894	8255
天水市	Tianshui City	8418	7083	2769	1697	4190	878	3312
武威市	Wuwei City	5851	4838	1889	1141	611		611
张掖市	Zhangye City	4891	4126	1516	1040	936		936
平凉市	Pingliang City	7225	5869	2095	1325	386		386
酒泉市	Jiuquan City	4626	4081	1354	1259	1688	590	1098
庆阳市	Qingyang City	7171	6290	2185	1206	4130	30	4100
定西市	Dingxi City	6734	5936	2199	1325	117		117

3-28 续表 9 continued

地 区	Region	卫生机构数 (个) Number of Health Care Institutions	#医院、卫生院 Hospitals, Health Center	#防疫站 Epidemic Prevention Station	#妇幼保健站 Maternity and Child Care Centers	进出口总额 (万美元) Imports and Exports (USD 10000)	进口额 Import	出口额 Export
陇南市	Longnan City	7419	6865	2397	1115	1335	178	1157
临夏回族自治州	Linxia Hui A.P	5828	4871	1734	975	614		614
甘南藏族自治州	Gannan Zang A.P	2759	2518	1305	462	1787	14	1773
青海省	**Qinghai**		**20002**	**7767**	**5754**	**57551**	**12075**	**45476**
西宁市	Xining City		9033	3339	3391			
海东地区	Haidong Prefecture		2066	1080	455			
海北藏族自治州	Haibei Zang A.P		987	495	245			
海南藏族自治州	Hainan Zang A.P		1175	576	400			
黄南藏族自治州	Huangnan Zang AP		869	395	234			
果洛藏族自治州	Golog Zang A.P		715	344	248			
玉树藏族自治州	Yushu Zang A.P		1233	1061	172			
海西蒙古族藏族自治州	Haixi Mongolian & Zang A.P		1853	821	609			
宁夏回族自治区	**Ningxia**	**27335**	**22897**	**10698**	**7100**	**90839**	**26195**	**64644**
银川市	Yinchuan City	12069	9960	4395	3541			
石嘴山市	Shizuishan City	4530	3813	1752	1283			
吴忠市	Wuzhong City	4248	3579	1500	925			
固原市	Guyuan City	3658	3134	1775	778			
中卫市	Zhongwei City	2830	2411	1276	573			
新疆维吾尔自治区	**Xinjiang**					**563563**	**304658**	**258905**
乌鲁木齐市	Urumqi City					165261	91704	73557
克拉玛依市	Karamay City					6508	2538	3970
石河子市	Shihezi City					14898	8863	6035
吐鲁番地区	Turpan Prefecture					539	234	305
哈密地区	Hami Prefecture					2882	1678	1204
昌吉回族自治州	Changji Hui A.P					31057	23947	7110
博尔塔拉蒙古自治州	Bortala Mongolian A.P					169050	42162	126888
巴音郭楞蒙古自治州	Bayingolin Mongolian A.P					4105	2448	1657
阿克苏地区	Aksu Prefecture					491	191	300
克孜勒苏柯尔克孜自治州	Kizilsu Kirgiz A.P					5653	1856	3797
喀什地区	Kashi Prefecture					6537	4961	1576
和田地区	Hotan Prefecture							
伊犁哈萨克自治州	Ili Kazak A.P					96443	80952	15491
塔城地区	Tacheng Prefecture					46942	32727	14215
阿勒泰地区	Altay Prefecture					13197	10397	2800
阿拉尔市	Alar City							
图木舒克市	Tumxuk City							
五家渠市	Wujiaqu City							
兵团	Corps							

Chapter 4

第四章

县级统计资料

Statistics of County

4-1 全国百强县（市）社会经济综合发展指数测评结果（2004年）

General Index of Social and Economic Development of National Hundred Best County (2004)

位次 No.	省名	Province	县（区、市）名	County, District or City	综合指数 Index
1	江苏省	Jiangsu Province	昆山市	Kunshan City	113.304
2	广东省	Guangdong Province	佛山市顺德区	Shunde District, Foshan City	111.644
3	江苏省	Jiangsu Province	江阴市	Jiangyin City	108.387
4	江苏省	Jiangsu Province	张家港市	Zhangjiagang City	107.845
5	江苏省	Jiangsu Province	常熟市	Changshu City	104.955
6	广东省	Guangdong Province	佛山市南海区	Nanhai District, Foshan City	104.029
7	浙江省	Zhejiang Province	杭州市萧山区	Xiaoshan District, Hangzhou City	93.904
8	江苏省	Jiangsu Province	常州市武进区	Wujin District, Changzhou City	90.601
9	浙江省	Zhejiang Province	绍兴县	Shaoxing County	88.667
10	江苏省	Jiangsu Province	太仓市	Taicang City	88.486
11	江苏省	Jiangsu Province	吴江市	Wujiang City	87.791
12	浙江省	Zhejiang Province	宁波市鄞州区	Yinzhou District, Ningbo City	83.975
13	福建省	Fujian Province	晋江市	Jinjiang City	83.144
14	山东省	Shandong Province	荣成市	Rongcheng City	82.497
15	浙江省	Zhejiang Province	义乌市	Yiwu City	80.769
16	浙江省	Zhejiang Province	杭州市余杭区	Yuhang District, Hangzhou City	79.571
17	浙江省	Zhejiang Province	慈溪市	Cixi City	78.579
18	山东省	Shandong Province	文登市	Wendeng City	77.704
19	浙江省	Zhejiang Province	海宁市	Haining City	76.020
20	浙江省	Zhejiang Province	余姚市	Yuyao City	75.847
21	山东省	Shandong Province	龙口市	Longkou City	75.465
22	江苏省	Jiangsu Province	宜兴市	Yixing City	74.641
23	浙江省	Zhejiang Province	桐乡市	Tongxiang City	73.827
24	福建省	Fujian Province	石狮市	Shishi City	73.676
25	广东省	Guangdong Province	佛山市三水区	Shunde District, Foshan City	72.346
26	浙江省	Zhejiang Province	嘉善县	Jiashan County	72.267
27	浙江省	Zhejiang Province	诸暨市	Zhuji City	72.208
28	浙江省	Zhejiang Province	平湖市	Pinghu City	71.731
29	浙江省	Zhejiang Province	富阳市	Fuyang City	71.389
30	浙江省	Zhejiang Province	海盐县	Haiyan County	70.539
31	浙江省	Zhejiang Province	玉环县	Yuhuan County	70.106
32	浙江省	Zhejiang Province	温岭市	Wenling City	69.111
33	山东省	Shandong Province	胶州市	Jiaozhou City	68.361
34	山东省	Shandong Province	胶南市	Jiaonan City	68.351
35	浙江省	Zhejiang Province	乐清市	Leqing City	68.287
36	浙江省	Zhejiang Province	德清县	Deqing County	67.519
37	江苏省	Jiangsu Province	扬中市	Yangzhong City	67.440
38	广东省	Guangdong Province	增城市	Zengcheng City	67.060
39	浙江省	Zhejiang Province	瑞安市	Ruian City	66.490
40	山东省	Shandong Province	蓬莱市	Penglai City	66.486
41	广东省	Guangdong Province	佛山市高明区	Gaoming District, Foshan City	66.475
42	浙江省	Zhejiang Province	上虞市	Shangyu City	66.044
43	山东省	Shandong Province	即墨市	Jimo City	65.815
44	浙江省	Zhejiang Province	永康市	Yongkang City	65.768
45	山东省	Shandong Province	邹城市	Zoucheng City	65.763
46	江苏省	Jiangsu Province	丹阳市	Danyang City	65.633
47	山东省	Shandong Province	章丘市	Zhangqiu City	65.596
48	上海市	Shanghai City	崇明县	Chongming County	65.299
49	山东省	Shandong Province	寿光市	Shouguang City	65.286
50	山东省	Shandong Province	兖州市	Yanzhou City	64.827

4-1 续表 continued

位次 No.	省名	Province	县（区、市）名	County, District or City	综合指数 Index
51	浙江省	Zhejiang Province	长兴县	Changxing County	64.510
52	河北省	Hebei Province	迁安市	Qianan City	64.396
53	福建省	Fujian Province	福清市	Fuqing City	64.248
54	广东省	Guangdong Province	江门市新会区	Xinhui District, Jiangmen City	63.882
55	浙江省	Zhejiang Province	奉化市	Fenghua City	63.737
56	内蒙古自治区	Inner Mogolian	鄂尔多斯市东胜区	Dongsheng District, Erdos City	63.719
57	广东省	Guangdong Province	惠州市惠阳区	Huiyang District, Huizhou City	63.678
58	河南省	Henan Province	巩义市	Gongyi City	63.313
59	山东省	Shandong Province	招远市	Zhaoyuan City	63.041
60	江苏省	Jiangsu Province	金坛市	Jintan City	62.996
61	北京市	Beijing City	密云县	Miyun County	62.765
62	新疆维吾尔自治区	Xinjiang Uygur A.R.	库尔勒市	Kuerle City	61.595
63	浙江省	Zhejiang Province	嵊泗县	Shengsi County	61.117
64	江苏省	Jiangsu Province	溧阳市	Liyang City	60.962
65	浙江省	Zhejiang Province	象山县	Xiangshan County	60.956
66	浙江省	Zhejiang Province	东阳市	Dongyang City	60.882
67	山东省	Shandong Province	莱州市	Laizhou City	60.760
68	四川省	Sichuang Province	成都市温江区	Wenjiang District, Chengdu City	60.683
69	浙江省	Zhejiang Province	新昌县	Xinchang County	60.647
70	河北省	Hebei Province	三河市	Sanhe City	60.526
71	山东省	Shandong Province	桓台县	Huantai County	60.524
72	浙江省	Zhejiang Province	桐庐县	Tonglu County	60.425
73	江苏省	Jiangsu Province	海门市	Haimen City	60.268
74	山东省	Shandong Province	乳山市	Rushan City	60.207
75	浙江省	Zhejiang Province	临安市	Linan City	59.988
76	山东省	Shandong Province	诸城市	Zhucheng City	59.945
77	辽宁省	Liaoning Province	海城市	Haicheng City	59.710
78	广东省	Guangdong Province	珠海市斗门区	Doumen District, Zhujiang City	59.595
79	江苏省	Jiangsu Province	靖江市	Jingjiang City	59.425
80	山东省	Shandong Province	广饶县	Guangrao County	58.980
81	江苏省	Jiangsu Province	南京市六合区	Liuhe District, Nanjing City	58.904
82	浙江省	Zhejiang Province	宁海县	Ninghai County	58.901
83	山西省	Shanxi Province	河津市	Hejing City	58.885
84	江苏省	Jiangsu Province	通州市	Tongzhou City	58.725
85	黑龙江省	Heilongjiang Province	绥芬河市	Suifenhe City	58.617
86	四川省	Sichuan Province	双流县	Shuangliu County	58.255
87	广东省	Guangdong Province	鹤山市	Heshan City	58.194
88	河北省	Hebei Province	武安市	Wuan City	57.870
89	山东省	Shandong Province	邹平县	Zouping County	57.804
90	河北省	Hebei Province	鹿泉市	Luquan City	57.677
91	山东省	Shandong Province	长岛县	Changdao County	57.575
92	新疆维吾尔自治区	Xinjiang Uygur A.R.	石河子市	Shihezi City	57.416
93	广东省	Guangdong Province	开平市	Kaiping City	57.303
94	天津市	Tianjin City	宁河县	Ninghe County	57.213
95	福建省	Fujian Province	惠安县	Huian County	56.829
96	福建省	Fujian Province	长乐市	Changle City	56.666
97	江苏省	Jiangsu Province	高淳县	Gaochun County	56.621
98	天津市	Tianjin City	静海县	Jinghai County	56.511
99	江苏省	Jiangsu Province	仪征市	Yizheng City	56.279
100	山东省	Shandong Province	莱西市	Laixi City	56.113

4-2 县级单位主要统计指标（2004年）

地 区	Region	土地面积 (平方公里) Land Area (sq.km)	年末总人口 (人) Total Population (year-end) (person)	地区生产总值 (万元) Gross Domestic Product (10000 yuan)	第一产业 Primary Industry	第二产业 Secondary Industry	第三产业 Tertiary Industry
河北省	**Hebei Province**						
井陉县	Jingxing County	1381	104856	455701	46316	267179	142206
正定县	Zhengding County	468	122998	732169	148913	337620	245636
栾城县	Luancheng County	345	87925	657888	159403	291196	207289
行唐县	Xingtang County	1025	122208	375407	90105	181685	103617
灵寿县	Lingshou County	1066	90677	269403	46419	143405	79579
高邑县	Gaoyi County	222	48284	270940	59210	131240	80490
深泽县	Shenze County	296	72037	240190	50783	107760	81647
赞皇县	Zanhuang County	1210	64903	199662	57717	83961	57984
无极县	Wuji County	524	135034	535859	105314	278083	152462
平山县	Pingshan County	2648	131094	569920	122911	282082	164927
元氏县	Yuanshi County	668	91793	512148	98818	251709	161621
赵县	Zhao County	675	146838	581234	149298	244968	186968
辛集市	Xinji City	951	185671	1087222	235332	481192	370698
藁城市	Gaocheng City	836	201581	1395609	303016	616270	476323
晋州市	Jicheng City	619	135428	762933	126456	364021	272456
新乐市	Xinle City	525	119501	716096	151809	348280	216007
鹿泉市	Luquan City	603	111584	1119564	116762	675056	327746
滦县	Luan County	1028	153393	778879	138463	393503	246913
滦南县	Luannan County	1270	171391	1129898	249118	552895	327885
乐亭县	Leting County	1308	159310	988776	381053	310643	297080
迁西县	Qianxi County	1439	110074	918512	76751	625490	216271
玉田县	Yutian County	1165	193655	1065093	264028	438435	362630
唐海县	Tanghai County	732	46525	241270	94331	72385	74554
遵化市	Zunhua City	1521	214539	1678801	172535	890997	615269
迁安市	Qianan City	1208	204119	1788068	156445	1020439	611184
青龙满族自治县	Qinglong Man A.C.	3510	151463	251826	63924	119485	68417
昌黎县	Changli County	1212	186949	555738	152974	240567	162197
抚宁县	Funing County	1618	167216	527334	131254	276394	119686
卢龙县	Lulong County	961	134039	360335	79021	159875	121439
邯郸县	Handan County	522	99439	648303	59005	395927	193371
临漳县	Linzhang County	744	151953	316644	121994	103548	91102
成安县	Chengan County	482	96913	293109	112239	102393	78477
大名县	Daming County	1053	179027	401299	126938	128843	145518
涉县	She County	1509	133705	628132	29765	508105	90262
磁县	Zi County	1015	159067	664810	72437	402876	189497
肥乡县	Feixiang County	502	80061	225887	81134	67645	77108
永年县	Yongnian County	891	213748	733777	200826	325827	207124
邱县	Qiu County	448	52526	210530	64036	87821	58673

Main Indicators of Regions at County Level (2004)

城镇就业人员 (人) Urban Employed Persons (person)	城镇职工平均工资 (元) Average Wages in Urban (yuan)	乡村就业人员 (人) Rural Laborer (person)	#农林牧渔业 Agriculture	地方财政收入 (万元) Revenue of Local Governments (10000 yuan)	地方财政支出 (万元) Expenditures of Local Governments (10000 yuan)	固定资产投资 (万元) Investment in Fixed Assets (10000 yuan)	社会消费品零售总额 (万元) Total Retail Sales (10000 yuan)	常用耕地面积 (公顷) Area of Caltivated Land (hectare)
21072	9791	143425	73127	14502	24641	188475	82441	22691
23543	9373	218766	74363	14682	29610	312636	239976	27303
15785	8975	162832	92994	10128	21939	264912	157527	26539
15449	10807	185240	97764	6662	19867	168167	125915	35672
12297	10430	132117	87090	5377	20875	143219	83260	22118
11277	12077	88143	47455	6218	12482	117333	72270	16845
7301	9959	124128	64912	5606	13042	79140	89153	19642
14830	17197	111063	53319	4111	16163	115653	84217	15943
16996	11935	247510	119859	9404	21318	139862	247210	35303
17618	9670	201720	140144	11962	34511	249174	103101	30186
15587	11139	185590	127900	9344	20977	226839	117019	36787
19009	10964	274410	128948	9634	23692	216376	237994	50837
29308	10266	299716	108127	13420	35811	301162	556260	69521
27757	10154	388300	91746	28794	50852	382984	368906	54700
23483	12036	259133	113884	11289	24498	272680	232478	40582
17162	8548	181740	54350	12569	24805	309874	218860	28006
26425	9342	157792	80947	21205	37074	332957	261555	26809
21338	8920	273895	162016	14367	32054	325061	245108	52654
27261	8805	279529	208351	19003	43888	245684	269887	67632
21563	9121	257807	143208	21133	40012	275600	258709	63233
21297	8408	162050	92082	30946	60293	218453	127952	14885
23776	9274	307793	131867	18933	45177	265255	209178	69376
42050	29905	66466	45811	5610	15969	57609	53400	23866
26986	8760	296418	152667	38198	71654	400260	328000	50985
40646	8836	268935	87173	71700	105866	556232	356111	44674
16516	9648	239097	186729	10362	31534	79842	62036	20030
22016	8896	270974	174069	10575	30512	114080	182065	61876
30953	9474	237036	171213	15720	34580	182482	135621	34613
16087	10871	223108	163607	5393	20689	76209	85733	39968
15136	8878	155300	91389	15842	28899	247300	58581	32630
13981	11674	253509	172400	3704	18384	99052	88796	49868
15312	11973	180359	89966	3507	14187	123864	78307	37060
17242	10799	305800	260219	3076	22168	112310	99823	76114
20839	9396	176922	78991	17182	37335	232852	135945	14135
25931	10072	293411	150788	13808	33087	201767	177358	48687
8922	10203	147426	116686	2353	12614	70058	38727	38754
26008	11008	399784	200175	14220	34224	241202	245026	63922
10450	12923	94043	51108	2239	10813	54363	50541	33286

4-2 续表 1

地区	Region	土地面积 (平方公里) Land Area (sq.km)	年末总人口 (人) Total Population (year-end) (person)	地区生产总值 (万元) Gross Domestic Product (10000 yuan)	第一产业 Primary Industry	第二产业 Secondary Industry	第三产业 Tertiary Industry
鸡泽县	Jize County	336	58675	207876	49361	101525	56990
广平县	Guangping County	320	58431	208000	39489	112158	56353
馆陶县	Guantao County	454	74314	224667	84596	81733	58338
魏县	Wei County	862	184324	435426	110512	128204	196710
曲周县	Quzhou County	667	88294	283970	97769	111846	74355
武安市	Wuan City	1850	214857	1752016	70024	1286378	395614
邢台县	Xingtai County	1948	129285	501441	55844	329553	116044
临城县	Lincheng County	797	49453	168437	24874	96239	47324
内丘县	Neiqiu County	788	67654	333968	32545	207421	94002
柏乡县	Baixiang County	268	53356	168395	45737	88319	34339
隆尧县	Longrao County	749	125962	518243	113033	263813	141397
任县	Ren County	431	78586	154551	42039	58479	54033
南和县	Nanhe County	418	78076	159201	58044	59732	41425
宁晋县	Ningjin County	1029	179989	610073	117216	345065	147792
巨鹿县	Julu County	623	93382	238360	50355	129284	58721
新河县	Xinhe County	366	46501	89642	24803	41550	23289
广宗县	Guangzong County	503	67117	122436	43614	47100	31722
平乡县	Pingxiang County	406	64069	170262	30001	92477	47784
威县	Wei County	994	139790	217506	119583	42641	55282
清河县	Qinghe County	502	94801	653067	35572	467542	149953
临西县	Linxi County	542	95258	280846	64785	117659	98402
南宫市	Nangong City	854	122241	333082	79540	171491	82051
沙河市	Shahe City	999	131750	716624	45013	493974	177637
满城县	Mancheng County	650	104955	402257	82996	215575	103686
清苑县	Qingyuan County	867	163935	403670	113800	177519	112351
涞水县	Laishui County	1652	96955	146592	40174	43609	62809
阜平县	Fuping County	2495	71980	106207	21966	40376	43865
徐水县	Xushui County	723	153198	601551	116141	294993	190417
定兴县	Dingxing County	714	144588	503012	110685	218240	174087
唐县	Tang County	1417	142034	210599	66772	85934	57893
高阳县	Gaoyang County	472	84506	349719	37508	232152	80059
容城县	Rongcheng County	314	63723	256081	50821	158754	46506
涞源县	Laiyuan County	2448	88136	179127	14318	108648	56161
望都县	Wangdu County	370	71229	161504	56368	72490	32646
安新县	Anxin County	724	119772	335010	43789	187454	103767
易县	Yi County	2534	156779	311911	94146	117005	100760
曲阳县	Quyang County	1084	141055	277037	49923	130874	96240
蠡县	Xin County	649	127049	637126	65246	402753	169127
顺平县	Shunping County	708	85694	135679	46860	48952	39867

continued

城镇就业人员 (人) Urban Employed Persons (person)	城镇职工平均工资 (元) Average Wages in Urban (yuan)	乡村就业人员 (人) Rural Laborer (person)	#农林牧渔业 Agriculture	地方财政收入 (万元) Revenue of Local Governments (10000 yuan)	地方财政支出 (万元) Expenditures of Local Governments (10000 yuan)	固定资产投资 (万元) Investment in Fixed Assets (10000 yuan)	社会消费品零售总额 (万元) Total Retail Sales (10000 yuan)	常用耕地面积 (公顷) Area of Caltivated Land (hectare)
7588	11023	104565	54630	1608	10506	114090	38678	26141
9329	11188	106203	66914	3151	12062	101292	46301	23132
8412	11451	145743	83592	2629	12819	92139	66325	30424
15892	10988	331975	257324	5425	26008	118889	110601	61456
10704	10682	167586	93686	2968	14907	104763	122057	51113
30314	8063	332205	114609	41834	75740	354655	313331	50660
15758	8654	204831	113877	10713	31930	170866	121106	34567
6361	10803	83676	59495	2548	13259	94106	50100	18686
10471	10863	111215	79533	5713	15883	187628	56380	23984
6848	10085	82790	46134	2291	8815	61035	34689	19490
14179	10662	197561	76400	7909	18358	226982	90091	53866
7725	11923	127675	63249	2033	10456	60300	61863	31912
6453	9620	143269	98042	1938	10624	60340	55032	29960
20226	10280	317631	185834	12572	31612	248479	159456	65810
8785	10733	185447	122209	3332	15052	126198	71140	42484
4663	10561	68403	46020	1579	9580	46792	14156	22238
6181	10998	127885	88301	1736	11551	44497	35203	35072
9155	12047	119154	73711	2379	11388	78430	49442	28360
11190	10592	249219	163959	4146	18133	120424	67356	68820
13680	10139	99828	29096	6156	23064	180286	144410	33752
9376	11976	135100	82136	3340	12768	109000	81000	39456
14644	11619	149391	98704	4289	18470	125008	97100	59744
23186	10018	184127	85733	12880	34225	258828	142554	27516
17586	10097	193530	122169	7808	22056	164749	100073	25472
20408	9440	330667	205380	9529	26498	198002	130647	56393
15114	11092	172967	139009	3888	17157	77314	76759	22507
9353	11026	79633	60002	3386	16376	91400	28279	8377
19542	8443	285416	181018	10622	25009	221734	170604	45278
22534	10993	278063	177900	8560	23505	176461	106566	48410
16900	10517	258975	177602	5406	22734	87786	71492	27679
10931	8468	154602	76219	6311	16656	116031	96815	33565
8924	10025	125102	51738	5323	13761	117494	76210	21347
11728	9981	121862	89884	7982	22714	109461	32595	18763
17195	11377	127067	90876	3062	13153	93665	41380	21701
11407	10130	222947	152365	6374	17356	121240	95601	32579
15706	10564	257537	183873	6832	26056	166673	90734	37082
15832	11901	245256	165077	4683	16568	90643	92461	29576
13197	9570	251822	140757	6371	22211	161326	151327	46502
12656	12752	147466	109694	3259	15239	98038	49558	25195

4-2 续表 2

地 区	Region	土地面积 (平方公里) Land Area (sq.km)	年末总人口 (人) Total Population (year-end) (person)	地区生产总值 (万元) Gross Domestic Product (10000 yuan)	第一产业 Primary Industry	第二产业 Secondary Industry	第三产业 Tertiary Industry
博野县	Boye County	340	65381	139439	49573	43909	45957
雄县	Xiong County	524	90229	322074	43028	184548	94498
涿州市	Zhuozhou City	742	193962	843134	92750	350146	400238
定州市	Dingxing City	1274	309834	1019457	334470	400231	284756
安国市	Anguo City	486	109647	439154	100029	173500	165625
高碑店市	Gaobeidian City	672	164581	750994	76520	450407	224067
宣化县	Xuanhua County	2146	105912	224004	51017	100116	72871
张北县	Zhangbei County	4232	143270	165646	91098	36516	38032
康保县	Kangbao County	3365	99023	100555	47620	21656	31279
沽源县	Guyuan County	3654	75295	75936	36172	16541	23223
尚义县	Shangyi County	2620	68661	59149	29896	10400	18853
蔚县	Wei County	3220	149393	263858	50029	99833	113996
阳原县	Yangyuan County	1849	96521	149991	31972	58214	59805
怀安县	Huaian County	1706	85059	91565	32662	29512	29391
万全县	Wangquan County	1210	76950	93451	22926	43852	26673
怀来县	Huailai County	1801	116167	319913	41472	132266	146175
涿鹿县	Zhuolu County	2704	112622	181618	60422	65348	55848
赤城县	Chicheng County	5287	92782	126650	43602	41019	42029
崇礼县	Chongli County	2324	44285	69972	15465	36118	18389
承德县	Chengde County	3997	150310	286702	74648	128204	83850
兴隆县	Xinglong County	3123	101286	261093	51902	130559	78632
平泉县	Pingquan County	3296	141100	262874	82658	97162	83054
滦平县	Luanping County	3213	105686	238721	51647	103905	83169
隆化县	Longhua County	5475	126948	209041	69564	61596	77881
丰宁满族自治县	Fengning Man A.C.	8765	121873	242349	89369	74097	78883
宽城满族自治县	Kuancheng Man A.C.	1932	70752	332851	35774	227813	69264
围场满族蒙古族自治县	Weichang Man & Mongolia A.C.	9220	155276	223174	75551	65649	81974
沧县	Cang County	1520	173869	861422	127263	452786	281373
青县	Qing County	968	116749	499992	128786	259852	111354
东光县	Dongguang County	710	110610	354533	95732	160472	98329
海兴县	Haixing County	915	62892	110008	30600	48091	31317
盐山县	Yanshan County	795	107845	266515	60653	117186	88676
肃宁县	Suning County	515	91751	363207	93297	137004	132906
南皮县	Nanpi County	790	98502	263828	67118	115121	81589
吴桥县	Wuqiao County	583	89571	254911	86805	85943	82163
献县	Xian County	1173	136900	409627	107002	210627	91998
孟村回族自治县	Mengcun Hui A.C.	387	48968	142824	27061	84338	31425
泊头市	Botao City	1007	162189	577327	105694	289820	181813
任丘市	Renqiu City	1023	187517	1266998	91563	818505	356930

continued

城镇就业人员（人）Urban Employed Persons (person)	城镇职工平均工资（元）Average Wages in Urban (yuan)	乡村就业人员（人）Rural Laborer (person)	#农林牧渔业 Agriculture	地方财政收入（万元）Revenue of Local Governments (10000 yuan)	地方财政支出（万元）Expenditures of Local Governments (10000 yuan)	固定资产投资（万元）Investment in Fixed Assets (10000 yuan)	社会消费品零售总额（万元）Total Retail Sales (10000 yuan)	常用耕地面积（公顷）Area of Caltivated Land (hectare)
7058	9850	138708	68778	2528	9684	63306	25325	21575
10217	9103	188252	116384	5742	14193	160120	136549	31232
44957	5951	239312	159026	20927	35800	403235	317907	46756
36028	10412	620938	399384	27388	54588	522229	296998	76989
14685	10745	158248	83262	9239	20505	206069	147664	32871
37254	8904	256384	152781	16529	29021	380095	193293	44317
16134	8846	143467	98762	5983	19011	63033	66613	47073
12929	9102	185189	143886	3052	24155	76618	51460	113557
9007	9906	137900	111332	1140	15841	40711	43462	95932
9419	9787	110446	89593	1832	16513	45367	40538	89277
8765	10487	98221	74893	1096	12998	40379	24531	56667
22677	9171	173167	122249	6125	22922	71991	74247	77103
17964	13165	111859	79218	3143	17220	47914	82157	46564
13853	11234	106656	75873	3048	17341	37375	29571	33007
9109	10642	99281	65974	1632	14850	46915	51475	25997
18030	10329	143644	102522	7700	22426	106805	89068	25354
20452	11939	143262	110166	3546	20183	49151	78952	24036
11253	10276	112955	83812	4210	18399	37318	48012	28916
9589	9964	55093	40988	1711	9975	36559	24937	16690
18410	8995	227723	155076	6064	30869	126259	108865	31884
16671	8264	145746	99568	5792	25562	112062	107222	6367
20848	8163	221587	110745	3940	29812	125743	104347	39254
10313	8089	155849	95113	6066	30295	38000	81063	21273
15289	9136	220272	167261	3504	27306	94150	80440	38892
16222	9245	172927	93113	4320	35531	124495	70117	65276
15397	8545	101884	69685	12226	34438	91607	59377	8168
18666	9767	228926	178591	3122	32087	109725	98509	54459
25504	9579	346443	120612	15555	31896	149012	146830	85421
18791	8655	177072	105717	6459	21351	130025	91189	55041
16485	10600	154601	99716	4590	20795	105362	50231	47844
10667	11679	96227	69621	2341	14138	28835	27134	28380
13855	10914	195700	135094	4179	22536	79493	82390	43831
12311	8844	180087	83922	5928	20809	117307	71910	37416
13505	9574	143491	112402	4631	23517	82206	54926	44826
14552	10276	146446	106874	3980	16830	72646	51561	37759
16802	9495	256288	198595	5609	24309	103546	75283	70852
9123	9870	79701	52039	2256	14851	56073	49769	20442
29459	9760	224449	105346	8000	28327	166221	155002	54526
24077	6987	273920	67453	42928	57505	308275	292070	55548

4-2 续表 3

地 区	Region	土地面积 (平方公里) Land Area (sq.km)	年末总人口 (人) Total Population (year-end) (person)	地区生产总值 (万元) Gross Domestic Product (10000 yuan)	第一产业 Primary Industry	第二产业 Secondary Industry	第三产业 Tertiary Industry
黄骅市	Huanghua City	1803	121173	689990	70188	416891	202911
河间市	Hejian City	1333	204871	946582	102168	521549	322865
固安县	Guan County	697	110647	414055	133140	151695	129220
永清县	Yongqing County	774	98422	322718	107976	117315	97427
香河县	Xianghe County	458	92612	644947	111178	405298	128471
大城县	Dacheng County	910	122006	399119	68778	198951	131390
文安县	Wenan County	1038	118782	655569	69484	388316	197769
大厂回族自治县	Dachang Hui A.C.	176	36838	225475	42437	119986	63052
霸州市	Bazhou City	784	160760	971202	92088	590252	288862
三河市	Sanhe City	643	147976	1200036	155002	684626	360408
枣强县	Zaoqiang County	903	113778	469508	89651	274277	105580
武邑县	Wuyi County	830	85704	271494	100519	117076	53899
武强县	Wuqiang County	444	58393	198241	45252	108474	44515
饶阳县	Raoyang County	573	76747	292144	134799	102052	55293
安平县	Anping County	495	94286	414584	54613	247254	112717
故城县	Gucheng County	942	132017	402229	147010	127311	127908
景县	Jing County	1188	138873	473008	114587	231997	126424
阜城县	Fucheng County	698	94658	268252	65003	145798	57451
冀州市	Jizhou City	916	118963	500016	81487	289428	129101
深州市	Shenzhou City	1251	154742	587677	145046	271300	171331
山西省	**Shanxi Province**						
清徐县	Qingxu County	609	337096	520460	76764	297107	146589
阳曲县	Yangqu County	2509	145175	110114	19346	64968	25800
娄烦县	Loufan County	1276	113583	56560	3360	38591	14609
古交市	Gujiao City	1584	211873	380329	10657	291069	78603
阳高县	Yanggao County	1668	270443	65427	20433	20218	24776
天镇县	Tianzhen County	1635	210472	50368	17140	10967	22261
广灵县	Guangling County	1283	181456	51371	17855	25387	8129
灵丘县	Lingqiu County	2730	217304	101913	11942	61262	28709
浑源县	Hunyuan County	1966	336787	107712	34873	39958	32881
左云县	Zuoyun County	1314	168368	151453	10074	93179	48200
大同县	Datong County	1503	168379	83218	25703	27545	29970
平定县	Pintgding County	1361	318142	191180	17160	106090	67930
盂县	Meng County	25228	291424	210555	11000	135081	64474
长治县	Changzhi County	483	330760	223750	26075	151787	45888
襄垣县	Xiangyuan County	1160	255122	279386	45237	157874	76275
屯留县	Tunliu County	1142	255045	150304	14138	75578	33288
平顺县	Pingshun County	1550	164281	54326	12293	27695	14338

continued

城镇就业人员（人）Urban Employed Persons (person)	城镇职工平均工资（元）Average Wages in Urban (yuan)	乡村就业人员（人）Rural Laborer (person)	#农林牧渔业 Agriculture	地方财政收入（万元）Revenue of Local Governments (10000 yuan)	地方财政支出（万元）Expenditures of Local Governments (10000 yuan)	固定资产投资（万元）Investment in Fixed Assets (10000 yuan)	社会消费品零售总额（万元）Total Retail Sales (10000 yuan)	常用耕地面积（公顷）Area of Caltivated Land (hectare)
27141	9381	147411	60905	10875	28405	185660	178016	48476
26144	9690	368674	120737	11470	35560	160201	220680	90714
12817	10856	177076	140863	7105	19109	122044	128122	44485
11652	11266	178353	121470	4469	19007	135547	87679	43278
22056	9623	132229	68310	11328	25594	311625	143643	28309
16945	10704	195082	101723	8235	22522	150890	129977	55783
17391	9768	201442	102005	9696	28377	239692	169158	57981
8222	8447	42560	19909	4747	13544	39733	44979	10310
20615	8936	236415	88096	21025	46140	423980	210451	41087
30873	6906	135851	53266	33246	65398	498005	226000	35936
10800	9246	153015	90303	5193	22014	207454	65790	60387
9267	11135	142636	79923	4373	17699	123867	64366	53370
7770	11184	88575	62415	3561	13114	84440	45703	28913
9354	10968	137879	105954	4346	16586	128251	58750	38666
11967	10682	145539	53343	6925	18626	215842	73268	35328
15614	11723	185206	113301	5440	19363	149719	87640	57845
17038	10058	218420	105700	7433	21548	305565	112010	79313
12801	10837	118859	71499	5099	16759	100968	43087	38864
17682	9743	149360	78287	6872	22564	209152	75781	57144
19635	9982	260227	118715	7821	24799	243582	127299	81095
10782	12220	114291	73276	21424	36250	326904	105028	25098
5710	11460	50610	33388	7022	16901	87368	22755	26298
6025	12670	46787	32151	4718	16138	51247	8615	19575
10996	12806	41306	20296	22128	28880	312176	119501	16916
12792	9545	80854	61288	2109	23275	15678	20764	52609
9262	9597	66019	51804	931	18199	9261	11865	35232
10723	9061	53656	40062	1018	15869	14358	21001	29888
12276	10043	79945	56762	3415	20606	25125	42160	35089
14011	9231	128111	87010	2492	17146	13075	49476	42395
13335	12429	41855	25871	6979	25517	46951	77094	41289
10648	9099	44240	30440	1807	16348	17800	39830	33681
18800	12200	113500	48600	9728	25612	114871	80168	221000
22969	11168	113157	72266	13429	26543	38427	75128	26204
14486	11680	145670	65639	10054	21607	32757	30304	23239
16810	11321	83622	53613	11356	23194	97705	61390	39700
11435	9863	95175	60970	5756	19246	58788	30318	34023
7413	9103	66883	49043	10068	15079	23313	15232	11949

4-2 续表 4

地 区	Region	土地面积 (平方公里) Land Area (sq.km)	年末总人口 (人) Total Population (year-end) (person)	地区生产总值 (万元) Gross Domestic Product (10000 yuan)	第一产业 Primary Industry	第二产业 Secondary Industry	第三产业 Tertiary Industry
黎城县	Licheng County	1101	158903	151489	21792	88508	41189
壶关县	Huguan County	1013	290125	165000	16812	96202	51986
长子县	Changzi County	1029	346105	148380	58033	54702	35645
武乡县	Wuxiang County	1610	200208	82785	22587	45105	15093
沁县	Qin County	1297	171117	68290	21403	23687	23200
沁源县	Qinyuan County	2547	157788	178141	9283	126573	42285
潞城市	Lucheng City	613	219158	419978	18770	290992	110216
沁水县	Qinshui County	2655	214276	184427	17589	119423	47415
阳城县	Yangcheng County	1968	411136	460753	24780	321450	114523
陵川县	Lingchuan County	1751	254020	117227	16377	60508	40342
泽州县	Zezhou County	2023	526138	538054	37493	320232	180329
高平市	Gaoping City	946	481684	382783	32974	237328	112481
山阴县	Shanyin City	1651	223914	180800	49127	73393	58280
应县	Ying County	1708	288900	89199	36653	25993	26553
右玉县	Youyu County	1967	108084	50430	15402	15835	19193
怀仁县	Huairen County	1230	295035	340694	33000	173120	134574
榆社县	Yushe County	1650	129019	95719	10192	71288	14239
左权县	Zuoquan County	2028	157428	91612	13240	56846	21526
和顺县	Heshun County	2250	135825	76443	13892	44389	18162
昔阳县	Xiyang County	1944	222230	96172	16553	40338	39281
寿阳县	Shouyang County	2110	211615	133121	42014	49160	41947
太谷县	Taigu County	1034	292496	211340	58810	87324	65206
祁县	Qi County	854	259278	200935	50987	82961	66987
平遥县	Pingyao County	1260	485005	260280	46972	122453	90855
灵石县	Lingshi County	1206	248201	280508	8560	175179	96769
介休市	Jiexiu City	757	379779	533341	16023	390262	127056
临猗县	Linyi County	1339	551691	357500	136500	110200	110800
万荣县	Wanrong County	1082	437071	125088	40208	45669	39211
闻喜县	Wenxi County	1167	391341	465173	27834	368357	68982
稷山县	Jishan County	686	333921	133548	21073	83766	28709
新绛县	Xinjiang County	593	317159	155005	31502	79141	44362
绛县	Jiang County	995	273592	147865	20976	102318	24571
垣曲县	Yuanqu County	1620	225508	117358	13305	70980	33073
夏县	Xia County	1348	352280	83492	25640	29136	28716
平陆县	Pinglu County	1174	248860	63162	15754	26645	20763
芮城县	Ruicheng County	1161	383016	165600	47504	68188	49908
永济市	Yongji City	1221	434443	294389	51412	173551	69426
河津市	Hejing City	593	380762	1031122	19795	800614	210713
定襄县	Dingxiang County	865	216397	119820	18555	63636	37629

continued

城镇就业人员（人）Urban Employed Persons (person)	城镇职工平均工资（元）Average Wages in Urban (yuan)	乡村就业人员（人）Rural Laborer (person)	#农林牧渔业 Agriculture	地方财政收入（万元）Revenue of Local Governments (10000 yuan)	地方财政支出（万元）Expenditures of Local Governments (10000 yuan)	固定资产投资（万元）Investment in Fixed Assets (10000 yuan)	社会消费品零售总额（万元）Total Retail Sales (10000 yuan)	常用耕地面积（公顷）Area of Caltivated Land (hectare)
7838	10616	69088	44846	6701	17420	70308	31773	16590
11288	10191	113410	65446	5195	22379	53462	31582	21754
13964	9857	142236	107182	14530	4860	62892	31194	35384
11235	10506	87525	63112	4931	19241	36654	16164	27691
630	6575	51318	36489	2766	14509	9928	23070	24680
15186	12332	48882	29059	7970	19542	59208	23644	15082
17592	11953	71689	42769	11467	22734	286000	39034	17639
16267	11870	78764	52055	11181	26248	52874	48213	22331
30106	11954	145276	78161	20118	35808	118291	87195	26114
13989	10044	100198	60352	5777	18872	33616	48056	22674
24110	11801	206226	123082	18034	41044	96060	57021	41509
26771	11566	204350	108619	20260	36088	184369	80247	31503
14560	10205	52082	39547	6961	20782	23645	65008	677313
11855	8591	94959	75579	3629	18171	13150	55558	47033
6803	7341	41655	31137	2934	13964	6463	35185	35317
31003	8628	73659	44354	9563	19145	68200	127155	33987
12198	10011	44828	31856	4989	15451	157343	19042	12186
13071	9895	62395	40292	3809	16279	73911	24152	13400
13549	9079	40832	29924	3677	15830	59641	18968	15010
14695	9079	99154	64475	4325	20040	47453	44676	24172
17820	10963	73642	59243	6342	20055	63536	38262	52178
24115	9387	99808	63859	6863	18288	50063	72514	27387
12700	11053	94807	56977	6733	18545	58784	50137	24832
22062	10434	177154	102410	7589	27964	81368	121349	46127
17786	10761	77430	39133	11373	23048	81368	54108	22081
66178	13915	117958	52001	18129	33806	222669	151147	22821
20902	10438	221513	167317	7380	24435	71789	49762	69393
16378	7878	166740	119450	2798	19678	26063	35606	50683
22721	8205	159453	78892	9718	27175	168239	58972	53195
13283	7319	155886	82762	3111	16397	35098	36274	36979
15212	8710	147420	105386	3351	13275	69212	59080	440624
20898	9389	128815	77196	3625	20711	41531	34411	26251
25964	8889	74769	46069	2487	17255	17227	36943	17860
16007	8624	178793	135857	2450	19141	21199	36286	36514
13813	8644	108601	82466	1902	19856	30500	25807	26010
18599	9584	186707	138745	4378	21747	66356	37752	42807
23844	11127	182580	129465	6508	22792	79752	89854	48822
1792	7475	126979	66741	32161	38710	712639	92002	22810
10277	10866	71027	41207	4167	16188	23613	36238	32810

4-2 续表 5

地　区	Region	土地面积 (平方公里) Land Area (sq.km)	年末总人口 (人) Total Population (year-end) (person)	地区生产总值 (万元) Gross Domestic Product (10000 yuan)	第一产业 Primary Industry	第二产业 Secondary Industry	第三产业 Tertiary Industry
五台县	Wutai County	2881	321542	78364	13500	26464	38400
代县	Dai County	1696	209700	78711	15100	43938	19673
繁峙县	Fanshi County	2381	249264	69930	13140	30127	26663
宁武县	Ningwu County	1978	157296	52052	4480	31158	16414
静乐县	Jingle County	2058	160751	45057	10230	20575	14252
神池县	Shenchi County	1472	106533	30733	12242	4556	13935
五寨县	Wuzhai County	1391	111463	32516	12388	7719	12409
岢岚县	Kelan County	1984	83252	33539	12840	7695	13004
河曲县	Hequ County	1328	142527	125254	7365	74933	42956
保德县	Baode County	997	151661	106867	7150	62628	37089
偏关县	Pianguan County	1685	112900	60465	8365	38276	13824
原平市	Pingyuan City	2560	483214	228316	44237	93470	90609
曲沃县	Quwo County	437	228079	265732	35150	180267	50315
翼城县	Yicheng County	1149	313427	283581	20936	203121	59524
襄汾县	Xiangfen County	1028	480915	453318	49741	326260	77317
洪洞县	Hongdong County	1494	725529	548197	54048	356659	137490
古县	Gu County	1191	87001	151598	10351	125264	15983
安泽县	Anze County	1959	78712	63311	15987	33939	13385
浮山县	Fushan County	938	126263	97996	16959	66276	14761
吉县	Ji County	1780	102614	39697	10892	12766	16039
乡宁县	Xiangning County	2025	224079	224162	11437	178430	34295
大宁县	Daning County	963	60966	17304	4122	5889	7293
隰县	Xi County	1413	99600	37493	11972	10315	15206
永和县	Yonghe County	1213	63125	18188	6305	2348	9535
蒲县	Pu County	1509	100674	142934	7010	113319	22605
汾西县	Fenxi County	875	138801	70933	7195	45080	18658
侯马市	Houma City	221	232361	279513	17311	145971	116231
霍州市	Huozhou City	764	283636	283827	15342	202949	65536
文水县	Wenshui County	1064	415521	162178	52099	77582	32497
交城县	Jiaocheng County	1822	211000	123189	11000	82106	30083
兴县	Xing County	3165	272274	41712	12241	21078	8393
临县	Lin County	2979	614000	67675	25719	14045	27911
柳林县	Liulin County	1287	299003	315399	8400	252594	54405
石楼县	Shilou County	1808	104746	15558	7346	2046	6166
岚县	Lan County	1509	172192	41747	4818	25140	11789
方山县	Fangshan County	1434	139007	25929	6646	9352	9931
中阳县	Zhongyan County	1441	137079	154489	4609	129917	19963
交口县	Jiiaokou County	1258	111700	160161	6577	138359	15225
孝义市	Xiaoyi City	946	427032	611255	19573	427589	164093
汾阳市	Fenyang City	1179	403335	321141	37020	170889	113232

continued

城镇就业人员（人）Urban Employed Persons (person)	城镇职工平均工资（元）Average Wages in Urban (yuan)	乡村就业人员（人）Rural Laborer (person)	#农林牧渔业 Agriculture	地方财政收入（万元）Revenue of Local Governments (10000 yuan)	地方财政支出（万元）Expenditures of Local Governments (10000 yuan)	固定资产投资（万元）Investment in Fixed Assets (10000 yuan)	社会消费品零售总额（万元）Total Retail Sales (10000 yuan)	常用耕地面积（公顷）Area of Caltivated Land (hectare)
16584	8736	80522	51871	4276	24302	53655	34787	35060
7888	7823	63924	50734	5056	19004	9010	24843	22412
14157	8176	71513	52724	4562	19641	11834	44631	36328
13598	9496	44157	28640	5654	16000	14455	16419	19101
15080	4430	58140	38820	2409	16396	7775	15507	24000
6988	8907	28145	22698	1967	13080	2577	20735	39060
7024	9538	33390	24315	1698	15028	13794	16800	29517
5330	9443	22027	18037	1252	13267	13126	15604	25230
10867	10391	37853	27186	6208	17977	214526	30380	40114
10807	10209	46347	25520	17025	17593	66533	30955	20541
7619	8613	34620	24068	2500	15077	7490	23000	28909
42378	8635	124346	78291	9745	26359	121135	110569	58634
11531	11855	99861	62368	5242	19904	88465	40505	20713
18257	9867	102853	53725	9149	25750	74914	56643	29171
15042	10359	214173	138555	13521	34385	103956	60714	52446
42135	11329	295133	168033	15694	37515	140555	100189	59370
7677	11990	23008	14989	3628	11907	45435	16600	12130
6492	9339	23111	16145	2381	11423	22045	15777	12068
7374	12040	38550	20872	5323	15338	23185	13601	19716
6078	9662	31225	23243	1015	13664	19197	14333	13503
15758	12506	67372	50223	9563	22603	64206	31296	25361
6855	10238	17656	14031	428	10838	3196	6790	9266
7758	10011	29980	22092	1055	15620	4557	17811	15420
4462	9624	16767	13753	376	10632	5050	7091	13777
11760	9583	30356	20106	5498	17420	46666	15310	12049
7009	9735	53744	38352	2665	14505	32188	19195	18410
33490	10328	54184	32910	8917	20693	154352	144110	9073
43705	14705	84901	51453	10769	20830	170865	58744	18148
19232	9324	168793	109307	6037	18246	35653	25056	40240
11862	9422	71000	40111	24442	19614	169000	23075	12548
1567	7550	97796	75431	1889	21687	9954	8331	54442
18739	9561	201374	145683	2458	37432	30608	31605	93693
19512	11662	89217	43905	12128	26114	109898	29160	3478
41359	8800	31106	25662	857	693	19815	4443	24036
9197	8160	63990	47418	1588	9060	8168	9089	29212
7084	7181	41345	32512	1445	11873	2315	8620	16468
12722	13466	35549	14732	5928	18348	109158	19093	12325
1059	9173	33334	19934	5949	14107	41898	7436	24863
1672	7438	127246	65852	23151	39304	201869	102482	34157
27469	12083	131639	76262	11207	27997	128048	68499	37289

4-2 续表 6

地　区	Region	土地面积 (平方公里) Land Area (sq.km)	年末总人口 (人) Total Population (year-end) (person)	地区生产总值 (万元) Gross Domestic Product (10000 yuan)	第一产业 Primary Industry	第二产业 Secondary Industry	第三产业 Tertiary Industry
内蒙古自治区	**Inner Mongolia A.R.**						
土默特左旗	Tumotezuo Banner	2712	354792	257196	209251	123535	153486
托克托县	Tuoketuo County	1313	196581	279201	179499	91241	687865
和林格尔县	Helinggeer County	3401	189908	293764	243689	73717	232209
清水河县	Qingshuihe County	2859	136717	29061	16934	44865	62285
武川县	Wuchuan County	4885	171783	58034	37170	35615	81151
土默特右旗	Tumoteyou Banner	2368	317251	113296	70796	107645	220000
固阳县	Guyang County	5021	175591	101575	80553	50442	140000
达尔罕茂明安联合旗	Daerhanmaominganlianhe Banner	17410	101942	147793	104717	82295	230000
阿鲁科尔沁旗	Alukeerqin Banner	14555	299702	49195	18860	40228	100020
巴林左旗	Balinzuo Banner	6713	354643	73500	38576	47832	148158
巴林右旗	Balinyou Banner	9837	178052	36117	9227	25453	86359
林西县	Linxi County	3933	236375	51920	30399	54589	91500
克什克腾旗	Keshiketeng Banner	20673	246457	62755	27922	43953	102775
翁牛特旗	Wengniute Banner	11882	469759	59184	37923	63506	115206
喀喇沁旗	Kelaqin Banner	3071	366974	44475	30383	38155	79127
宁城县	Ningcheng County	4305	597992	73232	46262	116111	155389
敖汉旗	Aohan Banner	8294	585852	61369	40274	84787	103164
科尔沁左翼中旗	Keerqinzuoyizhong Banner	9811	528324	54007	40487	116001	59000
科尔沁左翼后旗	Keerqinzuoyihou Banner	11481	397401	77839	44320	143345	93305
开鲁县	Kailu County	4488	392434	58192	24692	114000	121000
库伦旗	Kulun Banner	4650	176075	27173	17163	41010	57084
奈曼旗	Naiman Banner	8120	431536	51142	21179	105940	87148
扎鲁特旗	Zhalute Banner	17193	304514	52866	20141	96152	105000
霍林郭勒市	Huolinguole City	585	71845	116101	96081	57411	184935
达拉特旗	Dalate Banner	8192	333135	369142	288862	168828	401389
准格尔旗	Zhungeer Banner	7535	269460	614770	489770	284330	604420
鄂托克前旗	Etuokeqian Banner	12318	73902	43830	25230	45063	88805
鄂托克旗	Etuoke Banner	20064	92023	311910	231805	73990	421000
杭锦旗	Hangjin Banner	18903	133714	86000	75000	46000	112800
乌审旗	Wushen Banner	11645	97023	106069	100069	43704	164409
伊金霍洛旗	Yijinhuoluo Banner	5565	143171	346301	261021	162098	421261
阿荣旗	Arong Banner	12063	319509	40800	22600	38100	63608
莫力达瓦达斡尔族自治旗	Molidawa Daur A.B.	10500	323522	90111	20575	43038	205887
鄂伦春自治旗	Elunchun Banner	59800	282228	20392	12084	46417	23773
鄂温克族自治旗	Ewenkezu Banner	19111	144976	135874	96948	59670	138585
陈巴尔虎旗	Chenbaerhu Banner	21192	59187	36464	19360	26028	86002
新巴尔虎左旗	Xinbaerhuzuo Banner	22000	41489	22948	4117	19523	48532

continued

城镇就业人员(人) Urban Employed Persons (person)	城镇职工平均工资(元) Average Wages in Urban (yuan)	乡村就业人员(人) Rural Laborer (person)	#农林牧渔业 Agriculture	地方财政收入(万元) Revenue of Local Governments (10000 yuan)	地方财政支出(万元) Expenditures of Local Governments (10000 yuan)	固定资产投资(万元) Investment in Fixed Assets (10000 yuan)	社会消费品零售总额(万元) Total Retail Sales (10000 yuan)	常用耕地面积(公顷) Area of Caltivated Land (hectare)
111837	191732	522768	142037	4405	11873	37053	467083	112
64512	89960	426930	56488	4057	14844	52771	448898	128
64005	120509	443513	76032	3529	12168	44621	199445	123
37744	55165	113456	39530	2582	9691	15938	229362	114
66047	94948	157142	63493	2976	11346	18488	85407	129
116337	190745	346833	125892	4148	12192	40620	35906	145
62001	100602	218615	66598	3357	14164	27801	41221	162
34449	83000	288136	58048	3981	16038	36328	14722	152
75670	88309	140626	51203	1965	9577	43334	24688	118
110436	94090	175895	54563	2398	11348	44755	457756	146
42573	59219	95911	34341	2441	10450	42566	534994	113
40342	76042	150606	44097	2212	9710	33804	458300	118
79802	94466	161489	54781	2248	10711	38051	80464	123
121255	201920	239783	117093	2156	9590	44976	19717	116
88376	75837	126608	43978	1988	10342	33560	11188	116
139610	179464	293414	104071	2229	10653	43982	76623	128
164483	249723	291190	145034	2120	10537	47705	36034	148
139734	177149	274512	104504	2687	9238	39465	23511	101
107003	150946	320153	98969	2395	10012	38188	194697	125
131922	251419	331457	159265	3808	9345	28654	177956	112
61887	56734	103682	35499	2100	10812	21989	108034	111
129865	131665	239991	82909	2200	10145	39131	89417	109
88200	144770	235656	86638	2785	9178	36761	20436	106
2433	8387	179430	5918	3040	18570	17509	47423	107
108480	226294	687070	149100	3822	18235	51251	63980	158
51140	75901	950100	51000	3891	20999	85844	63014	131
22478	66361	131579	42686	4135	14048	20901	57897	121
24147	40674	410200	24300	3700	13908	41710	29257	121
45298	75918	182000	50000	3578	12307	43340	14022	103
39290	75785	196506	46733	4130	12591	29669	22168	107
34094	57016	546600	38201	3986	20344	53600	23400	110
93536	206673	212200	133300	2780	9118	35212	211278	283
85259	233166	269965	136816	2451	11677	36968	21443	231
35323	112061	141147	74338	2269	11077	25863	46996	185
11407	62248	231322	35778	4478	14875	29238	42298	110
5247	59858	96187	33695	3974	11716	15909	59730	147
10911	40453	74593	32122	3731	11605	12218	51210	111

4-2 续表 7

地 区	Region	土地面积 (平方公里) Land Area (sq.km)	年末总人口 (人) Total Population (year-end) (person)	地区生产总值 (万元) Gross Domestic Product (10000 yuan)	第一产业 Primary Industry	第二产业 Secondary Industry	第三产业 Tertiary Industry
新巴尔虎右旗	Xinbaerhuyou Banner	25102	34512	49361	32760	12388	84111
满洲里市	Manzhouli City	696	159731	116068	43201	222037	195089
牙克石市	Yakeshi City	27590	395448	86797	53499	120683	47198
扎兰屯市	Zhalantun City	16800	435154	87629	51125	82851	101862
额尔古纳市	Eerguna City	28000	85813	22091	13168	29491	33125
根河市	Genhe City	19659	169107	56000	41600	91700	22549
五原县	Wuyuan County	2493	276059	66219	28786	76200	123150
磴口县	Dengkou County	4167	123340	72122	48604	37367	122708
乌拉特前旗	Wulateqian Banner	7476	335614	152599	84022	100190	281669
乌拉特中旗	Wulatezhong Banner	22606	139867	48697	33649	24561	98534
乌拉特后旗	Wulatehou Banner	24925	56332	53734	40629	30328	87406
杭锦后旗	Hangjinhou Banner	1767	302349	95362	66520	102280	132800
卓资县	Zhuozi County	3119	226694	84141	34356	31527	54853
化德县	Huade County	2527	157225	43066	27989	16553	37527
商都县	Shangdu County	4304	338351	54352	20976	32802	61934
兴和县	Xinghe County	3518	294685	76931	33833	26414	117452
凉城县	Liangcheng County	3451	234327	99849	27899	27376	234995
察哈尔右翼前旗	Chahaeryouyiqian Banner	2430	263988	87910	54404	44977	56739
察哈尔右翼中旗	Chahaeryouyizhong Banner	4200	213970	29600	14153	18693	56739
察哈尔右翼后旗	Chahaeryouyihou Banner	3803	208086	90480	56204	28817	75625
四子王旗	Siziwang Banner	24016	204996	43047	25897	33385	37459
丰镇市	Fengzhen City	2704	312703	245020	131020	57597	250102
乌兰浩特市	Wulanhaote City	772	285968	160996	126778	165319	273315
阿尔山市	Aershan City	7409	50182	11553	979	18612	45026
科尔沁右翼前旗	Keerqinyouyiqian Banner	19375	359152	58299	42586	56916	56392
科尔沁右翼中旗	Keerqinyouyizhong Banner	15613	246848	47984	31395	35995	50591
扎赉特旗	Zhalaite Banner	11837	394446	35384	17804	47539	52989
突泉县	Tuquan County	4800	308193	52411	36492	27337	51767
二连浩特市	Erlianhaote City	8254	23049	27374	5156	91841	79954
锡林浩特市	Xilinhaote City	15758	153032	268007	189938	107430	250533
阿巴嘎旗	Abaga Banner	27495	43977	17262	8525	17375	42012
苏尼特左旗	Sunitezuo Banner	33469	33210	20886	10971	14717	41542
苏尼特右旗	Suniteyou Banner	22461	68438	55082	40607	28745	72737
东乌珠穆沁旗	Dongwuzhumuqin Banner	47554	70459	68420	48829	23587	74195
西乌珠穆沁旗	Xiwuzhumuqin Banner	22960	72588	38178	17756	28774	74826
太仆寺旗	Taibusi Banner	3415	202244	37833	26403	30820	39316
镶黄旗	Xianghuang Banner	4960	28848	5205	3059	7202	18807
正镶白旗	Zhangxiangbai Banner	6083	71602	21140	7966	18894	51566
正蓝旗	Zhanglan Banner	9963	78226	60400	19961	17244	208308

continued

城镇就业人员（人）Urban Employed Persons (person)	城镇职工平均工资（元）Average Wages in Urban (yuan)	乡村就业人员（人）Rural Laborer (person)	#农林牧渔业 Agriculture	地方财政收入（万元）Revenue of Local Governments (10000 yuan)	地方财政支出（万元）Expenditures of Local Governments (10000 yuan)	固定资产投资（万元）Investment in Fixed Assets (10000 yuan)	社会消费品零售总额（万元）Total Retail Sales (10000 yuan)	常用耕地面积（公顷）Area of Caltivated Land (hectare)
7280	38668	89493	27744	3839	13294	15815	352079	134
	20906	350787	12682		10812	64556	38953	112
3171	124055	281610	74130	2367	11440	33591	72373	121
85582	124155	254064	83584	2282	10620	40143	70506	133
664	82707	101089	49507	4920	9288	12433	82562	120
	86347	200800	53100		16551	15413	31059	190
87148	165463	254089	111670	3441	10879	29266	64170	114
29974	52585	144581	35092	3647	9054	19589	67353	110
93993	168427	368045	115256	3445	11427	38588	285490	111
46754	82319	130740	57482	3012	11528	28087	173850	117
10846	14836	94477	10415	1816	11405	19181	128646	117
97119	178891	317822	120180	3589	11253	35991	53628	112
57604	61301	151119	35451	2308	11912	25876	70012	118
56720	61473	95732	36113	2285	11238	28204	46160	121
106331	94963	144202	57048	2389	11202	32105	57618	120
84927	98777	162343	58998	2430	10757	34422	58613	133
70972	85422	176694	49469	2556	11802	29465	78360	99
69023	94221	188602	55715	2604	12499	32726	47286	120
73346	90278	101584	53291	2246	12499	26869	112185	102
61632	85848	169872	50575	2741	11136	32752	68759	122
80145	91829	150956	74524	2511	12770	46786	56062	101
55906	97206	363949	61332	2735	20549	45007	106370	156
24135	54911	358105	31790	3203	12465	36544	24995	132
508	20985	42827	12662	2459	9740	9327	13417	102
98791	152742	197411	82196	1840	8841	37319	26914	138
66182	77930	125264	41285	1698	9189	26712	46493	125
143854	114643	160168	77245	1772	8285	37501	40090	111
112506	102692	149368	69620	1954	8156	30596	41437	114
916	2014	120395	1180		19233	20338	7145	180
5726	53594	406790	31353	3551	13725	26908	11627	144
13760	41485	58905	24268	3094	12813	11106	23719	125
9999	30056	53186	17583	2015	13266	10046	21981	114
17489	25851	98946	15119	1580	13366	19575	121633	166
18103	103683	152659	60652	6059	12318	22495	61540	126
18324	76840	110118	43166	3656	12887	17813	27049	121
65865	72078	111900	43247	1858	11760	25161	25431	142
6437	14044	20623	8216	1586	11955	12095	46158	134
27342	27523	56135	16101	1474	13264	16310	40010	126
24228	40454	101313	23669	1970	11385	20740	36056	116

4-2 续表 8

地 区	Region	土地面积 (平方公里) Land Area (sq.km)	年末总人口 (人) Total Population (year-end) (person)	地区生产总值 (万元) Gross Domestic Product (10000 yuan)	第一产业 Primary Industry	第二产业 Secondary Industry	第三产业 Tertiary Industry
多伦县	Duolun County	3773	100916	19758	8965	24940	38811
阿拉善左旗	Alashanzuo Banner	80412	160971	240911	174440	86242	328551
阿拉善右旗	Alashanyou Banner	75226	25907	35629	26122	11520	34514
额济纳旗	Ejina Banner	114606	23622	35111	21653	64547	82263
辽宁省	**Liaoning Province**						
辽中县	Liaozhong County	1645	530000	807227	217061	296158	294008
康平县	Kangping County	2175	350000	238273	111575	49367	77331
法库县	Faku County	2290	450000	396223	143934	149655	102634
新民市	Xinmin City	3353	690000	1116936	241691	438624	436621
长海县	Changhai County	118	80000	185535	128797	14093	42645
瓦房店市	Wafangdian City	3793	1020000	1714818	316349	977693	420776
普兰店市	Pulandian City	2973	820000	1387004	273814	868177	245013
庄河市	Zhuanghe City	4039	910000	1360639	320141	733673	306825
台安县	Taian County	1388	375000	660000	130000	330000	200000
岫岩满族自治县	Xiuyan Man A.C	4502	505000	650080	85101	344529	220450
海城市	Haicheng City	2732	1128000	2350238	230238	1230000	890000
抚顺县	Fushun County	2336	191000	337335	61920	189333	86082
新宾满族自治县	Xinbin Man A.C	4288	310000	329428	64900	158000	106528
清原满族自治县	Qingyuan Man A.C	3921	343000	298409	68509	134400	95500
本溪满族自治县	Benxi Man A.C	3343	299000	372305	63553	178093	130659
桓仁满族自治县	Huanren Man A.C	3551	303000	338130	74903	139698	123529
宽甸满族自治县	Kuandian Man A.C	6115	437000	462095	82474	211278	168343
东港市	Donggang City	2445	641000	1204389	246803	513712	443874
凤城市	Fengcheng City	5513	580000	664521	107502	357672	199347
黑山县	Heishan County	2487	634000	527003	216509	158554	151940
义县	Yi County	2476	436000	283516	89698	115173	78645
凌海市	Linghai City	2743	604000	593516	205952	232527	155037
北宁市	Beining City	1694	533000	522706	218754	119819	184133
盖州市	Gaizhou City	2930	725000	458528	135528	188000	135000
大石桥市	Dashiqiao City	1598	721000	1360000	134651	751349	474000
阜新蒙古族自治县	Fuxin Mengolian A.C	6246	730000	263586	157910	54374	51302
彰武县	Zhangwu County	3641	419000	156420	109850	22370	24200
辽阳县	Liaoyang County	2853	596000	668000	106622	314378	247000
灯塔市	Dengta City	1331	514000	635625	98625	303000	234000
大洼县	Dawa County	1683	400000	503004	215052	163927	124025
盘山县	Panshan County	2145	290000	438800	163600	172500	102700
铁岭县	Tieling County	2249	379000	268104	120712	93097	54295
西丰县	Xifeng County	2685	346000	156635	59351	41427	55857

continued

城镇就业人员 (人) Urban Employed Persons (person)	城镇职工平均工资 (元) Average Wages in Urban (yuan)	乡村就业人员 (人) Rural Laborer (person)	#农林牧渔业 Agriculture	地方财政收入 (万元) Revenue of Local Governments (10000 yuan)	地方财政支出 (万元) Expenditures of Local Governments (10000 yuan)	固定资产投资 (万元) Investment in Fixed Assets (10000 yuan)	社会消费品零售总额 (万元) Total Retail Sales (10000 yuan)	常用耕地面积 (公顷) Area of Caltivated Land (hectare)
34808	60946	81266	36568	1872	12261	21765	37057	144
30746	41299	352011	24858	3126	15968	43501	26238	108
5046	13061	55012	7863	3626	14499	17033	28480	128
2636	8422	104727	5069	3857	14442	14594	40530	147
16162	9108	216898	150603	11068	26426	182000	235022	87689
14719	8643	101432	64007	6170	22760	141000	105464	99758
13985	7896	197581	149476	8082	25888	177000	123321	6014
22846	10329	218231	158115	15080	31530	24000	286461	183499
6708	18335	26895	17174	5137	18989	77000	31474	656
51788	12642	355961	211191	60089	88159	515000	378760	65106
56201	11974	305881	198089	48212	80300	247000	305000	60827
37672	10851	311641	191956	42843	73392	353000	261114	80845
18577	7721	166473	115468	11422	24670	113102	138345	61859
24465	9161	184075	110475	14401	46288	166534	155334	44784
38617	12151	358262	191303	75818	104627	529040	504372	89194
10650	9350	113143	80372	8825	21748	70000	41353	32087
14222	10723	128871	94551	8258	24033	65000	85022	41243
16650	10863	138673	97692	8616	25324	54000	78085	37900
13771	11314	89293	46530	13048	33326	63893	103311	27528
14599	11486	109374	67797	10925	33433	47205	89655	27596
15532	11707	157624	106533	11776	35986	137293	168282	31430
26887	11628	263598	171518	27485	49131	222807	260558	76451
25268	10530	193373	122307	25711	52119	162993	178248	54211
17195	8055	241410	180056	8188	30600	69140	148300	115493
13635	8287	168635	125327	5138	18336	60401	74021	50952
21579	8249	242051	161054	19377	39159	106549	112330	87551
15009	9294	186494	144086	10110	27757	84049	131000	67536
15680	9785	298813	191477	11453	55734	127269	160290	41187
22417	11770	260069	135983	28208	58155	370658	263180	62050
25225	9023	350263	240534	8263	35586	81654	70010	185251
16926	9233	172470	141385	4165	21355	48128	29008	92702
20251	8634	194922	104673	15308	36293	130108	142500	91872
14831	10434	213898	138576	16793	31913	143057	250012	69298
10961	9566	171382	109923	13823	28637	158007	137261	66312
12982	9185	150449	110290	12727	27256	120179	46138	55677
15731	8829	140326	99785	9719	23337	123533	69996	61815
14506	8241	102089	75599	3971	22366	54613	94010	43135

地　区	Region	土地面积 (平方公里) Land Area (sq.km)	年末总人口 (人) Total Population (year-end) (person)	地区生产总值 (万元) Gross Domestic Product (10000 yuan)			
					第一产业 Primary Industry	第二产业 Secondary Industry	第三产业 Tertiary Industry
昌图县	Changtu County	4324	1027000	486401	237462	113881	135058
调兵山市	Tiaobingshan City	262	239000	132212	18452	63560	50200
开原市	Kaiyuan City	2828	578000	415669	149540	162770	103359
朝阳县	Zhaoyang County	4215	618000	189970	86840	37730	65400
建平县	Jianping County	4865	578000	201070	75270	64400	61400
喀喇沁左翼蒙古族自治县	Kezuo Mengolian A.C	2238	423000	131102	59364	37606	34132
北票市	Beipiao City	4583	620000	218000	81210	67212	69578
凌源市	Lingyuan City	3278	650000	367508	87499	192009	88000
绥中县	Suizhong County	2765	620000	550868	180097	187771	183000
建昌县	Jianchang County	3195	610000	200456	70001	62136	68319
兴城市	Xingcheng City	2147	560000	410553	69388	176972	164193
吉林省	**Jilin Province**						
农安县	Nongan County	4879	422900	323020	76802	114993	131225
九台市	Jiutai City	7438	214600	165946	32411	48178	85357
榆树市	Yushu City	2498	83700	98982	23534	34654	40794
德惠市	Dehui City	5728	643600	335561	200283	51223	84055
永吉县	Yongji County	3459	915700	1081032	407573	123579	549880
蛟河市	Jiaohe City	2522	406700	256114	98854	64754	92506
桦甸市	Huadian City	2396	388100	204269	95841	47059	61369
舒兰市	Shulan City	11545	482000	482115	120466	224938	136711
磐石市	Panshi City	4933	766300	487914	267006	69929	150979
梨树县	Lishu County	6530	299000	274465	77527	94235	102703
伊通满族自治县	Yitong Man A.C.	4058	1040600	940059	496250	137801	306008
公主岭市	Gongzhuling City	5069	214000	122520	28423	43755	50342
双辽市	Shuangliao City	6542	450500	770022	166904	319108	284010
东丰县	Dongfeng County	5145	215700	192800	24529	92670	75601
东辽县	Dongliao County	2274	353800	228528	55669	106500	66359
通化县	Tonghua County	3217	232000	216036	39485	79613	96938
辉南县	Huinan County	1348	261200	280318	41696	134253	104369
柳河县	Liuhe County	6364	460000	625011	148943	233308	242760
梅河口市	Meihekou City	3094	143900	78558	20461	34557	23540
集安市	Jian City	3375	832100	797575	170855	311723	314997
抚松县	Fusong County	4209	847300	670637	346737	151272	172628
靖宇县	Jingyu County	3008	184300	271492	37852	134178	99462
长白朝鲜族自治县	Changbai Korean A.C.	3348	365400	233491	92137	55603	85751
江源县	Jiangyuan County	2591	249400	140770	28061	57376	55333
临江市	Linjiang City	2174	614900	624812	147795	200124	276893
前郭尔罗斯蒙古族自治县	Qianguoerluosi Mengolian A.C.	5400	1120400	1084406	417640	316491	350275

continued

城镇就业人员(人) Urban Employed Persons (person)	城镇职工平均工资(元) Average Wages in Urban (yuan)	乡村就业人员(人) Rural Laborer (person)	#农林牧渔业 Agriculture	地方财政收入(万元) Revenue of Local Governments (10000 yuan)	地方财政支出(万元) Expenditures of Local Governments (10000 yuan)	固定资产投资(万元) Investment in Fixed Assets (10000 yuan)	社会消费品零售总额(万元) Total Retail Sales (10000 yuan)	常用耕地面积(公顷) Area of Caltivated Land (hectare)
31834	7967	287225	192773	10521	41981	96130	31834	225708
19202	7704	27299	15979	9399	18045	120079	105844	10297
22310	7183	171654	122177	15633	33703	150620	148042	67807
23362	8869	321873	216046	7954	34012	44420	70154	79135
23288	9692	256613	178570	10742	34950	101677	83026	90948
20319	9396	199955	130022	4770	25558	70905	45000	32580
21223	9739	219395	142676	14718	38152	101457	83654	85904
21728	9774	266958	172216	11050	36475	74899	85006	35804
15967	9135	248265	185218	16680	35188	110105	137576	53116
16397	9385	263061	145285	7709	34366	109658	46052	59486
16968	9269	188132	131907	16347	35351	60018	156911	60261
38372	8752	114497	86584	8778	39469	28568	101714	84991
35570	8375	50422	35405	5650	33101	45360	35019	25010
14710	10692	17043	12814	3211	21195	38400	27962	4140
34422	7767	214998	191002	4295	35000	34014	145011	184802
113674	7442	348252	240856	11296	50659	144154	199108	213056
27599	8647	151599	102518	5401	34168	23357	59684	76220
20457	8169	131423	92467	4308	30769	24230	35211	64260
79176	8783	109728	87600	14953	55642	133858	201470	51621
31068	6142	287641	224651	8024	39029	28374	138200	229274
41206	8302	42095	34572	6357	34228	59523	120543	10191
104700	8632	280693	208985	17657	59527	63324	292139	221248
33189	8300	38084	28926	5349	33246	58399	33854	23998
46719	9560	120085	90301	9690	39813	141287	185863	76602
39342	10363	44567	32395	6680	32220	40449	59576	24544
32452	8052	120628	88392	8099	28274	20775	85047	43372
25395	10469	76869	63489	5976	27190	27064	63631	11313
33982	8140	27553	18045	4281	33412	22671	113382	5377
35297	8741	127941	73368	9868	49240	121546	155951	63551
15572	8842	30028	24263	3630	21461	39596	37405	8800
105514	8820	299645	232233	15833	81906	79913	154883	157440
52069	6491	300868	235794	9475	47273	42702	118747	183977
28792	9384	43524	31219	5418	26686	71215	83895	6559
25743	8383	120845	86768	4571	32741	21415	90745	52529
27811	9993	56241	46727	6830	37015	104871	44077	34478
54309	9232	153695	108694	14453	51222	64990	240579	63537
76203	8077	452939	322728	12115	57791	59884	223659	289301

4-2 续表 10

地 区	Region	土地面积 (平方公里) Land Area (sq.km)	年末总人口 (人) Total Population (year-end) (person)	地区生产总值 (万元) Gross Domestic Product (10000 yuan)	第一产业 Primary Industry	第二产业 Secondary Industry	第三产业 Tertiary Industry
长岭县	Changling County	3867	538600	853901	189643	372089	292169
乾安县	Qianan County	6979	578400	757953	238142	360811	159000
扶余县	Fuyu County	3617	301300	208906	57193	101067	50646
镇赉县	Zhenlai County	4557	658600	703984	187625	219710	296649
通榆县	Tongyu County	3121	405500	355781	90938	138431	126412
洮南市	Taonan City	5103	439300	247329	102020	63200	82109
大安市	Daan City	3725	242700	228000	39920	130000	58080
延吉市	Yanji City	8496	354700	180074	64369	53708	61997
图们市	Tumen City	1142	134600	146698	6533	79944	60221
敦化市	Dunhua City	8994	253700	137541	41150	46281	50110
珲春市	Hunchun City	1350	413100	624458	14585	299778	310095
龙井市	Longjing City	2532	469500	323173	142971	71702	108500
和龙市	Helong City	4616	394000	381265	82335	164979	133951
汪清县	Wangqing County	4722	1225300	1150013	458654	174954	516405
安图县	Antu County	5371	313500	214659	93751	60596	60312
黑龙江省	**Heilongjiang Province**						
依兰县	Yilan County	4616	393396	248760	81453	59305	108002
方正县	Fangzheng County	2969	225977	135324	51425	28990	54909
宾县	Bin County	3845	620615	612519	189482	236607	186430
巴彦县	Bayan County	3138	700089	525838	246881	154104	124853
木兰县	Mulan County	3600	265517	162050	48930	71951	41169
通河县	Tonghe County	5675	234935	144557	58649	46897	39011
延寿县	Yanshou County	3150	266201	127496	47856	41197	38443
阿城市	Acheng City	2814	652343	1015060	157473	506888	350699
双城市	Shuangcheng City	3112	808829	1265746	381531	430671	453544
尚志市	Shangzhi City	8910	621314	884668	151155	427685	305828
五常市	Wuchang City	7512	967684	865048	329359	188343	347346
龙江县	Longjiang County	6200	603510	179134	79440	51488	48206
依安县	Yian County	3685	488767	221310	105325	52962	63023
泰来县	Tailai County	3922	318773	104252	46215	21197	36840
甘南县	Gannan County	4792	379525	134336	53279	23683	57374
富裕县	Fuyu County	4060	272812	138995	50485	53951	34559
克山县	Keshan County	3320	468556	228577	105169	55793	67615
克东县	Kedong County	2083	282859	100838	46009	28853	25976
拜泉县	Baiquan County	3599	566974	237382	88424	50797	98161
讷河市	Nehe City	6648	711705	563859	246246	88451	229162
鸡东县	Jidong County	3243	298418	381671	97918	157336	126417
虎林市	Hulin City	9330	297721	394390	191030	75075	128285

continued

城镇就业人员（人）Urban Employed Persons (person)	城镇职工平均工资（元）Average Wages in Urban (yuan)	乡村就业人员（人）Rural Laborer (person)	#农林牧渔业 Agriculture	地方财政收入（万元）Revenue of Local Governments (10000 yuan)	地方财政支出（万元）Expenditures of Local Governments (10000 yuan)	固定资产投资（万元）Investment in Fixed Assets (10000 yuan)	社会消费品零售总额（万元）Total Retail Sales (10000 yuan)	常用耕地面积（公顷）Area of Caltivated Land (hectare)
50331	10011	162954	127977	12947	45586	165774	188205	73511
62820	7847	165201	139687	17946	56581	39322	226104	202630
25740	7424	97836	86643	10155	33733	46129	45010	113707
58006	7165	198421	153416	7426	66182	134280	191174	113840
43860	9223	116673	97974	9829	39254	48074	126306	101687
34026	8591	99573	80409	4797	33860	57138	96083	119899
29727	9126	86874	61443	7568	27596	47104	47856	24208
36979	7862	111698	97919	4663	32350	58828	84793	146627
21321	11628	17366	11069	7201	22551	30465	44092	7797
41228	7312	67981	56522	6500	35977	76779	42051	33999
142553	14627	24707	16418	34150	65273	224428	330243	6898
31572	7106	169071	127712	7589	31672	28415	96414	89015
21083	9604	131678	108424	4022	24810	1300997	98440	56951
77743	8138	445187	297494	8849	63360	65339	222860	305162
46894	8365	83311	66554	6888	35834	26220	66343	99991
27446	10214	127543	100747	10887	32525	32763	55641	165662
22644	7446	66701	54731	5662	18898	18040	58035	44113
24403	9024	254598	198700	11173	37356	75728	126130	151319
33319	7478	249655	167516	5620	39952	56005	177448	197646
16343	9483	101657	72968	3457	20992	17957	48914	86647
18644	9034	56815	39025	3686	22823	22901	63417	72227
15380	9856	72832	60291	3964	23763	12319	35000	76289
47224	10159	190562	84128	27195	51749	165771	250085	94496
23404	11631	297023	153760	31618	57875	199162	313671	203794
42692	8863	156427	105246	16550	36476	79997	266120	91833
48306	7267	348381	286472	19237	51119	56646	233406	248593
20902	7907	237639	201140	4680	31796	30067	72219	251187
16816	8977	209113	168544	4157	25256	14578	82986	212319
15211	9057	117825	92090	3938	24495	29009	26131	132204
10472	9110	149391	130166	4549	29225	25886	36988	188314
15925	9685	105709	91105	4785	21074	14520	32005	120408
18011	9449	193325	136560	3975	28810	29708	59886	166521
13024	9743	109966	94570	2504	22431	38013	33483	109511
13017	10139	200632	165973	3942	33749	19084	56932	235587
28576	8091	236701	205564	9493	40567	30190	100175	342138
20021	10736	110033	88504	9681	30468	22417	40340	69435
26655	8969	51448	46282	7317	24397	28190	58000	92941

4-2 续表 11

地 区	Region	土地面积 (平方公里) Land Area (sq.km)	年末总人口 (人) Total Population (year-end) (person)	地区生产总值 (万元) Gross Domestic Product (10000 yuan)	第一产业 Primary Industry	第二产业 Secondary Industry	第三产业 Tertiary Industry
密山市	Mishan City	7843	438983	411622	150564	126111	134947
萝北县	Luobei County	2167	227526	290610	120467	64782	105361
绥滨县	Suibin County	3335	186953	173459	93873	29818	49768
集贤县	Jixian County	2257	319550	184542	70730	69893	43919
友谊县	Youyi County	1639	125649	106242	37388	32773	36081
宝清县	Baoqing County	10001	421791	282196	146477	63342	72377
饶河县	Raohe County	6765	141770	55405	29025	8466	17914
肇州县	Zhaozhou County	2445	440499	230003	81756	68365	79882
肇源县	Zhaoyuan County	4120	451097	221097	96677	59824	64596
林甸县	Lindian County	3493	269072	115189	58097	28363	28729
杜尔伯特蒙古族自治县	Duerbote Mengolian A.C.	6054	249569	169672	70377	49853	49442
嘉荫县	Jiayin County	6739	80363	85389	39010	22028	24351
铁力市	Tieli City	6444	386661	293998	81608	140260	72130
桦南县	Huanan County	2522	442541	228606	107170	55005	66431
桦川县	Huachuan County	2268	215599	68901	39042	10581	19278
汤原县	Tangyuan County	3416	266384	164103	67708	32275	64120
抚远县	Fuyuan County	6263	112058	79437	48193	4548	26696
同江市	Tongjiang City	6300	167829	163888	97964	24879	41045
富锦市	Fujin City	4907	450592	411682	205692	65125	140865
勃利县	Boli County	4455	370485	228149	81725	59606	86818
东宁县	Dongning County	7139	207833	237416	51859	70074	115483
林口县	Linkou County	7185	440805	270001	77718	91327	100956
绥芬河市	Suifenhe City	422	59152	203733	2693	42494	158546
海林市	Hailin City	9837	439320	382289	71965	196480	113844
宁安市	Ningan City	7924	442942	377706	107883	135928	133895
穆棱市	Muling City	6673	325771	396936	55453	201869	139614
嫩江县	Nenjiang County	15109	500352	348100	171227	65037	111836
逊克县	Xunke County	17344	104084	74273	34239	12097	27937
孙吴县	Sunwu County	4319	100638	30936	12688	3828	14420
北安市	Beian City	7194	472897	222357	84036	48647	89674
五大连池市	Wudalianchi City	9846	364808	145831	84444	11057	50330
望奎县	Wangkui County	2314	486908	162228	94295	18380	49553
兰西县	Lanxi County	2499	474008	100121	52396	18065	29660
青冈县	Qinggang County	2685	424263	112492	52685	29842	29965
庆安县	Qingan County	5469	395781	276300	92715	90205	93380
明水县	Mingshui County	2308	349851	88457	31700	27521	29236
绥棱县	Suiling County	4328	329546	183095	79878	16505	86712
安达市	Anda City	3586	515971	535118	125350	175651	234117
肇东市	Zhaodong City	3905	905977	1133306	278977	428154	426175

continued

城镇就业人员（人）Urban Employed Persons (person)	城镇职工平均工资（元）Average Wages in Urban (yuan)	乡村就业人员（人）Rural Laborer (person)	#农林牧渔业 Agriculture	地方财政收入（万元）Revenue of Local Governments (10000 yuan)	地方财政支出（万元）Expenditures of Local Governments (10000 yuan)	固定资产投资（万元）Investment in Fixed Assets (10000 yuan)	社会消费品零售总额（万元）Total Retail Sales (10000 yuan)	常用耕地面积（公顷）Area of Caltivated Land (hectare)
21561	10632	123999	99170	8041	34950	23839	81930	128642
16760	8658	29624	24021	4932	17458	42511	22132	46188
10649	8809	54212	46944	2113	18460	9803	20590	80134
26368	8959	101743	85302	3869	22322	54104	42640	132586
5295	12160			1352	10174	9551	6013	214
18312	10516	104591	86151	5373	27336	57132	45663	157448
7496	11518	31469	28609	1298	17398	13042	11951	65000
24937	7814	186611	148858	9946	25944	3850	55118	127232
18435	9890	188702	145953	13792	32682	66626	52520	122141
11661	10107	104914	88132	8304	21750	21244	35312	118998
16169	9712	92292	71181	12118	31100	26992	44065	104821
7108	10340	22499	19123	2238	15062	17368	18893	44114
41781	5291	46353	31921	4465	23819	21417	76918	72372
26863	7595	170289	133353	3493	29959	57656	79322	205924
10856	8602	81672	67114	1655	20368	7789	28500	113828
18355	7305	88838	67011	2847	22363	23256	36633	95871
7365	11314	48736	46984	2168	14247	19974	17273	73034
7733	12398	32586	29970	2089	21370	45571	37165	105692
22048	9123	125873	112325	5195	30226	59094	82931	261748
30824	8428	109749	94962	6533	30524	42041	79326	114156
25655	10887	66736	53014	12097	22939	73010	69425	45051
19621	8112	171096	125282	6568	24982	20333	89149	107413
11758	16101	5625	1696	17041	31463	120772	50649	2428
43420	7294	90193	63164	17229	27465	52295	101843	61377
34193	8650	160636	125312	7149	28663	53276	109547	120726
31010	7766	104170	82220	10321	27732	38849	114872	73498
22203	11028	94120	82848	10677	28710	39018	54187	293584
6648	11951	31778	29556	1502	14207	8742	23436	63789
7431	11584	29436	25219	1650	16195	7880	14106	53820
31448	10316	81239	58676	7603	33284	19958	78757	92883
32096	8233	64531	56680	2065	21520	31531	31032	124627
18429	8017	161593	127192	3360	28023	16059	65579	139137
17300	7266	186380	139058	2935	31560	18975	57255	143887
17288	7866	160888	126972	2191	26591	27282	39121	143742
18744	8241	151936	116613	4650	26790	27159	98000	148832
18834	7536	109961	83375	2096	22937	20964	51305	120613
27468	6495	100123	78483	2209	21151	20079	68560	104779
23606	8858	145979	107367	17219	39558	44026	182761	113045
41617	8937	312920	234971	34033	64192	103569	200000	203252

4-2 续表 12

地 区	Region	土地面积 (平方公里) Land Area (sq.km)	年末总人口 (人) Total Population (year-end) (person)	地区生产总值 (万元) Gross Domestic Product (10000 yuan)	第一产业 Primary Industry	第二产业 Secondary Industry	第三产业 Tertiary Industry
海伦市	Hailun City	4667	822581	366183	156827	84793	124563
呼玛县	Huma County	14262	352655	52499	21356	17184	13959
塔河县	Tahe County	14059	100142	94063	32012	29931	32120
漠河县	Mohe County	18233	83853	119095	43765	39174	36156
江苏省	**Jiangsu Province**						
溧水县	Lishui County	1067	402800	758915	91600	417565	249750
高淳县	Gaochun County	792	420900	768717	122000	393600	253117
江阴市	Jiangyin City	988	1177700	6382600	156400	3931000	2295200
宜兴市	Yixing City	2177	1058500	3100000	156000	1872000	1072000
丰县	Feng County	1446	1102400	643800	215400	242200	186200
沛县	Pei County	1349	1203400	1072100	254200	467500	350400
铜山县	Tongshan County	2000	1291900	1305300	241400	674000	389900
睢宁县	Suining County	1767	1317600	556900	195000	193200	168700
新沂市	Xinyi City	1571	964800	645500	186900	245700	212900
邳州市	Pizhou City	2088	1614300	1005600	308900	395200	301500
溧阳市	Liyang City	1535	778400	1485000	148000	863000	474000
金坛市	Jintan City	976	539900	1221000	126800	662400	431800
常熟市	Changshu City	1094	1043100	5651600	142100	3388200	2121300
张家港市	Zhangjiagang City	772	868600	5762000	123800	3706300	1931900
昆山市	Kunshan City	865	637200	5700000	100000	3890000	1710000
吴江市	Wujiang City	1093	777500	3400000	148000	2132000	1120000
太仓市	Taicang City	620	454600	2483000	147500	1500700	834800
海安县	Haian County	1108	959800	1141352	222969	535155	383228
如东县	Rudong County	1733	1084600	1232344	296447	516344	419553
启东市	Qidong City	1208	1134000	1821220	306720	848700	665800
如皋市	Rugao City	1492	1426100	1201480	204444	573000	424036
通州市	Tongzhou City	1166	1271400	2003992	210492	1100000	693500
海门市	Haimen City	939	1018200	2002983	206380	1073962	722641
赣榆县	Ganyu County	1427	1070900	654500	220200	217700	216600
东海县	Donghai County	2250	1144300	686800	243500	228300	215000
灌云县	Guanyun County	1898	1072500	420200	170500	128200	121500
灌南县	Guannan County	1027	734200	353000	126100	120400	106500
涟水县	Lianshui County	1670	1041900	635400	212300	237800	185300
洪泽县	Hongze County	1394	392500	305500	98300	118800	88400
盱眙县	Xuyi County	2493	739800	576700	171600	227000	178100
金湖县	Jinhu County	1344	356600	376500	105900	147000	123600
响水县	Xiangshui County	1363	575300	361200	118900	125600	116700
滨海县	Binhai County	1880	1086400	693600	199400	288600	205600

continued

城镇就业人员 (人) Urban Employed Persons (person)	城镇职工平均工资 (元) Average Wages in Urban (yuan)	乡村就业人员 (人) Rural Laborer (person)	#农林牧渔业 Agriculture	地方财政收入 (万元) Revenue of Local Governments (10000 yuan)	地方财政支出 (万元) Expenditures of Local Governments (10000 yuan)	固定资产投资 (万元) Investment in Fixed Assets (10000 yuan)	社会消费品零售总额 (万元) Total Retail Sales (10000 yuan)	常用耕地面积 (公顷) Area of Caltivated Land (hectare)
29826	8526	314562	238600	4796	39033	27675	122506	272745
9298	9179	12057	9202	1911	10170	6698	11950	26951
17143	8176	5672	4615	2545	6704	19610	26193	6143
19161	6881	2989	2408	2212	5189	35780	28182	2727
23451	15520	163600	58600	34296	53140	365540	226892	42672
20729	16963	227000	90600	43089	58209	370434	269680	36470
93270	21188	517000	90200	375408	386058	2841319	1187448	42642
57065	18328	441200	166300	131857	134619	1321210	890128	64576
34610	9455	515000	381800	15378	50971	323756	190282	76085
43426	9950	502400	269500	32672	63294	480920	212207	76268
52487	10938	513700	298900	50391	70052	537958	221262	109609
36736	8987	614800	316600	17073	50970	301340	161786	96863
51565	9525	395500	207800	20889	52644	461986	204164	79568
53357	9485	703000	333200	39893	73340	523462	270422	113702
53203	16000	312100	108200	68201	87767	672590	581878	62929
44194	16294	211500	68700	49162	56954	482573	465040	40916
100015	20327	492400	103700	300598	272511	1965100	1296787	60343
93796	20226	306000	65800	316380	337245	1955030	741868	40122
148763	20099	223000	38300	315368	329541	1910868	754987	22390
79220	19157	320400	85400	182188	191322	1897918	597021	43862
79664	18564	149800	47100	121291	139696	1386254	412202	36002
55521	13746	426400	208200	37528	62411	630479	311781	55883
52496	13189	538900	209100	35593	74658	608498	427892	109577
55895	12354	668300	344300	55987	81452	794179	573231	69651
50911	13036	618400	290900	39428	76613	645951	436435	81951
55799	15217	590600	236200	57301	88844	847560	526016	80424
56598	15204	535700	232000	64207	82401	812998	610247	60039
33222	10106	396000	224000	21186	49423	327407	215504	65962
37527	9438	484800	282900	20435	50045	321898	204043	129248
43348	8698	385300	237600	14384	38257	291989	162123	92420
28047	9009	309400	212800	14114	39048	228792	110362	54396
47950	9062	500100	292800	13338	43406	319371	167673	103325
20123	11745	173000	92600	12126	28600	157088	126697	34466
43424	11047	332000	167700	18696	49585	285772	124592	106268
26936	10965	147200	80700	12755	26849	139927	117003	49181
33971	9780	187300	85800	14452	33877	230000	94026	61603
33131	10347	374700	190100	19749	48120	341290	170179	95851

4-2 续表 13

地 区	Region	土地面积 (平方公里) Land Area (sq.km)	年末总人口 (人) Total Population (year-end) (person)	地区生产总值 (万元) Gross Domestic Product (10000 yuan)	第一产业 Primary Industry	第二产业 Secondary Industry	第三产业 Tertiary Industry
阜宁县	Funing County	1443	1066700	707000	192300	285800	228900
射阳县	Sheyang County	2795	1043400	1165300	312900	506400	346000
建湖县	Jianhu County	1140	800800	865000	170600	413500	280900
东台市	Dongtai City	2267	1159400	1437100	373400	602500	461200
大丰市	Dafeng City	2367	730500	1072000	311200	416100	344700
宝应县	Baoying County	1461	919900	819800	217900	346600	255300
仪征市	Yizheng City	901	592800	881000	71000	563800	246200
高邮市	Gaoyou City	1962	827100	853000	220000	350000	283000
江都市	Jiangdu City	1330	1064600	1676800	171000	886000	619800
丹阳市	Danyang City	1047	801620	2284700	145300	1308000	831400
扬中市	Yangzhong City	331	272400	942000	31100	575300	335600
句容市	Jurong City	1387	584400	951600	99500	528500	323600
兴化市	Xinghua City	2393	1549500	1240300	333300	468800	438200
靖江市	Jingjiang City	665	664700	1164100	81000	615600	467500
泰兴市	Taixing City	1254	1282900	1594500	211500	789800	593200
姜堰市	Jiangyan City	1044	902400	1058900	149100	574100	335700
沭阳县	Muyang County	2298	1758800	1010300	340800	372000	297500
泗阳县	Siyang County	1418	946400	457700	166700	159600	131400
泗洪县	Sihong County	2729	979900	645900	223000	236900	186000
浙江省	**Zhejiang Province**						
桐庐县	Tonglu County	1780	394400	953987	99768	615972	238247
淳安县	Chunan County	4452	451600	566068	118801	200822	246445
建德市	Jiande City	2364	508200	1025197	145056	546160	333981
富阳市	Fuyang City	1808	627800	1767089	157395	1085713	523981
临安市	Linan City	3124	518900	1343605	150072	756193	437340
象山县	Xiangshan County	1172	523700	1229301	244784	622661	361856
宁海县	Ninghai County	1880	583100	1156700	159367	669715	327618
余姚市	Yuyao City	1346	825900	2527092	219600	1474964	832528
慈溪市	Cixi City	1154	1010300	2956665	196739	1758994	1000932
奉化市	Fenghua City	1253	479400	1110327	113951	626059	370317
洞头县	Dongtou County	100	123200	159004	33795	48972	76237
永嘉县	Yongjia County	2674	886300	1056002	50848	660643	344511
平阳县	Pingyang County	1051	847700	1011046	80770	555007	375269
苍南县	Cangnan County	1272	1229300	1230205	124090	633980	472135
文成县	Wencheng County	1293	363300	195949	31908	57320	106721
泰顺县	Taishun County	1762	347400	177533	29452	61326	86755
瑞安市	Ruian City	1271	1131100	2276479	102100	1302707	871672
乐清市	Leqing City	1174	1162300	2525020	120380	1514440	890200

continued

城镇就业人员（人）Urban Employed Persons (person)	城镇职工平均工资（元）Average Wages in Urban (yuan)	乡村就业人员（人）Rural Laborer (person)	#农林牧渔业 Agriculture	地方财政收入（万元）Revenue of Local Governments (10000 yuan)	地方财政支出（万元）Expenditures of Local Governments (10000 yuan)	固定资产投资（万元）Investment in Fixed Assets (10000 yuan)	社会消费品零售总额（万元）Total Retail Sales (10000 yuan)	常用耕地面积（公顷）Area of Caltivated Land (hectare)
41102	10119	335200	167600	23355	54552	260261	224394	86392
62080	10388	328500	188300	32176	61006	358673	292928	140119
49893	10822	276200	129400	30112	53395	352710	265999	59550
56335	11937	471700	229200	43285	65073	550348	411491	122321
50156	11248	315800	164500	31906	56425	367397	271919	103549
42006	10839	417700	171100	24518	58308	251403	235301	76440
56611	16175	234400	65200	54014	55500	466377	330327	49851
35028	11814	319200	111800	27258	49889	328390	242636	77409
53224	12779	364100	110900	56962	69295	609810	500315	68648
58528	15046	343600	125000	78943	88723	586968	537902	54526
30611	15204	119000	34400	37976	45865	296725	223300	11310
38091	12782	240000	100000	33081	52378	383387	233086	47054
51157	11903	640100	321900	42104	83728	465225	300511	121573
55894	12676	229900	68300	56833	65676	369801	350468	29776
65295	12382	548800	184400	60410	93806	653049	434683	73501
53338	12650	395200	108000	43197	68306	599422	364012	63585
47643	9353	835000	410000	28085	60795	653596	249852	140278
24616	9780	407000	192000	15188	46544	245408	144240	70603
36631	8917	415000	276000	15569	59990	317951	136036	134430
13400	22902	207100	80100	42125	59239	526780	237892	15407
16600	19696	247400	143400	23129	53308	257487	136564	11291
24300	22233	241400	121300	41491	55585	370374	170728	18228
34500	27914	334800	119800	105293	123436	937513	363591	21294
30500	20298	281000	107900	49672	62411	572031	284528	18904
132300	20016	281500	139800	53701	84178	497295	584390	19996
20400	26856	356600	125200	52727	95058	468764	450275	22759
46600	25960	436600	109000	119800	181314	1117894	837000	39007
46500	25989	740500	117400	151480	219852	1309358	1188378	43519
28500	24931	237900	98500	50520	77807	334578	390345	21426
7400	24072	52200	20100	8999	14590	67088	37940	939
28300	25653	435000	160800	50847	61785	318517	356557	19884
68300	17820	420000	150100	38641	64928	267249	383010	22123
67100	18425	652100	217900	47700	85429	298183	522781	28042
11900	22971	175000	77600	9682	37252	64492	77224	10623
21000	19254	165000	86900	10424	41670	74009	63757	9531
84400	20758	605600	193500	107377	128701	547710	638036	29025
163500	15422	653700	195500	114788	140770	617437	545545	23886

4-2 续表 14

地 区	Region	土地面积 (平方公里) Land Area (sq.km)	年末总人口 (人) Total Population (year-end) (person)	地区生产总值 (万元) Gross Domestic Product (10000 yuan)	第一产业 Primary Industry	第二产业 Secondary Industry	第三产业 Tertiary Industry
嘉善县	Jiashan County	507	381100	1249346	122010	745611	381725
海盐县	Haiyan County	508	364600	1405060	110515	981838	312707
海宁市	Haining City	668	643000	2294656	139550	1458732	696374
平湖市	Pinghu City	537	483700	1485145	102722	935211	447212
桐乡市	Tongxiang City	727	662900	2154947	140026	1301798	713123
德清县	Deqing County	936	424100	1053166	103087	603172	346907
长兴县	Changxing County	1430	620500	1292643	154101	703602	434940
安吉县	Anji County	1886	448400	823824	104329	435143	284352
绍兴县	Shaoxing County	1177	703300	3289559	159603	2188578	941378
新昌县	Xinchang County	1213	434100	1078582	94524	654256	329802
诸暨市	Zhuji City	2311	1056300	2765555	246400	1630285	888870
上虞市	Shangyu City	1403	774200	2003000	196900	1192100	614000
嵊州市	Shengzhou City	1790	734700	1224810	154110	679400	391300
武义县	Wuyi County	1577	328300	522154	60044	284493	177617
浦江县	Pujiang County	900	381000	556206	43314	343853	169039
磐安县	Panan County	1196	205000	201614	40675	107397	53542
兰溪市	Lanxi City	1310	655400	1110315	89644	659173	361498
义乌市	Yiwu City	1103	688300	2322972	89244	1216333	1017395
东阳市	Dongyang City	1739	793200	1713359	90959	1116417	505983
永康市	Yongkang City	1049	543500	1350793	52287	899293	399213
常山县	Changshan County	1096	324600	310237	52124	141906	116207
开化县	Kaihua County	2228	342800	295095	76100	125015	93980
龙游县	Longyou County	1143	405900	421446	66000	216246	139200
江山市	Jiangshan City	2019	576900	616401	107836	309560	199005
岱山县	Daishan County	326	197300	372506	111650	130260	130596
嵊泗县	Shengsi County	86	81400	269536	61642	110388	97506
玉环县	Yuhuan County	378	395000	1369171	124676	827111	417384
三门县	Sanmen County	1072	405700	418828	94721	194975	129132
天台县	Tiantai County	1426	556600	572786	55821	302728	214237
仙居县	Xianju County	1992	468200	446123	53672	219526	172925
温岭市	Wenling City	836	1148200	2917810	270720	1563850	1083240
临海市	Linhai City	2171	1111800	1505284	155634	838607	511043
青田县	Qingtian County	2484	475200	417400	37270	238605	141525
缙云县	Jinyun County	1482	436900	422346	49800	215170	157376
遂昌县	Suichang County	2539	226200	261152	44916	139679	76557
松阳县	Songyang County	1406	231000	197437	59570	72732	65135
云和县	Yunhe County	978	109600	142099	22880	75089	44130
庆元县	Qingyuan County	1898	198200	133105	34208	46017	52880
景宁畲族自治县	Jingning She A.C.	1950	180000	133100	30950	56600	45550
龙泉市	Longquan City	3059	276700	272380	57190	114900	100290

continued

城镇就业人员（人）Urban Employed Persons (person)	城镇职工平均工资（元）Average Wages in Urban (yuan)	乡村就业人员（人）Rural Laborer (person)	#农林牧渔业 Agriculture	地方财政收入（万元）Revenue of Local Governments (10000 yuan)	地方财政支出（万元）Expenditures of Local Governments (10000 yuan)	固定资产投资（万元）Investment in Fixed Assets (10000 yuan)	社会消费品零售总额（万元）Total Retail Sales (10000 yuan)	常用耕地面积（公顷）Area of Caltivated Land (hectare)
65500	17389	198300	69600	60985	69882	665173	276159	30573
44500	29204	172800	55900	42490	51288	432776	279589	25233
42800	24440	308100	85600	98066	106871	899885	825941	34482
89300	18841	209300	42300	74511	80846	1040188	343187	31139
93700	18779	309100	76100	92152	98769	923905	744807	36975
29800	22749	204600	68800	64500	70373	684738	305243	22098
37100	22820	312300	129800	72347	72336	767831	420050	45703
35600	23257	227400	86400	43556	59246	386186	284995	24581
37300	30812	368300	70900	107217	146243	1750399	462214	26344
51300	20940	236600	100600	35802	53113	465321	302015	16163
189700	18868	569400	170700	102784	115681	1119275	624025	43301
49300	26632	393100	155900	62301	84210	852928	535318	40643
44300	21912	374300	162500	47206	59678	552826	489979	30444
14000	25696	168800	67500	28432	45144	261335	123019	16006
13400	25988	218700	99500	27555	40629	314321	163965	12057
5300	28342	115900	72800	13295	35264	84067	58390	6833
40600	17819	332700	169700	39342	59924	516280	300715	29097
43400	30004	574500	175900	151015	167846	1208779	600489	21711
105200	17950	441800	189300	51925	75432	781485	443362	24073
26800	29294	289100	80400	61993	75392	570824	307967	17665
12900	24602	167000	77900	20595	45976	231265	105200	12264
11900	22047	187600	96300	12530	40399	133001	111062	12945
17400	17399	206200	112800	23866	43747	340401	216389	23852
23600	20574	284200	114300	31214	50802	378085	227633	23846
9700	26367	86300	49200	12947	37773	106914	134179	2419
9000	22109	32300	14500	14086	33300	346265	69936	78
25000	22523	259400	54200	52603	84818	537638	221015	6897
12500	26830	220600	120400	20992	47772	221113	102871	13023
29600	22792	290400	145700	30538	58056	306666	199322	15485
28200	21344	250300	115300	19327	45596	189425	146245	14738
62600	28993	675400	193800	104568	137168	855869	763653	32830
61500	23981	602000	276500	64719	101513	601889	415254	29563
14100	28374	193700	111500	27102	57380	436523	173806	10736
17000	20890	232200	136900	18832	42393	211677	155747	10919
14900	22225	116400	76900	17199	32822	154688	81659	10431
9800	19266	130400	89700	11087	30100	100773	79235	7610
8200	25603	52900	27400	8963	24237	80747	41688	4143
9200	20590	84400	60900	5536	26338	67765	61746	10549
8600	19734	76800	48000	10295	34740	58597	55200	6849
14500	18803	136500	89000	11932	32039	154238	100505	16934

4-2 续表 15

地 区	Region	土地面积 (平方公里) Land Area (sq.km)	年末总人口 (人) Total Population (year-end) (person)	地区生产总值 (万元) Gross Domestic Product (10000 yuan)	第一产业 Primary Industry	第二产业 Secondary Industry	第三产业 Tertiary Industry
安徽省	**Anhui Province**						
长丰县	Changfeng County	1922	775756	280200	122077	86200	71923
肥东县	Feidong County	2211	1067311	559816	194616	199900	165300
肥西县	Feixi County	2300	968538	446800	127500	216100	103200
芜湖县	Wuhu County	943	534355	323515	100929	125631	96955
繁昌县	Fanchang County	880	460317	380585	74068	192344	114173
南陵县	Nanling County	1264	543074	277844	97009	97950	82885
怀远县	Huaiyuan County	2443	1271664	562236	236144	172892	153200
五河县	Wuhe County	1595	705393	371229	198462	77367	95400
固镇县	Guzhen County	1459	597218	345898	164303	94895	86700
凤台县	Fengtai County	928	710718	491031	134331	203400	153300
当涂县	Dangtu County	1385	644856	442343	151142	158298	132903
濉溪县	Suixi County	2366	1181607	443779	189160	91617	163002
铜陵县	Tongling County	833	319671	191300	46523	76931	67846
怀宁县	Huaining County	1543	777913	476644	130936	191612	154096
枞阳县	Zongyang County	1808	960306	374719	130192	125327	119200
潜山县	Qianshan County	1686	571879	291651	76941	105510	109200
太湖县	Taihu County	2031	558187	249600	104300	56600	88700
宿松县	Susong County	2394	798021	320127	127407	79142	113578
望江县	Wangjiang County	1357	601249	205800	81200	57800	66800
岳西县	Yuexi County	2398	398613	156200	55737	48500	51963
桐城市	Tongcheng City	1644	772973	574800	127500	262700	184600
歙县	She County	2236	493358	355287	69294	138593	147400
休宁县	Xiuning County	2125	272385	183535	54111	58124	71300
黟县	Qian County	847	95640	64045	18515	20495	25035
祁门县	Qimen County	2257	186349	142416	28116	52200	62100
来安县	Laian County	1499	487651	361000	106600	142400	112000
全椒县	Quanjiao County	1568	446737	371000	106482	147700	116818
定远县	Dingyuan County	2998	910974	482408	179408	135300	167700
凤阳县	Fengyang County	1944	729274	419740	123981	164248	131511
天长市	Tianchang City	1751	615650	575000	156100	245200	173700
明光市	Mingguang City	2359	634161	460500	137300	178300	144900
临泉县	Linquan County	1818	1948598	448800	234800	93100	120900
太和县	Taihe County	1820	1561423	449000	185900	91300	171800
阜南县	Funan County	1816	1523367	344451	177751	53000	113700
颍上县	Yingshang County	1859	1556059	347900	152300	70200	125400
界首市	Jieshou City	666	745142	327100	101400	92900	132800
砀山县	Dangshan County	1193	920773	360783	174183	77100	109500

continued

城镇就业人员(人) Urban Employed Persons (person)	城镇职工平均工资(元) Average Wages in Urban (yuan)	乡村就业人员(人) Rural Laborer (person)	#农林牧渔业 Agriculture	地方财政收入(万元) Revenue of Local Governments (10000 yuan)	地方财政支出(万元) Expenditures of Local Governments (10000 yuan)	固定资产投资(万元) Investment in Fixed Assets (10000 yuan)	社会消费品零售总额(万元) Total Retail Sales (10000 yuan)	常用耕地面积(公顷) Area of Caltivated Land (hectare)
31000	11983	436796	265000	15548	41500	123123	66608	64861
23000	12966	592872	335000	23627	47320	159072	136342	75488
79000	12674	521325	317000	25584	50252	126477	121658	66195
31000	13508	265691	133000	19798	38231	179036	138003	27110
40000	13031	236956	102000	22643	36743	183079	129400	21596
32000	10973	295115	161000	13889	31158	154821	122501	32728
45604	9416	651864	434135	14636	41889	174026	190493	136596
31240	8218	370855	218044	8672	25207	77285	113574	70009
30255	8941	319811	231949	7763	22863	96232	95567	70295
44000	15257	299665	183000	24481	46527	210472	76460	46137
19000	13884	303959	175000	20489	40824	238296	126675	43649
55000	9472	461355	382000	16184	37505	99346	109740	118652
20000	11398	160810	84000	9892	25269	96667	61172	18219
20000	12780	411812	252000	21704	42158	145362	138120	35740
32000	10303	436851	243000	15958	38821	109125	112098	34785
22000	9560	298538	207000	8990	32717	81908	91974	21391
22700	10841	283282	166200	8819	31696	59498	66271	19979
44500	10052	418509	274000	10489	30949	90797	91519	45826
16000	9714	305556	168000	6885	27781	42803	75099	35512
19000	11179	185865	120000	6488	28900	63089	46077	15028
29000	11853	376924	220000	19206	46271	185434	161600	34253
19000	11436	277026	198000	11959	34796	94250	101138	9896
20000	11454	146087	119000	7858	21054	81006	56157	12141
10000	11598	48274	34000	4073	12447	32368	17631	5114
20000	12178	93395	73000	7818	21407	48133	38742	6835
37000	9310	227331	157000	9531	24762	94547	100583	45505
32000	7596	178034	129000	8725	28483	72529	98503	39453
30000	8498	419848	316000	11666	33345	70295	108541	97589
27000	9081	352380	236000	12018	32688	93535	103678	66099
44000	10310	295721	156000	17791	38080	135377	135270	58668
36000	9150	278369	220000	11097	31068	87480	114959	54801
41000	8801	999920	630000	13133	53089	96390	184336	114759
39000	9505	867775	547000	16153	45592	95254	258673	115598
35000	9598	798976	486000	12369	40823	85717	136176	97845
38000	8668	743921	460000	17375	60228	110906	147997	103912
37000	7866	352084	183000	7579	26801	42402	157657	39108
39000	9184	439411	285000	7486	37988	76401	92691	49509

4-2 续表 16

地 区	Region	土地面积 (平方公里) Land Area (sq.km)	年末总人口 (人) Total Population (year-end) (person)	地区生产总值 (万元) Gross Domestic Product (10000 yuan)	第一产业 Primary Industry	第二产业 Secondary Industry	第三产业 Tertiary Industry
萧县	Xiao County	1885	1323791	486220	231320	111300	143600
灵璧县	Lingbi County	2054	1156183	486701	296837	74964	114900
泗县	Si County	1787	861098	352944	217944	69800	65200
庐江县	Lujiang County	2348	1185553	405162	186206	97556	121400
无为县	Wuwei County	2348	1394664	652427	212774	211953	227700
含山县	Hanshan County	1045	441390	267600	80500	100900	86200
和县	He County	1537	651570	313200	115200	105700	92300
寿县	Shou County	2986	1296758	388837	150292	120550	117995
霍邱县	Huoqiu County	3493	1674797	412787	165530	125815	121442
舒城县	Shucheng County	2100	991150	373510	113810	140680	119020
金寨县	Jinzhai County	3814	643882	223316	73396	86609	63311
霍山县	Huoshan County	2043	365863	258611	43815	151121	63675
涡阳县	Guoyang County	2107	1401983	501500	235100	120800	145600
蒙城县	Mengcheng County	2091	1219600	479800	242200	99100	138500
利辛县	Lixin County	1950	1416524	371700	202100	57200	112400
东至县	Dongzhi County	3256	533365	261200	88500	88900	83800
石台县	Shitai County	1403	109811	34594	11594	10600	12400
青阳县	Qingyang County	1181	281049	139333	37571	55768	45994
郎溪县	Langxi County	1105	333882	190839	59739	77200	53900
广德县	Guangde County	2116	501362	397558	69054	176204	152300
泾县	Jing County	2024	354741	261300	58000	105300	98000
绩溪县	Jixi County	1116	150584	136583	39692	50733	46158
旌德县	Jingde County	905	176866	86800	29100	31600	26100
宁国市	Ningguo City	2487	376377	559600	85300	288900	185400
福建省	**Fujian Province**						
闽侯县	Minhou County		609862	1013300	143047	615344	254909
连江县	Lianjiang County		611601	951583	331185	267494	352904
罗源县	Luoyuan County		252887	448486	122148	221616	104722
闽清县	Minqing County		300085	538412	83716	304467	150229
永泰县	Yongtai County		353995	336404	118762	75326	142316
平潭县	Pingtan County		384292	396639	131388	66701	198550
福清市	Fuqing City		1212585	3032031	365068	1791628	875335
长乐市	Changle City		660057	1397192	202674	857444	337074
仙游县	Xianyou County		1010183	634996	116728	263917	254351
明溪县	Mingxi County		115320	127000	45020	35830	46150
清流县	Qingliu County		147430	124181	50119	31514	42548
宁化县	Ninghua County		345723	210059	84825	54970	70264
大田县	Datian County		367715	281455	97809	101466	82180

continued

城镇就业人员（人） Urban Employed Persons (person)	城镇职工平均工资（元） Average Wages in Urban (yuan)	乡村就业人员（人） Rural Laborer (person)	#农林牧渔业 Agriculture	地方财政收入（万元） Revenue of Local Governments (10000 yuan)	地方财政支出（万元） Expenditures of Local Governments (10000 yuan)	固定资产投资（万元） Investment in Fixed Assets (10000 yuan)	社会消费品零售总额（万元） Total Retail Sales (10000 yuan)	常用耕地面积（公顷） Area of Caltivated Land (hectare)
49000	8977	614889	412000	13062	43825	98045	177190	88729
39000	8589	570931	465000	10245	37356	93593	94866	120460
29000	8386	456365	353000	8218	29718	90145	72643	91324
33000	10042	518585	328000	16805	45634	178757	167854	72637
46000	10639	705719	381300	23235	57616	341723	240074	85860
21200	11242	196567	103000	9597	23373	170273	75010	31551
33000	11314	269315	155000	10834	30325	190533	121554	47684
44000	9410	657728	517000	13278	43431	114550	181703	118471
38000	11587	711443	570000	15625	54120	141415	206200	120197
35000	9182	483160	416000	16474	42201	106392	133574	41458
28000	9500	274025	159000	7127	34856	74955	108439	22258
26000	10530	162005	102000	12291	34527	82934	64848	16734
50000	8967	671703	394800	15935	41755	130552	215410	131146
37000	9086	587802	363000	14032	37652	102894	199806	122552
32000	9307	728849	504000	10084	45125	96881	137588	114471
29000	9427	271962	205000	9346	29668	67031	80486	31107
8000	9598	56626	39000	1671	11928	17198	14296	2980
10000	13574	129927	66000	6443	19935	54469	58828	14859
22000	13532	161934	121000	5272	19838	104368	66013	24381
21900	10856	286376	170000	13922	34798	204249	120534	25363
22000	11952	179191	114000	7719	25509	121563	79402	18934
6800	11570	80452	45600	4496	16174	98932	46140	6895
10000	12322	70165	42000	3578	13519	58415	32486	8977
39000	12215	189505	108600	28608	47608	230752	112280	13523
49213	14756	259787	120057	41435	48046	284870	264600	18972
39400	12907	288251	163358	25058	35095	156847	290300	12855
12294	12999	87579	45773	10998	21130	101353	99700	11534
18957	14293	120149	64454	14788	20751	21620	115400	17072
12330	12274	166904	98470	6713	20619	39041	105500	14519
15378	13067	176303	130647	7876	24137	38081	144200	6555
141427	14907	530074	279570	61805	84225	504072	722800	28684
42556	15826	258284	93051	52120	58148	362951	356400	15137
45199	11301	458503	241184	14799	33211	79476	192900	21606
7316	14226	51065	29619	3837	10588	30028	44400	11803
9278	12445	56572	35396	4653	11635	17368	43000	10176
12965	13019	126813	78934	6918	18197	28840	72700	32077
21335	11591	128616	88817	10018	20576	32213	82000	14773

4-2 续表 17

地区	Region	土地面积 (平方公里) Land Area (sq.km)	年末总人口 (人) Total Population (year-end) (person)	地区生产总值 (万元) Gross Domestic Product (10000 yuan)			
					第一产业 Primary Industry	第二产业 Secondary Industry	第三产业 Tertiary Industry
尤溪县	Youxi County		420017	434242	173899	151607	108736
沙县	Sha County		241062	385137	94338	173774	117025
将乐县	Jiangle County		167876	227308	60763	103154	63391
泰宁县	Taining County		127182	197577	53069	87713	56795
建宁县	Jianning County		144812	145740	58451	30761	56528
永安市	Yongan City		319119	747530	99565	354218	293747
惠安县	Huian County		922731	1936248	193336	1039581	703331
安溪县	Anxi County		1066664	1335394	137418	642126	555850
永春县	Yongchun County		550509	928068	107571	424320	396177
德化县	Dehua County		305698	592572	55174	336708	200690
金门县	Jinmen County						
石狮市	Shishi City						
晋江市	Jinjiang City		1028914	4388660	116172	2486649	1785839
南安市	Nanan City		1481860	2189659	143475	1210264	835920
云霄县	Yunxiao County		415116	397537	116816	113711	167010
漳浦县	Zhangpu County		810889	849991	242800	240098	367093
诏安县	Zhaoan County		571432	551308	168245	190478	192585
长泰县	Changtai County		188556	335569	67903	133945	133721
东山县	Dongshan County		203212	398833	115405	125699	157729
南靖县	Nanjing County		341665	608854	168782	261061	179011
平和县	Pinghe County		557226	453542	174780	108838	169924
华安县	Huaan County		159312	182852	69551	51862	61439
龙海市	Longhai City		784228	1696867	230547	993346	472974
顺昌县	Shunchang County		240320	257330	61123	92849	103358
浦城县	Pucheng County		407881	237465	95930	72298	69237
光泽县	Guangze County		155460	137611	49911	38571	49129
松溪县	Songxi County		158704	120530	41392	31410	47728
政和县	Zhenghe County		218481	106545	40530	24721	41294
邵武市	Shaowu City		301201	482859	103011	185192	194656
武夷山市	Wuyishan City		221042	288121	64607	78452	145062
建瓯市	Jianou City		517550	453633	140308	118374	194951
建阳市	Jianyang City		335205	321971	104398	109572	108001
长汀县	Changting County		494129	298636	110978	86819	100839
永定县	Yongding County		462265	445866	114006	169406	162454
上杭县	Shanghang County		481866	398159	133569	147045	117545
武平县	Wuping County		364893	282180	99738	90028	92414
连城县	Liancheng County		326859	301590	94252	98091	109247
漳平市	Zhangping City		273682	408105	79496	139384	189225
霞浦县	Xiapu County		517646	489014	153171	147266	188577

continued

城镇就业人员(人) Urban Employed Persons (person)	城镇职工平均工资(元) Average Wages in Urban (yuan)	乡村就业人员(人) Rural Laborer (person)	#农林牧渔业 Agriculture	地方财政收入(万元) Revenue of Local Governments (10000 yuan)	地方财政支出(万元) Expenditures of Local Governments (10000 yuan)	固定资产投资(万元) Investment in Fixed Assets (10000 yuan)	社会消费品零售总额(万元) Total Retail Sales (10000 yuan)	常用耕地面积(公顷) Area of Caltivated Land (hectare)
17597	12982	176683	118454	14620	26508	88804	111200	22597
19383	14239	77453	41773	15687	18406	75959	120400	13051
9915	12334	73934	42515	8936	12382	39686	64100	13313
8135	13654	51206	29831	5161	10529	35601	70800	10841
6991	14054	53392	38275	2818	10618	18395	49600	14828
33707	16349	101205	61142	33355	34162	139723	260800	14889
98167	14151	444391	142691	59539	81121	199898	457200	18901
64566	13217	453433	289463	38429	55122	105632	355100	24751
35364	13993	228951	147070	30497	42923	55684	205700	15184
26076	13010	131818	67728	20068	30619	82511	156400	13544
252962	14967	580838	147804	121595	137709	536410	902300	21612
81646	14007	786631	318939	64536	79620	163366	671600	28142
20913	9784	164086	108835	7556	22864	22836	113900	11968
46493	8988	383100	271907	11609	29729	69651	273400	32508
21057	9361	281736	210061	7465	18026	55601	154700	21668
20663	10614	75823	37987	4972	13009	49106	62100	10438
16471	10001	78951	47927	6767	11161	28074	110000	4553
24261	12059	148640	97616	10288	18612	51613	121300	18066
19778	10472	248861	172361	7097	21465	46289	147000	21416
8058	11683	66873	44410	3760	9863	32867	49400	6799
66057	13298	339312	164205	42349	44318	428600	367400	17755
20337	10655	93679	69887	9481	15201	47547	72300	12679
15269	12039	149872	92289	8062	20303	81729	81600	33966
13183	10896	62080	51105	4860	12414	27387	42600	14018
6866	12365	69430	53587	3052	10398	13810	25800	10146
8307	11845	95953	77569	3375	12560	12599	37600	13417
29971	13074	107009	62713	16939	20311	131690	147600	22305
18006	11814	85042	65526	10624	19091	155444	64200	20731
19820	12023	180332	126085	11559	24275	96493	142900	32151
18999	11638	126301	84565	9034	18394	81091	106500	30217
24317	11424	244474	134442	6709	25393	45871	83900	21034
20321	14298	227034	129483	16254	30197	80416	115100	20329
22007	13118	232968	130677	16050	31516	46080	112700	24511
16300	13305	158153	75447	7575	24864	30902	85900	22665
17127	11249	137679	75105	6916	19759	37941	83500	16918
18279	14653	117501	87241	12333	19941	67388	118800	11829
18723	12021	212595	118209	10382	26427	72096	138800	17734

4-2 续表 18

地 区	Region	土地面积 (平方公里) Land Area (sq.km)	年末总人口 (人) Total Population (year-end) (person)	地区生产总值 (万元) Gross Domestic Product (10000 yuan)	第一产业 Primary Industry	第二产业 Secondary Industry	第三产业 Tertiary Industry
古田县	Gutian County		424181	358111	108781	112975	136355
屏南县	Pingnan County		180485	145667	42271	51338	52058
寿宁县	Shouning County		254526	156824	49525	61774	45525
周宁县	Zhouning County		194138	114795	24808	49145	40842
柘荣县	Zherong County		100153	105159	24610	42266	38283
福安市	Fuan City		610700	668526	125208	329697	213621
福鼎市	Fuding City		564473	523599	133523	207880	182196
江西省	**Jiangxi Province**						
南昌县	Nanchang County	1684	906000	870916	208037	331128	331751
新建县	Xinjian County	2338	662000	512282	109912	194415	207955
安义县	Dingyi County	666	251000	157964	48027	50915	59022
进贤县	Jinxian County	1955	753000	480105	142213	223096	114796
浮梁县	Fuliang County	2851	277000	175119	50873	73190	51056
乐平市	Leping City	1974	797000	538361	76434	258645	203282
莲花县	Lianhua County	1062	248000	109195	29995	43200	36000
上栗县	Shangli County	712	460000	307800	47295	191301	69204
芦溪县	Luxi County	963	275000	169200	42545	91290	35365
九江县	Jiujiang County	873	350000	135654	49425	47644	38585
武宁县	Wuning County	3507	348000	198900	62600	83500	52800
修水县	Xiushui County	4503	774000	289843	91011	91590	107242
永修县	Yongxiu County	2035	365000	220317	64928	72505	82884
德安县	Dean County	863	227000	115283	22104	65146	28033
星子县	Xingzi County	894	240000	88000	25600	34000	28400
都昌县	Duchang County	2670	727000	161373	58770	41299	61304
湖口县	Hukou County	669	273000	116131	44338	37989	33804
彭泽县	Pengze County	1542	348000	142338	54929	39331	48078
瑞昌市	Ruichang City	1423	420000	218140	40740	111850	65550
分宜县	Fenyi County	1389	310000	208696	54278	97665	56753
余江县	Yujiang County	933	351000	121459	58606	30475	32378
贵溪市	Guixi City	2313	575000	626431	76223	376261	173947
赣县	Gan County	2993	568000	189499	74674	50966	63859
信丰县	Xinfeng County	2878	673000	302465	90006	122258	90201
大余县	Dayu County	1368	297000	206747	45992	85316	75439
上犹县	Shangyou County	1544	284000	107416	44117	30998	32301
崇义县	Chongyi County	2197	198000	124675	29945	45796	48934
安远县	Anyuan County	2375	352000	109833	52657	17394	39782
龙南县	Longnan County	1641	300000	178560	49186	83384	45990
定南县	Dingnan County	1316	201000	91901	29176	27307	35418

continued

城镇就业人员(人) Urban Employed Persons (person)	城镇职工平均工资(元) Average Wages in Urban (yuan)	乡村就业人员(人) Rural Laborer (person)	#农林牧渔业 Agriculture	地方财政收入(万元) Revenue of Local Governments (10000 yuan)	地方财政支出(万元) Expenditures of Local Governments (10000 yuan)	固定资产投资(万元) Investment in Fixed Assets (10000 yuan)	社会消费品零售总额(万元) Total Retail Sales (10000 yuan)	常用耕地面积(公顷) Area of Caltivated Land (hectare)
16996	14064	187800	139737	9587	24172	37356	123100	26900
8991	12255	60348	49842	3330	12126	50664	43900	13038
8646	13010	98216	68749	3132	14119	49768	50700	12037
7032	12975	72768	47022	3709	12445	46087	38800	9765
5662	12943	40620	27409	2612	10138	23515	28900	4600
32584	14411	179926	118971	16728	36859	85034	215500	21471
18367	13663	255127	150314	19994	33452	115634	183000	18309
40135	11149	356890	244540	33202	60668	236200	117900	67333
33543	9121	284614	215969	21263	38598	115627	76595	51940
13958	9598	81938	49567	6455	17852	51420	45246	16731
21452	8868	321219	159511	14527	36026	55800	112636	52316
21616	7806	107997	73467	6308	19149	43563	35836	18147
44884	9183	298641	169375	20000	38691	162556	142125	33226
10349	10307	100303	66701	5298	19439	68437	31661	13105
10584	9923	226529	94969	12604	27399	84325	109522	11311
7209	13258	126207	69626	10089	21135	113599	58064	9768
20120	9828	132310	65501	8585	22630	42967	48886	16216
11687	11839	144823	91122	11400	25421	83241	61588	17281
19549	9635	320958	190179	16187	42570	141600	97886	38214
27059	8472	133369	96825	11108	25852	60402	59520	23365
8019	9223	54074	33351	6359	15771	61959	31966	7576
9674	8674	97524	54822	6887	17208	36361	32786	9122
24200	8095	317966	174743	10908	35768	38958	81088	35797
17046	9941	108574	66525	7376	18119	40141	36789	13986
14496	9036	146507	89865	7447	21570	56218	46352	18716
25118	11100	143852	76721	13505	24562	159448	75118	16576
	11928	104969	62587	16456	31059	93500	86700	
18404	7489	134510	81960	6194	19014	45100	49000	22128
29783	15351	199617	123663	26874	37445	279300	98654	31982
21417	9592	256545	137867	10716	30340	86000	61655	21255
24431	9389	286828	138531	16120	34699	133346	78016	24017
14637	9061	106268	69671	10204	20968	90210	66836	9490
11533	9992	134213	66442	6459	18938	38500	33154	8607
11443	9797	80567	49991	7090	16760	36500	32548	7533
11064	9216	145365	92742	6109	23715	27270	34760	10762
17351	9883	153991	78477	14328	24303	111400	61000	8652
9202	9635	86737	52213	6372	16738	115249	30569	6891

4-2 续表 19

地 区	Region	土地面积 (平方公里) Land Area (sq.km)	年末总人口 (人) Total Population (year-end) (person)	地区生产总值 (万元) Gross Domestic Product (10000 yuan)	第一产业 Primary Industry	第二产业 Secondary Industry	第三产业 Tertiary Industry
全南县	Quannan County	1521	187000	111089	34773	40992	35324
宁都县	Ningdu County	4053	715000	305178	105093	103470	96615
于都县	Yudu County	2893	942000	282518	87478	107267	87773
兴国县	Xingguo County	3214	739000	249646	103525	78915	67206
会昌县	Huichang County	2722	441000	153988	61296	36000	56692
寻乌县	Xuwu County	2311	300000	112958	46130	21949	44879
石城县	Shicheng County	1582	306000	98100	45659	22695	29746
瑞金市	Ruijin City	2448	615000	259397	68036	70801	120560
南康市	Nankang City	1796	775000	324610	84203	105747	134660
吉安县	Jian County	2111	439000	225102	75656	74244	75202
吉水县	Jishui County	2475	481000	174442	65275	60632	48535
峡江县	Xiajiang County	1310	161000	86515	35800	25280	25435
新干县	Xingan County	1229	304000	166267	60195	49190	56882
永丰县	Yongfeng County	2691	412000	201690	68693	73664	59333
泰和县	Taihe County	2681	517000	280715	107940	71795	100980
遂川县	Suichuan County	3092	526000	172899	51193	54755	66951
万安县	Wangan County	2037	302000	91705	41358	26755	23592
安福县	Anfu County	2796	384000	200632	69561	62166	68905
永新县	Yongxin County	2159	483000	156451	61942	50702	43807
井冈山市	Jinggangshan City	1298	152000	97673	20021	33669	43983
奉新县	Fengxin County	1642	302000	179640	58117	81406	40117
万载县	Wangzai County	1718	473000	187680	55590	76816	55274
上高县	Shanggao County	1340	337000	244190	81520	89540	73130
宜丰县	Yifeng County	1935	275000	162000	51000	65000	46000
靖安县	Jingan County	1377	138000	77023	23237	25858	27928
铜鼓县	Tonggu County	1548	136000	75100	22970	27680	24450
丰城市	Fengcheng City	2845	1282000	652950	193820	229490	229640
樟树市	Zhangshu City	1291	536000	366200	93200	159000	114000
高安市	Gaoan City	2439	808000	360132	101563	134772	123797
南城县	Nancheng County	1698	306000	162409	48672	54675	59062
黎川县	Lichuan County	1729	239000	92400	30800	34200	27400
南丰县	Nanfeng County	1909	281000	168000	57669	52276	58055
崇仁县	Chongren County	1520	321000	171018	61330	64798	44890
乐安县	Lean County	2415	342000	107315	40663	32007	34645
宜黄县	Yihuang County	1944	214000	76360	27389	28635	20336
金溪县	Jinxi County	1358	270000	110416	42200	31334	36882
资溪县	Zixi County	1251	108000	54131	15089	21481	17561
东乡县	Dongxiang County	1262	431000	235244	55595	107965	71684
广昌县	Guangchang County	1612	231000	54101	19450	13982	20669

continued

城镇就业人员（人）Urban Employed Persons (person)	城镇职工平均工资（元）Average Wages in Urban (yuan)	乡村就业人员（人）Rural Laborer (person)	#农林牧渔业 Agriculture	地方财政收入（万元）Revenue of Local Governments (10000 yuan)	地方财政支出（万元）Expenditures of Local Governments (10000 yuan)	固定资产投资（万元）Investment in Fixed Assets (10000 yuan)	社会消费品零售总额（万元）Total Retail Sales (10000 yuan)	常用耕地面积（公顷）Area of Caltivated Land (hectare)
13404	8541	65098	33409	5691	15764	21275	38625	7324
20116	8251	319179	199669	11322	37942	90000	89978	38989
31660	9329	351439	191228	15028	42282	100719	103080	27861
19383	9716	364424	218392	11286	39665	100000	78596	27933
12329	8778	207375	138450	6579	24031	85000	63530	16120
9410	9599	127958	87777	6427	20721	57200	42112	10661
9727	7719	122632	80313	5482	19449	32145	24609	12596
19510	9456	246073	144085	11055	31800	57238	95382	21694
18280	10303	376930	194645	16701	36215	121310	94412	25659
16589	11002	183479	121948	13995	31768	100000	80650	36781
21070	8815	183609	130233	10883	26098	45236	75186	38667
9170	8828	58762	40998	6567	14276	43600	33172	18146
13043	8947	119631	78717	11653	24637	88537	76953	27567
30326	8299	167047	117744	10529	25096	63650	58782	30426
19590	10380	206817	140573	14562	30539	229580	70492	43647
13064	11591	257226	153349	9782	26635	74800	53176	25456
13331	9197	117014	79909	7622	20713	40385	30358	18809
18571	9786	145233	105757	10707	25310	52200	88278	29454
13330	8835	198208	137868	7469	27604	58088	58876	24540
21100	8272	54237	35903	7520	21702	84283	41971	8146
12257	11807	99178	62735	10721	23359	111085	76470	24934
15188	9880	188665	112505	9927	28562	84900	89040	23719
18330	9158	98972	64584	12960	27885	105000	82937	24148
16501	11192	85381	55868	10243	24890	60200	70003	20487
6695	9194	40040	26855	4916	14623	33000	28126	9144
8470	12379	44472	31931	5161	15011	25000	25507	5950
52490	10466	453757	241641	29523	56448	400000	283655	81261
27678	11464	203774	129624	22561	40268	138200	144836	38758
28467	9467	286049	187697	21465	43972	125000	171523	64951
14577	8008	108925	79257	7574	20127	69000	64297	16661
11257	8649	89616	59126	4471	15853	63500	46822	14617
14024	8746	116222	80327	5977	18145	79000	93643	16833
14377	8752	131308	82757	5785	18226	103000	55814	19487
12338	8308	131631	98762	3359	21816	42300	59711	22171
10425	9554	79092	55392	3360	13171	40000	40999	17143
10142	9554	110007	78883	3942	16237	6082	47083	23342
9932	8620	37498	18000	3260	8928	32500	22192	4628
28542	8688	147209	101022	8681	21027	84100	23956	25346
10892	8393	94599	65303	4491	21755	25900	120726	12443

4-2 续表 20

地 区	Region	土地面积 (平方公里) Land Area (sq.km)	年末总人口 (人) Total Population (year-end) (person)	地区生产总值 (万元) Gross Domestic Product (10000 yuan)	第一产业 Primary Industry	第二产业 Secondary Industry	第三产业 Tertiary Industry
上饶县	Shangrao County	2240	703000	252888	54897	126697	71294
广丰县	Guangfeng County	1378	778000	552520	79433	265540	207547
玉山县	Yushan County	1728	552000	197802	52236	86647	58919
铅山县	Qianshan County	2178	413000	194136	52845	70845	70446
横峰县	Hengfeng County	655	197000	77376	20597	32292	24487
弋阳县	Yiyang County	1580	367000	151914	44577	61200	46137
余干县	Yugan County	2331	880000	194400	84230	56200	53970
鄱阳县	Boyang County	4215	1428000	305178	132229	76339	96610
万年县	Wangnian County	1140	359000	162714	46292	65090	51332
婺源县	Wuyuan County	2948	335000	181829	41642	75787	64400
德兴市	Dexing City	2082	307000	325102	34667	211932	78503
山东省	**Shandong Province**						
平阴县	Pingyin County	827	364000	679635	110816	381400	187419
济阳县	Jiyang County	1076	531000	727030	200507	332400	194123
商河县	Shanghe County	1163	598000	588476	201260	260600	126616
章丘市	Zhangqiu City	1855	991000	1780153	299165	920900	560088
胶州市	Jiaozhou City	1313	769000	2170107	221333	1272869	675905
即墨市	Jimo City	1780	1082000	2356585	276112	1228398	852075
平度市	Pingdu City	3166	1346000	2190414	412147	1051325	726942
胶南市	Jiaonan City	1802	808000	2267105	279901	1342108	645096
莱西市	Laixi City	1522	721000	1458304	226627	699623	532054
桓台县	Huantai County	498	488000	1251807	93505	793407	364895
高青县	Gaoqing County	830	361000	363606	94542	172564	96500
沂源县	Yiyuan County	1636	555000	530626	84805	267823	177998
滕州市	Tengzhou City	1485	1573000	2524250	263682	1551750	708818
垦利县	Kenli County	2204	214000	465118	66406	321596	77116
利津县	Lijin County	1287	292000	440800	104678	232622	103500
广饶县	Guangrao County	1138	481000	1131490	150753	699265	281472
长岛县	Changdao County	56	44000	170532	94041	17307	59184
龙口市	Longkou City	894	628000	2445036	197626	1442185	805225
莱阳市	Laiyang City	1732	877000	1311942	216752	686615	408575
莱州市	Laizhou City	1878	859000	1983408	277473	1016386	689549
蓬莱市	Penglai City	1129	446000	1358379	136959	798625	422795
招远市	Zhaoyuan City	1433	566000	1623209	113209	995940	514060
栖霞市	Qixia City	2016	636000	795879	208943	332026	254910
海阳市	Haiyang City	1887	669000	862796	213796	443000	206000
临朐县	Linqu County	1834	852000	605337	143931	283436	177970
昌乐县	Changle County	1101	595000	600173	123448	310424	166301

continued

城镇就业人员（人）Urban Employed Persons (person)	城镇职工平均工资（元）Average Wages in Urban (yuan)	乡村就业人员（人）Rural Laborer (person)	#农林牧渔业 Agriculture	地方财政收入（万元）Revenue of Local Governments (10000 yuan)	地方财政支出（万元）Expenditures of Local Governments (10000 yuan)	固定资产投资（万元）Investment in Fixed Assets (10000 yuan)	社会消费品零售总额（万元）Total Retail Sales (10000 yuan)	常用耕地面积（公顷）Area of Caltivated Land (hectare)
23139	9954	301790	134763	13443	34056	172113	90876	21292
29223	12369	322469	145296	28415	52359	123354	115773	18079
18432	5381	209561	122852	11746	29035	135000	102300	18857
12494	11266	164695	98133	9819	21766	77900	110484	19479
9018	7191	75211	53300	5343	16318	25185	58829	8068
19456	9168	140565	87415	8975	25171	102146	84115	21141
27164	7492	377283	275232	15356	49700	179747	77726	47901
56086	7378	570120	334720	14070	61520	83300	100821	73451
26775	6498	143758	63872	8888	23749	63000	65365	20728
13096	12917	126800	87288	9033	24709	82057	78404	256364
27639	12745	99384	63995	16132	28635	110600	82141	26957
34704	10093	143500	80900	16256	35320		248959	27510
22652	9839	274736	182143	20213	41930		234426	64951
24221	7751	272600	166300	15016	31442		185923	66694
76341	13721	471032	150323	93939	123208		685111	76159
140306	11994	316728	100953	80077	96892		536762	55017
123624	12897	566000	194800	95287	110601		611016	77652
70231	16731	639599	385526	61500	97028		691009	157831
82685	12417	335208	147257	94566	103169		485216	53781
87322	10732	332900	188200	38757	54918		425763	69461
38899	12942	227200	104300	40209	57024		205185	25873
19273	11237	187669	140013	18028	31105		76085	42313
44502	10699	292857	210467	25607	40650		137621	16203
130867	13084	710800	381900	65086	92539		640057	71237
18636	14659	62200	41400	20008	31655		57740	30534
14451	13174	146000	88600	10046	26289		65862	43259
24766	15006	221900	122700	36419	60361		164997	51025
6087	12697	13500	5500	2907	11740		49259	295
65426	16587	248300	119900	81814	97638		555288	19487
52420	13690	366100	220200	40794	58568		504384	79495
61790	14946	405195	214205	58060	78126		513715	70963
40520	14914	197800	124300	50941	72393		379832	37096
63089	15619	212933	121914	52171	74962		416329	41478
34996	11578	279000	225000	16507	40431		321301	51516
30829	11509	320618	208607	30869	48411		302870	57205
42535	9470	397100	144800	17258	35623		250036	49198
32699	9854	234600	111100	26663	41913		241566	51803

4-2 续表 21

地 区	Region	土地面积 (平方公里) Land Area (sq.km)	年末总人口 (人) Total Population (year-end) (person)	地区生产总值 (万元) Gross Domestic Product (10000 yuan)	第一产业 Primary Industry	第二产业 Secondary Industry	第三产业 Tertiary Industry
青州市	Qingzhou City	1569	900000	1256400	179278	665000	412122
诸城市	Zhucheng City	2183	1061000	1763649	261640	1049508	452501
寿光市	Shouguang City	2180	1068000	2144497	366738	1095605	682154
安丘市	Anqiu City	1928	1049000	904412	262178	315570	326664
高密市	Gaomi City	1603	857000	1020000	184925	538422	296653
昌邑市	Changyi City	1812	678000	990015	168456	517156	304403
微山县	Weishan County	1780	695000	830540	139540	459700	231300
鱼台县	Yutai County	654	453000	488640	112606	208238	167796
金乡县	Jinxiang County	887	609000	737982	198885	260097	279000
嘉祥县	Jiaxiang County	973	792000	612989	105989	308400	198600
汶上县	Wenshang County	877	735000	538232	128332	232400	177500
泗水县	Sishui County	1070	597000	583800	125200	255000	203600
梁山县	Liangshan County	963	717000	585800	155100	275100	155600
曲阜市	Qufu City	896	637000	1249770	110848	610622	528300
兖州市	Yanzhou City	648	605000	1536016	170858	856058	509100
邹城市	Zoucheng City	1619	1120000	2333219	187629	1511010	634580
宁阳县	Ningyang County	1124	808000	686800	170330	308300	208170
东平县	Dongping County	1340	774000	604600	135649	276900	192051
新泰市	Xintai City	1933	1354000	1811800	184619	1185600	441581
肥城市	Feicheng City	1277	965000	1522200	191349	867600	463251
文登市	Wendeng City	1645	646000	2679198	237106	1631320	810772
荣成市	Rongcheng City	1392	668000	3117500	382245	1848379	886876
乳山市	Rushan City	1668	581000	1500339	200818	835701	463820
五莲县	Wulian County	1443	509000	633188	103762	348084	181342
莒县	Ju County	1952	1101000	978213	215916	388291	374006
沂南县	Yinan County	1774	907000	673413	140113	303200	230100
郯城县	Tancheng County	1307	977000	864219	156219	402000	306000
沂水县	Yishui County	2435	1109000	1000308	147055	505035	348218
苍山县	Cangshan County	1800	1180000	809965	204524	270451	334990
费县	Fei County	1898	922000	781400	146100	374200	261100
平邑县	Pingyi County	1825	988000	847000	167039	421800	258161
莒南县	Junan County	1752	991000	771108	146466	332514	292128
蒙阴县	Mengyin County	1602	530000	501008	104908	209000	187100
临沭县	Linshu County	1038	631000	532000	85107	262093	184800
陵县	Ling County	1013	559000	576300	120500	299400	156400
宁津县	Ningjin County	833	459000	580563	119563	301600	159400
庆云县	Qingyun County	502	299000	259804	50104	111700	98000
临邑县	Linyi County	1016	522000	680412	116512	362600	201300
齐河县	Qihe County	1411	610000	673217	144017	342600	186600

continued

城镇就业人员(人) Urban Employed Persons (person)	城镇职工平均工资(元) Average Wages in Urban (yuan)	乡村就业人员(人) Rural Laborer (person)	#农林牧渔业 Agriculture	地方财政收入(万元) Revenue of Local Governments (10000 yuan)	地方财政支出(万元) Expenditures of Local Governments (10000 yuan)	固定资产投资(万元) Investment in Fixed Assets (10000 yuan)	社会消费品零售总额(万元) Total Retail Sales (10000 yuan)	常用耕地面积(公顷) Area of Caltivated Land (hectare)
48060	13870	353600	201400	41060	66812		442056	60909
64966	11199	415900	220600	71192	90700		439606	103641
68539	15054	438586	239185	90621	108753		468249	88466
49229	9770	490874	281238	30016	49098		366480	93916
61928	9650	349100	165100	37655	55955		368886	88533
32148	10266	281274	150718	35669	47778		337869	68213
35554	19353	343351	194747	34237	46492		128323	25326
17807	8756	227231	158879	9268	17946		89018	38110
28332	9749	295267	223400	13025	22752		106507	51883
24114	8160	383407	229509	14673	28198		110715	56675
28553	7861	338900	147500	12586	27616		109878	54921
23405	8354	268200	138300	10066	22220		94208	41511
44890	7709	314268	206264	11535	24546		103279	54735
47817	12303	272381	149868	46808	61413		338893	42896
42725	12394	236025	121571	76252	98432		344577	37383
155944	17917	429347	228810	100016	116675		447003	62825
43442	8645	345676	207449	20996	37349		279810	58239
37471	7698	343000	220300	17861	38043		189281	60985
122650	12790	603200	307400	73106	121330		493148	66351
94184	12005	345700	188900	58568	127219		479227	58723
63427	14301	287842	149856	100118	124653		482343	51747
64459	14189	231800	105900	106018	138816		678930	52602
49247	10902	264500	126700	55242	67723		352451	45660
35685	8224	238900	144400	12207	27023		146350	39932
37836	9580	585863	398766	14562	33755		278767	70898
31195	9664	474800	336700	16169	39002		158392	66857
35581	10076	530079	372841	25053	44760		220525	67019
43186	10049	560339	411070	32588	59525		257075	76613
34300	9860	613963	432459	15625	41661		230092	96727
31199	9912	494185	304493	17326	40077		177300	65811
43339	10114	493900	324000	19626	39854		224369	58661
39008	9933	514607	386763	20006	47487		170005	66617
29426	9601	251743	150201	10129	27668		145055	31173
32131	9770	341376	232744	16846	34812		123045	52812
26367	7154	224000	180055	9039	41065		155484	62530
17571	7405	183300	118612	10957	33818		155484	48201
12167	7700	112603	76900	4631	21740		146002	26985
31014	8759	209400	155788	30797	38581		174623	50880
42257	7317	267629	211487	40833	45091		160257	71787

4-2 续表 22

地 区	Region	土地面积 (平方公里) Land Area (sq.km)	年末总人口 (人) Total Population (year-end) (person)	地区生产总值 (万元) Gross Domestic Product (10000 yuan)	第一产业 Primary Industry	第二产业 Secondary Industry	第三产业 Tertiary Industry
平原县	Pingyuan County	1047	452000	539607	117907	265300	156400
夏津县	Xiajin County	872	489000	508514	106914	245200	156400
武城县	Wucheng County	748	372000	469906	84206	257800	127900
乐陵市	Yueling City	1172	648000	575839	130339	283400	162100
禹城市	Yucheng City	990	506000	661919	130119	337800	194000
阳谷县	Yanggu County	1065	755000	605100	166487	308800	129813
莘县	Shen County	1416	966000	655300	208000	269100	178200
茌平县	Chiping County	1120	573000	574808	154104	322283	98421
东阿县	Donga County	799	420000	359816	81435	191207	87174
冠县	Guan County	1152	740000	495100	167966	179900	147234
高唐县	Gaotang County	949	475000	822700	118186	591600	112914
临清市	Linqing City	960	726000	772300	127617	462900	181783
惠民县	Huimin County	1357	625000	570765	131324	255900	183541
阳信县	Yangxin County	793	437000	294718	82062	140305	72351
无棣县	Wudi County	1998	437000	579540	121440	333100	125000
沾化县	Zhanhua County	2114	385000	478360	116273	199800	162287
博兴县	Boxing County	901	474000	755671	105153	453100	197418
邹平县	Zouping County	1250	709000	1560600	171097	1051143	338360
曹县	Cao County	1969	1429000	494061	188575	215891	89595
单县	Shan County	1702	1171000	486699	202742	176605	107352
成武县	Chengwu County	949	633000	299072	121974	131246	45852
巨野县	Juye County	1303	942000	338014	141549	137845	58620
郓城县	Yuncheng County	1643	1095000	493188	188669	227068	77451
鄄城县	Juancheng County	1041	790000	273381	126914	92781	53686
定陶县	Dingtao County	846	613000	269874	116768	106214	46892
东明县	Dongming County	1370	748000	376359	121835	189422	65102
河南省	**Henan Province**						
中牟县	Zhongmou County	1393	682900	710610	201879	305333	203398
巩义市	Gongyi City	1041	791700	1911889	44311	1465488	402090
荥阳市	Xingyang City	955	595900	1111442	108056	679251	324135
新密市	Xinmi City	978	798500	1246604	52014	822244	372346
新郑市	Xinzheng City	873	631200	1244758	86795	782293	375670
登封市	Dengfeng City	1219	631100	853475	56828	568986	227661
杞县	Qi County	1244	1035600	593436	286433	195819	111184
通许县	Tongxu County	767	593000	407831	169654	126242	111935
尉氏县	Weishi County	1256	854900	618887	197865	301448	119574
开封县	Kaifeng County	1449	737300	466824	165224	147611	153989
兰考县	Lankao County	1367	749800	435820	103637	166981	165202

continued

城镇就业人员(人) Urban Employed Persons (person)	城镇职工平均工资(元) Average Wages in Urban (yuan)	乡村就业人员(人) Rural Laborer (person)	#农林牧渔业 Agriculture	地方财政收入(万元) Revenue of Local Governments (10000 yuan)	地方财政支出(万元) Expenditures of Local Governments (10000 yuan)	固定资产投资(万元) Investment in Fixed Assets (10000 yuan)	社会消费品零售总额(万元) Total Retail Sales (10000 yuan)	常用耕地面积(公顷) Area of Caltivated Land (hectare)
23071	7926	198103	128334	17880	33013		152468	50254
15977	8638	231379	167770	10811	35831		151427	54869
17053	8100	164767	119900	18427	27377		147567	37670
23009	7576	275321	222518	17886	47104		156613	63034
247200	8583	225100	114000	19523	37110		169314	52974
32265	9340	381391	208083	12305	30832		161823	62471
29156	8941	514995	377299	11600	35176		160508	81743
36675	10071	256482	194815	18233	44488		106766	69257
22528	9390	201900	136700	11545	26677		95804	47475
390100	8782	349000	223300	10032	27547		119927	74705
256500	11149	197800	141600	32195	51768		112545	60259
40482	7308	318700	204500	25215	46460		188400	62290
25874	8369	280353	191904	6534	23659		143919	75163
14290	8072	188449	112422	4021	18012		79561	42021
23515	9178	223903	150173	23963	40151		116974	52039
13765	10923	183200	132600	23792	34852		106800	55151
240188	11878	214509	141199	32861	45742		148428	44583
114587	12423	336070	164428	59105	90337		252354	63075
33173	6137	666700	420900	14713	44449		252158	103836
34000	7795	531400	289100	14341	39658		210282	90573
29589	7127	281400	166200	10188	27145		127844	48781
26808	6838	390800	259600	13783	37382		164467	76448
41229	6869	493400	335000	21399	45370		202123	99181
22721	7787	373000	246400	9596	30030		137725	55868
18746	7888	297700	179000	9179	26065		123383	49642
29167	10050	245000	142500	16852	35113		126781	53086
31495	7576	351200	290100	18080	41205	239624	269448	61450
56723	7134	305600	130300	70111	93766	694563	508346	33770
46035	6463	326900	183800	37214	51216	380797	431487	44380
41038	7341	332300	145400	40219	54949	305292	441989	45520
38239	10167	322500	199900	36233	50596	371903	446187	42010
38452	11186	307600	188900	47324	64981	424804	364648	36080
26933	7405	581200	460400	11566	36688	67580	82286	88220
20070	7731	330400	285500	7189	22536	57928	53091	53100
34949	7758	463800	333700	15471	39141	87963	85779	82980
26152	6361	395600	321800	10098	30185	73013	42999	86580
27731	8510	419100	306100	8872	36820	62093	73974	68540

地 区	Region	土地面积 (平方公里) Land Area (sq.km)	年末总人口 (人) Total Population (year-end) (person)	地区生产总值 (万元) Gross Domestic Product (10000 yuan)	第一产业 Primary Industry	第二产业 Secondary Industry	第三产业 Tertiary Industry
孟津县	Mengjin County	759	450100	328977	68550	182117	78310
新安县	Xinan County	1160	491500	912864	81279	691390	140195
栾川县	Luanchuan County	2185	322000	279492	49724	168527	61241
嵩县	Song County	2981	541200	277736	99054	95462	83220
汝阳县	Ruyang County	1325	422200	232857	65692	95997	71168
宜阳县	Yiyang County	1651	675200	309922	109123	111545	89254
洛宁县	Luoning County	2306	444100	246996	90149	67340	89507
伊川县	Yichuan County	1243	738900	817818	111987	613103	92728
偃师市	Yanshi City			1625772	149304	1095181	381287
宝丰县	Baofeng County	706	481800	513501	66961	290636	155904
叶县	Ye County	1387	856900	447937	161420	171939	114578
鲁山县	Lushan County	2407	838700	288086	84861	107360	95865
郏县	Jia County	727	546100	359667	89404	190343	79920
舞钢市	Wugang City	629	316700	400627	44396	287378	68853
汝州市	Ruzhou City	1573	939900	985273	125992	556506	302775
安阳县	Anyang County	1499	920200	667155	118289	400047	148819
汤阴县	Tangyin County	646	451300	323372	97154	142583	83635
滑县	Hua County	1814	1238600	506292	244080	161591	100621
内黄县	Neihuang County	1161	706900	384277	199344	111758	73175
林州市	Linzhou City	2046	981200	807938	93945	541728	172265
浚县	Xun County	1117	665300	401274	169175	162024	70075
淇县	Qi County	591	252700	394910	99722	223078	72110
新乡县	Xinxiang County	524	315400	419810	53045	263131	103634
获嘉县	Huojia County	473	396000	307544	70356	162536	74652
原阳县	Yuanyang County	1339	657400	302183	94770	137011	70402
延津县	Yanjin County	947	468400	288037	87127	131871	69039
封丘县	Fengqiu County	1221	731900	301036	127158	87800	86078
长垣县	Changyuan County	1050	785500	480585	114193	183432	182960
卫辉市	Weihui City	882	485600	317823	90182	98999	128642
辉县市	Huixian City	2007	781800	754242	116233	471377	166632
修武县	Xiuwu County	722	276800	369617	69323	220632	79662
博爱县	Boai County	488	427000	606708	81369	371524	153815
武陟县	Wuzhi County	860	642900	572873	132333	254827	185713
温县	Wen County	462	416300	501094	82029	289984	129081
沁阳市	Qinyang City	624	462500	801210	72375	468356	260479
孟州市	Mengzhou City	542	366200	515267	63330	319763	132174
清丰县	Qingfeng County	869	676700	371878	143049	152282	76547
南乐县	Nanle County	623	487700	281722	114695	108421	58606
范县	Fan County	610	489700	263368	52304	130736	80328

continued

城镇就业人员(人) Urban Employed Persons (person)	城镇职工平均工资(元) Average Wages in Urban (yuan)	乡村就业人员(人) Rural Laborer (person)	#农林牧渔业 Agriculture	地方财政收入(万元) Revenue of Local Governments (10000 yuan)	地方财政支出(万元) Expenditures of Local Governments (10000 yuan)	固定资产投资(万元) Investment in Fixed Assets (10000 yuan)	社会消费品零售总额(万元) Total Retail Sales (10000 yuan)	常用耕地面积(公顷) Area of Caltivated Land (hectare)
21597	9113	233000	152600	12642	26255	120257	84187	37320
27992	10785	274500	186200	34595	54255	334041	117743	32160
18169	11021	181100	120400	14839	27363	64911	65003	9100
18789	9230	301800	242400	8819	31518	77155	100923	29950
17675	8728	245700	175000	8025	26200	89863	80114	24410
25258	8678	373200	238400	11366	31888	110798	99984	60900
18260	7605	261900	208500	8019	27775	60135	67157	40320
26551	11602	410300	254600	32126	48457	405451	153635	59500
33866	8863	435900	254600	35019	51884	361274	277531	51040
24607	7720	258200	183600	11736	26339	63406	100319	41520
25036	5959	512300	396900	10484	32016	55269	109594	80780
31088	7799	463400	336400	9332	35017	98851	87785	47370
19115	7593	337700	279800	7688	24748	78711	83529	45870
36598	10134	164700	128700	20722	34778	114038	81830	21280
42775	6675	476000	313700	16393	43270	168003	223899	60450
39112	9057	564300	344300	34610	53895	177802	130878	69100
28082	8155	246600	157700	6650	20113	71902	63052	44660
42021	9514	737800	595200	13740	45254	101047	140703	127220
22241	9386	422600	338200	7850	29059	89118	108218	68530
69973	10880	555900	297000	27907	49208	310671	188996	55160
29016	9836	369300	260000	8708	26766	60290	52751	61830
17228	5158	120300	73700	6901	17879	77011	71182	20360
24152	6468	146900	68600	18016	31074	170549	78490	30560
19825	9739	204300	130600	8119	21150	192068	82804	30000
26237	8072	286900	238100	8900	30494	142732	100110	50990
26876	6816	196600	167100	8166	26088	142658	92878	42800
24578	7489	342800	265500	7360	30359	145377	77776	66080
26876	8526	433900	310900	14298	35695	223540	140259	62420
35373	5291	202500	163500	7148	25265	124785	135601	38450
39062	4109	320700	193000	22010	44122	243604	214653	58360
17408	9292	127000	85400	13556	23394	86869	104713	24180
24401	9580	189700	13100	20558	29721	212368	117446	22000
28877	7302	315700	230900	18096	36379	173313	137842	40460
18433	9155	245000	135400	13019	25911	167150	124095	26170
26114	9986	204000	140400	24790	35507	218101	174549	30060
21924	8206	204000	145900	21486	33723	192450	146034	25030
22380	7395	361500	257800	8950	28441	69467	119514	57280
19408	6826	254600	156100	5520	21633	63188	92396	34830
21688	4624	248900	201700	7444	26357	86862	93354	33770

4-2 续表 24

地 区	Region	土地面积 (平方公里) Land Area (sq.km)	年末总人口 (人) Total Population (year-end) (person)	地区生产总值 (万元) Gross Domestic Product (10000 yuan)	第一产业 Primary Industry	第二产业 Secondary Industry	第三产业 Tertiary Industry
台前县	Taiqian County	454	345300	175890	34823	97203	43864
濮阳县	Puyang County	1455	1105100	531582	152022	267679	111881
许昌县	Xuchang County	1002	800300	777529	178494	413829	185206
鄢陵县	Yanling County	872	624200	618242	231761	256784	129697
襄城县	Xiangcheng County	920	804500	577716	190622	231032	156062
禹州市	Yuzhou City	1461	1191800	1315741	149612	833653	332476
长葛市	Changge City	650	693400	1118017	125295	753860	238862
舞阳县	Wuyang County	777	557500	340066	87998	172228	79840
临颍县	Linying County	821	693000	714541	172507	405908	136126
渑池县	Mianchi County	1421	334400	457517	66261	294370	96886
陕县	Shan County	1763	347100	355966	49545	161836	144585
卢氏县	Lushi County	4004	361800	150833	47527	38690	64616
义马市	Yima City	112	140100	272968	3203	211251	58514
灵宝市	Lingbao City	3011	731400	1059429	115748	629153	314528
南召县	Nanzhao County	2946	617200	491671	96980	310492	84199
方城县	Fangcheng County	2539	1008000	533764	227049	191101	115614
西峡县	Xixia County	3453	431900	420804	113868	222557	84379
镇平县	Zhengping County	1500	954200	1029074	170340	629781	228953
内乡县	Neixiang County	2465	637100	496083	160555	229217	106311
淅川县	Zhechuan County	2798	731500	501678	146847	266414	88417
社旗县	Sheqi County	1203	641500	319649	135227	97998	86424
唐河县	Tanghe County	2512	1300800	820658	370682	313284	136692
新野县	Xinye County	1062	736200	719255	233294	338287	147674
桐柏县	Tongbai County	1941	431900	356878	104796	187337	64745
邓州市	Dengzhou City	2294	1532200	1112738	444235	375144	293359
民权县	Minquan County	1222	840500	403693	177131	117301	109261
睢县	Sui County	924	793900	433900	185370	147284	101246
宁陵县	Ningling County	786	584700	226143	88925	65848	71370
柘城县	Zhecheng County	1042	937300	294531	131478	61719	101334
虞城县	Yucheng County	1558	1075400	520939	251027	158709	111203
夏邑县	Xiayi County	1481	1122200	475893	202250	164286	109357
永城市	Yongcheng City	1944	1329100	1022536	310216	522951	189369
罗山县	Luoshan County	2077	700600	358826	109572	133061	116193
光山县	Guangshan County	1835	793400	365484	118380	127735	119369
新县	Xin County	1546	331200	238061	66922	111881	59258
商城县	Shangcheng County	2117	711200	324615	120453	123594	80568
固始县	Gushi County	2946	1559400	723784	303987	234079	185718
潢川县	Huangchuan County	1635	784100	520036	192502	198367	129167
淮滨县	Huaibin County	1192	660600	260977	111118	69671	80188

continued

城镇就业人员（人）Urban Employed Persons (person)	城镇职工平均工资（元）Average Wages in Urban (yuan)	乡村就业人员（人）Rural Laborer (person)	#农林牧渔业 Agriculture	地方财政收入（万元）Revenue of Local Governments (10000 yuan)	地方财政支出（万元）Expenditures of Local Governments (10000 yuan)	固定资产投资（万元）Investment in Fixed Assets (10000 yuan)	社会消费品零售总额（万元）Total Retail Sales (10000 yuan)	常用耕地面积（公顷）Area of Caltivated Land (hectare)
12404	8344	191000	124000	3018	19918	44368	55100	17180
34024	8405	609100	484100	18699	50436	98067	250794	88530
37174	8520	459300	283600	22606	41110	286411	117585	74910
25129	7822	338300	195600	12066	30395	183954	91850	62970
24113	7476	530800	397000	13006	32002	139464	91858	58240
54306	8512	643200	413100	40069	61883	394609	352792	80750
43118	7285	342400	178200	21996	42438	326092	275340	43750
24261	6015	312200	233800	8458	34353	135881	162301	45000
41578	5174	381600	246900	11996	31036	130833	231550	51650
23690	9260	161000	94200	22688	39011	198940	89359	34070
24217	10179	167300	120600	15015	29635	175587	83361	27870
14959	9665	174400	134900	7207	25394	60621	72484	36190
53627	6250	23100	11700	11534	15604	181036	73725	3380
47662	8779	360500	289400	22688	41892	228860	297201	50730
23668	8400	305000	218800	9299	30360	133458	154850	26770
31205	8376	577900	452700	13230	38414	122485	197484	105320
25427	9624	240300	178400	13313	32699	125781	120731	17170
41722	8040	465400	282100	13396	37634	166341	270930	75120
32488	7476	290100	194600	12400	33536	152554	156910	55570
38930	7224	363100	262900	14142	34092	139671	164424	57550
24229	8112	326500	262600	7403	27236	91068	114877	79790
41396	7500	611000	467100	19600	45873	191901	245177	137820
42099	7164	419400	286000	13309	30797	134474	207566	65860
24360	8400	202800	144100	9559	26657	91655	145909	39370
60873	7716	762000	533900	22260	54333	142650	251239	161830
37739	6156	423800	312600	6871	31758	103041	92098	74160
29742	6828	445700	326600	7101	32968	138858	108155	63110
31306	6927	322600	236100	5316	26858	43287	97429	48540
31102	7029	487600	317800	7016	34340	49389	122330	70750
37903	7343	564300	418200	11433	42264	101371	147490	93520
30796	6285	565400	346800	8678	38186	110196	139052	93820
63062	9205	782100	540300	30696	53138	373147	227028	118970
30993	6405	321400	214200	7101	33964	153439	133804	59800
31772	6758	410800	270700	8952	35083	142129	118470	55440
17950	6237	174000	73800	5045	23881	84303	84721	12180
28618	6807	326000	180400	6806	34184	118920	115370	38050
52109	8015	788500	454100	18451	61162	221279	269733	111850
38722	5604	396100	283700	10776	35610	151250	176309	62120
36400	6979	342000	235400	5904	30287	77667	105645	56910

4-2 续表 25

地 区	Region	土地面积 (平方公里) Land Area (sq.km)	年末总人口 (人) Total Population (year-end) (person)	地区生产总值 (万元) Gross Domestic Product (10000 yuan)	第一产业 Primary Industry	第二产业 Secondary Industry	第三产业 Tertiary Industry
息县	Xi County	1895	921600	364073	154952	128909	80212
扶沟县	Fugou County	1170	714500	307838	159579	71970	76289
西华县	Xihua County	1210	884300	474472	216877	135876	121719
商水县	Shangshui County	1313	1182900	401988	193147	120464	88377
沈丘县	Shenqiu County	1070	1221600	412755	153830	164041	94884
郸城县	Dancheng County	1504	1293700	485327	201481	180841	103005
淮阳县	Huaiyang County	1469	1319200	591734	247674	251257	92803
太康县	Taikang County	1761	1361400	545804	246286	198475	101043
鹿邑县	Luyi County	1238	1156800	619350	195381	241255	182714
项城市	Xiangcheng City	1083	1169900	816028	176683	473168	166177
西平县	Xiping County	1092	844200	574176	208454	213049	152673
上蔡县	Shangcai County	1529	1367200	503522	180651	207754	115117
平舆县	Pingyu County	1281	943800	363626	147940	132780	82906
正阳县	Zhengyang County	1889	751300	353919	202812	73949	77158
确山县	Queshan County	2013	501700	315260	106006	144250	65004
泌阳县	Miyang County	2774	958000	425725	174902	152641	98182
汝南县	Runan County	1628	781400	379503	165032	128517	85954
遂平县	Suiping County	1221	544500	375065	125010	146297	103758
新蔡县	Xincai County	1453	1030500	410226	182836	154947	72443
湖北省	**Hubei Province**						
阳新县	Yangxin County	2783	988000	629100	107900	292400	228800
大冶市	Dazhi City	1566	899800	959600	123700	526000	309900
郧县	Yun County	3863	611600	184836	62717	55645	66474
郧西县	Yunxi County	3509	506300	139824	64508	33797	41519
竹山县	Zhushan County	3586	454000	112902	48662	29988	34252
竹溪县	Zhuxi County	3299	359900	105783	46425	27397	31961
房县	Fang County	5110	488700	140879	53672	35843	51364
丹江口市	Danjiangkou City	3121	486900	408179	55613	189322	163244
远安县	Yuanan County	1752	195200	149920	45265	50285	54370
兴山县	Xingshan County	2327	185200	165008	39795	81262	43951
秭归县	Zigui County	2427	391600	236800	48679	90579	97542
长阳土家族自治县	Changyang Tujia A.C.	3430	407900	319096	71500	163879	83717
五峰土家族自治县	Wufeng Tujia A.C.	2072	206200	121172	43086	47086	31000
宜都市	Yidu City	1357	392000	513506	71809	290087	151610
当阳市	Dangyang City	2159	484300	818464	170839	425283	222342
枝江市	Zhijiang City	1310	508100	630147	134269	268024	227854
南漳县	Nanzhang County	3859	588000	306884	101830	134644	70410
谷城县	Gucheng County	2553	547700	312788	102753	117918	92117

continued

城镇就业人员（人）Urban Employed Persons (person)	城镇职工平均工资（元）Average Wages in Urban (yuan)	乡村就业人员（人）Rural Laborer (person)	#农林牧渔业 Agriculture	地方财政收入（万元）Revenue of Local Governments (10000 yuan)	地方财政支出（万元）Expenditures of Local Governments (10000 yuan)	固定资产投资（万元）Investment in Fixed Assets (10000 yuan)	社会消费品零售总额（万元）Total Retail Sales (10000 yuan)	常用耕地面积（公顷）Area of Caltivated Land (hectare)
27378	7303	465500	319600	9815	37727	147291	129885	98630
32143	6047	355200	308000	10416	30250	64431	114386	75840
40363	6937	493500	368900	10589	33467	101820	170640	69860
35873	6649	639800	412400	9307	34225	95933	135714	91860
39666	7319	654900	412700	9723	36483	86694	159784	73600
45487	6433	771900	494200	10701	37518	113578	136286	106860
32547	8359	686800	434700	10848	42208	142689	195332	104250
42256	6326	731000	585000	11218	39936	120147	198302	125510
34836	6342	664900	501200	12424	44187	164672	211081	87260
55996	6350	582600	298500	15993	40443	142277	222856	75320
27004	7228	539000	187100	10020	39212	111331	248456	78030
37420	7609	727900	570800	11468	44957	102264	141293	106010
26297	5988	570600	386700	8348	32213	106990	97411	78920
27023	6982	421200	330200	8398	32463	76017	112029	122020
21718	8628	275500	231300	7516	25782	78664	81693	68080
29918	7131	568700	437900	9620	37512	76430	115410	92970
29736	7375	412200	363300	10198	31034	68629	116216	79640
25285	7899	272100	223600	8363	26066	84573	107152	62470
24179	7747	606200	426300	8218	34976	75961	103548	99110
49376	8440	290300	165300	11757	38184	158198	162300	37690
68191	9071	390000	137700	24837	49838	283866	317500	35140
51100	9359	247000	150100	6378	29603	50408	122764	29620
34200	10095	219100	90500	5558	25069	48969	58168	23630
14817	8345	204200	113000	5182	24033	42437	44801	26190
18817	8647	131900	76500	5594	21663	79481	38700	20230
16734	9098	188400	98600	5399	15700	41180	57603	26020
82077	12434	159000	89300	15058	34741	71770	168481	17810
17357	9957	97800	60500	6506	16160	44930	87233	11350
14100	9470	84900	59400	6035	23797	65473	65501	12890
17469	7250	186300	134300	6690	20598	92876	85510	21150
36830	7722	198700	135000	8727	26305	74026	87335	31720
10200	7488	93700	64800	3276	17095	31668	51350	17510
46400	9924	151600	81400	16510	34474	160256	156605	15740
87900	8918	171300	123900	18440	40359	103070	226439	43330
99000	9019	165400	119600	14189	29791	188623	196186	43030
48337	7545	208600	130800	6635	24313	56507	98348	41650
33836	7949	164700	91000	9277	27446	69818	100034	26270

4-2 续表 26

地 区	Region	土地面积 (平方公里) Land Area (sq.km)	年末总人口 (人) Total Population (year-end) (person)	地区生产总值 (万元) Gross Domestic Product (10000 yuan)	第一产业 Primary Industry	第二产业 Secondary Industry	第三产业 Tertiary Industry
保康县	Baokang County	3225	291700	155900	52800	61600	41500
老河口市	Laohekou City	1032	511900	604000	134400	275100	194500
枣阳市	Zaoyang City	3277	1098200	865000	290100	316100	258800
宜城市	Yicheng City	2115	564200	384913	134123	141215	109575
京山县	Jingshan County	3284	635500	628000	190000	250000	188000
沙洋县	Shayang County	2044	602800	487740	175632	165207	146901
钟祥市	Zhongxiang City	4488	1027700	989300	245000	391600	352700
孝昌县	Xiaochang County	1217	626600	308060	93740	108920	105400
大悟县	Dawu County	1979	613500	379463	94684	154849	129930
云梦县	Yunmeng County	604	578400	469066	122078	210398	136590
应城市	Yingcheng City	1103	671800	894955	168490	442723	283742
安陆市	Anlu City	1355	626200	387717	113210	155588	118919
汉川市	Hanchuan City	1663	1081200	1084468	201896	492025	390547
公安县	Gongan County	2258	1014153	591706	187153	166075	238478
监利县	Jianli County	3118	1380900	561830	210660	174640	176530
江陵县	Jiangling County	1032	400100	154590	86600	42000	25990
石首市	Shishou City	1427	618000	568500	106818	258685	202997
洪湖市	Honghu City	2519	900300	566530	186066	173537	206927
松滋市	Songci City	2235	840800	609212	141164	266083	201965
团风县	Tuanfeng County	833	365700	125822	46031	59088	20703
红安县	Hongan County	1796	654100	413628	93703	192196	127729
罗田县	Luotian County	2129	595000	310355	77585	149708	83062
英山县	Yingshan County	1449	408600	194874	76845	70794	47235
浠水县	Xishui County	1949	1032100	521519	152934	209934	158651
蕲春县	Qichun County	2398	967300	517810	106502	249203	162105
黄梅县	Huangmei County	1701	944000	553248	164237	259202	129809
麻城市	Macheng City	3599	1162800	700640	189912	284095	226633
武穴市	Wuxue City	1246	731200	606684	134815	269264	202605
嘉鱼县	Jiayu County	1017	360800	336100	107200	136800	92100
通城县	Tongcheng County	1129	459700	200911	45205	80764	74942
崇阳县	Chongyang County	1968	466700	237000	74600	88100	74300
通山县	Tongshan County	2680	423400	137125	47822	45475	43828
赤壁市	Chibi City	1723	499200	654741	108657	344914	201170
广水市	Guangshui City	2647	899300	547700	164200	232500	151000
恩施市	Enshi City	3972	770600	406775	133275	123000	150500
利川市	Lichuan City	4603	838400	268621	132275	69267	67079
建始县	Jianshi County	2666	507600	189000	94024	40726	54250
巴东县	Badong County	3354	483300	221378	81378	68092	71908
宣恩县	Xuanen County	2730	342400	145177	61612	39321	44244

continued

城镇就业人员 (人) Urban Employed Persons (person)	城镇职工平均工资 (元) Average Wages in Urban (yuan)	乡村就业人员 (人) Rural Laborer (person)	#农林牧渔业 Agriculture	地方财政收入 (万元) Revenue of Local Governments (10000 yuan)	地方财政支出 (万元) Expenditures of Local Governments (10000 yuan)	固定资产投资 (万元) Investment in Fixed Assets (10000 yuan)	社会消费品零售总额 (万元) Total Retail Sales (10000 yuan)	常用耕地面积 (公顷) Area of Caltivated Land (hectare)
12400	7816	119800	108300	6073	14472	61456	62690	22980
70658	6797	170900	109100	16575	31101	67060	220110	40590
9310		337700	251400	20829	50456	125300	292575	97120
137700	6881	188600	126700	15186	28320	70719	174120	42030
121000	10241	181600	109800	15660	32105	165000	276263	54470
20800	9612	247400	167200	9073	29493	92291	171695	62140
52400	9327	266300	199700	19771	50238	209459	355980	8090
18000	9821	271000	144000	6936	24537	98006	98277	28860
80300	8065	251100	132400	8589	25429	101004	124840	24390
50389	8565	275400	137100	13065	27340	116482	186375	24890
65000	8267	236100	106100	17087	34126	163170	263695	37730
39882	7677	219500	113900	11351	32484	145616	182800	32890
175000	7942	421500	262900	23389	44758	172549	404202	61810
215644	9777	410700	276900	19882	36941	108840	290509	76300
58615	8085	477000	285000	12278	50268	109320	335624	111400
24638	7316	133000	126000	3832	15022	32570	127800	37660
156000	9991	254400	150900	26120	39787	112026	252416	33510
100000	6745	303400	236400	14594	34737	116593	324737	61320
30561	11074	368000	235300	20058	44284	106125	279475	59800
15156	7402	139100	77000	4449	13212	51073	48109	15970
27459	7627	219600	102500	11562	27562	86638	103002	34200
22000	8180	246300	112900	14300	24727	103265	76951	24080
53700	6178	172500	105300	5519	22566	57619	66201	14340
642000	7776	388000	195000	13489	37422	140007	236467	43770
81500	8445	360000	165400	12737	37835	148718	150548	38500
82310	8830	332500	167500	16557	38106	118099	173000	42860
40600	7732	459100	267100	32815	60471	189219	199729	5330
145000	8337	250700	134400	17280	39082	120234	227528	33010
29120	7557	118800	70300	7450	18416	97122	67850	25860
76600	9915	176100	74900	6174	20634	70049	105682	16690
79000	8419	89200	85500	5812	19185	66576	90012	21800
18300	8532	121300	49400	5454	20336	53543	54031	13630
43547	8920	137800	65700	17270	35484	296800	153088	26650
57280	8791	396800	224000	15636	45498	159300	195000	37990
145600	13017	326200	192100	15037	40107	156067	112057	49870
24609	11121	363000	179400	13185	40502	64985	60338	57150
26000	10788	260700	154600	6794	31980	39675	50245	32980
13454	10946	218300	143600	8137	30691	71449	57647	35660
18000	10685	157600	100800	5073	19968	60377	43993	24600

4-2 续表 27

地 区	Region	土地面积 (平方公里) Land Area (sq.km)	年末总人口 (人) Total Population (year-end) (person)	地区生产总值 (万元) Gross Domestic Product (10000 yuan)	第一产业 Primary Industry	第二产业 Secondary Industry	第三产业 Tertiary Industry
咸丰县	Xianfeng County	2550	359968	172285	82103	46539	43643
来凤县	Laifeng County	1344	309300	131740	53443	39090	39207
鹤峰县	Hefeng County	2892	215500	116200	43800	46100	26300
仙桃市	Xiantiao City	2538	1479000	1383700	323900	565000	494800
潜江市	Qianjiang City	2004	1015100	1064300	163500	550200	350600
天门市	Tianmen City	2622	1619200	1274000	248000	606000	420000
神农架林区	Shennongjia Forest District	3253	79000	45500	8486	14422	22592
湖南省	**Hunan Province**						
长沙县	Changsha County	14259	737500	1494922	243490	882964	368468
望城县	Wangcheng County	15733	702500	807834	161727	389467	256640
宁乡县	Ningxiang County	5889	1307000	1022079	274268	411700	336111
浏阳市	Liuyang City	5972	1332100	1209731	250362	567739	391630
株洲县	Zhuzhou County	627	439400	356656	92221	133871	130564
攸县	You County	4635	748300	631561	178662	222265	230634
茶陵县	Chaling County	3019	566600	305655	114745	98599	92311
炎陵县	Yanling County	1487	178100	118033	32743	34114	51176
醴陵市	Liling City	5430	997300	927352	166226	516790	244336
湘潭县	Xiangtan County	7834	1126000	705159	252003	167773	285383
湘乡市	Xiangxiang City	7478	889500	658716	190209	261745	206762
韶山市	Shaoshan City	1770	101700	118075	18086	48764	51225
衡阳县	Hengyang County	5550	1129000	686810	268404	216561	201845
衡南县	Hengnan County	4424	1019700	704021	270578	239609	193834
衡山县	Hengshan County	1252	409500	279977	86127	88746	105104
衡东县	Hengdong County	3054	668500	444753	138705	124652	181396
祁东县	Qidong County	4622	927000	631490	188828	222052	220610
耒阳市	Leiyang City	3845	1249800	769897	196553	278580	294764
常宁市	Changning City	1797	856600	585673	150114	253722	181837
邵东县	Shaodong County	4425	1181400	910045	169404	316402	424239
新邵县	Xinshao County	1916	739000	286498	87151	90159	109188
邵阳县	Shaoyang County	2671	971600	256128	99375	48569	108184
隆回县	Longhui County	4057	1111300	354825	117863	91575	145387
洞口县	Tongkou County	4669	791500	418128	186163	68219	163746
绥宁县	Suining County	3191	348800	208420	77989	64305	66126
新宁县	Xining County	491	585400	201832	74266	40851	86715
城步苗族自治县	Chengbu Miao A.C.	876	258500	104319	33595	40546	30178
武冈市	Wugang City	1937	739100	310504	144439	48979	117086
岳阳县	Yueyang County	4453	751200	518162	185570	156633	175959
华容县	Huarong County	5077	714800	577341	229543	198326	149472

continued

城镇就业人员（人）Urban Employed Persons (person)	城镇职工平均工资（元）Average Wages in Urban (yuan)	乡村就业人员（人）Rural Laborer (person)	#农林牧渔业 Agriculture	地方财政收入（万元）Revenue of Local Governments (10000 yuan)	地方财政支出（万元）Expenditures of Local Governments (10000 yuan)	固定资产投资（万元）Investment in Fixed Assets (10000 yuan)	社会消费品零售总额（万元）Total Retail Sales (10000 yuan)	常用耕地面积（公顷）Area of Caltivated Land (hectare)
20000	11602	176122	103600	6370	22667	68473	42798	35890
39300	10671	158300	85300	4970	22156	31400	34400	16690
13624	9551	102300	57100	4439	20412	46305	28098	14490
83398	8289	627000	306000	31716	74385	466172	629732	94490
208000	11215	220600	141200	44938	68992	321414	380699	66410
151200	8287	522400	290100	18156	51825	330790	658000	108300
12454	9891	26000	16500	2448	8600	40722	18362	7330
88000	17644	394700	260600	62362	97710	106818	289359	57395
48400	13273	351500	181500	40092	63768	201621	180284	48046
72300	14865	738500	494100	30722	66493	212963	304791	94539
72600	18758	724800	365500	45818	85028	266828	351426	74362
31800	12149	218900	146100	11365	24363	17858	108004	31884
42100	13381	385100	237000	18726	36940	37005	192665	53036
41400	12255	280100	176100	11636	36525	22203	90924	37301
18900	13203	87900	59200	6301	15996	7550	34860	14109
100300	12790	481400	231100	25727	50955	18198	340315	52603
57700	11808	624100	395200	18007	44012	26331	184521	76024
76700	12527	493100	333700	19829	43899	41788	194054	53069
17500	12107	50700	29000	3896	9745	10364	33195	5853
77100	10429	561000	353600	14376	37769	17655	200286	65802
71900	9947	445800	312400	15061	37993	16731	168183	59701
32100	10618	216000	140300	7760	18919	14683	59735	23570
48500	10004	316500	221000	11364	26818	7857	124293	43134
62600	11621	422500	255900	12892	35530	27477	163007	54485
97200	12317	548700	404000	25458	49831	88960	233487	61136
79700	11766	392500	257200	13861	33709	40279	157093	46889
69879	12266	539882	312200	19765	48150	23637	282036	54101
28894	9541	414806	271300	9169	27549	30834	83823	36369
37479	10689	522016	395000	13022	35746	39401	97751	61033
40984	11064	563139	426900	12498	40518	25260	86668	61239
55621	9874	442072	245000	9495	29482	27086	92939	49803
24208	11783	191572	148000	8494	21056	30937	58189	22006
36476	9771	316299	255800	8196	28082	33617	42765	37475
20505	10536	119742	92800	5696	18480	28895	36975	15064
51568	11652	398217	320200	10619	35633	23918	108325	43988
40300	11693	304000	210500	11466	34218	40063	166464	47095
35200	12027	320900	253100	15001	36049	27381	176134	67329

4-2 续表 28

地 区	Region	土地面积 (平方公里) Land Area (sq.km)	年末总人口 (人) Total Population (year-end) (person)	地区生产总值 (万元) Gross Domestic Product (10000 yuan)	第一产业 Primary Industry	第二产业 Secondary Industry	第三产业 Tertiary Industry
湘阴县	Xiangyin County	4971	692500	568268	186117	236708	145443
平江县	Pingjiang County	13260	1000800	465834	139453	166169	160212
汨罗市	Miluo City	7577	706200	535504	156851	238265	140388
临湘市	Linxiang City	3094	479700	365200	89925	154184	121091
安乡县	Anxiang County	4037	581100	382493	167341	87971	127181
汉寿县	Hanshou County	6873	812500	440645	161656	103536	175453
澧县	Li County	3764	880000	652208	224556	159010	268642
临澧县	Linli County	2213	434100	347010	122959	108368	115683
桃源县	Tiaoyuan County	8273	971100	702386	283096	177608	241682
石门县	Shimen County	8298	692900	476966	155099	157971	163896
津市市	Jinshi City	160	265100	214434	60941	83742	69751
慈利县	Cili County	4720	670200	263727	82811	76166	104750
桑植县	Sangzhi County	4658	430800	110319	34441	28424	47454
南县	Nan County	3844	774100	375504	177840	99487	98177
桃江县	Tiaojiang County	2831	825500	324957	106678	113160	105119
安化县	Anhua County	2641	962000	327361	121260	104995	101106
沅江市	Yuanjiang County	616	731100	499855	170419	160946	168490
桂阳县	Guiyang County	8340	792000	534128	153800	174812	205516
宜章县	Yizhang County	15835	559000	386722	75494	146749	164479
永兴县	Yongxing County	3634	634900	448296	94343	182435	171518
嘉禾县	Jiahe County	1418	347400	249585	64574	83786	101225
临武县	Linwu County	1437	313600	273454	53614	135288	84552
汝城县	Rucheng County	10501	358900	216608	53928	86824	75856
桂东县	Guidong County	944	170500	67532	17229	22108	28195
安仁县	Anren County	4904	397400	251311	82130	68918	100263
资兴市	Zixing City	1971	361900	492205	79289	281366	131550
祁阳县	Qiyang County	4695	997100	553193	161383	188972	202838
东安县	Dongan County	4718	590600	377605	112859	122597	142149
双牌县	Shuangpai County	445	169400	98484	26752	41604	30128
道县	Dao County	3660	678800	348884	120226	88849	139809
江永县	Jiangyong County	1026	250000	149587	64858	26934	57795
宁远县	Ningyuan County	5040	785000	245650	91290	58152	96208
蓝山县	Lanshan County	1791	351400	163602	50369	51230	62003
新田县	Xintian County	1314	365900	130535	57132	28884	44519
江华瑶族自治县	Jianghua Yao A.C.	780	459900	150446	63996	35483	50967
中方县	Zhongfang County	1063	264600	137457	48460	37476	51521
沅陵县	yuanling County	4032	644100	397364	66460	245228	85676
辰溪县	Chenxi County	2699	521300	166401	49507	50975	65919
溆浦县	Xupu County	3440	861100	299541	126550	86375	86616

continued

城镇就业人员(人) Urban Employed Persons (person)	城镇职工平均工资(元) Average Wages in Urban (yuan)	乡村就业人员(人) Rural Laborer (person)	#农林牧渔业 Agriculture	地方财政收入(万元) Revenue of Local Governments (10000 yuan)	地方财政支出(万元) Expenditures of Local Governments (10000 yuan)	固定资产投资(万元) Investment in Fixed Assets (10000 yuan)	社会消费品零售总额(万元) Total Retail Sales (10000 yuan)	常用耕地面积(公顷) Area of Caltivated Land (hectare)
46500	11456	331700	206900	16752	35904	40466	122933	38100
45000	10730	448000	263100	17844	45667	27439	102222	53695
96200	8050	292200	189600	19763	38142	32346	138351	42531
47000	12832	180600	108200	19545	36668	30654	122922	34021
35900	11196	232600	181200	10435	26401	12228	117772	45821
39300	12709	397900	279200	13142	35037	18606	134849	57916
57300	12207	375200	268500	18886	40364	19683	197912	70879
33100	13518	217900	137100	14318	26570	9934	117309	40714
48900	14030	473900	310300	17517	42750	15812	285631	92427
46200	14064	333900	209300	18019	38865	155860	181812	43892
23600	12941	73900	60300	10088	20396	11790	110673	18210
49300	12942	336000	265800	9115	29859	20639	97957	47756
23400	12785	208700	147300	4695	27380	43487	56309	22815
52000	10457	351400	217300	8850	27694	31711	136271	58334
62500	11320	410000	200000	10148	31915	31590	140440	43282
44900	11405	418700	321500	9837	39832	35510	166997	41847
63500	11454	331100	248800	11952	37677	77087	141783	62475
61600	14149	391300	264300	30861	48987	44178	166299	60190
50300	12277	313200	201200	22149	36536	22514	148838	31183
52100	12629	270200	148100	23072	37768	37496	169284	33407
24000	13357	161400	81100	7986	18221	22779	72393	18509
34900	12876	159300	94300	16969	28780	24202	68692	17598
30000	12711	182500	129500	4472	15920	8077	46479	24723
14700	11135	87500	64100	3321	13229	11807	17102	10367
30600	12253	225900	114600	5933	17718	15831	57565	27614
66600	13801	144600	67700	22073	37878	35046	192767	20219
75900	11035	462600	315400	13372	40576	38870	137248	52647
43800	13148	243000	168400	6990	25687	37779	103682	40011
18500	11278	68600	48400	4791	13498	13781	23181	8108
33600	10541	327500	191000	8802	27036	25442	107616	42612
18300	10269	125000	101200	3763	13406	13782	41744	21408
26300	11417	431000	205200	8016	27787	22135	104644	38370
23000	8739	181400	127100	7564	18765	14917	43090	18823
21700	12224	202700	128300	4463	18495	16982	31676	18468
41600	9914	245000	194500	5305	25155	17919	43839	25618
16200	11299	129800	97100	3286	14895	16145	34848	19585
69400	12786	289300	212800	12098	35247	52877	92680	38874
51700	9603	220800	181600	7807	24488	22297	72317	26041
47000	10471	364600	310500	10127	33533	18370	134186	45558

4-2 续表 29

地 区	Region	土地面积 (平方公里) Land Area (sq.km)	年末总人口 (人) Total Population (year-end) (person)	地区生产总值 (万元) Gross Domestic Product (10000 yuan)	第一产业 Primary Industry	第二产业 Secondary Industry	第三产业 Tertiary Industry
会同县	Huitong County	681	348200	121324	48747	28401	44176
麻阳苗族自治县	Mayang Miao A.C.	915	366900	114555	42525	30495	41535
新晃侗族自治县	Xinhuang Dong A.C.	2041	257300	91321	28215	27417	35689
芷江侗族自治县	Zhijiang Dong A.C.	1829	359800	177665	53900	59366	64399
靖州苗族侗族自治县	Jingzhou Miao & Dong A.C.	1209	261700	159048	43774	38493	76781
通道侗族自治县	Tongdao Dong A.C.	3147	224000	67761	28487	15369	23905
洪江市	Hongjiang City	2611	439500	195138	70677	59937	64524
双峰县	Shuangfeng County	2022	896400	463152	198972	132531	131649
新化县	Xinhua County	2124	1291800	368122	129180	75227	163715
冷水江市	Lengshuijiang City	1133	352600	483731	26073	291980	165678
涟源市	Lianyuan City	4103	1096200	417060	123473	152387	141200
吉首市	Jishou City	436	285100	250421	25401	120014	105006
泸溪县	Luxi County	1143	287300	92641	25131	39796	27714
凤凰县	Fenghuang County	734	374100	120818	27379	31296	62143
花垣县	Huayuan County	1100	272700	105294	23881	57308	24105
保靖县	Baojing County	2202	276100	97380	26473	46037	24870
古丈县	Guzhang County	927	137600	39081	12345	10877	15859
永顺县	Yongshun County	1923	491600	131023	53797	34214	43012
龙山县	Longshan County	4710	541800	149132	60443	39669	49020
广东省	**Guangdong Province**						
增城市	Zengcheng City	1741	841800	2368314	238175	1495863	634276
从化市	Conghua City	1975	535700	1079737	103486	699077	277174
始兴县	Shixing County	2152	241700	161783	64277	58463	39043
仁化县	Renhua County	2204	227200	210219	66835	69913	73471
翁源县	Wengyuan County	2158	380600	194512	77036	52208	65268
乳源瑶族自治县	Ruyuan Yao A.C.	2227	203700	165969	24989	108425	32555
新丰县	Xinfeng County	2015	238900	142965	34344	54196	54425
乐昌市	Lechang City	2421	518900	292503	70950	110825	110728
南雄市	Nanxiong City	2361	457900	301640	106102	85053	110485
南澳县	Nanao County	111	72400	70810	21409	23890	25511
台山市	Taishan City	3286	990800	1414677	202485	635246	576946
开平市	Kaiping City	1659	681100	1343011	133403	664558	545050
鹤山市	Heshan City	1081	358000	942996	82985	516959	343052
恩平市	Enping City	1698	494600	602126	103218	224528	274380
遂溪县	Suixi County	2005	965300	588144	266985	157560	163599
徐闻县	Xuwen County	1863	675300	356669	183532	66127	107010
廉江市	Lianjiang City	2835	1509400	821808	291772	222680	307356
雷州市	Leizhou City	3459	1484200	665733	286683	116593	262457

continued

城镇就业人员 (人) Urban Employed Persons (person)	城镇职工平均工资 (元) Average Wages in Urban (yuan)	乡村就业人员 (人) Rural Laborer (person)	#农林牧渔业 Agriculture	地方财政收入 (万元) Revenue of Local Governments (10000 yuan)	地方财政支出 (万元) Expenditures of Local Governments (10000 yuan)	固定资产投资 (万元) Investment in Fixed Assets (10000 yuan)	社会消费品零售总额 (万元) Total Retail Sales (10000 yuan)	常用耕地面积 (公顷) Area of Caltivated Land (hectare)
23600	11901	187900	145300	5534	18298	10182	44252	22138
30900	10332	171400	138600	4137	18301	12397	45988	19093
16600	13019	137200	113400	2754	15359	8932	31448	18472
22600	11971	185700	142800	4900	20216	27656	59529	29722
20100	10554	128300	111600	4580	15432	4265	51160	22540
18200	11548	116500	100500	3394	14691	13120	35531	17870
41800	11204	183300	181200	8586	31865	29163	79072	27382
41200	10609	451700	290300	12991	38840	16570	132998	51760
54700	11203	664900	517700	15911	48123	31957	160504	55482
87900	12132	95400	60700	19148	31780	169882	159781	7588
79300	10351	497300		18567	45747	18309	194013	53708
74400	12225	96000	75800	10204	25586	105273	155297	10985
27000	12390	143700	92000	3468	20714	17825	33275	16480
24900	13160	186900	157700	4537	27424	24242	64641	31226
43200	11246	137000	115600	7016	23419	13914	31106	23473
32700	12825	138200	116700	4449	22050	44777	27006	17858
18200	12401	71600	61400	1419	13420	13202	17353	8584
46200	13013	238700	190400	4777	30948	41558	72695	34033
61600	11820	250700	186700	5902	32972	30895	66473	31077
157700	19500	386200	217400	103700	131800	751100	645300	39540
71800	16500	231000	163600	40200	69700	317900	435400	21640
25800	10475	91200	62200	4400	21700	83600	54000	10500
34700	15071	87400	62200	7800	19400	82700	61200	12640
24800	12253	130400	91900	5400	27900	63400	57400	18640
26400	11938	85500	54300	9100	24900	129600	40900	10120
34200	10413	95500	62700	3800	21900	68900	43600	9060
33500	12796	146900	115200	9200	36900	134400	110900	19110
18200	14364	183600	144100	8100	31300	78300	114300	29070
7800	11233	25800	15200	2600	11000	18000	52200	430
46000	10318	478600	283300	38000	66700	418700	756500	44110
61500	11921	333800	175700	40400	58700	268400	506800	28440
39800	11457	183100	82500	25000	48000	267900	364700	11840
29900	10593	194800	115200	16100	39500	93100	359000	21060
44200	10210	410300	331000	9700	43600	79000	193900	58200
61600	10151	275600	243600	8900	38200	88600	171200	52190
48800	11201	658300	431600	10600	62400	134600	298800	51920
61100	9111	556300	418000	10900	56800	91300	263800	79170

4-2 续表 30

地 区	Region	土地面积 (平方公里) Land Area (sq.km)	年末总人口 (人) Total Population (year-end) (person)	地区生产总值 (万元) Gross Domestic Product (10000 yuan)	第一产业 Primary Industry	第二产业 Secondary Industry	第三产业 Tertiary Industry
吴川市	Wuchuan City	849	1007300	413616	82013	177065	154538
电白县	Dianbai County	1873	1232700	1209152	411063	407521	390568
高州市	Gaozhou City	3276	1595000	1449973	431199	482551	536223
化州市	Huazhou City	2354	1432900	1332987	425122	381835	526030
信宜市	Xinyi City	3081	1246500	1188800	442257	401439	345104
广宁县	Guangning County	2380	540600	413021	152514	136674	123833
怀集县	Huaiji County	3573	935900	641167	301858	152897	186412
封开县	Fengkai County	2723	472800	408130	178027	114176	115927
德庆县	Deqing County	2257	357500	322440	104242	91667	126531
高要市	Gaoyao City	2071	727800	1634032	405761	550177	678094
四会市	Sihui City	1188	425900	955098	228379	501118	225601
博罗县	Boluo County	2795	764500	1269619	249818	674641	345160
惠东县	Huidong County	3396	731400	1250380	265478	618450	366452
龙门县	Longmen County	2295	320600	260780	97100	76610	87070
梅县	Mei County	2755	606300	581690	160733	295133	125824
大埔县	Dapu County	2468	527700	217514	60877	85862	70775
丰顺县	Fengshun County	2710	669400	263915	89534	84278	90103
五华县	Wuhua County	3226	1245600	327902	115750	77248	134904
平远县	Pingyuan County	1381	252560	155016	46040	55877	53099
蕉岭县	Jiaoling County	957	225172	229174	41627	112040	75507
兴宁市	Xingning City	2105	1136000	489726	133386	165335	191005
海丰县	Haifeng County	1750	759400	1030713	204511	325232	500970
陆河县	Luhe County	1005	302200	220218	66077	79820	74321
陆丰市	Lufeng City	1687	1597900	588401	210417	224865	153119
紫金县	Zijin County	3627	801000	329061	134527	89517	105017
龙川县	Longchuan County	3089	867800	440003	111842	145669	182492
连平县	Lianping County	2365	376300	252983	45647	113942	93394
和平县	Heping County	2310	480100	188234	76201	44343	67690
东源县	Dongyuan County	4070	520000	242357	79870	94191	68296
阳西县	Yangxi County	1271	473300	390920	172520	102300	116100
阳东县	Yandong County	1830	453400	456064	168805	171950	115309
阳春市	Yangchun City	4055	1068500	681949	284274	214144	183531
佛冈县	Fogang County	1293	309855	203579	37009	108648	57922
阳山县	Yangshan County	3418	529503	254725	117174	72521	65030
连山壮族瑶族自治县	Lianshan Zhuang & Yao A.C.	1165	115060	57639	23665	14023	19951
连南瑶族自治县	Liannan Yao A.C.	1289	154643	59567	19920	21058	18589
清新县	Qingxin County	2725	700562	377239	135484	144358	97397
英德市	Yingde City	5671	1051091	511464	226474	150754	134236
连州市	Lianzhou City	2664	505965	300426	98685	112000	89741

continued

城镇就业人员 (人) Urban Employed Persons (person)	城镇职工平均工资 (元) Average Wages in Urban (yuan)	乡村就业人员 (人) Rural Laborer (person)	#农林牧渔业 Agriculture	地方财政收入 (万元) Revenue of Local Governments (10000 yuan)	地方财政支出 (万元) Expenditures of Local Governments (10000 yuan)	固定资产投资 (万元) Investment in Fixed Assets (10000 yuan)	社会消费品零售总额 (万元) Total Retail Sales (10000 yuan)	常用耕地面积 (公顷) Area of Caltivated Land (hectare)
33700	9861	474700	287000	9300	42100	103700	196100	20390
68800	10708	579700	395600	14900	52700	179800	344900	50490
86600	11445	665100	411600	22900	77100	182100	466700	54100
69800	8794	492200	309300	13200	55100	159300	422500	59870
36300	11455	496000	301900	11200	56100	147200	448600	31960
41000	13795	250600	129300	13900	33900	67100	224000	16220
37400	13058	456900	244300	14000	42500	128600	230800	27150
25700	11599	217400	138700	11700	29900	80100	174500	20420
19500	9676	140200	94500	10700	32800	120400	113900	13980
39200	15236	424400	219100	24900	46400	251600	304400	30670
62200	16080	132500	69500	19500	36600	207400	297100	14150
77000	12064	344700	201700	30655	73200	225400	85300	34330
131400	12394	332000	175100	20100	53000	215900	326000	30120
39300	10747	144100	110500	7577	28000	62400	53500	12800
50600	14723	279100	164300	26600	63600	336700	232200	20050
20800	12218	163600	87200	7800	38800	67600	122000	11120
39600	10993	170100	156300	6400	41700	93400	83800	14680
32100	10820	467600	252000	7116	60610	76400	137800	30820
47123	10586	99563	65840	4754	24114	39236	54510	9250
32583	12086	82614	51717	8968	27327	86706	84400	6100
50800	11660	369500	243800	13200	63400	127200	202400	27910
29600	13467	314300	156400	14800	41300	240400	498000	21330
61369	9987	115965	65419	3900	23500	72000	99817	7253
41310	10157	556600	334900	15196	47185	208702	415113	38912
21800	13265	308700	169200	8600	49200	63200	86200	25470
45000	11992	195000	187000	9700	59000	212000	155000	29100
18300	13448	195600	106800	7500	34600	75500	55000	14710
1200	12376	227000	119200	3900	34700	53100	50900	14130
	13786	228200	106900	6800	53200	132700	78500	18540
21200	10545	257400	162400	4800	27000	77600	166700	21350
54000	10616	232700	132800	13800	38300	90400	136100	24430
218000	11880	478800	344700	15000	62700	128300	347500	44850
29414	15593	112877	84186	11039	27754	182554	95349	9917
31052	15274	226344	103966	9028	34656	97960	74459	29082
8825	12722	48097	38941	2013	16219	42368	13050	6088
15408	13954	66157	41287	3481	18183	32703	19542	6965
45153	13154	329632	201583	8946	42148	150231	116835	20678
46190	15404	424414	296388	14300	56702	283381	265811	52189
31516	16084	196016	123639	11126	36261	120925	130653	23277

地区	Region	土地面积 (平方公里) Land Area (sq.km)	年末总人口 (人) Total Population (year-end) (person)	地区生产总值 (万元) Gross Domestic Product (10000 yuan)	第一产业 Primary Industry	第二产业 Secondary Industry	第三产业 Tertiary Industry
潮安县	Zhaoan County	1251	1185500	1318907	201598	729790	387519
饶平县	Raoping County	1694	967300	713944	227275	228697	257972
揭东县	Jiedong County	850	1216800	1392599	242865	808344	341390
揭西县	Jiexi County	1365	908000	597426	176055	256531	164840
惠来县	Huilai County	1207	1140500	588893	245175	223602	120116
普宁市	Puning City	1636	2092200	1805441	206970	910270	688201
新兴县	Xinxing County	1521	451109	495621	162246	201832	131543
郁南县	Yunan County	1966	479000	374729	157771	128714	88244
云安县	Yunan County	1203	308200	1073464	283606	412756	377102
罗定市	Luoding City	2328	1098100	244035	100128	95747	48160
广西壮族自治区	**Guangxi Zhuang A.R.**						
武鸣县	Wuming County	3378	647000	478658	221691	137957	119010
隆安县	Longan County	2277	371000	140781	73454	38897	28430
马山县	Mashan County	2345	505000	132884	55210	37742	39932
上林县	Shanglin County	1869	460000	129171	64180	26501	38490
宾阳县	Binyang County	2308	982000	392096	119321	135912	136863
横县	Heng County	3464	1084000	418145	168671	90737	158737
柳江县	Liujiang County	2539	536000	384240	130742	163231	90267
柳城县	Liucheng County	2110	406000	252780	107926	80457	64397
鹿寨县	Luzhai County	3356	482000	303334	116923	109458	76953
融安县	Rongan County	2900	323000	134228	49452	31790	52986
融水苗族自治县	Rongshui Miao A.C.	4624	474000	127714	55791	30715	41208
三江侗族自治县	Sanjiang Dong A.C.	2430	353000	79996	34527	15684	29785
阳朔县	Yangshuo County	1428	306000	146862	64347	32846	49669
临桂县	Lingui County	2202	463000	315689	126524	119132	70033
灵川县	Lingchuan County	2257	353000	302061	112889	111347	77825
全州县	Quanzhou County	4021	771000	461829	179515	169619	112695
兴安县	Xingan County	2348	362000	291016	111827	113638	65551
永福县	Yongfu County	2806	268000	237106	84294	108450	44362
灌阳县	Guanyang County	1837	276000	128872	57644	36638	34590
龙胜各族自治县	Longsheng A.C.	2538	170000	109451	34278	43950	31223
资源县	Ziyuan County	1954	166000	83099	31717	27009	24373
平乐县	Pingle County	1919	431000	273976	137177	81375	55424
荔蒲县	Lipu County	1758	371000	272397	103009	99530	69858
恭城瑶族自治县	Gongcheng Yao A.C.	2149	280000	181804	93004	47553	41247
苍梧县	Cangwu County	3506	578000	235282	71723	105581	57978
藤县	Teng County	3946	938000	384776	184704	120930	79142
蒙山县	Mengshan County	1279	207000	116112	56181	35855	24076

continued

城镇就业人员（人）Urban Employed Persons (person)	城镇职工平均工资（元）Average Wages in Urban (yuan)	乡村就业人员（人）Rural Laborer (person)	#农林牧渔业 Agriculture	地方财政收入（万元）Revenue of Local Governments (10000 yuan)	地方财政支出（万元）Expenditures of Local Governments (10000 yuan)	固定资产投资（万元）Investment in Fixed Assets (10000 yuan)	社会消费品零售总额（万元）Total Retail Sales (10000 yuan)	常用耕地面积（公顷）Area of Caltivated Land (hectare)
47500	11161	484100	174500	13400	67400	228700	363400	26050
42800	8249	384900	254400	6200	50000	175600	250200	28660
28500	10859	579500	293500	11800	41100	137500	347400	24570
28600	10722	392000	229700	6800	47300	101100	131400	16640
37100	9377	357000	234900	6800	48600	112400	140400	19650
50800	10828	718500	290300	25300	60800	292800	728600	25790
31194	12952	216525	131203	13400	35576	88188	154323	18616
30300	12113	244500	126900	6942	32914	85300	151000	15180
9200	12469	151000	86000	6000	21800	92100	39700	9830
46400	10356	468700	218000	15246	52401	274700	224000	32300
15310	9887	328000	250100	20945	38119	133800	104913	67615
12010	10126	196700	141800	8572	20200	63243	25491	34091
13872	9893	264700	157300	5229	19876	51709	24740	24717
38199	10220	226900	159000	7118	19199	39845	26908	27530
31518	10660	511000	347200	18424	40099	96118	128077	58230
26391	10304	560300	365100	19775	38303	112592	139312	66577
18010	12527	262400	184800	17613	30699	114714	50102	56324
23422	11866	202700	154800	10003	22504	52108	44000	47302
13588	13015	233100	153200	13340	25979	110235	49033	50423
14879	9115	160900	113400	6775	18177	35007	36941	27670
8436	11589	243300	170000	6228	23089	37168	43311	31550
10285	12011	179700	109600	4020	17082	28908	36433	14014
19180	12263	148300	102300	8706	18500	68416	33743	18270
18117	13239	218700	158700	12570	26909	129424	49130	36643
21781	11587	172200	130700	11545	23288	94302	71200	24185
14819	9659	365400	267400	12203	34310	92682	56753	50386
10224	12183	195400	140600	13379	25534	136324	80351	22682
8092	14120	133400	98900	7648	17428	106069	50497	23441
9384	12181	138600	103800	4650	17449	49246	34301	14469
7760	12986	77200	62700	4823	15081	51952	23989	13334
12907	13341	80600	47700	4466	15368	47701	15227	7434
11327	10584	208400	132100	8022	20659	90160	36594	20243
10427	11851	198600	138200	10677	24330	74994	68506	23163
20370	11284	129300	114500	6989	18595	56274	42000	19615
22430	9900	293000	144000	10297	22363	97026	81434	23204
7420	9270	450300	290200	13862	32151	80581	158523	33495
24609	10942	105600	67700	5067	13725	29245	22353	9391

4-2 续表 32

地 区	Region	土地面积 (平方公里) Land Area (sq.km)	年末总人口 (人) Total Population (year-end) (person)	地区生产总值 (万元) Gross Domestic Product (10000 yuan)	第一产业 Primary Industry	第二产业 Secondary Industry	第三产业 Tertiary Industry
岑溪市	Cenxi City	2783	823000	322196	131844	118602	71750
合浦县	Hepu County	2380	929000	610135	227147	191984	191004
上思县	Shangsi County	2810	210000	141441	58074	47579	35788
东兴市	Dongxing City	549	107000	122232	40117	34130	47985
灵山县	Lingshan County	3550	1400000	556409	239550	191427	125432
浦北县	Pubei County	2521	814000	332664	153604	90279	88781
平南县	Pingnan County	2989	1293000	440916	193582	117355	129979
桂平市	Guiping City	4704	1704000	500413	197050	157083	146280
容县	Rong County	2257	764000	348759	122606	128411	97742
陆川县	Luchuan County	1551	916000	399802	121564	152610	125628
博白县	Bobai County	3835	1492000	555231	285364	128911	140956
兴业县	Xingye County	1487	679000	287651	149441	76706	61504
北流市	Beiliu City	2457	1199000	512031	183379	198305	130347
田阳县	Tianyang County	2387	329000	237391	98775	75133	63483
田东县	Tiandong County	2806	398000	250601	90588	105872	54141
平果县	Pingguo County	2473	460000	505366	69638	370287	65441
德保县	Debao County	2575	341000	102086	35752	40538	25796
靖西县	Jingxi County	3322	585000	157141	74806	43589	38746
那坡县	Napo County	2231	196000	46451	20343	7802	18306
凌云县	Lingyun County	2039	187000	60644	28141	16647	15856
乐业县	Leye County	2620	157000	43590	16969	11544	15077
田林县	Tianlin County	5532	239000	88666	40717	20722	27227
西林县	Xilin County	2963	133000	49840	23905	12750	13185
隆林各族自治县	Longlin A.C.	3551	359000	105844	29453	46007	30384
昭平县	Zhaoping County	3273	396000	204392	94786	70034	39572
钟山县	Zhongshan County	1858	471000	295891	116276	132825	46790
富川瑶族自治县	Fuchuan Yao A.C.	1572	301000	161400	69905	49634	41861
南丹县	Nandan County	3916	284000	170717	49369	68200	53148
天峨县	Tiane County	3196	146000	102402	24342	53359	24701
凤山县	Fengshan County	1738	191000	50891	19921	12259	18711
东兰县	Donglan County	2414	281000	69823	26792	16690	26341
罗城仫佬族自治县	Luocheng Mulam A.C.	2658	362000	112883	48056	25288	39539
环江毛南族自治县	Huanjiang Maaonan A.C.	4553	369000	133395	56924	32387	44084
巴马瑶族自治县	Bama Yao A.C.	1971	241000	77877	34870	19271	23736
都安瑶族自治县	Duan Yao A.C.	4095	615000	137730	53199	30549	53982
大化瑶族自治县	Dahua Yao A.C.	2716	416000	175156	32030	106695	36431
宜州市	Yizhou City	3869	615000	374330	153101	106185	115044
忻城县	Xincheng County	2541	399000	166489	88072	41538	36879
象州县	Xiangzhou County	1898	350000	203948	101083	49624	53241

continued

城镇就业人员（人）Urban Employed Persons (person)	城镇职工平均工资（元）Average Wages in Urban (yuan)	乡村就业人员（人）Rural Laborer (person)	#农林牧渔业 Agriculture	地方财政收入（万元）Revenue of Local Governments (10000 yuan)	地方财政支出（万元）Expenditures of Local Governments (10000 yuan)	固定资产投资（万元）Investment in Fixed Assets (10000 yuan)	社会消费品零售总额（万元）Total Retail Sales (10000 yuan)	常用耕地面积（公顷）Area of Caltivated Land (hectare)
35687	9715	384000	221000	13072	30921	89682	168400	22229
23379	9663	443800	332000	20676	44011	132918	124318	55302
6485	9451	93100	78300	7519	18218	35229	36710	25441
14088	12554	46700	29400	10181	15594	59397	36670	4127
27483	8999	726300	426500	23441	44996	126206	161515	63572
7696	9450	387100	242600	18545	38357	88890	148961	29983
34976	9857	578100	316200	15855	37483	109602	92742	47869
19347	11111	775600	443400	23385	49924	156927	96377	74233
28387	9056	373200	234600	13331	28349	110254	149045	23307
42473	8789	442300	273400	13639	31345	105072	99203	27128
14429	8572	754700	472000	16155	45283	102221	163155	49983
50519	10141	365600	205500	9764	23600	100163	54527	27708
47374	9788	565600	300600	20981	44541	160381	167363	36652
18372	11505	181100	132500	13164	24584	88909	40359	22911
21504	15353	212700	154200	12602	25288	110257	40220	26699
10406	18769	239900	158600	32425	35168	139225	46832	21583
15690	11923	180200	129600	4378	19655	47930	16526	21673
7585	11065	314700	207800	10013	28667	51622	48150	36234
6898	11199	105000	83600	2488	14336	24666	15730	9449
6948	11229	89100	54700	3336	15270	36618	11410	9536
10300	12122	69200	58600	2768	13906	28712	12201	13682
5882	9855	126300	103000	7444	18246	55468	19850	28236
12589	10945	67100	62500	3395	12767	38187	10270	40854
39169	11917	177500	161800	18552	29825	113627	25563	24069
15143	9268	190300	148700	7245	20701	70273	41916	15108
11701	10891	217800	151900	6495	23474	124088	52210	24372
36541	11015	138700	109400	5597	19239	50362	33083	18155
6969	14871	135300	104100	17028	27760	57202	65424	16092
8819	11632	65900	52900	7495	15326	275333	23409	14807
8721	9923	82000	62400	2406	12617	35945	18405	6327
14999	11672	126400	96400	4778	16630	52051	26886	10426
15080	10410	173200	119800	5186	18336	58433	30682	21587
9941	10149	165800	124900	5770	18588	45640	46339	24831
17084	6966	108200	81000	3958	14725	49039	34760	9124
14104	10064	311000	223100	7954	28730	65531	44303	32069
27967	13708	208500	136400	12953	26319	31691	31749	15342
48416	12890	300900	214600	23566	35339	120056	97571	42092
12189	10816	220700	157100	5677	18722	107886	47186	31407
15803	11524	173100	126400	6498	18162	42432	39613	43070

地区	Region	土地面积 (平方公里) Land Area (sq.km)	年末总人口 (人) Total Population (year-end) (person)	地区生产总值 (万元) Gross Domestic Product (10000 yuan)	第一产业 Primary Industry	第二产业 Secondary Industry	第三产业 Tertiary Industry
武宣县	Wuxuan County	1739	417000	183649	100030	35337	48282
金秀瑶族自治县	Jinxiu Yao A.C.	2518	150000	56823	27483	12804	16536
合山市	Heshan City	350	139000	95081	13863	53698	27520
扶绥县	Fusui County	2836	419000	264012	133992	74501	55519
宁明县	Ningming County	3695	402000	155630	74277	33905	47448
龙州县	Longzhou County	2311	271000	136185	62657	43968	29560
大新县	Daxin County	2742	358000	159648	61678	62812	35158
天等县	Tiandeng County	2159	405000	116618	47623	32966	36029
凭祥市	Pingxiang City	650	106000	74388	15478	15508	43402
海南省	**Hainan Province**						
五指山市	Wuzhishan City	1129	110063	71681	18811	9819	43051
琼海市	Qionghai City	1693	459070	554073	282745	72521	198807
儋州市	Danzhou City	3265	940790	717390	402880	96090	218420
文昌市	Wenchang City	2485	543127	489362	244134	97332	147896
万宁市	Wangning City	1884	562822	410640	166991	86432	157217
东方市	Dongfang City	2256	386901	347764	116588	148252	82924
定安县	Dinganxian	1187	314292	144684	82964	20449	41271
屯昌县	Dunchang County	1232	271638	148257	88177	16780	43300
澄迈县	Chengmai County	2045	500268	348390	160158	132425	55807
临高县	Lingao County	1317	428526	315708	262446	21075	32187
白沙黎族自治县	Baisha Li A.C.	2117	184886	107019	79407	10135	17477
昌江黎族自治县	Changjiang Li A.C.	1610	234310	225628	77210	104451	43967
乐东黎族自治县	Ledong Li A.C.	2763	482636	231733	148168	10696	72869
陵水黎族自治县	Lingshui Li A.C.	1128	334614	165965	108443	14028	43494
保亭黎族苗族自治县	Baoting Li & Miao A.C.	1161	159900	72174	44347	7614	20213
琼中黎族苗族自治县	Qiongzhong Li & Miao A.C.	2706	206494	97683	67899	8665	21119
重庆市	**Chongqing City**						
綦江县	Qijiang County	2182	946600	717983	191457	322457	204069
潼南县	Tongnan County	1585	904000	541540	156190	151100	234250
铜梁县	Tongliang County	1342	804000	652232	129332	284840	238060
大足县	Dazu County	1390	924800	611451	130392	244668	236391
荣昌县	Rongchang County	1079	813600	498914	140667	187006	171241
璧山县	Bishan County	912	611700	581294	71731	325716	183847
梁平县	Liangping County	1890	883100	426140	108996	182152	134992
城口县	Chengkou County	3286	230700	78787	23493	31717	23577
丰都县	Fengdu County	2901	786700	339573	86878	127782	124913
垫江县	Dianjiang County	1518	901100	443271	99359	194684	149228

continued

城镇就业人员（人）Urban Employed Persons (person)	城镇职工平均工资（元）Average Wages in Urban (yuan)	乡村就业人员（人）Rural Laborer (person)	#农林牧渔业 Agriculture	地方财政收入（万元）Revenue of Local Governments (10000 yuan)	地方财政支出（万元）Expenditures of Local Governments (10000 yuan)	固定资产投资（万元）Investment in Fixed Assets (10000 yuan)	社会消费品零售总额（万元）Total Retail Sales (10000 yuan)	常用耕地面积（公顷）Area of Caltivated Land (hectare)
6180	11218	222200	163000	5376	17542	33050	42324	37231
10795	11130	70200	53400	2239	11708	20085	16668	13072
22444	15463	46600	31500	7341	11433	111404	17137	6182
17063	7509	207100	168400	17860	30323	109226	34034	59420
19155	9608	202800	152900	14578	28802	47092	31352	34055
18660	9765	136700	109800	9918	20392	39330	22613	28600
11397	10462	202900	138000	8672	21691	49836	22979	35658
8401	9587	255300	139500	6838	19366	47278	18098	27930
	12563	45000	33600	11172	16931	47686	43122	4416
9226	13011	28385	23481	3102	16608	18552	21536	2692
19410	12410	162835	119391	19877	41079	133505	141711	23996
31844	11555	279674	224334	14692	41121	153567	117651	46751
23303	12503	192664	140176	14641	43144	155333	100756	37753
22673	10098	166060	104530	12337	33602	107735	98649	17442
20294	15168	156799	133571	14871	34617	72837	79856	24134
14228	9551	110966	88351	5420	25041	34714	42685	21090
12704	10326	73438	60903	3668	19424	29653	34937	12519
28845	10113	164024	115414	16330	35743	87206	63339	24553
14445	11258	165717	131336	5981	27651	37853	55138	24663
8104	10474	53613	51885	3418	21106	22954	14403	9257
20028	12779	75010	64548	16431	31495	61331	34058	15906
17284	10122	197449	146368	4828	32196	35251	63423	30848
11718	10092	129684	103074	4343	24181	32439	26918	15261
6515	11015	45178	40632	2587	17190	15039	16988	5410
9122	10756	46923	45152	3191	19688	21147	14230	8073
9110	11923	389085	236051	20378	59055	339902	210980	50456
5270	12240	430890	296281	14893	42906	215767	154836	53670
6400	10356	382068	192002	25368	51165	302748	191450	42430
4000	11973	412445	267460	14864	43360	220150	173951	42488
7780	10892	386434	262570	16523	52050	195856	165676	31655
8780	13339	333530	143811	24574	44577	263858	184944	26118
9210	12026	469864	273708	15521	40584	213870	141493	42048
1490	11200	106121	57145	6193	29518	51948	25918	19669
5100	11627	409249	263612	12302	40398	212826	116331	36943
3730	12556	429204	257885	18956	47666	195139	158224	38981

4-2 续表 34

地 区	Region	土地面积 (平方公里) Land Area (sq.km)	年末总人口 (人) Total Population (year-end) (person)	地区生产总值 (万元) Gross Domestic Product (10000 yuan)	第一产业 Primary Industry	第二产业 Secondary Industry	第三产业 Tertiary Industry
武隆县	Wulong County	2901	398400	256694	65388	104345	86961
忠县	Zhong County	2184	962500	381454	121514	109294	150646
开县	Kai County	3959	1529500	610789	169978	224004	216807
云阳县	Yunyang County	3634	1287500	373036	126589	144413	102034
奉节县	Fengjie County	4087	1002000	339415	105886	83059	150470
巫山县	Wushan County	2958	594500	193055	58547	44491	90017
巫溪县	Wuxi County	4030	519500	127644	53706	32545	41393
石柱土家族自治县	Shizhu Tujia A.C.	3013	514500	203712	63148	69983	70581
秀山土家族苗族自治县	Xiushan Tujia & Miao A.C.	2450	611900	233121	69120	94840	69161
酉阳土家族苗族自治县	Youyang Tujia & Miao A.C.	5173	749900	175319	74800	42170	58349
彭水苗族土家族自治县	Pengshui Miao & Tujia A.C.	3903	621000	232999	84324	77564	71111
江津市	Jiangjin City	3200	1454800	1297420	278431	510566	508423
合川市	Hechuan City	2356	1499400	1235254	257160	503450	474644
永川市	Yongchuan City	1576	1072000	941372	177772	375980	387620
南川市	Nanchuan City	2602	643000	527251	124825	251544	150882
其他	Others	16291	10175600	14634180	1267317	7092030	6274833
四川省	**Sichuan Province**						
金堂县	Jintang County	1156	845500	806748	172556	315773	318419
双流县	Shuangliu County	1067	906400	1734500	162106	929739	642655
郫县	Pi County	438	488300	889406	96670	526541	266195
大邑县	Dayi County	1327	499000	644276	101661	253535	289080
蒲江县	Pujiang County	583	256600	316144	66481	142214	107449
新津县	Xinjin County	330	293800	456504	59442	240749	156313
都江堰市	Dujiangyan City	1208	598400	931691	109848	294287	527556
彭州市	Pengzhou City	1420	777400	738491	161630	244674	332187
邛崃市	Qionglai City	1384	635300	860929	130706	389189	341034
崇州市	Chongzhou City	1090	650800	968000	112890	463832	391278
荣县	Rong County	1957	868100	446219	178943	136711	130565
富顺县	Fushun County	1603	1216800	580654	211841	171193	197620
米易县	Miyi County	2153	201400	177571	46877	75581	55113
盐边县	Yanbian County	3269	195500	317634	28757	248170	40707
泸县	Lu County	1532	1036400	493519	171151	178910	143458
合江县	Hejiang County	2422	842900	374715	119939	103274	151502
叙永县	Xuyong County	2977	661400	193188	71147	47902	74139
古蔺县	Guli County	3184	801500	188303	70149	50687	67467
中江县	Zhongjiang County	2063	1410700	709943	288454	164624	256865
罗江县	Luojiang County	448	240300	184542	71425	74110	39007
广汉市	Guanghan City	551	587300	732670	129400	342670	260600

continued

城镇就业人员 (人) Urban Employed Persons (person)	城镇职工平均工资 (元) Average Wages in Urban (yuan)	乡村就业人员 (人) Rural Laborer (person)	#农林牧渔业 Agriculture	地方财政收入 (万元) Revenue of Local Governments (10000 yuan)	地方财政支出 (万元) Expenditures of Local Governments (10000 yuan)	固定资产投资 (万元) Investment in Fixed Assets (10000 yuan)	社会消费品零售总额 (万元) Total Retail Sales (10000 yuan)	常用耕地面积 (公顷) Area of Caltivated Land (hectare)
4530	9585	210309	147609	11416	38725	202670	84872	29646
4520	11695	443416	246538	12848	51841	216534	140558	55382
6900	10906	705423	356827	19670	77558	340123	248081	66212
9990	10594	542562	314566	12161	60077	268328	158383	48787
12440	11019	443783	291809	13703	52209	200085	113779	49387
5670	10916	255412	176915	8581	39016	104663	72057	33515
3260	9890	225065	119161	4480	34890	60004	51559	31433
3810	11024	282465	226126	8106	37986	152869	89427	29348
3130	11457	349506	200424	10916	41615	119582	98432	30141
2310	10912	435423	300418	5004	53277	101916	69897	46927
3620	11967	323341	210350	12626	38594	317926	113314	48455
16810	12602	752897	345526	38597	91808	485148	370158	68478
13190	11290	740644	440923	32036	70197	498454	346705	74479
13030	13013	439912	229764	25189	59321	626316	379190	50249
5470	10355	326178	170240	15792	45942	282557	151475	39085
5658350		3390199	1980571	1605544	2712898	10029964	6603162	314618
75501	11904	429000	232000	12897	40937	236755	221041	44417
32376	18004	477000	193000	60518	86031	674937	404034	44875
34416	16954	240000	137000	27374	39560	559495	228168	21740
9598	10743	246000	121000	10496	32799	155516	215208	24004
26012	12298	123000	75000	6518	19745	142830	106329	14660
50115	11705	154000	77000	11876	24968	168250	147837	12829
48381	14124	266000	129000	26095	49397	451356	360008	19647
26504	12897	404000	267000	15272	41859	191110	327984	35512
27553	12329	304000	175000	14339	42124	177159	263014	32720
90302	12842	346000	219000	13642	37931	215294	274100	33723
33183	12156	447000	275000	10968	40503	73808	115605	52382
126477	10114	601000	338000	10106	41660	76449	168369	46233
6444	13399	98000	86000	6280	24532	111971	56083	11581
79775	19313	98000	77000	6348	28612	68530	25031	10554
33820	13064	582000	299000	10654	34843	117496	174260	43962
17353	10409	455000	348000	7783	33270	89640	136862	37475
16561	10577	321000	222000	6932	35997	44197	96171	36022
93351	10775	382000	311000	7870	35864	37931	80476	41590
14010	11390	815000	403000	8518	51339	92157	274213	69229
24875	12211	130000	78000	4397	13951	69116	40231	17146
31820	15488	298000	163000	17293	35816	152857	247066	29830

4-2 续表 35

地 区	Region	土地面积 (平方公里) Land Area (sq.km)	年末总人口 (人) Total Population (year-end) (person)	地区生产总值 (万元) Gross Domestic Product (10000 yuan)	第一产业 Primary Industry	第二产业 Secondary Industry	第三产业 Tertiary Industry
什邡市	Shifang City	863	429300	845529	116695	517932	210902
绵竹市	Mianzhu City	1245	512900	872578	135786	486557	250235
三台县	Santai County	2661	1460800	686855	250204	208720	227931
盐亭县	Yanting County	1645	590300	282286	139608	45901	96777
安县	An County	1404	507200	343754	124769	124380	94605
梓潼县	Zitong County	1442	379300	206494	87650	49334	69510
北川羌族自治县	Beichuan Qiang A.C.	2869	161000	82488	31798	27890	22800
平武县	Pingwu County	5974	188300	94983	35823	36091	23069
江油市	Jiangyou City	2720	874800	1000802	151648	441528	407626
旺苍县	Wangcang County	2976	450500	181928	73581	50061	58286
青川县	Qingchuan County	3269	248200	83308	40320	14481	28507
剑阁县	Jiange County	3204	669000	203776	98893	34769	70114
苍溪县	Cangxi County	2330	767100	233936	116551	41397	75988
蓬溪县	Pengxi County	1251	760900	258896	107723	62719	88454
射洪县	Shehong County	1496	1035700	688717	155299	298352	235066
大英县	Daying County	703	547500	228632	81405	84850	62377
威远县	Weiyuan County	1289	744800	529658	109643	298643	121372
资中县	Zizhong County	1734	1312300	493393	164944	141024	187425
隆昌县	Longchang County	794	764400	466318	85054	236786	144478
犍为县	Jianwei County	1375	565300	285000	86000	123200	75800
井研县	Jingyan County	841	414200	198989	77259	69000	52730
夹江县	Jiajiang County	749	349700	289064	64346	136896	87822
沐川县	Muchuan County	1401	255700	161030	42370	65936	52724
峨边彝族自治县	Ebian Yi A.C.	2395	143400	93943	18219	53676	22048
马边彝族自治县	Mabian Yi A.C.	2383	181600	62054	25722	22042	14290
峨眉山市	Emeishan City	1168	432200	437955	60704	212646	164605
南部县	Nanbu County	2229	1239300	597361	232392	206969	158000
营山县	Yingshan County	1633	900800	277142	118889	79326	78927
蓬安县	Pengan County	1334	681500	261773	98066	82107	81600
仪陇县	Yilong County	1771	1057600	266664	142888	38100	85676
西充县	Xichong County	1108	635600	197845	78558	52472	66815
阆中市	Langzhong City	1877	857200	353820	116625	119993	117202
仁寿县	Renshou County	2606	1559700	718495	254380	228894	235221
彭山县	Pengshan County	465	324200	306190	59584	155791	90815
洪雅县	Hongya County	1948	340900	194907	67535	86200	41172
丹棱县	Danling County	449	161900	90793	31722	33895	25176
青神县	Qingshen County	387	197600	135144	33514	60475	41155
宜宾县	Yibin County	2948	976200	535481	169613	185168	180700
南溪县	Nanxi County	704	411800	203379	64786	76941	61652

continued

城镇就业人员（人）Urban Employed Persons (person)	城镇职工平均工资（元）Average Wages in Urban (yuan)	乡村就业人员（人）Rural Laborer (person)	#农林牧渔业 Agriculture	地方财政收入（万元）Revenue of Local Governments (10000 yuan)	地方财政支出（万元）Expenditures of Local Governments (10000 yuan)	固定资产投资（万元）Investment in Fixed Assets (10000 yuan)	社会消费品零售总额（万元）Total Retail Sales (10000 yuan)	常用耕地面积（公顷）Area of Caltivated Land (hectare)
36299	15750	227000	128000	26221	46120	142615	216880	21223
120021	17452	248000	137000	36282	56972	148040	205240	29503
14796	9873	739000	434000	14751	50325	104119	273879	78687
15168	10703	281000	194000	4625	32431	40813	86375	33954
11925	10932	245000	133000	7317	25777	77448	136950	31787
7762	9883	151000	94000	3602	19385	39854	118620	27912
8709	9909	84000	55000	2942	20419	47762	24085	11563
47817	11460	88000	68000	3202	21962	80711	28078	19341
10981	14351	384000	207000	22952	47304	191920	296800	39107
10043	10992	176000	114000	4237	31400	50856	78839	17346
18537	10412	107000	93000	1798	24909	36002	25910	19540
21711	9178	294000	218000	4930	32130	84037	71573	48905
64125	9849	355000	239000	6660	41603	90984	77789	34146
47962	9770	284000	175000	3764	34047	65640	117448	34234
21479	10138	387000	189000	11663	42859	169858	235518	36423
57385	9692	218000	136000	4047	23349	107810	99302	21382
47496	12205	294000	148000	14985	39500	167711	132355	29788
42909	10408	554000	395000	10736	52206	100112	141510	57546
73473	9340	386000	255000	7982	33021	82935	141104	26325
18000	9788	239000	153000	5111	31065	65460	143918	26870
33918	8773	232000	130000	3599	22745	30108	75461	28113
10031	13404	182000	109000	8403	20655	90176	85878	13937
12875	10898	141000	85000	4821	18762	49399	48705	14212
6681	11548	68000	53000	4714	21308	55270	33650	6146
33528	11626	85000	64000	2408	22123	55156	16399	13374
66504	14028	181000	118000	12471	30905	144701	166200	14460
18732	11551	735000	383000	10163	49488	158162	172084	55073
20739	9508	390000	260000	6370	37869	83813	159300	36116
37105	9393	299000	204000	7079	32023	112074	96860	30379
14994	9253	481000	323000	4818	42866	89565	96453	42271
21378	10786	311000	202000	4473	31016	60103	105602	32891
39541	10250	358000	213000	8704	43005	202604	163458	34358
14675	11567	646000	499000	13222	61368	262355	234930	81126
12793	12340	157000	95000	9033	22685	147305	77865	15126
5562	11678	169000	124000	9429	30868	174891	48819	13385
11639	10700	78000	42000	2675	12630	55474	33580	9738
115461	10050	113000	76000	2895	14425	54292	52965	9358
22324	14101	489000	320000	11136	40056	122042	137291	53863
21948	11885	207000	153000	4527	21476	71991	94993	17902

4-2 续表 36

地 区	Region	土地面积 (平方公里) Land Area (sq.km)	年末总人口 (人) Total Population (year-end) (person)	地区生产总值 (万元) Gross Domestic Product (10000 yuan)	第一产业 Primary Industry	第二产业 Secondary Industry	第三产业 Tertiary Industry
江安县	Jiangan County	910	540200	217768	75467	79757	62544
长宁县	Changning County	975	428600	248505	69740	98151	80614
高县	Gao County	1323	504900	218200	69859	96055	52286
珙县	Gong County	1150	415000	180097	52648	75301	52148
筠连县	Junlian County	1254	393400	154016	59323	50047	44646
兴文县	Xingwen County	1373	437800	157660	54972	59624	43064
屏山县	Pingshan County	1523	293200	109011	35065	34476	39470
岳池县	Yuechi County	1457	1158900	429634	146524	119729	163381
武胜县	Wusheng County	966	824200	385311	142480	128574	114257
邻水县	Lingshui County	1919	969500	416346	142324	142460	131562
华蓥市	Huaying City	466	350800	336886	45941	182061	108884
达县	Da County	2688	1244200	613324	231277	195623	186424
宣汉县	Xuanhan County	4266	1170100	479034	182944	154566	141524
开江县	Kaijiang County	1033	566700	239045	104612	61499	72934
大竹县	Dazhu County	2075	1066400	684963	207940	258469	218554
渠县	Qu County	2013	1374100	474260	183168	153465	137627
万源市	Wangyuan City	4065	558300	252356	99203	85439	67714
名山县	Mingshan County	614	259900	138900	42900	55346	40654
荥经县	Yingjing County	1779	141500	137074	25776	64388	46910
汉源县	Hanyuan County	2388	352600	168611	52466	60237	55908
石棉县	Shimian County	2678	121800	146842	19016	104893	22933
天全县	Tianquan County	2394	145100	127291	26552	66618	34121
芦山县	Lushan County	1364	118300	76163	21809	34459	19895
宝兴县	Baoxing County	3114	56200	64600	14000	35013	15587
通江县	Tongjiang County	4125	722500	223890	112529	29733	81628
南江县	Nanjiang County	3383	631000	234053	110251	50110	73692
平昌县	Pingchang County	2227	962600	278387	117462	62786	98139
安岳县	Anyue County	2690	1531100	565370	280580	124310	160480
乐至县	Lezhi County	1424	869800	385762	155363	135464	94935
简阳市	Jianyang City	2215	1424500	754791	224378	271223	259190
汶川县	Wenchuan County	4083	111400	179588	14138	140313	25137
理县	Li County	4318	44500	37933	5742	23897	8294
茂县	Mao County	4075	105600	51513	12542	21537	17434
松潘县	Songpan County	8486	68800	54530	11327	18380	24823
九寨沟县	Jiuzhaigou County	5286	60200	83338	8516	21674	53148
金川县	Jinchuan County	5524	68300	20722	8290	2643	9789
小金县	Xiaojin County	5571	78300	27015	8610	5434	12971
黑水县	Heishui County	4154	57400	20668	8115	4304	8249
马尔康县	Maerkang County	6639	53900	48049	5888	9853	32308

continued

城镇就业人员 (人) Urban Employed Persons (person)	城镇职工平均工资 (元) Average Wages in Urban (yuan)	乡村就业人员 (人) Rural Laborer (person)	#农林牧渔业 Agriculture	地方财政收入 (万元) Revenue of Local Governments (10000 yuan)	地方财政支出 (万元) Expenditures of Local Governments (10000 yuan)	固定资产投资 (万元) Investment in Fixed Assets (10000 yuan)	社会消费品零售总额 (万元) Total Retail Sales (10000 yuan)	常用耕地面积 (公顷) Area of Caltivated Land (hectare)
20613	11427	290000	197000	3820	21382	61796	100016	24395
16751	10933	241000	150000	4558	23658	75171	109581	21994
27568	10867	290000	199000	5229	24928	70735	70514	25408
12762	10788	172000	95000	4272	21231	69017	79437	16120
17123	10705	191000	139000	3296	20891	41379	48943	21123
8396	10321	251000	169000	2880	24718	58003	64054	21181
34653	10690	153000	109000	2044	17972	15432	27944	17293
14529	11511	566000	373000	12450	44077	176895	209057	49511
18361	14237	373000	237000	10675	36062	150823	140898	30227
16160	10958	399000	219000	10888	45463	196129	164935	40612
61929	11651	143000	80000	6149	24458	148166	101147	8286
33634	10417	578000	316000	10588	52283	154264	160698	56613
19258	9054	476000	272000	7887	57319	173780	170951	46794
28151	9483	246000	135000	4843	32117	92969	102513	24139
46809	11306	403000	202000	12788	50138	206942	180589	54498
19000	9755	475000	288000	8429	56833	218754	166809	54690
41481	9995	223000	129000	4044	34545	103875	96418	26854
7784	12918	135000	95000	2564	19995	51609	38579	9029
8823	11753	63000	39000	3801	14383	61922	44325	5843
8054	10702	194000	149000	3498	22240	130556	55356	19648
7956	10143	50000	34000	5595	19618	170111	44456	4055
4691	11449	71000	40000	3041	18472	74734	44236	6778
4279	11626	51000	34000	1373	14486	49177	22741	4191
54900	10735	26000	18000	1656	9653	64671	14340	2458
24600	9307	327000	229000	3522	43488	55878	77076	37272
27100	10115	280000	185000	5301	40335	77009	83826	27970
48594	11049	409000	271000	5314	45593	85411	82293	38593
17089	11374	800000	486000	9675	55668	132137	173824	79410
41094	12019	327000	202000	6908	34412	90142	138331	45030
19106	12480	621000	397000	15418	58702	155508	199156	87950
4196	14937	38000	28000	5327	17048	176097	25451	3156
5447	13650	21000	18000	1633	11113	50491	7204	2595
4505	14578	48000	41000	2318	19850	67644	17734	6563
8714	17781	34000	27000	5647	20258	85966	10124	6958
4769	16504	27000	22000	9188	24959	100034	32149	3105
4841	15719	34000	28000	565	20146	10525	5523	3612
3480	14185	39000	31000	617	15850	18798	7428	7192
9061	16994	30000	21000	923	15373	20921	4556	7038
2427	19824	17000	11000	1701	14482	32606	13743	3131

4-2 续表 37

地 区	Region	土地面积 (平方公里) Land Area (sq.km)	年末总人口 (人) Total Population (year-end) (person)	地区生产总值 (万元) Gross Domestic Product (10000 yuan)	第一产业 Primary Industry	第二产业 Secondary Industry	第三产业 Tertiary Industry
壤塘县	Rangtang County	6836	34400	14595	6452	2221	5922
阿坝县	Aba County	10435	62800	24959	13672	4032	7255
若尔盖县	Ruoergai County	10437	66500	36521	20988	7411	8122
红原县	Hongyuan County	8398	36100	23964	11934	4573	7457
康定县	Kangding County	11486	110000	136564	10341	57999	68224
泸定县	Luding County	2165	78000	35286	5825	13411	16050
丹巴县	Danba County	4656	56600	18572	4831	6360	7381
九龙县	Jiulong County	6766	54800	22412	5048	13758	3606
雅江县	Yajiang County	7558	42400	11040	4148	2814	4078
道孚县	Daofu County	7053	48200	16502	4943	4118	7441
炉霍县	Luhuo County	4601	39900	13716	6151	2344	5221
甘孜县	Ganzi County	7303	57600	20236	8704	3275	8257
新龙县	Xinlong County	8570	43100	15439	5164	2697	7578
德格县	Dege County	11025	66700	16949	8308	3364	5277
白玉县	Baiyu County	10386	41600	14020	6740	3755	3525
石渠县	Shiqu County	24944	63100	17997	9710	1784	6503
色达县	Seda County	9332	36600	13094	5864	3146	4084
理塘县	Litang County	13677	49700	17599	7632	3525	6442
巴塘县	Batang County	7852	45200	18322	5100	7192	6030
乡城县	Xiangcheng County	5016	27600	11112	2985	3851	4276
稻城县	Daocheng County	7323	28900	10218	4705	2127	3386
得荣县	Derong County	2916	24500	9528	3011	2579	3938
西昌市	Xichang City	2655	578900	714499	131225	287494	295780
木里藏族自治县	Muli Zang A.C.	13252	127300	37722	17365	6472	13885
盐源县	Yanyuan County	8388	329600	100302	44886	33888	21528
德昌县	Dechang County	2284	190700	140140	48062	53550	38528
会理县	Huili County	4527	439400	351384	105204	133827	112353
会东县	Huidong County	3227	371400	236143	109899	76540	49704
宁南县	Ningnan County	1667	176600	102395	44166	23103	35126
普格县	Puge County	1905	143400	54276	23510	15227	15539
布拖县	Butuo County	1685	143700	47289	21402	12662	13225
金阳县	Jinyang County	1587	149800	42119	23315	5476	13328
昭觉县	Zhaojue County	2699	227900	57515	29742	6578	21195
喜德县	Xide County	2206	152100	54687	18249	19075	17363
冕宁县	Mianning County	4423	335200	210025	54595	102589	52841
越西县	Yuexi County	2257	265400	89136	32066	29929	27141
甘洛县	Ganluo County	2156	186000	69146	23041	32063	14042
美姑县	Meigu County	2573	190400	51150	28401	10816	11933
雷波县	Leibo County	2932	235300	84860	36178	27420	21262

continued

城镇就业人员（人）Urban Employed Persons (person)	城镇职工平均工资（元）Average Wages in Urban (yuan)	乡村就业人员（人）Rural Laborer (person)	#农林牧渔业 Agriculture	地方财政收入（万元）Revenue of Local Governments (10000 yuan)	地方财政支出（万元）Expenditures of Local Governments (10000 yuan)	固定资产投资（万元）Investment in Fixed Assets (10000 yuan)	社会消费品零售总额（万元）Total Retail Sales (10000 yuan)	常用耕地面积（公顷）Area of Caltivated Land (hectare)
2773	16479	18000	18000	424	12635	8872	3333	1863
4014	18601	27000	26000	408	13964	15488	6853	6725
2905	14883	34000	28000	518	15015	49022	5388	2933
4310	18551	17000	15000	488	13230	16772	3926	256
3636	16602	37000	33000	4166	17067	72422	29621	9493
4502	15820	29000	26000	1944	12569	43198	8585	5386
3476	14088	30000	27000	1041	13438	20934	6991	2634
2934	16094	31000	29000	1602	11563	51544	2969	3814
3461	12874	21000	21000	385	11842	10110	2842	3081
3115	14842	24000	23000	485	11026	9129	3943	8067
2156	14885	20000	19000	320	12315	7113	5301	4640
2939	16208	34000	32000	373	13890	12267	9423	13952
1998	16407	17000	14000	153	11635	10394	1654	4346
2088	16348	39000	38000	325	12252	13298	3105	4999
2749	15410	24000	23000	308	10174	14705	3797	5586
2033	20651	29000	29000	200	13009	6769	5809	5806
2375	15359	21000	20000	284	12659	12116	2536	1329
2611	16854	26000	25000	449	15800	12557	11036	4287
2012	12827	24000	22000	409	10465	40697	8060	5328
1743	15501	13000	13000	306	12259	13454	1868	2332
1721	16013	14000	14000	362	10193	9024	3109	3493
65874	15781	12000	12000	288	10348	10395	1572	3771
6309	17304	225000	187000	29645	62995	227050	321931	24994
9802	14550	66000	64000	998	18939	20927	8507	11380
8234	14298	185000	176000	5442	28113	35721	23800	33263
16504	13365	120000	95000	6886	22386	88989	36948	15440
15232	15301	231000	121000	12779	32249	63749	65753	31485
6093	13969	202000	182000	11744	33190	49147	56100	21071
7349	14394	88000	81000	4756	16249	22244	30337	12064
3709	12495	73000	68000	2235	18471	16468	16338	12248
4139	15815	80000	75000	1248	18559	20383	8615	11288
5836	15652	70000	68000	691	19098	14664	13884	15219
4665	15533	119000	114000	1118	23349	14868	14924	20294
12867	12773	75000	70000	1627	18782	7695	13829	12609
8409	14140	193000	170000	7604	27358	61362	63851	20155
6241	13049	139000	123000	4028	24376	26159	24329	15373
4896	14879	92000	82000	4237	20948	24702	22576	11304
8194	13894	99000	93000	1846	22172	36402	12568	15915
	14608	117000	99000	3614	21821	119757	13456	16475

4-2 续表 38

地 区	Region	土地面积 (平方公里) Land Area (sq.km)	年末总人口 (人) Total Population (year-end) (person)	地区生产总值 (万元) Gross Domestic Product (10000 yuan)	第一产业 Primary Industry	第二产业 Secondary Industry	第三产业 Tertiary Industry
贵州省	**Guizhou Province**						
开阳县	Kaiyang County	2026	438400	247222	59419	127433	60370
息烽县	Xifeng County	1037	260500	189466	29108	125769	34589
修文县	Xiuwen County	1076	307700	168209	44200	81074	42935
清镇市	Qingzhen City	1492	519700	437344	52010	279408	105926
水城县	Shuicheng County	3589	758500	180982	49800	98200	32982
盘县	Pan County	4057	1175000	545788	76498	332353	136937
遵义县	Zunyi County	4092	1156100	688295	199141	260497	228657
桐梓县	Tongzi County	3189	665500	206115	87672	54764	63679
绥阳县	Suiyang County	2566	513700	184651	89517	60085	35049
正安县	Zhengan County	2595	608900	160372	85355	31003	44014
道真仡佬族苗族自治县	Daozhen Mulan & Miao A.C.	2156	340900	83965	45796	16439	21730
务川仡佬族苗族自治县	Wuchuan Mulan & Miao A.C.	2773	425100	86919	50148	18506	18265
凤冈县	Fenggang County	1883	416500	111562	53902	34772	22888
湄潭县	Meitan County	1845	479000	193368	79029	44708	69631
余庆县	Yuqing County	1630	295500	134990	60054	51038	23898
习水县	Xishui County	3128	698100	178876	59883	80040	38953
赤水市	Chishui City	1801	314200	166245	51793	81693	32759
仁怀市	Renhuai City	1788	608300	437507	78465	289485	69557
平坝县	Pingba County	999	353700	172331	27868	105919	38544
普定县	Puding County	1091	415000	130608	28919	75787	25902
镇宁布依族苗族自治县	Zhengning Bouyei & Miao A.C.	1718	351000	90008	25924	45964	18120
关岭布依族苗族自治县	Guanling Bouyei & Miao A.C.	1466	328900	73266	32700	26047	14519
紫云苗族布依族自治县	Ziyun Miao & Bouyei A.C.	2280	344900	55564	34089	11395	10080
铜仁市	Tongren City	1514	344100	195638	44563	86608	64467
江口县	Jiangkou County	1869	227200	56893	26795	13208	16890
玉屏侗族自治县	Yuping Dong A.C.	516	142700	101240	23261	52851	25128
石阡县	Shiqian County	2172	388000	77503	50201	13632	13670
思南县	Sinan County	2231	642300	142975	87337	28917	26721
印江土家族苗族自治县	Yinjiang Tujia & Miao A.C.	1961	418600	87046	54548	15447	17051
德江县	Dejiang County	2072	456100	113225	68354	19716	25155
沿河土家族自治县	Yanhe Tujia A.C.	2469	566800	103867	65068	14385	24414
松桃苗族自治县	Songtao Miao A.C.	2861	647800	131730	72218	32379	27133
万山特区	Wanshan S.D.	338	66900	22814	6317	11216	5281
兴义市	Xingyi City	2911	747300	486783	90791	246215	149777
兴仁县	Xingren County	1785	466500	106900	44649	31162	31089
普安县	Puan County	1429	290600	64971	25584	23387	16000
晴隆县	Qinglong County	1327	291100	64590	21230	24237	19123

continued

城镇就业人员 (人) Urban Employed Persons (person)	城镇职工平均工资 (元) Average Wages in Urban (yuan)	乡村就业人员 (人) Rural Laborer (person)	#农林牧渔业 Agriculture	地方财政收入 (万元) Revenue of Local Governments (10000 yuan)	地方财政支出 (万元) Expenditures of Local Governments (10000 yuan)	固定资产投资 (万元) Investment in Fixed Assets (10000 yuan)	社会消费品零售总额 (万元) Total Retail Sales (10000 yuan)	常用耕地面积 (公顷) Area of Caltivated Land (hectare)
22500	14021	210101	142600	16266	30188	113554	60817	22693
20900	12084	122560	77500	8711	21184	79941	32282	12591
24300	12431	154000	106500	8902	23261	66319	35139	15790
40600	15035	248600	184000	17589	30830	167422	61488	17269
16800	11494	359000	273800	11428	35166	167099	21060	33201
64000	13949	519900	400400	30980	64206	321440	78732	43957
35500	13787	633800	431500	21500	53990	296602	152981	66412
14500	12768	310600	195100	6890	27310	197498	44533	36430
10400	11591	285400	198800	6300	26753	35852	48789	27493
21800	10820	342400	198200	5022	26888	31261	35836	31157
9400	10257	168000	96800	4050	19061	34118	20010	23470
11300	12199	242700	175800	4453	22193	38406	25367	28375
10700	12167	245400	153200	4180	19917	24850	25496	26517
14000	11353	268700	178700	6008	24338	25263	50221	31026
15900	12589	162200	105300	6882	18478	153133	26893	19162
300	11461	312800	198900	7537	33600	53686	31211	40709
18800	14455	132000	81300	8341	22200	127490	32991	13566
23000	17975	333200	235000	26835	43316	87083	39490	27768
13400	10867	168900	134000	6823	20164	15946	40577	17475
	13091	213300	140800	8121	20620	24020	21697	16495
17800	11194	190900	156200	5158	20322	26054	22879	13918
8154	11683	178400	128700	3739	20353	16930	22925	15000
14600	11122	200600	147100	2670	15787	26841	20629	16095
52200	13957	155000	88000	11529	21975	140879	76850	12445
10400	10553	131000	82000	2655	14694	15620	15791	11014
11200	11119	73000	42000	7070	15897	115398	15775	5633
16400	10420	233000	151000	4834	21539	33094	17893	20257
24200	11056	355000	223000	6547	30696	53888	39272	28823
17400	11101	227000	128000	4444	21812	35903	19285	18425
19800	10898	267000	187000	5409	23391	38243	23335	21606
19000	10647	294000	193000	5065	26509	37864	25140	26412
22400	10608	381000	246000	5110	27441	44882	33049	26337
4100	10735	28000	15000	1135	7536	6027	5590	2241
86600	12310	362700	271900	24982	44441	182636	145860	29796
16000	10231	247200	174000	8454	24328	32481	33174	20955
14100	10514	138500	100200	8313	18565	27706	12413	16213
10100	10302	153600	122400	4085	18270	16943	12013	14006

4-2 续表 39

地　区	Region	土地面积 (平方公里) Land Area (sq.km)	年末总人口 (人) Total Population (year-end) (person)	地区生产总值 (万元) Gross Domestic Product (10000 yuan)	第一产业 Primary Industry	第二产业 Secondary Industry	第三产业 Tertiary Industry
贞丰县	Zhenfeng County	1512	347600	84430	36380	31484	16566
望谟县	Wangmo County	3006	285800	61520	28890	11660	20970
册亨县	Ceheng County	2597	225800	38200	24220	4810	9170
安龙县	Anlong County	2238	435500	130026	44637	47936	37453
毕节市	Bijie City	3412	1297300	447270	118049	152633	176588
大方县	Dafang County	3502	983500	200999	86048	58220	56731
黔西县	Qianxi County	2554	837600	263167	89901	93053	80213
金沙县	Jinsha County	2528	594300	275928	75250	129948	70730
织金县	Zhijin County	2867	942900	212094	81910	63173	67011
纳雍县	Nayong County	2448	774900	274467	63600	159288	51579
威宁彝族回族苗族自治县	Weining Yi, Hui & Miao A.C.	6296	1105100	245764	100340	59959	85465
赫章县	Hezhang County	3245	652700	128617	56374	39015	33228
凯里市	Kaili City	1306	458300	321674	42122	139851	139701
黄平县	Huangping County	1668	353400	52357	25663	7813	18881
施秉县	Shibing County	1544	156700	51675	17293	22542	11840
三穗县	Sansui County	1036	209200	53510	17733	20409	15368
镇远县	Zhenyuan County	1878	259400	106944	36743	41717	28484
岑巩县	Cengong County	1487	223100	49241	20677	13811	14753
天柱县	Tianzhu County	2201	412100	76940	37258	16749	22933
锦屏县	Jinping County	1597	225200	53729	16523	20078	17128
剑河县	Jianhe County	2163	243200	48164	23381	10751	14032
台江县	Taijiang County	1080	146100	32150	14315	9835	8000
黎平县	Liping County	4439	507200	91663	45814	20383	25466
榕江县	Rongjiang County	3316	331900	68792	37927	10581	20284
从江县	Congjiang County	3245	321800	62056	35730	10022	16304
雷山县	Leishan County	1219	150700	31136	11532	7388	12216
麻江县	Majiang County	1222	221800	49491	19638	15575	14278
丹寨县	Danzhai County	938	165000	37345	15674	8098	13573
都匀市	Duyun City	2274	490500	281728	40868	107747	133113
福泉市	Fuquan City	1688	311200	219842	55447	98888	65507
荔波县	Libo County	2441	169600	71507	18507	28527	24473
贵定县	Guiding County	1631	290600	172506	32378	80045	60083
瓮安县	Wengan County	1966	464400	137100	51320	41528	44252
独山县	Dushan County	2445	351400	90209	39086	25206	25917
平塘县	Pingtang County	2825	306100	62600	28917	13405	20278
罗甸县	Luodian County	3013	331200	105630	41121	39972	24537
长顺县	Changshun County	1543	248700	67025	27100	17890	22035
龙里县	Longli County	1521	207000	127908	19124	88033	20751
惠水县	Huishui County	2470	435500	116150	49107	39970	27073
三都水族自治县	Sandu Shui A.C.	2380	329200	64708	33543	10693	20472

continued

城镇就业人员(人) Urban Employed Persons (person)	城镇职工平均工资(元) Average Wages in Urban (yuan)	乡村就业人员(人) Rural Laborer (person)	#农林牧渔业 Agriculture	地方财政收入(万元) Revenue of Local Governments (10000 yuan)	地方财政支出(万元) Expenditures of Local Governments (10000 yuan)	固定资产投资(万元) Investment in Fixed Assets (10000 yuan)	社会消费品零售总额(万元) Total Retail Sales (10000 yuan)	常用耕地面积(公顷) Area of Caltivated Land (hectare)
12900	10141	193800	131900	5756	18100	51522	17707	21026
9300	10332	147300	120100	2384	17384	10469	15904	26655
8900	10356	116200	94300	1822	14641	13925	7475	13428
18100	9961	240100	167400	7280	19693	25019	30652	20522
51200	11009	645900	363200	21448	49176	89281	62545	59492
20700	10648	573800	401600	11934	34454	72545	33324	48744
33900	10313	424900	278400	11792	30638	258636	39258	40332
22700	12473	308800	192100	18979	39073	96558	37806	34151
17900	10350	482500	296300	14002	40657	98473	35666	41141
15700	9292	420400	262000	12496	38047	274026	26846	30662
20500	10449	604300	490200	12536	40251	61506	36715	71897
12900	9480	323000	226500	4445	25830	41226	21738	37961
19000	14122	153200	105101	15718	28368	148016	114006	13433
7900	11537	177600	112647	3103	17777	14073	16726	15231
14600	10302	82400	67608	4049	12971	25833	11400	8083
12900	11387	110700	73043	2328	13223	61462	12761	7691
2900	10906	122600	78513	6158	16116	68498	24611	12309
7966	10430	112300	81427	2108	14120	15016	13163	11700
7100	11890	224300	156004	4513	20800	32975	29679	15935
1522	11427	110100	66955	3080	18098	114845	16661	8558
	12541	131900	92634	2142	17552	43795	12361	9053
4913	11976	70000	39516	1983	13066	46992	7296	6220
3800	10635	265100	180303	3272	26709	37300	32567	18587
3000	10606	173600	134034	2475	19365	18935	17329	12782
7000	13396	185300	148075	2797	19312	26481	17616	13918
650	11766	78700	52362	1425	12506	9300	8228	6849
28850	9977	115300	84369	2738	13054	11627	11111	10971
3094	10630	83900	52523	1442	11963	10889	7039	7345
60200	11999	177434	111788	15690	32825	142010	99955	13616
26800	14010	153989	100238	9686	18799	56070	50016	15467
11693	11639	90080	68113	4922	14555	23701	20073	7996
16700	10581	133841	91829	6650	18050	28014	41150	11941
21444	11872	231045	142510	7267	22490	28028	42100	24603
17836	10549	186913	124522	4730	22205	27264	25843	15203
9800	11746	182606	131907	3042	18946	18018	13006	14343
11900	11540	164461	114579	4362	20920	30129	17313	16833
12500	11122	137011	96192	4119	15168	16131	23500	12795
17000	10963	109220	82932	5735	16522	35911	18350	10860
19800	10360	241861	148297	5166	22640	30930	31700	17851
11600	12463	173763	124933	2308	19069	19245	21060	13574

地 区	Region	土地面积 (平方公里) Land Area (sq.km)	年末总人口 (人) Total Population (year-end) (person)	地区生产总值 (万元) Gross Domestic Product (10000 yuan)		
					第一产业 Primary Industry	第二产业 Secondary Industry	第三产业 Tertiary Industry
云南省	**Yunnan Province**						
呈贡县	Chenggong County	541	157272	225632	49515	125221	50896
晋宁县	Jinning County	1391	272841	187639	54434	63832	69373
富民县	Fumin County	1030	138152	80519	26190	24110	30219
宜良县	Yiliang County	1880	406093	312401	123500	79274	109627
石林彝族自治县	Shilin Yi A.C.	1777	230548	133789	43708	30270	59811
嵩明县	Songming County	1442	343796	145130	50426	38237	56467
禄劝彝族苗族自治县	Luquan Yi & Miao A.C.	4378	447508	134586	60759	22100	51727
寻甸回族彝族自治县	Xundian Hui & Yi A.C.	3966	502329	150409	58398	25451	66560
安宁市	Anning City	1313	266893	679647	41311	489443	148893
马龙县	Malong County	1751	193097	69356	26520	20138	22698
陆良县	Luliang County	2096	610850	310990	119804	102891	88295
师宗县	Shizong County	2858	363566	159055	59238	46387	53430
罗平县	Luoping County	3116	546214	329986	70562	132766	126658
富源县	Fuyuan County	3348	716353	352900	101859	146941	104100
会泽县	Huize County	6077	916238	399935	57402	286031	56502
沾益县	Zhanyi County	2910	396883	274118	82871	132322	58925
宣威市	Xuanwei City	6257	1362099	470183	131385	185185	153613
江川县	Jiangchuan County	850	265063	177345	58583	63008	55754
澄江县	Chengjiang County	773	156323	113552	28690	48820	36042
通海县	Tonghai County	721	270434	221925	51319	123520	47086
华宁县	Huaning County	1313	204154	133403	43236	36505	53662
易门县	Yimen County	1571	172943	133473	30776	53890	48807
峨山彝族自治县	Eshan Yi A.C.	1972	150075	121499	27954	48181	45364
新平彝族傣族自治县	Xinping Yi & Dai A.C.	4223	269503	107201	38661	36940	31600
元江哈尼族彝族傣族自治县	Yuanjiang Hani, Yi & Dai A.C.	2858	197827	115766	41496	32772	41498
施甸县	Shidian County	2009	329445	98500	44543	11840	42117
腾冲县	Tengchong County	5845	616132	250720	80702	55578	114440
龙陵县	Longling County	2884	271465	99915	37210	30270	32435
昌宁县	Changning County	3888	340295	129151	58671	29386	41094
鲁甸县	Ludian County	1519	395937	77495	33900	18690	24905
巧家县	Qiaojia County	3245	530769	105209	49398	22211	33600
盐津县	Yanjin County	2096	379254	84339	27550	31392	25397
大关县	Daguan County	1802	261652	56314	23346	12812	20156
永善县	Yongshan County	2833	419677	119085	37600	43560	37925
绥江县	Suijiang County	882	159691	38250	9424	9705	19121
镇雄县	Zhenxiong County	3785	1307384	181418	84680	35120	61618
彝良县	Miliang County	2884	541770	96261	40454	22706	33101

continued

城镇就业人员 (人) Urban Employed Persons (person)	城镇职工平均工资 (元) Average Wages in Urban (yuan)	乡村就业人员 (人) Rural Laborer (person)	#农林牧渔业 Agriculture	地方财政收入 (万元) Revenue of Local Governments (10000 yuan)	地方财政支出 (万元) Expenditures of Local Governments (10000 yuan)	固定资产投资 (万元) Investment in Fixed Assets (10000 yuan)	社会消费品零售总额 (万元) Total Retail Sales (10000 yuan)	常用耕地面积 (公顷) Area of Caltivated Land (hectare)
11765	19510	86409	73776	11653	19947	140885	66857	6173
19082	11539	139472	111412	9465	20451	41817	46719	14001
9292	11687	77825	55745	5856	15455	26365	29274	6867
20054	12405	226309	174140	17173	25306	62726	69564	18665
12475	10889	121078	105041	10285	21037	56070	55188	16591
10962	12318	176941	125656	9719	24081	51457	66426	20286
11979	12149	246824	220459	7354	29677	54324	29877	24086
15732	10454	280203	241778	8081	32777	57383	43462	33361
42336	18180	80004	57108	52306	76648	284531	109824	7848
6826	14782	103390	91767	5022	18115	21830	17903	14293
23324	11892	302051	240055	14300	39912	100946	57378	27476
12691	12737	181701	153839	9233	27622	107911	34660	22633
16940	16576	283159	258288	13887	35618	100478	60424	20421
21872	11940	339132	258454	16706	42575	274725	59335	30601
29460	16975	500878	406936	30916	66987	137800	56218	37329
17648	14051	206166	170253	18804	32055	212883	48004	24496
41154	13571	702038	555047	32575	73537	260380	161128	57886
8459	14686	152969	120707	10744	26665	54968	34840	8824
7331	12774	86070	73665	7456	20388	47685	24290	6777
12621	12999	143617	105880	10080	24729	57235	42400	11164
8593	14077	109123	94727	7548	21126	45400	25869	11451
11991	13477	88676	71684	7634	23490	39181	30470	10914
9505	14606	76630	63986	9826	28154	41142	24805	10616
12895	16289	146800	124972	9986	35386	77507	30555	19948
10551	14958	91357	82050	6386	26773	31402	36403	17475
8725	11122	180052	155576	3831	21223	24465	30840	19448
23716	12146	322225	263165	12732	47169	95098	68911	29546
10164	14684	147078	134538	4606	23186	52092	25336	26118
12798	11277	181361	156503	5834	23868	51280	32418	26729
12504	10196	190047	171795	3018	34429	32860	13798	28612
10858	12426	281340	243813	2906	24002	30915	22043	45266
8518	12692	173508	126376	2338	19528	31423	18008	16283
5897	12504	118303	102765	1123	15514	19424	10945	18859
11933	12537	204768	167379	2236	22286	152893	18970	24681
6636	11682	65925	54768	1300	13234	10302	8930	12741
22147	11912	588558	468126	6985	44524	44628	54065	80848
11852	11863	264462	231577	2863	23253	22698	28363	33708

4-2 续表 41

地　区	Region	土地面积 (平方公里) Land Area (sq.km)	年末总人口 (人) Total Population (year-end) (person)	地区生产总值 (万元) Gross Domestic Product (10000 yuan)	第一产业 Primary Industry	第二产业 Secondary Industry	第三产业 Tertiary Industry
威信县	Weixin County	1416	385003	69362	22124	15250	31988
水富县	Shuifu County	319	95072	128034	9617	92183	26234
玉龙纳西族自治县	Yulong Naxi A.C.	6230	210506	72651	28326	16610	27715
永胜县	Yongsheng County	5099	385741	118148	39645	24180	54323
华坪县	Huaping County	2266	149750	83735	18761	32697	32277
宁蒗彝族自治县	Ninglang Yi A.C.	6206	237782	57279	19966	13861	23452
普洱哈尼族彝族自治县	Puer Hani & Yi A.C.	3670	186116	89880	27652	23089	39139
墨江哈尼族自治县	Mojiang Hani A.C.	5459	352052	102808	30053	32114	40641
景东彝族自治县	Jingdong Yi A.C.	4532	354003	121569	50046	25546	45977
景谷傣族彝族自治县	Jinggu Dai & Yi A.C.	7777	297252	130594	38093	51931	40570
镇沅彝族哈尼族拉祜族自治县	Zhenyuan Yi, Hani & Lahu A.C.	4223	205158	52391	21526	12260	18605
江城哈尼族彝族自治县	Jiangcheng Hani & Yi A.C.	3476	94412	47800	18668	14187	14945
孟连傣族拉祜族佤族自治县	Menglian Dai, Lahu & Va A.C.	1957	116671	43635	15482	12072	16081
澜沧拉祜族自治县	Lancang Lahu A.C.	8807	472756	110375	42947	32263	35165
西盟佤族自治县	Ximeng Va A.C.	1391	84240	21352	5822	5001	10529
凤庆县	Fengqing County	3451	425231	111616	48509	25341	37766
云县	Yun County	3760	407931	205615	63664	95679	46272
永德县	Yongde County	3296	327816	83285	36211	21769	25305
镇康县	Zhenkang County	2642	160200	58011	23038	18851	16122
双江拉祜族佤族布朗族傣族自治县	Shuangjiang Lahu, Va & Blang A.C.	2292	164321	55006	24554	12108	18344
耿马傣族佤族自治县	Gengma Dai & Va A.C.	3837	257923	126513	53412	33659	39442
沧源佤族自治县	Cangyuan Va A.C.	2539	160211	57235	23802	13608	19825
楚雄市	Chuxiong City	4482	494090	641583	75619	396558	169406
双柏县	Shuangbai County	4045	154500	52389	25743	10635	16011
牟定县	Mouding County	1494	200339	76219	32401	19618	24200
南华县	Nanhua County	2343	233270	82276	38231	18027	26018
姚安县	Yaoan County	1803	205322	93747	35596	26641	31510
大姚县	Dayao County	4146	280272	125301	41525	45234	38542
永仁县	Yongren County	2189	104455	46881	20650	11915	14316
元谋县	Yuanmou County	1803	207955	82579	35864	16461	30254
武定县	Wuding County	3322	264894	97453	42572	20691	34190
禄丰县	Lufeng County	3631	416668	344550	82476	123937	138137
个旧市	Gejiu City	1597	386478	427565	30845	269091	127629
开远市	Kaiyuan City	2009	262958	339093	52131	166823	120139
蒙自县	Mengzi County	2228	327363	183795	51093	65424	67278
屏边苗族自治县	Pingbian Miao A.C.	1906	147047	51495	19253	18468	13774
建水县	Jianshui County	3940	497526	233551	59402	92725	81424
石屏县	Shiping County	3090	292600	120834	54110	28592	38132
弥勒县	Mile County	4004	496396	749821	53100	637806	58915

continued

城镇就业人员(人) Urban Employed Persons (person)	城镇职工平均工资(元) Average Wages in Urban (yuan)	乡村就业人员(人) Rural Laborer (person)	#农林牧渔业 Agriculture	地方财政收入(万元) Revenue of Local Governments (10000 yuan)	地方财政支出(万元) Expenditures of Local Governments (10000 yuan)	固定资产投资(万元) Investment in Fixed Assets (10000 yuan)	社会消费品零售总额(万元) Total Retail Sales (10000 yuan)	常用耕地面积(公顷) Area of Caltivated Land (hectare)
9461	14520	176803	142679	2300	21698	13754	24879	23955
7882	18111	37963	27682	5916	15146	85758	31995	7017
9224	14558	119698	102377	3471	29577	68111	16503	23322
11359	13715	216487	180085	4667	31344	40506	22654	26046
7097	14694	67324	53607	5637	24526	40981	22742	9881
8973	12489	120399	109182	1487	22213	18479	12750	26040
10033	12482	85589	71404	3770	19131	39891	26138	20144
11253	12969	172314	155858	5565	25010	84764	28697	33624
11438	11957	187589	162458	7947	26918	28277	33385	29713
14311	12481	165968	141914	7358	23049	45177	36153	32438
8969	12065	103926	95072	2503	17045	22098	18663	24584
6140	11368	50596	45261	1915	12025	59187	12962	5795
7299	12905	55590	53149	2261	13065	21350	12447	22165
13436	13415	226491	214945	3801	28523	33489	25702	28561
6991	13700	37416	35481	553	11071	10229	5830	7468
10018	11388	203812	161449	5871	24780	56443	36733	29242
14471	10749	212289	176276	10955	26126	50931	36542	32923
11445	12351	172943	160600	3224	19361	49502	24265	34426
5658	13177	78515	73399	2049	18452	38785	15124	24122
6115	13702	66068	57883	1853	14041	25033	15347	16746
12535	10944	111958	102109	4378	22274	46223	29208	41615
6813	12306	68480	63986	1762	16832	40076	20575	29768
40841	14847	216948	181668	29313	46990	174873	191547	22899
6209	12956	86005	78789	2630	15470	16788	10317	11804
6889	12402	113236	92040	3299	16623	26500	18374	13316
7488	13785	126326	110408	4154	18097	27121	30000	14156
6375	12282	115480	90664	3056	16654	22100	20012	11757
12787	14731	157361	132938	4664	22888	42254	26836	16651
4394	14237	57566	51351	1891	13987	17650	8332	8890
7000	12874	117027	106214	4015	18924	29781	18154	13318
7919	14330	152665	133373	4030	19927	19455	20845	17723
19144	13021	203589	169782	14161	37643	111423	85207	22716
59557	11243	108191	81251	29340	47761	143737	122150	11737
32753	14361	98269	81289	22108	38004	132489	72307	14828
21315	12259	174595	157892	13514	28944	179483	71097	25284
4645	13006	70359	64931	2045	14171	17484	18430	17287
24912	12060	269075	234137	12768	32826	139265	61677	27883
10396	12546	163560	136904	6979	22825	36006	41950	17688
25137	17556	270546	230679	23794	40214	134100	61545	35027

4-2 续表 42

地 区	Region	土地面积 (平方公里) Land Area (sq.km)	年末总人口 (人) Total Population (year-end) (person)	地区生产总值 (万元) Gross Domestic Product (10000 yuan)			
					第一产业 Primary Industry	第二产业 Secondary Industry	第三产业 Tertiary Industry
泸西县	Luxi County	1674	378125	144857	38515	56931	49411
元阳县	Yuanyang County	2292	371489	79980	34556	14171	31253
红河县	Honghe County	2034	276927	61275	31530	11242	18503
金平苗族瑶族傣族自治县	Jinping Miao, Yao & Dai A.C.	3677	319692	52830	23774	12886	16170
绿春县	Luchun County	3167	206791	34989	14489	9153	11347
河口瑶族自治县	Hekou Yao A.C.	1313	79185	61546	16588	8861	36097
文山县	Wenshan County	3064	434909	329460	60299	139464	129697
砚山县	Yanshan County	3888	448812	168598	50602	72379	45617
西畴县	Xichou County	1545	250890	68226	26955	16703	24568
麻栗坡县	Malipo County	2395	273043	96862	33346	29068	34448
马关县	Maguan County	2755	354232	123231	42872	40615	39744
丘北县	Qiubei County	5150	450247	96321	48879	16031	31411
广南县	Guangnan County	7983	753102	157012	84299	33677	39036
富宁县	Funing County	5459	389485	126257	49381	34048	42828
景洪市	Jinghong City	7133	376129	387447	111501	107140	168806
勐海县	Menghai County	5511	296637	128737	40827	35085	52825
勐腊县	Mengla County	7056	203431	164631	79108	24485	61038
大理市	Dali City	1468	589779	798276	82028	354907	361341
漾濞彝族自治县	Yangbi Yi A.C.	1957	100460	36120	15720	11280	9120
祥云县	Xiangyun County	2498	450117	213296	84326	67929	61041
宾川县	Binchuan County	2627	328729	205300	110827	36392	58081
弥渡县	Midu County	1571	313842	96330	37047	22042	37241
南涧彝族自治县	Nanjian Yi A.C.	1802	217064	67053	31101	6214	29738
巍山彝族回族自治县	Weishan Yi & Hui A.C.	2266	303159	106080	45012	20669	40399
永平县	Yongping County	2884	172716	74030	40126	7993	25911
云龙县	Yunlong County	4712	200802	69582	30555	17496	21531
洱源县	Eryuan County	2961	273454	106135	47795	20356	37984
剑川县	Jianchuan County	2318	169693	56697	20649	17127	18921
鹤庆县	Heqing County	2395	263561	89661	28406	29598	31657
瑞丽市	Ruili City	1020	115355	113713	25292	22492	65929
潞西市	Luxi City	2987	343416	168811	52788	43104	72919
梁河县	Lianghe County	1159	160336	35375	11806	8783	14786
盈江县	Yingjiang County	4429	268127	110239	36087	34732	39420
陇川县	Longchuan County	1931	171690	63614	27348	16140	20126
泸水县	Lushui County	2938	157453	62202	13302	18531	30369
福贡县	Fugong County	2804	92225	17897	7480	3581	6836
贡山独龙族怒族自治县	Gongshan Drung & Nu A.C.	4506	34569	12958	4510	2388	6060
兰坪白族普米族自治县	Lanping Bai & Pumi A.C.	4455	196171	69574	15460	36472	17642
香格里拉县	Xianggelila County	11613	134094	121869	22211	57426	42232

continued

城镇就业人员（人） Urban Employed Persons (person)	城镇职工平均工资（元） Average Wages in Urban (yuan)	乡村就业人员（人） Rural Laborer (person)	#农林牧渔业 Agriculture	地方财政收入（万元） Revenue of Local Governments (10000 yuan)	地方财政支出（万元） Expenditures of Local Governments (10000 yuan)	固定资产投资（万元） Investment in Fixed Assets (10000 yuan)	社会消费品零售总额（万元） Total Retail Sales (10000 yuan)	常用耕地面积（公顷） Area of Caltivated Land (hectare)
13936	13127	202526	173170	10684	25779	72453	39924	21760
8159	12286	204718	187080	2487	20179	25432	22980	23701
6651	12831	143001	123900	1356	16357	25096	14170	15036
9052	12679	168723	155666	3579	21573	54297	19415	25473
6224	10120	110615	101459	1926	15459	38025	15602	12952
9429	12825	24340	23620	4723	14387	25049	9424	4104
30119	15316	197050	172369	20699	38700	120397	150088	27313
13995	12225	231260	209672	7537	26423	100210	65375	32297
7288	12669	137347	111432	2307	19229	17200	20812	13038
11558	13948	148187	126860	3228	21318	60313	30988	19093
11857	14322	194935	171784	5266	26291	38500	49148	29081
11876	10868	226038	202676	4328	24941	26800	32018	38592
15453	12784	419769	351421	5188	32251	53004	40051	40551
9771	14838	221538	183361	4238	25474	40713	58786	25545
52048	13121	133874	127428	13630	33053	260031	111493	32263
14623	12241	146867	135283	3954	21127	41200	35496	45023
27274	11766	64027	62753	3474	19713	45881	40848	27027
86404	14331	217249	125304	45885	69192	290222	230018	13124
4568	15244	49888	43288	2871	12516	21974	12052	7632
20175	14100	251262	201210	10961	26974	46115	53689	21079
9423	14209	185870	154810	7303	24350	34535	40520	24082
7510	12521	175883	139981	4344	17581	20769	39018	13647
6167	16191	122337	105487	6109	18037	21172	23697	12420
8981	12969	167876	144369	4249	19988	31606	33385	18972
5596	14256	72622	63380	3534	15772	19938	18806	12427
5346	13472	98713	86272	2788	17226	21626	13642	15994
8230	14312	140638	115085	5012	21895	36680	22154	17519
6770	13063	81791	61750	3379	16677	23722	15526	13254
8125	13891	133783	104328	5060	20681	36470	24142	16364
16150	11618	47798	37759	7370	21831	38012	45171	14841
28581	13393	158318	137126	7619	28082	43740	67045	37134
6869	13213	82510	70959	2447	16920	13861	16574	13903
12036	12383	125201	111213	6729	28966	75317	45898	31056
13109	10037	82146	77162	3048	18882	16754	15770	26411
11444	15946	71035	65950	5037	25914	49920	25154	21916
4245	12193	46837	43776	579	12849	12130	9070	7291
2152	15360	14821	13312	954	8883	11074	5960	6799
9414	14913	102238	92345	5825	23688	51155	23947	22322
8955	18666	62454	55218	4613	28309	136051	38465	10788

地 区	Region	土地面积 (平方公里) Land Area (sq.km)	年末总人口 (人) Total Population (year-end) (person)	地区生产总值 (万元) Gross Domestic Product (10000 yuan)			
					第一产业 Primary Industry	第二产业 Secondary Industry	第三产业 Tertiary Industry
德钦县	Deqin County	7596	58826	20726	6399	5350	8977
维西傈僳族自治县	Weixi Lisu A.C.	4661	145244	54680	19363	12042	23275
西藏自治区	**Tibet A.R.**						
林周县	Linzhou County	4100	55388	35000	12878	2379	19743
当雄县	Dangxiong County	10234	42472	23776	9059	7147	7570
尼木县	Nimu County	3266	29227	9936	2309	2674	4953
曲水县	Naqu County	1624	32677	15763	6151	5926	3686
堆龙德庆县	Duilongdeqing County	2672	40996	39146	8488	19035	11623
达孜县	Dazi County	1361	25825				
墨竹工卡县	Mozhugongka County	5492	41326	30727	10827	15300	4600
昌都县	Changdu County	10794	90683	43333	15265	13027	15041
江达县	Dajiang County	13164	68454	27955	16862	3817	7276
贡觉县	Gongjue County	6323	41259	17342	9952	1400	5990
类乌齐县	Leiwuqi County	6355	41172	18970	9803	2838	6329
丁青县	Dingqing County	12408	62360	24301	18378	3056	2867
察雅县	Chaya County	8251	53954	17285	9722	3454	4109
八宿县	Basu County	12336	37103	15018	5945	3389	5684
左贡县	Zuogong County	11837	43632	20060	8854	4682	6524
芒康县	Mangkang County	11576	72200	29220	13995	4910	10315
洛隆县	Luolong County	8048	41927	20000	11768	3191	5041
边坝县	Bianba County	8774	30660	13154	7498	2630	3026
乃东县	Naidong County	2185	55459	75139	4697	24247	46195
扎囊县	Zhanang County	2142	36564	12385	4123	2153	6109
贡嘎县	Gongga County	2386	46234	24160	3488	9144	11528
桑日县	Sangbai County	2634	15988	9329	2076	5086	2167
琼结县	Qiongjie County	1030	18059	6755	1696	1778	3281
曲松县	Qusong County	2070	15939	11061	1532	6891	2638
措美县	Cuomei County	4178	13825	4804	1390	1080	2334
洛扎县	Luozha County	5031	18654	8017	2253	2416	3348
加查县	Jiazha County	4385	18076	8118	3498	826	3794
隆子县	Longzi County	9894	32474	12045	2583	5241	4221
错那县	Cuona County	34979	14755	10392	936	5968	3488
浪卡子县	Langqiaozi County	7982	34113	10045	2305	2174	5566
日喀则市	Rikaze County	3654	92537	61141	17367	12540	31234
南木林县	Nanmulin County	8113	74260	20403	11003	3778	5622
江孜县	Jiangzi County	3859	61858	44450	16503	6120	21827
定日县	Dingri County	13859	47466	17271	8013	2752	6506
萨迦县	Sajia County	7510	45053	14085	9027	1818	3240

continued

城镇就业人员 (人) Urban Employed Persons (person)	城镇职工平均工资 (元) Average Wages in Urban (yuan)	乡村就业人员 (人) Rural Laborer (person)	#农林牧渔业 Agriculture	地方财政收入 (万元) Revenue of Local Governments (10000 yuan)	地方财政支出 (万元) Expenditures of Local Governments (10000 yuan)	固定资产投资 (万元) Investment in Fixed Assets (10000 yuan)	社会消费品零售总额 (万元) Total Retail Sales (10000 yuan)	常用耕地面积 (公顷) Area of Caltivated Land (hectare)
2878	25027	29845	27694	918	13127	35411	8250	3726
5550	19540	78938	70023	1229	21737	40690	10962	15166
		27744	23265	348	8383			11400
		17038	7897	410	5945			
		14797	11928	261	4383			2441
		15986	11202	577	5183			4189
		20867	11915	2445	7730			5982
		12519	5993	264	4435			4450
		13156	10561	457	5991			5022
		21559	19222	1146	8115			5347
		38196	28199	382	5113			4895
		17406	14411	307	3958			3378
		11986	11042	479	4364			2880
		23454	22628	448	4684			8048
		21969	20476	306	5204			2959
		15176	14124	336	4011			2671
		19522	18572	412	4649			2675
		43164	38881	555	6075			5328
		12150	10508	265	4280			5305
		8599	8286	290	3928			3199
		19068	14295	1301	6092			4027
		16376	12841	266	4652			4332
		21409	18384	1379	6145			4815
		5855	5095	214	3193			1531
		8507	8292	290	3550			1822
		6717	4425	770	3733			1592
		6711	6261	203	2931			981
		8434	7525	275	3773			1916
		6559	6350	301	3739			1315
		14441	12842	273	4466			2660
		6793	6544	204	3833			1433
		16763	13090	237	4634			2499
		36265	21793	2354	12610			12334
		37633	35384	393	5567			7798
		26846	12897	1000	8724			10799
		27331	18756	490	4542			7058
		19581	15321	182	4066			7566

4-2 续表 44

地区	Region	土地面积 (平方公里) Land Area (sq.km)	年末总人口 (人) Total Population (year-end) (person)	地区生产总值 (万元) Gross Domestic Product (10000 yuan)	第一产业 Primary Industry	第二产业 Secondary Industry	第三产业 Tertiary Industry
拉孜县	Lazi County	4505	48406	20629	10449	3382	6798
昂仁县	Angren County	20105	46056	15990	8104	1635	6251
谢通门县	Xietongmenxian County	13960	41626	15893	8351	3167	4375
白朗县	Bailang County	2806	42560	20876	11380	2497	6999
仁布县	Renbu County	2123	31056	8320	3153	1374	3793
康马县	Kangma County	6165	20149	10307	4245	2039	4023
定结县	Dingjie County	5816	18239	9191	3513	2257	3421
仲巴县	Zhongba County	43594	18528	14541	7285	3083	4173
亚东县	Yadong County	4306	11687	10345	2860	1568	5917
吉隆县	Jilong County	9009	12374	8774	3029	1522	4223
聂拉木县	Nielamu County	7903	14433	13546	3792	2553	7201
萨嘎县	Saga County	12411	12255	8350	2737	1758	3855
岗巴县	Gangba County	3936	9568	6181	1456	1270	3455
那曲县	Naqu County	16195	85968	21978	11278	1110	9590
嘉黎县	Jiali County	13056	26440	9468	4401	1405	3662
比如县	Biru County	11680	48462	18611	9765	3764	5082
聂荣县	Nierong County	9017	29642	10024	4648	1472	3904
安多县	Anduo County	43411	34433	16325	6850	4253	5222
申扎县	Shenzha County	25546	16959	11991	2912	5146	3933
索县	Suo County	5744	36985	11369	4938	2681	3750
班戈县	Bange County	28383	34637	14538	8314	2560	3664
巴青县	Baqing County	10326	38282	17465	8136	4349	4980
尼玛县	Nima County	72499	35414	16356	7454	4604	4298
普兰县	Pulan County	13179	8185	7060	1660	1552	3848
札达县	Zhada County	24602	5730	5763	1625	1935	2203
噶尔县	Geer County	18083	12768	4389	2385	376	1628
日土县	Ritu County	77096	7641	7792	3678	1877	2237
革吉县	Geji County	46117	12647	6233	3100	1233	1900
改则县	Gaize County	135025	18578	11669	9262	657	1750
措勤县	Cuoqing County	22980	12198	6019	2958	1058	2003
林芝县	Lingzhi County	8536	34429	113430	7884	55276	50270
工布江达县	Gongbujiangda County	12961	24957	18012	6499	5261	6252
米林县	Milin County	9507	18121	22082	5734	6520	9828
墨脱县	Motuo County	31395	9759	5440	950	870	3620
波密县	Bomi County	16768	27552	29145	9214	9044	10887
察隅县	Chayu County	31305	25171	15065	4610	3418	7037
朗县	Lang County	4114	14673	10800	3714	3208	3878

continued

城镇就业人员(人) Urban Employed Persons (person)	城镇职工平均工资(元) Average Wages in Urban (yuan)	乡村就业人员(人) Rural Laborer (person)	#农林牧渔业 Agriculture	地方财政收入(万元) Revenue of Local Governments (10000 yuan)	地方财政支出(万元) Expenditures of Local Governments (10000 yuan)	固定资产投资(万元) Investment in Fixed Assets (10000 yuan)	社会消费品零售总额(万元) Total Retail Sales (10000 yuan)	常用耕地面积(公顷) Area of Caltivated Land (hectare)
		24344	9359	282	4402			7927
		22627	21705	236	3878			4996
		17935	14937	350	4284			4012
		23026	17557	341	4249			8182
		15948	7781	141	3419			3413
		8737	7474	225	3730			3120
		9621	5879	171	3137			2686
		8124	5854	500	3208			41
		5275	4026	399	3576			854
		6624	6291	163	2786			1133
		7793	6861	505	3533			1384
		5191	5171	182	2529			456
		5275	4961	141	2420			1456
		30985	25816	1228	77526			
		10421	9397	210	3889			330
		19909	18914	202	4148			2027
		12512	11182	157	3633			
		14148	10632	692	4490			
		7084	4112	859	3611			
		12947	12434	210	4243			2726
		16955	15907	203	4173			
		17048	15461	203	3871			355
		13701	13335	703	3721			113
		4915	4006	240	2420			637
		2535	2233	148	2320			690
		3449	3367	781	3170			644
		4140	2809	487	2696			574
		6227	5529	550	2425			4
		9800	9086	675	2896			
		5706	4548	261	2180			
		5648	4900	1084	5707			2347
		8225	7719	1006	5220			3362
		6415	6207	908	5335			2768
		3610	3610	133	3102			1650
		9321	7784	1019	5709			3858
		11006	10375	541	4459			2579
		7534	7189	262	3639			1218

4-2 续表 45

地 区	Region	土地面积 (平方公里) Land Area (sq.km)	年末总人口 (人) Total Population (year-end) (person)	地区生产总值 (万元) Gross Domestic Product (10000 yuan)	第一产业 Primary Industry	第二产业 Secondary Industry	第三产业 Tertiary Industry
陕西省	**Shaanxi Province**						
蓝田县	Lantian County	2008	640900	223300			
周至县	Zhouzhi County	2949	634176	205200			
户县	Hu County	1281	578065	372500			
高陵县	Gaoling County	287	233899	166900			
宜君县	Yijun County	1507	91955	27447			
凤翔县	Fengxiang County	1231	509046	317628			
岐山县	Qishan County	855	459721	329037			
扶风县	Fufeng County	747	459672	206400			
眉县	Mei County	856	304073	174395			
陇县	Long County	2275	248180	108548			
千阳县	Qianyang County	994	125772	53788			
麟游县	Linyou County	1704	87415	41300			
凤县	Feng County	3156	99402	90359			
太白县	Taibai County	2698	52019	31200			
三原县	Sanyuan County	577	403880	264580			
泾阳县	Jingyang County	778	498487	282660			
乾县	Qian County	1002	558515	251400			
礼泉县	Liquan County	1011	458078	211200			
永寿县	Yongshou County	886	187860	57200			
彬县	Bin County	1185	325194	101110			
长武县	Changwu County	568	172824	48000			
旬邑县	Xunyi County	1787	270437	65800			
淳化县	Chunhua County	976	197360	72300			
武功县	Wugong County	391	414795	161500			
兴平市	Xingping City	508	561639	301700			
华县	Hua County	1131	343920	145135			
潼关县	Tongguan County	427	159810	91555			
大荔县	Dali County	1673	701244	259800			
合阳县	Heyang County	1337	436290	126990			
澄城县	Chengcheng County	1119	387635	158800			
蒲城县	Pucheng County	1584	746612	349400			
白水县	Baishui County	980	278193	89100			
富平县	Fuping County	1243	760905	261036			
韩城市	Hancheng City	1607	385273	426315			
华阴市	Huayin City	678	254141	136858			
延长县	Yanchang County	2368	147094	49425			
延川县	Yanchuan County	1985	181444	425036			
子长县	Zichang County	2395	238870	122835			

continued

城镇就业人员 (人) Urban Employed Persons (person)	城镇职工平均工资 (元) Average Wages in Urban (yuan)	乡村就业人员 (人) Rural Laborer (person)	#农林牧渔业 Agriculture	地方财政收入 (万元) Revenue of Local Governments (10000 yuan)	地方财政支出 (万元) Expenditures of Local Governments (10000 yuan)	固定资产投资 (万元) Investment in Fixed Assets (10000 yuan)	社会消费品零售总额 (万元) Total Retail Sales (10000 yuan)	常用耕地面积 (公顷) Area of Caltivated Land (hectare)
17872	9740	310600	211900	8472	21976		96572	41074
22836	9399	341300	251100	5433	20830		87896	34527
34115	10851	278700	180700	13210	25460		93374	38889
16940	10376	116600	70600	8866	16087		39389	15132
6345	9200	47300	42500	1249	8008		10161	15042
17243	9090	255200	163300	7536	16874		70918	48340
24053	9477	191600	99700	6986	14855		82647	37891
18639	8905	210600	126000	4795	13557		45522	38477
15881	9773	147100	97300	4669	12346		46095	26386
12124	8966	118700	85100	4023	10936		36469	36301
6660	10923	43400	24000	2203	7803		18706	18204
4666	9716	36500	26500	1139	5667		9792	18813
8407	10814	42500	33200	4571	9449		24082	8849
7223	10230	21300	16000	1189	5626		9101	5014
23309	10019	195200	146800	6620	18370		64642	33239
18548	8357	238700	178900	6715	16870		76826	43374
17950	7741	287300	192900	5699	18362		84524	50434
19895	7639	237200	202200	4984	18117		68484	36058
10140	6392	82700	54500	1919	9376		12394	28360
18248	10807	143400	108900	4480	15277		33770	29030
7983	9613	70900	52300	2180	9213		11033	10704
13898	8467	126600	92100	2245	12181		18596	27102
9554	10213	87800	54200	1928	10502		18248	21780
24443	8974	234300	146300	3477	15505		58888	26547
47220	10609	233800	166000	7887	18520		92103	34710
25111	14418	154700	125200	5587	14751		24528	24005
13729	8156	62700	50400	4420	7207		19779	9995
25230	9427	346900	299100	6183	22775		85954	73246
18595	8573	210300	165200	4177	15661		50172	58103
28347	9286	155000	119000	5122	17292		44599	41403
36808	9371	374700	284000	8983	22131		91696	101012
14145	9331	133200	92300	3128	13915		32635	27587
29124	10478	370800	240300	5615	22400		91748	71292
42080	12811	141600	109800	16010	23076		56788	26122
22589	9547	101600	78300	4771	11768		35194	12905
7619	10830	49700	43000	3796	14804		13154	16144
24125	26561	60400	40700	11615	21510		16694	24417
14069	10637	75100	59100	20361	29963		22441	26691

4-2 续表 46

地 区	Region	土地面积 (平方公里) Land Area (sq.km)	年末总人口 (人) Total Population (year-end) (person)	地区生产总值 (万元) Gross Domestic Product (10000 yuan)		
					第一产业 Primary Industry	第二产业 Secondary Industry	第三产业 Tertiary Industry
安塞县	Ansai County	2950	161554	108410			
志丹县	Zhidan County	3762	130263	140741			
吴旗县	Wuqi County	3791	125698	91795			
甘泉县	Ganquan County	2285	79189	54788			
富县	Fu County	4180	147628	59499			
洛川县	Luochuan County	1799	195866	313881			
宜川县	Yichuan County	2931	113303	30855			
黄龙县	Huanglong County	2752	47366	17726			
黄陵县	Huangling County	2290	120659	114718			
南郑县	Nanzheng County	2824	547199	281151			
城固县	Chenggu County	2216	505679	278711			
洋县	Yang County	3198	440485	178767			
西乡县	Xixiang County	3221	401546	93356			
勉县	Mian County	2382	424548	189768			
宁强县	Ningqiang County	3247	334151	108586			
略阳县	Lueyang County	2829	201515	124541			
镇巴县	Zhenba County	3414	277046	68468			
留坝县	Liuba County	1957	45168	21348			
佛坪县	Foping County	1267	33476	9168			
神木县	Shenmu County	7528	369408	523700			
府谷县	Fugu County	3204	214957	163006			
横山县	Hengshan County	4288	330178	84000			
靖边县	Jingbian County	4979	286348	501500			
定边县	Dingbian County	6826	310778	106500			
绥德县	Suide County	1855	350895	64900			
米脂县	Mizhi County	1174	209187	40500			
佳县	Jia County	2030	247065	35800			
吴堡县	Wubao County	420	79349	17300			
清涧县	Qingjian County	1851	207575	36000			
子洲县	Zizhou County	2024	305277	42321			
汉阴县	Hanyin County	1364	291968	82199			
石泉县	Shiquan County	1516	183639	77649			
宁陕县	Ningshan County	3667	74672	35466			
紫阳县	Ziyang County	2243	337000	78009			
岚皋县	Langao County	1956	168215	63865			
平利县	Pingli County	2647	229640	71566			
镇坪县	Zhenping County	1497	57531	22334			
旬阳县	Xunyang County	3540	451221	180232			
白河县	Baihe County	1455	208112	54147			

continued

城镇就业人员（人）Urban Employed Persons (person)	城镇职工平均工资（元）Average Wages in Urban (yuan)	乡村就业人员（人）Rural Laborer (person)	#农林牧渔业 Agriculture	地方财政收入（万元）Revenue of Local Governments (10000 yuan)	地方财政支出（万元）Expenditures of Local Governments (10000 yuan)	固定资产投资（万元）Investment in Fixed Assets (10000 yuan)	社会消费品零售总额（万元）Total Retail Sales (10000 yuan)	常用耕地面积（公顷）Area of Caltivated Land (hectare)
10880	9889	52400	39900	20058	26161		17438	25702
10678	12076	47900	31700	38988	39853		17165	19059
9764	14133	45100	35400	33076	34225		13066	20000
7968	10906	24800	20100	13632	17745		9034	9305
9859	10113	59100	52000	2813	13998		15662	10131
15635	17101	74900	60500	5715	17562		29181	12220
6780	9741	37400	32700	1320	12623		9816	11997
5080	10896	11100	9700	681	9364		4640	9407
16998	12268	41600	31900	10903	17078		26227	9605
28798	10094	276100	150700	11669	23367		52292	30452
29601	9884	186400	106100	6528	19925		69929	25940
24151	10544	171100	112200	4759	17640		33073	28172
14334	10799	156500	95400	3559	15130		28129	20775
25268	10009	163500	90100	7561	18402		48407	23720
11444	10606	150000	94400	3987	14517		23841	21122
18361	12628	66500	43100	7523	14678		27362	9963
11077	9837	92700	51400	2068	12322		20312	22669
3729	10442	20300	16700	761	4601		14550	2987
3081	10134	7700	5600	497	4061		3723	1550
23496	19072	152800	80100	44281	51961		53941	40010
13479	11378	80700	52900	20995	27276		32525	43296
15377	9710	152200	128800	4987	17166		23008	57293
19412	12169	131800	93100	28769	37061		30702	53748
17838	11594	136800	109000	16158	27005		25800	88843
15595	10973	127300	74300	1867	18198		63394	41220
9697	9812	79800	49200	1269	14220		22444	29589
10679	9706	82100	40100	630	13864		18594	31333
5665	10315	24700	17100	584	7896		8625	8683
11827	9431	79400	54300	835	13214		17858	25112
10384	10084	144200	97800	1406	15593		28119	29374
9250	9766	145000	67600	3080	13029		28639	20941
7531	11939	81000	48700	2157	11129		18500	14340
3610	11756	32100	21500	819	6773		11065	3426
10622	10277	154900	83700	2612	13945		32789	26199
6941	8989	74300	36300	2018	10784		15320	15374
8210	10221	92000	57700	2756	12980		17232	18190
3525	11386	28700	14400	834	5816		6980	4922
15448	12040	206000	132700	7625	22525		48391	35566
7044	11360	102800	56000	1858	10962		20199	13760

地　区	Region	土地面积 (平方公里) Land Area (sq.km)	年末总人口 (人) Total Population (year-end) (person)	地区生产总值 (万元) Gross Domestic Product (10000 yuan)	第一产业 Primary Industry	第二产业 Secondary Industry	第三产业 Tertiary Industry
洛南县	Luonan County	2830	451675	121700			
丹凤县	Danfeng County	2407	302072	82700			
商南县	Shangnan County	2315	231213	63200			
山阳县	Shanyang County	3536	437982	110742			
镇安县	Zhenan County	3487	282774	106300			
柞水县	Zhashui County	2367	155432	58300			
甘肃省	**Gansu Province**						
永登县	Yongdeng County	5724	514600	354309	50815	202294	101200
皋兰县	Fulan County	2487	177400	101912	22958	48882	30072
榆中县	Yuzhong County	3301	435900	165642	42742	88750	34150
永昌县	Yongchang County	4550	253700	203047	42508	123412	37127
靖远县	Jingyuan County	5703	463100	181311	70178	57257	53876
会宁县	Huining County	5648	583300	130950	50331	34801	45818
景泰县	Jingtai County	5527	230200	140801	38431	45610	56760
清水县	Qingshui County	2006	310100	66082	32228	13466	20388
秦安县	Taian County	1599	599000	128500	33970	28617	65913
甘谷县	Gangu County	1584	597700	134466	38626	36890	58950
武山县	Wushan County	1989	436400	103435	33447	28800	41188
张家川回族自治县	Zhanjiachuan Hui A.C.	1293	313600	59262	17514	16980	24768
民勤县	Minqing County	15871	307200	141805	76895	28410	36500
古浪县	Gulan County	4977	398300	111029	38528	43304	29197
天祝藏族自治县	Tianzhu Tibetan A.C.	6797	217400	81900	16900	37000	28000
肃南裕固族自治县	Sunan Yugur A.C.	20696	36100	37654	12383	15986	9285
民乐县	Minle County	2916	242200	127495	49400	37187	40908
临泽县	Linze County	2727	148000	121100	47109	44924	29067
高台县	Gaotai County	4460	161400	121873	65093	38327	18453
山丹县	Shandan County	4948	200200	159056	37161	63592	58303
泾川县	Jingchuan County	1467	341200	148058	48521	48722	50814
灵台县	Lingtai County	1982	230800	95410	37720	20910	36780
崇信县	Congxin County	853	96600	53994	20688	22734	10572
华亭县	Huating County	1182	177000	125991	23810	70062	32119
庄浪县	Zhuanglan County	1591	425000	91010	37526	24858	28626
静宁县	Jingning County	2194	474100	113229	38660	39484	35085
金塔县	Jingta County	18877	141900	123420	64357	21667	37397
安西县	Anxi County	24084	93300	99182	37272	25019	36891
肃北蒙古族自治县	Subei Mengolian A.C.	69274	11900	25577	2303	15982	7292
阿克塞哈萨克族自治县	Akesai Kazak A.C.	34103	7900	21896	1511	13561	6823
玉门市	Yumen City	13307	189500	454921	25204	353801	75916

continued

城镇就业人员（人）Urban Employed Persons (person)	城镇职工平均工资（元）Average Wages in Urban (yuan)	乡村就业人员（人）Rural Laborer (person)	#农林牧渔业 Agriculture	地方财政收入（万元）Revenue of Local Governments (10000 yuan)	地方财政支出（万元）Expenditures of Local Governments (10000 yuan)	固定资产投资（万元）Investment in Fixed Assets (10000 yuan)	社会消费品零售总额（万元）Total Retail Sales (10000 yuan)	常用耕地面积（公顷）Area of Caltivated Land (hectare)
19571	10157	184000	147200	5224	20483		50643	31336
9007	10203	119400	81600	2996	14278		30134	12049
9913	10101	112600	61500	2820	13520		22774	12995
16255	8945	162500	109800	3168	18923		41296	23497
13785	9459	126600	59000	3568	15545		30721	17031
9738	9292	59100	44700	2658	11401		15310	7978
27218	13694	244100	148400	9343	31380	221943	50117	91853
10386	12859	77800	51000	3200	16066	40604	18904	28320
16009	11735	204800	139000	6420	27485	62575	57702	70713
27561	11355	106900	80500	7168	19922	70094	42747	43187
17722	12270	220200	167200	3650	24921	117849	41934	74233
18386	10560	290000	229300	2007	27600	46134	53422	150707
16818	11460	98500	72900	2964	17248	47368	30500	45687
8795	9761	146900	121200	1411	15516	22116	10062	62613
11809	10847	283300	208400	3559	21528	44734	37418	70053
12174	11727	279400	150900	2812	21858	40515	37631	58820
10013	10407	210100	143500	2615	18442	40939	34117	41340
8157	11703	175200	131700	1182	15540	18692	10783	37627
9660	12534	114300	102800	2813	20580	57647	45360	63713
10524	9590	195700	140900	2438	22486	95855	36488	72640
9772	13110	104600	86600	2933	25561	79614	46030	21200
4463	14718	11200	9400	3346	11476	66203	10300	4140
9747	9921	126200	102700	3265	18580	46060	37071	61540
8076	11148	65100	43800	3322	12118	76071	17171	18880
7264	11877	74400	53000	3240	12880	83947	14635	21207
17622	8321	80700	44000	3151	18411	56508	29805	39807
11627	10405	164700	116300	3806	18962	40385	42800	47320
10570	10810	100500	77100	2620	15761	22269	25480	49073
6121	14021	46000	28200	2280	9379	34019	13412	25340
19254	17453	67300	40900	8525	19941	79128	36759	27893
12316	12814	220800	131400	2818	23415	35231	34749	61033
14409	11876	224200	180000	3582	25531	35803	49512	98373
7300	13065	56900	47700	2498	12903	42620	24459	18880
7606	14309	27900	23600	2667	13002	64703	37309	16160
2179	16554	4200	3300	1819	6554	17805	4358	693
2020	19608	1400	900	1314	7319	16520	3615	247
25129	20336	39300	29700	6690	16923	161973	61248	20233

4-2 续表 48

地　区	Region	土地面积 (平方公里) Land Area (sq.km)	年末总人口 (人) Total Population (year-end) (person)	地区生产总值 (万元) Gross Domestic Product (10000 yuan)	第一产业 Primary Industry	第二产业 Secondary Industry	第三产业 Tertiary Industry
敦煌市	Dunhuang City	30984	179300	182416	56958	40377	85081
庆城县	Qingcheng City	2692	324900	300996	28378	204347	68271
环县	Huan County	9249	340800	67200	29100	18700	19400
华池县	Huachi County	3871	132200	115118	12909	84980	17229
合水县	Heshui County	2942	169800	46622	19494	12962	14166
正宁县	Zhengning County	1314	235600	48236	23540	7620	17076
宁县	Ning County	2654	524600	110423	36208	36096	38119
镇原县	Zhengyuan County	3501	511500	84002	40934	13975	29093
通渭县	Tongwei County	2913	464400	85882	39752	12313	33817
陇西县	Longxi County	2411	495200	119937	37083	37016	45838
渭源县	Weiyuan County	2064	349300	61760	31200	8420	22140
临洮县	LingTao County	2853	540800	129688	45054	44718	39916
漳县	Zhang County	2166	193200	41338	23676	6367	11295
岷县	Ming County	3599	449900	75800	37900	19600	18300
成县	Cheng County	1677	260900	138542	35031	59511	44000
文县	Wen County	4998	244500	52597	15348	19221	18028
宕昌县	Tanchang County	3323	292000	35176	13959	7992	13225
康县	Kang County	2960	201800	37087	15739	6870	14478
西和县	Xihe County	1852	387000	74840	21250	26720	26870
礼县	Li County	4263	518300	62972	30587	10749	21636
徽县	Hui County	2717	220700	93016	36785	32233	23998
两当县	Liangdan County	1406	50300	16719	7076	4000	5643
临夏市	Linxia City	92	209500	93400	19000	27900	46500
临夏县	Linxia County	1217	378700	71272	26696	15876	28700
康乐县	Kangle County	993	244600	42091	20680	6659	14752
永靖县	Yongjing County	1893	203300	86213	18690	54810	12713
广河县	Guanghe County	538	207100	44782	14359	18003	12420
和政县	Hezheng County	964	193800	31960	14771	6270	10919
东乡族自治县	Dongxiang A.C.	1511	269200	33537	13564	6824	13149
积石山保安族东乡族撒拉族自治县	Jishishan Bonan, Dongxiang & Salar A.C.	909	230400	28905	13000	6523	9382
合作市	Hezuo County	2668	77600	43448	5867	12229	25352
临潭县	Lintan County	1441	149500	30393	9454	5155	15784
卓尼县	Zhuoni County	5318	102100	21895	11539	3746	6610
舟曲县	Zhouqu County	3005	136500	25358	11299	2269	11790
迭部县	Diebu County	4736	55000	16214	6820	4714	4680
玛曲县	Maqu County	10392	42900	37201	11401	18160	7640
碌曲县	Luqu County	4790	31700	14133	6208	3525	4400
夏河县	Xiahe County	5960	79100	28588	12719	7189	8680

continued

城镇就业人员 (人) Urban Employed Persons (person)	城镇职工平均工资 (元) Average Wages in Urban (yuan)	乡村就业人员 (人) Rural Laborer (person)	#农林牧渔业 Agriculture	地方财政收入 (万元) Revenue of Local Governments (10000 yuan)	地方财政支出 (万元) Expenditures of Local Governments (10000 yuan)	固定资产投资 (万元) Investment in Fixed Assets (10000 yuan)	社会消费品零售总额 (万元) Total Retail Sales (10000 yuan)	常用耕地面积 (公顷) Area of Caltivated Land (hectare)
11836	14006	51200	35100	4538	15857	76081	69134	17087
16305	12327	102900	84600	10044	22959	51700	41056	54547
7785	10552	129700	109900	3400	24943	36761	19500	90113
6823	11437	57400	50200	3412	15849	32443	10600	27407
7947	9167	75200	55300	2288	14248	33632	12390	23567
9083	9658	111900	86300	3079	17372	35749	16050	29127
12776	9546	205900	130400	3650	25947	44915	37620	63420
13079	10497	242600	184600	4361	27552	42763	35766	112647
15024	9960	223600	145800	1921	21177	35145	16136	122007
15209	10814	196600	132500	5612	24486	45684	54210	79060
8449	11326	161700	125900	1990	17390	21579	14403	53340
16381	11374	255000	182800	6817	29944	106837	33821	71967
4810	10221	88500	46200	1236	11616	10970	6693	31180
7693	11890	208200	167800	3600	24383	32128	19600	41460
84437	11716	110900	74800	4593	17582	35002	21059	27460
7464	11350	106000	94200	2121	16345	43686	12828	21840
7544	10561	157700	120500	887	14836	18028	4555	28740
5898	11335	91800	77900	1164	13341	20755	11065	21140
11198	10132	201200	177100	2667	19246	25100	10865	40133
11995	10829	237100	180200	1663	23941	27696	14473	69153
8323	11485	94200	73200	3608	14927	22878	11943	26367
3645	11164	18500	15100	448	7512	4482	12000	8007
30993	11055	51100	27900	4740	17334	41051	77608	2400
9173	102905	187800	126600	1233	16872	17146	12910	25100
7359	10489	116600	100000	1252	13613	12509	10016	21540
14189	14898	85500	57000	4339	17055	46399	11550	23307
5924	10816	99600	76200	1296	12742	14179	14301	12800
5963	10360	92500	70000	1036	13910	21000	5550	15640
7466	11781	128900	85800	762	16674	12802	4135	24513
6630	10903	118200	74200	825	15431	17773	8380	17953
3831	13525	20100	18500	1615	8811	45272	25442	9400
5689	13340	70000	50400	719	13350	10995	8190	17947
6389	11217	45000	39700	418	13233	10264	8678	11147
7534	10842	67600	56500	520	12685	10225	5750	9533
5644	11747	21400	19300	568	8492	21283	5459	5153
3714	16713	17200	16400	3603	14825	8089	7033	
2261	14690	14400	13600	381	7698	19400	5525	2773
4328	13265	34000	30500	832	12980	28972	10628	11247

4-2 续表 49

地 区	Region	土地面积 (平方公里) Land Area (sq.km)	年末总人口 (人) Total Population (year-end) (person)	地区生产总值 (万元) Gross Domestic Product (10000 yuan)	第一产业 Primary Industry	第二产业 Secondary Industry	第三产业 Tertiary Industry
青海省	**Qinghai Province**						
大通回族土族自治县	Datong Hui & Tu County	3161	428986	359983	33151	274353	52479
湟中县	Huangzhong County	2414	466951	181206	43611	89860	47735
湟源县	Huangyuan County	1503	135934	55665	12754	31286	11625
平安县	Pingan County	743	111573	91536	8865	35079	47592
民和回族土族自治县	Minhe Hui & Tu County	1893	372074	137500	25872	65600	46028
乐都县	Ledu County	2600	283433	125560	24393	46201	54966
互助土族自治县	Huzhu Tu County	3302	373733	164100	48081	58078	57941
化隆回族自治县	Hualong Hui County	2790	230869	69889	13288	36323	20278
循化撒拉族自治县	Xunhua Salar A.C.	1717	113214	43844	9200	20586	14058
门源回族自治县	Menyuan Hui County	5511	151406	68083	22019	27304	18760
祁连县	Qilian County	13410	46018	36593	11149	13680	11764
海晏县	Haiyan County	4853	32688	47118	4721	24255	18142
刚察县	Gangcha County	9576	39469	31066	10680	4278	16108
同仁县	Tongren County	3169	75923	51001	15490	14294	21217
尖扎县	Jianzha County	1647	51372	90603	6877	72652	11074
泽库县	Zeku County	6466	55494	29383	19572	1429	8382
河南蒙古族自治县	Henan Mengolian A.C.	6627	32324	26687	17768	2341	6578
共和县	Gonghe County	16364	120000	93628	15040	42312	36276
同德县	Tongde County	4758	49729	23769	14753	4019	4997
贵德县	Guide County	3463	95975	60232	10195	38527	11510
兴海县	Xinghai County	12146	60998	27945	15362	6492	6091
贵南县	Guinan County	6647	68780	31297	17590	6265	7442
玛沁县	Maqin County	13307	37291	32394	4197	7373	20824
班玛县	Banma County	6139	23882	8686	4688	954	3044
甘德县	Gande County	7118	24175	7616	3843	925	2848
达日县	Dari County	14630	25504	7616	4767	407	2442
久治县	Jiuzhi County	8708	21467	8390	4330	685	3375
玛多县	Maduo County	26541	12210	6857	3149	136	3572
玉树县	Yushu County	15671	84693	19289	10348	4244	4697
杂多县	Zaduo County	35809	40541	19931	15869	1721	2341
称多县	Chengduo County	14743	43807	13544	7194	3515	2835
治多县	Zhiduo County	80757	24615	16514	11626	1700	3188
囊谦县	Nangqian County	12230	65332	16701	12185	1744	2772
曲麻莱县	Qumalai County	38744	24156	11403	6765	1731	2907
格尔木市	Geermu City	122285	111092	439563	5645	286920	146998
德令哈市	Delingha City	24596	61064	86300	6250	31320	48730
乌兰县	Wulan County	12977	37843	17196	5824	7811	3561
都兰县	Dulan County	48392	68924	31603	12353	9739	9511
天峻县	Tianjun County	25547	18323	21880	9564	6492	5824

continued

城镇就业人员（人） Urban Employed Persons (person)	城镇职工平均工资（元） Average Wages in Urban (yuan)	乡村就业人员（人） Rural Laborer (person)	#农林牧渔业 Agriculture	地方财政收入（万元） Revenue of Local Governments (10000 yuan)	地方财政支出（万元） Expenditures of Local Governments (10000 yuan)	固定资产投资（万元） Investment in Fixed Assets (10000 yuan)	社会消费品零售总额（万元） Total Retail Sales (10000 yuan)	常用耕地面积（公顷） Area of Caltivated Land (hectare)
35765	15441	195808	113175	13526	33414	173550	42276	56716
16393	14441	259650	193257	4973	31617	140660	33626	65250
7676	13451	58302	49507	3151	16485	54259	16560	18990
7983	23902	44868	26586	2882	13015	44056	23308	9586
11758	14169	175076	98809	3346	23553	56667	42000	42927
11644	14039	133274	70151	2877	27785		31340	31402
14991	13868	185334	126091	5161	30073	59268	26799	74394
5361	17285	100099	75799	3050	19035	42827	12096	36493
4732	12767	48306	20699	3372	14051	42494	12770	7338
7371	14347	64640	51853	2327	12374	41404	19551	39893
2715	15623	18515	16140	1373	8209	21682	8884	2530
7523	16149	10307	8611	775	5513	32546	2880	2597
3643	13088	10617	10300	1206	6949	10598	6697	2575
7450	18551	30772	28595	1053	11422	97126	5890	10539
4979	14688	21229	17783	2898	11186	11767	3774	6175
1801	19057	23336	21012	124	7703	3440	2500	3028
1722	19975	15128	15056	461	6241	5007	2800	
11114	19481	37826	31882	2422	13854	87002	21066	20840
2658	13757	20991	17918	504	8019	12347	4443	12323
3372	17850	42514	29378	2407	12116	60333	10805	13942
3012	15380	22693	22066	882	8129	11779	5570	9161
6010	12583	23506	22305	943	10286	16873	7102	17006
5209	21064	10160	9728	291	5339	11228	2719	11
1134	18563	8866	8560	262	4824	3233	1580	1189
945	17060	11479	11141	131	4264	3390	1279	
1053	18435	9049	8945	194	5538	4486	1530	
996	18209	6575	6357	142	4471	3161	2103	
1012	17017	5019	5019	92	3896	4513	1537	
6504	19737	32144	31792	1000	8985	19866	10387	3683
1059	20330	15428	15303	134	4425	6600	1796	3
1405	21847	20817	19999	393	6725	11231	2437	3081
1097	20843	11905	11905	76	4240	5367	1884	
1407	19376	28976	28590	117	7115	8743	2063	8304
1174	20548	11057	10496	160	4623	6681	2388	
18792	19547	7450	4094	21742	29043	114902	113598	3375
10152	17700	13218	11800	2330	13136	102309	16915	10024
3422	13502	12327	9012	1105	8047	8394	4745	4403
4112	13514	28722	26050	1251	8196	10679	8001	17538
1806	21699	6970	6727	1005	6660	22008	4353	

地 区	Region	土地面积 (平方公里) Land Area (sq.km)	年末总人口 (人) Total Population (year-end) (person)	地区生产总值 (万元) Gross Domestic Product (10000 yuan)	第一产业 Primary Industry	第二产业 Secondary Industry	第三产业 Tertiary Industry
宁夏回族自治区	**Ningxia Hui A.R.**						
永宁县	Yongning County	1295	204029	190334	41833	100518	47983
贺兰县	Helan County	1600	178356	144616	39749	63043	41824
灵武市	Lingwu City	4639	237320	250488	32785	178028	39675
平罗县	Pingluo County	3048	284760	222341	54286	108379	59676
盐池县	Yanchi County	8661	160936	224397	20569	181714	22114
同心县	Tongxin County	7264	325097	86204	25520	25809	34875
青铜峡市	Qingtongxia City	2424	251651	375246	49520	254954	70772
西吉县	Xiji County	3985	461418	75074	29070	16870	29134
隆德县	Longde County	1269	186107	35934	13326	7962	14646
泾源县	Jingyuan County	961	123070	27341	8912	7637	10792
彭阳县	Pengyang County	3241	253040	56731	25788	15133	15810
中宁县	Zhongning County	2841	293819	178970	51122	86993	40855
海原县	Haiyuan County	6979	381683	69679	27282	19521	22876
新疆维吾尔自治区	**Xinjiang Uygur A.R.**						
乌鲁木齐县	Wulumuqi County	9765	83945	68146	28419	8855	30872
吐鲁番市	Tulufan City	13589	258209	205606	48496	59514	97596
鄯善县	Shanshan County	38282	211986	679654	39934	571751	67969
托克逊县	Tuokexun County	15692	109473	85483	20403	35130	29950
哈密市	Hami City	85587	404400	451416	60146	165788	225482
巴里坤哈萨克自治县	Balikun Hasak A.C.	36989	100900	59892	24020	17136	18736
伊吾县	Yiwu County	19519	20700	23330	9311	7278	6741
昌吉市	Changji City	8216	393529	537641	109321	251922	176398
阜康市	Fukang City	8535	158543	297403	40323	193513	63567
米泉市	Miquan City	3788	186396	255176	43415	141571	70190
呼图壁县	Hutubi County	9421	207177	271061	121281	67028	82752
玛纳斯县	Manasi County	9597	169275	427859	171810	145635	110414
奇台县	Qitai County	16638	228918	154598	79156	26882	48560
吉木萨尔县	Jimusaer County	8145	133564	99962	46688	23420	29854
木垒哈萨克自治县	Mulei Hasak A.C.	13299	86984	55805	26718	10997	18090
博乐市	Bole City	7877	245586	231301	82856	54002	94443
精河县	Jinghe County	11175	132989	101064	49035	12793	39236
温泉县	Wenquan County	5882	73400	45067	22438	7070	15559
库尔勒市	Kuerle City	7216	422272	1739828	117649	1323255	298924
轮台县	Luntai County	14157	96941	104244	38207	45638	20399
尉犁县	Weili County	59234	111055	126402	71940	20814	33648
若羌县	Ruoqiang County	198794	31635	31490	10103	9294	12093

continued

城镇就业人员(人) Urban Employed Persons (person)	城镇职工平均工资(元) Average Wages in Urban (yuan)	乡村就业人员(人) Rural Laborer (person)	#农林牧渔业 Agriculture	地方财政收入(万元) Revenue of Local Governments (10000 yuan)	地方财政支出(万元) Expenditures of Local Governments (10000 yuan)	固定资产投资(万元) Investment in Fixed Assets (10000 yuan)	社会消费品零售总额(万元) Total Retail Sales (10000 yuan)	常用耕地面积(公顷) Area of Caltivated Land (hectare)
19228	11459	93078	60385	7005	17414	106660	31526	34700
12158	11208	82964	61237	6942	16437	136020	25902	36266
17625	12447	65389	40813	8346	24845	201979	33114	24024
18543	12689	153865	75975	11071	31126	56513	59990	53275
7470	15801	82107	46549	3904	25145	26383	12369	90060
13151	12820	93223	93223	2942	27762	25891	18330	93753
32474	15805	88419	60880	17769	32917	17131	46494	31405
14294	15254	221921	177453	1892	29596	14151	27043	116173
9660	13920	88427	59852	827	19614	22763	9960	28992
5010	13028	79754	51164	722	12423	3344	10866	14742
8371	14660	127046	88535	1241	23164	17206	13787	60337
18439	10728	140589	106112	10160	25432	205588	36501	35148
10043	14764	177054	127054	1311	28760	12562	12752	78771
		37650	30894	4987	20575	21989	20574	18510
24688	11535	84118	70976	12051	23922	75231	64753	11030
36004	13350	82334	73736	24364	26518	313459	49483	10570
7901	13947	42770	35585	4362	14233	37431	18612	13790
45501	15679	58195	48133	18916	31802	154596	156649	19070
8152	15880	33215	24453	1709	15192	23140	8904	28380
2952	13255	3674	3190	1096	8949	10868	3997	5790
44638	11975	58619	47986	27923	31409	296352	228423	45510
13514	10585	33240	28329	21157	21210	101295	42664	18830
15605	9233	56716	30977	13926	19689	114156	56168	13760
12670	10352	39147	35724	9344	15592	116362	43541	45000
13835	8782	48998	43707	11363	17415	122163	43082	49460
10775	9309	72764	62867	4363	18824	36040	45042	71210
6477	16649	48076	41006	6932	15084	27665	21166	31090
6054	11717	37529	33592	1276	13757	15556	13246	32370
25607	9209	34085	26267	9589	22808	123407	68823	27570
14908	9001	30204	25227	4549	18066	21577	12638	23680
9668	17750	18076	14907	1292	11888	13697	7016	20810
161200	10372	28782	24829	49353	45951	1277305	271621	37020
10900	10550	24529	21158	16629	19480	47300	26368	18100
8700	9793	15501	13391	5059	13660	37406	15868	31680
4500	13536	5595	5142	1722	8528	44139	9265	3530

地　区	Region	土地面积 (平方公里) Land Area (sq.km)	年末总人口 (人) Total Population (year-end) (person)	地区生产总值 (万元) Gross Domestic Product (10000 yuan)	第一产业 Primary Industry	第二产业 Secondary Industry	第三产业 Tertiary Industry
且末县	Qiemo County	137831	58065	36059	16504	5289	14266
焉耆回族自治县	Yanqi Hui A.C.	2441	124689	118579	37630	49152	31797
和静县	Hejing County	34887	179428	144014	61778	37153	45083
和硕县	Heshuo County	12816	67458	66866	28305	12898	25663
博湖县	Bohu County	3579	56924	50790	20874	12224	17692
阿克苏市	Akesu City	18184	568663	438105	93670	115164	229271
温宿县	Wensu County	14202	227367	121544	63291	23500	34753
库车县	Kuche County	14603	414060	290135	67579	108888	113668
沙雅县	Shaya County	31955	213174	115686	55616	14317	45753
新和县	Xinhe County	5818	145486	67890	41306	8873	17711
拜城县	Baicheng County	15554	209385	110960	36370	43903	30687
乌什县	Wushi County	9082	191257	56500	29979	7376	19145
阿瓦提县	Awati County	13234	215430	131580	72020	21801	37759
柯坪县	Keping County	8710	42851	13153	4711	1940	6502
阿图什市	Atushi City	16151	211265	71421	19878	14796	36747
阿克陶县	Aketao County	24540	174603	38411	15148	6840	16423
阿合奇县	Aheqi County	12737	36002	13054	4025	2168	6861
乌恰县	Wuqia County	19040	46227	18681	4490	4615	9576
喀什市	Keshi City	199	354479	241015	13603	70709	156703
疏附县	Shufu County	3323	370250	91068	53308	11892	25868
疏勒县	Shule County	2485	302832	75272	41623	8030	25619
英吉沙县	Yingjisha County	3224	233029	60498	35910	8465	16123
泽普县	Zepu County	827	172657	73008	28674	13332	31002
莎车县	Shache County	9067	666658	144222	84548	14046	45628
叶城县	Yecheng County	29359	382490	93300	60212	7107	25981
麦盖提县	Maigaiti County	10277	217666	61700	40290	6245	15165
岳普湖县	Yuepuhu County	2700	141261	43778	20003	6208	17567
伽师县	Jiashi County	6669	338036	99582	61402	7264	30916
巴楚县	Bachu County	20805	402096	118603	60534	17169	40900
塔什库尔干塔吉克自治县	Tashikuergan Tajik A.C.	50544	33943	17185	3118	8092	5975
和田市	Hetian City	496	192473	74042	8379	27053	38610
和田县	Hetian County	40877	278275	65673	37669	10196	17808
墨玉县	Moyu County	25624	436082	83873	46759	10610	26504
皮山县	Bishan County	39820	225148	44823	23350	6133	15340
洛浦县	Luopu County	14287	243324	58046	26919	9854	21273
策勒县	Cele County	31343	137122	33932	15229	3875	14828
于田县	Yutian County	39126	224882	53954	30926	4776	18252
民丰县	Minfeng County	57574	34761	15488	7048	3850	4590
伊宁市	Yining City	525	430258	280206	27562	109600	143044

continued

城镇就业人员 (人) Urban Employed Persons (person)	城镇职工平均工资 (元) Average Wages in Urban (yuan)	乡村就业人员 (人) Rural Laborer (person)	#农林牧渔业 Agriculture	地方财政收入 (万元) Revenue of Local Governments (10000 yuan)	地方财政支出 (万元) Expenditures of Local Governments (10000 yuan)	固定资产投资 (万元) Investment in Fixed Assets (10000 yuan)	社会消费品零售总额 (万元) Total Retail Sales (10000 yuan)	常用耕地面积 (公顷) Area of Caltivated Land (hectare)
8800	18118	12615	10896	11530	15103	32681	15874	10300
11400	11822	28352	21115	6299	15976	54152	16822	21000
23800	11052	38160	32101	5292	18003	53679	14641	16700
10900	11549	10561	8230	3062	10074	22930	15875	15930
5100	13938	16245	13744	2533	9398	17227	4014	12800
34260	11075	47826	44004	26414	35680	332990	160382	39740
19282	9543	36427	33817	5410	22411	37838	14451	47030
20103	9703	128765	114045	29516	47951	173754	48700	50060
9650	13593	65537	58329	13270	29337	29417	27545	48420
7481	10941	53196	49933	2272	14566	13354	18364	33450
14541	11998	55900	53711	5752	24371	40530	26875	40080
6353	9828	47444	42670	1318	15916	14636	7969	24070
10097	8443	67948	61934	4014	20112	39896	20540	46800
3512	7410	15599	14125	461	9052	5648	2923	6670
14200	8777	52337	38183	3105	24301	45866	24193	8130
5600	11491	40409	37282	1337	17255	18550	6487	16690
2200	8783	4870	4632	547	8835	4894	3460	2130
3300	10025	6624	5260	859	11422	7348	3780	1960
1117	9261	36644	23732	16650	32095	240089	123416	5050
593	7968	116849	99615	2575	22690	31138	3823	37490
563	7581	65881	58313	2959	19421	14580	15865	36170
601	10589	72610	70363	1395	15864	23291	8946	24480
1030	8075	28266	26550	8306	19353	31206	11219	24310
1676	9384	179152	158124	6442	39837	54890	27393	81350
968	7117	73330	67796	4540	25558	35360	21614	46830
753	9788	41443	40419	2970	17587	50874	13137	35670
584	8425	41277	38176	1317	14309	18379	7734	20010
1050	7188	89886	83014	2188	20617	24272	8773	40570
1229	17671	66736	58927	3495	23114	79924	20489	45430
135	7719	8395	7862	536	10531	10030	3071	4720
19507	10720	25411	18427	6539	20337	62586	72185	4750
8536	10949	93065	78226	1865	19814	18861	6202	26130
11535	6361	124339	101149	2591	31012	55089	11608	34980
8028	10714	57029	52192	1657	17991	18689	5225	30050
9311	13000	81854	73235	1907	22078	16042	9220	25580
5619	11784	44536	40431	1222	14951	22127	6974	15830
8152	9040	77655	75735	1440	18551	7783	7265	26810
2919	5877	6675	5817	1491	9469	3594	2172	6900
61673	11747	60353	39619	22926	39800	153796	132714	15800

4-2 续表 52

地 区	Region	土地面积 (平方公里) Land Area (sq.km)	年末总人口 (人) Total Population (year-end) (person)	地区生产总值 (万元) Gross Domestic Product (10000 yuan)	第一产业 Primary Industry	第二产业 Secondary Industry	第三产业 Tertiary Industry
奎屯市	Kuitun City	1110	299147	188826	11835	94909	82082
伊宁县	Yining County	4682	362731	167872	66188	60463	41221
察布查尔锡伯自治县	Chabuchaer Xibe A.C.	4472	167607	72186	33917	16389	21880
霍城县	Huocheng County	5430	364429	176697	79693	44674	52330
巩留县	Gongliu County	4327	162198	73211	29492	24720	18999
新源县	Xinyuan County	6814	297613	215007	69581	76582	68844
昭苏县	Zhaosu County	11128	158932	81694	39796	15973	25925
特克斯县	Tekesi County	7764	156885	55763	26108	10942	18713
尼勒克县	Nileke County	10130	156689	66909	24422	20974	21513
塔城市	Tacheng City	3991	159475	165659	41342	35071	89246
乌苏市	Wusu City	14300	210255	339255	147415	92103	99737
额敏县	Emin County	9448	201214	172621	62410	38751	71460
沙湾县	Shawan County	12677	203002	471116	188423	138754	143939
托里县	Tuoli County	19977	89103	54055	12254	20395	21406
裕民县	Yumin County	6112	53356	36514	16994	5702	13818
和布克赛尔蒙古自治县	Hebukesaier Mongolia A.C.	28193	49876	59959	18437	22192	19330
阿勒泰市	Aletai City	10829	226317	155379	38739	31374	85266
布尔津县	Buerjin County	10357	65896	61254	17565	22918	20771
富蕴县	Fuyun County	32186	85769	115664	29501	58785	27378
福海县	Fuhai County	33251	71569	92655	35242	28163	29250
哈巴河县	Habahe County	8167	79669	51653	21707	15207	14739
青河县	Qinghe County	15757	56228	35278	14812	6901	13565
吉木乃县	Jimunai County	7152	37578	21070	7531	5461	8078

continued

城镇就业人员(人) Urban Employed Persons (person)	城镇职工平均工资(元) Average Wages in Urban (yuan)	乡村就业人员(人) Rural Laborer (person)	#农林牧渔业 Agriculture	地方财政收入(万元) Revenue of Local Governments (10000 yuan)	地方财政支出(万元) Expenditures of Local Governments (10000 yuan)	固定资产投资(万元) Investment in Fixed Assets (10000 yuan)	社会消费品零售总额(万元) Total Retail Sales (10000 yuan)	常用耕地面积(公顷) Area of Caltivated Land (hectare)
28028	20047	640	574	19382	21911	112612	62738	1700
22968	9714	139515	122586	4913	27359	46026	37386	61910
8696	8529	39182	32909	2653	18539	37098	6652	30970
13458	13920	107721	91538	4452	20590	57229	44756	32310
7873	10143	35743	31439	2940	16971	69715	15715	26660
17777	15654	80047	64291	6417	24990	35242	54805	37860
9275	9824	34973	30293	2111	14465	31687	14566	37100
8722	10192	45969	37010	1661	15768	15783	23593	17430
8737	7527	39258	33012	2757	16027	80690	18909	18190
21529	11390	36856	29461	7275	18872	69352	40540	77920
29917	8382	54085	49495	10706	24248	118889	37823	48670
21039	10120	40475	35759	4986	18935	35111	28287	58130
14360	9353	79632	72251	10186	23602	124602	37223	65100
8118	12326	24808	22143	2097	14385	25681	10969	14450
5810	8241	16069	14410	1351	11114	9185	6292	26590
11112	5827	9240	8255	16879	25520	27899	7299	13110
36736	10311	20188	17157	4622	24723	93915	55995	19150
9803	7367	18539	16220	2651	12184	45240	33148	19280
16988	7650	13753	10645	4928	17007	39453	12346	16100
8437	12663	15488	11319	4286	13457	24230	12529	22040
9056	12607	15759	13119	2211	13687	35268	12508	19000
5540	2652	14513	12237	711	10622	17032	7417	11480
6175	9210	4430	4092	710	9823	12974	2634	11150